벤처 창업론

부 창출 경영의 이론과 실제

정 승 화 지음

傳 英 社

머 리 말

창업 경영과 벤처 기업은 수년 전까지만 해도 우리 나라 경제와 대학 교육 모두에 있어 그다지 큰 관심을 받지 않았던 분야이다. 그러나 최근 들어 지식 사회에 있어서 벤처 창업의 경제적 중요성이 부각됨과 동시에 교육적 노력 또한 괄목할 만한 성장을 하고 있다. 이것은 우리 나라뿐만 아니라 오래 전부터 시장 경제가 잘 발달되어 왔던 선진국에 있어서도 두드러진 현상이다. 이렇게 창업 경영과 벤처 기업에 대한 관심과 노력이 깊어져 가는 것은 그것이 사업을 추진하는 창업 기업가에게만이 아니라 경제 전체적으로도 바람직한 결과를 낳기 때문이다. 뛰어난 아이디어와 실험 정신, 그리고 사업 역량을 갖춘 많은 창업 기업가들이 상호 경쟁하고, 또 때로는 협력함으로써 시장 경제는 소비자에게 보다 가치 있는 제품과 서비스를 제공하게 되고, 그에 따라 기업가에게뿐만 아니라 사회 전체적으로도 경제적 부가 창출되는 결과를 가져오는 것이다.

본서는 저자가 대학에서 창업 경영을 가르치면서 활용한 국내·외의 이론, 실증 연구, 사례, 사건, 실무 및 제도적인 자료들을 체계적으로 정리해서 미래의 창업을 구상하는 예비 창업자들과 현재 사업을 추진하는 과정에 있는 창업 경영진들에게 소개하고자 저술하였다. 물론 기업의 창업이나 벤처 기업의 경영을 알고자 하는 사람들은 이들에 국한되지 않는다. 기존의 기업에서 신기술 개발이나 신규 사업 개척에 참여하는 경영자, 벤처 캐피털과 같은 금융 분야에서 창업 지원 업무를 하는 금융 전문가, 정부의 창업 지원 정책 입안자, 그리고 기타 다양한 상황 속에서의 창의적 활동들을 익혀 자신의 역량을 직접 발휘해 보고자 하는 일반인들도 벤처 창업의 이론과 방법을 익힐 필요가 있다.

본서에서 다루는 창업 경영의 근본 원리는 세계 최대의 기업이 된 마이크로소프트사에서부터 동네 구멍가게에 이르기까지 똑같이 적용될 수 있다. 하지만 창업자들은 자신이 무슨 업종의 사업을 구상하고 있든지 항상 고도 성장의 잠재력을 지닌 기업을 키울 수 있는 방법이 무엇인지를 고민해야 한다. 그러한 기업이 진정한 의미에서의 벤처 기업인 것이다. 따라서 본서는 단순히 이론 체계를 나열하거나 사실을 제시하는 방법을 지양하고, 문제 해결적 접근법을 취한다. 즉, 사업 추진을 위한 고민을 하고 있는 창업자의 관점에서 사업 추진 시 발생하는 여러 가지 문제들을 당황하지 않고 효과적으로 해결할 수 있는 식견을 갖도록 하는 데 주안점을 두었다. 이를 위해 경영학의 다양한 기능 분과의 지식을 바탕으로 통합 기능적인 사고의 틀을 제시하고, 경험적이고 실무적인 지식을 아울러 제시함으로써 주어진 제도적 환경 하에서 창업자들이 나름대로의 적절한 해결책을 도출할 수 있도록 하였다.

본서는 도입부와 더불어 총 4부와 부록으로 구성되어 있다. 각 부는 개념적인 장들과 함께 우리 나라의 벤처 창업 사례들을 심도 있게 다루고 있다. 각 장은 이론적인 내용과 아울러 창업 현장, 창업 실무 및 창업 이야기 섹션을 통일적으로 두어 특정한 사업 추진 과정과 관련된 개념, 이론, 실증 연구, 경험, 국내·외 사례, 실무 지침 등을 고루 익힐 수 있다. 본서를 대학 교재로 활용할 경우 창업 사례를 학기 전반에 걸쳐 주기적으로 토의하는 것이 바람직하다. 창업 경영의 사례는 사업의 전개 과정을 다각도로 제시하는 것이 일반적이기 때문에 본서는 각 부마다 수 개의 사례 연구를 묶어서 제시하고 있다. 따라서 수업의 진행 특성에 따라 한 개의 장마다 한두 개의 사례를 다룰 수도 있고, 한 개의 사례를 가지고 여러 개의 장을 포괄하는 논의를 할 수도 있다. 부록에는 사업 계획서 예문, 평가 도구, 그리고 벤처 창업 관련 법령 등을 포함하여 교육과 실무에 도움이 되도록 하였다.

본서의 흐름은 일반적인 사업 추진의 흐름을 따랐다. 도입부의 제 1 장에서는 창업 기업가와 창업 과정에 대한 전반적인 논의를 함으로써 앞으로 전개될 논의를 잘 이해할 수 있는 바탕을 제시한다. 아울러 두 개의 사례 연구를 통해 실제로 우리 나라 경영 환경에서 창업 기업가가 어떠한 과정을 거쳐 기업을 성장시킬 수 있었는지를 살펴본다. 제 1 부는 창업 기업가가 사업 기회를 인식하고, 그에 대한 적절한 평가를 하기 위한 도구들을 다룬다. 독특한 사업 아이디어를 구상하고, 그것의 경제적 가치를 판단하는 것은 모든 사업의 출발점이다. 구체적으로 사업 기회의 추구와 그에 따르는 위험 부담, 사업성과 시장성을 평가하는 전략적, 재무적 판단의 도구들, 그리고 재무 분석에 기반한 사업 가치의 평가 방법 등을 논의한다.

창업 기업가가 된다는 것은 훌륭한 사업 아이디어를 발견했을 때, 그것을 적극적으로 추구하는 행동을 취하는 것이다. 이를 위해 필요한 것이 그러한 사업을 실현시키는 데 요구되는 주요한 사업 자원을 확보하고 동원하는 것이다. 제 2 부는 이러한 자원의 동원 과정의 사전 준비 작업이라 할 수 있는 사업 계획의 수립으로부터 시작하여 실제로 창업 자금과 벤처 캐피털을 조달하고 운영하는 데 이해해야 할 사항들을 논의한다.

창업 기업이 어느 정도 사업 기반을 형성하고 성장의 궤도에 들어서면 지속적인 성장과 도약을 위해 필요한 전문 경영자적인 식견과 역량이 긴요하다. 창업 기업이 이러한 과정에 적절히 대처하면 초창기의 기대에 부응하는 세계적인 고성장 벤처 기업이 될 수 있는 것이고, 그렇지 못하면 패망의 길로 들어설 수도 있다. 제 3 부에서는 이러한 진화론적 관점에서 고도 성장 기업의 경영과 함께 부실 기업의 회생과 관리 문제를 다룬다. 아울러 성공적인 사업의 결과를 수확하는 창업 기업가와 투자자의 회수 전략도 논의한다. 기업의 인수·합병과 프랜차이징은 시장 진입의 메커니즘인 동시에 매각자의 입장에서 보면 회수 전략이 된다.

창업 기업가의 정신과 역량을 개발하는 것이 사업 추진의 전 과정에서 무엇보다도 중요한 축을 이룬다. 창업 기업의 경영에 있어 자금 조달과 투자로부터 회수에 이르기까지 현금의 흐름을 유효 적절하게 관리하고, 연구개발로부터 사후 서비스에 이르기까지 제품과 서비스의 흐름을 총괄하는 것은 매우 중요한 일이다. 이러한 과정을 총괄하는 것은 결국 창업 기업가와 경영진이라고 할 수 있다. 이러한 관점에서 제 4 부에서는 창업 기업가의 역량을 배양하고, 벤처 팀과 가족 기업을 효과적으로 협력하게 하는 메커니즘을 다룬다. 이와 더불어 기존의 기업의 사내 창업, 국제적인 행동 반경을 가진 창업 기업, 그리고 사이버 시장 공간에서의 창업 등 특수 문제를 다룬다.

본서가 출간되기까지 물심 양면으로 지원을 아끼지 않은 모든 분들에게 감사의 말씀을 드린다. 특히 창업 경영이 중요한 문제임에도 불구하고 이에 대한 대학 교재가 불충분함을 같이 인식하고 일찌감치 본서의 출간에 적극적인 지원과 전문적인 출판 업무로 협력해 준 박영사에 감사한다. 또한 본서가 출판되기를 오래 기다리면서 적극적인 격려를 아끼지 않은 여러 대학 동료 교수들의 채찍질에 고마움을 표하고자 한다. 사례 연구 부분은 저자의 강의를 들으면서 우리 나라의 창업 기업과 벤처 기업에 대한 조사를 위해 회사에 대한 각종 자료를 정리하고 경영진을 면담하는 등 노력을 아끼지 않은 연세대학교 경영학과 대학원생들과 학부생들과의 공동 작품이다. 집필에 필요한 여러 종류의 자료를 수집하여 정리하고 출판하는 과정에서 헌신적으로 노력해 준 조교 신관선, 김유식, 김종규, 이민수 군의 수고에 감사한다. 이러한 여러 분의 노력과 관심에 힘입어 본서가 우리 나라 경제를 살찌우고자 스스로 모든 것을 바쳐서 노력하는 창업 기업인들에 조금이나마 보탬이 되었으면 하는 마음이다. 끝으로 일을 핑계로 그 동안 소홀히 하였던 내게 소중한 분들과 가족들에게 이 책을 드리고자 한다.

1999년 8월
신촌 캠퍼스에서
저 자

저자 소개

정승화 교수는 연세대학교 경영학과에서 학부와 대학원을 마치고, 풀브라이트 장학생으로 도미하여 1989년에 예일 대학교에서 조직행동으로 석사 학위를 하였으며, 펜실베니아 대학교 워튼 스쿨에서 학장 최우수 장학생으로 수학하여 1993년에 매니지먼트 분야에서 경영학 박사 학위를 받았다. 저자는 워튼 스쿨과 싱가포르 국립 대학교에서 가르친 바 있으며, 1995년 가을부터 지금까지 연세대학교 경영학과 학부와 대학원에서 벤처 창업론, 조직 행동론, 벤처 경영론, 기업 발전과 조직 설계 등의 과목을 강의하고 있다. 저자는 **경영학 연구, 벤처 경영 연구, 중소 기업 연구**, *Social Networks, Strategic Management Journal* 등의 학술지에 창업 경영, 벤처 기업, 조직 행동, 조직 이론, 경영 전략 등과 관련한 논문을 발표하였고, 현재 한국 벤처 연구소의 운영위원으로 활동하고 있다.

개 관

차　　례

제3부 기업 성장과 변화의 관리

제4부 창업 역량의 개발

XI장 창업 기업가의 배양

XII장 벤처 기업의 경영진과 가족 기업

XIII장 사내 창업, 국제 창업 및 인터넷 창업

부 록

I 장 기업가와 창업 과정

"시장으로 하여금 어느 기업과 기술이 이기고 질 것인가를 결정하게 함으로써 동시에 여러 가지 가능성을 탐색하게 할 수 있다. 시장중심적 결정의 이점은 검증되지 않은 시장에서 가장 뚜렷하게 나타난다."

빌 게이츠(William H. Gates Ⅲ), *The Road Ahead*, 1995

이 장에서 다루는 주제

기업가 정신과 창업의 추진 세력

창업의 과정

예비 창업 분석

사업의 성공과 실패

창업 경영과 일반 경영의 비교

창업 현장

빌 게이츠와 마이크로소프트사[1]

1975년 하버드 대학에 다니던 빌 게이츠(William H. Gates III, 1955년생)는 폴 앨런(Paul Allen)과 사업 기회를 모색하고 앨뷰커크에서 마이크로소프트사(Microsoft)를 창업하였다. 그가 14세 때 어머니가 벼룩 시장에서 잡동사니 물건을 팔고 남은 돈으로 컴퓨터를 사준 후 그는 늘 컴퓨터에 심취해 있었다. 그는 앨런과 함께 고교 재학 시절 컴퓨터 프로그래밍 동아리 활동을 하고 공공 기관과의 사업을 한 경험을 살려 지방 엔지니어링 회사에 필요한 프로그램 언어 개발을 하였으나 그 회사가 문을 닫자 4년 후 다시 고향 시애틀로 왔다.

발로 뛰면서 여러 고객을 확보하고 명성을 얻어 가던 중 1980년 아이비엠사(IBM)가 개인 컴퓨터용 운영 시스템 개발을 맡기면서 그들은 일생 일대의 기회를 얻게 되었다. 아이비엠은 개인용 컴퓨터를 개발하면서 그 운영시스템에 관심을 두고 있던 차에 마이크로소프트사와 교섭하였는데, 처음에 게이츠는 이를 다른 소프트웨어사에게 일임하려 하였다. 아이비엠 측에서 마이크로소프트사가 직접 개발할 것을 종용하자 게이츠는 시애틀 컴퓨터 프로덕트사의 팀 패터슨이 개발한 시스템을 접하고 이를 수정하여 'MS-DOS'(Microsoft Disk Operating System)를 개발하게 되었다. 이로써 마이크로소프트사는 1980년에서 1981년까지 일 년간 사원이 80명에서 125명으로 크게 늘기 시작했고, 매출액이 800만 불에서 1600만 불로 성장하게 되었다.

1995년 현재 게이츠는 130억 불의 재산을 지닌 세계 최대 부자가 되었고, 앨런은 부호가 되어 1983년 퇴사하고 현재는 이사진으로만 남아 있다. 1975년 창업 당시 1600불이던 마이크로소프트사는 매출액이 1995년에는 60억 불에 육박하였고, 200여 개의 제품과 17,800명의 종업원을 거느린 거대 기업으로 성장하였으며, 개인용 컴퓨터 운영 시스템 시장의 80-85%를 점하고 응용 소프트웨어(패키지 소프트웨어) 전체의 25% 이상을 생산하고 있다.

놀랍게도 1975년 창업 당시 빌 게이츠는 컴퓨터 산업에 있어서는 소프트웨어가 가장 수익성이 뛰어난 부문이라고 간파한 바 있다. 아이비엠, 애플, DEC 등에서 하드웨어에 집중 투자하고, 창업 동지인 앨런조차 하드웨어와 소프트웨어를 병행 투자해야 한다고 주장하는 분위기에도 불구하고 게이츠는 소프트웨어를 고수하였는데, 그는 그 이유를 다음과 같이 설명한다.

"마이크로프로세서가 매 2년마다 두 배씩 속도가 증가하는 마당에 컴퓨터의 계산 능력은 거의 공짜라고 보아야 한다. 거의 공짜인 것을 만드는 사업에 뛰어들 이유가 어디 있겠는가? 그렇다면 희소 자원은 무엇인가? 무진장한 컴퓨터 계산 능력으로부터 가치를 얻어내는 데 있어서의 제한점은 무엇인가? 그것은 다름 아닌 소프트웨어인 것이다."

---

[1] Thomas L. Wheelen and J. David Hunger, *Strategic Management and Business Policy,* Fifth Edition (Reading: Addison-Wesley, 1995): 794-796; Michael A. Cusumano and Richard W. Selby, *Microsoft Secrets: How the World's Most Powerful Software Company Creates Technology, Shapes Markets, and Manages People* (New York: The Free Press, 1995): 2-7.

1. 기업가 정신과 창업의 추진 세력

현대의 시장 경제 체제는 많은 산업에 있어 창의력과 추진력을 겸비한 창업 기업가(Entrepreneur)에 의해 주도되고 있다. 그 바탕에는 창의적 기업가 정신(Entrepreneurship)이 깊이 뿌리를 내리고 있는 것이다. 그렇다면 창의적 기업가 정신의 본질을 무엇인가? 지금으로부터 약 200년 전인 1800년경 프랑스의 경제학자 세이(J. B. Say)에 의하면 창업 기업가는 "경제적 자원을 생산성이 낮은 영역으로부터 생산성과 이득이 높은 영역으로 이전시키는 사람"이라고 하면서 'Entrepreneur'라는 용어를 제창한 바 있다. 한마디로 창의적 기업가 정신은 바로 이러한 사람들이 지니고 발휘하는 진보적인 사고 체계와 행위 양식을 동칭한다. 즉, 기업가 정신은 무에서 유의 가치를 창조하고 축적하는 행위라고 할 수 있다. 이러한 행위는 현재 주어진 자원의 제약에도 불구하고 부(Wealth)를 창출할 수 있는 기회를 적절히 포착하는 과정이며, 이에는 남들이 못 보는 기회를 감지하는 창의력, 보완적 역량을 지닌 이들과의 팀워크, 보유하고 있는 자원뿐만 아니라 외부의 자원도 동원할 수 있는 추신력 등을 요구한다.

일찍이 경제학자 조셉 슘페터(Joseph A. Schumpeter)는 경제 발전의 원동력은 내부로부터 옛 것을 쇄신하는 창조적 파괴(Creative Destruction)의 과정이며, 그 과정에서 창업 기업가가 핵심적인 역할을 수행한다고 제시한 바 있다.[2] 그에 의하면 경제 발전은 결국 생산 방법의 새로운 조합을 창출하는 것이다. 그 구체적인 방법으로 (1) 신제품의 개발, (2) 새로운 생산 방식의 도입, (3) 신시장의 개척, (4) 새로운 공급자의 확보, 그리고 (5) 독점과 같은 새로운 산업 조직 또는 경쟁 체제의 구축을 들 수 있다.

이러한 새로운 조합 창출 과정에서 주변의 사업 환경은 구매를 꺼리거나 자금 조달이 어렵다거나 물리적인 위협에 놓이는 등 다양한 형태의 저항들이 존재하게 된다. 창업 기업가에게 있어 가장 핵심적인 기능은 새로운 발명을 한다든지 유리한 환경을 조성하는 것이 아니라 바로 이러한 각종 저항을 극복하고 사업을 추진하여 해야 할 일을 완성시키는 것(Getting Things Done)이다.[3]

프레드릭 하이에크와 함께 오스트리아 학파인 이스라엘 커즈너는 창업 기업가 정신에 대해 슘페터와 대비되는 시각을 견지하고 있다.[4] 슘페터는 창업 기업가가 기존의 경제적 균형 상태를 깨는 역할을 한다고 강조한 반면, 커즈너는 창업 기업가가 불균형 상태에서

---

[2] Joseph A. Schumpeter, *The Theory of Economic Development: An Inquiry into Profits, Capital, Credit, Interests, and the Business Cycle* (New Brunswick: Transaction, 1934, 1983): 66.

[3] Joseph A. Schumpeter, *Capitalism, Socialism and Democracy* (New York: Harper, 1942, 1976): 83, 132.

[4] Israel M. Kirzner, *Competition and Entrepreneurship* (Chicago: University of Chicago Press, 1973).

사업 기회를 발견하고 틈새를 추구하여 경제를 균형에 도달시키는 역할을 한다고 주장한다. 또한 슘페터의 관점만을 고수하는 것은 시장이 균형에 도달하는 데 있어 창업 기업가가 별다른 역할을 하지 못한다는 오류를 범한다고 제시하고 있다.

이러한 차이에도 불구하고 슘페터와 커즈너의 입장은 크게 보아 상호 보완적인 시각이라고 볼 수 있다.[5] 슘페터에 있어 창업 기업가는 기존 상황 자체의 변화를 조성한다. 이는 혁신과 체계적인 발전 과정을 내포한다. 반면, 커즈너에 있어 창업 기업가는 기존 상황 내에서 보유하는 정보나 지식상의 차이 등에서 발생하는 사업 기회를 추구하여 변화를 가져온다. 이러한 창업 기업가의 활동이 상황에 대한 지식을 전반적으로 증진시켜 결국 시간이 감에 따라 불확실성이 해소되고, 선도 기업과 추종 기업간의 격차를 줄이는 시장 과정이 형성된다. 이는 마치 음양의 조화와 같이 균형과 불균형이 상호 반복되는 과정에서 창업 기업가가 쌍방향으로 핵심적인 역할을 한다는 것을 뜻한다.

현대적인 상황에서 우리는 기업가 정신에 대해 다양하지만 일정한 범위에서 수렴될 수 있는 견해를 도출할 수 있다. 가트너는 델파이(Delphi) 방법으로 창의적 기업가 정신이 뜻하는 바를 학자와 기업가 등 전문가 의견을 조사한 결과 다음과 같은 8가지 주제를 발견할 수 있었다.[6]

- **창업 기업가**: 이는 독특한 개성과 능력을 지닌 개인을 말한다.
- **혁신**: 새로운 아이디어, 제품/서비스, 시장, 기술 등을 시도하는 것이다.
- **조직체 창조**: 새로운 조직체 창조와 관련된 행동을 말한다.
- **가치 창출**: 창의적 기업가 정신이 가치를 창출한다는 점이다.
- **이윤 추구 여부**: 이는 기업가 정신이 영리 단체에만 적용되는 것인가, 아니면 비영리 단체에서도 가능한가에 대한 논란이다.
- **성장성**: 성장이 창의적 기업가 정신의 주요한 성과 척도라는 점이다.
- **독특성**: 독창적인 것을 만들어 내는 과정이다.
- **창업주 겸 경영자**: 창업주이면서 사업 경영에 직접 관여하는 사람을 내포한다.

새로운 기업을 설립하는 과정에는 창업자의 땀과 노력뿐만 아니라 여러 가지 주변 여건이 복합적으로 작용한다. 창업 과정에 있어 주요 추진 세력(Driving Force)은 크게 세 가지로 집약될 수 있다. 그림 1-1에서 보듯이 창업 기업가, 사업 기회의 인식, 그리고 요구되는 자원의 동원 등이 바로 그것이다.[7] 즉, 창의적인 발상과 추진력을 지닌 기업가가 새

---

5 Hock-Beng Cheah, "Schumpeterian and Austrian Entrepreneurship: Unit within Duality," *Journal of Business Venturing,* 1990, 5: 341-347.

6 William B. Gartner, "What Are We Talking About When We Talk About Entrepreneurship?" *Journal of Business Venturing,* 1987, 5: 15-28.

7 Jeffry A. Timmons, *New Venture Creation: Entrepreneurship for the 21st Century,* Fourth Edition (Burr Ridge: Irwin, 1994): 15-22; William B. Gartner, "A Conceptual Framework for Describing the Phenomenon of New Venture Creation," *Academy of Management Review,* 1985, 10: 696-706.

그림 1-1 창업의 추진 세력

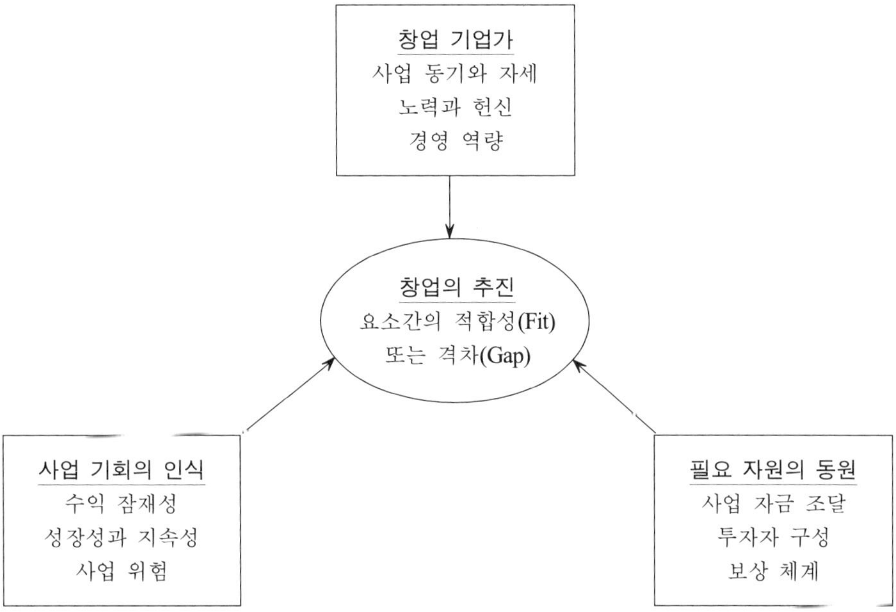

로운 사업 기회를 인식하고 그것을 포착하는 데 필요한 자원을 효과적으로 동원함으로써 창업 기업이 성공적으로 설립되고 성장의 바탕을 마련할 수 있다는 것이다.

(1) 창업 기업가

창업의 성공적 추진에 있어 가장 중요한 요소는 창업 기업가(Entrepreneur) 자신이다. 많은 연구 결과가 이를 입증하고 있으며, 특히 고도의 기술력이 요구되는 첨단 기술 벤처 기업의 경우에 있어서도 이를 지원하는 모험 자본가(Venture Capitalist)들은 기술력 그 자체보다 창업자와 벤처 팀의 자질과 과거의 입증된 성공력에 가장 높은 비중을 두고 있다.[8] 인텔(Intel), 애플 컴퓨터(Apple Computer), 페어차일드 반도체(Fairchild Semiconductor) 등에 선도적으로 투자를 해온 저명한 모험 자본가 아더 록(Arthur Rock)은 "좋은 인재를 찾아낸다면 제품은 언제든지 바꿀 수 있다. 내가 지금까지 늘 범해왔던 실책은 그릇된 아이디어를 골랐던 것보다는 사람을 잘못 골랐다는 것이다"라고 언급한 바 있다.[9]

경험적으로 볼 때 생계 유지에 우선을 두는 단독 창업자(Solo Entrepreneur)에 비해 창업자와 창업 동지의 팀워크에 의한 창업은 사업 그 자체를 번창케 하는 데 더 기여하기

---

8 Jeffry A. Timmons and David. E. Gumpert, "Discard Many Old Rules for Raising Venture Capital," *Harvard Business Review,* January-February, 1982.

9 Arthur Rock, "Strategy vs. Tactics from a Venture Capitalist," *Harvard Business Review,* November-December, 1987: 63-67.

마련이다. 따라서 자기의 사업을 고수익의 대규모 사업으로 발전시키고자 하는 창업자는 팀워크를 신중히 생각하고 관리할 줄 아는 능력을 지녀야 한다. 이러한 팀워크 관리 능력이 부족할 때 창업자는 스스로 투자와 재무 기획을 용의주도하게 실행하여야 나름대로의 시장 틈새를 엮어내고 부(Wealth)를 창출할 수 있다. 사업의 규모가 어느 정도 대규모화하기 시작할 때 단독 창업자는 기업의 경영 일선에서 물러남으로써 사업의 성장을 지속할 수 있다. 반면 팀워크로 사세가 팽창된 기업은 시의 적절한 권한 위양과 점진적 전문화에 의해 창업자가 기업을 지휘하는 상태에서 지속적인 성장을 유지하기가 보다 쉬워진다.

역사적으로 창업 기업가에 대한 다양한 정의가 존재해왔고, 현재도 성공적인 창업자의 공통적인 특징은 과연 무엇인가에 대한 의문이 지속되고 있다. 표 1-1은 창업 기업가에 대한 다양한 정의를 보여준다. 이러한 정의에서 흔히 나타나는 창업 기업가의 공통적인 특징은 다음과 같다.

- 창의성과 혁신력
- 자원 획득과 경제적 조직의 창설력
- 위험과 불확실성 하에서의 수익 잠재성 추구

성공적인 창업자가 되기 위해서는 어떠한 자질을 지녀야 하는가에 대해서 실제로 창

표 1-1 창업 기업가의 특징

연 도	주 창 자	특 징
1848	Mill	위험 감수
1917	Weber	공식적 권위의 원천
1921	Knight	불확실성과 위험의 부담으로부터 생기는 이윤 추구
1934	Schumpeter	혁신성, 회사 조직체의 새로운 조합 추진력
1952	Hoselitz	불확실성 감수, 생산 자원의 조정, 혁신 도입과 자본 제공
1954	Sutton	책임감 욕구
1959	Cole	이윤 추구 사업의 추진과 개발을 위한 의도적 행동
1961	McClelland	위험 추구, 성취 욕구
1963	Davids	야망, 독립성과 책임감 욕구, 자신감
1974	Borland	내적 통제 위치
1978	Timmons	추진력, 자신감, 목표 지향성, 적당한 위험 추구, 통제 초점, 창의성
1980	Sexton	정열과 야망, 좌절 극복
1982	Casson	희소 자원의 조정에 대한 의사결정과 판단력
1985	Gartner	새로운 조직의 창조
1989	Stevenson, Roberts, & Grousbeck	현재 지닌 자원에 관계없이 기회를 추구하는 성향

자료: Donald F. Kuratko and Richard M. Hodgetts, *Entrepreneurship: A Contemporary Approach,* Third Edition (Fort Worth, TX: Dryden, 1995): 41; Marc J. Dollinger, *Entrepreneurship: Stategies and Resources* (Burr Ridge, IL: Irwin, 1995): 7.

업이나 창업 상담 경험을 가지고 있는 이들이 관심을 두고 고찰한 바 있다. 예컨대 맨쿠조(Mancuso)는 각 개인의 창업 역량을 간단히 검증해 보는 '창업자 퀴즈'를 통해 창업자들은 일반적으로 다음과 같은 특징을 지닌다고 제시한다.[10]

- 형제 중 맏이일 것
- 자영업하는 부모를 둘 것
- 결혼했을 것
- 30세에서 40세 사이일 것
- 적절한 위험 추구자일 것
- 타인을 위해 일하기를 꺼릴 것

또한 역사적 자료에 바탕해서 성공적인 창업자의 공통적 특징을 평가한 경우도 있다. 예컨대 미튼(Mitton)은 성공적인 창업자가 일반적으로 다음과 같은 특징을 지닌다고 추론했다.

- 큰 그림을 볼 줄 아는 시각
- 독특한 사업 기회를 집어 내는 능력
- 대의에 전적으로 헌신하는 성향
- 완전한 통제에 대한 욕구
- 정의에 대한 효용주의적 관점
- 불확실성에 대한 취향
- 인맥을 활용하는 성향
- 고 능력을 환영하는 태도
- 특별한 노하우(Know-how)

위와 같은 창업자에 대한 개념화 노력에도 불구하고 창업자를 일정한 특징을 지닌 부류의 사람으로 범주화하는 데는 상당한 한계점이 있다. 단적으로 말해 사업의 산업 경제적, 시장 경쟁적 특성상 요구되는 창업자의 범주가 다를 수 있기 때문이다. 창업 기업은 여러 가지 형태로 경쟁 세계에 나타나기 마련이고, 그것들을 창설하는 창업자도 주변의 환경적 영향하에 다양하게 창업 경험을 할 것이다. 창업자들도 나름대로 독특한 개인이기 때문에 스스로 자신의 사업 경험을 다양한 스펙트럼의 특수한 경우로 평가하는 경우가 많다.

창업자가 기업을 성공시키는 데 있어 교육과 경험이 어떠한 영향을 끼치는지에 대해서 대중 잡지나 학술지 등에서 많은 논의가 있어 왔다. 대중적인 문헌은 중·고등학교 중퇴자이면서 갖은 시련을 통해 사업에 성공한 기업가의 이야기들이 대부분이다. 창업 기업가에 대한 이러한 신화적 이야기들은 주로 다음 세 가지 주제를 가지고 있다.

---

10 Joseph R. Mancuso, *How to Start, Finance and Manage Your Own Business* (Englewood Cliffs: Prentice-Hall, 1978): 9.

- 창업자의 교육 수준은 남들이 일반적으로 인정하는 만큼은 되는가? 다시 말하면 남들이 이야기하듯 명문 학교에서 고등 교육을 받았는가? 과연 좋은 교육이 창업 기업가의 성공과 관련이 있는가?
- 고등 교육을 받은 사람들이 교육 수준이 낮은 사람들보다 더 많은 기업을 창출하는가? 즉 고등 교육이 창업 기업가가 될 확률을 높이는가?
- 많은 교육을 받은 사람이 창업 기업가로서 성공할 가능성이 더 큰가?

로빈슨과 섹스턴은 이러한 주제에 대한 해답을 제시하기 위해 미국의 인구통계 자료를 통해 자영업자들을 조사한 바 있다.[11] 조사 결과 다음과 같은 특징이 나타났다.

- 창업 기업가는 자영업을 하지 않는 사람들보다 1년 정도 더 많은 공식 교육을 받았다. 창업 기업가의 평균 교육 연수는 14.57년(남성: 14.71년, 여성: 14.13년)인 데 비해 임금을 받는 노동자의 평균 교육 연수는 13.58년(남성: 13.73년, 여성: 13.40년)이었다.
- 공식 교육 연수가 1년 증가할수록 창업 기업가가 될 확률이 0.8% 정도 증가하는 것으로 나타났다.
- 공식 교육 연수가 금전적인 보상 수준으로 평가된 성공 수준에 긍정적인 영향을 미치는 것으로 나타났다. 교육 연수가 1년 증가하면 임금 노동자는 소득이 $825.99(남성: $1023.33, 여성: $369.37) 증가하는 데 비해 창업 기업가는 소득이 $1207.63(남성: $1212.76, 여성: $414.81) 증가했다. 즉 교육 연수는 전체적으로 금전적인 성공 여부에 긍정적인 영향을 끼치는데, 창업 기업가 집단일수록 그 영향력이 커진다고 할 수 있다.
- 전반적으로 남성이나 여성 창업자가 임금 노동자들보다 2년 이상의 업무 경험을 가지는 것으로 나타났는데, 경험이 창업 기업가의 성공에 긍정적인 영향을 미치는 관계는 남성 창업자의 경우에만 해당되었다. 경험도 교육과 마찬가지로 창업이나 소득 수준에 정의 영향 관계를 가지지만, 영향의 강도에 있어서는 교육에 비해 약했다.

요컨대 교육은 실제로 창업 기업가 정신과 밀접한 관련을 가지고 있는데, 자기 사업을 하는 창업자는 임금을 받는 사람들보다 높은 수준의 교육을 받은 사람이다. 게다가 교육 수준이 높으면 높을수록 창업자가 될 가능성이 커지고, 소득 수준도 보다 높아질 가능성이 많다.

(2) 사업 기회의 인식

창업 추진상 두 번째의 주요소는 사업 기회를 정확하고 시의 적절하게 인식하는 것이

---

[11] Peter B. Robinson and Edwin A. Sexton, "The Effect of Education and Experience on Self-Employment Success," *Journal of Business Venturing,* 9, 1994: 141-156.

다. 기업가에 있어 창업 과정상 가장 중요한 이슈로서 염두에 두어야 하는 것은 가치 창조(Value Creation)의 문제이다. 기업의 창설 기반과 사업의 지속적 성장은 결국 다양한 이해관계자(Stakeholder), 예컨대 사업 동지, 종업원, 고객, 하청 업체 등에게 어떻게 새롭게 가치를 창출해줄 것인가에 달려 있다. 예비 창업자가 새로운 사업 기회를 인식하는 것은 이러한 가치 창조의 본원적 기반이 된다.

사업 기회를 발견해내는 데 있어 좋은 도움이자 원천이 되는 것은 소비자, 유통업자, 기술자 등이다. 소비자들은 일상 생활과 업무상 이러이러한 제품이 있으면 얼마나 좋을까 하고 표현하는 경우가 종종 있다. 이러한 잠재 수요를 정확하게 포착하면 좋은 사업 기회가 될 수 있다. 도매점, 소매점, 직영점 등에 종사하는 유통업자들은 소비자를 지속적으로 접하기 때문에 이들과의 체계적인 대화를 통해 사업 아이디어를 구할 수 있다. 또한 실제로 사업을 개시했을 때도 이들이 유통상 없어서는 안될 동반사이므로 미리 이들과의 관계를 구축하는 것은 사업 추진의 좋은 기반이 된다. 기술자들도 그들이 진행해온 연구 프로젝트의 직접적인 응용뿐만 아니라, 예상치 않은 적용을 통해서 훌륭한 사업 기회를 제공할 수 있다.

사업 기회를 인식하는 데 있어 기반이 되는 것은 창의적 사업 아이디어라고 하겠다. 하지만 아이디어 자체가 바로 가치 창조로 이어지는 것은 아니다. 기업가, 회사원, 발명가, 연구원, 대학생 등 많은 부류의 사람들이 사업화할 수 있다고 여겨지는 새로운 아이디어를 무수히 제공하고 있다. 그러나 이들이 반드시 좋은 사업 기회를 제공하지는 못한다. 요컨대 아이디어가 반드시 기회가 되지는 않는다는 것이다. 현실적으로 유망 업종과 신종 사업 등에 관해서 많은 창업 관련 서적들이 언급하고 있고, 실제로 사업 아이디어를 평가하고 추출하는 수많은 방법론이 존재한다. 이렇게 난무하는 사업 아이디어에도 불구하고 수십억 이상의 외형으로 성장하는 회사는 전체 회사 수의 반의 반에도 미치지 못한다.

사업 기회와 아이디어는 기업가 정신이 시장 지향적인 과정에 기반을 두고 있느냐에 따라 구별이 될 수 있다. 사업 기회는 이윤 추구상 매력적이어야 하고 그 존재가 지속성을 지녀야 한다. 기회는 제반 상황이 변화하여 경제와 기술상의 혼돈, 불일치, 진공 상태, 지체 등이 발생될 때 창출되며, 기업가는 이를 인식하고 포착하려는 것이다. 그러나 이러한 기회가 단지 순간적으로 존재하여 그를 추구하기 위한 노력이 결실을 맺기 전에 사라진다면 이를 추구하지 않은 것만 못할 것이다. 따라서 사업 기회의 단기적 매력도와 함께 그 장기적 지속성도 고려해야만 한다.

여기서 창업자는 다음 두 가지 점을 고려해야 한다. 먼저 제반 상황의 변화, 예컨대 기술의 진보, 시장 특성의 변동, 정부 규제의 개혁, 경쟁 구도의 변화 등은 균형을 이루어왔던 시장에 이윤 추구의 틈새가 생기는 것을 의미한다. 즉 시장이 불완전하게 됨으로써 자원이나 정보 배분상의 불균등, 불일치, 격차 등이 발생하고 이에 따라 사업 기회도 늘어나게 된다. 경제학에서 흔히 시장 균형의 상황에서 기업가는 단지 적정 이윤밖에 취득할 수 없다고 논의한다. 그러나 이를 뒤집어 말하면 유능한 기업가는 다른 이들이 미처 발견하지 못한 기회를 찾아낼 뿐만 아니라 이를 형성하고 창출하여 초과 이윤를 취득한다는 것이다.

둘째, 이러한 불완전 시장의 포착 능력은 적시성이 매우 중요한 요소이다. 기회를 너무 늦게, 또는 너무 일찍 발견하는 것은 이윤창출의 기반을 약화시킨다. 여기서 기회의 창(Window of Opportunity)이라는 개념을 알아둘 필요가 있다. 사업 기회는 다분히 상황적이며, 특정한 상황 속에서 주요 플레이어들, 즉 벤처 팀의 장·단점, 경쟁자의 반응, 고객의 요구 등이 어우러져 수익을 창출할 수 있는 기반을 제공하며, 그에 따라 사업 위험의 부담도 달라진다. 좋은 아이디어와 제품에 대해 충분한 고객을 확보하기 전에 자금이 동난다면 아무런 소용이 없게 된다. 사업 기회 추구에는 시간이 전부인 것이다. 창업자가 사업 기회를 적시에 포착할 수 있기 위해서는 기술과 경쟁상의 변화와 움직임을 따라잡아야 한다. 이 점에서 사업 기회의 창은 지속적으로 움직이는 과녁이라고 할 수 있다.

사업 기회를 실제로 추구할 것인가를 결정하기 위해서는 추상적인 수준의 사업 구상에 대한 신중하고 체계적인 분석이 선행되어야 한다. 이를 기회 분석(Opportunity Analysis), 또는 기회 평가안(Opportunity Assessment Plan)이라고 부른다. 이는 사업 계획서를 구체화하기 이전에 사업 계획서보다는 간결하게 기본적인 사업성을 평가하여 기회를 실천적인 행동으로 옮길 것인가를 결정하는 길잡이 역할을 한다. 기회 분석에서 고려해야 할 점은 제품/서비스의 특징, 사업 기회의 평가, 경영진 구성과 평가, 사업 추진 활동과 필요 자원의 내역, 초기 및 중·장기 자금 조달원의 확보 가능성 등이다. 이중에서 가장 중요하면서도 어려운 것은 사업 기회 자체의 평가이다. 이를 위해서는 다음과 같은 질문들에 구체적으로 답할 수 있는 수준이어야 한다.

- 어떠한 시장 수요를 충족하는가
- 시장 수요에 대해 개인적으로 직접 관찰하거나 경험한 점이 있는가
- 시장 수요의 바탕이 되는 사회적 상황은 무엇인가
- 시장 수요를 기술하는 데 근거가 되는 시장 조사 자료가 존재하는가
- 고객 요구를 충족시킬 수 있는 특허가 존재하는가
- 경쟁 상황과 경쟁자의 행태는 어떠한가
- 국제 시장 진출의 가능성과 잠재성은 어떠한가
- 국제 경쟁자의 특성은 무엇인가
- 사업 결과 얻어지는 수익성의 원천은 무엇인가

(3) 필요 자원의 동원

사업 기회를 실행에 옮기는 데 요구되는 자원을 파악하고 유치하며 관리해 나가는 것도 창업자 및 사업 기회와 더불어 창업의 주요 추진 요소 중의 하나이다. 창업자들은 자원을 활용하는 데 있어 일반적인 경영자들에 비해 독특한 입장을 지니는 것이 보통이다. 즉 창업자는 최소한의 자원으로도 사업 추진을 감행하고 주어진 자원을 최대한 활용하고자 각별한 노력을 한다. 대부분의 경우 창업자 자신의 초기 자본금 기여에는 한계가 있기 때문에 발로 뛰는 소위 땀의 자본(Sweat Equity)을 투여하게 되고, 고객으로부터 선수금을 받아내거나 물물 교환 거래를 하는 등 자력으로 살아 남는 각종 방법을 모색한다. 이렇게 스스로 희소 자원을 독특하게 활용하고 외부 자원을 확보하려는 각별한 노력을 보임으로써 성공적인 창업자는 자신의 사업 계획서가 사업 자원을 제공하는 이들에게 보다 매력적으로 받아들여지게 한다.

창업 초기 필요한 많은 자원을 소유하는 것이 제한된 신설회사의 경우 자원 활용에 있어 특히 중요한 것은 긴요한 자원을 최대한 통제할 수 있는 능력이다. 예컨대 필요 자원을 직접 취득하지 않고 임대하거나 리스(Lease)함으로써 유효 적절한 시기에 십분 활용하고 불필요한 시점에서 쉽게 손을 떼는 것이다. 이렇게 해서 희소한 자원이 특정한 부문에 장기적으로 묶여 있지 않고 불특정한 미래 시점에서 탄력적으로 투여되게 할 수 있다. 자원을 소유하지 않고 통제하기 위해서 특히 주목해야 할 것은 은행가, 변호사, 회계사, 고문, 이사진 등 외부 인사들의 지식과 경험 및 인맥을 적절하게 확보하고 활용하는 것이다.

창업 초기에 대부분의 창업자가 경험하는 지상 최대의 과제이자 애로 사항은 자금조달의 문제이다. 중소기업청이 접수하는 민원 사항의 평균 2건 중 1건은 자금과 관련된 것이다.[12] 이에는 자금 지원, 신용 보증, 거래 관행 개선 등이 포함된다. 다른 모든 기업과 마찬가지로 창업 기업도 당연히 자금이 없이는 추진될 수 없다. 하지만 창업 기업이 자금을 조달하는 능력은 결국 사업성과 수익성에 직접적으로 관련된 다른 부문들이 어떻게 잘 구성되어 있느냐에 달려 있는 것이다. 즉 훌륭한 경영진과 기술진이 좋은 사업 기회를 성공적으로 추진하고 있다는 신뢰감을 심어줄 수 있다면 자금 조달이 이에 자연스럽게 따라오게 된다.

자금이 부족한 것도 문제이지만 자금이 초기에 너무 넉넉하게 마련되어 있는 것도 사업 성공에는 큰 도움이 되지 못하며 오히려 장애가 될 수 있다. 예를 들어 초기에 유능한 인재와 각종 장비가 넉넉하게 마련되었다면 시제품(Prototype)을 개발하는 데 있어 발생하는 반복적 시험 단계에서 자원의 효과적인 활용보다 불필요한 낭비가 발생할 소지가 더욱 늘어나게 된다. 만일 이러한 시험 단계에서 이미 확보된 대부분의 자원이 낭비된다면 정

---

[12] 경향 신문, "중소 기업 최대 애로점은 역시 '돈'," 1996년 3월 10일: 9.

작 제품을 대량 생산하고 출시할 때 요구되는 자원이 부족해서 기업의 존폐가 위협받을 수 있다.

2. 창업의 과정

창업 경영에 대한 문헌이 급속히 증가하고 있기는 하지만 창업 기업의 생성 과정에 대해 개념적으로 중요한 범주와 하부 과정을 탐색하고 확인하는 경험 연구는 많지 않은 것이 사실이다. 베이브는 뉴욕 북부에 소재하는 27개 창업 기업의 창업자를 대상으로 한 면담을 바탕으로 창업 기업의 생성 과정에 대한 모형을 제시하고 있다.[13] 이 연구를 통해 제시된 모형은 기회 인식에 대한 자극, 물리적 창조 활동에의 몰입, 생산 기술의 정비, 시장과의 연계, 그리고 고객에 의한 피드백과 같은 요소를 포함하고 있다. 이러한 요소를 다음과 같이 크게 세 가지로 묶어 창업 과정을 분석적으로 제시할 수 있다.

- 기회의 단계(Opportunity Stage): 사업 개념의 체계화
- 기술 구축과 조직 창조의 단계(Technology Set-Up and Organization Creation Stage): 생산 기술의 구축
- 교환의 단계(Exchange Stage): 제품/서비스의 생산과 유통

그림 1-2는 베이브가 연구 결과 제시한 창업 과정 모형에서 위의 세 가지 단계가 어떠한 연관성을 가지는지를 도식적으로 보여준다. 첫째, 내부와 외부적으로 자극된 기회의 인식이 사업 개념의 최종적인 확정으로 결론지어진 후 창업에 대한 적극적인 몰입이 시작된다. 이러한 단계가 기회의 단계이다. 여기서는 사업 개념이 핵심적인 변수이다. 물리적인 창조 활동에의 몰입은 두 번째 단계로 진입하는 가시적인 구분점이 된다.

둘째, 물리적 창조활동에의 몰입 후 창업자는 자원을 축적하고 축적된 자원을 기술 구축, 조직 창조 및 마케팅 활동에 투입한다. 이러한 기술 구축과 조직 창조의 단계는 창업 기업 생성에 있어 가장 가시적인 단계이며 고객을 위해 제품이 준비될 때 종료된다. 생산 기술이 이러한 하부 과정의 핵심 변수가 된다.

셋째, 아이디어가 제품으로 바뀌고 수요와 공급의 경계를 건너 최초로 고객에게 판매되면 창업의 반복적 주기가 완성된다. 고객은 제품을 직접 평가하여 창업 기업을 위한 전략 및 운영상의 피드백을 제시한다. 초기 고객의 피드백, 경영 방침의 수정, 그리고 창업

---

13 Mahesh P. Bhave, "A Process Model of Entrepreneurial Venture Creation," *Journal of Business Venturing*, 9, 1994: 223-242.

그림 1-2 창업 기업의 생성 과정

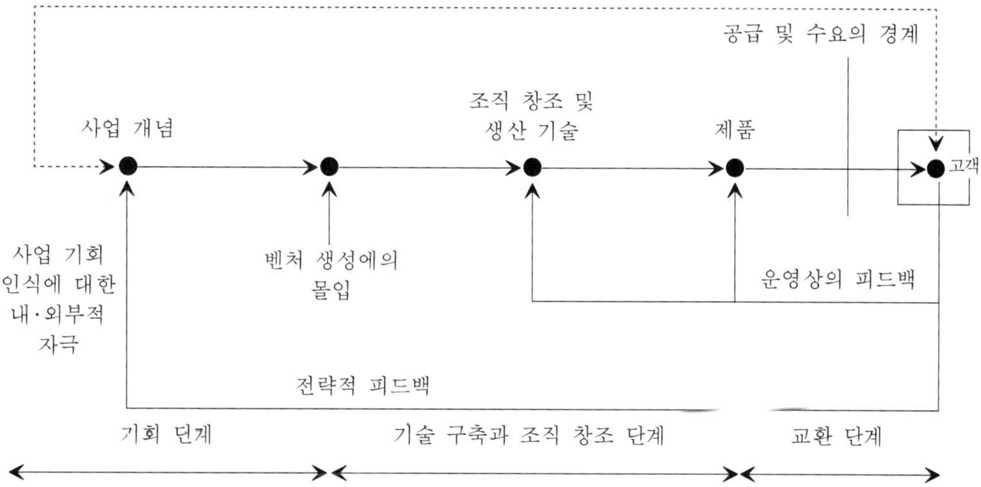

기업의 생성에 투여되는 마케팅 노력 등은 교환의 단계로 묶을 수 있다. 이러한 교환 과정에서의 핵심 변수는 생산된 제품이다.

기존의 기업을 관리, 통제하는 것은 일정 비율의 주식을 취득함으로써 가능할 수 있지만, 창업 기업을 세우는 것은 기업 경영의 제반 구성 요소를 체계적으로 갖추어 나갈 때만 가능하다. 이때 요구되는 핵심적 구성 요소를 따져보면 제품/용역의 아이디어, 기술적 노하우, 물리적 자원, 고객의 주문, 인맥 등이라고 할 수 있겠다.[14]

제품/용역의 아이디어 사업의 개시에 무엇보다도 직접적인 영향을 주는 것은 잠재적 시장과 고객에게 제공할 제품이나 용역의 특징에 대한 아이디어, 즉 벤처 아이디어(Venture Idea)이다. 벤처의 성공을 위해서는 이러한 아이디어가 빠른 시일 내에 구체화되고 실천되어야 한다. 그렇지만 사업 초창기에 도입한 벤처 아이디어가 반드시 기업의 종국적인 성공 요소가 되는 것은 아니다. 기업이 커나가면서 사업을 성공으로 이끄는 벤처 아이디어는 상황의 전개에 따라 달라질 수 있다.

기술적 노하우 기업의 제품이나 용역을 생산하기 위해서는 관련된 전문 기술이나 지식을 갖추어야 한다. 기업가는 이를 스스로 터득하거나 개발할 수도 있고, 기술자를 고용하거나 기술을 외부로부터 취득할 수도 있다. 이는 사업 구상을 실질적으로 현실화하는 방법론을 구축하는 것이다. 첨단 산업일수록 이러한 노하우 획득이 필수적인 창업 요소이며, 외부 취득보다는 내부 개발이 우선시 된다.

물리적 자원 사업을 준비하고 운영하는 데는 설립 자본금, 운전 자본, 설비 자산

---

[14] Karl H. Vesper, *op. cit.*: 109-110.

등의 물리적 자원이 필수적이다. 이들을 유치하고 적절히 배치하는 것이 창업자의 주요 역할 중 하나이다. 업종에 따라 이러한 자원의 중요도가 달라질 수 있다. 일반적으로 서비스 업종에 비해 많은 장치와 장비가 필요한 제조업의 경우 대규모의 자원이 동원된다.

고객의 주문 벤처 아이디어를 통해 예견한 시장과 고객의 긍정적인 반응을 실제로 얻어내는 작업이 바로 고객으로부터 주문을 따내는 것이다. 고객의 첫 주문(First Sale)을 받아내는 것은 창업자에게는 계획상으로만 상상했던 시장의 존재를 직접 확인하는 중요하고 짜릿한 경험이다. 어떠한 기업도 고객과 시장으로부터의 지속적인 호응이 없이는 생존하고 성공할 수 없는 것이기 때문에 이를 직접, 간접적으로 추구하는 것은 창업 기업에 있어서 창업자가 수행하여야 할 특히 중요한 요소이다.

인맥 사업의 추진은 진공 상태에서 이루어지지 않는다. 사업 구상 단계부터 성장기에 이르기까지 창업자는 주변의 친지와 가족으로부터 영향을 받게 된다. 이러한 인적인 관계를 자신의 사회적 자본(Social Capital)으로 받아들이고 이를 적극적으로 활용하고 개발하는 자세를 지닐 때 창업자는 보다 쉽사리 사업을 추진할 수 있다. 즉 성공적인 창업에는 노하우(Know-how)와 더불어 노후(Know-who)가 필요한 것이다. 사업 추진의 단계로 볼 때 초기에는 가족이나 친지 등의 비공식적 인맥(Informal Contacts)을 많이 접촉하고, 자금 조달을 시작하는 후기에는 주로 금융인, 회계사, 변호사, 공무원, 부동산업자 등의 공식적 인맥(Formal Contacts)을 구축하는 경향을 보인다.[15] 기존의 회사에서 사업과 관련된 경험을 쌓고 회사를 떠나 창업을 시도하는 퇴사 창업자(Extrapreneur)의 경우 이전의 회사에서 다양하고 효과적인 인맥을 구축할수록 창업에 성공할 확률도 높아지게 된다.[16] 따라서 장기적으로 자신의 사업을 개척하려고 꿈꾸는 사람은 주어진 업무 환경에서도 끊임없이 주변의 사람들을 만나고 사귀는 노력과 정성이 필요하다.

위와 같은 창업의 핵심적 구성 요소가 한번에 갖추어질 수 있는 것은 아니다. 따라서 그 중에서 무엇이 사업 추진의 초기 조건이 되고 어떠한 순서로 구성 요소가 구비될지는 창업자와 사업의 배경에 따라 달라질 수 있다. 단지 창업자는 위와 같은 창업의 핵심적 구성 요소를 늘 염두에 둠으로써 어디에 사업의 노력을 집중할 것인가를 파악할 수 있다. 위의 다섯 가지 구성 요소 모두가 갖추어져야 사업의 성공적 추진이 가능하다는 점을 파악할 때 사업 추진상 현재 창업 기업의 어떠한 구성 요소가 겸비되어 있고 무엇이 부족한지를 평가하고 현상황에서의 우선 순위를 정할 수 있다. 창업자는 위 구성요소를 겸비하는

---

15 Sue Birley, "The Role of Networks in the Entrepreneurial Process." In John A. Hornaday, Edward B. Shils, Jeffry A. Timmons, and Karl H. Vesper, *Frontiers of Entrepreneurship Research, 1985* (Wellesley: Babson Center for Entrepreneurial Studies, 1985): 325.

16 Bengt Johannisson, "New Venture Creation: A Network Approach." In Robert Ronstadt, John A. Hornaday, Rein Petershon, and Karl H. Vesper, *Frontiers of Entrepreneurship Research, 1986* (Wellesley: Babson Center for Entrepreneurial Studies, 1986): 236.

데 창업 기업의 상황에 따라 동태적으로 다양한 조합이 가능하다는 점을 알고 탄력적으로 이에 임하는 자세가 필요하다.

물론 기업가는 위의 여러 구성 요소를 복합적으로 추구하는 것이 요구되지만 무엇보다도 중요한 것은 기업가 자신의 헌신적 노력과 단호한 결단력이라고 할 수 있다. 성공적인 기업가는 과연 어떠한 사고 방식을 갖고 있으며 어떠한 행동 패턴을 보일까 하는 것도 많은 관심을 끌어왔다. 기업가의 인성 자체가 사업성과 수익성을 전적으로 결정하는 것은 아니지만 사업에 임하는 기업가의 마음가짐이 사업 성패를 좌지우지할 수도 있다. 성공적인 기업가들은 공통적으로 긍정적인 사고의 소유자로서 사업 기회를 늘 염두에 두고, 위험 부담과 불확실성을 인내한다. 성공적인 기업가는 또한 창의적인 자세로 상황의 요구와 변화에 적응하고 사원들을 통솔하는 리더십을 발휘하여 남보다 항상 뛰어나고자 하는 성향을 보인다. 기업가는 일반 경영자들에 비해 훨씬 더 창의적이고 혁신적인 사고와 행동이 요구되지만, 창의적인 발명가들이 흔히 겸비하지 못하는 사업 경험과 경영 기법 및 인맥 등을 잘 활용한다.

3. 예비 창업 분석

값비싸고 희소한 자원을 사업에 적극적으로 투입하기 전에 창업자는 구체적이고 현실적인 사업상의 **행동 계획**(Action Plan)을 짜야 한다. 이를 위해 필요한 것이 **예비 창업 분석**(Pre-Start Analysis)이다. 예비 창업 분석 과정을 통해 창업자가 달성하고자 하는 목적은 다음 세 가지로 집약된다.

- 적절한 활동 방침을 수립한다.
- 사업 과제의 요구 수준을 이해한다.
- 감내해야 할 위험의 수준을 파악하고, 그 관리 내지 완화 방법을 모색한다.

사업 계획서(Business Plan)는 예비 창업 분석 과정의 결과물이라 할 수 있다. 사업 계획서에 표현되는 다각적인 경영상의 계획은 실상 동시적으로 고려되고 추진되어야 하는 것이다. 이러한 다각적인 계획의 밑바탕에 깔린 기본적 가정과 사업 개념을 예비 창업 분석을 통해 구체화하는 것이 매우 중요하다. 예비 창업 분석이 잘 될수록 사업 계획서 작성이 효과적으로 될 수 있다. 실제로 많은 경우에 사업 계획서를 작성하지 않고 사업을 추진하게 된다. 이러한 경우에는 특히 창업자나 경영진이 예비 창업 분석을 통해 기본적인 행동 가이드라인을 미리 마련해야 한다.

창업 전에 사업 추진을 기획하기 위해서는 창업 기업이 가치를 창출하는 데 있어 핵심적인 영역을 따져보아야 한다. 예비 창업 분석은 다음과 같이 창업 기업의 사업 추진과 관련된 전반적인 영역을 고려한다.[17]

- 사업 기회의 평가
- 사업 개념의 개발
- 필요 자원의 검토
- 필요 자원의 획득
- 벤처의 경영관리
- 사업 가치의 수확 및 분배

이러한 사항들에 대해 예비 창업자가 일시에 모두 답을 할 수는 없겠지만, 필연적으로 사업 추진시 부딪쳐야 하는 것이므로 되도록이면 일찍이 나름대로의 해결책을 마련해 두어야 한다. 그러한 작업을 서두를수록 사업 기회를 포착하고 사업 위험을 최소화하여 수익성을 제고하는 바탕을 구축하는 것이다. 이 작업은 누구에게 위임할 것이 아니라 창업자 스스로 해야 한다. 왜냐 하면 사업 결과의 잘잘못은 결국 창업자 자신의 책임과 수익으로 돌아오기 때문이다. 단, 사업 개시 전의 이러한 분석이 분석으로 그칠 것이 아니라 추진력 있고, 시의 적절한 행동으로 이어질 수 있도록 힘쓰는 것이 필요하다.

(1) 사업 기회의 평가

매력적이고 잘 정의된 사업 기회는 성공적 창업의 초석이 된다. 사업 기회를 평가하는 데 있어 우선적으로 고려되어야 할 사항은 기회의 창(Window of Opportunity)이 갖고 있는 여러 차원상의 특징, 잠재적 수익성, 추가적인 관련 사업 유무, 수익의 지속성 및 고객 욕구의 만족 가능성 등이다.

기회의 창의 특징 사업 기회의 시간적 제한성, 즉 기회의 창의 특징을 따져보는 것은 기회의 절대적 크기, 장기적 존재 가능성 및 성장 가능성을 점검하고, 그것을 어느 특정 시점에서 포착하고 추구하는 것이 유리한가를 판단하기 위함이다. 사업 기회는 시점에 따라 수익성과 위험이 달라질 수 있기 때문에 기회의 창을 평가하는 데 있어 사업 추구의 시점을 적절히 설정하는 것이 중요하다. 즉, 기회가 실제 존재하는 전체 시간과 창업자가 분석하는 기회 추구의 부분적 시간은 달라질 수 있다는 것이다.

잠재적 수익성 사업 기회는 투자된 자본, 시간 및 기회 비용을 고려한 투자 수익률을 제공하기에 적절한 잠재적 수익성을 갖고 있어야 한다. 과다하고 장기적인 투자를 요구하는 기회는 막대한 사업 가치가 창출되지 않는 한, 수차례의 지속적인 외부 자금 조

---

[17] Michael J. Roberts and Howard H. Stevenson, "The Start-Up Process," Harvard Business School Note 9-384-179, 1984; John R. Van Slyke and Howard H. Stevenson, "Pre-Start Analysis: A Framework for Thinking about Business Ventures," Harvard Business School Note 9-386-075, 1985.

달을 통해서 창업자의 소유권이 잠식되기 때문에 창업자가 실질적인 보상을 얻기 어렵다. 잠재적 수익성은 각 창업자가 지니고 있는 사업 기회의 대안들과 시기적, 상황적 특징에 따라 다르기 때문에 창업자에 따라 개인적으로 다르게 평가될 수 있는 성질을 지닌다. 일반적으로 좋은 수익성을 지닌 사업 기회는 다음과 같은 특징을 보인다.

- 특정한 틈새 시장에서 5-7년간 안정적이고 지속적인 매출의 성장
- 매출액 중 높은 비중의 반복적 수익
- 경험 축적과 규모 증가에 따른 운영상의 높은 레버리지 가능성
- 이익 잉여금 등 내부 자금 조달을 통한 성장 지원
- 고정 자산 담보와 순이익 등 현금 흐름 증진을 통한 차입 능력 성장
- 3-5년의 단기간에 걸친 비중 있는 사업 가치의 창출
- 자본을 현금화할 수 있는 사업 가치의 현실적 수확 방법의 존재
- 40% 이상의 높은 투자 수익률

관련 사업 가능성 훌륭한 사업 기회는 창업 당시의 특정한 사업 이외에 사업 확장, 다각화, 수직적 통합 등 다양한 사업 추진의 옵션을 제공할 수 있다. 불확실한 미래 경영 환경 속에서 창업자가 단일 사업에 영속적으로 묶여 있지 않도록 하는 것이 중요하며, 상황에 따라 중도 변경의 가능성을 열어 두는 것이 바람직하다. 따라서 희소 자원의 사용을 최대한 억제하고, 대외 협력의 가능성을 확보하며, 다양한 기술적 대안을 제시하는 사업 기회에 초점을 맞출 필요가 있다.

수익의 지속성 창업 초기에 수익성 창출의 바탕이 된 여러 종류의 사업 환경이 시간이 갈수록 변하기 마련이며, 특히 사업이 성공적으로 이끌어질수록 이러한 변화의 가능성은 커질 수 있다. 즉, 시장 경쟁 상황의 변화, 대체재의 출현, 새로운 고객의 욕구, 공급 업체나 유통 업체와의 관계 변화, 그리고 종업원의 이직 등의 요인이 발생하여 수익성의 지속에 중대한 도전이 된다. 따라서 일단 창업한 이후 이러한 변화의 가능성을 사전에 검토하고 그에 대한 취약성을 극복하는 다양한 대안을 모색할 필요가 있다.

고객 욕구의 만족 가능성 특히 신설된 기업일수록 그들의 새로운 제품이나 서비스에 대한 가격, 기능성, 유통 혁신, 내구성, 품질 등의 강점을 고객에게 제공하여 회사에 대한 대외 신인도를 조속히 구축하는 것이 절실하다. 고객이 잠재적으로 요구하는 것들을 적절한 시간, 생산 및 영업 비용의 한도 내에서 실제로 제공하여 고객이 가치를 인식하고 구매하는 과정이 바로 기업이 가치를 창출하게 되는 근본적 메커니즘이 된다. 하지만 많은 창업자들이 자사의 제품이 과연 고객의 욕구를 충족하는지, 또 실제 영업 활동에 얼마나 많은 시간과 마케팅 비용이 소모되는지를 파악하지 못하는 경우가 왕왕 존재한다.

(2) 사업 개념의 개발

사업 기회에 대한 평가는 시장의 잠재적 수요를 파악하는 기반이지만 창업자는 그러한 기회를 최대한 이용하여 고수익을 창출하기 위한 실천적인 사업 개념, 즉 사업 전략을 짜내어야 한다. 특정한 사업을 추진하기로 하였다고 결정했다 하더라도 그것을 실행하는 데는 다양한 전략적 대안이 존재하는데, 이를 위해 최소한 신상품의 진입 장벽 창출, 고객 확보 방안, 공급 업체 및 구매 업체와의 관계 설정 등을 현명하게 검토하고 처리해야 한다.

진입 장벽의 설치 진입 장벽의 설치는 성공적인 창업 이후 출현하는 제반 경쟁적 도전을 효과적으로 지연하고 억제하며 고수익을 지속적으로 창출하는 기반이 된다. 진입 장벽은 저비용, 유통 기반, 특허, 사업 기밀, 제품 차별화 및 집중화 전략 등으로 구축될 수 있다. 효과적인 진입 장벽은 필연적으로 발생하는 경쟁사의 유사품 복제 및 저가 전략 등에 대응하여 자사의 생산 상의 리드 타임(Lead Time)을 확보하고 경쟁 우위가 점진적으로 잠식하는 것을 예방할 수 있다. 창업 기업은 특히 사업 기회의 수익성 추구에만 급급한 나머지 진입 장벽을 효과적으로 구축하지 못해 실패하는 우를 범하기 쉽다.

고객의 확보 새로운 제품/서비스를 가지고 고객을 확보하는 것은 고객으로 하여금 일종의 변화를 행하도록 하는 것이다. 예컨대 신제품을 도입했을 때 고객사는 공정을 새롭게 변경하는 신규 투자를 해야 할 수도 있다. 따라서 고객의 확보는 고객에게 현저한 이득을 가져다가 주고 고객이 흔쾌히 감당할 수 있는 수준의 변화를 통해서만 가능하다. 일반적인 시장 수요를 상정하기보다는 특정한 고객층을 염두에 두고 그들이 얻을 수 있는 이득을 기존 제품과 비교해 주는 자세가 고객 확보와 창업 기획에 보다 효과적이다.

공급 업체에 대한 핵심 자원의 장악 창업 기업인 경우 설비 투자가 제한적일 수밖에 없기 때문에 흔히 주요 부품이나 공정 일부를 외주하는 것이 보통이다. 이때 공급 업체가 창업 기업의 이러한 약점을 이용해 이윤을 짜내기 위한 불공정한 정책을 펼 수 있다. 따라서 창업자는 핵심 자원을 장악하고 특정 공급 업체에 대한 다양한 대안을 준비할 필요가 있다.

구매 업체와의 경제적 관계 유지 기존의 유통망을 파고 들어가기 위해서는 불가피하게 기존 기업들과 충돌할 수밖에 없다. 유통을 장악하고 있는 대형 구매 업체들은 소규모 창업 기업의 약점을 이용해 조달 조건, 가격, 신용 구매, 품질 기준 등을 일방적으로 설정함으로써 창업 기업이 매우 높은 위험 부담을 떠안고 영업을 하여 실질적인 수익 창출에 큰 장애가 될 수 있다. 따라서 창업자는 유통망의 구축에 있어 경제성을 최대한 확보하는 관계 관리 정책을 펴야 한다.

(3) 필요 자원의 검토

창업자가 가치를 창출하는 주요 방법은 최소한의 자원으로 최대한의 효과를 얻는 것이다. 필요 자원을 평가하는 것은 무엇이 가장 우선적으로 필요한 최소한의 자원인가를 알아내는 과정이다. 창업자에게는 현존하는 자원과 필요한 자원의 차이(Gap)를 파악하고, 추가적인 필요 부분을 조달하는 것이 사업 추진상 주요한 활동이 된다. 창업자가 필요 자원을 모두 가지고 있다면, 그는 창업자라기보다는 투자자에 가깝다고 할 수 있다. 사업 실패는 필요 자원의 수준과 창업자가 보유한 자원 사이의 차이가 너무 큰 경우에 발생한다. 벤처가 필요로 하는 자원의 종류는 다음과 같이 다양하다.

- 재정적 자원
- 마케팅 및 영업 자원
- 기술적 자원
- 생산 자원
- 제품 개발 자원
- 인적 자원
- 관리 자원
- 시스템 자원

중요한 것은 다음 사항을 체계적으로 검토하여 최소한의 필요 자원(Minimum Package)을 보유하고 그 바탕 위에 추가적으로 요구되는 자원을 조달하는 것이다.

자원의 필요 수준 사업 가치를 창출하기 위해서는 기존에 장악하고 있는 자원이나 기능 및 관계 망 이외에 새로운 자원을 조달하는 것이 필수적이다. 따라서 현존하는 자원의 상황, 즉 강점과 취약점을 일차적으로 평가하는 것이 급선무이며, 그 바탕 위에 미비한 필요 자원을 동원하는 문제를 해결해야 한다. 필요한 자원의 종류를 파악할 뿐만 아니라 각 자원별로 어느 수준의 양이 요구되는지도 검토할 사항이다. 창업자는 최적의 자원 수준과 최악의 경우 최소한의 필요 자원을 평가하여야 한다. 창업 기업가의 경우 같은 자원의 다양한 용도를 개발할 수 있는 능력이 있으므로 일반 경영자에 비해 같은 수준을 자원을 가지고도 사업 기회 추구에 따르는 실패의 위험을 낮게 평가할 수 있다. 즉, 자원이 풍부하다고 해서 사업 위험이 반드시 절감된다고는 볼 수 없다는 것이다. 특히 같은 자원을 다양한 용도로 활용하는 방안을 모색하는 것, 즉 자원간의 교환성(Trade-Off)을 검토하는 작업이 요구된다. 예컨대 제품의 최종적 품질에 영향을 주지 않는 한 중고 기계를 활용하는 것도 좋은 방법 중의 하나이다.

여유 자원의 확보 사업의 추진에 있어 적절한 수준의 여유 자원을 확보해야 하는 중요성은 간과할 수 없다. 사업 추진에 있어 일반적으로 이삼 배의 법칙(Variances of Three and Two)을 말한다. 즉, 예상보다 두 배의 자금이 필요하고, 세 배의 시간이 소모된다는 것이다. 창업 기업이 사업 위기에 봉착했을 때 여유 자원이 부족하게 되는 상황은 결정적으로 외부 세력으로 하여금 악조건의 자금 제공 방법을 통해 창업 기업을 몰아낼 수 있는 절호의 기회를 제공한다. 즉 사업에 있어서는 후입자가 먼저 퇴출되는(Last-In, First-Out) 것이 상례이다. 따라서 최소한 발생 가능한 시나리오를 몇 가지 상정하고 컨틴전시 계획(Contingency Plan)을 마련하는 것이 현명하다. 이때 상황의 진행에 따른 이정표(Milestone)를 설정하고, 사업 추진 과정상의 고비를 사전적으로 검토하여 핵심적 점검 사항(Checkpoint)으로 하는 작업이 필요하다. 예상된 고비를 성공적으로 극복하였을 때 사업의 위험 부담 폭을 줄이고 새로운 전기를 마련하는 것이며, 이에 따라 공급 업체나 하청 업체들도 보다 적극적인 협력을 제공할 수 있게 된다.

내부 조달 가능한 기능과 자원 사업 경험이 축적되고 사업 규모가 증대됨에 따라 창업 기업은 경쟁 우위를 구축할 수 있는 최소한의 자원과 경영 요소를 내부적으로 조달하고 발전시켜야 한다. 내적 자원이 구축되면 경쟁 업체가 핵심적인 자원을 얻어 경쟁상 위협이 되지 않도록 사전에 방지하는 정책이 요구된다. 소규모의 창업 기업에 대해 대규모의 기존 기업들은 막대한 자원을 동원하여 얼마든지 유사한 제품을 내놓을 수가 있기 때문에 창업 기업은 기술 인력 등 핵심 자원의 확보 및 유지에 총력을 기울이는 것이 바람직하다. 특히 결과보다는 과정의 통제를 통해서 완성되는 자원들은 시장의 계약 관계에 의해 효과적으로 조달될 수 없기 때문에 조직 내의 직접적인 권한 관계의 정립을 통해 확보해야 한다.

미비 자원의 공급 가능자 창업자가 필요로 하는 자원을 모두 자체 조달하는 것은 현실적으로 불가능하다. 따라서 창업자는 필요로 하는 수준과 현존 수준의 차이를 파악하고 미비한 자원을 대외적으로 조달하는 노력을 하여야 한다. 외부에서 자원을 공급 받을 수 있는 여러 대안을 모색하는 것 자체가 매우 어려운 일이다. 능력 있는 창업자는 미비한 자원을 직접 소유하지 않으면서도 외적으로 임시 변통하는(Make Do) 능력이 뛰어나다. 즉, 남의 자원을 마치 자기 것인 양 활용하는 것이다. 이때 크게 도움이 되는 것은 창업자가 그 동안 구축한 개인적 친분이다. 외부의 자원 공급자가 창업자에 대해 오랜 친분과 신뢰감을 갖고 있다면 자원을 공급해 주는 데 따르는 위험에 대해서 상대적으로 적은 부담을 느낄 것이기 때문이다.

(4) 필요 자원의 획득

필요 자원에 대한 평가가 마무리되면 자연스레 필요 자원을 획득하는 과정이 따른다. 창업시 자원을 획득한다는 것은 반드시 자원의 직접적인 소유만을 의미하는 것은 아니고 다양한 방법으로 자원을 확보하여 활용 가능케 하는 작업이다. 창업자는 이를 위해 임대료, 로열티 및 기타 인센티브를 제고하는 등의 방법으로 자원 소유자가 창업자에게 적극적으로 필요 자원을 제공할 수 있도록 하는 레버리지(Leverage) 방안을 강구해야 한다.

자원의 획득 과정에서 창업자는 도움의 필요에 따라 주변의 네트워크를 적극 활용하는 자세를 가져야 한다. 이러한 네트워크에는 공식적인 도움의 원천과 비공식적인 원천이 있다. 공식적인 것으로는 물론 은행, 회계사, 변호사, 지방 정부, 상공 회의소, 부동산 업체, 중소기업청 등이 있다. 비공식적인 것으로는 사업상의 인맥, 친구, 가족, 친지 등이 있다.

미국 인디애나주의 세인트 조셉 지역의 창업자를 대상으로 한 벌리의 연구 결과는 창업자들이 사업 운영 관련 항목에 따라 각각의 네트워크 원천을 다양한 우선 순위를 가지고 활용하고 있음을 표 1-2에서와 같이 보여준다.[18] 표에서 그룹 A는 사업의 고정비와 관련된 것이고, 그룹 B는 수익 창출과 관련된 것이며, 그룹 C는 자금 조달과 관련된 사항이다. 예를 들어 사업 추진상 판매와 관련하여 가장 많은 도움을 얻은 네트워크 원천은 비공식적인 사업 인맥과 가족 및 친지의 순이고, 공식적인 원천은 별로 활용을 안 한다는 것이다.

핵심 자원 장악의 메커니즘 종업원 고용이나 공장 및 장비의 취득 등 자원을 직접 소유하거나 관리·통제하는 방법은 상대적으로 매우 고비용이기 때문에 가장 핵심적인 자원에 한정되어야 한다. 이러한 직접 소유 방식 이외에도 계약 관계, 비계약 장기 조달 협약, 수시 소날 등의 방법을 통해 필요 자원을 획득할 수 있다. 이러한 여러 가지 자원 조달 방안을 강구할 때 검토해야 하는 것은 조달 방법에 따라 자원이 요구되는 수준의 성과

표 1-2 사업 네트워크 원천의 활용상의 우선 순위

	공식적 원천	비공식적 원천		
		사업 인맥	가족 및 친지	최초 접촉인
그룹 A				
원자재/부품	4	1	3	2
장비	3=	1	3=	2
입지/공장	4	1	3	2
종업원	4	1	3	2
그룹 B 판매	4	1	2	3
그룹 C				
자금 협의	1	4	2	3
자금 지원	2	3	1	4

자료: Sue Birley, "The Role of Networks in The Entrepreneurial Process," *Journal of Business Venturing,* 1985, 1: 114.

[18] Sue Birley, "The Role of Networks in The Entrepreneurial Process," *Journal of Business Venturing,* 1985, 1: 107-117.

를 나타낼 것인가 하는 점이다.

필요 자원 제공 가능자에 대한 인센티브 구성 자원의 제공자는 재정적 수익 이외에 전문가적 명성, 운영상의 연관성, 위험 분산, 사회적 지위, 정치적 이유 등 다양한 인센티브(Incentive)에 바탕하여 창업자에게 필요 자원을 제공한다. 자원 제공자는 단순히 금전적인 보상뿐만 아니라 인센티브의 전체 패키지에 관심을 표명한다. 인센티브가 부족한 채로 거래가 형성되면 그 관계는 매우 취약하게 되며, 장기적으로 신뢰성이 떨어지게 된다. 따라서 창업자는 자원 제공자가 적극적으로 협력할 수 있는 수준의 인센티브 패키지를 모색하여야 한다. 단, 인센티브가 과도하여 창업자에게 돌아오는 사업 가치가 거의 사라질 정도가 되어서는 안 될 것이다.

(5) 벤처의 경영관리

일단 필요 자원이 적절히 동원된 후에는 창업자는 창업 팀 및 종업원과 함께 입수된 자원을 활용하여 실제 경영을 시작하며 사업을 배우게 된다. 모든 것이 창업 기업에 있어서는 최초로 경험하는 것이기 때문에 각 사안을 처리하는 경영관리 시스템을 조속히 정비하는 것이 중요하다.

조직 내·외적 요소의 경영관리 창업자는 우선 벤처 경영을 위한 공식·비공식 체제를 도입하는 것이 급선무이다. 조직 내부적으로 갖추어진 인력이나 생산 공정뿐만 아니라 공급 업체나 유통 업체의 협력을 요구하는 조직 외적 요소에 대해서도 적절한 기획과 통제를 하여야 한다. 경영관리 시스템은 피드백과 평가 과정을 통해 보완되고 창업자와 협력 업체를 포함해서 관련된 당사자 모두에게 장기적으로 도움이 되도록 구성되는 것이 필요하다.

종업원의 유치 창업자는 벤처의 장기적 발전에 따른 종업원의 유치 전략을 구상해야 한다. 기존 기업들에 비해서 창업 기업의 경우는 합당한 능력을 지닌 종업원을 유치하는 것이 무척 어렵다. 기업의 지명도도 없지만 과연 향후 몇 년간 어떠한 구체적인 직무능력이 요구되는지를 앞서 내다보기도 어렵기 때문이다. 이러한 어려움으로 인해 창업자는 젊고 잠재성 있는 사람들을 고용하는 경우가 많다. 이들은 보통 다양한 종류의 업무를 수행하는 데 불평이 적고 새로운 일을 배우기가 쉽기 때문이다. 하지만 기업이 성장하고 성숙되어 필요한 경영상의 과제가 분명히 드러날수록 능력 있고 경험 있는 외부 인사를 경영자로 유치해야 할 필요성이 있다.

창업자 역할의 발전 창업자는 사업 초기에 특히 행동지향적(Action-Oriented)으로 모든 사안에 직접적으로 관여(Attention to Detail)하는 경영자이기 마련이다. 그러나 기업이 확장할수록 후배 경영진에게 업무를 점차 위양하고 창업자 본인은 경영진 전체의 총괄 경영자로서 총체적이고 전략적인 감독 기구화하여야 한다. 이를 위해서 창업자에게는 창업시와는 또 다른 종류의 능력과 식견을 배우는 자세가 필요하다.

(6) 사업 가치의 수확 및 분배

사업이 예상대로 성공리에 추진되고 일정 기간이 지나면, 창업자나 투자자, 또 종업원들도 사업 가치를 일정한 절차에 의해 배분 받아 현금화할 수 있기를 기대한다. 창업자에게는 이러한 수확·배분의 과정이 마치 자신이 탄생시킨 아기를 포기하는 것과 같은 착잡한 마음이 들기도 하지만 그럴수록 수확에 관한 재정적 기획을 치밀하게 해야 하며, 기업이 누구의 손에 들어가더라도 장기적으로 생존할 수 있도록 만전을 기해야 한다.

사업 가치 수확 최대화의 메커니즘 개인적인 용역 사업 등 기업을 창업자가 직접 운영하지 않으면 안 되는 사업도 있지만 많은 경우 창업자가 은퇴를 원할 때 현금화할 수 있는 기업 자산을 보유하고 있게 된다. 사업 가치를 수확하는 방법에는 다음과 같이 여러 가지가 있다.

- 대규모 업체에 의한 인수
- 기업 공개—신주 공모(IPO: Initial Public Offering)를 통해서 기업을 공개함
- 회사의 매각—제삼자나 경영진 또는 종업원 대상
- 청산에 의한 배분

벤처 자본의 경우 이중에서 인수, 합병, 기업 공개 등을 주로 활용한다. 창업자는 신주 공모를 하더라도 기업의 경영권을 포기하고자 하기 전에는 주식의 일정 부분을 계속 보유하여야 하므로 결국 최종적인 피배분자가 된다. 창업자는 현금 수확을 하더라도 세법 등 각종 규제에 대한 만반의 준비를 하여 자본 이득 등에 대한 세금을 지급한 후의 순현금 수익을 최대화할 수 있는 재정적 구조와 조건을 마련하는 것이 바람직하다.

수확/비수확의 사전 조건 주변 상황에 따라서 사업 가치를 수확하기에 적절한 시기와 그렇지 않은 시기가 존재한다. 수확에 적절한 조건은 다음과 같다.

- 고성장을 기하기 위한 대규모 자본의 유치
- 이윤 잠재성의 최고조 점
- 세법상의 변화
- 사채 및 주식 시장의 변화
- 경기 변동
- 창업자나 주요 경영진의 나이, 건강, 관심 등의 문제

반면 다음과 같은 대내·외적인 요인으로 수확이 바람직하지 않은 경우도 존재한다.

- 경기나 시장의 변동
- 세법 등 법제상의 변화
- 경쟁 업체의 등장

- 경영진이나 운영상의 문제
- 사업 기밀의 누설이나 소진

이해 관계자들에 대한 책무 창업자가 수확을 통해 사업에서 손을 떼게 되면 그에게 그 동안 기대를 걸고 협력해준 여러 인사들, 즉 투자자, 금융 기관, 동업자, 주요 종업원 등에게 더 이상 그 기대를 지속해줄 수 없게 되는 것이다. 따라서 그 간의 기대에 대한 적절한 보상과 보답을 모색해야 한다. 이렇게 함으로써 향후 재차 창업을 하게 될 때 그들은 과거 창업자에 대한 신뢰감에 바탕해서 처음보다는 훨씬 쉽게 다시 협력해 줄 것이다.

4. 사업의 성공과 실패

창업자가 해결해야 할 핵심적 과제는 창업 초기에 고위험에 대응하는 고수익성을 보장하는 사업체를 창출하는 것이다. 사업의 실패와 기업의 해산이 흔히 발생하는 일이기는 하지만 국내·외 경제 체제에는 실제로 고도로 성장하는 벤처 기업을 창설하고 키워온 수많은 성공 사례도 존재한다. 고성장 벤처 기업에게는 사업 실패보다는 성공이 더 다반사이기 때문에 문제는 창업자가 자신의 기업을 어떻게 이러한 부류의 사업체로 만드느냐 하는 것이다.

고성장 벤처 기업들은 경영진의 구성, 벤처의 사업 전략 및 시장 개척 등에서 상호 유사한 특징을 보인다.[19] 미국의 경우 이들은 연간 50-100만 불의 매출액 규모를 갖고 연평균 최소 10% 이상의 성장률을 보인다. 고성장 벤처의 경영진은 핵심 인사를 잘 유치하고 확보한다. 창업자가 창업 초기에 특히 범하기 쉬운 오류는 적은 여유 자원에 집착한 나머지 창업 동지를 확보하는 데 있어 장기적인 안목을 갖고 경영진과 기술진을 구성하는 데 미흡한 점이다. 이 때문에 사실 유망한 사업 구상 자체가 너무 일찍 좌초에 빠지게 되는 경우가 허다하다. 초창기 사업이 뿌리내리기 시작할 때는 앞서 지적한 바대로 사업 실패의 위험이 가장 높은 때이고 따라서 벤처의 성패를 가름하고 생사고락을 장기간 계속할 수 있는 인물을 고르고 유치하는 것이 가장 핵심적이고 우선적인 과제임을 염두에 두어야 한다.

경영진의 구성이 제대로 된 연후에는 적절한 사업 전략의 추구가 따라야 한다. 고성장 벤처는 기본 사업 전략으로서 우선 높은 매출액 이익률과 초우량 제품 품질을 유지하

19 Harry J. Sapienza, "Comets and Duds: Characteristics Distinguishing High and Low Performing High Potential Ventures." In *Frontiers of Entrepreneurship Research, 1991* (Wellesley: Babson Center for Entrepreneurial Studies, 1991): 124.

고 사업 기회에 발빠르게 대처한다. 뛰어난 기술력과 기술진에 의한 고품질의 제품으로써 명성 있는 기존 기업의 제품과 경쟁해야 할 뿐만 아니라 이러한 제품 자체가 생산성이나 원가 구조에서도 우위가 있어 높은 수익성을 보장해야 하는 것이다. 또한 고성장 벤처는 틈새 전략(Niche Strategy), 마케팅 혁신, 고객과의 우선적 구매 협약, 규제 변화 등을 통해 시장에 진입하고, 매출액 대비 높은 수준의 영업 비용을 투입하며, 주요 공급 업체와 광범위한 경험과 관계를 유지한다. 이는 제품의 개발, 생산 및 유통의 전 과정에 있어서 관련되는 공급 업체로부터 시작하여 경쟁력 있는 새로운 제품을 시장에 소개하는 역할을 하는 유통 업체에 이르기까지의 제반 경영 활동에 주안점을 둔다는 것을 의미한다.

고성장 벤처는 시장 개척을 하는 데 있어서 고도 성장 산업에 주력하고, 시장 점유율을 높이는 데 힘쓴다. 향후 수년 앞을 내다보고 투자하고 노력해야 하는 창업자로서는 산업과 시장 및 관련 기술의 향배에 남다른 혜안을 가지는 것이 중요하다. 따라서 성숙되고 침체된 산업이나 사양 산업보다는 미래의 경제를 주도할 고도 성장 산업, 신기술 산업 등이 개척의 대상이 될 것이다. 이러한 고도 성장 산업 또는 생성기의 산업(Emerging Industry)에 있어서는 단기적인 수익성 자체보다는 시장의 선도적 역할을 포착하는 지표로서 시장 점유율(Market Share)을 높이는 것이 산업의 고도 성장의 곡선을 함께 탈 수 있는 좋은 시렛대가 된다.

세계 최대의 경제 규모를 자랑하는 미국의 경우 총 2000만 개 이상의 회사가 존재하며 한 해에만 백만 개 이상의 회사가 새로이 설립된다. 이처럼 창업의 기회는 끊임없이 존재하며 또 실현되고 있지만 사업 실패의 가능성도 그에 못지않게 큰 것이 현실이다. 각종 자료에 따르면 사업의 실패는 예외적 현상이 아니라 다반사로 발생하는 것이다. 월 스트리트 저널에 따르면 창업 기업 중에서 설립 후 2년 이내에 해산하는 경우는 전체의 23.7%, 4년 이내에 해산하는 경우는 과반수인 51.7%, 그리고 설립 후 6년 이내에 해산하는 경우는 거의 3분의 2에 육박하는 62.7%라는 것이다.[20] 또한 이러한 사업 실패와 기업 해산의 주된 요인으로는 사업 자체에 내재하는 경제성 요인이 47.4%, 과다한 부채, 경상 비용 또는 운전 자본 부족 등의 재정적 애로가 38.4%, 경험 부족이 7.1%, 끝으로 사업상의 갈등, 가족 문제, 좋지 못한 업무 습관 등을 포함하는 창업자 자신의 문제와 소홀성이 3.4%, 사기, 횡령, 재난 등 기타 문제가 3.7%를 구성하는 것으로 파악되었다.

이와 같은 실패 통계를 보고 알 수 있는 것은 사업의 실패가 다반사일뿐만 아니라 대부분의 회사가 설립 후 2년에서 5년이면 성패가 판가름난다는 것이다. 이를 창업자의 입장에서 보면 설립 연혁이 짧은 회사일수록 사업 실패의 위험이 높다는 것을 의미하며, 이에 따라 창업자의 주도 면밀한 사업 추진이 초기에 특히 중요하다는 것을 알 수 있다.

---

[20] *The Wall Street Journal,* October 16, 1992: R7.

표 1-3 업종별 부도 업체 수와 어음 부도율 추이

구 분	1994	1995	1996	총 업체 수 (1995년 기준)	부도 업체 비율 (1995년 경우)
업종별 부도 업체 수 (개)					
제조업	3,133	3,553	3,855	314,283	1.13 %
건설업	1,201	1,751	1,544	66,851	2.62 %
도소매	3,192	3,326	2,992	1,012,648	.33 %
기타*	3,729	5,362	3,198	1,234,992	.43 %
합계	11,255	13,992	11,589	2,628,774	.53 %
지역별 어음 부도율 (%)					
서울	.10	.12	.08		
지방	.57	.70	.45		
전국	.17	.17	.14		

*기타에는 서비스업, 운송업, 광업, 전기 · 가스 및 수도 사업 등이 포함된다.
자료: 중소기업 협동조합 중앙회, 1997 **중소 기업 현황** (서울: 중소기업 협동조합 중앙회, 1997).

하지만 적극적이고 긍정적인 사고를 하는 창업자는 시간이 갈수록 더욱 살아남을 확률도 높고 실제로 3분의 1 이상의 기업들이 6-7년 이후에도 건재하다는 점 또한 중시할 것이다. 많은 사업체들이 실패하는 현상 자체는 거시적으로 보면 슘페터가 제시한 창조적 자기 파괴(Creative Self-Destruction)의 과정이며, 경제가 자생력을 지속적으로 유지하는 자연스런 현상이라고 할 수 있다. 이를 통해 사업에 실패한 기업가는 기업 자체는 망했어도 실패를 통한 경험을 바탕으로 해서 보다 경쟁력 있는 제 2, 제 3의 창업을 할 수 있는 것이다.

통계청의 1995년 사업체 기초 통계 조사 보고서에 따르면 우리 나라는 총 2,628,774개의 1인 이상 사업체가 존재하며, 이들은 총 11,377,378명의 종업원을 고용하고 있는 것으로 나타나 있다. 한국의 경우 사업 실패의 지표로 많이 활용되는 것은 어음 부도율에 따른 부도 업체 수이다. 표 1-3은 업종별 부도 업체 수와 지역별 어음 부도율을 나타낸다. 업종별로 보았을 때 건설업(2.62%)과 제조업(1.13%) 순으로 부도율이 높고, 도소매업(.33%)이나 기타 서비스 업종이 상대적으로 낮은 부도율을 보인다. 지역별로는 서울(1996년 기준 .08%)에 비해 지방(1996년 기준 .45%)의 업체들이 훨씬 높은 어음 부도율을 기록하고 있다. 이러한 실패율의 업종별, 지역별 차이와 추이를 잘 검토함으로써 창업자는 자신이 원하는 사업의 영역을 결정하고 추진하는 데 있어 기본 바탕으로 삼을 수 있다.

막연하게나마 가망성 있는 사업 구상을 가진 많은 사람들이 실제로 창업을 하지 못하는 데는 추진력 있는 마음가짐이 결여되어 있다는 점이 큰 문제이기도 하다. 하지만 창업 초기에 있어서 정신 자세보다 더욱 결정적인 장애 요소는 다음 세 가지로 집약된다.[21]

---

[21] Karl H. Vesper, *op. cit.*: 119-126.

- 충분한 마진의 가능성 있는 벤처 아이디어 발굴의 실패
- 효과적인 판매 창출 계획 개발의 실패
- 운영 자금 확보의 실패

이러한 장애 요소를 극복하는 것은 앞서 살펴본 사업 추진 과정을 원활하고 성공적으로 진행하는 기본 요건이 된다.

높은 마진의 벤처 아이디어 창업자나 다른 투자자에게 수익성을 보장하기 위한 기초 조건은 사업상의 마진(Margin)이 발생해야 한다는 점이다. 벤처는 다음과 같은 마진을 모두 창출하여야 성공적으로 성장할 수 있다.

- 이윤 창출을 위한 마진
- 예기치 못한 문제에 대처할 수 있는 마진
- 가격 파괴 등으로 공략하는 경쟁자와 대처하고도 이윤을 창출할 수 있는 마진

제조업의 경우 일반적으로 위의 마진을 충족시키기 위해서는 재료비와 노무비 등의 직접 원가에 비해 네다섯 배의 시장 가격으로도 충분히 판매할 수 있어야 한다. 많은 사람들이 사업 구상을 해보고도 실제로 창업을 못하게 되는 큰 이유는 계산상으로 위와 같은 마진을 충족시키는 좋은 사업 아이디어를 짜내지 못했기 때문이라 할 수 있다.

효과적인 판매 창출 계획 성공적인 벤처와 그렇지 못한 벤처의 결정적인 차이 중의 하나는 창업자가 얼마만큼 제품 판매와 마케팅에 신경을 쓰느냐 하는 것이다. 창업 기업은 제품을 한 건 또는 몇 차례 판매했다고 해서 곧 성공하는 것이 아니고 주문이 지속적으로 쇄도해야 성공할 수 있는 것은 자명하다. 이를 위해 창업자는 판매에 관한 기본적인 과제를 잘 파악하고 분석적으로 대처해야 한다. 즉, 누가 우리 회사의 제품을 구매할 것인가, 우리 제품이 과연 얼마만큼 그들에게 가치가 있는 것인가, 그들이 어떻게 우리 제품에 대해서 알 것인가, 그리고 그들이 우리 제품의 가치를 파악하는 데 어떠한 어려움이 있고 그 어려움을 어떻게 해소할 것인가 등의 질문들에 체계적으로 응답할 수 있는 준비가 필요하다. 고객으로부터 수주함에 있어 창업 기업이 곤란을 겪는 데는 다음과 같은 몇 가지 이유가 있다.

- **제공하는 제품의 기본적 취약성**: 이는 창업 초기에 특히 제품의 신뢰성이 시장에서 사전 검증되지 않은 상태에서 제품을 내놓기 때문에 흔히 발생하는 문제이다. 기존에 다른 제품을 사용하고 있던 고객은 특히 이러한 문제에 민감하게 반응하므로 창업자는 사업 초기에 완벽주의적인 개발과 관리를 해야 한다.
- **관계 중심의 기존 시장 구조**: 유통 구조는 대부분의 경우 대기업에 의해 장악되어 있는 것이 보통이다. 구매하는 도·소매업자들도 기존의 대기업과의 공급 관계를 해치기를 매우 꺼려하기 때문에 창업자는 이점에 대한 설득력 있는 대비책을 마련할 필요가 있다. 제품의 구매 책임을 맞고 있는 관리자의 경우도 구입한 제품에 잘못

된 점이 있을 때는 그것이 창업 기업이 아닌 대기업의 제품이었을 경우 자신에게 안전한 대안이기 때문에 대기업 제품을 우선적으로 구매하는 성향을 보인다.

- **잘못된 유통 경로의 선택**: 창업 기업은 시간과 자금상의 어려움으로 자체 영업망이나 직영점을 구축하기 어렵다는 이유로 대리점 망을 활용하는 것이 보통이다. 하지만 대리점들은 높은 커미션 등의 이유로 다른 기존 회사의 제품을 우선적으로 팔고자 하는 인센티브가 있기 때문에 상대적으로 창업 기업의 제품에 신경을 덜 쓰는 것이 예사이다. 따라서 창업자는 대리점 망을 통해 판매를 할 경우 매우 선별적인 방법으로 대리점을 접촉하고 그들에게 강하고 실질적인 인센티브를 제공하는 것이 바람직하다.
- **장기간 소요되는 시장의 반응 특성**: 아무리 훌륭한 혁신 제품이라 할지라도 소비자들은 소비 습관에 따라 기존의 제품을 쉽사리 버리지 못한다. 예컨대 알루미늄 용기가 개발되었을 때 철재 용기를 사용하던 소비자가 그것을 적극 사용하기까지는 수년이 걸렸던 것이다. 이러한 시장의 느린 반응은 시간적, 금전적 여유가 없는 창업자에게 매우 힘든 장애 요소이지만 공략하기 쉬운 합리적 시장 부문부터 제품 가치에 대한 적극적인 설득과 유도로 임할 수밖에 없다.
- **고객에 대한 메시지 선택의 오류**: 신제품의 기능을 잘 표현하는 광고 메시지를 선택하고 개발하는 것은 효과적인 판매의 출발점이다. 과대 광고로 초기 반응이 매우 좋았다 하더라도 장기적 판매는 결국 제품의 효과에 대해 소비자가 입에서 입으로 전하는 과정에서 결정되는 것이므로 효과적이고 정직한 메시지의 선택이 요구된다 하겠다.

운영 자금의 조달 창업자가 개인 저금, 가족과 친지로부터의 투자, 창업 동지의 동반 투자 등으로 마련된 사업 자금으로 할 수 있는 것은 사무실과 공장 선정, 시제품 개발, 시장 조사, 재고 확보, 장비 등의 고정 자산 취득, 기타 서류 작업 등이라고 할 수 있다. 그러한 사업을 소규모로 계속 이끌어 가기 전에는 이러한 초기 자본, 소위 종자 돈(Seed Money)이 혁신적인 제품을 개발하고 생산하는 데는 턱없이 부족하기가 십상이다. 특히 야심적인 벤처일수록 초기 설치 비용(Setup Cost)이 크기 마련이다.

앞서 지적한 높은 마진의 가능성이 있는 사업인 경우라 해서 자금 조달의 문제가 쉽게 해결되는 것도 아니다. 예컨대 막대한 성장 가능성을 가졌던 제록스(Xerox) 기술도 사업 초기에 자본가를 구하는 데 수 년이 소모되었다. 현실적으로 고수익의 가능성이 큰 사업일수록 대규모의 사업 자금이 필요하게 되고, 그만큼 자금 조달이 어렵게 된다. 고수익 사업은 대규모 기업이 진입할 구미를 당기고, 창업 기업의 사업 기회를 송두리째 앗아가는 촉발제가 될 수도 있다.

그렇다고 해서 사업 초기에 벤처 자본의 투자를 기대하기도 어렵다. 실상 벤처 자본은 연평균 30% 이상의 고수익 가능성이 있는 첨단 기술 사업에 60% 이상 투자가 집중되어 있고, 특히 회사 설립 후 수 년이 지난 견실 업체에 70-80% 정도를 투자한다. 따라서 창업 기업의 창업자에게 벤처 자본은 그림의 떡인 경우가 다반사이며, 창업자는 불가피하게 동업자, 친구, 가족 및 친지들을 설득할 수밖에 없다. 창업자는 이와 같은 딜레마를 미리 인식하고 이에 긍정적으로 대비하는 자세가 필요하다.

5. 창업 경영과 일반 경영의 비교

신설 기업을 창업하는 기업가나 혁신적인 경영 방식을 도입하는 기업가는 기존 기업을 경영하는 일반 경영자들에 비해 경영관리상 남다른 시각과 입장을 지닌다. 창업 경영(Entrepreneurial Management)의 핵심적인 특징은 현재 갖고 있는 자원의 유무에 상관없이 사업 기회를 적극적으로 추구하려는 경영 방식이라고 할 수 있다. 표 1-4에서 보듯이 스티븐슨은 기존 기업의 관리적 경영(Administrative Management)과 창업 경영을 비교하기 위해서 전략적 관점, 기회에의 대처, 자원의 투입 과정, 자원 통제의 개념, 경영관리 구조 및 보상 정책 등 여섯 가지의 차원을 제시한다.[22]

전략적 관점 전략적 관점은 기업의 전략 설정을 추진하는 요인들을 말한다. 기존 기업의 일반적인 경영자는 주어진 자원의 한계 내에서만 사업 기회를 찾으려는 경향을 보인다. 현재 상황을 뛰어넘으려는 자세보다는 가지고 있는 자원을 활용하는 데에만 급급하다. 반면에 창업 기업가는 스스로 기업 전략을 정의하기 때문에 주어진 자원의 한계를 넘어서더라도 사업 기회를 인지하고 추구하는 자세를 보인다. 그의 주 업무는 그렇게 찾아낸 기회를 추구하는 데 필요한 자원을 조달하는 것이다. 기존의 기업이라도 과거의 사업 기회가 급격히 사라지고 있다든지 기술, 소비자 기호, 사회적 가치, 정치적 환경 등이 급속히 변화하는 상황에서는 기업 내에 이러한 창업 기업가의 경영 마인드가 요구된다.

기회에의 대처 기회에 대처하는 자세에 있어서 창업 기업가는 단순히 창의적이고 혁신적인 수준을 넘어서 발견된 기회를 적극적으로 추구하고 완수하는 면모를 보인다. 일반 경영자는 일단 설정된 사업 기회에 대해서 매우 장기적으로 대처하고 행태상의 변화를 거의 보이지 않는 경향이 있다. 반면 창업 기업가는 단기적인 관점을 가지고 기회를 재빠르게 추적하는 혁명적 행동지향성을 지닌다. 이러한 창업 기업가의 성패는 그가 얼마나 자신의 사업 분야를 잘 아느냐에 달려 있다. 왜냐하면 사업 기회와 분야의 변화 패턴이 완

---

22 Howard H. Stevenson, "A Perspective on Entrepreneurship," Harvard Business School Note 9-384-131, 1983.

표 1-4 창업 경영과 관리적 경영의 비교

주요 사업 차원	관리적 경영 (경영관리자)	창업 경영 (창업 기업가)
전략적 관점	현존 자원에 의해 주도	기회 인식에 의해 주도
기회에의 대처	장기간의 진화적 입장	단기간의 혁명적 입장
자원의 투입	일단계 의사결정으로 전적인 투입	다단계 방식으로 단계별 최소 위험 부담
자원의 통제	필요 자원의 직접 소유 내지는 고용	필요 자원의 간헐적 활용 내지는 임대
경영관리 구조	공식적 위계를 중시하는 수직적 조직	다양한 비공식 망을 갖춘 수평적 조직
보상 정책	기존 자원의 범위내 집행 단기 자료에 기반 승진 한정된 지원	개인적 기대에 부응 경쟁 체제 활용 개인적 부(Wealth) 창조 가능성의 인식 증진

자료: Howard H. Stevenson, Michael J. Roberts, and H. Irving Grousbeck, *New Business Ventures and the Entrepreneur,* Fourth Edition (Burr Ridge: Irwin, 1994): 3-16.

성되기 이전에 이미 남들보다 이를 빨리 인식하고 단기적으로 추구해야 하기 때문이다.

자원의 투입 자원의 투입에 있어서 창업 기업가는 주요 의사결정 단계에 따라 다단계로 자원을 투입함으로써 단계별로 최소한의 투입을 하고자 한다. 이는 일반 경영자가 철저한 분석을 통해서 일단 결정된 사안에 대해서는 초기부터 집중적으로 자원을 투입하는 투자 행태와는 크게 다른 것이다. 주변 상황이 매우 유동적일 때에는 창업 경영 방식으로 다단계 자원 투입을 하는 것이 시장, 경쟁 환경 및 기술 등의 변화에 적응할 때 결정적인 우위를 창출할 수 있다. 자원에 대한 장기적 통제가 불확실하고 향후 어떠한 자원의 필요성이 대두될지 예측 불허일 때 이러한 자원 투입 방침은 효과적인 대안이다.

자원의 통제 자원의 통제에 있어서 창업 기업가에게 필요한 것은 자원의 소유 그 자체보다는 자원을 실제로 활용할 수 있는 능력이 중요하다. 관리적 경영을 하는 일반 경영자는 기업이 직접적으로 소유하는 자원의 한계 내에서만 경영 활동을 고수하려는 경향을 보인다. 반면 창업 기업가는 자신의 자원뿐만 아니라 남의 자원도 마치 자신의 것인 양 활용하는 방식을 습득하며, 필요에 따라 어느 시점에서 필요 자원을 사내에 유치할 것인가를 결정하는 능력을 갖는다. 즉 특히 한정된 자원을 활용해야 하는 창업 기업의 경우 무엇을 직접 생산하고 무엇을 외주할 것인가 하는 의사결정(Make-or-Buy Decision)을 효과적으로 해야 할 뿐만 아니라 기술, 아이디어 및 인맥 등을 외부 조달할 경우도 이에 대해 직접 금전적인 대가를 치르지 않고서도 얻을 수 있는 융통성과 능력이 요구된다는 것이다. 이러한 탄력적 창업 경영 방식을 통해 단기적 자원 요구를 해소하되 자원의 진부화나 특정 자원에 대한 장기적인 비탄력적 투자를 최소화할 수 있다.

경영관리 구조 경영관리 구조에 있어서 일반 경영관리자는 공식적이고 수직적인 위계 구조하에서 주어진 권한을 행사하고 책무를 수행하며 필요에 따라서 의사결정을 하부에 위임하게 된다. 창업 기업가는 이에 반해서 다양한 비공식망을 접촉하기 위해 수평적인 구조를 창출하고 탄력적인 경영을 유도한다. 이를 통해 창업 기업가는 기업이 직접적으로 통제하지 못하는 자원을 원활히 조달하고 조정한다. 이러한 수평적 경영 방식은 특히 탄력적 근무를 원하는 창업 기업의 종업원과 기술자들에게 있어 수직적인 관리적 경영 방식에 비해 훨씬 더 매력적인 관리 방식이다.

보상 정책 보상 정책에 있어서는 창업 경영 방식은 한마디로 가치지향적이라고 할 수 있으며 가치의 창출과 수확에 초점을 맞추고 성과에 따른 보상을 추구한다. 이는 창업 기업에서 일하는 종업원들의 개인적 기대에 부응할 뿐만 아니라 투자 재원의 조속한 회수를 바라는 투자자의 요구에도 걸맞는 것이다. 또한 많은 경우 성과가 팀워크에 의해 결정되기 때문에 창업 기업가는 팀중심의 경영을 지원한다. 반면 관리적 경영 방식은 가치 창조보다는 지위와 신분 보장을 위한 의사결정을 하는 경향이 있으며, 따라서 보상도 팀보다는 개인적 책임 경영과 단기적 이윤 목표에 따라 주어진 자원의 한계 내에서, 또 승진을 중심으로 하는 것이 보통이다.

창업 실무

사업 개시의 실무 절차

창업 실무 절차는 일반적으로 사업에 관련된 아이디어를 탐색하여 선별하는 착상 단계와 사업성을 평가하고 사업 계획서를 작성하며 기업 형태를 결정하는 계획 단계를 거쳐 회사를 설립하여 생산과 영업을 개시하는 실행 단계로 구분된다.

(1) 제조업의 창업 절차

제조업의 경우 공장 설립을 위한 입지선정과 공장 건축이나 매입의 과정이 필요하기 때문에 그림 1-3에서 보듯이 제 1 단계로 업종 선정 및 사업 계획 수립, 제 2 단계로 회사 설립 및 사업자 등록, 제 3 단계로 공장 선정 및 공장 설립, 제 4 단계로 사업 개시를 위한 기타 행정 절차의 순서로 진행된다.[23]

시장 분석, 기술 분석, 재무 분석 등의 사업성 검토시 창업 상담 회사에 용역을 의뢰하면 중소 기업 창업 지원 기금에서 용역비의 50 % 내에서 최고 300만 원까지 지원 받을 수 있다. 사업 계획의 수립 후 개인 기업이나 법인 기업의 형태로 회사를 설립하고 사업자 등록을 하여야 한다. 기업 설립 전 개별 법에 따른 인허가 업종에 해당될 경우 신청서, 사업 계획서, 시설 명세서 등을 첨부하여 사업 인허가를 먼저 받아야 한다. 개인 기업의 형태로 창업할 경우 규모나 업종에 상관없이 관할 세무서에 사업자 등록을 하여야 하는데, 사업을 시작한 날로부터 20일 이내에 신청서, 사업 인허가증 사본, 주민등록 등본, 임대차 계약 사본 등의 구비 서류를 갖추어 관할 세무서 민원 봉사실에 신청하고 사업자 등록증을 발급 받게 되면 창업 기업으로 성립한다.

법인 기업은 사업 업종과 관련된 관할 관청에서 사업에 대한 인허가를 취득한 다음 관할 지방 법원이나 등기소에 신청서, 정관, 주식 청약서, 주식 인수 증빙 서류, 창립 총회 의사록 등 구비 서류를 갖추어 법인 설립 등기를 한 후 30일 이내에 관할 세무서에 법인 설립 신고를 해야 한다. 이때 신고서, 법인 등기부 등본, 정관, 개시 대차 대조표, 주주 및 출자자 명부를 제출한다.

대표적 법인 기업인 주식 회사의 일반적 설립 절차는 3인 이상의 발기인 전원이 기명 날인한 정관을 작성하여 공증인의 인증을 받고, 주식의 인수와 청약 및 기타 설립 요건에 필요한 사항을 본점 소재지 관할 법원에 신고함과 동시에 창립 총회를 거행하고, 이로부터 2주 내에 이사의 공동 신청에 의하여 관할 법원에 설립 등기를 함으로써 설립하게 되는 것이다. 법인 설립 등기 업무는 법무사에 의뢰하여 신청한다.

제조업 창업자는 제품 생산을 위하여 공장을 확보하여야 하는데, 그 방법으로는 창업자가 입지를 선정하여 직접 건축하는 방법, 법원 경매나 성업 공사 공매를 포함하여 기존 공장을 매입하는 방법, 기존 공장을 임차하는 방법 및 아파트형 공장을 분양 받거나 임대 아파트형 공장에 입주하는 방법 등이 있다. 공장 확보 방법에 따라 장단점이 있으므로 이를 사업 성격에 따라 신중히 검토하고 여건에 맞는 공장을 확보해야 한다. 초기 투자를 절감하기 위해서는 공장 확보에 과다한 투자를 삼가는 것이 좋다.

---

23 중소 기업진흥공단, **창업 이렇게 한다: 창업절차와 업종별 인허가기준 총람** (서울: 중소 기업진흥공단, 1997): 44-72, 224-242, 291-292.

그림 1-3 제조업 창업 절차 흐름도

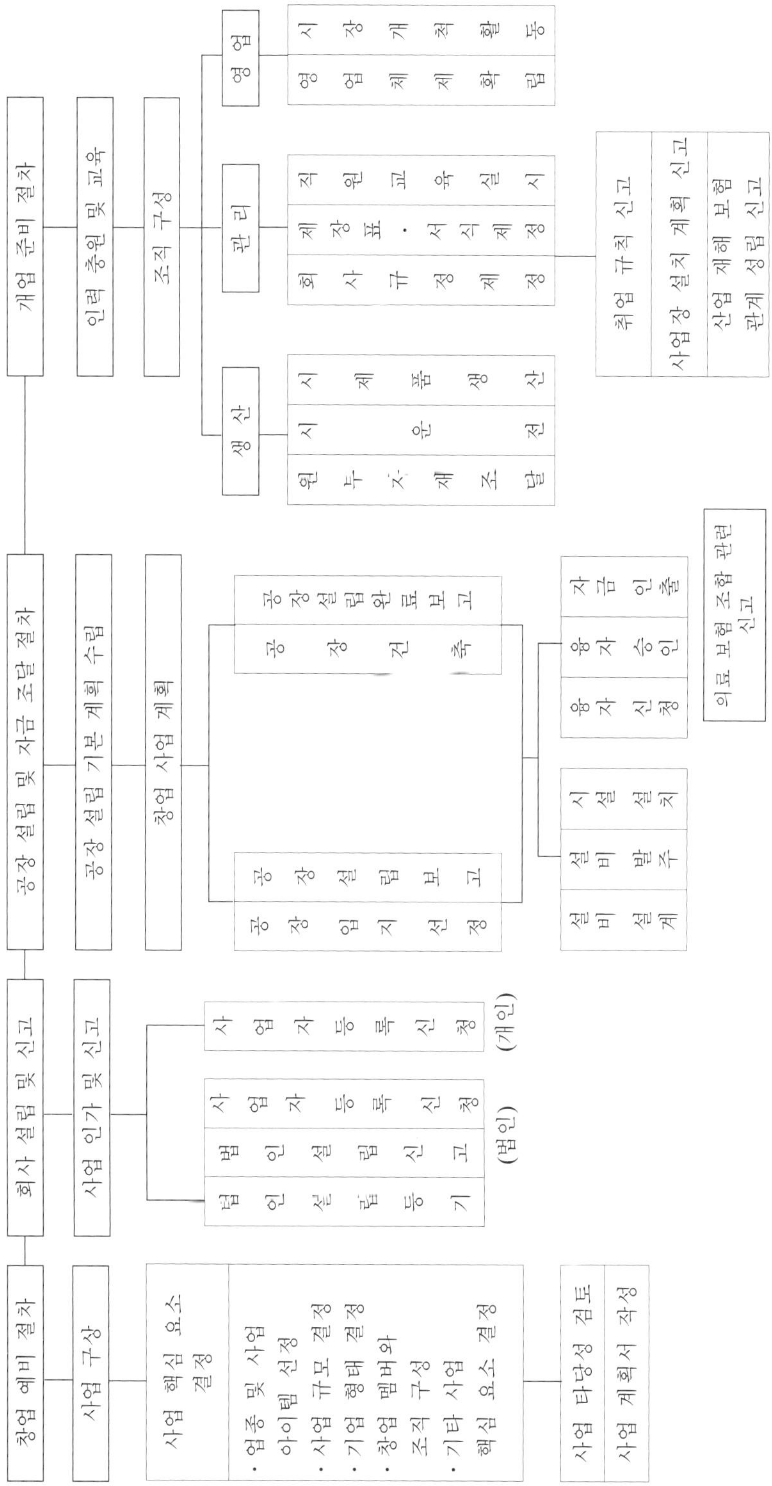

(2) 유통 및 서비스업의 창업 절차

도소매업 등 유통업은 공장을 필요로 하는 제조업의 경우와는 달리 상권, 시장성, 및 자금 조달 가능성 등 사업 타당성을 검토하는 1단계 창업 예비 절차 이후 점포 입지를 선정하는 2단계 절차가 핵심적인 단계이다. 점포의 입지를 결정할 때는 후보 상권 및 시장 조사로서 해당 상권의 인구, 세대 수, 소비 수준, 시가지 형성 상황, 도시 개발 계획, 경쟁 업체의 현황 및 계획 등을 사전적으로 조사한다. 점포 계약 시에는 점포 매매 또는 임차를 위한 조건과 하자의 내용을 확인하여야 한다. 이를 위해 점포 등기부 등본, 매매 가격 및 임차료 확인, 권리금 확인, 임차 기간 및 인도일, 그리고 기타 계약 조건 등을 세심히 확인할 필요가 있다. 점포 계약을 체결한 후 3단계로 개업 준비 절차를 실행하는데, 직원 채용, 상품 수급 계약, 매장 시설 공사, 상품 매입 및 진열, 개업 광고 등을 추진하고 해당 관청에 사업 인허가를 받은 후 관할 세무서(민원 봉사실)에 사업자 등록을 신청한다. 인허가가 필요 없는 업종은 사업 개시일로부터 20일 이내에 사업자 등록 신청만 하면 된다.

서비스업은 유통업을 포함하여 숙박업, 요식업, 운수업, 통신업, 금융보험업, 보건업, 개인 서비스업 등 그 영역이 다양하고 광범위하여 창업 절차도 다양하다. 단, 서비스업에 공통적으로 적용될 수 있는 절차는 일반적으로 1단계 창업 예비 절차, 2단계 회사 설립 절차, 3단계 사무실 입지 선정 절차, 그리고 4단계 개업 준비 절차 등으로 나누어 볼 수 있다. 우선 사업 계획을 구체화하는 1단계의 창업 예비 절차를 거쳐, 2단계로서 필요 시 해당 관청에서 사업 인허가를 받고 사업자 등록 및 법인 설립 등기 등을 하는 2단계 회사 설립 절차를 실행한다. 3단계로 서비스 제공의 중심이 될 사무실의 입지 선정 절차를 실행함에 있어 고객의 이용 편의성을 포함한 입지 타당성을 분석하고 사업 입지를 선정한다. 이때 도소매업의 점포 선정 시와 마찬가지로 사무실 등기부 등본, 임차료 및 관리비, 임차 기간 및 인도일, 그리고 기타 특별 조건 등을 세심히 검토하고 확인해야 한다. 4단계 개업 준비 절차로서 필요 인력을 충원하고, 사규 및 서식을 제정하며 경영 전략을 수립하여 사업을 개시하게 된다.

창업 이야기 I-1

세기 산업 기술[24]

87년 설립된 세기 산업 기술은 대기업이 주도해온 공기 조화 설비 시장에 뒤늦게 참여하여 이들과 경쟁하면서 기술력을 인정 받고 있는 대표적인 벤처 기업이다. 세기는 항온 항습기의 성공에 이어 내저온·고온·습도·충격 등 생산 제품의 품질을 검사하는 환경 시험 설비, 부유 분진·유해 가스·세균 등을 제거해 실내 작업 환경을 청정케 하는 클린 룸 설비, 순간 정전이나 전압이 갑자기 떨어질 때 대처할 수 있는 무정전 전원 공급 장치 등을 잇따라 개발함으로써 동종 업계의 선두 주자로 부상하고 있다. 창업 첫해 매출액이 1억 8000만 원에 불과했던 이 회사는 1988년 8억 8000만 원, 89년 34억 원, 90년 75억 원의 매출을 기록하는 경이로운 신장률을 보여주었다. 이러한 세기 산업 기술의 신화 뒤에는 고졸 학력으로 기능공에서부터 출발하여 아무것도 없는 황무지에서 오늘날의 세기를 일구어낸 조학준 사장이 있었다.

조 사장이 지난 1972년 인천공고 기계과를 졸업한 뒤 첫발을 내디딘 곳은 에어컨·냉동기 등을 생산하는 경원 기계였다. 그는 남보다 1시간 먼저 출근하여 나름대로 기술 개발에 몰두하는 한편 퇴근 후에는 밤늦게까지 기술 관련 서적과 경영학 서적을 탐독해 나갔다. 후일 창업하여 독립하겠다는 꿈을 가꾸어 나갔던 것이다. 1976년에서 79년까지 군복무를 마친 조 사장은 냉동기 제조 업체인 모 회사에서 1년여 근무하다가 사장의 비인간적인 경영에 환멸을 느끼고 사표를 낸 후 친구와 함께 조그만 공조 기계 공장을 차려 개인 사업을 시작했다. 조 사장은 후일 이 업계를 청산하고, 여의도에 사무실을 얻어 자본금 5000만 원으로 1987년 4월 세기 산업 기술을 창업했다. 이어 인천 남동 공단에 300여 평의 공장을 빌려 종업원 5명과 함께 제품 개발에 몰두했다. 이 분야의 오랜 경험을 바탕으로 결국 냉동 냉장 설비를 개발하는 데 성공할 수 있었고, 수요처로부터 좋은 반응을 얻게 되었다.

세기 산업 기술이 빠른 시일 내에 급성장할 수 있는 발판을 구축하게 된 것은 1988년 초 항온 항습기를 개발하면서부터이다. 이때부터 각 기업체의 전산실에서 주문이 밀려오기 시작해서 세기는 1988년 한 해 동안 전년 대비 450% 이상의 매출 신장률을 기록했다. 이와 같은 성장세에 힘입어 기술 연구개발실을 설치하여 연구원들이 밤낮으로 좋은 제품 개발에 전념하고 있다. 89년 8월에는 경기도 파주에 대지 1500평, 건평 450평 규모의 제2공장을 설립하였다. 파주에는 같은 규모의 새로운 공장을 건설하기 위해 공사에 착수했으며, 인천 남동 공단에도 1500여 평의 공장 부지를 확보, 생산 시설을 대폭 확장할 예정이다. 인천 남동 공단에서는 무정전 전원 공급 장치·환경 시험 설비 등을, 파주 공장에는 항온 항습기·냉동 냉장 설비 등을 생산하고 있다.

세기 산업 기술이 이처럼 괄목할 만한 성장을 이룩하게 된 것은 조학준 사장의 과감한 연구개발 투자와 독특한 경영 전략에 의해서 가능했다. 그는 매출액의 10%를 기술 개발 자금으로 재투자하며, 한 품종이 아무리 잘되더라도 이에 만족하지 않고 끊임없이 새로운 제품을 개발해 낸다. "전문 분야를 특화시켜 새로운 기술과 제품을 개발해 내고, 해당 분야에서 세계적으로 기술 수준을 인정 받을 수 있는 제품을 생산해내야 된다"는 것이 그의 지론이다.

---

24 이코노미스트, "(주) 세기 산업 기술 조학준 사장 인터뷰," 1991년 1월 20일.

창업 이야기 I -2

씨앤드씨 엔지니어링[25]

자금난으로 앞날의 도전보다 당장의 생존에 목을 걸고 있는 벤처 기업들이 부지기수다. 그런 점에서 씨앤드씨 엔지니어링의 김만덕 사장은 불경기에도 느긋한 편이다. 1997년 4월 벤처 자본사인 제일 창투가 자본금의 17%를 주당 8만 원에 매입했기 때문이다. 회사 평가에 짜기로 소문난 창투사들로부터 후한 점수를 받은 씨앤드씨의 저력은 무엇일까? "한마디로 기술력을 인정 받았기 때문이지요"라는 김 사장의 말처럼 씨앤드씨는 1993년 창업 첫해에 1억 원 매출에서 다음해 10억 원, 95년 23억 원, 96년 50억 원으로 매년 '더블 스코어' 이상으로 성장해 왔다. 규모는 작지만 어느 벤처 기업 못지않은 성적표이다. 2000년에는 600억 원으로 설립 7년 만에 외형 600 배를 달성하겠다는 당찬 포부를 갖고 있다.

씨앤드씨의 제품 개발은 한마디로 우리나라 통신 업계의 발자취와 궤를 같이한다. 씨앤드씨의 모뎀 기초 기술 국산화로 우리 통신 업계의 대중화가 그만큼 빨라졌기 때문이다. 창립 이래 계속된 '국내 최초 개발'의 전통은 일반인들이 느끼지 못하는 새 초고속 정보통신 시대를 성큼 앞당긴 제품들이다.

김 사장은 80년대 초만 해도 평범한 월급쟁이였다. 연세대 전자공학과를 졸업한 그는 1981년 ROTC 통신 장교로 군 복무를 마친 후 곧바로 금성 전기 연구소 연구원으로 입사했다. 이때 처음 맡은 분야가 모뎀이었다. 정보통신이란 개념조차 생소한 때여서 누구도 알아주지 않는 한가한 자리였지만 입사한 지 1년도 안 돼 그는 2400 bps 모뎀을 국내 최초로 개발해내는 능력을 보였다.

1987년 김 사장은 자네트 시스템을 창업했다. 김 사장이 맡은 것은 연구소장이었다. 다음 해 서울 올림픽 이후 갑자기 정보화 시대가 닥치면서 '자네트 모뎀'은 일반 PC 통신 이용자들에게 꽤 유명한 제품이 됐다. 그러나 사업이 궤도에 오르면서 창업 동지들과의 갈등이 표출됐다. "기술에 모든 것을 걸자"는 그의 주장과는 달리 회사가 차츰 단기 영업 위주로 변질되는 것이 가슴 아팠다.

이 때문에 김 사장은 또 한 번 독립을 결심하고, 1992년 씨앤드씨 엔지니어링사를 창업했다. 결국 김 사장은 남들이 평생 한번 하기도 힘든 창업을 두 번이나 해치운 특이한 경력의 소유자가 됐다. 씨앤드씨가 내놓는 제품의 시장 규모는 엄청나서 21세기 초엔 적어도 수조 원이 넘을 것이라는 전망에서 이 회사는 일찌감치 벤처 기업들의 아킬레스건인 경영 노하우의 전문화도 추진하고 있다. 김 사장이 연구·개발을 맡는 대신 경영 마인드가 필요한 관리·판매를 연세대 상경대 출신 이진우 상무가 책임지는 분업 체제이다. 씨앤드씨는 104개 벤처 기업으로 1994년 4월 출범한 사이버 벤처그룹 출범에도 관여한 바 있다.

---

25 이코노미스트, "씨앤드씨 엔지니어링, '고속 모뎀' 한 우물 파기로 정상 노렸다," 1997년 6월 30일.

창업 이야기 I-3

대원 그룹[26]

사업 선정에 있어서의 높은 직관력과 함께 굴하지 않는 창업 정신은 창업 기업가에게 필수적인 요소이다. 이러한 면에서 국내·외 9개 중소 기업의 창업주인 대원 그룹의 박도문 회장의 예는 괄목할 만하다. 1968년 당시 현대 자동차 구매 담당 자리에 있었던 박도문 씨의 사표 및 사업 발표는 주위 사람들을 매우 당혹시키는 것이었다. 그가 시작한 첫 사업은 나일론 실로 짠 모기장 원단을 이용한 방장을 만드는 것이었다. 친구 아버지의 도움과 함께 미미하나마 시작한 사업이지만 사업 첫 해에 큰 수입을 거둔 그는 "사업이란 아이템 선정이 중요하다"라는 교훈을 얻게 되었다.

시장 바닥을 샅샅이 뒤지는 그의 버릇과 함께 다음 사업 아이템으로 그가 선택한 것은 아이스 케익을 개량한 하드 크림 생산이었다. 당시는 제조 기술자가 거의 전무한 상태였다. 그는 대구 중동에 위치한 대성 하드 공장장을 스카우트하기로 마음먹고 공장 앞으로 계속 출근하기 40여 일 만에 공장장을 설득시킬 수 있었다. 그는 곧 주식회사 석빙고라는 공장을 세우고 백설표 하드 크림이라는 제품을 생산하여 성공을 할 수 있었다. 이어 그가 손댄 사업은 LPG 충전소 사업이었고 여기서도 그의 아이템 선정은 시의 적절했던 것으로 결론지어졌다.

어느 정도 성공한 사업가로서 자리잡은 박 회장은 부동산 투기 등의 안정된 사업 권유를 받기 시작했다. 그러나 이러한 주위의 권유는 박 회장의 의욕을 꺾기에는 역부족이었다. 1978년 그는 과감하게 아이템을 바꿔 목장업에 뛰어들었다. 당시는 젖소 한 마리면 집 한 채 값과 맞먹던 시절이었으므로 130두를 구입한 박 회장의 투자는 전 재산을 건 모험이었다. 역시 박 회장의 사업가적 기질을 잘 보여주는 도전이었다. 하지만 어느 날 아침 7시 30분, 그의 산수골 목장으로 출근한 박 회장은 눈앞에 펼쳐진 광경에 아연 실색하고 말았다. 150여 두에 이르는 젖소가 한 마리도 남지 않고 쓰러진 채 죽어가고 있는 것이었다. 이는 농장 관리인이 꿩을 잡기 위해 청산가리를 주입한 콩을 그의 부인이 젖소의 사료를 넣어두는 사일로에 부어버린 사고의 결과였다. 80년 박 회장은 엄청난 빚을 진 알거지가 되고 말았다. 지난 십여 년간의 땀의 결실이 물거품이 되는 순간이었다.

다시 맨손으로 다시 돈을 벌어 빚을 갚아야 했던 그는 울산을 떠나 부평에서 지휘를 하는 친구 집에 기거하면서 처음 시작한 것이 광산업이었다. 경남 언양에 자수정이 많이 나는 땅을 발견하고 이를 법정 광물화하는 데 1년 반을 보냈다. 하지만 광업에 대한 노하우를 쌓았을 뿐 돈벌이로 연결시키지는 못했다. 이러한 와중에서도 그는 2개월에 한 번씩 채권자들에게 편지를 보냈는데 "지난 실수를 빌고, 꼭 재기해서 빚을 갚겠다"라는 내용이었다.

박 회장은 1981년 가을 새벽 울산에 내려갔고, 먼저 채권자들을 찾아가 무릎을 꿇고 빌었다. 그리고 곧장 자본 없이 시작할 만한 사업거리를 찾기 시작했다. 그리고 한달 만에 그가 발견한 사업은 페인트 장사였다. 건설 공사가 늘고 있는 때였고 울산에 지구표 대리점이 없다는 사실을 알아내고는 열심히 페인트 시장을 조사해 봤다. 당시 자금이 부족했던 박 회장은 울산 한길 옆에 있는 동서의 마루를 겨우 빌려서 지구표 페인트 대리점을 시작했다. 그의 예상은 맞아떨어져 페인트 장사는 수익성

[26] 이치구, 중소 기업인: 불굴의 중소 기업 사장 40인 이야기 (서울: 한국 경제 신문사, 1997): 30-37.

있는 사업이 되었고 한국 프라스틱에 고정 납품하는 길이 트이면서 본궤도에 올라 3년 만에 그 동안 진 빚도 청산할 수 있었다. 이때부터 박 회장의 사업 신화는 현대 광업, 1984년 대원 기공, 85년 대원 개발, 90년 대원 레미콘, 91년 대원 멕시코, 대원 아메리칸, 94년 대원 산업, 95년 중국 대원 집장상 부품 유한공사로 끊임없이 이어져 왔다. 이러한 사업 확장에 있어서 그는 모두 창업을 통한 성장을 이뤄 왔는데 현재 그가 가진 아홉 개 기업도 모두 창업을 통해 성장시킨 것들이다. 그의 창업가로서의 성공에서 그가 언제라도 맨발에서 다시 시작할 수 있는 불굴의 정신의 소유자라는 것과 사업 선정에 대한 놀라운 직관력을 가졌음을 엿볼 수 있다.

읽을 거리

Mahesh P. Bhave, "A Process Model of Entrepreneurial Venture Creation," *Journal of Business Venturing,* 9, 1994: 223-242.

Hock-Beng Cheah, "Schumpeterian and Austrian Entrepreneurship: Unit within Duality," *Journal of Business Venturing*, 1990, 5: 341-347.

William B. Gartner, "A Conceptual Framework for Describing the Phenomenon of New Venture Creation," *Academy of Management Review*, 1985, 10: 696-706.

William B. Gartner, "What Are We Talking about When We Talk about Entrepreneurship?" *Journal of Business Venturing*, 1987, 5: 15-28.

Michael J. Roberts and Howard H. Stevenson, "The Start-Up Process," Harvard Business School Note 9-384-179, 1984.

John R. Van Slyke and Howard H. Stevenson, "Pre-Start Analysis: A Framework for Thinking about Business Ventures," Harvard Business School Note 9-386-075, 1985.

Howard H. Stevenson, "A Perspective on Entrepreneurship," Harvard Business School Note 9-384-131, 1983.

Howard H. Stevenson and David E. Gumpert, "The Heart of Entrepreneurship," *Harvard Busines Review*, March-April 1985: 85-94.

사례 연구 1

로만손*

지금 우리 나라는 개방의 높은 파도를 타고 있다. 그리고 개방의 물결에 어느덧 젖어가고 있다. 수많은 다국적 기업이 우리의 시장을 넘보고 있고 우리의 대기업들 또한 세계 경영을 외치며 외국으로 나가고 있다. 국내에서만 기반을 닦아왔던 기업들은 이런 상황을 상당히 힘들어 하고 있다. 이런 상황에서 새로 창업을 하여 외국의 시장을 먼저 뚫는다는 것은 쉽지 않다. 대부분의 기업들은 국내에서 기반을 잡아 외국으로 나가려고 하는 것이 보통이다. 왜냐하면 외국의 시장을 개척한다는 것은 제대로만 된다면 회사를 키울 수 있는 절호의 기회가 되지만 시장을 개척하고 유지하는 것은 그만큼 어렵고 위험한 일이기 때문이다.

그런데 창업 초기부터 국내보다는 외국으로 진출하여 꾸준히 고성장을 하고 있는 기업이 있다. 주식회사 로만손이 바로 그런 회사이다 (보기 1과 2 참조). 고급 손목 시계를 만드는 로만손은 "해외에서 더 유명한 로만손 시계"라는 기치로 잘 알려져 있다. 로만손사를 창립한 이는 김기문 사장이다. 그는 어떻게 창업했을까? 로만손은 어떻게 짧은 시간에 국제 시장에서 고성장을 할 수 있었을까? 로만손은 어떻게 창업의 위기를 넘기고 도약의 발판으로 삼았을까?

창업

창업주 김기문 사장은 충북 괴산 출신으로 청주에서 고교를 졸업하고 대학에서 축산학을 공부했다. 전공은 축산학이었지만 시계와 인연을 맺게 된 것은 그가 군대를 제대한 후 1년 사이에 양친을 여의고 종손으로 집안을 이끌어가기 위해 당시 창립된 중소 업체인 솔로몬 시계에 입사한 이후이다. 솔로몬 시계의 최영철 사장과 김기문 사장은 처남 매부 사이이기도 하다. 솔로몬 시계에서 6년 동안 함께 일하다 설립을 하게 된 이유는 경영에 대한 이견에서라기보다는 "자기 사업을 가져 보라"는 최사장의 권유 때문이었다고 한다.

김 사장은 처음에는 거의 맨주먹으로 사업을 시작, 같은 시계 업계에 있는 지인들의 도움을 받으면서 1988년 4월 자본금 5천만 원과 5명의 식구로 로만손을 만들기 시작하였다. 김 사장에게는 시계 기술과 업계의 지인과의 관계가 특히 사업 초기에 강점이었다. 김 사장 자신이 가졌던 직업상의 경험이 사업 아이디어와 추진의 원천이었던 셈이다.

사업 초기에 주변 사람들은 그를 배짱으로 돌진하는 사람이라고 평을 했다. 그러나 해가 갈수록 돌다리도 두들겨 보는 식으로 신중해져 간다고 입을 모은다. 김 사장은 창업자가 성공을 하기 위해 가져야 하는 자세, 예컨대 헌신성, 리더십, 기회 포착 능력, 위기 극복 능력, 창의적 적응력, 최고가 되려는 의지 등을 두루 보여주었다. 그는 일단 추진키로 한 사안에 대해서는 갖은 자료들을 섭렵하고 분석하여 진행을 시켰다. 실제로 창업 당시 국내 시계 업계의 환경이 열악하다고 본 김 사장은 '무작정' 수출에 나선 다음 이후에 내수에 뛰어든다는 생각을 갖고 있었다. 그러나 이런 구상의 결정 후에는 외국어를 섭렵하고 해외 현지 정보들을 조사 수집하는 등의 세심함을 보였던 것이다.

* 이 사례는 김창륜, 김창식, 김태헌, 박용재와 함께 교육용으로 개발한 것이다. 사례의 내용은 특정 경영 상황의 처리에 관한 잘잘못을 예시하지 아니한다.

사업 개시 후 1년 동안에는 시계 업계의 진입 장벽을 넘는 것이 가장 힘든 과제였다. 창업 당시 시장 환경은 오리엔트, 삼성 시계, 아남 정공, 한독 등 4대 업체가 시장의 90%를 차지하고, 40-50개의 중소 업체가 나머지 10%를 놓고 각축을 벌이고 있는 상황이었다. 더구나 개방으로 인한 외국 유명 상표 시계들의 시장 잠식도 심각하게 우려가 되고 있는 상황이었다.

인지도가 전혀 없었던 상품이 보수적인 시계 소비자들에게 파고들기란 너무도 힘든 일이었다. 게다가 적은 자본으로 새로운 제품을 개발한다는 것은 너무도 빠듯한 일이었던 것이다. 이러한 진입 장벽을 넘기 위해 그는 스스로 뛰며 판촉 활동 강화에 나섰다. 또한 적은 자본이지만 디자인 개발에 힘을 쓰며 제품의 가장 기본인 품질의 향상에 크게 힘을 기울였다. 그러자 창업 8개월 만에 15억 원의 매출을 올렸다. 국내 시장에서의 짧은 시험을 거친 김 사장은 곧 원래의 구상대로 해외 시장에 눈을 돌렸다. 그리하여 일본 우코사와 제휴, OEM 방식으로 아날로그 손목시계를 매달 5000개씩 수출하게 되었다. 비록 OEM이었지만 애프터 서비스 요원을 현지에 파견하여 치밀한 품질 관리를 하는 데 게을리하지 않았다.

OEM의 한계와 브랜드 개발

로만손은 초기에 의존했던 OEM시장의 한계성을 절감했다. 시장 자체가 없어져 버린 것이다. 지금은 자사 브랜드로 세계 시장을 개척한 회사로 널리 알려진 로만손이지만 초기에는 국내 매출을 일부 올린 다음 여느 회사의 해외 개척 방식과 마찬가지로 주문자 상표 부착 방식을 사용, 일본 수출을 통해 판로를 개척하고자 했다. 그러나 이러한 방식이 회사에 첫번째 큰 위기를 안겨 주었다. 1988년 말부터 시작된 엔화의 급등으로 인해 일본의 바이어들이 채산성을 이유로 대만, 홍콩으로 수입선을 바꿔 버린 것이다. 이 때문에 로만손은 재고가 쌓이게 되었고 자금난까지 겪게 되었다.

OEM은 주문자가 생산자보다 우위에 있기 때문에 생산자의 생사가 주문자에 달려 있다는 중요한 교훈을 이때서야 비로소 뼈저리게 느낀 것이다. 김 사장은 이러한 위기를 곧 또다른 사업의 기회로 전환했다. 로만손은 발빠르게 자기 상표를 정착시키기 위한 전략으로 1989년 5월 고려 무역이 주최하는 "두바이(Dubai) 한국 물산전"에 처음 참여하여 홍보를 하였고, 이 물산전에서만 자체 상표로 100만 불의 수출 계약을 하는 데 성공하였다. 김 사장은 전시회만 끝나면 시장에서 살았다. 시장의 흐름을 파악하고 판매될 수 있는 시계가 어떤 것이지 살피는 것이 그의 과제가 되었던 셈이다. 아무리 잘 만든 제품도 마케팅 전략이 없다면 성공할 수 없다는 것을 가르쳐 준 것도 다른 곳이 아닌 시장이었다. 이때부터 김 사장은 제품의 단순 홍보가 아닌 마케팅과 판매에 힘을 쏟았다. 또한 전시회에 참가한다는 것은 자사의 새로운 제품을 보임으로써 새로운 진입 장벽을 만들고 이와 더불어 세계 유수 제품들의 동향을 살펴보는 전략으로서 한 축을 이루게 되었다.

김기문 사장이 수출 전략 지점으로 중동 시장을 선택한 것은 그 자신이 젊은 시절 중동 지방에서 일을 했던 경험이 바탕이 되었다. 중동 지방은 석유의 수출로 인해 아주 쉽게 돈을 벌기 때문에 소비 성향이 강하고 구매력이 높다는 것이다. 또한 석유를 제외하고는 모든 것을 수입하는 곳이기 때문에 시장 공략이 다른 국가에 비해 용이할 것이라는 생각도 중동 지방 진출의 바탕이 되었다. 중동 지방의 정치적 불안정성 때문에 추후에 한 때는 위기로 작용하기도 했으나 이 전략은 결국 주효하여 로만손 시계의 이름을 세계에 알리는 무대로서의 역할을 충실히 하였다.

시계 산업은 정밀 산업이기 때문에 규모의 경제에 의한 효과가 그리 크지 않다. 또한 로만손 시계는 수출을 본격적으로 하기 이전에 이미 국내에서 활동을 하였으므로 무형 자산에 대한 취득은 이미 끝난 상태였다. 그리고 김기문 사장 자신은 창업 이전에 이미 솔로몬 시계에서 6년의 경험을 쌓았으므로 나름대로 시계 산업에 대한 기술과 노하우를 지니고 있었던 것이다.

따라서 로만손이 해외 시장을 개척하는데 가장 큰 장애물은 고객의 인지도 확보 문제였다. 로만손 시계가 주력으로 삼고 있는 시계는 고급 예물 시계였기 때문에 고객의 인지도는 매우 결정적인 경쟁 요소이자 로만손의 가장 큰 취약점이었다. 시계라는 상품은 이미지와 제품의 표준화가 매우 강한 품목이다. 최근 시계 제품의 경쟁은 과거의 성능 위주에서 다기능화 및 패션 기능 위수로 바뀌어 가고 있다. 따라서 시계의 형태, 색상, 기능과 소재 등이 중심이 된 다양한 제품의 차별화가 해외 시장의 성과를 좌우하게 되었다. 현대인의 시계 개념은 시간만을 보기 위한 의미에서 벗어나 코디네이션으로서의 착용에 더욱 중점을 두고 있다는 것이다. 이는 다시 말해 수출 대상국 국민의 패션 감각과 생활 관습, 문화 등을 알아야 한다는 것을 의미한다.

따라서 로만손 시계가 자신들 앞에 봉착한 제품 인지도라는 진입 장벽을 깨뜨리기 위해 필요한 최선의 무기는 참신하고 품격 있는 디자인이었다. 인지도가 없는 상태에서 제품이 팔리려면 물건을 고르는 고객의 눈에 일단 띄어야 하기 때문이다. 이것은 일반적인 창업 기업이 겪는 신제품 개발 전략의 문제였다. 이 때문에 김기문 사장은 독자적인 디자인 개발을 역설했고 이러한 모토에서 나온 제품이 바로 오늘의 로만손 시계가 존재할 수 있도록 발판을 마련해 준 커팅 글래스(Cutting Glass) 시계였던 것이다.

제조 기술 개발

커팅 글래스 시계는 로만손을 단숨에 세계 시장에 올려 놓을 수 있었던 제품이었다. 1989년에 유리에 보석 이미지를 도입하여 커팅 처리한 제품으로 세계 최초라는 별명을 달고 있다. 이 시계의 탄생은 외국의 고급 시계들을 많이 접하면서 "우리 나라의 서민층에도 그런 시계를 차게 할 수 없을까"라는 발상에서 이뤄졌다고 한다. 결국 이렇게 탄생한 제품이 사파이어 각 유리 시계, 즉 커팅 글래스였다. 이 시계의 의미는 생산자가 생각한 가치가 그대로 소비자의 욕구와 맞아 떨어졌다는 데에 있었다. 이 시계의 개발 이후 바이어들의 폭발적인 인기에 힘입어 로만손의 이름이 널리 알려지기 시작하였다.

그러나 그 기쁨도 잠시였고, 안이한 기대감으로 또 다른 위기가 닥쳐 왔다. 커팅 글래스를 개발한 이후 그 인기가 5-10년은 갈 것으로 오산을 했던 것이다. 물론 인기는 계속 있었다. 문제는 6개월 만에 홍콩에서 똑같은 복제품이 나오는가 하면 두바이를 중심으로 하여 중동 시장에서 홍콩과 중동 시계 업자들이 로만손의 브랜드를 도용하여 유통시킨 사례가 발생한 것이다. 이 때문에 가격은 40%대로 떨어졌고 수출은 다시 주춤거렸다.

이에 대한 대응 조치로 로만손은 법적인 절차를 밟는 동시에 현지 정부 관계자와 한국측 관계 기관에 협조 공문을 발송하였다. 그러나 이러한 방법이 별로 효과가 없자 적극적인 모델의 전환으로 이에 대응하였다. 3년간의 개발 기간을 거쳐 초박형의 2종 금속을 압착시켜 시계를 더욱 고급화하는 기술인 순금 압착 코인 다이얼을 내어놓는가 하면 새로운 디자인의 시계를 한 달에 2개 내지 5개 정도를 만들어내는 등 제품 개발에 나섰던 것이다. 이러한 노력 덕택에 복제품은 그 가치를 잃게 되었고 로만손 시계는 빠른 시장의 변화에 신속하게 대응할 수 있게 되었다.

사업 전략

고유 브랜드를 붙이는 근본적인 목적은 고 부가가치의 창출에 있다. 김 사장은 로만손이라는 브랜드의 인지도가 높아졌을 때 같은 시계를 만들고도 보다 높은 가격에 팔 수 있다고 생각한다. 그가 말하는 자사 브랜드를 고집하는 또 다른 이유는 보다 높은 수익성에 있다. 사실 상품의 수출로는 10% 이상의 이윤을 올리기가 어렵다고 한다. 하지만 브랜드의 이미지가 높아졌을 때 브랜드의 사용료만으로도 큰 수익을 올릴 수 있다는 것이다.

김 사장의 장기적인 비전은 토털 브랜드로의 발전이다. 그가 본 우리 나라 제품은 아직 토털 브랜드로의 수준에 있지 못하다. 그는 피에르 까르댕, 크리스찬 디오르 등과 같은 패션 브랜드를 꿈꾸고 있는 것이다. 자사의 브랜드를 사용함은 시계 이외의 아이템에 다른 관련 아이템까지 접목을 시킬 수 있는 이점이 있다는 것이며 그 이점을 활용한 토털 브랜드로의 발전이 로만손이 앞으로 나갈 방향이라고 생각을 하고 있다.

생산 전략

로만손은 품질의 고급화를 위해 제품 표준화를 지속적으로 추진하여 왔다. 제품 표준화는 부품 수를 줄일 수 있어 생산비를 절약하는 장점과 함께 부품의 품질 수준을 올릴 수 있는 이점 때문에 시작한 것으로 현재 표준화율은 80-90% 정도에 이르고 있다.

로만손은 생산에 관련해서는 주요 핵심 부품인 아날로그 쿼츠 무브먼트(Analog Quartz Movement)는 전량 수입하고, 각종 부품은 하청 업체에서 조달 받음으로써 생산에 관련된 막대한 자금을 절약하여 왔다. 무브먼트의 수입선은 스위스가 50%, 일본이 30%, 프랑스가 20%를 각각 차지하고 있는데, 이러한 수입선 다변화는 공급상의 변화가 발생하였을 때 신속하게 대응하기 위한 것이다.

공장 자동화율은 수작업이 많은 공정으로 인해 저조한 편이다. 초기에는 100% 수작업에서 현재는 30%까지 향상시켰으며, 목표는 40%까지 공장 자동화율을 높이고자 한다. 이로 인한 예상 생산비 절감은 20%로 보고 있다.

품질은 창업 초기 불량률이 30%에 달했으나, 전사적인 품질관리 운동을 꾸준히 전개해 1-2% 정도로 낮추었다. 품질 인증 마크는 국내 인정인 Q 마크만을 94년에 획득하고 있을 뿐 외국의 인증 마크는 획득하지 못하고 있다.

제품 개발 전략

로만손은 창업 초기부터 매출액의 약 10% 가량을 연구개발에 투자해 왔다. 구체적으로 전문 디자인실을 설치하여 디자인 개발에 노력하여 지금까지 200여 개의 디자인을 개발해 왔다. 특히 커팅 글래스 시계는 홍콩에서 선풍적인 인기를 얻어 왔다. 현재 디자인실에는 7명의 디자이너가 있는데 한 달에 5-6개의 다양한 디자인을 개발하고 있다.

1992년부터는 고가 제품 시장을 공략할 고가 브랜드 개발에 주력하고 있다. 로만손은 초기에는 저가 시장을 위주로 하는 판매 전략을 실시하였지만, 장기적인 안목에서 저가 시장은 동남아 및 중국의 공세로 경쟁이 치열할 것으로 보고, 고급 디자인 개발에 노력하고 있다. 대표적인 고가 브랜드로서는 70-80달러의 그랑죠이 브랜드가 있는데, 앞으로는 고가 브랜드 비중을 80%까지 끌어올릴 계획을 가지고 있다.

가격 정책

로만손은 브랜드 이미지를 고급화하기 위해 제품 가격을 가급적이면 올리는 전략을 사용해 왔다. 초기에는 $15-20대의 저가품을 OEM 방식으로 수출해 왔으나, 현재는 저가품은 취급하지 않는다. 대신 $40 이상의 중가품이 현재는 60%를 차지하고 있다. 차츰 $120 이상 제품의 비중을 늘려 가고 있다. 보기 3은 국가별 브랜드와 가격 수준을 비교해 보이고 있다.

로만손은 원가 상승에 대하여 두 가지 방향으로 대응하여 왔다. 우선 기존 모델에 대하여 생산성 향상과 부품 생산 세열화를 통해 부대 비용을 절감해 기존의 가격을 유지하고자 하는 동시에, 신규 모델과 신규 브랜드의 개발로 제품 가격을 올리는 전략도 동시에 사용하였다.

유통 전략

로만손 시계는 시계 및 보석 관련 전시회에 매년 4-5회 이상 참가하여 계속 "Romanson"이라는 브랜드를 홍보하면서 수출 시장을 확대하고 있다. 로만손은 기본적으로 "1국 1에이전트" 정책을 견지하여 왔다. 이는 유통의 혼선을 막고 에이전트의 적극적인 유통 노력을 얻기 위한 것이었다. 에이전트 선정은 현지 대사관과 코트라(KOTRA)와 같은 무역 관계 기관에 의뢰하여 확인한 후 영업 경력, 매출액, 현지 지명도 등을 고려하여 에이전트 계약을 체결하여 왔다.

계약 조건은 해외 바이어가 1년 동안 계약한 물량을 소화해내지 못하면 다음 해에 그만큼의 불이익을 주는 등 계약을 철저히 지킨 우량 바이어 위주의 정책을 쓰고 있다. 이는 다소 바이어들에게 부담스러운 면이 있으나 지정된 바이어를 위해 현지에 대형 입간판을 세워 주거나 현지 유명 잡지에 로만손의 비용으로 광고를 게재하는 방식으로 판촉을 지원하여 보상하고 있다. 또한 계약을 체결한 바이어에게는 자국 내 독점 판매권을 부여하고 매년 판매 목표를 제시케 하여 달성하게 되면 수출 단가 인하나 광고 판촉비의 계속적인 지원을 한다. 이런 바이어 관리 방식이 안정되자 현지 고객의 요구 사항이나 불만 사항까지 바이어를 통해 수렴하고 해결하고 있으며, 현지의 디자인 추세나 세계 유수 시계 업계의 동향 등 정보까지 정기적으로 교환하는 정보 체계의 운영도 이루어졌다.

여기서 더 나가 우량의 바이어들을 매년 9월 홍콩 전시회에 초청하여 바이어 스스로 시계 디자인 추세를 직접 체감케 하고 디자인에 대한 바이어의 의견을 반영하게 되었다. 이 경우 바이어는 책임감을 갖게 되고 이러한 참여 의식을 바탕으로 바이어들은 더욱 열심히 유통망을 넓히고 판매하게 된다.

해외 시장의 확대와 더불어 내수 시장의 확대도 시도하고 있다. 초기 70 대 30인 수출/내수 비율이 현재 50 대 50까지 변화되었다. 이는 수출과 내수의 적정한 비율이 상호 부분적인 보전 효과를 가지기 때문이다. 예컨대 내수 시장의 확대는 불필요한 재고도 줄일 수 있는 효과를 낳는다.

브랜드 마케팅 전략

로만손은 발음이 쉽고 짧고 간단하다. 로만손은 스위스의 유명한 시계 공업 단지인 로만손의 지명에 따라 작명을 한 것이다. 스위스의 이미지를 풍기게 하여 고급·고품질 제품으로 인식될 수 있도록 한 것이다. 국내 내수 시장의 진입 시에도 외국어라는 이질적 이미지보다는 발음이 한국어와 비슷해 저항감을 없앨 수 있다는 장점이 있으며 외국어 사용으로 다소는 세련된 브랜드 이미지를 줄 수 있었다. 현재 로만손 브랜드는 세계 50여 개국에 상표 등록을 하였다.

조직의 관리

로만손 시계는 창업 이래 한번도 노사 분규가 일어나지 않았다. 가족적인 분위기에서 각자 맡은 바 임무를 충실히 하고 있는 모범적 노사 화합의 중소 기업이라는 얘기는 그래서 나온 것이다. 하지만 중소 기업이라는 입장인 만큼 특별히 복지 대책을 내세우는 것은 없다. 단지 사원들이 가족적인 분위기에서 일을 할 수 있도록 작업 환경의 개선에 힘쓰며 직원들의 신상에 문제점이 있을 때마다 그 해결에 최대한 신경을 쓴다는 것이 비결이라면 비결이다. 로만손 시계의 모범적 노사 관계의 최대 장점은 학연, 지연, 혈연에 의한 기업 경영이 아니라는 점이다. 때문에 사원들 각자가 일에 대한 욕심이 있을 뿐 아니라 자기 발전을 이룰 수 있다는 판단이 서 있게 된다.

세계 시계 산업의 구조 변화

세계 시계 산업의 구조 변화는 크게 두 가지로 볼 수 있다. 첫째, 저가품 쪽에서는 주로 홍콩이나 대만에서 만드는 것으로 국한돼 있다가 중국이라는 거대한 나라가 저가를 만들기 시작해 가장 위협적인 존재로 부각되고 있다. 고가품 쪽에서 기존의 스위스 시계들이 활발하지 못한 것은 고객의 취향이 토털 브랜드를 추구하는 디자인 중심으로 선호도가 바뀌고 있기 때문이다. 옛날에는 스위스에서 만든 시계라면 세계적인 선호도가 있었지만 요즘은 꼭 그렇지만은 않다. 이 때문에 스위스의 기존 시계 전문 업체들이 상당히 위축을 받고 있는 상태다.

둘째, 시계 산업은 상당 부분 노동 집약적인 산업이기 때문에 일본의 시계 업체들의 상당수가 몰락 단계로 가고 있다. 일본의 시티즌은 동남아에서 생산의 95%를 하고 있는데 이 때문에 품질 수준이 상당히 떨어지고 있다. 일본의 일부 업체들은 지금까지 잘 알려진 브랜드의 단물 빨아먹기식 운영을 하고 있는 것이다.

이에 비해 한국의 시계 산업은 전망이 밝다. 로만손 시계가 초창기에 시계를 수출할 때 한국에서 시계를 만드느냐고까지 물었던 외국의 시계 전문가들이 지금은 국제 시계 전시 대회가 열리면 한국관을 찾는다. 가격은 홍콩이나 대만보다 다소 비싸더라도 한국 시계가 품질 면에서 앞선다고 생각하고 있는 것이다. 우리 나라의 시계 전체를 봤을 때는 끝마무리에서 좀 문제가 있지만 일본의 80%, 스위스의 70% 정도의 품질을 지닌다고 인정되고 있다. 그 중에서 로만손 시계는 일본의 95%, 스위스의 85% 수준이다. 그러나 가격 경쟁력은 50% 정도 앞서고 있는데 이것이 로만손의 강점이다. 일본은 경쟁력이 훨씬 떨어지고 스위스는 한 모델을 10년, 20년씩 팔고 있는데 반해 로만손은 다양한 모델을 개발하고 있기 때문에 소비자의 욕구 충족 면에서 재빠르게 대처할 수 있다.

사업 전망

로만손은 신생 업체임에도 불구하고 변화하는 고객의 취향을 정확히 파악하여 디자인과 신기술 개발에 많은 투자를 하였고 이 과정에서 유통을 담당하는 딜러들도 참여시킴으로써 기술 개발과 유통의 자연스러운 접근을 이루어냈다. 결국 이렇게 만들어진 제품은 품질이 좋으면서도 또한 시장에서 요구하는 것일 수밖에 없는 것이다. 고객이 요구하는 제품은 팔릴 수밖에 없는 것이니 이것이 곧 로만손 시계의 고속 성장의 비결 가운데 하나라고 할 수 있다.

로만손은 일찍부터 제품의 마케팅에 눈을 뜬 회사였다. 첫 시장 공략 때부터 이용한 시계 박람회 등의 전시회는 아직도 로만손 시계의 제품 선전과 정보 수집의 발판이 되고 있다. 또한 이 회사가 운용하는 1국가 1바이어 체제는 상당히 견고하여 제품의 가치를 그만큼 높이고 있는 것이다.

그러나 시장의 다각화가 이루어지지 않은 것이 로만손 시계의 문제점이라고 할 수 있다. 1991년도에 걸프 전이 일어났을 때 로만손의 거래처는 전혀 영향이 없거나 영향이 작았음에도 불구하고 국내 은행들은 신용장조차 개설해 주지 않았던 것이다. 이 때문에 예년과 대비해서 92년의 매출액 성장은 매우 미미하였다. 이러한 문제를 해결키 위해 로만손은 내수 시장을 넓히는 등의 노력을 하고 있지만 아직은 미흡한 상태라고 할 수 있다. 시장 다각화의 새로운 도전에 직면하여 로만손이 과연 창업 이후 보여준 브랜드 이미지 구축 전략과 해외 마케팅 노하우를 적극 활용할 수 있을지 기대해 볼 만하다.

로만손사는 현재 20세기가 자사 브랜드의 세계화를 목표로 시계라는 전문 분야의 기술 및 디자인 개발에 힘써 온 시간이라면 21세기는 국내·외에서 인정 받은 기술력과 신용을 바탕으로 로만손 고유 브랜드의 토털 패션 전문 숍을 개발하고, 토털 패션 유토피아를 건설하는 시기라고 장기적인 비전을 세우고 있다. 이를 위해 자사의 브랜드를 통한 고품격 안경 산업의 세계 진출을 선두로 가방, 장신구류, 고급 문구류 등 점진적인 사업 다각화 및 경쟁력 확보를 통해 양적 성장과 더불어 질적인 수준에서 최고의 명예를 지킬 종합 패션 기업으로 또 다시 세계를 향해 도전장을 던지고 있다.

보기 1 기업 현황

업체명: 주식회사 로만손
대표자: 김기문
사업자 등록 번호: 215-81-03705
소재지: 서울 특별시 송파구 마천동 33번지 Tel 408-1125
공 장: 서울 특별시 송파구 마천동 28번지 Tel 402-1160
업 종: 제조, 도소매
주 생산품: 손목 시계
외 형: 1996년 매출액 약 250억 원, 수출 약 $1000만
종업원 수: 생산직 75 명, 사무직 24 명
대리점 수: 국내 50 개, 해외 30 개
해외 법인: 인도 합작 공장 (법인명: 로만손 IMT)
주요 브랜드명: Romanson, Misony, Tulip, Eleve, Phil

보기 2 회사 연혁

88. 4 주식회사 로만손 설립
4 Dubai 한국 우수상품 전시회 참가(최초)
7 OEM 방식으로 수출 개시
89. 2 한국 시계공업 협동조합 회원 가입
9 무역업 을류 허가 취득
9 중동 지역 수출 개시 (Romanson 고급 브랜드 방식)
11 미주 지역 수출 개시
12 시계 수출 유공자 “시계공업 협동조합 상” 수상(시계공업 협동조합)
90. 1 MBC 선정 중소 기업 우수 업체 (문화방송)
11 제27회 무역의 날 “100만 불 수출 탑” 수상 (대통령)
91. 1 무역업 갑류 허가 취득
8 유망 중소기업체 (서울신탁은행)
9 병역 특례 기업 선정
11 무역진흥 유공 업체 “상공부 장관상”(상공부)
92. 8 본사 이전 (서울 송파구 가락동 35-10)
8 무역진흥공사 “유망 수출 중소 기업” 지정
8 육군 복지단 “군납 업체” 적격 판정
11 제29회 무역의 날 “500만 불 수출 탑” 수상 (대통령)
93.12 납세 의무 성실 이행 업체 “국세청장상” (국세청)
94. 3 조세의 날 “관세청장상” (관세청)
4 전품목 품질 보증 “Q” 마크 인증 획득 (한국 전기전자 시험 연구소)
7 ’94 산업 디자인 개발 성공사례 대상 수상 (산업 디자인 포장 개발원)
’94 우수 디자인 상품(GD마크) 선정 (상공자원부)
95. 2 올해의 시계인의 상 수상 (월간 시계사)
3 중소 기업 정책 모니터 지정 (통상산업부)
5 ’95 생산성 대상 2개 부문(세계화/고객만족) 수상 (통상산업부)

5 '95 생산성 향상 우수 기업 지정 (통상산업부)
5 '95 생산성 지도자상 수상 (국무총리)
6 '95 우수 디자인 중소 기업 특별상 수상 (통상산업부)
6 '95 산업 디자인 성공 사례 특선 수상 (산업디자인 포장 개발원)
6 제 1 회 로만손 국제 피아노 콩쿨 개최
96. 5 중소 기업 정책 모니터 지정 (통상산업부)
6 '96 산업 디자인 개발 성공 사례 수상 (산업디자인 포장 개발원)
11 제33회 무역의 날 "1000만 불 수출 탑" 수상 (대통령)

보기 3 국제 시계 브랜드의 가격 수준 비교

국가	브랜드	현지 소매 가격	가격 지수
한 국	Romanson	$45.3 -90.5	100
중 동	Orlet Big Ben	$16.0 -30.8	34.5
일 본	Seiko	$52.8-116.2	124.5
홍 콩	Ganalux	$18.7 -28.7	34.9
스위스	Swatch	$36.2 -45.2	60.0

사례 연구 2

팬택*

주식회사 팬택은 "문명 이기의 원천인 기술을 일상 생활에 구현하여 인류 생활의 편의를 증대한다"는 이념으로 1991년 3월 29일 창립되었다. 문자 및 초고속 무선 호출기로 시작해 첨단 PCS(개인 휴대 통신) 단말기에서 위성 통신 분야로까지 6년의 짧은 기간동안 가파른 성장을 통해 쌓은 아성 덕에 팬택은 '정보통신 업계의 신데렐라'라는 별명을 얻었고 업계에서는 '팬택 신화'라고까지 불리운다. 팬택은 기술력 집약과 우수한 인재 확보에 주력하였고, 그 결과 창업 6년 만에 240명의 종업원과 1996년 490억 원의 연간 매출 실적을 달성했다. 보기 1과 2는 최근 수년간 팬택의 내수/수출 현황과 영업 실적을 나타낸다.

창업 배경

창업자

팬택의 창업자 박병엽 사장은 창업 당시 29세였다. 그는 사업을 시작한 동기를 "자기 역량의 끝은 어디인지를 알고 싶어서였다"라고 밝히는 젊은 사업가이지만 그의 경영 철학은 노회한 기업인 못지않게 야무지고 알차다. 29세의 젊은 청년 박병엽은 자기 손으로 직접 성을 쌓고 싶은 남다른 성취감과 자신감, 그리고 폭넓은 자질을 스스로 믿고 평범한 직장인이기를 벗어 던지고 1991년 사업가의 길로 들어섰다. 그는 돈을 버는 것이 목적이 아니라 새로운 기업가 상을 세우는 것이 목적이었다. 재벌 기업의 볼썽 사나운 경영 행태를 자신이 모범을 보임으로써 바로 잡고, 국가·사회 발전에 이바지할 수 있는 기업인이 되겠다는 원대한 포부를 가지고 한 시작이었다. 그는 인적 구성이 다양한 조직에서 건강한 기업 이념과 카리스마적인 리더십으로 노숙한 지휘자처럼 화음을 이끌어 낸다. 상하간의 빡빡한 관계는 젊은 사장답게 술자리에서 화통하게 풀어버리며, 사원들의 결혼 기념일 등에는 손수 쓴 편지와 함께 꽃을 보내는 자상함 또한 그가 가진 매력이다.

박 사장이 무선 호출기 시장에 뛰어든 이유는 가장 대중적이면서 품질 좋은 제품이 첨단 제품이라는 생각 때문이었다. 팬택은 창업 후 1991년 한글 표시 기능 무선 호출기 개발 사업을 시작해 92년부터 무선 호출기를 본격적으로 출시해왔다. 그 당시의 국내 무선 호출기 시장은 모터롤라, 파나소닉, 필립스 등 거의 고가의 외산 무대여서, 제 2 사업자 출현을 앞두고 있는 상황에서 국내 제품이 절실한 상황이었다. 제 2 사업자들이 그 해 10월부터 상용 서비스를 제공하기 시작했으니까 팬택은 적기에 제품을 출시한 것이었다.

자금 조달

기술 개발이 관건인 무선 호출기 사업에서 박 사장을 포함하여 총 4명이 6천만 원을 가지고 창업한 회사가 적지 않은 연구개발비를 과연 어떻게 조달했을까? 여러 자금원 중에서 가장 큰 공헌을 한 것은 역시 정부의 정책 지원금이었다. 연리가 싼 정부의 지원금은 자금력에 취약한 중소 기업에게 좋은 기회이지만, 당시 아무런 실적이 없었던 팬택에게 이것이 돌아갈 수 있었던 이유를 팬택측은 완벽한 기

* 이 사례는 양진영, 이명은, 한종극과 함께 교육용으로 개발한 것이다. 사례의 내용은 특정 경영 상황의 처리에 관한 잘잘못을 예시하지 아니한다.

안서 때문이라고 설명한다.

국가의 통신 사업 지원금을 활발히 조달하여 기술 개발에 힘썼고, 무선 호출기를 중심으로 한 무선 통신 기술과 다양한 산업용 무전기 개발 역시 이 자금을 활용하였다. 그 밖에 PHS 단말기 개발 역시 정보통신진흥기금을 지원받아 현재 수출 단계에 있다. 이를 통해 일본 시장을 장악할 계획을 가지고 있으며, 컴퓨터/통신 사업망과 위성통신 시대를 대비한 디지털 위성 방송 수신 장치의 상용 제품화에도 주력하고 있다.

팬택은 또한 무담보 대출로 유명하다. 처음 정부의 무선 호출기 개발 과제를 땄을 때는 당장에 자금 문제가 해결되지 않아 애를 먹었다. 자금을 얻으려면 담보가 있어야 하는데, 담보할 만한 것이 없었기 때문이었다. 그래서 찾아 간 곳이 기술신용보증기금이었다. 이곳은 기술 능력과 실적을 감안해 성과가 좋은 기업에게 기술 자금에 대한 보증을 해주는 기관이었다. 그러나 설립된 지 1년이 채 안 된 회사에게 돈을 빌려줄 리는 없었다. 그 때 박 사장은 장장 열두서너 번에 걸친 끈질긴 설득으로 성실성과 기업의 성장 가능성을 인정 받아 결국 보증을 얻어냈다.

박 사장은 매일 은행으로 출근을 했다. 처음에는 말단 직원부터 사귀고 다음에는 한 단계씩 윗사람과 교제하는 식으로 인간 관계를 쌓아서 결국 지점장을 만났다. 갓 시작해서 담보 내놓을 것도 없는 회사에게 당연히 돈을 내어줄 리가 없었지만, 박 사장의 여덟 차례에 걸친 끈질긴 설득으로 결국 은행장은 자신의 집을 담보로 돈을 내 주었다.[1]

기술 개발

무선 호출 부문

팬택이 설립될 당시는 무선 통신 분야에서 한국통신과 이동통신의 독점적인 활성화가 되기 전이었고, 1992년에 나래이동통신, 서울이동통신 등 공동 사업자들이 지정되었을 때, 팬택 제품은 92년 4월에 내수 및 수출을 통해 출시되었다. 즉, 팬택이 제품을 출시한 때는 시장이 꽃을 피우기 직전 시점이었다. 팬택의 제품 출시 후 사업자들이 늘어나고, 품질과 서비스가 좋아지면서 호출기 시장에 이상 폭발이 일어나는 등 좋은 시장 환경이 이루어졌다(보기 3과 4 참조).

팬택은 이후 1994년 초소형 무선 호출기를 출시했고, 95년 7월 국내 최초로 음성 무선 호출기를 개발했으며, 96년 10월 한글, 영문, 중문자가 표시되는 단말기와 광역 무선 호출기를 내놓았다. AGC(자동 이득 조정) 회로를 내장해 수신 불능 지역에서의 수신율을 높인 고기능의 초소형 미니 광역 호출기인 '패니아'를 출시해 젊은 고객들로부터 호평을 받았다. 또한 96년 11월 세계에서 가장 작은 문자 호출기를 개발하였고, 97년 4월 미국의 모터롤라사와 텍사스 인스트루먼트사에 이어 국내 중소 기업이 차세대 무선 호출로 각광을 받고 있는 고속 무선 호출용 디코더 칩을 자체 개발하였다. 이 플렉스(FLEX) 방식의 고속 무선 호출기는 기존의 것에 비해 5배 이상 빠른 전송 속도를 이용해 단순 문자 전송이 아닌 생활 정보, 뉴스, 그래픽 전송, 화상 처리, 쌍방향 통신까지 가능토록 만든 최첨단 호출기이다. 이것은 미국, 일본에 이어 세계에서 3번째로 성공한 무선 호출의 보편성과 휴대의 용이성을 활용한 데이터 통신 기술이다.

무전기 부문

팬택은 1993년 5월 정보통신 진흥 기금의 지원에 의한 주파수 공용 방식 간이 무선 장치 개발에 착수하여 국내 최초로 주파수 사용 효

1 빅맨 비지니스, "무담보 대출로 기술 개발에 성공한 ㈜팬택," 1997. 3. 1.

율을 대폭 향상시킬 수 있는 TRS 방식에 의한 간이 무전기를 개발하였다. 이 간이 TRS를 1995년 8월에 국내에서 생산, 보급함으로써 국내 무전기 산업의 활성화와 국내 무선 통신 기술의 발전에 이바지했다. 현재는 간이 무전기의 소경량화 및 레저용 생활 무전기를 개발 중이다.

첨단 개인 휴대통신 부문

팬택은 94년 국내 무선 호출기 시장이 포화 상태에 다다랐을 때, 첨단 이동 통신 기기와 첨단 통신 기술의 축적이 없으면 미래가 없다고 판단하여 GSM 단말기(유럽식), CDMA 단말기(미국식), PHS 단말기(일본식) 등의 3가지 기술을 놓고 내부 검토를 벌였다. 그 결과 PHS 단말기를 개발키로 결정했다. 보기 5는 개인 휴대 통신 시장의 수요 예측 자료이다.

PHS를 신택한 것은 비싼 로열티를 지불해야 하는 GSM이나 CDMA 기술과는 달리 PHS는 프로토콜이 개방돼 있어 라이슨스 비용을 지불할 필요가 없기 때문이었다. 또 이것을 개발하면 PCS의 기술 축적이 용이하고, GSM 단말기 기술도 동시에 축적할 수 있다는 계산도 있었다. 그리고 일본의 영향력이 아시아에 미칠 수 있다는 생각 때문에 PHS 단말기로 결정을 내렸다.

팬택은 한국 본사 인력과 1994년 9월 설립된 일본 연구 지사를 효율적으로 연계하여 95년 2월부터 PHS 단말기 개발에 들어갔으며, 숱한 어려움 끝에 96년 4월 완벽하게 작동되는 시제품을 개발하였다. 국내 최초의 자체 기술로 일본 DDI 접속용 PHS 단말기를 개발한 것이다. 그래서 1996년 11월부터 97년 3월까지 PHS 단말기를 일본 시장에 약 10만 대(110억 원 규모) 수출하는 쾌거를 이루기도 하였다. 모두 OEM 방식이 아니라 팬택 상표를 붙였다. 팬택이 판매하게 되는 PHS 단말기는 매우 컴팩트한 디자인으로 무게는 110g밖에 나가지 않으며, 리튬 이온 전지를 사용해 연속 통화 5시간, 연속 대기 200시간 등 장시간 사용이 가능한 제품이다.

팬택은 첨단 정보 통신 기술인 PCS 단말기로 전자 통신 개국 이래 일본 시장에 진출하는 첫 외국 기업일 뿐만 아니라, 국내 업체로서는 처음으로 일본 시장에 진출했다는 점에서 큰 의의를 갖는다. 국내 기업이 일본 시장을 겨냥한 최첨단의 통신 기기 제품을 개발하여 본산지에서 로열티를 받고 공급하는 것은 그 유례를 찾기 어려운 것으로 팬택의 수출은 정보통신부가 주관이 되어 벌인 정보통신 사업 진흥 지원 프로그램의 첫 성공작으로 평가되고 있기도 하다.

멀티미디어 부문

팬택은 멀티미디어 개발, 게임 소프트웨어 개발, 자체 VAN 서비스를 개통하는 등 멀티미디어 분야로의 사업 다각화를 통해 안정적 매출 구조를 정착시키는 한편, 본격적인 정보통신 회사로 발돋움을 하고 있다. 무선 통신 기기 분야에서 얻은 기술과 자금을 바탕으로 팬택은 1995년 4월 멀티미디어 분야에 진출하기 위해서, 팬택보다 한 단계 높은 기술을 보유하고 있으나, 자금 부족으로 어려움을 겪고 있는 컴퓨터 관련 유망 중소 기업 3개사와 제휴하였다. 멀티미디어와 관련된 보드 개발 업체인 서두미디어, 게임 소프트웨어 개발 업체인 미리내 소프트웨어, 응용 소프트웨어 개발 업체인 브이테크 등과 팬택 패밀리를 구성했다. 1995년 9월에는 미국의 모뎀 전문 회사인 보카(Boca)와 제휴하여 33,600bps의 팬택 모뎀을 개발하였다.[2]

멀티 미디어 사업은 멀티미디어 부문, 팩

[2] 매일 경제, "모뎀 사업 진출 본격화," 1995. 9. 29; 내외 경제 신문, "멀티미디어 분야 진출," 1995. 5. 9.

스 모뎀 부문, 게임 S/W 부문, LAN 서비스 부문으로 사업을 전개했다. 멀티미디어 보드 부문에서는 지금까지 영상 통합 보드인 Cine II, Cine II Plus, Cine-Q TV와 초고속 그래픽 카드인 Alpine 64, MTV-Pro 등을 출시했다. 또한 그동안 영상 기술에 대한 모든 노하우를 집적한 Cine III와 고가의 영상보드를 VGA카드 한 장에 집적한 TOP-4를 출시하여 호평을 받고 있다.

PC 통신 분야에 진출하기 위해 노력한 결과 1996년 3월부터 팬택넷(Pantech-Net) 서비스를 제공하고 있다. 팬택넷은 멀티미디어 정보통신의 꽃이라 할 수 있는 교육과 오락의 통합 서비스인 에듀테인먼트 파크(Edutainment Park)를 통해 국민 레저 생활과 청소년 교육에 보탬이 되는 서비스를 제공하고 있으며, 이를 정치, 경제, 문화, 학술 등 각종 전문 데이터베이스(DB) 서비스에까지 확대하여 제공하려는 계획을 추진하고 있다.

신규 부문

팬택은 장기적인 사업 계획을 수립하고 플렉스(FLEX) 방식의 고속 무선 호출기와 발신 전용 휴대 전화기(CT-2), 일본형 PCS(PHS) 단말기 등 기존 사업과 함께 위성 방송 수신기와 영상회의 시스템을 신규 사업으로 추진키로 했다. 이에 따라 팬택은 한국 전자 통신 연구소(ETRI)와 9개 업체가 공동으로 개발한 위성 방송 수신기 관련 기술을 이전 받아 1997년 상반기까지 개발을 완료하여 하반기부터 본격 출시했다.[3]

또한 팬택은 위성 방송 시대를 대비하여 1997년 4월 독일의 세계적 무선 안테나 및 시스템 기술 보유 업체인 카트라인사와 합작해서 팬택-카트라인사를 설립하여 최첨단 통신, 방송용 안테나 및 무선 장비 제조 사업에 진출했다. 이 합작 법인은 초기 자본금 10억 원 규모로 설립되어 팬택이 49%, 카트라인사가 51%의 지분을 갖고 있다. 팬택은 카트라인측으로부터 국내의 표준 방식으로 결정된 코드 분할 다중 접속(CDMA) 방식의 개인 휴대 통신(PCS)과 방송국용 무선 설계 및 안테나 시스템 설계 기술 등을 이전 받아 국내 생산 기반을 마련하여 내수 공급뿐만 아니라 유럽으로 수출할 계획이다.[4]

경영 시스템[5]

자금

팬택의 성장은 정부 자금의 적절한 이용에서부터 비롯되었다. 정보화 촉진 기금, 과학기술 진흥 기금, 생산 기술 개발 자금, 공업 기반 기술 개발 사업 등 10여 개의 연구개발 프로젝트에 참여하여 약 70여억 원의 정부 지원금을 융자 받았고, 이러한 프로젝트를 통한 기술 개발을 토대로 상품화에 성공하여 비약적인 발전을 이룬 것이다. 그 결과 1995년 7월 장외시장에 등록하였고, 이를 계기로 팬택의 자금 조달 구성비는 변화를 가져왔다. 즉, 주식이나 사채 발행을 통한 직접 금융의 비중이 9%에서 27%로 크게 높아진 것이다. 다른 자금원에 비해 이자 부담이 없는 주식 발행에 의한 자금 조달로 간접 금융의 비율이 상대적으로 낮아졌으며, 분산을 통해 위험 부담을 줄이고 안정성을 높이는 등 많은 효과를 거두었다.

인력

팬택은 기업의 목표인 매출 성장, 이윤 극

---

3 산학연, "삐삐로 출발, 위성 통신 사업까지 넘본다." 1997. 2. 5.

4 한국 경제 신문, "팬택, 통신용 장비 생산 나선다." 1997. 4. 25.

5 뉴스 피플, "정보통신 기기 개발, 생산 업체인 팬택의 박병엽 사장," 1996. 9. 5; 기술관리, "무선 호출기 사업에서 세계적 종합 정보통신 회사로 발돋움," 1996. 7. 1; 컴퓨터 월드, "무선 호출기 전문 업체에서 종합 정보통신 산업체로 성장," 1996. 5. 15; 주간 매경, "싱가포르 삐삐 시장 점유율 45%," 1995. 11. 1.

대화를 위한 최우선의 핵심을 기술력에 둔다. 따라서 팬택의 성공 여부는 엔지니어 확보에 달려 있었다. 인력 확보는 대부분 스카우트를 통해 이루어졌다. 중소 기업에 사람들이 쉽게 오지 않으려는 경향 때문에 어려움은 있었지만, 박 사장의 친화력, 설득력, 집요함이 주효했다. 특히 설득 과정에서 기업의 안정성, 오너의 건강성, 핵심 산업인 정보통신 관련 회사 이미지 등이 어필할 수 있었다. 박 사장은 스카우트를 하면서도 직급을 수평 혹은 오히려 낮추어 데려오기도 했다. 보기 6은 팬택의 경영진 구성 현황을 나타낸다.

설립 초기에는 몇 사람이 "우리 기술로 한번 해보자"라는 열의를 가지고 시작했으며, 이런 열의가 호출기 시장에서 성공을 거두자 직원들간에 하면 된다는 공감과 상호간의 끈끈한 유대감이 형성되었다. 직원들은 연구개발이 한참 진행 중이었을 때는 밤을 새우는 경우도 많았을 정도로 열정과 재미를 가지고 있었다. 이런 분위기는 지금까지도 유지되고 있어, CT-2 단말기 개발에 뒤늦게 참여한 팬택은 서비스 사업자 일정에 맞추기 위해 관련 연구진들이 회사의 숙소에서 합숙을 하면서 연구 활동에 몰두하였다.

제조

설립 초기 무선 호출기 제조를 맡은 곳은 주식회사 팬택의 자회사인 팬택 전자였다. 동일한 제품을 생산하고 있었으므로 업무의 효율을 높이기 위해 1995년 8월 합병하였으나 97년 2월 다시 분리시켰다. 지금은 팬택 전자에서 삼신 통신으로 이름이 바뀌었으며, 멀티미디어 관련 제품과 호출기 제조 및 생산만 담당하고 있다.[6]

팬택은 1995년 11월 경기도 김포 소재 신사옥 착공에 들어갔다. 1996년 8월 전체 2개 동 중 A 동을 완공하여 9월부터 제조 사업부의 생산 라인과 기타 사업부가 이전하였으며, 현재 등촌동 본사에 재경 및 일부 관리 부문만 남아있다. 한편 나머지 B 동은 1997년 하반기에 완료하여 팬택의 차세대 첨단 제품 위주의 생산 라인 구축 기지화되고 있다. 박 사장은 "김포 공장은 연구개발 기능과 함께 각종 첨단 고부가가치 제품의 생산기지로 활용될 것이다"라고 말한다.

마케팅

팬택은 1991년 설립 이래로 무선 호출기, 무전기 등을 개발, 판매하고 있는데, 창업 당시 국내의 무선 호출기 시장에는 모터롤라를 비롯한 고가의 외산 제품이 주류를 이루고 있었기에 팬택 제품이 92년 처음 출시 때부터 잘 팔려 나간 것은 아니었다. 그러나, 당시 타제품들은 투박한 디자인에 종류도 많지 않았으나, 팬택 제품은 손에 딱 들어갈 정도로 작은 크기의 소형화에 초점을 맞추었고, 고품질로 승부를 걸었다. 보기 7은 팬택의 제품 판매 실적을 보여준다.

제2사업자들이 나오면서 어떻게 가입자를 많이 늘리느냐가 관건이 되어, 서로 무선 호출기 제조업자에게 납품 받아서 가입비만 받고 기기를 무료로 나누어 주는 방법으로 판매를 늘렸을 때에도 팬택은 지역별 총판 형태의 대리점 30여 군데 등 자사 유통망을 통해서 확고한 제품 이미지를 구축하면서 영업 활동을 해왔다. 1993년부터는 무선 호출 가입자가 2-3만 명에서 100만-200만 명으로 늘어남으로써 공급이 수요를 따라갈 수 없을 정도로 호황을 누리게 되었다. 그리하여 팬택은 2-3년간 큰 폭의 성장세로 국내 무선 호출기 시장에서 돋보이는 지위를 획득하고 국내 시장 점유율 10%를 차지하게 되었다. 각종 사은품과 경품 등

---

6 매일 경제, "팬택 전자와 합병," 1995. 8. 31.

사업자들의 고객 유치전에 가세해 덤핑 공급을 하던 상황에서도 팬택은 꾸준히 제 값을 받으면서 성장을 계속했던 것이다.

그러나 1996년에는 무선 호출기 시장에서 중소 생산 업체의 난립으로 경쟁이 더욱 치열해져서 경영 환경이 매우 어려웠다. 따라서 팬택은 1996년 상반기까지 직접 영업을 통한 시장 판매(80.3%), OEM 판매(19.7%) 등의 판매 경로를 수정하여, 하반기부터는 사업자 납품을 개시하였고, 대기업에 일정 규모를 OEM 납품하는 전략도 병행함으로써 96년의 어려운 시장 환경을 극복하였다. 회사의 적극적인 영업 활동의 결과로 무선 호출기 시장에서는 1995년보다 약 20% 성장한 345억 원의 매출을 기록하였으며, 회사의 총매출 비중에 있어서도 약 70% 수준을 유지하여 회사 성장에 견인차 역할을 계속 담당하고 있다.

팬택은 일찍이 협소한 국내 시장을 벗어나 1992년 자체 개발한 무선 호출기의 수출 드라이브 전략을 구사하여, 미주, 유럽 등 광범위한 세계 시장으로 진출해 성공적인 수출 성과를 올리고 있고, 통신 기기 분야의 시장성과 성장 잠재력이 크게 부각되고 있는 홍콩, 싱가포르, 대만, 말레이시아, 베트남 등 동남아 시장과 중국 시장에도 진출해 빠른 시장 장악에 성공하기도 했다. 특히 팬택은 동남아 시장에서는 모터롤라에 이어 30%에 이르는 시장 점유율을 나타내는 기염을 토했다. 팬택이 동남아 시장에서 큰 성공을 거둔 것은 해외 시장에서 종합 상사 등을 통한 위탁 판매가 아닌 현지 딜러와의 직접 계약에 의한 영업 전략으로, '세계 속의 기술 팬택'이라는 이미지를 더욱 확고히 한 것이 주효했으며, 96년 상반기 중 홍콩과 싱가포르 등지에 설립된 사무소를 통해 공격적 해외 마케팅에 박차를 가했기 때문이기도 하다. 또 다른 이유가 있다면 동남아 대부분의 지역들이 빌딩이 밀집돼 있고 바다에 인접해 있다는 점을 감안하여 지역의 전파 특성을 고려해 수신 강도를 높인 제품을 내는 전략을 구사한 때문에 바이어들의 호평을 받은 것으로 분석할 수 있다.

팬택은 해외 시장 개척을 위해 1994년 3월 중국 북경에 현지 사무소를 개설하여 이를 A/S의 거점으로, 홍콩, 싱가포르, 대만에 설립된 사무소는 마케팅의 거점으로, 일본에 있는 사무소는 선진 기술 개발을 위한 거점으로 삼아 해외 시장 개척에 일익을 담당하도록 하였다. 그러나 1996년 해외 시장에서는 특정 지역의 기존 거래처 내부 사정으로 인하여 전년도보다 다소 저조한 약 80억 원의 수출 실적을 기록하였으며, 특정 지역에 편중된 수출 구조에서 오는 위험을 해소하기 위하여 수출선의 다변화에 역점을 둔 결과 대만, 중국, 유럽 및 캐나다 지역에 해외 거점을 새롭게 개척하였다.

1996년의 어려운 경영 환경 속에서도 팬택은 전년 대비 36.9% 신장된 487억 원의 매출액을 올렸고, 29.7% 늘어난 41억 8천만 원의 경상 이익과 28% 늘어난 35억 4천만 원의 당기 순이익을 기록하였다. 무선 호출기 시장의 정체를 딛고 큰 폭의 실적 신장을 올린 것은 무선 호출기의 성능을 개선하고 시장을 다변화하면서 여러 분야로 사업 다각화를 한 데서 그 근거를 찾을 수 있다.[7]

연구개발(R&D)

1992년 이후 연간 매출액의 10-15%에 달하는 엄청난 연구개발비를 투자하고, 전체 240명의 인원 중 121명(약 50%)이 기술 개발 및 연구 활동에 종사하는 등 기술력 확보에 무한한 노력을 쏟고 있는 팬택은 91년 이후 정부 및 공공 기관의 국책 연구 과제 수행 실적이 10여 건에 달하며, 91년 정보통신부로부터 유

[7] 매일 경제, "삐삐 3총사, 변신 가속화," 1997. 4. 14.

망 정보통신 중소기업으로 지정되고, 통상산업부로부터 유망 선진 기술 기업 등으로 선정되는 등 우수한 기술력 및 공격적인 기술 능력을 바탕으로 6년 만에 비약적인 발전을 이루었다. 끊임없는 신기술 개발의 결과로 1994년 500만 달러 수출 탑을 수상한데 이어 96년에 1000만 달러 수출 탑 및 산업 포장을 받았다.

한 예로, PHS 단말기를 생산하기 위해 일본 현지 연구소에서 1995년 2월부터 개발에 착수하였다. 팬택은 이동 통신 단말기 개발 경험이 전혀 없었던 연구원들과 연구 인력 부족 등으로 숱한 좌절을 겪은 끝에 약 15개월 만인 96년 4월 완벽하게 작동되는 시제품을 개발하였다. 이를 일본에 공급하기로 계약을 체결했고, 그때의 납품 조건은 불량률을 일본 통신기기 불량률인 0.2% 수준으로 낮추는 것이었다. 그 후 팬택은 세계 주요 통신 기기 회사를 견학하며 생산 노하우를 배웠다. 또 DDI 전용 칩을 사용하지 않고 칩 자체를 소프트웨어로 구현했으며, 이 때문에 생산 원가가 크게 절감되었다.[8]

이처럼 기술력이 강한 기업을 만들기 위한 경영 방침에 의해 팬택은 국내 최초로 음성 호출기와 자동 이득 조정(AGC) 회로를 장착한 광역 호출기를 개발하였다. 더 나아가 세계 최소형의 문자 호출기와 세계에서 3번째로 플렉스(FLEX) 방식의 고속 무선 호출기를 개발하였다. 타 회사들이 이 기술을 개발하지 못하는 한 모터롤라사가 가격을 주무를 수 있는 독점권을 가질텐데, 이를 자체 개발하였으므로 해외 경쟁력을 강화시킨 좋은 예였다.

또한 2.4기가 Hz 대역의 주파수를 사용하는 무선 영상 송수신기(CCTV)를 국내 처음으로 개발했다. 이는 유선 방식과 달리 동축 케이블 없이 음성과 영상을 TV 모니터와 스피커에 전송할 수 있는 것으로 설치가 간편하며, 송신기가 카메라에 내장돼 별도의 전원이 필요없다는 것이다. 국내 무선 카메라 시장은 고가의 외산 제품이 장악하고 있어 이번 개발을 통해 국내 업체의 시장 진입이 본격화될 전망이다.

현재 팬택은 아날로그 이동 전화가 제1세대, 디지털 방식이 제2세대, 미래 멀티미디어 서비스인 플림스(FPLMTS)가 제3 세대로 정의되는 이동 통신의 세계에서 지금은 2.5세대인 PCS 단말기 개발에 주력하고 있다. 그러나 향후 차세대 위성을 이용한 PCS 방식인 GMPCS, FPLMTS 등을 준비하기 위한 기술 개발에 박차를 가하고 있다.

사업 다각화

팬택은 국내 무선 호출 시장이 호황에 들어 가기 전 해인 1993년에 이미 PCS 단말기 개발에 착수했다. 이는 한 시절 좋은 아이템을 잡아 반짝했다고 성공한 기업이 되는 것은 아니라는 팬택 박 사장의 생각 때문이었다. 일찍이 씨앗을 뿌린 탓에 팬택은 까다로운 일본에 PHS 단말기를 수출할 수 있었고, 아울러 최근 동남아 일부 국가들에서 PHS를 표준으로 채택하게 됨에 따라 이들 국가로부터 수요도 예상되고 있어 지속적인 제품 다양화가 진행될 것이다. 한편 CDMA 방식에 의한 PCS 단말기 개발은 기술 소유권을 보유한 미국의 퀄컴사(Qualcom)와 라이슨스 계약 체결이 진행 중에 있으며, TDMA 방식에 의한 PHS 단말기 개발 경험 및 CDMA 분야에 대한 자체적인 연구개발을 통해 1997년 하반기에 제품을 출시하였다.[9]

한편 팬택은 우리 나라의 무궁화 위성 발사에 따른 위성 통신 시대에 대비하여 정부의 정책 자금 지원하에 디지털 위성 방송 수신기

---

8 매일 경제, "세계화 경진 대회 은상," 1996. 12. 19.

9 박경화, "PCS 단말기 개발현황," 텔레월드, 1997. 5: 94-95.

개발에 착수하여 1996년 말 상용 제품화했다. 다만, 국내의 디지털 위성 수신기 시장이 위성 방송 사업자 선정의 지연 등으로 아직은 활성화되지 못하고 있어 우선 해외 시장 개척에 중점을 두고 있다. 이에 방송 장비 및 시스템의 첨단 기술을 가진 78년의 역사를 자랑하는 독일의 다국적 기업인 독일의 카트라인사와 합작하여 '팬택-카트라인'사를 1997년 하반기에 설립했다. 이를 통해 팬택은 코드 분할 다중 접속(CDMA) 방식의 PCS 단말기, 유럽 표준의 GSM 단말기 등, 디지털 이동 통신용 기지국 안테나 및 중계기 시스템 등의 설계 기술 및 첨단 기술을 이전 받아 국내 생산 기반을 마련, 내수 공급뿐만 아니라 동남아와 중국 시장, 그리고 유럽으로 진출하기 위한 교두보를 마련할 예정이다.

또한 팬택은 사업의 다각화를 위해 1995년 멀티미디어 관련 3개의 중소 유망 기업과 제휴를 맺어 멀티미디어 부문에 진출하는데 성공하였다. 보기 8은 팬택의 출자 회사 현황을 보여준다. 무선 통신 사업을 시작으로 영상 기술과 정보통신, 위성 통신에 이르기까지 선진 기술 기업으로 입지를 굳히며, 비약적인 성장을 거듭하고 있는 팬택은 이제 21세기 종합 정보통신 회사로 세계 속에 서기 위해 기술력과 인력을 집약해서 경쟁력 강화와 고부가가치 창출 및 최상의 제품을 통한 고객 만족 전략을 실천하고 있다.

팬택 경영관리 팀의 신동진 부장은 "기업은 정체에 빠지면 안되고, 항상 미래에 대한 대비를 해야 합니다. 우리는 무선 호출 가입자가 1000만을 넘어서게 되는 95년부터는 무선 호출기 시장에서 더 이상의 성장은 없을 것이라고 내다보았죠. 따라서 미래를 현재의 시장 이외의 무언가로 대비해야 한다고 여겼고, 특히 PCS, Cellular 등을 대비해 한다고 생각했습니다"라고 사업 다각화의 중요성을 언급한다. 이에 덧붙여 "뭐니 뭐니 해도 팬택 성장의 근간은 기술력에 중점을 둔 것입니다. 기술력, 마케팅, 품질, 저렴한 가격, 이 모든 것의 조화로운 통합과 사장을 비롯한 임직원들의 헌신적인 노력, 정부의 기술개발 자금, 시장 상황 등 모든 것이 어우러진 결과입니다"라며 오늘날 급성장하게 된 팬택의 성공 요인을 설명한다.

전망과 과제

기술 중심의 경영 마인드와 이것을 뒷받침하는 조직적인 마케팅 능력, 일찍부터 시작된 해외 시장 개척 노력, 합심된 팬택인의 열정, 그리고 이를 총체적으로 이끌어가는 탁월한 경영 능력이라는 5박자 속에서 신화를 이끌어낸 팬택은 앞으로도 기술력을 바탕으로 한고 부가가치 창출을 목표로 내수 분야의 가격 덤핑 등에 휘말리지 않고 전국 30여 개 총판 등 지역 거점으로 이용한 자가 마케팅 전략으로 국내 정보통신 업계의 큰 맥이 될 것을 다짐하고 있다.

무선 호출기 시장의 경쟁 환경

1996년 초 중견 무선 호출기 업체들이 약진을 보이기 전까지의 무선 호출기 시장은 삼성, 모터롤라, LG 등 대기업에 의해 주도되어 왔다. 그러나 1996년부터는 기술력을 기반으로 한 팬택, 스텐더드 텔레콤, 어필 텔레콤, 텔슨 전자 등 중소 중견 기업들이 시장을 주도하고 있다. 초기에 시장을 선점했던 대기업 중 모터롤라만이 25-30%의 시장 점유율을 고수하고 있을 뿐 삼성, LG 등은 이미 시장 주도권을 내주고 있다.

중소 중견 기업들이 시장을 주도하는 요인으로는 우선 무선 호출기 생산에 필요한 기술 장벽이 무너진 것을 꼽을 수 있다. 단말기 생산 기술이 평준화되고, 업체들의 양산 능력도 거의 비슷해져, 기술력이나 생산 능력면에서는 대기업과 중소 기업의 격차가 없어진 것이다.

또한 시장 기호의 변화도 중소 업체들의 시장 장악에 중요한 요인으로 작용했다. 1993년 경쟁 도입 초기의 수요 계층은 휴대폰 사용자를 중심으로 한 비즈니스맨이었다. 그러나 3년의 확장기를 거쳐 총 가입자가 1300만 명을 넘어선 상황에서 수요 계층은 비즈니스맨뿐만 아니라 각계 각층에 폭넓게 분포되어 있으므로 제품의 성능뿐만 아니라 디자인 크기 등 다양한 모델을 요구했다. 이 같은 시장 기호의 변화는 소비 기호에 다양하게 부합할 수 있는 제품을 출시할 수 있는 중소 기업에게 시장 주도권을 넘겨주게 됐다. 대기업은 한 모델을 개발해 제품화하기까지 평균 6개월이 소요되나 중소 기업은 4개월 정도면 시장에 제품을 내놓을 수 있다. 모델을 개발해 시장에 제품을 출시할 때까지의 기간이 짧은 중소 기업이 빠르게 변화하는 소비자의 기호에 부응하는 데 유리했다.

그러나 중소 기업의 약진 속에 무선 호출기 시장의 또다른 특징은 초기 시장 주도 기업이었던 모터롤라의 강세이다. 모터롤라는 40%의 시장 점유율을 보였던 아날로그 휴대폰 시장을 삼성의 애니콜에 빼앗기게 되자 무선 호출기 사업 부문을 크게 강화한 것으로 알려졌다. 이에 모터롤라는 96년 8월 KDC(Korea Design Center)를 설립해 다양한 시장 기호에 부응할 수 있도록 제품의 디자인과 설계를 전담하고 있으며, 폭넓은 시장 계층을 공략하기 위해 광고 등 홍보전에 주력하고 있다.[10]

미래 무선 호출기 시장의 전망

국내 무선 호출 부문은 1993년부터 서비스가 개시되어 경쟁이 도입된 이래 3여 년이 지난 96년 무선 호출가입자는 약 1300만 명으로 인구 대비 28.1%의 보급률을 보이고 있다. 폭발적 성장으로 구축된 폭넓은 가입자 층은 무선 호출기 단말기 시장의 안정으로 이어졌다. 수요 포화로 시장 전망이 다소 부정적임에도 불구하고 단말기 업체들의 매출 전망이 대체로 긍정적인 것은 무선 호출기 시장이 이미 안정화 단계에 접어들었기 때문이다. 무선 호출기 시장에 대한 긍정적인 전망의 요인은 무선 호출 서비스 자체의 안정성으로 저렴한 통신 비용에 비해 무선 통신 서비스 중 가장 수신율이 높고, 단 방향의 기본적인 수신만이 가능한 점 등의 단점에도 불구하고 가장 간편하게 이용할 수 있는 서비스라는 점이 무선 호출 시장의 성장세가 쉽게 꺾이지 않을 것이라는 예측을 낳고 있다.

팬택의 신동진 경영관리 팀 부장은 "무선 호출 단말기 시장이 축소될 것이라는 회의적인 전망을 아직은 해본 적이 없다. 무선 호출 서비스처럼 수신율이 높고 저렴하고 휴대가 간편한 정보통신 단말기는 아직 없기 때문이다. 향후 CT-2, PCS 등의 서비스가 시작돼 5-6백만 명을 상회하는 가입자를 확보하여 무선 호출 서비스를 대체하지 않는 한 무선 호출 시장은 꾸준한 증가세를 계속 할 것이다"라며 향후 무선 호출 시장에 대해 장미빛 전망을 했다.

향후 시장 규모가 폭증하지는 않으나 이미 구축된 거대한 시장을 기반으로 꾸준한 성장세가 계속될 것이며, 호출기의 교체가 계속적으로 일어날 것이기 때문이다. 그간 무선 호출 서비스는 한국 통신이 제공하는 전용 망을 통해서 수신 불량의 원인이 되었지만, 1997년 1월부터 시범적으로 추진하고 있는 위성망 서비스, 97년 7월부터 고속 무선 호출 서비스와 양 방향 서비스에 주력할 것이므로 팬택의 향후 전망은 밝아 보인다.

10 박경화, "무선 호출기 시장," 텔레월드, 1997. 2: 99-101.

경쟁 업체의 사업 다각화

현재 시장에서 경쟁을 벌이고 있는 업체는 모터롤라, 삼성전자, 어필 텔레콤, 팬택, 스텐더드 텔레콤, 텔슨 전자 등 대략 10여 개이다. 그러나 1996년 말 무선 호출기를 제조하고 있는 업체 수는 47개에 달했는데, 이는 무선 호출기 시장의 폭발적인 성장을 배경으로 무선 호출기 제조 업체들의 창업이 이어졌기 때문이다. 1997년에는 이들 중 경쟁력을 보유한 업체들이 성장과 내리막길의 기로에 선 상태이다. 시장의 정체에 대비해 각 업체들의 사업 다각화를 본격화할 계획이며, 우후죽순 격으로 난립된 업체들도 정리될 것으로 보인다.

무선 호출기 업체들은 대체로 기존의 무선 호출기 사업 부문의 매출액을 유지하면서 그 동안 창출된 이익으로 사업 다각화를 모색할 계획이다. 특히 팬택과 더불어 국내 무선 호출기 시장을 선점했던 만큼 뛰어난 기술력을 바탕으로 한 스텐더드 텔레콤, 텔슨 전자, 어필 텔레콤 등의 중소 업체들은 코드 분할 다중 접속(CDMA) 방식의 이동 통신 단말기를 비롯한 무선 통신 분야로 빠르게 사업 다각화를 추진하고 있다.

스텐더드 텔레콤은 국내 이동전화가 활발히 보급되기 전 이미 유럽형(GSM) 휴대폰 단말기를 개발해 수출한 경험을 바탕으로 CDMA 방식의 이동 통신이나 PCS 단말기와 CT-2를 개발하고, 미국, 중국, 인도, 대만 등 기존에 확보된 수출선을 유지하면서 유럽, 러시아 등으로 수출 시장을 다변화할 계획이다.

어필 텔레콤은 97년 2월에 출시된 CT-2 단말기를 시작으로 CT-2 단말기 시장에 본격적으로 뛰어들 계획이며, 보유한 기술력을 바탕으로 PCS 단말기도 개발했다.

반면 텔슨 전자는 광역 무선 호출기를 국내 최초로 개발한 기술력을 바탕으로 CT-2와 유럽형 3세대 무선 전화기(DECT)의 판매 급증을 예상하며, 기존의 유선 기간 통신망을 대체할 광역 무선 선로(WLL) 부문에서도 두각을 나타내고 있다.

팬택이 큰 폭의 실적 신장을 올린 것은 자체 반도체 기술을 바탕으로 문자 표시 무선 호출기를 개발해 동남아 시장을 비롯한 세계 시장을 공략한 것이 주효했기 때문인데, 현재 고속 무선 호출기 개발을 통해 미국, 영국, 프랑스, 호주 등 세계 각국에 발을 뻗고 있다. 또한 팬택은 개인 휴대 통신(PCS)부문에서도 강점을 갖고 있는데, 국내 PCS 시장이 열리기 전 이미 일본에 PHS 방식의 단말기를 수출했고, 수출선을 중국, 동남아 등으로 다변화해 나갈 계획이다. 또 TRS 방식의 무전기나 화상 회의 장비 등도 생산하고 있으며, 멀티미디어 부문에선 컴퓨터와 영상을 결합하는 통합 보드를 생산하고 있다. 이 밖에도 위성 방송 수신용 접시형 안테나나 지리 정보 시스템 분야에서도 두각을 나타내고 있다.

당면 과제

팬택은 미래의 정보통신 업계를 장악하는 관건은 한반도 상공의 위성 방송 전쟁에서 승리하느냐에 달려있다고 보고, 이미 디지털 위성 방송 수신기를 삼성, LG, 현대, 대우, 아남 등의 대기업과 함께 개발을 완료한 상태이다. 무궁화 위성 방송이 개시되면 국내 디지털 위성 방송 수신기 시장이 활성화될 것으로 예상했었으나, 현재 국내 디지털 위성 방송망 개발이 지연됨에 따라 국내 수요는 미미 상태이므로 삼성, 현대, LG 등 대기업은 캐나다 등의 업체와 수출 계약을 체결하고 해외 판로를 개척하고 있다.

팬택은 다른 단말기 제조업체들보다는 뒤늦게 1996년 4/4분기에 CT-2에 대한 연구가 시작되었다. 그 이유는 팬택이 발신 전용이라는 한계와 대만 등지의 외국에서는 CT-2 서비스가 실패한 서비스로 평가를 받는 등 시티폰 시장의 성장성에 대해 의심을 품었기 때문이었다. 그래서 처음에는 CT-2 단말기 개발에는 참여하지 않기로 결정했다가 무선 호출 가입자와 연계되는 서비스임을 감안하면 1천만을 넘는 무선 호출 사용자의 상당수가 CT-2 서비스에 가입할 것으로 예상되었으며, 이는 1998년도 PCS 서비스와 연계될 수 있다는 판단에 뒤늦게 성장성을 긍정적으로 평가하고 뛰어들었다.

또한 1998년 PCS서비스가 우리 나라에서 시작되는 시점에 맞추어 개발중인 CDMA 방식의 PCS 단말기가 삼성, LG를 비롯한 대기업들과 어느 정도 경쟁할 수 있느냐도 팬택의 지속적인 성장에 중요한 영향을 미칠 것이다.

이미 수요 포화가 거론돼 온 무선 호출 시장이 어느 정도 성장을 계속할 지에 대해 아직까지 어둡지는 않지만, 무선 호출기 사업으로 얻었던 이익을 기반으로 팬택이 얼마나 성공적으로 사업 다각화를 진행할 수 있는지는 지켜보아야 할 것이다. 즉 팬택은 사업 다각화를 통해 전체 매출에서 호출기가 차지하는 비중을 과거의 70% 선에서 1997년까지 40% 선으로 낮추고, 수출 실적을 과거보다 100% 이상 늘린다는 사업 계획을 어느 정도 달성하느냐가 팬택의 성장 및 안정에 있어 중요한 관건이 될 것이다.

보기 1 매출액, 내수 및 수출 추이 (단위: 억 원)

연도	내수	수출	매출 총액
1992	27	1	28
1993	66	32	98
1994	195	94	289
1995	237	118	355
1996	397	90	487
1997(계획)	640	310	950

자료: 1996 팬택 영업 보고서.

보기 2 최근 3년간 영업 실적 및 재산 상태

(단위: 천 원)

계정 과목	1994 (제4기)	1995 (제5기)	1996 (제6기)
1. 매 출 액	28,948,391	35,525,825	48,650,880
2. 매 출 원 가	21,530,098	25,947,820	33,792,519
3. 매 출총 이 익	7,418,293	9,578,005	14,858,361
4. 판매비및관리비	4,387,899	6,356,776	8,316,735
5. 영 업 이 익	3,030,394	3,221,229	6,541,626
6. 영 업 외 수 익	133,590	1,065,078	733,038
7. 영 업 외 비 용	504,825	1,046,016	3,092,318
8. 경 상 이 익	2,659,159	3,240,291	4,182,346
9. 특 별 이 익	208,506	10,973	30,337
10. 특 별 손 실	383	28,175	6,995
11. 법인세차감전 순이익(순손실)	2,867,282	3,223,089	4,205,688
12. 법 인 세 등	510,000	458,654	665,415
13. 당기순이익 (순 손 실)	2,357,282	2,764,435	3,540,273

자료: 1996 팬택 영업 보고서.

보기 3 무선 호출 서비스 시장규모 변화 추이

구 분	1994	1995	1996	1997
매출액	4,871억원	8,581억원	1조1천-2천억원 (추정)	약 1조5천억원 이상(추정)
성장률	-	76.2%	30-40%	30% 이상

자료: 텔레월드, 1997년 2호, 5호.

보기 4 무선 호출 수요 예측 (단위: 만 명)

가입자 구분	94년 실적	95년 실적	96년 실적	97년 예상 수요
신 규	430	564	669	590
해 지	72	242	358	460
(해 지 율)	(1.9%)	(2.5 %)	(2.7 %)	(2.9 %)
순 증	358	322	311	130
누 적	636	958	1,269	1,399
(성 장 률)	(-)	(50.6 %)	(32.5 %)	(10.2 %)

자료: 서울 이동 통신.

보기 5 개인 휴대 통신 시장 수요 예측

시 장 규 모	1997	1998	1999	2000	2001	2002
PCS						
가입자 수(천 명)	-	511	1,321	2,707	4,075	5,315
시스템 시장 규모(억 원)	-	2,888	7,136	4,608	5,360	-
단말기 시장 규모(억 원)	-	2,048	2,340	5,944	5,472	-
디지털 TRS						
가입자 수(천 명)	101	153	280	445	896	-
시스템 시장 규모(억 원)	216	512	480	1,624	-	-
단말기 시장 규모(억 원)	808	424	1,016	1,320	-	-
CT-2						
가입자 수(천 명)	500	1,000	1,900	2,500	3,765	-
시스템 시장 규모(억 원)	1,200	2,160	0	2,216	-	-
단말기 시장 규모(억 원)	800	800	1,440	960	-	-

자료: 텔레월드, 1996년 10월 창간호.

보기 6 팬택의 경영진 구성

성명	직위	업무	비고
박병엽	대표이사	경영 총괄	상임
김영진	전무이사	페이징 사업부	〃
김호영	상무이사	이동통신 사업부	〃
김종극	이사	영업 지원부	〃
김봉진	감사	감사	비상임

자료: 1996 팬택 영업 보고서.

보기 7 제품 판매 실적

제품 구분	판매 구분	수량(개)		금액(천 원)	
		1995	1996	1995	1996
무선 호출기 (Pager)	내 수	313,720	530,605	17,740,394	23,756,172
	수 출	196,160	116,884	11,121,282	8,109,615
	계	509,880	647,489	28,861,676	31,865,787
전 생산 품 목 총 계	내 수	353,266	619,580	23,679,098	39,679,098
	수 출	204,257	132,787	11,846,728	8,971,782
	계	557,523	752,367	35,525,826	48,650,880

자료: 1996 팬택 영업 보고서.

보기 8 팬택의 출자 현황

출자 회사명	소유 주식 수	소유 비율
㈜미리내 소프트웨어	24,000 주	40 %
㈜서두 미디어	40,000 주	40 %
㈜삼신 통신	80,000 주	23 %

자료: 1996 팬택 영업 보고서.

제 1 부 사업 기회의 포착

제 1 부에서 다루는 주제

Ⅱ장 창업의 기회와 위험 부담

"큰 기회란 무엇인가 새로운 것을 창조하는 데에 놓여 있다. 하지만 그러한 혁신은 적절하면서 감동적이어야만 한다. 그렇지 않으면 그것은 불꽃놀이와도 같이 찬란하게 터지지만 곧 사라져버릴 것이다."

하워드 슐츠(Howard Schultz), *Pour Your Heart into It,* 1997

이 장에서 다루는 주제

창업 기회의 발생
사업 아이디어의 발견
창의적 사업 아이디어의 창출 기법
사업 기회의 특징과 사업 위험
사업 기회 추구의 현실
사업 기회의 통로 원리

창업 현장

빈티지 디렉션즈[1]

1990년 겨울 캘리포니아의 나파 밸리 소재 포도주 회사인 유니크 와인즈사 사장 조지 스코필드 씨는 하버드 경영대학원 학생인 레즐리 버글런드와 짐 포토우에게 나파 밸리와 소노마 밸리 등지에서 생산된 1981-87년산 캐버넷 소비뇽(Cabernet Sauvignon) 종류의 포도주를 판매할 사업 기회를 조사해 달라는 요청을 받았다. 이 회사는 이러한 종류의 포도주를 13,400 상자 보유하고 있었고, 그 시장 가치는 $300만 정도에 이르렀다. 그들의 조사 결과에 의하면 여러 가지 유통 채널 중 디렉트 메일(DM: Direct Mail)의 효과가 가장 좋게 나타났다. DM 판매를 할 경우 가격면에서 병당 $1.20-2.85 정도의 이익을 가져올 수 있고 유통력 장악에 있어서도 이점이 있었다.

이러한 조사 과정에서 레즐리는 점차 포도주 산업에 관심을 갖게 되었고, 그녀의 연구 조사 결과에 대해 교내에서 농업 경영 관련 상인 얼만 상(Ulmann Award)까지 수상하게 되면서 본격적으로 이와 관련된 벤처 창업을 모색하였다. 결국 레즐리는 보스턴에서 컴퓨터 회사에 다니던 그녀의 동생 그레그와 그의 애인 리사를 불러들여 91년 여름에 빈티지 디렉션즈사(VDI: Vintage Directions, Inc.)를 설립했다. 이 회사는 '앰브로시아'라는 브랜드로 10년 숙성의 캘리포니아 산 프리미엄 와인을 DM과 디렉트 마케팅을 통해 판매하는 것이 주목적이었다. 또한 이와 관련해 희귀 포도주, 선물 세트, 구르메 음식 등 관련 상품도 판매하여 앰브로시아를 종합 캐털로그 사업화하고, 포도주 제조업체들에게 마케팅 및 관리 서비스를 제공하여 초기 비용을 충당하려 하였다.

당시 미국의 전체 포도주 시장은 1986년 5억 8000만 갤런에서 1990년 5억 800만 갤런으로 그 규모가 급격히 감소하는 추세였다. 그러나 상대적으로 일반 포도주에 비해 프리미엄 포도주의 소비 비중은 점차 늘어나는 추세였고, 91년의 경우 $29억의 전체 시장 규모 중 프리미엄 포도주가 $14억 8000만 정도로 50% 이상을 차지하였다. 또한 미국의 포도주 시장 특성상 전체 인구의 3%가 판매 포도주의 49%나 소비하였다. 따라서 VDI사는 특정한 고객층에게만 호소하는 DM을 통해 프리미엄 포도주를 판매하는 것이 유효 적절한 전략이라는 결론을 내린 것이다.

포도주 제조 업체의 경우 최고급 프리미엄 포도주를 공급하는 업체의 70%가 소규모 부티크 양조 업체였다. 그러나 1980년대 들어 도매업자들의 권한이 점차 강화되어 이들 소규모 업체들이 위협을 느꼈고, 이것이 VDI사가 이들로부터 쉽게 포도주를 공급 받을 수 있고, 이들에 대한 마케팅 서비스를 제공할 수 있다고 판단한 이유였다.

고객의 선호에 있어 10년 숙성 캐버넷 소비뇽의 맛이 가장 좋으나 소매점에서는 3년 이하만 취급하여 고객들의 욕구가 충족되지 않고 있었다. 좋은 포도주를 마시는 사람일수록 포도주에 대한 지식이 많고 선택의 폭의 넓으며 다양한 포도주를 원하는 것이 보통이다. 따라서 DM에 대한 반응도 좋다고 기대할 수 있

[1] Laura Pochop and Howard Stevenson, "Vintage Directions, Inc.," Harvard Business School Case 9-393-043, 1992.

다. 조사 결과 55%의 고객이 DM으로 캐버넷을 구입할 의사를 밝혔고, 비용과 시간상의 제약으로 자체 포도주를 제조할 수 없는 고급 레스토랑 등도 잠재 고객이었다. VDI사는 프리미엄 포도주 소비의 36%를 차지하는 캘리포니아주 외에 인접한 8개 주에 집중 타깃을 정했다.

당시 포도주 양조 업체 중 DM을 하는 경우가 있었으나 3% 정도의 극히 일부였고, 사실상의 DM업체는 아니었다. 일반 DM업체들 중에서도 극히 소수만이 포도주를 판매하고 있었으나 대부분 소규모의 부티크 포도주만을 취급해왔다. 따라서 본격적인 포도주 DM 사업이 경쟁성이 있었다. VDI사의 경우 DM을 통해 원하는 고객을 정확하게 겨냥하고 중간상의 기회주의적 사업 행태로부터 자유로울 수 있어 유통상의 통제력 확보와 비용 절감에 도움이 되었다.

1. 창업 기회의 발생

앞 장에서 우리는 사업 기회를 인식하는 것이 창업 기업가 및 자원의 동원과 더불어 창업의 핵심적인 추진 요소라는 점을 지적한 바 있다. 이 장에서는 이러한 창업을 위한 사업 아이디어를 발견하고 그것을 가치 창조의 사업 기회로 전환하는 것에 관한 주제를 다룬다. 성공적으로 사업 기회를 포착한 다른 창업자들의 경험과 관련 연구를 알아봄으로써 예비 창업자들은 자신에 맞는 사업 기회를 포착하는 데 도움을 얻을 수 있을 것이다.

(1) 사업 기회의 범주

기회란 것을 일반적으로 주어진 목적을 달성하는 데 필요한 일련의 호의적인 조건들이라고 볼 수 있다. 그것은 현재의 상태가 잠재적으로 증진 가능한 상태와 차이 또는 갭이 있기 때문에 생기는 것이고, 그러한 차이를 메움으로써 생기는 이득이 그에 따른 비용을 보전하고도 남을 때 그것은 유효한 사업 기회가 된다. 이러한 사업 기회를 기존의 기업이 아닌 창업 기업만이 효과적으로 포착할 수 있을 때 그것을 하나의 창업 기회(Business Opportunity)로 간주할 수 있다.

그렇다면 왜 기존의 기업이 포착할 수 없는 사업 기회가 발생하는 것일까? 기존의 기업들도 현재의 고객 욕구를 만족시키고자 부단히 노력하고, 또한 미래의 고객을 찾아내려 한다. 그러나 그것이 항상 성공적으로 성취되지는 않는다. 그 이유는 다음 몇 가지 유형으로 구분될 수 있다.[2]

2 Karl H. Vesper, *New Venture Mechanics* (Englewood Cliffs: Prentice Hall, 1993): 2-5.

- 기존 회사 내에서 아무도 특정 사업 기회를 고려하지 못하는 경우
- 사내에서 누군가 특정 사업 기회를 고려한 바 있으나, 회사가 그 기회를 추구하고자 하지 않은 경우
- 회사가 특정 사업 기회를 추구하고자 했으나 효과적으로 수행하지 못한 경우

이러한 이유로 기존의 기업이 새로운 사업 기회의 포착에 실패하기 때문에 창업 기업가는 결국 이러한 경우에 속하는 사업 기회를 발견하고 추구하는 것이 그 역할이라고 할 수 있다.

사업 기회는 타이밍상 크게 두 가지 부류로 나누어 볼 수 있다. 하나는 이미 사업 기회와 관련된 제반 여건이 잘 마련되어 있는 경우이고, 다른 하나는 그렇지 못한 경우이다. 전자는 준비된 사업 기회로서 창업자가 나타나기만 하면 실제로 곧 사업화될 수 있는 기회이다. 세상에는 실제의 역사적 시점보다 더 일찍 사업화될 수 있었던 아이템들이 존재해 왔다. 예컨대 팝콘 기계, 음식물의 위생 포장, 저스트인타임(Just-In-Time) 재고 관리, 파이버글래스 스키, 신용 카드 등은 그것을 앞서 추구했던 창업자가 있었다면 기술적, 경제적 여건은 이미 갖추어져 실제보다 먼저 사업화될 수 있는 성질의 기회였다.

반면 후자에 속하는 사업 기회는 미래적 사업 기회로서 그것이 실제로 사업화될 수 있기 위해서는 사전 여건(Prerequisite)이 구비되어야 하는 기회이다. 예컨대 마이크로컴퓨터는 반도체 칩 기술이 있어야 하고, 대중적 소프트웨어는 마이크로컴퓨터가 보급되어야 하고, 유전공학 관련 벤처는 유전자 분할 기술이 먼저 개발되어야 하며, 대규모 쇼핑 센터는 자동차가 대중화되어야 사업화될 수 있다. 이렇게 사전에 구비되어야 하는 여건의 종류에는 아래와 같은 것들이 있다.

- **기술적 발견**: 유전 공학, 마이크로컴퓨터, 전자 산업 등
- **인구의 변화**: 의료 산업
- **생활 습관과 기호의 변화**: 의류 산업, 외식업, 스포츠 흥행업 등
- **경제적 충격**: 소규모 전문 제철업
- **전쟁이나 자연 재해**: 방위 산업, 관광업 등
- **정부 규제의 변화**: 환경 산업 등 규제 관련 산업
- **자원의 발견**: 석유 산업, 광공업 등

이렇게 사전 여건이 구비되어야 하는 사업 기회를 포착하는 데 도움이 되는 사고방법으로는 인과 체인(Consequense Chain, Implication Tree 또는 Impact Wheel)을 그려 보는 것이다. 즉, 노트의 중심점에 특정 상황, 예컨대 '지구의 온난화'라는 사건을 적고 그와 관련되어서 나타날 수 있는 여러 가지 사건이나 여건상의 변화, 예컨대 강수량 변화, 냉방비 증가, 야외 활동 증가 등을 체인 형태로 뻗어 나가면서 적는다. 가지를 치는 각 단계의 사건이나 여건들을 다시 각각의 하부 중심점으로 하여 복잡한 체인으로 엮어 나가는 것이다. 이렇게 함으로써 지구의 온난화라는 사건에 관련된 환경과 시장 상황의 변화를 파악하기

쉽게 되며, 관련 제품이나 서비스를 제공할 수 있는 사업 기회의 인식과 포착에 도움을 줄 수 있다.

(2) 사업 기회의 매트릭스

해마다 수많은 기업들이 새로운 사업 기회를 추구한다. 우리 나라의 경우 법인 업체만 해도 매년 수만 개가 설립되고, 미국의 경우는 해마다 백만 개 이상의 사업체가 설립된다. 그러나 이들 중 75% 이상의 대다수는 5년 이상을 넘기지 못하고 사멸한다. 또한 5년 이상을 버티더라도 많은 회사들이 작은 규모의 업체로 머물고 만다. 따라서 창업 기업가들에게 근본적인 문제는 그들이 검토하고 있는 새로운 사업 기회가 과연 탁월한 기회인지 아니면 밑 빠진 독에 물 붇기인지를 판단해내는 것이다.

그림 2-1은 **사업 기회의 매트릭스**로서 사업 기회의 잠재성과 사업 개념의 명확성을 축으로 사업 기회를 평가해보는 틀이다.[3] 통계적으로 볼 때 대부분의 창업 기업은 5년 이상 버티면 제I 사분면, 즉 사업 개념은 명확하나 수익 잠재성이 낮은 영역의 사업 기회를 추구하여 계속 중소 기업으로 머무르거나, 제IV 사분면, 즉 사업 개념도 불명확하고 수익 잠재성도 떨어지는 실패 영역에 빠진다. 제II 사분면, 즉 사업 개념도 명확하고 수익 잠재성이 큰 영역은 기존 기업뿐만 아니라 다른 많은 창업자들도 노릴 것이기 때문에 매우 치열한 경쟁을 보이는 영역이다. 따라서 그곳에서 성공적으로 성장하기도 그만큼 어렵다.

그림 2-1 사업 기회의 매트릭스

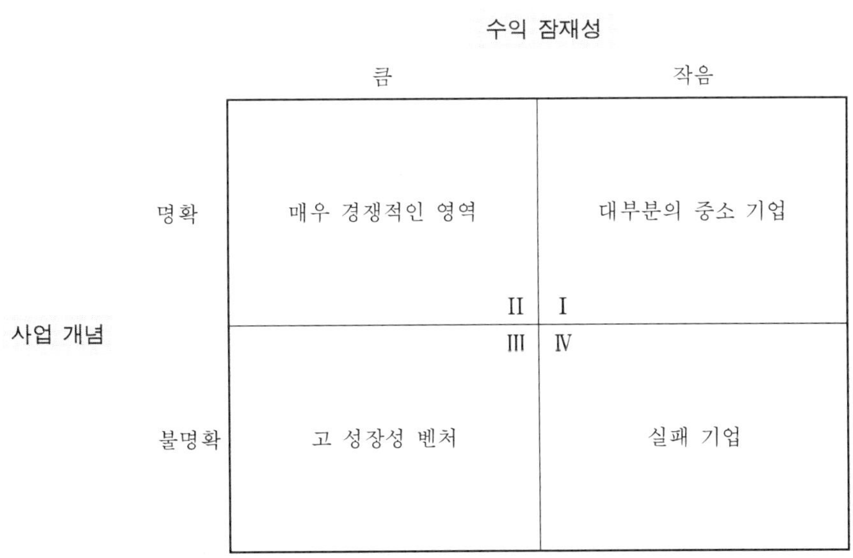

[3] Howard H. Stevenson, "Vintage Directions, Inc.: Teaching Note," Harvard Business School Teaching Note 393-043: 1-2.

야심찬 예비 창업자가 노리는 영역은 바로 제Ⅲ 사분면, 즉 수익 잠재성은 높지만 사업 개념이 아직 불명확해 다른 누군가에 의해 구체적으로 판단되거나 평가되지 못한 영역이다. 이 영역에 대한 치밀한 사업 계획을 세우고 차별적이고 독특한 사업 개념을 체계화시킴으로써 예비 창업자는 자신의 사업 기회를 고도로 성장하는 벤처 기업으로 키울 수 있다. 이러한 영역을 발견하고 만들어 가는 것이 그들의 핵심적인 과제일 것이다.

고성장성 벤처와 일반 중소 기업을 구별짓게 하는 중요한 요소는 창업 기업가가 이윤 추구를 위해 혁신적인 방법으로 자원을 결합하고자 하는 창조적 활동을 추구하느냐 하는 점이다. 칼랜드 등은 소규모 기업(Small Business Venture)과 창의적 벤처 기업(Entrepreneurial Venture)을 개념적으로 비교한 바 있다.[4] 소규모 기업은 독립적으로 운영되는 사업체로서 사업 영역에서 주도적이지 못하고, 새로운 마케팅이나 혁신적 경영 방식 등을 도입하지 못하는 기업이다. 반면, 창의적 벤처 기업은 슘페터가 제시한 바와 같이 이윤 추구와 기업의 성장을 위해 혁신적인 경영 전략을 활용하여 신제품 생산, 신공정 개발, 신시장 개척, 신자재 개발 및 산업 구조 재조정 등을 추구하는 기업을 말한다.

(3) 시장 선도자

"시장에 선두로 진입하라"는 명제는 비즈니스 역사나 실제 세상에서 가장 오랫동안 지켜야 할 원칙으로 군림해 왔다. 시장 선도자(Market Pioneer)는 새로운 상품의 범주에 해당하는 제품을 최초로 시장에 내놓는 기업이다. 대부분의 시장 선도 업체들이 최초로 해당 시장에 뛰어든 창업자들이라는 사실은 여러 연구를 통해 증명되어 왔다.

그러나 선도적인 시장 개척의 이점을 강하게 믿는 사람들이 있는 반면, 시장 선도자가 됨으로써 가질 수 있는 잠재적인 문제점들도 만만치 않게 많다. 시장을 선도적으로 개척하는 것이 장기간의 성공과 선두자리를 지키기 위한 필요 조건도 충분 조건도 아니다. 실제로 많은 선도 기업이 추종 기업에 의해 공략당하고 실패한다.

그렇다고 해서 '개척'이 '추종'보다 나쁜 전략이라고 오해해서는 안 된다. 중요한 것은 '성공'이며, 한 순간의 성공이 아닌 '지속적인 성공'이다. 시장 점유 전략은 전투와 같은 것이다. 첫번째의 공격, 즉 선제 공격은 바람직한 것이지만 그 공격을 위해서는 치밀한 준비가 요구된다. 나아가 선제 공격뿐만 아니라 반격, 침투, 그리고 전력의 통합 등을 위한 준비는 사업 성공의 중요한 열쇠들이다. 텔리스와 골더는 50개의 상품 영역의 선도자에 관한 역사적 자료에 기반하여 시장 선도자가 되기 위해서 다음과 같은 요건을 충족시켜야 한다고 제시한다.[5]

---

4 James W. Carland, Frank Hoy, William R. Boulton, and Jo Ann C. Carland, "Differentiating Entrepreneurs from Small Business Owners: A Conceptuazliation," *Academy of Management Review*, 1984, 9: 354-359.

5 Gerard J. Tellis and Peter N. Golder, "First to Market, First to Fail?: Real Causes of Enduring Market Leadership," *Sloan Management Review*, Winter 1996: 65-75.

대량 시장 공략 성공적인 시장 선도자는 대량 시장(Mass Market)을 꿰뚫어 보아야 한다. 혁신 활동은 초기에 매우 조잡하고 비용이 많이 들고 그다지 매력적이지 않게 보인다. 그러나 시장 선도자는 그러한 원시적인 혁신 활동들을 대량 시장에 내보낼 수 있도록 비전을 제시하는 기업이다. 그러한 비전을 정의할 수 있는 기업은 자원을 동원하여 결합하고, 사람들로 하여금 미래의 과업에 의욕적으로 뛰어들 수 있도록 고무한다.

경영상의 지구력 성공적인 시장 선도자는 목표 달성을 위해 경영상의 지구력을 지녀야 한다. 성공에 이르는 길은 험난하다. 그렇지 않다면 누군들 뛰어들지 않겠는가? 기술 장벽, 법적 제한, 소비자의 잘못된 인식, 경쟁자의 위협 등이 새로운 진입자가 직면하게 되는 어려움들이다. 따라서 시장 선도자는 비전의 추구를 통해 이러한 장벽들을 뚫고 전진하는 기업이다.

재무적 자원 투입 성공적인 시장 선도자는 재무적 자원을 과감히 투입한다. 많은 기업이 노리는 대량 시장은 값싸게 얻을 수 있는 것이 절대 아니다. 혁신은 신제품과 신기술, 고가의 공정 기술과 거대 규모의 생산, 그리고 고비용 판촉 등을 필요로 한다. 따라서 값비싼 자원들을 비전에 맞추어 동원하고 투입할 수 있어야 한다.

지속적 혁신력 성공적인 시장 선도자는 지칠 줄 모르는 혁신력을 가지고 있다. 설사 현재의 위치를 포기하는 위험을 감수하고라도 자신을 변화할 수 있어야 한다. 시장, 고객, 경쟁사, 기술 등은 끊임없이 변화한다. 환경의 지속적인 변화 속에서 적응하거나 변화하지 못하면 결국은 실패하고 붕괴해 버린다. 따라서 시장에서 지속적으로 선두자리를 고수하려면 자신의 제품 혹은 이미지를 과감하게 변화할 수 있는 능력을 보유하고 있어야 한다.

자산의 활용력 성공적인 시장 선도자는 자산의 활용력(Asset Leverage), 즉 자신의 강점을 새로운 시장에 이전시킬 수 있는 능력이 있어야 한다. 시장 선도자는 인지도가 높은 브랜드, 광범위한 유통망, 독특한 전문성 등으로 시장을 지배하는 기업이다. 그러한 강점은 새로운 시장 범주에 진입할 때 타기업보다는 상대적으로 유리한 기회를 갖고 있음을 의미한다. 따라서 이러한 강점들을 새 시장을 점령하기 위해 충분히 활용할 수 있는 능력을 갖추어야 한다.

새로운 시장에의 진입을 시도하고자 하는 기업은 위와 같은 다섯 가지 요건을 충족시킬 수 있는 만반의 준비를 해야 한다. 그렇지 못한 상태에서 시장에 최초로 진입하는 회사(First Mover)는 실패의 확률만 높이는 것이다.

(4) 미래의 지식기반 사업

21세기 경제 성장의 물결은 지식기반 사업의 도래일 것이다. 그렇다면 그런 사업과 제품은 어떤 모습을 가지는 것일까? 그들은 사용자가 보다 효과적으로 행동할 수 있게 해

주기 때문에 지능적(Smart)이다. 지식기반 사업에 의해 창조된 지능적 상품들은 다양한 특징을 가진다. 상호작용적이고(Interactive), 사용하면 할수록 영리해지며, 소비자의 특성에 맞추어진다(Customized). 소비자는 지능적 상품을 소비함으로써 학습자(Learner)가 되어 배우지 않을 수 없게 되고 배우도록 도움을 받는다. 지식기반 사업은 제공하는 상품이 점점 더 영리하도록 할 것이다. 왜냐하면 그렇게 하면 할수록 이득이 많아지기 때문이다. 그러한 제품을 사용할 때 고객은 하나의 교육 과정에 들어서게 되는 것이다.

고객을 학습자(Learner)로 본다는 것은 사고의 중요한 변화를 요구한다. 향후 20년 간의 사업은 고객을 학습자로 생각하게 될 것이며, 그들 자신을 일종의 교육자로 생각할 것이다.[6] 사업자들은 학습 경험이 이득이 되며 고객은 그런 경험으로 통해 무엇인가를 얻을 것이라고 홍보할 것이다. 앞으로 몇 년 내에 사람들은 지식기반 상품을 고객의 입장에서, 그리고 동시에 직업으로서 사용하게 될 것인데, 이것이야말로 경제적 성공의 열쇠이다. 이런 사업의 가치는 고객에게 정보 제공을 기반으로 한다는 것인데, 이것은 정보를 제공하지 않는 사업은 사업으로서 매력을 잃게 되는 것을 의미하며, "어떻게 정보를 지식으로 전환시킬 것인가?"가 사업 성공의 열쇠가 됨을 뜻한다.

그렇다면 자료(Data), 정보(Information), 그리고 지식(Knowledge)이란 무엇인가? 첫째 자료는 정보화 경제(Information Economy)와 지식기반 사업(Knowledge-Based Business)의 기본적인 블록이다. 둘째, 정보는 자료를 유의미한 유형으로 각색한 것이며, 셋째로 지식은 정보를 통해 학습을 가능하게 하는 형태로 가공된 것이다. 예를 들면 소리는 자료이고, 그것들을 배열시켜 가락을 만들면 음악이라고 하는 정보가 된다. 그리고 음악이라는 정보를 통해 작곡할 수 있는 능력과 연주할 수 있는 능력을 배우고 키울 수 있다면 그것은 비로소 지식이 되는 것이다.

또 다른 예를 들어보자. 농기계를 제조하는 회사가 단지 농사를 지을 수 있도록 해주는 사업은 농부, 즉 농기계 사용자에게 학습 능력을 부여하는 사업이 아니다. 농기구 사용을 통해 수확량이나 자신의 노동 시간 등을 파악한 후 예측치를 통해 미래의 노동 계획을 짤 수 있다면, 즉 배울 수 있다면 그것은 지능적인 상품을 판매하는 것이다.

자료에서 정보로의 전환은 두 개의 순차적인 발전 단계를 거친다. 그 하나는 기술적인 것이고 다른 하나의 행동적인 것이다. 기술을 도입함으로써 자료를 일정한 목적에 따라 유형화시킬 수 있으며, 그런 연후에 행동의 변화를 야기시키는 것이다. 그리고 정보에서 지식으로의 전환은 또 다른 차원의 변화이다. 정보를 뛰어 넘어 지식의 가치를 인식하는 것은 제품이나 서비스가 내재적으로 가지고 있는 지식의 잠재 능력을 뽑아내는 것이다.

이것의 이해를 위해 다음과 같은 지식기반 사업의 기본 요소를 이해해야 한다.

---

[6] Stan Davis and Jim Botkin, "The Coming of Knowledge-Based Business," *Harvard Business Review*, Sep.-Oct. 1994: 165-170.

- 지식기반 상품을 사용할수록 상품이 지능적으로 된다. 즉, 상품 자체의 지식으로서의 유용성이 배가된다.
- 지식기반 상품을 쓸수록 사용자가 지능적으로 된다. 즉, 사용자가 학습한다.
- 지식기반 상품은 변화하는 환경에 적응한다.
- 지식기반 사업은 고객의 특성에 맞추어 상품을 제공할 수 있다.
- 그러한 상품의 생명 주기는 상대적으로 짧다.
- 지식기반 사업은 고객이 실시간으로 반응할 수 있도록 한다.

지식기반 사업의 이해를 돕기 위해 하나의 예를 들어 보자. 만약 햄버거 사업을 지식기반 사업으로 전환하려 한다면 무엇을 해야 할까? 우선 햄버거에 관한 기본적인 자료에서 출발한다. 햄버거에 들어가는 재료, 그것으로부터 얻어지는 효용, 즉 영양가, 편의성, 낮은 가격, 그리고 맛 등이 있을 것이다. 그런 자료를 유용한 유형으로 바꿀 때 메뉴가 나오고 목표 고객층이 설정된다. 즉, 사업의 내용이 결정된다. 다음 단계인 지식기반 사업으로 전환하자면 고객에게 자사의 햄버거를 통해 영양 정보를 사용하는 방법을 제공한다. 즉 칼로리나 지방 함유 등에 관한 정보를 메뉴에 인쇄하거나, 주문시 고객에게 적절한 칼로리/지방량을 계산해서 계산서에 찍어 제공할 수 있을 것이다. 따라서 고객은 자신의 식사에 관해 보다 많은 정보를 얻을 수 있음과 동시에 자신의 결정을 통해 미래의 식단을 학습할 수 있게 된다.

이렇듯 지식기반 사업은 고객이 소비자로서 소비함과 동시에 배움의 과정을 거치게 한다. 이것은 배움의 범위를 공식적인 학교의 테두리를 깨고 평생 생활을 통해 뭔가 새로운 것을, 그것도 자신의 생활에 유용한 것을 학습하게 한다는 의미에서 혁명적이라 할 수 있다. 이는 일종의 교육 혁명이라고 할 수 있다.

2. 사업 아이디어의 발견

유효한 사업 기회를 포착해내는 데 있어 중요한 요소 중의 하나는 사업 아이디어이다. 사업 아이디어의 바탕에서 사업 구상을 체계화할 수 있고, 또 효과적인 사업 계획서를 만들어낼 수 있는 것이다. 그런데 대부분의 창업 기업가들은 사업 아이디어를 우연히 발견하였다고 말한다. 때로는 전 직장에서, 때로는 일상적인 관찰이나 취미 활동에서 자연발생적으로 아이디어를 얻어낸다는 것이다. 표 2-1은 89년 미국의 창업 전문지인 *Inc.*지가 500대 고속 성장 기업의 창업자를 대상으로 사업 아이디어의 원천에 대해 조사한 결과를 보여준다. 이 조사에 따르면 43% 정도의 대부분의 경우는 자신의 업무에서 아이디어를

표 2-1 Inc.지 500대 고속 성장 기업 창업자의 사업 아이디어 원천

아이디어 원천	%
동종 산업에서의 업무 수행 중 발견	43
타 기업의 사업 현황을 보고 개선의 가능성을 파악	15
소비자 시장에서 충족되지 않은 틈새 발견	11
사업 기회의 체계적인 탐색	7
꼬집어서 설명하기 어려움	5
취미나 부업 활동에서 발견	3
기타	16
합 계	100

자료: John Case, "The Origins of Entrepreneurship," *Inc.*, June 1989: 54.

얻었다고 보고하고 있다. 그 밖에 타 기업의 모방(15%), 틈새 시장의 발견(11%)이 중요한 원천이었고, 체계적으로 탐색한 경우(7%)와 취미 생활 등에서 얻는 경우(3%)도 종종 있었다.

이러한 다양한 사업 아이디어의 원천에 대해 보다 자세히 살펴보자. 크게 나누어보면 예비 창업자는 전직장, 초청, 권리의 취득, 자영업, 취미 생활, 인맥과 만남, 일상적 관찰, 그리고 계획적 탐색 등을 통해 사업 아이디어를 구할 수 있다.[7]

전 직장 많은 사람들이 졸업 후 직장 생활을 하게 되며, 독립적인 경제 생활을 위해 창업을 하는 경우 그러한 경험을 바탕으로 사업 아이디어를 얻는 것이 다반사이다. 직장 경험이 창업의 중요한 바탕이 될 수 있는 것은 나름대로 전문적인 지식과 기술을 현장에서 익혀 왔고 다른 회사에 대해서도 경쟁력 있게 대응할 수 있는 자신감을 갖게 하기 때문이다. 특정한 전문화된 작업을 수행하다 보면 해당 업무나 제품/서비스의 기술적 현황과 미비점 및 발전 가능성에 대해 잘 파악할 수 있고 시장에 나와 있는 제품/서비스의 장단점에 대해서도 비교 분석적인 시각을 갖고 있으며, 관련된 공급 업체나 고객과의 관계 망도 이미 잘 정립되어 있기 마련이다. 제품의 특성상 일용재(Commodity)가 아니고 차별성이 있을수록, 또 소비자 스스로 품질을 판단할 수 있어 브랜드나 명성이 중요하지 않을수록 이러한 직장 경험에 바탕한 창업이 성공적일 수 있다.

그러나 전 직장의 경험을 바탕으로 창업했을 때 창업 기업이 과거 회사와 직접적으로 경쟁하는 위치에 있을 때 법적인 제약이 있을 수 있다. 특히 소프트웨어 등 첨단 기술과 관련되어 있는 과학기술자의 경우 과거 고용 계약 자체가 퇴사 후 몇 년간 동종 업체에서 일하지 못하게 하는 비경쟁 합의(Non-Competition Agreement)를 포함하였을 때는 이러한 부류의 창업이 불가능하다. 또한 직원으로서 퇴사 후 생계를 위해 자신이 취득한 지식이나

7 Karl H. Vesper, *New Venture Experience,* Revised Edition (Seattle: Vector, 1996): 127-158.

기술을 활용할 수는 있지만 그것이 과거의 직장에서 회사의 투자나 비용으로 얻어진 재산권일 때 회사는 그것을 보호할 권리를 가지는 것이며, 업무상 취득한 신기술이나 고객 관련 중요 정보를 회사에 알리지 않으면 안 된다. 특히 업무상의 기밀, 전 직장 고객의 호객 행위 및 사내에서의 발명 등에 대해서는 법적으로 각별한 주의가 필요하다.

초 청 어떤 경우 주변의 인물이 사업 기회를 인식하고 그것을 성사시키기 위해 사업 동지로 초청해서 협력을 통해 실제로 창업을 추진하게 될 수 있다. 이는 아이디어를 포착한 사람이 시간적, 금전적 제약으로 협력자를 찾는 경우나 성공적이지 못한 사업의 채권자들이 새로운 주인을 찾는 경우 등에 발생할 수 있다. 이 경우 사업 기회의 포착이 상당히 소극적인 경로로 생기는 것이지만 실제로 그것을 사업화할 수 있다고 판단하고 추진을 결정한 창업자의 사후적인 노력과 적극적인 추진력이 필요하다.

권리의 취득 다른 사람이나 단체가 개발한 제품/서비스의 특허 등에 대해 라이선스(License) 등의 제작·판매권을 취득하는 것은 사업을 신속히 전개할 수 있는 방법이다. 이러한 권리를 취득할 수 있는 원천에는 전 직장, 타 회사, 개별 발명가, 정부 등이 있다. 특허의 경우 특허 소유권자를 대행해서 라이선싱 계약을 알선해주는 국제적 브로커도 존재하고, 이들은 때로 특허권을 매입해서 재판매하는 경우도 있다. 예컨대 바슈·롬사(Bausch & Lomb)의 경우 내셔널 패턴트 디벨럽먼트사(National Patent Development Corporation)라는 특허 브로커를 통해 미국 정부로부터 컨택트 렌즈에 들어가는 재료인 하이드론(Hydron)에 대한 소유권를 취득해 성공적인 사업을 하게 되었다.

제품에 대한 라이선싱은 기업체, 대학, 비영리 연구 단체 등의 연구개발 결과로부터 얻을 수 있다. 기업체는 특정 제품 아이디어를 직접 개발하기는 했으나 기업의 규모에 비해 그 제품의 잠재 시장이 너무 협소하다든지, 그것과 관련되지 않은 특정 시장에 특화해서 집중하려 한다든지 하는 이유로 라이선싱을 하게 된다. GE사(General Electric Company)의 경우 라이선스를 판매하는 데 전문적으로 주력하는 부서가 존재하고 *Selected Business Ventures*라는 라이선스 정보지도 발간하고 있다. 이러한 기업체에서 일하던 사람이 해당 제품에 대한 직접적인 관여 등으로 라이선스를 얻어 독립적으로 창업하는 경우가 많은데, 이 경우 제품 탄생에 직접적으로 관여해서 생기는 과도한 애착이나 기술중심적 사고로 인해 생기는 시장과 고객에 대한 잘못된 판단 등으로 실패하는 수도 있다.

한편 비영리 연구 단체나 대학에서도 과학기술적 연구개발 활동을 하기 때문에 상품화할 수 있는 여러 가지 발명이나 발견을 할 수 있는데, 조직의 목적상 사업화를 직접 추진하지 않기 때문에 그에 대한 라이선스를 주는 경우가 많다. 제록스사의 전신인 핼로이드사(Haloid Corporation)는 배텔 메모리얼 인스티튜트(Battelle Memorial Institute)가 개발한 제로그래피(Xerography)에 대한 라이선스를 얻어 창업함으로써 세계적인 기업으로 성장하는 바탕을 마련하였다. 대학 중에는 MIT나 칼텍(California Institute of Technology) 등이 활발하게 라이슨스할 수 있는 특허나 연구 결과물에 대해 정보를 제공하고 있다.

자영업 독립적 경제 활동을 영위하는 사람들이 그 활동과 경험으로부터 사업 기회를 찾아낼 수 있다. 어떤 경우는 프리랜스 활동 등을 통해 고객의 욕구를 잘 알 수 있어 그것을 충족시키는 새로운 사업을 추진할 수도 있고, 어떤 경우는 특정한 업종에 종사하다가 우연치 않게 새로운 상품 아이디어를 개발하게 되는 경우도 있는데 이러한 종류의 사업 기회 발견을 **샛길 효과**(Side-Street Effect)라고 부른다. 폴라로이드사(Polaroid)의 에드윈 랜드(Edwin Land)는 처음부터 폴라로이드 카메라를 만들려고 한 것이 아니라 맞은 편 차량의 광선을 차단하기 위해 자동차의 폴라라이즈된 앞 유리와 전조등을 개발하려고 하다가 결국 카메라 사업에서 크게 성공한 경우이다. 이러한 샛길 사업을 발견하게 되면 별로 성공적이지 않은 주사업 부문이 크게 회생하는 경우가 있다. 따라서 이는 사업 기회 탐색의 차원에서뿐만 아니라 상황 변화에 따른 기존 사업의 전환이라는 입장에서도 각별히 주의를 기울여야 하는 사업 기회의 원천이다.

창업 기업이 업종을 다각도로 모색하다가 사업 아이디어를 발견해내는 경우도 있는데, 예로서 AST사를 들 수 있다. AST 리서치는 창업 동지 왕(Albert C. H. Wong), 큐레시(Safi U. Qureshi), 위엔(Thomas K. C. Yuen) 등이 세 사람 이름의 첫 글자를 따서 1980년에 $5,000의 자본금으로 세운 회사로서 처음에는 막연하게 개인용 컴퓨터 관련 사업 중 그 어떤 것을 하자는 취지에서 설립되었고, 네트워킹 컨설팅 등을 하다가 1981년 중반에 IBM PC가 나오자 그 기억 확장 보드를 최초로 설계하여 다음 해에 $100만의 매상을 올렸고, 그 다음 해에는 $2500만의 매상을 올리는 급성장을 하게 되었다.

취미 생활 자신이 즐겨 하는 취미 생활로부터 사업 아이디어를 구체화할 수 있다. 자신이 좋아하는 특정한 아이템을 다듬고 멋지게 만들어 즐겨 쓰다가 주변의 여러 동료들이 관심을 표명하여 똑같은 것을 만들어 달라고 주문을 하게 되면 그러한 부류의 사람들이 일반 소비자화될 수 있다는 판단을 할 수 있다. 단, 취미 생활은 자기가 좋아서 하는 것이고 자신의 돈을 기꺼이 투자하기 때문에 수익성 자체에 관심을 두지 않을 수 있다는 단점이 있다. 따라서 이를 사업화하기 전에는 그 아이템에 대해 자신과 같이 흔쾌히 돈을 지불할 용의가 있는 소비자가 과연 얼마나 있는지를 특히 세심히 따져보아야 한다. 하지만 이렇게 취미 생활에 바탕해서 사업을 하다가 실패하더라도 그것이 취미 생활의 연장이었기 때문에 그 충격이 반감되는 장점이 있다.

인맥과 만남 우리는 직장 생활로부터, 또는 일반 사회 생활로부터 여러 부류의 사람들과 접촉한다. 이렇게 형성된 인맥이 상호 교류의 과정을 통해서 좋은 사업 아이디어를 일깨우는 계기를 마련해 준다. 업무상 전문가 집단, 예컨대 법조인, 회계사, 금융가, 모험 자본가 등과의 주기적인 접촉을 통해서 그들이 알고 있는 특허의 라이슨싱 기회나 매각 업체 등에 대해 정보를 입수할 수 있다. 예컨대 회사 정리를 담당하는 판사는 처분해야 할 업체에 대한 시의 적절한 정보를 가지고 있을 수 있다. 또한 업계나 관련 협회 등과의 공식, 비공식적 네트워킹을 통해서 최근의 업계 현황과 사업 가망성 등을 타진해 볼 수도 있다. 예컨대 보스턴 근교 루트 128 지역에는 128 벤처 그룹(128 Venture Group)이라는 협회가 있어 첨단 기업 관련 정보를 교류한다.

일상적 관찰 일상적인 생활에서 자신에게 발생한 문제를 유심히 관찰하고 그 해결책을 모색함으로써 새로운 사업 아이디어를 확보하는 경우가 종종 있다. 이 경우 누구라도 그 사업 기회를 발견할 수 있는 성질의 것이지만 소비자의 욕구와 그에 대한 해결책을 처음으로 체계적으로 따져보고 추진하는 누군가가 창업을 하게 된다. 거스턴쟁(Leo Gerstenzang)은 부인이 어린 딸아이 귀의 물기를 제거하기 위해 이쑤시게에 솜을 말아 쓰는 것을 보고 큐팁(Q-Tip)을 만들게 되었고, 질레트(King C. Gillette)는 자주 무디어지는 자신의 면도날을 보고 쉽게 바꿔 쓸 수 있는 안전 면도닐을 고안하게 되었다. 맥내머라(Frank McNamara)는 뉴욕 레스토랑에서 친구에게 접대하던 중 지갑을 잃어버린 당혹감에 다이너즈 클럽(Diners Club) 카드를 만들게 되었다. 그리고 빈(L. L Bean)은 1914년 당시 사냥 후 발이 축축해지는 불쾌감에서 고무창의 가죽 등산화를 고안해낸 것이 주변의 호응을 얻어 우편주문(Mail-Order) 사업을 시도한 결과 1987년 이르러서는 $3억 400만 규모의 엘 엘 빈(L. L. Bean)으로 성장하게 되었다.

계획적 탐색 대부분의 경우 사업 기회가 체계적인 탐색보다는 자연 발생적으로 발견된다고 해서 예비 창업자들이 우연적인 발견을 위해서 마냥 기다릴 수는 없는 것이다. 우연적인 발견(Serendipity)도 적극적으로 탐색(Search)하는 자에게 높은 확률이 있기 때문에 무언가 아이디어 탐색의 방안을 모색해야 한다. 예비 창업자들이 적극적이고 체계적인 방법으로 사업 아이디어를 얻을 수 있는 정보 원천이 사실상 다양한 경로에 존재한다. 예컨대 대형 장난감 제조업체의 경우 매년 대부분의 매상을 신제품 판매를 통해서 올리는데, 이는 장난감이 경쟁 업체에 의해 쉽게 모방될 수 있고, 유행을 타서 시장 수요 기간이 짧아 지속적으로 신제품을 개발할 수밖에 없기 때문이다. 이를 위해 장난감 회사는 각종 다양한 신제품 아이디어 개발 기법을 총동원하는데, 이에는 브레인스토밍, 라이슨싱, 경쟁사 제품의 모방과 수정, 내부 인센티브와 압력, 고객 조사, 신기술 적용, 경진 대회 등이 포함된다.

창업 기업은 설립하기 위해 사업 아이디어를 얻어낼 때도 이와 같이 적극적이고 체계적인 탐색을 통해 우연적 발견의 확률을 높일 수 있다. 그 방법으로 예비 창업자는 (1) 벤처에 대한 경각심 제고, (2) 벤처 관련 주제의 연구, (3) 용의주도한 직업 선택, (4) 관련 부업 활동, 그리고 (5) 창업 기업가적 생활 스타일 등을 추구할 수 있다.

첫째, 창업 기업가와 그렇지 못한 사람의 차이는 발견된 사업 기회에 대해 행동을 취하느냐 마느냐 하는 데 있다. 따라서 예비 창업자는 시장과 소비자의 욕구나 특성에 항상 귀 기울이고 소비자의 입장에서 그것을 만족시킬 수 있는 해결 방안을 진지하게 모색하는 태도를 견지할 필요가 있다.

둘째, 특정한 사업 부문에 관심을 둔 예비 창업자는 관련된 각종 기술적, 산업적 전문 지식을 배우는 자세를 가지고 세미나와 컨퍼런스 등에 적극 참여하고 정부나 지원 기관의 출판물을 충분히 습득해야 한다.

셋째, 일반적으로 전 직장 경험을 바탕으로 창업을 하는 경우가 많으므로 자신이 관심 있는 사업 분야의 업체에 취업함으로써 별다른 투자 없이 미리 창업의 예비 수업을 할 수 있다. 창업은 총체적 사업 활동이므로 이때 될 수 있는 대로 생산, 영업, 관리 등 다양한 기능 부서의 경험을 쌓는 것이 중요하며, 소규모의 회사일수록 예비 수업의 효과는 커질 수 있다. 특히 회사 운영과 관련하여 주요 공급 업체, 고객, 기술진, 자금원 등에 대해 관심 있게 관찰하고 인맥을 형성하는 것이 중요하다. 창업 기업 설립이 아니라 인수에 의해 사업을 개시하고자 할 경우는 인수 가능한 기업체에 취업함으로써 인수 후에 순조롭게 사업을 운영할 수 있을 것이다.

넷째, 창업 기업을 설립하는 위험을 최소화하기에 좋은 방법으로 관련 업체에서 파트타임으로 부업을 해볼 수 있다. 이렇게 창업하고자 하는 업종에 차근차근 발을 들여 놓아 단계적으로 성공을 맛본 다음 본격적으로 뛰어드는 것이 노하우를 축적하면서 사업 위험을 줄이기 쉽다. 만일 중간에 성공적이지 못하든지 당초의 생각보다 매력적인 사업이 아니라는 판단이 들면 언제든지 본업으로 돌아갈 수 있다.

끝으로 창업 기업가의 가치관과 생활 습관을 습득하는 것이 중요하다. 창업 기업가는 일정액의 자금을 저축하고, 늘 그것을 투자할 사업 기회를 모색하며, 사업성 있는 기회를 적극 행동으로 추구하는 실천가이다. 또한 주변의 인맥을 항상 자신의 자원으로 활용하고 도움을 받을 자세를 갖고 적극적인 사회 활동을 한다. 이는 특정한 회사에서 만년 사원으로 일할 생각을 버리고 자신의 변화 기회를 포착하고, 가능하면 하나가 아닌 여러 회사를 단계적으로 창업할 수 있는 마음가짐으로 살아가는 것이다.

3. 창의적 사업 아이디어의 창출 기법

창의적이고 좋은 아이디어는 사업을 추진하는 창업자의 기본 도구이다. 창업자는 그것을 통해 사업 기회를 포착하는 발판을 마련하게 된다. 새로운 아이디어를 얻기 위해서는 남들보다 앞서 상황적 변화의 패턴을 인식하는 것이 중요하다. 변화의 조짐과 패턴을 인식하는 데는 단순히 논리적이고, 선형적일 뿐만 아니라 이미 알고 있는 지식과 경험을 귀납적으로, 연상적으로 또는 직관력으로 재구성하는 창의적 사고력이 필요하다. 이를 위해서는 앞서 고찰하였듯이 직장이나 기타 일상 생활의 경험을 새롭게 재구성하는 노력도 필요하고, 또한 창의적인 아이디어 창출 기법을 적극 활용하는 자세도 필요하다.

(1) 경험의 재구성

남보다 앞서 특정한 부문이나 시장에서 얻은 지식과 경험을 전혀 새로운 기술적, 사업적 노하우로 연결시킴으로써 좋은 사업 기회를 포착할 수 있다. 한가지 예를 들면 하워드 헤드(Howard Head)는 제2차 대전 중 항공 부문에서 새로운 경금속 합금을 개발하는 일을 맡고 있던 엔지니어였다. 그는 당시 목재로 된 스키를 배우다가 어려움을 느껴 자신의 합금 지식을 활용하여 금속 스키를 개발하여 헤드 스키사(Head Ski Company)를 창업하여 성공하였다. 그 후 테니스를 배우다가 어려움을 느껴 다시 자신의 알루미늄 지식을 활용하여 목재 라켓보다 스윗 스폿이 넓은 오버사이즈 알루미늄 라켓을 개발하여 프린스 라켓사(Prince Manufacturing Inc.)를 창업하여 크게 성공하였다. 헤드는 스키 개발에서 경험했던 패턴을 다시 테니스에서 인식한 것이고, 특정 부문의 지식과 기술을 새로운 영역에 적용하여 그 영역의 새로운 장을 열 수 있음을 보여 주었다.

(2) 창의적 사고력 증진 기법

사람들은 자라나면서 각종 정보를 획득하고 처리하며 저장한다. 일반적으로 사람들은 그러한 정보를 창의적으로 회상하고 재구성하는 능력을 지닌다. 하지만 성장함에 따라서 창의적 사고보다는 틀에 박힌 사고와 논리적, 합리적 사고에게 중점을 두는 환경에 놓이게 됨으로써 창의적 사고에 있어서 꼭 필요한 직관력과 비논리적 사고의 측면을 도외시한다. 그 결과 많은 사람들이 자신의 창의성을 발견하고 개발하지 못하게 된다.

창의적 사고에는 지적인 두뇌 활동 못지않게 감성적인 두뇌 활동도 중요하며, 합리적 사고력 못지않게 비합리적 사고 과정도 큰 몫을 담당한다. 흔히 심리학에서 좌뇌와 우뇌의 특성을 대비한다. 즉 좌뇌는 언어적, 분석적, 상징적, 추상적, 시간적, 논리적, 선형적, 디지털적인 사고의 주축이 되는 반면, 우뇌는 비언어적, 종합적, 공간적, 구체적, 비시간적, 직관적, 총체적, 아날로그적 사고의 주축이라는 것이다. 창의적 사고력은 이러한 양뇌의 사고 모드를 적절히 배합하여 활용할 때 그 위력이 발휘된다고 할 수 있다.

다음에서 이러한 창의적 사고를 자극하고 유도할 수 있도록 하는 기법 몇 가지를 살펴보자.[8] 개인 수준에서 생각해낼 수 없는 창의적인 발상이 아이디어를 교류하고 공유하는 집단의 메커니즘을 동원할 때 더욱 증진되는 경향이 있기 때문에 이들 방법 중 몇 가지는 팀의 창의력을 자극하는 방향으로 구성되어 있다.

---

8 Robert D. Hisrich and Michael P. Peters, *Entrepreneurship: Starting, Developing, and Managing a New Enterprise,* 3rd Edition (Chicago: Irwin, 1995): 91-100.

브레인스토밍 브레인스토밍(Brainstorming)은 가장 잘 알려진 기법으로 아이디어 창출과 창의적 문제 해결에 많이 쓰여온 바 있다. 이는 주어진 시간 내에 특정한 문제에 대해 참여자들이 자발적으로 모든 가능한 아이디어를 창출해내는 방법으로서 초기에 문제의 범위를 적절히 선정하여 아이디어의 다양성과 구체성을 확보하는 것이 중요하다. 보통 다양한 지식을 지닌 6-12인이 참여하되 누군가가 특정 분야의 전문가로 참여하지 말아야 하는데, 이는 자유스런 응답을 유도하기 위함이다. 또한 회기 중에 모든 아이디어를 기록하고 비판을 최대한 억제하는 것이 필수적이다. 아래는 효과적인 브레인스토밍을 위한 기본 절차이다.

1) 목적을 정의한다
2) 참여자를 선정한다
3) 진행자(Facilitator)를 선정한다
4) 즉흥적으로 풍부한 브레인스토밍을 실시한다
5) 비판이나 부정적 견해를 억제한다
6) 아이디어 전반을 기록한다
7) 백지 상태에서 아이디어를 낸다
8) 특정 아이디어에 집착하지 않는다
9) 가장 가망성 있는 아이디어를 파악한다
10) 가다듬고 우선 순위를 정한다.

특히 위의 절차 중 다섯 번째의 부정적 견해를 방지하는 점을 없애고 반대로 부정적 견해를 적극적으로 도입하는 브레인스토밍 방법도 있는데, 이것을 역 브레인스토밍(Reverse Brainstorming)이라고 한다. 이는 각 아이디어에 대해 그것이 실패할 이유와 확률 등을 되묻는 것이다. 이때 토의 집단의 사기가 손상되지 않도록 주의할 필요가 있다. 특정 아이디어의 각종 단점과 문제점들을 이렇게 파악한 뒤 그것을 극복할 수 있는 방법들이 사후적으로 모색되면 매우 신중하고 효과적인 문제 해결 기법이 될 수 있다.

시넥틱스 시넥틱스(Synectics)는 윌리엄 고든(William J. Gordon)이 체계화한 기법인데, 이는 크게 두 단계로 구성된다.[9] 첫번째 단계에서는 생소한 특정 문제에 대해서 그것과 유사한 친숙한 모형을 찾아내는 것으로 이를 통해 문제의 생소함을 제거한다. 두 번째 단계에서는 친숙화된 문제를 하나의 유추 방법, 예컨대 개인적, 직접적, 상징적, 또는 환상적 유추 등의 방법을 적용하여 추측과 짜맞춤을 통해 해결책을 모색하는 것이다.

자유 연상법 자유 연상법(Free Association)은 우선 특정 문제와 관련된 단어나 문구를 적고 그것과 관련된 새로운 것을 생각해내서 추가하고, 또 추가된 어구에 관련된 새로

[9] William J. Gordon, *Synectics: The Development of Creative Capacity* (New York: Harper & Row, 1961).

운 것을 생각해내는 과정을 반복하는 것이다. 이렇게 해서 일련의 아이디어 체인이 형성되고 결국 창의적 해결책이 구성되게 된다. 이 방법은 특정 문제에 대해 전혀 새로운 관점을 개발하고자 할 때 매우 효과적이다.

강제 연관법 강제 연관법(Forced Relationships)은 새로운 아이디어 개발을 위해 특정 사안이나 아이디어에 대해 질의하고 새로운 조합의 개념을 다음 순서로 찾아내는 것이다.

1) 문제 요소를 분리한다
2) 요소간의 관계를 찾아낸다
3) 관계를 순서적으로 기록한다
4) 결과되는 관계를 분석하여 아이디어나 패턴을 찾아낸다
5) 그러한 패턴으로부터 새로운 아이디어를 개발한다.

빅드림법 비드림법(Big-Dream Approach)은 최대한의 상상력을 발휘하여 특정 문제와 그 해결책에 대해 큰 꿈을 꾸듯이 생각해보는 것이다. 즉 문제와 관련하여 있을 수 있는 자원상의 제약 등 부정적 측면을 생각하지 않고 가능한 모든 방법을 생각해 본 다음 최종적으로 아이디어가 실현될 수 있는 형태로 되도록 개발해내는 것이다. 이는 특히 먼 장래의 비전을 제시하는 사업 구상을 할 때 원대한 꿈을 가다듬는 기틀을 마련하는 데 적절한 방법이 될 수 있다.

포커스 그룹 포커스 그룹(Focus Group)은 특히 신제품 개발시 많이 쓰이는 기법으로서 진행자(Moderator)가 8-14명의 참여자들을 대상으로 특정 제품 영역에 대해서 심층적 토론을 유도해 나가면서 시장의 수요를 충족시키는 제품의 아이디어를 구상하고 대안을 모색해내는 방법이다. 이 방법은 신제품 아이디어뿐만 아니라 초기의 사업 아이디어나 개념을 스크리닝해내는 데에도 매우 유용하다.

위와 같은 여러 가지 창의적 문제 해결 방법을 적극적으로 활용함으로써 실제로 창의성을 향상시킬 수 있는데, 창의성에 관한 여러 연구 결과가 이를 입증하고 있고 그 중 몇 가지 중요한 결과를 살펴보면 다음과 같다.[10]

- 보통 수준의 IQ와 창의성은 상관관계가 없으며, 낮은 IQ 소지자도 사업에 크게 성공적일 수 있는 반면, 높은 IQ 소지자도 창업 기업가로서 실패할 수 있다.
- 아이디어 창출 기법을 연습함으로써 개인의 아이디어 창출 수준을 높일 수 있다.
- 아이디어 창출 연습 결과는 약간의 손실이 있을 수 있으나 시간이 지나도 지속한다.
- 제시되는 아이디어에 대한 비판과 판단을 억제함으로써 아이디어의 산출을 향상시킬 수 있다.
- 아이디어의 양이 많을수록 질도 높아진다.

---

[10] Karl H. Vesper, *op. cit.*: 64.

- 현명한 아이디어를 모색할수록 적은 수의 아이디어가 나오지만 보다 현명한 아이디어를 얻을 수 있다
- 좋은 아이디어는 아이디어 창출 회의 중 마지막 부분에 나오기 쉽고, 최선의 아이디어가 회의 후 수일, 수주, 또는 수달 후에 발견될 수도 있다.
- 여러 명이 일인보다 좋은 아이디어를 많이 이끌어 내지만 때로는 개인이 혼자 연구함으로써 최선의 아이디어를 구할 수도 있다.

4. 사업 기회의 특징과 사업 위험

사업 아이디어는 창업자가 사업을 추진하는 기본 도구이고 사업 기회 포착의 첫 단계이긴 하지만 아이디어 자체는 그 이상의 아무것도 아니다. 즉 좋은 아이디어가 반드시 좋은 사업 기회를 뜻하는 것은 아니라는 점이다. 그것이 좋은 사업 기회가 되기 위해서는 사업상의 매력도가 높아야 하고, 수익이 지속적이어야 하며, 시의 적절하게 공략할 수 있어야 한다. 그리고 무엇보다도 중요한 것은 고객의 입장에서 볼 때 새로운 가치를 창출할 수 있는 제품/서비스를 제공해야 하는 것이다.

(1) 발명가의 오류

우리는 흔히 발명가의 오류(Great Mousetrap Fallacy)를 관찰하게 된다. 그레이트 마우스트랩이란 에머슨(Ralph Waldo Emerson)이 제시한 개념으로서 남보다 뛰어난 제품, 예컨대 훌륭한 쥐덫을 만들면 가만히 앉아 있어도 고객들이 저절로 알아서 찾아온다는 발상이다. 이러한 발상은 기술 위주의 사고를 하는 발명가적, 또는 엔지니어적 창업자들에게 흔히 발생하는 오류이다. 그러나 실상 아이디어는 활동적인 것이 아니며, 그 자체로서는 가치가 없다. 윈터즈(O. B. Winters)가 에머슨에 반박하듯이 고객이 알아서 찾아오도록 기다리 않고 세상에 나가 적극적으로 발명한 쥐덫을 알리는 자만이 공장을 돌아가게 하는 것이다.

세상에는 수많은 사업 아이디어가 생성되고 있다. 미국의 경우 벤처 자본가가 접수하는 새로운 사업 아이디어는 한 달에만도 100-200건에 달하지만 이 중 실제로 지원되는 사업은 1-3%에 불과하다. 창업자들이 이러한 발명가의 오류에 빠지는 이유는 시장의 욕구를 무시한 기술지향성으로 인해 특정 제품을 보다 더 잘 만들려고만 하는 욕구와 자신이 발명한 것에 대한 감정적 유착 등이라고 할 수 있다. 이러한 자세는 사업 추진을 넓고 장기적으로 보는 시각을 가져야 하는 창업자로 하여금 특정한 제품 특성에만 집착해서 사업의 수익성을 유지하지 못하는 함정으로 빠져들게 한다.

가장 훌륭한 아이디어라고 해서 반드시 사업 성공을 가져오는 것은 아니다. 예컨대 UNIVAC은 당시 IBM을 능가하는 기술로 컴퓨터를 개발했지만 결국 성장하는 시장과 사업 기회를 포착한 것은 IBM이었다. 또한 스프레드시트, 그래픽스, 데이터베이스 관리 등의 기능을 통합한 로터스사(Lotus)의 로터스 1-2-3가 관련 소프트웨어 시장을 주도해왔는데, 이는 추후에 개발된 유사 제품이 기능면에서는 더욱 뛰어남에도 불구하고 그것을 성공시키기 위해서는 수백만 불의 자금으로 유통망을 장악하고 마케팅해야 하는 다각도의 사업 노력이 필요하기 때문에 로터스 1-2-3를 따라잡지 못하는 것이다.

또한 가장 최초로 나온 것이라고 해서 반드시 성공을 보장하는 것도 아니다. 로터스에 앞서 비지캘크(VisiCalc)라는 스프레드시트 프로그램을 개발한 댄 브리클린(Dan Bricklin)도 성공적이지 못했고, 1981년에 너무 일찍이 최초의 휴대용 미니컴퓨터를 개발·판매한 애덤 오즈본(Adam Osborne)도 컴팩(Compac) 등에 밀려 망하고 말았다.

(2) 사업 기회의 진공 상태적 현상

사업 기회는 창업자의 창의적 사고력 및 문제 해결 능력과 더불어 주변의 여건이 잘 어우러질 때 비로소 그 가치가 드러난다. 이 점에서 사업 기회는 상황적 변화에 기반한다고 볼 수 있다. 이는 마치 주변 상황의 변화가 진공 상태적 현상(Phenomenon of Vacuums)을 유발하여 새로운 가치 창출의 흐름과 사업 활동들이 빨려들 듯이 급격히 발생하는 것과 유사하다. 매우 평범한 사업(Plain Vanilla Business)에 있어서도 정보 기술 등 주변 여건이 변화함으로써 새로운 사업 기회가 탄생하는 경우가 종종 있다.

기술 혁신, 규제상의 변화, 고객 서비스 중심의 경제 체제, 기존 기업의 생산 능력 부족, 해외 생산 기지 구축 등의 국내외 경제적 변화 요인들이 이러한 사업 기회의 진공 상태적 현상을 불러일으킨다. 특히 기술 혁신의 경우 일반적으로 대기업들이 우월하다고 여겨지는 경향이 있으나 실제로는 국제적으로 볼 때 제2차 대전 이후 95%의 첨단적 혁신이 창업 기업과 중소 기업들에 의해 이루어졌다. 또한 미국 과학 재단의 조사에 의하면 연구개발 투자 비용당 혁신의 생산성 내지는 효율성에 있어서도 중소 기업이 종업원 만 명 이상의 대기업보다 24배나 높은 것으로 나타나 있다.

(3) 최소 자본으로 최대 사업 기회 모색

사업 기회는 자금줄을 쥔 사람에게 오는 것이라기보다는 한정된 소수의 창업 기업가에게 분명하게 찾아오는 것이다. 이들 창업 기업가들은 최소한의 자본 투자로 가능한 한 최대한의 가망성이 있는 사업 기회를 추구한다. 많은 성공적인 창업 기업가들은 자원이 여유롭게 많은 것보다는 오히려 자원이 부족하고 한계가 있음으로 해서 사업이 성공할 확률이 높아진다는 것을 경험한다. 즉 저스트인타임(Just-In-Time) 시스템에서 생산 흐름상의 완충 요인(Buffer)들이 최소화됨으로써 생산상의 문제를 조기에 발견하고 보다 효과적으로 해결할 수 있듯이 창업자가 사업 기회 추구를 위해 배수의 진을 치고 자원을 동원하는 데 있어 자력으로 해결하는 활동(Bootstrapping)이 사업의 성공을 조장하는 바탕이 될 수 있다. 예컨대 1930년대에 멘처(Josephine Esther Mentzer)는 $100의 자본금을 가지고 피부 미용제를 개발하여 약국이 아닌 백화점을 돌아다니면서 판매하기 시작하여 지금은 수십억 불 규모의 에스티 로더사(Estee Lauder)를 성장시켰다. 로이(Roy)와 월트 디즈니(Walt Disney)는 그들이 가지고 있는 만화와 경영상의 기술을 결합하여 1923년에 $290의 자본금으로 영화 스튜디오를 설립해 지금은 수백억 불 규모의 월트 디즈니사를 성장시키는 바탕을 마련했다. 미국의 첨단 벤처 기업들의 경우도 75% 이상이 $50,000 이하, 50% 가까이가 $10,000 이하의 초기 자본금으로 창업되며, 주요 자금원도 외부의 거대 투자자보다는 개인 저축인 경우가 75%에 육박한다.[11]

(4) 사업 기회의 창

시간적으로 볼 때 사업 기회는 일정한 기간 동안에만 포착되고 활용될 수 있는 한시적인 것이다. 이를 우리는 기회의 창(Window of Opportunity)이라고 부른다. 창업 기업가가 사업 기회를 추구하기 위해서는 이러한 기회의 창이 열려 있는 시점이어야 할 뿐만 아니라 그것이 충분히 지속적이어야 한다. 그림 2-2는 기회의 창을 예시한다. 시장은 시점에 따라 다른 속도로 성장하는데, 초기에 어느 정도 규모가 커지기 시작할 때, 즉 그림 예에서는 5년 이후에 기회의 창이 열리기 시작하고, 시장이 성숙하여 구조화되고 대규모화되는 시점, 즉 그림에서는 12년 정도에 기회의 창이 닫히게 된다. 따라서 사업 기회의 창의 얼마만큼의 기간 동안 열려 있는가가 창업 기업의 적절한 시장 진입 시점과 수확의 시점을 결정하고 종국적으로 사업의 성패를 좌우하는 중요한 요소이다.

주어진 기회의 창에서 사업 기회를 적절히 포착한 기업은 성공하고 그렇지 못한 기업은 실패할 것이나 성공과 실패는 대부분의 경우 그 소요 기간에 있어 큰 차이를 보인다. 이는 벤처 자본 업계에서 "레몬(실패 기업)은 2-3년이면 익고, 진주(성공 기업)는 7-8년 걸려야 숙성한다"고 하는 말에 잘 나타나 있다. 매우 성공적인 기업이라고 때로는 10년 이상 걸려야 벤처 자본가가 주식 시장에서 수확할 수 있는 경우가 있다. 그림 2-3은 레몬과 진주가 사업 운영 결과상 시간적으로 어떠한 분포의 차이가 있는지를 예시한다. 설립 3년 이내인 경우 실패기업이 훨씬 많은 반면 시간이 갈수록 레몬의 비율이 줄어들어 설립 7년 이후에는 진주만이 살아 남게 되는 것이다.

투자 대상 사업이 레몬이 되는 경우는 기회의 창을 잘못 추구한 경우일 수도 있고,

---

11 Edward B. Roberts, *Entrepreneurs in High Technology: Lessons form MIT and Beyond* (New York: Oxford University Press, 1991): 144.

그림 2-2 사업 기회의 창

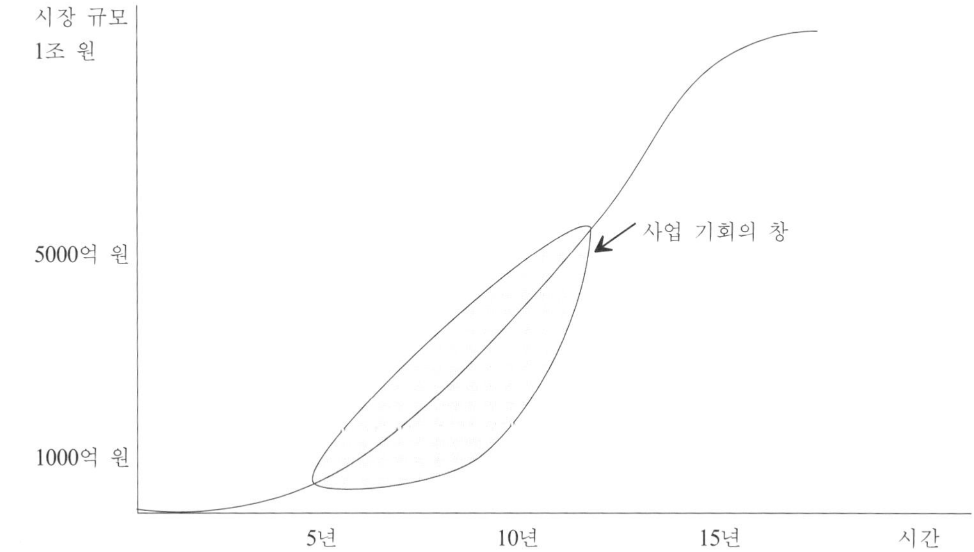

기회의 창은 적절히 포착했으나 제반 사업 추진상의 애로 사항이나 경영상의 미숙 등에 기인할 수도 있다. 반면 투자 대상 사업이 진주가 되기 위해서는 사업이 진주로 숙성하는 데 필요한 최소한의 기간, 예컨대 7년 정도 기회의 창이 열려 있어야 사업 착수로부터 성공적인 도약과 성장으로 이루어지는 것이다.

사업의 기회는 실시간(Real Time)의 함수이다.[12] 즉 역사적인 특정 시점의 상황과 여건이 성숙되어 있을 때만 사업 기회가 진정한 기회가 되는 것이다. 똑같은 사업 아이디어라고 할지라도 실제 시간이 다름으로 해서 성공적일 수도 있고 실패할 수도 있다. 특정 사업 분야나 기술 분야에 있어 전문가라고 할지라도 사업 기회의 창을 반드시 정확하게 맞춘다고 가정하는 것은 금물이다. 그것은 창업 기업가 자신의 몫인 것이다. 이는 아래와 같이 전문가들이 당시에 얼마나 그릇된 판단을 했었는가를 보면 잘 알 수 있다.

- 디지털 이큅먼트사(DEC)의 창업자 켄 올슨(Ken Olsen) 사장은 1977년에 "개인이 가정에 컴퓨터를 가질 이유는 없다"라고 말한 바 있다.
- 비행하기 2년 전인 1901년에 윌버 라이트(Wilbur Wright)는 "인간이 비행하는 데는 최소한 50년 이상 걸릴 것이다"라고 말했다.
- 앨버트 아인슈타인은 1932년에 "핵 에너지를 획득할 수 있다는 징표는 전혀 없다. 그것은 원자를 마음대로 쪼갤 수 있어야 한다는 것을 의미하기 때문이다"라고 말한바 있다.

---

[12] Jeffry A. Timmons, *New Venture Creation: Entrepreneurship for the 21st Century,* Fourth Edition (Burr Ridge: Irwin, 1994: 90-92.

그림 2-3 사업의 레몬과 진주

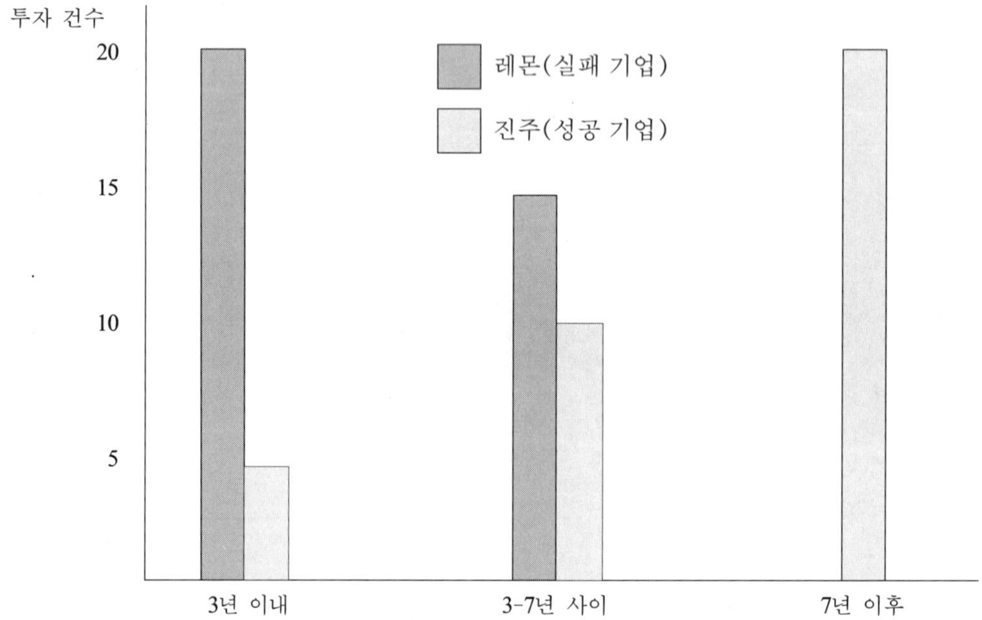

5. 사업 기회 추구의 현실

많은 사람들이 사업 아이디어가 우연치 않은 상상이나 번득이는 영감과 같은 신비스러운 과정, 아니면 창업 전문가가 제시하는 유망 업종 추구 등에 의해 오는 것이라고 생각하는 경향을 가지고 있다. 과연 현실적으로도 그럴까? 칼 베스퍼(Karl H. Vesper)는 성공적인 사업 아이디어를 발견하는 데 있어 보다 효과적인 방법이 과연 존재하는가 하는 문제를 제기하고 100여 명의 미국 창업 기업가에 대한 실증 연구를 한 바 있다.[13] 그의 연구 결과는 일반적으로 사업 아이디어가 창업자 자신의 교육, 직장 경험 및 취미 활동 등을 통해 발견되는 것으로서 결코 우연한 과정이 아니라 신중하고 체계적인 방법을 통해 창조된다는 점을 지적한다.

베스퍼는 각종 창업 관련 서적들이 제시하는 사업 아이디어 발견의 원천은 크게 다음과 같은 부류로 나누어 볼 수 있다고 정리한다.

- **정신적 훈련**(Mental Gymnastics): 브레인스토밍, 관찰, 새로운 응용 방안 모색 등

[13] Karl H. Vesper, "New-Venture Ideas: Do Not Overlook Experience Factor." In William A. Sahlman and Howard H. Stevenson (Eds.), *The Entrepreneurial Venture* (Boston: Harvard Business School Press, 1992): 73-80.

- **개인적 접촉**: 잠재 고객, 잠재 공급업자, 사업 브로커, 사업가, 성공적 창업자, 재산 소유자, 교수, 대학원생, 특허 법률가, 전직 종업원, 예비 동업자, 금융가, 모험 자본가, 상공 회의소, 기업체 라이선싱 부서, 경영 컨설턴트, 기술 이전 에이전시, 지역 개발 단체 등
- **방문**: 업계 전시회, 도서관, 박물관, 공장, 발명 전시회, 대학, 연구소
- **독서**: 업계 출판물, 업계 지침, 파산 공고, 사업 기회 광고, 고전 및 잡지, 정부기관 출판물, 신제품 관련 출판물, 박사 논문, 아이디어 서적 및 소식지, 베스트 셀러, 신기술 관련 출판물, 라이선싱 정보 서비스 등
- **추세 관찰**: 원자재 부족, 에너지 부족, 쓰레기 처리, 신기술, 레크리에이션, 과거 동경, 유행, 법적 변화, 공해 문제, 건강, 자기 개발, 개인 보안, 무역, 사회 운동 등

그러나 조사 결과 나타난 현실은 대부분의 성공적 아이디어가 위와 같이 남들로부터 얻는 것이 아니라 자신이 직접적인 경험을 통해서 얻은 전문 지식에 기반한다는 점을 드러낸다. 특히 전 직장에서의 경험과 새로운 사업 아이디어가 밀접한 상관관계를 보이는데, 비전문적 부문보다는 첨단 기술에 기반을 둔 벤처일수록 그러한 상관관계가 높아지는 경향이 있다. 첨단 벤처 기업의 창업자들은 대학을 졸업하고, 창업 전에 과학 연구나 공학 설계 등의 분야에서 일하고 연구한 경험이 있는 사람들이 많다.

예컨대 인텔사의 창업 동지인 노이스(Robert N. Noyce: MIT의 물리학 박사)와 무어(Gordon E. Moore: Cal Tech의 화학 박사)는 페어차일드 반도체(Fairchild Semiconductor)에서 1956년 초창기부터 일한 바 있다. 1968년 노이스는 부장이었고, 무어는 연구소장이었으며, 페어차일드의 연 매출액은 $1억 5000만에 이르렀다. 대기업에서 일하는 것이 더 이상 매력적이지 못했고, 새로운 반도체를 개발하고자 그들은 벤처 자본가에게서 $30만, 개인 투자자에게서 $220만을 조달해서 인텔사를 설립하여 노이스가 사장이 되고, 무어가 부사장이 되었다. 창업 7년 후 인텔사는 매출액 $1억 3400만, 순이익 $1980만을 달성하는 초고속 성장을 하게 되었다.

초창기부터 큰 기대와 야심을 가지고 출발하는 첨단 벤처 기업과는 달리 처음에는 소규모로 시작하여 근근히 유지하다가 중간부터 좋은 후속 사건이 발생하여 사업이 크게 성공하는 경우도 많다. 따라서 창업하고 자리를 잡은 이후에 그 자리에 안주하기보다는 지속적인 노력과 혁신으로 고성장의 씨를 뿌리는 작업이 중요하다. 이는 사업이 작은 규모로 유지될 때 얻은 지식, 경험, 노하우 등이 사업 전에는 몰랐던 새로운 기회를 알려주는 경우가 많기 때문이다. 성공 사업을 논하는 서적들이 대부분 간과하는 것은 이러한 사업이나 일상의 직접적인 경험으로부터 나오는 사업 기회의 인식이다.

이외에 체계적인 방법으로 아이디어를 얻은 경우도 있다. 예컨대 무역 박람회 방문, 광고 탐색, 실패 제품 재응용 방법 모색 등을 통해 아이디어를 구하거나 전화, 방문 등을

통해 아이디어를 줄 사람을 찾을 수도 있고, 소비자와의 직접적 면담을 통해 정보를 얻은 경우도 있다.

자신의 직접적인 경험으로 사업 아이디어를 구하거나 위와 같이 남들로부터 아이디어를 얻어낼 수 없는 경우는 기존의 기업을 인수하여 재창업을 시도하는 경우가 있다. 이는 아이디어 제공뿐만 아니라 단기간에 사업 활동을 개시할 수 있게 해준다. 흥미로운 사실은 인수를 통해 사업을 하는 사람들의 50% 이상이 과거 그 사업에 관련된 경험이 없다는 점이다.

앞에서 언급한 어떠한 방법으로 창업을 하던지 간에 기술적 전문 지식이 꼭 필요하게 된다. 이러한 전문 지식을 얻는 데도 여러 가지 방안을 생각해 볼 수 있는데, 크게 아래 세 가지 방법이 흔히 활용된다.

- 이미 전문가를 고용하고 있는 기업을 인수한다
- 전문적 교육훈련 기회를 제공하는 프랜차이즈에 가맹한다
- 관련 노하우를 지닌 사람을 고용하거나 파트너로 삼는다

요컨대 베스퍼의 조사에 따르면 우연적인 상상이나 브레인스토밍 등으로 성공적인 아이디어를 발견한 경우는 없었다. 따라서 예비 창업자는 사업 아이디어 발견을 위해서 단순히 사색을 즐기는 것보다는 주변을 잘 관찰하고 사람들을 만나는 등 적극적인 탐색 활동을 추구할 필요가 있다.

6. 사업 기회의 통로 원리

일반적으로 사업 추진의 과정을 창업 전 준비 단계, 창업 단계, 그리고 창업 후 단계 등 선형적 모형으로 파악하는 경향이 있다. 또한 창업 기업가들이 30대 중반 장년기에 사업을 시작하여 은퇴하거나 사망시까지 사업을 계속 영위하는 것으로 생각한다. 이는 대중매체에 비친 많은 성공적인 기업가들이 그러한 유형을 보이기 때문이다. 예로서 맥도널즈사의 레이 크록, DEC사의 켄 올슨, 혼다 자동차사의 소이치로 혼다 등을 들 수 있다.

그러나 로버트 론스타트의 실증 연구는 많은 창업 기업가가 단일 벤처 창업에서 그치지 않고 과거의 창업과 사업 경험에 바탕하여 또 다른 창업을 시도하는 다중 창업(Multiple Ventures)을 시도한다는 점을 보여 준다.[14] 1차 창업자들은 사업 경험을 통해 새로운 것을 학습하고, 2차 창업을 함으로써 새로운 이윤을 창출하게 된다. 이는 2차로 창업을 하게 될 때는 심리적 부담감도 줄어들고 창업 관련 지식도 증가하여 사업 추진 자체가 용이해

[14] Robert Ronstadt, "The Corridor Principle," *Journal of Business Venturing,* 3, 1988: 31-40.

지기 때문이다. 1차 창업이 성공적이었건 그렇지 않았건 간에 1차 창업자에게는 새로운 사업 기회가 발견되며, 그것을 추구하기 마련이다. 다중 창업을 하는 경우 젊어서 1차 창업을 하는 사람이 시간적 여유가 더 많기 때문에 다중 창업의 횟수는 그만큼 늘어날 가능성이 높아진다.

론스타트는 이러한 현상을 통로 원리(Corridor Principle)로 설명할 수 있다고 제시한다. 통로 원리란 벤처를 창업하는 행동 자체가 창업 기업가로 하여금 창업 전에는 보지 못하고, 활용할 수도 없었던 또 다른 사업 기회를 인식하게 한다는 것이다. 이는 통로에 들어서야지만 통로 내부의 여러 갈래 교차 통로를 볼 수 있는 것과 같은 이치이다. 1차 창업 전에 그러한 사업 기회를 보았다 하더라도 사업을 개시하기 전에는 그 기회를 활용할 수 없는 경우도 있다. 따라서 대부분의 경우 창업자들은 사업 개시 후 보다 매력적인 사업 기회를 발견하고 추구하게 된다.

이러한 창업의 원리와 관련하여 론스타트의 연구는 전현직 독립 창업자 1537명을 대상으로 조사한 결과 다음과 같은 사실을 발견했다.

• 많은 수의 창업자가 다수의 기업을 창업한다.
• 단일 창업의 경우보다 다중 창업의 경우 창업 기업가로서의 경력이 길다.
• 대부분의 경우 젊었을 때 1차 창업을 할수록 나이 들어 창업을 시도하는 경우보다 창업 기업가로서의 경력이 길어진다.
• 다중 창업을 하는 경우 3분의 2 이상이 1차 창업 후 6년 이내에 2차 창업을 시도하며, 2년 이내에 하는 경우도 4분의 1 가까이 된다.

이러한 연구 결과는 예비 창업자들이 1차 창업에 모든 인생을 걸고 달려드는 자세를 어느 정도 지양하고, 설사 1차 창업이 성공적이지 못했다 하더라도 2차 창업을 보다 성공적으로 만드는 기반을 제공한다는 점을 깨닫게 한다. 일반적으로 사업의 실패 가능성은 우리가 통계 수치상 살펴보았듯이 매우 높으나 다중 창업을 시도함으로써 추가 실패의 가능성은 급격히 줄어들 수 있는 것이다.

다시 말해 우리가 초기 창업의 요구 투자 수익률을 논할 때 1차적으로 투자된 모든 자본금을 염두에 두고 높이 책정하는 경향이 있지만, 실패하더라도 그러한 초기 투자가 실상 2차, 3차 창업에 직접적으로 도움을 주고 투자 수익률을 높이는 가치가 있는 투자이기 때문에 초기의 심리적 요구 투자 수익률을 그만큼 낮추어 책정할 필요가 있다. 즉, 1차적 창업 추진 활동 자체가 일종의 보험 내지는 사업상의 옵션(Option)을 구입하는 것이다. 흔히 사업 실패시 '수업료'를 냈다는 말은 차후의 창업이 그만큼 성공적일 수 있는 확률이 높아진다는 것을 의미한다. 따라서 1차 창업에 실패했다 하더라도 창업의 시도 자체로서 후속적으로 훌륭한 사업의 아이디어가 포착되고 사업이 성공할 가능성이 높아짐으로써 창업 기업가로서의 경력상의 실패 가능성은 줄어드는 것이다.

창업 실무

사업 아이템 선정 절차와 정보 제공 단체

이 장과 다음 장에 걸쳐서 예비 창업자는 자신이 구상한 사업 아이디어가 사업성과 실현성이 있는지를 따져볼 수 있는 기회를 가질 것이다. 여기서는 이러한 과정에서 구체적으로 예비 창업자가 어떠한 절차를 거쳐 사업 아이템을 선정하고, 사업 관련 정보를 어디서 얻을 수 있는지를 살펴보자.

(1) 사업 아이템 선정 절차

몇 가지 사업 아이디어로부터 예비 창업자가 최적의 사업 아이템을 찾아내기 위해서는 다단계의 절차가 필요하다. 후보 아이템을 찾기 위해서는 해당 사업의 전망을 이해하고, 성공 가능한 제품/서비스를 선택하여 그것이 시장의 요구와 잘 조화되는지를 고려해야 한다. 이렇게 찾아낸 후보 아이템에 대해서 예비 사업성을 분석하고, 사업 가능한 아이템들의 우선 순위를 정한다. 우선 순위 1순위 사업 아이템부터 사업 타당성을 분석하여 최종적으로 적합한 아이템을 결정하고 사업을 추진하게 된다. 다음에서 이러한 전반적 과정을 단계적으로 살펴보자.[15]

1. **창업 희망 업종 정보 수집:** 업종 정보를 수집하는 데 있어 창업자의 경험 및 지식, 특히 동 업계와 관련 업계 근무 경력 등을 고려하는 것이 필요하다. 친구, 지인, 전문가 등으로부터도 좋은 정보를 습득할 수 있다. 각종 관련 서적, 업종별 전문 잡지, 신문 스크랩 등을 활용하고, 정부나 관련 단체 등을 방문하여 조사한다.
2. **이용 체험자 및 종사자 면담:** 해당 업종을 경영하는 회사나 가게의 고객으로서 직접 구매 활동을 경험해보는 것이 중요하다. 또한 해당 업종 근무 종업원과의 대화와 면담을 통해 업계의 전반적인 분위기와 전망을 파악할 필요가 있다.
3. **후보 사업 아이템의 구체적 정보 수집:** 각종 상담 기관, 예컨대 창업 상담 회사, 업종별 전문 컨설팅 회사, 시·군·구 창업 민원실, 중소 기업 진흥 공단 창업 상담실 등을 방문하여 정보를 수집한다. 업종별 협회나 협동조합 등 업계 단체와 경영 지도사나 동업계의 다년간 근무 경력자 등 업계에 정통한 전문가로부터도 정보를 수집할 수 있다.
4. **후보 아이템에 대한 정밀 분석과 검토:** 사업의 성장성과 창업자의 적성 부합 여부 등에 대한 가족, 지인, 전문가의 의견을 신중히 청취하는 자세를 가져야 한다. 고려 대상 사업 2-3종에 대한 예비적 선별을 하고 순위를 결정한다. 예비 선별 제품에 대한 간이적인 예비 사업성 분석을 실시한다.
5. **사업 타당성 분석:** 사업 타당성을 분석할 때 고려해야 할 점은 사업 아이템의 적합도, 기술적 요구, 시장성 및 판매 전망, 수익성 및 성장성 등이다. 이에 대해서는 다음 장에서 자세히 살펴볼 것이다.
6. **업종 및 아이템 선정:** 앞의 다섯 단계를 거쳐 최적 업종과 사업 아이템을 최종적으로 선정하게 된다.
7. **경영 수업:** 선정된 업종과 관련 업종의 우량 기업에서 직·간접적으로 견습할 수 있는 기회를 다각도로 모색한다. 선발 예정인 창업 핵심 멤버와의 사전적인 관계 증진을 통해 경영 노하우를 조기에 습득하도록 한다.

---

[15] 박주관, 적중 성공 사업 아이템 (서울: 21세기 북스, 1994): 55-58.

8. **구체적인 창업 준비**: 마지막으로 구체적으로 사업 개시를 준비하는 절차가 필요하다. 여기에는 사업 계획서의 작성, 창업 자금의 조달, 창업 팀의 결성과 창업 요원 확보, 사업장 선정 및 확보, 회사 설립, 개업 준비 등이 포함되는데, 이에 대해서는 제5장 이하에서 살펴볼 것이다.

(2) 사업 정보 제공 및 지원 단체

회사 설립, 공장 설립 등과 관련하여 정보 및 지원 서비스를 제공하는 정부 기관과 단체들이 다양하게 존재한다. 다음은 그 중 주요한 단체를 소개한다.[16]

- 중소기업청(www.smba.go.kr) 창업지원과
  -창업 기업에 대한 지원 내용
  -창업 사업 계획 승인 제도
  -창업 절차 대행 요령 등 창업 관련 업무
- 중소기업 진흥 공단: 서울 영등포구 여의도동 24-3
  -서울 지역 본부: (02) 769-6602~9
  -입지사업처: (02) 769-6751~5
  계획 입지 정보 제공
  조합 단지, 아파트형 공장, 창업 보육 센터 등 사업 수행
  -농공사업부: (02) 769-6691~5
  농공 단지 입주 기업 사업성 검토
  자금 지원
- 산업자원부 산업배치과: (02) 500-2451
  -공장 설립 신고
  -공해 등 환경 관련 업무
- 건실교동부
  -입지계획과: (02) 504-9118
  공업 입지에 관한 계획 업무
  -토지이용계획과: (02) 504-9117
  국토 이용 계획의 변경 결정
  국토 이용 계획 용도 변경 신고
  -도시계획과: (02) 504-9137
  도시 계획의 변경
  도시 지역 내 토지 분할 허가
  -수자원정책과: (02) 504-9041
  공유 수면 점용 허가
  공유 수면 매립 허가
  -하천계획과: (02) 504-9043
  하천 공사 시행 허가
  하천 점용 허가
  -도로관리과: (02) 504-9075~6
  도로 점용 허가
  -도로정책과: (02) 504-9071~2
  사도 개설 허가
- 환경부
  -대기관리과: (02) 504-9248
  대기 배출 시설 설치 허가
  -산업폐수과: (02) 504-9253
  폐수 배출 시설 설치 허가
  -소음진동과: (02) 504-9250
  소음진동 배출 시설 설치 허가
  -생활오수과: (02)504-9255
  오수 정화 시설
  분뇨 정화조 설치 신고, 준공 검사
- 산림청
  -산림경영과: (02) 961-2412
  임목 벌채 허가 및 신고
  -산지계획과: (02) 961-2431
  보전 임지 전용 허가
  -산림토목과: (02) 961-2361
  사방지 내 사업 허가와 지정 해제
- 농림부
  -농지관리과: (02) 503-7264~5
  농지 전용 허가
  -축산경영과: (02) 504-9434~5

16 중소기업 진흥 공단, **창업 이렇게 한다: 창업 절차와 업종별 인허가 기준 총람** (서울: 중소기업 진흥 공단, 1997): 478-481.

초지 전용 허가
-농어촌정비과: (02) 504-9404~5
개발 농지 전용 허가

• 내무부
  -예방과: (02) 731-2730
  건축물 신축 허가 및 확인
  소방 설비 공사 검사
  -재정경제과: (02) 731-2410
  각 지역의 상공업 지원

• 각 지방 행정 기관
  -창업 상담실: 창업 기업에 대한 지원 상담
  -공업계(공업 설립 민원실): 공장 설립에 관한 제반 절차 및 인허가 사항 주관
  -환경과:각종 환경 규제 및 배출 시설 설치 허가
  -산림과: 임목 벌채, 임지 전용 관련 업무
  -농어촌개발계: 농지 전용 등에 관한 제업무
  -도시과: 도시 계획 관련 업무

• 상공회의소 공업 입지 센타: (02) 315-3487~8
  -공장 용지 알선
  -입지 상담
  -정보 자료 제공

창업 이야기 II-1

이랜드[17]

벤처 창업은 그 무엇보다도 기존 중견 기업이나 대기업에 비해 뛰어난 고도 성장 잠재력을 지녀야 한다. 이랜드는 비록 잘 알려진 기술을 지닌 의류 산업에 뛰어들었으나 그 성장은 실로 괄목할 만하다. 박성수 사장이 1980년 9월 이화 여대 입구에서 500만 원의 보증금으로 잉글런드라는 보세 옷 가게를 시작하고, 그 후 이랜드라는 법인으로 본격적인 사업을 시작한 이래 의류 시장에 회오리바람을 일으키며 21개의 법인과 15개의 의류 브랜드를 거느린 그룹으로 도약한 것이다.

주식회사 이랜드의 설립으로 본격적인 사업 확장에 들어간 1986년의 매출액은 63억 원이었으나 중저가 의류 시장의 강자로 자리를 잡은 이랜드 그룹의 외형이 창업 14년 만에 5000억 원을 돌파해 의류 전문 업체로는 최대 규모로 성장했다. 아래 표는 1986년 이후 수년간의 고도 성장세를 보여준다. 즉, 1986년부터 1993년까지 7개년 간 매출액이 연평균 98% 성장하는 놀라운 신장세를 보이고 있다.

연도	매출액 (억 원)	매출액 성장률(%)	종업원 수 (명)	대리점 수 (개)
1986	63	-	70	80
1987	140	120	-	-
1988	461	230	380	337
1989	1,090	135	-	-
1990	2,009	84	1,036	964
1991	3,253	62	-	-
1992	4,155	28	1,670	1,687
1993	5,366	29	1,836	2,162

이랜드의 고도 성장은 중저가에 치중한 가격 전략에서 찾을 수 있다. 10대에서 30대까지를 주 대상으로 하는 이랜드, 브렌따노, 언더우드, 헌트 등의 캐주얼 브랜드를 내놓으면서 용돈으로 사 입을 수 있는 가격대의 옷으로 승부한다는 전략이다. 따라서 이랜드 그룹의 의류들은 어떤 브랜드든지 경쟁 제품의 가격에 비해 1/2에서 2/3를 넘지 않는다. 자체 공장을 가지지 않고 수출을 주로 하던 봉제 업체들을 개발함으로써 전량 하청 생산으로 제품을 만들어 낸 점은 원가 절감면에서 큰 몫을 했다. 캐주얼로 일어선 이랜드는 기존 브랜드에 진(Jean)류를 주로 하는 쉐인과, 헌트보다 고급 소재를 사용하며 약간 높은 연령층을 대상으로 하는 스코필드까지 내놓아 캐주얼 브랜드를 6개로 늘렸다. 1993년 캐주얼 부문의 매출액은 3700억 원을 웃돌았다. 또한 시장이 급속도로 커지고 있는 아동복 시장을 공략하기 위해 1989년 이탈리아풍의 캐주얼 아동복인 리틀 브렌을 선보인 후 유아복 베이비 헌트, 취학기 아동들을 대상으로 하는 이랜드 주니어 등을 계속 개발해갔다. 아동복의 1993년 매출액은 800억 원을 넘는다.

정통 숙녀복 정장인 제롤라모 브랜드로 1990년에 숙녀복 시장에 진출했으며 1993년 숙녀복 부문에서 500억 원 정도의 매출을 올린 바 있다. 숙녀복은 제롤라모 외에 유행성을 띤 코코리따, 영국풍의 오스본, 낮은 연령층을 대상으로 하는 로엠 등 4개 브랜드를 내고 있다. 신사복 브랜드는 신사 정장인 써헌트와 남방 등 단품을 주로 내놓는 란찌 등 두 개이다. 이랜드는 점진적인 브랜드화 전략으로 이렇게 다양한 상품 시장을 공략하여 창업 초기부터 고도 성장의 길로 진입하게 된 것이다.

[17] 이코노미스트, "이랜드 창업 14년 5,000억 돌파, 국제화로 제2 도약," 1993년 11월 20일.

창업 이야기 II-2

심로 악기[18]

심로 악기의 심대화 사장이 아이디어와 열정으로 시장을 공략하기 시작한 이래 독일이 300년, 일본이 100년간 쌓아온 성과를 단 1년 만에 일구어 냈다. 그가 세계 시장 제패를 넘본 분야는 바이올린 등의 현악기 분야이다. 심 사장은 바이올린을 일생의 승부처로 도전한 것이다. 그가 잘 나가는 샐러리맨에서 독립해 사업의 세계로 뛰어든 것은 1978년 3월이었다. 당시 그의 나이는 불과 32세였다. ㈜대우의 미래 재목으로 인정 받고 있던 전자수출과장 자리를 박차고 나온 것이다.

일단 배운 게 무역업이라 처음에는 오퍼상으로 사업을 시작했다. 당시 살던 18평짜리 반포 AID 차관 아파트를 1800만 원에 팔아 그 돈으로 명동에 5평짜리 사무실을 세내서 여직원 1명을 두고 기계 수입상을 시작했다. 시작한 달 만에 행운의 여신이 미소를 지어 그를 격려했다. 삼립 식품의 제과 설비 50만 달러어치 수입 대행을 하면서 5만 달러의 거금을 쥐게 됐다. 계속해서 사업은 술술 풀려갔다.

그러나 그는 1986년 아무한테도 알리지 않고 중대 결심을 하게 된다. 수입업은 서비스 사업이지 진정한 사업은 아니라는 생각이 떠나지 않았던 것이다. 그래서 평소에 관심을 가져왔던 바이올린을 제조해 보기로 결심했던 것이다. 당시 그는 바이올린에 대해 아는 것이 별로 없었다. 다만 80년대 바이올린을 수입하면서 제조법이 2 가지 있다는 정도만 알 뿐이었다. 첫째는 독일 가내 수공업자나 장인(마이스터)이 쓰는 카브드(Carved) 방식의 바이올린은 음질이 좋아 연주가용으로 고가에 팔리고 프레스(Press) 바이올린은 일본 스즈키사가 개발한 것으로 나무에 물기를 입혀 프레스로 눌러 볼록하게 바이올린 모습을 만든 교육용 중저가 제품이었다.

심 사장은 바이올린을 카브드 방식으로 만들되 이를 대량 생산하는 공정을 개발한다면 독일과 일본의 틈새를 뚫고 세계 시장을 석권하는 것은 시간 문제라고 생각했다. 2년 가까이 그는 독일과 이탈리아 등지를 돌아다니며, 공장도 가보고 마이스터도 접촉하면서 바이올린 제조법의 기초를 습득하였다. 결국 1987년 오스트리아 국경 부근의 루벤로이프 공장 지대를 방문했을 때 1주일 동안이나 전화 번호를 뒤지는 등 천신만고 끝에 글라이스너라는 자재상을 만났다. 그로부터 자재 확보 문제를 해결했을 뿐 아니라 독일의 목재 가구 기계 메이커인 라이헨바허사를 소개 받아 바이올린 전판과 후판을 한번에 12개씩 대량 생산할 수 있는 자동화 기계를 주문 제작하는 행운도 얻었다.

심 사장은 2년간의 준비 기간을 끝내고 1988년 바이올린 제조 사업 참여를 선언했다. 2년이라는 각고의 노력 끝에 현악기의 불모 지대였던 한국에 심로 악기식 연주가용 대량 생산 방식을 탄생시킨 것이었다. 시간이 지난 지금은 전 세계에서 심로 악기 바이올린이 주름을 잡고 있다. 한국 시장에서 판치던 스즈키사 제품이 사라진 것은 물론 일본 시장에서도 15% 정도는 심로 악기 제품이 팔리고 있다. 미국 시장에서 심로의 바이올린은 개당 370 달러로 스즈키보다 50달러나 비싸게 팔리고 있다. 1995년 한해 심로는 바이올린만 8만 4000개를 생산한데 비해 일본 스즈키는 2만 4000대, 독일은 1만 7000대를 생산한 것을 보면 시장 주도권이 어디로 넘어갔는지 극명하게 알 수 있다. 수출은 1995년 540만 달러에서 96년 750만 달러로 증가했다.

[18] 이코노미스트, “심로 악기, 바이올린 세계 시장 단숨에 석권,” 1996년 5월 7일.

창업 이야기 II-3

로커스[19]

국내 CTI(Computer Telephone Integration: 컴퓨터 전화 통합) 업계의 선구자로 일컬어지는 ㈜로커스의 매출을 보면 그 눈부신 발전 속도를 금방 느낄 수 있다. 1990년 창업 첫 해에 3천만 원에서 95년 30억 원, 96년 60억 원, 97년 220억 원으로 껑충껑충 뛰고 있다. 1998년 매출 목표는 원래 420억 원이었으나 IMF 한파를 감안해 360억 원으로 낮췄다. 그래도 여전히 전년 대비 60% 증가라는 고속 성장을 추구했다. 2002년 매출 목표는 8000억 원이다. 그 때쯤에는 프랑스의 세마처럼 세계 10대 독립 정보통신 SI(시스템 통합) 업체로 거듭난다는 포부이다.

이런 로커스를 알려면 먼저 CTI 기술을 알아야 한다. 이는 말 그대로 컴퓨터와 전화를 통합한 첨단 기술이다. 이 기술은 기업체 대표전화의 음성 안내 시스템에서부터 음성 사서함 시스템(VMS), 팩스 사서함 시스템(FMS) 등으로 널리 응용된다. 특히 이 기술이 기업체의 전화 고객 상담용 콜 센터에 도입되면 더욱 빛을 발하게 된다. 이를 이용하면 고객들은 언제라도 필요한 정보 서비스를 받을 수 있다. 업체 입장에서도 능률적으로 업무를 처리할 수 있어 좋다. 여기에 80% 이상의 인력 절감 효과도 있다는 분석이다. 따라서 이 기술은 서비스 제고와 인건비 절감이란 두 마리의 토끼를 잡으려는 기업들의 폭발적 인기를 끌 수밖에 없는 듯하다.

연세대 신문방송학과 81학번인 김형순 사장은 대학 생활 중 영화에 푹 빠져 지내다가 영화 감독을 꿈꾸며 1982년 미국 버펄로의 뉴욕 주립대로 유학을 떠났다. 그러나 영화에서 경제학으로 전공을 바꿔 학부를 졸업한 뒤 MIT의 경영대학원에서 1988년 MBA학위를 땄다. 그 후 사업할 결심을 굳힌 상태에서 컬럼비아 대학 경영학 박사 과정을 밟았다. 그러나 공부 대신 사업에 뛰어들기로 결심하면서 89년에 미국에서 설립한 회사가 로커스사이다.

특정한 사업 아이템을 생각하기 전에 먼저 회사를 세울 만큼 그는 행동파이다. 사업을 하겠다고 나서자 집안에선 반대가 극심했다. 박사 학위를 취득해 교수나 학자로 성장하길 바랐기 때문이다. 그러나 김 사장은 박사 학위까지 포기하고 사업에 뛰어든 만큼 포철에 원재료를, 삼국 무역에 사료를, 유공에 플랜트를 납품하는 등 이를 악물고 닥치는 대로 일을 했다. 그러다가 도약할 수 있는 기회가 마침 왔다. 옆 사무실의 유태인 청년들이 하던 VMS사업을 보고 "한국에서 하면 돈이 될 것이다"라며 무릎을 탁 쳤다.

1990년 아들 동준의 돌잔치 때문에 귀국하면서 이 소프트웨어를 들고 왔다가 아예 지금의 로커스를 한국에 세우게 되었다. 당시 그는 사업 밑천을 마련하기 위해 아내가 어렸을 적부터 저축해 온 몇 개의 돼지 저금통까지 깨서 1000만 원을 마련했고 주위에서 1500만 원을 빌렸다. 총 2500만 원의 사업 자금으로 서울 성산동 15평짜리 사무실에서 힘찬 출발을 했다.

첫 사업 아이템은 팩스 정보 서비스였다. 팩스를 통해 특정 분야의 뉴스 자료를 매일 구독자에게 보내주는 첨단 서비스였다. 이때 김 사장은 고가 정책으로 승부를 걸었다. 팩스 정보 서비스 사업은 대기업과 정부 기관 등을 향해 2년 정도 유지하다가 수익성이 낮아지면서 손을 떼게 된다. 팩스 정보 서비스는 사실 안

[19] 이코노미스트, "㈜로커스, 전 사원의 '비전 공유'가 성장 원동력," 1998년 2월 17일.

정 기반을 다지기 위한 사업이었다. 김 사장은 처음부터 염두에 둔 VMS사업을 91년부터 벌여나갔다. 기업 은행을 필두로 KBS, 대림 산업, 현대 그룹, 코오롱 그룹, 효성 그룹, 신한 은행, 외국계 은행 등 약 100 곳에 VMS소프트웨어와 장비를 공급했다. KBS에 납품한 것이 유명한 '라디오 뉴스 정보 서비스 파랑새'였다. KBS는 지금도 이것을 처음 설치할 때와 똑같이 사용하고 있다.

성장 기반을 다지면서 로커스는 자연스레 CTI 관련 핵심 기술 개발 능력을 확보하게 된다. 1994년 CTI개념이 도입되면서 CTI기반의 콜 센터 사업에 본격적으로 뛰어들었다. 그리고 관련 소프트웨어를 '로커스 CTI서버'라는 이름으로 내놓아 히트를 쳤다. 이미 조흥·한미 은행 등 14개 은행과 4개 증권사 등 총 수십 곳에 폰 뱅킹 콜 센터를 구축하면서 CTI전문 업체로 명성을 얻으며 자리를 굳혔다. 1998년 수십만 달러 규모의 CTI 관련 장비를 동남미·미국 등에 처음으로 대규모 수출을 추진했다. 국내에선 인터넷 폰 게이트웨이와 어디서든 정보를 확인해 볼 수 있는 고도 지능망 시스템을 개발중이다.

읽을 거리

James W. Carland, Frank Hoy, William R. Boulton, and Jo Ann C. Carland, "Differentiating Entrepreneurs from Small Business Owners: A Conceptualization," *Academy of Management Review,* 1984, 9: 354-359.

Stan Davis and Jim Botkin, "The Coming of Knowledge-Based Business," *Harvard Business Review,* Sep.-Oct. 1994: 165-170.

Robert Ronstadt, "The Corridor Principle," *Journal of Business Venturing*, 3, 1988: 31-40.

Gerard J. Tellis and Peter N. Golder, "First to Market, First to Fail?: Real Causes of Enduring Market Leadership," *Sloan Management Review*, Winter 1996: 65-75.

Karl H. Vesper, "New-Venture Ideas: Do Not Overlook Experience Factor." In William A. Sahlman & Howard H. Stevenson (Eds.), *The Entrepreneurial Venture* (Boston, MA: Harvard Business School Publications): 73-80.

III장 사업성의 분석 도구

"우리는 고객에게 가치를 제공하기 위해 존재한다. 그것은 품질과 서비스를 의미하며, 고객이 돈을 절약하게 해주는 것이다."

샘 월튼(Sam Walton), *Made in America,* 1992

이 장에서 다루는 주제

사업 아이디어의 기초적 선별
고성장 벤처의 선별 기준
제약성 분석
시장성 분석
재무 분석
벤처 유형의 종합적 판단

창업 현장

루스 오웨이즈[1]

루스 오웨이즈(Ruth M. Owades)는 대학에서 불문학을 전공하고, 하버드 경영대학원에서 MBA를 취득한 후 애비언(Avion)이라는 우편 주문 회사에 근무하면서 마케팅에 관해 많은 지식과 경험을 구비하게 되었다. 그녀는 회사 내에서 자기 정원을 가꾸는 사람들에게 우편 주문으로 원예 관련 상품을 제공하는 '애방 가드너'(Avant Gardener)라는 새로운 사업 아이디어를 구상하고 사장에게 이를 제안하였다. 루스는 애비언사의 기존 고객들이 가든에 대해 높은 관심을 갖고 있고, 우송 목록과 창고 시설 등의 기존 자산을 효율적으로 활용하면 양질의 캐털로그 사업으로 부유층 시장을 공략할 수 있다고 설득하였다. 하지만 회사는 아이디어 자체의 불확실성, 불경기, 신사업 위험에 대한 보수성 등으로 그 제안을 기각하였다.

그러나 루스는 자신의 사업 아이디어에 대해 확신을 갖고 사장으로부터 그 아이디어를 개인적으로 사업화해도 좋다는 허락을 받아 '가드너스 이든'(Gardener's Eden)이라는 캐털로그로 창업을 결심하게 되었다. 루스는 부족한 사업 자금을 조달하기 위해 기간별로 사업의 현금 수지를 따져보고 사업성을 구체화해서 외부 투자자를 유치해야 하는 입장에 처하게 되었다.

캐털로그 제작 업체인 도운사(Doane Associates)는 여전히 루스의 사업 아이디어에 대해 긍정적인 반응을 보이고 있으나, 회사를 떠나 창업을 하게 된 루스는 더 이상 애비언사의 자원을 활용할 수 없는 상황이었고, 자금을 스스로 조달해야 하며, 사업 추진상 시간이 촉박해졌다. 사업의 내역을 살펴보면, 캐털로그는 도운사 등의 전문 업체에 전적으로 외주해야 하고, 단가가 대략 $0.25 정도 된다. 우송 목록(Mailing List)은 더 이상 애비언사의 기존 목록을 쓸 수 없고, 브로커를 통해 이름당 $0.07을 주고 빌려야 하고, 목록 간 이름의 중복에 대비해서 계획보다 10%의 추가 여유분을 구입해야 한다. 이렇게 입수한 목록을 컴퓨터 작업으로 통합하고 목록 테이프를 뽑아야 하는데, 그 비용과 시간이 불투명한 상태다. 이행 비용과 간접비 항목으로서 루스는 각종 사무 비품 구입하고 사무실을 임대해야 하는데, 애비언사의 경우 주문 건당 간접비 배분액이 $2-5 정도였다.

루스는 약 400,000통의 캐털로그를 우송할 계획을 하고, 약 $250,000의 초기 자금이 소요될 것으로 파악하였다. 자금과 조직상의 열세를 극복하기 위해 다른 우편 주문 회사에 동업을 제의했으나 거절 당했고, 이런 회사들이 자신의 사업 아이디어를 독자적으로 추진할 우려를 감지했다. 운 좋게 도운사가 개인 투자자들을 소개해서 루스가 $50,000을 투자하여 49%의 지분을 갖고, 투자자들이 $150,000을 투자하여 나머지 51%를 갖는 협상을 타결했다. 루스는 애비언사 재직 시 월급보다 훨씬 적은 월급으로 일하고, 투자자들은 사업이 계획대로 추진되고 적절한 용도가 있을 시 추가적으로 $20,000씩 재투자하기로 하였다. 캐털로그 제작은 도운사가 맡았다.

이제 투자자들은 여유롭게 기다리는 입장이 되었고, 루스는 시간에 쫓겨 사업을 발 빠

[1] Richard O. von Werssowetz and Robert W. Kent, "Ruth M. Owades," Harvard Business School Case 9-383-051, 1985. 루스 오웨이즈는 Gardener's Eden이라는 캐털로그 주문사를 창업해서 성장시킨 후 Williams-Sonoma사에 매각하고, 다시 우편 주문 꽃 회사인 Calyx & Corolla사를 창업했다.

르게 성사시켜야 하는 입장이었다. 루스의 과거 경험상 주문에 대한 빠른 응답, 재고 관리, 고객 서비스 등이 사업의 주요 성공 요인이었다. 실무적으로 사업을 개시하기 위해 루스는 UPS의 우편업무에 대해 $2,000의 예치금을 지급해야 하고, 전화 회사와 전기 회사에 각각 $500의 예치금을 지급해야 한다. 신용 카드사는 매상의 4-5.25%의 서비스료를 부과한다. 부도 수표, 부도 카드 등에 의한 매출 손실은 2-3%로 추정된다. 우편은 오후 1시에 보통 배달되나 우편 주문사로서 빠른 우편 배달을 요구하므로 우체국에 단골 서비스를 많은 요금을 내고 신청해야 한다. 사무 가구도 장만해야 한다. 루스는 여러 상품 공급 업체와 공급 조건 등 체결해야 하는데, 그녀가 애비언사에서 일하는 것이 아니라 창업 기업을 위해 하는 것이기 때문에 그만큼 조건이 까다로워질 것이다. 또 필요에 따라 직원도 고용해야 한다.

우편 주문 회사에 있어서는 고객의 응답률이 성공의 지표라고 할 수 있는데, 루스는 현재로선 그것을 정확히 알 수 없었다. 리스트 브로커와 도운사 등은 1.4%의 응답률이 현실적으로 타당하다고 보고 있다. 루스는 40만 통의 우송을 하게 되면 개략적으로 1.4%의 응답률로 평균 $3 정도의 주문을 받을 수 있을 것이라고 판단하였다. 기존 우편 주문 회사들은 우송 목록 회사로부터 우송 60일 전에 목록을 입수하고, 우송 30일 후 사용료를 지불하는 것이 관례이며, 부당한 사용을 방지하기 위해서 목록 회사는 가명을 목록에 삽입하여 자사로 반송되게끔 하고 있다. 루스와 같이 신설 회사에 대해서는 대금 결제를 조기에 하도록 요구할 수도 있다. 사업 초기의 고정비 지출과 지명도 부족으로 신설 우편 주문 회사는 대부분 초기 몇 건의 우송에서는 적자를 보는 것이 예사 일이다. 이러한 악조건에서 루스는 각종 고정 비용 항목들을 따져봐야 하고, 우송량과 응답률에 따른 수익과 변동비의 등락도 계산해보아야 하는 입장에 처해 있다. 이를 통해 루스는 투자자와의 합의에 따라 과연 자신의 돈 $50,000을 이 사업에 투입할 가치가 있는지를 알 수 있을 것이다.

1. 사업 아이디어의 기초적 선별

사업성을 분석하는 데는 크게 보아 두 가지 과정이 포함된다. 첫번째 과정은 적합하지 않은 사업 프로젝트를 제외하는 **선별 과정**(Screening Process)이고, 두번째 과정은 주어진 사업 아이디어를 최대한 실현 가능하도록 적응시키고, 수정하고 보완하는 방법을 모색하는 **탐색 과정**(Searching Process)이다. 이러한 과정에서 사업 아이디어의 미래를 투시하기 위해 시나리오를 설정하고, 현실적으로 가시화하는 시각과 자세를 견지하는 것이 중요하다. 이런 시각에서 주어진 사업 구상이 그 실현 가능성을 최대한 드러내도록 분석하고 종합하는 것이 사업성 평가의 기본 목적이다.

특정한 사업 아이디어를 체계적으로 분석하는 개념과 분석 도구에 대해서 논의하기 전에 먼저 창업자들이 현실적으로 적용하는 사업 선정 시의 평가 기준을 살펴보자. 일반적으로 창업자들은 크게 나누어 우연적 사업 착수, 가시적 실현 가능성, 사업의 위험, 그리고 사업의 보상 등의 평가 기준 중 하나에 특히 의존해 특정한 사업에 손을 대게 된다.[2]

우연적 사업 착수 대부분의 창업자는 계획적인 탐색과 의사결정을 하였다기보다는 어떻게 하다 보니 사업에 뛰어들게 되었다는 경험을 토로한다. 창업자가 사업 개시 전에 아무리 치밀하고 계획적인 조사와 분석을 하더라도 사업 착수의 계기는 우연적인 경우가 상당히 많다. 이 경우는 사업 개시와 직·간접적으로 연결되는 기술적 노하우, 인맥, 자원, 사업 개념, 고객의 주문 등의 일부 또는 전부를 우연적으로 얻게 됨으로써 창업을 하게 되는 것이다.

가시적 실현 가능성 어느 정도 분석적인 예비 창업자가 머리 속에서 따져 볼 수 있는 것은 제공하려는 제품/서비스에 대한 시장의 반응과 실현성 및 수익성이다. 즉 예비 창업자는 다음 세 가지 질문을 모두 통과하는 사업을 개시할 수 있다.

1) 소비자가 이러한 제품/서비스를 원할 것인가?

2) 소비자가 그러한 제품/서비스를 내가 창업하는 회사로부터 구매할 것인가?

3) 우리 회사가 그러한 제품/서비스를 판매함으로써 이윤을 창출할 수 있는가?

사업성이 있는 아이디어는 이러한 질문을 순차적으로 통과할 것이고, 그렇지 못한 아이디어는 중도 탈락할 것이다.

사업의 위험 예비 창업자는 사업의 **하방 위험**(Downside Risk)을 고려하여 사업 추진을 결정한다. 하방 위험은 사업이 실패했을 때 지불해야 하는 개인적 투자, 비용, 위험 등을 말한다. 이는 “실패 시 얼마나 많이 잃을 것인가?” 하는 점을 따져보는 것이다. 창업자는 신규사업을 추진하는 과정에서 많은 시간을 투자해서 자신이 직접 수행해야 하는 활동이 있을 뿐만 아니라 사업과 관련해 기존 직장을 버린다든지 자신의 저축 등 재산을 직접 투자하는 일종의 도박을 걸어야 한다. 이러한 사업상의 위험 수준이 창업자 개인의 경제적 여건에 따라서, 또한 일에 대한 흥미와 여가에 대한 개인적 선호도에 따라서 다른 종류의 사업을 택하게 하는 요인이 된다.

사업의 보상 사업 추진상 지불할 수 있는 가격에 대한 반대 급부로서 사업이 잘 되었을 때 얻을 수 있는 보상(Payoff)도 중요한 고려 대상이다. 이는 **상방 잠재 가치**(Upward Potential), 즉 “잘 되었을 때 얼마만큼 얻을 수 있는가?” 하는 점을 따져보는 것이다. 수익성뿐만 아니라 창업에 의한 독립성 확보, 자아 실현의 기회, 자신이 탐닉한 아이디어의 추진 가능성 등이 이러한 보상에 속하는데, 예비 창업자에 따라 어느 것에 더 강조를 두느냐는 달라질 수 있다.

위와 같은 네 가지의 현실적 선정 요인을 검토하여 특정한 사업 아이디어가 구체적으

---

[2] Karl H. Vesper, *New Venture Experience,* Revised Edition (Seattle: Vector, 1996): 159-161.

로 물망에 올랐을 때 보다 체계적인 시장 분석과 재무 분석 등을 하기 전에 우선 기초적인 선별 과정을 거치는 것이 시간과 자원을 효율적으로 할당하는 데 도움이 된다. 기초적인 선별을 위해서는 사업에 대한 창업자의 개인적 매력도, 창업자의 개인적 재능과 자원, 계획 제품/서비스의 생산/운영 상의 실현 가능성, 잠재 고객에 대한 계획 제품/서비스의 호소력, 잠재 수익성 등을 따져볼 필요가 있다.[3]

창업자의 개인적 매력도 1장에서 우리는 사업 기회와 자원 동원, 그리고 무엇보다도 창업 기업가가 창업의 3대 추진 요소라고 설명하였다. 사업 아이템의 기초적 선별에 있어서 특히 중요하게 고려해야 할 것은 예비 창업자가 계획 사업에 대해 얼마만큼 호감을 갖고 개인적 사업 노력과 헌신을 할 자세가 되어 있는가 하는 적합도(Fit)이다. 사업이 아무리 수익성과 성장성이 좋다 하더라도 창업자 자신이 사업 관련 업무에 대해 무료함을 느끼고 재미를 잃게 되면 사업은 장기적으로 성공적일 수 없는 것이다.

창업자의 개인적 능력 사업이 창업자에게 매력적이라고 할지라도 창업자 자신이 사업 추진에 필요한 자원을 동원할 수 있는 능력이 미비하고, 사업 관련 업무를 관장할 재능이 없다면 사업의 성공 가능성은 희박할 것이다. 특히 기존에 운영되어가고 있는 사업을 인수하는 경우에 비해 직접 창업을 하는 경우 사업과 관련하여 과거의 직장 경험 등이 있어야 사업이 보다 수월하게 추진될 수 있다.

생산/운영상 실현 가능성 계획 사업이 혁신적인 제품/서비스를 제공하려 할 경우 그러한 제품이 생산된 경험도 없고 시장에서 검증되지도 않았기 때문에 실제로 그러한 제품/서비스가 생산되고 제공될 수 있는지를 따져보아야 한다. 생산상의 실현 가능성이 있더라도 시장성, 즉 적정한 이윤을 포함한 가격에 소비자가 계획 제품/서비스를 살 용의가 있는지 하는 제약 조건을 반드시 고려해야 한다. 이때 유사한 제품/서비스가 존재한다면 이는 어느 정도의 경제성과 시장성을 가지고 있는 것이기 때문에 유추 해석을 통해 실현 가능성을 타진해 볼 수 있다.

잠재 고객에 대한 호소력 다음으로 계획 제품/서비스가 과연 어느 정도의 호소력을 갖고 충분한 시장 점유율을 얻을 수 있는지를 판단해야 한다. 흔히 예비 창업자가 전체 시장 규모의 몇 퍼센트만 확보하면 얼마만큼의 매출액을 기대할 수 있다는 낙관적 판단을 하는 경우가 많은데, 창업 기업이 몇 퍼센트만 확보하기도 어려울 뿐만 아니라 몇 퍼센트 가지고는 수익성을 확보하지 못하는 경우가 많다. 이렇게 추상적으로 추정하는 것보다는 실제 또는 가상의 예비 고객들에 대해 계층별로 그들이 계획 제품/서비스를 구매하는 의사결정을 어떻게 할 것인가를 광범위하게 판단하는 작업이 보다 효과적이다. 이들의 구매력을 판단할 때 구매 횟수, 구매 액수, 구매 경로 등을 종합적으로 파악하여 결과적인 예

---

3 *Ibid*.: 162-165.

상 매출액을 추정할 수 있다.

잠재 수익성 추정 끝으로 계획 사업의 예상 수익성을 판단해야 한다. 이와 관련된 기초적인 지표는 마진(Margin)이라 할 수 있다. 단적으로 말해 계획 사업의 마진이 기존의 동종 또는 유사 업종에서 전형적으로 나타나는 마진율보다 떨어진다고 판단되면 사업은 더 이상 추진할 가치가 없는 것이다. 소비재 제조 업체의 경우 재료비와 노무비 등 직접 원가에 비해 최종 소비자 가격이 4-5배 정도가 되야 수익성 있는 마진이 된다. 그 이유는 도소매업자가 소비자 가격의 50-60% 마진을 취하고, 판매 및 일반 관리비 등의 간접비가 직접 원가와 비슷한 비중이기 때문이다. 즉, 공장도가의 1/2, 소비자가의 1/4 정도가 직접 원가와 이윤 몫으로 남게 된다는 것이다. 서비스 업체의 경우는 보통 서비스료가 노무비의 3배 정도라고 보면 된다. 그러나 이러한 지표는 간단한 어림짐작이기 때문에 특정 업종의 노동 집약도, 자본 집약도, 지식 집약도 등에 따라 등락이 있을 수 있다.

2. 고성장 벤처의 선별 기준

유망한 사업 기회를 선별(Screening)해내는 데 있어서 필수적인 것은 무엇보다도 우선적으로 사업 기회 자체를 집중적으로 분석해야 한다는 점이다. 그러한 바탕 위에 경영 전략이 수립되고, 그러한 경영 전략하에 재무적 분석이 도출되고 사업 가치가 평가될 수 있는 것이다. 사업 기회에 집중하는 것은 고객, 시장, 산업 등의 특성에 주안점을 두는 것이다. 창업과 관련하여 미국 벤처 자본 업계에서는 어느 정도 체계화된 어림짐작(Rules of Thumb)을 통해 고성장 벤처를 선별해내는 기준을 개발하고 활용하여 왔다.[4] 다음에서 이러한 기준이 고성장 잠재성을 지닌 기업과 그렇지 못한 기업에 대해 어떠한 경계선을 설정하는지를 구체적으로 살펴보자. 이들이 벤처 자본가가 활용하는 기준이지만 일반적인 창업 기업의 사업성을 평가하는 기준으로도 효과적으로 적용될 수 있다.

(1) 산업과 시장

시장 고성장 벤처는 새로운 상품을 시장에 내놓음으로써 사람들의 생활 방식과 업무 방식을 바꾸어놓을 수 있는 잠재력이 있다. 이러한 상품은 시장중심적인 경영 방식으로 틈새 시장의 중요한 욕구를 충족시키고 고객에게 높은 부가가치 또는 가치 창출적 이득을 제공하며, 이를 통해 반복적이고 지속적인 이윤을 창출한다. 고객이 제공 상품에 대

---

[4] Jeffry A. Timmons, *New Venture Creation: Entrepreneurship for the 21st Century,* Fourth Edition (Burr Ridge: Irwin, 1994): 93-104.

해 충성도나 브랜드 인지도가 없이도 적극적으로 수용하는 자세를 보이는데, 그 이유는 상품의 구매를 통해 일 년 이내에 구매 비용이나 추가적인 투자를 회수할 수 있는 가치를 제공하기 때문이다. 또한 상품 수명이 투자를 회수하고 이윤을 낼 수 있는 기간을 넘어서고, 회사가 지속적으로 여러 가지 상품을 개발할 수 있어야 한다. 반면에 저성장 벤처는 고객 욕구에 집중하지 못하고, 단일 상품에 집착한다. 따라서 고객에게 제대로 가치를 창출하지 못하고, 고객이 구매 가치를 회수하는 데 3년 이상의 장기간이 요구된다.

시장 구조 성숙된 산업과 사양 산업에서와 같이 시장 구조가 독과점으로 집중되어 있거나 완전 경쟁적인 부문보다는 신흥 산업과 같이 불완전하고 분열된 시장에서 창업 기업이 고성장할 수 있는 가능성이 높다. 이러한 매력도 있는 시장에서는 창업 기업을 위한 틈새 시장을 발굴하기가 쉽고, 정보나 지식의 갭이 존재하기 때문에 그러한 정보를 활용하여 높은 수익성을 추구할 수 있다.

시장 규모 고성장 벤처는 상당한 규모의 성장 시장을 공략한다. 대체로 1000억에서 1조 원 사이의 전체 시장 규모를 가졌을 때 그러한 시장에 5% 정도의 점유율만 확보하더라도 고성장을 꾀할 수 있고, 경쟁 업체에게 큰 위협이 되지 않는다. 시장 규모가 기껏해야 100 200억 원 정도밖에 안 되는 경우는 아무리 독점적인 위치를 확보하더라도 성장의 한계가 뚜렷하기 때문에 매력적이지 못한 시장이다. 그러나 반대로 시장이 초대형 규모를 가져 수조 원을 넘어서게 될 경우에도 대기업이 눈독을 들이고, 따라서 치열한 경쟁으로 수익률이 저하되므로 고성장을 노리는 창업 기업에게는 바람직하지 못하다.

성장률 시장의 규모는 결국 시장의 성장률에 의해 좌우된다. 고성장 벤처는 연평균 30-50%의 성장률을 보이는 시장을 적절히 포착한다. 이러한 고성장 시장에서는 창업 기업의 몇 퍼센트 정도 되는 약간의 시장 점유율을 확보하더라도 시장이 지속적으로 커지기 때문에 경쟁 업체에게 큰 위협이 되지 않을 뿐만 아니라, 시장의 성장을 같이 좇아 갈 수 있는 이점이 있다. 초기에는 1000억 원의 시장이더라도 성장률이 50%인 경우 6년이면 그 10배 이상인 1조 원이 넘는 규모의 시장이 될 것이다. 성장률이 10% 이하로 유지되는 시장에서는 고속 성장을 기할 수 없다.

시장 용량 시장의 성장이 지속될 뿐만 아니라 기존의 업체들이 풀 가동하더라도 시장의 수요를 충족시키지 못하는 상황일 때, 즉 시장 공급이 최대 용량(Full Capacity)으로 이루어질 때 창업 기업이 침투할 여지가 생긴다. 이때 창업 기업은 다른 기업이 부족 용량을 메우기 전에 발 빠르게 초과 시장을 공략하는 타이밍이 매우 중요하다. 반대로 시장 공급이 과소 용량(Undercapacity)으로 이루어질 때 고성장 벤처의 진입 틈새가 줄어든다.

가득 시장 점유율 고성장 벤처는 해당 업계에서 20% 이상의 시장 점유율을 확보하여 시장을 주도해나갈 수 있어야 한다. 초기에 시장의 규모가 충분히 크지 않더라도 시장의 주도권을 장악하여 시장의 성장세와 함께 기업의 규모를 키워나갈 수 있다. 창업 기업이 장기적으로 5% 이내의 점유율밖에 구축할 수 없다면 고성장 벤처를 노리는 투자가들에게 전혀 매력적이지 못할 것이다.

비용 구조 고장성의 기반을 구축하기 위해서는 저비용 생산자(Low-Cost Producer)가 되어야 한다. 저비용 구조는 생산량의 증가에 따라 학습 효과가 생겨나고 규모의 경제성을 얻을 수 있는 경우에 발생한다. 이렇게 시간과 투자를 요하는 저비용 구조를 확립하면, 후발 업체를 저지할 수 있는 좋은 진입 장벽(Entry Barrier)을 확보하게 된다. 또한 비용 구조상 노무비와 기타 제조 비용의 상대적 비중도 감안해야 한다. 예컨대 노무비의 비중이 전체 생산 원가의 10%에 미치지 못할 경우, 종업원에 대한 과감한 인센티브를 활용하더라도 전체 비용에 큰 영향을 주지는 않을 것이다.

(2) 경제성

세후 순이익 매출액에 대한 세후 순이익률이 10-20% 이상 되어야 고성장 벤처가 될 수 있고, 이 순이익률이 5% 이하일 경우는 잠재성이 매우 취약한 수준이다.

브레이크이븐 기간 브레이크이븐(Breakeven) 기간, 즉 흑자 현금 흐름을 달성하는 기간이 2 년 이내가 되어야 매력적인 창업 기업이다. 이것이 3년 이상으로 지체될 경우 투자자에 대한 매력도가 떨어지게 된다.

투자 수익률 잠재성 25% 이상의 투자 수익률(ROI: Return on Investment)이 보일 때, 자기 자본에 대한 수익률도 높아지고 상장, 매각 등을 통한 수확 가치도 커진다. 15-20% 이하의 ROI 는 매력적인 투자 대상 벤처가 아니다.

자본 요구도 첨단 기술 벤처 기업의 경우 상당한 투자가 필요한 것이 사실이다. 그러나 중소 규모의 투자로서 사업을 개시할 수 있는 기업일수록 초기부터 대규모의 설비 투자를 요하는 기업보다 자금 조달이 용이하고, 따라서 매력적인 투자 대상이 된다. 미국 벤처 자본의 경우 보통 $100만-200만 정도의 초기 투자를 하는 것이 상례이기 때문에, 예컨대 $1000만 이상을 투자를 요하는 사업은 창업 기업보다는 대기업이나 정부 투자 기관에 적합한 프로젝트가 될 것이다.

내부 수익률 잠재성 투자자들에게 매력적인 투자 대상 기업이 되기 위해서는 그들의 투자 위험 부담에 대한 적절한 보상이 일정한 기간 내에 이루어져야 한다. 주어진 사업 위험에 대해 요구되는 수익률을 내부 수익률(IRR: Internal Rate of Return)이라 하는데, 보통 고성장 잠재성을 지닌 창업 기업의 경우 그 실패 위험률을 고려하여 최소 연 25%의 수익률을 요구한다. 간단히 말해서 투자 원금에 대해 5년에서 10년 사이에 5 배 내지 10 배의 수익을 가져다 줘야 하는 것이다. 물론 예외적인 성공 사업인 경우 이것이 50 배에서 100 배까지 이를 수도 있다. 따라서 수익률이 연 15% 이내인 경우는 적절한 투자 대상 기업이 되지 못한다.

가용 현금 흐름 가용 현금 흐름(FCF: Free Cash Flow)은 기업의 재무 상태의 건전성을 드러내는 좋은 지표이다. 그것을 통해 기업의 운전 자본과 고정 자본 등의 자본 요구도, 부채 및 지분 상환력, 성장 지속력 등을 알 수 있다. 가용 현금 흐름을 구체적 계산해 보면 다음과 같다.

FCF = EBIAT + A + D − WC − CAPex

여기서 EBIAT (Earnings before Interest but after Taxes): 이자 지급 전 세후 순이익

A (Amortization): 감모상각비

D (Depreciation): 감가상각비

WC (Working Capital): 예비 운전 자본

CAPex (Capital Expenditure): 자본 투자

이러한 가용 현금 흐름이 매출액의 20-30% 이상 되어야 고성장 잠재력을 지닌다. 이것이 10% 이하의 수준일 때는 투자 대상 기업에서 제외된다.

매출액 이익률 지속적인 고성장을 위해서는 매출액 이익률(Gross Margin)이 40% 이상 유지되어야 한다. 높은 매출액 이익률이 달성될 때 초기의 각종 경영과 영업상의 실책을 보전할 수 있는 쿠션과 경영상의 유연성을 제공한다. 20% 이내의 매출액 이익률은 취약한 경영 상황을 나타내며, 매력적인 투자 대상이 되지 못한다. 예컨대 1만 원의 추가적인 급료, 임대료, 공과금, 보험료 등의 고정비가 발생했을 때, 매출액 이익률이 20%인 경우는 그것을 커버하기 위해 5만 원의 추가적인 매출액 신장이 필요한 반면, 매출액 이익률이 50%인 경우는 2만 원의 추가적인 매출액만 올리면 되는 것이다.

(3) 수확관련 사항

부가가치 잠재성 혁신적 기술 등을 통해 고부가가치를 지닌 벤처, 다시 말해 인수 기업의 입장에서 매우 전략적 중요성을 띤 기업이 그렇지 못한 기업보다 매력적이며, 투자 회수의 단계에서 진가를 발휘한다. 전략적 중요성이란 유통, 고객 기반, 시장의 지역적 범위, 독자적 기술, 계약상의 권리 등에 있어 인수 기업의 사업상 전략적으로 큰 도움이 주는 특징을 말한다. 일반적인 기업이 매각 시 외형의 100% 내외로 거래된다면, 고부가가치 기업은 외형의 4-6배까지 되는 높은 수준의 가격으로 거래될 수 있다.

사업 가치 평가 지수 해당 산업과 시장 및 기술적 특성에 따라 사업 가치 평가와 관련된 각종 평가 지수가 달라질 수 있다. 따라서 관련 부문에서 과거에 어떻게 거래되어 왔는지를 검토하는 작업이 필요하다. 평균적으로 보면, 고성장 벤처의 경우 주가/순익 비율(PER: Price/Earnings Ratio)이 20배 이상 되며, 기업 가치가 이자 및 세전 순이익 대비로는 8-10배 이상이고, 총매출액 대비로는 1.5-2배 이상 된다. 저성장성 기업의 경우, PER는 5

배 이내이며, 기업 가치가 이자 및 세전 순이익 대비로는 3-4배 이내이고, 총 매출액 대비로는 40% 이내에 머무른다.

회수 기제 및 전략 성공적인 창업과 사업 전개를 하는 창업 기업가는 종국적으로 기업을 공개하거나 사적으로 매각함으로써 투자자와 자신의 노력에 대한 수확을 조기에 기획한다. 이를 위해 지속적으로 수확(Harvest) 내지 퇴출(Exit)할 수 있는 다양한 옵션을 가지고 최선의 방책을 모색한다. 이러한 퇴출에 대한 비전이 없이 회수 전략을 정의하지 못하는 창업자는 자신의 투자 기업을 비유동적으로 만들게 된다.

자본 시장 상황 기업의 매각과 인수 등은 특히 자본 시장의 상황에 따라 많이 달라질 수 있다. 불황 시장에서는 상대적으로 기업의 가치가 저 평가되므로, 성공적 기업들은 기업 공개(Initial Public Offering)시 활황 시장일 때 타이밍을 잘 맞추는 식견을 갖추고 있다.

(4) 경쟁 우위 관련 사항

고정비 및 변동비 매력적인 사업 기회를 가진 벤처는 생산 관련 변동비에 있어 저비용 생산자이며, 유통과 마케팅 등 고정비에 있어서도 최저가를 유지한다. 이러한 저비용 구조가 없을 때 창업 기업의 생존 기간이 단축될 수밖에 없다.

경영 통제력 고성장 잠재력을 지닌 벤처는 가격, 비용, 유통 경로 등에 있어 효과적인 경영 통제력을 보유한다. 시장이 집중화되지 않고 분산되어 있을수록, 예컨대 시장 주도 기업의 점유율이 20% 이내에 머무를 때 이러한 가능성이 증대된다. 반대로 시장 주도 기업의 점유율이 50%를 웃돌면, 공급 업체, 고객, 가격 책정 등에 대한 막대한 영향력으로 창업 기업에 대해 중대한 진입 장벽을 행사할 것이다.

진입 장벽 아무리 혁신적인 상품으로 시장을 초기에 공략하는 벤처라고 할지라도 추후에 경쟁 업체의 시장 진입을 적절히 방어하지 않으면 경쟁 우위를 지속할 수 없다. 고성장 벤처는 아래와 같이 다양한 방법으로 효과적인 진입 장벽(Entry Barrier)을 설치하여 경쟁 우위를 계속 확보한다.

- 독자적인 재산권적(Proprietary) 보호
- 경쟁 업체의 반응 시간 또는 리드 타임(Lead Time) 확보
- 법적, 계약적 우위
- 고급 인맥과 네트워크 개발
- 핵심 기술 인력 확보

(5) 경영진

창업 경영진 고성장 벤처가 되기 위해서는 업계의 최고 전문가로 구성된 창업 경영진을 갖추어야 한다. 이러한 창업 경영진은 관련 시장이나 기술 부문에 사업 경험과 식

견을 갖고 있을 뿐만 아니라 경영진 내에 상호간에 보완적이고 호환적인 기술과 전문 지식을 보유한다.

산업 및 기술적 경험 위에서 지적했듯이 경영진이 경쟁 시장에서 직접적으로 기술적인 또는 영업상의 탁월한 경력을 지녀야 창업 기업의 성장 잠재력이 제고될 수 있다. 이러한 경영진의 경험은 기업의 전략적인 경쟁 우위를 확보하는 주춧돌이 된다.

성실성 경영진의 구성 인물 하나하나가 과거의 경력상 성실성(Integrity)이나 신뢰도에 있어 결점이 없는 사람이어야 사업 추진을 위한 상호간의 협력을 증진할 수 있다.

지적 정직성 창업경영진은 자신들이 기업에 대해 무엇을 알고 있나 하는 것뿐만 아니라 무엇을 모르고 있는지를 알아야 기업의 향후 고성장 잠재력을 키울 수 있다. 자신들이 모르는 바를 알려고 하지 않거나 기피하는 것은 성장의 잠재력을 떨어뜨리는 것이다.

(6) 결정적 결함 사항

매력적인 고성장 벤처가 되기 위해서는 **결정적 결함**(Fatal Flaw)이 하나라도 있어서는 안 된다. 협소한 시장 규모, 과당 경쟁, 높은 진입 장벽, 가격 경쟁력 미비 등 위에서 열거한 여러 가지 기준들이 각각 결정적 결함에 포함될 수 있다. 예를 들어 플로리다 항공사(Air Florida)가 자금을 적절히 확보하고 항공 산업에 진입하려 했으나, 기존 항공사들의 저항으로 자사 항공기에 대한 공항 내 게이트를 확보하지 못해 승객 예약은 받았으나 승객을 타고 내리게 할 수 없어 결국 시장 진입에 실패한 바 있다.

(7) 개인적 기준

목표 및 적합도 사업상의 각종 요구 조건들과 창업자가 개인적으로 바라는 바가 적절히 맞아 떨어져야 한다. 아무리 객관적으로 성공 잠재력을 지닌 사업 기회라 하더라도 창업자의 목표와 갭이 있게 되면, 결과적으로 사업에 대한 매력도가 떨어지고 사업 추진상 장애 요소가 된다.

상방 잠재성과 하방 위험 사업을 추진하다 보면 기대한 대로 잘 되는 경우도 있지만, 예상치 않게 위기에 봉착하는 경우가 많다. 창업자는 이러한 위기에 처해 이를 잘 극복하고 사업을 본궤도에 올려놓을 수 있는 재정적 여유와 정신적 지구력이 필요하다. 투자자들은 기업의 상방 잠재성(Upside Potential)뿐만 아니라 창업자가 이러한 하방 위험(Downside Risk)을 효과적으로 벗어날 수 있는지에 관심을 표명한다.

기회 비용 수백억 내지 수천억 원 규모의 기업을 창업할 수 있는 사람은 굳이 창업을 하지 않더라도 직장에서 좋은 대우를 받을 능력이 있는 경우가 많다. 따라서 사업 기회가 아무리 매력적이라 할지라도 예비 창업자는 사업의 위험 부담을 고려하여 자신이 현재 하고 있는 일이나 다니고 있는 직장에서 얻는 보상을 포기할 만큼 상대적으로 큰 것인지를 비교해보아야 한다. 즉 현업을 포기함으로써 생기는 기회 비용(Opportunity Cost)을 커버하고도 남는 충분한 보상이 기대될 때만 그 사업 기회가 매력적인 잠재성을 지닌 것이다. 예비 창업자는 창업을 하지 않을 경우의 다양한 대안, 예컨대 기존 직장에서의 **특별 우대 조처**(Golden Handcuffs) 등을 잘 따져본 후 자신의 전체 인생 경력상 지금이 바로 창업을 할 때인가를 신중히 판단하여야 할 것이다.

소망성 창업자는 사업의 추진과 관련된 제반 여건에 대해 바람직스럽고 만족스러워 해야 한다. 똑같이 매력적인 사업 기회라 할지라도 창업자에 따라 이러한 심리적 평가가 달라질 수 있다. 좋은 사업 기회는 매력적일 뿐만 아니라 창업자 개인에게 바람직스러워야 한다.

위험 대비 보상에 대한 허용 한계 일반적으로 창업 기업가들이 도박가도 아니고 극도의 위험 기피자도 아니다. 창업 기업가는 불필요한 사업 위험은 최대한 피하고, 단지 **계산된 사업 위험**(Calculated Risk)만 감당하려고 노력한다. 하지만 창업자 개인에 따라 적절하다고 여기는 위험에 따른 보상의 수준이 달라질 수 있다. 주어진 사업 기회가 이러한 창업자 개인의 위험 대비 보상의 허용 한계 수준과 적절히 일치하는 경우 사업의 추진이 활력을 얻을 수 있다.

스트레스 허용 한계 초고속 성장 상황에 있고, 많은 자본이 걸린 고성장 벤처를 경영하는 데는 창업자의 헌신적 노력이 수년간 지속되어야 한다. 창업자는 이러한 스트레스 상황을 감내할 수 있어야 사업을 결국 성공적으로 성장시킬 수 있다.

(8) 전략적 차별화

적합도 전략적 차별화는 앞서 고찰한 여러 가지 사업성 평가 기준을 종합적으로 고려했을 때 창업 기업이 과연 기존의 경쟁 업체와 대비해서 주어진 사업 기회를 보다 잘 포착할 수 있는 차별적 특징과 역량이 있는가를 말한다. 이 점을 평가하는 대전제는 창업 기업가와 경영진, 사업 기회, 그리고 필요 자원 등이 삼위 일체되는 적합도가 있어야 하며, 외적 경영 환경에서 적절한 사업 타이밍을 맞출 수 있어야 한다.

경영진 창업자와 더불어 기업을 성장시키는 데 반드시 필요한 것은 A급의 경영진이다. A급 경영진은 고성장 벤처의 비전을 공유하고 전파하며, 항상 배우고 가르치는 자세로 최고의 사업 성과를 지향한다. 이러한 경영진은 타 기업과의 고용 관계, 비경쟁 계약(Noncompete), 사업 기밀 계약 등의 아무런 외적 제약이 없는 자유스런 대리인(Free Agent)의 역할을 해야 한다.

서비스관리 소규모 경쟁 업체이건 대형 경쟁 업체에 대해서건 간에 자사의 상품에 대해 철저한 고객 서비스를 제공하는 것이 창업 기업의 명성을 조기에 확보할 수 있는 지름길이다. 따라서 기존의 기업들이 제공하는 대 고객 서비스와는 획기적으로 다른 수준의 고객 서비스를 모색하는 것이 매우 중요하다.

타이밍 모든 일에 타이밍이 있듯이 사업 추진 시에도 적절한 타이밍 설정이 중요하다. 즉 너무 일러도, 너무 늦어도 안 된다는 것이다. 창업자는 시류에 거역하기보다는 시류를 함께 타는 전략을 취해야 한다.

기술 창업 기업은 독자적이고 혁신적인 기술을 개발함으로써 경쟁사를 물리칠 수 있는 탄탄한 기반을 형성할 수 있다. 실제로 20세기 중에 많은 창업 기업들이 혁신적인 기술을 개발해왔다. 예로서 에어로졸 깡통, 비행기, 어셈블리 라인, 헬리콥터, 열 감지기, 폴라로이드 카메라, 소프트 컨택트 렌즈, 안전 면도기 등을 들 수 있다.

유연성 대기업에 비해 창업 기업이 잘 할 수 있고, 또 잘 해야만 하는 것은 주변의 상황 변화에 따라 발 빠르게 적응하고 변화하는 것이다. 대기업의 전략상의 변화에 6-7년, 기업 문화의 변화에 10 20년 정도 걸리는 것이 보통이다. 고성장 벤처는 이렇게 느리게 대응하는 대기업에 대해 필요에 따라 빨리 철수하고, 또 빨리 투입하는 자세로서 경쟁에 임한다.

기회 지향성 고성장 벤처는 창업 초기에 인식했던 사업 기회에 머무르지 않고 끊임없이 새로운 사업 기회를 모색한다. 따라서 창업 기업은 가만히 앉아서 기회가 걸어 들어오기를 기다릴 것이 아니라 여러 가지 사업 기회를 적극적으로 찾아 나서는 전략이 필요하다.

가격 책정 창업 기업은 원활한 시장 진입을 위해 흔히 20% 내외의 저가 정책을 펴는 경향이 있다. 이러한 자세보다는 고객에게 제공되는 상품의 가치를 잘 고려하여 가치 기준 가격 책정(Value Pricing) 정책을 취해야 한다. 고객에 대한 가치에 따라 적절히 높은 가격을 부과할 수 있다면, 이는 특히 창업 기업에게 필수적인 브레이크이븐 매상을 조기에 달성할 수 있는 지름길이다.

유통 경로 창업 기업이 기존의 유통 경로를 확보하는 것은 생각보다 어려운 작업이다. 따라서 신종 유통 경로를 개척할 수 있는 방향을 적극 모색할 필요가 있다. 이를 위해 창업 기업은 직접 우편 판매(DM: Direct Mail), 홈쇼핑 네트워크, 정보 광고(Infomercial), 인터넷 웹페이지 등 다양한 신종 유통 경로를 시도해볼 수 있다.

오류에 대한 대비 사업 초기의 오류는 다반사이다. 문제는 이러한 판단상의 또는 시행상의 오류가 발생했을 때 그것이 기업의 생존력과 장래에 얼마나 치명적인가 하는 점이다. 창업 기업은 무엇이든 처음 시도하는 것이기 때문에 매출액, 원가, 현금 흐름, 타이밍, 필요 자본, 자금 조달 등에 있어서 수많은 판단 착오와 시행상의 오류가 있을 수 있다. 따라서 이러한 오류 발생에 대비하여 충분한 매출액 이익률과 영업 이익률을 확보하고, 외부 자금 의존도(Leverage)를 최소화하는 노력이 필요하다.

3. 제약성 분석

앞서 우리는 고성장 잠재성을 지닌 벤처를 사전적으로 판별해내는 데 고려해야 할 다양한 기준들을 검토하였다. 하나의 사업 아이디어를 질적으로 평가하는 데 있어서 이러한 기준들을 충분히 고려해야 하는 것은 필수적이지만, 예비 창업자가 몇 가지 사업 기회를 비교 분석하고자 할 때, 또는 자신의 사업 기회가 다른 사업 기회들과 비교할 때 얼마만큼 매력적인가를 상대적으로 평가해보고자 할 때, 비교의 잣대가 되는 양적 평가 도구의 필요성을 느끼게 된다. 제약성 분석(Constraint Analysis)은 이러한 목적을 위해서 개발된 사업 기회의 양적 평가 도구이다.[5]

우선 간결히 설명하면 제약성 분석은 특정 사업 기회에 대해 사업 매력도 요소군(Business Attractiveness Factors)과 사업 적합도 요소군(Business Fit Factors)이라는 두 가지 범주에서 각각 여섯 가지 세부 요소에 대한 고저를 평가하고 종합하는 다중 요소 평가 시스템이다. 먼저 사업 매력도는 사업 기회 평가의 제1 단계로서 "이 사업이 누가 보아도 좋은 사업인가?" 하는 사업의 본질적인 가치에 대해 질문을 하는 것이다. 이는 다음 여섯 가지 세부 평가 요소로 구성되어 있다.

1) 매출/이윤 잠재성
2) 성장 잠재성
3) 경쟁자 분석
4) 사업 위험의 분산
5) 산업 구조 개편 잠재성
6) 정치사회적 수용성

한편, 사업 적합도는 사업 기회 평가의 제 2 단계로서 "이 사업이 누가 보아도 좋은 사업이라면, 우리가 그것을 추진할 특별히 좋은 이유가 있는가?" 하는 질문에 대한 답을 준다. 이는 사업의 본질적 가치와는 달리 기업가에 따라서, 또 인수, 제휴, 라이슨싱, 내부 개발 등 통제 가능한 시장 진입 방법에 따라 사업성이 달라질 수 있는 부분이다. 사업 적합도는 다음 여섯 가지 세부 요소로 평가된다.

1) 자본 가용성
2) 제조 역량
3) 마케팅 및 유통 역량

[5] D. Bruce Merrifield, "New Business Incubators," *Journal of Business Venturing,* 2, 1987: 277-284.

그림 3-1 제약성 분석

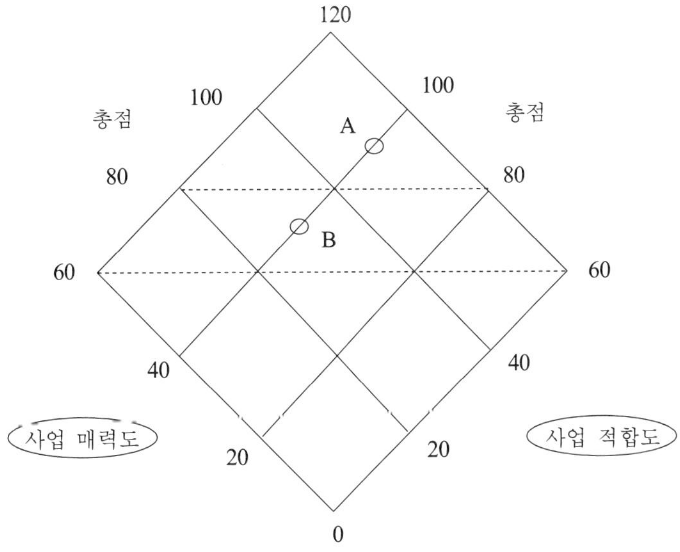

4) 기술 지원 역량

5) 부품 및 원자재 가용성

6) 경영 지원

제약성 분석은 사업의 특성에 따라 위에서 열거한 각각의 요소에 0-10점을 부과하여 총점을 구하는 것이다. 따라서 사업 매력도와 사업 적합도에 있어 최대 가능 점수는 각 요소에 대해 10점 만점을 줄 경우 각각 60점이고, 최소 가능 점수는 각 요소에 0점을 줄 경우 각각 0점이다. 따라서 이들 두 요소군을 합산했을 때의 가능한 점수의 범위는 0-120점이 된다. 이러한 평가 결과의 예를 도식화해서 표시하면 그림 3-1과 같다. 사업 A는 사업 매력도가 40점이고 사업 적합도가 50점으로 총점 90점의 사업인 반면, 사업 B는 사업 매력도는 40점이나 사업 적합도가 30점으로 총점이 70점밖에 되지 않는 사업이다.

투자자들이 예비 사업을 평가할 때, 또는 기존의 기업이 신규 사업 계획을 평가할 때 그 성공과 실패를 평가하는 기준으로 흔히 쓰는 항목들은 아래와 같다.[6]

- 계속 기업(Going Concern)
- 확장 계획
- 계획 대비 매출 실적
- 계획 대비 이윤 실적

[6] Takeru Ohe, Shuji Honjo, and D. Bruce Merrifield, "Japanese Corporate Ventures: Success Curve," *Journal of Business Venturing,* 7, 1992: 171-180.

- 흑자 현금 흐름
- 누적 순이익 현황
- 무형 자산의 현황
- 주력 사업 대비 매출액 이익률
- 회사 전체 매출액 대비 벤처 사업의 매출액 비중
- 벤처 사업의 회사 내에서의 지원과 명성

흥미로운 점은 통계적으로 볼 때 벤처 자본가들이 이러한 성공 평가 기준을 사용해서, 즉 위의 10개 항목 중 해당된 항목 수의 비율에 따라 판단했을 때 성공 가능성이 높다고 평가된 창업 기업들 10개 중 2-3개만이 실제로 성공한다. 반면, 위와 같은 제약성 분석을 통해 예비 사업을 평가하면 총점 80점 이상을 받은 사업의 경우 80-90%가 성공적이며, 70점에 못 미치면 성공률이 급격히 떨어지는 평가상의 높은 정확성을 보인다. 기존 회사가 추진하는 신규 사업일 경우 60-80점의 사업은 현금 창출 사업(Cash Cow)이고, 60 점 이하의 사업은 처분 또는 수확 대상 사업이다. 다음에서 제약성 분석의 각 세부 요소에 대해 보다 자세히 살펴보자.

(1) 사업 매력도

매력적인 사업 기회는 동일한 자본과 시간의 투자에 대해 여타의 대안보다 높은 수익성을 보장하는 것이어야 한다. 일반적으로 매출액 이익률이 40% 이상 되고, 세후 순이익이 20% 이상 될 때 매력적인 사업의 기본 요건이 충족된다 하겠다. 이를 위해 계획 상품이 고객의 욕구에 대해 적절한 가격으로 기존의 상품보다 훨씬 나은 가치를 제공하여야 한다. 적절한 수준의 매상과 순이익을 가져오는 매력적인 사업 기회는 일반적으로 다음과 같은 특징을 보인다.

- 시장 욕구가 성장하는 추세일 것
- 특허 등에 의해 경쟁자의 침투로부터 보호될 수 있는 독특성을 가지며, 특정 세분화 시장에 집중할 것
- 위험 분산을 위해 다양한 응용 가능성을 지닐 것
- 생산과 경험의 증대에 따라 규모의 경제가 가능하고, 반복 판매를 통해 내부적으로 성장 자금을 조달할 수 있을 것
- 사업 성과를 조만간 현금화하는 등 유동화할 수 있을 것

위와 같은 매력적인 사업 성과를 얻기 위해 요구되는 사업 매력도의 여섯 가지 차원을 어떻게 평가할 것인가를 다음에서 구체적으로 살펴보자. 각 요소에 대한 평가는 단계적으로 종결할 수 있는 것은 아니고, 경우에 따라 전후의 평가 결과를 보고 재조정해야 할 필요가 있을 수 있다.

매출/이윤 잠재성 이 항목을 평가하는 데 있어서는 투자 수익률(ROI)과 시장 규모를 동시에 고려한다. 일반적으로 ROI는 20% 이상일 때 5점, 15-20%는 4점, 10-15%는 3점, 5-10%는 2점, 1-5%는 1점, 그리고 1% 미만은 0점을 부여한다. 시장 규모의 잠재성은 창업 5년 후 추정되는 전체 시장의 규모를 가지고 평가하되, 창업자가 가지고 있는 사업 대안의 수준을 참작하여 상대적으로 점수를 부여한다. 일반적으로 기존 업체가 신규사업의 잠재성을 평가할 경우 1조 원 이상일 경우 5점, 1000억-1조 원은 4점, 500억-1000억 원은 3점, 100억-500억 원은 2점, 그리고 100억 원 미만은 1점을 부여한다. 이렇게 평가된 투자 수익률과 시장 규모 점수를 합산하여 0-10점의 분포로 사업 기회의 매출/이윤 잠재성을 평가한다.

매출액 규모를 추정할 때 우선적으로 관련 기술에 대한 컴퓨터 검색을 통해 현재까지 발명이나 상업화가 추진되지 않았음을 확인하고, 계획 상품을 보완할 수 있는 기술상의 발전에 대해 조사해야 한다. 그 후 각 세분화 시장에 대해 외형과 성장률, 경쟁 업체, 기술 현황, 미비점, 신규 사업 기회 등을 조사한다. 이러한 조사에 기반하여 각 세분화 시장이 연차별로 어떠한 순 현금 흐름을 가져오는지를 상호 대비하고 선택 가능한 사업 대안의 동태적인 재무 상황의 특징을 살펴보는 것이 중요하다.

성장 잠재성 이 항목은 계획 사업의 목표 시장이 성장하는 시장인지, 성숙된 시장인지, 아니면 사양 시장인지를 판단하는 것이다. 연평균 20% 이상의 성장률을 보일 가능성이 있을 때 10점, 그리고 10%의 성장 가능성이 있을 때는 5점 정도를 부여할 수 있다. “치솟는 물결은 구멍난 배도 띄워 올린다”라는 말이 있듯이 성장 시장은 사업 초기에 어느 정도 경영상의 문제가 있는 창업 기업에게도 좋은 사업 기회를 제공할 수 있다. 단, 개발도상국에서와 같이 사회 간접 자본 구축이 미비하다든지, 이미 저가 제품이 일반화되어 기존의 성장 시장이 고가 혁신 제품을 별로 원하지 않는 경우와 같이 성장률이 높다고 해서 창업 기업에게도 그러한 시장에의 접근이 용이한 것은 아니다. 따라서 ‘가용한’ 시장의 성장률을 평가하는 것이 중요하다.

경쟁자 분석 창업 기업이 기존의 막강한 경쟁 업체로부터 시장 점유율을 따내기 위해서는 독자적인 기술력으로 신속하게 시장에 침투해야 한다. 기존 경쟁사의 대응 역량에 따라 창업 기업의 사업성이 크게 영향을 받을 수 있다. 내부에 우수한 자원을 보유하고 있는 기존 경쟁사는 대응 기술을 개발할 때까지 가격 인하 정책으로 시장 점유율을 확보해 나갈 수 있다. 군소 업체가 난립하는 틈새 시장에서는 이러한 기존 경쟁사의 반격이 최소화될 수 있다. 경쟁자 분석 항목은 이러한 경쟁 상황을 종합적으로 평가하는 것으로서 상품과 기술상의 퇴보 기간에 3점, 기존 경쟁 업체의 대응 역량에 4점, 사업이 특허권 등으로 보호될 수 있는가에 대해 3점을 부여하여 합산한다.

사업 위험의 분산 계획 사업이 하나의 시장에 적용되어 실패하였을 때 다른 시장에 그것을 또다시 적용할 수 없는 성질의 것이라면, 그것은 극히 위험스러운 사업 투자일 것이다. 사업 위험 분산의 수준을 평가하는 것은 계획 사업의 초기에 기대한 방향으로 성과가 나타나지 않았을 때 그것이 얼마만큼 다양한 대안적 시장에 적용될 수 있는가를 따져보는 것이다. 마케팅, 생산, 유통 등에 있어 대안적인 적용 시장이 4가지 이상으로 다양하게 차별화되어 있어 경쟁사가 특정 시장에서 신기술을 도입하더라도 다른 시장으로 중심을 옮길 수 있을 때 10점을 부여하고, 그렇지 못한 경우 그 수준에 따라 감점한다.

산업 구조 개편 잠재성 이 항목은 계획 사업이 혁신적인 기술에 기반을 두어서 획기적인 비용 대비 성과상의 우위를 창출하고 특정한 세분화 시장을 재편하거나 새로운 세분화 시장을 창출할 기회를 제공할 수 있는 가능성을 평가하는 것이다. 그러한 가능성의 수준에 따라 1-10점을 부여한다.

정치·사회적 수용성 이 항목은 계획 사업을 법적으로 또는 윤리적으로 타당하지 않게 하는 정치적, 사회적, 그리고 공정 거래 법 등 규제 상의 제약들을 평가하는 것이다. 이와 관련하여 특별한 인센티브가 없을 때를 5점으로 기준하여 호의적인 인센티브가 있을 때는 10점 한도까지 가점하고, 부정적인 제약이 있을 때는 0점까지 감점한다. 이 항목은 국내·외적으로 상황을 판단해야 하는데, 국내적으로는 공공 기관 등으로부터의 인허가나 지원 시책 등을 살펴보고, 국외적으로는 보호 관세, 쿼터, 환율 변동, 수출입 통제 등의 장단점을 따져보아야 한다.

위의 여섯 가지 항목에 걸쳐 사업의 전반적인 매력도를 평가했을 때 최소한 35점 이상을 얻어야 계획 사업이 더 이상의 추진 가치를 지닌 것으로 보아야 한다. 이는 35점 미만의 사업 기회는 다음에서 살펴볼 사업 적합도상 뛰어난 점수를 얻지 않고서는 제약성 분석을 통과하기 어렵기 때문이다.

(2) 사업 적합도

사업 매력도는 본질적으로 보완하기가 어려운 사항이지만 사업 적합도의 경우는 전략적 제휴, 컨소시엄, 라이슨싱 등을 통해 관련된 제 요소의 부족분을 충당할 여지가 있는 부문이다. 따라서 이러한 필요 자원의 동원이라는 관점에서 사업 적합도를 정확히 판단하는 것은 매우 중요하다.

자본 가용성 이 항목은 사업 기회의 잠재성을 개발하기에 충분한 자본이 조달될 수 있는가 평가하는 것이다. 이를 위해 자기 자본뿐만 아니라 적정한 수준의 부채도 활용하여야 한다. 자본 집약적인 산업일수록 이 항목 평가의 중요성이 커진다. 예비 창업자들은 보통 소요 자본을 실제보다 50% 정도 평가 절하하는 경향이 있으므로 이 점을 특히 주의해야 한다. 또한 사업이 어느 정도 본궤도에 올랐을 때 제조, 마케팅, 유통 등에 소요되는 자본이 초기 자본의 10배 가량 된다는 점을 명심해야 한다. 구체적인 평점은 소요 자본이 손쉽게 얻어질 수 있는 경우를 10점 만점으로 하고 자본 가용성의 수준에 따라 감점하는 방식을 취한다.

제조 역량 이 항목은 성장하는 시장의 잠재력을 충분히 충족시킬 수 있는 시의 적절하고, 비용 대비 성과상에 만족스러운 수준의 효율적인 생산을 가능토록 하는 설비를 갖추고 있는가를 평가한다. 자체 생산과 외주 생산(Make or Buy)의 장단점과 가능성을 비교하여 최종적인 생산 역량에 대한 평가가 이루어 진다. 자체 생산의 경우 자동화된 유연 생산 시스템(Flexible Computer Integrated Manufacturing)의 가능성을 타진하여 동일한 설비로 다양한 제품을 생산할 수 있도록 할 수 있는가를 따져본다. 외주 생산의 경우 공급 업체의 다변화 정도가 중요한 고려 대상이 된다. 현재 제품의 수명 주기가 점차 단축되는 경향이 있으므로 제품의 디자인 역량도 함께 고려할 필요가 있다. 이러한 사항을 총체적으로 평가하여 저비용의 적시 생산이 가능한 정도에 따라 0-10점을 부여한다.

마케팅 및 유통 역량 창업 기업은 제품이나 공정상의 예상되는 수명 주기의 한도 내에서, 또한 예상되는 경쟁 업체의 반격이 있기 전에 사업 기회가 제시하는 시장을 최대한 침투할 수 있어야 한다. 유통력을 장악하기 위해 반드시 자본 투자가 필요한 것은 아니며, 자금력이 떨어지는 창업 기업의 경우 특히 중요한 것은 성과에 대한 적절한 인센티브 체계를 통해 협력 유통망을 유효 적절하게 구축할 수 있는 능력이다. 각 세분화 시장마다 독특하게 요구되는 기술 역량과 자원이 있으므로 이들을 모두 고려해야 한다. 구체적으로 고객 서비스, 기술 지원, 적시 배달, 사내 고객 훈련 등의 다양한 마케팅 역량과 신속한 시장 진입 능력을 감안하여 0-10점을 부여한다.

기술 지원 역량 이 항목은 창업 기업이 제품이나 공정상의 지속적인 개발과 혁신을 할 수 있고, 유능한 대 고객 기술 지원 서비스를 할 수 있는 기술력과 기술 인력을 가지고 있는가를 평가하는 것이다. 신제품을 개발할 때 예기치 않은 각종 기술적 문제가 생길 수 있다. 창업 기업은 고객에 대한 기술 지원을 통해 각 고객 특유의 문제를 해결해 주어야 하고, 기술적 노하우를 추가적인 세분화 시장에 적용할 수 있어야 한다. 또한 현재의 기술력을 바탕으로 차세대의 신기술을 지속적으로 개발하여 기존 시장을 대체하고 경쟁 업체의 시장 진입을 저지할 수 있어야 한다. 구체적으로 이 항목을 평가하기 위해서는 고객에 대한 최상급의 기술 지원 서비스 수준에 0-3점, 적시에 제품의 기술적 문제를 개선을 할 수 있는 역량에 0-4점, 차세대 신기술을 개발할 수 있는 잠재력에 0-3점을 부여하여 합산한다.

부품 및 원자재 가용성 핵심적인 부품이나 원자재에 대한 공급이 중단되었을 때 대체할 수 있는 공급원이 존재하지 않는다면 사업이 파국으로 치달을 것이다. 따라서 창업 기업은 공급 업체를 다변화할 수 있어야 하며, 특히 정치적으로 불안한 지역으로부터의 수입에 의존할 경우 수입선 다변화도 꾀하여야 한다. 이 항목은 공급선 중단 등의 불안정에 대해 창업 기업이 얼마나 효과적이고 탄력적으로 대처할 수 있는가를 0-10점으로 평가한다. 즉 공급 불안정에 대한 사업 운영상의 민감도가 높을수록 낮은 점수를 부여한다.

경영 지원 창업자 등 최고 경영진이 계획 사업에 대해 스스로가 효과적인 경영 역량을 갖고, 사업 추진 시 필요에 따라 재정적, 법적, 또는 제반 경영상의 지원을 해주어야 하며, 중간에서 누군가가 계획 사업을 성공으로 이끄는 데 주력하는 옹호자(Champion)의 역할을 해야만 사업이 성공할 수 있다. 창업 초기 제품 개발 단계에서 필요했던 능력과 개발된 제품을 상업화하는 데 요구되는 능력은 다르다. 또한 시장과 고객이 어느 정도 확보되어 사업 규모가 일정 수준을 넘었을 때 사업 운영상 다양하고 전문적인 경영 역량이 요구된다. 따라서 창업 기업은 사업이 진행됨에 따라 시의 적절하게 경영 역량을 발굴하여 확보하고 지원할 수 있어야 한다. 구체적으로 이 항목을 평가할 때 효과적인 챔피언의 존재 여부에 0-5점, 강력한 추진력이 있는 최고 경영진에 0-5점을 부여하여 합산한다.

4. 시장성 분석

앞서 고찰한 제약성 분석을 통해 계획 사업의 전반적 사업성을 검토하고 평가할 수 있는데, 그 과정에서 시장성과 관련된 요소들을 파악하고, 사업의 재무적 타당성을 평가하는 작업이 선행되어야 그것을 기반으로 구체적인 평점을 부여할 수 있다. 이 절과 다음 절에 걸쳐 이와 관련된 사항들을 살펴보도록 하자. 우선 누가 얼마나 계획 상품을 구매할 것인가를 예측하는 시장성의 분석은 자신이 개발해낸 상품이나 아이디어가 가장 뛰어난 것이라고 자신하는 기술 지향성을 가진 예비 창업자들, 즉 발명가의 오류(Great Mousetrap Fallacy)를 범하기 쉬운 이들이 흔히 간과하기 쉬운 것이다. 힐즈는 벤처 자본가를 대상으로 조사한 연구에서 90% 이상의 창업자들이 시장의 수요를 실제 결과보다 40% 이상 과대 평가하고, 60% 이상의 창업자들이 60% 이상 과대 평가하는 경향을 보인다고 지적하며, 시장 수요 예측 시 창업자들이 다음과 같은 오류를 범한다고 제시한다.[7]

- 깊이 있는 잠재 시장 분석에 중요성을 부여하지 않는다.
- 시장 잠재성 예측 시 주로 직관에 의존한다.
- 시장 잠재성 분석 시 수준 이하로 체계적이지 못하다.
- 시장 정보 해석 시 부정적 정보를 무시하거나 편견적이다.

---

7 Gerald E. Hills, "Market Analysis and Marketing in New Ventures: Venture Capitalists' Perception." In John A. Hornaday, Fred Tarpley, Jr., Jeffry A. Timmons, and Karl H. Vesper, *Frontiers of Entrepreneurship Research, 1984* (Wellesley: Babson Center for Entrepreneurial Studies, 1984): 43.

- 제품의 상업화에 필요한 업무 사항들을 과소 평가한다.
- 마케팅 활동 관련 예산을 과소 책정한다.

위와 같은 오류를 최소화하기 위한 가장 손쉬운 방법은 시장 조사 전문 기관에 시장성 분석을 의뢰하는 것이다. 그러나 대부분의 예비 창업자들은 자금상의 이유 등으로 이러한 의뢰를 기피하는 경향이 있다. 그러한 경우 스스로 그러한 전문적 판단을 대체할 수 있는 간이 시장성 분석을 수행할 수 있어야 한다.[8] 미시적으로 누가 왜 얼마의 가격으로 자신의 창업 기업이 제시하는 상품을 어느 정도 구매해줄 것인지를 검증할 수 있는 각종 상식적인 방안을 강구하고 실행하는 **탐색적 조사**(Exploratory Research)를 해야 한다. 구체적인 방안은 업종에 따라 매우 달라질 수 있다.

보다 거시적으로는 산업 전반의 흐름을 검토해야 하는데, 이를 위해 수요 측면뿐만 아니라 공급 측면, 즉 경쟁 업체의 상황에 대해서도 분석해야 한다. 특히 경쟁 업체를 파악하는 데 있어 창업 기업이 공략하려는 기존 업체의 역량뿐만 아니라, 창업 기업이 어느 정도 성공적으로 성장했을 때 미래에 예상되는 경쟁 업체의 특성에 대해서도 예측력 있는 분석을 시도해야 한다. 즉 그들이 얼마만큼 빠른 속도로 창업 기업의 상품에 비해 얼마만큼 경쟁력 있는 상품을 출시할 수 있을 것인가를 파악하는 것이다. 이는 창업 기업의 경쟁 우위와 성장성이 얼마만큼 지속력이 있는가를 알게 해준다.

(1) 시장 조사 자료

시장 조사와 관련하여 정보를 제공하는 원천에는 크게 1차적 자료와 2차적 자료가 있다.[9] 1차적 자료(Primary Data)는 시장 조사 기업이 직접 수집하는 자료로서 응답자, 유사 상황, 실험 등을 통해 입수한다.

- **응답자**(Respondent)로부터의 정보는 신상품 등에 관한 의견, 태도, 지식, 행동 등에 대해 면담이나 설문지 등을 통해서 응답자로부터 직접 얻은 방법과 응답 대상자의 관련 사건이나 행동 등을 직접 관찰함으로써 얻는 방법이 있다.
- **유사 상황**(Analogous Situation)을 검토하여 시장 정보를 얻는 방법에는 관련된 지역, 시장, 고객군 등을 대상으로 광범위하고 심층적인 조사를 시행하는 사례 역사(Case History) 방법, 컴퓨터 등을 동원하여 실제 상황과 유사한 가상 현실을 주요 시장 변수를 통제함으로써 연출해내는 시뮬레이션(Simulation) 기법 등이 있다.
- **실험**(Experimentation)은 가격 인상이 매출 감소에 미치는 영향과 같이 특정한 마케팅 활동의 인과관계를 발견하기 위해 한 개 이상의 변수를 조작하여 그 효과를 관찰하는

8 Karl H. Vesper, *New Venture Strategies,* Revised Edition (Englewood Cliffs: Prentice-Hall, 1990): 168.
9 Thomas C. Kinnear and James R. Taylor, *Marketing Research: An Applied Approach* (McGraw-Hill: New York, 1996): 139-147.

것인데, 이때 비관련 변수들을 효과적으로 통제할 수 있다는 것이 실험 방법의 장점이다.

2차적 자료(Secondary Data)는 기존에 다른 목적으로 이미 나와 있는 자료를 시장 조사의 목적으로 정보화할 수 있는 자료로서 이에는 내부 자료와 외부 자료가 있다.

- **내부 자료**(Internal Data)는 매출, 원가, 영업 내역, 광고 및 판촉 활동, 연구개발, 제조 내역 등 기존의 회사가 이미 다른 목적으로 수집해놓은 자료로서 새로운 마케팅 활동 상 그 가치가 존재하는 자료이다.
- **외부 자료**(External Data) 또는 **연합 자료**(Syndicated Data)는 외부 기관이 다양한 공공 목적을 위해서 조사 입수한 자료를 말하는데, 이에는 구매 등에 관한 소비자 자료, 소매 자료, 도매 자료, 산업 자료, 광고 평가 자료, 방송 매체 청중 자료 등이 있다.

(2) 시장 수요의 측정과 예측

창업 기업을 포함해서 대부분의 기업들이 시장의 특징을 파악하고, 시장의 잠재성을 측정하며, 시장 수요의 장·단기 예측을 시도하고 있다. 시장의 수요는 (a) 특정 산업, 기업, 상품 라인, 상품 군, 상품 아이템 등을 나타내는 상품의 군집, (b) 해외, 국내, 지역 시장 등의 지리적 위치, (c) 현재, 단기, 장기 시장 등의 시간적 차원, 그리고 (d) 소비자, 기업체, 정부 등의 고객의 유형 등 4가지 차원에 의해 정의된다.[10] 이러한 각 차원을 어떻게 잡을 것인가에 따라 수요의 측정이 달라진다. 창업 기업은 전체 시장의 잠재성뿐만 아니라 자기 회사가 얻을 수 있는 시장의 수요도 파악해야 한다. 이러한 기업 수준의 수요는 결국 기업의 제시하는 상품의 특징과 마케팅 활동 변수에 따라 영향을 받게 된다.

시장 수요를 판단하는 데는 현재 수요의 측정과 미래 수요의 예측이 모두 필요하다. 현재의 시장 수요를 파악하는 방법에는 분해법과 조립법이 있다.

- **분해법**(Breakdown Method)은 시장이나 산업 전체의 자료를 회사와 관련된 단위로 쪼개서 보는 것이다. 이를 위해 출하 총액이나 소비 총액 등 전체 산업이나 시장 자료에 근거하여 시장이나 매출액 규모를 추정하는 직접 자료법(Direct Data Method)과 해당 상품의 구매력이나 소비 수준과 관련된 하나 이상의 통계 자료, 예컨대 인구나 종업원 수 등으로부터 잠재성 지수를 개발하는 간접 자료법(Indirect Data Method)을 구사할 수 있다.
- **조립법**(Buildup Method)은 고객이나 계좌 수준의 자료를 총합하여 산업이나 시장 수준의 자료를 수집하는 것이다. 이러한 자료는 고객에게 우편, 전화, 면담 등을 함으로써 얻을 수 있다. 일반적으로 이 방법은 표준 산업 분류(SIC: Standard Industrial Classification) 체계에 속한 특정 시장 집단의 상품 구매 수준과 종업원 수 등 하나 이상의 통계 자료와의 관련성을 찾는 방향으로 이루어진다.

---

10 *Ibid.*: 725-746.

미래의 시장 수요를 예측하는 데는 질적 방법, 시계열 분석법, 인과 분석법 등을 다양하게 구사할 수 있다.

- **질적 방법**(Qualitative Method)에는 경영자의 의견, 영업진과 유통업자의 예측, 구매자의 서베이 등이 있는데, 이들은 저비용으로 빠르게 수행할 수 있는 장점이 있다.
- **시계열 분석법**(Time-Series Method)에 의한 예측은 과거 자료에 바탕하여 수리적 분석을 하는 것으로서 그것이 추세, 사업 시즌, 경기변동 패턴 등을 잘 나타내는 경우에 단기 예측에 유리하다.
- **인과 분석법**(Causal Method)에 의한 예측은 선행 지수(Leading Indicator)를 사용하는 방법과 **회귀 분석법** 등을 통해 할 수 있다. 예컨대 가전 제품 판매는 주택과 아파트 건설 건수, 유아 용품 판매는 출산율 등의 선행 지수로 판단할 수 있다. 인과 분석법이 효과적이기 위해서는 판매에 영향을 주는 요소 등 시장의 동태적 특징을 완벽하게 파악해야 하는데, 이는 시장의 변화 시점을 예측하는 데 도움을 줄 수 있다.

5. 재무 분석

시장성 분석을 통해 계획 사업의 시장 타당성을 알아낸 후 재무적인 분석을 통해 매출액과 비용 구조를 구체적으로 수치화하고 점토하여 장·단기적인 수익성을 예측함으로써 사업 착수에 본격적으로 들어갈 수 있다. 재무 분석은 월별, 연도별도 회사가 얼마만큼의 매출을 올릴 수 있고, 그러기 위해서 어느 정도의 재료비, 노무비, 간접비 등이 요구되는지를 판단하는 데서 출발한다. 기본적으로 재무 분석을 통해 예비 창업자는 다음 사항을 파악할 수 있어야 한다.[11]

- 손익 분기점에 도달하기 위해 어느 정도의 매출액을 달성해야 하는가?
- 계획 사업이 실패했을 때 어느 정도의 손해를 볼 것인가?
- 계획 사업이 성공했을 때 얼마만큼의 돈을 벌 수 있는가?

다음에서 이러한 질문에 답할 수 있는 몇 가지 재무 분석의 도구를 살펴보자.

(1) 손익 분기점 분석

손익 분기점 분석(Breakeven Analysis)은 기업의 수익과 비용의 수준이 일치되도록 하는, 즉 이익도 손실도 없는 본전이 되게 하는 매출액의 규모를 알아보는 재무 분석의 도구이다. 이 분석의 기본적 공식은 다음과 같다.

---

[11] Karl H. Vesper, *op. cit.*: 168-171.

0 = (제품 단가 − 단위당 변동비) × 손익 분기 판매량 − 고정비

이를 풀어 말하면 **손익 분기점**(Breakeven Point) 또는 **손익 분기 판매량**(Breakeven Volume)은 해당 제품의 총 판매액에서 제품을 판매하는 데 직접적으로 연동해서 발생하는 총 변동비를 제외한 마진이 제품 판매 수량과 상관없이 발생하는 총 고정비와 동일해지는 지점이 된다.

여기서 (제품 단가 − 단위당 변동비)를 **변동 기여액**(Variable Contribution)이라고 부르는데, 이는 제품 한 개를 판매함으로써 얻을 수 있는 이윤 마진을 의미한다. 이러한 기여액을 중심으로 손익 분기점을 다시 표현하면 아래와 같다.

손익 분기 판매량 = 고정비 / 변동 기여액

이 공식의 의미는 회사가 총 고정비를 알고, 변동 기여액, 즉 단위 당 이윤 마진을 추정할 수 있을 때 손익 분기에 도달하기 위해 얼마만큼의 판매 노력을 기울여야 하는가를 단적으로 보여주는 데 있다.

위와 같이 발생한 전체 비용과 수익을 기준으로 손익 분기점을 평가하는 것을 **이윤 기준 손익 분기점 분석**(Profit Breakeven Analysis)이라고 한다면, 실제 현금의 흐름을 중심으로 손익 분기점을 평가하는 것을 **현금 기준 손익 분기점 분석**(Cash Breakeven Analysis)이라고 한다. 이러한 현금 기준 분석은 회사가 당해 회계 기간의 발생 비용이 아니더라도 지불해야 하는 현금이 있다든지 당해 기간에 발생한 비용이라도 현금이 실제로 지불되지 않는 감가상각 등의 비용이 있는 경우, 현금 수지를 맞추기 위해 필요한 판매량을 파악하고자 할 때 필요하다. 그 공식은 아래와 같다.

현금 기준 손익 분기점 = (고정비 + 기타 현금 지출액) / 변동 기여액

현금기준 손익 분기 판매량은 기타 현금 지출액이 추가되기 때문에 이윤 기준 손익 분기 판매량보다 크게 되는 것이 보통이나, 경우에 따라 자산에 대한 감가상각비가 높을 경우 그 반대의 경우도 발생할 수 있다.

(2) 하방 위험과 상방 잠재성

앞서 논의한 바와 같이 사업이 예기치 않게 실패했을 때 감수해야 하는 최대한의 위험, 즉 하방 위험과 사업을 추진함으로써 기대할 수 있는 최대한의 순익, 즉 상방 잠재성이 어느 정도 될 것인지를 재무적으로도 따져보아야 한다. 기존 기업이 성장, 발전하는 데 있어서 상표 등 무형 자산이 매우 중요한 기반이 되지만 창업 기업의 하방 위험을 최소화하는 데 도움이 되는 요소는 무형 자산보다는 유형 자산이다. 즉 컨설팅, 출판업 등 별다

른 공장 설비가 요구되지 않는 사업이 실패했을 때는 투자한 자금과 시간을 모두 날리게 되지만, 중요한 설비 투자가 요구되는 제조업의 경우 회사의 실패 시 그러한 유형 자산의 청산 가치(Liquidation Value)가 있기 때문에 하방 위험을 어느 정도 막아낼 수 있다. 창업자는 하방 위험을 평가하는 데 있어 몇 가지 실패 시나리오를 설정하고 각 시나리오에서 얻어낼 수 있는 청산 가치를 따져볼 뿐만 아니라, 각 시나리오의 상대적인 발생 확률도 판단할 수 있어야 한다.

또 한편으로 사업의 상방 잠재성의 규모와 확률도 검토할 필요가 있다. 모든 창업자가 이러한 측면을 꿈꾸면서 사업에 착수하는 것이 사실이다. 그러나 계획 사업을 통해서 실로 자신이 얼마나 많은 돈을 벌게 될 것인가, 또한 그러한 확률이 얼마나 높은가를 꼼꼼히 따져보는 경우는 드물다. 상방 잠재성의 측면은 사업의 성공적 추진을 통해서 얻을 수 있는 수익이 규모가 얼마니 될 것인가 하는 측면과 사업이 성공했을 때 기업을 매각함으로써 얻을 수 있는 자본 이득이 얼마나 될 것인가 하는 수확의 측면 등 두 가지의 측면이 존재한다.

전자의 경우 기간별 예상 판매량을 추정함으로써 투여한 시간, 노력, 위험 등에 대해서 손익 분기 판매량의 수준을 넘어서 얼마나 빠르고 규모 있는 소득률을 올릴 것인가를 판단하는 것이다. 후자의 경우는 기대되는 회사의 순익 대비 회사의 시장 가치를 판단하는 것으로 회사의 순익 성장률과 업종의 특성에 따라 상이하다고 할 수 있다. 일반적으로 동일 업종의 주가/순익 비율에 당해 기업의 5개년 평균 세후 순이익을 곱한 값으로 기업의 시장 가치를 얻을 수 있다.

(3) 민감도 분석

기본적인 손익 분기점 분석을 실시하고 사업의 위험과 잠재성을 평가한 후 보다 정밀하게 다양한 상황적 변화에 따른 사업 타당성의 검토를 위해 필요한 것이 민감도 분석이다. **민감도 분석**(Sensitivity Analysis)은 각 비용과 수익성 요인이 변화할 때 그것이 현재 가치 현금 흐름과 투자 수익률에 어떠한 양적 영향을 미치는가를 모사 실험(Simulation)을 통해 분석하는 기법이다.

시장에서 지불하고자 하는 제품 가격이 각종 제조 및 관리 비용을 포괄하고도 남음이 있어야 수익성을 올릴 수 있는 것은 당연하다. 또한 수익성의 수준이 창업자와 투자자가 감당하고자 하는 위험을 충분히 보상할 수 있도록 20% 이상의 세후 투자 수익률을 가져다 주어야 한다. 그러나 이러한 수익성에 영향을 미치는 제품 가격과 비용 요소의 상대적 비중이 그 특성에 따라 각기 상이하다. 민감도 분석은 이러한 상이한 효과를 도식적으로 분석하게 한다. 예비 창업자는 이를 위해 일반적으로 사용하는 스프레드시트 소프트웨어를 활용할 수 있다. 구체적으로 각 가격 및 비용 요소들이 손익 분기점 분석을 위해서 예비 창업자가 가정했던 기본적인 수준에서 플러스, 마이너스 50%까지 변동할 때 현재 가치 현금 흐름으로 평가된 투자 수익률(ROI/DCF: Discounted Cash Flow Rate of Return on Investment)에 얼마만큼의 영향을 미치는지를 수치적으로 평가하고 도식적으로 표현한다.

예를 들어 그림 3-2의 하단부는 알루미늄 캔 제조 회사의 민감도 분석 결과를 보여준다. 이 회사는 분당 1000 캔 정도를 생산할 수 있는데, 현재 기대되는 시가로는 6%의 수익률(ROI-DCF)밖에 달성 못한다. 가격이 10% 오른다고 가정하면, 손익 분기점에 도달하고, 20% 오르면 10% 정도의 수익률을 달성할 수 있다. 노무비는 50% 이하로 떨어진다 하더라도 그것만으로는 손익 분기점에 도달할 수 없음을 보여준다. 자본집약적 장치 산업이기 때문에 분당 생산량을 1500 캔까지 올리면 수익률이 20% 가까이 증대한다. 제품의 비용 중 70% 이상이 알루미늄 원자재로 구성되어 있기 때문에 제조 공정상의 혁신을 통해 이를 50% 정도 줄일 수 있다면 수익률이 15% 이상으로 오를 것이다.

한편 그림 3-2의 상단부는 제약 회사의 민감도 분석 결과를 보여 준다. 이 경우 특허 등으로 보호되어 있는 제품을 생산하기 때문에 여타 비용 요소의 수익률에 대한 영향력은 극히 미미하다. 수익률은 현재 50%로 기대되고 있으나, 경쟁사들이 시장에 공격적으로 진입할 경우 가격이 급격히 하락할 수 있다. 가격이 10% 하락할 경우 수익률이 30%로 급격히 떨어지게 되며, 가격이 25% 밑으로 하락하면 손해를 보게 된다.

그림 3-2 민감도 분석

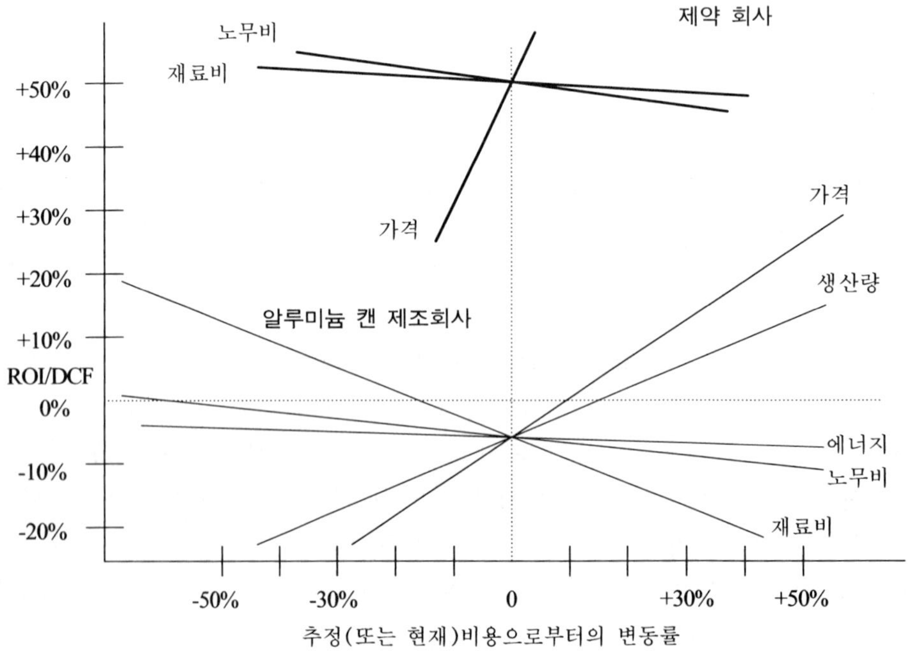

6. 벤처 유형의 종합적 판단

계획 사업을 통해 기대할 수 있는 **기대 현금 흐름의 현재 가치**(DCF: Discounted Expected Cash Flow)를 평가하는 것은 사업성 판단의 기초를 제공하기는 하지만 창업자는 일반 투자자들이 사용하는 DCF 분석 이외에 앞서 살펴본 바와 같은 다양한 사업성 평가 요소를 고려해야 한다. DCF 분석은 창업자의 입장에서 보면 크게 두 가지의 제한점을 가지고 있다. 첫째, DCF의 단일 수치로 창업 기업의 위험과 보상의 수준을 충분히 포착할 수 없다. 창업자는 불확실한 수준의 위험을 떠안음으로써 초과 이윤을 창출하는 것이며, 만일 그 위험의 수준과 변동 패턴을 분석적으로 미리 알 수 있다면 그러한 이윤을 얻기가 어려울 것이다.

둘째, DCF 분석은 창업자가 직면하는 시간과 자금 상의 제약을 잘 반영하지 못한다. 재무 이론에서 가정하는 일반적인 포트폴리오 투자자들과는 달리 창업자는 한꺼번에 여러 프로젝트를 추구할 수 없다. 현실적으로 창업자는 하나의 사업을 추진하는 데도 자금 조달에 많은 어려움을 겪는다. 같은 수준의 DCF를 제공하는 여러 기회가 있을 때 일반 투자자들은 그 선호도가 무차별적이지만, 자금 조달의 어려움을 겪는 창업자는 그 중에서 급작스럽게 자금을 요구하는 사업 기회를 사실상 회피해야 한다.

창업자는 주어진 사업 기회가 어느 수준의 위험과 보상을 갖고 있고, 그러한 사업을 추진할 때 확보할 수 있는 경쟁 우위의 수준은 어떠한 지를 총체적으로 판단할 수 있어야 한다. 그러한 판단을 통해 자신의 계획 사업과 과거의 다른 창업자들이 추구한 사업 기회가 상대적으로 그러한 차원에서 어떠한 수준인가를 비교적인 시각으로 파악할 수 있다. 이러한 총체적 비교분석을 위해 바이드는 창업자가 봉착하는 **경쟁 장벽**(Competitive Barriers)을 이겨내기 위해 수행하는 활동 중에 **투입**(Commitment), **창의성**(Creativity), **역량**(Competence) 등의 삼 요소가 사업의 특성에 따라 적절히 결합되어야 한다고 제시하면서, **전형적 벤처 유형**(Archetype)에 따라 이들의 효과적인 결합 양태가 달라진다는 점을 보여준다.[12]

여기서 투입은 일단 소모한 시간과 자금에 대해 복원하기가 어려운, 즉 처분 가치가 한정된 유형, 무형의 자산에 투자하는 활동을 말한다. 창의성은 혁신성 또는 통찰력으로서 새로운 제품, 공정, 유통, 조직 등을 통해 경쟁 우위를 구축하는 활동을 말한다. 역량은 어려운 일을 완수하는 활동으로서 창업자가 사업 추진시 해야 할 일을 적절히 판단하고, 그것을 바르게 수행하는 것이다. 그림 3-3은 이러한 세 가지 활동 요소에 적절히 무게가 실

---

[12] Amar V. Bhide, “Analyzing New Ventures,” Harvard Business School Note 9-393-053, 1992.

그림 3-3 창업 기업의 경쟁 장벽 극복 요소

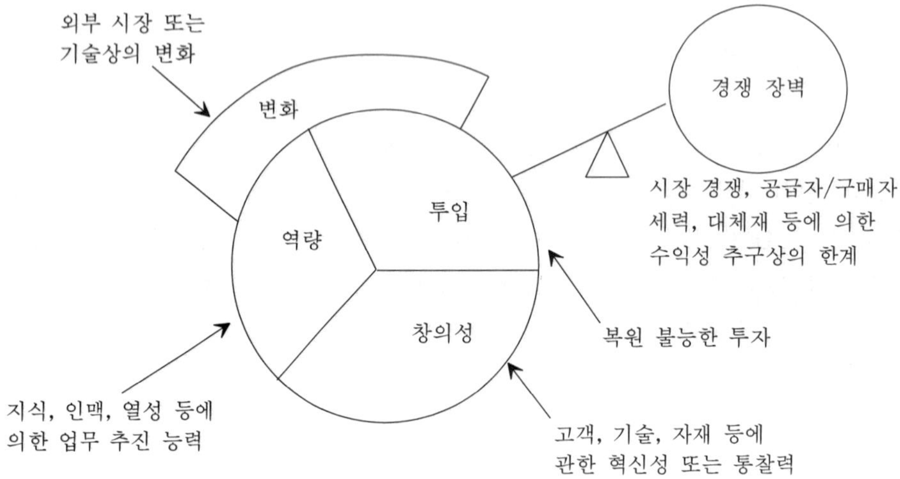

자료: Amar V. Bhide, "Analyzing New Ventures," Harvard Business School Note 9-393-053, 1992.

림으로써 경쟁 장벽을 이겨내고 경쟁 우위를 확보할 수 있음을 도식적으로 보여 준다.

바이드는 이러한 창업자 활동 요소의 조합이 사업의 위험/보상의 수준이라는 차원과 경쟁 우위의 지속성이라는 차원 상에 전형적 벤처 유형에 따라 그림 3-4와 같이 다양하게 나타난다고 설명한다. 그림에 표시된 원의 크기는 경쟁 장벽을 극복하기 위해 요구되는 차별적인 투입, 창의성 및 역량의 조합과 그리고 변화의 규모를 나타내며, 위험/보상의 수준은 벤처 자체의 위험/보상의 수준으로 요구되는 투입의 절대 수준에 따라 결정된다. 다음에서 전형적인 벤처 유형 각각의 특징을 살펴보자.

획기적 벤처 획기적 벤처(Revolutionalry Venture)는 위험/보상의 수준과 경쟁 우위의 지속성에서 모두 극단적으로 높은 경우로서 대체재가 없는 혁신적인 제품이나 서비스를 제공하는 기업이다. 페드럴 익스프레스, 제록스, 폴러로이드 등을 그 예로 들 수 있다. 이러한 유형의 벤처는 창업자가 뛰어난 창의성, 역량, 투입력을 갖도록 요구한다. 외적인 변화는 이런 기업에 특별한 영향을 미치지 못한다. 오히려 급진적인 변화는 투자자를 위축시켜 혁신적 기술과 제품 개발에 장애 요소로 작용한다. 이런 유형에 속한 창업자는 다음 사항에 유의하여야 한다.

- 고객이 대체재로부터 전환하는 데 드는 비용과 이득
- 극복되어야 할 기술 및 운영상의 문제
- 선도 기업의 우위와 그 지속성(Sustainability)
- 필요 자금의 액수와 시기 및 투자자의 투자 의도

개인 계약 업체 개인 계약 업체(Solo Contracting)는 획기적 벤처와는 반대의 극단적

그림 3-4 전형적 벤처 유형들의 특징

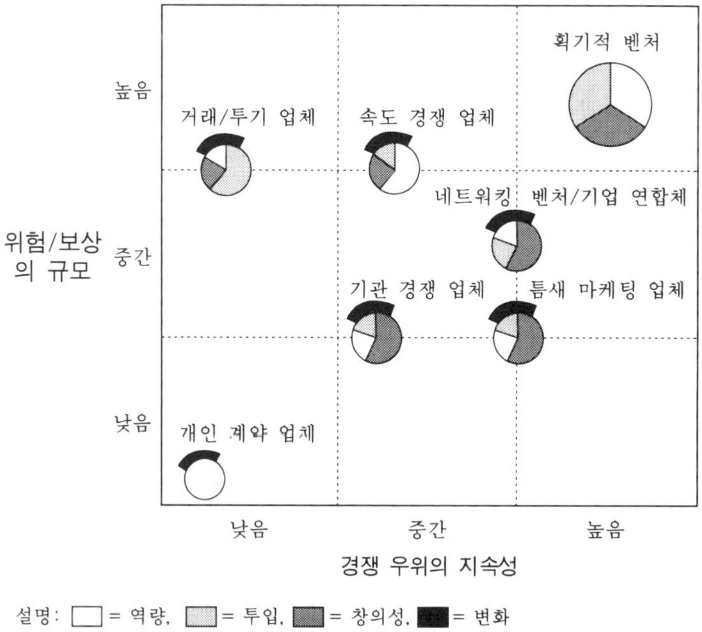

자료: Amar V. Bhide, "Analyzing New Ventures," Harvard Business School Note 9-393-053, 1992.

인 경우로서 위험/보상의 수준과 경쟁 우위의 지속성이 모두 떨어지는 평범한 창업자의 개인중심적 사업체이다. 이는 주로 'Me-Too' 전략을 추구하는 컨설팅, 회계 등의 서비스업에서 흔히 볼 수 있다. 이러한 유형은 외부 변화에 영향을 많이 받으며, 기업의 발전에 있어 개인의 역량에 바탕한 고객의 평가가 중요한 몫을 차지한다. 이 경우 보통 창업자 스스로가 자신의 명성, 인맥, 고객 기반 등을 잘 알고 있기 때문에 체계적인 사업성 분석이 거의 요구되지 않는다.

거래/투기 업체 부동산, 증권, 석유 등에 투자하는 거래/투기 업체(Trading/Speculation)는 조직체의 필요성이 거의 없다. 이 유형의 창업자는 단기적인 시세 차익을 노리는 특성을 지닌다. 외적 변화가 주요 촉매제로서 창업자의 자본 투입이 중요한 이윤의 원천이 된다. 이 경우 다음 두 가지 측면의 분석이 매우 중요하다.

- 취득 자산의 시가가 상승할 것이라고 기대할 수 있는 시장의 역학
- 창업자가 취득한 자산을 시가 상승 시까지 보유할 수 있는 능력(Carrying Capacity)

기관 경쟁 업체 기관 경쟁 업체(Institutionalized Hustle)는 신탁 회사, 증권사, 헤드헌팅사, 컨설팅사 등에서 찾아볼 수 있는데, 마케팅과 조직력에서 많은 창의성을 요구하는 특징을 가지고 있다. 개인 계약 업체보다는 높은 수익을 얻는다. 이러한 유형의 창업자는 경쟁 환경을 체계적으로 분석하는 것보다는 단기적인 사업 기회를 포착하고 실행에 옮기

는 능력을 갖는 것이 중요하다.

네트워킹 벤처 및 기업 연합체 네트워킹 벤처 및 기업 연합체(Networking/Syndication)는 사설 전화 번호부, 벼룩 시장 광고, 유료 통화 서비스, 중개 서비스 등을 예로 들 수 있는데, 창업자가 참여 고객들에게 정보 교류의 장을 마련해주고 조정하는 메커니즘을 제공해주는 역할을 하는 것이다. 이러한 유형의 창업자는 마케팅과 운영상의 능력도 있어야 하지만, 조정 역할을 수행하기 위해 신기술을 동원하고 고객에게 차별적인 가치를 창출해줄 수 있는 창의성을 발휘하는 것이 무엇보다도 중요하다. 그러한 가치의 규모가 크고 절대적으로 요구되는 고객층의 규모가 클수록 마케팅과 인프라구조 등에 대한 많은 투자를 해야 하므로 상당한 수준의 사업 위험을 수반한다. 그러나 선도적 업체인 경우 그 경쟁 우위가 장기간 지속될 수 있다.

속도 경쟁 업체 속도 경쟁 업체(Speed)는 하드디스크 드라이브, 윈도용 소프트웨어, 워크스테이션 업체 등 주로 첨단 기술 업체를 예로 들 수 있는데, 외적인 환경 변화에 따라 빠른 속도로 관련 제품이나 서비스를 제공함으로써 큰 이익을 얻는다. 이러한 유형의 업체는 엔지니어링, 생산, 마케팅 등에 있어서 뛰어난 역량을 가지고 있어야만 새로운 사업 기회를 성공적으로 포착할 수 있다. 산업 표준이 잘 발달되어 있기 때문에 창업자의 별다른 창의성이 요구되지 않는 특징을 갖는다. 뛰어난 디자인 능력, 적은 예산으로 적시에 고품질의 제품을 생산하는 능력, 그리고 효과적으로 판매하는 능력이 무엇보다도 중요하다. 이 유형 업체의 창업자는 다음 사항에 주안점을 두어야 한다.

- 성공을 위해 필요한 재능과 자금을 획득하고 관리하는 능력
- 시장이 허용하는 성공적인 경쟁 업체의 수
- 성공에 따른 보상의 수준과 그 지속성
- 속도전과 실패를 감내할 수 있는 창업자의 경쟁에 대한 태도

틈새 마케팅 업체 틈새 마케팅 업체(Niche Marketing)는 자연 식품 업체, 한정 서비스(No-Frills) 항공사, 모험 여행사, 예술 영화 업체 등에서 볼 수 있는 사업 유형으로서 창업자는 기존 경쟁 업체가 제대로 충족시키지 못하고 있는 고객층과 세분화 시장의 욕구를 충족시키는 데 주안점을 둔다. 특별한 역량이나 자원의 투입이 필요하지는 않으나, 창업자는 틈새 시장을 발견하고 그 욕구를 적절하게 충족시킬 수 있는 마케팅, 기술 및 운영상의 창의성을 보여야 한다. 이러한 유형의 창업자는 다음 사항들을 주의 깊게 분석해야 한다.

- 전체 시장이 아닌 틈새 시장을 공략하는 데 드는 규모의 경제성 상의 추가적인 비용
- 목표 고객층의 관점에서 본 계획 사업의 차별성
- 시장 국한성에 기인한 소규모의 보상이 그 지속성이나 빠른 보상 속도 등으로 상쇄되는 효과의 정도
- 시장의 소규모성으로 인한 투자 유치 또는 인력 유치 상의 애로점

위에서 논의한 바와 같이 계획 사업을 전형적인 벤처 유형으로 파악함으로써 창업자는 창업 추진 시 자질구레한 문제들을 차치하고 핵심적인 해결 과제에 집중할 수 있다. 창의성이 많이 요구되는 벤처인 경우 예컨대 기존 업체의 막강한 영업 망을 어떻게 하면 창의적인 유통 경로 확보로 이겨낼 것인가를 모색할 수 있다. 또한 계획 사업이 요구하는 위험/보상의 수준만큼 기업이 과연 그 경쟁 우위를 적절한 기간 동안 지속할 수 있는가를 상대적으로 따져 볼 수 있다.

벤처 유형의 분석을 통해서 창업자는 여타의 시장성 분석이나 재무 분석 등에서 비관적으로 비춰진 계획 사업의 약점을 실제로 보완하는 방법을 탐구하고 긍정적이고 행동지향적으로 추진하는 능력을 키워야 한다. 창업자는 사업성의 분석을 분석의 수준에서 그칠 것이 아니라 끊임없이 현실을 타진하고 미래를 추정하며 그에 대비한 적절한 행동을 수행하는 과정을 동시에 추진함으로써 사업을 보다 성공적으로 이끌어갈 수 있을 것이다.

창업 실무

벤처 아이디어 체크리스트와 창업 컨설팅

(1) 벤처 아이디어 체크리스트[13]

다음은 사업성 평가를 위한 체크리스트로서 예비 창업자가 계획 사업에 대해 경쟁 우위, 시장 특성, 마케팅, 생산, 인력, 재무 등을 광범위하게 검토하여 실현 가능성을 타진할 수 있게 한다. 창업자 자신의 역량을 포함한 보다 심층적인 사업성의 평가를 위해서는 제11장의 창업 실무를 참조하기 바란다.

1) 기본적 실현성

- 계획 제품/서비스가 실제로 작동하는가?
- 그것이 합법적인가?

2) 경쟁 우위

- 계획 제품/서비스의 구체적인 경쟁 우위는 무엇인가?
- 기존 회사의 경쟁 우위는 무엇인가?
- 경쟁 업체가 어떻게 반격해올 수 있는가?
- 초기 경쟁 우위가 어떻게 유지될 수 있는가?

3) 구매자 의사결정

- 누가, 왜 창업 기업으로부터 구매 결정을 할 것인가?
- 각 고객이 얼마나 구매할 것이며, 그러한 고객이 얼마나 되는가?
- 구매 고객이 어디에 위치하며, 판매 방법은 무엇인가?

4) 마케팅

- 광고, 포장, 영업 관련 비용은 얼마인가?
- 언제까지 얼마만큼의 시장 점유율을 확보할 수 있나?
- 누가 개인적으로 영업 기능을 수행할 것인가?
- 가격은 얼마로 책정하고, 경쟁 업체와 비교할 때 그 수준은 어떠한가?
- 장소가 얼마나 중요하며, 어떻게 결정할 것인가?
- 도매, 소매, 대리점, 우편, 직판 중 어떠한 유통 경로를 사용할 것인가?
- 특정한 매출 목표를 어떻게 달성할 것인가?
- 사업 개시 전에 주문을 미리 받을 수 있는가? 있다면 얼마나 빨리 받을 수 있는가?

5) 생산

- 상품을 직접 제조할 것인가, 아니면 외주할 것인가?
- 원자재 공급이 적정한 가격에 이루어질 수 있는가?
- 배달 기간이 얼마나 되는가?
- 입지에 대한 적절한 임대차 계약이 준비되어 있는가?
- 필요 장비가 적시에 조달 가능한가?
- 공장 설립, 보험 등과 관련한 특수 문제가 있는가?
- 적절한 운영 상의 기술을 보유한 사람이 있는가?
- 품질 관리는 어떻게 할 것인가?
- 반송품과 서비스 아이템은 어떻게 관리할 것인가?
- 도난, 폐기물, 손상품 등은 어떻게 관리할 것인가?

6) 인력

- 각 사업 영역에서의 역량을 어떻게 확보할 것인가?

[13] Karl H. Vesper, *op. cit.*: 172.

- 누구를 언제 고용할 것이며, 그들을 어떻게 찾아내고 선발할 것인가?
- 은행, 변호사, 회계사, 그리고 기타 자문인을 어떻게 선정할 것인가?
- 핵심 인사가 사직할 경우 어떻게 대체할 것인가?
- 특별 보상안이 필요할 것인가?

7) 경영 통제

- 사업 단계별로 어떠한 기록이 필요한가?
- 특별한 경영 통제가 필요한 부문이 있는가? 그렇다면 누가 그것을 담당할 것인가?

8) 재무

- 제품/서비스 개발을 위해 얼마의 투자가 필요한가?
- 운영 준비상 얼마의 투자가 필요한가?
- 얼마의 운전 자본이 필요한가?
- 자금원은 무엇이며, 예상보다 더 필요할 시 어떻게 할 것인가?
- 경영 기획상 어떤 가정의 변화에 따라 수익성이 가장 큰 영향을 받는가?
- 재무 예측상 어떤 가정이 가장 불확실한가?
- 자기 자본 투자 수익률과 판매 수익률은 얼마이며, 동종 업계의 수준과 비교하면 어떠한가?
- 투자자들이 언제, 어떻게 투자를 회수할 수 있는가?
- 은행으로부터 필요한 것은 무엇이며, 그에 대한 은행의 입장은 어떠한가?

(2) 창업 컨설팅 회사

예비 창업자는 이 장에서 검토한 여러 가지 사업성의 분석 도구를 활용하여 자신의 계획 사업에 대한 타당성을 예비적으로 판단할 수 있지만 창업 컨설팅 회사를 통해서 보다 전문적인 사업성 평가를 받을 수도 있다. 창업 컨설팅에 관해 중소 기업 창업 지원 법 제12조(부록 C 참조)는 중소 기업 상담 회사의 등록 요건을 마련하고 이들이 중소 기업에 대한 사업성 평가, 사업 알선, 자금 알선, 창업 절차 대행, 창업 상담 등을 할 수 있도록 하고 있으며, 이들의 용역에 대해 중소 기업 창업 및 진흥 기금으로 그 일부를 지원하고 있다. 표 3-1은 이러한 중소 기업 상담 회사를 예시한다.

표 3-1 중소기업 상담 회사

상담사명	소재지	연락처
경기창업상담㈜	경기 수원 인계동	(0331) 222-3409
동남창업상담㈜	경남 울산 신정동	(0522) 61-9100~1
㈜경남산업컨설팅	경남 창원 용호동	(0511) 63-1331~2
경상창업지원㈜	경북 경산 중방동	(053) 815-5050~2
영남기업컨설팅㈜	경북 경주 동천동	(0561) 771-5000
대한비지니스컨설팅㈜	경북 영천 완산동	(0563) 34-9811
㈜세룡컨설팅	광주 누문동	(062) 223-2959
21세기 비지니스컨설팅㈜	광주 문홍동	(062) 261-8861~3
해동컨설팅㈜	광주 월산동	(062) 366-4941~2
세종창업상담㈜	광주 풍향2동	(062) 521-1500
㈜국제기업상담	광주 화정동	(062) 376-6007
대한기업컨설팅㈜	광주 화정동	(062) 363-0037
대경창업상담㈜	대구 범어동	(053) 742-0611
대구창업상담㈜	대구 성당동	(053) 651-8278~9
㈜천진중소 기업종합컨설팅	대구 신천1동	(053) 422-2844
영남창업상담㈜	대구 신천3동	(053) 751-3223
㈜한국중소 기어컨설팅	대구 황금동	(053) 765-6887
㈜동서기업컨설팅	대전 선화동	(042) 254-3782
중앙기업상담㈜	대전 오류동	(042) 525-4283~5
㈜향도창업컨설팅	부산 연산4동	(051) 863-0009
부산창업상담	부산 초량동	(051) 463-6788~9
한신기업상담㈜	서울 논현동	(02) 512-8338
㈜서일경제연구소	서울 대방동	(02) 824-1561~5
㈜동진컨설팅	서울 삼성동	(02) 557-5227
㈜유니코비즈니스서비스	서울 삼성동	(02) 551-2726
㈜미사미컨설팅	서울 서초동	(02) 592-6605
㈜산업개발컨설팅	서울 서초동	(02) 582-9964
㈜한국제일경영	서울 서초동	(02) 3474-2162~3
기업지도기관 서울상담㈜	서울 서초동	(02) 598-2271
상지컨설팅㈜	서울 신길7동	(02) 832-5001~2
㈜아더앤더슨코리아	서울 여의도동	(02) 767-9577
신보창업투자㈜	서울 여의도동	(02) 783-4784~9
한국기업평가㈜	서울 여의도동	(02) 782-3721
한국벤처상담	서울 여의도동	(02) 783-0517
한국창업지원㈜	서울 여의도동	(02) 784-2570
기은개발금융㈜	서울 역삼동	(02) 554-3533
고려경영자문㈜	서울 잠실동	(02) 421-9300~1
국민기술금융㈜	서울 적선동	(02) 736-0190
한국기업상담㈜	서울 적선동	(02) 734-6513~5
㈜영화컨설팅	서울 태평로1가	(02) 3700-6884
㈜내외기업컨설팅	서울 통의동	(02) 720-6871~2
제일기업상담㈜	서울 하왕십리	(02) 298-6046~7
대신기업상담㈜	전남 목포 중동2가	(0631) 44-3955
대방창업투자㈜	전북 익산 창인동	(0653) 857-2266
고려기업상담㈜	전북 전주 금암동	(0652) 251-1981
㈜한스비지니스컨설팅	전북 전주 서노송동	(0652) 86-1560
하나창업상담㈜	전북 전주 우아동3가	(0652) 245-6656
㈜중부기업상담	충북 영동 오탄리	(0414) 44-8681

자료: 중소기업 진흥 공단, **창업 이렇게 한다: 창업 절차와 업종별 인허가 기준 총람** (서울: 중소기업 진흥 공단, 1997): 487-488.

창업 이야기 III-1

큐후드[14]

창업보다는 수성이 어렵다고 하지만 역시 고뇌에 찬 결단과 무수한 난관을 헤쳐 나가야 하는 창업의 어려움은 부언이 필요 없을 것이다. 그런데 1950년대에 즐겨 찾았을 법한 죽을 팔아 사업에 성공한 기업이 바로 "죽 장사 분명히 된다"라는 신념을 가지고 창업을 시작한 윤석모 사장이 이끄는 큐후드사이다. 죽 장사에 대한 기술·생산상의 타당성 조사는 윤 사장 본인이 식품학을 전공하면서부터 30여 년간 식품 관련 공무원을 지내고, 또 식품 회사에서 충분한 경험을 가진 전문가적 식견으로 판단했다. 운영 자금으로는 저축한 돈과 갑자기 금값이 된 땅 덕분에 공짜 돈을 약간 가진 게 있었다. 윤 사장은 부족한 경영에 대한 지식과 이론을 여러 전문기들을 찾아다니며 참고했나.

이러한 과정에서 큐후드의 사업성 분석은 일반적인 창업 과정과는 달리 보다 과학적이고 미래지향적인 성격을 가졌다. 즉 생산될 제품과 자본금의 규모를 정한 다음, 기술·생산상의 타당성을 검토한 뒤 마케팅 전략 등을 주제로 하고 향후 전망을 알아보는 미래 정보까지의 사업 타당성을 정부 출연 기관인 산업 기술 정보원에 의뢰해 1개월간의 노력 끝에 나온 연구 검토 결과를 받아들여 창업에 들어갔던 것이다. 이 연구 결과에 따르면 큐후드사의 죽 제품은 성공 가능성이 높고 신제품 개발이 중요한 성공의 관건으로 파악되었다. 또한 운전 자금 조달 계획과 국내 농산물 가공 산업의 정보 습득과 분석에 치밀한 관심을 쏟음으로써 지속적인 성장이 보장된다는 것이었다.

결국 큐후드사는 호박죽·잣죽·단팥죽·오곡죽 등의 죽 제품을 만들어 신시장을 꾸준히 개척해 회사의 발전을 가져왔을 뿐 아니라 국내 50여 개사가 뒤따라 호박죽을 출시함으로써 한국 식품 가공 산업계에 호박죽 붐을 조성하는 중추적 역할을 했다. 더 나아가 호박을 생산하는 농가 소득 증대에도 크게 기여한 자랑스런 중소 기업으로 성장했다. 1993년 큐후드사는 죽 제품 하나로 내수 시장에서 연간 250억 원 규모의 매출을 올리고 세계 40여 개국에의 수출을 통해 780만 달러의 외화 획득을 실현할 수 있었다.

세계 시장에서의 경쟁력 향상과 국내의 지명도 높은 브랜드들과의 경쟁에서의 승리는 정확한 품질, 성실한 제품, 신기술을 이용한 가공 기술 등의 노력과 함께 과학적이고 미래 지향적인 사업성 분석에 그 이유를 찾을 수 있겠다. 윤 사장은 "창업의 요소는 자본·경영·생산이겠지만 여기에 기술 개발과 정보를 덧붙이고 전문 연구 기관의 사업 타당성을 검토 받아 시행하는 것이 100% 빠른 성장, 100% 매출 신장을 가져오는 길이다"라고 자신의 창업관을 밝히고 있다.

[14] 주간 매경, "전통 죽 상품화한 큐후드사," 1994년 1월 26일.

창업 이야기 Ⅲ-2

한국 인식 기술[15]

한국 인식 기술의 이인동 사장은 '문자 인식 소프트웨어'란 독특한 분야에서 세계적인 기술력과 독보적인 시장 장악을 이룩한 벤처 기업인이다. 그를 이해하려면 먼저 역작인 문자 인식 소프트웨어 '글눈'을 알아야 한다. 문자 인식 소프트웨어는 스캐너를 통하여 인식한 각종 문자와 도표를 그대로 컴퓨터에 입력시켜 주기 때문에 종전처럼 일일이 키보드를 두드려 입력시키는 불편을 단번에 없애주며 인쇄물을 이용한 데이터베이스 구축에 필수적인 첨단 제품이다.

충남대 전자공학과 77학번인 이 사장이 문자 인식에 관심을 갖기 시작한 것은 15년 전인 1982년 원주 진강고 기술 공업 담당 교사 시절 때부터였다. 1981년 대학 졸업 후 6개월간의 군복무와 함께 이어진 5년간의 의무 교직 시절이었다. 그의 나이는 불과 23세였다. 당시 전 세계적으로 문자 인식에 대해 40년 정도 연구가 진행되어 왔지만 대단한 성과는 별로 없었다. 국내에서도 이를 연구하는 사람은 10명도 채 안 되는 황무지나 다름없던 시절이었다. 사실 이 분야는 미국이나 일본의 기술로만 인식되어 왔던 터였다. 하지만 이 사장은 문자 인식 시장이 폭발적으로 성장할 것임을 염두에 두고 연구에 전력 투구하기 시작했다. 그게 놀라운 사업 안목인지도 모른다. 이 사장은 창업 동기에 대해 다음과 같이 말한다.

"당시 컴퓨터의 처리 속도는 하루가 다르게 발전하고 있는데 컴퓨터의 눈(스캐너 및 입력 기능)이나 귀(스피커)에 해당하는 기능은 형편없었습니다. 컴퓨터의 처리 속도가 100이라면 키보드의 속도는 불과 1에 불과했습니다. 이는 쉽게 말해 컴퓨터가 놀고 있다는 뜻이었습니다. 입력 자동화 기술이 5세대 컴퓨터의 핵심요소 기술이라고 생각했고 이 기술의 개발에 단독으로 뛰어들었던 것입니다."

글눈이 국내 시장에서 차지하는 비중은 절대적이다. 문자 인식 소프트웨어 이용자의 80% 이상이 글눈을 쓰고 있기 때문이다. 현재 국내 사용자는 약 15만 명, 해외 사용자는 약 1만 명에 달한다. 글눈은 사용자 수만 많은 것이 아니다. 품질도 세계적이다. 6월에 나온 최신판 '뉴 글눈 97'은 한글·영어·한자·일어·독일어·러시아어 등 14개 국어를 초당 300자까지 인식하며 흑백뿐만 아니라 컬러 문서도 원색 그대로 인식할 수 있다. 여기에 사용자의 필기체를 인식하는 학습 기능까지 있다.

이 사장은 문자 인식 소프트웨어의 노하우를 바탕으로 사업 다각화에 발벗고 나섰다. 1996년 말에는 전표 인식 시스템을 내놓았고, 이어 주차장 관리 시스템, 범죄 차량 식별 시스템, 고속도로 무인 요금 시스템 등도 개발했다. 그는 한발 더 나아가 98년을 출시 시점으로 해서 문자 인식 시스템을 활용한 첨단 신제품을 수출하는 사업을 추진했다.

"대당 1000만 원대를 호가하는 신제품으로 전세계 시장을 석권할 계획입니다. 98년부터 3년간 20억 달러의 수출을 목표로 잡고 있고 적게 해도 10억 달러는 가능하다는 판단입니다."

미국·일본·영국 같은 선진국 시장이 주 수출 무대라는 이 사장의 설명이다. 수출 목표 중 순수한 소프트웨어인 글눈의 비중은 극히 낮다. 많아야 5%에 불과하다. 한국 인식 기술의 수상 경력은 벤처 기업치곤 상당히 화려한 편이다. 그만큼 첨단 기술력을 인정받았다는

15 이코노미스트, "한국 인식 기술, 문자 인식 노하우, 우리가 '세계 최고'," 1997년 7월 1일.

얘기이다. 글눈이 94년에 정보 산업 연합회 추천 우수 등록 프로그램으로 선정된 것을 필두로 대통령이 주는 신 한국인 상까지 굵직굵직한 상만 해도 10개가 넘는다.

창업 이야기 III-3

화덕 산업[16]

화덕 산업은 1987년 랜턴용 소형 형광 램프를 생산하던 새마을 공장 수준의 '부광 전자'를 인수한 최대병 사장이 특수 형광 램프 생산 업체로 설립했다. 당시에는 종업원 15명의 아수 조그만 업체였다. 생산 제품 또한 랜턴용 소형 램프 하나뿐이었다. 고작 100여 평밖에 안 되는 새마을 공장 수준의 생산 업체를 일으켜 비록 랜턴용 램프 한 가지의 아이템이지만 나름대로 세계 시장을 개척해 오던 화덕 산업의 앞길을 가로막은 것은 중국이었다. 1991년 중국이 낮은 인건비의 이점을 등에 업고 랜턴용 램프 생산에 본격 참여함으로써 화덕 산업은 생산 중단의 위기를 맞았다. 그 전까지만 해도 화덕 산업은 해마다 매출액이 50%씩 올라갈 만큼 급성장을 하고 있었고, 부광 전자를 인수해 생산 라인을 추스린 지 1년여 만에 3억 원 어치의 랜턴용 소형 램프를 홍콩에 수출했다. 이에 힘입어 100여 평 규모의 공장을 250 평 규모로 늘려 짓고 랜턴용 램프 외에 포충등에 사용되는 V형 램프를 개발, 생산하는 등 의욕적인 출발을 하고 있었다.

좌절의 소용돌이로 빠져든 최 사장은 과감한 승부수를 던졌나. 회사의 전면적 개혁을 시도한 것이다. 우선 중소기업 진흥 공단의 경영지도실에 경영 진단을 의뢰해 구조 조정의 가능성부터 확인했다. 다행히 진단 결과는 특수 조명이라는 아이템 자체가 고부가가치 상품이므로 앞으로 기술 개발을 할 경우 얼마든지 사업성이 있다는 희망적인 내용이었다. 여기에 직원들이 최대병 사장에게 보여준 깊은 신뢰감이 제기의 발판이 될 것이라는 분석에 따라 다시 한번 해보자는 의지로 과감한 투자에 나서기 시작했다.

먼저 램프의 생산을 중단하고 연구소를 설립한 후 고부가가치 제품의 개발을 시작했다. 제품 개발과 함께 자동화 설비 투자에 주력하고, 900평의 넓은 공장을 갖춘 후 자동화 설비를 본격적으로 추진하여 5개 생산 라인을 반자동화해서 효율적인 다품종 생산 체제를 갖춰 놓았다. 이러한 본격적인 구조 조정 작업은 1993년부터 95년 말까지 3년에 걸쳐 완성되었으며, 30억 원이라는 중소 기업으로서는 매우 큰 돈이 투자됐다. 계속적인 자금 마련에 어려움을 겪었지만 이제는 기술 개발에 성공, 본격적인 제품 생산에 나설 수 있게 되어 점차 좋아질 전망이다.

화덕 산업은 기술 개발 과정에서 일반 조명에 속하는 절전형 3 파장 램프를 국내 최초로 개발해 화제를 모았고 이 업종 교류를 통해 첨단 금융 자동화 기기의 하나인 지폐 수수기도 생산하고 있다. 1995년 말 조명 업체로는 두 번째로 ISO 9002 품질 인증을 획득한 후 주문이 많이 늘고 있으며 리팩토리를 시행해 원가 절감과 생산성 향상을 꾀하였다.

16 중소기업 진흥 공단, 작은 일류들 (서울: 중소기업 진흥 공단, 1997): 50-53.

읽을 거리

Armar V. Bhide, "Analyzing New Venture," Harvard Business School Note 9-393-053, 1992.

Gerald E. Hills, "Market Analysis and Marketing in New Ventures: Venture Capitalists' Perception." In John A. Hornaday, Fred Tarpley, Jr., Jeffry A. Timmons, and Karl H. Vesper, *Frontiers of Entrepreneurship Research, 1984* (Wellesley: Babson Center for Entrepreneurial Studies, 1984).

D. Bruce Merrifield, "New Business Incubators," *Journal of Business Venturing*, 1987, 2: 277-284.

Takeru Ohe, Shuji Honjo, and D. Bruce Merrifield, "Japanese Corporate Ventures: Success Curve," *Journal of Business Venturing*, 1992, 7: 171-180.

Daniel R. Scherlis and William A. Sahlman, "A Method for Valuing High-Risk, Long-Term Investments: The 'Venture Capital Method'," Harvard Business School Note 9-288-006, 1987.

Ⅳ장 사업 가치의 평가

"우리가 관심을 두는 것은 기업의 가치를 결정하는 것으로 미래에 왜 현재보다 가치가 더 증식될 것인가 하는 점이다. 여러 이론 중에서 항상 무엇보다도 중요한 것은 순익과 자산이다. 그 중에서 순익이 특히 중요하다."

피터 린치(Peter Lynch), *One Up on Wall Street,* 1989

이 장에서 다루는 주제

사업 가치 평가의 필요성
자산 기준 가치 평가
순익 기준 가치 평가
현금 흐름 기준 가치 평가
벤처 자본의 가치 평가 방법

창업 현장

커머셜 픽스처[1]

커머셜 픽스처사(Commercial Fixtures Inc., 이하 CFI)는 사업체나 기관용으로 형광등 조명 설비를 주문 제작하는 미국 콜로라도 주 덴버 시 소재 회사로서 1991년에 400만 불의 매출액과 11만 5000불의 순이익을 낸 바 있다. 매출액의 10%는 완전 주문 생산이고, 15%는 표준 제품의 변형 모델이다. 1991년에 66,000개의 조명 설비를 공급했는데, 평균 주문량은 15-20개 정도였다. 가격 경쟁력이 별로 중요하지 않은 고급 주문품 시장에서는 각 주문 건당 전국적으로 6-7개의 업체가 경쟁하고, 가격 경쟁력이 필수적인 표준 제품 시장은 각 주문 건당 전국적으로 30개 내외의 업체가 경쟁하는 것이 보통이다.

CFI는 1936년에 조너던 위트록(Jonathan Whitlock)과 줄리스 레이시가 콜로라도 주 골든 시에서 창업한 뒤 몇 년 후 레이시 대신 폴 에반스(Paul Evans)가 새로운 파트너로 등장하여 사장이 되었다. 1969년 조너던의 아들 고든 위트록이 영업 사원으로 일하기 시작하였고, 1970년 폴의 아들 앨버트 에반스도 영업 사원으로 일하게 되었다. 조너던이 병환으로 경영 일선에서 물러나고 그 후 폴도 신진 경영진과의 조화 문제로 경영 일선에서 물러나자, 이들 두 아들들이 적극적으로 경영에 참여하게 되어 고든은 영업을 책임지고, 앨버트는 생산을 책임지게 되면서 각각 50%씩의 의결권 주식을 인수하게 되었다.

그 후 고든이 CFI사 내에 컴퓨터 회사를 차리고 CFI와 직접적으로 관련없는 일에 매달리자 앨버트와 사이가 벌어지기 시작했고 감정 대립이 심해지면서 회사는 엘버트가 단독적으로 지휘하는 체제로 바뀌었다. 1985년 회사를 덴버 시로 옮긴 이후 고든은 앨버트 중심의 이사진과 갈등을 빚게 되어 1990년에 둘은 결별을 결심하고 그 구체적인 방법을 모색하게 된다.

1992년 2월 17일에 드디어 두 사람은 소위 텍사스 슛아웃(Texas Shoot-Out) 형식의 경매를 통해 둘 중의 한 사람이 자신의 지분을 상대방 파트너에게 매각하는 방식으로 소유 지분을 넘기기로 하였다. 이는 각 파트너가 상대방이 소유하고 있는 회사의 50% 지분에 대해 각자가 가격을 비밀리에 산정하여 동시에 발표하고, 그 중에서 고가를 부른 파트너가 그 50% 지분을 부른 값에 취득하여 100% 지분을 갖게 함으로써 소유권과 경영 통제권을 인수·인계하자는 것이었다.

고든과 앨버트는 이러한 지분 경매를 위해 CFI의 기업 가치를 평가해야 했다. 최종 결정을 내리기 전에 그들은 일 주일간의 여유가 있었다. 약정상 최소한의 호가는 $500,000이었다. 이는 결국 지분을 매각하게 될 파트너의 이권을 보호하기 위한 것이었다. 이에 덧붙여 향후 5년간 동종 업체를 설립하지 않겠다는 비경쟁 합의(Noncompetition Agreement)의 대가로 일정액을 지불할 수 있었다. 이러한 향후 대가에 대해 두 파트너는 당시 AAA 등급 채권 수익률 8%를 할인율로 적용하기로 합의했다.

구체적인 평가에 들어가면서 앨버트와 고든은 회사의 향후 매출액과 각 비용 항목들이 어떻게 증감할지를 평가했다. 그러한 추정에서 나오는 순이익을 보고 동종 업계의 순이익 대

[1] Richard O. von Werssowetz and H. Irving Grousbeck, "Commercial Fixtures Inc.," Harvard Business School Case 9-393-115, 1993.

비 시장 가치를 기준으로 가치 평가를 할 수 있었다. 또한 장부상의 여러 가지 자산을 시가로 재평가해 보기도 하였다. 이러한 평가는 그들이 현재까지 쌓아 왔던 CFI사 경영상의 노하우로 어느 정도 공통 분모를 가지고 있었다.

그러나 최종적인 판단에 있어 그들은 개인적인 입장의 차이를 보였다. 앨버트는 인문학부를 졸업하고 CFI에서만 근무하여 다른 회사의 경영이나 근무 환경은 잘 몰랐다. 또 지분 인수 후에 고든 없이 혼자 CFI를 경영할 수 있을지도 의문이었다. 그는 주로 생산 관련 업무만을 담당해 왔고, 사내의 다른 경영자와 갈등을 빚기도 하였다.

한편 고든은 경영대학원에서 MBA 학위를 취득하고, 영업 분야 업무 경험을 갖고 있다. 고든은 다른 회사에서 일한 적도 있고, 또 스스로 컴퓨터 회사를 창업한 경험도 있다. 그는 특히 은행과 잘 연계되어 있어 회사를 인수하게 되면 추가적인 자금 조달을 용이하게 확보할 수 있었다.

결국 경매 당일 고든이 $550,795.09를 부르고, 앨버트가 $523,000를 불러 고든이 회사 지분 전체를 갖게 되었다. 또한 고든은 앨버트에게 비경쟁 합의 사항으로 5년간 매년 $57,800을 지급하기로 하였다. 따라서 고든은 현재 가치로 따질 때 앨버트가 가지고 있는 50%의 지분에 대해 총 $787,073.40를 지불하는 셈이었다.

고든이 이러한 결정을 하는 과정에서 앨버트와의 알력이 그로 하여금 더욱 심각한 각오를 하게 되었고, 결정 하루 전에 은행에서 "너무 가격을 낮게 부르지 말라"고 권고한 점을 명심하였다. 또 설립자인 그의 아버지 조너던 위트록이 전화를 걸어 "너무 비싸게 사지는 말아라. 그렇다고 회사를 놓쳐서도 안 된다"고 심리적 애착을 표명한 점도 염두에 두었다.

고든은 회사 전체를 인수한 후 CFI를 성공적으로 경영하여 그가 애초에 기대했던 것보다 좋은 성과를 냈다. 1992년에 매출액이 $540만, 순익이 $18만으로 크게 증가하였다.

---

1. 사업 가치 평가의 필요성

창업자가 자신의 기업이 얼마만큼의 가치가 있는지 정확히 아는 것은 중요하다. 자신을 아는 것에서 사업이 시작되기 때문이다. 따라서 사업 가치의 평가(Valuation)는 창업 기업가가 수행해야 하는 핵심적 과제 중의 하나이다. 창업 초기에 사업 기회의 구체적인 가치를 파악하고, 그에 기반하여 가족, 친지, 에인절 투자자 등을 유치하기 위해 사업 가치를 평가할 필요가 있다. 또한 기존의 기업일지라도 사업을 매각하고 인수하는 과정에서 사업 가치 평가가 요구된다.

사업을 매각할 때 창업자가 흔히 자신만이 사업 가치를 잘 안다고 생각하는 경향이 있는데, 회계 법인 등의 외부 기관을 통해 객관적인 사업 가치 평가를 해봄으로써 자신이 몰랐던 부문을 새롭게 깨달을 수 있을 뿐만 아니라 인수 당사자에게도 보다 객관적인 자료를 제시할 수 있다. 사업을 매각하지 않더라도 기업의 성장기에 미래에 대비한 전략적

표 4-1 사업 가치 평가의 용도

· 융자 신청	· 스톡 옵션제 준비
· 외부 투자자 유치	· 파트너십 결렬
· 국세 심판 청구	· 이혼 준비
· 주요 전략적 기획 수립	· 파산 신청
· 주식 시장 상장 준비	· 회사나 사업부 매각
· 회사 주식 관련 재산/증여 계획	

자료: Jill Andresky Fraser, "What's Your Company Worth?" *Inc.*, November 1997: 111-112.

기획을 하기 위해서도 정확한 사업 가치 평가가 도움을 준다.

표 4-1은 사업 가치 평가의 다양한 용도를 보여준다. 모든 사업 가치 평가 결과가 적정한 시장 가치를 반영한다고 주장하기는 하지만 실제로는 평가 목적에 따라 수치가 달라질 수 있는데, 그것은 가치 평가 정보 사용자의 입장이 다양할 수 있기 때문이다. 다음 사항은 가치 평가의 목적에 따른 주안점의 차이를 보여준다.

- **재산세 및 증여세 목적:** 이상적인 사업 가치 평가는 세부담을 최소화하기 위해 기업의 가치를 최소화하는 증빙 자료를 활용한다.
- **매각 목적:** 매각 당사자가 기업 가치를 최대화해서 평가하는 방법을 모색한다.
- **자금 조달 목적:** 금융 기관은 기업의 장기 지속성보다는 청산 가치에 기반한 사업 가치 평가를 시행한다.
- **청산 목적:** 기업 청산 시는 이해 당사자들이 냉혹한 가치 분배의 입장에 서게 되므로 자신의 입장에 따라 우량한 외부 감정기관으로부터 자기방어적인 증빙 자료를 확보해 놓을 필요가 있다.

업계에서 어림짐작으로 판단하는 사업 가치 평가의 수준을 넘어서 수백만 원 이상을 투자하더라도 자기 회사의 차별적 특징과 가치를 파악하는 외부 사업 가치 평가가 필요한 경우가 있다. 기업 가치 평가를 전문으로 하는 회사를 통해 기업 평가를 의뢰하는 경우엔 많은 비용이 들기 마련이다. 그러나 다음의 경우엔 전문 업체에 많은 비용을 지불하더라도 다각도로 회사의 가치를 평가해야 한다.[2]

- 회사 주식을 누군가에게 증여하려 할 때
- 기업 공개를 계획하고 있을 때
- 은행 융자를 신청하려 할 때

재무 이론가들이 계속 기업을 평가하는 다양한 기법들을 개발한 것은 사실이다. 대규모 공개 기업의 경우 단순하게 자본의 시장 가치를 따져서 기업의 가치를 평가할 수 있다. 이러한 기업들은 다년간의 감사된 재무 제표가 존재하고, 이를 통해 손익과 현금 흐름 등을 예측적으로 파악할 수 있다. 하지만 소규모 창업 기업의 가치를 평가하기는 상당히 어

[2] Jill Andresky Fraser, "When a Valuation Makes Sense," *Inc.*, July 1996: 97.

렵고 불확실하다. 업계에서 자주 활용하고 있는 가치 평가의 기법에는 아래와 같이 세 가지 방법이 있는데 다음에서 이들을 자세히 살펴보기로 하자.[3]

- 자산 기준 가치 평가
- 순익 기준 가치 평가
- 현금 흐름 기준 가치 평가

2. 자산 기준 가치 평가

자산 기준 가치 평가(Asset Valuation)는 사업체가 보유하고 있는 자산의 가치를 기준으로 기업 가치를 파악하는 방법이다. 자산의 시장 가치는 기업체 자체의 시장 가격에 보유 부채 액수를 더한 값이기 때문에 이러한 자산 가치의 증가는 투자자의 입장에서 보았을 때 기대 수익의 증대를 의미한다. 이러한 자산 가치가 적을수록 투자자의 위험 부담(Risk Exposure)은 커진다고 볼 수 있다. 구체적으로 자산 가치는 장부 가치, 조정 장부 가치, 청산 가치, 대체 가치 등으로 평가할 수 있다.

(1) 장부 가치

장부 가치(Book Value)는 재무 제표상에 나타난 자산의 가치를 평가하는 것으로 기업 가치 평가의 출발점이다. 장부 가치에 의한 평가는 가시적으로 드러나기 때문에 평가 자체가 분명하다는 장점이 있다. 그러나 회사에서 취하고 있는 회계처리 기준에 따라 각종 자산에 대한 평가가 절하 또는 절상될 수 있다는 점을 유념해야 한다. 즉 회사마다 제각기 다양한 방법으로 연구개발비, 조직 관련 비용, 특허권 등을 기장할 수 있다는 것이다.

(2) 조정 장부 가치

조정 장부 가치(Adjusted Book Value)는 역사적 원가를 취하는 재무 제표상에 나타난 특정 자산이 실제 시가와 달리 기재되었을 때 이를 시가로 재조정한 장부 가치를 말한다. 특히 건물, 토지, 장비 등이 실제 시장 가치보다 훨씬 급속히 감가상각되었을 때 평가 절하된 만큼 자산 가치를 상향 조정해야 되는 경우가 흔히 발생한다. 반대로 실제 시장 가치가 존재하지 않는 무형 자산의 경우 자산 가치를 영으로 평가 절하할 수 있다.

---

3 Michael J. Roberts and Howard H. Stevenson, "Valuation Techniques," Harvard Business School Note 9-384-185, 1984.

(3) 청산 가치

조정 장부 가치 평가보다 한걸음 더 나아가 기업 자산을 즉각적으로 매각하고 그 대금으로 부채를 상환했을 때 남는 가치의 잔여분이 **청산 가치**(Liquidation Value)이다. 이 경우 재고 자산이나 부동산 등은 실제로 기업이 존속할 경우보다 훨씬 평가절하되어서 매각될 확률이 높다. 또한 청산 시 들어가는 청산 부대 비용을 감한 후 청산 가치를 결정해야 한다.

청산 가치는 현재 정상적으로 운영되고 있는 기업이 즉각적으로 매각된 경우를 가정하고 평가하는 것이므로 실제로 회사가 존속하다 급작스러운 경영 악화로 매각해야 되는 상황에 놓이게 되면 청산 가치는 훨씬 낮아질 수 있다.

기업 매각을 전제로 하는 청산 가치에 의한 평가는 기업을 인수하여 존속시키려는 인수 당사자에게는 별로 관심의 대상이 되지 않는다. 하지만 매각 당사자가 스스로 매각하려 할 경우 언제든지 받을 수 있는 금액을 나타내므로 기업인수 거래 시 매각 당사자가 기본적으로 가지고 있는 일종의 협상의 하한선(Floor)으로 파악될 수 있다.

(4) 대체 가치

대체 가치(Replacement Value)는 현 사업체의 유형 자산을 처음부터 다시 구비할 경우 발생하는 비용으로 평가된 기업 가치를 말한다. 이 방법은 사업 추진을 위해 기존의 기업을 인수하지 않고 처음부터 창업하는 대안을 상대적으로 평가해볼 때 유효 적절한 준거점을 제시한다. 처음부터 회사를 설립하기 위해 공장을 짓고 장비를 구입하는 비용보다 기존의 업체나 시설을 인수하는 시가가 훨씬 싼 경우가 있을 수 있다.

3. 순익 기준 가치 평가

순익 기준 가치 평가(Earnings Valuation)는 순익의 자본화를 통해서 가치를 평가하는 것으로 다음과 같이 평균 순익액에 자본화 요인(Capitalization Factor), 즉 **주가/순익 비율** 혹은 **배수**(Price/Earnings Ratio or Multiple)를 곱해 기업 가치를 결정하게 된다.

기업의 시장 가치 = 5개년 평균 순익 × 주가/순익 비율

이때 취하는 순익과 자본화 요인의 종류에 따라 구체적으로 평가 방법에 차이가 존재한다.

(1) 순익액 평가

순익(Earnings)을 구체적으로 측정하는 데 있어서도 다양한 정의가 있을 수 있다. 우선 순익의 의미를 세후 순이익, 세전 순이익, 영업 이익 등 다양하게 정의할 수 있다. 기업 가치를 평가하는 데 있어서는 세후 순이익을 따질 때 특별 손익 항목을 배제하는 것이 상례이다.

보통은 이자 및 세전 순이익(EBIT: Earnings Before Interest and Taxes)을 많이 사용한다. EBIT는 자금 조달의 방법에 관계없이 기업의 기본적인 수익력을 측정할 수 있는 방법이며, 창업 기업가가 미래에 여러 가지 자금 조달 방안을 모색할 때 이러한 대안의 효과를 적절히 통제할 수 있는 좋은 평가 방법이다. 또한 순익 평가의 기간을 기준으로 볼 때는 다음과 같이 역사적 순익, 현 소유주 하의 미래 순익, 그리고 신 소유주 하의 미래 순익 등을 평가의 기준으로 삼을 수 있다.

역사적 순익 역사적 순익은 회사가 과거에 낸 성과를 기반으로 미래의 순익을 판단하고자 하는 것이다. 과거가 미래를 반영하는 데 한계가 있는 만큼 해석상 주의를 요한다. 그러나 과거 영업 성과의 근거 없이 막연하게 미래를 추정하는 것보다는 구체적이고 현실적이라고 볼 수 있다. 역사적 순익을 보다 효과적으로 활용하기 위해서는 그것이 직접적으로 기여한 수익 및 비용 요소들의 특성, 그들간의 관계 및 전반적인 추세를 파악하는 것이 중요하다. 이들을 파악하는 데 있어 특별 손익 항목들을 제외시키는 한편, 비정상적으로 낮게 책정되어 미래에 특별 손실화될 수 있는 비용 항목들을 감안해 추가하는 것이 필요하다. 또한 소규모 기업의 경우 소유주와 가족 등의 급료가 필요 이상으로 높거나 낮게 책정되어 있는지를 잘 살펴서 조정해야 한다.

현 소유주 하의 미래 순익 모든 투자자들이 실제로 관심을 두는 것은 회사가 미래에 어떠한 경영 성과를 낼 것인가 하는 점이다. 이 방법은 현재의 기업 소유주가 기업 경영을 계속하되 경영 전략과 방침을 조정하였을 때 예상되는 미래 순익을 따져보는 것이다. 현재의 경영진이 가지고 있는 경영 능력, 경제적 및 비경제적 목표 등의 요인이 중요한 고려 요인이며, 미래 수익과 비용 항목을 추정하는 데 감안해야 한다. 이 방법은 현 소유주에 대한 기업의 경제적 가치를 단적으로 드러낸다.

신 소유주 하의 미래 순익 투자자의 입장에서 투자와 함께 경영진이 교체된다면 현 소유주하의 미래 순익을 따지는 것은 별 의미가 없게 된다. 실패하는 기업의 회생 등을 위해 투자와 동시에 기업의 최고 경영진이 바뀌는 상황에서는 신 소유주와 경영진하의 미래 순익이 적절한 평가의 지표가 된다. 새로운 경영진의 전략적 방침의 변화에 따라 수익과 원가 요소들이 과거와는 다른 방향으로 나타날 수 있다. 이 경우 미래 순익 자체가 매우 불확실하게 된다. 따라서 상황적 예측을 최선의 경우, 보통의 경우 및 최악의 경우 등으로 나누어 시나리오를 설정하고 새로운 전략 하의 미래 순익을 체계적으로 타진해 볼 필요가 있다.

(2) 주가/순익 배수

위와 같은 방법으로 일단 순익이 결정되면 다음으로는 주가/순익의 배수를 결정하고 그 둘을 곱한 값으로 기업 가치를 최종적으로 평가하게 된다. 투자자의 입장에서 보면 특정 시점에 주식 시장에서 소유 지분을 매각하여 투자액을 회수해야 하는 것이므로 투자 대상 회사가 가지고 있는 기대 순익의 규모와 패턴, 업종의 특징, 주식시장의 상황 등을 고려하여 자신의 지분을 얼마에 매각할 수 있을 것인가가 주요 관심사가 될 것이다. 이러한 목적을 위하여 주가/순익 배수를 사용해서 유사한 업종과 특징의 기업과 비교해서 투자 회사의 가치를 상대적으로 평가할 수 있다. 하지만 소규모 기업의 경우는 미래 순익의 흐름도 불확실할뿐더러 주식 시장의 주가/순익 배수 자체가 적용 불가능한 경우가 많기 때문에 기업 가치 평가도 어렵게 되고, 따라서 이러한 불확실성에 따른 요구 투자 수익률도 높아지게 된다.

앞 장에서 논의한 제약성 분석의 결과 도출되는 계획 사업의 점수를 통해서 보다 안정적인 주가/순익(P/E) 비율을 구할 수 있다. 그림 4-1은 실증적인 자료에 바탕하여 P/E 비율과 제약성 점수와의 개략적인 상관 관계를 보여준다. 기업의 재무 제표상 나타난 P/E 비율은 경기 변동과 관련하여 해당 연도별로 등락이 심할 수 있다. 그 이유는 예컨대 불경기에 장기 예측에 기반한 기업의 시장 가치 자체는 별다른 영향을 받지 않더라도 당해 연도의 순익이 급작스레 낮아져 주가/순익 비율이 필요 이상으로 평가 절상될 수 있다. 경기 회복 시에는 이 비율이 다시 원 상태로 낮아지게 된다. 반면에 제약성 분석에 근거한 P/E 비율은 이러한 경기 변동을 타지 않고 안정적이게 된다.

미래 순익과 주가/순익 배수를 통해 기업의 가치가 결정되면, 그에 따라 창업 기업가에 대한 **잔여 지분가 결정**(Residual Pricing)이 이루어질 수 있다. 잔여 지분가 결정에 의해 창업 기업가의 지분과 투자자의 지분이 목표 수익률에 따라 달리 나누어진다. 잔여 지분가를 결정하는 절차는 다음과 같다.

- 미래 순익과 주가/순익 배수를 곱하여 기업의 가치를 결정한다.
- 지분 매각을 통해 조달할 자금의 목표 수익률을 설정한다.
- 창업 기업가가 이러한 자금을 조달하기 위해 양도해야 하는 지분율을 도출한다.
- 양도 후 잔여 지분이 창업 기업가에게 돌아오는 수익이 된다.

예를 들어 향후 5년 후에 회사가 1억 원의 순익을 올리고, 적정 주가/순익 배수가 10이라고 했을 때 이 회사의 가치는 5년 후 1억 원×10 = 10억 원이라고 평가할 수 있다. 이 회사의 창업자가 사업 추진을 위해 벤처 자본을 통해 5천만 원을 조달할 필요가 있고, 벤처 자본사가 이 회사의 사업 위험을 판단하여 50%의 투자 수익률을 요구한다고 할 때,

그림 4-1 주가/순익 비율과 제약성 점수와의 상관관계

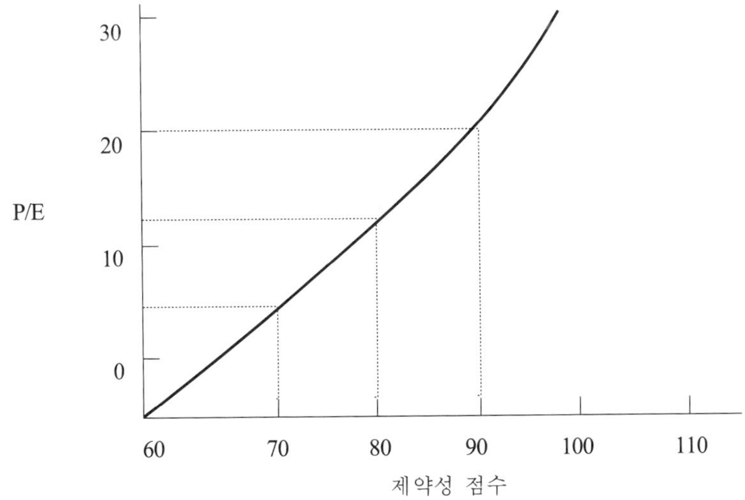

현시점에서 투자한 5000만 원이 5년 후에는 5000만 원 × $(1 + .5)^5$ = 약 3억 8000만 원이 되어야 한다. 따라서 창업자는 3억 8000만 원 / 10억 원 = 38%의 지분을 양도해야 하며, 사신이 삿게 되는 잔여 지분은 62%, 즉 6억 2000만 원이 된다.

4. 현금 흐름 기준 가치 평가

전통적으로는 기업의 가치를 평가하는 데 있어 위에서 본 바와 같이 순익에 주안점을 두어왔다. 이 방법은 계속 기업의 경우 일정 수준의 순익 흐름이 존재한다는 점을 가정하고 있는 것이다. 하지만 신규로 사업에 투자해야 하는 입장에 있는 창업자에게는 기업 전체의 가치를 평가하는 문제와 그 중에서 자신에게 돌아오는 수익을 평가하는 문제가 구별되어야 한다. 창업자도 역시 투자 수익률을 따져야 하지만 창업자 자신이 직접 투자하는 자금의 절대액은 그 규모가 작기 때문에 창업자가 마땅히 사용할 수 있는 핀딘의 기준은 자신이 사업을 위해 직접 투여한 시간에 대한 수익률일 것이다.

이러한 관점에서 **현금 흐름 기준 가치 평가**(Cash Flow Valuation)는 사업체 전체의 투자 수익률이 아니라 창업자 개인에게 돌아오는 현금의 흐름을 파악하는 것이다. 창업자에 대한 **흑자 현금 흐름**(Positive Cash Flow)에는 영업상의 현금 흐름, 최종 가치, 과세 상의 이득 등이 있다.

영업상의 현금 흐름 이는 기업의 운영상 발생하는 가치 또는 현금의 흐름을 말하

는 것으로 아래와 같은 것들이 이에 속한다.

- **경영상의 특권**(Perquisite): 이는 현금 자체는 아닐지라도 현금과 동등한 가치가 있는 이득을 말한다. 회사 차량, 골프장 회원권 등의 운영비는 회사에 발생하지만 창업자 개인에게 득이 되면서 기업에서뿐만 아니라 개인에게도 면세가 되는 항목이라고 할 수 있다. 이는 그 절대 규모에 있어 한계가 있다는 단점이 있다.
- **부채 상환에 따른 투자금 반입**: 창업자가 회사에 대한 지분 투자와 더불어 개인적으로 직접 융자성 자금을 조달했을 때 회사가 일정 기간 후에 회사가 이를 상환하게 되면 창업자는 기존 지분율을 그대로 유지하면서 현금을 얻게 된다. 물론 이러한 현금의 유입은 초기에 창업자가 융자성 투자를 했다는 것을 전제로 한다.
- **이자 및 급료**: 창업자가 개인적으로 조달한 융자금에 대한 이자와 경영상의 책임을 맡음으로써 생기는 급료도 창업자에게는 중요한 현금의 유입이다. 이러한 현금은 회사의 입장에서는 면세이지만 창업자에게는 개인적 세 부담 항목이다.
- **배당금**(Dividend): 창업자는 주주로서 배당금을 지급 받을 수 있다. 배당금은 회사가 순익을 발생했다는 것을 의미하므로 회사 법인에 대한 법인 소득세와 배당금을 받은 창업자에 대한 개인 소득세를 이중으로 부담하게 되어 회사 지분을 소유하고 있는 창업자의 입장에서 보면 위의 항목들과 비교할 때 가장 바람직하지 못한 현금의 유입이라고 볼 수 있다.

최종 가치 최종 가치(Terminal Value)는 창업자가 사업의 결과를 수확하고자 회사를 매각할 때 발생하는 현금의 흐름이다. 이러한 현금 흐름은 크게 다음 두 가지로 나누어 볼 수 있다.

- **매각에 의한 자본금 반입**: 이는 창업자가 자기 지분의 일부 또는 전부를 매각할 때 얻는 현금으로 이러한 자본금의 원금을 받는 것은 회사나 개인 입장에서 모두 면세이다. 그러나 부채 상환에 의한 투자금 반입과는 달리 창업자가 매각한 만큼 회사 지분을 손실하게 되는 단점이 있다.
- **매각에 의한 자본 이득**(Capital Gain): 위의 자본금 원금에 더하여 초기 투자액을 초과한 자본 이득이 있을 경우 회사에게는 면세지만 창업자 개인에게는 소득세가 부과된다.

과세상의 이득 법인이 아닌 사업체를 운영할 때 창업자가 회사의 손실이 발생하는 기간 동안 이를 개인 소득에서 공제할 수 있을 때 다른 개인적 소득원에서 나오는 현금 흐름을 보호하는 효과가 있게 된다. 법인의 경우도 세법을 잘 활용하여 특정 기간의 사업 손실에 대해 과거로 소급 발생시키거나 미래에 상각함으로써 장기적으로 법인체의 순익을 증가시키고 투자자들이 이득을 보게 할 수 있다.

창업자는 위와 같은 흑자 현금 흐름뿐만 아니라 **적자 현금 흐름**(Negative Cash Flow)도 평가해야 하는데, 그 중에서 아래 세 가지가 특히 중요하다.

취득 가액의 현금 부분 창업을 위한 창업자의 초기 투자는 창업자가 개인적으로 감당할 수 있는 수준 이하이어야 한다. 창업자가 직접 투자해야 하는 현금의 액수가 적을수록 잔여 현금으로 다양한 사업 상의 옵션을 추구할 수 있고, 따라서 사업의 기대 수익률도 높일 수 있을 것이다.

급료 미지급분 창업자가 원래의 직장에서 벌 수 있었던 급료의 수준에 비해 창업 기업에서 받을 수 있는 급료가 줄었을 때 이는 분명히 창업에 따른 개인적 기회 비용이 된다.

추가적인 지분 투자액 창업 이후에 사업 추진상 운전 자본과 고정 자산 등을 위해 추가적으로 자본 투자가 필요하게 될 경우 창업자는 자신이 소유한 지분의 일부를 매각함으로써 다른 투자자를 유치할 수 있다. 이 경우 자신의 지분이 줄어듦으로써 미래의 기업 가치에 대한 창업자의 지분이 잠식되고, 재무 등 사업 운영상에 있어서도 상충적인 기업 목표를 충족시켜야 하는 난관에 빠질 수 있다.

재무 이론에 의하면 위와 같은 흑자 및 적자 현금 흐름이 파악되었을 때 적절한 **할인율**(Discount Rate)을 적용하여 이들의 현재 가치를 평가하는 것이 정도이다. 그러나 창업자가 사업 가치를 평가할 때 이러한 현재 가치법은 명백한 한계를 지닌다. 현재 가치법은 한정된 자금을 다양한 투자 대안 중에 어디에 할당할 것인가를 결정하는 문제이지만, 창업 기업가는 기본적으로 투자금에 대한 수익뿐만 아니라 자신의 시간과 노력에 대한 대가를 종합적으로 판단해야 하는 입장에 처하게 된다. 창업 기업가에게는 그가 추구하고자 하는 사업 기회는 분명하지만 그 밖의 옵션들이 불투명한 것이 보통이다. 따라서 창업 기업가는 일반적으로 이전 직장에서 받아왔던 급료를 대안적 판단의 기준으로 삼는다. 그러한 판단의 결과는 사업을 추진하느냐 아니면 현업에 머무르냐 하는 것이다.

할인율을 적용하는 데 있어서도 일반 기업의 포트폴리오 투자는 기업의 자본 비용을 웃도는 투자 수익률에 의해 여러 투자 대안을 상대적으로 평가하게 되지만, 창업 기업가는 투자에 대한 보상이 단지 금전적인 투자 수익률뿐만 아니라 자신이 투여한 시간과 정열, 함께 일한 창업 동지, 새로운 생활 방식 등을 종합적으로 판단해야 하는 매우 주관적인 결정을 해야만 한다. 추구하고자 하는 벤처의 특성에 따라 창업자의 시간과 노력에 대해 다양한 종류의 금전적, 비금전적 수익이 존재할 수 있다. 현금의 흐름에 따라 결정을 내렸을 때 그 결정이 비금전적 수익에도 영향을 미치기 때문에 현재 가치법에 의한 판단은 그만큼 중요도가 떨어지게 된다. 따라서 창업 기업가는 사업 추진의 최종적인 판단을 사업을 추진하는 길을 택했을 때 그 길이 자신에게 얼마나 크고 다양한 성장의 기회를 제공할 것인가를 총체적으로 파악하여야 한다.

5. 벤처 자본의 가치 평가 방법

벤처 자본가가 투자에 대한 수익을 기대하는 정도는 사업이 가지고 있는 위험의 특성과 개별 벤처 투자가의 주관적 판단에 따라 다르다. 하지만 대개의 경우 예비 창업 기업이나 창업 기업에 대한 초기 단계 투자(Seed/Startup Financing)에 대해 연 복리 50% 이상, 어느 정도 성공적으로 성장한 창업 기업에 대한 제 2 단계 후속 투자(Second-Stage Financing)에서는 30-40%, 그리고 기업 공개를 앞둔 중견 벤처 기업에 대한 후기 단계 투자(Later-Stage Financing)에서는 25-30%의 높은 투자 수익률을 기대한다. 이렇게 상대적으로 높은 투자 수익률을 요구하는 것은 창업 기업에 있어 다양한 사업 위험(Business Risk)이 존재하기 때문이다.

이러한 사업 위험에는 사업 개념이나 아이디어를 시장성 있게 실현시킬 수 있는가 하는 제품 위험(Product Risk)과 그러한 사업 개념을 경영진이 효과적으로 관리하고 성취할 수 있는가 하는 경영 위험(Management Risk) 요소가 포함되어 있다. 간단히 말해서 기대되는 투자 수익이 이러한 위험을 능가할 때 벤처 자본의 투자가 이루어진다. 위험 수준이 높을수록 요구하는 수익률도 높아지고, 따라서 투자에 대해 창업 기업의 벤처 자본 지분율도 많이 요구하게 된다.

(1) 기업 가치 평가 요인

일반적으로 벤처 자본가는 기업의 위험과 미래의 잠재성을 평가하기 위해 다음에서 설명하는 바와 같은 계량적인 분석 도구도 사용하지만 기업의 최종적인 가치 평가를 위해서는 개별 투자자 자신의 지식, 경험, 직관 등에 기반하여 종합적인 판단을 하게 된다.[4] 벤처 자본가가 계량적 분석을 할 때 주로 고려하는 사항은 아래와 같다.

- **회사의 잠재성**: 계획 사업의 상방 잠재성과 하방 위험 모두를 고려한다. 이를 위해 동종 산업에 속한 다른 중소 기업 및 대기업을 비교 분석하고, 이들이 투자 대상 창업 기업이 예측하는 대로 재무적 성과의 패턴을 보이는지를 검토한다.
- **창업자 재무 예측의 정확성**: 사업 계획서에 나타난 재무 예측이 정확한지를 평가한다. 과도하게 보수적인 예측은 기업 가치를 평가 절하하게 되지만, 과도하게 낙관적인 예측도 결국 창업자의 신용도에 금이 가게 하므로 피해야 한다.
- **미래의 자본 잠식**: 추가적인 후속 투자에 의해 창업자나 초기 투자자의 회사 자본이

[4] Jane Koloski Morris, "The Pricing of a Venture Capital Investment." In Stanley E. Pratt & Jane K. Morris (Eds.), *Pratt's Guide to Venture Capital Sources,* 11th Ed.: 55-57.

어느 정도 잠식될지를 평가한다.

- **퇴출**: 성장 후 기업이 공개되거나 매각될 수 있는 가능성을 평가한다.
- **이윤 달성 기간**: 투자금에 대해 유동성을 확보할 수 있는 잣대로서 수익성을 달성하기까지 걸리는 시간과 그 규모를 판단한다.
- **현재까지의 성과**: 후속 투자 여부를 결정하는 경우 초기 투자 시 세웠던 목표를 어느 정도 효과적으로 달성하였는지를 평가하게 된다. 초기에 과대한 목표를 세워서 회사 가치를 높여 자금 조달을 했다 하더라도 중도에 이러한 목표를 현실적으로 달성하지 못한다면 회사 가치가 결국 하향 조정되게 된다.
- **현재 순이익과 자본 이득**: 투자금에 대해 중도에 배당금이나 이자로 수익을 얻을 수 있는지 아니면 최종적인 자본 이득만을 기대해야 하는지를 평가한다.

위와 같은 양적 판단의 기준을 통해 계획 제품과 사업이 실현성과 시장성이 있다고 평가된다 할지라도 실제로 그러한 시장의 기회를 포착하고 사업을 추진하는 주체는 경영진이다. 따라서 벤처 자본가는 기업 가치를 평가하는 데 있어 이러한 경영진의 과거 실적과 경험을 중요하게 고려한다. 또한 경영진 자체가 창업 기업에 직접 개인적 자금을 투입한 정도를 파악한다. 이는 사업이 계획대로 추진되지 않을 때 자신의 개인 자금을 실질적인 수준으로 투입한 경영진은 무책임하고 도피적인 행동을 취할 수 없기 때문이다.

위와 같이 제품 위험과 경영 위험 등 창업 기업에 내재하는 요인들이 기업 가치를 평가할 때 중요한 고려 대상이지만, 실제로 어떤 회사가 특정 시점에 얼마의 값으로 평가되는가를 결정하는 데는 증권 시장과 벤처 산업 등의 외적 요인도 중요한 영향을 준다. 증권 시장이 활황일 경우 기업이 고평가되고, 반대로 불황일 때는 저평가되는 경향을 보인다. 특히 후기 단계 투자 대상 기업은 기업 공개 시 대규모 시세 차익을 노리는 벤처 자본가나 기관 투자자에 의해 높이 평가된다.

또한 벤처 자본 자금의 공급과 투자 대상 벤처 기업의 자금 수요가 어떻게 거시적으로 균형되는가에 따라 기업 가치 평가가 달라질 수 있다. 벤처 창업이 활성화되지 않아 벤처 자본가가 투자할 수 있는 사업 기회 자체가 적을 때 소수의 벤처 기업들이 고 평가된다. 반대로 이자율이 급격히 높아지는 등 자금 시장의 상황 변화로 벤처 자본 자금이 딸리게 될 때 벤처 기업에 대한 평가는 보다 세심해지고 기업 가치가 저평가되는 경향을 보인다.

이러한 외적 요인에 의한 가치 평가의 등락은 창업 기업보다는 성장 기업의 사업 확장을 위한 투자 시에 더욱 크게 나타난다. 왜냐하면 창업 기업은 상대적으로 외적 요인에 의한 재무적 위험보다는 기업 생존 여부와 직결되는 사업 위험이 더 지배적이기 때문이다.

(2) 기업 가치의 결정

벤처 자본가와의 면담을 통해 투자에 대한 협상을 진행하기 전에 창업자는 사전에 회사의 잠재적 가치에 대해 판단을 해놓아야 한다. 이는 벤처 자본가는 협상이 진행되는 과정에서 창업자가 요구하는 투자금에 대해 어느 정도 지분을 양도할 의사가 있는지를 알고자 하며, 양도 지분의 양은 결국 기업 가치의 평가에 기반하기 때문이다. 이러한 가치 평가를 위해 다음 세 가지 사항을 수행해야 한다.

- 벤처 자본가가 기대하는 수익률을 결정하기 위해 사업 위험을 평가한다. 사업 위험은 창업 초기 기업의 경우 높고, 기업이 성장함에 따라 사업 위험은 줄고 가격 책정 위험(Pricing Risk)이 증가하게 된다.
- 유사한 공개 기업과 비교하여 주가/순익 비율을 추정한다. 회사의 미래 시장 가치는 이러한 주가/순익 비율과 연 순익 예측치를 곱하여 추정한다.
- 벤처 자본가가 요구하는 총 수익액을 회사의 추정된 미래 시장 가치로 나눈다. 이 결과 나오는 것이 기대 수익률을 얻기 위해 벤처 자본가가 미래의 시점에서 요구하는 지분율이다. 중도에서 추가적인 지분 투자가 요구된다면 벤처 자본가의 자본 잠식이 있는 것이므로 계산상 이것이 추가로 반영되어야 한다.

이러한 평가 과정을 간단한 예를 통해 살펴보자.[5] 가나다사는 창업 기업으로서 현재 5억 원의 자본 투자가 필요하다. 이 회사의 제품이 상당한 시장성이 있는 것으로 판단되지만 검증되지 않은 신제품이기 때문에 매우 위험도가 높다고 할 수 있다. 따라서 벤처 자본가는 투자 5년 후 최소 10배의 수익(연 평균 수익률로는 약 58%)을 원한다. 경영진은 5년 후 기업 공개 시 20배의 주가/순익 비율로 평가될 수 있다고 추정한다. 5년 후 추정 세후 순익은 12억 5000만 원이다. 그러면 다음과 같이 요구 총수익, 5년 후 추정 시장 가치 및 5년 후의 벤처 자본사의 지분율을 구할 수 있다.

총 투자액	5억 원
기대 수익 배수	× 10
요구 총수익	50억 원
예상 순익	12억 5000만 원
추정 주가/순익 비율	× 20
5 년 후 예상 시장 가치	250억 원

5 *Ibid.*: 57-59.

요구 총 수익액 추정치	50 억 원
5 년 후 예상 시장 가치	250억 원
5 년 후 지분율	20%

그런데 이 회사가 3년차 초에 5억 원의 추가적인 자본 투자가 필요할 것으로 판단된다고 가정하자. 이 후속 투자에 대해 15%의 지분 양도가 요구된다면, 처음 투자한 벤처 자본사가 5억 원 투자에 대해 20%의 지분만 받게 될 경우 5년 후에는 결국 지분율이 20%에 못미칠 것이다. 따라서 5년 후에 20%의 수익률을 얻기 위해서는 초기 투자한 벤처 자본사가 5억 원에 대해 20% / (100－15%) = 23.5%의 지분율을 요구해야 하는 것이다. 즉 초기에 자본 투자를 하는 벤처 자본사는 후속 투자의 필요성을 사전에 판단해야 하고, 요구 지분율을 결정할 때 이에 따른 자본 잠식의 가능성을 고려해 넣어야 한다.

(3) 가격 책정 모형

기업의 가치를 평가하기 위해서는 기업의 미래 상황에 대한 질적인 가정을 하여야 한다. 퍼스트 시카고사(First Chicago Corporation)의 벤처 자본 그룹은 이러한 질적인 가정을 양적인 가치 평가로 유효 적절하게 전환시키기 위한 방안으로 하나의 가격 책정 모형을 개발한 바 있다.[6] 이러한 모형은 하나의 평가 도구이기 때문에 어느 경우에나 완벽한 평가를 제공한다고 할 수는 없으나, 주어진 투자 상황을 객관적으로 파악할 수 있는 모형이기 때문에 투자에 대한 가격 책정 시 일단 고려해 볼만하다. 이를 구체적으로 이해하기 위해 다음에서 예를 들어 살펴보자.

가나다사는 7%의 전환 사채를 발행하여 3억 원을 조달하려고 한다. 이 회사는 창업 후 수년이 지났고 첨단 기술에 기반한 제조 회사이다. 현재 18억 원이 손익 분기점이고 향후 4 년간의 재무 예측은 아래와 같다(단위 억 원).

연차	1	2	3	4
매출액	28	43	63	92
세전 순이익	4.2	8.9	13	19
세후 순이익	2.1	4.45	6.5	9.5

이 회사에 지분 투자를 하려고 고려하는 벤처 자본사는 3억 원의 투자에 대해 몇 %의 지분을 보상 받아야 하는지를 결정해야 한다. 이를 위해 전통적 방법, 근본적 방법, 그리고 퍼스트 시카고 모형에 의해 가나다사를 차례로 평가해보자.

---

[6] *Ibid.*: 58-61.

전통적 가격 책정 방법(Traditional Pricing Method) 이는 위에서 살펴본 기업 가치 결정 방법을 말한다. 가치 평가를 위해 우선 다음과 같은 가정을 하자.

- 투자 4년 후 수익이 투자금의 5배가 된다. 즉 연 50%의 수익률을 요구한다.
- 위험에 대한 특별한 조정을 하지 않는다.
- 4년 후 주가/순익 비율이 15이다.

전통적 가격 책정은 다음과 같은 순서로 진행한다.

- 가나다사의 4년차 세후 순이익은 위의 표에 나타난 바와 같이 9억 5000만 원이다. 따라서 4년차의 회사 가치는 9억 5000만 원 × 15 = 142억 5000만 원이다.
- 4년차 투자자의 요구 가치는 3억 원 × (1 + 5배) = 18억 원
- 따라서 요구 지분율은 18억 원 / 142억 5천만 원 = 12.6%가 된다.

근본적 가격 책정 방법(Fundamental Pricing Method) 이 방법은 미래 순익 흐름의 현재 가치를 구하는 것이다. 벤처 투자자가 일체의 투자금에 대해 최소한 연 복리 20% 이상을 받는다는 것을 기본 전제로 하여 벤처 투자자의 회사 지분은 투자금에 대한 복리 순익의 합을 동 기간에 발생하는 회사의 세전 순익 총 예상치로 나눈 값이 된다. 위의 예에서 3억 원에 대한 연 복리별 수익을 따져보면 아래와 같다(단위 백만 원).

이자율	1년차	2년차	3년차	4년차	합계
20%	60	72	86	104	322
30%	90	117	152	198	557
40%	120	1685	235	329	852

각 경우의 합계(전환 사채의 수입 이자를 제외한 부분)를 가나다사의 4년간 세전 순이익 총액 45억 1000만 원으로 나누면 아래와 같이 요구 지분율을 얻을 수 있다. 단, 여기서 전환 사채의 원금 일부를 4년차 중도에 상환한다고 가정하여 1-3년차의 이자는 2100만 원이고 4년차 이자는 1800만 원이라고 평가하여 총 수입 이자의 합이 8100만 원이 되도록 한다.

(3억 2200만 원 − 8100만 원) / 45억 1000만 원 = 5.3%
(5억 5700만 원 − 8100만 원) / 45억 1000만 원 = 10.6%
(8억 5200만 원 − 8100만 원) / 45억 1000만 원 = 17.1%

퍼스트 시카고 가격 책정 모형(First Chicago Pricing Model) 이 모형은 일정 할인율을 기대 현금 흐름에 적용하여 가격 책정을 하는데, 이때 기대 현금 흐름이 세 개의 가상적 시나리오의 평균값으로 계산된다는 특징이 있다. 세 개의 시나리오는 아래와 같이 성공적인 경우, 보통인 경우 및 실패인 경우로 나누어지고, 세 경우의 가중치는 지각된 확률에

따라 결정된다.

- 성공(Successful): 공개할 수 있는 기업이 될 만큼 수익성이 있다.
- 보통(Sideways): 약간의 수익성이 있으나 성장에 한계가 있다. 부채를 상환할 능력은 있으나 성공적인 공개 기업은 되지 못한다.
- 실패(Failure): 파산이나 구조 조정이 요구된다.

성공적인 경우의 현금 흐름

회사가 기대한 대로 성공적인 사업 결과를 보일 때 다음과 같은 영업 성과를 가상할 수 있다. 전환 사채를 4년차에 주식으로 전환하여 일정액의 자본 이득을 실현한다고 가정한다(단위 백만 원).

연차	1	2	3	4	5	6	7
원금	0	0	0	0	0	0	0
이자	21	21	21	18	0	0	0
자본 이득	0	0	0	X	0	0	0

보통인 경우의 현금 흐름

회사가 성장의 한계로 기대한 만큼 성공적이지는 못했으나 보통 수준의 투자 가치가 있는 경우 다음과 같이 원금 3억 원을 4년에 걸쳐 나누어 회수한다고 가상해볼 수 있다.

연차	1	2	3	4	5	6	7
원금	0	0	0	75	75	75	75
이자	21	21	21	18	13	8	0
자본 이득	0	0	0	0	0	0	0

실패인 경우의 현금 흐름

불행히도 사업이 뜻대로 추진되지 못해 실패로 돌아간다고 했을 때, 다음과 같이 2년차에 원금의 10%만을 회수하는 것으로 가상해볼 수 있다.

연차	1	2	3	4	5	6	7
원금	0	30	0	0	0	0	0
이자	21	0	0	0	0	0	0
자본 이득	0	0	0	0	0	0	0

현금 흐름의 비교

위의 세 가지 시나리오에 따른 현금 흐름의 차이를 비교해 보면 다음과 같다.

연차	1	2	3	4	5	6	7
성공	21	21	21	18+X	0	0	0
보통	21	21	21	93	88	83	78
실패	21	30	0	0	0	0	0

확률의 선택

다음 단계는 각 시나리오가 과연 미래에 어떠한 확률로 발생할 것인가를 결정하는 것이다. 이러한 확률의 합은 1이 되어야 한다. 위의 경우 다음과 같은 확률 분포를 가정해 보자.

P(성공) = .3
P(보통) = .5
P(실패) = .2
합계 1.0

총 가격 책정표

각 시나리오와 확률에 따른 기대 값을 구하기 위한 과정의 하나로 먼저 적정 할인율을 선정하여 연차별로 현금 흐름을 정리한다. 가나나사의 예를 위해 20%의 할인율을 선정하고 그 할인 가치를 다음과 같이 표에 포함한다.

연차	확률	1	2	3	4	5	6	7
1원의 할인 가치		.83	.69	.58	.48	.40	.33	.28
성공	.3	21	21	21	18+X	0	0	0
보통	.5	21	21	21	93	88	83	78
실패	.2	21	30	0	0	0	0	0

현재 가치 전환

위의 표에 따라 각 연차별로 현재 가치를 계산하면 아래와 같다. 각 항목의 수치는 현금 흐름을 해당 연도의 할인 요인으로 곱한 값이다. 합계치는 각 시나리오마다의 현재 가치를 총합한 값이다.

연차	확률	1	2	3	4	5	6	7	합계
성공	.3	17	15	12	9+.48X	0	0	0	53+.48X
보통	.5	17	15	12	45	35	27	22	173
실패	.2	17	21	0	0	0	0	0	38

가격 책정 공식

최종 단계로 확률 분포를 고려한 기대 가치의 방정식은 아래와 같다(단위 백만 원).

300 = P(성공)(53 + .48X) + P(보통)(173) + P(실패)(38)
= (.3)(53 + .48X) + (.5)(173) + (.2)(38)

따라서 4년차의 자본 이득(X)은 약 13억 950만 원이 된다. 이 공식에서 알 수 있듯이 확률의 분포에 따라, 또 기대되는 자본 이득 X의 규모에 따라 회사 가치에 대한 지분이 달라질 수 있다. 전통적 가격 책정법에서 고려했듯이 4년차에 회사 가치가 15의 주가/순익 배수에서 142억 5000만 원이라고 할 때, 퍼스트 시카고 모형에 의한 지분율은 1,309.5 / 14,250 = 9.2%가 된다.

의사결정 매트릭스

의사결정 매트릭스는 확률의 분포를 다양하게 고려하여 미래에 기대되는 자본 이득을 변화시킬 때 주가/순익 배수에 따라 회사 가치에 대한 지분이 어떻게 변화하는지를 보여주는 표이다. 아래 표는 할인율을 20%라고 가정하고 주가/순익 배수를 각각 10, 15, 30으로 놓았을 때 시나리오의 다양한 확률 분포에 따른 4년차 자본 이득(X) 규모의 변동을 보여준다.

P1	P2	P3	X	요구 회사 지분율(%)		
				P/E 10	P/E 15	P/E 30
.8	.0	.2	648.0	6.8	4.5	2.3
.7	.1	.2	704.7	7.4	4.9	2.5
.6	.2	.2	780.3	8.2	5.5	2.7
.5	.3	.2	886.1	9.3	6.2	3.1
.4	.4	.2	1,004.9	11.0	7.3	3.7
.3	**.5**	**.2**	**1,309.5**	**13.8**	**9.2**	**4.6**
.2	.6	.2	1,838.7	19.4	12.9	6.5
.1	.7	.2	3,426.2	36.1	24.0	12.0

위 표에서 볼 수 있듯이 성공적일 확률이 높아질수록 요구되는 미래 자본 이득이 낮아지고, 주가/순익 배수(P/E)가 높아질수록 요구되는 회사 지분율이 낮아진다. 예를 들어 앞서 고려한 바와 같이 진하게 표시된 확률 분포의 경우 P/E가 15일 때는 9.2%의 지분율이 적정하지만, P/E가 30일 경우 적정 지분율이 4.6%로 떨어진다.

이자율 변동의 효과

회사채의 이자율이 높아질 경우 미래 요구 자본 이득이 떨어지게 된다. 이에 따라 요구 지분율도 낮아진다. 아래 표는 가나다사의 전환 사채 이자율이 7%에서 14%로 두 배 높아질 때의 의사결정 매트릭스이다. 이 표는 위에서 고려한 예의 경우 요구되는 회사 지분율이 9.2%에서 6.8%로 낮아짐을 보여 준다. 즉 6.8%의 지분율에서도 투자자에게 20%의 요구 투자 수익률을 가져다 준다는 것이다.

P1	P2	P3	X	요구 회사 지분율(%)		
				P/E 10	P/E 15	P/E 30
.8	.0	.2	529.0	5.6	3.7	1.9
.7	.1	.2	566.3	6.0	4.0	2.0
.6	.2	.2	615.9	6.5	4.3	2.2
.5	.3	.2	685.2	7.2	4.8	2.4
.4	.4	.2	789.2	8.3	5.5	2.8
.3	**.5**	**.2**	**982.5**	**10.1**	**6.8**	**3.4**
.2	.6	.2	1,369.1	13.8	9.2	4.6
.1	.7	.2	2,348.9	24.7	16.5	8.2

투자 기간 변동의 효과

자본 이득을 수확하는 기간을 변동시키면 위의 계산이 달라진다. 수확 기간이 장기화될수록 요구되는 자본 이득이 커지고, 따라서 요구 회사 지분율도 높아진다. 아래 표는 가나다사의 경우 자본 이득이 4년차가 아니라 7년차에 발생한다는 가정을 했을 때의 의사결정 메트릭스이다.

P1	P2	P3	X	요구 회사 지분율(%)		
				P/E 10	P/E 15	P/E 30
.8	.0	.2	1,119.7	11.8	7.9	3.9
.7	.1	.2	1,217.7	12.8	8.5	4.3
.6	.2	.2	1,348.4	14.2	9.5	4.7
.5	.3	.2	1,531.2	16.1	10.7	5.4
.4	.4	.2	1,805.6	19.0	12.7	6.3
.3	**.5**	**.2**	**2,262.8**	**23.8**	**15.9**	**7.9**
.2	.6	.2	3,177.2	22.4	22.3	11.1
.1	.7	.2	5,920.5	62.3	41.5	20.8

벤처 자본사가 요구하는 지분율이 위에서 고려한 세 가지 방법에 따라 전통적 방법은 12.9%, 근본적 방법은 5.3%(수익률 20%의 경우), 그리고 퍼스트시카고 방법은 9.2%(요구수익률 20%의 경우)로 각각 달리 나타났음을 알 수 있다. 이렇게 어떠한 양적 분석 방법을 취하느냐에 따라 가치 평가의 결과가 달리 나타날 뿐만 아니라, 벤처 자본 투자자 개개인

의 판단과 바이어스에 따라 또한 결과가 상이할 수 있다. 창업자는 가치 평가의 이러한 기술적 측면을 이해함과 더불어 자신의 기업이 최대의 가치 평가를 원하는지 아니면 최선의 투자자를 원하는지를 스스로 판단해야 한다. 비록 기업 가치를 상대적으로 낮게 평가하는 벤처 자본사라 하더라도 그들의 적극적인 경영 참여를 통해 회사의 성공 확률을 제고한다면 창업자의 지분율은 작게 남더라도 결국 창업자에게 돌아오는 몫은 커질 것이다. 성과의 파이(Pie)를 어떤 비율로 배분할 것인가도 중요하지만, 더 중요한 것은 파이 자체를 키우는 것이다.

창업 실무

사업 가치 평가의 절차[7]

창업자가 향후 회사를 승계하거나 타인에게 매각하려 할 때, 또는 창업 초기의 기업이 미래의 추정 재무 성과를 바탕으로 회사의 가치를 평가해 보고자 할 때, 다양한 가치 평가의 개념과 방법이 있음을 앞서 고찰한 바 있다. 업종에 따라 개략적으로 기업 가치를 판단하는 어림짐작이 존재한다. 예컨대 모텔업은 연간 객실 순익의 3배 정도가, 또 회계 법인은 연간 서비스 수수료의 2.5-3배 정도가 회사 가치라고 판단하는 것이다. 물론 이러한 방법이 특정 업종의 평균치를 제공하기는 하지만 개별 기업의 재무 상황을 반드시 적절히 반영한다고 볼 수는 없다.

여기서 소개하는 사업 가치 평가의 절차는 보다 실무적인 입장에서 기초적인 회계 지식만 있다면 누구나 손쉽게 순서에 따라 특정 회사의 사업 가치를 평가하는 체계적인 방법이다. 이 절차는 기본적으로 다음 7단계에 걸쳐 수행할 수 있는데, 다음에서 그 구체적인 방법과 예를 살펴보도록 하자.

1. 안정화된 손익 계정을 작성한다.
2. 유형 자산의 가치를 결정한다.
3. 자본 비용을 결정한다.
4. 초과 순익을 결정한다(1-3: 1 단계의 순익 빼기 자본 비용).
5. 초과 순익 배수를 결정한다.
6. 초과 순익의 가치를 계산한다(4×5: 단계의 초과 순익 곱하기 5단계의 배수).
7. 총 기업 가치를 결정한다(2+6: 2단계의 자산 더하기 6단계의 초과 순익 가치).

(1) 안정화된 손익 계정

안정화된 손익 계정(Stabilized Income Account)을 작성함으로써 기업의 '실질 수익력'을 계산할 수 있다. 실질 수익력 또는 조정 수익력은 비경상적인 항목 등을 배제하고 12 개월간의 순익을 계산하여 얻어진다. 안정화된 순익(Stabilized Earnings)은 융자조건에 따라 다를 수 있는 이자 항목을 배제하여 계산된다. 보기 1은 갑을사가 안정화된 손익 계정을 계산한 예를 보여 준다.

보기 1 갑을사의 안정화된 손익계정

	1997 실제 (천 원)	%	안정화된 12개월 (천 원)	%
매출액[1]	650,000	100.0	700,000	100.0
매출 원가[2]	(197,600)	30.4	(212,800)	30.4
노무비[2]	(187,000)	28.8	(201,600)	28.8
매출 이익	265,200	40.8	285,600	40.8
판매비*	(86,750)	13.3	(92,400)	13.2
관리비*	(52,650)	8.1	(42,000)	6.0
중역 급료[3]	(40,000)	6.2	(49,000)	7.0
감가상각비[4]	(11,700)	1.8	(21,000)	3.0
유지보수비*	(5,200)	0.8	(7,000)	1.0
제 잡비*	(5,200)	0.8	(7,000)	1.0
총 간접비	(201,500)	31.0	(218,400)	31.2
세전 순이익	63,700	9.8	67,200	9.6

가정:
1 매출액은 7.7%의 예상 인플레이션율만큼 성장한다.
2 운영비는 일정 수준의 비율이 유지될 것이다.
3 중역 급료는 동종 업체의 급료에 따라 900만 원 증가할 것이다.
4 감가상각비는 2100만 원으로 설정해 감모 자산에 대해 충분히 대비한다.
* 기타 항목도 자세한 분석 결과에 따라 조정되어 있다.

7 Jim Howard, "What's It Worth to You?: A Step-by Step Guide to Establishing an Accurate Valuation of Your Business." In Inc. *Magazine's Guide to Small Business Success* (New York: Inc. Publishing, 1984): 1-4.

(2) 유형 자산의 가치

사업을 수행하기 위해 요구되는 토지, 건물, 설비 등의 유형 자산은 공인 감정사 등의 객관적인 감정 평가를 통해 그 가치를 결정해야 한다. 보기 2는 갑을사의 유형 자산 가치 평가의 예이다.

보기 2 유형 자산의 가치

유형 자산	금액(천 원)
토지	20,000
건물	120,000
재고 자산	60,000
장비	60,000
필요 운전 자본	40,000
총 유형 자산	300,000

(3) 자본 비용

다음 단계로 자본 비용을 계산하는데, 이는 위에서 정의한 유형 자산을 소유함으로써 발생하는 연간 투자 비용을 의미한다. 이는 일종의 이자 비용이다. 이를 평가하기 위해 등락이 있는 우대 금리(Prime Rate)를 기준으로 하지 않고 보다 안정된 기저 이자율(Underlying Interest Rate)을 사용한다. 기저 이자율은 유형 자산 투자의 감세 효과를 고려하여 우대 금리보다 낮은 것으로 인플레이션율에 4%를 더한 값을 취한다. 예컨대 인플레이션이 8%라면 갑을사의 자본 비용은 3억원 × 12% = 3600만원이 된다.

(4) 초과 순익

4단계로 1단계의 안정화된 순익에서 3단계의 자본 비용을 차감하여 초과 순익을 결정한다. 갑을사의 경우 초과 순익은 6720만 원 − 3600만 원 = 3120만 원이 된다.

(5) 초과 순익 배수

5단계는 초과 순익의 가치를 결정하는 요소의 하나로서 초과 순익 배수를 결정하는 것이다. 보기 3은 이 배수를 결정하는 데 있어 위험성, 경쟁성, 산업, 회사, 성장성, 만족성 등을 고려하는 다각적인 계량적 평가의 기준을 보여준다. 각 항목에 대한 평점을 평균하여, 즉 총점을 6으로 나누어 초과 순익 배수를 구할 수 있다. 따라서 배수 값은 최저 0점에서 최고 6점까지 나올 수 있다. 간단히 해석하면 배수가 1일 때는 1년 후에 투자금을 전액 회수하고, 배수가 6일 때는 6년 후에 투자금 전액을 회수할 수 있는 만큼 기업 가치를 배가한다는 뜻이다. 갑을사의 경우 예를 들어 위험성 6점, 경쟁성 3점, 산업 3.5점, 회사 5점, 성장성 4점, 만족성 4점을 받았다면 총점 23.5점으로 초과 순익 배수는 23.5 / 6 = 약 3.9점이 된다. 이는 3.9년에 투자금 전액을 회수하는 것과 대등한 것으로 이 회사의 초과 순익 부분에 대해 1 / 3.9 = 25.6%의 연평균 투자 수익률을 기대한다는 것이다.

보기 3 초과 순익 배수의 계산

평가 항목	범위	점수	설명
위험성	0–6	0	손실 위험 상존
		3	안정적 순익 가능성
		6	순익 성장 확실시
경쟁성	0–6	0	불안정하고 매우 경쟁적인 시장
		3	정상적인 경쟁 상황
		6	경쟁이 부재하고 진입 장벽 높음
산업	0–6	0	사양 산업
		3	산업이 인플레이션보다 빠르게 성장
		6	동태적 산업으로 고속 성장 가능성
회사	0–6	0	창업 기업
		3	좋은 사업 환경 하의 중견 기업
		6	뛰어난 명성으로 장기간 성공적 운영

성장성	0-6	0 3 6	사업의 쇠퇴 안정적 성장이나 인플레이션을 밑돎 동태적 성장률
소망성	0-6	0 3 6	고되고 별로 탐탁치 못한 사업 만족스러운 환경 하의 존경받는 사업 매력적 환경 하의 도전적 사업
총점	0-36		
초과 순익 배수: 총점/6	0-6		

(6) 초과 순익의 가치

6 단계로 5 단계에서 얻은 배수를 4 단계의 초과 순익에 곱해 초과 순익의 가치를 계산한다. 갑을사의 경우 이는 3120만 원 × 3.9 = 1억 2168만 원이 된다.

(7) 총 기업 가치

마지막 단계로 기업 가치를 결정하는데, 2 단계의 유형 자산 중 필요 운전 자본액을 제외한 값에 6 단계의 초과 순익 가치를 더하여 총기업 가치를 구한다. 필요 운전 자본액을 감하는 이유는 기업을 매각했을 때 인수자가 다시 그만큼의 필요 운전 자본을 조달할 것이기 때문이다. 갑을사의 경우 필요 운전 자본을 제외한 유형 자산의 가치는 2억 6천만 원이고, 이를 초과 순익 가치에 더하면 총기업 가치는 2 억 6000만 원 + 1억 2168만 원 = 3억 8168만 원이 된다.

보기 4는 위의 기업 가치 평가 절차를 일목요연하고 체계적으로 수행할 수 있도록 하는 평가 양식이다. 요컨대 기업의 가치는 사업 운영상 보유하고 있는 유형 자산의 시장 가치와 기업이 수익성 있을 때 기대되는 프리미엄의 합으로 구성되어 있다. 이 중에서 프리미엄이 없거나 마이너스인 경우도 있을 수 있는데, 이러한 기업은 보유한 유형 자산의 시가보다 못한 값으로 평가된 것이기 때문에 마땅히 청산되어야 하는 기업이다.

보기 4 기업 가치 평가 양식

항 목	금 액
1. 매출액: 향후 12개월간 추정치	______
2. 생산비: 직접 노무비 등 매출 원가 중 비경상 항목 제외분	______
3. 관리비: 2번 항목 이외의 경상 비용	______
4. 소유주 급료: 대등한 전문 경영인 수준	______
5. 대체 자금: 장부상의 자산 감가상각비를 위한 기금	______
6. 안정화된 순익: 항목 1 빼기 항목 2부터 5까지	______
7. 자산 가치 더하기 운전 자본:	
A. 토지	______
B. 건물	______
C. 재고 자산	
원자재	______
재공품	______
제품	______
반송품	
총 재고 자산	______
D. 장비	______
E. 가구 및 설비	______
F. 기타 유형 자산	______
G. 총 유형 자산 가치: A부터 F까지	______
H. 필요 운전 자본	______
I. 유형 자산 및 운전 자본 (G와 H)	______
8. 기저 이자율: 인플레이션율 + 4 %	______
9. 자본 비용:	
A. 유형 자산 가치 + 운전 자본: 항목 7-I	______
B. 기저 이자율: 항목 8 (소수점으로 표기)	______
C. 9-A 곱하기 9-B	______
10. 초과 순익:	
A. 안정화된 순익: 항목 6	______
B. 자본 비용: 항목 9-C	______
C. 초과 순익: 항목 10-A 빼기10B	______
11. 배수 계산: 0-6점 사이로 평가	
A. 위험성	______
B. 경쟁성	______
C. 산업	______
D. 회사	______
E. 성장성	______
F. 만족성	______
G. 총점: A에서 F까지 합계	______
H. 총점 / 6	______
12. 초과 순익 가치:	
A. 초과 순익: 항목 10-C	______
B. 배수: 항목 11-H	______
C. 초과 순익 가치: 12-A x 12-B	______
13. 총기업 가치:	
A. 총 유형 자산 가치: 항목 7-G	______
B. 초과 순익 가치: 항목 12-C	______
C. 총 기업 가치: 13-A + 13-B	______

주: 기업 인수자의 경우 운영상의 추가 운전 자본을 투입해야 한다. 총 기업 가치는 재고 자산을 포함한다. 주식 매입의 경우 주식 매입가는 13-C의 총 기업 가치에서 총 부채를 뺀 값이다. 또한 매입 당사자에게 해당되지 않는 세금 혜택에 대해 조정해야 한다.

창업 이야기 Ⅳ-1

바이오스페이스[8]

바이오스페이스가 개발한 인체 성분 분석기 '인보디 2.0'은 단 2분이라는 짧은 시간에 인체의 근육, 지방, 단백질, 무기질의 무게와 구성비뿐 아니라, 세포 내·외의 수분량에 이르기까지 인체를 구성하는 주요 성분 대부분이 계산된다. 의사가 비만, 고혈압, 당뇨 등의 성인병의 발병 여부를 쉽게 측정할 수 있도록 고안된 제품이다. 더욱이 놀라운 것은 인보디 2.0이 두 발, 두 다리, 몸통 등 신체 부위별 구성 성분을 측정할 수 있다는 것이다. 또한 근육의 형태, 영양 상태, 상하·좌우 균형 상태까지 계산되고 상황에 따른 조언도 가능하다.

인보디 2.0 전 단계의 인체 분석기는 미국 RJL사에 의해 처음 제품화에 성공하였고 '체지방 분석기'로 명명된 이 제품은 병원용에 국한되지 않고 가정에까지 보급, 특히 과다 지방으로 고생하는 비만인 치료에 요긴한 의료 기기로 자리 잡았다. 그러나 바이오스페이스의 인보디 2.0은 여러 가지 점에서 획기적인 것으로 평가 받고 있다. 기존 기계로는 도저히 측정할 수 없었던 세포 내·외의 수분량, 세포의 무게, 신체 균형, 영양 분석 등이 추가되어 있기 때문이다. 게다가 오차율을 크게 줄여 계기의 신뢰도를 높였다는 점에서도 평가를 받는다. 인체 성분 분석기의 관련 기술 수준을 단번에 몇 단계 올려 놓았다는 것이다.

이 같은 국내 기술의 개가는 전적으로 바이오스페이스를 이끄는 차기철 사장에 의해 가능하였다. 연세대 출신의 차 사장은 1989년 미국 유타 대학 박사 과정에 재학 중이던 당시 학교에서 논문을 쓰기 위한 기술 프로젝트를 제시해야 했다. 이때 그는 평소 관심을 가졌던 인체 성분 분석기에 관련된 연구 계획서를 제출했다. 당시 그는 기술만 조금 발전시키면 당시 몸 전체의 지방을 불완전하게 측정할 수 있었던 계기의 성능을 한 단계 끌어올릴 수 있으리라고 판단했던 것이다. 이러한 그의 연구 계획에 대해 RJL 시스템사는 연구 기금을 내놓았고, 연구의 결과는 대성공이었다. 차 사장은 졸지에 관련 학계와 업계가 주목하는 인물이 됐고 하버드 의대에서 공동 연구를 제안할 정도였다.

차 사장이 본격적으로 시제품 개발을 생각했던 것은 하버드 의대 연구원 생활 3년째에 접어든 93년의 일이다. 미국에서 특허까지 받기는 했지만 제품 개발을 위해서는 인맥이나 자금 동원 면에서 한국이 훨씬 유리할 것으로 봤기 때문이다. 귀국 후 친구 사무실에서 7-8평 공간을 임대하고, 자기 돈 2500만 원으로 시제품 만들기를 시작한 후 1년여의 사투 끝에 만족할 만한 시제품이 나온 것은 1996년 3월이었다. 시제품이 나오자 의료인들의 적극적인 참여로 생산·판매에 이르는 것은 순식간에 가능해졌다. 9월부터는 본격적인 시판이 가능해졌다.

인보디의 대당 가격은 1800만 원이다. 유사 기기보다 거의 두 배에 이르는 값이다. 충분히 그만한 값어치가 된다는 차 사장의 생각이 깔려 있기 때문이다. 그 때문에 현재까지 판매는 되지만 제품 성능에 비해 선풍을 일으킬 정도는 아니다. 하지만 차 사장은 국내 의료 시장보다 수출량을 늘리고 저가의 가정용 제품을 출시하겠다는 계획이다. 국내 병원 시장은 불과 50억 원 규모로 분명한 한계를 갖고 있다. 시장 확대는 어쩔 수 없는 방향 설정이다. 1998년 초쯤 해외 시장을 알아보려는 차

[8] 이코노미스트, "바이오스페이스, 사람 몸 구석구석 2분이면 '분석 끝'," 1997년 10월 7일.

사장은 현재 해외 전문가들의 평판이 좋아 그다지 어려운 일은 아닐 것으로 낙관하고 있다. 또 신뢰도를 높인 제품으로 가정을 공략한다면 시장은 무한할 것으로 보고 있다.

창업 이야기 Ⅳ-2

두리 영상 전자[9]

입체 영상 기기 전문 업체인 두리 영상 전자의 김완수 사장은 지난 7년간 입체 영상 시스템 개발에 5억여 원을 투자한 끝에 요즘 수확을 거두고 있는 인물이다. 3차원 입체 영화 프로젝터 '3D 시네마 프로젝터' 등 입체 영상 관련 하드웨어와 소프트웨어를 대거 개발한 것이다. 3차원 입체 영상 관련 제품은 프로젝터를 비롯해 입체 정지 영상 촬영기, 입체 동영상 촬영 캠코더, 입체 카메라 주문 제작형 촬영 장비, 입체 사진 확대경, 입체 환등기, 입체 내시경 등 모두 20여 품목에 이른다.

이 회사는 기술력도 서서히 인정 받고 있다. 입체 촬영·영상 재현·영상 신호 합성 등의 기술은 모두 자체 개발한 것이다. 특히 입체 영상 변환 장치 분야에서 1997년 3월에 의료 시술 입체 내시경용 디지털 이미지 프로세서가 한국 전자 진흥회의 97 전략 품목으로 채택되기도 했다.

중앙대 전자공학과를 졸업하고 삼성 코닝을 거쳐 우성 기계에 근무하고 있던 김 사장이 이 분야와 인연을 맺게 된 것은 1991년 무역업을 하던 어느 선배가 "입체 영상 시장의 전망이 밝으니 한번 해보라"는 제안을 했기 때문이다. 평소 관심이 많던 분야라 귀가 솔깃했다. 1991년 6월에 다니던 회사에 과감히 사표를 던지고 대흥 시스템이라는 회사를 차렸다. 이리저리 뛰어다니며 5000만 원을 모아 부천 중동의 30평짜리 사무실에서 5명의 직원과 1년 6개월에 걸쳐 2억 5000만 원을 들여 첫 작품으로 입체 영상 시청시스템 '3D 맥스'를 내놓았다. 잔뜩 기대를 걸었으나 결과는 참패였다. 입체 영상 소프트웨어가 워낙 부족해 역부족이었다. 2억 원을 까먹으니 당연히 회사가 휘청거렸다. 그 후 김 사장은 어쩔 수 없이 한국 영상 전자에 연구소장으로 들어갔다. 연구개발비는 계속 들어가고 돈 나올 곳은 없었기 때문이었다.

그러나 제품을 전혀 내놓지 못했던 1994년까지도 기술 개발은 소홀히 하지 않았다. 집안 친지들에게도 2억 원 가량 빌렸다. 1995년 12월 김 사장은 역삼동에 20평짜리 사무실을 얻어 두리 영상 전자㈜를 다시 창업하였다. 자본금 1억 원에 직원은 4명이었다. 다행이 일은 이전보다 잘 풀렸다. 회사를 세우자 마자 한국 통신 기술에 빔 프로젝터, 동영상 압축 보드 등을 납품하고 3000만 원을 벌었다. 또한 1996년 2월에는 한국 부품 종합 연구소와 함께 3차원 입체 영상 변환 장치의 핵심 기술인 영상 신호 처리 기술을 개발했다. 한 달 뒤에는 한국 원자력 연구소 의뢰로 입체 영상을 이용한 로봇 조정 시스템 프로젝트를 맞아 작업용 로봇 제어기를 개발 납품했다. 운도 계속해서 따라 주어서 매출액도 차츰 올라가고 있다.

로봇 원격 제어기와 3D 시네마 프로젝터가 자리를 잡아 매출액 증가가 순조로울 경우 2000년에는 코스닥 등록과 함께 스톡 옵션도

---

[9] 이코노미스트, "두리 영상 전자, 3차원 영상 분야 '숨은 실력자'," 1997년 10월 14일.

실시할 예정이다. 시장 전망은 밝은 편이다. 교육부의 교단 선진화 작업에 따른 교육 장비 특수, 전국 7500여 비디오 감상실과 2만여 노래방의 불황 타개를 위한 스크린 교체, 모델하우스 규제로 인한 건설 업계 입체 가상 모델 하우스 도입 등 호재가 널려 있다. 1999년 예상 매출액은 32억 원 정도로 잡고 있다. 김 사장은 "3차원 입체 영상 시장은 아직 형성 단계"라며 2000년 무렵이면 세계 200억 달러, 국내 1000억 원 정도로 시장 규모가 커질 것이라고 내다 보고 있다.

창업 이야기 Ⅳ-3

홍진 크라운[10]

오토바이 헬멧 생산을 중심으로 시장을 석권하고자 하는 기업이 있다. 바로 홍완기 사장을 선두로 한 홍진 크라운사가 그 주역이다. 1994년 미국 오토바이 산업 전문지인 **모터사이클 인더스트리**가 미국 내 오토바이 헬멧 판매업자를 대상으로 실시한 브랜드 선호도 조사 결과, 국내 경기도 용인군 시골 골짜기에 소재한 홍진 크라운사의 'HJC'가 1위를 차지한 것이다. 이 잡지는 또 일반용인 스트리트 헬멧 부문에서 HJC는 36%의 판매 점유율을 기록해 21%인 일본의 쇼웨이, 13%인 이탈리아의 AGV를 눌렀다고 밝혔다. 경주용인 오프로드 부문에서도 34%의 점유율을 보여 17%인 이탈리아의 뷔페, 8%인 일본의 쇼웨이를 앞질렀다.

이는 1986년 무명의 한국 중소 기업이 미국 시장에 선보인 후 8년 만인 1994년에, 92년의 경주용 헬멧에서의 정상에 이어 일반용 시장까지 석권한 쾌거였다. 홍진은 1995년에 헬멧에서만 미국 내 시장에서 2300만 달러의 매출을 기록했다. 홍진의 이러한 성공에는 잠재적 시장에 대한 가능성 발견, 헬멧이라는 한 우물만 파온 홍 사장의 고집, 꾸준한 기술 개발을 통한 품질 개선과 제품 안전성 확보 등이 주요 경쟁 우위 확보의 요인이다. 그 밖에도 성공 요인으로서 북미 시장 공략에 있어서 한정된 딜러와의 거래를 통해 딜러에게 높은 마진을 보장하고 홍진은 대가로서 돈독한 관계를 유지하는 영업 전략과 소비자 구미에 맞는 다양한 품목 판매를 들 수 있겠다.

이 분야에서의 사업 가치를 확인하게 된 홍진 크라운은 현재 신소재 개발과 생산 관리의 합리화를 통한 불량 감소로 경쟁력을 향상시키는 데 주력하고 있다. 또한 실제로 HJC 브랜드의 명성에 힘입어 오토바이 탑승자의 의류, 장갑, 자켓 등을 HJC 브랜드로 외국에 공급해 오토바이의 토털 패션을 주도하고 있다.

현재 홍진이 당면한 과제는 중국이나 동남아 제품의 가격 경쟁력과 일본의 최고급 제품과의 기술 격차이다. 그러나 이 회사의 공장 정면에 있는 "우리 힘으로 세계 제일을!"이라는 구호가 말해주듯이 홍진의 앞날은 밝다. 무엇보다도 홍진이 주업종인 헬멧 생산의 사업가치와 모든 저력을 한곳에 쏟아 붓는 전문 생산 업체로의 지향이 주된 경쟁 무기가 될 것임에 틀림없다.

---

[10] 매일 경제 신문사, **세계의 작은 거인들: 정상에 오른 해외 중소 기업들의 성공 스토리** (서울: 매일 경제 신문사, 1996): 226-234.

읽을 거리

Jim Howard, "What's It Worth to You?: A Step-by Step Guide to Establishing an Accurate Valuation of Your Busines." In *Inc. Magazine's Guide to Small Business Success,* Inc. Publishing, 1984: 1-4.

Jane Koloski Morris, "The Pricing of a Venture Capital Investment." In Stanley E. Pratt & Jane K. Morris (Eds.), *Pratt's Guide to Venture Capital Sources,* 11th Ed.: 55-61.

Michael J. Roberts and Howard H. Stevenson, "Valuation Techniques," Harvard Business School Note 9-384-185, 1984.

사례 연구 3

씨에 프랑스*

1995년은 해외 여행 업계에 지각 변동이 일어난 해라고 할 수 있다. 1993년 6월에 설립된 신예 온누리 여행사가 대형 여행사들을 제치고 해외 송출 실적 1위를 기록한 것이다. 설립된 지 2년을 갓 넘긴 창업 기업이 기라성 같은 대형사들을 누르고 수위의 자리를 차지했다는 사실은 업계로서는 충격이 아닐 수 없었나. 1993년에 설립된 혜성 관광과 94년에 설립된 자유 여행사도 각각 10위와 23위로 부상하여 업계의 판도를 바꾸어 놓았다. 1990년대 중반에 들어서면서 우리 나라에 해외 여행 붐이 조성되면서 국내 여행 업계는 춘추 전국 시대를 맞이하였다. 한진, 코오롱, 국일, 롯데 등 만형 격의 기존 업체들은 신설 여행사들의 급격한 부상에 고심하고 있었다. 보기 1은 최근 여행사별 내국인 단체 관광객 송출 실적을 보여준다.

신설 업체 중에서 중견 업체로 불리는 씨에 프랑스는 최근 전체 해외 송출 실적에서 13위에까지 육박했다. 씨에 프랑스는 씨에 퍼시픽, 으뜸 세계 여행사 등과 계열사 관계를 유지하고 있지만 사실상 한 그룹이기 때문에 이들을 합치면 순위는 달라지게 된다. 3개사를 합치면 해외 송출 인원상으로는 2위, 금액상으로는 1위를 차지하게 된다. 씨에 프랑스는 15,198명, 씨에 퍼시픽은 6,494명, 그리고 으뜸 세계 여행사는 9,006명을 국외로 보내, 씨에 그룹의 해외 송출 실적은 총 30,698명으로 전체 업계에서 인원상으로 2위를 차지하게 된다.

씨에 그룹은 씨에 프랑스 항공 여행사를 중심으로 구성된 종합 여행 그룹이다. 총 250여 명의 사원으로 구성되어있는 씨에(CIE)는 불어 Center Information des Etudes의 약자로서 말 그대로 프랑스 유학 정보 센터로서 시작되었다. 창업자인 지길호 씨는 프랑스에서의 유학 경험을 바탕으로 부업으로서 프랑스 유학에 관한 알선과 대행을 시작하였다가 이를 확장시켜 1989년 ㈜씨에 프랑스 항공 여행사를 만들었다. 씨에 프랑스사는 유학생 유럽 항공권 특별 염가 판매를 주영업으로 하였고, 점차 어학연수 및 배낭 여행 업무로 그 사업 영역을 확장시켜 나갔다. 1993년에는 일반 여행업의 ㈜으뜸 세계 여행을 설립하고 씨에 프랑스는 유럽 전문 여행사로, 으뜸 세계 여행은 전세계 여행사로 차별화하였다. 1994년에는 종합 광고 대행사인 ㈜씨에 콤을 설립하고, 같은 해 7월 휴양·레저 전문 여행사인 ㈜씨에 퍼시픽을 설립하였다. 씨에 프랑스는 유럽 전문 여행사, 씨에 퍼시픽은 남태평양 전문 여행사, 으뜸 세계 여행은 동남아, 미주 및 전세계 여행 서비스로 차별화된 조직을 갖추었다. 그리하여 국내 최초의 각 지역별 전문 여행사를 조직하여 종합 여행 그룹 씨에를 출범시키게 되었다. 1996년에는 월간 여행 잡지 **뚜르 드 몽드**를 창간하였고, 4월 현재 전국 20개의 지점을 확보하고 있다.

종합 여행 그룹 씨에

씨에 프랑스

1989년 설립된 씨에 프랑스는 유럽 전문 여행사로서 씨에 그룹의 모기업으로서 기능하고 있다. 1993년 으뜸 세계 여행과 1994년 씨

* 이 사례는 김승훈, 이창우, 임병태, 허재원과 함께 교육용으로 개발한 것이다. 사례의 내용은 특정 경영 상황의 처리에 관한 잘잘못을 예시하지 아니한다.

에 퍼시픽의 설립으로 씨에 프랑스는 본격적인 유럽 전문 여행사로 차별화되었다. 1995년 700억 원의 매출을 올려 유럽 여행 부문에서 최고의 매출 실적을 기록하였다. 같은 해 항공권 판매에서도 4500만 불의 실적을 거두어 업계 2위를 차지하였다.

씨에 프랑스는 초창기에는 주로 프랑스로 유학을 준비하는 유학 준비생들을 대상으로 수속과 대행 및 알선업을 하였다. 1990년에 들어서 사업 영역을 확장시켜 전세계 명문 대학으로의 어학 연수와 유럽 배낭 여행 업무를 개시하였고, 1991년에는 유럽 패키지 투어 업무를 시작하였다. 저가격의 상품들과 단기간의 여행 코스를 개발하여 주목을 끌기 시작한 씨에 프랑스는 과감한 광고 공세로 소비자들에게 강한 인상을 남겨주었다. 기존 여행사들이 제공했던 유럽 지역 패키지 투어의 경우 250만 원에 이르던 것에 비해 무려 90만 원이 낮은 160만 원짜리 상품을 판매함으로써 시장의 가격 구조에 커다란 변화를 가져왔다. 또한 한 달에 최고 2억 원이 넘는 광고를 실행하여 창업 기업으로서의 낮은 인지도를 제고시키고 유럽 여행에 관한 차별성과 낮은 가격을 부각시켜 결과적으로 사업 성과에 이어지는데 성공한 사례로 평가 받고 있다.

1990년대 중반 들어서 신생 여행사들의 경쟁이 치열해지고 광고전이 심해지자 단순한 가격 경쟁이나 광고 경쟁에서 탈피하여 씨에 프랑스는 테마 여행과 조기 예약제 등의 차별적인 상품을 개발하고 연령별 여행제, 동반자 할인제 등을 실시하였다. 또한 고객에 관한 정보를 전산화시켜 관리하고 새로운 여행 자료와 정보를 제공하고 할인 혜택과 행사 초대 등의 서비스를 실시하였다.

씨에 퍼시픽

㈜씨에 퍼시픽은 씨에 프랑스의 계열사로서 1994년 7월에 설립되었다. 신혼 여행지로 인기가 높은 괌, 사이판 등과 중남미를 주요 지역으로 하는 남태평양 전문 여행사이다. 씨에 프랑스의 지길호 사장의 부인인 민진홍 씨가 대표이사로 있고 1995년 현재 약 6500여 명, 약 700만 불의 매출로 업계 20위 권의 실적을 보이고 있다. 전반적인 전략에 있어서는 씨에 프랑스사와 상당 부분 공유하고 있으며 다양한 제품을 통한 차별화를 꾀하고 있다.

으뜸 세계 여행

㈜으뜸 세계 여행은 여행그룹 씨에에 있어서 미국과 호주, 동남아, 그리고 전세계 여행 부문을 담당하는 계열사이다. 1993년에 설립되어 최장용 씨가 대표이사로 재직하고 있다. 1995년 9000여 명을 해외로 송출하였고 판매 총액은 약 350억 원에 이르러 업계에서 20위권에 머물고 있다. 씨에 프랑스의 초창기에 패키지 상품의 브랜드 명을 으뜸 세계 여행(First World Tour)으로 통일함으로써 으뜸 세계 여행이라는 상호가 만들어졌다. 1993년 전세계 여행 상품명이었던 으뜸 세계 여행을 확대시켜 하나의 독립 법인으로 등록하여 으뜸 세계 여행이 설립되었다.

씨에 콤

씨에 콤은 씨에 프랑스가 텔레마케팅에 의존하는 전략을 구사함에 따라 파생되는 대규모 광고 물량을 사내에서 해결하고자 하는데 그 설립 동기가 있다. 1994년도에 설립된 ㈜씨에 콤은 씨에 그룹의 자체 광고 수주 물량만도 30억 원에 이르고 있다. 자체 광고 대행사를 세울 경우 외주에 따른 경비를 우선 줄일 수 있고, 광고 제작의 신속성에 의해 다른 경쟁 여행사와의 경쟁에서 유리한 입장에 설 수 있다는 점이 다각화의 동기라고 지길호 씨는 설명하고 있다. 자사 광고와 사보 제작의 업무에서 점차 여행 전문 월간지 **뚜르 드 몽드**의 제작, 판매, 그리고 다른 기업의 광고 기획과 제작까지 업무의 영역을 확장시키고 있다. 광고로 시작하여 광고로 승부한다는 종합 여행그룹 씨에의 철학에 따라 광고는 물론이고 나아가 여행, 레저 분야에 이르기까지 종합적인 체계를 갖추려고 한다고 말하고 있다. 앞으로 설립할 외국어 통역 학원의 교재 제작과 지원 또한 씨에 콤을 통해 추진하게 되며, 체계적인 종합 광고회사로의 변화를 꾀하고 있는 중이다.

창업 팀과 창업 과정

창업 팀

장업자인 지길호 씨와 부인인 민진홍 씨가 회사의 실질적인 경영을 분담하고 있으며, 부인 민진홍 씨는 1994년부터 독립적인 법인체인 으뜸 세계 여행과 씨에 퍼시픽을 통해 지길호 씨와는 별도로 운영을 맡고 있으나, 실질적인 경영 형태는 씨에 프랑스 산하의 각 여행사들을 모두 지길호 씨가 관장한다. 부인 민진홍 씨는 제한적인 범위에서 직접 경영 결정을 맡기도 하지만 대부분의 경우 지길호 씨와 공동 운영 형태를 취하고 있다. 최근에는 씨에 퍼시픽이 허니문 센터의 운영을 준비하면서 지역별 분담 체제를 확립해 나가는 과정에 있다. 보기 2는 이들의 약력을 보여준다.

으뜸 세계 여행은, 1956년 생으로 경기대 관광경영학과를 졸업하고 동부 고속 해외 관광부에서 일하였던 최장용 씨가 대표이사를 맡고 있다. 최장용 씨는 여행 업계 전반의 경험을 바탕으로 실질적인 업무를 담당한다. 아직 회사의 규모가 그다지 크지 않아 지길호 씨와 민진홍 씨가 회사의 얼굴 역할과 주요 의사결정을 맡는 가족 기업의 성격을 띠고 있으며 외부에서 영입되어 온 여행업 경력자들이 중간 관리직 및 실무직을, 그리고 대부분을 차지하고 있는 젊은 사원들은 분업화된 단순 업무를 처리한다. 경영 방침과 장기적 비전 및 계획 수립 등은 창업자인 지길호 씨가 대부분의 역할을 담당할 정도로 큰 비중을 차지하고 있다.

창업 과정

창업 준비기(1953-87) 창업자 지길호 씨는 선친의 사업 실패로 초등학교 4학년을 마치고 거리에서 행상을 하는 불우한 시절을 겪기도 했다. 그는 19세에 이르러서야 고교를 졸업할 수 있게 되었다. 군 복무를 마친 후 1979년 외국어대 불어과에 입학하였는데, 동급생과의 나이 차로 인해 보람 있는 대학 생활은 보내지 못했다. 졸업 후 당시 어려웠던 국내 유학 사정에도 불구하고 프랑스 유학을 결심하여 어렵사리 경비를 마련한 끝에 파리로 어학 연수를 떠났다. 1년간의 어학 연수를 마친 후, 파리 루앙대에 석사 과정으로 입학 허가를 받아놓은 상태에서 잠시 귀국하여 아내 민진홍 씨를 만났으며, 그 후 20여 일 만에 결혼, 같이 프랑스 유학 길에 오르게 되었다.

지길호 씨는 타고난 수완을 발휘하여 빈민에 대한 법 등 현지의 여러 제도를 이용하여 프랑스 정부의 보조금을 타내고 아파트를 저렴한 가격에 얻어 학업을 이어갔다. 그는 현지 여행사에서 아르바이트로 2개월간 가이드를 하며 여행 업계와의 첫 만남을 가졌다. 프랑스의 일부 대학은 학생증 경비와 일부 소액의 비용을 제외하고는 대부분의 학비가 무료인데다가, 프랑스에는 생활비를 마련할 수 있는 여러 제도가 있다는 점을 지길호 씨 자신이 프랑스 유학 과정을 통해 미리 파악하고 경험한 것이 훗날 프랑스 유학 정보 센터를 운영하는 데 이용할 정보의 자산으로 축적되었다.

창업 초기(1987-91) 지길호 씨는 파리 제7대학의 박사 과정을 1년 마치고, 거주할 주택을 알아보기 위해 미리 귀국한 아내 민진홍 씨의 뒤를 따라 1987년 7월 귀국 길에 오르게 된다. 한국에서 논문 준비를 하던 그는 당시 프랑스 유학에 관한 정보를 얻을 길이 드물던 터라 후배에게서 유학에 관한 문의를 받고 수속을 대행해주게 되었는데, 이때 사례금으로 150만 원을 받은 것이 계기가 되어 논문 비용을 마련하기 위해 몇 건의 유학 준비 대행을 더 치러주게 된다. 이 과정에서 그는 당시 프랑스 유학을 원하는 수요는 많은 데 비해 양질의 입학 수속 서비스를 제공하는 곳은 드물다는 데 착안하여 곧바로 프랑스 유학 정보 센터(씨에 프랑스)를 차리고 신문 광고를 냈다. 경험으로 얻은 작은 힌트가 당시의 그로서는 순식간에 거액의 돈을 벌게 해 주었고, 그는 박사 학위와 학업을 계속하려는 꿈을 포기하고 사업가로의 길에 나서게 된다. 보조금을 타내고 여러 혜택을 받을 수 있는 프랑스 현지 제도를 이용해서 적은 비용으로 학업을 해 나갈 수 있는 아이디어를 확보하고, "프랑스 유학은 학비가 안 든다"는 신문 광고로 엄청난 반향을 일으켰다. 6개월 만에 500명의 입학 수속을 대행해주고 1억 5000만 원의 매상을 올렸다.

이때 광고의 위력을 실감한 그는 매출 전액을 다시 광고비로 투자하였다. 그러나 성과는 예상과 달리 대단치 않았고, 장인으로부터 1억 원을 빌려 다시 광고비로 투자하였으나 역시 별 소득이 없었다. 이는 프랑스 유학이 미국이나 일본과는 달리 꾸준히 수요가 느는 형태가 아니라, 예능계 등으로 수요가 한정되어 있어 당시까지 프랑스 유학을 고려하고 있던 잠재 인력을 한꺼번에 고갈시켜 수요자 자체가 줄어든 데다 씨에 프랑스의 성공에 편승한 프랑스 유학 대행업 분야의 경쟁 업체까지 출현하였기 때문이었다.

이미 장인의 빚 1억 원을 갚아야 할 사정에 처했을 뿐 아니라 사업에의 자신감을 확보한 지길호 씨가 그 다음으로 착안한 것은 당시 여행 자율화가 시행 초기를 맞이하고 있던 상황에, 우리 나라도 곧 유럽 각국처럼 대학생의 배낭 여행이 폭발적으로 증가할 것이라는 예상이었다. 젊은 층을 대상 계층으로, 유럽을 대상 지역으로 특화한 씨에 프랑스는 다양한 배낭 여행 상품의 개발로 광고 초기 접근도가 높은 젊은 층에 호소하여 짧은 시간 내에 회사의 인지도를 높일 수 있었다.

안정적 성장기(1992-95) 씨에 프랑스는 계속적인 광고 공세로 인지도를 넓힌 것이 곧 매출로 이어져, 짧은 시간 내에 고도의 성장을 이루게 되었다. 또한 천편일률적인 프로그램 위주에서 벗어나 기존 여행사와 차별화되는 여러 서비스들을 개발하고 광고하였는데 자유 배낭 여행제, 조기 예약 할인제의 도입 등이 성공적이었던 서비스 제도이다. 또한 장기 위주로 짜여 있었던 당시의 유럽 여행 상품을 휴가 기간이 짧은 직장인을 대상으로 초점을 맞춰 일주일 정도로 2-3개국을 패키지화 한 상품 등을 개발하여 초기부터의 사업 철학인 매체에 대한 폭발적인 광고를 통해 선전해 나갔다. 또한 여행 업체 수로는 완전 경쟁 상태에 이르러 있으나 규모가 영세한 탓에 일정 이상의 과다 이윤을 얹고 있는 여행 업체의 관행에서 탈피하여 쌓아 온 노하우를 통해 기존 여행사에 비해 파격적인 가격 인하를 실시하였다.

1990년대에 이르면서 높은 대중 매체 광고 관심도는 씨에 프랑스의 조기 성장을 가능하게 해주었고, 상호에서도 드러나듯 유럽 전문 여행사로의 이미지는 여타 경쟁사와의 차별화 무기가 되었다. 한번 씨에 프랑스를 이용한 고객은 철저히 관리하여 소식지 발송, DM 발송 등으로 계속적인 관계 유지를 꾀해 나가고, 두 번째부터의 이용 시에는 추가의 가격 할인을 해주는 제도를 채택하고 있다. 무엇보다 가장 큰 성공 요인은 지길호 사장도 지적하고 있는 바와 같이 1990년대에 들어서면서 폭발적인 해외 여행 수요 증가가 큰 바탕이 된 점이다. 여행 수요 폭증기에는 광고를 통한 회사 인지도의 확보로 고객을 확보하고 가격 경쟁 정책을 취한 이후, 현재처럼 여행 문화가 점차 까다로운 취향을 갖는 주제 여행에 대한 수요가 발생함에 착안하여 스코틀랜드 문학 기행, 이탈리아 영화 기행 등의 상품도 씨에 프랑스의 발전에 큰 도움이 되었다. 씨에 프랑스의 주 전략이 광고에 있는 만큼, 1994년 설립한 광고 대행사 씨에 콤은 자체 광고 물량을 소화할 뿐 아니라 사보를 여행 잡지로 확대한 **뚜르 드 몽드**지를 발행함으로써 잠재적 해외 여행 수요자층까지 포섭하려는 시도를 하고 있다.

성숙기(1996-) 다각화 방향에 대해서 지길호 사장의 입장은 안정적인 인력 관리를 위한 인력 양성 기관의 설립과 위락 휴양 시설의 건립 쪽으로 초점을 맞추고 있다. 1996년 내에 영국의 관광 전문 학교와 교류하여 양질의 통역 가이드를 양성할 전문 학원을 설립할 예정이었으나 결국 해를 넘기게 되었다. 선친이 물려 준 분산의 2만 평 부지를 이용해서 헬스 클럽과 스포츠 시설을 건립할 포부를 가지고 있는 그의 현재 가장 큰 문제는 다소 주춤하고 있는 씨에 프랑스의 시장 점유율을 어떤 방법으로 효과적으로 높일 수 있을 것인가 하는 문제이다. 여행업으로 지금 이상의 규모를 가지기 위해서는 3000여 개가 난립하여 혼전을 벌이고 있는 현 업계의 상황보다 몇 개의 선두 업체가 시장의 일정 부분을 과점하고, 나머지가 완전 경쟁인 형태가 되어야 그의 장래 계획을 완성할 수 있을 정도로 큰 시장 점유율을 확보하기가 가능할 것이기 때문이다. 창업 초기의 열띤 광고 공세에 비해 최근 광고 전략이 다소 둔화된 감이 있는 것은 여행 업계의 과다 경쟁과 가격 인하로 인한 저이윤의 후유증이 씨에 프랑스에게도 예외가 아니기 때문이다.

여행 산업 현황

서울 올림픽 이후 국내 관광에서 벗어나 해외를 찾는 국민이 급격히 증가하게 되었다. 경제 개발 시대에 있어온 정부의 해외 여행에 대한 엄격한 제한이 올림픽을 기점으로 완화되면서, 그 동안 잠재해 있던 해외 여행에 대한 열망이 한꺼번에 분출되었다고 볼 수 있다. 해외 여행 자유화 직후 부유층의 과소비 여행과 해외에서의 추태 등 문제점이 나타나기는 했으나 해가 지나면서 점차 성숙한 모습으로 돌아오고 있다. 국민 소득이 높아질수록 해외 여행에 대한 수요는 점차로 늘어나게 되어 있다. 또한 외국어 교육의 중요성이 부각되면서 단순 관광에서 벗어나 어학 연수 등 교육을 위한 해외 나들이가 점점 늘어나고 있는 추세이다. 따라서 해외 여행에 대한 수요는 지금보다 훨씬 많아지고 다양한 유형의 해외 여행이 늘어나게 될 것이다.

국민들의 해외 여행에 대한 수요가 많아지면서 자연히 여행 업계에도 많은 변화가 있어왔다. 그 동안 국내 관광 중심으로 이루어져 왔던 여행 산업이 해외 여행 자유화 이후 해외 여행을 전담하는 업체가 우후죽순 격으로 늘어나게 되어 사업 영역이 크게 확장되는 결과를 가져왔다. 해외 여행 초창기에는 주로 가까운 동남아 중심의 관광이 이루어져 왔다. 하지만 최근에는 유럽과 미주지역, 그리고 대양주 지역으로 그 범위가 넓어짐에 따라 특정 지역만을 전담하는 여행사도 등장하게 되었다.

해외 여행 실태

88 올림픽 이후 해외를 찾는 국민들의 수는 꾸준히 늘어나고 있다. 물론 해외 여행 자유화 이전에도 해외 여행을 하는 사람이 있었지만 일부 부유층과 해외 파견 근로자가 대부분이었다. 따라서 본격적인 해외 여행의 시작은 1988년으로 보는 것이 타당하다. 올림픽은 우리 나라 국민들에게 상당한 자부심을 갖게 했고 그 동안 경제 발전을 위해 졸라맸던 허리띠를 조금 느슨하게 할 수 있는 여유를 가져다 주었다. 소득도 어느 정도 수준에 오르게 되자

자연히 다양한 문화를 접할 수 있는 해외 여행에 대한 욕구가 커지게 되었다. 때마침 해외 여행 자유화가 이루어지면서 해외를 찾는 국민의 수가 증가하게 되었다.

90년대에 들어서자 대학생들을 중심으로 한 배낭 여행이 붐을 이루게 되었다. 주로 유럽의 여러 나라를 여행하는 형태의 배낭 여행은 과외 교습 등으로 주머니 사정이 넉넉한 대학생들 사이에 폭발적인 인기를 얻게 되었다. 현재에는 단순한 여행뿐만 아니라 어학 공부를 목적으로 외국을 찾는 사례가 늘어나고 있다. 이는 대학생뿐만 아니라 고등학생, 중학생 심지어는 초등학생에까지 이루어지고 있다. 방학기간을 이용해 외국어 연수의 기회로 해외에 한두 달 정도 갔다 오는 것이 자연스럽게 비춰지고 있다.

또한 최근에 등장한 여행의 특징으로 자신만의 개성을 강조한 여행이 점차로 늘어난다는 사실이다. 과거에는 유럽이나 미국 등 많이 알려진 관광지를 천편일률적으로 돌아보는 것이 주종을 이루었으나 요사이는 남들이 잘 가지 않는 오지를 관광하는 사람들이 점차 늘고 있다.

한국 관광 공사에서 1995년 3월 20일부터 8월 12일까지 해외 여행을 한 만 18세 이상의 대한민국 국민(교포 제외) 1,794명을 대상으로 김포, 김해, 제주 국제 공항 입국 대합실에서 해외 여행 실태와 해외 여행 형태, 그리고 해외 여행 경비 등을 조사한 자료에 따르면 다음과 같은 특징을 보인다.

여행 횟수 해외 여행의 경험 횟수가 한번인 사람은 주로 여자와 30세 이하의 저연령층이 많았다. 특히 학생의 경우가 여행 횟수가 한 번 정도인 것으로 나타났는데, 주로 관광과 훈련 및 연수의 목적으로 나갔던 것으로 나타났다. 반면 네 번 이상의 경험자는 주로 남자와 30-60대의 연령층에서 나타났는데, 주로 업무나 회의, 전시회 참가 등으로 많은 해외 여행을 하는 것으로 나타났다.

여행 지역 여행객들이 가장 많이 방문하는 나라는 일본인 것으로 나타났다. 최근 중국의 방문이 급격히 증가하여 일본에 이어 두 번째로 부상하였다. 중국의 경우 주로 고령층에서 많이 방문하였는데, 업무나 문화 체육 등의 목적으로 방문한 것으로 나타났다. 반면 일본의 경우 친구, 친지의 방문이나 연수, 회의, 전시회 참가 등이 여행의 주목적이었다.

여행 일수 해외 여행의 총 숙박 일수는 10일 이하가 대부분이다. 여행사 단체 관광을 이용한 경우 평균 여행 일수는 8.4일로 5일 이하의 단기 여행이 많았고 개별 여행의 경우 6-10일의 경우가 많았다. 1994년과 비교하여서는 61일 이상의 장기 여행자가 조금 늘어나 평균 여행 일수가 하루 정도 증가하였다.

여행 시기 학생들의 방학 중 해외 여행이 증가함에 따라 방학 및 농휴한기 때가 1994년에 비해 다소 증가하였다. 20세 이하의 대부분이 방학 기간을 이용하여 해외 여행을 하였다.

여행 목적 절반 정도가 관광을 목적으로 해외를 다녀온 여성에 비해 남성은 상대적으로 업무를 목적으로 하는 경우가 많았다. 연령별로는 50대 이상에서 관광이 목적인 경우가 많았고, 30-40대는 업무로, 20대와 학생들은 훈련 및 연수를 위해 다녀온 경우가 비교적 많았다.

해외 관광 여행의 주된 이유 해외 관광의 경우 우선 여행의 만족감을 위해서라는 경우가 가장 많았다. 다음으로 두드러진 이유는 평소에 꼭 방문하고 싶었던 특정 도시나 지방이 있어서였다.

여행 형태 여행사 단체 관광의 경우 여자들이 남자보다 많이 이용하며, 생산 노무자의 경우 소속 회사에서 비용을 지불하는 위로 출장 및 여행이 많았다.

해외 여행 평균 지출 경비(왕복 항공료 포함) 여행자들이 해외에서 지출한 1인당 총 경비는 평균 184만 원으로 나타났으며 이는 94년과 비교하여 같은 수준이다. 지출 총 경비는 남자가 여자에 비하여 많았으며 30대 이하의 저연령층에서 지출 경비가 178만 원으로 평균보다 낮은 것으로 조사되었다.

일인당 평균 여행사 지출 경비(무응답자 제외) 여행사 단체 관광을 이용한 여행자들이 여행사에 지불한 1인당 평균 비용은 107만 원으로 나타났다. 40대의 경우 평균 124만 원으로 가장 높았고, 60대 이상이 98만 9000원으로 가장 낮았다.

해외 여행 지출 경비 항목 여행자들이 해외에서 지출한 경비를 항목별로 알아본 결과 왕복 항공료 64만 원, 숙박비 44만 원, 쇼핑비 30만 원, 식음료비 25만 원, 유흥비 22만 원 등으로 나타났다.

해외 여행 희망지 아직까지는 유럽이 가장 선호되는 지역으로 나타나고 있다. 그 다음으로 호주나 뉴질랜드 등의 인기가 높아지면서 여행 빈도가 높아 가는 추세이다. 그 뒤에 미국과 캐나다 등 북미 지역도 여전히 인기가 높다.

여행업 현황

1995년 1월 1일부터 12월 31일까지 한국 일반 여행업 협회(KATA)의 334회원사(해외 송출 실적은 145사, 항공권 판매 실적은 171사)가 제출한 운영 실적 자료에 기반해서 국내 여행업의 현황을 살펴보자. 1995년 해외 여행객은 3,818,740명을 기록하여 1994년 3,154,326명보다 21.1%가 증가한 수치를 나타냈으며, 이 중 일반 여행 업자가 단체 여행객으로 취급한 인원은 640,103명으로서 1994년도 461,589명에 비해 38.6%가 성장한 것으로 나타났다. 여행사에서 취급한 인원 중 단체 모집(기획 여행) 여행객은 32,767 단체에 407,503명으로, 1994년 22,377 단체 269,541명에 비해 48.6%가 증가되었다. 보기 3은 1992-95년간 월별 내국인 관광객 송출 현황을 보여 준다.

현재 우리 나라에서 해외 여행을 담당하는 여행사의 수는 총 2000여 개사를 넘는 것으로 나타나고 있다. 이는 한정된 수요에 비해 여행사가 지나치게 많아 거의 포화 상태에 이르렀다고 볼 수 있다. 국내 여행사의 경우 크게 국내 여행과 대기업들의 자사 사원 송출을 담당하는 대형 업체, 그리고 특색 있는 여행 등으로 경쟁력을 높이고 있는 소규모 업체로 양분되어 있다. 특히 소규모 후발 업체들은 덩치가 큰 대형 선발 업체를 따라잡기 위해 여러 가지 전략을 구사하고 있는데, 대규모 광고 공세와 개성 있는 패키지 상품 개발로 선발 업체를 위협하고 있다.

씨에 그룹의 사업 특징

종합 여행 그룹 씨에는 일반 여행 업계의 영업과 거의 다름없는 영업 영역을 가지고 있다. 특징적인 점은 지역별로 독립된 전문 법인을 두고 있다는 점과 독자적인 광고 대행사를 포함하고 있다는 점이다. 씨에 콤의 경우 아직 초보적인 광고 전문 대행사이지만 점차 그 영역을 넓혀나가고 있으며, 나머지 씨에 프랑스, 씨에 퍼시픽, 그리고 으뜸 세계 여행의 경우 총괄적으로 다음과 같은 업무를 취급하고 있다.

- 국제선 항공권 판매 대행
- 여행 알선업 (전 상품 본사 및 직영 대리점 직판 체제)
- 패키지 투어
- 인센티브 투어
- 개인 투어
- 허니문 투어
- 학생 연수 및 배낭 여행
- 기업체 단체 연수

- 호텔 예약 대행
- 학술 회의 및 전시회 참가
- 수속 대행업 (여권 발급 대행, 비자 수속)

씨에 프랑스는 항공권 판매에 있어서 1995년 현재 업계에서 가장 높은 실적을 남겼고, 유럽 여행 부문에 있어서도 가장 많은 여행객을 송출한 성과를 기록하였다. 한 가지 특이한 점은 기존의 여행사들이 패키지와 고급 여행 상품의 비중이 높은 반면 씨에에서는 다양한 상품 구색과 가격대로 고객에게 다가가고 있다는 점이다. 그로 인해 항공권과 송출량에 비해 매출의 크기가 상대적으로 작은 편이다. 또한 기존 업체들이 발권 영업이나 외부 영업에 치중하고 있는 반면, 씨에 그룹에서는 텔레마케팅으로 영업을 꾸려나가고 있다. 이는 전화 상담의 비중이 높고 매체 광고를 통해 고객과 접촉하는 형태에서 두드러지게 드러난다. 현재 전국에 30여 개의 지점이 있는데 앞으로 직영 대리점과 프랜차이즈를 통해 영업망을 넓혀나갈 계획이다.

차별화된 상품/서비스의 제공

종합 여행 그룹 씨에에 있어서 가장 두드러지는 점은 다양한 상품 개발에 있다. 이는 소위 젊은 여행사들이 기존 업체들과 경쟁하기 위해 사용하는 대표적인 전략적 방안이기도 하다. 창업 초기에는 대규모 광고 공세와 가격 파괴를 통해 저렴한 가격의 상품 판매에 주력하였으나, 점차 경쟁이 심화되고 가격대의 균형이 이루어지자 질적인 차별화가 중요한 과제로 떠오르게 되었기 때문이다.

단기 여행 상품 씨에 그룹에서 기존 여행 업계에 던진 새로운 아이디어는 수없이 많지만 그 중 대표적인 것으로 단기 여행 상품의 개발이다. 1991년 당시 10일 이상이 대부분이었던 유럽 여행 상품으로 6일짜리(99만 5000 원) 2개국 상품을 판매하였다. 당시만 해도 기존 여행사들은 비행기로 19시간이나 걸리는 유럽을 6일 만에 여행하고 돌아오는 것은 좋은 상품이 아니라고 생각했었다. 그러나 경제적인 여유가 있으나 시간이 부족한 직장인들에게는 6일이 적당한 것이라는 생각이 적중하여 엄청난 선풍을 일으켰던 것이다. 이에 따라 7박 8일 3개국, 10박 11일 5개국 등 후속 상품을 개발하여 성공을 거두었다.

테마 여행 상품 해외 여행이 대중화 단계에 접어들면서 소비자들은 단순한 관광만을 하는 패키지 상품에 식상할 것을 예측하고 주제가 있는 여행을 개발하여 이른바 테마 여행 상품을 판매하기 시작하였다. 영국 문학 기행, 이탈리아 영화 여행, 프랑스 패션 여행, 그리스·터키·이집트 역사 기행 등의 상품 구색을 갖추었다. 이는 가격 경쟁이 심화되고 광고 공세가 거세지던 여행 업계에서의 경쟁 우위를 점하는 방안으로서 성공적인 것으로 평가되고 있으며, 다른 업체에서도 이를 모방한 상품을 개발하였다.

자유 배낭 여행 상품 학생층 고객을 중심으로 점차 보편화되어 가던 배낭 여행 상품에 차별성을 기하기 위해 자유 배낭 여행이라는 상품을 개발하였다. 천편일률적인 스케줄로 이루어지던 단체 배낭 여행에서 탈피하여 개인의 선호에 따라 조절할 수 있다는 점이 이 상품의 장점이라고 할 수 있다.

연령별 여행 상품 일정 기간 동안 함께 생활하여야 하는 여행 상품의 경우 서로 다른 연령층이 혼재되어 있음으로 해서 여러 가지 불편한 점이 발생할 수 있다. 고객이 원하는 상품을 개발하고 특화시키기 위한 방안으로 비슷한 연령대의 고객들을 묶어 내어 이에 알맞은 상품을 판매하기 시작하였다.

조기 예약 할인제 조기 예약 할인 제도란 여행 희망일 몇 개월 전에 예약하는 고객에게 할인 혜택을 부여하는 제도를 말한다. 시기에 따라 요금할인 비율을 달리하였는데, 4개월 전에 예약을 하면 20%, 3개월 전은 15%, 2개월 전은 10%, 1개월 전은 5%의 할인 혜택을 주었다. 이로써 고객은 사전에 여행 계획을 세울 수 있고 여행사 또한 현지 수배나 예약 활동을 통해 상대적으로 저렴한 가격으로 여행 상품을 판매할 수 있다.

동반자 할인 제도 동반자 할인 제도란 여행 상품을 구매할 때, 동반자 1인에게는 여행 요금의 40%를 할인해 주는 것이다. 고객에게 있어서는 가격 할인의 혜택을 받을 수 있고, 회사로서도 보다 많은 고객을 유치할 수 있다는 장점이 있다. 이와 관련하여 40% 할인으로 인하여 회사가 손해를 보는 것이 아니라는 언론 보도가 있기도 하였다.

금융 기관 대출 대행 1990년 당시 대학생들 사이에 미국 어학 연수가 한창 붐을 일으키고 있었다. 씨에 프랑스에서는 연수 희망 고객들을 위한 서비스로 금융 기관에서 연수 비용을 대출하는 일을 대행해 주었다. 이는 당시로서는 파격적인 서비스였다.

씨에의 조직

목적지별 별도 법인 설립 종합 여행 그룹 씨에는 목적지별로 별도의 법인을 설립하여, 기업 그룹을 구성하고 있다. 우선 모기업이라고 할 수 있는 씨에 프랑스는 유럽 지역을 주요 대상 지역으로 하고 있다. 지길호 씨의 부인인 민진홍 씨가 사장으로 있는 씨에 퍼시픽은 일본, 뉴질랜드, 태국, 필리핀, 괌, 하와이 등지의 남태평양 지역을 담당하고 있다. 그리고 으뜸 세계 여행의 경우에는 아시아 지역과 미주 지역을 전담하여 패키지 상품을 개발하고 있다.

자유분방한 조직 씨에의 사내 분위기는 젊고 자유롭다. 이는 창업자의 독특한 개성에 기인한 것이기도 하겠지만 설립된 지 얼마 되지 않은 젊은 기업이며 하고자 하는 분위기가 가득한 점도 주목할 만하다. 지길호 사장의 남다른 패션 감각에서 볼 수 있듯이 복장에 규제가 없으며 사생활에 관해서도 회사에서 간섭하는 일은 없다.

인적 자원의 관리 씨에 그룹에서는 직원의 선발에서부터 여타 기업과는 차별적인 방식을 사용하고 있다. 80%는 공채를 통해, 나머지 20%는 대학 교수의 추천 등을 통해 선발하며, 영어와 다른 외국어에 능통하고 컴퓨터를 잘 다룰 수 있는 사람을 선택한다고 한다. 선발 이후에도 철저한 사후 교육을 실시한다. 텔레마케팅을 주요한 영업의 수단으로 활용하는 회사답게 전직원들에게 여행 상품의 상담, 안내가 가능하도록 교육을 실시하는 것은 물론이고 상품의 기획과 개발, 실제 가이드, 고객 관리까지 담당할 수 있도록 한다. 또한 여행 회사답게 직원들에게 해외 연수 기회를 부여하고 외국어 교육도 지원해 준다. 광고 대행사인 씨에 콤의 경우 오전 9시와 오후 1시에 출근하도록 하는 시차 근무 제도를 도입하여 유연하고 효율적으로 조직 운영을 한다.

고객 서비스

서비스 철학 지길호 사장은 씨에 그룹의 서비스 철학을 5S로 정의하고 있다. 먼저 스마일(Smile)은 항상 웃는 얼굴로 고객을 맞는 정신을 말한다. 둘째, 스피드(Speed)로 고객의 주문과 요구에 대한 신속한 대응은 상당한 만족감을 준다는 점을 유의한다. 셋째, 신시리티(Sincerity)는 바로 정성이 깃들인 봉사와 평생 고객으로 고객에게 봉사하는 사세를 갖추도록 한다. 넷째, 세이프티(Safety)는 고객에게 편안하고 안락한 분위기를 제공하는 것이다. 마지막으로 시큐리티(Security)는 정보상의 보안에 관한 사항으로 정보화 사회에 더욱 강조되어야 하는 사항이라고 지적한다.

고객 관리부 씨에에서는 "한번 고객은 영원한 고객"이라는 모토로 별도의 고객 관리부를 설치하였다. 씨에 그룹과 거래한 고객은 누구나 씨에 가족으로 우대되고, 동시에 새로운 여행 자료와 정보를 계속적으로 받아볼 수 있게끔 모든 회원의 정보가 전산 관리되고 있다. 회원들에게는 사보를 매월 무료로 보내주고 DM을 발송한다. 또한 회원에게는 다음 여행에 3%의 할인 혜택을 부여하고 있으며, 모든 행사에 우선적으로 초대되어 씨에 가족으로 대우 받는다.

다각화를 통한 고객 편의 제공 씨에는 풍성한 문화 행사와 축제를 마련하고 외국어 통역 학원을 설립하여 보다 다양한 방법으로 고객에게 다가가려 한다. 지길호 사장은 여행 중에 경비가 떨어졌을 경우 신분만 확인되면 현지 호텔로 경비를 송금해주는 방식을 도입하는 등의 여행 편의를 위한 제도들을 도입하려고 한다. 앞으로 새롭게 관광 상품을 개발하고 호텔과 리조트 시설을 갖추는 등의 장기적인 계획을 세우고 있다. 이러한 다각화의 방향은 고객에게 최상의 제품과 서비스를 제공하려는 창업자의 철학과 그 맥을 같이하는 것이다.

광고 전략

기존 여행사에 대응하여 새롭게 신설된 여행사들이 취한 전략은 가격 파괴 전략과 광고 전략이었다. 그 중 광고 공세는 기존 업계에 있어서는 충격적인 것이었다. 온누리, 씨에 프랑스 등의 후발 업체들이 한 달에 3-4억 원의 광고비를 쏟아 부었던 것이다. 철저하게 수지를 따져온 선발 업체들에게 있어서는 상상하기 어려운 과감성을 보인 것이다. 씨에 그룹에서 실시한 그 대체적인 판촉 방법들은 다음과 같다.

- 4대 일간지 광고—주 3회 이상 전면 광고 기준
- TV 광고—CF 광고, 자막 광고, 방송 협찬
- 잡지 광고—월간지, 전문지
- DM 발송
- 월간 종합 여행 정보지 **뚜르 드 몽드** (*Tour de Monde*) 발간

그러나 여기서 이러한 광고 공세에 대해 기존 대형 여행사들은 다른 시각의 의견을 내놓는다. 단기 실적에 얽매이지 않고 고품질의 상품을 제공하여 창업 기업과 차별화해 나간다는 것이 바로 그것이다. 씨에 프랑스는 한때 공정 거래 위원회에 과다 상품 광고의 문제로 제소된 바 있다.

영업 실적

보기 4는 씨에 그룹의 영업 실적을 보여준다. 1989년은 ㈜씨에 프랑스의 법인이 설립되면서 인건비와 건물 임대료와 사무 기기의 구입으로 비용이 투자되기 시작한 시기이다. 씨에 프랑스 관리과의 임귀영 과장에 의하면 이 시기에 향후 3년 정도의 시설 투자로 적자를 예측했다고 한다. 1991년과 92년 사이에는 매출 증가가 급격하면서도 순이익 증가율이 60%밖에 이루어지지 못하고 그 금액도 미미한 것은 이 시기에 씨에 프랑스의 매출 성장률은 300%였으나 광고를 집중적으로 시작한 시기였고, 또한 계열사인 ㈜으뜸 세계 여행이 설립되었던 시기로서 여행업 시장의 과열 경쟁이 시작되었기 때문이다.

1994년도에도 매출액이 233%의 증가를 보였지만 창업 이후에 최고의 적자를 보였는데, 그것은 여행업계의 과열 경쟁에 따른 할인율의 증가로 인해 매출액에 대한 순이익률의 감소가 가장 큰 원인이었다. 그리고 광고비가 대폭 증가되었고, 이에 따른 부담을 감소시키고자 계열 광고사인 ㈜씨에 콤을 설립하여 이에 따른 창업비로 적자 운영을 하게 된다. 1995년 이후 안정적인 당기 순이익을 유지했다. 그러나 업계의 과열 경쟁에 따른 광고비의 증가와 가격 할인으로 인해서 매출액 대비 순이익률의 감소가 뒤따랐다. 따라서 씨에 프랑스는 계열사인 씨에 콤을 통한 광고비의 절감

과 가격 할인을 하지 않는 고품질의 서비스 상품을 개발하는 데 노력하고 있다.

장기 전략과 과제

계열사의 통합

씨에 그룹은 씨에 프랑스 외에, 아시아, 미주, 호주 등을 담당하는 으뜸 세계 여행과 동남 아시아와 프랑스 외의 유럽 지역을 담당하는 부서를 별도로 운영하고 있는데, 이를 향후 1년 내에 통합하여 항공사의 예약, 호텔의 예약 등의 업무의 중복을 막아 효율성을 제고하고, 대규모의 항공권과 숙박을 이용하여 더 많은 할인 혜택을 누리고자 한다. 그리고 급변하는 시장 상황에 대처하기 위해서 경영권을 단일화하고자 하는 것도 통합의 이유이다. 그리 크지 않은 시장 점유율을 가지고서 이를 세분화하여 업무 처리를 하다 보니 여러 비용의 부담이 가중되었던 것도 사실이다.

영업소의 모집

1996년부터 씨에 프랑스는 전국의 유통망을 확보하기 위해서 대리점을 모집하기 시작하였다. 이 대리점의 모집결과 30여 개를 개설하였고 앞으로도 계속적으로 대리점을 모집할 계획이다. 이러한 대리점의 모집 형식은 프렌차이징으로서 대리점은 별도의 법인으로 씨에 프랑스와 계약을 하고 예약 업무를 주로 하여 그에 따른 수수료를 얻게 된다. 현재 이러한 대리점의 활발한 개점으로 지속적인 시장 점유율을 높여 간다는 것이 씨에 프랑스의 전략이다.

씨에 프랑스의 가장 큰 경쟁사이자 1995년 해외 송출 실적 1위를 기록한 온누리 여행사의 경우 뛰어난 실적을 올렸음에도 경영 성과는 약간의 적자를 보는 수준에 머무르고 있다. 이는 여러 지점을 한 번에 설립하여 고정비 부담이 크게 늘었기 때문이다. 씨에 프랑스는 이에 대해 여행사의 프랜차이즈화를 통해 지점 확장과 고정비 절감이라는 두 마리의 토끼를 한 번에 잡으려 하는 것이다. 하지만 대부분의 경우 영어조차 소통이 되지 않는 일반 여행사 매장의 서비스 수준을 감안하면 이 같은 프랜차이즈화가 씨에 프랑스의 가장 큰 전략 무기인 서비스의 후퇴를 가져오리라는 예상도 할 수 있다. 회사에서 지속적이고 직접적인 관리를 할 수 있는 부분은 일정 수준의 예비적 마케팅에 한정되어 있고, 여행 상품 구매에 매우 큰 역할을 차지하는 점두 광고는 전적으로 프랜차이즈 업주의 비용 부담에 달려 있게 되기 때문이다.

씨에 카드의 발행

이제는 시장 점유율의 확보와 지속적인 고객 관리가 절실하게 되었다. 이에 따라 씨에 프랑스는 지속적인 고객의 관리를 하기 위해서 카드 사업에 본격적으로 진출할 계획이다. 이 카드 사업을 시작하면서 신한 은행 및 외환 비자 등과 협력하여 다기능의 카드를 제작하여 지속적인 고객의 확보와 더불어서 대폭적인 할인 혜택을 줌으로써 해외 여행의 금전적인 부담보다는 심리적인 부담을 줄여 해외 여행을 간접적으로 장려하고자 하는 것이다. 이러한 카드 사업이 성공한다면 어느 정도 시장 점유율을 차지하게 되리라 예측하고 있다.

광고 전략과 씨에 콤

적극적인 광고 전략은 막대한 광고비를 투자하게 된다. 타사와 동일한 가격대로 양질의 서비스를 유지하려는 방침으로 인해 매출액 대비 순이익이 계속 감소 추세에 있다. 같은 광고 위주의 전략을 펴고 있는 온누리 여행사의 경우 최근 TV 광고 횟수를 대폭 줄이고 있으며, 씨에 프랑스의 경우 1995년에 제작된 광고를 그대로 사용하고 있는 실정이다.

씨에 콤의 경우 기존의 일급 광고 대행사

들에 비해 아직은 역량이 뒤쳐지고 있어 제작되는 TV 광고물의 경우 수준이 그리 높지 못하고 촬영 등의 전문적인 부분은 다시 많은 부분을 외주에 의존하고 있는 실정이다. 본사의 광고비 부담을 줄이기 위해 설립된 광고 대행 부서라는 소극적 개념에서 벗어나서 여행업 관련 뿐 아니라 일반 광고도 대량으로 수주할 수 있는 자체 제작 능력을 갖추어야 하고 이를 위해 전문 광고인의 채용이 요구된다.

뚜르 드 몽드

씨에 콤에서 발간하고 있는 **뚜르 드 몽드**지의 경우 유사한 컨셉트와 편집 내용까지 거의 같은 경쟁지 **월드 트래블**지가 출현하여 한정된 여행 잡지 구매 시장을 잠식하고 있다. **뚜르 드 몽드** 제작 인력이 그리 많지 않을뿐더러 광고 대행업의 업무를 겸하고 있는 사원이 많아 잡지로서 시장 상황에 대처할 수 있는 강력한 경쟁력을 갖추기에는 무리가 있다. 또한 현재 **뚜르 드 몽드**지의 경우도 유가지로 전환한 이후 많은 발행 부수 확장을 기록하고 있기는 하나 아직 적자를 면치 못하고 있다.

정보화에 대한 대비

정보 기술에 대한 준비가 미비하다는 점은 씨에의 큰 약점이다. 인터넷이나 통신상으로 해외 관광지의 정보를 구하고 예약을 확인할 수 있다든지 여행 상품의 홈 쇼핑을 가능하게 한다든지 하는 인터넷과 통신망 등 차세대 매체에 대해 창업자 자신은 의욕을 보이고 있으나 전공이 다를 뿐 아니라 이해도도 낮아 추진이 어려운 실정이다. 또한 채용되는 젊은 사원들도 새로운 사업 부문이나 기술에 대한 배려 없이 계속 현재의 일반 영업을 위한 사원으로 모집하고 있는 실정이다. 우리 나라 여행 산업이 여행 상품의 구매나 정보의 이용 측면에 향후 몇 년 내에 크게 변화할 가능성이 있음을 고려한다면 운영 방식에서 기존의 여행사와 진일보한 면이 없다는 것은 향후 전망을 어둡게 할 수도 있다.

보기 1 여행사별 내국인 단체 관광객 송출 현황: 1994-1995

순위	여행사	인원(명)		여행경비($)	
		1995	1994	1995	1994
1	온누리 여행사	43,664	9,510	38,510,541	6,575,918
2	국일 여행사	30,302	18,184	33,188,744	23,117,945
3	한진 관광	27,549	25,506	34,256,027	24,874,927
4	코오롱 고속 관광	27,280	22,622	32,257,898	26,143,679
5	삼홍 여행사	27,043	18,294	29,409,269	16,125,704
6	롯데 관광	25,407	22,026	25,714,162	18,484,364
7	아주 관광 여행사	23,069	20,030	34,994,847	30,591,812
8	계명 여행사	20,254	5,733	20,274,327	5,750,571
9	삼희 관광	17,695	11,874	23,305,458	12,213,260
10	혜성 관광	16,328	10,144	10,253,649	6,751,238
11	씨에 프랑스 항공	15,198	10,749	29,315,124	19,528,289
12	한주 여행사	14,151	9,882	13,987,391	9,256,414
13	세중	14,128	15,378	17,057,733	16,808,830
14	대한 여행 개발	14,072	-	15,850,885	-
15	세방 여행	13,620	13,122	19,444,699	15,882,547

보기 2 창업 팀의 약력

지 길 호(1953. 12. 20 생)

- 1983 한국 외국어대학교 불어과 졸업
- 1986 프랑스 Rouen 국립대학 불어학 석사
- 1987 파리 제 7 대학 불어학 박사 과정 수료 후 귀국
- 1987-89 프랑스 유학 정보 센터 운영
- 1989 ㈜씨에 프랑스 항공 여행사 등록 운영
- 1994 광고 대행사 ㈜씨에 콤 설립

민 진 홍(1961. 6. 27 생)

- 1979 대전 호스돈여고 졸업
- 1984 덕성여자대학교 응용미술학과 졸업
- 1984 ㈜두울 인테리어 입사
- 1984 알리앙스 프랑세즈 수료
- 1987 Exetique Mar Boef 수료
- 1990 ㈜씨에 프랑스 이사
- 1994 ㈜으뜸 세계 여행 대표이사, ㈜씨에 퍼시픽 대표이사
- 1996 ㈜씨에 프랑스 부사장

보기 3 월별 내국인 관광객 송출 현황: 1992-95

월	인원(명)				여행 경비($)			
	1995	1994	1993	1992	1995	1994	1993	1992
1월	66,138	42,318	30,705	21,761	67,324,517	42,175,553	30,299,903	21,015,943
2월	46,201	31,489	20,855	22,484	47,496,189	29,607,309	18,882,856	24,293,058
3월	40,995	27,496	16,538	16,970	40,741,561	27,171,530	16,060,904	16,980,177
4월	44,623	29,435	19,028	18,041	44,688,615	29,881,422	19,603,429	19,471,873
5월	47,966	43,725	21,467	19,695	52,521,466	42,738,299	22,600,226	20,950,215
6월	47,196	36,104	24,563	18,013	52,729,323	38,740,681	25,249,194	20,775,757
7월	69,065	48,306	31,538	23,483	84,810,461	55,696,763	35,433,043	26,362,756
8월	78,183	62,054	38,012	32,971	94,621,152	70,330,954	40,278,983	38,084,891
9월	41,009	33,899	18,128	16,355	45,321,994	34,436,891	17,229,660	16,897,911
10월	44,792	34,913	25,708	17,007	50,981,794	35,958,619	25,361,496	18,595,969
11월	46,003	33,892	28,478	15,275	47,575,825	33,840,996	28,177,275	16,373,114
12월	68,932	37,959	28,050	17,110	72,550,770	35,560,004	25,943,179	15,101,085
합계	640,103	461,589	303,070	239,765	701,363,667	476,193,021	305,120,168	254,902,748

보기 4 씨에 그룹의 영업 실적

연도	매출액 (백만 원)	매출액 성장률(%)	당기순이익 (백만 원)
1989	9	-	-42
1990	115	-	1
1991	190	65.2	5
1992	502	164.2	8
1993	1,184	135.9	49
1994	3,941	232.8	-120
1995	7,100	80.1	282
1996 (추정)	8,225	15.8	225

사례 연구 4

카스*

잠실 대로를 타고 의정부로 향하는 차 안에서 김동진 사장은 깊은 생각에 잠긴다. 눈을 감으니 10여 년 전 성수동에서 8평 단칸 방으로 사업을 시작하던 시절이 문득 떠오른다. 무척 힘들고 어려웠던 시기였지만 돌이켜 생각해 보면 그래도 그때가 행복했던 시기였다는 생각을 지울 수 없다. 모두가 힘을 합쳐 마치 하나가 된 듯이 카스를 고객에게 알리고 이미 고객의 손에 넘어간 제품을 시집보낸 딸을 챙기듯 조그만 하자가 생겨도 시간을 가리지 않고 고객에게 달려 갔었던 그 시절, 지금 생각하니 눈깜짝할 사이 10여 년의 세월이 흘러 가버린 것만 같다.

다가오는 월초 월례 회의에서는 무슨 이야기를 하나? 상용 저울의 판매 추세는 이미 한풀 꺾인 듯 별다른 성장의 기미를 보이지 않고, 향후 주력 제품으로 자리매김한 로드 셀과 산업용 저울의 판매도 기대만큼 좋은 것은 아니다. 판매력을 강화하기 위하여 지난해 대폭 늘어난 사원들의 숫자로 인하여 회사의 분위기도 이전만큼 활력이 보이거나 가족과 같은 따스함이 많이 사그러진 것 같은 느낌을 지울 수 없다. 나이도 어느새 오십, 앞으로도 혼자서 모든 일을 처리해야 하는가? 규모가 커져서 이전과 같이 혼자서 모든 일을 챙기기에는 역부족이지만, 간부들을 보니 전적으로 믿고 맡기기에는 어딘가 허전함을 지울 수 없다. 어떻게 키운 회사인데, 결코 여기서 주저앉을 수는 없는데, 어디서부터 다시 시작해야 하나, 무엇이 잘못된 것일까? 이렇듯 김 사장에게 밀려오는 끊임없는 상념에도 아랑곳없이 5월 막바지의 하늘은 푸르기만 하다.

전자 저울의 등장

아직도 인근의 재래 시장에 가면 눈금으로 무게를 재는 눈금식 지시 저울을 어렵지 않게 찾아볼 수 있다. 그러나 어느덧 우리 주위에는 눈금으로써 무게를 가늠하는 것이 아니라, 소수점 2자리까지 정확하게 숫자로써 무게를 표시해 주는 전자식 저울이 거의 대부분의 영역을 차지하고 있다. 목욕탕, 정육점뿐 아니라 대부분의 슈퍼마켓에서는 전자식 저울을 비치하여 소비자에게 무게를 정확하게 알려줌으로써 신뢰감을 심어주고 분쟁의 소지를 미연에 방지하고 있다.

그러나 전자 저울이 나오기 전에는 무게를 둘러싸고 판매자와 소비자간에 적지 않은 마찰이 있었다. 일부 악덕 상인들은 저울을 미리 조작하여 실제의 무게보다 많이 나가게 할 뿐만 아니라, 상인들과 그들이 사용하는 저울에 대한 소비자들의 기본적인 불신으로 인하여 소비자들은 항상 속고 산다는 느낌을 지울 수 없어서 소비자 보호 협회에 접수되는 불만 건수 중 저울과 관련된 민원이 항상 상위를 차지하고 있었다.

이처럼 늘어나는 소비자들의 불만사항을 제거하고 어지러운 상거래 질서를 바로잡기 위하여 당시 농수산부나 소비자 보호 협회 등에서는 정부에 전자식 저울을 개발할 것을 강력히 건의하였으나, 기술력의 미비 등으로 국내에서 전자식 저울을 생산하는 업체는 전무하였고 필요한 전량을 일본에서 수입하여 사용하는

---

* 이 사례는 김인출, 이규철과 함께 교육용으로 개발한 것이다. 사례의 내용은 특정 경영 상황의 처리에 관한 잘잘못을 예시하지 아니한다.

실정이었다. 또한 수입품은 기본적으로 가격이 비싸서 웬만큼 규모가 크지 않은 업체에서는 기존의 눈금식 지시 저울을 전자식 지시 저울로 바꿀 엄두를 내지 못하고 있었고, 이러한 상황은 서민들이 일상 생활에서 자주 접하는 정육점, 슈퍼마켓 및 시장 등에서는 보다 확연하였다.

이처럼 불신과 사기가 팽배하던 우리 나라의 유통 시장에 신뢰감을 불어넣을 수 있는 전자식 지시 저울을 본격적으로 국내에서 생산·판매한 회사가 바로 ㈜카스이다. 물론 국내에서 전자식 지시 저울을 개발, 보급하는 회사가 카스사만이 아니라 몇몇 회사가 더 있고, 카스사가 최초로 개발한 회사도 아니지만 끈질긴 기술 개발 노력과 소비자에게 호소하는 판매 전략으로 상거래에 있어 전자식 저울을 자리잡게 만든 가장 큰 원동력은 카스의 성장에 의한 것이라고 해도 과인이 아닐 것이다.

창업자의 배경

카스의 사장 김동진 씨는 1947년 경남 하동 출신으로 1975년 인하대 산업공학과를 졸업한 후 대동 중공업에서 기술과장(7년) 및 동명 중공업에서 영업부장을 지내면서 기계 분야에서 기술적인 능력과 함께 영업상의 경험을 키울 수 있었다. 지금 주력 사업인 전자 저울 사업을 착수할 수 있게 된 계기도 이러한 이전의 경험에 다소 기인하는데, 동명 중공업 재직시 일본의 쿠보타사(Kubota) 및 이시다(Ishida) 계기 제작소 견학을 통해 한국에서도 전자 저울 시장이 무한한 잠재성을 가지고 있다는 생각을 갖게 된 것이다. 또한 김 사장은 대동 중공업 재직시 한국 공정 설계 기사 협회를 설립하여 초대 회장을 역임하기도 하였으며, 이 당시 유사한 분야의 엔지니어들과의 교류를 통하여 첨단 기술에 대한 정보를 상호 교환한 것이 오늘의 사업 기반을 닦을 수 있는 계기가 되었다고 김 사장은 이야기한다.

CNC의 실패와 로드 셀의 활용

카스는 본래 저울을 만들려고 설립한 회사가 아니었다. 카스의 사장 김동진 씨는 1983년 4월, 컴퓨터 지원 기기를 만들겠다는 뜻에서 ㈜카스(CAS: Computer Aided System)를 설립하고 첨단 기술 사업에 대한 도전을 개시하였다. 이러한 취지에서 출발한 카스는 창업 초기 산업용 자동 제어 장치, 산업 설비, 산업용 로봇 등을 주문 제작하는 일을 수행하였고, 출범 후 전력을 기울여 손을 댄 사업은 한국 과학기술원(KAIST)으로부터 수주된 산업용 로봇을 제작하는 것이었다. 프로젝트 자체가 최첨단 기술을 요하는 것이어서 많은 어려움을 겪기도 했지만, 카스는 1년 2개월 만에 링을 만드는 산업용 로봇을 완성하게 되었다.

그러나 카스가 한국 과학기술원으로부터 수주를 받아 제작한 'CNC 링 롤링 머신'(Ring Rolling Machine)은 제품 제작에는 성공하였으나, 수익보다 비용이 더 많이 들어가는 것으로 판단됨에 따라 사업성 면에서 볼 때는 실패한 작품이 되어버리고 말았다. 김 사장은 그 동안 수많은 날을 잠 못 이루며 공들여 쌓은 탑이 일순간에 무너져내리는 참담함을 맛보았다. 그 때의 상황을 회고하면서 김동진 사장은 다음과 같이 이야기 한다.[1]

"참으로 어려운 과정을 거쳐 첨단 로봇을 개발했는데 사업성이 없는 것으로 판명났습니다. 당시 우리 나라에서 상업화하기에는 시기상조였던 것입니다. 많은 자금과 시간을 소모한 회사는 큰 위기에 봉착하게 되었고, 이전에도 한번 실패한 경험이 있는 저로서는 더 큰

[1] 이하 면담 내용은 종합 기술 금융㈜, 세계 시장에 더 잘 알려진 벤처 기업 성공 이야기 (서울: 21세기 북스, 1994)에서 인용한 것임.

위기감에 잠을 이룰 수 없었습니다."

오늘날의 카스는 그 첫걸음을 위와 같은 참담한 실패 속에서 시작한 것이다. 그러나 이러한 실패의 경험 속에서도 돌이켜 보면 얻은 것이 전혀 없지는 않았다. 김 사장은 로봇 사업의 실패 속에서 다음과 같은 중요한 교훈을 얻었다. 첫째, 엄청난 시간과 자본이 투여되는 주문 제작 대신에 계획 생산 및 대량 생산이 가능한 사업을 해야 한다는 점, 그리고 둘째로 엄청난 기술적인 노력을 쏟아 부은 이전의 경험에서 반드시 무엇인가를 건져야 한다는 것이 그것이었다.

프로젝트의 수행 과정에서 인연을 맺은 한국 과학기술원의 연구진들은 카스의 향후 연구에 많은 도움이 되었으며, 이러한 최고급 연구진들과의 관계는 기술적인 능력면에서 외부의 잠재적인 투자자들에게 회사의 능력에 대한 신뢰감을 심어줄 수 있었다. 이러한 실패의 교훈을 바탕으로 하여 김 사장은 계획 생산 및 대량 생산이 가능한 품목을 모색하게 되었고, CNC 링 롤링 머신에 들어가는 하중 센서인 로드 셀(Load Cell)을 응용한 전자 저울을 개발하기에 이르렀다. 이때 새로운 사업의 기회를 포착한 김동진 사장은 다음과 같이 말한다.

"그러나 제품 개발 과정에서 축적된 기술을 이용할 수 있는 분야가 있을 것이라는 확신과 용기로 자신을 채찍질하며 3개월에 걸친 조사 결과, 로드 셀을 이용한 전자 저울로써 승부를 걸 수 있다는 결론을 얻었습니다. 상업용 전자 저울 및 산업용 하중 계량 시스템은 연간 480만 달러 이상되는 물량을 전량 수입에만 의존하고 있으며, 시장 수요도 날로 늘어나고 있다는 사실을 알았습니다. 이웃 일본의 경우에도 1983년 한 해에만 단일 품목으로 1억 달러 이상을 수출한 인기 상품으로 부상하고 있었습니다. '바로 이것이다!' 싶었습니다."

모험 자본의 활용

카스가 초기 CNC사업의 실패를 딛고서 로드 셀을 활용한 전자 저울을 만들기에는 성공하였으나, 이를 시장에서 상품화하고 수익을 창출하기까지에는 자금이라는 결정적인 장애물이 남아 있었다. 당시만 해도 대부분의 창업가들은 일반 금융 기관에서 담보를 제공하고 대출을 받아 사업 자금으로 활용하는 것이 일반적인 관행이었다. 그러나 이전 사업의 실패로 자금 여력이 거의 바닥을 보인 시점에서 값비싼 은행의 일반 대출 자금을 추가로 활용한다는 것이 당시의 김 사장에게 있어서는 결코 쉽지 않은 실정이었다. 자금 확보를 위해 시도했던 여러 방안들이 실패로 돌아간 후 김동진 사장의 머릿 속에는 모험 자본(Venture Capital)을 이용해보자는 생각이 떠올랐다.

"그 때 저는 비장한 각오를 갖고 종합 기술 금융(당시 한국 기술 개발 주식회사)을 찾았습니다. 그리고 그 동안의 개발 과정과 사업 전망에 관해 상세한 설명을 하고 약 3개월 간의 엄격한 심사를 받았습니다. 여러 차례에 걸친 기술 진단 및 정밀 시장 조사를 거치는 동안 타당성 검토가 지나치게 신중하지 않느냐는 의구심도 들었지만, 결국 가능성을 믿고 지원해주는 순간 저와 창업 동지들은 환호성을 터뜨리지 않을 수 없었습니다.

일단 지원이 결정된 후에는 자금뿐만 아니라 초기 경영상의 어려움을 극복하는 데에도 많은 도움을 받았습니다. 종합 기술 금융의 자금 및 경영 지원이 초창기 어려웠던 시기를 극복하게 해준 요인 중의 하나였었고, 사실상 결정적 역할을 했다고 해도 과언은 아닐 것입니다."

이처럼 모험 자본은 창업의 과정에서 당장 시급한 자금의 지원뿐만 아니라, 자금 지원이 이루어지는 과정에서 창업자로 하여금 다시 한 번 사업의 타당성과 장래성을 체계적으로 돌아볼 수 있게 하고, 객관적인 관점에서 사업의 타당성을 정밀하게 평가하여 경영상의 지원을 제공함으로써 단순한 자금 지원 창구 이상의 역할을 수행하였던 것이다.

통상적으로 창업에 성공하기 위해서는 해당 사업의 성격과 창업자의 능력이나 특성이 합치되는 것이 무엇보다도 중요하다고 이야기한다. 이러한 일반적인 생각을 갖고서 김동진 사장은 이전의 근무 경험을 살려 자신이 하고 싶고 할 수 있다고 생각되는 CNC 링 롤링 머신 사업에 뛰어들었다. 그러나 김 사장이 간과했던 것은 자신의 경험이나 능력 이외에 제품의 시장성과 이를 가능케 하는 자금력을 제대로 갖추고 있지 못했다는 사실이었다. 비록 CNC 링 롤링 머신 사업에서는 실패했지만 그 사업이 자신의 능력 및 경험과 동떨어진 것이 아니라 추가적인 경험을 줄 수 있는 사업이었기에 김 사장은 이전 사업의 실패 속에서도 로드 셀을 중심으로 활용한 전자 저울 사업을 일으킬 수 있었던 것이다.

전자식 저울

전자식 저울 개발의 필요성

종래의 기계식 저울은 그 정밀도가 보통 1/50-1/200 kg 정도이고 눈금 지시 바늘의 판독에 오차가 발생할 소지가 많으며, 간단한 내부 구조의 변경으로 지시 눈금의 임의 조작이 용이하므로 일반 상거래에 있어 소비자 고발의 주요한 원인으로 등장하고 있었다. 또한 생활수준이 높아짐에 따라 육류 등의 소비가 엄청나게 증가하였으며, 소비자들은 재래식 눈금 저울을 비치한 정육점보다는 숫자로 표시되는 외국산(주로 일제) 전자 저울을 비치한 정육점을 선호하게 되었으며 이러한 전자 저울에 대한 수요 증가는 곧바로 수입 물량의 증대로 이어지게 되었다. 이에 따라 공업 진흥청, 농수산부, 소비자 보호 협회 등에서는 소비자 보호와 수입 억제를 위하여 당시 전량 수입에만 의존하고 있었던 전자식 저울의 국산화 생산 보급을 업계에 강력히 요청하고 있었다.

전자식 저울은 통상 1/3000 kg 이상의 정밀도를 가지며, 계량된 무게를 디지털 숫자로 표시하여 주고 내부의 구조 변경으로 인한 지시치의 임의 조작이 거의 불가능하므로 기계식 저울의 문제점을 해결할 수 있었다. 또한 무게 계량의 기본적인 기능 이외에 가격 및 수량 계산 기능 등을 수요자의 요구에 따라 쉽게 부각시킬 수 있으므로 더욱 더 전자식 저울의 필요성은 강조되고 있는 상황이었다.

전자식 저울의 기술적 특징

전자식 저울은 기능상 압력 감지 부분(로드 셀을 포함한 기계 부분)과 전자 회로 부분(마이크로 프로세서를 포함한 전자 부분)으로 구성된다. 압력 감지 부분은 로드 셀(압력 센서)과 이를 지지해주는 간단한 기구 소자들로 구성되어 있는데, 이 중에서 기술적인 핵심 부품은 로드 셀이다. 로드 셀은 금속체로 된 몸체의 양면(인장부위 및 수축부위)에 각각 2개씩의 스트레인 게이지(Strain Guage)를 부착하여 이를 윗스톤 브릿지(Wheatstone Bridge)로 구성한 형태이며, 기계적인 압력을 그에 비례하는 전기적 신호로 바꿔주는 역할을 한다. 이는 겉보기에는 간단한 형태를 가지고 있으나, 설계 시 몸체 재질의 선정, 형상 설계 기술, 스트레인 게이지 접착 기술 등의 전문적인 노하우, 그리고 제작 및 조정 시에도 세심한 주의를 요하는 부품으로 그 기술적 난이도가 매우 높은 부문이다. 카스가 로드 셀을 개발한 당시만 해도 로드 셀의 자체 개발에 성공한 나라는 미국, 일본, 이스라엘, 영국, 서독, 프랑스 등 6개국에 불과했다. 그 생산 공정에 섬세한 수작업과 첨단 기술의 계속적인 보완이 요구되므로 한국의 산업 특성에 알맞은 것으로 여겨지며,

산업 기계, 크레인, 로봇 등에 확장하여 널리 쓰일 수 있으므로 로드 셀 자체만의 시장 수요도 계속 증대될 것으로 전망하였다.

전자 회로 부분은 신호 증폭부, A/D 변환부(Analog-Digital Converter), 그리고 디지털부로 구성된다. 신호 증폭부는 로드 셀에서 검출된 미세한 신호를 선형으로 증폭시켜 전자 회로에서 쉽게 다룰 수 있는 정도의 신호로 키워주는 역할을 하며, A/D 변환부는 이렇게 증폭된 아날로그 신호를 디지털 신호로 변환시켜 논리 및 표시회로의 입력으로 사용하게 하는 역할을 한다. 디지털부는 A/D 변환부에서 변환된 디지털 신호를 마이크로 프로세서를 이용하여 숫자로 표시하여 주며, 가격과 수량 계산 등의 간단한 부가 기능을 수행한다.

당시의 기술적 문제점과 수행 능력

창업 초기의 개발 현황은 시제품 시험의 중간 단계로 로드 셀의 양산에서 야기될 수 있는 제품의 균일성, 내구성의 유지 및 환경 시험에서의 적응력 등은 향후 사업 추진 과정에서 해결되어야 할 과제로 남아있었다. 한편 전자 회로 부분에서 신호 증폭부와 A/D 변환부가 제작하기 힘든 부분이었으나 이들을 모듈(Module)화된 제품을 수입하여 이러한 문제에 대처하였다. 디지털부는 비교적 간단한 구성과 프로그램으로 해결되므로 전자 회로 부문은 별다른 어려움 없이 설계 제작이 가능하였다. 다만 압력 감지 부분과 전자 회로 부분의 종합 구성에서 생길 수 있는 잡음 및 드리프트(Drift) 현상은 향후에 극복되어야 할 과제로 남아있었다.

이러한 문제점들이 완전히 해결되지 않은 상황에서 카스는 사업을 수행하기 위해 로드 셀 개발, 전자 회로 개발, 기구 의장 부문 개발 등을 위한 세 개의 개발 팀을 구성하였으며, 기술적 장애 사항이 많은 로드 셀의 개발은 금속재료의 인장 및 용력 특성에 대한 연구(특히 로드 셀 부분)에 7년간 종사해온 한국 과학 기술원의 조남선 박사가, 이전에 카스와 공동으로 제작했던 CNC 링 롤링 머신의 개발 과정에서 얻은 로드 셀에 대한 기술적 사항을 지원해주어 로드 셀의 개발에 커다란 도움이 되었다. 전자 회로 부분에서는 위에서 언급했듯이 별다른 어려움이 없었고, 이에 대해서는 국방 과학 연구소 등에서 수 년간 전자 회로 설계를 담당하였던 김대훈, 유준철 두 사람의 능력으로 충분히 해결할 수 있었다.

전자식 저울의 시장성

국내 시장 현황

국내의 병원, 실험실, 공장(기계, 금속, 식품 산업 등) 등에서는 1970년대 후반부터 전자 저울(측정 용량: 30 kg-1 톤)을 사용하고 있었으나, 이외에 일반 소비자들을 대상으로 하는 시장의 경우에는 용량을 임의대로 조작할 수 있는 기계식 저울을 사용하고 있었기 때문에 국내 소비자들로부터 크게 불신을 받고 있었다. 이에 따라 국내의 대형 슈퍼마켓 및 정육점 등에서는 고객 유치를 위해서 10 kg까지를 측정할 수 있는 전자 저울을 1982년 하반기부터 사용하기 시작하였다. 또한 무게 계측에 대한 소비자들의 불만과 불신을 없애기 위해 정부가 1983년 8월 미터법으로 개정함에 따라 전자 저울에 대한 수요는 본격적으로 늘어나게 되었다.

전자 저울에 대한 점증하는 수요에 부응하여 당시 국내에서는 동성 교역 및 고대 교역 등의 10여 개 오퍼상에서 전자 저울을 일본의 이시다사 및 쿠보타사 등에서 수입하여 공급하고 있는 실정이었다. 1983년 당시까지 국내에 보급된 전자 저울 물량을 한국 계량 계측기 공업 협동 조합은 보기 1과 같이 추정하고 있었다.

당시의 경쟁사 현황

카스가 주력으로 생각하고 있었던 전자

저울은 중소 기업 사업 조정 법상 중소 기업의 특화 업종이 아니므로 대기업도 시장 참여가 가능하였으며, 당시 기계식 저울을 생산하고 있는 마포 기계 산업(연간 국내 공급 물량: 10만 대) 및 경인 기계 산업(연간 국내 공급 물량: 4만 대)도 전자 저울 생산 계획을 검토하고 있는 상황이었다. 또한 1983년 9월에 한국 개발 투자가 1억 원을 투자하여 설립한 하나 계기도 1984년 4월부터 연간 6000대를 생산할 계획이었으며, 국내 업체의 생산 가능 여부에 따라 국내에 전자 저울을 공급하고 있던 일본 업체들이 시장 확보를 위하여 가격 덤핑을 시도할 수 있어 국내 시장 규모에 따라 경쟁이 치열할 것으로 예상할 수 있는 상황이었다.

이러한 당시의 경쟁 상황과 일본 업체들까지 감안한 잠재적 경쟁 상황까지 고려한다면 전자 저울 시장의 판도는 이 제품의 가장 핵심 부분인 로드 셀(무게 감지 장치)을 누가 가장 정밀하고 저렴한 가격으로 생산할 수 있는지에 따라 시장 점유율이 결정되는 것이었다. 당시 10 kg까지 측정할 수 있는 전자 저울용 로드 셀의 수입 가격은 개당 ￥19,000이었으며, 관세 및 부대 비용까지 포함할 경우에는 개당 약 8만 원 수준이었다. 이에 비해 카스 및 하나 계기는 1986년까지 상기 용도의 로드 셀을 개당 6만 원 수준에서 생산할 계획을 가지고 있었다.

시장 예측 및 매출액 추정

카스가 개발하고 있었던 전자 저울은 당시 수출·입 기별 공고상(1983. 6. 30 공고) 한국 계량 계측기 공업 협동조합의 수입 추천을 얻어야 하는 품목에 해당하였다(관세 20%). 이러한 일련의 수입 제한 조치는 전자 저울에 대한 국내의 기술을 육성하고 이제 막 생기고 있는 전자 저울 시장을 전적으로 외국 업체에 의해 점령당하지 않으려는 시도였지만, 산업 구조의 고도화 및 소비자 보호에 따르는 계량 체제의 확립이 절실해감에 따라 전자 저울의 수요는 짧은 시간에 급증하여, 당시 국내에서는 필요한 전자 저울 물량 전부를 일본으로부터의 수입에 의존하고 있는 실정이었다.

당시의 급증하던 전자 저울에 대한 수요는 기존 기계식 저울에 대한 대체 수요와 신규 공장 및 슈퍼마켓 등에 공급하는 신규 수요로 크게 나누어 볼 수 있는데, 당시 기계식 저울의 판매량은 1983년 기준 30만-40만 대로 추정되므로 전자 저울의 잠재 수요는 연간 30만-40만 대이고, 유효 수요는 잠재수요의 10% 정도로 추정할 수 있는 상황이었다. 당시 수입 제품의 수입 가격은 관세 등 도입 부대 비용을 포함하여 약 45만 원(10 kg급 상업용 저울의 경우) 수준이었으며, 수입 오퍼상의 국내 판매 가격은 약 80만 원 수준이었다. 이러한 수입 가격 수준에 비하여 카스는 동일한 모델의 대리점 공급 가격을 대당 30만 원, 소비자 공급 가격을 대당 40만 원 수준으로 책정하여 1985년부터 국내 시장에 공급하려는 계획을 갖고 있었으므로 일단 품질 수준만 소비자로부터 인정 받을 수 있는 상황이라면 가격 면에서는 경쟁 우위를 지닐 수 있는 조건을 갖추고 있는 셈이었다.

운영 및 관리

마케팅 전략

경쟁 업체가 없었던 것은 아니지만 카스의 전자 저울 분야 진출은 마케팅 측면에서 보면 시장 선도 전략이라고 할 수 있다. 일반적으로 시장 선도 전략은 강력한 연구개발 능력을 갖고 있으며, 기술 선도 능력이 있고, 위험을 감수할 자세와 능력이 확립되어 있는 경우에 잠재적으로 큰 수익을 보장할 수 있는 전략이다. 그러나 이러한 조건이 모두 만족된다 하더라도 시장의 선점이 그저 비어 있는 시장을 먼저 찾아 들어가는 땅 짚고 헤엄치기 식의 손쉬운 것으로 생각하면 큰 오산이다. 세계 최초로 개발된 첨단 제품의 경우에는 제품 그 자체가 시장을 창출하는 경우도 있지만, 우리 나라에서 최초인 경우에는 외국 기업의 견제에 의해 그렇지 못한 경우가 훨씬 더 많다. 더구나 제품을 판매하기 위하여 사회의 관행을 바꾸어야 한다면 이는 매우 힘든 작업일 수밖에 없다. 고도의 기술력을 바탕으로 한 많은 모험기업들이 겪게 되는 높은 위험도 바로 이러한 시장의 불안정성과 직접 연결되어 있는 경우가 많다.

카스의 경우도 제품 개발 후 초창기 보수적 시장의 벽을 뚫지 못하여 엄청난 고전을 경험하였다. 김 사장은 카스의 전자 저울이 재래식 저울에 비하여 정확하고 판매 가격도 기존에 시장에 나와 있던 외국 제품에 비하여 훨씬 저렴하였기 때문에 상인들로부터 크게 환영 받을 것으로 예상했으나, 당시 중량 할인과 저울의 눈속임에 익숙해 있던 상인들로부터 그 정확성 때문에 오히려 배척당했다. 제품 개발 후 제품의 하자 때문이 아니라 제품이 갖고 있는 장점으로 인하여 시장에서 배척 받는다는 것은 회사의 근본을 뒤흔드는 치명적 문제로써 당시 카스의 경영진은 엄청난 위기에 봉착하였다. 그 때의 어려움을 김 사장은 다음과 같이 말한다.

"제가 다니는 교회의 교인 중에서 마늘장사를 하는 분이 계셨습니다. 그래서 저는 소비자의 반응도 알아보고 홍보도 겸할 목적으로 한두 달 무료로 전자 저울을 대여해 드릴 테니 편히 사용하시고 선전도 잘 해주십사 부탁을 드렸습니다. 그런데 당연히 저를 도와주실 것으로 믿었던 그 분이 난색을 표명하면서 하시는 말씀이 정확한 저울을 사용하면 주위의 동료 상인들로부터 욕을 먹는다는 것입니다. 한편으로는 덤핑하면서 또 한편으로는 저울을 속이는 게 장사라는 인식이 팽배해 있었던 거지요. 순간적으로 '이거 안 되는 사업이구나!' 하는 생각에 앞이 캄캄하더군요."

이러한 난관 속에서 카스는 국면 전환을 위하여 저울의 구매자인 상인들이 아니라 상인들의 고객인 일반 소비자들을 직접 자극하는 전략을 선택하였다. 저울에 대한 소비자 설문조사를 실시해 본 결과 응답자의 대부분이 속고 있다고 느낀다는 사실을 발견하였고, 우여곡절 끝에 겨우 납품한 한 정육점을 통해 소비자의 심리를 직접 확인할 수 있었기 때문이었다. 모든 수단을 동원해서라도 최초의 시장 진입을 시도하기 위하여 카스는 한 계량 공무원을 찾아가 끈질긴 설득 작업을 펼쳤고, 유통시장에서 저울의 문제점을 잘 알고 있던 그 공무원의 소개로 정육점에 전자 저울 한 대를 납품하게 되었다. 당시 그 정육점은 상습적으로 불량 저울을 사용한다는 혐의를 받고 있던 터여서 계량 공무원의 전자 저울 구입 권유를 거절할 수 없는 입장이었다. 그 후 김 사장은 매일 구경하듯이 그 정육점으로 출근하여 소비자들의 반응을 살폈다.

당시 그 근처에는 세 곳의 정육점이 있었는데, 전자 저울을 구입한 정육점 주인은 망했다고 울상을 짓고 있었다. 그러나 소비자들의 반응은 정육점 주인들의 예상과는 정반대로 나타나 손님 열 명 중 여덟 명이 전자 저울이 있는 정육점으로 몰리는 기현상이 나타난 것이다. 결국 인근의 정육점들도 전자 저울을 구입하지 않을 수 없었고, 이는 절망적이었던 시장의 장벽이 서서히 걷히고 있음을 알리는 신호탄이었다.

여기서 자신을 얻은 카스는 소비자 의식을 자극할 수 있는 모든 수단과 방법을 총동원하였다. 일단 한 곳만 개척하면 주변으로의 확산 효과가 대단히 크다는 것을 확인했기 때문에 시장과 상가의 요소요소에 카스 제품을 2-3개월 정도 무료로 사용토록 교섭하여 직접 우수성이나 필요성을 느낄 수 있도록 전 직원이 적극적인 판촉에 나섰다. 다소의 반감을 갖고 있던 상인들을 대상으로, 장기적 안목으로 보았을 때 소비자들의 불신 풍조를 해소하고 매출을 신장시키기 위해서는 저울의 개선이 필요하다는 점을 특히 강조하였다.

그리고 직원의 부인들은 물론 직원들의 일가 친척들까지 동원하여 정육점, 식품점 등을 가가호호 방문하여 영업 활동을 펼쳤다. 손님처럼 가장하여 "여기는 왜 전자 저울이 없어요?" 라고 질문하여 전자 저울의 필요성을 느끼도록 간접적으로 유도하기도 하였다. 이렇듯 소비자들에게 직접 다가가는 영업 활동과 함께 초창기 카스의 전자 저울이 시장에 안착할 수 있었던 한 가지 요인은 캠페인성 광고였다. 전자 저울은 기존의 눈금저울에 비하여 제품 자체의 차별성도 있지만 기술적인 정확성이나 차별적인 요소보다는, 기존의 사회적 관행과 불신으로 가득찬 상거래를 바로잡는 강력한 도구로서의 이미지가 일반 소비자들을 보다 자극할 수 있었던 것이다. 일단 소비자들의 뇌리 속에 "눈금 저울 = 속임수, 전자 저울 = 신뢰성"이라는 도식이 자리잡게 되면, 소비자들 자체가 강력한 추동력이 되어 전자 저울의 필요성을 곳곳에서 제기할 수 있는 것이다. "사는 사람 파는 사람 서로 좋아요"라는 문구를 내걸고 신용 사회 실현이라는 공익성을 강조하면서 소비자들에게 자연스럽게 접근하도록 유도하였다.

사후 관리

중소 기업 특히 창업 기업의 경우 광고나 홍보로 고객의 신뢰를 창출하는 데에는 한계가 있을 뿐만 아니라, 설령 광고나 홍보 전략이 성공했다고 하더라도 그것이 장기적인 영업 효과로 이어지기 위해서는 신용이 쌓이지 않으면 안 된다. 이를 위해서는 모든 면에서 소비자와의 약속이 지켜져야 하고 판매 이후의 사후 관리가 특히 중요한 역할을 한다. 처음으로 제품을 출하한 기업, 특히 외부의 도움 없이 자체 기술로 첨단 제품을 출하한 기업의 경우에는 거의 예외 없이 초기 제품의 안정성 문제에 부딪히게 된다. 이때 그 기업이 철저한 사후 관리로써 고객의 신뢰를 얻지 못하는 경우에는 한치 앞의 생존도 보장할 수 없게 된다.

카스의 경우도 제품 출하 초기 단계에 많은 어려움이 있었다. 독자적으로 기술 개발을 하다 보니 개발에만 초점이 주어졌지, 실제 사용에서 중요한 여러 환경 여건하에서의 안정도 시험에는 주의를 기울이지 못했던 것이다. 저울은 대단히 예민한 제품이기 때문에 장소만 바뀌어도 똑같은 수치를 나타내기 어렵고, 오차가 발생하면 곧바로 금전적 손실로 직접 연결되기 때문에 악조건을 가상한 시험이 필수적인데 카스는 이를 미처 예측하지 못했던 것이다. 김 사장은 다음과 같이 말한다.

"겨우 판로를 개척하고 4개월 동안 1200여 대를 팔아 영업이 활성화되는가 싶었는데 불량이 발생하기 시작했습니다. 워낙 정신없이 애프터 서비스에만 매달리다 보니 정확히 조사하지는 못했지만 판매한 1200대 중 약간이나마 이상을 일으키지 않은 것은 하나도 없다고 보아도 과언이 아닐 것입니다. 대당 가격이 50만 원 정도였으니까 단순 계산으로 하면 자본금을 훨씬 넘는 6억여 원의 불량이 발생한 것이지요.

그때 우리는 생산, 개발, 영업 등 모든 것을 유보하고 애프터 서비스에 30여 명의 전 직원이 매달렸습니다. 카스 제품은 불량품이라는 인식이 확산되면 회사가 존립할 수 없었기 때문이기도 했지만, 그보다는 카스를 믿고 사 준 고객들에게 죄를 지었다는 죄인의 입장에서 사죄하는 마음이 더 강했습니다. 상인이든 주부든 손해를 보면 어떡하나 하는 불안감에 잠을 이룰 수 없었습니다. 수리, 교환, 필요하다면 배상까지도 감수해야 한다는 생각 외에 다른 마음은 전혀 없었습니다."

이와 같이 사운을 건 처절한 사후 관리로써 카스는 서서히 소비자의 마음을 끌 수 있었고, 실제로 제품을 사용한 사람들의 입을 통하여 카스의 좋은 이미지가 점차로 확산되어 갔다. 당시 전자 저울의 가격은 기존의 눈금 저울에 비하여 상대적으로 매우 비싼 편이었기 때문에 새로이 제품을 구입하려는 소비자는 먼저 사용하고 있던 사람들에게 자문을 구하는 것이 일반적이었다. 이때 카스 제품 사용자들은 정성을 다하는 철저한 사후 관리에 감동하여 열이면 열 모두가 카스 제품을 추천하였으며, 추천을 받았던 사람들은 또 다른 사람들을 위한 추천자가 되었다. 이렇게 고객들의 입에서 입을 통한 파급 효과는 상상보다 훨씬 큰 것이었다. 결국 초기 제품의 불량으로 카스는 비용도 많이 들었고 어려움도 겪었지만, 당시 카스 제품의 구매자들이 카스의 확실한 사후 관리 체제와 정성을 경험하고 새로운 구매자들에게 추천해 줌으로써 오히려 좋은 이미지를 확산시키는 전화위복의 계기가 된 것이다.

R&D 중심의 회사

카스를 언급하면서 빠뜨릴 수 없는 부분은 기술력과 연구개발에 대한 열정이다. 초기 전자 저울의 핵심 부품인 로드 셀의 생산과 양산에 이르기까지의 쉽지 않은 과정을 일본 업체로부터의 손쉬운 기술 도입 대신에 엄청난 노력과 자금이 소요되는 자체 개발을 택한 것은 김동진 사장의 고집 때문이었다. 외국으로부터 기술을 도입하면 초기 단계에서 쉽고도 빠른 시장으로의 진입은 가능하겠지만, 부메랑 효과를 두려워한 외국 업체는 핵심적인 기술을 전수해 주지 않으려고 할 것이고 그렇게 되면 카스는 세계 무대에서 1인자가 아니라 영원히 추종자의 자리를 면할 수 없다는 것이 그 이유이다. 이러한 연구개발에 대한 투자 노력은 지금도 계속 이어지고 있다. 본사의 한 관계자는 연구개발비가 어느 정도 지정되어 있느냐는 질문에 특정 한도가 있는 것이 아니라 연구개발 예산은 신청만 하면 전적으로 지원된다고 말했다.

1986년도에 설립한 부설 연구소에 이어 카스는 1992년에 센서 연구소를 별도로 설립해 특화된 기술 체계를 구축하는데 전력을 다하고 있다. 연구원은 약 40명으로서 전체 인원의 10%가 훨씬 넘는 비율인데 연구원 전원이 학사 이상이고 석사 이상의 고급 연구 인력만도 15명에 이르고 있다. 또한 최근 몇 년간의 매출액 대비 연구개발비에 대한 지출도 평균 6%를 상회하여 보통의 중소 기업과는 달리 연구개발에 많은 노력을 기울이고 있음을 단적으로 알 수 있다. 보기 2는 매출액 대비 연구개발비 투자를 나타낸다.

해외 시장 진출

카스가 여타의 중소 기업들과 확연히 구분될 수 있는 요소 중의 하나는 초기 단계부터 노력을 기울여 온 세계 시장의 개척이다. 저울을 해외 시장에 수출하기 위해서는 우선적으로 각 나라마다의 규격을 획득하는 것이 선결 과제인데, 카스의 경우에는 전 세계 18개 국가의 규격을 획득하였으며, 1994년에는 국내 최초로 유럽의 통합 규격인 OIML을 획득하였다. 94년 현재 우리 나라가 수출하는 전자 저울 물량의 약 70%(금액 기준) 가량을 카스가 수출하고 있으며, 이를 위하여 터키와 중국 등 2개의 현지 법인과 4개의 현지 지사를 운영하고 있다. 또한 러시아와 중국에서 부품을 현지 조달함으로써 원가 절감을 꾀하고 있으며 이러한 해외에서의 부품 조달은 향후 일정 규모까지 지속적으로 늘어날 전망이다.

장기적 과제

카스는 그 동안 성공적인 창업 기업에서 나타나는 전형적인 성장 가도를 달려왔다. 1983년 4명으로 시작한 조그마한 회사는 외형적으로 1995년 현재 종업원수 300여 명에 자산총계 300억 원대, 자본금 37억 원의 중견 기업으로 성장했다. 상용 전자 저울의 경우에는 국내의 시장 점유율도 70% 가까이 차지하고 있어 그 동안 쌓아올린 카스의 아성은 당분간 쉽게 도전 받을 것 같지는 않다. 이와 같은 성장의 흐름은 보기 2에서 나타나는 매출액 증가 추이를 통하여 확연히 알 수 있다. 보기 3에서 보듯이 카스는 그 사업성에 바탕하여 벤처 자본 등 외부 자본을 끌어오는 데도 성공적이었다.

그러나 카스의 전망이 밝지만은 않다. 카스의 매출 구성은 크게 상업용 저울, 산업용 저울 및 로드 셀의 세 부분으로 나눌 수 있다. 그러나 그 동안 카스의 주력 제품이었던 상업용 저울의 국내 시장이 어느 정도 포화 상태에 있으며 신제품 개발을 통한 추가적인 시장 확대나 현재 시장에서의 부가가치를 제고하는 일이 쉽지 않은 실정이다. 예를 들면 이 제품 범주 내에서 상대적으로 고부가가치 제품인 레이블 프린터(Label Printer)의 경우를 보면 외국업체의 가격 공세에 대비한 무리한 조기 시장 진출로 인하여 그다지 성공적이지 못하였다.

회사의 중심점을 옮겨가지 않으면 앞으로의 지속적인 성장은 기대할 수 없는 상황이다. 산업용 저울의 경우에는 제법 많은 이윤이 생기나 매출의 지속성이나 안정성을 기대할 수 없고 로드 셀의 경우에는 향후 예상되는 시장 규모가 능히 전자 저울 시장을 뛰어넘을 수 있으므로 중점을 두어야 하는 사업임에는 분명하지만 그 작업 공정에 있어서 상당히 많은 부분을 수작업에 의존해야 하는 특성으로 인하여 단기간 내에 급속한 생산이나 매출의 증대를 꾀하기는 어려운 상황이다.

또한 카스는 지난 몇 년 동안 향후 다각화의 중요한 방향으로 설정하고 추진해 온 반도체 센서를 이용한 의료 장비 개발 사업에 대한 연구를 중단하고 프로젝트 자체를 매각하는 아픔을 지난 해 겪었다. 창업 초기 엄청난 자금과 노력을 투여하고도 실패로 끝나버린 CNC 링 롤링 머신의 악몽을 재현한 꼴이었다. 1995년으로 계획했던 상장도 성과가 획기적으로 개선되지 않는 한 당분간 다시 꺼낼 이야기거리가 아니다.

카스사는 우선 시장성과 자사 능력의 적합성을 살펴보아야 한다. 현재 카스는 제 2의 창업 정신과 자세가 필요한 때이다. 주력 제품인 상용 저울 시장의 포화로 인하여 매출에 있어서 이전과 같은 고도의 성장은 더 이상 기대하기 어려운 실정이다. 또한 그다지 치밀한 사업 계획이 수반되지 않은 반도체 센서를 이용한 의료 장비 개발 사업의 실패는, 사업을 추진함에 있어서 시장성에 대한 철저한 분석과 이에 대한 자사의 능력에 대한 객관적인 판단에 근거한 것이 아니라 다분히 주먹구구식이고 감정적으로 사업을 수행한 것으로 생각할 수 있다.

카스는 향후 상용 저울의 해외 수출 확대, 로드 셀 판매의 확대 및 산업용 저울에 대한 매출 증대 등을 성장의 발판으로 삼고 이에 대한 노력을 기울이고 있다. 그러나 이를 추진함에 있어서도 그렇게 될 것이다라는 심리적인 희망감만으로는 안된다. 각 부문에 있어서 시장성과 카스의 능력을 철저하게 비교 분석하여야 한다. 지금의 카스는 창업 당시처럼 작은 회사가 아니다. 당시에는 사장의 생각과 의도를 전 종업원들이 쉽게 공유할 수 있었고 이로써 사업 방향에 대한 합의를 모아내는 것도 그다지 어려운 것은 아니었지만, 지금과 같은 규모에 있어서는 김 사장의 구상을 전체 종업원이 공감하기란 결코 쉬운 일이 아니다. 시장성과 자사 능력의 적합성을 고려하지 않고 사장이나 한두 사람의 감만 갖고서 사업을 추진하는 경우에는 추진 과정에서 방향성을 쉽게 잃어버릴 수 있다.

보기 1 카스 창업 당시 전자 저울의 보급 현황

품 목	용 도	보급 대수
10-20kg 전자 저울	슈퍼마켓 및 정육점	약 3,500대
30kg-1톤 전자 저울	공장(기계, 금속, 식품)	약 500-600대

보기 2 매출액 대비 연구개발비 지출 추이

(단위: 백만 원)

구분	1992	1993	1994	1995
매출액	14,386	16,744	23,103	34,500
연구개발비	740	1,180	1,550	2,000
매출액 대비 %	5.1	7.0	6.7	5.8

보기 3 카스의 투자 지분 구성

주주명	소유 주식 수	소유 비율(%)
김 동 진	333,686	44.4
한국 종합 기술 금융	195,810	45.3
한국 기술 투자	40,908	
한국 투자 신탁	40,908	
대한 투자 신탁	40,908	
대우 증권	20,658	
종 업 원	77,122	10.3
합 계	750,000	100.0

사례 연구 5

좋은 사람들*

1996년 우리 나라 내수 의류 시장 전체의 매출은 약 21조 3000억 원으로 전년 대비 13% 정도의 성장을 보였다. 이 중 내의 시장의 매출은 약 1조 4000억 원으로 전체 의류 시장의 약 6.6% 정도를 차지하고 있다. 국내 내의류 시장은 주로 백양, 쌍방울, 태창 등 빅3사에 의해 주도되었으나 내의의 패션화 바람이 불면서 다소간의 변화가 일어나고 있다. 제1세대 백물 내의(비패션 내의)를 거쳐 1980년대 중반부터 'BYC', '트라이', '빅맨' 등 제2세대 브랜드들이 인기를 모았다. 또 1990년대에 들어서는 신규 업체들이 늘어나면서 내의 업계에 고급 패션화의 붐이 일면서 신세대를 겨냥한 제3세대 패션 내의 브랜드가 대거 소개되었다.

전체 내의류의 시장 점유율은 1996년 현재 BYC가 35%, 쌍방울이 32%, 태창이 10%대를 차지하고 있으며, 나머지는 신규 업체나 수입 업체들이다. 전체 시장 가운데 신세대 패션 내의 시장은 1500억 원대로 10% 수준이지만, 매년 30% 이상의 성장률을 기록하고 있다. 최근 내의 3사들은 소비자들이 패션성, 고 감각, 고 기능성 등을 선호함에 따라 내의의 위생성과 보온성만을 강조하던 시대에서 벗어나 다양한 패션 내의를 선보이고 있다. 특히 종전에 팬티와 런닝으로 구별되던 남성 내의가 최근에는 패션화, 다양화되고 있다. 여성 내의류 못지 않게 패션화되고 있는 남성 내의류가 젊은 층뿐만 아니라 중장년층에서도 선호되고 있어 패션 내의의 돌풍은 계속될 전망이다.

소비자들의 고급화 추세에 따라 1995년에는 40여 개 수입 브랜드가 선보일 정도로 수입품 홍수 시대를 맞고 있다. 이들 수입 브랜드들은 차별화 전략의 일환으로 비슷한 컨셉트의 7-10개 브랜드들을 함께 진열하여 판촉을 강화하고 있다. 기존 업체는 이에 대응하기 위해 분주한 움직임을 보이고 있다. BYC는 신세대 감각파들을 위한 고감도 패션 내의인 '스콜피오'를 자체 상표로 개발, 1994년 8월부터 남성용 제품을 선보인데 이어 95년부터는 여성용 제품도 시판하고 있다. 1997년에는 티셔츠와 바디 슈트류 등 가벼운 실내복 스타일을 추가하여 품목의 다양화도 추진할 예정이다.

패션 내의 브랜드 '엑스존'의 판촉을 강화하고 있는 쌍방울은 18-24세에 맞는 새로운 소재와 디자인을 개발, 제품의 인지도를 제고한다는 영업 전략을 세워놓고 있다. 엑스존 브랜드는 쌍방울의 전문점과 백화점 판매에만 주력해 고급 브랜드 이미지를 유지해 나갈 계획이다.

한편 이러한 고급화 추세는 섬유 소재의 고급화에도 영향을 끼치고 있다. 즉, 내의 업체들이 섬유 소재를 위생 처리해 만든 바이오 내의류의 생산에 적극 참여하고 있는 것이다. 백양은 미국의 다우 코닝사가 개발한 미생물 처리제인 DC5700을 이용한 '바이오실' 위생 가공법을 활용, BYC 브랜드로 출하되는 일부 아동복 및 내의류 등을 위생 내의로 만들어 팔고 있다. 이들 제품은 일반 제품보다 5% 정도 가격은 비싸지만 피부 보호 효과가 크고 착용감이 좋아 고객들이 많이 찾고 있는 것으로 전해졌다. '후렛쉬 바이오'란 위생 처리제를 자체

*이 사례는 백종욱, 변상우, 복장현, 서동옥, 서병수와 함께 교육용으로 개발한 것이다. 사례의 내용은 특정 경영 상황의 처리에 관한 잘잘못을 예시하지 아니한다.

개발, 바이오 내의류 생산을 늘려가고 있는 태창의 경우 빅맨, 미스 빅맨, 리틀 빅맨 등 현재 생산되는 내의 제품의 70% 정도가 위생 가공 내의이다.

창업과 성장

좋은 사람들은 1990년 3월 개그맨 주병진 사장에 의해 설립되었다. 창업 당시에는 '제임스 딘'이란 상호의 개인 기업으로 운영되어오다가 1993년 5월에 주식회사 좋은 사람들로 법인화했다. 보기 1과 2는 회사의 개요 및 연혁을 보여준다. 주 사장이 내의 업계에 뛰어든 것은 백양, 쌍방울, 태창 등 3사가 과점 체제를 유지하면서 개성과 특색이 없는 단순하고 비슷한 제품만을 내놓는 것이 마음에 안 들어서였다. 젊은이들의 호기심을 자극해 시장 진입에만 성공하면 국내 4위의 내의 업체가 될 수 있다는 생각이었다. 이 같은 생각이 신세대에게 잘 먹혀 들어가 회사의 성장이 가속화하게 되었다.

인기 개그맨과 MC로 더 잘 알려진 주 사장은 어렸을 때의 가난 때문에 오래 전부터 사업가의 꿈을 조금씩 키우다가 1984년 방배동에 '제임스 딘'이란 카페를 차려 부업을 시작하면서 사업가로서 자리잡기 시작했다. 그때의 전 재산이 200만 원이었는데 친지들로부터 모두 6천만 원을 빌려 이 가게를 연 지 6개월 만에 빚을 다 갚고, 일 년에 하나씩 카페를 두 곳에 더 차리기도 했다. 그의 카페가 잘 되가는 것이 방배동이 카페 거리로 번창하게 하는 데 일조하였다. 1986년에는 제임스 딘을 상호와 상표로 등록했다. 미국의 제임스 딘 관계자가 우리 법에 명시된 저명 인사의 이름을 상호나 상표로 쓸 수 없다는 조항으로 소송을 제기했으나, 법원은 우리 나라 저명 인사라는 근거가 없다고 기각하였다.

주 사장은 1989년말 6년간 운영하던 카페 제임스 딘을 처분하여 6천만 원의 자금을 확보하고 사업 구상에 착수했다. 패션 사업을 원했으나 우선 내의 사업에 뛰어들기로 하고 6개월간 남대문 시장과 동대문 시장 등을 돌아다니며 국내 시장 조사를 했다. 이후 롯데 백화점 빌딩에 사무실을 얻어 홍콩과 유럽 등지에서 외국 시장 조사를 벌였다. 이때 외국에는 속옷의 색깔과 모양이 매우 다양한데 우리 나라는 전혀 그렇지 못한 것을 보고, 외국의 디자인과 색상을 우리 취향에 맞게 변형하면 인기를 끌 것이라고 판단했다.

1년간의 시장 조사 끝에 1990년 말에 다섯 가지 종류의 제품을 1000장씩 모두 5000장을 만들어냈다. 남성용 팬티에 대한 고정 관념을 깨고 앞에 소변구 없이 라벨을 앞면에 부착하고 넓은 밴드를 붙였으며 색상과 무늬를 여성용처럼 화려하고 다양하게 만들었다. 창업 동지 3명이 이를 각각 들고 시장을 돌아다니기 시작했다. 처음에는 가게에 들어갔다가 쑥스러워 얘기도 못 꺼내고 오히려 타사 제품만 몇 장 사서 나와 사무실은 타사 제품이 잔뜩 쌓이기도 했다. 이러한 고생 끝에 시장에서 서서히 반응이 나타나자 내의 영업 전문가들이 찾아왔고, 이들을 영입한 후 매출이 급격히 신장하여 사업이 본격화된 1991년에는 23억 원의 매출을 기록하였다. 그 후 좋은 사람들은 100% 내외로 성장을 거듭하여 1996년에는 860억 원의 매상을 올렸다. 주 사장은 지속적인 2배 성장에 대한 자신감과 함께 고속 성장에 대한 두려움도 숨기지 않는다.

"너무 빠르게 성장하는 게 두렵습니다. 판매는 걱정을 않는데 내부 조직이 성장 속도를 따라가기가 힘들 정도입니다. 지금 같은 추세가 계속된다면 2-3년 후에는 내의 업계 2위, 4-5년 후에는 정상 정복도 가능하리라 생각합니다."[1]

[1] 주간 매경, "개그맨이 대기업 사장됐다," 1994. 9. 14: 34.

좋은 사람들의 성장 배경을 말할 때 가장 중요한 요소는 그들의 브랜드를 소비자들에게 확실히 각인했다는 점이다. 그들의 내의 패션화와 파격적인 광고도 궁극적으로는 브랜드의 인지도와 연관된다. 또한 최근 좋은 사람들이 추구하는 토털 패션 기업으로의 성장도 제임스 딘으로 시작된 새로운 브랜드의 개발로 이루어지려는 점을 주목해야 한다.

상품에 있어서 이미지란 그 브랜드가 가지고 있는 상징이며, 브랜드는 이미지를 전달하는 수단이다. 따라서 좋은 브랜드는 그 브랜드의 말만 듣고서도 상품이 가지는 특성을 효과적으로 나타낼 수 있어야 한다. 요즘처럼 경쟁이 심해지는 사회에서 독자적인 기능을 가진다는 것은 쉽지 않을 뿐만 아니라 소비자들도 기능 자체에는 별 관심이 없다. 오히려 브랜드 속에 있는 또다른 이미지를 원하고 이를 소비하려는 경향이 두드러진다. 예를 들면, 벤츠는 품위, 리바이스 청바지는 정통 진이다. 따라서 소비자들은 벤츠를 사면 품위를, 리바이스 청바지를 사면 정통 진을 샀다고 느낀다. 이는 가격, 품질을 넘어서 단지 브랜드 이미지로 만들어낸 수요다. 브랜드에 대한 소비자의 신뢰다. 브랜드는 하나의 의미를 담는 그릇인 것이다.

사업 전략

화려하고 다양한 색상의 남성용 팬티와 기존 제품과는 크게 차별화된 각종 여성 내의류 등 주 사장이 내놓은 제품들은 독특한 아이디어로 내의 업계의 판도에 변화를 가져왔다. 주 사장은 경험이 없고 돈이 넉넉하지 못했지만, 참신한 아이디어와 젊음, 패기, 야망으로 승부를 걸었다고 사업 전략의 대전제를 말한다.

유통 관리

좋은 사람들은 유통망을 전문점화하여 효율적인 관리를 꾀하고 있다. 전문점들에 대해 과학적이고 체계적인 매장 관리와 상품 관리로 최고의 영업성을 보장해주려고 한다. 특히 지역 상권을 확실하게 보장하기 위해서 고급 백화점 매장을 중심으로 전문점을 확보하고, '일 지역 일 전문점'주의 정책을 편다. 이로 인해 전문점에 대한 높은 인기도를 유지하고 있으며 유통망의 지속적인 확보에 큰 도움을 받고 있다. 예컨대 보디가드의 시판 후 2개월 만에 전문점 70여 개의 계약을 달성하는 실적을 보였다.

광고

좋은 사람들은 감각이 톡톡 튀는 창조적 아이디어를 통해 소비자에게 재치와 기지를 보여주고, 제품의 독특성으로 타사의 제품과 차별하는 노력을 보인다. 예컨대 제임스 딘 제품은 독특한 신문 돌출 광고와 지하철 광고로 센세이션을 일으키면서 국내 최초로 패션 내의의 붐을 조성하는 데 기여하였다. 또한 보디가드 제품 중 기네스북에 오를 정도로 세계에서 가장 큰 팬티를 제작하여 소비자의 눈에 띄는 홍보 효과를 얻었다. 보기 3은 두 브랜드의 독특한 광고 문구 예를 보여준다. 호기심을 유발하기 위한 '옷을 벗겠습니다'라는 보디가드 광고 시리즈 등은 기발하고 차별화 된 커뮤니케이션 전략의 일환으로 단기간에 소비자들에게 강하게 어필하였다. 또한 좋은 사람들은 국내 최초로 내의 패션 쇼를 개최하는 등 기발한 아이디어로 고가 패션 내의의 선도적 브랜드를 구축하고 브랜드 인지도를 높이는 데 주력하였다.

브랜드 관리

좋은 사람들이 추구하는 사업 전략의 핵심에는 고유 브랜드를 체계적으로 개발하고 관리하려는 남다른 노력이 있다. 주 사장은 노세일(No Sale) 정책과 차별화 정책을 통해 고가와 고품질의 브랜드 이미지를 구축하고 유지하는 데 주력한다. 이를 위해 앞서 지적했듯이 전문점 위주의 판매 정책을 철저히 고수하고 있다. 고품격, 고감각의 브랜드 이미지를 유지하기 위하여 국내 최상의 원부자재를 쓰는 것은 물론이고, 특수 소재를 수입하여 최고의 품질을 유지하려 하고 있다. 개성을 중시하는 철저한 브랜드 차별화 전략에 입각해서 CAD/CAM 시스템을 활용하여 독특한 디자인을 개발하고, 특히 목표 시장에 따라 다양한 상품을 개발하는 정책을 편다. 또한 개발된 각 브랜드별로 사업부제를 실시하여 각 브랜드의 독자성을 극대화하는 책임 경영을 유도한다.

브랜드 개발

제임스 딘 프레지던트

초창기 제임스 딘의 성공 비결은 무엇보다도 젊은 내의와 고품격의 이미지를 확실히 세운 데서 찾을 수 있다. 우선 제임스 딘에서 내세운 모토는 "'리미티드 섹시, 믹스 & 매치'(Limited Sexy, Mix & Match)의 독특한 캐릭터를 가진, 심플하면서도 자기 개성을 창출할 수 있는 세련된 감각을 최고의 소재로 새로운 인도어 라이프(Indoor Life)를 제안한다"라는 것이었다. 이를 위해 제품의 타깃을 자기 주장이 강한 25세 전후의 신세대 마인드를 가진 남녀로 한정했다. 또한 철저한 전문점 판매 정책의 고수를 통해 고품격, 고감각의 브랜드 이미지를 관리했다. 제임스 딘은 백화점과 전문점에서만 판매되었는데, 전문점은 A급 이상의 상권에서 10평 이상의 공간이 있어야 가능했다. 상품 기획에 있어서도 밝은 컬러와 나염물을 보강하고, 전체적인 아이템간의 코디를 강화하며, 감성별로 테마를 운영하고자 하였다. 또한 상품의 다양성에 주력하고, 여성용 메리야스(제임스 딘 프레지던트 란제리)의 비중을 강화하며, 춘하 시즌 컨셉트를 보강하는 등의 노력을 보였다.

그러나 무엇보다도 가장 중요한 점은 전달 매체별로의 커뮤니케이션 전략이다. 우선 잡지를 보면 카피를 생략한 채 속옷만 걸친 두 남녀만을 내세우는 등의 차별화 정책을 선택한 것이 특이하다. 이는 지금까지의 내의 광고와는 전혀 다른 형태로 소비자들의 시선을 끌었다. 그러면서도 전체적으로 포근한 느낌의 단색으로 처리해서 고급스러움을 잃지 않았다. 또한 매일 색다른 내용으로 595회에 걸쳐 연재한 제임스 딘의 스포츠지 돌출 광고와 지하철 광고는 큰 반응을 일으켰다. 그 결과 제임스 딘 프레지던트는 브랜드의 이미지 인지도에서 유행성과 패션성이 가장 높게 나타나고, 다른 상표들과는 큰 차이를 보이게 되었다. 보기 4는 제임스 딘 브랜드의 이미지 포지션을 보여준다.

좋은 사람들은 이러한 브랜드 이미지 확보와 더불어 1997년에는 유통망 확장에 주력하여 제임스 딘 전문점을 53개에서 70개, 백화점은 34개에서 40개의 점포로 늘릴 계획이다. 제임스 딘 브랜드 제품은 1996년에 135억 원의 매출을 올렸는데, 이는 95년에 비해 13% 신장된 것이었다.

보디가드

제임스 딘의 성공은 놀라운 것이었으나 그러한 성공 뒤에는 두 가지 문제가 있었다. 첫째, 제임스 딘 내의의 성공 이후에 단일한 브랜드에 목숨을 걸고 있는 것은 위험천만한 일이라는 점이다. 파도가 크면 골이 깊듯이 제임스 딘의 히트 뒤에는 그 후속타를, 그에 걸맞은 상품을 내놓아야 회사는 쓰러지지 않는다. 그것은 기업 생존의 논리다. 그런 식으로 파도 치듯이 브랜드가 늘어가며 제품 라인이 다각화되는 것이다. 둘째, 제임스 딘이라는 브랜드는 고가 제품이라는 점이다. 고급스러운 제품은 내의 시장에서 성공할 수는 있지만 그 수요에 있어서 한계가 있을 수밖에 없는 것이다.

'보디가드'는 이 두 가지 문제를 동시에 극복할 수 있는 돌파구로서 도입되었다. 보디가드 브랜드를 구축하는 데 가장 중요한 것은 제임스 딘의 젊고 고급스러운 이미지가 아니라 좋은 사람들의 내의에 기존의 내의들이 가지고 있는 부담없는 이미지를 심어야 한다는 것이었다. 그러나 그러한 작업이 여타 회사의 기존 제품과 똑같은 뉘앙스를 풍겨서는 절대로 안되겠다는 점이 큰 도전이었다. 이를 위해 '부담없는 가격, 폭넓은 소비자층 확보, 그리고 개성' 이 바로 보디가드의 컨셉트가 되었다.

보디가드는 'Soft & Match'를 추구하는 대중성 지향의 감각 내의로 자리매김하였다. 그 제품은 지적이면서도 보수적이지 않은 융통성과 세련된 감각을 가지고 합리적인 가격 제안으로 소비자의 욕구를 충족시키고자 하였다. 비록 보디가드는 대중적 브랜드를 표방하지만, 기존 빅 3의 패턴에서 탈피하여 보다 폭넓은 고객을 위해 품질과 창의성을 겸비하면서도 독특한 디자인으로 감각 내의의 대중화 실현을 추구하고자 한 것이다. 주요 타깃은 감각과 실용성을 추구하는 미시족 중심의 신가족이다. 컨셉트는 'Soft & Match', 그리고 'Natural Comfortable'를 기치로 하고 블랙 앤 화이트의 모노톤을 주색상으로 하고 소프트한 색상의 톤 온 톤(Tone on Tone), 네이비 블루, 그레이, 피치 등을 보조 색상으로 채택했다. 아이템은 남성용 브리프, 런닝, 트렁크, 파자마 등과 여성용 팬티, 브라, 기모노, 파자마 등, 그리고 소아용 런닝, T-셔츠, 잠옷 등이 있으며, 이 밖에 손수건, 스타킹, 넥타이 및 잡화 등에도 보디가드 브랜드를 활용하였다.

보디가드는 1995년 2월 탄생하여 런칭 2개월 만에 무려 70여 개 전문점이 계약하는 등 급속한 발전을 거두었으며, 1996년에 250억 원의 매출액을 기록해 선발 브랜드인 제임스 딘 프레지던트의 2배에 육박하는 성공을 보였다. 이에는 보디가드의 시기적 적절성과 브랜드 컨셉트가 주효한 것으로 파악되고 있다. 94년 하반기부터 빅 3는 물론 코오롱 상사 등의 하이패션 언더웨어 시장 진출과 이랜드 그룹 '헌트' 브랜드의 헌트 언더웨어에 의한 중저가 시장 진출이 두드러지게 나타났다. 이때 좋은 사람들은 기존의 고급 브랜드인 제임스 딘에 안주하지 않고, 합리적인 가격 제안으로 광범위한 대중에게 접근할 수 있는 대중 브랜드인 보디가드를 창출한 것이다.

또한 제임스 딘이 스포츠 신문의 돌출 광고로 성공한 것에 착안하여 그와 비슷한 형태로 보기 3에서 본 바와 같은 지하철 광고를 냈다. 대중성을 지향하는 보디가드의 특성상 제임스 딘보다 더욱 재미있는 광고를 만든 것이 효과적이었다. 재치와 해학으로 신선한 웃음을 주며 단기간 내에 젊은 내의 보디가드의 브랜드 지명도를 높인 것이다. 또한 '옷을 벗겠습니다'라는 보디가드 광고 시리즈는 연예인이자 사장이었던 주병진 씨가 직접 모델로 나와 누드로 등장하면서 장안에 화제를 일으켰다. '보디가드 대공습'이라는 신문 광고는 96년 신문광고 의류 부문 대한민국 광고 대상 우수상을 수상하여 광고의 창의성을 인정받게 되었다.

좋은 사람들은 보디가드와 관련하여 철저한 매장 관리와 최고 품질 유지에 노력하였다. 1997년에는 170개의 보디가드 전문점을 300개로, 28개의 백화점을 250개로 늘려 갔다. 최고 품질과 더불어 청결한 이미지에 역점을 두고 상품 기획에 있어 주니어로부터 부인에 이르기까지 다양한 연령층을 타깃으로 삼았다. 또한 다양한 모시메리를 개발하며, 소아용 제품 캐릭터를 부각하는 데 신경을 썼다.

던 앤 던즈(Don & Dons)

제임스 딘, 보디가드 등 패션 내의의 선도적 브랜드로 언더웨어 문화를 선도해온 좋은 사람들이 활동적이고 현대적인 제 3 의 패션 내의 브랜드 '던 앤 던즈'(Don & Dons)를 1996년 8월 말경부터 새롭게 선보였다. 던 앤 던즈는 일반 소매 시장의 유통망을 통해 전개하며, 젊은 감성을 지닌 20대 남·여 계층을 타깃으로 활동적이며 현대적인 스타일의 감각적인 이미지 창출에 역점을 두었다. 이는 블랙 앤 화이트의 모노톤 및 트렌디한 칼라와 소재를 액센트로 사용하여 패션을 리드하는 트렌드군으로 기존 빅 3 의 패션에서 탈피하고 보다 폭넓은 고객을 위하여 품질과 창의성을 겸비하면서도 독특한 디자인으로 패션 내의의 대중화를 실현하려는 것이다. 이로써 좋은 사람들은 백화점, 전문점, 일반 및 재래 시장 등 내의 시장 전 영역에 걸쳐 차별화된 유통망을 구축하고 패션 내의 시장 석권을 모토로 언더웨어 시장에 또 하나의 바람을 일으키고자 하였다.

던 앤 던즈의 주 타깃은 젊은 감성의 소유자 20대 남녀로서 젊은 감성이 추구하는 단순하고 현대적인 이미지에 스포츠와 캐주얼이 가미된 활동성을 주요 컨셉트로 하여 제품 개발을 시도하였다. 1996년말 이 브랜드 관련 매장은 1100여 개가 확보되어 96년 한해에 480억 원의 매출액을 올렸고, 97년에는 2000 개의 매장에서 800억 원의 매출을 기대했다.

제임스 딘 진

고가 진(Jean) 시장의 치열한 경쟁 구도 속에서 차별화 된 브랜드 이미지와 경쟁력 확보를 위해 각종 진 브랜드들이 소비자 욕구 충족 차원에서 패션 리드를 꾀하고 있다. 따라서 좋은 사람들은 상품 구성과 이미지 차별화를 강조할 뿐만 아니라 탈(脫)진을 가속화하고 저연령화를 탈피하는 고감도, 고품격의 진을 제시했다. 이는 진의 문화가 신세대의 전유물이 아니라 이 시대를 살아가는 프로들이 선택하는 것임을 알리는 것이다.

제임스 딘 진은 컨셉트상 온 타임(On Time)과 오프 타임 웨어(Off Time Wear)로도 손색이 없는 복잡하지 않고 단순한 고감도의 원 포인트로서 도시 감각적인 디자인, 심플하고도 리치한 감각으로 여성스러움을 지향하는 실루엣으로 남성의 섹시함을 강조는 것이다. 타깃 연령은 22-26세로서 고감도 마인드를 지닌 계층을 주소비자로 삼는다. 이들의 특성은 전문직에 종사하여 자기 마인드가 강하고, 삶의 중심을 자기 스스로에게 두며, 남이 보는 내가 아닌 내가 보는 나의 모습에서 만족을 찾는다. 이들은 특히 물질적 결핍에서 벗어나 정신적, 문화적 욕구를 추구하며, 신체, 생활 시간, 공간, 생활 상의 정신적 창조를 소중히 여기는 것으로 파악된다.

경쟁 업체 동향

백양

백양사는 BYC, 스콜피오, 아미에, 트루 가이 등의 브랜드로 1996년 3000억 원 이상의 매출을 올린 초대형 내의 업체이다. BYC는 젊은 층 공략을 위해 타깃 층을 낮추고 신세대 감각에 맞는 제품군을 강화하기 위해 BYC 서브브랜드를 새로 런칭하거나 컨셉트 정비를 통해 재런칭으로 다브랜드화 정책을 펼쳐 시장 점유율을 확대할 계획이다. 또한 내의뿐만 아니라 외의의 비중도 강화할 방침이다. 현재 유통망에 있어 백화점 50개, 전문점 600개, 대리점 3000개 등을 확보하고 있다. 이러한 대규모 유통망을 확보한 상태에서 내실을 도모하는 것이 급선무로 여겨지고 있다.

백양사는 스콜피오 브랜드를 위해 광고와 홍보 전략을 적극 지원하여 제품의 볼륨을 높이고자 한다. 아미에 브랜드를 위해서는 광고 등 마케팅 활동을 강화하여 그 매출액 비중을 점차 증대할 방침이다. 트루 가이 브랜드는 BYC의 서브브랜드로 1995년에 런칭되었고, 과감한 나염 패턴과 화려한 색상과 디자인으로 젊은 층을 흡수하고자 하였다.

쌍방울

쌍방울사는 트라이 브랜드에 대해 연령층을 다양하게 구성하고 편안함을 강조해온 것과 더불어 클린(Clean)과 노멀(Normal)을 추가로 이미지화 하여 브랜드를 확대 구축하고 있다. 엑스존(X-Zone) 브랜드에 대해서는 컨셉트를 수정하여 트라이와는 달리 스포티, 섹시, 인터리스팅(Interesting) 등의 이미지에서 30대의 뉴 마인드를 지닌 소비층까지 확대하여 흡수하고자 한다.

태창

태창사는 베네통 언더칼라 브랜드에 대해 란제리 제품을 강화하고, 백화점과 전문점에 대해 타깃별로 차별화된 마케팅을 전개하려 하고 있다. 예컨대 동일 색상으로 부스마다 테마별 전시를 하는 것이다. 유통망은 전문점 25개, 백화점 15개에서 전문점을 40개로 확대할 계획이다. 빅맨 브랜드에 있어서는 시즌별로 상품 구성을 강화하고, 여성용 언더웨어 패밀리 브랜드를 전개하며, 핑크 팬더 캐릭터를 사용하여 아동용 내의물을 점차 보강하려 하고 있다. 미치코 런던 브랜드에 대해서는 유통 분야 및 광고·판촉에 집중 투자할 계획이다.

비비안

비비안사는 비비안, 소노르, 본드쌍떼 등의 브랜드를 가지고 96년에 500억 원 이상의 매출을 달성한 중견 업체이다. 이 회사의 최대 브랜드인 비비안 브랜드에 있어서 볼륨업 브라 제품을 보완하고, 외형 확대보다 부가가치가 높은 제품군을 확대하기로 하였으며, 전문점을 강화하여 260개 점을 특화할 예정이다. 한편 소노르 브랜드에 대해서는 백화점용 제품으로 소비 계층을 20대 후반에서 30-40대까지로 확대하고, 사이즈를 다양화하며, 노 세일 브랜드로 고급 백화점 40개 점에만 한정 공급할 방침이다. 또한 본드쌍떼 브랜드에 대해서는 유통망을 전문점 6개에서 20개로 확대하여 제품별로 테마를 설정하고, 연령층은 30대 후반 중심에서 20대 후반부터 30대 초반까지로 수정하였다. 이 브랜드도 노 세일 브랜드로 전문점을 50개로 확대할 방침이다.

전망

'No. 1보다는 Only One'이라는 기치로 변화를 선도해온 좋은 사람들은 지난 90년 창업하여 그 동안 내의의 빅 3(백양, 태창, 쌍방울)가 소홀했던 하이 패션 언더웨어 시장에 새로운 Indoor Life를 제안한 '제임스 딘 프레지던트' 브랜드를 전개하여 괄목할 만한 성장을 구가하게 되었고, 광고계 및 마케팅 관련 회사의 주목을 받고 있다. 94년 240억, 95년 550억, 96년 860억 원 등 매년 200% 가량의 빠른 성장으로 창업 4년 만에 내의 업계 랭킹 4위라는 위업을 달성해 냈으며, 신세대를 겨냥한 하이 패션 언더웨어 시장의 선두 업체로 선정, 기존 빅 3의 가장 두려운 경쟁 상대가 되었다.

그러나 제임스 딘이 이와 같이 성공적으로 내의 시장에 정착하자 오랜 세월동안 난공불락으로 여겨지던 내의 시장에 최근 태화 방직, 코오롱 그룹, 선경 그룹, 이랜드 그룹 등이 잇따라 뛰어들고 있다. 주 사장은 경쟁이 심화되어 가는 현상을 오히려 바람직하다고 여기고 있지만, 좋은 사람들의 틈새 시장이 점차 좁아져 갈 수도 있다.

좋은 사람들은 '제임스 딘 프레지던트' 브랜드로 하이 패션 언더웨어시장을 계속 장악해

가면서, 이와 더불어 어린이부터 성인까지 함께 할 수 있는 '보디가드'로 기존의 빅3가 장악해왔던 대중 내의 시장을 공략해 나갈 방침이다. 좋은 사람들은 중장기적으로 토털 패션 기업으로 성장하기 위한 진, 의류, 패션 잡화 등을 생산하기 위해 연구개발 투자를 아끼지 않고 있다.

보기 1 회사 개요

회사명: 주식회사 좋은 사람들
대표자: 주병진
법인 설립일: 1993년 5월 1일
자본금: 6억
종업원 수: 450명
주소: 본사–서울 마포구 성산동 51-11 신안 빌딩
부산 영업본부–부산시 동래구 온천 2동 1428-43
대구 영업본부–대구시 남구 봉덕 3동 1359-2
전주 공장–전주 덕진구 우아동 3가 262-9 (대지 1,000평, 건평 300평)
일산 물류 센터–경기도 고양시 구산동 29-1
업종: 제조, 도소매
주요 품목: 메리야스, 내의류, 브라, 란제리, 진
매출액:

연도	매출액(억 원)
91	23
92	54
93	85
94	240
95	550
96	860
97	1,600(예상 치)

보기 2 회사 연혁

90. 3. 새로운 Indoor Life를 제안한 '제임스 딘' 창립
92. 5. 전주 공장 설립
93. 5. 주식회사 좋은 사람들로 법인 설립
93. 9. 국내 최초의 패션 쇼 개최 (힐튼 호텔 컨벤션 센터)
94. 3. 은행 거래 적격 업체 선정
94.12. 스포츠 서울 '94 히트 상품 선정
95. 2. 대중성 지향의 감각 내의 '보디가드' 시판 및 패션 쇼 개최
95. 6. 제15회 한국 섬유 공업 상 내의류 부문 수상
96. 5. 'J. Enterprise Ltd.' (진 사업 관련 법인) 설립
96. 6. The Last Jean 'James Dean Jean' 패션 쇼 개최
96. 8. The Last Jean 'James Dean Jean' 런칭
96. 9. 즐거운 내의 'Don & Dons' 런칭
96. 9. 감각 내의 '보디가드' 96 한국 능률 협회 선정 히트 상품 본상 부문 수상
96.11. '보디가드' 3대 스포츠지(일간 스포츠, 스포츠 서울, 스포츠 조선) 96년 히트 상품

보기 3 제임스 딘과 보디가드 광고 예

제임스 딘	보디가드
젊은 내의– 이경규: 중고 팬티도 있습니까? 주병진: 아니요, 중·고용은 있습니다.	인간의 두 가지 본능– 보디가드를 입고 싶은 본능 보디가드를 벗고 싶은 본능
바지 속의 정장– 제임스 딘 팬티! 실수로 쟉크를 올리지 않아도 폼난다.	주인집 따님과 같은 빨래줄을 쓰는 하숙생 여러분! 보디가드로 당신의 수준을 올려주세요
젊은 내의– '금상첨화' 낮에 입으면 품위 있고 밤에 입으면 아름답다!	오늘밤 불켤 필요 없습니다 왜! 보디가드 야광 팬티가 있으니까
바지 속의 정장– 제임스 딘은 죽지 않는다. 다만 숨어 있을 따름이다.	좌타자형 우타자형– 어느 분에게나 편합니다
바지 속의 정장– 발가락 사이에 제임스 딘이 걸려 있었다. 어느 발가락 사이였을까?–엄지 발가락과 엄지 발가락 사이	감각 내의– 일단 구입하신 후엔 맘대로 하세요! 머리에 쓰시든, 청바지 위에 입으시든.

보기 4 브랜드 이미지 포지션

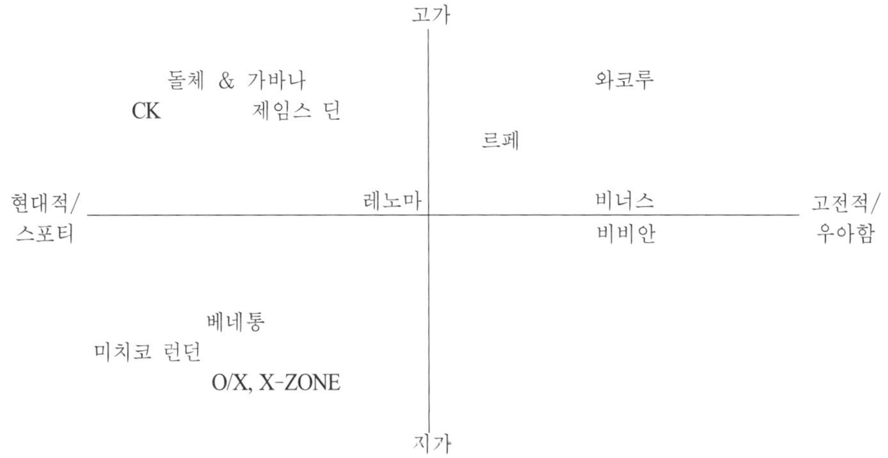

사례 연구 6

가산 전자*

1990년 6월 VGA 전문 개발 업체로 출범한 가산 전자는 '한글 마당' 시리즈와 'WinX' 시리즈로 성공을 거듭하며 국내 VGA 시장을 40% 이상 차지하고 있다. 가산 전자는 최근 통신 분야의 'ComX' 시리즈를 통해 초고속 팩스 모뎀뿐만 아니라 PC 화상 통신 시스템의 대중화를 선도하고 있으며, MPEG2 보드, 위성 방송 수신기, 케이블 모뎀 등을 출시하여 세계적인 종합 멀티미디어 전문 개발 업체로 부상하려 하고 있다. 보기 1과 2는 가산 전자사의 개요와 연혁을 보여준다.

가산 전자는 1990년 창업 당시 연간 매출액 5억 원에 불과한 작은 회사였지만, 불과 수 년 후에 연간 매출액이 그 100배인 500억 원을 바라보는 중견 기업으로 1996년 9월 장외 시장에 등록하였다. 1994년에는 벤처 기술 대상을, 95년에는 장영실 상 및 다산 기술 상을 수상하였다. 1997년에는 자본금 60억 원, 직원 225명으로 PC 멀티미디어 전문 업체에서, 통신 멀티미디어 전문 업체로, 그리고 서비스 멀티미디어 전문 업체로 계속 확장 발전하여 세계적인 종합 멀티미디어 전문 개발 업체의 위상을 정립하여 대한민국을 멀티미디어의 메카로 만든다는 야심찬 꿈을 가진 기업이다. 보기 3은 매출액과 종업원의 성장 추이를 보여준다.

창업 당시의 산업 환경

창업 당시인 1980년대 말에 국내 컴퓨터 시장은 이제 막 대기업들이 컴퓨터 산업에 참여하기 시작한 초기 시장으로 시장 성장의 잠재력이 큰 시장이었다. 그러나 대부분의 컴퓨터 부품들은 미국, 대만 등에 의존하고 있는 실정이었다. 1990년도 PC는 XT가 주류를 이루고 있었으며, AT가 도입되기 시작하여 점점 그 시장이 확장되어가고 있었다. 이에 따라 고용량의 하드 디스크 드라이브(HDD)와 플로피디스크 드라이브(FDD)가 요구되었다. 뿐만 아니라 이러한 발전과 더불어 CPU에서 처리한 신호를 모니터에서 구현해주는 그래픽 카드가 주로 흑백에서 칼라로 넘어가던 시점이었다. PC도 2가지 색상(MDA)이나 4가지 색상(CGA), 혹은 16가지 색상(EGA) 밖에 지원하지 못하였으며, MDA, CGA, EGA 등 표준화되지 않은 그래픽 카드의 사용으로 프로그램들도 서로 호환되지 않고 있었다. 가산 전자는 이러한 때 256가지 색상을 지원하는 그래픽 카드 '한글 마당 24'를 개발에 착수한 지 4개월 만에 내놓았다.

또한 PC가 일반화되기 시작하고 PC에서 한글의 구현 문제가 대두됨에 따라, 대기업의 PC생산 업체들은 각기 나름대로의 한글 체제(삼성, LG, 삼보의 조합형 등)를 도입하였다. 그 결과 통일된 한글 체계의 부재로 인해 각 업체의 컴퓨터마다 호환이 되지 않았고 소비자들의 불만도 높아 갔다. 90년 당시 PC에서의 한글 구현 방식은 크게 두 부류로 나눌 수 있는데, 그 중 하나는 하드웨어적으로 한글을 구현 하는 것(예를 들어 도깨비 한글 카드)이고, 또 하나는 소프트웨어적으로 한글을 구현하는 방법들이 사용되고 있었다. 그러나 가장 큰 문제는 상호 호환성을 갖지 않음으로 해서 사용자들이 많은 불편함을 느끼는 점이었다. 이 당

*이 사례는 김인수, 이의중과 함께 교육용으로 개발한 것이다. 사례의 내용은 특정 경영 상황의 처리에 관한 잘잘못을 예시하지 아니한다.

시 아래 한글이 처음 출시되어서 모든 환경에서 호환성을 가지고 사용할 수 있게 됨에 따라 사용자들로부터 많은 인기를 누리게 된다.

창업 배경

가산 전자의 창업자 오봉환 사장은 1983년에 고려대 산업공학과를 졸업하였으며, 졸업하기 전 82년부터 금성사 전략기획부에서 근무하였다. 그러나 현장 근무를 꿈꾸던 오 사장은 적성에 맞지 않는다는 이유로 입사 3년 만에 회사를 그만두고 소자본으로 부담 없이 시작할 수 있다는 생각에 컨설팅 사업을 시작하였다. 그러다가 사업 동업자를 만나 85년에 도로 설계용 프로그램 등의 소프트웨어 용역개발 업체인 마이컴 하우스를 설립하였다. 그러나 밤을 새워 만든 자식 같은 제품에 이름을 지어 주지 못하고 주문자 상표 부착 생산(OEM) 방식으로 공급하는 것이 마음 아팠다.

이러한 상황에서 당시의 PC산업의 환경에 대한 인식을 가지고 호환성 있는 아름다운 한글 글꼴을 제공할 수 있는 VGA 사업에 대한 매력을 느끼고 90년 6월에 자본금 1억 원, 직원 6명으로 가산 전자 주식회사를 설립했다. 가산 전자의 사업 아이템을 잡게 된 동기에 대해 가산 전자 오봉환 사장은 다음과 같이 말한다.[1]

"마이컴 하우스 시절, 소비자 욕구를 미리 파악할 수 있는 분야가 무엇인지를 많이 생각했어요. 일단 하드웨어로 승부를 걸겠다는 생각은 갖고 있었지요. 그런 끝에 비주얼 멀티미디어 시상의 선망에 대해 확신을 갖게 됐지요. 시장 조사 기관이나 각 언론사 등에서 향후 멀티미디어 시장 성장에 대해 긍정적인 평가를 하고 있는 것도 아이템을 선정하는 데 많은 도움을 받았습니다."

가산 전자는 마이컴에서의 기술적인 배경을 바탕으로 창업당시의 시장요구에 맞게 그 해 10월에 '한글 마당' 시리즈(24×24 국내 최초 한글 탑재)를 시장에 내놓아 좋은 반응을 얻었다. 특히 금융 계통의 단말기에 사용되는 VGA카드는 원가의 5배의 가격으로 판매함으로써 성공의 기반을 잡았다.

사업 분야와 보유 기술

가산 전자는 국내에서 VGA 보드 전문 업체로, 해외에서는 PC 가상 현실 시스템 전문 업체로 알려져 있다. 가산은 이 같은 기술력에 기반하여 종합 멀티미디어 전문 개발 업체로 발돋움하기 위해 PC 통신 시스템 개발 분야, PC 화상 통신 시스템 개발 분야, 교육용 멀티미디어 소프트웨어 개발 분야, MPEG 보드, 위성 수신기 개발 분야 등으로 멀티미디어와 관련된 모든 솔루션 개발을 사업 영역으로 설정하고 있다.

가산의 기술은 멀티미디어 전문 개발 업체로서 필요한 종합적인 기술인 하드웨어(H/W) 개발 기술과 소프트웨어(S/W) 개발 기술 및 멀티미디어 시스템을 최적화할 수 있는 ASIC 개발 기술을 보유하고 있다. 보기 4는 가산 전자의 보유 기술을 보여준다.

사업 전략

가산 전자가 고성장을 할 수 있었던 원동력에 대하여 오봉환 사장은 기술 인력 확보와 인재 육성, 자체 브랜드의 세계화 및 스피드 경영 등 세 가지를 들고 있다.

기술 인력의 확보와 인재 육성

가산 전자는 창업 초기부터 주요 사업 원칙들을 정하였는데 그 중의 하나가 기술력의 확보였다. 이는 최첨단 컴퓨터 업계의 경쟁 환경을 고려하여 볼 때, 경쟁 우위는 바로 기술

[1] 전자 신문, "토요 쌀롱: 오봉환 가산 전자 사장," 1996. 12. 28.

우위의 확보에서 기인하며 기술 우위는 바로 우수한 인력에서 기인됨을 인식한 것이기 때문이었다. 따라서 여력이 있을 때마다 연구 인력을 계속 확충하여 왔고, 전체 종업원 225명 중 80여 명(약 35.6%)이 연구 인력으로 근무하고 있다.

벤처 기업의 특성상 우수한 기술인력 확보에 어려움이 많았지만, 가산 전자는 학력보다는 능력 위주의 실질적인 인재 확보에 주력한다. 따라서 현재의 연구 인력들은 대부분이 소위 말하는 우수한 학력을 소지한 연구원은 극소수이며, 컴퓨터 전문가나 매니아들로 구성되어 있다. 학력보다는 능력 위주의 인력 구성으로 인한 이점은 팀워크에서 잘 나타났다. 대개의 경우 우수한 학력을 가진 사람들은 아집에 사로잡히기 쉬운데, 이러한 각 분야의 전문가나 매니아들로 구성됨으로 인해 팀워크에 많은 도움을 주고 있다.

가산 전자는 우수한 인력을 확보하기 위해 이색적인 인력 충원 방안을 실시하고 있다. 그것은 바로 VGA 카드를 비롯한 멀티미디어 관련 기술 및 마케팅 능력을 지닌 전문가를 모집하면서 내부 직원이 평사원과 대리급 사원을 추천할 경우 50만 원, 과장급은 100만 원, 부장급은 100만 원에 알파를 추가한다는 방침을 세우고 있다.[2] 또한 파격적인 조건의 간부 사원을 채용해오고 있다. 가산은 부설 연구소를 비롯해서 마케팅부, 영업부, 기술지원부 등에서 근무할 부장, 과장, 차장, 대리급 경력 사원을 대거 모집하면서 국내 최고 수준의 연봉과 스톡 옵션 및 능력에 따른 연봉제 등을 적용하고 있다. 구체적으로 임금과 별도로 능력에 따라 연간 최고 1200만 원까지의 연구 수당과 600만 원까지의 영업 수당 및 월 20만 원의 차량 유지비를 지급하고 있다.[3] 보기 5는 직급별 연봉 현황을 나타낸다.

자체 브랜드의 세계화 전략

가산은 제조 기술은 오래지 않아 기업마다 비슷한 수준에 도달하기 때문에 결국 브랜드로 승부가 난다는 인식하에 새로운 제품이 개발되어도 동일한 브랜드만을 고집하였다. 오봉환 사장은 이에 대해 다음과 같이 말한다.

"아이디어와 기술에 생사를 거는 벤처 기업이 국내 틈새 시장만을 공략해서는 안 된다. 세계 유력 업체들과의 정면 승부, 자사 브랜드로 시장을 개척해야 당당히 세계적인 벤처 기업이 될 수 있다. 그래서 광야처럼 드넓은 시장을 찾아 세계로, 실리컨 밸리로 나선다."[4]

그 결과 많은 고객들이 가산의 브랜드를 기억하게 되었다. 이러한 자체 브랜드 전략은 일반적인 기업 성장과정과는 다른 형태인데, 대부분의 기업들은 OEM을 통해 초기 시장을 안정적으로 이끌어 가려는 경향이 있다. 그러나 가산은 창업 초기에 자체 브랜드를 고집함으로써 어려움이 많았지만 이를 잘 극복하였다.

스피드 경영(빠른 사업 판단 능력)

가산 전자는 컴퓨터 화면을 역동적으로 움직이게 하는 멀티미디어 통합 비디오 그래픽 카드(VGA), PC용 디지털 비디오 디스크(DVD) 플레이어, 화상 회의 시스템 등 멀티미디어 기기로 국내 시장 절반을 석권하고 있다. 이것이 바로 소위 '스피드 경영'의 산물이다. 오봉환 사장은 다음과 같이 말한다.

"남이 갖고 있는 정보를 얻으면 한 발 늦습니다. 먼저 아이디어를 내고 움직이는 것이

---

[2] 전자 신문, "가산 전자 이색 직원 모집," 1996. 2. 7.
[3] 한국 경제 신문, "가산 전자, 파격적인 조건으로 간부 사원 채용," 1997. 5. 26.
[4] 중앙 일보, "가산 전자," 1997. 4. 3.

중요합니다."

이와 같이 가산이 말하는 스피드 경영이란 기술력을 앞세워 다른 기업보다 먼저 우수한 신제품을 시장에 내놓음으로써 시장 지배력을 확보하는 것으로 사용하고 있다. 가산은 파격적인 조건으로 우수한 인력을 확보, 육성하는 정책을 스피드 경영과 병행하여 적용하여 창업 이후 지속적으로 사업 영역에서 타 업체보다 먼저 우수한 신제품을 계속 출시하여 왔다(보기 2의 제품 개발 부문 연혁 참조).

경영상의 과제

가산 전자는 오는 2000년에는 세계적인 종합 멀티미디어 전문 업체로 성장하여 전체 매출액 6천억 원 중 60%를 해외 수출로 달성, 세계적인 벤처 기업으로 발돋움한다는 보기 6과 같은 가산 비전 2000을 세워 놓고 있다. 가산 전자는 세계화와 복합화로 승부를 걸고 있는 기업이다. 정보통신 사업 분야의 벤처 특성과 중견 기업으로서의 조직 특성을 어떻게 조화롭게 운영하느냐가 향후 성장을 결정하는 것으로 판단된다. 특히 치밀한 분석력과 통찰력을 가진 오봉환 사장이 사업과 조직보다 미래의 기술과 시장에 얼마나 몰입할 수 있느냐가 중요한 과제이다.

향후 가산이 당면한 경영상의 과제 중 몇 가지를 짚어보면, 먼저 사업 팀제의 도입이다. 사업이 주류 시장에 진입하면 전략의 초점도 제품 중심에서 시장 중심으로 전환해 이에 적합한 조직을 갖춰야 한다. 먼저 연구 기술 부문에 기술 개발 및 제품의 시장 도입 기능을 부여하고 시장에 대한 책임을 느낄 수 있도록 독립성과 자율성을 확보해야 한다. 사업 규모가 1000억 원대 이상이 되어 가는 상황에서 전체 생산성 향상을 위해 기능의 전문화가 반드시 필요하다.

다음으로 관리자의 능력 향상 문제이다. 관리자의 관리능력은 조직의 위계 계층에 따라 시간의 자율성을 얼마나 확보하느냐에 따라 큰 차이가 난다. 급격하게 발전하는 정보 기술 분야임을 감안하더라도 사장이 5년 이상 미래에 대해 몰입해야 한다면 관리자의 경우 3년 정도는 자유재량을 갖고 일할 수 있어야 한다. 그만큼 권한 이양이 필요하다는 것이다. 따라서 장기 비전과 관리자의 능력이 뒷받침되어야 한다.

셋째, 성과 측정 시스템의 구축이다. 업무에 대한 합당한 성과 측정 없이 조직원들에게 성과 동기를 부여하기는 어렵다. 자기완결형 사업 팀과 관리 팀에 대한 전략적 성과 지표를 설정하고 이를 토대로 성과를 배분함으로써 팀간 협력과 경쟁을 촉진할 수 있다. 기회와 위험이 교차하는 정보 통신 분야에서 생존하기 위한 첫째 조건은 기술력과 시장 지배력에 있다. 최고 경영자가 관리보다 기술과 시장에 80% 이상 시간과 노력을 집중할 수 있다면 가산 전자는 보다 쉽게 고속 성장할 수 있을 것이다.

끝으로 해외 시장으로의 성공적인 사업 진출이다. 가산 전자는 2000년에는 세계적인 종합 멀티미디어 전문 개발 업체로 비상하여 전체 매출액 6000억 원 중에 60%를 해외 수출로 달성한다는 야심찬 목표를 세워놓고 추진 중에 있다. 해외 시장으로의 진출에 대한 오 사장은 "제2의 승부를 외국 시장에서 펼쳐 '가산' 브랜드가 세계 곳곳을 누비게 하겠다"는 의지를 갖고 있다.

이러한 발전 계획의 출발점으로 97년 3월 국내 벤처 기업 최초로 미국 캘리포니아의 실리컨 밸리 멀티미디어 벤처 기업인 재즈 멀티미디어사를 인수하였다. 이는 세계 시장으로 진출하는 발판으로 재즈 멀티미디어사의 앞선 첨단 기술과 브랜드, 그리고 전 세계 유통망을 통하여 시너지 효과를 창출하겠다는 계획이다.

해외 시장에서 한국의 브랜드가 취약하기 때문에, 가산과 재즈 멀티미디어사는 각기 독립된 로고와 브랜드를 사용하고 법률적으로도 완전히 별개의 법인체를 유지하여 각자의 상품을 개발하되 판매 부분에서 가산은 한국, 일본, 동남 아시아 등 동양권을, 재즈 멀티미디어사는 미국, 유럽, 러시아 등의 지역을 담당토록 할 계획이다. 뿐만 아니라 가산 전자는 스웨덴의 유닥, 일본의 동경 상사, 러시아의 테르르, 네덜란드의 타깃, 이탈리아의 인포텍, 미국의 이터그레이드 컨트롤, 호주의 품텍 등을 비지니스 파트너로 구축하였다.

그러나 가산 전자의 해외 진출은 지금까지의 우수한 기술력만을 가지고는 해결할 수 없을 것이다. 해외 시장에서의 재즈 멀티미디어 사를 통한 브랜드 이미지와, 마케팅 수행 능력, 비지니스 파트너와의 관계 유지 등 복잡한 전략적이고, 관리적인 문제들이 도사리고 있다. 해외 시장에서의 성공 여부가 앞으로 가산의 고도 성장에 중요한 영향을 미치는 계기가 될 것으로 보인다.

이와 같이 가산 전자는 제 2 의 승부를 위해 해외 시장으로 눈을 돌리고 있다. 그러나 지금까지의 성장하였던 기술력만을 가지고는 성공을 장담할 수만은 없다. 또한 사업의 규모가 확장됨에 따른 관리자들의 조직관리 능력과 조직의 규모가 커짐에도 불구하고 여전히 스피드 경영을 추구할 수 있는 신속성과 유연성을 유지하는 문제 등 앞으로 해결해야 할 문제점들이 많이 있다.

가산 비전 2000의 목표는 단순히 희망 사항을 기술한 가상적인 목표가 아니며, 또한 창업 이후 현재까지의 고도 성장은 PC 산업 환경의 당연한 결과만은 아니다. 가산의 우수한 인적 자원에서 나오는 시장을 선도하는 기술력과 오봉환 사장의 시장에 대한 선견적인 예견력을 통한 스피드 경영의 결과였다. 마찬가지로 가산의 해외로의 진출 또한 이러한 바탕하에서 비지니스 파트너와 기업 인수 등을 통한 시너지 효과를 얻어야만 가산이 원하는 제 2 의 도약을 성취할 수 있을 것이다.

보기 1 회사 개요

대표이사	오봉환
설립 연월일	1990. 6. 1
사업자 번호	138-81-00231
업 태	제조
종 목	그래픽 보드, 가상 현실 시스템 및 S/W 개발
본사 주소	경기 안양시 동안구 관양동 1428-2 가산 B/D
자 본 금	6억 원
종업원 수	225명

보기 2 회사 연혁

사업 연혁

1990.06 가산 전자(주) 설립
1991.08 가산 전자(주) 기업 부설 연구소 설립
1993.08 가산 전자(주) 출판사 등록(도서출판 가산전자(주))
1994.10 3D MAX 국내 특허 출원 및 미국 내 상표등록 출원
1995.01 3D MAX 미·일·유럽에 720만 불 수출 계약 체결
1995.10 가산 전자(주) 신사옥으로 확장 이전
1995.11 미국 COMDEX FALL 전시회 참가(3D MAX와 통합 VGA 호평)
1996.01 CCFE 개발을 위해 코리아 실렉트웨어와 전략적 기술 제휴
1996.01 미국의 퍼포먼스사와 세계적인 CODEC S/W 공급 계약 체결
1996.03 독일 CeBIT '96 전시회 참가(3D MAX 호평)
1996.04 일본 도시바사와 CCD 카메라 공급 계약 체결
1996.08 일본 JPC사와 WinX Perfect 수출 계약 체결
1996.08 미국 커넥티스사와 비디오폰 공급 계약 체결
1996.09 장외 시장 등록(KOSDAQ)
1997.03 미국 멀티미디어 회사인 “Jazz Multimedia”

사 인수

1997.03 독일 CeBIT '97 전시회 Jazz사와 공동 참가(WinX DVD 호평)

수상 연혁

1994.11 제11회 벤처 기업 상 대상 수상(과학기술처 장관 상)
1995.04 3D MAX IR52 장영실 상 수상(과학기술처 장관 상)
1995.08 3D MAX 제4회 다산 기술 상 수상(한국 경제 신문사)
1995.11 Top 5% of All Web Sites 마크 수상(미국 Point사)
1995.11 COMDEX Five Fleur Award 수상(International Press Association)
1995.12 제1회 세계화 우수 사업 경진 대회 은상 수상(매일 경제 신문사, 대한 무역투자 진흥공사)
1996.08 가산 전자/WinX PerfectII, 유망 중소 기업/히트 상품 선정(조선일보사)
1996.10 캡션맥스 96년 9월 신 S/W 상품 상 수상(정보통신부 장관 상)
1996.12 캡션맥스 96년 신 S/W 상품 상 연말대상 수상(정보통신부 장관 상)
1997.03 통상산업부 장관 상 수상
1997.04 "WinX DVD" 제4회 멀티미디어 기술 대상 국무총리 상 수상

인증 연혁

1990.10 기술집약형 중소 기업 선정(상공부)
1993.02 유망 중소 기업체 선정(한일은행)
1993.10 Q마크 품질 보증 지정 업체 선정(한국 전기전자 시험검사소)
1994.11 우량 기술 기업 선정(기술 신용 보증 기금)
1996.08 유망 선진 기술 기업 선정(중소기업청)
1996.10 KT 마크 선정(한국 산업기술 진흥협회)

제품 개발 연혁

1990.10 한글 마당 24 출시(국내 최초 한글 24×24 한글 탑재)
1991.01 한글 마당 16 출시
1991.08 제조업 경쟁력 강화 사업 정부 과제 수행(상공부)
1992.01 한글 마당 CEX 시리즈 출시
1992.06 한글 마당 사운드 CEX 시리즈 출시
1992.11 한글 마당 Jr. 시리즈 출시
1993.03 3D MAX 국내 특허출원 및 미국내 상표 등록 출원
1993.07 한글 마당 WinX Jr. VESA 시리즈 출시
1993.07 한글 마당 WinX ISA 시리즈 출시
1994.07 3D MAX 안경 의장 등록 출원
1994.10 3D MAX 시스템 출시(세계 최초의 PC 내장형 가상 현실 시스템)
1994.10 3D CLAY 게임 출시(세계 최초의 PC 내장형 가상 현실 게임)
1995.01 3차원 입체 영상 CD 타이틀 3D FANTASY 출시
1995.03 한글 마당 Tri 64 출시(국내 최초의 펜티엄 전용 64비트 VGA 보드)
1995.07 WinX mach 64 출시(고성능 펜티엄 전용 VGA 보드)
1995.09 WinX Tri64V 출시(펜티엄 전용 64비트 MPEG VGA 보드)
1996.03 WinX Perfect 출시(64비트 영상 멀티미디어 통합 VGA 보드)
1996.04 WinX 3D 출시(64비트 3D 멀티미디어 통합 VGA 보드)
1996.04 Caption MAX 버전 1.52 출시 (CCFE 비디오 CD 플레이-멀티미디어 영어 학습 프로그램)
1996.04 Movie English 시리즈 출시(Caption MAX용 영화)
1996.05 WinX PerfectII 출시(9가지 기능 통합 64비트 VGA 보드)
1996.05 Xyper64 출시(저가형 64비트 MPEG VGA 보드)
1996.07 WinX Pro 3D 출시(3D 영상 멀티미디어 통합 VGA 보드)
1996.08 ComX 모뎀 288 출시(28,800bps급 팩스 모뎀)
1996.09 ComX 비디오 폰 출시(PC용 화상 회의 시스템)
1996.09 Caption MAX용 월트 디즈니 영화 타이틀 시리즈 출시
1996.10 ComX 모뎀 336SVD 출시(33,600bps급 음성 팩스 모뎀)
1996.10 Caption MAX 버전 2.0 출시(TOEIC 학습 기능 추가, 검색 기능 강화)
1996.10 국내 최초로 자체 개발한 PCI 인터페이스용 ASIC칩 KSE9604를 탑재한 MPEG II 보드 개발
1996.11 TTS 기능의 양방향 사운드 카드 WaveX 32 PnP 개발 및 출시
1997.01 DVD 오버레이 지원용 통합 보드 "WinX Perfect IV" 출시
1997.02 PC용 DVD 플레이어 WinX DVD 출시
1997.02 교육용 CCFF 플레이어 캡션맥스 2.0 출시

1997.03 SRS를 통해 3차원 입체 사운드를 H/W적으로 실현한 "WaveX 32 Pro" 출시

보기 3 연도별 매출액 및 종업원 성장 추이

연 도	90	91	92	93	94	95	96	97
매출액(억 원)	5	27	48	80	110	180	340	1,000(예상)
종업원(명)	18	27	42	49	74	126	185	225
자본금(억 원)	1	4.2	4.2	4.8	8.3	21	81	110(예상)

보기 4 가산 전자의 보유 기술

구 분	제 품
H/W 설계기술	VGA 보드, PC 가상 현실, PC 통신용 모뎀, PC 화상 통신 시스템, 메인 보드, 사운드 카드, MPEG 보드, 전자 수첩, 위성 방송 수신기 보드, 케이블 모뎀 등
S/W 설계기술	그래픽 S/W, 교육용 멀티미디어 S/W, 가상 현실 S/W, 유틸리티 프로그램 등
ASIC 설계기술	영상 멀티미디어의 핵심 부품(KSE 1204AP, CEX, Font ROM Access Chip, FM/PCM Sound Generator, KSE 9401, KSE 1405, KSE 9604, KSE 9605 등의 칩)

보기 5 직급별 연봉 현황 (단위: 만 원)

구 분	연구직	영업직	관리직
대 리	2,460	2,290	2,220
과 장	3,200	2,960	2,840
차 장	4,360	4,000	3,760
부 장	6,420	5,760	5,400

주: 스톡 옵션제 실시; 차량 유지비 월 20만 원; 98년도 상장 시 우리사주 배정 예정

보기 6 가산 비전 2000

가산 전자의 궁극적인 목표는 현재의 PC 멀티미디어 전문 업체에서,
통신 멀티미디어 전문 업체로,
다시 가전 멀티미디어 전문 업체로,
그리고 서비스 멀티미디어 전문 업체로 계속 확장 발전하여
결국 이를 모두 통합한 세계적인 종합 멀티미디어 전문 개발 업체로의 위상을 정립하여
대한민국을 멀티미디어 메카로 만드는 것임.

•사업 분야 다각화

1단계: PC 멀티미디어 사업 강화
−MPEG II, 위성 방송 수신기, 화상 회의 보드, PDA, 셋톱 박스 등 개발

2단계: 통신 멀티미디어 사업 추진
−케이블 모뎀, 위성 방송 보드, 무선 모뎀 & 무선 LAN 보드 등 개발

3단계: 가전 멀티미디어 사업 추진
−케이블 TV 사업, 위성 방송 수신기, 가정용 셋톱 박스 등 개발

4단계 : 서비스 멀티미디어 사업 추진
−VOD 서비스, PDA, 양방향 TV, 위성 방송 서비스 등 추진

•매출액 변화 추이

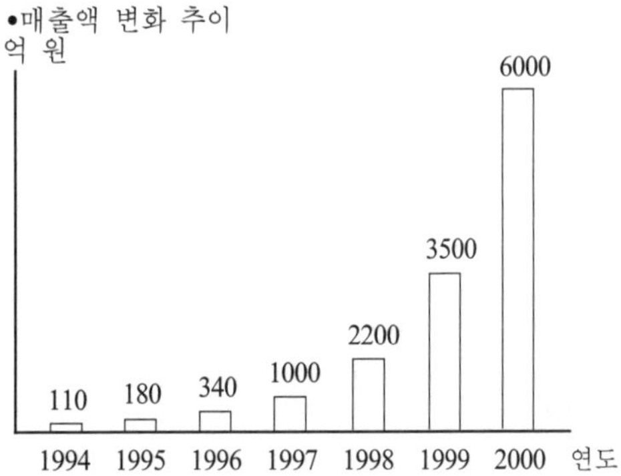

사례 연구 7

코리아 실렉트웨어*

주식회사 코리아 실렉트웨어(Korea Selectware Technologies, Inc., 이하 KST)는 멀티미디어 응용 소프트웨어를 생산하는 기업으로 기술 신용 보증 기금과 중소기업청으로부터 유망 우량 기술 기업으로 선정된 바 있으며 국내 최초의 동화상 편집 장치를 개발하여 97년 산업 기술 대전에서 은상을 수상한 바 있는 기술집약적인 벤처 기업이다. 보기 1은 회사의 개요와 연혁을 보여준다. KST는 기술집약적 벤처 기업인 만큼 회사의 역사는 기술 개발의 역사와 일치한다. 그 연혁에서 알 수 있는 것같이 CD-ROM에서 출발하여 VCD, DVD 등으로 진화하는 멀티미디어 S/W 개발 역사와 KST의 역시기 상호 일치하는 것을 알 수 있다.

창업과 성장

원래 코리아 실렉트웨어는 미국의 유명한 CD-ROM 전문 업체인 Selectware와 국내 독점 판매 계약을 맺고 한국판 소프트웨어 데모 시스템을 공급하면서 시작되었다. 이 CD-ROM은 미국에서 갓 출반된 200여 종의 소프트웨어 데모 프로그램을 디스크 한 장에 담아 고객들이 직접 프로그램을 작동시켜 그 결과를 확인하고 살 수 있도록 한 것이다. 따라서 대부분 매뉴얼이나 소개 책자만 보고 소프트웨어를 구입하던 매니아들이 훨씬 안전하게 원하는 성능에 꼭맞는 제품을 구매할 수 있다는 장점이 있다. KST는 이를 위해 10여 개 소프트웨어 공급 회사와 대리점 계약을 맺어 놓았으며 대기업 전산실과 컴퓨터 유통 업체 등을 집중 공략하였다.

회사 설립 초기

박원민 사장이 정보 기술 분야에 들어서게 된 것은 1987년 한 미국인 친구와 판매 시점 관리(POS) 사업을 벌이면서부터이다. 부도가 나서 버려지다시피한 "타임 엑스 싱클레어"란 컴퓨터의 기판을 이용해 POS 시스템을 만들자는 꿈의 프로젝트였다. 기판의 회로도를 어렵사리 입수해 3개월 동안 분석하는 등 정열을 쏟았지만 결과는 실패로 끝났다. 칩 하나가 끝내 이해할 수 없는 영역이었던 것이다. 재산을 날리기는 했지만, 이때 경험은 박 사장에게 또다른 재산이 됐다. "기술이 없으면 만들어라"는 도전적인 자세야 말로 무에서 유를 창조하는 원동력이라는 점이 박 씨의 굳건한 믿음이었다.

"이렇게 많은 소프트웨어 가운데 왜 한국 제품은 하나도 없을까?" 이는 1988년 미국 미시건 주의 대형 컴퓨터 매장을 찾은 유학생 사회학도 박원민 씨가 문득 떠올린 의문이었다. 이러한 의문은 박원민 씨를 첨단 컴퓨터 산업의 벤처 기업가라는 새로운 길로 이끌게 된다. 이후 국내에도 '한글', '이야기'와 같은 탁월한 고유 소프트웨어가 있음을 발견한 그는 곧 한국 소프트웨어 산업 부진은 기술이 아니라 마케팅 차원의 문제임을 깨닫게 된다. 일단 결심이 서자, 박 씨는 웨인 주립 대학에서 석사 학위를 받자마자 즉시 귀국한다.

이후 1년 반 동안 대기업 전산실과 유력 개발 업체를 미친 사람처럼 찾아다니며 자신의 새 사업 구상을 제시했다. 하지만, CD-ROM 드라이브조차 구경하지 못한 관계자들이 멀티미

* 이 사례는 이재복, 주재환과 함께 교육용으로 개발한 것이다. 사례의 내용은 특정 경영 상황의 처리에 관한 잘잘못을 예시하지 아니한다.

디어 CD-ROM 타이틀의 무한한 가능성에 열변을 토하는 젊은 유학생의 '허황된' 이야기에 귀를 기울여주지 않았다. 결국 행운은 박 씨의 부인을 통해 우연히 이루어지게 된다. 미국 실렉트웨어사의 조셉이라는 마케팅 담당 이사의 부인이 대학 동창 사이인데, 우연히 부부가 같이 만난 자리에서 조셉 씨가 박 씨에게 실렉트웨어의 아시아 판매를 맡아보지 않겠느냐고 권고를 했다. 이 제의에 흥미를 느낀 박 씨는 CD-ROM 제작이 아닌 외국 제품의 판매처로 처음이 사업에 발을 들여놓게 된 것이다.

1980년에 서울 우신고를 함께 졸업한 동창생 김용화, 채동역, 이승훈 등 세 명이 선배인 박원민 씨와 함께 1991년 9월 5일에 자본금 5천만 원으로 코리아 실렉트웨어사를 설립했다. 뜻을 모으기 전까지 증권사 직원, 사업, 공부 등 각자 다른 인생을 설립해왔던 이들이 한데 모이게 된 것은 미국에서 학업 중이던 고등학교 선배 박원민 씨의 권유에 의한 것이었다. 박 씨는 곧 고국에 있는 자신의 후배들에게 연락을 취하여 미국 쪽은 박 씨가 맡고, 김 씨 등 세 사람은 한국 지사를 차리는 식의 역할 분담을 하게 됐다. 현재 김용화 씨는 연구개발 담당 이사 및 연구소장으로 재직하고 있다.

든든한 자본이 무엇보다도 절실한 상황에서 사업을 함께 하겠다는 후원자가 선뜻 나서지 않자 박 사장은 독자적인 회사 설립으로 방향을 전환하였다. 결국 1991년에 코리아 실렉트웨어라는 이름으로 멀티미디어 전문 회사를 설립하게 되었고, 타이틀 개발에 착수하는 한편 상공부 등 요로에 자금 지원을 요청하고 나섰다.

CD-ROM 사업 확장기

보기 2는 1992년 이후 KST의 주요 사업 분야 변천 과정을 보여준다. KST는 1992년부터 한국 CD-ROM 멀티미디어 연구 조합에 가입함과 동시에 과학기술처의 대전 엑스포 관련 정보 안내 시스템을 수주하고 멀티미디어 저작 도구 및 멀티미디어 PC, CD-ROM 타이틀 공동 제작, 한글화, 표준화 등 각종 공동 사업을 수행하게 된다. 1993년에는 국내 사운드 카드 시장의 독보적 존재였던 옥소리사에 CD-ROM 타이틀 납품을 추진하여 국내 CD-ROM 대중화의 중대한 계기를 마련하였다. 이로써 문자, 그래픽, 사운드가 결합된 CD-ROM 타이틀 제작이 국내 전반에 활성화되기 시작하였다. KST는 자금 및 기술력 확보를 위해 대기업과의 제휴보다는 정부 추진 각종 프로젝트와 응용 소프트웨어 개발에 박차를 가하였다.

수출 및 영화 사업 참여

KST는 각종 정부 보조금을 지원 받아 해외 수출에 적극 나섰다. 그 결과 일본 및 대만 등지의 유력한 마케팅 업체에게 제품을 공급하게 된다. 예컨대 동화상을 편집할 수 있는 소프트웨어 '디지털 스튜디오'를 일본의 노박(Novac)사에 수출하고, 디지털 비디오 디스크 영상 압축 기기, CCFE 기능의 비디오 CD 3편 6천 개(1억 원 상당) 타이틀 등을 일본에 수출하였다. 또 CCFE 기능의 비디오 CD 타이틀 원판을 대만 최대의 유통 업체인 서밋사에 수출한 바 있다.

1996년 하반기에 들어서면서 우리 나라 멀티미디어 시장의 확장이 가시화되자 외국 영화 및 음반 공급 업체들이 게임 및 멀티미디어 시장에 뛰어들면서 이들 제품의 수입과 판매의 기회를 KST가 획득하게 되었다. KST는 뷰에나비스타의 공급 업체로 선정되어 월트디즈니, 헐리우드, 터치스톤 등이 제작한 영화를 비롯 60여 편의 영화를 비디오 CD 타이틀로 제작하여 공급, 판매하였다. 또한 KST는 어학 교육의 붐을 타고 비디오 CD 2.0을 활용한 멀티미디어 교육 사업에 뛰어들었다.

신기술 DVD 시대의 도래

차세대 디지털 비디오 디스크가 1996년 가을부터 등장하게 됨에 따라 KST는 비디오 CD 타이틀 개발 경험을 토대로 DVD 타이틀의 개발에도 착수하여 시험판을 발표했다. 대당 가격이 7천만 원에서 3억 원대에 이르던 DVD 타이틀 제작 기기를 국산화함에 따라 300억 원의 수입 대체 효과를 거두는 것은 물론 국내 DVD 타이틀 제작업체의 경쟁력을 높여 DVD의 대중화를 앞당길 것으로 기대된다.

제품과 산업

KST의 수력제품은 CD-ROM 타이틀과 비디오 CD이며 그 외 멀티미디어 관련 S/W 및 기타 통합장치 들로 구성되어 있다. 이 제품들은 전량 수입하던 것을 KST가 개발하여 성공적으로 국산화에 성공한 품목들이다.

CD-ROM 타이틀

CD-ROM(Compact Disk-Read Only Memory)이란 음악용 소프트웨어로서 보급되고 있는 컴팩트 디스크(CD)를 미디어로 하는 컴퓨터용의 읽기 전용 메모리를 말한다. 직경은 음악용과 같은 12 cm이고 기억 용량은 540 MB로 전송 송도는 150 Kbps이며 평균 액세스 시간은 0.5-1초이다. CD-ROM의 특징은 일반적으로 많이 사용되는 플로피디스크가 1 MB 정도인데 비해 그 500배 이상의 대용량을 저장한다는 점이다. 신문에 실린 기사로 1년분, A4 크기의 서류로 27만 장에 해당하는 데이터의 기억이 한 장의 디스크(CD-ROM)로 가능하다는 것이다. 그 밖에도 데이터의 보존이 반영구적이라는 것도 주요 특징의 하나이다. 읽기 전용이므로 내용을 바꾸거나 써넣기는 불가능하지만 음악용 CD와 마찬가지로 대량 복제가 가능하기 때문에 대량 배포하는 데이터베이스나 출판물, 메뉴얼, 교재, 사전, 전화 번호부 등에 활용된다.

CD-ROM 타이틀(Title)은 CD-ROM에 각종 소프트웨어나 데이터베이스를 저장하여 상품화한 제품을 말한다. 이러한 CD-ROM 타이틀을 만들기 위해서는 데이터 수집에서부터 데이터베이스 구축, 검색 프로그램 제작(DBMS), 정보가공 등 CD-ROM의 제작 과정이 필요하다. 코리아 실렉트웨어에서 CD-ROM 저작 도구, 데이터 가공 프로그램을 만들기 전에는 외국 프로그램을 고가에 들여오거나 외국에 CD-ROM 타이틀 제작을 의뢰해 왔었다.

CD-ROM 타이틀의 시장 규모는 CD-ROM 드라이브의 수요에 따르며, CD-ROM 드라이브는 멀티미디어 PC의 보급 대수와 높은 상관관계를 가진다. 1996년 말 우리 나라의 총 PC 보급 대수는 770만 대로 추정되고 있다. 그 중 개인/가정용 보급 대수는 200만 대 수준이며 개인/가정용 중 펜티엄급 이상인 PC는 95년 24.3만 대에서 96년 78만 대(80%), 97년 예상 147만 대(90%)를 차지할 것으로 보인다(보기 3 참조). 따라서 직접적으로 우리 나라 CD-ROM 드라이브의 사용량을 계산한 자료는 없으나 국내 시장도 해외 시장과 마찬가지로 CD-ROM 및 MPEG 등은 기본 사양화되고 있기 때문에 앞으로는 PC 보급 대수와 거의 일치할 것으로 예상하고 있고, 97년 말 현재 CD-ROM을 장착한 PC는 430만 대 수준일 것으로 예측하고 있다. 세계 시장의 예상 수요는 1998년 7700만 대, 2000년 8600만 대로 연평균 17.7% 증가하고 있어 국내 PC 보급 비율보다 약간 밑도는 모습을 보이고 있다.

비디오 CD

비디오 CD(Video-CD) 타이틀은 기존의 CD-ROM이 정지 화상밖에 지원하지 못하는 단점을 극복하기 위하여 동화상 처리가 가능하도록 만들어진 제품이다. 82년에 네덜란드의 필립스사와 일본의 소니사가 처음 개발한 CD는 오디오 신호를 디지털 방식으로 읽고 기록하는 방법을 제품화한 것인데, 이의 보급을 위해 레드 북(Red Book)이라는 국제 규약집을 만들어 규격 및 신호 처리에 대한 내용을 담았다. 비디오 CD에 대해서는 멀티미디어 데이터 저장용도로 사용할 수 있는 새로운 규약(Yellow Book)을 만들었는데, CCFE(Closed-Caption For Education) 방식이나 CCI 모두 이 규약을 근거로 제작된 기술이다. 특히 CCFE 방식은 CCI 방식보다 진일보 된 기술로서 기존의 청각 장애자용 캡션 규격을 확장하여 영어, 일어 등의 외국어 교육에 적합하도록 각종 멀티미디어 기능을 추가시킨 첨단 교육용 캡션 규격을 말한다.

CCFE, CCI 업계에서는 97년 CD매체 상품의 시장 규모를 500억 원으로 추정하였고, 이중 비디오 CD는 전체의 33%에 달할 것으로 전망하였다. 또한 비디오 CD 시장에서는 대부분이 CCI와 CCFE 방식 등 캡션 기능을 갖춘 상품이 주류를 이루고 있음을 알 수 있다. 많은 타이틀 제작 업체들과 프로그램 공급업자들이 제휴 관계를 맺으면서까지 비디오 CD 타이틀을 제작, 출시하는 상황에서 그 시장은 점차 커질 것으로 기대된다. 물론 현재로서는 일반 비디오 테이프의 음질이나 화질을 아직 따라가지 못해 성장의 한계가 있다. 그러나 비디오 CD를 이을 새로운 매체로서 DVD가 개발되었지만 표준화에 대해 국제간의 협약이 아직 이루어지지 않았고, 장비가 매우 고가라는 한계를 극복하기는 쉽지 않을 것이다. 따라서 당분간 비디오 CD의 시장은 부가 기능을 넣어서 특화시키는 전략을 세우고 있다. 보기 4는 비디오 CD와 CD-ROM 시장의 규모를 보여준다.

CD-ROM 응용 분야

CD-ROM의 응용 분야는 무궁무진하다. 초기에 영화 등으로만 사용되던 것이 이제는 각종 어학 장비로까지 확대, 활용되고 있는 점 등을 미루어 볼 때, 향후 3-4년간 CD-ROM 시장은 급격하게 성장할 것으로 예상된다. 보기 5와 6은 각각 CD-ROM이 지닌 우수성과 활용 분야를 보여준다. 보기 7의 최근 CD-ROM 관련 제품의 개발 동향을 보면, 특정한 분야에 한정되지 않고 매우 다양한 분야에서 CD-ROM 관련 제품이 제작, 출시됨을 알 수 있다.

소프트웨어

국내 소프트웨어 산업의 분류상 CD-ROM, 비디오 CD 관련 소프트웨어는 패키지 S/W에 해당되며, 구체적으로는 컨텐트, 교육용 소프트웨어, 게임 S/W가 이에 해당한다. 보기 8의 분류 중 KST가 취급하는 부문은 진하게 표시되어 있다. 국내 소프트웨어 산업의 분류를 감안할 때 정확한 CD-ROM, 비디오 CD 관련 시장을 파악하기는 대단히 어렵다. 특히 특정 소프트웨어에 대하여 다양한 매체를 이용하여 출시하는 경향이 있어 더욱 그러하다. KST와 가장 밀접한 분야들의 주요 매출 현황은 보기 9와 같다. 교육용 소프트웨어, 그래픽스, 컨텐트, 유틸리티는 최근 급신장세를 기록중이다.

차세대 신제품-DVD

DVD란 고밀도의 데이터 압축 기술을 사용하여 기존 CD의 데이터 저장량을 크게 확장시킨 새로운 기록 매체이다. 영화 1편을 DVD 1 장(CD 12장 분량)에 기록할 수 있을 뿐 아니라 화질도 레이저 디스크와 같은 수준을 자랑한다. 또한 언어 학습에도 대단히 유익한데 최대 8개국, 32개 국어를 자막으로 처리가 가능하다. 화면 크기도 극장 화면과 같은 16:9의 화면이고 돌비 방식을 채용해 입체 음향을 구현한다. 업계에서는 CD-ROM 시장에서의 가격 및 속도 경쟁 심화, 대체 기술의 출현 등으로

1996년 말 12배속 제품까지 생산한 후 DVD로 전환할 것을 계획하였으나 CD-ROM 드라이브 시장의 급신장세가 이어지면서 97년 말까지 20배속 및 24배속까지 계속 생산하기로 계획을 수정하였다. 따라서 2000년까지는 CD-ROM이 주류를 이룰 전망이다.

DVD 플레이어의 국내 시장 규모는 2005년에 최대 880만 대에 이를 것으로 예상하고 있다. 이 수치는 총가구 수 1100만 가구에 기존 VCR의 포화 보급률 80%를 곱한 수치이며 96년 4천 대, 97년 3만 대, 98년 5만 3천 대, 2000년 20만 대 등이다. 따라서 DVD 타이틀 시장은 98년부터 형성되기 시작하여 2000년에는 현재 비디오 시장의 10% 정도를 점유할 것이며 2005년까지는 완전히 대체할 것으로 판단된다. 한편 가산 전자가 조사한 바에 의하면 국내 소비자는 대부분 DVD에 대하여 알고 있으며 구입할 의사가 있는 것으로 나타났다. 이에 따르면 550명 설문 대상자중 91%가 1년 내 구입 의사를 밝혔다.

사업 성과

KST의 판매 실적은 가파른 성장을 계속하고 있다. 94 회계 년도에 14억 매출에 불과하였으나 96년에는 47.7억 원으로 연평균 83.7%의 고성장을 보이고 있다. 제품의 매출 특성은 시장 환경의 변화에 따라 주제품이 CD-ROM에서 비디오-CD로 급격히 전환되고 있다. 보기 10의 KST의 주요 제품 판매 비중의 변화를 보여준다. 2000년부터 CD-ROM 시장은 감소하여 2002년에는 완전히 사라질 가능성이 있다. 소프트웨어의 매출은 꾸준한 추이를 보여주고 있다. 장차 회사의 기술력, 지명도 향상에 따라 안정적인 곡선을 그릴 것으로 예측하고 있다. 97 회계 년도(97.4-98.3)에는 159억 원의 매출이 예상되는데, 회사측이 제시한 구체적 매출 근거는 아래와 같다.

- 기존 매출액은 79.5억 원 예상: 전년 47.7억 원 × (1 + 66.7% [시장 종가율])
- 월트 디즈니 만화 영화 교재 18억 원: 3,000 셋 × 24 편 @ 25,000
- 노박사(Novac)에 디지털 영상 편집 시스템 수출 25억 원 : @ 6,250 엔 × 5만 부
- 비디오 CD 인터넷 수출 및 국내 판매 11억 원: @ 160 원 로열티 × 700만 장
- Calipers의 대미 수출(Mediamatics) 5억 원 로열티 예상
- 영종도 신공항 건설사 CD-ROM 제작 용역과 관련 장비 판매 7억 원: 용역 수입 1억 3천만 원, 기타 5-6억 원 장비 판매 수입 예상
- DVD 국내 판매(타이틀 당 1000 장) 3.6억 원: 30편 출시 × 1000장 @ 12,000원
- 디지털 비디오 편집 장치 10억 원: 100셋 @ 1000만 원

KST사의 미래 성장 관건은 수출에 달려있다. 작년 대비 무려 400% 이상의 성장세는 수출 40억 원과 영화 관련 비디오 판매 18억원에 힘입은 바 크다. 얼마나 수출액이 증가할 것인지, 안정적인 매출처를 확보했는지가 성장의 결정 요인이라 할 수 있다. 또한 DVD 및 영종도 공항 관련 국내 교육용 교재 등은 대단히 낙관적 가정을 적용한 것처럼 보여 400%는 지나친 것으로 판단되나 최소한 과거 평균 성장률은 무난히 달성할 수 있을 것으로 예상된다. 또한 매출액 이익률도 95년 1.68%, 97년 2.7%로 가파르게 상승하고 있어 금리 상승으로 인한 금융 비용 부담을 제외한다면 지속적으로 수익성도 향상될 것으로 판단된다.

마케팅

수출

KST의 고객들은 일반 소비자부터 전문 통신 업체와 일반 대형 유통 업체까지 다양한 계층을 이루고 있다. 따라서 각 고객 및 제품 특성에 맞는 차별적인 유통 경로가 대단히 중요한 역할을 하고 있다. 영업 인력 및 신인도가 취약한 KST로서는 많은 자원이 소모되는 일반 영업보다는 수출을 통해 영업을 확대해 나갈 방침이다. KST는 공업 기반 기술 자금을 지원받아 개발한 "디지털 영상 효과 및 편집 시스템" 가운데 PC에서 간단하게 이미지 및 동화상을 편집할 수 있는 소프트웨어 '디지털 스튜디오'를 일본 지역에 수출하면서 본격적인 외화벌이에 나섰다. 주요 수출 실적은 아래와 같다.

- 일본 NOVAC사와 S/W 수출(5만 개 25억 원 어치)
- 대만 서미트사에 CCFE 기능의 비디오 CD 타이틀 원판을 수출(월 5만 불)
- 일본 2-3위의 CD-ROM 타이틀 유통 업체인 시네마 서플라이어사에 CCFE 기능의 비디오 CD 3편 6000개(1억 원 상당) 타이틀의 수출

하드웨어의 저변 확대가 이루어지면서 96년까지도 수요처를 찾기가 어려웠던 CD-ROM 타이틀의 판매가 호조를 보이면서, 소위 빅 히트작이라고 불리는 인기 타이틀이 생겨나기 시작했다. 그러나, 이러한 시장 확대에도 불구하고 소프트웨어 업계의 고질적인 병폐인 유통 질서의 문란이 CD-ROM 타이틀 시장에도 재현되어 관계자들의 눈살을 찌푸리게 했다. 수입 업체들이 난립함에 따라 해외에서 번들로 판매되는 CD-ROM 타이틀이 버젓이 반입돼 타이틀 가격이 1만 원대 이하로 떨어지는 등 시장 초기부터 타이틀 유통 질서가 무너지기 시작했다. 이로 인해 타이틀 제작 업체들이 유통사를 배제하고 독자적인 판매망 구축에 나설 정도로 CD-ROM 시장에서 두드러진 특징 중 하나이다.

유통 채널

1994년 말경 KST는 CD-ROM 타이틀과 비디오 CD 타이틀의 출시를 크게 늘리면서 기존의 서적상을 통한 유통망에서 탈피, 자체 유통망을 통한 판매를 강화하게 된다. 이에 따라 서울을 비롯하여 부산, 대구, 광주, 대전, 마산, 청주, 원주 등 8개 지역에 총판점을 선정하여 자체 유통망을 확보했다. 이처럼 유통 구조를 변경하는 것은 가격 질서를 흐트러뜨리는 기존 소프트웨어 유통 업체 및 서적상을 통한 판매로 인하여 타이틀 유통 시장이 무질서해졌을 뿐만 아니라 기대한 만큼의 판매 실적이 오르지 않기 때문이었다. 이러한 현실 때문에 초기에는 총판을 중심으로 영업을 하였지만 점차 자체 대리점을 확보하는 방향으로 돌아서고 있다. 현재 대리점 (30%), 총판(30%), 컴퓨터 제조업체 번들(15%), 일반 유통 업체(15%)를 통해 매출이 행해지고 있다. 결국 대리점 체제는 자체 영업력을 강화해야 하는 만큼 KST로서는 또 다른 부담으로 작용하게 된다.

일반 영업의 전형인 영화 학습 비디오 CD의 예를 들어보면 주요 매입처는 웅진 미디어, 성지 건설, 월트 디즈니, ㈜ 대우 등이며 주요 매출처는 유형에 따라 아래와 같이 나뉘게 된다.

- 번들 대상 업체:
  PC 제조 업체—삼성, 삼보, 엘지, 세진, 뉴텍 등
  보드 업체—가산, 두인, 서한, 팬택, 다우, 삼우 등
  기타—아남, 태광, 인켈, KBS, 아리수
- 일반 유통 업체:

대형 유통점(세진, 용산)
컴퓨터 대리점(삼성, 삼보)
PC 조립 업체 (가산, 두인 취급점)
레코드 점 및 타이틀 취급 업체 500개소

- 서점:
  전국 5500여 업소(교보, 종로 서적, 을지 문고 등)
- 교육 사업 업체:
  영업 교재 방판 업체(시사 영어, 웅진, 곽영일 등)
  영어 회화 학원(체인점 중심; 민병철, 정철 등)

기술 개발

기술 개발 실적

KST의 역사는 기술 개발의 역사라 할 만큼 기술 개발에 대한 비중이 높은 편이다. 기술 개발에 관한 주요 실적과 연혁을 살펴보면 아래와 같다. 거의 다 국내 최초 아니면 세계 최초가 어두에 삽입될 정도로 기술 개발에 있어 선두를 달리고 있다. 보기 11은 이 밖에 현재 추진중인 기술 개발 사업을 보여준다.

- 국내 최초 CD-ROM 타이틀 개발 및 국산화 성공
- 세계 최초 동화상 CD-ROM 타이틀 개발 성공
- 국내 최초 Video-CD Formatter 개발 성공: 일본 노박사에 25억 원 수출
- 세계 최초 Interactive Video-CD 개발
- 국내 최초 Video-CD 2.0 저작 도구 개발 성공
- 세계 최초 캡션 Video-CD 개발: 가산전자에 CCFE 타이틀 독점 계약 공급 중
- 세계 최초 CD-AB(Audio Book) 개발: 해태 전자에 타이틀 계약 공급 중
- 3차원 게임 개발을 위한 3D 엔진 툴 개발
- 디지털 영상 효과 및 편집 장치 개발: 현재 상품화 단계
- MPEG2 Encoding/Decoding System 개발 진행 중: 97년 말 완료 예정

제휴를 통한 기술 축적

KST는 자신의 강점이자 유일한 무기인 기술력을 극대화시키기 위하여 적극적으로 전략적 제휴에 나서게 된다. 우선 대학생들의 모임인 '한국 대학생 전신 관련 연합회'의 설립을 주선하여 각 회원들이 자체 개발한 제품의 지적 재산권 등록을 보장하고 회원간의 기술 공유를 유도하고 기술력을 향상시키는 한편, 소프트웨어 및 하드웨어의 국산 자립도를 높여 수출 경쟁력을 크게 제고시키려는 계획을 갖는다. 특히 조합은 연구 개발 능력이 있는 단체를 선정하여 이들이 연구 개발에 필요한 멀티미디어 PC 등 관련 장비 일체와 연구 개발에 전념할 수 있도록 대학 근처에 연구 공간을 확보해 주기도 했다.

다음으로 유관 기관과의 적극적인 협력이다. 가장 전형적인 예는 국책 과제로 선정돼 있는 멀티미디어 PC의 응용 프로그램을 개발하는 것이었다. 이 프로그램은 영상 및 음성 편집이 가능해 신문 제작, 교육, 광고, 전시 등 응용 분야가 넓은 것이 특징이다. 특히 TV를 비롯해 정보 통신 망의 편집이 가능해 국내 통신 미디어 시장에 신기원을 이룩할 것으로 평가되고 있다. 당시 미국이나 일본에서는 백과사전 등의 대형 출판물이나 데이터베이스를 CD-ROM에 담아 상품화하는 사업이 급속도로 확산되고 있었다. 그러나 국내에서는 기반 기술이 약해 한두 개 기업에서 시제품을 생산해 낸 것이 고작이었다. 이러한 기술 개발을 자체적으로 감당하기에는 워낙 벅차기 때문에 기술

의 취약을 유관 기업간의 공동 연구를 통해 극복한다는 계획을 갖고 이들은 멀티미디어 응용 기술과 CD-ROM 애로 기술의 공동 개발을 목표로 관련 7개사를 중심으로 설립을 추진해왔는데, 1992년 초 과학기술처의 설립 인가를 받아 한국 CD-ROM 멀티미디어 연구 조합으로 정식 발족했고, 여기서 개발된 CD-ROM 제품은 KST의 시스템을 이용해서 결국 미국 시장에 진출하게 된다.

두인 전자의 배반

1995년까지만 해도 KST는 가산 전자의 경쟁 업체인 두인 전자와 제휴를 맺고 '캡션 비디오 CD'를 세계 최초로 개발, 판매하는 등의 관계를 유지했었다. 그런데 두인 전자가 삼성 그룹과 제휴를 하게 되면서 그 관계가 악화되어 완전 결별하기에 이른 것이다. 결국 대기업 혹은 중소 기업과의 관계 형성에 있어서, 같은 중소 기업조차도 대외 이미지, 금전적 문제 등을 고려하여 대기업을 선호하는 아이러니컬한 모습을 보여주게 되었다. 하지만 이를 계기로 KST는 두인 전자의 경쟁 업체인 가산 전자와 전략적 제휴를 맺고 비디오 CD와 관련된 새로운 기술을 개발하게 되고, 비디오 CD 타이틀도 단순한 영화에서 벗어나 어학용 교재 개발 쪽으로 방향을 바꿔 고부가가치의 상품을 개발하기에 힘쓰게 된다.

전 과정 기술 습득을 통한 경쟁 우위의 확보

KST의 기술을 인정할 수밖에 없는 이유는 이들은 데이터 수집에서부터 데이터베이스, 검색 프로그램 제작(DBMS), 정보 가공 등 CD-ROM 타이틀을 만드는 데 필요한 과정 하나하나를 스스로 체득해 처음부터 끝까지 우리 기술로 만들어진 CD-ROM 타이틀을 제작한 점에서 비롯된다. 이전에도 국내에서 CD-ROM 타이틀이 만들어진 적이 수 차례 있지만, 전 과정을 홀로 해결한 적은 없었다. 대부분의 업체들이 저작 도구 등 데이터 가공 프로그램을 외국으로부터 들여오거나 외국에 CD-ROM 타이틀 제작을 의뢰해왔던 것이다.

그 과정을 자세히 살펴보면 KST 연구팀이 이처럼 CD-ROM 타이틀 개발에 뛰어든 것은 1992년 8월부터이다. 많은 사람들이 미래 정보 사회를 주도하는 것은 멀티미디어가 될 것이라고 이야기하면서도 선뜻 이 분야에 발을 들여놓기를 꺼려할 때였다. 연구팀은 우선 CD-ROM 드라이브 보급이 미미한 국내보다는 해외 시장에 눈을 돌려 외국인이 PC를 통해 한국을 바로 알 수 있도록 하자는 생각으로 우리나라 관광에 필요한 자료들을 모았다. 또 문자, 화상, 영상, 음악 등 다양한 형태의 데이터를 가공하고 검색할 수 있는 저작 도구 프로그램도 직접 짜기 시작했다. 연구팀을 비롯해 20여 명의 직원이 8개월간 매달려, 국산 1호 CD-ROM 타이틀을 제작, 어느 때보다 자신감에 넘쳐 있었다. 이들의 숱한 시행 착오가 이제는 자신들만의 비밀로 간직되고 말로 다할 수 없는 경험들이 재산이 되었음을 느끼고 있기 때문이다. 이러한 기술력의 확보는 재벌 기업이 참여하고 있는 비디오 CD 시장의 시장 점유율로 나타나게 된다. 보기 12는 주요 재벌 업체와 경쟁하여 점차 시장 점유율을 증가시키고 있는 추세를 잘 보여주고 있다.

국가 용역 수행을 통한 인지도 확보

CD-ROM시장에 경쟁 업체가 들어오기 시작하면서 KST는 출혈 경쟁에 뛰어들지 않고 오히려 국가 용역 과제 수행을 통해 인지도와 자금 확보에 주력하는 모습을 보인다. KST가 수행한 국가 용역 과제만 8건이 넘으며 모두 국산화 제품이며, 산업 지원 자금을 지원 받았다. 아래는 그 예를 보여 준다.

1992 통상산업부—실렉트웨어 시스템 개발

및 데모 프로그램의 CD-ROM 장착
통상산업부— 한국 관광 안내 시스템 CD-ROM

1993 통상산업부— 특허 기술의 멀티미디어 프레젠테이션 DB 구축 및 CD-ROM 장착
통상산업부— CD-ROM 타이틀 Generation 저작 도구 개발

1994 통상산업부— 디지털 영상 효과 및 편집 장치 개발
과학기술처— 비디오 CD Formatter 개발

1995 정보통신부— 3차원 게임 개발을 위한 3D 엔진 툴 개발
통상산업부— MPEG-2 Encoding/Decoding System 개발

자금 조달

자금 문제가 벤처 기업과 중소 기업의 가장 어려운 점인 것은 KST에서도 마찬가지이다. KST가 철저하게 기술 개발에 매달린 것도 자금 확보란 이면이 있었다. KST와 같이 담보력이 부족하고 저리의 자금이 필요한 기업이 할 수 있는 유일한 조치는 정부 지원금을 보조받는 길뿐이다. 정부의 각종 기금은 은행이나 신기술 금융, 벤처 자본 등을 통해 지원되는데, 그 중 가장 KST에게 적합한 것은 신기술 사업자에게 제공되는 정부 지원금이었다. 이 자금은 정부의 추천으로 금융 기관에서 보증을 하면 무담보에 장기(5년 이상)로 3-4%의 초저리로 제공되는 자금이다. 그 중 공업 기반 자금은 주로 국산화 기술에 대하여 제공되던 터라 KST에게 가장 적합한 자금줄이었다. 따라서 그토록 기술 개발에 집착한 이유도 저리의 싼 자금을 융통할 수 있는 유일한 대안이었던 것이다.

가장 전형적인 예는 1996년 초, VGA 보드 등 멀티미디어 하드웨어 생산 업체인 가산전자와 CD-ROM 타이틀 등 소프트웨어 전문 회사인 KST가 전략적으로 제휴하면서 기술 신용 보증 기금으로부터 무담보로 기술 개발 자금을 제공받아 하드웨어 및 소프프웨어의 공동 개발과 보급에 나서게 된 경우를 들 수 있다. 이렇게 신기술 개발을 통하여 조달한 자금만 총 26억 원이 넘는다. 아래는 예를 보여준다.

- 비디오 CD Formatter— 과학 기술 진흥 기금 1.29억 원
- 특허 기술의 멀티미디어 프레젠테이션 DB구축— 공업 기반 자금 3.19억 원
- MPEG 2 Encoding System 개발— 공업 기반 자금 3.82억 원
- DVD 저작 도구 개발— 공업 기반 자금 8.37억 원
- 디지털 영상 효과 및 편집 장치— 공업 기반 자금 5.87억 원
- 3차원 게임 개발을 위한 3D 엔진 툴 개발— 정보 통신 진흥 기금 3.61억 원

보기 1 회사 개요와 연혁

개요

- 설립일: 1992년 5월 1일
- 대표이사: 박원민
- 자본금: 3억 원 (우선주 8400만 원)
- 총 자산: 5.3억 원
- 종업원 수: 53 명
- 매출액: 47.7억 원(FY 95 29.7억 원)
- 당기 순이익: 1.3억 원(FY95 0.3억 원)
- 주소: 안양시 동안구 관양동 1444. Tel. 0343-84-0300
- 주요 상품: 멀티미디어 애플리케이션(CD-ROM, VCD 등)
- 주요 주주: 박원민(44.1%), 김용화(34.6%), 조용국(21.2%)
- 주거래 은행: 기업 은행 과천 지점

연혁

92. 6 부설 멀티미디어 산업 기술 연구소 설립
95. 6 기술 신용 보증 기금 우량 기술 기업 선정

96. 1 가산 전자와 교육용 캡션 CCE 개발, 보급을 위한 전략적 제휴 체결
7 중소기업청 유망 선진 기술 기업 선정
8 교육용 VIDEO-CD 타이틀 개발을 위한 월트 디즈니사와 전략적 제휴
97. 4 SBS 영상물 DVD 타이틀 개발 계약 체결－SBS 프로덕션
6 일본 노박과 S/W 수출 및 전략적 제휴
7 일본 Toshiba사와 DVD 관련 기술 협약 체결
미국 미디어매틱스사와 VCD 및 DVD 관련 기술 협약 체결

보기 2 KST의 주요 사업 분야 변천사

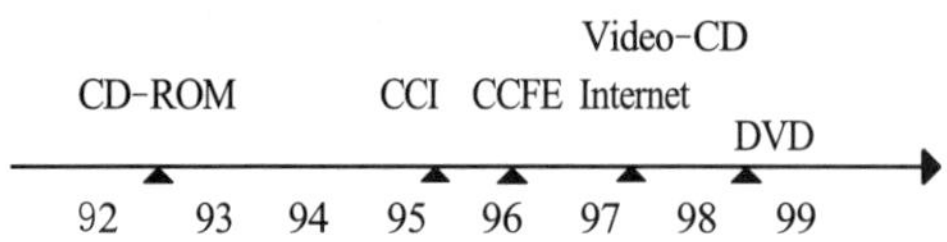

보기 3 PC 보급 대수

연도	전체			개인/가정용	
	보급 대수	누적 보급 대수	증감률 (%)	보급 대수	누적 보급 대수
90	685	-	-	207	-
91	758	2,019	-	361	-
92	911	2,800	32.8	360	-
93	1,294	3,654	30.5	314	-
94	1,532	4,501	23.2	418	1,649
95	1,654	6,000	33.3	556	1,998
96	2,150	7,700	28.3	670	2,520
97 (추정)	2,730	9,100	18.2	770	3,050

자료: 한국 전자 산업 진흥회, 정보 산업 연감

보기 4 비디오 CD와 CD 매체 상품 시장 규모 (1997년 추정치)

(단위: 억 원)

구분	금액	비중(%)
비디오 CD	165	33(100)
CCFE	(38)	(23)
CCI	(46)	(28)
기타	(81)	(49)
CD-ROM	335	67
합계	500	100

보기 5 타 매체 자료와 CD-ROM의 비교

구분	CD-ROM의 비교 우위
인쇄물	음성/화상 등으로 평면성 보완
비디오	자유로운 검색 기능으로 원하는 부분의 신속한 탐색
슬라이드	음성/동화상으로 2차원적 효과 보완
영화	고정된 공공 장소가 아닌 원하는 임의의 장소에서 언제든지 구동

보기 6 CD-ROM의 활용 분야

전자출판	백과사전 등의 사전류 및 용어 사전, 인명록, 도서 목록, 기업 연감, 전화번호부, 회원 명부
참고자료	연구 통계 자료, 의학 정보, 특허 정보, 사용 설명서, 설계도, 캐털로그, 부품 자료
교육	교육 훈련용 교재, 예체능계 학습 교재
안내정보	역·공항 등의 안내, 관광 정보, 산·바다 등의 지리 정보
오락	게임·바둑 등의 오락, 각종 놀이 규칙 모음집

보기 7 CD-ROM 관련 제품 개발 동향(96년 건수 실적 기준%)

경영산업	도서관	의학건강	과학기술	국방군사	공공정책	교육	컴퓨터	전신전화	인문교육
20	18	11	16	3	7	9	10	3	3

보기 8 국내 소프트웨어 산업 분류상 KST의 영역

패키지 S/W	응용 S/W	비즈니스용 소프트웨어 개인용 소프트웨어
	컨텐트	CD-ROM 타이틀 Game On-Line Media
	언어 및 개발 도구	3세대 언어 4세대 언어 미들웨어
	시스템 소프트웨어	유틸리티 운용 체계
정보 서비스	전문가 서비스	수주 개발(SI) 컨설팅 시스템 관리(SM) 교육 훈련
	유지 보수	
	통신 서비스	데이터 베이스 부가가치 통신(VAN) 전자 문서 교환 서비스(EDI)

보기 9 최근 3년간 패키지 소프트웨어 부문별 매출 현황 (단위: 만 원,%)

구분		94년		95년		96년	
		금액	구성비	금액	구성비	금액	구성비
시스템 소프트웨어	유틸리티	1,442	3.2	12,869	3.0	2,032	4.5
응용 소프트웨어	그래픽스	91	0.2	124	0.2	592	1.6
	교육용 S/W	450	1.0	810	1.3	3,296	8.8
	게임/컨텐트	3,075	6.8	6,249	10.0	10,530	28.2

자료 : 한국 소프트웨어 산업 협회

보기 10 주요 제품 판매 비중 변화 (단위: %)

제품명	94	95	96	증감률
CD-ROM	60.78	20.23	19.90	5.10
비디오-CD	22.61	62.37	66.69	215.44
S/W	11.31	14.50	10.89	80.28
기타	5.30	2.90	2.52	26.49
계	100.00	100.00	100.00	83.68

보기 11 기술 개발 사업 추진 현황

사업명	기술 개발 내용	총 소요 자금	관련 기업 파급 효과	성공 시 매출 확대 효과 (억 원)	비고
Video-CD Formatter	-CD 관련 매체 제작 기술 -Interactive 비디오 CD Format 자체개발 -CD-AB(Audio Book) 세계 최초로 개발	129백만 원 (과학 기술 진흥 기금)	-국내 최초의 CD Family Premastering Tool -비디오 CD Disc Builder -Video-CD data편집S/W -MPEG Encoder로부터 얻어진 파일을 Video-CD 이미지로 실시간 변환 -CD-I 제어	97-250 98-400 99-700 2000-1000	개발 완료
특허 기술의 멀티미디어 프레젠테이션 DB 구축 및 CD-ROM 장착	-CD-ROM Formatter & Tester개발 -Retrieval Engine 개발 -다중 조건 및 다중 사용자에 의한 자료 처리 및 검색	319백만 원 (공업 기반 자금)	특허 정보의 대중화로 국내 산업 기술 경쟁력 제고 -정지 화상 압축/복원 기술 개발로 멀티미디어 DB 활용 가능성 제고 -멀티미디어 통신에서 정지 화상 송수신 기술 제고	97-625 98-975 99-1208 2000-1424	개발 완료

MPEG2 Encoding/ Decoding System 개발	-MPEG2 Encoding 앨고리즘 및 Stream의 저장 및 편집 S/W 설계 -MPEG2 Encoder, Flow Control Model, Decoder 개발	382백만 원 (공업 기반 자금)	-자연색 디지털 비디오의 녹화, 재생시간 단축 -대용량 데이터의 고속 처리 기술 향상 -디지털 영상 처리 H/W 설계 기술 향상 -1억 원대의 고가 방송 장비 수입 대체 효과	97-600 98-1800 99-4500 2000-9800	개발 완료 97년 말
DVD 저작 도구 개발	-DVD-ROM과 DVD-Video용, DVD-WORM 용 authoring Tool제작	837백만 원 (공업기반 자금)	-새로운 멀티미디어 서비스 확대와 관련 부품산업의 활성화 및 수요 증대 -디지털 압축, 전송, 저장 등 멀티미디어 관련 요소 기술 확보 -망 운용 기술, ATM 전송 기술, 데이타 관리 기술, 데이터 저장 및 시스템 운용 기술 향상	99-2400 2000-5000 2001-1.2만 2002-3만	개발 완료 99년 초
디지털 영상 효과 및 편집 장치 개발	-H/W구현(프레임 메모리, 비디오I/O, CPU) -S/W개발 (VTR컨트롤, 편집 기능, Host 통신, 비디오 버퍼 관리)	587백만 원 (공업 기반 자금)	-대용량 영상 처리 H/W 설계 기술 및 고속 처리 기술 향상 -방송 장비 기술 확보 -정지 화상 및 동영상 전송 분야 응용 가능 -천연색 디지털 비디오의 녹화 재생 시간 단축	97-1500 98-2600 99-3600 2000-4800	개발 완료
3차원 게임 개발을 위한 3D 엔진 툴 개발	-3차원 배경 표현을 위한 Display Module -실수 연산 고속화 관련 방법 및 모듈 -OOP에 기초한 Object Mgmt. Module	361백만 원 (정보통신 진흥 기금)	-3차원 게임에서의 Mapping, 복셀 스페이스 방식 가능한 가상 현실 개발 기술 행상 -국내 3D 기술 및 가상 현실 개발 기술 향상 및 수입 대체 -3D및 가상 현실 S/W 개발 시 효율적 지원 시스템 구축	97-1200 98-2000 99-3200 2000-4000	개발 완료

보기 12 비디오 CD 주요 업체별 시장 점유율 비교

(단위: %)

구분	1995		1996		증감
	제품 형태	시장 점유율	제품 형태	시장 점유율	
KST	CCI, V-CD 2.0	25.7	CCFE, V-CD 2.0	31.2	+5.5
삼성	CCI, V-CD 2.0	20.0	CCI, V-CD 2.0	24.3	+4.3
LG	CCI, V-CD 2.0	19.8	CCFE, CCI, V-CD 2.0	9.8	-10.0
SKC	V-CD 2.0	5.7	CCFE, CCI, V-CD 2.0	10.0	+4.3
기타	V-CD 2.0	27.5	CCFE, V-CD 2.0	24.7	-2.8

사례 연구 8

경덕 전자*

1997년 11월 벤처 기업의 발전을 위해 조선 일보와 중소 기업 진흥 공단이 공동으로 마련한 제 1 회 벤처 기업 대상 수상 업체로 선정되어 동탑 산업 훈장을 수상한 주식회사 경덕 전자는 1987년 6월 윤학범 사장에 의해 설립되었다. 이 회사는 창업 이래 그 동안 수입에 의존하던 카드 리더, 금융 단말기, 승차권 발매기 등 자동 인식 장치 부문에 적극 투자하여 기초 부품인 헤드에서 각종 카드 리더 단말기, 시스템에 이르기까지 국산화에 성공했다. 보기 1은 회사의 연혁과 수상 경력을 보여준다. 현재 경덕 전자사의 자동 인식 장치 국내 시장 점유율은 74%로 한국에서 독보적인 입지를 확보하고 있으며, 매그네틱 카드와 IC 카드, RF(비접촉식) 카드 처리의 복합 기술을 가지고 있어 시장에서 절대적인 우위를 차지하고 있다.

경덕 전자는 1997년 기준 333명의 직원과 70억 원의 자본금을 갖고 330억 원의 매출액을 올렸다. 1994년부터는 매년 50% 이상 매출 성장을 유지하고 있으며, 98년 매출액 목표를 지난해보다 30% 가까이 늘어난 425억 원으로 추정하고 있고, 오는 2001년에는 매출액 1천억 원의 세계 5대 자동 인식 기기 전문 업체로 성장한다는 목표를 세우고 있다. 직원 중 연구원이 79명(23%)이나 된다. 이 회사는 서울 문정동에 부설 연구소가 있고, 자회사로 서울 양평동에 태광 시스템즈, 중국에 경덕 전자 유한공사, 서울 창동에 ㈜케이맥이 있다.

창업 배경

창업자 윤학범 사장은 서울대 전자공학과 출신의 엔지니어로서 1974년부터 84년까지 삼성 전자 반도체 부문에서 개발과 설계를 담당하는 과장으로 근무했었고, 한독 컴퓨터 이사, ㈜PTI 상무로 재직하면서 자동 인식 장치 부문의 성장 가능성과 국내 기술 개발의 필요성을 절감하고 회사를 설립했다. 창업 동기에 대해 윤 사장은 다음과 같이 말한다.

"당시만 해도 국내에서 자동 인식기 분야는 불모지나 다를 바 없었습니다. 미국이나 일본에 비해 기술이 낙후돼 있어 대부분이 장비를 수입해 썼죠. 우리 나라도 충분히 할 수 있는 일인 것 같았고, 해당 분야의 기술도 있어서 회사를 그만두고 창업을 하게 되었습니다. 창업 전에 회사를 세 군데 다녔습니다. 대기업, 중소 기업, 한미 합작 회사를 다니면서 좀 더 좋은 조직, 멋있는 조직을 스스로 만들어보고 싶기도 했습니다."

윤 사장은 3명의 엔지니어와 함께 창업 멤버를 구성하여 당시만 해도 미국이나 일본에 비해 기술이 낙후되어 있어 대부분의 부품과 장비를 수입에 의존해 오던 자동 인식 장치 업계에 선두로 뛰어들어 기초 부품인 헤드의 국산화를 시작하였다. 당시의 상황을 윤 사장은 다음과 같이 말한다.

"당시에는 현재와 같은 벤처 기업 창업 분위기가 없었기 때문에 우수 인력보다는 보통 직원들을 채용해 그들에 대한 투자를 강화해 나갔습니다. 자체 인력에 의한 개발과 상품화

* 이 사례는 이의중과 함께 교육용으로 개발한 것이다. 사례의 내용은 특정 경영 상황의 처리에 관한 잘잘못을 예시하지 아니한다.

로 투자 기간이 길었지만 초보 단계부터 독자 기술 축적에 노력했습니다."

윤 사장이 창업 전에 다니던 회사가 하드 디스크 드라이브(HDD)를 만들던 회사였는데, 이때 기술과 제조 분야를 담당해 자동 인식 기기의 핵심인 매그네틱 관련 기술을 축적할 수 있었으며, 다른 3명의 엔지니어와 함께 창업 멤버를 구성하여 기술 개발을 시작할 수 있었다. 창업 자본금은 1억 원이었는데 조달은 주식 투자로 번 돈과 퇴직금으로 충분했으며, 자신이 실제 투자한 돈은 3천만 원이었고 나머지는 친구와 친척들이 조금씩 투자를 했다고 한다. 만일의 경우를 대비해 여유 자금으로 자신의 돈을 남겨 놓은 것이다.

창업 당시 가장 힘들었던 점은 '경덕'이라는 이름을 남들에게 인식시키는 일이었다. 힘들게 물건을 만들어 가도 상대방이 의심하고 선뜻 사려고 하질 않았다. 특히 초기에는 완제품보다는 부품 위주로 사업을 했기 때문에 더더욱 고객의 신뢰를 얻기가 힘들었다.

주요 사업 부문별 성장 과정과 시장 전망

카드 리더/단말기 사업

경덕 전자는 87년 창업 이래 산업용 자기 헤드 개발을 시작으로 매그네틱 카드 리더, IC 카드 단말기로 사업을 확대하여 왔으며, 카드 리더 분야에서 기술을 활용해 통장 단말기, 수표 인식기, 지폐 인식기 등의 금융 단말기 분야로 진출했다. 그리고 이를 기반으로 전자 지갑, 비접촉식 교통 카드, 역무 자동화 기기 등의 시스템 사업으로 사업 영역을 확장하였다.

국내 카드 리더 시장은 1996년 기준으로 170억 원 규모이고 경덕 전자 외에 송우 전자, 지성 전자 등 5-6개 업체가 진출해 있다. 보기 2와 3은 각각 국내 카드 리더 단말기 시장 규모와 업체별 시장 점유율을 보여준다. 국내 카드 리더 시장에서는 경덕 전자가 74%의 시장 점유율을 확보하고 있어 업계 1위를 유지하고 있다. 1998년까지 국내 내수 시장은 연평균 18%의 성장세를 보여 260억 원대에 달할 전망이며 경덕 전자는 70%대의 시장 점유율을 계속 유지할 것으로 전망된다.

공산권 지역도 자본 경제화의 진전으로 금융 분야에서 매그네틱 카드의 수요가 창출되고 있는 상황에서 경덕 전자는 1994년에 중국 심천에 매그네틱 카드 리더 조립 공장을 건설하여 거대한 잠재 수요를 가진 중국 시장 진출의 기반을 마련하였다. 조립 공정에 인건비가 많이 들기 때문에 매그네틱 카드를 중국에서 조립해 국내로 들여와 판매하고 있다. 96년에 중국 공장 제품의 상품 매출액은 80억 원에 달했으며 총매출에서 28%를 차지했다. 경덕 전자는 국내의 인건비 상승에 대처하여 저부가가치 조립 제품은 중국 공장으로 전량 이전할 계획을 갖고 있다.

또한 중국은 통신 사업이 크게 낙후되어 있는 상태에서 현재 공중 전화기 보급이 본격화되고 있다. 경덕 전자는 매그네틱 카드 분야의 기술을 활용해 카드식 공중 전화기를 개발하여 1996년 6월 중국 천진의 우전부와 카드식 공중 전화기 공급 계약을 맺었다. 중국 외에도 태국 등지에서 수출 요구가 있어 향후 카드식 공중 전화기 사업의 매출액은 급속히 늘어날 전망이다.

1998년 이후 정부는 주민 등록증, 운전 면허증, 인감 등의 기능을 한 장의 카드에 담은 IC 전자 주민 카드제를 도입할 예정인데, 경덕 전자는 이미 IC 카드 기술을 확보하고 있어 시장이 형성되면 진입할 준비는 완료되어 있다. 진입 전략은 경영 자원의 한계로 인해 컨소시엄 형태로 참여해 카드 리더를 납품할 계획이다.

교통 카드 시스템 사업

경덕 전자는 96년 4월 부산시가 발주한

버스와 지하철 모두에서 사용할 수 있는 환승용 요금 지불 카드 시스템인 '하나로 교통 카드 시스템' 공급 업체로 선정되어 1997년 현재 부산시에서 지하철 1호선, 버스 25개 노선, 택시 517대에서 사용 중에 있다. 경덕 전자의 제품은 서울에서 인테크가 개발한 버스 전용 시스템과는 달리 버스뿐 아니라 지하철에서도 사용할 수 있게 호환성을 갖추고 있다. 이 제품은 비접촉식 판독기(RF)를 사용해 요금 측정기에서 10 cm 이내에서 판독이 가능하고 처리 시간은 0.1초 정도로 짧다. 부산 지역에서 성공적인 사업 수행으로 97년에는 부산, 대전, 대구 지역의 버스 사업자에게 96억 원 규모의 버스 전용 단말기와 보충기, 카드 장비를 공급할 계획이다. 보기 4는 지방 4대 지역의 버스 카드 시스템 예상 시장 규모를 보여준다.

역무 자동화 기기 사업

경덕 전자의 역무 자동화 기기 사업(AFC: Automatic Fare Collection)은 1992년에 지하철 보통권 발매기를 국내 최초로 국산화하면서 시작되었다. 전국 대도시의 지하철 건설이 계속되고 있고, 정부가 교통 카드를 도입하도록 각 지하철 건설 기관에 요청함에 따라 2000년 초까지 4000억 원대의 대규모 발주가 예상되고 있다(보기 5 참조). 경덕 전자는 부산 '하나로 카드'의 성공을 발판으로 이 시장을 공략하려 한다. 현재 교통 관련 카드의 납품 실적을 가지고 있는 업체는 경덕 전자와 인테크 그리고 C&C 등 3사이다. 이중 C&C는 지하철용 카드를 납품했고, 인테크는 서울 지역 버스카드를 납품한 실적이 있다. 그 외에 기존 역무 자동화 설비를 납품한 대우와 현대가 경쟁사이고 신규로 삼성과 엘지도 진출을 추진 중이다. 그러나 경덕 전자는 국내에서 버스와 지하철 모두에 사용할 수 있는 환승용 역무 자동화 카드 시스템을 공급한 것이 다른 업체와 차별화된 강점이다.

연구개발과 사내 네트워크 구축

전직원 330여 명 중 79명이 연구개발에 전념을 할 정도로 경덕 전자는 창업 초기부터 기술과 제품 개발에 노력을 기울였다. 경덕 전자 창업의 주요한 동기는 우리의 기술로도 외국 제품을 밀어내고 국산화할 수 있는 시장 잠재력과 기회를 포착한 것이었다. 윤 사장은 스스로가 엔지니어로서 기술 개발에 대한 자신감이 있었으며, 결국은 자동 인식 장치 분야에서 많은 제품을 국산화에 성공하여 외국 제품보다 더 좋은 제품을 개발하여 저렴하게 시장에 공급할 수 있게 된 것이다. 또한 윤 사장의 이러한 설립 초기 기술 개발에 대한 열정은 회사의 생존 전략의 가장 중요한 부분이 되어 지금도 연구개발에 대한 투자가 남다르게 큰 비중을 차지하고 있다. 그 결과 현재 경덕 전자는 10년간 카드 리더의 기본인 자기 헤드 개발에서부터 시작해 카드 리더의 3분야인 광 카드, 매그네틱 카드, IC 카드 전분야에서 국내에서 독보적인 기술을 가지게 되었다.

서울 문정동에 위치한 지하 1층 지상 5층 규모의 부설 연구소는 회사 창립 이듬해인 1988년 11월에 설립되었다. 그 동안 이곳에서 꾸준한 연구개발의 노력이 결실하기 시작하여 많은 자동 인식 부품과 장치가 국산화에 성공한 것이다. 보기 6은 경덕 전자의 매출액 대비 연구개발비 투자 내역을 보여준다.

경덕 전자가 고도 성장의 근간으로 꼽고 있는 또 다른 것은 사내 네트워크의 구축이다. 중소 기업 최초로 'Windows NT' 환경의 사내 네트워크를 구축하여 생산성을 2배 이상 향상시키는 효과를 보았으며, 경덕 전자 고유의 KD-Net를 통하여 전자 결재와 제품과 부품에 대한 재고량과 발주량을 한눈에 파악할 수 있도록 본사와 자회사 및 해외 대리점을 연결하는 전산망이 구축되어 있다.

경덕 전자는 연구개발 투자와 관련하여 인재 양성에도 남다른 신경을 쓰고 있다. 간부들에게는 '카네기 리더십 및 인성 개발 프로그램'을 실시하고 있고, 사원들에게는 자기 개발을 할 수 있도록 독서 교육, 언어 교육, 사내 동아리 활동 지원, 컴퓨터 교육 등을 체계적으로 지원하고 있다. 또한 직원 1인당 연간 교육비로 100만 원을 책정해 놓고 있다. 윤 사장은 앞으로 스톡 옵션제를 도입하여 직원들의 노고에도 보답하고 우수 인력을 유치해 회사의 성장을 도모하겠다고 말한다.

해외 시장 개척

경덕 전자는 해외 시장 개척에도 적극성을 보이고 있어 중국 심천의 조립 공장 건립에 이어 천진에 판매 법인 설립과 스페인, 인도 등지에 제조 공장 설립을 추진 중에 있으며, 대만, 인도네시아, 터키 등과 시스템 사업의 진행에 따라 현지 제조/판매 법인의 설립 가능성을 타진 중에 있다.

이미 중국을 비롯하여 세계 30개국의 판매망(대리점)을 통해 1996년 1300만 달러 규모의 제품을 수출한 경덕 전자는 자동 지폐 식별기를 일본 콘럭스사와 공동 개발하여 1억 3000만 엔의 선금을 받고 일본 내 판권을 내줘 사실상 기술을 일본에 수출한 성과를 올리기도 했다. 현재 경덕 전자의 내수와 수출의 비율은 45:55 정도로 해외에 더 많은 비중을 두고 있다.

전망과 과제

경덕 전자의 창업자 윤학범 사장은 다년간의 엔지니어로서의 경력과 경험을 갖고 있는 실무 전문가로서 창업의 기회도 자신이 직장 근무를 하는 동안 찾았던 사람이고 이후 회사의 제품 개발은 최초 자동 인식 장치 기초 부품인 헤드로부터 출발해 여기에서 관련된 제품 개발을 지속해 왔다. 따라서 철저히 자신이 알고 있는 기술을 바탕으로 제품을 개발해온 기술 기반의 경영자라 할 수 있다. 이러한 확고한 기술 기반을 갖춘 창업자이기 때문에 창업을 하는데 확신과 자신감이 더했다. 일반적으로 엔지니어 출신의 경영자는 회사가 성장해 갈수록 경영 전반에 대한 통찰력과 경영관리 능력이 떨어지는 것이 보통인데 경덕 전자는 경영 전반에 있어 견실한 조화를 이루어가고 있다. 또한 그의 사업에 대한 시장 판단력도 적절했다. 국내 대도시의 지하철 공사의 증가와 금융계의 무인 자동화 시스템의 도입 증가, 버스나 대중 교통의 카드 시스템제 도입, 공중전화의 카드제 등 사업 환경이 시의 적절하게 경덕 전자의 제품 개발과 맞물려 시장성을 확보해 준 것이다.

이제 경덕 전자는 지난 10여 년의 기술 축적의 과정을 거치면서 국내 시장에서는 어떤 신제품이 나오더라도 대응할 능력을 갖추었고, 특히 주요 제품에서는 국내 1위 업체이기 때문에 경덕의 제품이 업계 표준이 될 수밖에 없어 시장 안정성도 그만큼 높아졌다고 할 수 있다. 또한 각종 카드 리더 단품에서 확보한 기술을 기초 기술로 하여 부가가치가 높은 시스템 제품으로 사업을 확대할 수 있게 되었다.

21세기를 향한 경덕 전자의 비전은 매우 대담하다. 창업한 지 이제 10년이 지나 어느 정도 성장기에 접어든 경덕 전자는 설립 초년의 모습을 벗고 고도 성장과 규모의 경제를 추구하기 위해 내부적으로는 경영의 효율화와 공동체 의식 고양을 내세우고 있다. 제품 구성면에서는 단일 부품 생산에서 뛰어넘어 고 부가가치 창출이 가능한 시스템 제품 개발로의 확대와 생산면에서 주요 거점별 해외 현지 생산과 판매 법인화를 추구하여 전세계 5대 메이커 진입을 목표로 설정하고 있다.

경덕 전자가 꼽고 있는 우선적인 과제는 경영의 효율화를 추구하기 위해 세부적으로 각종 관리 부문의 코스트(Cost)화를 이루고자 하는 것이다. 이를 위해서는 지원 정보 시스템을 구축하여 운영해야 하는데 최적의 지원 시스템을 구축하는 것이 과제이다. 두 번째는 공동체 의식의 고양이다. 조직이 커지고 기능이 다양화되면서 조직원간 의사소통이 점점 어려워지는 것을 느끼기 시작했다. 이를 극복하기 위해 신교육 시스템을 운영하여 조직 구성원간 유기체적 활동을 증진시키고, 다른 한편 직원 복리 후생을 향상시켜 공동의 문화 의식 배양을 추구해야 한다. 세 번째는 고 부가가치 창출을 추구 사업 방향 설정이다. 이를 통해 세계에서 가장 좋은 제품 개발을 통하여 전세계 5대 메이커 진입을 달성하는 것이다. 이를 위해서 해외 주요 거점별 생산/판매 법인화를 추구해야 한다. 이를 위해 유럽, 동남아, 중국 등에 현지화를 추진하고 있다.

보기 1 회사 연혁과 수상 경력

회사 연혁

87. 06 회사 설립
88. 11 부설연구소 설립
92. 12 지하철 보통권 발매기 납품 (과기처 장관상 수상)
93. 06 대전 EXPO Gate 및 단말기 납품 (국무총리 공로 표창)
94. 08 ISO 9001 인증 (KSA-QA)
94. 08 중국 심천 해외 공장 준공
95. 11 KT 마크(국산 신기술) 인증 획득
96. 04 부산 하나로 교통 카드제 시스템 공급 업체 선정
96. 06 진국 버스 카드 시스템 공급 업체 선정
96. 06 중국 카드식 공중 전화기 개발 및 납품
97. 01 대구 버스 조합 버스 카드 시스템 공급 업체로 선정
97. 04 KOSDAQ 등록
97. 09 부산 [하나로 교통 카드제] 시스템 상용 서비스 시행
97. 12 서울 지하철 Gate 관련 시스템 30억 수주
98. 02 부산 [하나로 교통카드제] 시스템 전면 시행

수상 경력

88. 10 유망 중소 통신 기업 (체신부, 전기 통신 공사, 전자 통신 연구소)
90. 07 기술 신용 보증 기금 우량 기업 및 유망 중소 기업 선정
91. 12 상공부 선정 기술 선진화 중소 기업 지정
92. 12 제6회 벤처 기업 대상 수상 (과기처 장관)
93. 07 중소 기업 은행 기술 개발 시범 기업 지정
93. 12 체신부 장관 공로 표창 수상
94. 08 국무총리 공로 표창 수상 (EXPO 유공)
97. 11 제1회 벤처 기업 대상 [동탑 산업 훈장] 수상
97. 12 [1000만 불 수출의 탑] 수상
97. 12 제4회 '민 · 관 경영 및 사무 혁신 대회' 은상 (통상산업부 장관 상)

보기 2 국내 카드 리더 단말기 시장 규모

(단위: 억 원)

구분	92	93	94	95	96 예상	97 추정	98 추정
수동식 리더/단말	21	25	26	66	66	70	101
자동식 리더/단말	3	10	20	40	30	40	45
금융 자동화 기기	4	10	10	20	30	45	50
수표 인식기				1	1	2	3
통장 단말기	6	15	15	20	25	30	35
공중 전화 IC 카드 리더				2	12	15	18
기 타	9	13	11	8	6	8	8
합 계	43	70	82	157	170	210	260

자료: 경덕 전자, 대우증권

보기 3 카드 리더 업체별 시장 점유율 (단위: %)

구분	92	93	94	95	96 예상	97 추정	98 추정
경덕 전자	70	77	77	75	74	71	70
송우 전자	9	9	10	9	10	12	13
지성 전자			2	10	8	9	8
위테크		1	1	1	2	1	2
경기 시스템	19	11	7	3	4	3	3
기 타	2	2	3	2	2	4	4
합 계	100	100	100	100	100	100	100

자료: 경덕 전자, 대우증권

보기 4 지방 4대 지역의 버스 카드 시스템 예상 시장 규모

구분	수량	단가(천 원)	시장 규모 (백만 원)
버스단말기	3,629	1,000	3,629
유인보충기	1,640	760	1,246
RF카드	770,000	3.5	2,678
정산시스템			414
정산기	76		381
합 계			8,347

주: 대전, 대구, 울산, 마산 기준임.
자료: 경덕 전자

보기 5 역무 자동화 기기 예상 시장 규모

구분	기간	금액(억 원)
서울 (9-12호선)	1998-2000	1,048
부산 (3-5호선)	1997-2000	772
대구 (2-3호선)	1997-2004	435
인천 (2-3호선)	1997-2000	631
대전 (1-3호선)	1998-2000	584
광주 (1-3호선)	1997-2005	655
합계		4,125

자료: 경덕 전자

보기 6 1인당 매출액과 연구개발비 투자 추이

(단위: 백만 원)

구분	93	94	95	96	97 추정	98 추정
매출액	8,718	11,608	19,162	28,730	47,926	59,835
연구개발비	1,011	1,976	1,131	1,423	2,356	2,460
종업원 수(명)	280	252	250	296	350	420
1인당 매출액	31	46	77	97	137	142
연구개발비 투자율(%)	11.6	17.0	5.9	5.0	4.9	4.1

자료: 경덕 전자, 대우증권

제 2 부 자원의 동원

제 2 부에서 다루는 주제

Ⅴ장 사업 계획의 수립

Ⅵ장 창업 자금의 조달과 운용

Ⅶ장 벤처 자본의 활용

Ⅴ장 사업 계획의 수립

"시장에서 팔릴 수 있는 제품을 만들라. 기업의 경영진, 종업원, 소비자 모두를 염두에 두어야 한다. 그리고 자금의 흐름을 점검하라. 요컨대 기본에 충실하라."

헬무트 마우허(Helmut Maucher), *Leadership in Action,* 1995

이 장에서 다루는 주제

벤처 기획과 사업 목표

벤처의 이정표 기획

기획상의 문제점과 대안

시장 진입과 이해 당사자의 유인

사업 계획서의 작성

사업 계획서의 평가

창업 현장

헤더 에반스[1]

헤더 에반스(Heather H. Evans)는 1979년 하바드 대학을 철학으로 졸업하고, 1983년에 하바드 경영대학원에서 MBA 학위를 취득하였다. 그녀는 MBA 2년차 3월에 헤더 에반스사(Heather Evans Incorporated)를 설립하였다. 헤더가 이 회사를 창업한 동기는 기존의 여성 의류가 직장 여성들의 욕구를 제대로 충족시키지 못하고 있다는 인식에서 출발하였다. 헤더는 직장 여성을 위해 오래 가고 자연 감각을 지닌 의상을 디자인하고자 하였다. 헤더는 자신이 직접 대학 시절 세븐틴(*Seventeen*), *GQ* 등의 잡지를 위해 모델을 한 경험과 모건 스탠리사에서 재무 분석가를 한 실무 경험을 바탕으로 사업 계획을 수립하여 의류업에 효과적으로 뛰어들 수 있다고 자신하였다.

MBA 1년차 겨울에 헤더는 뉴욕과 보스턴을 왕래하면서 사업 개념을 구체화하기 시작하였다. 학기 초에는 뉴욕의 보조 디자이너 로버트 빈과 자신의 의상 개념을 실현시키는 작업을 공동으로 하였으나, 그것이 뜻대로 진행되지 않자 독자적으로 디자인을 하기로 결심하였다. 최고 경영자와 디자이너를 동시에 추구하는 것은 의류 업계에서 독특한 접근 방법이었다. 첫 학기가 끝난 후 모든 수업을 월요일과 화요일에 끝내고 나머지 시간에는 뉴욕에서 사업의 제 요건을 준비하는 데 보냈다.

헤더가 MBA 2년차에 회사 설립을 실현하는 데 있어 하나의 청사진을 제시한 것이 하버드의 현장 연구 프로젝트의 일환으로 작성한 사업 계획서였다. 헤더 에반스사의 사업 계획서는 다음과 같이 구성되어 있다.

(1) 요 약

- 회사: 헤더 에반스사는 1983년 3월 9일 뉴욕 시에서 법인으로 설립되었다.
- 사업: 전문직에 종사하는 여성 정장류를 생산한다.
- 경영진: 헤더가 사장 겸 디자이너를 맡고, 벨린다 휴즈가 보조 디자이너를 한다.
- 개념: 헤더의 증권사 경험과 경영학 지식으로 전문직 여성의 생활 스타일에 맞는 정장을 디자인하고 생산한다.
- 추진 현황: 휴가철 상품 라인 디자인을 완료하고 쇼룸과 스튜디오를 확보하였으며, 생산 기반을 마련하였다. 1983년 휴가철에 성공을 거두기 위해 83년 3월 전까지 25만 불의 자금을 조달해야 한다.
- 법률자문: Kaye, Scholer, Fierman, Hays & Handler
- 회계사: Rashba & Pokart
- 주거래 은행: 시티뱅크

(2) 개 념

- 새로운 디자인 모습 추구: 헤더는 자신이 증권가에서 일할 때 적절한 업무용 정장을 구하기 어려웠다는 점에 착안하여 조사한 결과 다른 직장 여성들도 같은 의견을 피력하였다.
- 충족되지 않은 성장 시장: 헤더의 틈새 시장은 여성의 사회적 지위가 향상됨에 따라 점차 성장하는 추세를 보인다.
- 헤더 에반스의 자신의 영업과 판촉: 헤더는 전문직 경험을 바탕으로 전문직

---

[1] Michael J. Roberts and Howard H. Stevenson, “Heather Evans,” Harvard Business School Case 9-384-079, 1983.

여성에게 쉽게 접근할 수 있는 영업력을 보유한다.

• 전문 경영: 헤더의 경영학 지식으로 전문적인 회사 경영과 운영 활동을 추진할 수 있다.

(3) 시 장

• 전문직 여성 의류
 -목표 시장: 소득 수준이 높은 전문직 여성은 가격보다는 품질을 중시하며, 브랜드에 충성적이고, 특별 상점을 즐겨 찾는다. 소득 수준의 향상과 더불어 이들의 시장이 매년 성장하고 있다.
 -스타일 추세: 기존 의류가 이들의 욕구에 적합하지 못해서 새로운 틈새 시장을 제시하고 있다.
 -경쟁: 디자이너 패션 산업은 진입이 쉽고, 시장이 분할되어 있다. 이는 시장이 신상품을 적극 환영하기 때문이다.

• 디자이너 상품 시장
 -직장 여성 정장 시장에서 시장 지위를 확보하게 되면, 엑세서리, 여가 복장, 저가 정장 등 관련 시장을 더불어 공략하기 쉬워진다.
 -라이슨싱: 디자이너의 이름이 잘 알려지게 되면 라이슨싱 계약을 통해 높은 이익을 얻어낼 수 있다.
 -장기적 관점: 소비자들이 유명 디자이너의 브랜드를 선호하는 경향을 보인다.

(4) 경영 및 운영

• 조직과 인력
 -디자인: 디자인이 이 회사의 핵심적 영역이다. 헤더는 디자인과 생산에 40%의 시간을 할애하고, 상품 기획부터 옷감 선정에 이르기까지 전 과정을 감독한다. 휴즈는 기술적인 패션 디자인에 주력한다. 7월 중 패턴을 제작하는 디자인 보조를 고용할 계획이다.
 -생산: 견본으로부터 완제품 배달에 이르기까지의 전 과정을 관리한다. 수량이 늘어남에 따라 홍콩, 대만 등의 지역에서 생산을 대체하여 생산비를 절감한다.
 -영업 및 판촉: 헤더는 영업 및 판촉 활동에 40%의 시간을 할애하고, 유통 업체 등의 하버드 경영대학원 인맥을 적극 활용한다.
 -관리: 헤더는 20%의 시간을 할애하여 관리 및 통제 활동을 수행한다.
 -시설 및 장비: 뉴욕 시내 빌 블래스, 랠프 로렌, 핼스턴 등이 소재한 7번가의 빌딩에서 고급 디자이너 라인인 퍼낸도 산체스의 쇼룸과 함께 헤더 에반스사의 쇼룸을 설치하고 스튜디오도 인접 지역에 마련한다.

(5) 재 무

• 산업의 재무적 특징: 단기간의 고수익을 추구하는 것이 패션 산업의 특징이다. 마진이 보통 40-60%이고, 한 라인의 디자인 비용이 판매가의 5%에 이르며, 운전 자본이 많이 요구되지 않는다.

• 판매 예측: 처음 두 해 동안의 판매 예측을 도표로 보여준다. 예측은 신상품에 대한 기본 주문 규모와 유통 업체의 반응률에 기반을 두고 작성한다.

• 재무 제표: 처음 두 해 동안의 대차 대조표, 손익 계산서, 현금 흐름표 등을 월별로 작성한다.

(6) 부 록

• 헤더 에반스의 이력서
• 벨린다 휴즈의 약력

1. 벤처 기획과 사업 목표

창업자가 개발한 사업 구상을 실제로 추진하기 위해서는 그것을 실행에 옮기기 전에 어떠한 형식으로든 벤처의 미래 향방을 계획하는 것이 필요하다. 창업 기업의 이러한 장·단기 계획 활동을 **벤처 기획**(Venture Planning)이라 한다. 벤처 기획에 임하는 자세에 있어 창업자를 크게 두 부류로 나누어 볼 수 있다.[2] 하나는 창업 준비 단계부터 매우 체계적이고 공식적인 계획을 세우고 그것을 철저히 실행하는 유형이라고 할 수 있다. 애플 컴퓨터사가 창업 초기부터 수억 불 규모의 중견 기업과 같이 체계적인 방법으로 기획한 것으로 유명하다.

또 하나의 부류는 우선 사업 구상을 행동으로 옮기고 그때그때 상황의 변화에 따라 머리 속에서 새로운 사업상의 계산과 계획을 세우고 집행하는 방식을 취한다. 대부분의 중소 기업들이 이와 같이 사전적으로 체계적인 전략적 기획을 수행하지 않는다고 할 수 있다.[3] 이러한 부류의 창업자는 사전적인 공식적 계획이 불필요하다고 생각한다. 예컨대 선 마이크로시스템즈사의 스컷 맥닐리는 창업 동지가 작성한 사업 계획서를 일단 한 번만 읽고 그 이후 사업 추진 시에 그것을 다시 검토해보지 않고서도 성공적으로 회사를 키울 수 있었다. 서류상에 개념과 수치를 표현하는 것 자체보다 그것을 마음속에 잘 되새기고 있는 것이 더 중요하다는 것이다.

창업자가 위의 두 부류 중 어디에 속하더라고 서류상 또는 마음 속에 벤처 기획이 체계화되어 있어야 한다는 점은 공통적이라고 할 수 있다. 실제로 여러 번 사업상의 시행 착오를 거쳐서 사업 궤도를 중도에 수정한 창업자들은 애초부터 사업 계획을 체계적으로 생각하고 정리해 놓았다면 그러한 시행 착오를 훨씬 줄일 수 있었을 것이라고 후회하는 경우가 많다. 사업 계획을 체계적으로 세우는 창업 기업이더라고 그것을 반드시 창업 준비 기간에 하는 것은 아니다. 창업 후 2-3년이 지나서 자금 조달이나 사업 파트너 유치 등 대외적인 필요에 의해서 체계적인 사업 계획서를 작성하기도 한다.

사업 계획에 대한 종합적이고 분석적인 접근이 일반 기업의 세계에서 아무리 흔히 애용된다 하더라도 창업 기업에는 적절하지 않을 수 있다. 창업자는 일반적으로 대체재, 경쟁자의 비용 구조, 대안적인 기술 등은 물론이고 잠재 고객들도 충분히 고려할 만한 시간이나 자금이 모두 부족하다. 오히려 지나친 분석이 해로울 수 있는데, 기회의 탐색 기간이

---

[2] Karl H. Vesper, *New Venture Mechanics* (Englewood Cliffs: Prentice Hall, 1993): 311-313.

[3] Richard B. Robinson Jr. and John A. Pearce II, "Research Thrusts in Small Firm Strategic Planning," *Academy of Management Review,* 1984, 9: 128-137.

지나치게 길면 기회는 사라질 수도 있다. 미국의 *Inc.*지가 1989년 선정한 미국 내 초고속 성장 500대 기업 중 100명의 창업자들은 조사와 분석에 시간을 거의 투자하지 않는 것으로 나타났다. 또한 그들은 전략을 대강 고려한 뒤 사업을 개시한다. 더구나 1990년에 미국의 전국 독립 기업 협회(National Federation of Independent Business)가 2994개의 창업 기업을 연구한 보고서에서 계획, 연구 및 성찰에 필요 이상으로 많은 시간을 보낸 창업자들은 사업 개시 후 3년 이내에 망하는 것으로 나타났는데 반해 계획 없이 사업에 뛰어든 사람들은 계속적으로 성공을 구가하는 것으로 드러났다.

그렇다고 해서 분석과 계획이 전혀 필요 없다는 것은 아니다. 오히려 모든 벤처 사업은 일정 수준의 분석과 계획이 필요하다. 특히 창업 초기에 사업 추진으로 체계적인 장기 계획을 수립할 여력이 모자란 창업자는 외부 전문가로 하여금 전략적 기획을 수립하도록 자문을 받는 것도 고려해볼 만하다. 로빈슨의 조사에 따르면 외부 전문가의 자문을 통해 전략적 기획을 수행한 중소 기업들이 성장성, 수익성, 생산성 등에서 보다 뛰어난 성과를 보인 것으로 나타난 점을 주목할 필요가 있다.[4]

성공적인 창업자들은 사전 계획이나 고려 없이 맹목적으로 위험을 감수하려 하지 않는다. 그들은 스스로에 의해서건 외부 자문을 통해서건 장기적인 비전과 계획을 갖도록 노력한다. 이를테면 지나친 계획 활동으로 인한 마비 상태와 전혀 계획이 없는 단계의 중간 수준에서 신속하고 저비용적인 방식을 사용하여 분석 및 계획 활동을 수행하는 것이다. 기민한 창업자도 완벽을 기대하지 않으며 일정 수준의 실패 가능성을 배제하지는 않는다. 그러나 일반적인 기업 활동의 관행과 비교해 보면 창업자의 접근법은 보다 경제적이고 시의 적절한 방법이라고 할 수 있다.

바이드는 성공적인 창업자의 전략적 계획의 요소를 아래와 같이 제시한다.[5]

- **가망 없는 사업 기회를 제거하기 위해 여러 사업 기회들을 대상으로 신속한 스크리닝 작업을 한다.** 이를 위해 벤처의 목표, 외적 변화가 가져다 주는 기회, 고유 자산이나 노력 등의 경쟁 기반 등을 종합적으로 고려해야 한다.
- **아이디어를 간결하게 분석한다.** 모든 관심 문제를 다루지 말고 소수의 중요한 문제들에 초점을 맞춘다. 표준화된 체크리스트나 만사 형통적 접근법은 통하지 않는다. 각각의 벤처마다 적절한 분석적 우선 순위가 달라지게 마련이다.
- **행동과 분석을 통합한다.** 모든 결과가 드러날 때까지 기다리지 말고 항상 궤도를 수정할 준비를 한다. 문제나 위험이 드러날 경우 창업자는 즉시 해결책을 강구해야 한다. 또한 판매 개시 활동과 더불어 그때그때 고객으로부터의 목소리를 주의 깊게 들어야 한다.

---

4 Richard B. Robinson, Jr., "The Importance of 'Outsiders' in Small Firm Strategic Planning," *Academy of Management Journal,* 1982, 25: 80-93.

5 Amar Bhide, "How Entrepreneurs Craft Strategies That Work," *Harvard Business Review,* March-April 1994: 150-161.

벤처 기획의 출발점은 뚜렷하고 정연한 사업 목표(Venture Goal)를 설정하는 것이다. 사업 목표는 한정된 자금과 노력을 필요한 곳에 요구되는 만큼 유효 적절하게 할당하는 기준을 제시한다. 잘 짜여진 사업 목표는 일상적인 사업 활동의 이정표로서 영업, 생산, 인사, 재무 등의 결정 사항과 진척 정도를 판단하는 잣대가 된다. 일단 세워진 사업 목표 자체가 반드시 고정적인 것은 아니다. 경영 환경의 변화에 따라, 또 기대한 상황이 다르게 나타남에 따라 사업 목표도 유연하게 변화할 수 있어야 한다.

사업 목표는 구체성을 띠어야 한다. 창업자가 "백만장자가 되는 것이 꿈이다"라고 말하는 것같이 사업 목표를 너무 막연하고 일반적으로 잡는 것은 사업 추진에 별 도움에 되지 않는다. 창업 기업이 영위하려는 사업의 개념이 무엇이고, 그 경쟁 우위가 무엇인가를 평가하는 데서 출발하여 재무적으로 매출액 이익률, 수익률, 시장 점유율, 현금 흐름 수준, 회전율 등을 구체적으로 설정해야 한다. 또한 운영상에 있어서도 외주의 비중, 재고 수준, 생산 단가, 종업원 일 인당 생산성 등의 적정 목표 수준을 세워야 한다.

사업 개념은 사업 목표 설정의 대전제이다. 20세기에 들어서 대부분의 성공적인 기업을 설립한 창업 기업가들은 새로운 사업 개념을 지니고 있다. 그들은 보다 뚜렷한 근거를 지닌 사업 개념을 갖는다. 1950년대 이후에 세워진 미국의 성공 기업들의 특징을 살펴보면 대체로 아래와 같다.[6]

- 기업이 판매하는 것들보다 기업이 표상하고 있는 것에 보다 중점을 둔다.
- 기업 활동의 초점을 전략적 경영에서 사업 활동의 메커니즘을 세우는 쪽으로 이동하고 있다.
- 카리스마적 리더보다는 수많은 보통 사람들에 의존하는 공동체적인 기업이 되어가고 있다.

현대 경제 사회에서는 모든 사업이 점차 그 생명 주기가 짧아지고 있다. 따라서 과거 어느 때보다 기업이 추구하는 바가 빠른 시일 내에 유행에 뒤떨어지기 때문에 기업이 만드는 것이 아닌 무엇을 표방하는지에 대한 중요성이 커지고 있다. 제품 이외에도 다른 모든 것의 생명 주기가 짧아지고 있기 때문에 사업의 지향하는 바가 일관성을 잃기 쉽다. 제공할 제품이나 서비스를 선택할 때 다음 세 가지 테스트를 시행해 볼 필요가 있다.[7]

1. 우리 기업이 표방하는 것은 무엇인가?
2. 우리 기업의 경쟁력은 어디서 오는가?
3. 그러한 경쟁 원천을 통해서 우리 기업은 수익을 올릴 수 있는가?

이러한 테스트를 거치면서 각 기업은 자사의 목표에 대해 진지하게 고민해보아야 한이다. 표 5-1은 12개의 성공적 기업들이 표방하고 있는 목표를 예시한다.

---

[6] Michael Hopkins, "What Comes Next?" *Inc.*, October 1997: 46.
[7] Jim Collins, "It's Not What You Make, It's What You Stand for," *Inc.*, October 1997: 42-45.

표 5-1 성공적 기업의 목표

회 사 명	기업 목표
Boeing	하늘을 나는 것의 최고봉을 선도하고 남들이 하지 못하는 위대한 것에 도전한다.
Walt Disney	사람들을 행복하게 만든다.
Hewlett-Packard	기술적인 공헌을 한다.
Wal-Mart	보통 사람들에게도 부자들이 쓰는 것들을 살 수 있는 기회를 준다.
Sony	기술을 진보시키는 즐거움을 얻고 그 기술을 모든 사람들의 이익을 위해 현실에 응용한다.
Merck	인간 생활을 보존하고 개선한다.
3M	풀리지 않는 문제를 혁신적으로 해결한다.
Mary Kay	여성에게 무제한의 기회를 부여한다.
Teaching Co.	모든 사람들에게 배움의 열정을 불어넣는다.
Marriott	사람들이 가정을 잠시 떠났을 때 자신이 친구들과 함께 있고 그들이 진정으로 자신을 원하고 있다고 느끼게 한다.
Patagonia	사람들에게 영감을 불어넣고 환경 위기에 대한 해결책을 실행하기 위해 사업을 한다.
Nike	경쟁과 승리의 쾌감을 경험하게 한다.

자료: Jim Collins, "It's Not What You Make, It's What You Stand for," *Inc.*, October 1997: 42-45.

예비 창업자들이 사업 착수 시 현실적으로 부딪히는 중요한 일 중의 하나는 아마 회사명을 짓는 일일 것이다. 회사명은 기업이 표방하는 것을 일목요연하게 잘 나타내줄 수 있는 것이기 때문에 신중함을 보여야 한다. 회사명은 소비자들에게 기업에 대한 좋은 인상을 심어줄 수 있는 첫번째이자 단 한 번의 기회가 될 수 있다. 혼란스럽거나 기억하지 못할 만한 이름은 결코 도움이 되지 않는다. 가장 좋은 회사명은 제품과 판매에 직결되는 것이다. 좋은 회사명을 정하기 위해 다음과 같은 전략을 구사해 볼 필요가 있다.[8]

- 판매하고자 하는 상품이 나타내는 것을 매우 간단하게 표현하라.
- 회사의 전략과 회사명이 연관되도록 하라.
- 일반적인 이름을 피하여 고객들에게 독특성을 부각하라.
- 특정 이름으로 인해 기업의 활동 영역이 제한받지 않도록 하라.

---

8 Stephanie Gruner, "Sales & Marketing," *Inc.*, March 1996: 92.

2. 벤처의 이정표 기획

사업을 준비하고 착수하는 시점부터 상황적 변화에 따라 사업 전략을 재구축하기에 이르기까지 경영상의 주요 사건(Event)을 중심으로 해서 점진적으로 사업 목표의 달성 수준을 검토하는 벤처 기획의 방법을 이정표 기획(Milestone Planning)이라 한다.[9] 이정표 기획의 대전제는 신규 사업에서의 기획이 창업 과정 자체의 불안정성 때문에 기존 사업을 위한 기획과는 근본적으로 다르다는 것이다. 따라서 창업 기업에게는 달력상의 시간에 따라 월별로 또는 연도별로 계획을 하는 전통적 기획 방식이 별 의미가 없게 된다.

새로운 사업의 시작은 결과가 불투명한 하나의 실험이다. 그러한 실험에서 창업자는 현 단계가 성공적으로 수행되었고, 다음 단계로 넘어갈 수 있는가를 추가적인 사업 정보를 통해 정당화시켜야 한다. 여러 가지 사업상의 이정표를 통해 창업 기업의 경영 성과와 현황을 파악하게 되면, 창업자뿐만 아니라 경영진, 투자자, 고객들에게도 미래를 준비하는 시의 적절한 정보를 제공해 줄 수 있다. 이정표 기획을 수행하는 창업 기업은 다음과 같은 이점을 얻을 수 있다.

- 시의 적절한 대응을 못함으로 해서 생기는 경영상의 비용을 줄일 수 있다.
- 창업 기업 전반에 대한 학습과 재평가를 할 수 있는 논리적이고 실천적인 이정표를 제공한다.
- 점진적으로 입수되는 확실한 경영 정보에 기반해서 재기획을 할 수 있는 방법론을 제시한다.

사업상의 이정표는 창업자와 경영진이 사업 추진 시 따라야 하는 일종의 길잡이라고 할 수 있다. 올바르게 설정된 이정표는 그것을 제대로 달성했을 때 사업 성공의 확률을 높이고 그 속도를 단축시키며, 사업 실패의 가능성을 최소화하도록 도움을 준다. 창업 기업에 따라서 구체적인 이정표는 달라질 수 있다. 하지만 어떠한 경우에도 제대로 짜여진 이정표는 기획성과 탄력성 두 가지 모두를 보장한다. 즉, 사업상의 이정표는 창업 경영진이 효과적인 경영 방침을 설정하고, 상황 변화에 탄력적으로 대응할 수 있는 바탕을 제공하는 것이다.

이정표 기획시 창업자가 일반적으로 따라야 할 계획 수립 절차는 다음과 같다.

1) 사업 목표 달성을 위해 필요한 가장 중요한 사건이나 행동을 파악한다.
2) 중요 사건 간의 선후 관계를 설정한다.

---

[9] Zenas Block and Ian C. MacMillan, "Milestones for Successful Venture Planning," *Harvard Business Review,* September-October 1985: 4-8.

3) 사건의 진행과정을 도식적으로 보여 주는 주경로 이정표 차트(Critical-Path Milestone Chart)를 작성한다.
4) 벤처의 성공을 위해 필요한 주요 가정들을 파악한다.
5) 이정표 차트상에 나타난 사건의 결과가 그러한 가정을 검증하는지를 검토한다. 검증 필요에 따라 그림에 추가적인 정보 입수 단계를 삽입한다.
6) 사건이 완결됨에 따라 주요 가정과 관련한 정보를 평가하고 미래 방침을 재조정한다.
7) 사건별로, 또한 시점별로 평가 일정 계획을 작성하고, 이에 따라 중간 성과를 평가한다.
8) 예측의 정확성에 집착하지 말고, 실제 결과에 따라 재정적 보상과 자원 할당을 실시한다.

사업상의 이정표를 설정하는 데 있어서 경영상의 사건을 최대한 구체적으로 명시하는 것이 중요하다. 예컨대 이정표를 "제품 개발의 완료"라고 포괄적으로 설정하는 것보다는 "제품 개발의 완료: 1500만 원 이하의 시제품 기계 완성, 직접 제조 원가는 1200만 원, 품목당 300원의 단가로 분당 40개를 생산, 정부 승인 가능, 고졸 기술자가 3일간의 훈련으로 작동 가능"과 같이 매우 구체적으로 설정하는 것이 중요하다.

계획에 따라 특정 단계의 이정표를 달성할 때, 창업자는 실제의 결과가 원래 가정했던 사항들과 어떻게 달리 나타났는가를 평가할 수 있다. 그러한 경험에 바탕해서 다음 단계의 이정표로 가는 데 필요한 조정을 하고 정확한 판단을 내릴 수 있다. 대부분의 창업기업이 해결해야 할 경영상의 주요 사건과 그에 따른 점검 사항들을 다음과 같이 10단계의 이정표로 나누어 고찰해 볼 수 있다.

(1) 제1단계 이정표── 개념과 제품 검사의 완성

이 단계에서는 제품의 시장성을 조사하여 향후 개발을 지속할 것인가를 검토한다. 이는 추후의 단계보다 경제적으로 부담이 덜하고, 전반적인 제품 개발에 들어가지 전에 반드시 거쳐야 하는 과정이다. 벤처 기획자는 제품의 특성, 목표 시장, 가격 책정 범위, 그리고 욕구의 인지도 등에 관한 제반 사업상의 가정들을 평가하기 위해 다음과 같은 질문에 답을 할 수 있어야 한다.

- 사업 위험과 제품 가격을 고려할 때 충분한 시장성을 보장할 수 있는가?
- 사업 개념 검토 과정에서 사업상의 가정, 제품 개발 목표, 목표 시장 등에 관해 어떠한 수정 사항을 발견하였는가?

(2) 제2단계 이정표── 시제품의 완성

창업자는 시제품 개발 과정에서 장애 사항, 미비점, 문제 해결 대안, 미처 깨닫지 못했던 사업 기회 등에 관한 중요한 정보를 얻어내야 한다. 제품 개발 과정이 장기간 요구될 때는 세부 이정표(Sub-milestone)를 설정하는 것이 효과적이다. 시제품 완성 과정에서는 다음 사항을 중점적으로 검토한다.

- 개발 기간과 가격에 대한 가정과 그 변동 사항은 무엇인가?
- 위와 같은 변동 사항이 사업 계획과 기간에 어떤 영향을 미치는가?
- 위와 같은 변동 사항이 재무적 요구와 시점에는 어떠한 영향을 미치는가?
- 인력, 원자재, 장비 등의 조달 가능성 및 원가에 대해 어떠한 정보를 알아냈고, 그것이 제품 가격에 미치는 영향은 무엇인가?
- 목표 시장에 대한 가정과 관찰이 여전히 유효한가? 그렇지 않다면 사업 목표, 수행 시점, 자원 활용 등에 있어 계획을 어떻게 수정해야 하는가?
- 제품의 특성이 원래의 개념과 계획과 일치하는가? 그것이 새로운 사업 기회를 창출할 수 있고, 그것에 따라 행동 방침을 수정해야 하는가?
- 주요 경쟁자와 경쟁 제품의 특성에 대한 가정이 여전히 유효한가?
- 투자 요건상의 변동 사항은 무엇인가?
- 주요 공급 업체와 유통 업체에 대한 예측이 여전히 유효한가?

(3) 제 3 단계 이정표 —— 최초 자금 조달

창업자가 외부로부터 사업 자금을 조달하려고 할 때는 투자자들이 사업에 대해 어떠한 평가를 내리고 있는가를 우선적으로 파악해야 한다. 어떠한 사업이든 제품 시장에서 경쟁력이 있어야 할 뿐만 아니라 자본 시장에서도 희소한 자금에 대한 유치 경쟁력을 확보해야 한다. 외부에서 성공적으로 사업 자금을 유치했다는 사실 자체가 사업의 경제성 및 비용 구조가 일단 바람직한 상황이라는 단서를 제공한다. 외부 자금 조달이 여의치 않을 경우 창업자는 기존의 사업 계획을 적극 수정하여 필요 자금을 동원하겠다는 자세로 임해야 한다. 즉, 자금 조달상의 애로 사항을 사업 추진 방향을 수정하고 사업성을 향상시키는 기회로 삼는다는 것이다.

(4) 제 4 단계 이정표 —— 최초 공장 시험 또는 시운전 완료

공정에 관한 자료를 최대한 일찍 입수하고, 그에 기반하여 공장의 전면 가동 방침을 설정함으로써 오류가 없고 효율적인 생산을 기할 수 있다. 창업자는 공장의 시운전(Pilot Operation)을 통해 다음과 같은 영역에 대한 제 가정을 검토하고 새로운 정보를 입수해야 한다.

- 원자재의 적합성과 원가
- 공정 원가와 기술

- 투자상의 선결 과제
- 생산 인력 훈련의 필요성, 불합격률과 원가 및 품질 관리 요건
- 공급 업체 원자재의 균질성
- 공정 명세서, 가동 시간 및 유지 · 보수

(5) 제 5 단계 이정표 — 시장 시험

시장 시험(Market Testing) 단계에서 창업자는 시장성에 관한 제 가정들을 검토할 수 있는 기회를 갖는다. 이를 위해 다음 사항들에 대한 정보를 입수해야 한다.

- 소비자가 제품을 구매하고자 하는 동기가 무엇인가? 구매하지 않는다면 그 원인은 무엇인가?
- 창업 기업의 제품이 경쟁사의 제품보다 실질적으로 우수한가?
- 원가 정보를 수정했을 때 원래 가격을 유지할 수 있는가?
- 제품이 실제로 잘 작동하는가? 문제가 있다면 원인이 무엇인가?
- 목표 시장과 시장 점유율에 대한 예측을 수정할 필요가 있는가?
- 고객 서비스 요구 사항에 대한 가정이 적절한가?
- 이러한 정보가 사업 계획과 시점에 어떠한 영향을 미치는가?

(6) 제 6 단계 이정표 — 생산 개시

창업자는 계속적인 생산 활동에 따라 시운전에서 수정된 가정들이 어떻게 적절하게 실현되고 있는지를 검토할 수 있다. 생산 개시 단계에서는 제품의 지속적인 생산과 일정 수준의 품질을 유지하기 위해 실제 원가가 얼마나 되는가를 평가한다. 많은 경우 창업자들이 생산 개시에 들어가는 데 필요한 시간을 과소 평가하는 경향이 있다. 이러한 경우 추후 영업 활동이나 자금 조달에 있어서도 큰 차질을 빚게 된다. 시간에 쫓겨 생산 공정을 서두르다 보면 사업 초기에 불량률을 높여 제품과 기업의 이미지를 크게 손상한다. 따라서 창업자는 생산 개시 이정표를 확립하여 시간적 여유를 갖고 생산 활동을 개시하여 수주 이전에 재고를 충분히 확보하는 것이 필요하다.

(7) 제 7 단계 이정표 — 선도적 판매

선도적 판매(Bellwether Sale) 단계는 주요 유통 업체나 산업재 구매 업체에 최초로 생산된 제품을 인도하는 단계이다. 이러한 단계의 성공적 수행은 판매 성과를 제고하는 촉진제 역할을 한다. 이 과정을 통해 창업자는 다음 사항들에 관해 정보를 얻게 된다.

- 실제 경쟁 상황에서 경쟁사 제품에 비해서 성능이 어떠한가?
- 제품이 목적하는 기능을 제대로 수행하는가?

- 초기 판매 기법이 적정한가, 아니면 변경되어야 하는가?
- 지속적인 서비스 요건에 관한 정보
- 품질 관리와 제품 명세에 대한 추가적인 자료

(8) 제 8 단계 이정표 —— 최초 경쟁 행위

창업자는 경쟁 업체가 창업 기업에 대해 어떻게 대응할 것인가를 사전적으로 알기는 어렵다. 그러나 경쟁 업체가 구사할 수 있는 가격 인하, 판촉 활동 등 다양한 경쟁 행위에 대해 각각의 대응 방침을 정해 놓고, 경쟁 업체의 반응을 유의 주시할 수 있다. 경쟁 업체의 최초 경쟁 행위가 어떻게 전개되는가를 관찰하면서 경쟁 업체의 진정한 역량과 의도를 차츰 체계적으로 파악할 수 있는 기준이 생기게 된다.

(9) 제 9 단계 이정표 —— 최초 재설계 또는 방침 재설정

초기 제품의 판매가 어느 정도 진척되고, 경쟁 업체가 대응 제품을 내놓으려 하고 하는 시점에서 창업자는 제품의 재설계나 사업 방침의 변경을 꾀하여야 한다. 이 단계까지 오면서 창업자는 이미 초기 제품이 과연 시장과 소비자가 원하는 방향으로 설계되고 제조되었는지를 검증할 수 있는 기회를 갖게 되었고, 그러한 시장 경험에 바탕하여 새로운 제품 아이디어를 구상하고, 사업 방침을 재설정할 수 있는 것이다. 재설계나 방침 재설정 단계의 성공적 완수에 따라 창업 기업은 비약적으로 성장할 수도 있고, 또한 새로운 사업 기회를 포착할 수도 있다. 창업자는 기존에 가지고 있던 시장 규모, 세분화 시장, 설비 투자 요건, 가격 책정, 자금 조달 등에 관한 제 가정을 조정할 필요가 있다.

(10) 제10단계 이정표 —— 최초 주요 가격 변동

사업 기획상 미래 재무 상황을 추정하기 위해서는 제품 가격, 원가, 경쟁 상황 등에 대한 제 가정에서 출발할 수밖에 없다. 그러나 실제로는 제품의 실제 가치나 원가 등에 대해 시장에 진출한 이후에나 알 수 있는 것이다. 최초로 주요 가격 변동을 시행하는 단계에서 창업자는 경쟁 환경, 기술, 원가 등의 변동 사항에 따라 제품 가격을 대대적으로 재조정하는 작업을 수행해야 한다. 이 단계에서 창업자는 다음 사항들을 따져보아야 한다.

- 가격 변동이 지속적인 것인가, 아니면 일시적인가?
- 가격 변동이 지속될 경우 사업의 수익성을 보장 받을 수 있는가?
- 그렇지 않다면 고정 비용과 변동 비용의 구조를 어떻게 바꾸어야 수익성을 확보할 수 있는가?
- 가격 변동을 특정한 세분화 시장에 국한시킬 가능성이 존재하는가?

3. 기획상의 문제점과 대안

(1) 벤처 기획상의 문제점과 해결책

벤처 기획을 수립하고 실행하는 과정에서 부적절한 기획 활동으로 인해 본래의 목적한 바를 제대로 성취하지 못하는 경우가 있다. 그러한 기획상의 문제는 목표 수립부터 실제 경험에 기반한 궤도 수정에 이르기까지 다양한 양태로 나타난다. 특히 기획 활동과 관련하여 다음과 같은 문제들이 흔히 관찰되는데, 창업자는 기획 시 이러한 문제가 발생하지 않도록 표 5-2에서 제시하는 바와 같은 해결책을 강구하여야 한다.[10]

실질적 목표 미비 '사업 확장', '성장 달성', '성과 제고' 등의 막연한 목표를 설정하게 되면 실행이 제대로 될 수 없다. 시점별로 구체적이고 측정 가능한 현실적 목표를 설정하는 것이 중요하다. 사업 추진 과정에서 새로운 경쟁 업체가 출현하고, 주요 인력이 유출되며, 시간이 예상보다 많이 소모되는 등 사업상 다양한 불확실성이 존재하므로 창업자는 사업 목표를 주기적으로 검토하고 재조정할 필요가 있다.

애로 사항 예측 실패 사업 추진상 각종 애로 사항이 발생하게 된다. 이러한 애로 사항들을 미리 최대한 예측해서 창업자가 그것을 극복하도록 하는 것이 사업 계획의 중요한 목적 중의 하나이다. 창업자가 자신의 사업 아이디어에 대해 과도하게 몰입하거나 낙관론을 가짐으로써 이러한 애로 사항을 예측하는 데 소홀해질 수 있다. 효과적인 기획이 되기 위해서는 애로 사항을 미리 철저히 예측할 뿐만 아니라, 미처 예측치 못한 애로 사항이 발생했을 때 그것에 대해 탄력적으로 대처할 수 있는 여지를 남겨두어야 한다.

이정표와 진척 상황 검토 미비 수익성, 원가, 현금 흐름 목표 수준 등에 관한 사업 추진의 이정표가 준비되어 있지 않거나 주기적으로 진척 상황을 점검하지 않게 되면 수립된 사업 계획이 무의미하게 된다. 따라서 창업자는 앞서 자세히 고찰했듯이 이정표 기획을 통해 수익성 요소들을 체계적으로 살피는 자세가 필요하다.

적극적 몰입의 부족 이것은 계획이 계획으로서만 끝나게 하는 매우 소극적인 추진 자세를 의미한다. 창업자는 일단 수립된 계획을 철저히게 실행될 수 있노록 계획과 목표 수립 과정에서 사전적으로 핵심적 관련 인사들을 관여시키고, 그들이 실제로 계획된 바를 실천에 옮길 수 있도록 만전을 기하는 것이 요구된다.

목표 수정의 실패 기획 이정표에 따라 사업을 추진하고 주기적으로 진척 상황을 점검하지 못하면, 그때그때 필요한 피드백 정보를 제때 입수하지 못하게 되고, 사업 목표

10 Jeffry A. Timmons, *New Venture Creation: Entrepreneurship for the 21st Century,* Fourth Edition (Burr Ridge: Irwin, 1994): 380-382.

표 5-2 기획상의 제 문제와 해결책

기획상의 문제점	해 결 책
1. 실질적 목표 미비: · 일반적이고 모호한 목표 · 하위목표와 행동 단계 미비	· 기간별로 구체적이고 가측한 목표, 하위목표 및 행동 단계 설정 · 총체적 목표를 항상 염두에 둘 것 · 각종 기회를 살펴 목표를 추구할 것
2. 애로 사항 예측 실패: · 지나친 낙관론 · 대안 미비 · 경영상의 기한 초과 · 지원 미비	· 가능한 애로 사항을 예측하고 탄력적 대응 방안을 모색 · 기대치 않은 애로 사항에 대해 주변으로부터 정보를 입수하여 탄력적으로 대응할 것
3. 이정표와 진척 상황 검토 미비: · 현황 파악 부족 · 단기 지향성 · 계획 재검토와 수정 미비	· 구체적인 과업 이정표와 중간 점검표를 설정 · 매일 그날의 달성 사항을 평가 · 매일 그날의 학습 사항을 평가하고 향후 활용
4. 적극적 몰입의 부족: · 업무 지연 · 일상 업무에 집착 · 행동 단계와 업무 우선 순위 미비 · 책임 회피	· 참여적인 목표 설정과 정보 공유 · 주기적인 점검 회의 및 비공식적인 토의 활성화 · 성과에 대한 적절한 보상 실시
5. 목표의 수정 실패: · 계획 불변 · 목표 미달 · 상황 변화에 대한 부적절한 대처 · 시간과 자원의 낭비	· 주기적으로 목표, 진척 상황, 상황 변화 재검토 · 사업 방침의 변화 모색 · 부정적 정보와 건설적 비판에 적극적으로 대처하는 분위기 창출
6. 경험을 통한 학습 실패: · 목표 망각 · 실책 반복 · 피드백 정보 무시 · 그릇된 행동 방침 고수	· 학습과 향상 목표 설정 · 이정표를 통한 주기적 재평가 · 협력을 통해 진척 상황 평가 · 새로운 사건에 대한 탄력적 대응 · 보고서보다는 결과중심의 행동 견지

자료: Jeffry A. Timmons, *New Venture Creation: Entrepreneurship for the 21st Century*, Fourth Edition (Burr Ridge: Irwin, 1994): 381.

와 방침을 재조정할 시기를 놓치게 된다. 사업 계획의 진정한 의미는 실제로 닥쳐올 현실이 얼마만큼 예상과 다른가를 시의 적절하게 평가하고 새로운 행동 지침을 설정하는 데 있다 하겠다.

따라서 창업자는 주기적인 중간 평가 회의를 주도하고, 건설적인 비판이나 부정적인 정보를 적극 수용하여 사업의 주안점을 필요에 따라 수정하려는 자세를 견지해야 한다.

경험을 통한 학습 실패 창업자는 사업 추진의 실무 과정을 통해 여러 가지 현실적 안목을 얻을 수 있다. 그러한 사업 경험을 바탕으로 사업 계획을 수정하고 변화를 모색하는 자세를 잃게 되면 창업 기업이 적기에 기대한 수준의 사업 성과를 올리기 어렵게 된다. 창업자는 사업 성과의 향상과 새로운 경험 학습의 목표를 구체적으로 설정하고 예기치 않은 상황 변화에 대해 탄력적으로 대응해야 한다. 중간 성과에 대한 정보를 입수하고 학습 효과를 제고하기 위해 경영진 및 관련 종업원과 적극적인 협력 체제를 구축하는 것이 필요하다.

(2) 선별적 기획

사업 계획은 만능적인 것이 아니고 시간이 지나고 상황이 변해감에 따라 그 한계가 엄연히 드러나게 마련이다. 이는 사업 계획 자체가 향후 펼쳐질 모든 사건들을 완벽하게 예측하고 사전적으로 대응할 수는 없기 때문이다. 창업 기업에 따라서는 총체적인 사업 계획을 사전에 작성하는 것보다 오히려 가장 핵심적으로 필요한 사안에 대해서만 계획을 수립하는 **선별적 기획**(Selective Planning)을 모색할 필요가 있다. 판매 예측, 추진 단계의 설정, 현금 흐름 예측, 문제 예방 등이 이러한 핵심적 경영 사안에 포함될 수 있다.[11]

판매 예측 투자 수익률을 구하거나 손익 분기점을 알려고 할 때 등 여러 가지 경영상의 의사결정 시 판매 예측은 필수적인 기획 업무이다. 시장 경험이 없는 창업 기업의 미래 판매를 사전적으로 안다는 것은 매우 어려운 작업이다. 그러나 창업자는 하방적, 상방적, 평행적 추론 등을 통해 최대한 신빙성 있는 예측을 시도할 수 있다. **하방적 추론**(Top-Down Approach)이란 전체 시장의 잠재적 규모를 판단하고 그것에 대한 창업 기업의 시장 점유율을 추정하는 방법을 말한다. 통계 및 각종 도서관 자료를 입수하여 산업별, 지역별로 규모를 따져보고, 경우에 따라서는 업계 전문가의 자문을 구할 수 있다.

반대로 **상방적 추론**(Bottom-Up Approach)은 창업 기업이 제품을 직접 판매할 수 있는 고객별로 판매 가능액을 계산하고 이들을 종합하여 판매액을 예측하는 것이다. 이 방법이 시간적으로 더 많은 노력을 요하지만 보다 정확한 예측을 할 수 있다는 장점을 지닌다.

한편 **평행적** 또는 **추세 추론**(Parallel or Trend Extrapolation)이란 창업 기업과 유사한 회사, 제품, 시장 등의 과거 경험에 비추어 판매 예측을 하는 것을 말한다. 이때 창업 기업 제품의 혁신성을 고려하여 예측을 상향 조정하고, 반대로 신설 업체의 약점에 대해 하향 조종하는 과정을 거쳐 정확성을 기한다.

추진 단계의 설정 판매 예측을 하는 대신 그러한 결과를 낳게 하는 각종 경영 활동을 단계적으로 설정하고 그러한 단계를 수행하는 방법도 있다. **추진 단계 기획**(Sequence Planning)은 미래의 수행되어야 할 주요 사건들을 사전적으로 예측하고 그들 간의 선후 관

[11] Karl H. Vesper, *op. cit.*: 319-330.

계를 따져서 적절한 추진 체계를 설립하는 것이다. 추진 체계가 선형적이고 단순할 경우는 창업자가 머리 속에 잘 염두에 둘 수도 있지만, 복잡한 선후 관계와 상호 관계가 존재할 때는 칠판이나 카드에 수행해야 할 주요 경영 과정을 도식적으로 기술하고, 각 과정마다 완수해야 할 행동 단계를 체계적으로 기록할 필요가 있다. 이러한 기획 방법은 여러 방향으로 연결된 업무 과정과 수행 단계들을 적절히 결합하여 기간별로 수행할 수 있도록 하는 데 도움을 준다.

현금 흐름 예측 현금 흐름은 자금 부족에 시달리는 창업 기업의 필수적인 점검 사항이다. 현금 흐름을 예측하기 위해서 창업자는 판매와 원가 추정 등의 작업을 통해서 우선 (1) 손익 분기점 분석을 수행하고, (2) 추정 손익 계산서를 작성한 후, 그에 대응하는 (3) 추정 대차 대조표를 작성한다. 이러한 재무적인 추정을 통해 (4) 현금의 유출과 유입에 대한 적절한 예측을 수행할 수 있다. 이때 한가지 경우의 예측만 할 것이 아니라 미래의 사업 시나리오가 낙관적인 경우, 비관적인 경우, 그리고 보통 수준인 경우 등으로 다르게 나타날 때 현금 흐름의 차이를 검토하는 것이 중요하다.

문제 예방 창업자가 사업을 추진하면서 일이 어떻게 전개될지를 막연히 기대하기보다는 사전적으로 예상되는 사업 추진상의 주요 문제를 따져보는 것이 중요하다. 문제 예방을 중심으로 하는 선별적 기획의 핵심 과제는 사업상 발생할 수 있는 주요 문제를 미리 예상하여 그러한 문제의 발생 확률을 최소화하고, 일단 발생한 경우 그것의 악영향을 최소화하는 구체적인 행동 방침을 설정하는 것이다. 문제 해결을 위해 특별히 장기간의 리드 타임이 요구되는 주요 업무에 대해서는 예상되는 문제를 반드시 사전적으로 검토해야 한다.

이러한 문제 중에 포함될 수 있는 것은 사업 자금 부족, 원자재 공급 중단, 주요 기술진의 유출, 강력한 경쟁 업체의 출현 등이라 할 수 있다. 많은 창업 기업들을 관리한 경험이 있는 벤처 자본가들에 의하면 창업 기업의 성장 과정 중에서 자금을 동원하는 초창기에는 주로 시제품의 개발 완성, 불충분한 시장, 제품 개발의 지연, 과다한 생산 원가 등이 매우 중요한 경영상의 문제로 드러나는 반면, 후기 단계에서는 경영 역량의 부족, 현금의 고갈 등이 주요 애로 사항으로 나타나는 경향이 있다.[12]

기술적인 문제들에 대비하기 위해서는 다음 사항들은 염두에 둘 필요가 있다.

- 기술적 문제의 원인을 추적할 수 없을 때 어디까지 자금과 노력을 투여할지를 사전에 검토한다.
- 기술적인 문제가 발생할 경우 가장 직접적으로 관련된 위험 신호를 사전적으로 파악한다.

---

[12] John C. Ruhnka and John E. Young, "A Venture Capital Model of the Development Process for New Ventures," *Journal of Business Venturing*, 2, 1987: 167.

- 기술적 위험 신호가 보일 때 도움을 의뢰할 곳을 사전에 알아둔다.
- 기술적 문제가 회사의 전반적인 계획에 어떠한 차질을 가져올지를 고려한다.

별다른 기술적인 문제가 없이 제품 개발이 순조롭게 완성된 후에는 판매 부진을 유발하는 문제들이 발생될 수 있다. 유통 업체에 대한 불충분한 마진율, 유통 업체의 여력 부족, 신제품에 대한 고객의 몰이해나 경쟁 업체에 대한 충성도, 광고의 비효과성, 시장 진입 시점의 부적절성, 신제품의 혁신성 결여 등이 이러한 판매 추진상 문제의 원인이 될 수 있다. 창업자는 구체적인 판매 부진의 원인에 따라 추가 자금 투입, 도움 요청, 노력 배가 등의 적절한 조치를 취해야 한다.

자금 부족의 문제는 창업 기업이 기대보다 훨씬 못할 때뿐만 아니라 훨씬 잘하고 있을 때도 나타난다. 기업의 성과가 별로 안 좋을 때는 높은 원가, 판매 부진, 수금 지체, 조기 부채 상환 등이 문제를 유발시킨다. 반면, 창업 기업의 성과가 기대 이상으로 잘 될 때는 외상 매출 증가에 따른 운전 자본 필요성 증가, 필요 재고량 증가, 설비 투자 증대 등으로 인해 추가적인 자원 동원이 요구되므로 자금 부족 현상이 나타나게 된다. 자금 부족의 문제를 대비하기 위해서는 다음 사항을 고려해야 한다.

- 재무적인 문제 발생을 사전적으로 예고하는 회계 시스템을 도입한다.
- 자금 문제 발생 시 감량 경영이나 경영 방침 수정 등을 시도한다.
- 예산 수립 시 여유 자금을 확보한다.
- 추가 자금 필요 시 요청할 자금원을 확보한다.
- 추가 자금 확보가 여의치 않을 경우 취할 행동을 사전적으로 설정한다.

4. 시장 진입과 이해 당사자의 유인

사업 추진을 위해 벤처 기획을 하는 데 있어서 가장 핵심적인 경영 과제 중의 하나는 성공적인 시장 진입 전략을 짜는 것이다. 창업 기업의 성패는 기존의 기업에 대한 경쟁 우위의 확보에 달려 있다고 할 수 있다. 기존의 기업들이 장악하고 있는 시장 또는 기존 기업이 미처 개척하지 못한 틈새 시장을 공략하는 것은 창업 기업이 마치 경쟁 시장에 쐐기를 박아 틈새를 벌리는 것에 비유될 수 있다. 즉 성공적인 창업 기업은 효과적인 전략적 **진입 쐐기(Entry Wedge)**를 구사하여 시장의 진입 장벽을 극복해 나간다. 이러한 진입 장벽을 극복하는 과정을 통해 사업 운영에 직접적으로 도움되는 **이해 당사자(Stakeholder)**를 유치하게 된다.

(1) 진입 장벽의 유형

창업자는 고객, 종업원, 필요 자산 등에 관해 다음과 같은 질문을 던짐으로써 창업 기업이 극복해야 하는 **진입 장벽(Entry Barrier)**을 파악하고, 그 극복 방안을 마련할 수 있다.[13]

- **고객**: 사람들이 왜 창업 기업으로부터 구매해야 하는가?
- **종업원**: 창업 기업의 종업원이 경쟁 업체 종업원보다 무엇을 더 잘 할 수 있는가?
- **자산**: 창업 기업이 필요 자원을 어떻게 확보할 수 있는가?

고객의 특성 고객들은 일반적으로 기존의 거래 관계가 있는 업체로부터 구매하려는 특성, 즉 고객 충성도를 보인다. 이는 창업 기업이 극복해야 하는 중요한 진입 장벽의 하나이다. 이러한 충성도는 고객의 습관, 신념, 제약 등에 기인한다. 고객은 기존의 사용 습관으로 인하여 창업 기업이 아무리 기능적이고 우월한 제품을 소개한다 해도 기존에 사용하고 있던 제품을 선호하는 경향을 보인다. 또한 고객은 기존 제품의 성능에 대한 나름대로의 분석적, 감정적 신념을 가지고 있다. 이러한 습관과 신념을 바꾸기 위해 창업 기업은 고객에게 설득력 있는 판매 방안을 마련해야 한다. 고객사가 기존의 제품으로부터 창업 기업의 제품으로 전환하는 데 있어서의 제약은 고객이 다음과 같은 각종 **전환 비용(Switching Cost)**을 지불해야 한다는 점이다.

- **재학습**: 신제품에 사용법에 대해 종업원을 재교육해야 한다.
- **신뢰성**: 단기적으로 신제품의 성능을 검사해야 하는 노력이 필요하고, 장기적으로 창업 기업이 계속 생존하여 제품 공급을 지속할 수 있을 것인가를 판단해야 한다.
- **물리적 적응**: 신제품 도입을 위해 기계, 장비, 물류상의 수정이 요구될 수 있다.
- **재계약**: 신규 거래하게 되는 창업 기업과의 사업 관계 개발은 물론 구 거래 업체와의 관계 악화가 불가피하다.

경쟁 업체 종업원의 역량 창업 기업은 기존의 경쟁 업체에 비해 능력 있는 종업원을 유치하기가 보다 어려운 처지에 있다. 창업 기업이 필요로 하는 종업원의 역량에는 기술적인 지식과 현장 작업 기술 등이 있다. 기술적인 지식은 창업자 스스로가 가지고 있든가 아니면 외부로부터 기술 인력을 유치하여야 한다. 장기적으로 창업 기업의 존폐가 불확실한 상황에서 외부 기술 인력을 유치하기 위해서는 기존 기업에서 얻을 수 없는 개인적 성장 가능성, 성과에 대한 획기적 보상 제도, 자유분방한 기업 분위기 등의 유인책을 적극 활용해야 한다. 현장 작업 기술은 창업 기업의 종업원이 업무 추진을 위해 갖추어야 할 특화된 전문 기술을 말한다. 외부로부터 유치된 종업원은 새로운 작업 환경에 필요한 업무 습관과 태도를 새로이 습득하는 노력이 필요하다.

필요 자산 기존의 경쟁 업체는 규모의 경제, 유통망의 확보, 전국적 광고, 서비스망 확보, 위치상의 우위 등 창업 기업이 쉽사리 확보하기 어려운 다양한 경쟁 우위를 지닌

---

13 Karl H. Vesper, *New Venture Strategies,* Revised Edition (Englewood Cliffs: Prentice-Hall, 1990): 194-196.

다. 이러한 경쟁 우위를 지닌 기존 기업과 상대하기 위해서 창업 기업은 기술 개발, 자본 투자, 운전 자본 확보 등을 위해 상당한 규모의 자원을 외부로부터 유치해야 한다. 외부 투자자들은 창업 기업이 과연 경쟁 우위 확보에 필요한 역량을 효과적으로 구축할 수 있는가를 판단해야 한다. 투자 자산을 효과적으로 활용하여 특허, 저작권, 상표권, 각종 사업 계약 등의 공식적인 서류뿐만 아니라 기업 명성, 회사 인지도, 확보된 시장의 범위 등 무형 자산을 빠른 시간 내에 확보하는 것이 창업 기업의 핵심적인 과제이다.

(2) 이해 당사자의 유인

기업의 이해 당사자에는 주주와 채권자 등의 투자자뿐만 아니라 고객, 종업원, 공급 업체 등 기업의 성과에 직접적으로 영향을 받는 이들이 포함된다. 미래가 불투명한 창업 기업에 있어 이들의 적극적 협력과 투자는 다른 어떤 기업보다 중요하다. 그러나 이들은 기존 기업에 비해 창업 기업에 자원을 투여하는 것이 위험 부담이 훨씬 크다는 점을 잘 알고 있다. 따라서 창업자는 이들의 적극적인 투자와 참여를 위해 이해 당사자가 창업 기업을 위해 투여해야 할 자원의 규모를 최소화하고, 창업 기업에 적합한 이해 당사자를 선정하며, 이들이 창업 기업에 적극 참여하도록 설득하는 노력을 기울여야 한다.[14]

이해 당사자 위험 노출의 최소화 창업자는 잠재적인 이해 당사자들이 우려하는 위험 부담을 최소화하기 위해서 기본적으로 그들이 창업 기업에 투여한 자원의 함몰성(Sunkness), 즉 환수 불가능성을 가급적 줄이는 노력을 해야 한다. 이를 위해 창업자는 우선 입수가 쉽고 다용도적인 투입물을 사용할 수 있다. 즉 제품의 제조에 필요한 부품이나 공구 같은 것을 표준화된 것을 사용함으로써 개발된 특정 제품이 실패로 끝날 경우 또다른 제품 개발에 재활용될 수 있도록 하는 것이다. 목표 시장의 규모를 적정하게 잡아 공급 업체 역시 창업 기업의 주문에 대해 별도의 생산 용량을 마련할 필요가 없도록 한다.

또한 창업자는 창업 기업의 제품을 구매하는 고객의 추가적인 투자를 최소화할 수 있다. 산업 표준(Industry Standard)을 적극 활용하여 제품 설계를 추진하면 고객도 결국 개발된 신제품을 사용할 때 새로운 적응과 학습이 최소화된다. 따라서 고객은 창업 기업의 기능성 있는 신제품을 사용하는 데 별 부담을 느끼지 않게 된다.

하지만 이해 당사자의 위험 노출을 최소화하는 선략을 추구하는 창업자는 단기적으로 이러한 방책이 창업 기업의 수용도를 높이는 데 기여하기는 하지만 차후에 경쟁 업체가 마찬가지의 방법으로 창업 기업의 고객이나 공급 업체를 유인할 수 있기 때문에 장기적 지속성을 보장 받을 수는 없다는 상쇄 효과를 염두에 두어야 한다. 따라서 수익성과 지속성이 보장되는 영역에서는 환수 불가능한 투자도 과감히 하여 이해 당사자에게 독보적인

[14] Amar Bhide and Howard Stevenson, “Note on Attracting Stakeholders,” Harvard Business School Note 9-389-139, 1989.

가치를 제공하는 창업 기업의 고유 재산권적(Proprietary) 제품을 개발할 필요가 있다.

이해 당사자의 선정 이해 당사자의 모든 투자 위험을 제거하기는 현실적으로 어렵다. 따라서 창업자는 어느 정도의 위험 부담을 버틸 수 있는 자를 선정해야 한다. 특히 다음 부류에 속하는 이해 당사자를 적극 유치할 필요가 있다.

- **분산 투자**(Diversification): 다각화된 투자 포트폴리오를 지닌 투자자가 높은 위험을 지닌 창업 기업에 투자할 확률이 높다. 이는 다양한 공급 업체와 거래하는 유통 업체나 고객에 있어서도 마찬가지다.
- **경험과 전문화**: 전문적이고 경험 있는 고객, 종업원, 채권자 등의 이해 당사자는 자신의 식견에 비추어 창업 기업의 위험을 미리 예측하고 그것을 최소화하는 방안에 대해 적극 조언해줄 수 있다.
- **여유 용량**(Excess Capacity): 여유 자원을 가지고 있는 이해 당사자는 그러한 여유 자원을 활용할 곳을 찾기 위해 창업 기업에 투여할 확률이 높다. 특히 최근에 생산 용량을 확장한 업체들이 여유 용량을 가지고 있는 경우가 많다.
- **위험 추구성**: 새로운 기술을 추구하는 소비자, 높은 성취욕을 지닌 종업원, 막대한 여유 자금으로 모험 사업에 투자를 추구하는 부유한 투자자 등은 상대적으로 위험 추구를 통해서 장기적 이익을 노리는 사람들이다. 이러한 성향의 이해 당사자를 유치하는 창업자는 창업 초기에 사업을 비교적 쉽게 추진할 수 있다.

이해 당사자의 설득 일단 선정된 이해 당사자를 적당한 조건에 유치하기 위해서는 창업자가 매력적인 거래 조건으로 이들을 적극 설득하고 유치해야 한다. 이를 위해 사업에 대한 열정을 지니고, 끝까지 포기하지 않는 창업자의 자세가 우선적이다.

창업자는 이러한 자세와 더불어 제 이해 당사자에 대한 동시 추진적(Ham and Egging) 설득법을 활용하여야 한다. 창업 초기에 흔히 발생하는 현상으로서 이해 당사자 서로 간에 자원의 투여를 다른 사람의 결정에 따라 미루는 경향이 있다. 예컨대 소비자들은 완성품을 눈으로 확인하기 전에는 사전적인 시제품 평가에 관여하고자 하지 않는 반면, 투자자는 소비자가 적극적인 관심을 표명하기 전에는 제품 개발 단계에 투자하기를 꺼리게 된다. 또한 종업원들도 투자자의 현금 투입이 미진하여 확실한 금전적 보상이 기대되지 않게 되면 창업 기업에 쉽사리 참여하려 하지 않는다.

이러한 현상의 해결은 모든 이해 당사자들에게 거의 동시적으로 대부분의 필요 이해 당사자들이 창업 기업에 적극적인 자원 투여의 자세를 견지하고 있음을 설득해야만 가능하다. 창업자에 따라 이러한 능력이 없는 경우 각 이해 당사자마다 돌아가면서 점진적으로 자원을 투여하게끔 유도하는 작업을 반복하여 결국 원하는 수준의 자원을 단계적으로 확보하는 차선책을 강구할 수도 있다.

끝으로 창업자는 아래와 같은 제반 영업상의 기술을 습득하여 이를 이해 당사자의 확보와 유지에 활용해야 한다.

- **일정 개발**: 예상치 못한 각종 사태에 대비하고 경영 상황을 장악한다.
- **수요 분석**: 기업이 필요로 하는 것을 알아야 추가적으로 얼마만큼의 자원 투여가 필요한지 판단할 수 있다.
- **이견 예측**: 이해 당사자에게 사전적으로 사업 위험의 수준을 솔직하게 제시하고, 만일의 사태에 대비에 최대한 현실적인 대안을 설정하여 설명한다.
- **자문**: 변호사, 회계사, 스태프 등에게 기대에 부응하는 인센티브를 부여하고, 일단 합의된 사항을 실천하기 위해 적극적인 도움을 요청한다.
- **후속 조치**: 창업자는 차후에 소비자나 종업원들로부터 발생할 수 있는 예기치 못한 사태에 대해 문서나 계약상으로 나타난 사항들에 집착하기보다는 지속적인 관심과 후속 조치로 해결해나가는 적극성을 보여야 한다.

5. 사업 계획서의 작성

훌륭한 혁신 제품을 만들어내는 것이 창업 기업의 주요 과제 중의 하나이지만, 그에 못지않게 중요한 것이 벤처의 사업성을 결정짓는 제 요소를 투자자나 유통 업체 등 이해 당사자에게 체계적으로 보여주는 **사업 계획서(Business Plan)**라 할 수 있다. 여기서는 우선 효과적인 사업 계획서가 갖추어야 할 요건을 고찰하고, 다음으로 사업 계획서의 구체적인 구성 요소와 그 기술 내용을 알아보자.

(1) 효과적인 사업 계획서의 요건

이해하기 쉽고 세심하게 쓰여진 사업 계획서는 신규 사업 제안이나 자본 투자 등의 목적을 위해 필수적인 사항이다. 사업 계획서를 작성하는 데 있어 종종 자본의 투자자나 제품 시장을 무시하고 공급자, 즉 창업자의 측면에만 지나치게 집중하여 전문 기술이나 계획된 서비스의 창의성 등을 필요 이상으로 장황하게 설명하는 경향이 있다. 설득력 있는 사업 계획서가 되기 위해서는 업체의 창업자나 발명가뿐만 아니라 잠재 고객을 지닌 시장, 그리고 자원을 제공하는 투자자의 관점에서 볼 때 유의미한 정보를 부각하여 제시하여야 한다.[15]

[15] Stanley R. Rich and David E. Gumpert, "How to Write a Winning Business Plan." In William A. Sahlman and Howard H. Stevenson (Eds.), *The Entrepreneurial Venture* (Boston: Harvard Business School Publications, 1992): 127-137.

시장의 강조 사업 계획서를 준비하는 창업자는 제품의 특징 자체보다는 그 제품의 사용자가 어떠한 효익을 얻을 수 있는지에 관한 명확한 증거를 제시하는 데 주안점을 두어야 한다. 예컨대 창업 기업으로부터 신제품을 구매한 업체가 구매를 위해 투자한 비용을 1년 이내에 원가 절감 등을 통해 회수할 수 있다면 사용자의 효익이 매우 높다는 것을 의미하고, 따라서 시장의 관심도도 높아질 것이다. 이러한 사용자의 효익에 대한 증거 제시를 위해 다음 두 가지 방법을 활용할 수 있다.

- 소수의 고객에게 견본품을 제공하여 문서로 평가 받는 방법
- 잠재적 고객에게 약간의 할인 가격으로 제품을 제공하여 구매율을 측정하는 방법

견본품을 만들 경우 할인된 가격으로 제품을 설치해 주고 제품 효익에 대한 정보나 투자자들에게 보여줄 수 있는 의견서 등을 제공 받을 수 있다. 완전 신상품일 경우 기존의 고객층으로부터 평가를 받을 수 없기 때문에 잠재적 고객, 판매원, 초기 사용자, 유통 업체 등의 의견을 조사하는 것이 필요하다.

벤처 창업자들이 종종 범하는 오류는 전체 시장 규모를 추정하고 그것의 5% 내지는 10%만 점유하면 수익성과 성장성이 보장될 수 있다고 하는 식의 사고 방식이다. 그러나 투자자들은 신설된 벤처 기업의 성공이 제품 시장의 규모와는 직접적으로 관계가 없다는 사실을 잘 알고 있다. 실제 시장 규모는 신제품을 구매할 욕구가 있는 실수요층으로 축소되는 것이 보통이다. 따라서 현실적으로 설득력 있는 사업 계획서는 잠재 고객의 수와 고객 업체의 규모를 파악할 때 창업 기업 제품의 효익을 실질적으로 볼 수 있는 규모의 업체에 한정해야 한다.

또한 시장 조사를 통해 구매 산업의 특성을 정확히 파악하는 것이 필요하다. 금융 기관이나 공공 서비스 업체는 매우 보수적이어서 구매 의사결정 행위 자체가 매우 느리다. 이 경우는 창업 기업이 공략하기에 상당한 시간을 요한다. 반대로 소프트웨어 업체는 변화 속도가 매우 빨라 단기적으로 큰 수익을 얻는다 하더라도 지속적인 제품 개발 노력을 해야 한다. 이렇게 구매 산업의 변화 속도가 빠를수록 창업 기업의 신제품을 흡수할 수 있는 속도는 빨라진다. 이러한 흡수력이 창업 기업의 매출에 따른 현금 흐름에 기간별로 어떻게 영향을 줄 것인가를 제시해야 한다.

투자자 욕구에의 부응 사업 계획서가 시장의 욕구를 적절히 반영하고 난 뒤, 투자자의 관심을 끄는 재무적 예측 자료를 제시해야 한다. 이를 통해 투자자들은 자금 투입의 정도와 가격을 결정하게 된다. 투자자의 관심 사항을 파악하기 전에 우선 잠재적 투자자가 될 사람을 판단할 필요가 있다. 이는 전문적인 벤처 자본이나 돈 많은 전주일 수도 있고 사내 벤처의 경우 본사가 될 수도 있다. 그러나 창업 기업에 누구보다도 시간과 노력을 투여하는 투자자는 창업자 자신이다. 따라서 재무 예측을 무엇보다도 객관적인 견지에서 판단하는 것이 창업자 자신을 위해서 유리한 것이다.

투자자에게 무엇보다도 중요한 것은 투자한 자본을 어느 정도 일찍이 현금화할 수 있는가 하는 점이다. 소규모 창업 기업이 배당금을 줄 여력이 없기 때문에 벤처 자본 등의 투자자는 지분 매각에 따른 시세 차익을 바랄 수밖에 없다. 따라서 사업 계획서는 투자자가 최소 3-7년 후 상장이나 매각을 통해서 투자 지분을 유동화할 수 있는 대안을 제시해야 한다.

사업 계획서에서 제시하는 향후 5년간의 재무 예측 자료가 투자자에게는 중요한 투자 정보가 된다. 창업자들은 지나치게 수익률을 낙관하는 경우가 대부분이다. 여러 업종에 다양한 투자 경험을 가진 투자자들은 해당 산업의 평균 수익률을 잘 알고 있기 때문에 지나치게 낙관적인 추정은 오히려 불신감만 불러일으킨다. 전문적인 벤처 자본사는 체계적인 시장 조사 결과에 기반한 재무 예측에 대해서도 50% 정도의 목표 달성만 해도 만족스럽게 생각한다.

투자자들은 기본적으로 투자 위험을 최소화하려 하는데, 창업 기업의 경우 제품 개발 현황과 경영진의 능력이 주요한 투자 포인트가 된다. 따라서 사업 계획서는 이 두 가지 측면을 최대한 강조하여야 투자자에게 유리하게 작용한다. 가장 위험스러운 사업은 독자적으로 검증되지 않은 제품의 아이디어만 가지고 사업에 착수하는 것인데, 이 경우 투자 자금을 유치하기가 매우 어렵다. 검증된 제품을 가지고 유능한 경영진이 사업을 추진하는 것이 가장 바람직한 경우이다. 이 경우 투자자들의 요구 투자 수익률은 연 35-40% 정도가 된다. 반면, 불완전한 제품과 경영진으로 사업을 추진할 경우 요구 투자수익률은 연 60%로 높아진다.

요컨대 사업 계획서는 창업자가 아니라 고객과 투자자의 관점에서 그들이 핵심적인 정보로 생각하는 내용을 체계화시켜야 한다. 단, 사업 계획서를 작성하는 창업자가 염두에 두어야 할 것은 사업 계획서가 표방하는 개념만이 전부가 아니라는 점이다.[16] 물론 뛰어난 사업 계획서는 회사의 이미지를 좋게 할 수도 있다. 그러나 만약 핵심적인 고정 자산이나 뛰어난 인적 자원이 없다면 회사를 지원할 은행이나 투자가가 나타나지 않을 것이다. 따라서 사업 계획서뿐만 아니라 사업 착수에 반드시 필요한 기타 여러 가지 사항을 함께 고려해야 한다. 계획과 현실에는 엄연한 경계가 있는 것이다.

(2) 사업 계획서의 구성

사업 계획서는 구상하고 있는 사업의 특징, 기본적 가정 및 재무적 계획을 명시한 문서를 말한다. 이러한 사업 계획서에는 목적이 명시되어야 하고, 독자에게 정확히 전달되어야 한다. 사업 계획서는 독자가 산업이나 기술에 전문적인 지식을 가지고 있지 않다는 전

[16] Mary Baechler, "Do Business Plans Matter?" *Inc.*, February 1996: 21.

제하에 창업자의 주장을 뒷받침할 수 있는 논거가 있어야 하며, 구색을 갖춘 비교적 짧은 글이어야 한다.

사업 계획서는 투자자들에게 회사에 대한 첫인상을 주고 주요 원칙을 드러내는 것이므로 내용뿐만 아니라 형식에도 신경 쓸 필요가 있다. 보기 좋고 적절한 길이와 간단명료한 설명, 그리고 정확한 문법과 철자도 필수적이다. 인쇄와 바인딩에 너무 많은 돈을 낭비할 필요도 없지만 산뜻한 처리가 요구된다. 스태이플러로 처리하면 아마추어 냄새를 풍길 수 있고, 제본을 하면 돈이 많이 들게 된다. 플라스틱 바인더가 무난한 방법이다. 이러한 외형적 인상에서 투자자들은 창업자가 자신들의 재산을 성의 있게 잘 관리해줄 수 있다는 믿음을 갖게 된다.

전반적인 형식에 있어 사업 계획서의 길이는 40쪽 내외가 적당하다. 이 정도의 분량이면 창업자의 사업 개념을 다듬고, 투자자의 주안점을 잘 요약할 수 있다. 세부적인 정보는 부록으로 편집하여 별도로 제작할 수 있다. 표지에는 회사명, 주소, 연락처, 작성 일자 등의 정보를 기록한다. 이러한 정보가 빠지면 사업 계획에 대한 추가적인 질문에 대해 투자자가 사후 접촉을 취하고자 하는 욕구를 무산시키게 된다. 다음 쪽에는 제목을 쓰고 발행 부수를 명시한다. 총 발행 부수가 20부를 넘지 않을 때 투자자들이 신선한 사업 계획임을 느끼게 될 것이다.

사업 계획서의 본문은 일반적으로 요약, 회사, 제품/서비스, 시장, 경쟁, 영업 및 마케팅, 운영, 재무, 부록 등으로 구성된다.[17]

요약 사업 계획서의 요약(Executive Summary)에서는 회사의 현황과 경영진, 제품/서비스 및 사용자의 효익, 시장과 경쟁 상황, 재무 예측, 필요 자금의 액수와 운용 방안, 그리고 투자자의 예상 수익 등을 2 쪽 이내로 기술한다. 이 부분은 투자자들이 여러 사업 계획을 스크리닝할 때 가장 처음 보는 부분이므로 매우 중요하다. 이 요약 부분 뒤에 목차를 각 절별로 보기 좋게 구성하고 쪽 번호를 단다.

회사 회사 소개 부분에서는 회사의 연혁, 목적, 경영진 등이 다루어진다. 구체적으로 회사의 조직 방안, 역할과 책임, 창업자의 개략적 경력, 회사의 생성 과정 및 현황(종업원, 매출, 순익, 제품, 설비 등), 그리고 사업 전략 등을 기술한다.

제품/서비스 제품에 관해서는 보다 구체적인 수준에서 제품이 충족할 시장의 욕구를 경쟁사의 제품과 대비하여 기술한다. 이미 제품이 개발되어 시판되고 있다면 용도, 결과, 소비자의 소감 등을 설명한다. 아직 제품이 완성되지 않았다면 어떻게 제조하려고 하는지와 특허권이나 고유 기술 등을 기술해야 한다.

시장 많은 사업 계획서가 시장 부분을 체계적으로 다루는 데 있어 미흡하다. 실제

---

[17] Ennis J. Walton and Michael J. Roberts, "The Business Plan," Harvard Business School Note 9-389-020, 1988.

로 투자자들은 창업자가 목표 시장에 대해 이해하는 정도와 지식 수준에 대한 구체적인 증거를 원한다. 시장 부분에서는 (1) 목표 시장의 크기, 성장률, 구매 특성; (2) 창업자가 시장을 보는 시각; (3) 회사가 예상하는 시장의 반응 등을 기술해야 한다.

경쟁 이 부분에서는 목표 시장의 경쟁 업체를 분석한다. 주로 경쟁 업체의 제품, 가격, 마케팅 방법 등을 기술한다.

영업 및 마케팅 이 부분은 제품이 어떻게 판매될 것인가를 설명하는 것이다. 목표 고객을 파악하는 방법, 광고 및 판매 촉진 방안, 유통 경로, 그리고 제품 출시 방안 등을 기술한다.

운영 여기서는 제품의 생산 방법, 또는 서비스의 운영 방법 등을 다룬다. 구체적으로 설비 투자 방법, 하도급 방안, 운송 방법 등을 논의한다.

재무 재무 예측 부분에서 투자자들은 최대한 현실적인 수치를 기대한다. 손익 계산서, 대차 대조표, 현금 흐름표, 손익 분기 분석, 그리고 매출, 순익, 현금 잔고 등 중요한 재무 지표 등을 기술해야 한다. 이 부분은 사업 계획서 내용 중 가장 충실을 기해야 한다. 자금이 언제 얼마나 회수되고, 어디에 운용되는지를 기술한다. 투자자는 자신의 투자 금액의 회수, 즉 현금화에 관심이 있기 때문에 기업 공개, 회사 매각, 자사주 매입 등과 같은 투자자의 회수 방안을 언급해 준다.

부록 여기서는 핵심 경영진에 대한 이력서와 업무 책임을 기술하고, 창업 경영진이 능력 있고 조화로운 팀을 형성한다는 점을 부각시킨다. 제품에 대한 소개와 고객이나 공급 업체로부터의 서한 등을 첨부할 수 있다.

이러한 구성과 내용으로 기술된 사업 계획서를 인쇄하고 나면 배포할 단계에 오게 되는데, 가능한 모든 투자자에게 우편으로 발송하는 것보다는 주요 투자자층과 접촉이 많은 다른 창업자, 투자 자문, 변호사 등의 추천을 받아 선별적으로 배포하는 것이 효과적이다. 투자자들이 마구잡이로 접수되는 사업 계획서보다는 과거의 투자 활동을 통해 잘 알고 있는 사람들이 추천하는 신규 사업에 더 귀를 기울이게 마련이다.

(3) 사업 계획서 작성 가이드

앞서 사업 계획서의 개괄적인 구성과 핵심적인 기술 내용이 무엇인지를 살펴보았다. 여기서는 창업자가 실제로 사업 계획서를 작성하고자 할 때 제시해야 하는 주요 사항들이 무엇인지를 자세하고 포괄적인 사업 계획서의 가이드라인을 통해 소개하고자 한다. 실제로 벤처 자본사에 제출된 사업 계획서와 창업론 수강생이 연습으로 작성한 구체적인 사업 계획서의 예는 부록 A를 참조하기 바란다. 포괄적인 사업 계획서는 구체적으로 아래와 같은 사항들을 다루게 된다.[18]

---
[18] Jeffry A. Timmons, *op. cit.*: 418-440.

Ⅰ. 요 약

사업 계획서 전체 내용을 기술한 뒤 핵심적 사항과 수치 등을 한두 문단으로 간결하게 요약한다. 이 부분은 투자자들이 계획 사업 자체를 일차 스크리닝할 때 집중적으로 검토하는 부분이기 때문에 작성에 만전을 기해야 한다.

A. **사업 개념과 사업체 기술**: 회사의 제품과 목표 고객의 효익 및 회사 연혁을 기술한다.

B. **기회와 전략**: 사업 기회의 특징과 업계의 문제, 그리고 장단기 성장 전략을 기술한다.

C. **목표 시장과 예측**: 공략 대상이 되는 틈새 시장의 특징과 발전 추세를 기술한다. 제품의 혁신성, 가격, 고객의 투자 환수 기간 등을 설명한다.

D. **경쟁 우위**: 창업 기업의 두드러진 경쟁 우위, 제품의 혁신성, 그리고 경쟁 업체의 약점 등 산업 특성을 기술한다.

E. **경제성, 수익성 및 수확 잠재성**: 손익 분기점, 흑자 현금 흐름 기간, 사업 운영 주기 등을 기술한다.

F. **경영진**: 창업자와 경영진의 경력, 경험, 기술 및 경영 역량 등을 기술한다.

G. **투자 제안**: 필요한 지분 투자액 또는 융자 액수와 수익률 등 투융자 조건을 명시한다.

Ⅱ. 산업, 회사, 제품/서비스

업계 현황, 회사와 제품의 특징 및 시장 진입과 장기적 성장 전략을 제시한다.

A. **산업**: 산업의 구조, 시장의 규모와 성장률, 새로운 경제적, 기술적 추세 등을 제시한다.

B. **회사와 개념**: 회사의 사업 개념을 소개하고 진입하려는 시장, 제품/서비스, 고객 등을 설명한다. 아울러 회사의 연혁과 현재까지의 개발된 제품 현황, 애로 사항, 성과 등을 기술한다.

C. **제품/서비스**: 제품의 특징과 응용 분야를 기술한다. 사용 고객에 대한 가치를 강조하고, 기업 고객의 경우 제품 사용을 통한 원가 절감, 생산성 향상 등의 가능성을 제시한다. 현재 제품의 개발 단계를 설명하고, 경쟁 제품과 비교했을 때 성능의 우위를 보여 준다. 제품 라인의 확대 가능성과 관련 제품으로의 발전 가능성을 제시한다.

D. **시장 진입과 성장 전략**: 사업 기회와 경쟁 우위를 어떻게 살려서 제품을 시장에 소개할 것인지를 기술한다. 향후 5년 간의 기대되는 규모 및 성장 전략을 제시하고 그 이후의 성장 가능성도 예측한다.

Ⅲ. 시장 조사 및 분석

이 부분은 사실 사업 계획서 중 가장 먼저 준비되어야 하는 내용이며, 작성하기 어렵지만 무엇보다도 중요한 부분이라 할 수 있다. 시장 조사 결과 나오는 시장과 매출액의 적정 규모를 판단함으로써 생산 규모, 마케팅 계획, 투융자 규모 등을 결정할 수 잇다.

A. **고객**: 제품/서비스를 구매할 고객층을 파악하고, 계층별, 지역별 고객의 특징을 기술한다. 기 확보된 고객이나 주문, 구매 계약 등이 있을 경우 반드시 강조해야 한다.

B. **시장 규모와 추세**: 현재 예상되는 시장의 규모와 확보 가능한 시장 점유율을 기술한다. 향후 최소 3년간 시장 계층별, 지역별, 국가별 제품의 판매 규모와 수익성 및 성장률을 추정한다.

C. **경쟁 상황 및 경쟁 우위**: 경쟁 업체의 장단점을 현실적으로 평가한다. 경쟁 또는 대체 제품의 특징은 시장 점유율, 품질, 가격, 성능, 서비스 면에서 비교한다. 3-4개의 주요 경쟁 업체의 경쟁 우위와 고객층을 기술하고, 그들을 공략하기가 얼마나 용이한지를 평가한다.

D. **추정 시장 점유율과 매출액**: 향후 3년간 확보할 수 있는 시장의 규모와 점유율을 수량과 금액 면에서 평가한다. 산업 전체의 성장률에 대한 평가와 더불어 점유율 추정에 사용된 제 가정을 명시한다.

E. **시장의 지속적 평가 방안**: 고객 욕구의 변화와 목표 시장의 발전에 대한 평가를 통해 어떻게 제품의 지속적인 개선을 추진할 것인지를 제시한다.

Ⅳ. 사업의 경제성

이 부분에서는 계획 사업의 수익성과 그 지속성 등 사업의 경제적 매력도를 평가한다. 사업의 운영 및 현금 흐름 주기와 손익 분기점 달성 기간 등을 기술한다.

A. **총마진 및 영업마진**: 판매가와 변동비의 차액, 그리고 틈새 시장별 영업 이익을 기술한다.

B. **순익 잠재성과 지속성**: 이윤 흐름의 규모와 지속성을 평가하고, 경쟁 업체에 대한 진입 장벽과 기술적 우위의 시간적 간격을 기술한다.

C. **고정비, 변동비 및 준변동비**: 판매 규모와 구매 규모에 따라 고정비, 변동비, 준변동비 등의 액수와 총원가에 대한 비율을 계산하고, 산업 평균과 비교한다.

D. **손익 분기 달성 기간**: 계획된 경영 전략에 따른 손익 분기점 달성 기간을 개월 수로 평가하고, 기업의 성장과 생산 용량 증가에 따라 그 변화를 예측한다.

E. **흑자 현금 흐름 달성 기간**: 흑자 현금 흐름 달성 기간을 개월 수로 평가하고, 적자 현금 흐름이 발생할 가능성을 기술한다. 회사 성장에 따른 현금 흐름의 변화도 예측한다.

Ⅴ. 마케팅 계획

마케팅 계획 부분은 예측된 판매 수준을 구체적으로 어떻게 달성할 것인가를 기술한다. 판매 정책, 가격 책정, 유통, 판촉, 광고 및 판매 예측 등의 포함하여 전반적인 마케팅 전략을 제시한다.

A. **전반적 마케팅 전략**: 회사의 마케팅 철학과 전략을 구체적으로 기술한다. 공략 대상 고객층과 이미 확보된 고객을 제시한다. 고객에게 호소력 있는 제품의 혁신성, 새로운 마케팅 개념 등을 소개한다. 국내 및 해외의 시장 영역을 기술한다.

B. **가격 책정**: 제품/서비스에 대한 가격 정책을 제시하고, 경쟁사와 비교한다. 고객이 구매 가격을 어느 기간 내에 제품의 경제적 가치를 통해 회수할 수 있는가를 제시한다.

C. **영업 방안**: 영업 망, 영업 사원, 대리점, 우편 판매, 유통 업체 등 각종 영업 방안과 판매 인센티브제를 제시한다. 월별로 유통 경로의 구축의 진척 정도와 유통 경로별 판매 규모를 예측한다.

D. **서비스 및 보증 정책**: 제품의 사후 서비스, 보증, 고객 훈련 등을 기술하고, 구체적으로 회사 영업 사원이나 유통 업체 중 누가 그러한 서비스를 제공할 것인가를 제시한다. 이러한 서비스의 수준을 주요 경쟁사와 비교한다.

E. **광고 및 판촉**: 제품을 소개하고 홍보하기 위한 광고 및 판촉 활동의 각종 방안과 일정 및 비용을 기술한다.

F. **유통**: 활용할 유통 경로를 제시하고, 운송비의 비중 등 주요 사안을 구체적으로 기술한다. 국제적 판매의 경우 유통, 선적, 보험, 결제 등의 방법을 설명한다.

Ⅵ. 제품 설계 및 개발 계획

이 부분에서는 제품을 출시하기 전에 수행해야 할 설계 및 개발 작업, 그에 소모되는 시간과 자금 등을 구체적으로 기술한다.

A. **개발 현황 및 과제**: 현재까지의 제품 개발 현황을 기술하고, 회사의 개발 역량을 평가한다. 개발이나 시험에 참여하는 고객과 평가 결과를 제시한다.

B. **애로 사항 및 위험**: 개발 과정에서 예상되는 문제를 파악하고, 그것이 개발 시간 및 원가에 미치는 영향을 평가한다.

C. **제품 개선 및 신제품**: 초기 제품의 문제점을 개선하고, 신제품을 개발하기 위한 계획을 상세하게 설명한다. 이에 참여하는 고객의 반응을 기술한다.

D. **원가**: 제품 개발에 들어가는 인건비, 재료비, 자문료 등을 예상한다. 이 예상이 빗나감에 따라 기대 현금 흐름이 어떻게 변화할지에 대해 평가한다.

E. **재산권 사항**: 특허권, 저작권, 상표권, 계약상의 권리, 지적 재산권 등 기 취득한 또는 취득 예정인 재산권을 기술한다.

Ⅶ. 제조 및 운영 계획

공장 위치, 설비 투자, 기술 인력 수요, 재고 관리, 구매 관리, 품질 관리 등 생산 활동과 관련된 사항을 기술한다.

A. **운영 주기**: 생산 및 운영 활동상의 주기, 리드 타임 등을 기술하고, 계절적 수요 변동에 따라 생산 부하를 조절하는 재고 관리, 임시직 고용 방안 등을 설명한다.

B. **지리적 위치**: 사업체와 공장의 위치를 인력 및 원자재 수급, 동력 공급 및 유통 망 확보 등의 관점에서 평가한다.

C. **설비 및 개선**: 사업 운영을 위한 공장, 사무실 등의 시설 및 설비를 기술한다. 신규 투자를 요하는 시설 및 설비를 제시한다. 또한 향후 판매 증대 등에 의해 요구되는 시설 및 설비의 확장에 대해 평가한다.

D. **전략과 계획**: 전반적인 제조 공정을 기술한다. 외주에 의해 조달할 부품과 하도급 업체를 설명한다. 판매 수준에 따른 생산 계획을 제시하고 원가와 생산량의 관계 등을 평가한다. 품질 관리와 재고 관리 등의 방안을 기술한다.

E. **규제 및 법적 사항**: 제품 생산과 관련된 법적 규제에 부응하고 의무 사항을 수행할 방안을 기술한다.

Ⅷ. 경영진

사업을 운영할 경영진의 역량과 역할 분담, 주주 및 이사진의 구성, 조직도를 설명한다. 경영진의 사업적, 기술적 경험과 역량의 적절한 조화를 제시할 필요가 있다.

A. **조직**: 경영진의 구성과 역량을 제시하고 담당 부서를 조직도로 표시한다. 경영진의 상호 보완성과 협력성을 평가한다.

B. **핵심 경영인사**: 최고 경영진의 경력, 기술, 경험, 성과 등을 기술하고 그것이 어떻게 계획 사업 추진에 도움이 되는지 설명한다.

C. **경영진 보상 및 지분**: 경영진의 급료 수준, 스톡 옵션 및 지분 투자의 비중을 기술한다.

D. **기타 투자자**: 회사에 대한 기타 투자자의 지분과 주식 취득 경위를 설명한다.

E. **종업원, 기타 협의 사항 및 스톡 옵션과 보너스 방안**: 종업원 유치를 위한 인센티브 스톡 옵션 및 보너스 방안과 주요 고용 계약 등을 설명한다.

F. **이사진**: 이사진의 구성 방침과 각 이사의 주요 능력을 설명한다.

G. **기타 주주 및 권한과 제한 사항**: 위에서 언급되지 않은 주주와 그들의 권한 및 보증 관계 등을 추가로 언급한다.

H. **전문 자문역과 지원 서비스**: 법률, 회계, 광고 등의 자문 기관과 자문 내역을 기술한다.

Ⅸ. 전체 일정

사업의 핵심적 해결 사항별로 이정표를 설정하여 그 추진 일정을 구체적으로 밝힌다. 일반적으로 사업 일정의 기간을 평가 절하하는 경향이 있으므로 사업 일정의 실현 가능성을 부각시킨다. 원자재 조달부터 판매 후 대금 결제에 이르기까지의 전 과정과 그에 따른 현금 흐름을 도식적으로 표시한다. 개발, 생산, 영업 등 각 활동에 대해 월별로 추진 일정을 수립하고, 핵심 과제의 성취 시한을 설정한다. 사업 추진에 따른 분야별 인력의 증감을 표시한다. 일정이 지켜지지 않을 확률이 높은 과제와 그 경우 발생하는 문제의 영향력 및 그 해결 방안을 제시한다.

Ⅹ. 핵심 위험, 문제 및 가정

사업 추진상 발생할 수 있는 위험 요소나 문제점을 적극적으로 파악하여 설명함으로써 투자자들의 의구심을 불식하고, 창업자의 용의주도함을 보여줄 수 있다. 우선 사업 계획의 제 가정과 위험 요소를 논의하고, 상대적 중요도를 평가한 뒤, 문제 발생 시 그 위험을 최소화할 수 있는 방안을 제시한다. 중요한 위험 요소와 문제점에 포함될 수 있는 사항은 다음과 같다.

- 주문 전 현금 고갈
- 경쟁사의 가격 할인 정책
- 부정적인 산업 동향
- 기대 이상의 개발비나 생산 비용
- 예상 판매 미달
- 제품 개발 일정 지연
- 자재 및 부품 조달상의 문제나 지연
- 주문 쇄도 후 현금 고갈

Ⅺ. 재무 계획

재무 계획을 통해 창업자는 투자자에게 투자 기회가 재무적으로 생존력이 있고, 적정한 수익률을 제공하는 투자 가치가 존재함을 보여줄 뿐만 아니라 현금 흐름을 사전적으로 예측하여 회사의 재무 관리에 도움을 얻을 수 있다. 재무 제표와 현금 흐름을 향후 3년간 추정하고, 손익 분기 분석 결과를 제시한다.

A. **실제 손익 계산서 및 대차 대조표**: 기존의 회사인 경우 과거 3년간의 재무 제표를 제시한다.

B. **추정 손익 계산서**: 매출액 추정과 원가에 대한 제 가정에 기반해서 향후 3년간의 손익 계산서를 작성한다.

C. **추정 대차 대조표**: 1년차에는 반기별로, 2-3년차는 연도별로 추정 손익 계산서에 기반하여 추정 대차 대조표를 작성한다.

D. **추정 현금 흐름표**: 1년차의 현금 흐름표는 월별로, 2-3년차는 분기별로 작성한다. 운전 자본, 융자금 상환, 추가 자금 조달 등의 주요 항목에 따른 현금의 유입과 유출을 분석적으로 제시한다. 외상 매출금 결제, 외상 매입금 결제, 급료 수준, 운영비 증감 등에 관한 제 가정과 그에 대한 민감도를 논의한다.

E. **손익 분기표 및 계산 내역**: 손익 분기점을 도출하는 표를 제시하고, 예상 매출액 감소, 가격 변동 등이 있을 경우 손익 분기점을 낮추는 방안을 논의한다.

F. **원가 통제**: 각종 원가 요소에 대한 통제를 누가 어떻게 할 것인지를 기술하고, 예산 초과 시 취할 조처를 설명한다.

G. **주요 사항**: 최대 현금 수요액과 시점, 부채와 자본의 필요 액수, 부채 상환 기간 등 핵심 사항을 결론적으로 요약한다.

XII. 회사의 투자 제안

필요 자금의 규모와 주식 제공 등 자금 조달 방안, 투자자의 기대 수익률, 자금의 운용 방안 등을 기술한다.

A. **자금 조달 요망 사항**: 제품 개발 등 사업 추진에 필요한 자금을 향후 3년간 어떻게 조달할 것인가를 기술한다. 현재 고려되고 있는 지분 투자 방안 이외에 장기 융자, 당좌 대출 등으로 얼마만큼 보완할 것인가도 제시한다.

B. **투자 제안**: 주식, 전환 사채, 융자 및 지분 투자 등 다양한 투자 방안과 가격 및 증권의 수량 등을 기술한다.

C. **자본화**: 현재 매각된 주식 수와 추가 자금 조달 후 매각될 주식 수를 기술하고, 그 중 경영진의 보유 지분율을 제시한다. 추가 매각 후 잔여 수권 주식의 수와 종업원의 스톡 옵션 준비분을 명시한다.

D. **자금 운용**: 조달한 자금을 제품 개발, 설비 투자, 마케팅, 운전 자본 등 어떠한 용도로 어느 시점에서 운용할 것인지를 기술한다.

E. **투자사의 수익**: 회사의 가치 평가에 기반하여 투자자의 수익률이 얼마나 될 것인가와 기업 공개, 매각, 인수・합병 등을 통한 투자 가치 수확 방안을 제시한다.

XIII. 부 록

부록에는 본문에 포함하기에는 너무 상세하거나 광범위하니 계획 사업을 이해하는 데 특별히 도움되는 자료나 내용을 첨부한다. 이에는 제품 명세서나 사진, 핵심 부품 공급 업체, 특별한 설비, 기술 및 장소 관련 분석, 전문 기술진이나 컨설턴트의 평가 내용, 법적 인허가나 라이슨스 사본 등이 포함될 수 있다.

6. 사업 계획서의 평가

사업 계획서의 효과성은 계획 사업의 잠재성을 평가하기 위해 관련 정보를 독자들에게 어느 정도 잘 전달하느냐에 달려 있다. 사업 계획서 중에서도 어느 부분이 강조되어야 할지는 독자가 누구인가에 따라 다르다. 따라서 사업 계획서가 잘 쓰여져 있는가를 따지기 위해서는 이러한 독자층의 다양한 시각이 무엇인지를 먼저 파악해야 한다. 창업 기업의 사업 계획서를 읽게 되는 독자들은 다음과 같은 부류 중의 하나일 것이다.

- 은행의 대출 심사역
- 공급 업체
- 잠재 고객
- 잠재 투자자
- 경영 파트너 대상자
- 유치 대상 핵심 인력
- 종업원 희망자
- 창업 동지 희망자
- 창업자의 자문역

이들은 창업 기업의 사업성, 수익성, 사업 위험, 제품의 생명 주기, 문제점과 개선 방안 등에 관해 공통적인 관심을 표명하지만, 세부 사항에 있어서는 관심의 영역이 달라진다. 이 중에서 특히 중요한 독자층은 대출 금융 기관과 벤처 자본 등 잠재 투자자라고 할 수 있다. 학습 목적을 위해 사업 계획서를 작성하는 학생에게는 투자자나 대출 기관의 역할을 떠맡는 담당 교수가 가장 중요한 독자일 것이다. 다음에서 이러한 독자층별로 강조되는 부분을 고려해 보자.[19]

대출 은행 은행의 최우선 관심사는 대출금을 약정된 기간 내에 회수하는 것이다. 기업이 얼마나 성공적으로 성장하느냐에 관계없이 은행은 한정된 일정액의 이자를 지급받게 되어 있다. 따라서 대출 은행은 창업 기업의 상방 잠재성보다는 하방 위험에 더 관심을 갖게 된다. 이러한 은행에서 융자 받으려는 창업자는 사업 계획서에서 다음 사항에 주안점을 둘 필요가 있다.

- 채무자의 신용도
- 자금의 운용 방법
- 융자금 상환 일정

[19] Karl H. Vesper, *New Venture Experience,* Revised Edition (Seattle: Vector Books, 1996): 241-251.

- 담보 설정 가능성과 부채 비율
- 회계 정보 처리의 신뢰성

투자자 지분 투자자들은 창업 기업의 수익 잠재성에 큰 관심을 보인다. 이를 위해 장래 기대되는 경쟁 업체에 대해 창업 기업이 가질 수 있는 지속적인 경쟁 우위가 무엇인가를 알고자 한다. 지분 투자를 고려하는 벤처 자본사는 최종적인 자금 지원을 하는 데 있어 창업 기업과 관련된 여러 가지 사안을 조사하게 된다. 따라서 창업자는 벤처 자본이 사업 계획서를 검토하는 것은 그러한 정당한 노력(Due Diligence)의 일부이지 전부는 아니라는 점을 명심해야 한다. 투자자를 목표로 하는 사업 계획서 작성 시 창업자는 다음 사항을 유의할 필요가 있다.

- 계획 사업 자체가 매력적인가?
- 사업 계획서의 신중한 평가에 드는 시간과 노력은 얼마인가?
- 고객에 대한 제품의 효익이 무엇이고 원가가 합당한 수준인가? 벤처의 기술이 장기적으로 우위를 지닐 수 있는가?
- 목표로 하는 세분화 시장은 무엇이고, 그 규모는 어떠한가?
- 판매를 원활히 추진할 수 있는 증가가 있는가?
- 경쟁 업체의 장단점은 무엇이고, 장기적인 변화 가능성이 존재하는가?
- 현재 제품/서비스 개발 단계는 무엇이고, 성과는 어떠한가?
- 생산과 설비 투자는 어떻게 할 것이고, 경쟁 업체에 비해 품질과 원가가 우월한가?
- 매출액 이익률, 순이익, 투자 수익률 등은 어떤 수준이고, 믿을 만한 근거를 제시할 수 있는가?
- 자금의 운용 방법과 시점은 무엇이고, 중간 성취 과제를 명확히 알고 있는가?
- 창업자가 스스로 금전적인 투자를 하고 있는가?
- 투자자가 수확할 수 있는 방법과 시기는 어떠한가?

담당 교수 대학에서는 사업 계획서 작성 과제를 통해 학생들이 수익성과 성장 가능성이 있는 사업체를 기획하고 그 추진에 필요한 경영 과제들을 총체적으로 파악하고 제시할 수 있는 능력을 학습하도록 한다. 그러나 한 학기 동안에 금융 기관에서 융자를 받을 수 있는 수준, 또는 시제품을 개발하고 시장 조사를 할 수 있는 수준의 사업 계획서를 작성하는 것은 거의 불가능한 것이다. 따라서 담당 교수는 이러한 한계점을 염두에 두고 다음 사항에 주안점을 두게 된다.

- 계획하고 있는 사업체와 관련된 각종 정보를 얼마나 체계적으로 성의있게 탐구하고 있는가?
- 계획 사업과 관련된 지식, 분석력, 사업 대안 제시, 미래 예측 능력 등의 다양한 사고력을 나타내고 있는가?

• 입수된 정보를 체계적이고 설득력 있게 제시할 수 있는 문장력이 있는가?

경연 대회 심사 위원 대학에 따라서는 학생들의 창업 경영 마인드를 제고하기 위해서 사업 계획서 경연 대회를 주최하는 경우가 있다. 이러한 경연 대회의 심사 위원으로는 벤처 자본가, 금융인, 창업 기업가, 전문 경영인 등이 초빙된다. 부록 B는 샌 디에고 주립 대학과 텍사스 대학에서 거행하는 사업 계획서 경연 대회에서 심사 위원들이 사용하는 사업 계획서 평가 양식을 보여 준다. 그러한 평가 양식에서 알 수 있듯이 사업 계획서의 내용과 형식도 중요하지만 그것을 어떻게 말로 잘 전달하느냐 하는 점과 사업체 자체의 성장 가능성에도 주안점을 두고 평가하게 된다.

위와 같은 평가자들이 접하는 대부분의 사업 계획서가 가지고 있는 오류는 무엇인가? 답은 비교적 간단하다. 사업을 계획하고 있는 사람들이 수치에 너무 많이 집착한 나머지, 사업에 관건이 되는 중요한 정보들을 놓치는 경우가 많다는 것이다. 이는 투자자로 하여금 계획 사업에서 관심을 멀리하게 되는 이유가 된다.

노련한 투자자들은 장기적이고 세밀한 재무 분석이 미래의 정확한 표현이라고 하기보다는 상상력의 표현이라는 것을 잘 알고 있다. 창업 기업은 수익은 말할 것도 없고 매출액을 예측하기에는 너무나 많은 알 수 없는 요인들에 직면한다. 더구나 목표를 이루기 위해 얼마나 많은 자본과 시간이 소요될지 예측할 수 있는 창업자는 거의 없다. 창업자는 일반적으로 낙관적이며 사업 계획서에 사족을 덧붙이는 경우가 비일비재하다. 투자자들은 그러한 불필요한 요소가 존재한다는 점을 잘 알기 때문에 사업 계획서에 나타나 있는 여러 수치들을 도외시한다.

그렇다고 해서 사업 계획서에 숫자를 넣어서는 안 된다는 것이 아니다. 반드시 일정 정도의 숫자는 있어야 한다. 중요한 것은 그런 숫자들이 반드시 창업자가 성공 혹은 실패를 가름짓는 준거를 토대로 만든 사업 모델을 통해 제시되어야만 된다. 무분별한 숫자의 나열은 오히려 해가 될 뿐이다. 즉, 제시된 숫자들이 사업의 실패 혹은 성공을 바라보는 창으로서의 역할을 할 때 가치가 있는 것이다. 예를 들어 제조업의 경우 주요 잣대는 생산 공정상의 수치들이 될 수 있고, 잡지 출판의 경우 예상되는 재구독률이 될 수 있으며, 소프트웨어업의 경우에는 다양한 유통 채널을 사용할 경우 각각의 효과치 등이 될 수 있다. 또한 손익 분기점에 대해서도 언급을 반드시 해주어야 한다. 중요한 것은 언제쯤 현금 흐름이 흑자로 돌아설 것인가일 것이다. 이러한 문제들은 많은 분량을 요구치 않으며 때로는 한 장짜리 보고서로도 충분히 핵심적 사항을 전달할 수 있는 것이다.

사업 계획서를 작성할 때 계획 사업의 기본적인 틀을 짜고 그것에 입각해 사고해야 한다. 그런 기본 틀은 현재 유행되고 있는 창업자를 위한 책이나 프로그램들이 제시하는 성공 공식 같은 것이 아니다. 그것은 어떤 창업 기업에게든 필수적이라고 할 수 있는 다음 네 가지 상호 의존적인 요인을 체계적으로 평가하고 측정하기 위한 기본 틀이 되어야 한

다.[20]

인력 벤처를 운영하는 사람들과 자원과 서비스를 제공해주는 조직 밖의 인물들, 예를 들면 변호사, 회계사, 공급자 등을 말한다. 이와 관련하여 사업 계획서는 다음과 같은 질문에 답을 제공할 수 있어야 한다.

- 창업 팀의 출신지, 교육 경력, 직장 경험, 과거의 성공한 경험, 해당 사업 분야에서의 명성은 무엇인가?
- 창업 팀이 현재 추구하고 있는 사업과 직접적으로 관련된 경험, 기술, 능력, 지식을 가지고 있는가?
- 창업 팀이 벤처의 성공 가능성과 역경에 대해 현실적인 판단을 내리고 있는가?
- 창업 팀 외에 더 누가 필요한가?
- 창업 팀이 높은 수준의 인력을 고용할 능력이 있는가?
- 창업 팀에게 어려운 선택을 할 수 있는 용기가 있는가?
- 창업 팀이 얼마나 사업에 몰두할 것이며, 동기 부여의 수준은 어떠한가?

사업 기회 이는 사업 자체에 대한 윤곽을 뜻한다. 무엇을 팔 것이며 누구에게 팔 것인가, 사업이 성장할 수 있는가, 그것의 속도는 어느 정도인가, 그리고 사업의 경제성은 무엇이고 성공에 이르는 과정에서 무엇이 중요하며 누가 중요한 역할을 할 것인가 등에 관한 내용이다. 이와 관련하여 사업 계획서는 다음 질문에 답할 수 있어야 한다.

- 고객은 누구인가?
- 계획 사업의 제품/서비스를 고객이 어떻게 구매할 것인가?
- 고객이 제품을 구매하도록 하는데 어느 정도의 강제력을 가질 것인가?
- 가격 책정은 어떻게 할 것인가?
- 목표 고객층에 어떻게 접근할 것인가?
- 고객을 확보하는 데 얼마나 많은 비용이 드는가?
- 제품/서비스 생산과 전달에 얼마나 많은 자금이 드는가?
- 고객 지원에는 얼마나 많은 비용이 드는가?
- 고객을 유지하기가 얼마나 쉬운가?

사업 환경 이는 사업의 밑그림을 말한다. 즉, 법적인 규제 환경, 이자율, 인구통계학적 추세, 인플레이션 따위로 창업자가 통제할 수 있는 범위 밖에서 사업에 영향을 끼치며 변화하는 것들을 의미한다.

위험 및 보상 이는 어떤 것이 잘 되고 어떤 것이 잘못될 것인가에 대한 평가이다. 즉, 사업을 통해 무엇을 얻을 수 있으며, 무엇을 잃을 수 있는가에 대한 냉정한 평가와 그

---

20 William A. Sahlman, "How to Write a Great Business Plan," *Harvard Business Review,* July-August 1997: 98-108.

에 따른 창업자의 대응을 의미한다. 이는 되도록이면 가시적으로 표나 그림을 통해 전달하는 것이 바람직하다.

위의 네 가지 요소를 기반으로 하는 사업 계획의 틀에 있어 기본적인 전제는 사업이 성공적으로 추진되기 위해서는 이러한 요소들이 적절히 결합되어야 한다는 점이다. 창업팀의 멤버들은 그들이 추구하는 사업 기회에 직접적으로 관계 있는 기술과 경험을 가지고 있어야 하며, 그들은 과거에 성공적으로 일한 사람들이어야 한다. 좋은 사업 기회는 매력적이며 지속성 있는 모델을 바탕으로 세워져야 한다. 그래야만 경쟁력과 방어력을 가질 수 있다. 사업의 규모와 범위를 확장시킬 수 있는 많은 선택 조건들이 존재하는데, 그러한 선택 조건들은 일반적이기보다는 해당 기업과 팀에 독특한 것이어야만 한다. 사업을 통해 뽑을 수 있는 가치들은 다양한 방식을 통해 얻을 수 있어야 하며, 사업 환경은 규제나 거시경제적 환경 측면에서 해당 사업에 호의적이어야 한다. 사업 위험이 사전적으로 인지되어야 하고, 창업 팀은 그러한 위험을 완화하기 위한 방법을 고려하여 난관에 닥쳤을 때 겪는 영향을 최소화할 수 있어야 한다. 요컨대 사업 계획서는 위의 네 가지를 완벽하게 포괄해야 하며 현실성이 있어야 한다.

창업 실무

사업 계획서 양식

중소 기업 창업 지원 법, 중소 기업 진흥 법, 공장 배치 및 공장 설립에 관한 법률 등 각종 법령에 의거하여 제출해야 하는 서류 중 사업 계획서가 포함될 경우 해당 기관에서 요구하는 서류 양식에 따라 충실히 작성하면 된다. 예컨대 중소 기업 창업 지원 법 시행 규칙 제8조(사업 계획의 승인 신청 등)에 보면 "시행령 제29조의 규정에 의한 기술집약형 중소 기업 및 동 제30조의 규정에 의한 농어촌 지역에서 창업되는 중소 기업의 창업자가 법 제21조 1항 및 영 제27조의 규정에 의하여 사업 계획의 승인 또는 변경 승인을 얻고자 하는 경우에는 별지 제6호 서식의 신청서에 다음 각 호의 서류를 첨부하여 시장, 군수, 구청장(자치구의 구청장을 말한다)에게 제출하여야 한다"라고 규정되어 있다.

여기서 제출 서류에는 (1) 사업 계획서(승인 신청서의 경우에 한한다), (2) 변경 계획서 및 변경 사유서(변경 신청의 경우에 한한다), (3) 변경 내용의 신·구 대비표(변경 신청의 경우에 한한다), (4) 위치도, (5) 공장 예정지 지적도, (6) 공사 개요서, (7) 개략 설계 도서, (8) 개략 공사비 조서 등으로 규정하고 있어 사업 계획서를 주어진 양식에 의해 작성하여 제출해야 한다. 이러한 창업 사업 계획 승인에 의한 창업은 공장 설립 신고, 농지 전용 허가 등 공장 설치와 관련된 각종 인허가를 원 스톱 서비스 원칙에 의해 일괄 의제 처리를 받을 수 있어 창업 절차를 최대한 간소화해준다.

여기서 요구하는 사업 계획서의 개괄적 구성은 아래와 같다.[21]

(1) 사업 개요
(2) 생산 제품 소개
(3) 생산 및 판매 계획
(4) 창업 전후의 생산 제품 비교
(5) 기술집약형 중소 기업 업종에의 해당 여부
(6) 공장 입지
(7) 시설 내역 및 소요 자금
(8) 자금 조달 계획
(9) 고용 계획
(10) 환경 오염 방지 계획
(11) 사업 계획 승인으로 의제 처리되는 인허가 관련 기재 사항

다음에서는 창업 투자 회사 등에 의해 일반적으로 요구되고 다양한 용도로 창업자가 활용할 수 있는 사업 계획서의 실무적 양식을 보다 구체적으로 소개하고자 한다. 우선 개괄적 구성을 제시하고, 다음으로 각 항목마다 작성해야 하는 내역을 설명한다.

사업 계획서의 목차

1. 개요
2. 연혁
3. 주요 주주 및 경영 기술진
4. 기구 조직도
5. 주요 재무 제표
6. 차입금 현황
7. 사업 계획 내용
8. 제출 자료

사업 계획서 구성 양식

1. 개요
   - 회사명

[21] 한국 기업 상담㈜, 창업과 신규 사업을 위한 사업 계획 작성 가이드(서울: 한국 생산성 본부, 1994): 34-96.

- 대표자
- 업종: 표준 산업 분류(세세 분류 5 자리) 기재
- 계획 제품
- 설립(예정)일
- 기업 형태: 법인 / 개인
- 자본금
- 자산 규모
- 종업원 수
- 주소 및 전화
  본사
  사업장
  계획 사업장: 대지 평수, 건물 평수, 소유 형태(자가 / 임차)
- 계획 사업명
- 신청 금액

2. 연혁
- 주요 연혁 사항의 일자 및 내용 기재

3. 주요 주주 및 경영 기술진
- 주요 주주
  주주명, 소유 주식, 금액, 지분율, 관계, 비고 사항 기재
- 경영기술진
  성명, 직위, 나이, 학력, 경력 사항 기재

4. 기구 조직도
- 회사 조직도를 도표로 작성함

5. 주요 재무 제표
- 대차 대조표: 과거 2개년
  유동 자산
  투자와 기타 자산
  유형 고정 자산
  무형 고정 자산
  이연 자산
  유동 부채
  고정 부채
  부채 총계
  자본금
  잉여금
- 손익 계산서: 과거 2개년
  매출액
  매출 원가
  판매 관리비
  영업 이익
  영업외 수익
  영업외 비용
  지급 이자
  경상 이익
  특별 손익
  법인세 등
  당기 순이익

6. 차입금 현황
- 차입 기관별 종류, 현잔, 차입월, 상환일, 이자율, 비고(연체 등)

7. 사업 계획 내용
- 계획 사업의 개요
  제품의 개요, 사업 동기, 사업 목적, 기대 효과, 사업 규모, 경쟁력 등을 기술
- 계획 사업의 추진 필요성
  기술명: 기술집약형 품목 해당 사항 내용 포함
  용도
  특성
  기타: 국내외 관련 기술 현황, 사업화 사례 등 포함
- 계획 사업 부문별 소요 자금 및 조달 방법: 향후 연도별 및 총계
  소요 자금
  -토지 구입
  -토목 공사
  -건축 공사
  -기계 장치: 규격, 수량, 가격, 용도 등 명세를 별지에 첨부
  -기타
  -계

조달 방법
-본건 차입
-자체 자금
-기타 차입
-계

• 계획 사업 일정
수행 기간
월(분기)별 추진 사항 기재

• 인원 현황
현재 관리직, 영업직, 기술직, 기능직, 기타 임원 및 직원 기재
완공 후 관리직, 영업직, 기술직, 기능직, 기타 임원 및 직원 기재

• 생산, 판매 실적 및 계획
생산, 판매 실적: 과거 3개년 연도별, 제품별
-내수
-수출
향후 5개년 연도별, 제품별 판매 계획
-내수
-수출

• 생산 공정도 및 공정 설명
공정별 공정명, 설비명, 수량, 생산 능력, 공정 설명

• 추정 손익 계산서: 향후 5개년 연도별
매출액
매출 원가
매출 총이익
판매 및 일반 관리비
영업 이익
영업외 수익
영업외 비용
지급 이자
법인세 등
당기 순이익

• 제품 제조 원가: 향후 5개년 연도별
재료비
노무비
경비
-감가상각비
-복리후생비
-외주가공비
-소모품비
-리스료
-지급 수수료
-기타
계

• 추정 대차 대조표: 향후 5개년 연도별
유동 자산
투자 자산
기타 자산
유형 고정 자산
무형 고정 자산
이연 자산
자산 총계
유동 부채
고정 부채
부채 총계
자본금
잉여금
부채와 자본 총계

• 담보 제공 계획
담보별 종류, 수량, 금액, 비고 기재
담보 총계 기재

8. 제출 자료
• 경영 기술진 이력서, 주민등록 등본
• 담보 제공서 담보물 감정서, 도시 계획 확인원, 등기부 등본
• 연대 보증인 주민등록 등본, 인감 증명서
• 법인 정관, 인감 증명서
• 상업 등기부 등본
• 사업자 등록증 사본
• 최근 2년간 결산 서류
• 제품 캐털로그
• 기타 참고 자료

창업 이야기 V-1

우양 코퍼레이션[22]

최근 몇 년 동안 중소 기업들 사이에 이업종 교류가 활발히 이루어지고 있다. 분야가 서로 다른 기업끼리 손을 잡고 기술 개발에 나서거나 신규 사업에 투자하기도 한다. 대기업에 비해 기술과 자본, 인력이 절대 부족한 중소기업들이 각자 갖고 있는 자원을 합쳐 시너지 효과를 노리는 전략이다. 우양 코퍼레이션은 이러한 이업종 교류를 통해 위기를 전화위복의 계기로 삼은 기업 중의 하나이다. 우양 코퍼레이션의 이재국 사장은 자신의 배낭 제조 회사와 탄광 업체 간의 언뜻 어울리지 않는 업종간의 전략적 제휴를 통해 이업종 교류에 성공했다.

1982년 설립된 후 비교적 순조롭게 세계시장에 접근하던 우양은 80년대 후반의 산업계 판도 변화와 함께 인건비 급상승으로 인한 심각한 생산성 감소에 직면하게 되었다. 기업 존폐의 위기 상황에서 이 사장의 해결책은 탄광촌에서 나왔다. 당시 사양 산업으로서 탄광들이 문을 닫기 시작함에 따라 탄광촌의 경제적 여건을 최악으로 치닫고 있었고, 이 사장은 이곳에서 값싼 노동력이라는 기회를 발견할 수 있었다.

광업소 안에 공장을 세우면 우양 코퍼레이션은 광부 가족들로부터 값싼 인력을 조달받고, 광부 가족들은 새로운 소득원을 얻게 된다는 것이 그의 생각이었다. "왜 하필이면 탄광촌이냐?"라는 반대 논리도 무성했지만 결국 강원 삼척시 도계읍의 경동 보일러 계열인 경동상덕 광업소와 공장 설립을 약속 받게 되었다. 경동측에서는 광업소 구내에 공장을 무료로 지어주고, 우양은 광업소 가족을 고용한다는 계약이었고, 서울과 비교도 할 수 없이 싼 가격의 임대료는 1년 단위로 주기로 했다.

공장의 완공은 1991년 7월, 생산 초기에 새로운 공원들은 처음 접하는 일에 쉽게 적응하지는 못했지만 정성어린 꾸준한 교육을 통해 이를 극복할 수 있었다. 현재 우양은 태백 도계 공장에 250명의 주부 근로자를 고용하고 있으며 이러한 광부들의 경제적 기반이 안정되면서 지역 발전에 기여하고 있다.

우양은 세계적인 등산용 배낭 메이커로 주문자 상표 부착 방식(OEM)에 의해 해외로 수출하여 95년 500만 불 수출 탑을 받았다. 또한 자체 개발 디자인에도 관심을 두어 30%의 물량을 자체 개발 디자인에 의존하고 있다. 이 사장의 업종간 교류 방식에 의한 성공은 사업계획이나 전략적 제휴 측면에서 업종간 시너지 극대화의 좋은 사례를 제시해 준다.

22 경향 신문, "우양 코퍼레이션, 탄광촌에 배낭 공장지어 성공," 1996년 3월 11일.

창업 이야기 V-2

쓰리 소프트[23]

'국내 최초의 한글 정보 검색 엔진 개발 업체', '검색 엔진 업계의 최강자', '신문사 기사 검색 시스템 구축 전문 업체' 등은 ㈜쓰리 소프트의 위상을 단적으로 나타내 주는 말들이다. 창업자 조기욱 사장은 자체 개발한 '인포 모어'라는 한글 검색 엔진을 1994년에 발표하면서 국산 검색 엔진 시대를 연 인물이다. 인포 모어를 개량해 지난 1월에 선보인 '인포 에이스'라는 무기를 지닌 쓰리 소프트가 검색 엔진 시장에서 차지하는 비중은 상당하다. 검색 엔진 패키지 시장만 보아도 점유율이 30%를 넘는다. 1998년 코스닥 상장을 앞두고 동원 창투·동부 창투·우리 기술 투자 등이 1997년까지 총 9억 원(지분율 20%)을 쓰리 소프트에 투자했다. 이에 따라 1993년 5000만 원으로 시작한 자본금은 95년에 3억 원, 97년에는 15억 원으로 늘어났다.

쓰리 소프트사는 1993년 창업 당시 한글 검색 엔진 시장이 '없는' 상태에서 개척자 정신을 갖고 사업에 뛰어들었다. 하지만 1994년 말 인터넷 붐이 크게 일면서 검색 엔진에 대한 업체들의 수요가 늘어 곧바로 사업도 안정 궤도에 접어들었다. 더욱이 중소 기업을 겨냥한 저가형 제품의 출시를 통한 검색 엔진의 개인화·대중화도 눈앞에 두고 있어 성장 속도는 더욱 빨라질 전망이다. 1994년 4억 원이던 매출이 이듬해엔 두 배가 넘는 9억 원으로 훌쩍 뛰었다. 1996년 매출은 20억 원, 97년에는 40억 원으로 바라보고 있다. 조 사장은 "98년에 60억 원은 너끈하다. 이대로 가면 2000년엔 100억 원 이상도 가능하다"고 자신한다.

서울대 제어계측과를 나와 미국 페얼레이 디킨슨 대학에서 전산학 석사를 마친 조 사장이 검색 엔진이란 이색 분야에 뛰어들게 된 계기는 우연이었다. 조 사장은 창업 동기를 다음과 같이 말한다.

"89년 귀국해 쌍용 컴퓨터를 거쳐 삼보 컴퓨터 그룹 계열의 삼보 소프트웨어에서 개발 과장으로 미국 정보 검색 엔진인 '베이시스 플러스'의 한글화 작업을 하고 있을 때였습니다. 당시 회사측은 이 시장이 너무 작다고 보고 크게 지원을 하지 않았습니다. 하지만 저는 이 일을 하면서 시장이 무궁무진하다는 사업성을 깨닫고 무릎을 탁 쳤습니다."

삼보 시절은 사실 그에겐 인생의 전기였다. 삼보에서 김상배 씨(당시 삼보 영업부장, 현재 벤처 기업인 사이버텍 홀딩스 사장), 최인석 씨(당시 삼보 영업부 근무) 같은 창업 동지를 만났기 때문이다. 조 사장보다 3개월 먼저 삼보를 떠난 김 씨와 나중에 합류한 최 씨 등 3명이 의기투합해 만든 게 바로 1993년 11월 1일 설립한 쓰리 소프트였다. 조 사장은 당시 한 가지 원칙을 정했다. 이는 '검색 엔진'이란 신제품으로 승부를 걸지 결코 대기업 용역으로 연명하지는 않겠다는 다부진 각오였다. 처음 6개월간 매출이 없어 자본금을 까먹고 있을 때에도 고가 용역 의뢰를 과감히 거절했다. 용역에 매달리다 보면 결국 소프트웨어 개발 업체가 아닌 용역 업체로 전락할 것이 뻔했기 때문이었다.

이런 산고 끝에 나온 작품이 바로 인포 모어이다. 이를 바탕으로 검색 시스템 구축에도 나서기 시작했다. 첫번째 수주 사업은 한국 전력의 자회사인 세일 정보통신의 일이었다. 총 1억 2000만 원을 받고 인포 모어를 응용해 만든 '한전 사규 관리 시스템'과 '한전 원자력 발

23 이코노미스트, "쓰리 소프트, 한글 정보 검색 엔진 '원조 중 원조'," 1997년 9월 16일.

전소 건설 경험집 관리 시스템'을 바탕으로 시장에 명함을 내밀기 시작했다. 특히 신문사 일을 많이 하면서 96년부터 사업이 빠르게 안정기에 접어들었다. 95년 연합 통신 전자 신문 구축 지원을 시발로 경향 신문 기사 검색 및 데이터베이스 구축, 중앙 일보 조인스 데이터베이스 구축, 문화 일보 전자 신문 구축, 조선일보 기사 색인 및 인물 데이터베이스 구축 등을 해주면서 신문 기사 검색 시스템 구축 전문업체로 명성을 날렸다.

조 사장은 "처음 3년간은 고생할 각오를 단단히 했었지만 인터넷 붐 때문에 수요가 늘었기 때문입니다"라고 말하면서 쓰리 소프트의 성공 요인으로 시운을 든다. 하지만 이는 그의 겸손함에 불과하다. 그는 개발 사업에 뛰어들면서 가족과 함께 휴가 여행을 가본 적이 한 번도 없을 정도이다.

창업 이야기 V-3

진웅[24]

진웅은 세계적인 텐트 전문 제조 업체이다. 회사를 설립한 지 10년 만에 무명의 진웅을 세계 최고의 텐트 전문 회사로 성장시켜 국제적인 기업인이 된 이윤재 회장의 시작은 서울 여의도에 위치한 작은 오퍼상이었다. 1979년 당시 대한 무역 투자 진흥 공사에 다니던 이 회장은 입사 4년 만에 사업가로서의 성공 경쟁에 출사표를 던졌다. 숙고 끝에 결정한 사업 아이템은 텐트였다. 당시 세계적으로 임금이 저렴하면서도 섬유, 염색 및 원단 제조 기술이 뛰어난 나라는 한국이었고, 이 회장은 여기서 이 분야의 사업성을 발견하게 되었다. 이 회장의 예상은 맞아 떨어졌고, 1년 안에 그의 오퍼상은 수출입 업무에서 텐트 제조업으로 전환할 수 있었다.

진웅은 처음부터 텐트를 만들어 곧바로 해외에 내다 파는 수출 드라이브 전략을 구사했다. 1980년대 말 초창기 시절 우연히 미국으로부터 30만 불 상당의 주문을 받아 100명의 종업원이 선적을 맞추기 위해 하루 2시간씩 자면서 강행군하던 시절도 있었다. 매출은 1979년 150만 불, 80년 370만 불, 81년 500만 불로 불어갔다.

그러나 창업 후 5년간은 내수 기반 및 고정 바이어의 부족으로 고전의 연속이었다. 이런 상황에서 85년은 진웅의 역사를 바꾼 해였다. 바로 600만 불의 신화가 탄생과 함께 진웅의 앞날을 밝게 비춘 해였다. 당시 날염은 6도 인쇄 수준이었는데, 미국 스프링사의 바이어가 9도 인쇄의 날염 텐트를 주문 받기 위해 홍콩, 대만을 거친 후 한국에 들른 것이다. 가까스로 샘플을 얻은 이 사장은 전국 염색 공장을 헤맨 끝에 샘플과 같은 9도 인쇄를 해낼 수 있었다. 결국 이 사장은 이 사건으로 600만 불의 수출 계약을 끌어낼 수 있었고 '600만 불의 사나이'란 별명과 함께 업계에서 큰 신용을 얻을 수 있었다. 현재 진웅은 세계 텐트 시장의 38%를 점유하고 있다. 미국 시장의 65%, 일본의 25

---

[24] 매일 경제 신문사, **세계의 작은 거인들: 정상에 오른 해외 중소 기업들의 성공 스토리** (서울: 매일 경제 신문사, 1996): 235-246.

%, 캐나다의 40%가 진웅의 텐트 시장이다.

이어서 수출 전문 업체로서 마케팅의 중요성을 절감한 진웅은 87년 미국에 합작 법인인 진웅 USA를 설립하였다. 또한 신보호 무역 정책에 따른 쿼터 문제를 해결하기 위해 도미니카에 생산 거점을 확보하였다. 88년에는 중국 복건성 하문 경제 특구를 검토하여 한중 수교 이전에 이룬 최초의 한국 기업 중국 단독 투자를 이뤄냈다. 이 결과로 1989년 1월 처음으로 중국에 14명의 진웅 직원이 발을 디디게 되었고, 6월에 천안문 사태를 무사히 넘기면서 진웅은 중국 정부로부터 확실한 신용을 얻고 계속해서 사업을 번창시킬 수 있었다.

1990년에는 일본 시장의 공략과 시장 개척을 목표로 현지 사장을 고용한 퀘스트 저팬사를 설립했다. 이후로 진웅은 국내·외의 급증하는 물량을 십분 활용하면서 비약적인 발전을 거듭하였다. 또한 92년에는 스리랑카에 현지 법인을 설립하여 배낭 등의 스포츠 레저 용품으로 사업의 다각화를 시도하게 되었다. 이러한 현지 지향의 마케팅 효과는 지역별 장점 극대화, 저렴한 생산 비용(가격 선도력), 무역 장벽 해소, 고객과의 커뮤니케이션 활성화, 소매상에 대한 직접 수출 방식 등으로 다양하게 나타나 있고, 궁극적으로 고객의 욕구에 부응하기 위해 판매자와 구매자의 '장기적 동반사 관계'라는 새로운 거래 관계를 정립하고 있다.

읽을 거리

Amar Bhide and Howard Stevenson, "Note on Attracting Stakeholders," Harvard Business School Note 9-389-139, 1989.

Sue Birley, "The Role of Networks in The Entrepreneurial Process," *Journal of Business Venturing,* 1985, 1: 107-117.

Zenas Block and Ian C. MacMillan, "Milestones for Successful Venture Planning," *Harvard Busines Review,* September-October 1985: 4-8.

Stanley R. Rich and David E. Gumpert, "How to Write a Winning Business Plan." In William A Sahlman and Howard H. Stevenson (Eds.), *The Entrepreneurial Venture* (Boston: Harvard Business School Publications, 1992): 127-137.

Richard B. Robinson Jr. and John A. Pearce II, "Research Thrusts in Small Firm Strategic Planning," *Academy of Management Review,* 1984, 9: 128-137.

Ennis J. Walton and Michael J. Roberts, "The Business Plan," Harvard Business School Note 9-389-020, 1988.

Ⅵ장 창업 자금의 조달과 운용

"우리는 투자 자본에 대한 수익률이 높고, 그러한 수익률이 장기적으로 지속될 가능성이 매우 높은 기업체의 주식을 선호한다."

워런 버피트(Warren Buffett), *Warren Buffett Speaks,* 1997

이 장에서 다루는 주제

창업 자금 조달의 주요 과제
창업 기업의 재무 전략
필요 자금액의 결정
현실적 재무 거래의 이해
자금 조달의 원천
현금 흐름의 관리

창업 현장

퍼렌팅 매거진[1]

로빈 월레이너(Robin Wolaner)는 1980-85년 간 마더 존즈(*Mother Jones*)라는 월간 잡지사에 근무하면서 영업부장, 출판인 등을 맡아 잡지 출판 사업의 전 분야를 두루 알게 되었다. 그러나 그녀는 이 회사 근무 기간 중 자신의 편집 능력을 충분히 발휘할 수 있는 기회가 부족했는데, 회사가 계속적인 적자를 봄에 따라 회사를 사직하고 자신의 편집 능력을 마음껏 발휘하고자 자녀 양육에 관한 새로운 잡지사를 창업하기로 결심하였다.

로빈이 새로운 자녀 양육 전문지를 출판하려고 한 것은 기존의 자녀 양육에 관한 잡지들이 부유하고 고등 교육을 받은 부모들의 욕구를 제대로 충족하고 있지 못함을 파악했기 때문이었다. 기존의 선도적인 패런츠지는 질이 떨어지고, 글의 수준이 낮아 급증하는 새 독자층을 사로잡지 못하고 있었다. 따라서 로빈은 부유하고 고등 교육을 받은 고품격의 독자층을 겨냥한 잡지 사업이 성공적일 경우 50만 부 이상의 발행 부수와 막대한 수익을 올릴 수 있다는 판단을 내렸다.

로빈은 1986년 2월 퍼랜팅지(*Parenting*)를 출간하기 위해 기초적인 시장 조사에 필요할 것으로 예상되는 10만 불을 포함하여 사업 추진에 총 500만 불의 자금이 소요될 것으로 예상하였다. 로빈은 자신의 저축에 한계가 있어 각방으로 자금을 조달해야 했는데, 처음 만난 사람이 잡지사 인수를 위해 샌 프랜시스코에 조사차 들렀던 뉴욕의 아더 듀보우 씨였다. 그는 로빈의 아이디어에 좋은 인상을 받고 5000불짜리 수표를 기꺼이 써 주고 추가적으로 투자자 그룹을 물색해 주기로 약조하였다.

그 후 로빈은 듀보우 씨의 추천에 따라 인스티튜셔널 인베스터지의 출판인 길 캐플런 씨를 만나서 논의한 결과 우편 조사를 통해 사업 아이디어를 검증하기로 하였는데, 이를 위해 17만 5000불이 필요한 것으로 예상되었다. 이 자금을 조달하기 위해 로빈은 70여 명의 투자자들을 접촉했고, 듀보우 씨(2만 5000불 투자), 플레이보이사(1만 2500불 투자) 및 기타 투자자들이 결국 12만 5000불을 투자했고, 투자자들은 2만 5000불 규모의 투자에 대해 5.5%의 지분을 얻었다. 추후에 로빈은 3만 7500불을 추가로 유치하여 총 16만 2500불을 조달하게 되었다.

1985년 8월 30일 로빈은 계획대로 우편 조사를 발송했다. 서적, 교육용 장난감, 잡지 구독자, 아동 의류 구매자 등과 관련된 27개 목록을 편집하여 우편 목록을 작성하고 총 13만 명에게 우송하였는데, 이 중 5.7%가 퍼랜팅지에 대해 호의적인 구독 의사를 밝혔다. 이는 로빈이 애당초 성공적인 수준으로 판단했던 3.5%를 훨씬 웃도는 좋은 반응이었고, 결국 이 잡지의 새로운 특성을 요구하는 틈새 시장이 존재함을 확연히 입증한 셈이었다.

로빈은 자금 조달의 준비 작업으로 사업 계획서를 작성하였다. 이 사업 계획서에서 로빈은 목표 구독자 층이 경쟁지 구독자 층보다 가계 소득이 1/3 이상 더 많은 연 4만 불을 초과하고, 응답자의 절반 이상이 대학 교육을 받았음을 강조하였다. 또한 20-30세 여성이 2000만 명으로 추정되고, 1980년대에 1600만 쌍이 부모가 되어 매년 150만 명의 첫 아이를 출생하여, 90년까지는 5세 미만의 아동이 2000만 명에 이를 것으로 잠재 시장의 규모를 판단하였다.

[1] William A. Sahlman, “Parenting Magazine,” Harvard Business School Case 9-291-015, 1990.

1980년대 이후 아이를 가진 여성들은 아이를 더 낳아 양육 기간 동안 직장 생활을 할 것이므로 퍼렌팅지는 직업을 갖고 활동적으로 일하며, 9세 미만의 아동을 양육하는 직장 여성을 주요 목표로 하고 있다. 장기적으로는 월간 뉴스레터를 발간하고, 우편 목록 재판매 등의 관련 사업을 추진하기로 하였다. 로빈은 1991년도의 예상 총수익이 2300만 불을 초과하고, 3년차에 손익 분기점을 달성하는 것으로 추정하였다.

당초 예상했던 500만 불의 투자 자금을 확보하는 데 있어 로빈은 현재 투자자 그룹의 한계를 인식하고, 추가적인 자금 조달을 위해 벤처 자본, 부유한 개인 투자자(에인절 자본), 증권사, 출판사 등을 접촉하기 시작하였다. 로빈의 접촉 결과 벤처 자본은 잡지 사업의 경험이 부족하고, 투자 심사의 진행이 느렸다. 출판사들은 대부분 잡지사 지분을 100% 소유하기를 원해 로빈의 창업 목적과 걸맞지 않았다.

그러던 중 1986년 1월 로빈은 타임 사(Time Inc.)의 중역인 던 스퍼들 씨의 제안을 받아 타임사의 잡지 사업부의 저명한 편집장인 헨리 그런월드 씨가 동석한 회의에서 투자 협의를 하게 되었다. 수차례의 회의를 거쳐 타임사는 로빈에게 1987년까지 필요한 500만 불 중 320만 불을 일차 투자하고, 이후 광고 수입, 구독률, 간접비 등의 목표 수준을 달성할 경우 추가적인 지분 투자를 할 옵션을 달라는 조건을 내걸었다. 이러한 투자가 이루어질 경우 로빈은 51%의 소유권을 보유하게 되는 반면, 타임사는 49%의 지분을 인수하고 그 조건으로 기존 투자 파트너에게 투자 원금의 3배를 지불하게 되는 것이었다.

이러한 옵션 조건에 대해서 사업이 기대 이상으로 잘 될 경우 로빈은 추가적인 자기 지분을 내주어야 하는 반면, 사업이 잘 안 풀리면 타임지가 추가 투자를 않게 되고, 결국 또다시 자금 조달을 위해 뛰어야 하는 상황이었다. 로빈은 사업 추진을 위해 현재 반드시 필요한 자금 조달을 위해 자신의 미래 순익을 희생하더라도 타임사의 제안을 받아들이고 잡지 출판에 대한 노하우를 적극 활용하는 기회를 취할 것인가, 아니면 또 다른 투자자를 물색할 것인가 하는 판단을 내려야 한다.

1. 창업 자금 조달의 주요 과제

사업 기회의 타당성을 평가하고, 구체적인 사업 계획을 수립하게 되면 창업자는 사업 추진에 요구되는 자금, 소위 **종자 돈**(Seed Moncy)을 확보해야 한다. 기존 기업에 비해 고객 기반과 매출 실적이 미비한 사업 초기나, 사업성이 시장에서 검증된 후가 아니라면 외부 투자자로부터 자금을 조달하는 일은 매우 힘들다. 또한 사업이 어느 정도 자리를 잡은 후 빠른 속도로 성장을 하고 있을 경우에는 시설 투자 등의 확대를 위해 더욱 많은 자금이 요구된다. 따라서 창업자는 늘 자금 부족에 시달리게 된다.

그러나 창업자는 사업 초기의 자금 압박에 대해 너무 심란해 할 필요는 없다. 자금이 부족한 상황이 오히려 사업 기반을 견고히 하고 사업성을 향상시키는 힘이 되는 경우가 많다. 현재 눈부신 성공을 보이고 있는 미국의 벤처 기업들도 사업 초기에는 1만 불도 안 되는 자금을 친척의 도움이나 집을 담보로 조달해 지하실, 부엌, 창문 없는 사무실, 창고, 자동차의 짐칸 등에서 밤낮 없는 중노동을 통해 이루어졌다.[2]

*Inc.*지 500대 기업에 선정되어 있는 280만 불에서 2억 8000만 불에 이르는 외형을 가진 다양한 업계의 기업 성공의 원동력을 살펴보면 주도 면밀한 투자자, MBA 수준의 전문 경영 능력, 회계사와 변호사의 지원 등에 의해서라고 하기보다는 자기 회사에 대한 무한한 믿음에서 나오는 무모함, 중노동, 기발하고 멋진 상상력, 자유로운 창의력 등이라고 할 수 있다. 그러한 힘의 원천은 가난과 역경과 어려움을 벗어나고자 하는 열정이라고도 할 수 있다. 가족의 도움을 받아 성공한 회사, 현명한 파트너 덕택에 마케팅 비용이 안 드는 회사, 자신의 창고에서 시작한 컴퓨터 서비스 회사 등 다양한 방법으로 사업 초기의 가난을 극복한 창업 기업들이 존재한다.

그러한 예 중에 애플 컴퓨터사(Apple Computer Inc.)는 창고에서 무일푼으로 시작해 자력으로 성공한 고전적 사례지만, 이보다 더 오래 전에 자력 성공한 회사들도 많다.[3] 창업 기업에 있어 자금 부족이라는 핸디캡이 성공에 걸림돌이 된다는 것은 누구나 인정하는 현실이다. 그러나 가난하고 자원 부족에 시달리는 초창기를 극복하고 지금의 눈부신 성공을 이룩한 회사들의 성공 요인은 어찌 보면 그런 궁핍성 때문이었을 수도 있다. 자본이 딸리는 상황을 창의적으로 극복하고, 어림짐작과 억측에 의해 사업을 운영하지 않고 끊임없는 시장과의 피드백 과정을 통해 성공을 이끌어왔던 예가 많다. 표 6-1에서는 사업 초창기의 가난함이 사업 성공의 원동력이 될 수 있다는 것을 보여 준 미국의 회사들을 소개한다.

사업 자금을 조달하는 데 있어 창업자는 다음과 같은 기본적인 이슈를 고려해야 한다.[4]

- **가치의 창조**: 회사가 주주, 종업원, 고객 등 이해 당사자들을 위해 어떻게 가치를 창출하고, 흑자 현금 흐름을 달성하며, 사업 가치를 수확하도록 해야 하는가를 판단한다.
- **가치 파이의 분배**: 회사에 자금을 제공하는 사람들을 제공되는 자금의 위험 수준에 있어 어떻게 구성하고, 사업 결과 발생하는 가치를 어느 시점에서 어떻게 배분할 것인가를 결정한다. 이러한 결정에 따라 외부 모험 자본이 유치되는 속도와 규모가 달라질 수 있다.
- **위험의 최소화**: 사업 착수나 확장에 필요한 자금의 규모를 파악하고, 지분 투자, 융자 등 다양한 방법으로 그러한 자금을 확보하도록 한다. 융자를 해주는 사람에게는 실패

---

2 Robert A. Mamis, "Power of Poverty," *Inc.*, August 1997: 40-45.

3 Mike Hofman, "Desperation Capitalism: A Bootstrappers' Hall of Fame," *Inc.*, August 1997: 54-58.

4 Jeffry A. Timmons, *New Venture Creation: Entrepreneurship for the 21st Century,* Fourth Edition (Burr Ridge: Irwin, 1994): 446-447.

표 6-1 궁핍하게 시작한 미국의 성공 기업들

회 사 명	설립 연도	초기 자본금($)
Roadway Express Inc.	1930	1,600
The Clorox Co.	1913	500
Lillian Vernon Corp.	1951	2,000
The Limited Inc.	1963	5,000
Gateway 2000 Inc.	1985	10,000
Apple Computer Inc.	1976	1,350
The Black & Decker Corp.	1910	1,200
The Coca-Cola Co.	1891	2,300
Dell Computer Corp.	1983	약간의 액수
Domino's Pizza Inc.	1960	900
Eastman Kodak Co.	1880	5,000
E. & J. Gallo Winery	1933	5,923
Hewlett-Packard Co.	1938	538
Lands' End Inc.	1963	매우 궁핍함
Microsoft Corp.	1975	호텔방 하나를 빌릴 정도
United Parcel Service Inc.	1907	100
Nike Inc.	1960년대 초	1,000

자료: Mike Hofman, "Desperation Capitalism: A Bootstrappers' Hall of Fame," *Inc.*, August 1997: 54-58.

시 어떠한 담보로 위험을 보전해 주고, 지분 투자를 하는 사람에게는 사업 추진 성과에 따라 단계별로 자본을 유치하여 위험 부담을 시간적으로 분산한다. 창업자는 자금 확보를 위한 인맥을 구축하여 시의 적절하게 재무적 자원을 확보함으로써 사업 기회를 적시에 포착하고 자금 압박으로 인한 사업 실패의 위험을 최소화하는 노력을 해야 한다.

창업 기업의 자금 조달 문제를 해결하는 데 있어 기존 기업의 재무적 시각을 그대로 적용하는 것은 별로 적절하지 못하다. 그림 6-1은 창업 기업의 설립 시부터 8년까지의 평균적인 현금 흐름을 초기 투자 자본 대비 손실로 표현해 본 것이다. 회색 부분은 현금 흐름의 누계를 나타낸다. 이 그림은 영업상의 손익 분기점을 달성하는 데 30개월 정도가 소요되고, 초기 투자 자본을 회수하는 데 75개월 정도가 소요됨을 보여 준다. 즉, 현금 유입이 있기까지 장기간 현금의 유출이 있음을 알 수 있다. 이것이 바로 창업 기업 재무의 핵심적 특징이다. 다음에서 창업 기업 자금 조달의 차별적 특징을 살펴보자.[5]

현금과 현금 흐름 현금과 현금 흐름을 적시에 확보하고 관리하는 것이 창업 자금 조달의 핵심이다. 발생주의 회계 원칙(Accrual-Based Accounting)이라든가 주당 순이익, 세무 회계, 증권 거래 법 등 기존의 기업이 준수하고 관심을 두는 재무적 사항은 별로 큰 의미

---
5 *Ibid.*: 448-450.

그림 6-1 창업 기업의 현금 흐름

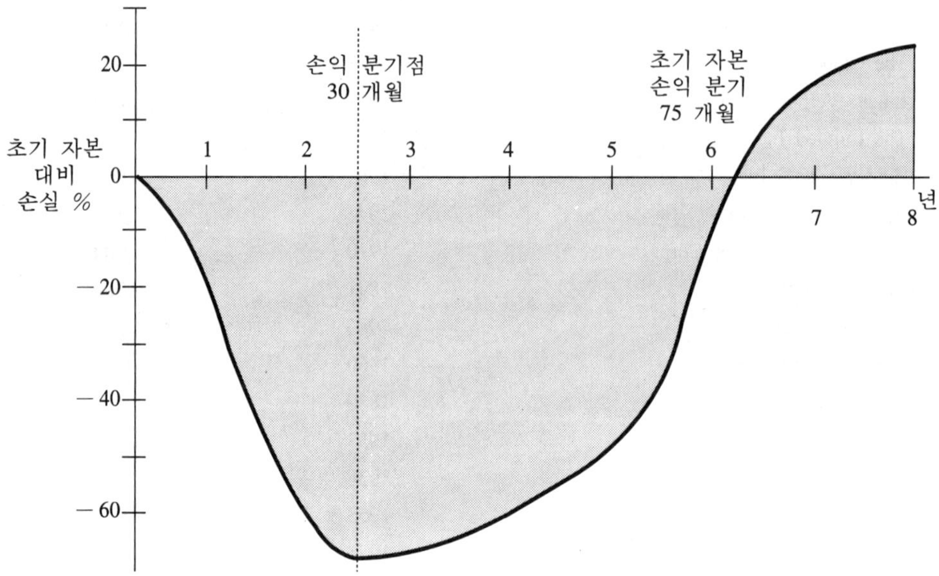

를 갖지 못한다.

타이밍상의 특징 창업 기업은 재무 상황의 변동의 폭이 훨씬 크고 속도가 빠르기 때문에 재무적 의사결정과 행동을 취하는 데 있어 보다 발 빠른 움직임이 요구된다. 이는 사업 추진의 시간적 차원 자체가 창업자에게는 빠르고 압축적으로 다가오기 때문이다.

자본 시장 주식 시장에 상장된 중견 기업들을 중심으로 한 재무 이론의 시각을 창업 기업에 적용하는 데는 한계가 있다. 기업에 대한 정보와 지식의 원활한 소통을 기반으로 하는 완전 경쟁 시장 모형을 아직 실물 시장에서조차 사업성이 검증되지 않은 창업 기업에 적용한다는 것은 무리수가 있다. 창업 기업이 상장되기까지는 최소한 수년의 시간이 필요하며, 거기에 이르는 과정은 자금과 수많은 경영상의 난제들의 연속이다.

단계적 자금 조달 창업 기업에 대해서는 적정 액수를 일시에 투자하는 것이 아니라 3개월에서 18개월 단위로 경영 성과를 보아가면서 **단계적 자금 지원(Staged Capital Commitment)**을 하는 것이 보통이다. 이렇게 함으로써 회사 가치가 일반적으로 낮게 평가되는 창업 초기에 일괄적으로 자본을 유치하는 경우에 비해 창업자 자신의 지분 잠식을 최소화할 수 있다.

사업 실패의 여파 기존 대기업의 전문 경영자는 높은 봉급과 더불어 사업 성과에 따라 스톡 옵션 등의 추가적인 보상을 얻을 수 있고, 실패로 인한 개인적 손해는 창업 기업가에 비해 그다지 충격적이지 않다. 하지만 창업 기업가는 재무적 결정과 판단의 결과가 나쁘게 나타날 경우 개인적 채무 보증 등에 의해 재산상의 손해가 막심할 수 있고 감정적으로도 훨씬 큰 충격을 받게 된다.

위험/보상의 관계 재무 이론은 기본적으로 고 위험/고 수익, 저 위험/저 수익의 관계를 제시하는데, 이는 자본 시장에서 원활하게 거래되는 기업의 경우에는 적절하게 맞아떨어질 수 있다. 그러나 창업 기업의 경우 사업성이 아직 시장에서 검증되지 않았다는 이유로 사실상 사업 위험이 낮음에도 불구하고 고 수익을 요구하는 경우가 대부분이다. 창업 기업가의 핵심적 역량은 바로 저 위험/고 수익의 사업을 창출하는 것이다.

사업 목표와 재무 비율 창업 기업가는 단기적 재무 성과에 집착하기보다는 장기적으로 기업을 성장시키고 기업의 가치를 증진시키는 데 주안점을 둔다. 즉 단기적 이윤 성과를 가지고 창업 기업을 평가하기는 어렵다는 것이다. 마찬가지로 창업 기업의 재무 제표에 드러난 여러 자산의 구성을 수치 그대로 해석하는 데는 무리가 따른다. 창업 기업은 전통적 재무 비율 분석에서 제대로 평가할 수 없는 탁월한 창업 경영진, 과학기술자, 노하우, 사업 인맥 등 기업의 장기적 가치 창출 활동에 직접적인 영향을 주는 핵심적인 무형 자산을 갖고 있을 수 있다.

2. 창업 기업의 재무 전략

창업 기업이 적절한 재무 전략을 수립하는 데 있어서의 출발점은 무엇보다도 사업 기회이다. 적절한 사업 기회의 포착이 사업 전략을 수립하는 기반이 되는 것이고, 그러한 사업 전략의 바탕 위에 자금의 필요 수준, 자금의 원천, 거래 조건의 체결 등 전반적인 재무 전략의 수립이 결정될 수 있다. 사업 기회와 사업 전략이 바탕이 되지 않는다면 아무리 정교한 재무 계획이라 할지라도 그것은 일개의 연습에 지나지 않는다.

적절한 사업 기회가 포착되고, 그것을 추구할 사업 전략이 정의되면, 운전 자본 등 운영상의 필요 자금 및 설비 투자, 연구개발 등에 요구되는 자산상의 필요 자금을 세심하게 검토하고 계산해야 한다. 창업 기업이 취하는 자금 조달 전략과 그에 따른 거래 조건은 실질적으로 비용을 발생시키며, 미래의 자금 조달 옵션을 증진하거나 제한할 수도 있다. 또한 자금 조달 원천에 따라 비용과 요건이 달라질 수 있다. 따라서 창업자는 특정한 자금 조달 전략에 따른 다양한 상황적 특징을 사전적으로 평가할 수 있어야 하며, 그것을 통해 창업 기업에 필요한 자금을 적시에, 적절한 원천으로부터, 그리고 적절한 조건으로 조달해야 한다.

창업 기업은 기존 기업에 비해 현금 흐름의 관리가 기업의 사활에 보다 중요하다. 창업자는 재무 전략을 수립하고, 필요 자금을 결정하는 데 있어서 소진율, 현금 잔여 기간,

결제 기간 등의 핵심적인 현금 흐름 관리상의 개념을 이해할 필요가 있다.[6] **소진율**(Burn Rate)은 실제 또는 추정상 현재 소유하고 있는 현금이 단위 기간당 어느 정도의 액수가 소모되는지를 파악하는 계수이다. **현금 잔여 기간**(Time to Out of Cash)은 현재 소유하고 있는 수준의 현금으로 기업 활동을 얼마 동안 지속할 수 있는가를 평가한 기간을 말한다. 소진율이 높을수록 현금 잔여 기간이 짧아진다. **결제 기간**(Time to Close)이란 대금으로 받은 어음·수표를 현금화할 수 있는 기간을 말한다. 결제 기간이 길어질수록 창업 기업의 현금 부족 사태가 발생할 소지가 높아진다.

창업자는 특히 현금 잔여 기간에 주목할 필요가 있다. 현금 잔여 기간이 충분할수록 지분 투자, 융자 등 각종 자금 원천에 대한 창업 기업의 교섭력이 높아지게 된다. 현금 잔여 기간이 3개월 이하일 경우 창업 기업은 높은 부도의 위험에 놓이게 된다. 따라서 창업자는 12개월 이상의 현금 잔여 기간을 확보하도록 사전적으로 대비해야 한다. 그렇게 되면 투자자 등의 자금원에 대해서 계약 조건, 가격, 옵션 등을 창업 기업에 보다 유리한 쪽으로 협상하기 쉽다. 역설적으로 말하자면 자금이 별로 필요하지 않을 때 자금 조달을 하도록 하라는 것이다.

현금 잔여 기간을 알기 위해서는 특정 기간의 가용 현금 흐름을 파악해야 한다. **가용 현금 흐름**(Free Cash Flow)은 투자 수익, 소득 등의 수입 부문과 더불어 투자 비용, 주어진 규모의 매출액과 순익을 얻기 위한 운전 자본 및 설비 투자액 등의 지출 부문을 동시에 고려한다. 계산상으로는 아래와 같이 구할 수 있다.

가용 현금 흐름 = 초기 현금 잔고 + 이자 전, 세후 순익
　　　　　　　　− 총 운전 자본의 순증가
　　　　　　　= 초기 현금 잔고 + (이자 및 세전 순익 − 법인세)
　　　　　　　　− (고정 자산의 순증가 + 운전 자본의 증가)

여기서,

고정 자산의 순증가 = 자본 지출 − 감가상각 및 비현금 비용 항목
운전 자본 = 외상 매출금 + 재고 자산 + 단기 운영 자산(선지급 비용 등)
　　　　　− 외상 매입금 − 미지급 법인세 − 단기 운영 부채(미지급 비용 등)

가용 현금 흐름을 필요 자금 조달의 관점에서 본다면, 미래 운전 자본 및 설비 투자를 위해 순익 등을 통해 내부 조달된 현재의 가용 현금 흐름이 부족할 경우 외부 자금 조달의 필요성이 대두되는 것이다. 다음 절에서 구체적으로 추정 재무 제표 작성을 통해 가용 현금 흐름을 구하고, 이에 따라 필요 자금액을 결정하는 방법을 다루게 될 것이다.

---

[6] Jeffry A. Timmons, *op. cit.*: 450-453.

시간상, 그리고 비용상으로 효과적인 재무 전략을 수립하기 위해 창업자는 먼저 투자, 융자 등의 다양한 자금원이 제시하는 여러 가지 자금 지원 기준의 특징에 대해 명확한 이해를 해야 한다. 일반적으로 자금 조달 및 지원과 관련해서 다음과 같은 요소를 고려하고, 평가한다.[7]

- 현재까지의 성과
- 투자자의 위험도 판단
- 산업 및 기술
- 창업 기업의 성장 잠재성 및 기대되는 회수 시기
- 창업 기업의 기대되는 성장률
- 창업 기업의 연혁 및 발전 단계
- 투자자의 기대 수익률
- 필요 자금 액수 및 사업 가치 평가
- 성장, 경영권, 유동성, 수확 등에 대한 창업자의 목표
- 상대적 교섭력
- 투자자의 요구 조건 및 계약 특성

3. 필요 자금액의 결정

창업자는 자신의 벤처가 언제 얼마만큼의 자금이 필요하고, 조달된 자금이 언제쯤 소진될 것인가를 파악해야 한다. 또한 창업자는 그러한 규모와 시점의 자금을 어디서 조달할 것인가를 결정하고, 자금 조달 과정을 총체적으로 관리하고 지휘해야 한다. 창업자는 일반적으로 실제로 미래에 벤처가 필요로 하는 자금을 과소 평가하는 경향을 보인다. 이러한 오류는 기대치 않은 비용의 발생과 예상된 매출액을 달성하지 못할 가능성에 대비하지 않았기 때문이 생긴다.

창업 후 5년간은 사업 자금이 어느 정도 소요될지 정확히 파악하기기 어렵다. 그러나 창업자는 적절한 재무 예측에 기반하여 최대한 현실적인 수치를 얻어낼 수 있다. 이러한 재무 예측의 기반이 되는 것은 추정 손익 계산서, 대차 대조표 및 현금 흐름표 등이다. 최근에는 스프레드시트 등 각종 컴퓨터 프로그램이 개발되어 있어 창업자가 여러 가지 사업 시나리오와 주요 변수 및 제 가정 등을 변화시키면서 순식간에 재무 예측을 쉽게 할 수 있게 되었다.

---
7 *Ibid.*: 453-454.

추정 재무 제표를 작성할 때는 최대한 간결한 것이 중요하다. 따라서 자세한 내역은 각주나 상세 일정표를 첨부하여 제시한다. 또한 재무 기획에 있어서는 다른 경영 기획과는 달리 창의성을 최대한 억제하고 일반적으로 인정되는 기업 회계 기준을 따르는 것이 좋다.

재무 제표 작성의 출발점은 적절한 재무 예측이다. 재무 예측에 있어 창업자는 낙관적인 수준, 기대되는 수준 및 비관적인 수준 등 최소한 세 가지의 가능성을 타진해서 향후 5개년의 추정치를 예상해 볼 수 있다. 5개년 추정을 통해 벤처 자본가는 창업 기업의 가치를 평가하고, 자본 투자에 대한 지분 규모를 판단할 수 있다.

추정 재무 제표는 손익 계산서, 대차 대조표, 그리고 현금 흐름표 순으로 작성한다.[8] 5개년 추정 재무 제표를 작성할 때 최초 2-3년간은 월별, 또는 분기별로 추정 자료를 제시해야 하고, 나머지 기간은 연도별로 추정한다. 월별 예측을 하는 것은 판매 및 일반 관리비 등 각종 비용에 대한 예산을 기획하고, 세금 등 각종 현금 유출의 효과를 예상하기 위함이다. 이때 월별, 또는 분기별 작성 단위는 해당 기간의 모든 재무 제표에 공통적으로 적용되어야 한다. 즉, 1년차 손익 계산서가 월별이면, 1년차 대차 대조표와 현금 흐름표도 월별로 작성되어야 한다는 것이다. 또한 5개년 추정을 하는 이유는 벤처 자본가 등 투자자에게 기업의 미래 가치 파악을 용이하게 하여 투자 지분을 산정하는 데 도움을 주기 위함이다.

(1) 추정 손익 계산서

손익 계산서 작성의 출발점은 **판매 예측**이다. 창업자는 판매 예측의 근거를 첨부하여 자세히 설명해야 한다. 1년차의 판매 수준을 달성하기 위해 필요한 자산과 부채의 규모를 판단해서 초기 대차 대조표를 작성할 수 있다. 이러한 초기 대차 대조표에는 현금 항목이 부(-)로 표시되더라도 부채와 자기 자본의 구조를 명시하지 않는다. 1년차 이후의 대차 대조표는 그 구조가 투자자로부터의 자금 조달 결과에 따라 구체화될 것이다.

적절한 판매 예측을 한 후에 가장 중요한 작업은 **매출 원가**를 산정하는 것이다. 이는 직접 노무비, 재료비 및 제조 간접비로 구성된다. 서비스나 도매업의 경우 매출액이 재료비나 노무비의 함수일 가능성이 크므로 제조업에 비해 매출 원가 산정이 상대적으로 용이하다.

제조업의 경우, 매출액에 대한 단순 비율을 적용하는 것은 기존 기업에 있어서는 합

---

[8] James McNeill Stancill, "How Much Money Does Your New Venture Need?" *Harvard Business Review,* May-June 1986: 3-11.

리적일 수 있지만, 창업 기업에 있어서는 이러한 방법에 의하면 여러 종류의 에러가 발생할 소지가 있다. 따라서 좀더 치밀하게 원가 회계 원리에 의해 원가의 발생 원인들을 따져 보아야 한다.

우선 판매량을 예측한 후, 그에 따라 초기 생산에 필요한 재고의 수준을 결정한다. 매출 원가 구성 요소 중 임금률과 단위 조립 시간을 산정하기는 상대적으로 쉽다. 또한 재료비, 재고, 재공품, 완성품 재고, 총 재고 자산, 제조 간접비, 가중 평균된 생산 단가 등을 산정해서 매출 원가에 반영한다. 감가상각비도 산정하여 매출 원가에 포함시키고, 추후에 현금 흐름표 계산 시 이것이 현금 유출에서 삭제되도록 반영한다.

경우에 따라서는 제반 원가 요소를 충분히 고려하여 판단한 후, 판매량 대비(체감적으로) 일정 비율을 적용하여 매출 원가를 구하는 것이 충분히 타당할 수도 있다. 예컨대 초반기 6개월은 매출 원가 비율을 50%로 잡고, 후반기 6개월은 40%로 잡을 수 있다. 이렇게 체감률을 적용할 경우 규모의 경제에 따라 원자재 가격 하락, 생산 효율 증가, 단위 간접비 감소 등에 대한 증거를 확보해야 한다.

위와 같이 매출액과 매출 원가를 추정하여 **매출 총손익**을 계산한 후, 다음으로 **영업 손익**을 계산하기 위해 일반 관리비와 판매비를 추정해야 한다. **일반 관리비**는 고정비적인 성격이 강하므로 증가 추세에 있는 매출 기준 비율로 산정하는 것은 부적절하다. 대신 모든 비용 구성 항목에 대해 상세한 내역을 추정해야 한다. 이러한 항목에 포함되는 것은 급여, 복리 후생비, 통신비, 세금과 공과, 감가상각비, 보험료, 잡비, 여비와 교통비, 임차료, 수도 광열비, 접대비 등이다. 이 중에서 최고 경영자 등 임원에 대한 급료는 물론 말단 사원 급료보다 높아야 하겠지만 사업 초기의 창업 기업의 경우 초기에는 기존 업체보다 이를 적게 책정하고 추후에 이익 창출 실적에 따라 증가시키는 것이 투자자로 하여금 기업 경영에 신뢰를 갖게 하는 방법이다.

판매비도 일반 관리비와 같은 요령으로 추정한다. 이에는 영업 사원의 급료, 여비와 교통비, 장비에 대한 임차료, 수선비, 접대비, 보관료, 포장비, 개발비, 판매 수수료 등이 포함된다. 이러한 판매비와 위의 일반 관리비를 산정한 결과 **영업 손익**을 추정할 수 있다.

당기 순 손익을 추정하기 위해서는 법인세를 산정해야 하는데, 초기에는 물론 법인세가 없으나 2년차부터는 이를 계상해야 한다. 이를 위해 해당 세율을 적용하여 법인세를 산정하고, **당기 순이익**을 추정한다. 법인세 법 등의 법령에 의해 당기에 부담하여야 할 금액이 산정액과 다를 경우 이를 이연 법인세로 처리한다. 이렇게 하여 손익 계산서의 추정이 마감되면, 대차 대조표를 추정하는 단계로 넘어 간다.

(2) 추정 대차 대조표

대차 대조표를 추정할 때도 손익 계산서와 마찬가지로 최대한 단순화할 필요가 있다.

자산을 나타내는 차변의 중요한 항목 중의 하나는 **외상 매출금**인데, 이를 추정하기 위해 둘 중의 한 방법을 쓸 수 있다. 하나는 당월의 매출액 중 몇 %를 당월, 1개월 후, 2-3개월 후에 수금할 수 있는지를 파악하는 방법이다. 이를 위해 월별로 수금률에 따라 총 수금 가능액을 산정해야 하는데, 초기 외상 매출금에서 당월 매출액을 더한 액수에서 총 수금 가능액을 제하면, 당월의 외상 매출금 잔액이 산출된다. 즉,

월말 외상 매출금 잔액 = 월초 외상 매출금 잔액 + 당월 매출액
− 당월 및 전월 매출액 중 당월 수금 가능액

이보다 쉽고, 표준적인 방법으로 회전율(Turnover Ratio)을 사용할 수 있다. 즉,

외상 매출금 = 월간 매출액 × 12개월 / 회전율 (예컨대 9)

하지만, 이 방법은 계절성에 의해 판매가 불규칙할 경우 월별로 외상 매출금이 급격히 변화하는 단점이 있다.

다음으로 **재고 자산**을 파악할 때는 제품 판매의 계절성 때문에 회전율을 사용하기는 부적절하고, 대신 재고 자산을 구성하는 재료, 재공품, 완성품 등을 월별로 합계하여 재고 자산 총계로 대차 대조표에 추정하는 것이 편리한 방법이다. 재료의 경우 생산 일정을 참조하여 그 필요량을 월별로 분산, 추정할 수 있다. 재공품은 생산 일정을 검토하고, 중간 단가(예컨대 50% 완성 시)를 추정하여 산정할 수 있다. 완성품은 월별 생산량을 누적적으로 추정하고, 또한 월별 매출량을 누적적으로 추정하여 그 차이량을 월별 재고량으로 파악한 뒤 평균 단가를 적용하여 월별 재고 수준을 산정할 수 있다.

토지, 건물, 기계 장치 등의 **유형 자산**은 개별 항목별로 추정하도록 하고, 매출액에 대한 비율로 표현해서는 안 된다. 이러한 자산에 대한 융자가 있을 때는 부채 항목에서 기술한다. 창업비, 개업비, 신주 발행비, 연구개발비, 기타 선지급된 비용 등을 포함하는 이연 자산은 별도의 명세서에 산정하여 대차 대조표에 일괄적으로 표시하는 것이 좋다.

대변의 부채 항목에 있어 **유동 부채**는 원재료나 부품 등의 재고 자산에 대한 외상 매입금을 우선 추정할 수 있다. 이를 위해 외상 매입금이 발생 후 몇 개월 후에 지불될 것인지를 가정해야 한다. 또한 판매 및 일반 관리비에 있어 미지급 비용도 발생 후 한 달 또는 수개월 후에 지불되는 것으로 가정하여 추정해야 한다. 미지급 법인세는 당해 사업 연도의 과세 소득에 대한 법인 세액을 추정하고, 기중에 납부할 중간 예납 세액, 원천 납부 세액, 수시 부과 세액 등을 차감한 잔액으로 계산한다.

창업 기업에 있어 **고정 부채**와 **자본금**을 구별하는 것이 미묘한 사항일 수 있다. 기본적으로 자산의 취득에 의해 자동적으로 따라오는 장기 부채, 예컨대 리스에 의한 장비 구매, 부동산의 임차 등을 고정 부채로 처리한다. 자금이 부족한 창업 기업이 주요 고정 자

산을 현찰로 매입하는 것은 바람직하지 않은 경영 행태이므로 사업이 자리잡을 때까지는 임차나 리스를 적극적으로 활용하도록 해야 하고, 그 결과가 대차 대조표에 고정 부채로 반영되는 것이다.

차후에 주요 지분 투자가 벤처 자본가에 의해 이루어질 경우 구체적인 부채/자본 비율의 결정은 투자할 벤처 자본가에 맡기는 것이 바람직하다. 조달한 자금의 규모를 따지기 위해 이러한 재무 제표를 추정하는 것이므로 향후 투자자의 결정을 대차 대조표에 사전적으로 반영할 필요가 없다. 사전적으로 그러한 결정을 반영할 경우 오히려 잠재 투자자의 판단을 봉쇄하여 투자 유치를 어렵게 할 수 있다. 따라서 실제로 지분 투자를 유치한 후 재무 제표를 얼마든지 재추정할 수 있다. 그러기 전까지는 모자라는 고정 부채나 자본금에 대해 현금 계정을 적자 계정으로 처리하면 된다.

(3) 추정 현금 흐름표

현금 흐름표는 손익 계산서와 대차 대조표의 재무 정보를 결합한 형태로서 당해 기간의 현금 잔고의 변동 내역을 보여 준다. 손익 계산서 항목들은 실제 금액을 그대로 현금 흐름표에 기재한다. 반면, 대차 대조표 항목들은 기간별로 변화된 차액을 가감하는 방식을 취한다. 표 6-2는 현금 흐름표 양식을 예시한다. 여기서 $+\Delta$는 플러스 흑자 변화를, $-\Delta$는 마이너스 흑자 변화를 의미한다.

표 6-2에서 보듯이 창업 기업의 경우 현금 흐름표는 크게 7개 부분으로 구성하고, 월별로 작성하는 것이 필요 자금액의 결정 과정을 이해하는 데 용이하다. 처음 세 부분은 회사의 기본 영업 활동과 관련된 사항을 다룬다. 첫번째 부분은 **영업 활동으로 인한 순 현금 유입**으로서 손익 계산서상의 매출액과 기타 수익을 더하고, 대차 대조표상에서 현금이 유입되지 않는 외상 매출금의 변화분을 뺀다.

두 번째 부분은 **영업 활동으로 인한 총 현금 유출**이다. 이에는 감가상각비를 제외한 매출 원가, 판매비, 일반 관리비, 법인세 등의 손익 계산서 항목이 포함된다. 대차 대조표상에서는 미지급 법인세의 변화분과 외상 매입금의 변화분을 빼고, 재고 자산, 선지급 비용 등의 변화분을 더한다. 이 영업 활동으로 인한 총 현금 유출 항목을 앞서 계산한 영업 활동으로 인한 순 현금 유입에서 빼면, 세 번째 부분인 **영업 활동으로 인한 순 현금 흐름**을 도출할 수 있다. 이 결과는 회사의 기본 영업 활동으로부터 조달 가능한 현금의 수준을 드러낸다.

창업 기업의 현금 부족 상황을 고려할 때 이러한 영업 활동으로 인한 순 현금 흐름의 용도는 우선적 유출과 재량적 유출로 대별해서 다룰 필요가 있다. 현금 흐름표상의 네 번째 부분인 **우선적 유출**(Priority Outflow) 항목에는 이자 비용, 부채 상환, 리스 부채의 지급 등이 포함된다. 다섯 번째의 **재량적 유출**(Discretionary Outflow) 항목들에는 설비 투자 등의

표 6-2 현금 흐름표 양식

추정 현금 흐름표

기간: ________부터 ________까지

주요 항목	세부 항목	_월	_월	_월
영업 활동으로 인한 현금 유입	+ 순매출액 + 기타 수익 −Δ 외상 매출금	원	원	원
	1. 영업 활동으로 인한 순 현금 유입			
영업 활동으로 인한 현금 유출	+ 매출 원가 빼기 감가상각 + 일반 관리비 + 판매비 + 법인세 −Δ 미지급 법인세 +Δ 재고 자산 +Δ 선지급 비용 −Δ 외상 매입금	원	원	원
	2. 영업 활동으로 인한 총 현금 유출	원	원	원
	3. 영업 활동으로 인한 순 현금 흐름 (항목 1 빼기 항목 2)	원	원	원
우선적 유출	+ 이자 비용 + 단기 부채의 지급 + 리스 부채의 지급	원	원	원
	4. 총 우선적 유출	원	원	원
재량적 유출	+ 자본 지출 + 연구개발비 + 우선주 배당금의 지급 + 보통주 배당금의 지급	원	원	원
	5. 총 재량적 유출	원	원	원
재무 활동으로 인한 현금 흐름	+Δ 당좌 차월의 증가 +Δ 보통주 발행 +Δ 장기 부채의 차입	원	원	원
	6. 재무 활동으로 인한 총 현금 흐름	원	원	원
현금 및 유가 증권 계정의 증가	+ 영업 활동으로 인한 순 현금 흐름(항목 3) − 총 우선적 유출 (항목 4) − 총 재량적 유출 (항목 5) + 재무 활동으로 인한 총 현금 흐름 (항목 6)	원	원	원
	7. 현금 및 유가 증권의 순 증가	원	원	원
기말의 현금		원	원	원

자본 지출, 연구개발 비용, 주식 배당금 등이 포함된다. 창업자가 이들 항목의 우선 순위를 업계의 특성을 고려하여 정할 필요가 있다.

여섯 번째 부분은 **재무 활동으로 인한 현금 흐름**이다. 이에는 대차 대조표상의 당좌 차월의 증가분, 보통주의 추가 발행분, 장기 부채의 차입 증가분 등을 기재할 수 있다. 창업 기업의 경우 외상 매출금을 담보로 한 차입, 장비 구입과 관련한 장기 융자 등 영업 활동이나 투자 활동에 수반된 자금 조달(Bring-Along Financing)을 위주로 해서만 이 부분을 구성하는 것이 바람직하다.

현금 흐름표에서 가장 핵심적인 부분은 일곱 번째의 **현금 및 유가 증권의 순 증가** 부분이다. 이는 영업 활동으로 인한 순 현금 흐름에서 총 우선적 유출과 총 재량적 유출을 빼고, 재무 활동으로 인한 총 현금 흐름을 더해서 구할 수 있다. 재무 예측에 있어 현금이 조정 항목이므로 창업 기업의 경우 현금의 순 증가분이 최소한 처음 수개월 간은 적자로 나타날 것이다. 현금 흐름표의 맨 하단에는 기말 현금 잔고를 편의상 기재하는데, 이는 대차 대조표의 현금 계정액과 같아야 한다.

(4) 필요 현금액의 결정

필요 현금액을 결정하는 데 있어 기반이 되는 것이 바로 현금 흐름표의 작성 결과 나오는 기별 현금의 순 감소분이다. 월별로 현금 흐름표를 작성했을 때 최소한 1년 내지 2년간 창업자는 회사가 그 기간 동안 얼마만큼의 현금이 부족하게 되는지를 현금 흐름표의 일곱 번째 항목을 누계함으로써 알 수 있다. 예컨대 향후 1년간의 누적 현금 적자분이 10억 원이라면, 최소한 10억에 해당하는 외부 자금을 유치해야 한다.

그러나 만약 추정된 현금 흐름표의 예측이 빗나간다면 어떻게 할 것인가? 대부분의 경우 예측이 정확히 맞지 않는 것이 보통일 것이다. 따라서 창업자는 현실적 시나리오뿐만 아니라 낙관적 시나리오와 비관적 시나리오를 모두 준비할 필요가 있다. 낙관적 시나리오에 따라 현금 흐름표를 작성하게 되면 창업 기업의 현금 적자는 더욱 심각하게 커질 수 있다. 왜냐하면 매출액 규모가 늘어 감에 따라 외상 매출금, 재고 자산 등의 운전 자본 필요액이 따라서 늘게 되기 때문이다. 낙관적 시나리오에서의 현금 누적 적자분과 비관적 시나리오에서의 현금 누적 적자분의 차이를 **예비 자금**(Contingency Reserve)으로 추가 조달할 필요가 있다. 예컨대 현실적 시나리오에서 10억 원의 현금 누적 적자분이 나오고, 낙관적 시나리오와 비관적 시나리오에서의 현금 누적 적자분의 차액이 2억 원이라면, 창업자는 총 12억 원의 외부 자금을 유치해야 한다.

창업자가 현금 흐름표상 계산된 필요 자금액을 조달할 과거의 회사 업적이나 능력이 부족하다고 판단하면, 현금 필요액을 하향 조정하기 위해 대차 대조표와 손익 계산서의 추정을 다시 할 필요가 있다. 이를 위해 매출액 추정을 비관적 시나리오의 경우보다 낮추고, 운전 자본 규모를 줄일 수 있다. 또한 사업이 어느 정도 자리잡을 때까지 중고 장비를 취득하거나, 생산 자체를 하청 업체에게 맡겨 설비 투자액을 줄일 수도 있다.

현금 흐름표에 의해 계산된 초기 1-2년간의 필요 자금액이 모두 일시에 필요한 것은 아니며, 월별로 등락이 있을 수 있다. 이러한 이유로 벤처 자본가가 자금 지원 시 수단계로 투자하기로 제안할 수도 있다. 그러나 창업자는 최소한 처음 1-2년간은 일시적인 투자를 요청할 필요가 있다. 왜냐하면 중도에 벤처 자본가가 투자 자금이 고갈하여 본의 아니게 약정한 투자를 못해 줄 수도 있기 때문이다. 이렇게 되면 사업 자체가 성패의 기로에 서게 될 수 있다. 일시 투자가 여의치 않다면 최소한 벤처 자본가에게 신용 보증서를 받아 중도에 그것을 담보로 창업자가 은행 융자를 도모할 수 있도록 해야 할 것이다.

4. 현실적 재무 거래의 이해

(1) 자금 조달 시의 유의 사항

자금 조달의 필요성에 대해서는 어떠한 창업자도 잘 인식하고 있을 것이다. 하지만 자금 조달에 수반하는 문제와 위험에 대해서 잘 대비하지 못해 결국 사업 자체를 망치는 경우가 흔히 발생한다. 자금 조달 활동 자체가 우선 많은 비용이 소요된다. 또한 자금 담당자의 시간과 노력을 요구한다. 따라서 자금 조달에 착수하기 전에 창업자는 우선 자금 조달 과정의 이면에서 부딪치는 다음과 같은 여러 가지 문제를 먼저 인지해야 할 것이다.[9]

먼저 자금 조달에 수반되는 비용이 만만치 않다. 돈에 대한 유혹 때문에 창업자는 금융 기관에서 자금을 얻는 데 필요한 시간, 노력, 창의성 등을 상당히 무시하는 경향을 보인다. 자금 조달 과정에서 창업 초기의 기업가는 보통 반 이상의 시간과 대부분의 창의적 정력을 외부 자금 조달에 소모한다. 이 과정은 많은 스트레스를 주고, 각종 조사를 위해 많은 시간을 들여야 한다. 성공적인 창업자는 흔히 그러한 활동에 투여한 자신의 노력을 제쳐 놓고 자신의 성공담을 이야기한다. 이러한 자금 조달 과정에 과도한 몰입을 하게 됨으로써 고객의 요구를 무시할 수도 있고, 종업원과 거리감이 생길 수도 있다. 결과적으로 매출 감소와 현금 부족, 그리고 수익성 저하 등의 사태가 발생할 수도 있다.

둘째로, 자금 조달 시 중요한 기업 기밀 정보의 유출에 대비해야 한다. 자금 지원자나 투자자로 하여금 창업자 자신의 사업에 합류하도록 하는 것은 일종의 영업 및 정보 제공

9 Jeffry A. Timmons & Dale A. Sander, “Everything You (Don't) Want to Know about Raising Capital.” In William A. Sahlman & Howard H. Stevenson (Eds.), *The Entrepreneurial Venture.* Boston, MA: Harvard Business School Publications: 196-203.

활동과 유사하다고 볼 수 있다. 자금 조달을 위해 뛸 때는 수 명 또는 수십 명의 사람들과 만나 회사가 보유한 기술진, 관리력, 임원 연봉, 지분 구조, 경쟁 및 마케팅 전략 등의 정보를 노출해야 할 필요성이 발생한다. 보호되어야 할 정보를 유출해야만 할 때 창업자는 불안해질 것이다. 이러한 중요 정보가 경쟁 업체에 유출되어 기업이 곤경에 처할 수도 있기 때문이다. 따라서 창업자는 경쟁 업체와 가까운 자금 제공자를 될 수 있는 대로 피하여 정보 유출의 위험을 최소화해야 한다.

셋째, 전문가를 과신해서는 안 된다. 조달 자금의 규모, 자금 출처, 지분 투자인가 융자인가 등의 의사결정을 그르칠 경우 회사가 위기에 처할 수도 있다. 그러한 위험을 피하기 위해 창업자는 재무 전문가에 종종 의뢰하게 되는데, 모든 투자 전문가가 반드시 뛰어난 것은 아니며, 능력이 있더라도 항상 정확한 판단을 하는 것은 아니다.

법률 자문을 받을 때도 마찬가지라고 할 수 있다. 변호사들은 상거래와 계약을 수시로 다루는 사람들이다. 그러나 변호사들이 사업의 성패와 변화하는 상황을 꿰뚫어 봐서 계약의 조건이나 기간, 책임과 권리 등을 완벽하게 처리하는 규약을 만들기는 불가능하다. 특정한 규약을 어떻게 해석하느냐에 따라 계약 당사자에게 치명적인 영향을 미칠 수 있다.

따라서 창업자는 전문가의 조언을 맹신해서는 안 된다. 창업자 스스로의 식견에 바탕해서 그들의 조언을 선별적으로 받아들여야 할 것이다. 또한 자문을 구할 때, 창업 기업과 동종의 산업 또는 유사한 성장 단계에 처한 기업을 자문한 경험이 많은 전문가를 찾는 것이 바람직하다.

넷째, 자금 조달도 중요하지만 자금 제공자의 배경과 역할이 보다 중요하다. 자금 조달 목적이 자금 자체의 필요성 때문인 것은 틀림없지만 자금 제공자가 기업에 줄 수 있는 것은 자금만이 아니다. 자금 제공자는 그 배경에 따라 관련 업종의 노하우, 공급 업체나 고객 유치, 좋은 평판 등을 다양하게 제공할 수 있다. 자금 제공자가 상황의 변화에 따라 기업의 수요에 얼마만큼 신속하고 적절하게 대응하느냐도 중요한 변수가 된다.

끝으로 자금 조달이 재무적 거래를 통해 완결되었다고 해서 창업자가 긴장을 풀고 투자자와의 협의를 지속하지 않을 수도 있는데, 이는 기업의 지속적 성장에 장애가 된다. 창업자는 어떠한 거래든지 지속적인 탐색을 하는 자세로 임해야 하며, 그래야 계약이 깨지는 등 만일의 사태가 발생했을 때 창업자의 협상력은 강화된다.

(2) 재무적 거래의 특징

어떠한 재무적 거래도 완벽을 기할 수는 없으며 아무리 현명한 창업자라 해도 협상에 약점이 있을 수 있기 때문에 자금 조달 과정과 재무적 거래의 일반적 특징에 대해 잘 알아야 할 필요성이 있다. **재무적 거래(Deal, 이하 거래)**란 최소 둘 이상의 당사자 사이의 경제적 합의라고 정의할 수 있다. 거래는 경제적 가치의 분배를 다루는 것이며, 이는 현금,

위험 및 시간이라는 삼 요소 간의 상호 작용에 의해 결정된다.[10] 따라서 창업자는 거래의 당사자로서 합의된 거래가 현금과 위험을 어떻게 분배하며, 거래 당사자들에 대한 인센티브가 무엇인지를 명확하게 파악할 필요가 있다.

재무 이론에서 가상하는 것과는 달리 현실 상황에서의 거래는 아래와 같은 특징을 갖고 있다.

- 미래 현금 흐름의 시점과 금액을 알 수 없다.
- 적절한 할인율을 알 수 없다.
- 미래 현금 흐름과 할인율에 대해 거래 당사자간의 합의가 어렵다.
- 거래 당사자의 차별적인 목표, 차등적인 지식이나 정보의 수준 등 다양한 원인에 의해 의견의 불일치가 발생한다.
- 거래 당사자 간에 이해 갈등의 소지가 있다. 한 당사자가 프로젝트의 결과에 더 많은 영향을 미칠 수 있을 뿐만 아니라, 같은 결과라도 한 쪽 당사자에게는 더 유리하게, 다른 쪽 당사자에게는 불리하게 작용할 수도 있다.
- 현금 흐름의 분배에 대한 계약 조건 자체가 현금 흐름의 양, 시점, 위험 등에 영향을 줄 수 있다.

거래상 이러한 현실적 특징 때문에 창업 기업에 투자하는 미국의 벤처 자본가는 보통주 대신 우선 주의 형태로 투자하는 경우가 있다. 이때 사업의 예상 위험이 창업자에게 전가되고, 투자자는 자신의 수익/위험 비율을 높일 수 있다. 뿐만 아니라 창업자의 위험 부담 수준을 높임으로써 벤처 자본가는 제시된 사업 계획서에 대한 창업자 자신의 신념과 사업에 임하는 자세를 시험해 볼 수 있고(Smoking Out), 실제로 계획한 바대로 사업에 임했을 때 창업자에게 최대한의 인센티브를 부여할 수 있다.

투자자는 경영진의 활약상, 제품 개발 진척 정도, 사업 기회의 변화 등에 대한 추가적인 정보의 입수에 따라 자본을 단계적으로 투입함으로써 투자 위험을 줄이고, 결과적으로 자신의 수익/위험 비율을 높일 수 있다. **자본의 단계적 투입**(Staged Capital Commitment)에는 투자 포기 옵션, 투자 재평가 옵션 및 투자 확대 옵션 등이 있을 수 있다.

투자 포기 옵션(Option to Abandon)은 초기에 전액을 투자하고 결과를 하늘에 맡기는 것보다는 단계적으로 자본을 투여하고 각 단계마다 성과에 따라 투자를 포기하는 권리를 확보함으로써 사업이 잘 진행되지 않았을 때 결과적으로 손해를 덜 볼 수 있다는 장점을 지닌다. 현실적으로 가능한 경우의 수가 무한하므로 포기 옵션의 가치를 계산하기가 쉽지 않지만 대체적으로 다음의 경우 더 큰 가치를 지닌다.

- 창업 기업의 미래 가치에 대한 불확실성이 클수록
- 실질적인 포기 결정을 내리기까지 시간이 많이 소요될수록

---

[10] William A. Sahlman, "Note on Financial Contracting: 'Deals'," Harvard Business School Note 9-288-014.

• 청산 가치 등 포기할 때 생기는 가치가 계속 진행할 때의 가치보다 클수록

여기서 주의할 점은 투자자가 포기 옵션을 행사한다고 해서 기업의 생명이 곧 끝나는 것은 아니라는 점이다. 오히려 단계적인 자본 투여가 투자자에게뿐만 아니라 창업자에게도 좋은 면이 있는데, 이는 외부 자본 유입에 따른 지분의 잠식을 최소화할 수 있는 기회를 갖는다는 점이다. 또한 이는 창업자에게 추후의 보다 높은 사업 가치 평가로 자본을 조달할 수 있는 기회를 제공하기도 한다. 그러나 사업 가치가 저 평가되더라도 초기에 안정적인 운영 자금을 확보할 것이냐 아니면 다소 위험을 안더라도 나중에 보다 고 평가된 사업 가치를 가지고 자금을 추가 유치할 것이냐의 갈등은 창업자가 스스로 해결해야 한다.

투자 재평가 옵션(Option to Re-Value a Project)은 단계적인 자본 투여 과정의 일환으로 사업의 가치를 주기적으로 재평가하는 작업을 의미한다. 이는 초기의 계약 조건을 사후에 변경할 수 없는 경우와 비교해 볼 때 투자자에게 큰 가치를 지니는 것이다. 단계별 기업의 성공과 실패 여부에 따라 이러한 옵션의 행사는 큰 차이를 가져온다. 기업의 현재까지의 성과가 기대 수준에 못 미칠수록 사업 가치는 저 평가되고, 같은 금액의 추가 투자에 대해 자본 잠식의 정도가 커질 것이며, 심지어는 벤처 자본가 등 투자자가 해당 기업에서 아예 손을 뗄 수도 있게 된다.

투자 확대 옵션(Option to Increase Capital Committed)은 단계적인 자본 투자의 과정에서 투자자가 추가적으로 자본을 제공할 수 있는 경우이다. 사업이 번창하는 경우에 투자자는 예정된 것보다 앞당겨 추가적인 투자를 하고자 할 것이나, 창업자는 초기와는 달리 과거의 훌륭한 사업 실적에 따라 사업 가치를 재평가 받아서 주어진 지분에 대해 최대한의 자금을 얻어 내고자 할 것이다. 이 경우에 문제가 되는 것은 자본을 증액하는 것에 대한 권리를 누가 갖느냐 하는 것이다. 한 가지 방법은 초기 투자자가 후속적인 자금 조달에 대한 **최초 거부권**(Rights of First Refusal)을 갖는 것이다. 이렇게 함으로써 초기 투자자는 자본 시장의 상황이 적절할 때 후속 투자에 대한 옵션을 행사할 수 있다.

거래를 성사시킬 때 가장 중요한 목표는 보상/위험의 비율을 최대화하는 것이다. 그러한 목표의 바탕 위에 특정 거래의 장점으로부터의 이득을 확보하고 약점으로부터 보호될 수 있는 **거래 조건**(Deal Structure)을 형성하며, 거래의 집행 과정에서 적절한 의사결정을 할 수 있는 인센티브를 부여할 수 있어야 한다. 모든 거래에 있어 일반적으로 다음의 요소들은 어떠한 형태로든 명확하게 포함해야 한다.

• 가치 분배의 조건
• 각종 정의 및 가정
• 성과에 대한 인센티브 제도
• 추가적인 권리 및 의무 사항
• 신빙성 있는 정보의 시의 적절한 전달 방법

- 진정 및 보증 사항
- 금지 규약
- 수행 규약
- 불이행 조항
- 수정 조치 조항

거래 조건을 설계하는 것이 단순한 작업은 아니며, 또한 완벽한 해결책이 있는 것도 아니다. 어떠한 거래든 관련된 사람들, 사업 기회, 상황 등을 동시에 고려하여 최적의 조합(Fit)을 추출해내도록 해야 한다. 거래 조건을 설계하는 목적은 유사 시 법적인 해결책을 강구한다기보다는 자금 지원과 사업 추진에 있어 수반하는 쟁점을 이해하고 보다 현명한 의사결정을 내리는 준거를 마련하는 데 있다. 거래의 성사는 과학이자 예술이다. 다음은 경험적으로 볼 때 성공적인 거래의 특징을 제시하고 있다.

- 단순해야 한다.
- 예상이 빗나가더라도 계속 진행될 수 있도록 강건성이 있어야 한다.
- 상황에 따라 탄력적이어야 한다. 즉, 변경이 불가능해서는 안 된다.
- 다양한 상황에서 거래에 참여하는 당사자에게 인센티브를 제공해야 한다. 즉, 자금 제공자와 수요자의 요구를 연결시켜야 한다.
- 쌍방에 관한 정보를 제공하고, 지속적인 의사소통과 해석의 장치를 마련해야 한다. 추가 자금 조달에는 시간이 요구되기 때문에, 추가적인 자금이 필요하기 전에 새로운 정보를 취합할 수 있어야 한다.
- 난해한 법 조문보다는 신뢰에 바탕을 두어야 한다.
- 누가 보아도 공평무사해야 한다.
- 추가적인 자금 조달을 어렵지 않게 해야 한다.
- 거래 조건 자체가 사업의 성공 확률을 높여야 한다.

5. 자금 조달의 원천

창업자에게는 언제, 어떻게, 그리고 누구에게서 사업 자금을 조달할 것인가가 주요한 과제이다. 이때 창업자의 목표는 물론 최소한의 비용으로 자금을 조달하는 것이다. 그러기 위해서 창업자는 자금 제공자가 사업 자금 지원에 대해서 느끼는 위험의 수준을 가급적 낮추어 주는 것이 좋다. 그러한 방법으로 활용하는 관행에 담보 제공, 조기 상환 약정, 자금 제공자의 경영 통제권 제고 등이 포함된다.

창업 자금으로 가능한 원천은 창업자의 개인적 자금 외에 외부 지분 투자와 융자 자본으로 나누어 볼 수 있다.[11] 표 6-3은 이러한 부류의 다양한 자금원을 자금 조달의 비용과 경영 통제권의 측면에서 비교하여 보여 준다. 종축에는 다양한 자금 제공자가 나열되어 있고, 횡축에는 자금 제공자가 위험/보상의 비율을 관리하는 다양한 방법을 제시한다. 이러한 방법에는 크게 제공 자금의 비용을 높임으로써 보상을 높이는 방법과 사업에 대한 경영 통제권을 확보함으로써 위험을 줄이는 방법이 포함된다.

이러한 비교・분석에 바탕하여 창업자는 자사에 적합한 유형의 투자자를 찾는 것이 매우 중요하다. 선택할 수 있는 투자자의 유형은 여러 가지가 존재한다. 예를 들면 오로지 자금만을 투자하는 투자자, 혹은 자금과 함께 경영 자문도 제공하는 유형이 존재한다.[12] 어떤 경우에는 투자 없이 단지 경영 자문만이 필요한 회사도 있는 것이다. 따라서 자사에 적합한 투자 형태를 결정하기 위해서는 컨설턴트를 고용하는 것도 현명한 방법이다.

(1) 사업 착수 자금

사업 착수 자금의 조달(Start-Up Financing)이란 예비 창업 단계부터 창업 초기에 사업을 직접 착수하기 위한 자금의 동원을 의미한다. 이러한 자금은 보통 지분 투자의 형태로 창업자가 개인적 저축과 친지로부터의 투자, 그리고 창업자 자신의 재산을 담보로 한 융자금의 투자 등으로 조달된다.

어느 창업 기업이건 사업 착수는 작은 규모나마 창업자의 지분 투자로 시작된다. 자신의 이러한 투자를 통해 창업자는 사후에 추가적으로 자금을 끌어올 때에도 사업에 대한 자신의 신념을 외부에 전달하는 의미를 갖게 된다. 외부의 자금을 유치하기 위해서는 창업자가 자금 제공자들에 대해 사업의 전망에 대한 신뢰감을 주기 위해 사전에 사업 아이디어 개발, 시제품 준비, 시장 조사 등을 위해 자신이 직접 투자를 할 수밖에 없다. 그러한 투자의 규모가 커질수록 창업자가 사업의 성패에 투여하는 노력과 자세가 진지함을 더하게 된다.

대부분은 벤처 자본사들은 이러한 투자 단계를 지난 창업 기업들에만 관심을 둔다. 하지만 경우에 따라 이러한 창업 준비 자본(Seed Capital) 투자에 특화하는 회사도 있다. 사업의 특징상 사업 개념 단계에서부터 벤처 자본을 유지하기까지 많은 작업과 투자가 요구되는 경우 이러한 투자자들이 요구된다.

---

11 Michael J. Roberts and Howard H. Stevenson, "Alternative Sources of Financing," Harvard Business School Note 9-384-187.

12 Jill Andresky Fraser, "Choosing the Right Financial Partner," *Inc.*, May 1996: 118.

표 6-3 다양한 자금원의 특징 비교

자금원	비용							경영 통제권		
	무	고정률		변동률		이윤의 %	지분	규약	의결권	채무 보증
		단기	장기	단기	장기					
창업자 자신			v				v		v	v
가족 및 친지		v	v				v		v	v
공급 업체 및 신용 거래	v	v				v				
은행		v		v				v		v
기타 융자 기관		v	v		v			v		v
자산 담보 융자 기관/리스 회사			v					v		
특수 금융 기관		v	v					v		
보험사 및 기관 투자가			v		v	v		v		
연금			v			v		v		
벤처 자본		v	v				v		v	
사적 지분 매각							v			
주식 공모						v	v			
정부 투자 기관			v		v	v				v
기타 정부 지원 자금			v					v		v

자료: Michael J. Roberts and Howard H. Stevenson, "Alternative Sources of Financing," Harvard Business School Note 9-384-187: 10.

(2) 외부의 지분 투자

일반적으로 창업자 자신만의 자금으로 사업체가 안정적으로 운영되기까지 버티기는 어렵다. 그렇다고 해서 부족한 자금을 모두 부채의 형태로 조달하는 것은 위험스러운 것이다. 따라서 창업자는 지분 투자 형태의 여러 가지 대안을 고려할 필요가 있다. 소위 에인절이라 불리우는 개인 투자자나 벤처 자본 등의 모험 자본이 이러한 대안 중의 하나인데, 모험 자본에 대한 구체적인 논의는 다음 장에서 하기로 하고 여기서는 이들의 특징을 간결하게 소개하고자 한다.

개인 투자자 창업 초기의 지분 투자자로 많이 활용되는 층이 바로 **에인절 투자자**(Angel)라 불리우는 부유한 개인(Wealthy Individual) 투자자라고 할 수 있다. 이들은 부유한 가족이나 친지, 또는 의사 등 전문직 종사자, 그리고 매우 큰 규모의 자금을 굴리는 갑부에 이르기까지 그 부류가 다양하다. 이러한 개인 투자자로부터 자금을 조달하기 위해서는 최소한 사업 계획서가 필요하다. 공식적인 **투자 제안서**(Offering Memorandum)가 창업자의 법적인 보호에는 적절하지만 내용이 너무 딱딱하고 배포상의 제약이 있으므로 사업 계획서를 통해 창업자가 필요에 따라 진지한 관심을 가진 투자자에게 선별적으로 공식적인 제안을 하는 것이 유리하다.

개인 투자자는 친지나 자문역 등의 네트워크를 통해서 접할 수 있다. 미국의 경우 벤처 자본이 투자하기에는 소규모인 50만 불 이하의 지분 투자에 이러한 개인 투자자가 효과적인 자금원이 된다. 개인 투자자들은 벤처 자본에 비해 창업자의 입장에서 보았을 때 저 비용적이다. 하지만 이들은 창업자에게 사업 운영상의 전문 지식이나 시간을 할애할 능력이 모자라는 것이 보통이며, 추가적인 자금 조달의 필요성이 발생했을 때 자금 지원에 한계가 있을 수 있다. 창업자의 투자자 관리 측면에서 보았을 때, 소수의 벤처 자본가를 상대하는 것보다 다수의 개인 투자자를 관리하는 것이 훨씬 복잡한 문제이자 골칫거리가 될 수도 있다.

벤처 자본 한마디로 **벤처 자본**(Venture Capital)이란 전문적으로 관리되는 지분 투자 자본(Equity Capital)을 말한다. 벤처 자본의 **업무 집행 파트너**(General Partner)들은 부유한 개인 투자자들을 **유한 파트너**(Limited Partner)로 하여 투자 펀드를 조성하고, 펀드의 관리 수수료와 투자 수익금의 일부를 취한다. 투자의 위험성을 고려하여 벤처 자본의 투자 펀드는 일반적으로 연 50-60%의 투자 수익률을 목표로 요구한다. 투자 대상 기업에게 이렇게 높은 수익률을 요구하는 대신 벤처 자본은 반복적인 투자 경험에 바탕하여 창업자가 일회적으로 경험하는 사업의 운영 전반에 대해 전문적인 자문을 제공한다.

벤처 자본도 여러 층이 있어 첨단 기술(Hi-Tech)에 투자하기를 선호하는 회사가 대부분이지만 그렇지 않은 경우도 있다. 보기에 따라 첨단 기술에도 여러 종류가 있을 수 있다. 어떤 벤처 자본사는 투자 기업의 일상적인 운영 활동에 깊이 관여하기도 하고, 어떤 회사는 경영에 관여하지 않는 정책(Hands-Off Policy)을 펴기도 한다. 따라서 창업자는 자신의 경영 스타일과 기업의 특징을 고려하여 그것과 걸맞는 벤처 자본을 찾도록 하는 것이 바람직하다.

벤처 자본을 통해 자금을 조달하기 위해서는 우선 사업 계획서를 마련하여 벤처 자본가의 관심을 끌어야 한다. 개인 투자자에게 보여 주는 사업 계획서와는 달리 벤처 자본가에게 있어 사업 계획서는 전문적으로 투자 대상 업체를 선별하는 기본적인 절차인 동시에 펀드 투자자들에 대한 의무 사항이기도 하다. 따라서 벤처 자본가에게 제시하는 사업 계획서는 사업에 대한 장황한 설명을 제시하기보다는 간결하면서도 투자자의 관심을 불러일으킬 수 있어야 한다. 내용상 필요 자금의 규모를 도출하여 설명해야 할 필요는 있지만, 처음 제시하는 사업 계획서에 "지분의 몇 %를 투자하기를 원한다" 등 구체적인 투자 조건을 제시하는 것은 벤처 자본가에게 창업자가 어리숙하게 비춰지게 한다. 즉, 구체적인 투자 조건은 벤처 자본가가 투자에 대한 충분한 관심을 보인 후에 단계적으로 협의할 사항이다.

사업 계획서를 작성하고 제시할 때 특히 주의를 요하는 사항은 **사업 기밀의 보장**(Confidentiality) 문제이다. 벤처 자본은 투자 전문가이므로 직접적인 기밀 노출의 위험은 없지만 개인 투자자들은 그렇지 않을 수도 있다. 사업 계획서가 자주 복사되고 본의 아니게 사무실이나 공공 장소에 남겨질 수도 있기 때문에 일반적으로 핵심적인 사업 기밀은 사업 계획서에 포함시키지 않는 것이 좋다. 예컨대 신제품의 기능을 구체적으로 설명할 수는 있지만 구체적인 회로 설계, 청사진, 엔지니어링 기법 등을 제시할 필요는 없다.

벤처 자본이라고 해서 반드시 지분 투자만 하는 것은 아니며, 전환 사채, 전환 우선주 등을 사용하여 투자와 융자를 다양하게 결합하는 방식을 흔히 취한다. 투·융자를 결합하게 되면 이자를 통해 자금을 회수할 수도 있고, 투자 기업의 입장에서는 절세 효과가 있게 된다. 전환 사채나 우선 주를 활용하면 벤처 자본사의 유동성이 확보되고, 사업이 실패했을 때 자산에 대한 우선적 분배권을 가지게 된다.

벤처 자본은 여러 벤처 자본사나 개인 투자자와 함께 **투자 조합**(Syndicate)의 형태로 투자하는 경우가 많은데, 이는 위험의 분산 효과가 있을 뿐만 아니라 후속 투자자를 유치하는 데 있어서도 초기 투자사가 투자 기업의 성공 전망에 대해 신념을 가지고 있다는 것을 보여 줄 수 있는 장점이 있다. 초기 투자를 통해 기업에 대해 잘 아는 초기 투자자조차 후속 투자에 관심이 없다면 다른 아무 투자자도 후속 투자를 하려 하지 않을 것은 자명하다.

일반 주식 시장 일반 주식 시장이나 장외 시장이 기업 공개나 이차 주식 공모 등을 통해 지분 투자 자본을 형성하는 데 있어 가장 큰 역할을 한다는 점은 잘 알려진 사실이다. 이러한 주식 시장에서 자금을 조달하려면 상당한 수준의 사업 전력이 요구된다. 자금을 조달하게 되더라도 상당한 시간과 비용을 소모해야 한다. 그 과정에서 큰 역할을 하는 것이 증권사이다. 증권사는 공개 기업의 가치를 평가하고, 공모 주의 가격을 책정하며, 인수단(Syndicate)과 함께 시장을 조성하는 역할을 맡는다. 기업 공개에 대해서는 제10장에서 자세히 다룰 것이다.

(3) 융자 자본

융자 자본(Debt Capital)은 창업자의 지분을 잠식하지 않고 필요 자금을 조달할 수 있는 방법이다. 부채는 상환 일정에 따라 융자 원금과 이자를 지급하므로 상대적으로 위험 수준이 낮은 자본이다. 상환에 대한 기대를 충족시키기 위해 융자자는 현금 흐름이나 자산을 담보로 하여 융자하게 된다.

현금 흐름 담보 대출 융자자는 부채를 상환할 수 있는 현금 창출력을 보고 기업에 대한 융자를 결정할 수 있다. 이렇게 현금 창출력을 측정하는 지표로 **이자 지급력**(Interest Coverage), 즉 이자 및 세전 순이익과 지급 이자의 비율이나 자기 자본에 대한 부채 비율(Debt/Equity Ratio)을 활용한다.

현금 흐름 담보 대출에는 아래와 같이 몇 가지 유형이 있다.

- **단기 대출**: 1-2개월 등 1년 이내의 기간 동안 융자하여 주로 계절적인 운전 자금 수요를 충족한다.
- **당좌 대출**: 기업의 필요에 따라 대출할 수 있는 **당좌 계정**(Line-of-Credit)을 설정하여 수시로 자금을 융통할 수 있다. 계정 체결 시 수수료(Commitment Fee)를 지급하고, 기간별로 대출 원금 평잔에 대해 이자를 지급한다. 연중 특정 시점에서 당좌 대출이 일정 수준을 유지하도록 상환 약정을 체결할 수 있다.
- **장기 대출**: 신용이 탄탄한 기업은 10년까지 장기 융자를 얻을 수 있다. 원리금은 약정된 일정에 따라 상환한다.

현금 흐름 담보 대출이 자산 담보 대출보다는 위험 수준이 높기 때문에 금융 기관들은 **여신 약정**(Covenants)을 통해 이러한 위험을 최소화하려 한다. 대출 약정은 보통 기업의 부채 비율 제한, 최소 이자 지급력 기준, 최소 운전 자본 수준, 최소 현금 잔고 수준, 우선 부채 발행 제한 등을 규정한다.

자산 담보 대출 창업자는 건물, 장비, 재고 등 시장 가치를 지닌 기업 보유 자산을 담보로 하여 융자를 얻을 수 있다. 회사 연혁이 짧아 수익력을 보여 주기 어려운 창업 기업들에게는 현금 흐름 담보 대출보다는 자산 담보 대출에 의존하기 쉽다. 부채 상환력이 없을 때 금융 기관은 담보 자산을 차압하여 매각하게 된다. 담보 자산에 따라 아래와 같이 여러 유형의 대출이 존재한다.

- **외상 매출금**: 신용 있는 고객에 대한 외상 매출금 중 90% 까지 대출이 가능하다. 산업 특성에 따라 이러한 대출을 제도화한 것이 **팩터링**(Factoring)이다.

- **재고 자산**: 완제품 등 매각이 쉬운 재고 자산에 대해 50%까지 융자를 해 줄 수 있다.
- **장비**: 주요 제조 장비에 대해 3-10년간에 걸쳐 매각 가능성에 따라 50-80%까지 융자가 가능하다. **리스**(Lease)도 일종의 장비 담보 대출이라 볼 수 있는데, 이는 장비를 직접 구입하지 않는다는 차이가 있다.
- **부동산**: 부동산을 담보로 공장이나 건물에 대해 시가의 75-85%까지 융자해 줄 수 있다. 이를 **모기지 대출**(Mortgage Financing)이라 한다.
- **개인 보증 대출**: 창업자나 파트너가 개인 재산으로 채무 보증을 설 경우 대출이 가능하다.
- **신용장 대출**: 무역 거래에서 **신용장**(Letter of Credit)을 담보로 구매 및 생산 활동을 위한 대출을 얻을 수 있다.
- **정부 보증 대출**: 중소기업청 등 기업 지원 정책을 펴는 정부 기관에서 채무 보증을 받아 대출을 받을 수 있다.

금융 기관 대출의 과정 우리 나라에서는 시중 은행, 지방 은행, 기업 은행, 농협, 수협, 축협 등을 제 1 금융권이라하고, 상호 신용 금고, 신용 협동 조합, 보험 회사, 새마을 금고 등을 제 2 금융권으로 분류한다. 대출에 있어 일반적으로 제 2 금융권이 제 1 금융권에 비해 대출 이자는 높지만, 대출 자격, 담보 취득, 여신 심사 등 대출 절차 및 조건이 간단하고 신속하다. 단, 정책 자금은 제 1 금융권에서만 취급한다.

은행 등 금융 기관에서 대출하는 데 있어 다음과 같은 절차를 밟아 가는 것이 보통이다.[13]

- **대출 상담**: 대출 상담에 필요한 서류(사업자 등록 증명원, 인감 증명서, 법인 등기부 등본, 신분증, 사업 계획서, 인·허가서 등)를 준비하여 대출 담당자와 융자 상담을 한다.
- **대출 신청**: 대출 조건과 자격이 인정되면, 차용 신청서에 구비 서류를 첨부하여 대출 신청을 한다.
- **신용 조사**: 은행이 기업의 최근 3년간의 재무 제표, 향후 3년간의 추정 재무 제표, 부가가치세 과세 표준 증명원, 사업 계획서, 공장 등록증 등의 서류에 바탕하여 대출 신청자 개인과 기업의 신용을 조사한다.
- **담보 평가**: 담보로 제출되는 대지, 건물, 공장 등의 부동산을 평가한다.
- **대출 결정**: 사업 계획, 자금 용도, 신용 및 담보 평가서를 바탕으로 여신 심사를 거쳐 대출 여부를 결정한다.
- **약정 및 계약**: 대출이 결정되면 은행과 여신 약정 및 계약을 체결한다.
- **대출 실행**: 은행은 제공되는 부동산에 담보권을 설정하고 대출을 집행한다.

은행은 일반적으로 담보화할 수 있는 자산 기반이 취약하고 신용과 전통이 짧은 창업

---

[13] 이웅렬, 전성호, **창업 자금** *Guide* (서울: 씨티 미디어, 1998): 123-127.

기업에 대해 대출하는 것은 꺼려 한다. 그러나 때에 따라 창업 기업도 은행 대출은 얻을 수 있는 경우가 있으므로 창업자는 그러한 창구를 뚫을 수 있도록 노력해야 한다. 대출 성공의 확률을 높이기 위해서는 위와 같이 대출 상담 등의 구체적인 대출 절차에 들어가기 전에 창업자가 사전에 금융 기관과 장기적인 신용 관계를 형성하는 것이 요구된다.[14]

그 가장 기초적인 방법은 상당한 기간 동안 은행에 사업 준비 예금 계좌를 개설하고, 외환 등 각종 금융 서비스를 같은 은행에 의뢰하는 것이다. 이렇게 하면 은행 직원들과 가까워질 수 있고, 대출 신청 시 은행으로 하여금 장기 고객을 도와주어야 된다는 의무감을 불러일으킬 수 있다. 이러한 관계 형성 과정에서 창업자는 은행에게 자신의 사업과 그간의 발전 과정 등에 대해 계속 알리고, 사업체에 방문하도록 초청을 하는 등 지속적으로 은행의 관심을 적극 유도하는 자세를 취해야 한다.

은행과 장기적 관계를 유지하는 출발점은 창업자의 사업에 적절한 은행을 선택하는 것이다. 은행마다 대출 대상 사업체의 위험에 대한 선호도가 다를 수 있다. 어느 은행은 매우 보수적이고 재무적 기준을 까다롭게 따질 수 있고, 어느 은행은 성장 지향적으로 대규모의 포트폴리오 여신을 통해 위험을 다각화할 수도 있다. 또한 은행의 여신 정책, 경험, 산업 특화, 노하우, 기술, 규모 등도 은행 선택에 있어 고려할 사항이다. 최종적으로 선별된 은행을 접촉하는 데 있어서 그 은행과 장기적인 신용 관계를 가진 친지나 회사 자문역 등을 통해 직접 소개를 하도록 하게 하면 보다 좋은 신용 관계의 형성에 도움이 될 것이다.

각종 구비 서류를 첨부하여 대출 신청을 은행에 접수하게 되면, 은행의 **신용 분석사**(Credit Analyst)는 우선 기업의 신용을 조사하고, 그에 대한 보고서를 작성하여 여신 위원회의 심사를 받게 된다. 대출이 결정되면 은행은 대출 금액, 기간, 목적, 상환 방법 및 일정, 이자율, 수수료, 잔고 유지 요건, 이행 및 불이행 약정, 담보 설정, 보증, 선지급 조건, 은행의 부수 상품 사용 등을 명시하는 **계약서**(Term Sheet)를 마련하여 기업에게 제시한다.

특히 국제 금융 관행상 다음과 같은 **신용 조사의 5대 요소**(Five C's in Credit Analysis)를 어느 금융 기관이나 중시하므로 대출을 신청하는 창업자는 이에 대한 사전적인 준비를 철저히 해야 한다.

- **성품**(Character): 창업자 개인이 회사의 성패에 결정적인 영향을 미치는 경우 그의 성품이 은행의 대출 상환의 방식에 상당한 영향을 미친다. 은행의 입장에서 볼 때 이자 수입보다는 문제 대출로 인한 비용이 막대하므로 이 점에 특히 유의한다.
- **역량**(Capacity): 이는 채무자가 사업을 잘 운영해서 대출금을 성공적으로 상환할 수 있는 능력을 말한다.

---

[14] Philip Bilden, Amar Bhide, and Howard Stevenson, "Note on Acquiring Bank Credit," Harvard Business School Note 9-391-010.

- **자본 구조**(Capital Structure): 자기 자본이 부채에 비해 충분할수록 은행 융자 이외에 사업 운영에 추가적으로 끌어 쓸 수 있는 자금이 있다는 것을 의미하므로 은행의 상대적인 위험 노출을 적게 한다. 또한 자기 자본이 클수록 창업자가 사업 실패의 결과를 더 많이 떠안게 되므로 은행의 입장에서 볼 때 충분한 규모의 자기 자본은 창업자가 사업에 임하는 성실성을 보장하는 안전 장치 역할을 한다.
- **담보**(Collateral): 기업의 파산이나 채무 불이행 등의 사태가 발생했을 때 은행이 현금 대신 대출을 상환 받을 수 방법은 담보 자산의 처분이다. 은행은 여타 채권자에 비해 기업의 잔여 재산에 대한 우선적 행사권을 갖는 것이 보통이고, 필요한 경우 추가적으로 창업자 개인의 재산에 대해서도 담보를 설정할 수 있다.
- **보험**(Coverage): 소수의 경영진이 기업의 사활에 결정적인 영향을 미칠 때 대출해 준 은행은 이들에게 사고가 발생했을 때를 대비해서 **핵심 인물**(Key Man)에 대한 사업 보험을 들어 유사 시 대출금의 상환을 꾀하기도 한다.

(4) 내부 조달 자금

위에서 검토한 외부 조달 자금 이외에 다음과 같이 기업이 생산 및 영업 활동을 영위하면서 **내부적으로 생성되는 자금**(Internally Generated Financing)도 있다. 이 경우 직접적인 자금 조달 비용은 적지만 이것에 너무 의존하다 보면 사업 자체를 너무 취약하게 경영할 소지가 있으므로 창업자는 이를 경계해야 한다.

- **공급 업체와의 신용 거래**: 이는 공급 업체와의 외상 매입 거래를 최대한 늦게 결제하면서 운전 자본을 확보하는 방법이다. 경우에 따라서는 공급 업체가 이자를 요구할 수도 있다.
- **외상 매출금**: 유통 업체에 대해 외상 매출금을 최대한 빨리 회수하는 방법이다.
- **운전 자본 감축**: 재고, 현금 등 운전 자본 항목을 최소화함으로써 자금을 확보하는 것이다.
- **자산 매각**: 자산을 매각함으로써 내부적으로 자금을 조달하는 상대적으로 급진적인 방법이다.

6. 현금 흐름의 관리

창업자는 기업의 운영과 관련하여 두 가지의 큰 흐름을 항상 파악하고 관리해 나가야 하는데, 하나는 상품의 흐름이고 다른 하나는 현금의 흐름이다. **상품의 흐름**(Product Flows)

이란 상품 개념 개발, 시제품 완성, 원자재 확보, 기술 인력 개발, 엔지니어링, 생산, 영업, 유통 등 고객과 시장을 최종 목표로 하는 사업체의 직접적인 영위 측면이다. 반면 **현금의 흐름**(Cash Flows)은 이러한 사업체 본연의 업무를 충실히 수행하기 위한 자금의 확보와 운영 측면으로서 자기 자본 투자, 융자, 설비 투자, 급료 지급, 자재 대금 지급, 광고 등 영업 활동비 집행, 판매 대금 수금 등 제반 현금의 유출입 거래를 말한다.

상품의 흐름과 현금의 흐름은 보통 하나의 거래에서 동전의 양면처럼 동시적으로 발생하는 경우도 있고, 상품 흐름과 관련된 거래의 사후 또는 사전적으로 현금 유·출입이 발생하는 경우도 있다. 따라서 창업자는 창업 준비 단계부터 고도 성장기에 이르기까지 이러한 상품과 현금의 복잡한 흐름이 상호 원활히 이루어질 수 있도록 수시로 파악하고 점검해야 한다. 자금 조달과 운용도 이러한 기업의 전반적인 사업 운영과 현금의 운용이라는 관점에서 파악되어져야 한다.

현금 흐름의 체계적인 관리를 위해 나온 개념이 바로 **전사적인 현금 경영**(Total Cash Management)이다.[15] 이는 현금 흐름의 관리가 단지 자금 담당 부서만의 작업이 아니며 영업, 구매, 자재, 생산, 재무, 기획, 지원 등의 사업 활동 전반에 걸쳐 체계적인 현금 흐름 관리가 이루어질 필요가 있다는 것이다. 현금 흐름 관리란 한마디로 단기적으로는 현금의 보유를 최적화하여 현재의 현금 흐름을 원활하게 유지하고, 장기적으로는 미래 현금의 절대액을 최적화하고 현금의 회전 속도를 최대화하는 경영 방식을 말한다.[16]

일차적으로 기업은 당장에 충분한 현금을 확보해야 하다. 현재 현금을 많이 보유한다는 것은 그만큼 유휴 자금에 대한 기회 비용이 증가한다는 것을 의미하지만 현금의 부족은 부도를 의미하므로 현금의 유출입에 대한 통제가 선행되어야 하는 것이다. 이는 현금의 유입 규모와 걸맞게 유출 규모를 축소하게나 필요한 지출만큼 현금 수입을 증대시켜 수요와 공급의 균형을 유지하는 것이다.

이차적으로는 현금을 최대한 활용하여 유한한 재원으로 최대한의 효과를 내는 것이 주요 목표이다. 앞서 현금 흐름표를 작성할 때 익혔듯이 현금의 흐름에는 영업 활동에 의한 흐름, 재무 활동에 의한 흐름, 그리고 투자 활동에 의한 흐름이 있다. 미래 현금 흐름의 목표를 달성하기 위해서는 미래 기업의 가치 극대화에 직결되는 영업상의 순 현금 흐름이 극대화되도록 하고, 이를 바탕으로 투자자들의 신뢰를 얻어 재무적 현금의 유입을 활성화해야 한다. 이렇게 확보된 재원으로 시설 및 기술 투자를 하고, 다시 영업 현금 흐름을 극대화하게 된다.

즉, 바람직한 현금 흐름의 관리를 위해서는 우선 현금 유동성에 방해가 되는 재고나 매출 채권을 최소화하고 고 수익 사업 구조로 전환하여 영업 활동에 의한 순 현금 흐름을

---

15 Alfred M. King, *Total Cash Management* (New York: McGraw-Hill, 1994).
16 조영빈, 김준환, **현금 흐름 경영: 도산을 막는 49 가지 방법** (서울: 삼성 경제 연구소, 1998).

최대화해야 한다. 그리고 투자 활동은 영업 활동에 의한 현금 흐름의 범위 내에서 운영하면서 부동산 투자 등 자금이 잠기는 사업은 피하고 미래 현금 흐름 창출 가능성이 높은 투자에 집중해야 한다. 재무 현금 흐름에 있어서는 영업 활동과 투자 활동을 지원한다는 본연의 역할에 충실하면서 저 금리의 자금 조달선을 확보해야 한다.

표 6-4는 이러한 논리에 바탕하여 전사적인 현금 흐름 관리의 추진 방향과 과제, 그리고 실천 활동들을 제시한다. 우선 영업 기능에서는 유입이 가장 중요하며, 현금의 지출도 결국 유입을 늘리기 위해 이루어지는 것이다. 생산 기능에서는 직접적인 현금의 유출입이 거의 일어나지 않고, 생산에 투입되는 자재 구입은 구매 기능에서, 완재품의 판매로 생기는 현금 유입은 영업 기능에서 발생한다. 하지만 생산 설비와 재고는 현금 지출의 대가로 얻어진 것이기 때문에 생산 활동의 유동성 제고 및 낭비 요소 제거가 잠기는 현금을 최소화하는 방법이다. 재무 기능은 전사적인 현금 흐름 관리에서 중추적 역할을 하면서 양질의 현금 유입과 유출 간의 균형을 유지하고, 타 기능 부서의 현금 흐름 활동을 지원해 주어야 한다. 지원 및 기획 기능은 타 기능 부서에 도움을 주는 역할을 하기 때문에 모두 현금의 유출이 중요한 특성이다. 따라서 이러한 현금 유출 활동의 비용을 효율화하고 질을 높이는 것이 주요 관심사가 된다.

현금 흐름 관리의 실천 활동에 있어 4대 원칙(CASH)은 장애 제거(Clearing), 유연성 확보(Adaptability), 고속 회전(Speed), 균형 유지(Harmony)이다.

- **장애 제거**: 현금 흐름을 방해하는 요인을 추적하여 제거함으로써 전체적인 효율성을 높이는 것이다. 기존 기업의 경영 관행이 매출이나 손익 위주로 구성되어 있기 때문에 이 중에서 현금 흐름 관리와 상충되는 부분을 찾아 없애는 것이다.
- **유연성 확보**: 상황에 따라 적절하게 새로운 현금의 유입 경로를 창출하거나 불필요한 유출 경로를 차단하는 것이다.
- **고속 회전**: 기업 내·외부에서 현금의 흐름을 빠른 속도로 회전시켜 적은 운전 자금으로도 기업의 효율적인 운영을 할 수 있도록 하는 것이다.
- **균형 유지**: 현금의 유입과 유출 간에 과부족이 없도록 적절히 유지하는 것이다.

표 6-4 전사적 현금 흐름 관리의 추진 과제 및 실천 활동

부문	현금 흐름	추진 방향	중점 과제	실천 활동			
				장애 제거	유연성 확보	고속 회전	균형 유지
영업	유입	유입량 증대 (건전 매출)	매출 확대 미수금 최소화	현금 매출 수준 제고 채권 회수 극대화 불량 매출 근절	사이버 판매 경로 개발 운용 자본 효율 제고	악성 채권 판정 기간의 엄격 운영 팩터링으로 매출 채권 해결 현금 매출 금리 연동형 할인제 수출 신용장 현금화 기간 단축	
		유입 속도 제고	조기 현금화 영업 경비 효율화				
생산	유동	통과 시간 최소화	수요 대응형 생산	설비 예비품 보유 축소 현장 현금 누수 근절 현장 매몰 현금 최소화	수요 대응형 생산 체제 일인십능 생산비의 변동비화 보전, 공무 업무 아웃소싱	리드 타임 단축 회임 기간 축소	
		낭비 요인 색출	현장 개선 활동 아웃소싱, 다기능화				
구매	유동	잠긴 현금 최소화	재고 축소	구매 네트워크 정비 재고 회전율 극대화	구매선 다양화 통합 구매로 단가 인하 공급 체인 관리 도입 물류 제휴	잔 납기 자재 최소화	
	유출	유출 시점 조절	구매력과 속도 제고 조달망 관리				
		유출량 최소화	원자재비 절감				
재무	유입	양질의 현금 유입	조달선 확보 및 유지		저금리 외자 도입 직접 금융 비중 확대 자금 조달선 다양화	국제 표준 회계 기준 적극 도입 은행 연계 현금 관리	적정 배당 원칙 수립 재무 투자 기능 강화 현금 보유 확대
	유출	균형 유지	유입 범위 내 운용				
지원	유출	고정비의 변동비화	아웃소싱		비정규직 확대 인사 기능도 아웃소싱 외환, 무역 교육 확대		현금 흐름 연계 경영자 평가, 보상 순 현금 흐름형 평가 제도 재무 전문가 활용
		인력 양성 및 평가	전문가 양성 평가 체제 구축				
기획	유출	미래의 현금 흐름 창출	적정 투자 계획 수립	재고 처리 전사 계정 신설		투자 수익률보다 회수 기간 중시	내부 자금 범위 내 투자 소유 부동산 사용 제품 포트폴리오 검토 제로 베이스 예산제 현금 수지 독립 채산제 경제적 부가가치 사전 관리 지표화
		운영 비용의 효율화	관리 시스템 구축				

자료: 조영빈, 김준환, 현금 흐름 경영: 도산을 막는 49 가지 방법 (서울: 삼성 경제 연구소, 1993): 63, 65.

창업 실무

창업 및 중소 기업 금융 지원

창업자는 정부, 관련 단체 및 금융기관이 창업 및 중소 기업에 지원하는 다양한 자금 지원 제도를 적극 활용하여 창업에 필요한 자금을 조달할 수 있다. 이러한 자금원으로는 창업 지원 자금, 지방 자치 단체의 창업 지원 자금, 우수 발명 시작품 제작 지원, 그리고 각종 중소 기업 지원 기금 등이 있다.[17]

(1) 창업 지원 자금

중소 기업 창업자의 창업 활동을 지원하기 위해 **중소 기업 진흥 및 제품 구매 촉진에 관한 법률** 제41조에 근거하여 정부와 관련 기관의 출연금과 운용 수익금 등으로 창업 지원 자금이 별도로 조성되어 중소기업 진흥 공단이 관리·운용하고 있다. 이 자금은 중소 기업에 직접 지원하는 것이 아니라 창업 투자 회사에 대한 투·융자, 창업 투자 조합에 대한 출자, 창업 상담 회사에 대한 자금 지원, 창업 보육 센터에 대한 융자금, 그리고 중소 기업 창업 강좌 실시 기관에 대한 교육비 지원금 등으로 운용한다. 이들 각 기관이 창업 중소 기업을 설립 목적에 따라 지원토록 하고 있다.

창업 투자 회사(약칭 창투사)는 사업성은 있으나 자금력과 담보력이 취약한 창업자에 대해 설립된 지 10년 이내의 창업 기업에게 납입 자본금의 50% 이내 범위에서 주식을 인수하는 등 직접 투자를 통해 경영권을 지배하지 않고 자금을 지원한다. 창투사는 주식 인수 이외에 전환 사채(신주 인수권부 사채), 약정 투자, 자금 대여 등을 통해서도 자금을 지원한다. 이러한 지원 대상에서 제외되는 업종으로는 농업, 어업, 임업 및 어업, 금융 및 보험업, 법무·회계 관련 서비스업, 전문 및 일반 강습소, 의료업 및 수의업 등이 해당된다.

창업 투자 조합은 창업 기업에 투·융자를 할 목적으로 창투사가 업무 집행 조합원이 되고, 개인, 공공 기관 등 불특정 다수를 일반 조합원으로, 창업 지원 기금을 특별 조합원으로 민법상의 투자 조합을 결성하여 그 출자금으로 창업 기업에 투자하고 일정 기간(통상 7년)이 지나 투자 수익이 발생할 때 이를 출자 비율에 따라 배분하는 투자 방식이다. 투자 대상 및 업종 등 지원 절차는 창투사와 동일하다. 창업 지원 기금의 창업 투자 조합에 대한 출자 한도는 출자금 총액의 20% 이내로 제한된다.

창업 보육 센터는 기술 및 사업성은 있으나 자금 및 장소, 시설 확보의 어려움과 경영 관리 능력의 미흡 등으로 사업화에 어려움을 겪고 있는 예비 창업자를 대상으로 작업장, 범용 제조 설비, 실험 기기, 자료실, 사무 설비 등 창업에 필요한 제반 시설을 제공한다. 또한 보육 센터는 경영, 기술, 세무 등에 관한 상담과 행정 지원을 제공하여 창업에 따른 위험 부담을 줄이고 창업 분위기를 확산시켜 중소 기업의 창업 촉진과 원활한 성장을 지원한다. 입주 대상자는 기술집약형 업종의 창업자 및 예비 창업자이고, 입주 기간은 2년 이내이나 협의에 의해 연장할 수 있다. 임대료 및 사용료는 보육 센터 사업자와 입주자 간의 계약에 의해 정한다.

(2) 지방 자치 단체의 창업 지원 자금

지방 자치제의 시행과 더불어 각 시·도는 지방 중소 기업의 육성 및 창업의 활성화를 위

[17] 중소기업 진흥 공단, **중소 기업 이렇게 도와드립니다** (서울: 중소기업 진흥 공단, 1996): 116-160; 중소기업 진흥 공단, **창업 이렇게 한다** (서울: 중소기업 진흥 공단, 1997): 21-28.

해 관할 지역 내 창업자에 대해 창업 자금을 지원하고 있다. 시·도에서 지원하는 창업 자금은 중앙 정부와 지방 정부가 50 대 50의 매칭 펀드로 자금을 조성하여 보통 창업 2년 내의 기업을 대상으로 금리 연 7% 정도로 3년 거치 기간을 포함하여 최장 8년 이내의 기간 동안 시설 자금과 운전 자금을 위해 7억 원을 한도로 지원하고 있다. 대부분의 시·도가 신청 기업의 자금 지원 타당성 검토를 중소기업 진흥공단 지역 본부에 의뢰하고 있다. 창업 자금의 지원 조건, 지원 시기 및 방식 등이 각 시·도 조례별로 약간씩 차이가 있으므로 시·도 해당 부서에 확인할 필요가 있다. 각 시·도의 해당 부서는 대개 경제진흥과, 공업과, 중소기업과, 지역경제과, 기업진흥과 등으로 불리고 있다.

(3) 우수 발명 시작품 제작 지원

한국 발명 진흥회는 발명인의 사기를 진작하고 발명 의식을 고취하여 우수 발명품의 기업화를 촉진시키기 위해 우수 발명 시작품 제작비를 보조하고 있다. 매년 1월 중에 신청을 받고 있는 우수 발명 시작품 제작 지원 제도의 대상자 선정 기준은 발명의 사업화 가능성, 수출 유망성, 발명의 기술적 우수성, 발명의 국가 산업 발전 기여도, 그리고 사업화 추진 의지 및 경영 능력이다. 신청 자격은 대한민국 국민으로서 국내에 주소를 둔 학생, 개인 또는 중소 기업 법에 의한 중소 기업가로서 그 발명이나 고안이 특허 법, 실용신안 법에 의해 등록된 것이며, 당해 권리가 시작품 제작비 지원 신청일 현재 존속하고 있을 때 신청 가능하다. 당해 권리 설정 후 5년이 경과한 발명과 이미 시작품을 보유한 자는 제외된다. 보조금의 지급 한도는 영세 발명자 및 학생 발명자는 제작 비용의 전액 범위 내, 개인 발명자는 90% 이내, 그리고 중소 기업가는 80% 이내이다.

(4) 중소 기업 지원 기금

중소 기업의 사업 운영을 지원하기 위해 정부, 관련 단체 및 금융 기관이 표 6-5와 같이 다양한 지원 기금을 운용하고 있다.

(5) 신용 보증 제도

신용 보증 제도는 중소 기업의 자금융통을 원활히 하고 기술 개발을 촉진하기 위해 담보 능력이 부족한 중소 기업의 채무를 보증해 주는 제도이다. 이에는 신용 보증과 기술 신용 보증이 있다. 신용 보증은 신용 보증 기금 심사부 및 각 지점에서 취급한다. 신용 보증 대상은 기업을 영위하는 개인, 법인 및 중소기업 협동조합 등 기업의 단체이다. 동일 기업에 대해 15억 원이 일반 한도이다. 보증료는 중소기업의 경우 보증금에 대해 연 1%이고, 대기업은 연 1.5%이다. 신용 보증의 종류에는 대출 보증, 지급 보증에 대한 보증, 사채 보증, 납세 보증, 어음 보증, 제 2 금융 보증, 시설 대여 보증, 이행 보증, 무역 어음 인수 담보 보증 등이 있다.

기술 신용 보증은 담보 능력이 미약한 중소 기업, 특히 신기술 사업자의 채무를 보증하여 산업 저변의 기술 개발을 촉진하고 기업 자금의 융통을 원활히 하기 위한 제도로서 기술 신용 보증 기금 신용보증부, 기술부 및 각 영업점 신용보증부에서 취급한다. 기술 신용 보증의 지원 대상은 신기술 사업을 영위하는 중소 기업으로서 상시 종업원 1000명 이하이고 총 자산액이 1000억 원 이하인 기업과 산업 기술 연구 조합이다. 동일인의 보증 한도는 15억 원이고, 보증료는 중소 기업의 경우 보증 금액에 대해 연 1.0%이다. 기술 대출 보증, 기술 사채 인수 보증 등 기술 신용 보증뿐만 아니라 대출 보증 등 일반 신용 보증도 취급한다. 기술 우대 보증 제도를 통해 기술력이 우수하다고 인정되는 기업 또는 각종 기술 개발 관련

표 6-5 중소 기업 창업 지원 자금

지원기관	기금명	지원 대상 사업
한국 은행 자금부	중소 기업 기반 조성 자금	수출 상품 또는 수입 대체 소재 및 부품을 생산하기 위한 공장 건물의 건축과 기계 설비의 구입 또는 설치 등 설비 투자 부문과 중소 기업가가 생산한 국산 기계의 구입 또는 설치 등 제품 구매 부문이 있다.
중소기업 협동조합 중앙회	중소 기업 공제 사업 기금	중소 기업의 도산 방지와 안정적 경영 활동을 도모하고자 공제 기금에 가입한 조합원에게 연쇄 도산방지 대출(제 1 호 대출), 상업 어음 대출(제 2 호 대출), 소액 일시 대출(제 3 호 대출) 등을 해준다. 또한 중소 기업의 공동 구매 및 판매 사업에 자금을 지원해준다.
중소기업 은행 여신기획부	산업 기반 기금	생산성 향상 및 고 부가가치화 사업, 유통 합리화 사업, 중소 기업 기반 조성 사업 등 산업자원부에서 고시하는 사업 부문에서 추천된 기업에 대해 대출 지원한다.
	기술 개발 자금	기술 개발 및 개발 기술의 사업화 추진에 필요한 연구 개발 자금과 사업화 자금을 지원한다.
	창업 지원 자금	제조업 또는 건축, 엔지니어링 등 기술 서비스업, 정보 처리 등 컴퓨터 운용 관련업을 하는 설립 후 3년 이내의 중소 기업에 창업 자금을 지원한다.
	소기업 지원 자금	종업원 50인 이내의 제조 업체나 10인 이내의 도소매 업체와 컴퓨터 운용 관련 업체 등 소기업의 생산성 향상 및 경영 안정을 위한 운전 자금과 자가 공장 마련을 위한 건물 신축과 기계 설치 자금 등을 지원한다.
국민 은행 중소기업 팀	우수 기술 보유 업체 금융 지원	국가 공인 신기술 등 우수 기술 보유 업체에 시설 자금 및 운전 자금을 지원한다. 우수 기술 보유 여부는 공업진흥청의 신기술(NT)마크, 100 PPM 품질 인증, 과학기술처의 KT 마크, IR52 장영실 상, 특허권, 산업자원부 유망 선진 기술 등으로 판단한다.
	특허권 담보부 무보증 신용 여신 제도	특허권을 보유한 우수 기술 보유 업체에 시설 자금 및 운전 자금을 지원한다.

자금에 대해서 기술력 위주의 신용 조사 및 보증 심사를 거쳐 보증 지원을 실시한다. 금융기관 추천 보증 제도는 신규 보증 거래를 원하는 중소 기업에 대해 금융 기관이 신용 보증(일반 운전 자금 1억 원 이내)을 추천하면 보증 절차를 대폭 간소화하여 보증 지원한다.

창업 이야기 VI-1

대성 정밀[18]

대기업에서 같이 근무하던 생산·사무직 동료들이 함께 뭉쳐 독립된 대성 정밀이라는 중소 기업을 창업했다. 이 회사는 대우 통신의 경영 혁신 운동의 일환으로 중소 기업 업종 이양 정책에 의해 맺어진 결실인데, 회사의 공정을 하청 업체에 단순 이양하기보다는 회사에 몸담고 있던 직원들로 하여금 창업 의욕을 불태울 수 있는 방안에 따라서 이루어지게 되었다. 물론 대기업 사원으로서의 기득권이 유지되는 상황에서 장래가 불투명한 중소 기업으로 옮기겠다는 사람이 있을 리 없었다. 이러한 난관을 경영층의 주도로 설명회, 각종 지원의 약속, 개별 면담 등의 수차례의 설득 과정을 통하여 극복할 수 있었다.

그 결과 1991년 3월 대우 통신 가공부 출신의 43명이 공동 출자 형태로 투자하고 대성 정밀을 설립할 수 있었다. 이들은 한 사람 당 130만 원에서 5000만 원까지 총 1억 6600만 원을 모아 공동 지주제로 회사를 운영하고 있다. 두 달 여에 걸친 준비 작업 끝에 4월 23일부터 본격 가동에 들어간 이 회사는 첫 년도 말까지 20억 원의 매출 실적을 달성할 수 있을 것으로 기대되었으며, 모든 직원들이 주인 의식을 갖고 업무에 임함으로써 노동의 새로운 지표를 제시하고 있다.

생산 설비는 대우 통신에서 사용하던 것을 그대로 들여왔으며, 장치비 등의 부대 비용은 장기간에 걸쳐 분할 상환토록 되어 있다. 대성 정밀이 보유한 설비로는 CNC 등 기계 장비 130종, 금형 3200여 세트, 공구 600여 종 등 고 정밀도의 제품을 생산할 수 있는 것들이다. 이들 설비로는 통신 및 전송 기기, TDX, 사설 교환기 등에 소요되는 각종 부품을 생산한다. 1991년 4월 말 설비 가동 1주일 만에 8000만 원 어치의 부품을 대우 통신에 납품했으며, 첫 년도 목표치인 20억 원은 무난히 달성될 수 있을 것으로 기대되었다.

대성 정밀의 경쟁력이라면 일단 내 회사라는 의식이 있기 때문에 대성 정밀에서는 굳이 원가 절감을 들먹거릴 필요가 없다는 것이다. 모든 직원이 에너지 절약, 낭비 요소 제거에 앞장서고 있으며, 생산 코스트 다운 방안을 놓고 여기 저기서 격론을 벌이기도 한다. 물론 회사의 조직은 최소 지향의 플랫(Flat)형이고, 모든 구성원이 자기가 맡은 일 외에도 전체의 일에 발벗고 나서는 공동 가족 분위기가 만들어졌음은 물론이다.

---

[18] 이코노미스트, “대우 통신 가공부 출신들의 결단과 성공,” 1991년 5월 5일.

창업 이야기 Ⅵ-2

베스트 코리아[19]

베스트 코리아는 대다수 창업 기업가들이 겪는 고충을 대변한다. 이 회사가 내놓은 브라운 가스 발생기는 성장 가능성이 큰 상품임에 틀림없으면서도 홍보, 판로 개척, 자금 조달상의 애로 사항으로 투자 회수 기간이 긴 경우이다. 브라운 가스란 고도의 기술로 물의 전기 분해 방식에 의해 발생하는 수소와 산소가 이상적인 비율로 혼합된 가스 형태이다. 지금까지는 물의 전기 분해로 생성되는 수소와 산소가 혼합했을 경우 폭발 위험이 있다고 하여 별도로 분리시켜 왔으나 브라운 가스는 이들이 일정 비율로 혼합되어 있으면서 비폭발성인 것이 특징이다. 이 브라운 가스를 만들어 용접이나 절단에 사용할 수 있도록 고안된 것이 바로 브라운 가스 발생기이다. 브라운 가스 발생기는 호주 과학자이자 베스트 오스트레일리아사 회장인 브라운 박사에 의해 처음 고안되었다.

베스트 코리아사의 김상남 사장은 이 브라운 가스 발생기를 국내에 처음 들여왔다. 김 사장은 브라운 박사가 만든 발생기를 들여와 전해조를 재설계하고 한 단계 수준을 높여 상품화하는 데 성공했다. 사업 경험이 없는 그에게 가장 힘든 일은 자금 조달이었다. 첫 시제품을 내놓기까지 3년간의 개발 기간에 밑 빠진 독에 물 붓기 식으로 돈이 들어갔다. 한국과학 기술 연구원 박사급 연구원들을 조달해야 했기 때문에 개발비는 예상 밖으로 많이 들었다. 개발비로 든 돈만 12억 원이었다. 인건비와 사무실 운영비 등을 포함하면 투자한 자금은 30억 원에 이른다. 김 사장은 모자라는 운영비를 충당하기 위해 물 탱크 청소 용역사업을 하기도 했다.

판매 실적이 오르기 시작한 것은 1994년부터이다. 첫 해 1억 5000만 원이던 매출 실적이 1995년 3억 원, 96년 5억 원으로 늘기 시작했다. 김 사장은 무엇보다도 자동차 연료로서의 사용 가능성에 큰 기대를 걸고 있다. 이는 최근 국내뿐 아니라 일본 등지에서 자동차용 연료로 브라운 가스를 사용하여 시험한 결과 무공해 자동차 연료로 적합하다는 결과가 나왔기 때문이다.

문제는 판로 개척과 자금 부족이다. 김 사장은 우선 개별 판촉보다는 매스컴 등을 통해 브라운 가스의 효용성을 널리 알리는 데 주력할 방침이다. 수요가 는다고 해도 여전히 문제는 있다. 영업 조직과 할부 제도를 운영하기 위한 자금 여력이 부족하기 때문이다. 또 대량생산으로 원가를 낮추기 위해서도 자금 확보는 발등에 떨어진 불이다. 자금 얘기만 나오면 김 사장은 고개를 가로 젓는다. 정책 자금과 대기업 지원, 그리고 개인 투자 어느 것 하나 도움이 되지 않고 있기 때문이다. 정책 자금은 신청서를 내기 전 미리 내정되어 있거나 턱없이 자금이 모자라 순서가 돌아오지 않고, 대기업은 기술이 좋으면 지원해주기보다는 이를 빼앗으려 한다는 것이 김 사장의 말이다. 또 개인 투자자들은 높은 금리나 따먹으려 하기 때문에 어느 쪽도 기대하기 어렵다는 것이다.

---

19 이코노미스트, "베스트코리아, '물에서 무공해 연료를…' 꿈 실현," 1997년 5월 13일.

창업 이야기 Ⅵ-3

앤티폴 테크[20]

대기 오염 방지 시설 전문 업체인 ㈜앤티폴 테크의 염동초 사장은 요즘 돈벌이가 줄어드는 것도 문제지만 그나마 환경 문제에 관심을 보이던 기업들이 발을 슬쩍 뺄까 봐 걱정이다. IMF 구제 금융이 시작되고 대기 환경 보전법이 강화되면서 전국 1천 개 환경 업체 가운데 600여 개가 문을 닫았다. 이들이 만들고 있는 소형 소각로는 1998년부터 측정 항목에 새로 포함된 질산 화합물, 황산 화합물 등을 걸러낼 수 없기 때문이다. 그러나 앤티폴 테크는 이런 '외풍'에도 별다른 피해를 보지 않았다. 1997년 내놓은 고성능 집진 배기 가스 처리 장치 '가스프리 21'이 순항을 거듭하고 있기 때문이다. 앤티폴 테크는 한국·미국 등 17개국에서 특허를 따낸 이 제품으로 창업 투자 회사들이 투자를 극히 꺼리던 1997년 12월 무한기술 투자로부터 2억 원을 끌어들였다.

가스프리 21은 앤티폴 테크의 기술 고문인 양윤석 박사가 금속 비소에서 나오는 유독 가스를 처리하기 위해 17여 년의 연구 끝에 개발한 제품이다. 보텍스 튜브(Vortex Tube) 이론을 응용한 이 제품은 공기를 압축해 배기 가스와 섞어 뿜어주면 보텍스(소용돌이)를 일으켜 소각 때 발생하는 질산화물, 황산화물, 분진, 냄새 등 미립자를 없앤다. 이 제품의 핵심은 헤드이다. 이곳에 압축 공기를 7 kg/cm^2(압력), 13m^3/min(압축 공기)의 용량으로 분사해 태풍의 눈과 같은 효과를 내며 공기는 헤드 저부에서 소멸된다.

IMF 먹구름만 걷히면 시장 전망은 밝은 편이다. 이 제품은 전국 1만여 산업 현장에서 필요한 설비이다. 현대 자동차만도 750군데서 써야 한다. 울산 지사를 통해 현대 자동차, 삼성 석유 화학, 삼성 정밀 화학, 금호 석유, 대한 알루미늄 등과 거래를 타진하고 있다. 현대·삼성과는 이미 협의를 끝낸 상태이다. IMF 여파가 진정되면 바로 계약에 들어간다. 1997년 매출액은 3억 원에 그쳤지만 98년 76억 원, 99년 2백 20억 원으로 늘려 잡았다.

해외 진출도 열매를 거두고 있다. 타깃은 다이옥신 규제가 약한 일본이다. 일본의 다이옥신 규제 기준은 50나노그램으로 세계 기준(0.1나노그램)보다 약하지만 5년 후면 강화되기 때문에 수요가 크게 늘 것으로 기대하고 있다. 이러한 전망과 함께 앤티폴 테크는 1996년 토쿄 신주쿠에 일본 그린피아라는 지사를 세웠다. 일본 통산성, 브리지돈, 농업 경제 단체 등과 계약을 추진 중이고, 산코 산업과는 1997년 12월에 10억 원의 계약을 했다.

성균관대 경영학과 81학번인 염 사장은 한국 은행과 은행 감독원에서 13년을 보낸 금융인이다. 조직 생활에 염증을 느껴 96년 자기 사업을 벌이기로 결심했다. 은행에서 잔뼈가 굵은 그는 대출 담당자들과 친분이 있어 자금 조달에는 그다지 어려움을 겪지 않았다. 자금 흐름도 어느 정도 읽고 있기 때문에 기업 경영이 낯선 일만은 아니었다. 삼원 주택 개발을 4000만 원에 인수하여 자본금 2억 원을 들여 ㈜삼원 그린 시스템을 세운 그는 환경 오염 방지 시설과 폐기물 소각기 제조·판매에 나섰다. 크리스천 모임에서 가스프리 21을 만든 양윤석 박사를 우연히 만난 것이 계기였다. 일본 산코 산업과 손을 잡고 상업화를 모색하던 양 박사는 계약상의 문제 때문에 결별한 상태였다.

1997년 8월에는 동양 창업 투자를 끌어들

20 이코노미스트, "앤티폴 테크, 세계 최고수준 '가스정화장치'개발," 1998년 1월 27일.

여 자본금 2억으로 앤티폴 테크로 재창업했다. 지분 비율은 동양 창투가 85%, 염 사장이 15%였다. 염 사장은 "기술과 경영은 걱정하지 말고 자금만 넉넉하게 대달라"고 동양 창투에 요구했다. 동양 창투 관계자는 "앞으로 환경 규제가 더욱 강화될 것이므로 이 부문에서 기술력을 갖춘 앤티폴 테크의 미래는 밝다고 판단, 합작 투자를 했다"고 밝혔다. 염 사장은 올해 말까지 20억 원 정도를 더 끌어들일 계획이다. 앤티폴 테크는 또한 중소기업청으로부터 10억 원을 지원 받아 1998년 상반기에 전북 임실군에 1600평 정도의 공장을 새로 세웠다. 빌려 쓰고 있는 울산 공장은 400평으로 규모가 작아 헤드만 생산하고 있지만 임실 공장에서는 부속품도 직접 생산한다.

읽을 거리

Philip Bilden, Amar Bhide, and Howard Stevenson, "Note on Acquiring Bank Credit," Harvard Business School Note 9-391-010.

Sanford B. Ehrlich, Alex F. De Noble, Tracy Moore, and Richard R. Weaver, "After The Cash Arrives: A Comparative Study of Venture Capital and Private Investor Involvement in Entrepreneurial Firms," *Journal of Business Venturing*, 9, 1994: 67-82.

John Freear, Jeffrey E. Sohl, and William E. Wetzel, Jr., "Angels and Non-Angels: Are There Differences?" *Journal of Business Venturing*, 9, 1994: 109-123.

Stanley C. Golder, "Structuring the Financing." Stanley E. Pratt and Jane K. Morris, *Pratt's Guide to Venture Capital Sources*, Eleventh Edition: 52-54.

Michael J. Roberts and Howard H. Stevenson, "Deal Structure," Harvard Business School Note 9-384-186.

Michael J. Roberts and Howard H. Stevenson, "Alternative Sources of Financing," Harvard Business School Note 9-384-187.

William A. Sahlman, "Note on Financial Contracting: 'Deals'," Harvard Business School Note 9-288-014.

James McNeill Stancill, "How Much Money Does Your New Venture Need?" *Harvard Business Review*, May-June 1986: 3-11.

Jeffry A. Timmons & Dale A. Sander, "Everything You (Don't) Want to Know about Raising Capital." In William A. Sahlman & Howard H. Stevenson (Eds.), *The Entrepreneurial Venture* (Boston, MA: Harvard Business School Publications, 1992): 196-203.

Ⅶ장 벤처 자본의 활용

"나는 '어떻게 돈을 벌 수 있을까?'라고 묻는 창업자보다 '이 사업을 어떻게 성공시킬까?'라고 묻는 창업자를 찾는다. 그리고 내가 창업 기업의 의사결정에 있어 일정한 역할을 하기를 원하는 사람을 선호한다."

아더 록(Arthur Rock), *Harvard Business Review*, 1987

이 장에서 다루는 주제

에인절 투자자의 모험 자본
벤처 자본의 발전과 업무 특성
벤처 자본의 역할과 특징
벤처 자본의 투자 과정과 심사 기준
벤처 자본가와의 협상과 계약 조건

창업 현장

내셔널 데모그래픽스 & 라이프스타일즈[1]

내셔널 데모그래픽스 앤드 라이프스타일즈(National Demographics & Lifestyles, 이하 NDL)는 대부분의 소비자 내구성 제품 제조 업체에서 제공하는 제품 등록 카드에 관한 프로그램을 운영하여 카드 정보를 수집·분석하고, 그 결과를 제조 업체에게 마케팅 정보로서 제공한다는 전략으로 1976년에 족 비커트(Jock Bickert)에 의해 설립되었다. 제조 업체에 마케팅 정보를 제공하는 반대 급부로 NDL사는 소비자의 개인 정보 데이터베이스를 구축할 권리를 얻고, 이 데이터베이스가 일정 규모 이상으로 커질 경우 NDL사는 특정한 시장을 타깃으로 하는 업체들에게 데이터베이스에 기반한 우송 목록(Targeted Mailing List)을 대여함으로써 수익을 얻고자 한다. 이러한 정보 서비스 사업은 저렴한 조사 비용으로 최단 시간 내에 데이터베이스를 구축할 수 있고, 구축된 데이터베이스를 여러 번 반복하여 사용할 수 있다는 장점이 있다.

당시 개인 정보 산업은 이미 급속하게 성장하고 있었다. 미국에서 1970년에 직접 우편(Direct Mail) 광고에 투입된 금액은 $28억이며, 직접 우편 거래에 의한 매출액은 $350억을 넘는다. 1973년에는 그 규모가 각각 $54억, 그리고 $500억으로 성장했다. 광고주들이 이러한 시장에 눈을 돌리고 있는 것은 정교한 시장 분할이 가능하고, 광고 비용의 효율성을 파악하기 쉽기 때문이다.

이러한 시장에서 성공하기 위해서는 우선 정확한 개인 정보를 수집해야 한다. 개인 정보 리스트는 1회 사용을 전제로 대여되고, 그 가격이 품질, 수요 시장 규모, 리스트의 특성 등에 따라 1000명당 $10-100 정도의 큰 폭으로 달라지며, 평균 가격은 $40 정도이다. 기존의 전화 번호부, 자동차 등록 등 대규모 명단을 통해 확보하는 편집 자료(Compiled List)는 소득 수준 등 인구통계학적 자료가 미비하고, 소비자의 생활 양식과 관심 등에 관한 정보가 부실하다. 반면 응답 자료(Response List)는 우편 구매를 하는 소비자에 의해 만들어지거나, 직접 우편 거래의 부산물로 얻어지므로 직접 우편 거래를 하는 사업자들이 최선의 자료로 간주한다. 그러나 NDL사는 이들 자료들도 잠재 고객의 일부밖에 파악하지 못하고 있으며, 소비자의 개인적 관심도에 대한 정보 또한 부족하다는 점을 파악하고 이를 공략 목표로 삼은 것이다.

비커트는 NDL사 설립 이전에 14년간 연구조사 업계에 근무했다. 초기에는 임상 심리학자로 대학 병원과 종합 병원에서, 나중에는 덴버 대학교의 연구소에서 각종 정부 기관 및 기업체 연구 과제를 수행하면서 조사 방법, 시장 조사 및 분석법 등에 관한 전문 지식을 습득했다. 비커트는 친구 프랭클린, 토머스 등과 각각 $500씩 투자하여 NDL사를 설립하고, 각각 3375주씩을 소유했고, 추후에 법률 고문 브루스 더커가 $222를 투자하여 1500주를 가졌다. NDL사는 직접 우편 신규 사업자가 인구통계학적 자료 및 생활 특성을 바탕으로 최적의 목표 시장을 예측할 수 있고, 이를 통해 잠재 고객에 대한 접근법을 효과적으로 강구할 수 있다고 전제했다. NDL사는 개인 정보 사업에 소유권이나 특허권이 존재하지 않으므로 새로운 방법으로 사업을 시작해 비교 우위를 구축

[1] Michael J. Roberts and Ennis J. Walton, "National Demographics & Lifestyles (A)," Harvard Business School Case 9-388-043, 1987.

할 수 있다고 판단했다.

NDL사는 1977년에 추가로 롭 존슨을 영입하고, $3,000에 3375 주(22.5% 지분율)를 제공했다. 존슨은 사업 촉진과 성장을 위해 사업 계획서를 마련하고, 덴버 지역을 지인들을 중심으로 배포하여 자금 조달을 꾀했다. 그 결과 피아노 제작에 오랜 역사를 지닌 볼드윈-유나이티드(Baldwin-United)으로 하여금 50% 지분인 1만 5000주를 제공하는 대가로 $476,000을 유치하였다. 볼드윈사는 악기 및 보험 상품 사업을 추진해왔으므로 NDL사와의 협력을 기대했고, NDL사는 볼드윈의 투자와 더불어 볼드윈의 자회사인 볼드윈 데코사의 전산 장비를 활용하여 소비자 데이터베이스 구축하고 분석하는 것이 가능해졌다.

그럼에도 불구하고 NDL사는 사업 초기에 예상치 못한 여러 가지 문제에 봉착했다. 일단 초기 진입 시간이 1년 이상 걸렸다. 제소 업체와 협의한 후 제품에 삽입된 등록 카드가 제품 보관 창고를 거쳐 소비자에 전달되고 NDL사로 돌아 오기까지 1년 가까이 소모되는 것이다. 또한 NDL사가 훌륭한 개인 정보를 보유하고는 있지만 인구의 잦은 이동으로 말미암아 NDL사 데이터베이스의 유효 기간은 약 2년으로 한정되어 있다. 100만 명 이상의 개인 정보를 확보해야 데이터베이스를 구축하는 데 있어 제조업체의 관심과 협력을 유도할 수 있었고, 직접 우편 거래 업체들이 자신의 고객에 대한 대략적인 인식도 못하는 기존의 관행으로 NDL사의 데이터베이스의 적확성에 대한 인식이 부재하였다. 따라서 NDL사 데이터베이스의 시험 성공률이 업계 평균의 2배 이상임에도 불구하고, 실제 사용 후 합당한 대우를 받기까지 12-18 개월을 기다려야 했다.

이와 같은 사업의 지연 요소들로 말미암아 NDL사는 초기 자금이 바닥이 났으나, 볼드윈사가 추가 투자를 거절했다. 1978년에 NDL사는 결국 벤처 자본을 유치하기로 결정하고, 투자자를 찾아 백방으로 수소문하였다. 우연히 비커트는 모험 투자에 관심 있는 존 키드라는 친구를 통해 보스턴의 벤처 자본사인 클래핀 캐피털의 톰 클래핀 사장을 만나게 되었다. 클래핀은 NDL의 사업 계획을 높이 평가하고, 비커트와 존슨에 대해서도 긍정적으로 받아 들였다. 결국 클래핀이 투자를 결정하자 워싱턴의 그레이터 워싱턴 인베스터 등 여타 벤처 자본도 동참하여 NDL사는 $120만을 조달하게 되었다. 이렇게 조달된 자금으로 NDL사는 설문 프로그램의 제조업체에 대한 마케팅, 컴퓨터 소프트웨어의 향상, 소비자 데이터베이스 구축, 사용자나 브로커들에 대한 우편 리스트의 마케팅 활동 등에 집중하였다.

데이터베이스 구축에 예상 외로 시간이 걸려 1980년 중반에 들어 다시 신규 자금이 요구되었다. NDL사는 원활한 자금 지원을 위해 약 $160만의 신규 자금이 필요하다고 판단하였다. 추가적 자금 유입이 창업 경영진의 지분 잠식을 가져올 것이지만 2차적인 벤처 자본 유치가 불가피하였다. 결국 보스턴의 버, 이건, & 딜리지사(Burr, Egan, & Deleage Co.)가 그레이터 워싱턴사 및 클래핀사와 조합 투자를 결정했고, 시티콥 벤처 캐피털, 컨티넨털 일리노이사의 벤처 펀드, 우드 리버, 플릿 벤처즈 등이 그에 뒤따르기로 했다.

1981년에는 NDL사가 개인 정보 데이터베이스 고객을 확보하는 데 어느 정도 성공했다. 그러나 예상 외로 가시적인 현금 유입이 없다는 점이 문제였다. 당초에 1982년을 손익 분기 시점으로 보고 1983년부터 순익 창출을 기대했으나, 1981년에 NDL사는 사상 최대 규모의 손실을 냈다. 그럼에도 불구하고 NDL사는 사업의 정상적인 가동을 위해 자체 전산 설비 도입, 뉴욕 영업소 설치, 새로운 경영자 영입 등에 지속적으로 투자하기를 원했다. 수익 창출 계획이 계속 어겨져 벤처 투자자들에 대한 신용을 잃은 상황이지만 존슨은 NDL사 데이터베이스의 평판이 좋은 점을 들어 마지막으로 제3차 자금 지원을 다시 요청했다. 창업자 비커트는 벤처 자본사들에게 지금까지의 상황이 계속 좋지 않았지만 NDL사가 성실히 노력해온 점을 강조하며 어떠한 수를 써서라도 회사를 성공시키겠다는 단호한 의지를 표명했다. 결국 이러한 최고 경영진의 성실성에 대한 신뢰를 바탕으로 벤처 자본사들이 추가 투자를 함으로써 NDL사는 원하는 방향으로 사업을 계속 추진하여 3000만 개의 개인 정보를 구축하기에 이르렀다.

1. 에인절 투자자의 모험 자본

미국의 비공식적 벤처 자본 시장은 창업 기업에 대한 자금원으로서 가시적이지 않은 특징을 지닌다. 이 시장은 고 위험/고 수익성을 지닌 창업 기업에 재산을 투자하는 개인 재력가, 즉 에인절 투자자(Business Angel)들로 구성되어 있다. 프리어 등의 연구에 의하면 그들은 보통 상당한 사업 경험과 재력을 지니고 있고, 높은 교육 수준을 가진 중년층의 개인들이다. 그러한 에인절 투자자들은 벤처 자본에 비해 창업 초기 단계의 벤처에 대한 투자를 선호하고 자신의 집과 근접해 있는 벤처에 투자를 선호하는 것으로 나타났다.

미국의 경우 1996년에 25만 명 정도의 에인절 투자자가 $200억 이상의 투자를 한 것으로 추정된다.[2] 반면 600개 정도 되는 벤처 자본사들은 그 반 정도의 투자 규모를 보였다. 웨첼의 조사에 의하면 전형적인 투자 규모는 $1-5만 수준이어서 전문 벤처 자본이 투자하기에는 소규모의 사업에 투자한다.[3] 이들은 주로 자수 성가한 창업 기업가들로서 40-50대의 나이에 대부분이 대학 졸업자이고, 반 정도는 주로 이공계나 상경계 대학원 졸업자이다. 에인절은 주로 $5-50만 정도의 자본 투자를 원하는 벤처로서 향후 5-10년 기간 동안 매출액이 $200-2000만 정도로 성장할 수 있는 잠재력을 지닌 기업에 단독, 또는 조합으로 투자한다. 이들은 연평균 매출액 성장률이 10-20% 정도로 전문 벤처 자본에게는 별 매력이 없는 벤처에 주로 투자하나, 특별한 경우 시제품을 아직 개발 못한 첨단 기술 업체의 창업 초기 투자에 손을 대기도 한다.

우리 나라의 경우 에인절 투자가 활성화되어 있지 못하므로 공공 벤처 자본을 형성하여 에인절의 역할을 하도록 꾀하고 있다. 예컨대, 중소기업 진흥 공단이 정부 예산 80억원을 들인 '국민 벤처 펀드 1호'를 결성하고 1998년 6월부터 벤처 기업에 대한 투자 업무

[2] Stephanie Gruner, "The Trouble with Angels," *Inc.*, Feburuary 1998: 47-49.
[3] William H. Wetzel, Jr., "Angels and Risk Capital," *Sloan Management Review,* 24, 4, Summer 1984: 23-34.

를 시작했다.[4] 국민 벤처 펀드는 정부가 기업 은행의 자회사인 기은 개발 금융과 공동으로 출연한 공공 펀드로서 그 운영은 중소기업 진흥공단이 맡고 있는데, 이는 국내에서 벤처 기업에 투자하기 위한 공공 벤처 자본이 처음으로 결성된 것이다. 이와 유사한 예로 이스라엘에서는 '요즈마 펀드' 등의 공공 벤처 자본이 벤처 기업 육성에 중요한 역할을 담당하고 있다.

국민 벤처 펀드 1호는 기존 민간 창업 투자 회사와는 달리 창업 3년 이내의 초기 창업 기업들이나 대학생, 연구원 등 예비 창업자들에게 집중적으로 투자한다. 이 펀드는 100% 투자 중심으로 운영하며, 투자 방식은 융자보다는 주식이나 전환 사채 인수 방식으로 주로 투자하며 투자업체에 대해서는 단순한 투자자 입장에서 벗어나 기술 지도, 연수, 정보 제공, 판로 지원 등을 통해 성공률을 높이는 경영 파트너로서의 역할을 해나가는 방침을 취하고 있다.[5]

(1) 에인절과 비에인절

전통적으로 에인절 투자자와 벤처 자본은 질적으로 다른 투자자 집단이다. 고전적인 유형의 에인절은 인내력 있는 후원자 겸 구세주로 비춰져 왔다. 그들은 작은 규모의 투자를 적극 지원하고, 자금 회수까지 장기간 기다려주고, 회수 기간 동안 적극적으로 도와 주는 역할을 해왔다. 그러나 요즘에는 에인절의 투자 특성이 점차 벤처 자본가와 유사하게 신중하고 체계화되어가는 추세이다. 또한 최근에는 단기간의 투기성 투자를 함으로써 조기 자금 회수를 위해 벤처 기업을 망치는 경우도 발생하고 있다. 따라서 회사에 필요한 에인절을 구할 때는 요행수를 바라기보다는 예비 에인절과 장기적으로 형성된 유대 관계에 기반을 두어야 한다.

벤처에 투자하는 개인 투자자들은 투자 능력이나 배경에서 매우 다양하다. 사업 경험이 많고 유능한 기업가 출신의 에인절로부터 벤처 기업 투자 경험이 전무하거나 거의 없는 재력가, 즉 비에인절(Non-Angel)에 이르기까지 다양하다. 프리어 등의 조사 연구에 따르면 이러한 재력 있는 개인 투자자들은 크게 세 가지 집단으로 나눌 수 있다.[6]

1) 벤처에 투자한 경험이 있는 에인절 투자자
2) 벤처 투자의 경험은 없으나 벤처 투자에 뛰어들려는 관심과 열의를 보이는 고 관심도의 잠재 투지자
3) 벤처 투자 자체에는 별로 많은 관심은 없으나 벤처 투자를 자신의 투자 전략의 일부분으로 고려하려고 하는 저 관심도의 잠재 투자자

---

4 중앙 일보, "국내 최초 공공 벤처 캐피털 탄생," 1998년 5월 28일.
5 매일 경제, "창업 지원 정부 발벗고 나섰다: 일반 벤처 펀드 올 6월 결성," 1998년 12월 11일: 39.
6 John Freear, Jeffrey E. Sohl, and William E. Wetzel, Jr., "Angels and Non-Angels: Are There Differences?" *Journal of Business Venturing*, 9, 1994: 109-123.

에인절 투자자 집단은 나머지 두 부류의 잠재 투자자에 비해 사업 초기부터 사업 확장기에 이르기까지 벤처에 대한 보다 지속적이고 광범위한 투자에 관심을 보인다. 이와는 대조적으로 나머지 두 부류의 잠재 투자자 집단들은 벤처에 대한 투자를 투자 다각화의 일환으로 추구하며, 에인절 집단과 비교할 때 특정한 벤처에 대해 소규모적인 투자를 하는 경향을 보인다.

벤처 투자에 높은 관심도를 보이는 잠재 투자자 집단은 투자 대상 벤처 성과의 감독, 가격 책정, 재무 구조 등에 대해서 누군가의 자문을 원한다. 여러 면에서 고 관심도의 잠재 투자자 집단은 에인절 집단과 유사한 행동 양태를 보인다. 예를 들면 이들은 모두 벤처의 후기 단계 투자를 선호하며, 투자 대상 기업이 지리적으로 자신들의 거주지와 근접해 있기를 바란다. 반면 이들간의 차이가 뚜렷이 나타나는 부분은 투자에 대한 몰입 정도와 동기이다. 잠재 투자자 집단은 에인절 집단에 비해 소규모의 자금을 투자하며, 투자를 하더라도 다른 투자자들과 함께 조합 투자하는 방식을 선호하며, 다각화된 투자 활동을 수행하는 경향을 보인다.

(2) 에인절의 투자 전략

에인절은 사업 아이디어는 있으나 자금이 부족한 사람들에게 천사와도 같은 존재이다. 그들의 특성은 크게 세 가지로 설명될 수 있다.[7] 첫째, 에인절은 자신의 돈만을 바라는 이들에게 투자하지 않는다. 에인절은 자신이 가지고 있는 여러 가지의 경험이나 노하우, 조언, 도움 등을 함께 제공하면서 창업 기업가와 사업상의 모든 것을 동고동락하려는 사람들이다. 물론 에인절이 바라는 것 중에는 투자한 자금에 대한 회수도 중요하지만 회수 대상은 돈만이 아니라 창업 기업가와 마찬가지로 사업을 통한 성취감, 흥분감 등도 해당된다. 에인절은 분명히 경영자는 아니지만 일종의 아웃사이더로서 사업에 유효 적절하게 개입하는 의의를 즐긴다.

둘째, 에인절이 투자할 때는 여러 명이 합자하지 않는다. 많은 사람들이 돈을 합쳐 한 사업에 투자할 경우 그들 모두 사업의 아웃사이더이기 때문에 의견의 합치상 난항을 겪게 된다. 따라서 한 사람의 아웃사이더로서 사업에 참가한다면 다른 투자자들과 논쟁에 휩싸일 필요도 없고 사업 결과에 대한 책임도 깨끗하게 질 수 있는 것이다.

셋째, 에인절은 투자한 자금이 회수될 때까지는 모험수를 최대한 자제하도록 한다. 자신이 투자한 자금을 전액 돌려받을 때까지는 회사의 운명을 좌지우지할 만한 모험수를 함부로 쓰게 하지 않으며, 투자액이 회수된 다음에는 일정 정도, 예를 들어 지분의 25% 정도의 의사를 사업에 반영한다. 요컨대, 에인절은 자신의 활동을 통해서 얻고자 하는 주목

7 Norm Brodsky with Bo Burlingham, "My Life as an Angel," *Inc.*, July 1997: 42-48.

적이 돈이 아니라 사업을 시작함에 있어 에인절의 '도움'이 필요한 사람들을 돕는 것이다. 이러한 에인절의 도움이 창업자에게 설득력이 있게 되는 것은 그들의 자금이 같은 사업에 묶여 있기 때문이다.

(3) 에인절 유치 전략

창업 기업가는 이러한 투자 전략을 추구하는 에인절 투자자를 자기 편으로 만드는 노력을 해야 한다. 뉴 햄프셔 대학의 웨첼(William H. Wetzel, Jr.)은 창업 기업가적인 기질이 풍부한 에인절 자본가들의 투자 유치를 위한 다음과 같은 지침을 제시하고 있다.[8]

- 에인절은 사업자금뿐만 아니라 사업에 대한 노하우를 제공하는 데도 적극적이기 때문에 에인절과 적어도 일일 생활권 내에서 교류하라.
- 관련 산업에서 성공하고 있는 에인절에 집중적으로 접근하라.
- 위험을 충분히 감수할 만한 용기를 가지고 있지만, 그 위험에 대해 충분히 고려하고 계산할 능력이 있는 에인절에 접근하라.
- 연구하고 준비하는 시간을 충분히 가지도록 하라. 자신을 도와줄 적절한 에인절의 결정은 성급하지 않게 진행시켜야 하며 그 기간이 6개월에서 1년은 되어야 한다.

기업의 입상에서 적절한 에인절을 찾아 낸다는 것이 쉬운 일은 아니다. 비공식적 투자자 집단이므로 창의적인 접근법이 요구된다. 우선 기업의 고문 등 인맥을 활용해 그들이 아는 사람을 추천하도록 하는 것이 일차적인 수순이다. 개인 투자자들끼리 투자 업무상 서로 잘 알 수 있기 때문에 일단 한 사람만 알게 되면 여러 관심 있는 투자자를 접할 수 있게 된다.

일단 컨택트가 성립되면, 추천인의 이름을 대고 면담을 요청하여 계획 사업의 주안점에 대해 일차적으로 간결히 설명한다. 그러나 여러 명의 잠재 투자자를 알게 되었다 하더라도 동시에 두 명 이상을 만나는 것은 계획 사업의 부정적 측면에 대해 투자자들간에 필요 이상의 반향을 불러일으킬 수 있으므로 우선은 한 명의 투자자에게 집중하여야 유치의 성공률을 높일 수 있다.[9] 집중 면담을 한 투자자로부터도 면담의 성공 여부에 관계 없이 관심을 가질 만한 투자자들의 명단을 입수할 필요가 있다. 만일 면담이 성공적으로 진행되어 해당 제품이나 시장에 대한 전문적인 식견이 있는 투자자를 유치하게 되면 관심 있는 다른 투자자들의 참여도 쉽게 성사될 수 있다.

경험 있는 에인절 투자자가 투자 여부를 결정할 때는 우선 사업 계획서를 검토하고, 벤처 경영진을 모두 면담하며, 현재까지 진행된 제품 개발 상황이나 시제품을 조사한다.

---

8 Stephanie Gruner, "Angel-Hunting Tips," *Inc.*, March 1996: 100.

9 Jeffry A. Timmons, *New Venture Creation: Entrepreneurship for the 21st Century,* Fourth Edition (Burr Ridge: Irwin, 1994): 482-483.

투자자는 자신이 아는 인맥 중에서 해당 제품과 기업가를 잘 아는 사람을 통해 제품의 전망과 벤처 경영진의 배경을 비공식적으로라도 점검한다.

에인절이 투자를 결정하게 되면 간단하나마 투자 협약을 맺게 된다. 일반적으로 개인 투자자는 **매각 옵션**(Put Option) 조건을 협정의 일부 조항으로 체결하고자 한다. 이는 특정 기간 후 특정 가격에 그의 주식을 벤처가 재매입하게 요구할 수 있는 권리를 말한다. 이러한 옵션을 통해 투자자는 벤처에 대한 투자가 상장이나 인수·합병 등을 통해 회수되지 않더라도 투자자가 현금 보상을 받을 수 있도록 하는 안전 장치이다.

2. 벤처 자본의 발전과 업무 특성

(1) 벤처 자본 발전의 배경

벤처 자본이 가장 활발한 투자 활동을 해온 미국의 경우 그 효시는 1920-30년대 부유한 가계나 개인 투자자들이 이스턴 항공, 제록스 등의 기업에 창업 자금을 지원해 성공한 것에서 그 뿌리를 찾을 수 있다. 그러나 실질적인 벤처 자본의 발달은 1946년 어메리칸 리서치 앤드 디벨럽먼트(American Research & Development, 이하 ARD)의 설립으로부터 시작되었다.[10]

벤처 자본이라는 아이디어는 당시 보스턴 소재 연방 은행장이던 랠프 플랜더스(Ralph E. Flanders)가 제시했다. 1945년 11월 시카고의 미국 증권업 협회에서 플랜더스는 새로운 기업의 창설이 부진하고, 금융 기관이나 기업의 자금을 창업에 활용하지도 못하는 당시의 경제 상황에서 투자 기관들이 자산의 일정 부분을 쪼고 새로운 기업에게 지분 투자를 하도록 제도화해야 한다고 주장하였다. 그의 의견에 동조한 하바드 경영대학원의 도리엇(General Georges Doriot) 교수는 플랜더스와 더불어 MIT에서 제 2 차 대전 시 개발한 기술을 상용화할 수 있다고 생각하고 MIT의 콤튼(Carl T. Compton) 총장과 공학 교수 등 관련 인사들과 함께 1946년 6월 ARD사를 설립하였다. ARD사는 설립 초기에 주식 공모를 통해 $350만의 자본금을 조달하였다.

ARD사의 혁혁한 투자 업적 중의 하나는 1957년에 올슨(Kenneth Olsen) 등 4인의 MIT 졸업생에 의해 창설된 회사인 DEC(Digital Equipment Corporation)의 77% 지분에 $7만을 투자한 것이었다. 1971년에 이르러 이 회사에 대한 ARD사의 투자 가치는 $3억 5500만으로 14년간 무려 5000%가 증가했다. 이러한 놀라운 투자 성과는 1970-80년대 벤처 자본 투자

10 William D. Bygrave and Jeffry A. Timmons, *Venture Capital at the Crossroads* (Boston: Harvard Business School Press, 1992): 16-21.

의 본보기가 되었고, 벤처 자본 산업을 새로운 궤도에 진입시키게 되었다.

몇 가지 벤처 자본 투자 업적의 예를 들자면, 1975년에 '인간의 생활과 업무 방식을 변화시키는 혁신적 사업 개념'을 추구한다는 기치 아래 벤처 자본가 아더 록(Arthur Rock)은 애플 컴퓨터사의 창업에 $150만을 투자했다. 1978년 애플사의 기업 공개 시 그 투자 가치는 $1억으로 껑충 뛰었다. 또한 창업 후 2년 반 동안 매월 $100만 이상의 손실을 내오던 소포 속달 택배 업체인 페드럴 익스프레스(Federal Express)가 기업 공개 시에는 $2500만의 투자가 $12억의 가치로 뛰었다. 이 외에도 1950년대부터 계속해서 전설적인 기업 성장의 배경에는 늘 벤처 자본이 있었다. 이들 중에 우리가 익히 아는 기업들이 바로 로터스 디벨럽먼트, 제네틱스 연구소, 선 마이크로시스템즈, 콤팩 컴퓨터, 스테이플즈 등이다. 이들 중 몇몇은 10년 이내에 포춘 500대 기업에 끼여들게 되었다.

(2) 수퍼딜의 전형적 특징

벤처 자본가들은 어떻게 이러한 성공 기업을 키워내는 것일까? 그들이 수행하는 업무는 과연 어떠한 특징을 지닐까? 벤처 자본가들은 전설적인 성공 스토리, 즉 수퍼딜(Superdeal)을 지속적으로 창출하려고 노력한다. 벤처 자본가가 추구하는 고전적인 수퍼딜의 특징은 그 사명, 경영진, 제품, 시장, 거래의 가치 평가 및 수익률 등으로 설명할 수 있다.[11] 우선 **기본적인 사명**은 고 수익을 창출하고, 산업지배적인 기업을 키우는 것이다. 그것을 통해 벤처 자본은 높은 주가/순익 비율을 가지고 4~7년 기간 동안에 기업을 공개하거나 인수・합병을 통해 투자를 회수한다.

둘째, 수퍼딜은 해당 산업의 수퍼스타급으로 구성된 **완벽한 경영진**을 요구한다. 이들은 창업 기업가 정신을 가지고 책임 경영을 한 경험이 있고, 상호간에 보완적이고 융화적인 능력과 기술을 겸비해야 한다. 이러한 경영진은 기술 혁신가 내지는 기술 마케팅을 관장할 수 있는 책임자를 포함해야 한다. 인품상으로는 성실하고, 헌신적이며, 뛰어난 상상력과 지구력도 요구된다. "A급 사업 계획을 가진 B급 경영진보다는 B급 사업 계획을 가진 A급 경영진에 투자한다"는 벤처 자본 업계에서 흔히 쓰는 표현이 있다. 이는 바로 훌륭하고 조화로운 경영진이 벤처의 성패를 좌우하는 핵심 요소로 중시된다는 것이다.

일례로서 보스턴의 셀룰라 원(Cellular One)이라는 회사의 창업 경영진 3인 중 2인은 원래 새털라잇 비즈니스 시스템즈사에서 함께 일한 바 있는 경영자들이었다. 셀룰라 원은 창업한 지 5년 만에 $1억 5000만의 매출액을 올렸고, 1988년에 사우드웨스턴 벨 텔레폰사에 $1억 8000만에 매각되었다. 2년 후인 1990년 이 회사는 $10억의 시장 가치를 가질 정도로 성장했다. 창업 초기의 괄목할 만한 성장으로 보스턴의 버, 이건, & 딜리지사(Burr,

---

[11] *Ibid.*: 7.

Egan, & Deleage)가 지분 투자를 했고, 그러한 투자를 통해 메인 주와 뉴 햄프셔 주의 여러 구역에서 셀룰라 원을 구축할 수 있는 권리를 취득하였다. 이것이 2년 안에 공개 기업에 매각되어 초기 지분 투자에 대해 25배의 수익을 가져다 주게 된 것이다.

셋째, 수퍼딜은 **재산권적 제품**(Proprietary Product)을 개발할 수 있는 회사를 추구한다. 이는 경쟁 업체의 제품에 대해 '불공정한' 수준의 뚜렷한 경쟁 우위를 지니고 있는 제품을 말한다. 즉, 제품/서비스의 사용자로 하여금 조기에 그 비용을 회수할 수 있는 고 부가가치를 제공해야 한다. 제품이 재산권적 가치를 지니기 위해서 법적으로나 계약상으로 독점적인 권익을 얻을 수 있어야 한다.

넷째, 수퍼딜은 **대규모의 초고속 성장 시장**을 목표로 한다. 투자 기업이 향후 5년의 기간 동안 $5000만의 규모로 성장할 수 있고, 현재 전체 시장의 매출액 규모가 $1억 이상으로 연간 25% 이상 성장할 수 있어야 한다. 확실한 고객층이 존재하고, 유통 구조를 확보할 수 있을 뿐만 아니라 시장지배적인 경쟁 업체가 없어야 한다. 세후 순이익률을 10% 이상 확보할 수 있는 수익성을 보여야 할 뿐만 아니라, 40-50%의 넉넉한 매출액 이익률을 갖는 것이 중요하다. 이는 창업 초기의 기업에 흔히 발생하는 경영상의 실책과 외부 충격 등을 흡수하는 버퍼의 역할을 한다. 이러한 수익성의 바탕 위에 조기에 흑자 현금 흐름을 창출하여 손익 분기점을 달성할 수 있다.

끝으로, 수퍼딜은 중·장기간 동안의 **고 수익성**을 결정적인 투자 요건으로 삼는다. 초기 투자 규모로 $100만-1000만 범위의 기업을 선호하며, 그 대가로 5년의 기간 동안 15배 이상의 주가/순익 비율 수준으로 초기 투자 대비 10배의 수익을 요구한다. 추가 투자에 있어서도 실질적인 마크업을 보장할 수 있고, **자본 잠식에 대한 거부권**(Antidilution Right)과 기업 공개 시 우선권을 부여해 줄 필요가 있다.

(3) 벤처 자본가의 업무 활동

고먼과 살먼은 49인의 대표적인 벤처 자본가들을 대상으로 그들이 일상적인 투자 업무를 어떻게 수행하는지를 조사한 바 있다.[12] 이들 조사 대상 업체들은 1984년 당시 미국 전체 벤처 자본 산업의 40%에 달하는 $56억 규모의 투자 재원을 관리하고 있었다. 조사는 다음 세 가지 항목에 초점이 맞추어졌다.

- 벤처 자본가들이 과연 얼마만큼의 시간을 투자 기업에 투여하고, 시간의 분배를 어떻게 하는가?
- 투자 기업에 대해 벤처 자본가가 어떠한 업무를 수행하는가?
- 투자 기업이 경영상의 곤경에 처했을 때 벤처 자본가와 투자 기업과의 관계는 어떻게

12 Michael Gorman and William A. Sahlman, "What Do Venture Capitalists Do?" Harvard Business School Note 9-288-015.

되는가?

먼저 이들 벤처 자본의 투자 기간은 평균 5년 내지 7년이었고, 일 년에 최고 30건에서 적게는 4건의 신규 투자를 해서 평균 11.2건의 신규 투자를 한 것으로 나타났다. 투자 기업을 모니터하는 것은 어소시잇(Associate) 급이 아니라 파트너(Partner) 급이었다. 파트너는 투자 기업의 경영 참여를 위해 평균 5.1개의 이사직을 맡고 있었다.

둘째로, 벤처 자본가들은 업무 시간의 약 60%를 투자 기업을 관리하는 데 투여하였다. 그러한 시간을 주로 투자 기업과의 직접적인 접촉으로 보냈다. **창업 준비 단계**(Seed Phase)나 **사업 개시 단계**(Start-Up Phase)에 주도적으로 투자하는 **선도 투자자**(Lead Investor)일수록 **비선도 투자자**(Non-Lead Investor)에 비해 투자 기업과 더 많은 시간을 보냈으며, **후기 투자자**(Later-Stage Investor)에 비해서는 그 시간이 10배 정도 할애되었다. 구체적으로 이들 벤처 자본가의 업무는 대체로 아래와 같이 이루어지고 있었다.

- 새로운 투자 기회를 발굴하여 1인당 연간 2건의 신규 투자를 성사시킨다.
- 개인적 책임 하에 약 9건의 투자 기업을 모니터하는 데 50% 이상의 시간을 투여한다. 이 중에서 5건 투자 기업의 경우는 자신이 직접 투자 기회 발굴에 관여하고, 또 이사진으로 근무하는 업체이다.
- 짧은 기간이나마 투자 기업에 꽤 자주 방문한다. 이사진으로 근무하는 투자 기업의 경우 연간 총 80시간을 현장에서 근무한다.
- 방문을 안하는 기간 중에도 투자 기업과 자주 전화 통화를 하는데, 이것이 연간 총 30시간 정도 된다.
- 업무 내용적으로 벤처 자본가는 투자 기업을 대신해서 새로운 투자자를 유치해서 추가 자금을 조달하고, 상황 변화에 따라 사업 전략을 새로이 평가하며, 새로운 경영진 후보를 면담하고 초치하는 데 힘쓴다. 이 밖에도 운영 기획, 고객 유치, 공급 업체 섭외, 보상 문제 해결 등을 위해 투자 기업을 적극적으로 도와 준다.

벤처 자본가가 전문적인 투자 경험과 식견을 가지고 투자한 첨단 기술 기업들도 오즈본 컴퓨터(Osborne Computer)와 같이 실패하거나, 실패는 아니지만 기대 수준에 못 미치면서 안정적으로 생존하는 소위 **리빙 데드**(Living Dead) 기업으로 남는 경우가 다반사이다. 하지만, 표 7-1은 이러한 현상에도 불구하고 10% 이내의 초고수익 투자 기업으로 인해 평균적으로 고 수익률을 취할 수 있음을 보여 준다.

실패율이 높은 이유는 단적으로 수많은 불확실성 요인에도 불구하고 사업이 개시되고 추진되기 때문이다. 또한 벤처 자본의 지원에도 불구하고 창업 기업에게는 상황의 기대치 않은 전개로 인해 언제든지 현금과 자원이 고갈될 수 있는 위험이 도사리고 있는 것이다. 책임 경영 인센티브와 통제를 위해 벤처 자본은 단계적으로 자금을 지원하는 반면, 창업자는 지분 잠식을 최소화하기 위해 지분 투자 유치를 최대한 나중으로 미루려 하기 때문

표 7-1 활황 시 벤처 자본 투자 조합의 전형적인 포트폴리오

투자 기업 성과	투자 규모 ($ 백만)	투자 비율 (%)	5개년 투자 수익률 (연간 %)	5개년 투자 수익률 (배수)	순수익 ($ 백만)
파산 기업(Bankrupcies)	$30	60%	−100.0%	0.0	−$30.0
손익 분기 사업(Breakeven)	6	12	0.0	1.0	0.0
급매 기업(Fire Sales)	5	10	5.4	1.3	1.5
무력 기업(Zombies)	4	8	9.9	1.6	2.4
견실 기업(Solids-IPO)	3	6	51.6	8.0	21.0
성공 기업(Winners-IPO)	2	4	109.1	40.0	78.0
대성공 기업(Wild Ones-IPO)	0	0	300.0	1024.0	0.0
포트폴리오 합계	$50	100%	19.7%	68.7	$72.9

주: $5000만 규모의 포트폴리오 기준; 투자 기업당 평균 $100만 투자 규모.
자료: Saratoga Venture Finance.

에 창업 기업은 항상 엄격한 한도 내에서만 자원을 동원하고 활용할 수 있게 된다. 이러한 두 가지의 움직임이 상승 작용하여 창업 기업의 경영상의 탄력성을 제한할 수 있다.

고먼과 살먼의 세 번째 질문은 이렇게 투자 기업이 기대 수준 만큼 수익 성과를 보이지 못했을 때 벤처 자본가는 투자 기업과의 관계 설정을 어떻게 하는가였다. 벤처 자본가들은 그들이 투자 업무와 관련하여 가장 많은 접촉을 해온 최고 경영진의 비효과성을 기업 실패의 단연 일차적인 원인으로 꼽는다. 벤처 자본가에게는 창업자가 기업 그 자체로 여겨진다. 창업자는 그들이 초기에 자금을 지원할 때부터 시작해서 기업체 방문 시, 그리고 실패 현황 보고 시에도 접촉하는 창구인 것이다.

물론 기업이 예상한 대로 잘 풀려 나갈 때는 투자한 벤처 자본가나 창업자가 상호간에 협의한 재무 거래와 계약의 인센티브 조항으로 인해 스스로의 이익을 추구하는 것이 기업을 키우고 상대방의 이익을 증진하는 방향으로 합치된다. 문제는 기업이 기대한 바와 달리 성공하지 못할 때 발생한다. 창업자의 개인적 꿈과 목표는 자신이 배태한 기업을 끝까지 살리는 것이다. 그러나 벤처 자본가는 투자 수익률을 우선적으로 따지게 된다. 수익률을 보장 받기 위해 해고를 통해 과다 비용을 삭감할 수도 있고, 계획된 이정표를 못 지킬 경우 현금 지원을 취소하고 기업 자체를 급매물로 내놓을 수도 있다. 벤처 자본가에겐 비효과적인 창업자가 기업을 패망시킨 이기주의자로 비춰지는 것이다.

벤처 자본가들은 초기 투자 협상에서 자금 지원의 조건으로 기업의 이사회를 통해 실패한 창업 기업의 최고 경영진을 해고할 수 있는 권한을 확보한다. 기업이 실제로 실패할 경우 조사 결과 벤처 자본가들은 이렇게 확보된 권한을 꽤 빈번히 집행하는 것으로 나타났다. 각 벤처 자본가가 평균 3회씩 최고 경영자를 해고한 바 있으며, 매 2.4년마다 1인

의 최고 경영자가 교체되었다. 이는 각 벤처 자본가가 특정 시점에서 9건의 투자 기업을 모니터하고, 한 기업을 5-7년간 관리한다는 통계로 볼 때 최고 경영자 해고가 상당히 높은 비율의 행위임을 알 수 있다. 벤처 자본가가 집행하는 업무 중에서 가장 중요하면서도 쌍방간에 치명적인 사건은 바로 이러한 최고 경영자의 평가 업무이다.

3. 벤처 자본의 역할과 특징

(1) 벤처 자본가의 역할

벤처 자본의 투자 행태는 전통적인 지분 참여를 통한 투자 행태와 다르다. 왜냐하면 벤처 자본이 투자 기업의 경영에 일정 부분의 역할을 하기 때문이다. 벤처 자본가의 경영 참여는 창업 기업주뿐만 아니라 기존의 기업에게도 유의미하다. 왜냐하면 전문화된 기존 기업들은 소유와 경영이 철저히 분리되고 기업 경영은 지분과는 무관한 이사진에 의해 이루어지는데, 최근 이러한 지배 구조와 경영 유형에 대해 반론이 만만치 않게 제기되고 있기 때문이다.

급변하는 경제 환경 하에서 진정한 경쟁력을 키워낼 수 있는 기업의 지배와 경영의 유형은 투자 지분과는 무관한 이사진 중 강력한 권력을 쥔 극소수가 장기적으로 모든 것을 좌지우지하는 것이 아니라 벤처 자본가와 같이 투자에 책임을 지는 사람들이 일정 정도 경영에 참여해야 한다는 것이다. 따라서 벤처 자본가와 같이 소유와 경영에 모두 참여하는 현상은 기업의 지배 구조에 있어 매우 중요한 문제이다.

프라이드와 히스리치는 다양한 산업과 지역에 걸쳐 벤처 자본의 자금 지원을 받은 기업들을 대상으로 한 사례 연구에 바탕하여 벤처 자본가의 역할을 아래와 같이 밝히고 있다.[13]

- **벤처 자본가의 역할**: 벤처 자본가의 역할은 방대하다. 자금을 대고, 경영 활동을 지원하고, 회사 외부의 여러 인사들과의 네트워크를 구축함으로써 궁극적으로 기업의 성공에 이바지하며, 원활한 엔트로피를 공급함으로써 사기 진작 및 훈련의 원동력을 제공한다.
- **벤처 자본가의 힘**: 벤처 자본가가 행사하는 힘의 원천은 자본이다. 일정 지분을 투자함으로써 목소리가 커질 수밖에 없다. 또한 그들은 대부분 발이 넓기 때문에 투자하고 있는 회사의 경영진은 물론 회사 외부의 유력 인사들과도 교분이 두터운 경우가 대부분이다. 이런 네트워크가 또 다른 힘의 원천이다. 또한 일정 지분을 투자했기 때문에 이

[13] Vance H. Fried and Robert D. Hisrich, "The Venture Capitalist: A Relationship Investor," *California Management Review,* Winter 1995: 101-113.

사회는 물론 경영 의사결정에도 공식적인 개입을 할 수 있다.

- **벤처 자본가의 영향력**: 벤처 자본가는 기업의 계획 수립 시 폐쇄적이고 밀실적인 과정을 지양한다. 왜냐하면 이들이 많은 투자자들의 이익을 대변하는 경우가 대부분이기 때문이다. 또한 투자한 자본에 대한 이익을 수확할 수 있는 이익 지향적인 계획 수립뿐만 아니라 경영 활동의 지향점도 이익 지향적으로 가게끔 한다.

벤처 자본 시장의 급속한 국제화 현상은 벤처 창업자들의 자금 조달 대안을 확대시키고 있다. 이러한 경향은 벤처 자본사들에게 이미 포화된 시장 경쟁을 한층 강화시키고 있다. 창업자와 벤처 자본사 모두에 문제가 되고 있는 것은 벤처 자본가들이 언제, 어떻게 자본의 공급과 더불어 투자 기업에게 가치 부가적 활동을 해줄 것인가 하는 점이다. 그들이 가치를 증진시킬 수 있는 중요한 길은 그들의 포트폴리오 투자 기업들의 경영자들과의 밀접한 관계를 통해서이다. 어떤 벤처 자본은 비관여적 감독을 하는 태도를 취하는 반면, 다른 벤처 자본은 투자 기업들의 발전에 깊이 관여하기도 한다.

새피엔자 등은 미국 및 영국, 네덜란드, 프랑스 등 유럽 국가들의 벤처 자본을 대상으로 벤처 자본과 창업자의 관계, 벤처 자본의 역할, 그리고 가치 부가 활동 등을 비교 조사한 바 있다.[14] 기존의 경험 연구들과 마찬가지로 벤처 자본은 그들의 가장 중요한 역할인 자금이나 사업 관련 자문을 제공함으로써 전략적인 개입을 하는 것이라고 간주한다는 점을 발견하였다. 둘째로 중요하다고 판단한 역할은 사장에게 지혜를 제공하는 스승(Mentor)이나 친구(Confidant)로서 하는 대인적인 역할이었다. 셋째로 중요한 것은 그들이 다른 기업이나 전문가와 계약을 맺는 등 네트워크를 구축하는 역할이었다. 이러한 중요도의 순서는 4개국에서 모두 공통적인 결과였다.

대면적 상호작용을 통해 벤처 기업을 지배하고 감독하는 방식에 있어 중요한 결정 요인은 벤처 자본과 창업자 간의 관계가 얼마나 오랫동안 지속되었는가 하는 점이다. 관계가 오래될수록 대리인(Agency) 문제가 완화되고 감독이 줄어드는 경향을 보인다. 초기 단계의 벤처에 가장 많은 감독이 행해지고, 불확실성이 높을 때에는 창업자와 정보 교환을 보다 많이 함으로써 대응하였다.

벤처 자본가의 경험에는 두 가지 유형이 존재한다. 일반적으로 벤처 자본 산업에 종사하면서 많은 경험을 가진 벤처 자본가는 창업자와 그리 많은 상호작용을 필요로 하지 않았다. 그러나 경험 없는 사람에 비해 투자 대상 회사의 업종에 경험이 많은 벤처 자본가가 보다 빈번한 상호작용을 하는 것으로 드러났다.

일반적으로 벤처 기업의 자원이 부족하거나 사업이 위기에 직면해 있거나 환경이 아주 불확실할 때, 벤처 자본가가 투자나 경영상의 경험이 많으면 벤처 기업에 대해 가장 높

---

14 Harry J. Sapienza, Sophie Manigart, and Wim Vermeir, "Venture Capitalist Governance and Value Added in Four Countries," *Journal of Business Venturing,* 11, 1996: 439-469.

은 수준의 가치 부가 활동을 할 것이라고 예상할 수 있다. 그러나 새피엔자 등의 연구 결과 불확실성이 높을 때를 제외하고는 이런 예상과는 달리 이미 좋은 성과를 올리고 있는 기업들에게 가장 많은 부가가치를 제공한 것으로 나타났다.

또한 관련 산업의 경험이 있는 벤처 자본가가 보다 높은 수준의 부가가치를 창출했다. 이는 창업자들이 유사한 배경을 가진 벤처 자본가를 선호하는 현상과 일맥상통한다. 그러나 벤처 자본 산업에 종사한 경험이 많은 벤처 자본가가 더 높은 수준의 부가가치를 창출한다는 증거는 찾을 수 없었다. 전반적으로 볼 때 부가가치는 벤처 자본가와 창업자 간의 상호 접촉의 빈도와 관련이 있으며, 벤처 자본가가 각 벤처 기업에 투여하는 시간과도 밀접한 관련이 있다.

(2) 벤처 자본과 개인 투자자의 비교

창업 기업에 대한 벤처 자본과 개인 투자자들의 지분 참여를 통한 투자는 수적으로나 양적으로 계속 성장하고 있는 추세이다. 자금 조달의 중요한 원천으로서 이 양자는 창업 초기나 성장기에 있는 창업 기업의 발전에 중요한 역할을 하고 있다. 하지만 창업자는 자신의 야망을 실현시키려는 성급함 때문에 이들 투자자 집단 사이에 부가가치 효익에 있어 공통점뿐만 아니라 차이점도 존재함을 간과하는 수가 많다.

기술집약적 벤처 기업들의 경우 에인절 등 개인 투자자로부터 많은 지분 투자를 유치하는 경향을 보인다. 특히 투자 규모가 작을 때, 또 예비 창업 단계나 사업 개시 단계 등 창업 기업의 초기 성장 단계에서 개인 투자자들이 많은 투자 활동을 한다. 이들은 상대적으로 위험 회피 성향이 적고, 장기적인 투자 안목을 갖는 경향이 있다.

반대로 벤처 자본은 투자 규모가 크고, 후기 성장 단계에 지분 투자를 하는 것이 보통이다. 또한 성장의 후기에 갈수록 벤처 자본의 투자 규모는 점점 증가한다. 따라서 기술집약적 창업 기업의 자금 조달에 있어 개인 투자자와 벤처 자본은 상호 경쟁적이라기보다는 상호 보완적인 역할을 수행한다고 볼 수 있다. 표 7-2는 1975년부터 1986년까지 미국 뉴 잉글런드 지역에서의 일부 기술집약적 창업 기업에 대한 개인 투자자와 벤처 자본의 투자 단계와 규모를 비교하여 보여준다.

얼리크 등은 창업자와 주요 투자자들 사이에 어떻게 관계가 형성되고 유지되는가를 살펴보는 연구를 한 바 있다.[15] 이 연구는 창업 기업에 투자자들이 관여하는 수준, 회사에 부과되는 보고 및 운영상의 통제, 그리고 창업자가 추구하는 전문성의 유형 등에 기반하여 투자자 집단간의 차이를 비교하고 있다. 분석 대상 기업은 남가주 소재 46개 창업 기

[15] Sanford B. Ehrlich, Alex F. De Noble, Tracy Moore, and Richard R. Weaver, "After The Cash Arrives: A Comparative Study of Venture Capital and Private Investor Involvement in Entrepreneurial Firms," *Journal of Business Venturing*, 9, 1994: 67-82.

표 7-2 개인 투자자와 벤처 자본의 지분 투자 활동 비교 (단위: 백만 불)

투자 단계	개인 투자자		벤처 자본	
	투자액(비율)	투자 건수(비율)	투자액(비율)	투자 건수(비율)
준비(Seed)	12 (16%)	52 (29%)	11 (3%)	11 (6%)
개시(Start-Up)	29 (38%)	55 (31%)	63 (17%)	38 (22%)
일차(First Stage)	13 (17%)	29 (16%)	118 (32%)	56 (32%)
이차(Second Stage)	15 (20%)	26 (15%)	111 (30%)	46 (27%)
삼차(Third Stage)	2 (3%)	10 (6%)	59 (16%)	19 (11%)
브릿지(Bridge)	5 (6%)	5 (3%)	8 (2%)	3 (2%)
총 계	76(100%)	177(100%)	370(100%)	173(100%)

자료: John Freear and William E. Wetzel, Jr., "Who Bankrolls High-Tech Entrepreneurs?" *Journal of Business Venturing*, 1990, 5: 83.

업으로 창업자의 평균 사업 경험 연수는 13.4년이고, 회사의 연간 매출액은 100만 불에서 500만 불 이상의 수준이었다. 표본의 80% 이상이 컴퓨터, 전자 공학, 생명 공학, 반도체, 의료 기계 등과 같은 첨단 산업에 종사하는 회사였고, 나머지는 필름 생산, 환경 산업(공해 물질 제어), 설비 제조, 소재 가공업 등이었다.

먼저 투자자가 회사에 관여하는 수준에 있어 벤처 자본이나 개인 투자자 모두 비슷한 활동에 관여하는 것으로 나타났다. 그 예로서 투자자 그룹과의 협력 활동, 지분 투자, 재무 활동과 운영 활동에 대한 감독, 경영진에 대한 이사로서의 활동, 사업 전략 수립 등을 들 수 있다. 자금 지원을 받는 창업자의 입장에서 투자자의 적극적인 참여를 환영한다고 제시한다. 벤처 자본보다 개인 투자자로부터 자금 조달을 받는 창업자들은 문제나 위기 상황 발생 시 투자자들이 전문적인 자문 기관 역할을 해주기를 더 원했다.

둘째, 보고 및 운영상의 통제에 있어 벤처 자본로부터 자금조달을 하는 창업자들이 목표를 달성하는데 보다 많은 어려움이 있다고 응답했다. 벤처 자본은 투자한 것에 대해 보다 높은 성과치를 얻기를 바라며 높은 수준의 기준을 설정한다. 기업이 설정된 표준치를 달성하지 못할 때는 개인 투자자보다 빈번하고 상세한 피드백을 벤처 자본에게 제공해야 한다. 이런 형태의 지원은 기업이 문제에 봉착했을 때 그 필요성이 부각된다. 이에 반해 개인 투자자들은 외부 활동에 많이 관여하기 때문에 투자 기업에 대해 밀접한 감독을 할 만한 시간적 여유나 유연성이 부족한 경향을 보인다. 강한 기술적 혹은 과학적 배경을 가진 창업자는 적절한 경영 시스템이나 통제가 필요하기 때문에 벤처 자본이 보다 공식적 접근 방식을 취하기를 원한다. 그러나 경험이 많은 창업자는 빈번한 보고서 작성 등으로 보내는 시간 때문에 개인 투자자를 선호할 수 있다.

셋째, 창업자가 추구하는 전문성의 유형에 있어 창업자들은 일반적으로 투자자들을 통해 인력 유치나 재무 관리상의 전문성을 찾는다. 이를 통해 추가적인 자금이 필요하기 전에 새로운 정보를 취합할 수 있어야 한다. 이는 뒤집어 말하면 경영에 많은 경험을 가진 창업자는 개인 투자자를 선호한다는 것이다. 그러한 창업자는 경영진을 자신의 뜻대로 구성하고 자주 바꾸지 않기를 원하기 때문이다. 그러나 기술적인 배경을 가지고 있는 창업자는 경영 관련 경험을 가진 양질의 관리 팀을 구성하고 회사에 기여하도록 하는 데 있어 벤처 자본의 도움을 많이 받을 수 있다.

요컨대 창업자는 자금 조달을 함에 있어 누구로부터 자금을 조달하는가 하는 문제가 얼마나 많은 자금을 끌어 모을 수 있는가의 문제만큼 중요하다는 사실을 깨달아야 한다. 누구로부터 자금을 조달할 것인가 하는 문제를 적절히 해결함으로써 창업 기업의 단기적인 자금 조달의 문제를 해결함과 아울러 기업에 장기적인 이득을 가져올 수 있다. 따라서 창업자는 여러 가지 자금 조달의 원천에 대한 충분한 고려가 필요하고 적절한 파트너 선택이 탁월한 경영 성과를 내는 데 있어 중요한 역할을 한다는 점을 명심해야 한다.

(3) 벤처 자본의 다양성

벤처 자본사들은 투자 단계, 지원 자금의 규모, 벤처 자본사의 규모, 지리적 영역 등에 있어서 다양한 특징을 지닌다. 엘랭고 등은 미국의 149명의 벤처 자본가들을 대상으로 이러한 차원에서 벤처 자본사의 실태 조사를 한 바 있다.[16]

먼저 투자 단계에 따른 특징에 있어서 벤처 자본사들은 최초 그룹, 초기 그룹, 후기 그룹 및 혼합 그룹 등 크게 네 개의 그룹으로 나누어진다.

- **최초 그룹**(The Earliest Group): 예비 단계(Seed Stage)에 투자액의 40% 이상을 투자하는 회사이다.
- **초기 그룹**(The Early Group): 예비 단계에의 투자는 40% 이하를 투자하고, 예비 단계, 제 1 단계 및 제 2 단계 등의 총투자액이 포트폴리오의 80%를 초과하는 회사이다.
- **후기 그룹**(The Late Group): 제 3 단계, 매각 및 기타 투·융자 등이 포트폴리오의 80%를 초과하는 회사이다.
- **혼합 그룹**(The Mixed Group): 위의 세 그룹 중 어디에도 속하지 않는 그룹을 말한다.

벤처 자본사를 크게 초기 단계와 후기 단계 투자 회사로 나누어 연구 결과를 설명하면, 초기 단계의 회사들은 후기 단계의 회사들보다 벤처 기업 특유의 제품과 고성장 시장에 관심을 기울이며, 후기 단계일수록 시장의 수용도를 검증하는 데 관심을 보인다. 또한 초기 단계의 회사들은 후기 단계의 회사들보다 투자에 대해 보다 높은 수익률을 기대하며, 경영 활동을 평가하고 경영진을 모집하는 데 보다 많은 강조를 한다. 아울러 초기 단계의

---

16 B. Elango, Vance H. Fried, Robert D. Hisrich, and Amy Polonchek, "How Venture Capital Firms Differ," *Journal of Business Venturing*, 10, 1995: 157-179.

회사들은 잠재 고객과 공급자들에게 창업 기업을 알리고, 치밀한 운영 계획으로 경영진을 보조하는 데 보다 많은 중점을 둔다. 반면, 후기 단계의 회사들은 잠재적 투자 대상 기업에 대한 평가에 보다 많은 시간을 투자한다.

그러나 벤처 자본사가 제공하는 자금의 규모는 투자 단계와 별다른 관련이 없다. 또한 투자가 일단 이루어지면 회사 포트폴리오를 지원하는 데 드는 시간의 양에 있어서는 초기와 후기 그룹 간에 차이가 없다. 투자 대상 기업에 투자가 집행된 후 벤처 자본사가 주요 투자자로서 투자 폴트폴리오에 쓰는 시간의 양에 있어서 가장 능동적인 그룹은 한달에 평균 35시간 정도를 쓰는 반면 가장 수동적인 그룹은 7시간도 채 할애하지 않는다.

벤처 자본사는 평균 자본 규모에 있어 $1200만에서 $2억 7800만에 이르기까지 다양했는데, 규모가 큰 회사일수록 많은 전문가를 보유하고 있으며, 각 전문가가 관리하는 자금의 규모도 컸다. 큰 회사일수록 여러 투자자가 같이 참여하는 조합 투자보다는 단독 투자를 하며, 비록 소규모 회사들이 초기 단계의 창업 기업에 투자를 많이 하고 대규모 회사들은 총 투자액의 반 이상을 후기 단계의 창업 기업에 투자하지만, 대규모 회사들이 창업 초기 단계의 벤처 기업에 있어 주요한 자금원이었다.

주요 투자자로서 투자액의 비율에 따른 지정학적 지역간의 차이는 없었다. 즉, 특정 지역이 벤처 자본을 공급하는 메카로서 중요하다는 주장은 그리 신빙성이 없어 보인다. 그러나 관심 단계에 따라서는 중요한 몇 가지 차이점들이 드러났다. 지역적으로 볼 때, 세 가지 다른 유형의 벤처 자본 시장이 존재하는 것으로 나타났다. 첫째는 초기 단계의 자본 시장인데, 투자는 그 지역 벤처 자본이나 타 지역의 벤처 자본에 의해 이루어지지만 주요 투자자는 그 지역의 벤처 자본이다. 두 번째 시장은 소규모의 후기 단계의 투자로서 기본적으로 지역 시장이다. 세 번째는 거대한 후기 단계의 투자로서 이것은 전 지역, 즉 미국 전체를 포괄하는 시장이다. 따라서 특정 지역이 대규모의 후기 단계의 자금 지원이 아닌 초기 단계 혹은 소규모 후기 단계의 자금을 지원한다면, 지역 벤처 자본을 유치하는 것이 중요하다. 후기 단계의 벤처 자본은 초기 단계처럼 강한 네트워크에 의존하지 않는다.

(4) 유럽의 벤처 자본

유럽은 벤처 자본의 규모와 중요도에 있어 미국의 수준을 점차 따라 오고 있다. 유럽 내에 있어서 국가별로 차별적인 방식으로 자금이 조달되고 운용되고 있다.[17] 유럽의 벤처 자본은 특히 영국, 네덜란드, 프랑스 등 3개국에 집중되어 있다. 이들 나라에서의 총 자금 규모가 전 유럽 벤처 자본의 80%에 이른다. 그 중에서도 영국에서 투자 활동이 가장 활발하다. 표 7-3은 유럽 국가들의 벤처 자본 규모의 비교적으로 보여준다.

17 Huber Ooghe, Sophie Manigart, and Yves Fassin, "Growth Patterns of the European Venture Capital Industry," *Journal of Business Venturing,* 6, 1991: 381-404.

표 7-3 유럽 벤처 자본의 규모 (단위: 백만 유럽 통화 단위(ECU))

	가용 자금 (신규 자금)					
	1987		1988		1989	
그리스	20.5	(0.0)	–	(–)	–	(–)
네덜란드	983.0	(94.3)	1,226.5	(243.5)	1,391.7	(165.2)
노르웨이	46.8	(0.0)	59.0	(12.2)	60.0	(0.2)
덴마크	174.6	(45.2)	196.4	(21.8)	204.4	(8.0)
독일	552.5	(79.6)	635.9	(83.4)	861.1	(225.2)
벨기에	511.0	(54.1)	543.6	(32.6)	607.0	(62.1)
스웨덴	192.1	(14.1)	216.8	(24.6)	253.2	(33.3)
스위스	193.8	(136.3)	213.8	(19.9)	235.9	(34.0)
스페인	340.9	(105.9)	430.1	(89.0)	523.2	(69)
아일랜드	158.1	(35.2)	202.4	(44.2)	224.4	(22.0)
영국	7,714.2	(1,863.2)	9,609.2	(1,887.9)	12,805.0	(3,195.7)
오스트리아	41.7	(7.9)	41.7	(14.7)	43.7	(2.1)
이탈리아	627.3	(274.9)	860.7	(233.5)	1,107.2	(230.8)
포르투갈	6.7	(4.4)	17.5	(10.8)	120.1	(105.6)
프랑스	2,061.3	(828.3)	2,705.5	(644.2)	4,327.7	(1,622.2)
유럽 전체	13,632.9	(2,958.2)	17,116.5	(3,483.5)	22,929.2	(5,812.7)
미국	25,140.3	(3,624.6)	26,303.3	(2,489.3)	30,260.9	(2,176.1)
미국 ($)	29,020.0	(4,184.0)	31,140.0	(2,947.0)	33,360.0	(2,399.0)

자료: Huber Ooghe, Sophie Manigart, and Yves Fassin, "Growth Patterns of the European Venture Capital Industry," *Journal of Business Venturing*, 6, 1991: 386.

또한 국가별로 자금 조달 행태도 차이가 드러난다. 연금이 총 투자액의 40% 정도를 차지하는 미국과는 달리 유럽에서는 연금이 지배적인 투자자 역할을 하지 못한다. 단지 덴마크, 영국, 스웨덴, 네덜란드 등에서만 연금이 벤처 자본 산업에 15% 정도의 투자를 하고 있다. 이들 나라에서는 보험 업체들도 연금만큼 활발한 투자를 하고 있다. 반면, 은행이 별로 중요한 역할을 하지 못하는 미국과는 달리 유럽에서는 은행 계열사들이 자금 조달에 있어 28% 정도의 중요한 역할을 하고 있다. 특히 스위스, 스페인, 포르투갈, 독일 등에서 은행의 투자 활동이 활발하다. 독일과 스웨덴에서는 기업 투자자들이 상대적으로 중요하고, 벨기에에서는 정부가 큰 역할을 하고 있다. 유럽 국가들은 평균 20% 정도의 벤처 자본을 해외에서 유치하고 있는데, 특히 독일, 영국, 스웨덴 등이 이에 적극적이다.

유럽의 벤처 자본은 미국에 비해 첨단 기술에 대한 투자가 상대적으로 적은 편이다. 가장 중요한 투자 부문은 소비재 산업이다. 투자 단계에 있어서는 미국 벤처 자본에 비해 예비 창업 단계나 사업 개시 단계에는 거의 관심을 두지 않고, 사업 확장이나 경영진 매수

(Management Buy-Out) 단계에 집중 투자한다. 과반수 이상의 투자가 투자 조합(Syndicate)에 의해 이루어지고, 극히 일부의 경우 국제적인 투자 조합이 결성된다. 특히 포르투갈과 영국이 조합 투자를 많이 활용한다. 국제적인 벤처 자본 투자는 10% 정도에 불과하다.

4. 벤처 자본의 투자 과정과 심사 기준

500개 이상의 벤처 자본사가 활동하고 있는 미국의 경우에도 실제로 벤처 자본의 자금 지원을 신청한 기업 중 단지 2-4%만이 결국 투자 지원을 받게 된다. 이러한 투자의 성사 단계에 이르기까지 창업자는 체계적인 투자 심사와 평가의 과정을 거치게 된다. 그러한 과정에서 벤처 자본은 다각도로 가치 부가적 활동을 실행한다. 우선 시장 진입 및 성장 전략, 그리고 경영진의 평가를 포함해서 총체적으로 사업 기회를 포착하고 평가한다. 선정된 투자 대상 기업에 대해서는 거래의 조건을 협의하고 타결한다. 벤처 자본의 진가는 실제로 투자 자금의 제공 이후에 발생한다. 기술 및 경영상의 자문뿐만 아니라 기업의 성장을 위해 필요한 핵심 경영진의 초치, 추가 자금의 유치, 인맥의 소개 등의 활동을 기업을 대신해서 적극 추진한다. 그림 7-1은 이러한 벤처 자본의 투자 과정을 보다 거시적인 자금의 흐름이라는 관점에서 제시하고 있다. 한마디로 벤처 자본은 업무 집행 파트너로서 유한 파트너인 일반 투자자의 자금을 모아서 투자 기업의 포트폴리오에 선도적으로 투자하는 중개인의 역할을 하는 것이다.

(1) 벤처 자본의 투자 과정

벤처 자본의 투자 과정을 투자 기업의 미시적인 관점에서 체계적 순서로 구분한다면 일반적으로 다음과 같이 크게 여섯 단계로 특징지울 수 있다.[18]

1) **투자 기회의 발생**(Deal Origination): 특정한 투자 기회가 발생하는 과정이다. 이를 위해 세부적으로 다음의 과정을 거친다.
   - 자금의 개념화(Fund Conception): 투자 기회에 대한 목표 설정
   - 투자 자금의 동원
   - 거래 흐름의 창출: 고 성장 잠재력을 지닌 창업 기업 탐색
2) **투자 기회 선별**(Deal Screening): 심층적 평가를 위해 주요 정책 변수를 설정하고 투자 기회를 관리 가능한 소수로 제한하는 과정이다.

---
[18] Tyzoon T. Tyebjee and Albert V. Bruno, "A Model of Venture Capitalist Investment Activity," *Management Science,* 1984, 30: 1051-1066; William D. Bygrave and Jeffry A. Timmons, *op. cit.*: 484.

그림 7-1 벤처 자본의 거시적 흐름

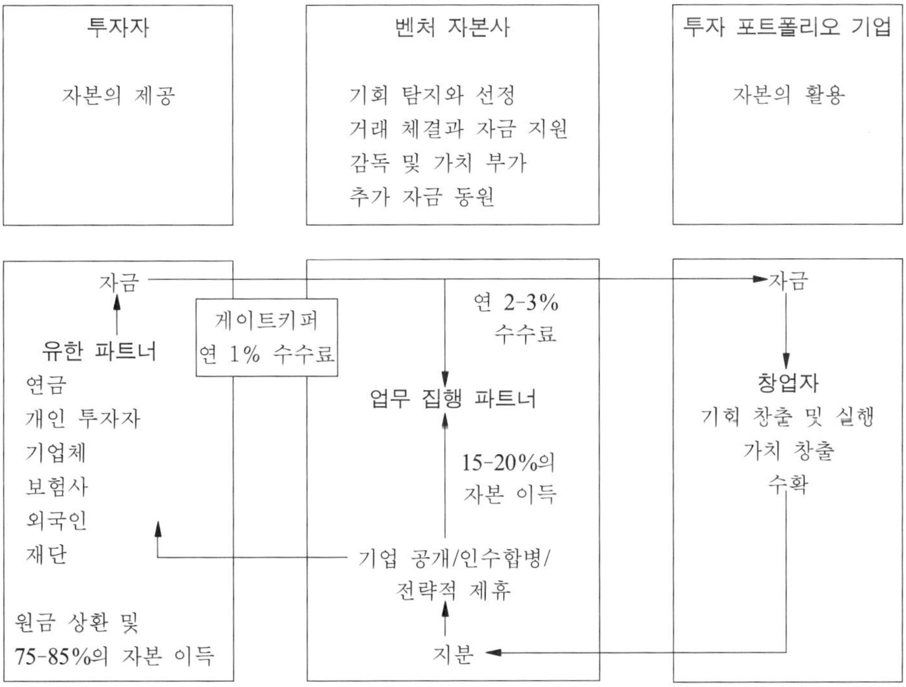

자료: William D. Bygrave and Jeffry A. Timmons, *Venture Capital at the Crossroads* (Boston: Harvard Business School Press, 1992): 11.

3) **투자 기회 심사**(Deal Evaluation): 투자 대상 기업의 여러 가지 특징에 가중치를 부여하여 인지된 위험과 기대되는 수익을 평가하고, 그 상대적 수준에 따라 투자 여부를 결정하는 과정이다.

4) **투자의 구성**(Deal Structuring): 사업 가치의 평가에 기반해서 투자의 조건과 가격을 협상하고, 양도할 지분이나 감수할 위험의 선을 정하는 과정이다.

5) **투자 후 활동**(Post-Investment Activities): 이는 벤처 자본의 가치 부가 활동들을 말한다. 경영진 선발, 전략적 계획 수립, 사업 확장을 위한 추가적 자금 확보, 주요 정보의 제공, 그리고 주변 인맥 소개 등의 각종 지원 활동을 포함한다.

6) **회수 전략**(Exit Strategy)**의 수립과 집행**: 매각, 인수·합병, 상장, 청산, 그리고 전략적 제휴 등 투자의 대가를 종국적으로 수확하기 위한 최종적인 활동이다.

투자 기업을 선정하는 데 있어 벤처 자본가들은 우선 창업 경영진이 직접 작성한 치밀한 사업 계획서를 보고자 한다. 사업 계획서 앞의 요약 부분에 제시된 계획 사업이 투자 관심을 불러일으킬 경우 사업 계획서 전체를 검토한다. 그리고 전체 사업 계획서가 흡족한 수준일 경우, 보다 심층적인 검토를 위해 1인 이상의 관련 업계 전문 컨설턴트에게

심의를 요구하게 된다.

(2) 벤처 자본의 심사 기준

벤처 자본 산업에 관한 조사 및 출판을 전문으로 하는 벤처 이코노믹스사(Venture Economics)에 의해 벤처 투자 포트폴리오를 구성하는 최적의 가이드라인으로 평가된 조건은 아래와 같다.[19]

- 5년에서 10년의 기간 안에 $1억의 매출액을 달성할 수 있다.
- 3년에서 5년 기간 안에 손익 분기점에 달할 수 있다.
- $300만 미만의 투자 비용으로 보유 기술의 중요성을 증명해 보일 수 있다.
- 경쟁 업체와 차별화될 수 있는 독특한 강점을 가지고 있다.
- $2000만 미만의 총 지분 투자로 손익 분기점에 달할 수 있다.
- 창업 경영진이 높은 성취욕을 지니고, 관련 분야에서의 전문가이며, 엔지니어링, 마케팅, 또는 연구개발 등의 기능적 기술을 획득한 경력을 지녀야 한다.

벤처 자본가들은 투자 대상 기업이 이러한 조건에 합치하는지를 판단하기 위해 사업계획서를 면밀히 검토하는 것이다. 타입지와 브루노의 실증 연구 결과는 위와 같은 가이드라인의 기본 정신이 실제로 벤처 자본에 의해 많이 활용된다는 것을 보여준다. 그들은 41명의 벤처 자본가들을 대상으로 90개의 투자 기회에 대한 자료를 분석한 결과 다음과 같은 다섯 가지 변수가 최종 투자 결정에 긍정적 영향을 미친다는 점을 밝힌 바 있다.[20]

- **시장의 매력도**: 규모, 성장률, 소비자에 대한 접근도
- **제품 차별화**: 독특성, 특허, 기술적 우위, 수익성
- **경영관리 능력**: 마케팅, 관리, 재무 관련 능력 및 창업자의 평판
- **환경적 위협에 대한 저항력**: 기술의 생명 주기, 경쟁적 진입에 대한 장벽, 경기 변동에 대한 비영향, 그리고 하방 위험에 대한 보호
- **현금화(Cash-Out) 가능성**: 인수 · 합병 혹은 상장에 의한 자본 이득 실현 가능성

맥밀런 등은 미국 벤처 자본 협회의 회원사들에 대해 투자 대상 기업의 사업 계획서에 나타난 여러 가지 특징 중에서 특히 어떠한 요소, 또한 요소군을 핵심적인 투자 요건으로 판단하는지를 실증 조사한 바 있다.[21] 일차적으로 뉴욕 소재 벤처 자본가들을 대상으로 벤처의 투자 제안을 평가하는 기준이 무엇인가에 대해 면담을 한 결과 아래의 여섯 가지 그룹으로 집약되었다.

- 창업자의 성품

---

[19] Robert J. Kunze, *Nothing Ventured* (New York: Harper, 1990): 26.

[20] Tyzoon T. Tyebjee and Albert V. Bruno, *op. cit.*

[21] Ian C. MacMillan, Robin Siegel & P. N. Subba Narasimha, "Criteria Used by Venture Capitalists to Evaluate New Venture Proposals," *Journal of Business Venturing*, 1: 119-128.

- 창업자의 경험
- 제품/서비스의 특성
- 시장의 특성
- 재무적 요건
- 벤처 경영진의 구성

이러한 기준들의 중요도에 대해 협회 회원사들에게 설문 조사를 한 결과 최종적인 자금 지원을 결정하는 것은 창업자의 자질로 나타났다. 즉, 창업자의 성품 및 경험과 관련된 항목들이 중요도 수준에 있어 최고 10개 항목 중 5개를 차지한 것이다. 흥미로운 점은 결함이 있을 경우 벤처의 제안이 거부되는 두 가지 핵심적 기준이 무엇인가라는 질문에서도 창업자의 특성과 관련된 항목들이 항상 선택되었다. 이는 결국 말(제품), 경마(시장), 승률(재무적 기준) 등의 중요한 요인들에도 불구하고 벤처 자본가가 내기를 걸게 만드는 결정적 요인은 결국 기수(창업자)라는 것을 단적으로 보여 준다.

그렇다면 벤처 자본가들이 왜 사업 계획서를 그렇게 강조하는 것일까? 보통의 사업 계획서는 제품/서비스, 시장, 경쟁 상황 등에 대해서는 자세히 논의하지만 창업자의 특성은 특별히 드러내지 않는다. 그러나 사업 계획서에서 위와 같은 객관적 사실을 내용상 포함하는 것이 필요 조건이기는 하지만 충분 조건은 아니다. 효과적인 사업 계획서는 그것과 더불어 창업자가 기수로서 경마에 적임자라는 점을 명확하게 보여 주어야 한다. 즉, 실현성 있고 신빙성 있는 논지를 통해서 창업자가 계획 사업에 대한 추진력, 지구력, 경력, 위험 감수력, 시장 판단력 등을 지니고 있다는 점을 부각시켜야 한다. 만일 그러한 요건을 구비하지 못하고 있다면 그러한 역량을 지닌 경영진을 구성하고, 그들을 지휘할 능력이 있음을 보여 주어야 한다.

우리 나라의 벤처 자본도 유사한 원칙을 가지고 투자 결정을 실행한다. 나중덕 등은 우리 나라의 74명의 벤처 자본가들을 대상으로 하여 투자대상 벤처 기업을 평가하는 데 있어 사용하는 주요 평가 요소에 대해 면담 및 설문 조사를 한 바 있다.[22] 그림 7-2는 경영 역량, 자금 조달력, 제품 및 기술의 우월성, 원자재 조달 가능성, 생산 능력, 시장의 매력도 등 여섯 가지 주요 평가 요소와 그들의 세부 구성 항목들을 보여 준다.

연구 결과 우리 나라의 벤처 자본가들은 벤처 기업의 실제 성패를 결정하는 가장 중요한 요인으로 경영 역량을 꼽는다. 또한 생산 능력과 제품 및 기술의 우월성 등보다는 자금 조달력을 보다 강조한다. 특히 자금 지원을 결정할 때 가장 중요한 요인으로 자금 조달력을 사용한다. 대부분의 투자 관행은 금융 기관의 제도를 모방하는 경우가 많기 때문에 자금 조달력에 상대적으로 많은 가중치를 두는 것이다.

22 Joongdoug Rah, Kyungjin Jung, and Jinjoo Lee, "Validation of The Venture Evaluation Model in Korea," *Journal of Business Venturing*, 9, 1994: 509-524.

그림 7-2 한국 벤처 자본가의 투자 대상 기업 평가 요소

평가 요소	세부 항목	자금 지원 시 중요도 순위	벤처 기업 성과에의 영향력 순위
경영 역량	직관력 및 예측력 집중력 및 열의 신의도 조직 관리력	2	1
자금 조달력	자금 조달력	1	2
제품 및 기술의 우월성	핵심 기술의 수준 기술 개발 능력 기술 인력의 수준	4	3
원자재의 조달 가능성		3	5
생산 능력		6	6
시장의 매력도	시장의 성장 잠재성	5	4

주: 세부 항목은 응답자 중 90% 이상이 다음 5점 척도에서 4나 5를 부여한 항목만을 보여 준다.
척도: 1. 관계 없음, 2. 별로 중요치 않음, 3. 바람직함, 4. 중요함, 5. 필수적임.
자료: Joongdoug Rah, Kyungjin Jung, and Jinjoo Lee, "Validation of The Venture Evaluation Model in Korea," *Journal of Business Venturing,* 9, 1994: 517, 523.

한국의 벤처 자본은 일천한 역사 때문에 적극적인 투자를 꺼리는 경향이 있다. 따라서 앞으로 벤처 자본사들은 선진국의 특화된 경영 지식을 배우고 습득할 필요가 있다고 보여진다. 그리고 많은 벤처 자본사의 경영자들이 전문 기술에 대한 지식이 일천하기 때문에 많은 투자상의 비효율을 낳기도 한다. 따라서 벤처 자본사들은 사내 투자자들의 기술적인 지식 수준을 향상시킬 필요가 있다.

5. 벤처 자본가와의 협상과 계약 조건

벤처 자본가는 위험 수준이 높은 벤처에 투자하여 그에 상당하는 보상을 받는 사람이다. 그것을 성취하기 위해 벤처에 많은 도움도 주지만 투자 시 여러 가지 부가적인 조건을 제시한다. 그들은 높은 수준의 협상력을 지닌 협상 전문가이다. 창업 기업으로서 벤처 자본을 유치하는 것 자체가 어려운 일인데, 일단 벤처 자본가와 협상하기에 이르렀다는 것은 매우 운이 좋은 것이다. 그렇다고 해서 창업자들이 항상 피동적인 상황에 놓인 것은 아니다. 새로운 사업이 이미 이윤을 보기 시작했고, 질 높은 제품/서비스를 제공할 수 있다면 창업자는 더 큰 협상력을 지니는 것이다. 사업의 추진 상황에 따라 창업자로서 어느 시

점에서든지 그들과 협상하여 투자를 유치하고 응당 받아야 할 자신의 이익을 보호할 수 있다.

(1) 벤처 자본가의 선정

벤처 자본가는 미국, 유럽, 아시아, 그리고 우리 나라 등 세계 곳곳에서 찾아볼 수 있다. 그 중에서 지리적으로 가까운 위치에 있고 업종, 성장 단계 등 기업이 유치하고자 하는 투자의 특성에 걸맞는 업체를 찾는 것이 중요하다. 우리 나라의 경우 한국 벤처 캐피탈 협회(서울 여의도 소재)에서 회원 벤처 자본사의 정보를 제공한다. 미국의 경우 주요 정보 제공 단체는 아래와 같다.

- **National Venture Capital Association**(Arlington, Virginia): 최근 회원사의 명부를 정기적으로 출판한다.
- **Western Association of Venture Capitalists**(Menro Park, California): 서부 11개주의 회원사 명부를 매년 출판하여 판매한다.
- **Venture Economics**(Needham, Massachusetts): 다음 출판물들을 통해 벤처 산업 정보를 제공한다.
  - *Guide to Venture Capital Sources*: 벤처 자본사 명부와 아울러 경험 있는 벤처 자본 전문가의 논문을 수록한다.
  - *Venture Capital Journal*: 벤처 자본사, 기업체 투자 뉴스, 벤처 자본의 추세 등의 정보를 제공하는 월간지.

창업자는 이러한 단체가 제공하는 정보 자료와 주변의 추천 등을 통해 접촉할 벤처 자본사를 선정하되 마치 핵심적인 회사 직원을 선발할 때와 같은 마음가짐으로 임해야 한다.[23] 투자 성사 시 벤처 자본은 투자 기업과 장기적인 관계를 유지해야만 되고, 이를 위해 창업자는 장기적으로 최선의 투자 파트너를 구하는 것이다. 각 벤처 자본사마다 독특한 특징이 있으므로 이것이 창업자와 호환성을 가질수록 좋다. 해당 벤처 자본사의 현재 투자 포트폴리오에 있는 기업들이 성공이건 실패건 잘 검토해 보아야 한다. 특히 그 중에서 서너 개의 업체는 창업자와의 직접적인 면담을 통해 벤처 자본사의 특징을 유경험자로부터 점검할 필요가 있다. 이때 최소한 하나의 업체는 실패 케이스이어야 한다. 왜냐하면, 기대치 않게 곤경에 처했을 때 성품이 잘 드러나기 때문이다. 또한 주변이나 외지의 경쟁 벤처 자본사에 대해서 해당 벤처 자본사와의 경험과 나름대로의 평가를 청취하는 것이 바람직하다. 이러한 세밀한 검토를 거쳐 창업자는 벤처 자본가가 투자 기업을 평가하듯이 벤처 자본사를 평가해 보아야 한다. 아울러 기업의 핵심 인사를 선발할 때와 마찬가지로

---

23 John L. Nesheim, *High Tech Startup: The Complete How-To Handbook for Creating Successful New High Tech Companies* (Saratoga, CA: Saratoga Venture Finance, 1997): 181-182.

벤처 자본가의 성실성, 윤리성, 정직성 등을 점검해야 한다.

벤처 자본사들간에도 운영상의 특징이 다양하다. 창업자는 세밀한 조사와 면담을 통해 거래하고자 하는 벤처 자본사의 특징과 적합성을 스스로 판단해야 한다. 다음은 미국의 주요 벤처 자본사들에 대해 창업자, 변호사, 공인 회계사 등이 실제 경험한 특징을 제시한다.[24]

- **Brentwood Associates**(Los Angeles & Menro Park, California): 대규모의 자본을 관리한다. 강력한 선도 투자 역할을 수행한다. 미국 캘리포니아 및 기타 주의 기업에 투자한다. 벤처 업계에 잘 알려진 파트너를 보유하고 있다.
- **Crosspoint Venture**(Palo Alto, California): 예비 창업 단계 투자에 경험이 많다. 기업의 경영진이 완비 안 된 상태에서도 투자한다. 투자 규모는 건당 $50만 이하이다. 전자 산업에 투자 경험이 많다.
- **Kleiner Perkins Caufield & Byers**(Palo Alto, California): 가장 오래되고 경험 많은 업체 중의 하나이다. 상품 출시까지 CEO 역할을 떠맡는 등 창업 기업의 운영에 관여하는 것으로 유명하다. 선도 투자 역할을 맡기를 선호한다. 생명 과학 및 전자 분야에 강하다.
- **Arthur Rock**(San Francisco, California): 현대 벤처 자본의 '아버지'라고 불린다. 샌 프란시스코의 작은 사무실에서 조용히 운영한다. 종종 외부에서 추천한 거래에 투자한다.
- **Sierra Ventures Management**(Palo Alto, California): 폭넓은 투자자층을 갖고 있고, 고전적인 접근법을 취하지만 독특한 아이디어에 대해서도 경청한다. 최고 권위의 투자자와 협력 투자를 많이 하지만 적극적인 선도 투자와 이사진 참여를 선호한다. 투자 기업의 인력과 전략적 우위를 강조한다.
- **TA Associates**(Boston, Massachusetts): 최대 규모의 자금 풀을 운영하면서 투자를 선도한다. 다양한 기술 분야에 수백만 불 규모의 투자를 한다. 투자 기업의 경영에 관여하고자 하지 않는다. 중간 라운드의 투자 거래를 피한다. 소프트웨어가 강하다.

(2) 투자 조건의 협상

외부의 지분 투자를 유치하고자 하는 창업자에게 가장 반가운 소식은 기업에 적합하고 유능한 벤처 자본가와 첫 면담이 성사되는 것일 것이다. 첫 면담이 잘 준비되기만 하면 창업 기업에게는 더 말할 나위 없이 좋은 기회가 된다. 창업자는 기존 기업체에서 경영진이 이사회에서 연간 사업 계획을 보고하는 마음으로 면담에 임해야 한다. 이를 위해 발표뿐만 아니라 예상되는 질문에 대한 응답도 사전에 충분히 연습할 필요가 있다. 배부물은 내용상 설득력 있게 구성하고, 외관상 미려하게 데스크톱 인쇄를 한다. 배부물의 분량을 최소

---
24 *Ibid.*: 183.

화하고, 설명을 최대화하는 것이 바람직하다. 가능하면 회사 경영진과 함께 팀워크로 발표를 진행해서 효과적으로 협력하는 조직이라는 인상을 심어 주는 것이 좋다. 첫 면담에서 주의할 점은 사업 기밀을 결코 노출해서는 안 된다는 것이다.

현명한 벤처 자본가라면 첫 면담에서 되도록이면 부드럽고 비공식적인 분위기를 이끌어갈 것이다. 이는 사업 계획뿐만 아니라 창업자의 성품을 관찰할 기회를 갖고, 발표를 진행하는 데 편한 분위기를 만들기 위해서이다. 또한 능력 있는 최고 경영자 자체가 희소 자원이므로 발표하는 창업자가 그럴 경우임을 대비하여 경쟁 벤처 자본사에 비하여 최대한 좋은 관계를 유지하는 데도 첫인상이 중요하다.

벤처 자본가와 계약을 체결하기 전에 먼저 두 가지 이슈를 해결해야 한다. 하나는 기업의 **가치 평가**(Valuation)이고, 또 하나는 벤처 자본가가 투자 대가로 받고자 하는 **증권**(Security)의 유형이다. 창업 기업의 유형적 가치(Tangible Net Worth)는 미미하더라도 재산권적 기술과 판매 잠재력 등의 무형적 가치에 의해 기업의 시장 가치가 높아질 수 있다. 기업이 벤처 자본에게 투자 대가로 제공하는 지분의 규모는 기업의 가치 평가에 근거하기 때문에 정확한 기업 가치 평가가 매우 중요한 이슈이다. 예컨대 한 회사의 현재 가치가 40억 원이고 벤처 자본으로부터 추가로 10억 원의 투자를 유치한다면, 그 회사의 가치는 50억 원이 되고 벤처 자본의 투자 지분율은 20%가 된다.

투자 대가로 요구하는 증권은 크게 지분 투자에 대한 주식과 융자에 대한 채권으로 구분되는데, 그 구성에 따라 기업의 **자본 구조**(Capital Structure)가 달라진다. 벤처 자본은 기업이 성공했을 때에 큰 수익을 얻기 위해 기본적으로 보통 주나 우선 주 등의 지분 투자를 요구하나, 기업 실패의 경우 재산 청구권에 있어 채권자가 주주에 우선하므로 **회사채**(Debenture)나 전환 사채 등의 융자를 통해서 자금 지원을 하기도 한다. 따라서 창업자는 상당한 수준의 협상력을 지녀야 벤처 자본으로부터 기업이 바라는 바의 자본 구조를 이끌어 낼 수 있다. 벤처 자본가들은 자본 투자와 함께 잠식 방지 조항, 성과/벌금 조항, 고용 계약, 경영권 확보, 주주 동의, 정보 공개, 회수 조건 등 여러 가지 조건을 제시함으로써 자신의 투자금이 보호되도록 노력한다.[25] 창업자는 이러한 조건과 규정 등이 쌍방간에 공평한가를 잘 확인해야 한다.

지분 잠식 방지 조항 일반적으로 벤처 자본이 가지고 있는 우선 주와 회사채는 그들의 선택에 따라 정해진 비율에 보통 주로 전환할 수 있도록 한다. 투자자라면 누구도 회사의 가치가 떨어지기를 바라지는 않지만 시장에서의 기업 가치를 마음대로 통제할 수는 없다. 따라서 부득이 자금이 필요하다면 지분을 싼 값에 매각할 수밖에 없다. 이 경우 후

[25] Harold M. Hoffman & James Blakey, "You *Can* Negotiate with Venture Capitalists." In William A. Sahlman & Howard H. Stevenson (Eds.), *The Entrepreneurial Venture* (Boston, MA: Harvard Business School Publications, 1992): 204-214.

순위 투자자가 선순위 투자한 벤처 자본의 지분이 잠식되는 것을 방지하기 위해 설정하는 것이 바로 **지분 잠식 방지 조항**(Antidilution Provision)이다.

이 조항이 항상 투자자로 하여금 기업의 성장과 투자의 필요성을 무시하고 투자자의 소유 지분율이 일정하도록 전환시킬 수 있게 하는 것은 아니다. 신규 발행 보통 주의 판매 가격이 벤처 자본이 보통 주로 전환하는 비율보다 같거나 높으면 경제적 효과에 있어 그들의 투자가 잠식되는 것은 아니다. 그러나 전환 비율이 더 높을 때는 자본이 잠식되게 된다. 이런 경우에 대비해서 전환권은 **잠식 방지 조정 규정**(Rachet)을 포함한다.

투자 기업이 자금 부족 문제에 부딪쳤을 때 기업의 시장 가치가 초기 투자 때보다 낮고, 벤처 자본가가 이러한 전환권을 포기하지 않게 되면 결국 창업자의 지분이 상당 수준 잠식되며, 따라서 새로운 투자자를 유치하기도 어렵게 된다. 따라서 창업자는 이러한 규정을 세심히 검토하여 지분 잠식의 효과가 전적으로 창업자에게만 돌아 오지 않도록 주의를 기울여야 한다. 예컨대 전체 발행 주식 총수 계산 시 벤처 자본에게 전환될 보통 주를 포함시킬 수 있다. 또한 창업 기업의 임직원이나 컨설턴트에게 제공될 주식은 조정 규정에 해당되지 않는 것으로 할 수 있다.

성과/벌금 조항 벤처 자본은 **성과/벌금 조항**(Performance/Forfeiture Provision)을 투자의 조건으로 내세워 창업자의 주식을 담보화할 수 있다. 즉, 기업의 경영 성과가 기대에 못 미치게 되면 창업자의 주식을 벌금으로 몰수할 수 있게 하는 것이다. 이러한 조항의 목적은 벤처 자본이 초기에 과대 평가된 창업 기업에 대해 결국 과대한 가격을 지불하지 않도록 함과 아울러 기업 경영 실패 시 몰수한 주식을 가지고 신규 경영진을 영입함으로써 자신의 지분 잠식을 방지하는 것이다. 기업의 전망이 불투명한 창업 초기의 창업자는 부득이 이러한 조항을 감수해야 한다. 그러나 기업이 이미 이익을 내고 있고, 어느 정도 전망이 서게 되면 이러한 조항을 거부할 수 있다. 벤처 자본이 이를 인정하지 않으면 대신 목표를 초과하는 좋은 성과에 대한 주식 보너스를 조항에 덧붙일 수 있다.

고용 계약 창업 경영진의 고용 기한도 투자에 있어 중요한 구성 요소이다. 벤처 자본은 임원의 급료, 보너스, 각종 보상, 해고 조건 등에 대해 계약적인 합의를 보고자 한다. 벤처 자본은 공식적으로 창업 경영진에 투자를 하는 것이 아니라 기업체에 투자하는 것이기 때문이다. 기업이 발전하고, 그 규모가 커지면 전문 경영인이 필수적이다. 창업자가 더 이상 기업의 운영에 적합치 않다고 판단되면 해고될 수 있는 것이다. 벤처 자본과 고용 계약을 맺게 되면 창업자는 최소한 2-3년간, 상황에 따라 보다 장기적인 계약을 체결하는 것이 좋다. 그러나 너무 장기적인 계약도 바람직하지는 않다. 기업이 실패할 경우 창업자가 원하는 시점에서 기업을 떠나기 어렵기 때문이다.

경영권 확보 벤처 자본가는 지분 투자를 통해서 자연스럽게 기업의 경영에 참여하게 된다. 따라서 창업자는 기업의 전략 수립, 인수·합병, 자산 처분 등 중요 의사결정 시 벤처 자본가의 의견을 충분히 수렴해야 한다. 경영진의 보강을 위해 벤처 자본이 추천하는 인사를 영입할 수도 있다.

주주 동의 벤처 자본가는 주주 동의 조항(Shareholder Agreement)을 통해 창업 경영진으로 하여금 자신이 천거하는 이사를 임명하도록 하거나, 기업 경영상의 실패 시 벤처 자본가가 소수 주주임에도 불구하고 경영권을 갖도록 할 수 있다. 이 조항은 또한 주식 매각시 회사나 동의 조항에 규정된 내부자에게 우선적으로 매각하도록 할 수 있다. 이는 벤처 자본가나 창업자 상호간에 보유 지분을 증가시킬 수 있는 기회이기 때문에 양측이 모두 이러한 조항을 선호한다.

정보 공개 벤처 자본가는 투자 전에 기업의 주요 정보를 공개(Disclosure)하도록 요구한다. 따라서 창업자는 회사의 현황, 세금 납부 관계, 법적 승인 여부, 재무 제표의 정확성 등 중요 사안은 공표해야 한다. 중요 정보의 생략으로 인해 투자자에게 발생하는 피해가 적은 규모일 때, 예컨대 5천만 원 이하일 때 정보 공개 조건의 불이행으로 간주되지 않는다는 쿠션 조항을 넣도록 협상하는 것이 좋다. 또한 계약 체결 후 일정한 시한, 예컨대 6개월 이내에 발생하는 정보에 대해서만 책임지도록 한정해야 한다.

회수 조건 벤처 자본가는 투자 자금을 원하는 시점에서 회수할 수 있는 조건을 계약에 포함시킨다. 따라서 인수·합병 등 투자 회수 조건에 대해서도 창업자는 주의를 기울여야 한다. 예컨대 우선 주를 소유한 벤처 자본가가 현금 지불을 요구하면 결국 창업자의 비용이 증가하게 된다. 벤처 자본의 입장에서 볼 때 회사를 청산하는 것이 계속 운영하는 것보다 이익이 많을 때 창업자의 의사에 반해 기업을 청산할 수도 있다.

벤처 자본가의 협상 조건이 창업자에게는 때에 따라 무리하거나 황당하게 느껴질 수 있으나 기업 성장에 필요한 자금을 얻기 위해서는 현명하게 협상에 계속 임하는 것이 창업자 자신에게도 유리하다. 벤처 자본가가 위험 수준이 높은 벤처에 투자하는 것도 결국 그들의 사업이기 때문에 그들의 요구 조건은 투자 자금과 사업체를 보호하기 위한 것이다. 단지 창업자로서 자신에게 일방적으로 불리하거나 기업의 효과적인 운영에 방해되는 조항은 협상을 통해 개선할 필요가 있다.

창업 실무

우리 나라의 모험 자본

한국의 벤처 자본 역사는 1974년 한국 과학 기술 연구원의 연구 결과를 기업화할 목적으로 설립된 한국 기술 진흥 금융에서 시작되었다. 그 후 1981년 정부와 업계에서 보다 광범위한 영역에서 기술 개발의 필요성을 인식하고 기술 개발 자금을 지원하기 위해 특별법을 제정하여 한국 종합 기술 금융(KTB)을 설립했다. 이어서 1982년과 84년에 각각 한국 개발 투자 금융과 한국 기술 금융이 설립되었다. 이들 4개의 업체는 1986년 12월 신기술 사업 금융 회사로 인가를 받으면서 업무의 내용이 통일되었고 1998년 1월부터 여신 금융 전문 기관의 한 부문으로 소속되었다.

(1) 신기술 사업 금융 회사

위와 같은 신기술 사업 금융 회사는 업력이나 업종을 제한하지 않고 상시 종업원 1000명 이하, 총 자산 300억 원 이하의 기업을 투자 대상 기업으로 삼고 있다. 이들은 주로 제품 개발, 연구 개발의 제품화, 기술 도입, 생산성 향상 등을 위한 사업에 아래와 같은 방식으로 지원한다.

- **투자**: 주식 투자, 전환 사채 및 신주 인수권부 사채를 인수하는 조건으로 투자한다. 주식의 경우는 의결권 주식 또는 출자 지분의 50% 이내를 인수하고, 사채의 경우는 동일 기업당 40억 원 이내에서 상법상 사채 발행 한도 이내에서 인수한다.
- **일반 융자**: 소요 자금의 80-90% 이내에서 시중 금리로 3년 거치 기간을 포함하여 8-10년간 장기로 융자한다.
- **조건부 융자**: 소요 자금의 70% 이내에서 융자하되 계획 사업이 성공하는 경우에 한해 원리금 상환에 대신해서 사업 경영 결과 발생하는 매출액에 비례하여 일정 기간 동안 실시료(Royalty)를 납부한다. 사업 실패 시는 최소 상환금만 상환한다.
- **리스, 팩터링 및 기타 서비스**: 리스 업무로서 신기술 사업자의 기술 개발 및 사업화에 필요한 시설을 대여하고, 시설 취득 원가의 일정 요율을 곱하여 산정한 시설 대여료를 정기적으로 분할 징수한다. 팩터링 업무로서 사업자의 외상 매출 채권을 신기술 사업 금융 회사에서 매입하여 추심을 대행하며 관련 대금을 융자한다. 기타 기술 담보 대출, 정책 자금 운영을 취급하고, 정보 제공과 경영 컨설팅도 수행한다.

(2) 창업 투자 회사

1986년 5월 중소 기업 창업 지원 법이 제정되면서 중소 기업 창업 투자 회사(이하 창투사)들이 정부의 인가를 받아 설립되기 시작하였다. 1986년 11월 국내 최초로 부산 창업 투자가 설립되었고, 1996년부터는 대기업의 창투사 설립이 허용되면서, 대우 창투, LG 창투, 현대 기술 투자 등이 잇달아 설립되었다. 1998년 10월 말 현재 총 67개의 업체가 활동하고 있다. 이들이 조성한 투자 조합의 수는 90여 개에 이른다. 1990년 5400억 원이었던 투자 재원은 1998년 6월 말 현재 3조 2520억 원으로 증가했다.

창투사의 지원 대상은 중소 기업 창업 지원 법상 사업 개시일로부터 14년 이내의 법인 또는 10년 이내의 개인 사업자로서 주로 제조업, 광업, 건축, 엔지니어링, 정보 처리, 컴퓨터 운용 관련업 등을 영위하는 업체들이다. 투자 대상 기업의 사업성이 인정되는 경우 아래와 같은 다양한 방법으로 자금을 지원 받을 수 있다.

- **주식 인수**: 의결권 주식 또는 자본금 총액의 50% 이내에서 인수한다.
- **사채 인수**: 주식 인수 총액의 200% 이내에서 전환 사채 또는 신주 인수권부 사채를 인수한다.
- **약정 투자**: 창투사와 창업자 간의 약정으로 투자 조건을 결정하는 것이다. 사업 성공 시 매출액의 일정 비율을 약정 수수료로 징수하고, 사업 실패 시 투자 원금의 상환을 감면하기로 약정하는 투자이다.
- **기업 인수 투자**: 투자 기업의 경영 개선 등을 통해 기업 가치를 향상시켜 매각함으로써 투자 수익을 도모하는 방식이다.
- **자금 대여**: 투자 기업에 대해 자금 대여를 제외한 총 투자 금액의 범위 내에서 단기 운전 자금을 지원한다.

현재 활동 중인 창투사 가운데 벤처 자본으로서 제대로 투자 활동을 수행하는 곳은 20여 개로 삼분의 일에 불과하다. 이는 상당 수의 업체가 벤처 자본 업무보다는 대주주의 자금 운용에 치중하고 있고, 펀드 조성보다는 자본금을 주요 투자 재원으로 삼고 있는 국내 벤처 자본의 기형적 구조 때문이다. 표 7-4는 자본금 규모가 200억이 넘는 국내 창투사를 보여준다. 다음은 최근 활발한 투자 활동을 벌이고 있는 몇몇 창투사를 소개한다.[26]

- **기은 개발 금융**: 1986년 기업 은행의 자회사로 설립되었다. 1988년 기업 투자 조합 1호 결성을 시작으로 BTC, NED 등 261억 원의 외국 자금과 321억 원의 국내 자금으로 7개의 투자 조합을 결성했다. 1998년 5월 처음으로 공공 벤처 조합인 국민 벤처 펀드를 정부와 공동 출자해 설립했다. 투자와 관리 부서의

표 7-4 창업 투자 회사 현황 (자본금 200억 원 이상)

회사명	자본금 (억 원)	설립일	대주주	전화 번호
기은 개발 금융	254.57	86. 11. 3	중소 기업 은행	02-554-3131
국민 기술 금융	470.45	86. 11. 1	국민 은행	02-736-0190
한국 기술 투자	233.2	86. 11. 24	개인	02-538-3111
동원 창업 투자	200	86. 11. 25	동원 증권	02-768-5959
대신 개발 금융	200	86. 11. 27	대신 증권	02-769-3725/6
한국 창업 투자	200	86. 12. 10	아세아 종합 금융	02-785-6414/5
신보 창업 투자	200	87. 12. 30	신용 보증 기금	02-783-4784/9
한림 종합 투자	205	88. 9. 28	서통	02-511-6100
동양 창업 투자	200	89. 4. 22	동양 종합 금융	02-773-7114
성원 창업 투자	200	89. 12. 28	대한 종합 금융	02-554-6900
한솔 창업 투자	250	90. 2. 28	한솔 제지	02-3474-1080
대방 창업 투자	214.63	90. 3. 5	개인	0653-857-2269
LG 창업 투자	300	96. 7. 4	LG 전자, LG 전선	02-3459-4100
현대 기술 투자	300	97. 4. 8	현대 종합 금융	02-259-9370

자료: **벤처 캐피탈**, 1998년 겨울: 112-114; **매일 경제**, "창업 투자 회사 현황," 1998년 12월 11일: 34.

[26] **매일 경제**, "국내 우수 벤처 캐피털," 1998년 12월 11일: 35.

구별 없이 20여 명의 벤처 전문가들이 투자 업체를 발굴하고 육성한다. 투자 업체 선정에 있어 기술력, 기업 공개 의지 및 가능성, 경영자의 경영 능력, 재무 현황 등 네 가지 요소를 중시한다.

- **LG 창업 투자**: 1996년 설립되어 설립 초기부터 외국의 선진 업체를 벤치마킹하고 국내 경영 환경과 접목하는 시도를 하였다. 고객 만족 경영을 모토로 하여 개인 업적 중심의 보상과 계층 단순화 및 의사결정 신속화에 중점을 두고 조직을 운영한다. 전략, 기술, 시장, 마케팅, 재무 등의 분석을 하는 투자 심의 과정과 아울러 최고 경영자 면담을 실시하고, 파트너 회의 참석자의 만장일치로 투자 대상 업체를 선정한다. 정보 통신, 디스플레이, 소프트웨어 등 세 가지 산업에 투자 역량을 집중하고 있다.
- **한국 기술 투자**: 1986년에 설립되어 1987년에 국내 최초로 투자 조합을 결성해 한국 벤처 자본 업계를 선도해 왔다. 주요 사업 영역은 기술집약형 중소기업과 벤처 기업에 대한 지분 투자, 첨단 유망 신기술 확보를 위한 기술 이전 알선 분야이다. 국내 개발 기술의 국외 수출과 합작 분야에서도 활발한 사업을 추진한다. 정보 통신 업종 투자에 강점을 보이고 전기·전자 및 정보 통신 분야에 2개, 기계·금속·화학 등의 분야에 1개의 투자 전담 팀을 배치하고, 총 130여 개의 기업에 투자하고 있다. 투자 기업 중 공개 기업은 메디슨, 경인 양행, 자화 전자 등 5개사가 있고, 장외 등록한 기업은 엠케이 전자, 카스, 경덕 전자, 씨앤아이 등 26개사에 달하다. 1990년부터 외자를 유치한 경험을 갖고 외국 자본 유치 협상에 적극적이다. 1999년부터 창업 초기 기업에 투자를 집중하고 매출액이 50-200억 원 규모의 성장 단계 벤처 기업에 연간 500억 원 이상의 자금을 공급한다.
- **현대 기술 투자**: 현대 종금, 현대 자동차, 현대 전자, 외환 은행 등이 300억 원을 출자하여 1997년 설립되었다. 제1 팀은 기계, 금속, 영상, 소프트웨어, 생명 공학을 관할하고, 제 2 팀은 통신, 전기·전자 부품, 반도체 장비를 맡고 있다. 투자 대상 기업 최고 경영자의 능력과 품성, 자금 조달 방법이 명시된 사업 계획서를 가장 중요한 요소로 평가한다. 계열사의 분사를 유도하고 협력 업체의 신기술을 발굴하기 위해 1997년부터 '현대 벤처 기술 상' 시상 업무를 관장하고 있다. 시상 업체 중 투자 적격 업체를 선정해 사업화를 적극 지원한다.

(3) 에인절 투자가

국내의 에인절 투자가층이 형성되지 못한 상황에서 창업 초기의 벤처 기업이 사업 자금을 조달하는 데 애로 사항이 있어 왔다. 이러한 점을 감안하여 1997년부터 정부에서 개인 또는 개인 투자 조합으로부터 직접 투자 자금을 조달할 수 있는 에인절 제도를 도입하고 투자 소득에 대한 조세 감면 혜택을 부여하면서 벤처 기업 투자에 관심을 갖고 있는 개인들이 에인절 투자가 클럽을 조성하는 움직임이 있어 왔다. 표 7-5는 그 몇 가지 예를 보여준다.

(4) 벤처 기업에 대한 지원

정부의 벤처 기업 육성의 기본 방침이 벤처 기업을 위해 별도로 재원을 확보하여 지원하는 것보다 기술, 인력, 정보, 세제 또는 규제의 완화 등을 통해 간접적으로 지원하는 방식을 취하고 있기 때문에 벤처 기업에 대한 직접적인 자금 지원은 적지만 각종 일반 정책 자금의 지원 시 벤처 기업으로 증명·확인되면 우대를 받을 수 있다. 이를 위해 벤처 기업에 해당되는 업체는 우선 해당 벤처 기업 증명서 발급 기관에서 벤처 기업 증명서를 발급 받아 중소기업청으로부터 벤처 기업 확인서를 최종적으로 발급 받을 수 있다.

아래는 벤처 기업 육성을 위한 특별 조치법(부록 C 참조)의 제2조와 그 시행령에서 정하는 바의 벤처 기업의 유형을 보여주는데, 유형에 따라, 또 같은 유형 내에서도 기술의 특징에 따라 벤처 기업 증명서 발급 기관이 달라지므로 벤처 기업은 구체적인 증명서 발급 기관에 대해 중소기업청에서 확인할 필요가 있다.[27]

- **벤처 자본 투자 기업**: 창업 투자 회사(조합), 신기술 사업 금융업자(조합)의 투자 총액이 자본금의 20/100 이상인 기업이다. 투자 총액이란 주식, 무담보 전환 사채, 무담보 신주 인수권부 사채의 인수 총액을 말한다. 단, 투자 총액이 주식에 한정되는 경우는 자본금의 10/100 이상인 기업이다.
- **연구개발 투자 기업**: 직전 사업 연도의 총 매출액에 대한 연구개발비가 5/100 이상인 기업이다. 단, 당해 기업이 직전 사업 연도 중에 창업된 기업인 경우에는 창업된 날부터 직전 사업 연도의 종료일까지의 기간이 6개월 이상인 경우에 한하여 그 기간 동안의 총 매출액과 연구개발비를 고려한다.
- **특허 기술 사업화 기업**: 특허권, 실용신안권, 등록 출원 중인 기술 중 심사 청구 및 출원 공개된 기술로서 특허청장이 인정하는 기술에 의해 생산한 제품의 직전 사업 연도 매출액이 전체 매출액의 50/100 이상이거나 당해 제품의 수출액이 총 매출액의 25/100 이상인 기업이다.
- **신기술 개발 기업**: 특정 사업의 정해진 유효 기간 내에 생산한 제품의 직전 사업 연도 매출액이 총 매출액의 50/100 이상이거나 당해 제품의 수출액이 그 제품 수출액의 25/100 이상인 기업이다. 여기서 특정 사업에 포함되는 것은 공업 기반 기술 개발 사업, 자본재 사제품 개발 사업, 에너지 개발 기술 사업, 첨단 기술 제품 개발 사업, 전기/정보 통신 기술 개발 사업, 우수 신기술 사업, 영상물 창착 신기술 사업(문화관광부), 신기술 이용 사업(과학기술부), 환경 기술 연구 개발 사업(환경부) 등이다.

---

27 이응렬, 전성호, **창업 자금** *Guide* (서울: 씨티 미디어, 1998): 214-228.

표 7-5 국내 에인절 투자가 클럽

클럽 이름	결성일	회원수	직업	투자 산업	투자 실적
무한 엔젤 클럽 서울; 02-553-0981	97. 4	40	기업인, 교수, 공인회계사, 금융인	정보 통신, 메디컬, 메카트로닉스, 멀티미디어, 엔터테인먼트	7-8억 원
향영 엔젤 클럽 서울; 02-2263-4394/7	97. 4	15	금융인, 의사, 기업인	중견 기업	1건, 36억 원 (15명, 기관 투자가)
미래 엔젤 클럽 대구; 053-950-5535	97. 5	12	교수, 기업인, 벤처 기업가, 전문가	정보 통신 등 첨단 업종	1건, 3억 원 (1명)
대덕 엔젤 클럽 대덕; 042-483-7110	97. 9	76	연구원, 교수, 전문직, 회사원, 기업인	주로 첨단 분야	1억 3300만 원 (6개사)
서울 엔젤 그룹 서울; 02-316-3440/4	98. 2	608	서울 상공 회의소, 일반인	벤처 기업	연간 500억 원 목표
부산 테크노 엔젤 클럽 부산; 051-328-1226	98. 4	53	금융인, 교수, 기업인, 기타	의료, 정보 등 기술 창업 기업	7억 원
충북 엔젤 투자 클럽 청주; 0431-231-3381	98. 5	31	교수, 기업인, 기타	기술집약형 중소 기업	3억 원 펀드 조성
기보 엔젤 클럽 서울; 02-789-9322	99. 3	240	기술 신용 보증 기금, 기업인, 교수, 기타	첨단 기술집약형	50억원
경기 엔젤 클럽 수원; 0331-249-4632	99. 4	200	기업인, 기타	정보 통신 첨단 업종	

자료: 중소기업청, **벤처 기업 지원 총람** (서울: 중소기업청, 1998); **중앙 이코노미스트**, "엔젤 클럽 Boom!" 1999년 4월 13일: 21.

창업 이야기 Ⅶ-1

양재 시스템[28]

벤처 기업으로 기존 소프트웨어와 컴퓨터 주변기기 제조업체에 도전장을 던진 후 그야말로 하루 아침에 기존 업체들과 나란히 경쟁할 수 있도록 성장한 기업이 바로 성기철 사장이 이끄는 양재 시스템㈜이다. 성 사장의 첫 직장은 미국 프라임 컴퓨터 국내 대리점으로 출발한 한국 전자 계산이었다. 여기서 그는 소프트웨어 개발·철도 전산 발매·온라인 시스템 개발 등의 업무를 하면서 기술을 터득하고 한국전자계산에서의 상무이사와 자회사인 선진 시스템에서의 사장으로 경영 수업을 쌓을 수 있었다. 이러한 경험이 그가 독립하여 기술과 경영을 겸비할 수 있게 해준 바탕이 되었다.

양재 시스템은 자본금 5000만 원으로 시작한 작은 기업이었다. 1991년 5월 한국 기술개발(KTDC)이 운용 자금으로 3억 원을 융자해 준 데는 성 사장의 경영 전략과 회사의 장래성을 믿고 투자할 수 있었기 때문이었다. 성 사장은 기존의 업체들과의 경쟁에서 살아남을 수 있는 방법은 기술 경쟁력에서의 승리라고 확신하였다. 이런 성 사장의 경영 철학은 회사의 사원 구성에서 그대로 나타난다. 총 45명 중 4명을 제외하고는 모두 엔지니어 출신들이다.

양재 시스템의 주력 제품은 레이저 프린터와 티켓 프린터이다. 금성사, 큐닉스, 포스데이타, 삼보 컴퓨터 등과 같은 고참 기업들 사이에서 양재 시스템이 내세운 상표명은 '글초롱'이다. 일반적으로 이런 시장에서 창업 기업들의 경쟁 전략은 저가격 비교 우위 정책인데 양재 시스템이 개발한 글초롱은 한글·한자·영어체에 있어서 무제약성 및 우수한 컴퓨터 호환성에 의하여 오히려 경쟁 제품보다 높은 가격에서 시장을 확보해 나갈 수 있었다. 또한 레이저 프린터 외에도 양재시스템이 자랑하고 있는 제품은 무인 티켓 발매기이다. 양재 시스템이 개발을 완료해 철도청의 납품 허가를 기다리는 무인 자동 판매기는 크레딧 카드로 기차표를 살 수 있도록 하는 기계로 기차역뿐만 아니라 고속 터미널, 위락 장소, 극장, 야구장, 비행장 등으로의 시장 확대가 예상된다.

양재 시스템이 도전하는 또 다른 시장은 원격 검침 시스템 분야이다. 이 시스템은 열병합 발전소뿐만 아니라 공해 경보 장치, 수자원 처리, 공장 원격 제어 등 그 사업 영역이 광범위하다. 또 다른 사업으로 대규모 데이터베이스 검사에 사용되는 온라인 프로그램과 CD롬은 양재 시스템이 자랑하는 소프트웨어이다. CD롬은 네덜란드의 필립스사와 손잡고 있어 상당한 시장 점유율을 확보할 수 있을 것으로 보인다.

사업을 시작한 지 1년 만에 성 사장이 이렇게 성공할 수 있었던 것은 18년 동안 한 분야에 종사하는 고집과 모든 직원이 협심할 수 있기 위해서는 미래에 대한 비전이 있어야 한다고 믿는 성 사장의 경영 철학일 것이다.

[28] 주간 매경, "양재 시스템, 컴퓨터 주변기기업계 '무서운 아이'로 떠올라," 1991년 6월 5일.

창업 이야기 Ⅶ-2

서울 세라믹스[29]

단단한 매출과 안정된 경영으로 기반을 닦아온 서울 세라믹스는 1985년 3월초 1억 원의 자본금으로 출범하여 그 해에 외환 은행으로부터 유망 중소 기업으로 선정된 후 6년 만에 유망 중소 기업을 졸업한 회사이다. 이 회사의 창업자인 이용재 사장은 자신이 국내 최초의 벤처 자본인 한국 기술 진흥의 상무이사로 재직했고, 이 회사가 최초로 투자하여 벤처 기업으로 설립한 남해 공업의 대표이사를 10년간 역임한 경험도 있어 타일 부문에 대한 노하우도 충분히 갖춘 사람이었다. 그는 한국 개발 투자, 한국 기술 금융, 한국 투자 신탁 등 기술 개발 금융 회사들의 자금 지원(현재 주주 회사들)을 받아 회사를 설립하면서 마침 경기 하락으로 공장 가동이 어려워진 당시의 대기업인 동산 토건으로부터 공장을 매입하였다.

서울 세라믹스는 창업 1년 만에 기존 타일에 비해 내마모성이 15배에 달하는 '클래스 4 타일'을 자체 기술로 개발하고, 소비자 욕구에 맞춘 다품종 소량 생산 체제로 만든 제품에 임페리얼이란 독자 상표를 붙여 해외 시장에 팔았다. 애당초 이 회사는 수출을 목표로 문을 열었던 것이다. 설립 당시 국내·외 경기는 완전히 위축된 상태였지만 이 사장은 건자재인 타일의 원료가 국내에 풍부하고 기술도 세계 수준급이어서 국내 시장보다는 세계 무대에 승부를 걸만하다고 생각했기 때문이다.

1987년에는 이러한 수출 정책으로 200만 불 수출 탑을 수상했고, 계속해서 이 부문에 꾸준한 노력을 쏟은 결과 국내 타일 수출의 선두에 서게 되었다. 수출 물량은 국내 전체에서 1989년 26.3%(수출 29억 5000만 원, 내수 25억 8000만 원), 90년 32.7%(수출 39억 4000만 원, 내수 20억 4000만 원), 91년 56.9%에 이르렀다. 이는 비록 물량으로서는 큰 규모는 아니지만 타 기업들이 호경기를 맘껏 활용해 국내 수요에만 진력하는 사이에 이 회사는 내수와 더불어 수출하는 중소 기업으로서의 이미지 향상에 크게 이바지하였다.

서울 세라믹스의 이러한 성장의 기반에는 노하우를 갖추고 설비 투자에 노력을 아끼지 않은 기업가, 벤처 자금의 지원, 끊임없는 기술 개발의 3박자가 어우러져 저마다 그 역할을 훌륭하게 해냈기 때문일 것이다.

창업 이야기 Ⅶ-3

테라[30]

네트워크 솔루션 전문기업인 테라(대표 박상훈)는 1996년 1인당 매출액 3억 1400만 원을 달성했다. 50명의 직원이 한 해 157억 원어치를 판매한 것이다. 이런 성과를 이끌어낸 원동력은 테라가 8년 동안 쌓아 온 네트워크 관련 기술이며, 그것이 테라를 뒷받침하고 있는 든든한 버팀목이다. 굳이 흠을 잡는다면 네트워크 기술의 국산화 노력이 부족하다는 것

29 이코노미스트, "서울 세라믹스 이용재 사장," 1992년 4월 5일.

30 이코노미스트, "네트워크의 '모든 것' 파는 ㈜테라," 1997년 6월 10일.

이다.

그러나 테라의 기술 자체는 수준급이다. 90년 세계적인 네트워크 업체인 3컴과 국내 공급계약을 체결한 이래 1994년부터 3년 연속 '3컴 북아시아 지구 베스트 디스트리뷰터상'을 수상했다. 단순히 장비와 소프트웨어를 판매하는데 그치지 않고 네트워크 구축과 컨설팅까지 맡고 있다는 점에서 의미가 있다. 특히 위탁·출장 교육 위주로 운영되고 있는 교육 센터에서는 현장의 살아있는 기술을 접할 수 있다.

1994년 문을 연 LA 지사도 지난 5월 실리컨 밸리가 있는 샌 호제이 지역으로 옮겼다. 이곳에 연구실을 마련하여 첨단 기술 정보와 시장 흐름을 재빨리 파악하고 미국 시장 개척의 전진 기지로 삼겠다는 전략이다. 1997년 4월에는 유상 증자를 통해 자본금을 6억 원에서 8억 원으로 늘리면서 대구 창업 투자, 기은 개발 금융 등 3개 창투사의 벤처 자금을 끌어들였다. 기술력을 다시 한 번 입증 받은 것이다. 벤처 자본의 지분이 벤처 기업 요건인 10%를 훨씬 넘는 25% 선까지 높아졌다. 5월에는 6억 원을 무상 증자하여 자본금이 14억 원으로 늘었다.

흥미로운 사실은 박상훈 사장의 경영 스타일이 보수적이라는 점이다. '모험'을 하지 않는다는 뜻이다. "망하지 않는 게 가장 중요하지 않느냐?"는 것이 박 사장의 말이다. 그러나 느긋한 경영 스타일과는 달리 테라의 성장 속도는 무척 빠르다. 매출 증가율이 8년 동안 연평균 30.3%에 이른다. 89년 3억 7000만 원에 불과했던 매출액이 96년에는 156억 원으로 불어났다. 대기업이 대다수인 네트워크 시장에서 대학·병원·유통 업체·관공서·언론 기관·금융 기관 등을 뚫어 업무 전산화 시스템 등의 네트워크를 구축하고 활로를 찾았던 것이다. 네트워크 시장의 몸집이 94년을 기점으로 크게 불어난 것이 호재였다. 네트워크 시장 규모는 지난해 5000억 원, 올해 최대 7000억 원으로 여전히 '황금알'이다.

테라는 벤처 기업 요건을 갖춤에 따라 97년 5월 29-30일 이틀 동안 코스닥 시장 등록을 위해 일반인을 대상으로 공개 입찰을 실시했다. 공모주는 1만 4000주(발행 주식 총수의 5%)이고, 최고 입찰가는 2만 4000원이었다. 5월부터 스톡 옵션제도 실시하여 장외 시장 등록과 함께 벤처 기업으로서의 날개를 달았다.

읽을 거리

William D. Bygrave and Jeffry A. Timmons, *Venture Capital at the Crossroads* (Boston: Harvard Business School Press, 1992).

Michael Gorman and William A. Sahlman, "What Do Venture Capitalists Do?" Harvard Business School Note 9-288-015.

Harold M. Hoffman & James Blakey, "You *Can* Negotiate with Venture Capitalists." In William A. Sahlman & Howard H. Stevenson (Eds.), *The Entrepreneurial Venture* (Boston, MA: Harvard Business School Publications, 1992): 204-214.

Ian C. MacMillan, Robin Siegel & P. N. Subba Narasimha, "Criteria Used by Venture Capitalists to Evaluate New Venture Proposals," *Journal of Business Venturing*, 1: 119-128.

William A. Sahlman, "Aspects of Financial Contracting in Venture Capital." In William A. Sahlman & Howard H. Stevenson (Eds.), *The Entrepreneurial Venture* (Boston, MA: Harvard Business School Publications, 1992): 222-242.

Daniel R. Scherlis and William A. Sahlman, "A Method for Valuing High-Risk, Long-Term Investments: The 'Venture Capital Method'," HBS Note 9-288-006.

사례 연구 9

미래 산업*

국내의 성공적인 벤처 기업의 대명사로 불리우는 미래 산업은 1983년 직원 4명이 자본금 8천만 원으로 시작한 반도체 장비 산업 전문업체로 국내 반도체 산업의 불황에도 불구하고 성공적인 성장으로 1996년 매출액 450억 원, 직원 270여 명의 중견 기업으로 성장하였다. 보기 1과 2는 각각 회사의 개요와 연혁 및 조직도를 보여준다. 미래 산업은 설립 당시 불모지나 다름없는 반도체 장비 분야에서 외국 기술의 지원 없이 독자적으로 반도체 최종 검사 장비인 테스트 핸들러를 완전 국산화하여 1993년부터 삼성, 현대, LG 등 대기업에 납품함으로써 이전에 이 장비를 전량 수입에 의존하던 것을 미래 산업 제품으로 대체하는 수입 대체 효과를 이룩하였다. 그리하여 이 제품에 관한 한 일본 후지츠사의 자회사인 어드벤테스트사와 함께 세계 제일의 기업으로 알려져 있다.

매년 매출의 5분의 1 이상을 연구개발비로 투자해 우수 장비를 개발함으로 1993년 말에는 미국 텍사스 인스트루먼트사의 포르투갈 공장에 260만 불(10 대)의 16메가 D 램용 메모리 테스트 핸들러를, 그리고 대만 FIC 및 싱가포르 베이트사에 총 520만 불 상당의 장비를 수출하기도 하였다. 보기 3은 미래 산업의 매출액 성장 추이를 보여준다. 지난 해에는 회사를 경기도 부천에서 천안으로 옮기면서 136명의 종업원 중 단 한명을 제외하고 전원이 생활 터전을 천안으로 옮기는 놀라운 일체감을 보여주었다. 1998년에는 인근 천안 3 공단에 제2 공장을 증설할 계획을 가지고 있다. 미래 산업은 1997년 대신 경제 연구소가 실시한 '대신 종합 경영 평가'에서 올해의 최우수기업으로 선정되었다. 관리 종목이나 금융업을 제외한 642개 상장 법인을 대상으로 성장성과 수익성, 안정성 등 3개 부문에 걸쳐 기업 내용을 평가한 결과 미래 산업이 가장 높은 407.9점을 얻어 종합 순위에서 1위를 차지하게 된 것이다.

미래 산업의 주요 제품은 리드 프레임 매거진 외에도 메모리 및 비메모리 반도체 장비 등이 있다. 이 중 주력 제품은 반도체의 제품 불량 여부와 품질 등급을 결정하는 검사 장치인 메모리 테스트 핸들러로 이는 2만 2000 개의 부품으로 구성되어 있고 시가 약 5억 원에 달한다. 이와 더불어 반도체 칩을 운반하는 리드 프레임 등으로 주로 고부가가치 제품을 생산한다. 메모리 반도체가 제품으로 완성되려면 제작 과정의 최종 단계에서 불량 유무를 가리고 합격품 중에서도 등급을 매기는 공정을 반드시 거쳐야 하는데 이 공정을 수행하는 장비가 바로 테스트 핸들러이다. 보기 4는 테스트 핸들러 사진을 보여준다. 이 핸들러는 영상 135도의 온도에서 전기를 가해 불량 유무를 가려내고 포장까지 하는 장비로서 미래 산업이 설계, 핵심 부품 가공, 조립 등 핸들러에 대한 모든 원천 기술을 확보하고 있다. 이 기계의 가장 큰 장점은 빠른 검사 속도로 4개의 64메가 D램을 3분 내에 검사 처리할 수 있는 등 경쟁 상대인 일본 제품보다 검사 속도가 30초 이상 빠르며, 세계 제일의 기술력을 인정 받고 있다.[1]

---

* 이 사례는 권수라, 배달형과 함께 교육용으로 개발한 것이다. 사례의 내용은 특정 경영 상황의 처리에 관한 잘잘못을 예시하지 아니한다.

[1] KBS 9시 뉴스 보도 자료, "미래 산업," 1996. 10. 1.

창업 배경

"반도체 산업은 더 이상 대기업의 전유물이 아니다"라는 신념으로 창업자 정문술 사장은 미래 산업을 탄생시켰다. 그는 기계와는 무관한 중앙정보부 공무원으로서의 18년간 공직 생활을 청산하고 1983년 46세에 사업을 시작한 늦깎이 기업인이다. 모험을 좋아한다고 스스로 말하는 그는 반도체 조립 공정용 부품 생산에 뛰어들어 남들이 불가능하다고 믿었던 IC 테스트 핸들러 개발에 착수하였다. 대부분의 기업들이 다른 제품을 모방해 제품부터 만들고 나중에 기술을 배우는 것과는 달리 그는 기술을 확보한 뒤에 고품질의 제품을 만들겠다고 결심하였다. 처음 이 일에 착수할 때 대부분의 사람들이 무모한 일이라고 말렸으나 그는 신념을 바탕으로 우직스럽게 사업을 추진하여 1991년 핸들러 국산화에 성공하였다. 제품이 개발되자 외국 경쟁 업체들이 덤핑 공세로 미래 산업의 시장 진입을 원천적으로 봉쇄하려고 하였으나 정 사장은 이를 기술력으로 극복함으로써 기술 개발에 대한 놀라운 집념을 보여 주었다.

미래 산업의 주식 값은 1995년 6월 10일 4만 원에 공모, 장외 등록된 뒤 한때 43만 원까지 치솟았다가 38만 원 선을 유지했다. 정 사장이 보유한 주식수는 62만 주, 2300억 원이 넘는다. 45세에 강제 해직, 47세에 창업, 파산과 재기 등 우여곡절 끝에 정문술 사장은 이제는 2000억 원이 넘는 개인 재산과 앞길이 탄탄히 보장된 회사의 대표 이사가 된 것이다. 주식 전문가들은 미래 산업의 주식이 2년 이내에 최고의 주식으로 등극하는 것은 시간 문제라고 평가하고 있다.

미래 산업은 정문술 사장의 경영 철학인 '미래 지향적인 개척 정신'을 바탕으로 자율적인 연구 분위기 및 근무 환경에서 저마다의 능력을 마음껏 발휘하게 하는 경영 이념을 가지고 있다. 정문술 사장은 또한 미래 산업의 최대의 강점을 최고의 연구 인력으로 꼽고 있으며, 최고의 인적 자원에서 최고의 제품이 탄생한다는 기본 철학을 강조하고 있다. 이러한 철학은 사원 복지와 급여 수준에 반영되고 있다.

진입 산업의 특성

우리 나라의 반도체 장비 산업은 1988년 이전까지는 전무하였으며, 1989년부터 우리 나라의 반도체 소자 산업의 급속한 발전과 시설 투자에 힘입어 비로소 탄생되었다. 1989년 359억 원의 생산 규모에서 1992년 약 777억 원의 규모에까지 도달하였으나, 이는 국내 반도체 장비 관련 시설 투자의 11%에 불과하는 수치이다. 또한 몇몇 업체를 제외하고는 아직 대부분의 업체가 초보적인 단계에 있다.[2]

구체적으로 발전 과정을 살펴보면, 1980년대 들어서서 반도체 일관 생산(64K DRAM)의 양산 체제로 발전되면서 반도체 장비의 수요가 창출되었으나, 1988년까지는 그 수요가 경제성 생산 단위에 미달되어 반도체 장비의 국내 생산은 미진하였다. 그 이후 소자 업계가 1M과 4M DRAM의 대규모 투자를 시작한 1989년 10억 불 수준에 도달함으로써 국제적인 시장 규모로 형성되었으나, 국내 반도체 장비 산업의 하부 구조가 취약하고, 특히 다양한 첨단 구성품의 생산 기반이 취약하여 현재까지 반도체 장비의 대부분을 해외 수입에 의존하는 실정이다. 1993년부터는 반도체 장비의 수요가 14억 불에 달하고 이후 지속적인 수요 증대를 보이고 있다.

반도체 장비는 크게 전 공정 장비, 조립용 장비, 테스터 및 검사 측정 장비의 세 가지로 구분할 수 있는데, 총 장비 수요의 91%(일본으로부터 52%)를 수입에 의존하고 있는 실정이

2 산업 기술 정책 연구소, "2000년을 향한 산업 기술 개발 수요: 반도체분야," 산업자료센터, 1996.

다. 반도체 장비의 수입 현황을 보면, 일본으로부터 주로 스테퍼, 트랙, 퍼니스, 테스터 및 조립용 장비 등을 수입하며, 미국으로부터는 CVD, 아이온 임플랜터, 스퍼터 및 정밀 측정 기기 등을 주로 수입하고 있다.

반도체 장비의 국내 생산을 살펴보면, 아직 기술 수준과 자본력의 한계로 미비한 수준이지만 전 공정 장비와 조립용 장비의 경우 선진국과의 합작 생산, 기술 제휴 또는 독자 개발을 통해 생산을 모색하고 있다. 이러한 실정을 고려해 볼 때 테스터와 검사 장비에 있어서의 미래 산업은 그 기술력이나 성능면에서 독보적인 존재라고 할 수 있다.

제품 개발

미래 산업의 성공은 정문술 사장의 남다른 노력과 의지뿐만 아니라 독창력과 혁신적인 기술력을 바탕으로 한 제품 개발과 첨단 기술에 대한 집중적이고 지속적인 투자를 근간으로 하여 기술 주도와 미래를 대비하는 기술 개발에 중점을 두었던 데에서 비롯되었다고 할 수 있다. 그는 사업 초기 외국과의 기술 제휴 과정에서 맛 본 실패(웨이퍼 자동 검사 장비 개발)를 거울삼아 독자적인 기술 개발에 중점을 두었다. 그가 연구개발 비용만큼은 사후 결재하고 연구진에 대해서는 대기업 이상의 대우를 해준 것, 그리고 매출액의 5분의 1을 연구 개발비로 쏟아 붓는 것 등은 그의 기술 개발에 대한 집착을 보여준다. 그 결과 미래 산업은 장비 국산화를 위한 최첨단 메커트로닉스와 하드웨어 및 소프트웨어의 선 기술을 획득했고 이는 회사의 성공을 이끈 주춧돌로 작용했다.

1980년대 미래 산업은 반도체 조립 기구 납품으로 거두어들인 수익을 거의 모두 첨단 장비 연구개발에 투입하는 바람에 부도 위기에 몰리기도 하였다. 어렵게 독자적인 기술을 개발하자 이번에는 일본 등 외국 업체들이 파격적인 가격으로 덤핑 공세를 벌여 한 때 회사는 살얼음판을 걷는 형국에 처했다.

그러나 10년 가까이 들인 노력이 1990년대 들어 조금씩 결실을 맺기 시작하였다. 무려 7년간의 연구 끝에 1992년 독자 개발한 메모리 테스트 핸들러는 반도체 제조 공정의 마지막 단계에서 칩의 불량품을 검사해 자동으로 선별해 주는 최첨단 장비이다. 이 제품은 특히 분류와 삽입이 테스트 중에도 진행되기 때문에 검사 기간을 대폭 줄일 수 있어 생산성 향상에 큰 역할을 하고 있다. 이 장비는 또 그 동안 일본에서 수입에 의존해 왔기 때문에 수입 대체 효과도 낳았다.

미래 산업은 삼성 전자, 현대 전자, LG 전자 등에 제품을 공급하여 국내 시장의 60%를 장악하고 있으며, 세계적으로도 품질을 인정받아 미국, 일본과 같은 반도체 선진국에도 수출하고 있다. 이러한 결과로 1996년 454억 원의 매출액 신장은 전년에 비해 143% 증가한 것이며, 1997년 154% 증가한 700억 원의 매출 실적을 올릴 수 있을 것으로 전망하고 있다.[3] 정문술 사장은 앞으로 반도체 검사 장비만큼은 미래 산업이 세계 시장을 이끌 수 있도록 전심 전력을 다할 것이며 테스터를 비롯한 모든 검사 장비의 생산 체제를 구축할 방침이라고 말한다. 그는 고부가 가치 산업인 FAB 공정의 장비 국산화 등 사업을 다각화하고 기술 개발에 더욱 박차를 가할 계획을 강조하고 있다.

미래 산업의 또 하나의 급성장 비결은 연구 인력에 대한 대폭적인 지원에 있다. 전체 직원의 30.7%인 75명이 연구 개발 인력이고, 10년이 넘게 핸들러 분야만 연구한 엔지니어도 8-9명에 달한다. 또 기술 특허 2건, 실용 신안 20건, 의장 등록 25건 등 총 51건의 특허를 등록했으며, 36건을 출원 중이다. 이 밖에 영

[3] 이광형, 벤처 기업, 나도 할 수 있다 (서울: 동아일보사, 1997): 32-33.

국 캠브리지대와 미국 스탠포드대 박사 과정에 각각 1명의 연구원을 파견하였고, 4명의 연구원을 석사 과정에 공부시킬 만큼 연구 인력에 투자하고 있다.

시장 개척

미래 산업의 성공에는 기술을 발판으로 하는 틈새 시장 개척과 그들의 독특한 판매 전략이 커다란 몫을 하고 있음을 볼 수 있다. 정 사장이 1970년 일본 엑스포를 다녀오면서 구입한 토시바 라디오의 'IC'라고 새겨진 것을 보고 반도체에 관심을 가지게 되었고, 이에 따라 사업 구상을 하게 되었다. 반도체 사업에는 반도체 디바이스(Device), 원자재 및 장비 사업 등 3가지의 종류가 있다. 이 중에서 정 사장은 디바이스 사업과 원자재 사업은 장기간의 기술 축적과 자금이 필요하기 때문에 대기업이 아니면 곤란할 것이라 판단하고, 틈새 시장 개척의 여지가 많은 반도체 장비 사업에 관심을 가지게 되었다. 반도체 장비 사업 분야는 그 당시에 개척할 분야가 많고 잠재적 기술 개발의 여지가 상당히 많은 분야였다. 그래서, 미래 산업은 그와 같은 틈새 시장을 미리 파악하고 그에 대하여 기술 개발을 집중함으로써 오늘날과 같은 탄탄한 기업을 구축할 수가 있었다. 이를 정 사장은 '거꾸로 경영'이라 불렀으며, 이는 남이 하지 않는 것 중 자기가 달성할 수 있는 것을 찾아 경쟁 우위를 달성하는 것이라고 말하고 있다.

제일 먼저 쉽게 시작할 수 있었던 것이 IC를 조립하는데 쓰는 '리드 프레임 매거진'이며, 비록 실패하였지만 '완전 자동 웨이퍼 검사기', 그리고 특히 미래 산업의 핵심 제품인 테스터 핸들러 등이 그러한 틈새를 공략한 제품 들이다. 이러한 미래 산업이 개척한 반도체 장비 시장은 반도체 소자 생산 업계가 불황이더라도, 또는 업그레이드되어 생산 공정이 바뀌어도 불황을 타지 않는 기막힌 틈새 시장이었다. 또한, 이러한 틈새 전략을 뒷받침해 준 것은 세계 선두를 달리고 있는 삼성, 현대 등 한국의 반도체 소자 생산 업체가 있었기에 가능한 것이었다. 그들 대기업은 제품 수주뿐 아니라 개발 단계부터 필요 기술, 실험실 제공 등 많은 도움을 주었고 이를 바탕으로 일본의 덤핑 공세 등을 이겨 나갈 수 있었다. 그리고, 미래 산업의 기술 우위와 반도체 검사 장비 산업의 독특한 특성 —반도체 생산의 유연성과 신속한 애프터 서비스 및 프로그램의 지속적 업그레이드 요구 등과 같은 특성— 때문에 유일한 경쟁자인 일본 제품의 진입이 어려워 이러한 틈새 시장을 개척할 수 있었던 것이다.

미래 산업의 기본적인 판매 전략은 "기술 개발 및 축적과 선두 기술 확보를 통하여 비싼 물건(고급 물건)을 비싸게 판다"는 것이다. 많은 기업을 하는 사람들은 먼저 다른 제품을 모방하여 값싼 제품을 생산하기 시작하고 그러한 과정에서 기술을 배우는 방법을 택한다. 그러나 정 사장은 기술력을 확보하고 나서 부가 가치가 높은 고 품질의 제품을 만들어야 한다고 생각했다. 그래야만 제품 차별화를 통하여 경쟁력을 가지게 될 것이고, 나아가 비싼 값으로 팔 수 있을 것이라 생각했다. 따라서 미래 산업은 기술 개발에 매출액의 10% 이상을 투자하고 사원 교육에 많은 심혈을 기울이는 것이다. 미래 산업은 이와 같은 판매 전략과 축적된 기술력을 근거로 하여 그 회사가 생산하고 있는 메모리, 비메모리 장비 제품 모두가 예컨대 테스트 핸들러 장비의 경우처럼 2만 2000개의 부품이 소요되고 가격이 대당 5억 원이나 되는 값비싼 고부가 가치 제품이 대부분이다.

인력 관리와 인센티브 제도

미래 산업은 독특한 인력 관리와 획기적

인 인센티브 제도로 회사의 성과를 높이고 나아가 미래에 대비하고 있다. 미래 산업은 십수년 동안 20개 정도의 반도체 장비 관련 제품을 개발해 왔다. 그 중 10개는 완전히 실패를 했으며, 7개 정도는 연구개발비를 간신히 건질 정도였고, 3개의 제품 개발에 성공하여 오늘의 미래 산업이 있게 되었다고 정 사장은 말한다. 미래 산업은 이러한 제품의 연구개발에 있어 연구원에게 전권을 부여하고 있다. 무엇을 만들 것인지, 계획은 어떻게 세울 것인지, 그리고 돈을 어떻게 쓸 것인지 등의 사안을 전적으로 연구원들이 결정하고 이를 시행하고 있다. 연구개발비는 자율적으로 알아서 먼저 집행하고 나중에 결재를 하는 체계로 기술 및 제품 개발에 있어 능동성과 창의성을 제한하지 않도록 고려 하고 있다.

미래 산업은 실패도 하나의 자산으로 생각하고 있다. 실패에 대한 책임은 묻지 않으며, 실패에 대한 경험은 바로 성공적인 미래 연구개발의 밑거름으로 여기며, 중요한 자산으로 취급한다. 이와 같은 사내 연구 개발의 분위기가 바로 기술 리더십의 원천임을 쉽게 알 수가 있다. 실제로 미래 산업의 반도체 검사 장비 기술은 세계 최고를 유지하고 있다.

미래 산업의 봉급 수준은 국내 업계 최고의 수준을 유지하고 있다. 보너스는 연 800%이며, 과장 이상 연구직 종사자는 승용차를 제공하고 기숙사 및 무이자 주택 자금을 지원하고 있다. 대학까지의 자녀 교육비, 직계 가족 병원비를 회사에서 제공하여 사원의 복지에 크게 신경을 쓰고 있다. 이러한 획기적인 복지 혜택은 사원들의 행복 추구를 회사 중심 구도로 돌릴 수 있었고 기술 개발 등 성과의 근간이 된다고 할 수 있다.

또한, 미래 산업은 사원들의 교육에 많은 투자를 하고 있다. 개인적인 직무 교육이나 영어 교육을 지원하고, 우수한 직원은 대학원 진학과 유학을 지원하고 있으며, 간부 직원의 리더십 교육을 시키고 있다. 미래 산업은 매출액의 1-2%를 교육비로 쓰고 있다. 회사가 이렇게 교육에 과감한 투자를 하는 이유는 사원들의 현재 가진 능력보다 잠재력, 진취성, 호기심, 순발력 등의 미래 능력이 더 중요하며, 이러한 능력을 가지고 미래를 대비할 수 있는 인력이 있는 회사만이 발전할 수 있다는 미래 산업 정 사장의 개인 소신과 그에 대한 추진력의 결과이다.

미래 산업은 최근 정관을 개정해 스톡 옵션 조항을 신설했다. 스톡 옵션이란 회사가 임직원에게 일정 기간 내에 자기 회사 주식을 사전에 약정된 가격으로 일정 수량까지 매수할 수 있는 권리를 주는 제도이다. 권리 행사 가능 기간 중 옵션을 행사하여, 주식을 산 뒤 이를 시장에 팔아 차익을 남길 수 있다. 즉 행사가격이 1만 5000원이고 그 때의 주가가 2만원이라면 옵션 보유자는 1만 5000원씩에 정해진 수량만큼 산 뒤 2만 원씩에 팔아 주당 5000원을 벌게 된다. 주가가 행사 가격보다 낮을 때는 옵션을 행사하지 않으면 된다. 스톡옵션은 당장 주식을 주는 것이 아니기 때문에 회사는 현금을 들이지 않고도 상여금을 주는 것과 같은 효과를 낼 수 있다. 이는 직원들에게 인기가 있어 인재 확보에도 좋은 것으로 여겨지고 있다. 또한, 회사 성과와 직결이 되며, 사원들의 사기에도 긍정적인 면이 많다. 꼭 이러한 제도 때문은 아니지만, 미래 산업이 천안으로 공장 전체를 이동할 때 단 한 명을 제외하고 전 직원이 이사를 할 만큼 협조와 정으로 뭉친 회사임을 보여 주었다.

시사점

현재 반도체 경기가 불황임에도 불구하고 미래 산업의 반도체 장비 사업은 그들만의 지속적인 기술 및 제품 개발로 불황을 타지 않는 사업이다. 생산 시설을 4배나 확충을 하고도 밀려드는 주문을 다 소화하지 못하고 있다. 이 기업은 지속적이고 혁신적인 기술 우위의 제품 개발, 기막힌 틈새 시장 개척, 독특한 판매 전략과 사내의 효율적이고 자율적인 창의적 분위기와 그를 뒷바침하는 인센티브 정책을 통하여 그만큼 기업 경쟁의 우위를 지속하고 있다는 것이다. 미래 산업은 여기 그치지 않고 미래를 대비하는 경영 혁신의 비전을 제시하고 있다. 미래의 경쟁 우위를 위한 미래 산업의 비전은 'V-2000 초일류 기업'이며, 보기 5에 보듯이 이를 성취하기 위한 덕목을 제시하고 있다(보기 5 참조).

중소 기업의 경쟁 전략은 대기업의 그것과는 달리 선택의 폭이 제한이 될 것이다. 그러므로 주변 상황과 내부 능력에 적합한 전략을 개발해야 한다. 따라서, 중소 기업의 경우 그들의 상황에 적합한 전략을 신속히 판단하고 그곳에 집중하는 전략이 필요할 것이다. 미래 산업의 경우 중소 기업의 취약한 자원 능력 때문에 반도체 디바이스나 원재료 산업에는 불리함을 간파하고 틈새 시장의 여지가 많은 반도체 장비 시장에 그들의 기술 개발, 시장 확보 및 투자를 집중함으로써 성공적인 벤처 기업으로 성장할 수 있었다.

기술 혁신과 기술력의 우위는 핵심적 경쟁 우위를 제공하는 핵심 역량의 기반이다. 규모의 경제를 이용한 원가 우위나 광고, 유통망 등을 이용한 마케팅 측면의 차별화는 자금 등 자원 능력에서 뛰어난 대기업에 의해 쉽게 모방되고 압도될 수 있다. 이에 반해 신기술은 무형성이 높기 때문에 대기업이나 다른 경쟁자들의 물적 투자만으로 쉽게 모방되거나 대체될 수 없기 때문이다. 즉, 기술은 다른 형태의 자원에 비하여 상대적으로 이전이나 모방이 어렵기 때문에 경쟁 우위의 획득과 유지를 위한 핵심 무기가 될 수 있다. 미래 산업은 처음 개발하다 실패한 웨이퍼 자동 검사기의 개발 과정 중 경험과 축적된 기술을 바탕으로 기술혁신을 통해 개발된 반도체 검사 장비에 대한 기술과 그들의 능력은 모방될 수 없고, 대체될 수 없는 그들만의 독특한 핵심 역량이며, 경쟁 우위의 원천이었다.

미래 산업은 혁신적인 경쟁 전략을 뒷받침해 주는 적절한 조직 관리의 중요성을 보여준다. 혁신적이고 독특한 기술 개발 인력에 대한 관리와 실패를 용납하고, 그것을 회사의 자산으로 삼는 경영자의 마인드, 교육과 연구 개발에 대한 과감하고 혁신적인 투자, 자율적이고 창의적인 연구 분위기 조성, 그리고 사원에 대한 획기적인 인센티브 제도 등의 조직 관리상의 뒷받침이 있었기 때문에 성공적으로 그들 전략을 실행할 수 있었다.

보기 1 회사 개요 및 연혁

회사 개요

상 호	미래 산업 주식회사
대 표	정문술(鄭文述)
소 재 지	충남 천안시 차암동 9-2
설립 일자	1983년 2월 1일
납 입 자 본 금	6,750,000,000원
종업원 수	270명(연구개발 70명: 전체의 26%)
생산 제품	반도체 검사 장비 (Test Handler, Lead Frame Magazine)
공업 소유권	출원 95건 중 등록 49건, 10건 거절, 85건 출원 중 특허 3건 등록, 7건 출원 중. 실용실안 19건 등록, 25건 출원 중. 의장 등록 25건 등록, 3건 출원 중. 상표권 3건 등록, 1건 출원 중
공장 규모	대지 5,033평. 연건평 1,448평. 연구동 지하 1층, 지상 3층(건평 992평). 공장동 단층 2개동(건평 456평). 1,650평 증축

매 출 액	92년: 31억 원 93년: 65억 원(210% 증가) 94년: 227억 원(349% 증가) 95년: 318억 원(140% 증가) 96년: 450억 원(143% 증가)
수 출	94-95 미국 TI사 외 525만 불 수출

회사 연혁

1983. 2. 1. 경기도 부천에서 창업
1991. 1. 1. 미래 산업 주식회사로 법인 전환 (자본금 5억 원)
1991. 7. 6. IR52 장영실 상 수상 (과기처 장관 상)
1991.12.19. 대통령 산업 포장 수상
1992. 9.21. '92 산업 기술 개발 동상 수상 (통산부 장관 상)
1993. 1.17. 자본금 12억 5000만 원으로 증자
1993.10.19. KT 마크(국산 신기술 인정 마크)—과학기술처 "32 BIT CONTROL, MASTER BOARD 및 실시간 제어 OS"
1994.12.24. IR52 장영실 상 수상
1995. 5.10. 자본금 35억 원으로 증자
1995. 6.10. 주식 장외 시장 등록 (등록 번호 371)
1995.12. 7. ISO 9002 인증 획득 (인증 기관: SGS Yarsley, 인증 번호: 95/0643)
1996. 6.28. ISO 9001 인증 통과 (9002에 Extention to Scope심사)
1996.11.22. 주식 상장
1997. 5.28. 올해의 최우수 기업 선정(대신 경제 연구소)

보기 2 조직도

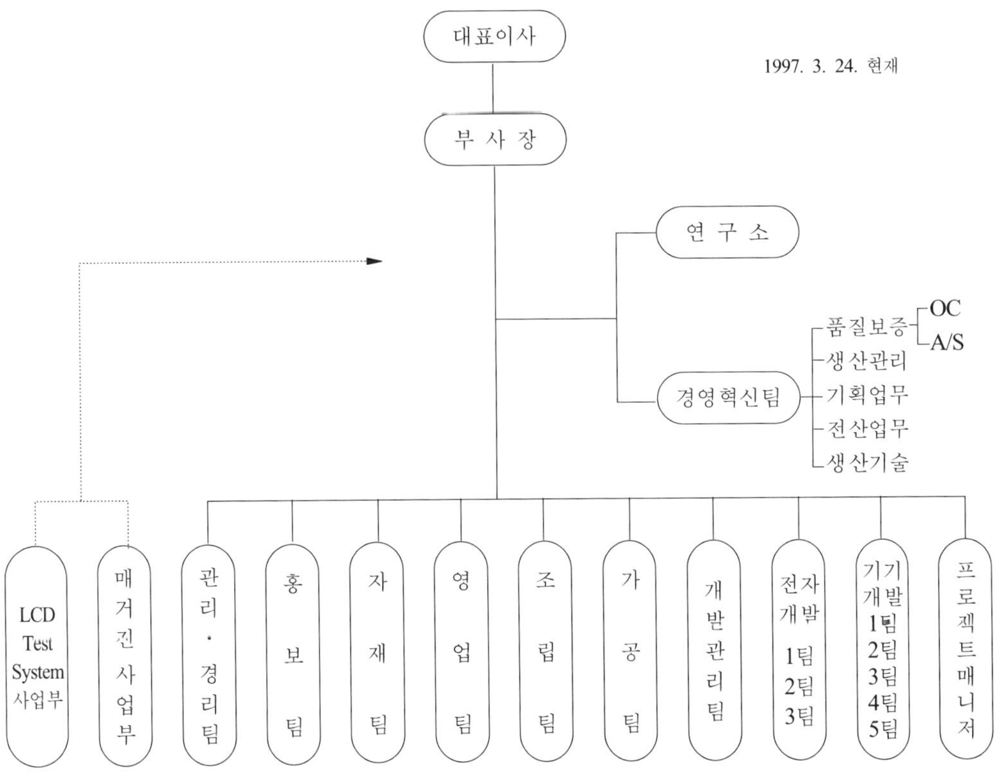

보기 3 매출액 성장 추이

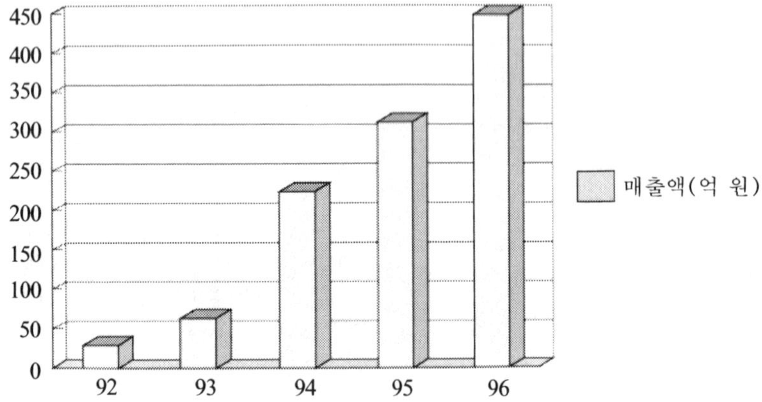

보기 4 메모리 테스트 핸들러

MR 5000(메모리 테스트 핸들러)

ITEM	SPECIFICATION
TARGET DEVICE	OJ, ZIP, DIP, SOP, TSOP, PLCC (8x4 by option)
AUTO LOADER	Max 150 Tubes, 5 Stocker
AUTO UNLOADER	Tuble supply: auto loader empty tube reuse-device auto can Manual tube supply sensor1: Reject, Max 30 tubes, Category
CAPACITY	3,600 pcs/hr (when test time is zero)
DEVICE CONTACT	Socket insertion
CHAMBER	Range: ambient to 125C, Resolution: 0.1C, Accuracy: +/-2C(+50C-+90C). +/-3C(+91C-125C)
HEATING METHOD	Fan blower and hot plate.
DEVICE TRANSFER	Dead bug sliding
TESTER INTERFACE	RS232C, GPIB, USER
BENT LEAD DEVICE	Auto ejector
CONVERSION TIME	Within 60min.
OPTIONAL SOCKET OFF	OK
AIR	4kgf/cm^2
POWER	AC 110/220V +/-10%, 6KVA, 50/60Hz
DIMENSION (WxDxH)	1,200x1,400x1,800
WEIGHT	Approx. 700kg

보기 5 미래 산업의 비전

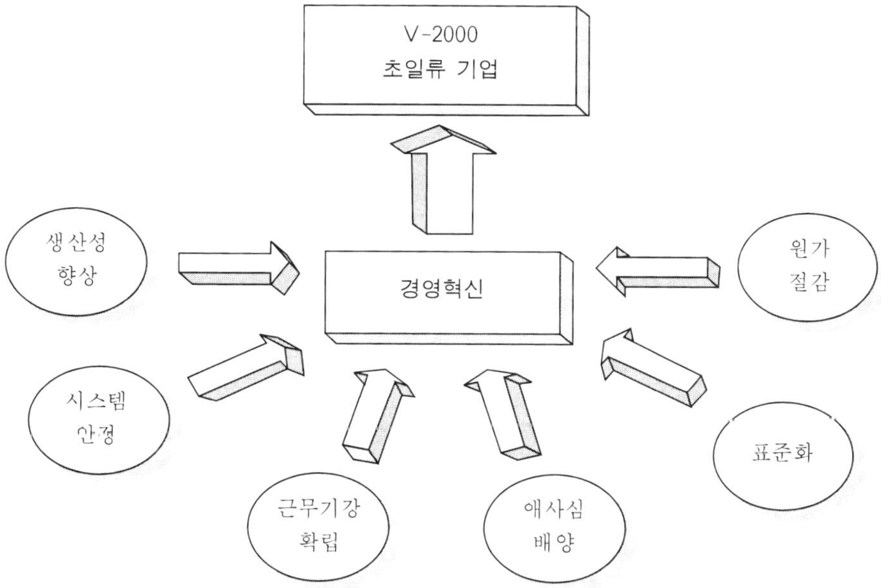

사례 연구 10

청호 컴퓨터*

자정을 알리는 괘종 시계 소리가 12번을 울렸으나, 나라 교역 사장 지대섭은 등을 의자에 기댄 채 창 밖 도로를 질주하는 자동차 불빛을 보며 깊은 생각에 빠져 그 소리를 전혀 듣지 못했다. 지대섭 사장은 직원들이 퇴근한 이래 줄곧 창 밖에 시선을 두고, 무려 5시간이나 의자에 몸을 던지고 있었다. 때는 1977년 10월 초순이었다. 친척이 사업 자금을 지원해준 덕분에 1971년 나라 교역이라는 회사를 차려, 은행에서 쓰는 금융 기기와 유통 부문의 금전 등록기를 취급, 그야말로 물건이 없어서 팔 수 없을 정도의 사업이었는데, 대기업들이 자금력을 앞세워 나라 교역의 숨통을 조여 오고 있는 것이다. 이제 지대섭 사장은 노동력이 풍부한 우리 나라에 금융 부문만을 따로 떼어 새로운 사업을 시작해야 할지 아니면 가족들의 생계를 해결하기 위해서 희망을 버리고 새로운 일자리를 구해야 하는지를 결정할 위기에 놓여 있는 것이다. 지대섭 사장은 어떤 결정을 내려야 하는가?

창업과 성장

지대섭 사장은 광주에서 태어나 광주 일고(61년 졸), 한양대 기계공학과(65년 졸)를 나와 곧바로 사무 기기 메이커인 미국 바로스사 한국 대리점에 취직하여 사회 생활을 시작했다. 군 복무는 면제였다. 부선망 독자가 면제 사유다. 그의 집안은 광주에서는 꽤나 알아주는 편이었다. 지 참봉으로 더 잘 알려진 조부, 법관을 지낸 부친이 지대섭 사장이 대학 시절에 돌아가셔서 졸지에 가장이 됐다. 어머니와 다섯 여동생의 생계를 떠맡아야 했다. 선택의 여지가 없이 생계를 해결하는 게 급선무였기 때문이다.

첫 직장 바로스는 요즘으로 말하면 컴퓨터 회사로 계산기, 회계기, 금전 등록기 등이 주력 상품이었다. 연이 닿지 않았던지 2년 만에 회사가 문을 닫았다. 그래서 NCR로 옮겼다. 그곳에서 3년을 근무하다 보니 "이제는 나도 독자적인 사업을 할 수 있겠다"는 자신이 생겼다. 돌이켜 보면 20대 후반의 혈기 왕성한 나이에 겁이 없었다는 생각을 해 보지만 한편으로는 꽤나 진취적이었다는 측면도 없지 않다. 하루하루 먹고 살기도 버거운 판에 모아둔 돈이 있을 리 없었다. 그러나 마음이 급하니 한시도 더 머무를 수 없었다.

그러던 차에 인척 중 사업을 하는 재력가가 있어 투자를 권유했고 관리는 자신의 몫이었다. 그래서 시작한 일이 바로스사의 재건이었다. 30살 되던 1973년 마침내 자본금 1천만원의 나라 교역㈜를 창업하여 사장 자리에 앉았다. 뜻을 크게 갖자는 의미에다 발음하기 좋고 영문 표기도 편한 '나라'라는 상호를 사용했다. 자력이라고는 하지만 돈이 없어 주변의 투자 유치로 이뤄진 회사였다.

부가가치세의 도입으로 영수증 발급이 의무화된 시절이라 금전 등록기를 취급하는 사업은 순풍에 돛을 단 듯 순조로웠다. 이 업계에선 단연 선두로 시장을 석권할 수 있었다. 그러나 순항은 5년으로 끝나고 나라 교역은 암

---

* 이 사례는 신관선, 이범수와 함께 교육용으로 개발한 것이다. 사례의 내용은 특정 경영 상황의 처리에 관한 잘잘못을 예시하지 아니한다. 이 사례의 자료 조사에 물심 양면으로 도움을 주신 청호 컴퓨터의 이인택 부사장, 경리과 이건명 차장 및 김인수 대리에게 감사의 말을 드린다.

초에 부딪치게 되었다. 금전 등록기 사업이 돈이 되자 가전 3사를 필두로 한 대기업들이 이 사업으로 눈을 돌린 것이다. 자본력과 기술력에서 당해낼 재간이 없는 지 사장은 무조건 백기를 들었다. 지 사장은 그 때 상황을 대기업 진출과 동시에 중소 기업의 사장인 본인은 "고개 숙인 남자가 될 수밖에 없었다"고 회고한다. 1978년 나라 교역은 부도를 내고 청산 기업으로 지정돼 사라졌다.

죽으라는 법은 없었다. 그나마 다행은 1977년 말 청호 실업을 설립해 금융쪽으로의 대비를 했던 것이 오늘의 청호가 있게 된 발판이었다. 나라 교역이 어려움을 겪던 시절 그는 세월을 낚는 강태공의 심정으로 낚시에 몰두했다. 전국 유명, 무명 낚시터 중 찾지 않은 곳이 없을 정도였다. 전북 부안에 있는 한 저수지에서 재미를 보았는데, 그곳의 이름이 청호 저수지였으며, 이 이름을 작명가에게 상호로 어떻겠느냐는 자문을 구했더니, "신생국의 국호로 써도 좋을 만한 이름이다"라는 답을 들었다. 젊고도 큰 그릇이라는 뜻도 담고 있으며 특히 자신의 성인 지(池)와도 통하는 다시없는 상호라는 자문이었다. 날 것 같은 기분에 당시로서는 큰 돈인 10만 원을 자문료로 쾌척했다.

이리하여 유통 쪽은 문을 닫고 금융부문은 새 출발을 하게 되었다. 이를 두고 지대섭 사장은 이렇게 말한다. "적자 생존의 경쟁 사회에서 토끼(중소 기업)는 호랑이(대기업)에게 잡혀 먹힐 수밖에 없다. 그러나 반복된 경험을 통해 토끼들은 살아 남는 지혜를 배우게 된다." 살아 남기 위해 본능적으로 대기업이 거들떠 보지 않는 후미진 곳을 파고드는 노하우를 쌓게 되었다는 뜻이다.

1970년대 말 일찍이 금융 기관에서 쓸 자동화 기기에 눈을 뜨는 뛰어난 안목을 가졌지만 시대 상황이 이를 따르지 못했다. 1995년 말로 소득 1만 불 시대가 도래하였으나, 1987년만 해도 1인당 GNP가 3천 불에 머물렀던 점을 감안하면 앞서 가도 한참을 앞서 간 셈이다. 당시만 해도 노조 활동은 없다시피 해 기업들이 임금 때문에 걱정할 일은 없던 시절이었다. 일자리는 부족하고 일손이 남아도는 노동력 공급 초과 현상이 보편화된 때였다. 정부도 정권 유지 차원에서 실업률에 신경을 곤두세우고 있었던 터에 자동화 기기가 주력 업종이었으니 장사가 될 리 만무했다. 파리 날리는 세월이 계속됐다. 1977년 청호 실업을 설립 후 자동화 기기 1호 기를 판매한 것이 1979년이었으며, 그리고서 2호 기를 팔기까지는 3년이나 걸렸을 정도다.

1980년대 말에 지 회장은 또 한번 긴장되는 순간을 맞았다. 금융 OA 부문의 사업성이 눈에 띄자 국내 대기업들은 물론이고 해외의 자이언트들이 다시 눈독을 들였기 때문이다. 혼전을 거듭했다. 예전의 악몽이 되살아 나는 듯했다. 나라 교역을 청산하고 청호 실업을 세울 때만 해도 젊음과 패기가 돈 안 드는 든든한 밑천이었지만 상황은 달라졌다. 뼈를 깎는 아픔으로 활로를 개척해야 했다. 1989년에는 현금 자동 지급기 등을 생산하는 대청 전기를 흡수 합병하고 같은 해에 상호도 청호 컴퓨터로 바꿔 심기 일전했다. 90년에는 어렵사리 기업을 공개해 상장 회사가 됐다.

이처럼 어려운 고비를 무사히 넘기고 대망의 1990년대를 맞을 수 있었던 것은 축적된 노하우를 바탕으로 고객들에게 성실히 서비스해온 결과였다. 특히 신상품 개발시 이론에 치우치지 않고 실제 사용자들의 행동과 사고를 고려한 정확하고 편리한 제품을 만들어 은행들로부터 큰 호응을 얻었다. 청호 컴퓨터에 있어 1990년대 중반은 정말 행운이 따르는 시기였다. 은행들이 세계 무역 기구(WTO) 체제를 맞아 대외 경쟁력 강화를 위해 무엇보다 막대한 비용이 들어가는 인건비 비중을 줄이지 않고선

배겨날 수 없게 된 것이다. 당연히 금융의 기계화, 전산화, 자동화는 불가피한 선택이었고, 이 분야에 한 우물을 파온 청호 컴퓨터도 빛을 보게 된 것이다. 대개 1인당 국민소득이 1만 불에 이르면 자동화 기기의 수요가 기하급수적으로 늘어난다는 것이 지대섭 회장의 지론이다.

현금 자동 지급기(CD: Cash Dispenser), 현금 자동 입출금기(ATM: Automatic Teller's Machine), 통장 자동 정리기, 온라인 단말기(OTM), 수표 인자기, 어음·수표 자동 분류기, 메인프레임급 중대형 컴퓨터, 이들은 일반적인 은행 창구를 연상시키는 품목들이다. 은행 직원이 한 명도 없는 무인 자동화 점포의 주역이다. 이 같은 일반 개인의 은행 업무를 획기적으로 편리하게 만드는 문명의 이기를 생산해내는 주인공이 바로 청호 컴퓨터이다. 국내 금융 자동화 기기의 대부분은 이 회사에서 만들어진 것이다. 청호 컴퓨터는 1977년 설립된 이후 금융 OA(사무 자동화) 기기만을 고집해온 전문 업체이다. 현재 국내 시장 점유율을 보면 CD 부문이 약 60%이며, ATM 부문은 80%를 웃돌고 있다.

1994년에는 매출액이 한 해 전보다 127%나 늘어난 982억 원을 기록했고 당기 순이익도 79억 원으로 무려 348%나 늘어났다. 보기 1은 청호의 재무 제표를 보여준다. 금융 자동화 기기의 보급을 크게 늘려 금융 기관의 사무 혁신과 고객 만족에 기여했다. 그 결과 1995년 7월 한국 능률 협회로부터 우리 나라 상장 기업 중 최우수 기업으로 선정됐다. 이 같은 성장력은 **한경 비지니스**가 분석한 기업 연령 지표에도 그대로 반영되었다. 1994년 이 회사의 나이는 29세로 564개 상장 회사 중 젊은 기업 3위를 기록하였다.

청호 컴퓨터는 애프터 서비스가 제일 빠르고 정확하기로 정평이 나 있다. 한 대에 800만 원 하는 CD와 3000만 원짜리 ATM 등 자동화 기기의 수명이 대체로 8-10년에 달해 그만큼 사후 관리의 중요성은 더해진다. 이를 위해 서비스 네트워크를 전국에 25개나 가동하고 있다. 이 회사는 1990년에 기술 연구소를 설립하는 등 기술 개발에도 한 발 앞서 대처해 왔다. 이에 따라 3-4년 전만 해도 30-40%에 그쳤던 국산화율이 지금은 70%에 달하고 있다. 영업 실적도 1994년의 급신장에 이어 꾸준한 호조를 보이고 있다. 1995년 매출액은 1270억 원으로 한 해 전보다 약 30% 늘어나고, 당기 순이익도 52% 증가한 120억 원에 달했다. 특히 1995년부터 본격적으로 보급되고 있는 ATM의 경우 일본은 점포당 1.91대, 미국은 1.51대인데 비해 우리 나라는 0.57대 정도에 그쳐 앞으로 내수 시장은 더욱 빠른 속도로 커질 것으로 예상되고 있다.

이처럼 탁월한 영업 실적은 제쳐두고라도 이 회사의 지대섭 회장은 지난해 증권 시장의 최대 화제 인물로 꼽힌다. 적대적 M&A(인수·합병)와 관련해 기업의 경영권 안정이 부각되면서 의결권이 없는 우선 주들의 주가가 폭락하는 우선 주 파동을 잠재운 장본인이라는 업적 때문이다. 1995년 10월 우선 주의 보통 주 전환 1호를 터뜨리며 우선 주 문제에 돌파구를 마련한 것이다. 증권 당국이나 기업이나 그 누구도 선뜻 나서지 않던 마당에 1년여에 걸친 법률 자문과 관계 기관과의 협의를 거쳐 이뤄낸 작품이었다. 금융 OA만을 고수해온 이 회사는 1990년부터 사업 다각화 차원에서 한국통신에 전화국간의 교환 장비를 공급하는 등 통신 장비 사업에도 일부 참여하고 있다. 계열사로는 하이브리드 IC를 생산하는 청호 전자와 주택 건설 업체인 평립을 두고 있다.

청호 컴퓨터는 2000년 전까지 자립화를 완성한다는 계획을 갖고 있다. 지금 청호 컴퓨터의 기술 자립도는 60%에 불과하나, 2000년까지 80%가 넘으면 해외 시장으로 진출할 계획이다. 현재는 21세기를 대비해 인도, 말레이시아, 중국 등지에 견본품을 내보내 시장 테스트를 하고 있다. 현재 청호 컴퓨터의 경쟁력은 외국 기업과 비교해 볼 때 다소간의 가격 경쟁력을 갖고 있다. 그러나 무조건 수출을 하는 무모한 짓보다는 내실 있는 자립과 금융 산업의 틀을 제공할 수 있다는 특화된 강점을 살려 세계 시장에 진출할 계획이다.

사업의 특성

최근 금융계에는 시장 개방에 따른 경쟁력 강화를 이유로 각사 경영 혁신과 서비스 개선에 몰두하고 있으며, 이는 인원 감소로 이어지고 그 자리에는 자연스럽게 무인 자동 기기가 자리잡게 되었다. 1994년도부터 CD기의 수요가 폭발적으로 증가하였고, 고가인 ATM의 도입 설치 또한 급격히 증가하고 있어 1995년 이후에는 시장 규모가 더욱 커질 것으로 예상된다. 청호는 무인 자동 기기 업계에서 제일 유리한 위치에서 있으므로 적어도 3-5년간 매출액 신장은 매년 30% 이상이 될 것으로 예상된다.

국가 경제의 발전 및 사회 구조의 선진화 등과 맞물려 금융 업무가 자동화, 전산화되는 것은 필수 불가결한 단계로서 이 업계에 국내의 여러 컴퓨터 관련 회사들이 참여하고 있으며 기계 산업과 전자 산업 또 서비스 분야가 망라된 기술집약적 산업이며 부가가치 또한 높다고 하겠다.

금융 기관의 숫자가 늘어가는 것도 물론이지만 각 금융 기관에서 직원 숫자를 줄여 가면서 기계화, 자동화를 하는 추세이고, 일반 고객들의 금융 거래가 계속 늘어나면서 각 금융 기관들의 투자 액수는 매년 20% 이상씩 급증하고 있어 다른 여타 산업에서 볼 수 없는 호황기를 맞고 있다. 이는 또 2-3년 내 수출로 이어진다고 볼 때 2000년대 초반까지도 현재의 성장세는 유지되리라 전망되고 있다.

이 업계는 일반 시장 경제의 경기와 거의 무관하게 꾸준한 편이다. 이유는 구매 자체가 단계별로 계획적이고 순서적으로 이루어지는데다가 구매 업체의 업종 자체가 크게 경기를 타지 않기 때문이다. 지난 10년 내 경기에 따른 투자 위축은 단 한 차례도 없었다.

이 업계는 타 업계에 비해 많지 않은 경쟁자들로 이루어져 있다. 그리고 기종별로 특화된 1-2개씩의 업체들이 있어 시장 질서는 비교적 안정되어 있다고 볼 수 있다. 청호는 특히 무인 기기인 현금 자동 지급기 및 입출금기 부분은 각각 56%와 86% 이상의 과점을 하고 있으며 경쟁 관계에 있는 대기업(효성, 금성)보다 기술적인 우위를 점하고 있어 사용자들로부터 호평을 받고 있으며 지속적인 우위를 지킬 것으로 예상된다. 그리고 업계의 특성상 신규 업체의 참여는 매우 곤란한 상황이다.

청호는 1993년 중반까지는 원자재의 대부분을 해외 수입을 통하여 조달하였으나 꾸준한 국산화 노력에 의하여 단말기의 경우 100% 국내 조달 공급하고 있으며 매출액의 40% 가까이 차지하는 CD기의 경우에도 현재 국산화율이 90% 선까지 도달하여서 원재료 및 노농력 수급상에 과거보다 상당한 비교 우위를 점하게 되었다.

1984년도에 2년간 CD기 수입 금지 조치가 있었고 1985년도에 금융 단말기에 대한 국산화 조치가 있었으며, 93년 2월 CD기에 대한 수입선 다변화의 소치가 있었다. 그리고 1989년부터 91년까지 한국 은행 금융 전산 위원회에서 각 은행의 기기도입 심의를 하여 간접 규제를 한 바 있다. 그러나 청호는 정부 당국의 조치나 법령에 의해 일체 영업상의 손실이나 기타 애로를 느끼지 않고 대처할 수 있었다.

이 업계의 영업 관련 사항 중 가장 중요한

것은 구매자들의 자세인데 이들은 금융 업무의 특성상 상당히 보수적인 집단으로서 위험이 따르는 모험적인 일을 하지 않아 문제 발생의 소지가 적은 기존의 안정화된 기기들을 선호하게 된다. 따라서 기기 특성상 판매 및 A/S가 지속적으로 일어나는 관계로 기득권이 있는 기존 기기 공급사들은 상당한 이점을 얻고 있으므로 신규 업체의 참여가 어려우며, 기존 공급사들도 주력이 아닌 신규 아이템의 진출은 어려운 상황이다.

경쟁 우위 확보

청호는 1977년 CD기, ATM, 수표 인자기 등의 사업으로 계속 60% 이상의 시장 점유율을 유지하였고 1988년 이후 CD의 수요가 연간 1천 대 수준을 넘는 상황에서도 계속 동일 수준 이상을 유지해 오고 있다. 1994년부터 수요가 급격히 증가한 ATM은 벌써 80% 이상의 점유율을 확보한 상태이다. 보기 2는 제품별 시장 점유율을 보여준다. 단말기 등 기타 상품들은 각 공급사별로 적정 비율의 시장 점유율을 견지해오고 있으나, 청호의 신단말기 출시로 1994년 단말기 시장의 점유율은 커다란 변화가 있었고, 청호의 점유율 또한 제고할 수 있는 좋은 계기가 되는 한 해였다.

보기 3은 청호 제품의 판매 경로와 조건을 보여준다. 금융 영업의 대상은 거의 국내 제1금융권, 즉 은행으로 약 10여 개의 대형 은행과 나머지 10여 개의 중·소형 은행 및 지방은행 등 약 30개 사이트(Site)에서 구매의 약 95%가 발생한다. 구매의 형태는 전산의 특성상 온라인 기기의 경우 하나의 유저(User)가 여러 가지 기종을 도입하여 사용하는 것이 거의 불가능한 상황이다. 청호는 업계에서 A/S가 제일 빠르고 정확하기로 정평이 나 있어 각 기종별로 제일 고가임에도 불구하고 각 은행에서 가격이 싼 경쟁사들의 제품보다 더 많은 공급을 하고 있다.

청호는 금융업 시장에 가장 큰 비중을 두고 있다. 17년간 은행 업무의 변천사를 소상히 파악하고 있으므로 늘 신상품 개발 및 업무 전산화 쪽에 지대한 관심을 갖고 있다. 경쟁사들의 실패한 신상품과는 달리 이론적으로 혹은 이상적으로만 훌륭한 제품을 만드는 것이 아니고 실제 사용자들의 행동과 사고들을 모두 고려한 제품 개발을 하고 있어 각 은행들로부터 큰 호응을 얻고 있다. 또한 제2 금융권의 무인화 기기 설치 자유화 조치는 앞으로 청호의 영업 목표를 새롭게 하는 계기가 될 것이다.

1994년 12월 미국 앰달(Amdahl)사와 한국 대리점 계약을 체결하여 국내 메인프레임 시장 진출로 또 다른 시장을 개척하여 명실 공히 종합 금융 전산 기기 시장의 선도자로서 자리를 굳건히 하는 것이 청호의 목표이다. 청호는 창사 이래 금융 기관을 주요 고객으로 하여 고객의 업무 향상과 사무 자동화의 초석이 되고자 노력하였고, 꾸준한 제품 개발과 성실한 A/S만이 업계의 최대 공급사로 남아 있을 수 있는 길이었으므로 향후에도 기존의 성과를 고수하기 위하여 믿음이 가는 금융계의 파트너로서 고객의 욕구를 만족시킬 수 있도록 최선을 다하고자 한다. 보기 4는 창사 후 사업 운영상의 주요 연혁을 보여준다.

전환 사채 발행

1994년은 청호에게 특별한 한 해였다. 매출 127%, 순이익 350%의 증가를 가져온 해이기 때문이다. 생산 능력에는 아무런 문제를 가지고 있지 않았던 청호에게 이 당시 다가온 문제는 급작스러운 운영 자금의 부족이었다. 그러나 이러한 운영 자금의 부족은 구매자가 은행이라는 점을 생각하면 판매 후 3개월 이후에 확실히 외상 매출금 계정에서 그 계정 과목이 현금으로 변경되어질 거래이므로 그다지 위험한 상황은 아니었다. 그래서 청호는 단기 자금을 사용하기로 하였고, 사채를 발행하기로 결정을 내렸다. 그러나 지 회장은 이러한 청호의 성장이 1994년도에만 일어나는 일시적인 것으로 생각하지 않았다. 이러한 성장은 우리 나라 금융 시장의 질적, 양적 성장을 반영한 것으로 지속적으로 이루어지리라는 확신을 가지고 있었던 것이다. 그래서 지 회장은 사채의 만기 도래 이후 발생할 원금 상환과 그로 인한 새로운 자금 조달의 필요성에 대한 번거로움을 생각하고서 이번의 사채 발행을 전환사채로 발행하기로 결정하였다. 그래서 지 회장은 경리부 이 차장을 불러서 전환사채 발행을 추진하라는 지시를 내린다.

이리하여 청호는 1994년 4월 15일에 전환사채를 발행한다. 보기 5는 그 발행 조건을 보여준다. 1993년 38%, 94년 127%, 95년 30%의 매출 성장을 볼 때 1994년도의 전환사채 발행은 회사에게 있어 참으로 시의 적절한 자금 도입이었다. 전환 사채란 전환 증권의 한 종류이다. 전환 증권(Convertible)이란 기업의 자금 조달 수단으로 미리 정한 시한 내에 그 증권 소지자의 의사에 따라 일정한 수의 보통 주식으로 전환할 수 있는 우선 주(전환 우선 주) 또는 사채(전환 사채)를 지칭하는 말이다. 즉 전환권이 행사될 경우 발행 기업에 대하여 추가적 자본 유입을 수반하지 않고 사채 또는 우선 주 지분이 자기 자본으로 그 성격을 전환할 뿐이란 점이 주식 인수권부 사채와 다르다. 주식 인수권부 사채는 기업이 사채 발행 시 그 사채의 매입자에게 해당 기업 주식의 시장 가격과는 관계없이 일정한 가격에 정해진 수의 보통 주식을 일정 기간 내에 인수 할 수 있는 권리(Option)를 함께 부여한 사채라 하고 이 권리를 주식 인수권(Warrant)이라 한다.

전환 사채는 발행 기업의 사업 전망이나 변화 가능성 등을 예측하기 어려운 경우 높은 사채 이자율을 요구 받으므로 높은 현금 유출이 생겨 사업성을 더욱 악화시킬 수 있을 때 투자자들이 해당 기업의 위험에 동참하여 손해나 초과 이익을 함께 나눌 수 있는 채권이다. 그런 의미에서 청호와 같은 고성장 기업의 경우는 주식 전환 시의 행사 가격을 높게 잡아 현 주가보다 높은 가격으로 추가 자본을 미래에 조달하며, 현재에는 낮은 이자율로 사채를 발행할 수 있게 되는 장점이 있다. 또한 차후에 자금의 유출 없이 계정의 변화만이 있으므로 기업 경영에 도움이 될 수 있다.

우선 주와 보통 주의 가격 괴리

1994년도는 우리 나라에 미국과 일본의 증권가를 폭풍과 같이 몰아쳤던 M&A(인수 · 합병)의 바람이 불어온 해였다. 그 전에는 주식의 의결권에 그다지 신경을 쓰지 않았던 우리 나라의 투자가들은 M&A를 통해서 부각하는 주식들에 상당한 관심을 갖게 되었다. 특히나 자본금의 규모가 그다지 크지 않은 기업의 경우 경영권에 위협을 느끼는 상황으로 가는 경우가 자주 생기게 되었다. 그래서 이러한 기업의 주가는 갑작스러운 수직 상승을 이루는 경우가 빈번하게 발생하게 된다. 또한 증시에는 이러한 M&A 바람을 타고 이를 중계하고 지원하는 업체가 속속 등장하고, 급기야는 적대적 M&A를 주선하는 업체까지도 나타나게 되었다.

아침에 지대섭 회장으로부터 전화를 받은 경리부 이건명 차장은 어떻게 대답을 해야 할지 생각을 정리하고 있었다. 물론 회장은 그를 부르는 이유에 대해서는 얘기하지 않았다. 그러나 요즈음 증시의 상황을 유의 주목하고 있었던 이 차장이 그 이유를 모를 리 없었다. 그것은 분명 요즈음 들어 계속 멀어져만 가는 보통 주와 우선 주 간의 가격 차이 때문일 것이다. 며칠 전에는 재무부 장관이 국회에서 증시의 보통 주와 우선 주 사이의 가격 괴리에 대한 대응책이 무엇이냐는 국회 의원들의 질문에 진땀을 뺐다는 기사가 신문에 보도되었다. 최근에는 우리 나라도 외국의 영화에서나 볼 수 있었던 M&A로 인한 경영권 침해를 간간히 접하게 되었고, 또한 그로 인해 의결권이 없는 우선 주는 괜히 찬서리를 맞고 있는 것이다.

그것은 청호의 경우도 예외는 아니다. 1994년도 전환 사채 발행으로 인해 꽤나 재미를 보았지만 그로 인해 발행된 우선 주들은 청호의 현 주가가 1995년도의 2배로 뛰고 있는 현 상황에서도 아직 발행 시의 절반 수준에 머무르고 있는 것이다. 보기 6과 7은 각각 청호의 주식 소유 현황과 주식 거래 상황을 보여준다. 이 차장은 나가며 김인수 대리에게 "지금 보통 주와 우선 주간의 가격차가 얼마나 되지?" 하고 물었다. "잠깐만요, 차장님! 예 6만 3100과 3만 4700이니 2만 8400원입니다." 김 대리는 요즈음 계속 관심을 가져 왔는지 자료를 바로 연필꽂이 옆에 두고 있었다.

그렇지만 이 차장에게는 뚜렷한 대안이 없었다. 주식 값을 청호의 맘대로 주무를 수 있는 것은 아니지 않은가? 지 회장은 그다지 강력하게 뭐라고 주장하지는 않았다. 그래서 이 차장은 이 기회에 아예 회장의 미련을 버리도록 딱 잘라서 말씀 드리는 것이 좋을 것 같은 생각을 가지고 있었다. 그러다 기회를 봐 "회장님 우선 주의 가격 하락 부분은 저희도 어쩔 수 없는 부분입니다. 정부에서도 그 부분을 어떻게 해보고 싶지만, 아직 손도 못 대고 있지 않습니까? 저희 능력 밖인 것 같습니다" 라고 확실하게 말했다. 그러자 지 회장은 알았다고 하며, 그냥 나가보라고 한다. 이 차장은 일이 쉽게 해결되었다고 생각하며 경리부로 돌아왔다.

이틀 후 이 차장은 다시 지 회장의 사무실에 와 있었다. 회장은 별다른 말은 하지 않았다. 단지 "그냥 이거 한번 쉬엄쉬엄 검토해보지. 우리 회사를 위해서 투자한 투자가들에게 손해를 끼칠 수는 없지 않은가?" 하고 가볍게 지나가는 말처럼 이야기했다. 그러나 이 차장은 이것이 무슨 의미인지를 분명히 안다. 그저께 자신의 거부에도 불구하고 다시 자신을 부른 것이다. 지금까지 이 차장의 말에는 거의 전적으로 동의를 했던 지 회장이란 것을 알기에 더욱 그 의미는 분명한 것이었다.

지 회장의 기업가 정신(Entrepreneurship)이 발동한 것이다. 현재도 그렇지만 지 회장은 모든 일을 자신이 직접 터뜨린다. 단지 아랫사람들은 회장이 만들어 놓은 일을 정리하는 일을 주로 한다고 할 수 있는 것이다. 더군다나 지 회장이 우선 주의 40% 이상의 지분을 가지고 있다는 사실을 더 잘 알고 있는 이 차장이다. 그러나 회장이 자신의 재산을 위해서만 이 일을 추진하는 것이 아니라는 것은 이 차장도 잘 알고 있는 사실이다. 회장은 청호의 성장을 위해 자금을 출자해준 주주들을 걱정하고 있는 것이다. 이 차장은 "하는 수 없군. 이제 부딪쳐 봐야지" 하는 생각을 가지고 굳게 마음을 먹었다. "예, 잘 알았습니다, 회장님!"이라고 대답했다. 그러나 지금껏 유래가 없는 우선 주의 보통 주 전환을 하기 위해서 받아야 하는 스트레스와 압력을 생각할 때 벌써부터 뒷골이 당겨오는 것 같았다.

"자 시작해 볼까!"라고 속으로 다짐하면서 이 차장은 자리로 들어와 대우 증권 법인 3부의 이웅구 차장에게 전화를 하여 이 사실을 알렸다. 이웅구 차장은 전환 사채와 우선 주 발행 시 큰 도움을 주었던 사람으로 경리부 차장으로 있는 이 차장에게는 둘도 없는 업무상의 친구요, 조언자라 할 수 있는 이다. 전화를 끊고 이 차장은 다시 김·장 법률 사무소에 전화를 해서 이 사실을 자세히 설명하고 이웅구 차장과 상의하여 팩스로 질의 사항을 보내겠다고 연락을 했다. 이 차장의 머리에는 이제 시작이구나 하는 생각이 확 스치고 지나가고 있었다.

청호의 대안

증권 회사와 법률 사무소 그리고 도서관을 찾아다니며 일을 해온 지가 거의 6개월이 되었다. 특히나 이 일은 한국에 그 전례가 없기 때문에 누구도 확실한 조언을 해주지 못했고, 또한 변변한 참고 자료조차도 없는 것이 현실이었다. 이런 일을 계속해야 하는가 하는 고민도 많이 했고, 지 회장의 주주를 위한다는 의도를 의심한 것이 한두 번이 아니었다. 또한 김인수 대리를 비롯한 부하 직원에게도 괜한 일을 시키고 있는 것은 아닌가 하며 미안한 생각을 가졌던 적도 수없이 많았다. 더군다나 5월 중순 이후 제기되었던 H 기업에 의한 청호의 인수설은 이 차상을 비롯한 경리부 직원들의 골머리를 썩였던 사건으로 생각만 해도 끔직하기만 하다. 그렇지만 포기할 만하면 찾아와 격려하는 지 회장의 관심과 우리 나라 최초의 전환 관계 업무를 해내고 있다는 이유 모를 뿌듯함이 이 차장을 지금껏 버텨오게 하였던 것이다.

보통 주와 우선 주의 가격 괴리 현상에 대한 해결책을 위해 고민하던 청호는 이에 대한 결론으로 다음 세 가지 대안을 제시하게 되었다.

대안 1. 무의결권 우선 주의 내용을 정한 정관 규정을 변경하여 바로 보통 주로 전환하는 방법이다.

대안 2. 사후에 무의결권 우선 주주에게 전환권을 부여하여 무의결권 우선 주주로 하여금 전환권을 행사하도록 하는 것이다.

대안 3. 무의결권 우선 주를 현물 출자할 수 있다면 보통 주의 신주 발행 시 무의결권 우선 주주로 하여금 현물 출자를 하게 하여 무의결권 우선 주를 보통 주로 전환하는 방법이다.

보기 8은 이에 대해서 김·장 법률 사무소에서 보내온 검토 사항의 결론 부분이다. 보기 9는 이와 관련된 상법 조항을 보여준다.

95년 10월 17일, 거의 1년 여 간의 고생이 끝나 가는 시점이다. 이사회에서 우선 주의 보통 주 전환 건을 확정지은 것이다. 증권 감독원에서 제시한 1 : 0.7의 비율을 거부하고 주주에게 최대한의 이익을 주기 위해 1 : 0.75로 하기로 최종 결정을 한 것이다. 이제 주총과 그에 따른 업무들이 남아 있다. 그렇지만 이 주총도 잘 이끌어나가야 할 것이다. 소위 총회꾼이라는 사람들도 이제는 거의 확실한 자료 없이는 무마하기 힘든 질문을 하는 전문가들이니 그들의 질문을 예상하고 거기에 대한 자료를 준비해야 하는 것이다.

12월 4일 주주 총회가 아무 사고 없이 끝났다. 준비한 예상 질문에 대한 답변 자료를 가지고 앞 자리에 앉아 있었던 이 차장도 이젠 크게 시원한 한숨을 내쉴 수 있었다. 이제는 전환할 주식들을 가져오면 그것을 받아 등기 이전 등의 작업만을 하면 되는 것이다. 보기 10은 주총에서 결의된 내용을 보여준다.

1996년 현재 아직 전환되지 않은 우선 주식 수는 200주이다. 이는 주주의 행방을 찾을 수 없기 때문에 아직 전환하지 못하고 있는 것이다. 한국에서는 유래가 없었던 청호가 추진한 우선 주의 보통 주 전환은 1994년 6월경부터 시작되어진 우선 주 파동을 잠재울 수 있게 될 계기를 제공하게 되었다. 이는 1987년도 국민 소득이 3000불 시대에 남보다 앞서서 금융 전산화의 초석을 다진 청호 지 회장의 기업가 정신이 다시 한번 그 위용을 발휘한 사건이라고 볼 수 있다. 이로 인해서 전체 우선 주주들의 부의 증대량은 아래와 같이 82억 원 정도로 추정되어지며, 지 회장 자신의 수익은 18억원 정도가 된다.

76,800 − 35,000 = 41,800 원
(전환결정 당시의 주가 차이)
× 0.75 (전환 비율)
× 262,031 (우선 주식 수)
=82억 1700만 원

보기 1 재무 제표

대차 대조표

단위: 백만 원

계 정 과 목	'92/12 (12)	'93/12 (12)	'94/12 (12)	'95/12 (12)
유동자산	17,834	19,770	75,338	61,470
당좌자산	10,794	9,331	59,451	43,918
(현금예금)	8,899	4,617	50,975	29,342
(매출채권)	1,441	4,501	7,982	13,903
재고자산	6,650	9,905	14,029	16,293
기타유동자산	391	534	1,858	1,259
투자와 기타자산	2,723	7,604	7,656	16,134
투자자산	1,033	6,247	4,759	12,514
(유가증권)	457	1,175	1,123	6,675
기타자산	1,689	1,357	2,898	3,619
고정자산	6,404	10,553	11,473	14,939
(토지)	2,465	6,329	6,332	7,193
(건물 · 구축물)	2,912	2,782	2,559	2,425
(기계장치)	144	285	217	232
(건설가계정)		10	514	2,865
이연자산	1,606	1,651	1,553	1,298
(연구개발비)	1,595	1,624	1,471	1,257
자산총계	28,567	39,577	96,020	93,841
유동부채	3,696	1,876	26,672	10,633
(매입채무)	115	411	1,429	22
(단기차입금)	2,548	615	16,929	
(선수금)		240	3,357	
(유동성장기부채)				5,000
고정부채	3,013	8,821	10,962	1,038
(사채)	4,979	5,902		
(장기 차입금)		168	168	5,418
(퇴적 충당금)	1,493	1,946	3,475	4,279
이연부채				
부채 총계	6,709	10,698	37,634	21,671
자본금	7,483	9,728	14,418	14,685
자본 잉여금	8,733	12,639	31,732	33,866
이익 잉여금	5,643	6,513	13,695	23,619
(당기순이익)	1,519	1,766	7,882	11,399
자본조정			-1,459	
자본 총계	21,858	28,880	58,386	72,170
부채와 자본총계	28,567	39,577	96,020	93,841

손익 계산서

단위: 백만 원

계 정 과 목	/91	'92/12 (12)	'93/12 (12)	'94/12 (12)	'95/12 (12)
매출액	24,881	31,606	43,185	98,182	127,462
매출원가	20,895	26,868	37,677	80,580	103,302
매출총이익	3,986	4,738	5,508	17,603	24,160
판매비와 일반관리비	2,269	2,511	2,849	5,798	7,059
영업이익	1,717	2,227	2,659	11,804	17,101
영업외 수익	702	934	1,501	2,685	5,195
(수입이자)		884	1,298	2,422	4,996
영업외 비용	949	1,399	2,163	3,952	5,601
(금융비용)		670	1,334	2,944	3,704
경상이익	1,470	1,763	1,997	10,537	16,695
특별이익	4		54	636	90
특별손실	11	2	7	4	12
세전 순이익	1,468	1,761	2,044	11,163	16,773
법인세 등	161	242	278	3,288	5,375
당기 순이익	1,302	1,519	1,766	7,882	11,399
주당 순이익(원)		10	1,006	3,528	4,149

현금 흐름표

단위: 백만 원

계 정 과 목	'92/12 (12)	'93/12 (12)	'94/12 (12)	'95/12 (12)
1. 영업활동으로 인한 현금흐름	5,225	-2,623	10,418	2,824
당기순이익(손실)	1,519	1,766	7,882	11,399
현금의 유출이 없는 비용 등	5,042	2,908	11,638	5,342
현금의 유입이 없는 수익 등	1,336	7,298	9,101	13,917
2. 투자활동으로 인한 현금 흐름	-2,120	-10,183	-3,005	-13,854
투자활동으로 인한 현금 유입	776	888	6,036	13,404
투자활동으로 인한 현금 유출	2,896	11,071	9,041	27,258
(유동자산의 증감)	-268	-33	1,429	-617
(투자와 기타자산의 증감)	708	4,885	26	9,078
(고정자산의 증감)	974	4,818	984	4,878
(이연자산의 증감)	705	513	5666	515
3. 재무활동으로 인한 현금 흐름	-428	8,525	38,944	-10,602
재무활동으로 인한 현금 유입	763	11,648	157,292	126,042
재무활동으로 인한 현금 유출	1,191	3,123	118,348	136,644
(유동부채의 증감)	-852	-1,933	16,770	-17,264
(고정부채의 증감)	-174	5,203	4,762	5,230
(자본의 증감)	598	5,255	17,515	1,442
4. 현금의 증가	2,677	-4,282	46,358	-21,633

보기 2 제품별 국내 시장 점유율 (단위: %)

기 종		청호	효성	NCR	금성	IBM	KCI
현금 자동 지급기	92년	55.2	24.7		11.2		
	93년	59.1	21.2		15.5		
	94년	59.9	24.5		14.9		
현금 자동 입출금기	92년	25.7		58.1		16.2	
	93년	40.9		21.7	31.5	5.1	0.9
	94년	86.4	4.1		9.5		
온라인 단말기	92년	12.2	8.5	6.7	22.8	8.6	41.0
	93년	10.4	10.1	6.2	24.6	11.1	37.1
	94년	24.5	11.2	5.2	15.1	2.2	41.3
수표 인자기	92년	70.9		0.8			
	93년	63.5					
	94년	54.8					

자료: 천리안 한신평 기업 정보.

보기 3 판매 경로와 조건

판매 경로

가. 제 1 금융권: 직판(98%)
나. 제 2 금융권: 대리점 판매(2%)
다. 입찰 및 수의 계약

판매 방법 및 조건

가. 대금 회수 조건: 납품 가동 완료 후 30일 현금 결제
나. 경비 부담 조건: 가동 완료 시까지 전액 판매자 부담

보기 4 회사 연혁

설립 경과 및 설립 이후의 변동 사항

77.10.13 청호 실업(주) 설립(자본금 2백만 원)
85.11 청호 사옥신축 이전(종로구 연건동 39번지)
90.02.10 무역업, 위탁 판매업을 사업 목적에 추가
90.02.28 자산 평가 결정 통지 접수
90.03.12 통신 기기 및 부품 제조 판매업, 기계 장비 및 임대업을 사업 목적에 추가

상호의 변경

89.10.14 상호 변경(청호 실업(주)에서 청호 컴퓨터(주))

합병, 영업 양수 또는 영업 양도

89.09.25 현금 자동 지급기 생산업체인 대청 전기(주) 흡수 합병

생산 설비의 변동

90.01.24 공장 매입 서울 구로구 구로동 170-10
93.06 26 청호 제 2 사옥 부지 매입(서울 종로구 연건동 소재)

경영 활동과 관련된 중요한 사실의 발생

78.10 수표 인자기 생산 업체인 일본 Takachimo사와 한국 대리점 계약체결
79.01 현금 자동 지급기 생산 업체인 일본 Omron사와 한국 대리점 계약 체결
83.01 미국 R.E.I사와 한국 대리점 계약 체결. Micro Reader Sorter System 사업 개시
85.12 IBM 기기 제 3 차 유지 보수 사업 개시
86.10 IBM 중고 기기 판매, 메모리 확장, 모델 변경 사업 실시
89.03 일본 NSD사와 한국 대리점 계약 체결, 소형 Micro Reader Sorter 사업 개시
90.03.26 청호 전자(주) 지분 취득. 보통 주 14,700주 지분율 49%
90.07.10 기업 공개에 의한 신규 상장
90.11.01 청호 컴퓨터(주) 부설 연구소 설립 인가(과학기술처장관)
91.05.22 미국 Teradate사와 독점 계약 체결
92.09.01 (주)평립 설립으로 지분 취득 보통 주 56,400주. 지분율 56.4%
94.12.02 미국 Amdahl사와 한국 대리점 계약 체결
95.05.22 한국 능률 협회 최우수 기업 상 수상

보기 5 전환 사채 발행 조건

-발행 일자: 94년 4 월 15일
-사채 배정 방법: 일반 공모
-전환 청구 기간: 본 사채 발행 일 이후 6개월이 경과한 날로부터 상환 기일의 1개월 전일(1997년 11월 30일)까지로 한다.
-전환 조건: 거래소 시장에서 설립된 보통 주 구주의 종가를 거래량으로 가중 평균한 가액과 최근일 종가 중 낮은 가격을 기준으로 한 기준 주가 27,400원의 15% 할인한 우선 주 기준 주가 23,290원의 90.17%인 21,000원을 전환 가격으로 한다.
-전환 대상 주식의 종류: 청호 컴퓨터(주) 기명식 무의결권 우선 주식

보기 6 주식 소유 현황

구 분	주주 수	주식 수	비율
지대섭	1	보통주 580,148 (우선주 78,505)	21.7% (40.1%)
정수영(모)	1	68,001	2.5%
개인	3,945	1,334,375	46.3%
금융 기관	6	689,167	23.9%
투자 신탁 회사	15	376,576	11.1%
외국인	41	326,431	1.3%

95년도 12월 현재 대주주 현황

구분	회사와의 관 계	주식 수	소유 비율
지대섭	대주주	540,148 (우선주 60,005)	20.2% (22.9%)
정수영	대주주	68,001	2.3%
박광소	대표이사	20,974	0.7%

주: 95년도 지대섭 회장의 우선 주 감소는 이번 전환이 대주주의 이익 때문이 아니냐는 비난을 일축하기 위해서 주식 합병을 공표하는 95년 10월에 보통 주의 비율만을 남겨두고 개인 소유 우선 주를 매각하였기 때문이다.

자료: 18기 19기 사업 보고서

보기 7 주식 가격과 거래량 (단위: 천 원, 천 주)

날짜	보통 주			우선 주		
	최고치	최저치	거래량	최고치	최저치	거래량
91. 12	30.9	15.5				
92.12	21.3	12.8				
93. 12	28.2	28.3				
94. 08	47.2	35.2	877			
10	59.5	45.7	400			
11	70.6	54.5	571	66.4	45.5	
12	69.9	55.5	469	37.0	36.6	
95. 01	65.0	50.0	381	47.8	38.0	14
02	61.0	50.0	252	46.0	45.9	2
03	61.0	49.0	300	40.5	36.0	16
04	63.1	56.0	244	34.9	34.7	16
05	61.4	51.5	107			거래 없음
06	64.5	55.0	309	36.0	35.4	20
07	64.0	57.0	487	36.0	35.0	1
08	60.3	56.0	130	35.4	35.0	0.3
09	65.5	56.4	564	38.6	34.8	2
10 (병합 발표)	76.8	63.0	420	35.0	33.0	153
11	74.0	65.0	172	52.0	46.0	15
12	80.0	66.0	438	58.2	49.0	55
96.01	81.2	71.0	338	50.6	53.0	36
02	76.0	68.0	214	55.4	48.5	17
03	71.7	64.3	131	52.5	48.0	1
04	75.2	64.0	863	70.0	59.0	14

자료: 매일 경제 신문.

보기 8 김·장 법률 사무소의 법률 의견

무의결권 우선 주를 보통 주로 전환하는 방안들의 검토 결과를 요약하면 다음과 같습니다.

가) 정관을 변경하여 무의결권 우선 주를 바로 보통 주로 전환하는 방안은 주주 총회의 특별 결의 외에 우선 주주 전원의 동의가 반드시 필요하다는 점에서 현실적으로 불가능한 것으로 보입니다. 그 이유는 전환 비율이 1 : 1이 될 수밖에 없는바 현 상황과 같은 가격 차이에서 위와 같은 정관 변경을 보통 주주가 동의할 것을 기대하는 것은 사실상 불가능한 것입니다.

나) 정관을 변경하여 무의결권 우선 주주에게 전환권을 부여하는 방안은 현재의 시가에 따라 무의결권 우선 주와 보통 주의 전환비율을 1 : 1 미만으로 정하는 경우에는 자본 감소 절차에 준하여 채권자 보호 절차를 거쳐야 한다는 점 및 전환권을 부여 받은 무의결권 우선 주주가 전환권을 행사하지 아니하는 경우에는 여전히 무의결권 우선 주주가 남을 수 있다는 점에서, 자본 감소 규정에 의하여 무의결권 우선 주를 임의 소각한 후 해당 무의결권 우선 주주에게 보통 주를 신주로 발행하는 경우와 사실상 차이가 없는 것으로 보입니다.

다) 무의결권 우선 주를 소각한 후 해당 무의결권 우선 주주에게 보통 주를 신주로 발행하는 방안은 먼저 보통 주를 신주로 발행하는 것과 관련하여 앞에서 살펴본 바*와 같은 복잡한 문제가 있을 뿐만 아니라 무의결권 우선 주를 강제소각(상환주식의 상환 포함)하기 위하여는 우선 주주 전원의 동의가 반드시 필요하다는 단점이 있습니다. 다만 상장 법인인 경우에는 증권거래법 제 189조의 2에 의하여

* 신주 발행 가액에 대한 문제, 소각 가액의 반환과 신주 발행 가액의 납입 문제, 20/100의 우리 사주 조합에의 배정 의무화 문제, 그리고 마지막으로 우선 주 소각에 대한 과세 문제 등이 있다.

자기주식 취득의 특례가 인정되므로, 정관에 이익 소각에 관한 규정을 마련하는 경우 우선 주주의 동의와 같은 기타 번거로운 절차를 거치지 아니하고도 필요 시마다 주식 시장을 통하여 무의결권 우선주를 매입한 후 배당 가능 이익에 소각하는 것이 가능합니다.

그러나 현재 보통 주와 큰 가격차를 보이고 있는 무의결권 우선 주의 문제점을 극복하기 위한 방법으로는, 무의결 우선 주를 보통 주로 전환하는 방안 외에도 무의결권 우선 주의 내용인 이익 배당, 잔여 재산 분배 청구권, 신주 인수권, 의결권 등을 확대함으로써 우선 주에 대한 선호도를 높이는 방안도 있는 것으로 보이는바, 귀사의 요청이 있는 경우에는 위와 같은 우선권 확대 방안에 대하여 보다 자세한 검토를 마친 후 그 검토 결과를 알려드리도록 하겠습니다.

변호사 강희철, 이경훈, 박한우

다음은 청호가 위의 金·張 法律 事務所의 의견들에 대한 내용을 검토하고 난 후 다시 몇 가지 질문을 하여 법률 사무소에서 청호로 보내온 답변 내용이다.

무의결권 우선 주의 보통 주 전환건에 대한 저희의 95. 4. 7일자 법률 의견과 관련하여 귀사의 추가 질의에 대한 검토를 마치고 다음과 같이 저희 의견을 드리오니 업무에 참고하시기 바랍니다.

1. 우선 주를 보통 주로 바꾸는 방안에 관한 일반론적 검토

우리 상법상 우선 주를 보통 주로 바꾸기 위하여는 주식 소각의 절차에 따라 우선 주를 소멸시키고 다시 신주 발행의 절차에 의하여 보통 주를 발행하는 것이 원칙일 것입니다(전환 주식에 있어서의 전환이라는 개념과의 혼동을 피하기 위하여 이 경우에는 '교체'라는 용어를 사용합니다).

그러나 위와 같은 방법은 대단히 번거롭고 복잡하기 때문에 상법은 특별히 전환 주식이라는 제도(전환)를 두어, 미리 정관으로 인수한 우선 주를 보통 주로 전환할 수 있음을 정하는 경우에는 주식 소각 절차와 신주 발행 절차를 거치지 아니하더라도 주주의 전환 청구에 의하여 바로 우선 주에서 보통 주로 전환하는 효과가 생기는 예외를 인정하고 있습니다(상법 제350조).

그 밖에도 주식의 권리 내용이 정관에 의하여 정하여짐을 근거로 하여, 우선 주의 우선권을 박탈함과 동시에 부여하는 내용으로 우선 주의 권리 내용에 관한 정관 규정을 변경함으로써 우선 주 1주를 보통 주 1주로 바꾸는 것(변경)이 가능하되, 다만 우선 주의 우선권을 박탈함과 동시에 의결권을 부여하는 내용의 정관 변경은 우선 주의 배당률을 낮추는 등의 정관 변경과는 달리 주식의 권리내용을 본질적으로 변경하는 결과를 가져오므로 주주 총회의 특별 결의 및 우선 주주 전원의 동의를 거쳐야 한다는 논의가 전개되고 있습니다. 그러나 아직까지 주주 총회의 특별결의 및 우선 주주 전원의 동의에 의하여 우선 주를 보통 주로 변경하는 방안의 적법·유효성이 법원에 의하여 검증되지 아니한 상태에 있습니다.

아무튼 현행 상법상 우선 주를 보통 주로 바꾸는 방안으로는 일단 우선 주의 보통 주로의 교체, 전환 및 변경의 3가지 방안이 존재한다고 할 수 있을 것입니다.

2. 주주 총회의 결의 및 우선 주의 종류 주주 총회의 결의에 의하여 우선 주 1주당 보통 주 일정 수(예컨대 0.7주)로 바꾸는 방안에 대한 검토

저희가 검토 대상으로 삼고 있는 우선 주는 전환 주식이 아닌 것으로 이해하고 있으며, 또한 주주 총회의 결의 및 우선 주의 종류 주주 총회의의 결의에 의하여 우선 주를 보통 주로 바꾸려는 본 방안은 주식 소각 절차와 신주 발행 절차를 거치지 아니 하는 것을 예정하고 있는 것으로 보입니다. 따라서 본 방안은 결국 보통 주로 변경하는 방안에 해당하는 것으로 될 것입니다. 그런데 주주 총회의 특별 결의 및 우선 주주 전원의 동의의 의한 정관 규정의 변경에 의하여 우선 주의 우선권을 박탈함과 동시에 의결권을 부여함으로써 우선 주 1주를 보통 주 1주로 변경하는 경우에는 전환 주식의 전환과 같이 우선 주를 소멸시킨 후 보통 주를 새로이 발행하는 것이 아니라 기존 우선 주 자체의 권리 내용을 변경하는 것이므로, 우선 주와 보통 주의 변경률이 언제나 1 : 1일 수밖에 없습니다. 따라서 주주 총회의 결의 및 우선 주의 종류 주주 총회의 결의에 의하여 우선 주 1주당 보통 주 일정 수(예컨대 0.7주)로 바꾸는 방안은 현행 상법상 불가능한 것으로 사료됩니다.

3. 주주 총회에서 우선 주 병합에 의한 자본 감소 및 자본 감소를 조건으로 하는 주식 변경을 결의함으로써 우선 주를 보통 주로 바꾸는 방안에 대한 검토

전항에서 살펴본 바와 같이 주주 총회의 결의 및 우선 주의 종류 주주 총회의 결의에 의하여 우선

주를 보통 주로 변경하는 경우에는 그 변경 비율이 1 : 1 일 수밖에 없는바, 따라서 보통 주 1주의 시가가 우선 주 1주의 시가를 훨씬 상회하고 있는 현재와 같은 상황에서 위와 같은 방법으로 우선 주 1주를 보통 주 1주로 변경하려는 경우에는 보통 주주들이 대부분 반대를 하게 될 것입니다. 따라서 우선 주 1주를 보통 주 1주로 변경하기 위하여는 일단 우선 주 1주의 시가를 보통 주 1주의 시가에 일치시키는 것이 필요하게 되며, 이러한 방안의 하나로서 우선 주의 병합을 생각할 수 있을 것입니다. 하지만 우리 상법상 주식의 병합은 부칙 제5조 제2항에 따라 액면 5,000원 미만의 주식을 5,000원 이상의 주식으로 하기 위한 경우를 제외하고는 자본 감소를 목적으로 한 경우에만 인정하고 있으므로, 주식을 병합한다고 하더라도 병합 후에 존재하는 주식은 종전의 주식과 동일한 액면과 권리 내용을 가지게 되고, 따라서 본 건의 경우 우선 주를 병합한다 하더라도 우선 주의 시가가 상승되는 효과가 발생할 수는 없을 것으로 생각됩니다.

그러나 예컨대 우선 주와 보통 주의 시가 비율이 1/2인 상황에서 우선 주 2주를 병합하여 1주로 만든 후 다시 그 우선 주를 보통 주로 변경하는 경우에는 우선 주 자체의 시가가 상승하지 아니한다 하더라도 보통 주와 우선 주의 변경비율이 1 : 0.5인 경우와 마찬가지로 되므로 보통 주주들이 이러한 변경에 특별히 반대할 이유가 없을 것입니다.

따라서 본 방안은 전항에서 검토한 우선 주 1주를 바로 보통 주 일정 수(예컨대 0.7주)로 바꾸는 방안의 문제점을 해결하고 있으므로 현재로서는 귀사가 취할 수 있는 가장 현실적인 방안인 것으로 사료됩니다. 다만 위에서 언급한 바와 같이 아직까지 주주 총회의 결의 및 우선 주주의 종류 주주 총회의 결의에 의하여 우선 주를 보통 주로 변경하는 방안의 적법 · 유효성이 법원에 의하여 검증되지 아니한 상태에 있습니다.

4. 우선 주에 대하여 사후에 전환권을 부여하되 전환권 행사시 일정금액을 추가 납부할 것을 조건으로 우선 주를 보통 주로 바꾸는 방안에 대한 검토

전환의 조건으로서 전환 주의 제출 외에 현금을 납입하게 하는 것이 가능한가에 관하여는 미국에서 실례가 있듯이, 전환 주식의 발행 가액을 가지고 전환에 의하여 발행하는 주식의 발행 가액으로 한다는 규정(상법 제348조)이 존재하는 현행 법하에서는 이러한 조건을 인정되지 아니한다고 해석하는 것이 일반적이므로, 현행 법상 본 방안은 허용될 수 없을 것으로 사료되어집니다.

이상과 같이 저희 의견을 드리오니 의문이 있으시면 연락하여 주시기 바랍니다.

변호사: 강희철, 이경훈, 박한우

보기 9 관련 상법 조항

제343조(주식의 소각)
1) 주식은 자본감소에 관한 규정에 의하여서만 소각할 수 있다. 그러나 정관의 정한 바에 의하여 주주에게 배당할 이익으로써 주식을 소각하는 경우에는 그러하지 아니하다.
2) 제440조와 제441조(주식병합의 절차)의 규정은 주식을 소각하는 경우에 준용한다.

제344조(수종의 주식)
1) 회사는 이익이나 이자의 배당 또는 잔여재산의 분배에 관하여 내용이 다른 수종의 주식을 발행할 수 있다.
2) 전항의 경우에는 정관으로 각 조의 주식의 내용과 수를 정하여야 한다.
3) 회사가 수종의 주식을 발행하는 때에는 정관에 다른 정함이 없는 경우에도 주식의 종류에 따라 신주의 인수, 주식의 병합, 소각 또는 합병으로 인한 주식의 배정에 관하여 특수한 정함을 할 수 있다.

제345조(상환주식)
1) 전조(제344조)의 경우에는 이익배당에 관하여 우선적 내용이 있는 종류의 주식에 대하여 이익으로써 소각할 수 있는 것으로 할 수 있다.
2) 전항의 경우에는 상환가액, 상환기간, 상환방법과 수를 정관에 기재하여야 한다.

제346조(전환주식의 발행)
1) 회사가 수종의 주식을 발행하는 경우에는 정관으로 주주는 인수한 주식을 다른 종류의 주식으로 전환을 청구할 수 있음을 정할 수 있다. 이 경우는 전환의 조건, 전환의 청구기간과 전환으로 인하여 발행할 주식의 수와 내용을 정하여야 한다.
2) 제344조 제2항의 규정에 의한 수종의 주식의 수 중 전환으로 인하여 발행할 주식의 수는 전항의 기간 내에는 그 발행을 유보하여야 한다.

제347조(전환주식발행의 절차)
제345조 제1항의 경우에는 주식청약서 또는 신주인수권증서에 다음의 사항을 기재하여야 한다.
1) 주식을 다른 종류의 주식으로 전환할 수 있다는

뜻
2) 전환의 조건
3) 전환으로 인하여 발행할 주식의 내용
4) 전환을 청구할 수 있는 기간

제348조(전환으로 인하여 발행하는 주식의 발행가액)
전환으로 인하여 신주식을 발행하는 경우에는 변화전의 주식의 발행가액을 신주식의 발행가액으로 한다.

제349조(전환의 청구)
1) 주식의 전환을 청구하는 자는 청구서 2통에 주권을 첨부하여 회사에 제출하여야 한다.
2) 전항의 청구서에는 전환하고자 하는 주식의 종류, 수와 청구 연월일을 기재하고 기명 날인하여야 한다.
3) 전환의 청구는 제354조 제1항(주주명부폐쇄기간)의 기간 중에는 이를 하지 못한다.

제350조(전환의 효력발생)
주식의 전환은 그 청구를 한 때에 효력이 생긴다. 그러나 이익이나 이자의 배당에 관하여는 그 청구를 한 때가 속하는 영업년도 말에 전환된 것으로 본다.

제351조(전환의 등기)
주식의 전환으로 인한 변경등기는 전환한 날로부터 본점소재지에서는 2주간 내, 지점소재지에서는 3주간 내에 이를 하여야 한다.

제435조(종류주주 총회)
1) 회사가 수종의 주식을 발행한 경우에 정관을 변경함으로써 어느 종류의 주주에게 손해를 미치게 될 때에는 주주 총회의 결의 외에 그 종류의 주주의 총회의 결의가 있어야 한다.
2) 어느 종류의 주주의 총회의 결의는 그 종류의 발행주식총수의 과반수에 해당하는 주주의 출석으로 그 의결권의 3분의 2이상의 다수로써 하여야 한다.
3) 주주 총회에 관한 규정은 의결권 없는 종류의 주식에 관한 것을 제외하고는 제1항의 총회에 준용한다.

제436조(동전)
전(제435)조의 규정은 제344조 제3항의 규정에 의하여 주식의 종류에 따라 특수한 정함을 하는 경우와 회사의 합병으로 인하여 어느 종류의 주주에게 손해를 미치게 될 경우에 준용된다.

보기 10 주주 총회 결의 내용

의결권 없는 우선 주식을 보통 주식으로 변경시키기 위하여 우선 주식만을 대상으로 하는 주식 병합, 정관 변경 및 병합 우선 주의 보통 주 변경.

가. 정관 변경
1) 우선 주식의 병합을 조건으로 우선 주식의 내용에 주주 총회의 결의 및 우선 주주 전원의 동의로 보통 주식으로 전환할 수 있다는 뜻을 명시함.
2) 전환 사채 및 신주 인수권부 사채의 전환권 행사 또는 신주 인수권 행사로 발행할 주식의 내용을 우선 주식에서 보통 주식으로 변경함.

현 행	개 정
제8조(우선 주식의 수와 내용)	제8조(우선 주식의 수와 내용) 1) 좌동 2) (우선 주식의 보통 주식으로의 변경) 제8조의 우선 주식은 주주 총회의 특별 결의 및 우선 수수 전원의 동의로서 우선 주식 1주에 대하여 보통 주식 1주로 변경할 수 있다.
제14조(전환 사채의 발행) 3) 전환으로 인하여 발생하는 주식은 우선 주식으로 하고	제14조(전환 사채의 발행) 3) 전환으로 인하여 발행하는 주식은 보통 주식으로 하고
제15조(신주 인수권부 사채의 발행) 3) 신주 인수권의 행사로 발행하는 주식은 우선 주식으로 하고	제15조(신주 인수권부 사채의 발행) 3) 신주 인수권의 행사로 발행하는 주식은 보통 주식으로 하고
	(부칙) 1. 이 정관은 96년 1월 3일로 부터 시행한다. 2. 제8조의 2 변경 규정이 개정 정관의 시행일 이전에 발행한 주식에 적용되는 경우에는 보통 주식으로의 변경에 앞서 1 : 0.75로 우선 주식을 병합하여야 한다.

나. 우선 주식의 병합에 의한 자본 감소

1) 기 발행된 우선 주를 1주당 0.75 주의 비율로 병합하여 자본금을 변경함
   기 발행 주식수 : ×××주(우선 주 자본금×××원)
   새로 발행된 우선 주식의 수: ×××주(우선 주 자본금 ×××원)
   병합 비율 : 1주당 0.75
   자본 감소 금액 : ×××원
2) 권자 보호 절차 및 주식 병합 절차의 진행: 종류 주주 총회 결의 후 즉시 절차 진행을 조건으로 이사회에 위임함.
3) 주식 병합의 조건: 병합의 효력 발생 즉시 보통 주로 변경

다. 병합 우선 주의 보통 주로의 변경

1) 위 '가'에 의하여 병합된 우선 주식 1주를 보통 주식 1주로 변경함
   병합에 의하여 발행할 우선 주식의 수: ×××주
   우선 주의 보통 주 변경으로 인한 보통 주식의 수: ×××주
   자본금 변경: 자본금 총액의 변경없이 우선 주 자본금 ×××원을 보통 주 자본금 ×××원으로 변경
2) 변경 시기: 우선 주식 병합의 효력 발생 즉시
3) 주권 발행: 병합 우선 주의 발행 없이 보통 주로 발행함

사례 연구 11

베아띠*

현도정 씨는 몇 년 전까지 한 도자기 업체의 비서실장에 불과하였다. 하지만 이제는 한창 성장하고 있는 기업의 사장이 되어 총 2조 원 규모의 결혼식 관련 시장의 공략에 고심하고 있다.[1] 현 사장이 창업한 ㈜베아띠는 중국 청도에서 웨딩 드레스를 생산하여 최저 39만 1000원이라는 파격적인 가격으로 판매하는 회사이다. 웨딩 드레스를 빌려 입는 값보다도 더 싼 가격에 판매함으로써 결혼으로 마음 설레는 예비 신부들에게 선풍적인 인기를 끌고 있다. 보기 1은 현 사장의 약력과 베아띠사의 연혁을 보여준다.

1996년 현재 베아띠는 전국 40여 곳에 판매 대리점을 두고 있었는데, 1995년 100억 원의 매출을 기록한 데 이어 1996년 200억 원의 매출을 기대하고 있으며, 내수 판매에 더해 미국 등지에 자체 브랜드로 수출하여 브랜드 로열티를 받고 있다. 베아띠는 아무런 기술적 기반 없이도 새로운 시장의 포착만으로도 성공할 수 있다는 것을 보여주었다. 하지만 이와 같은 성공의 이면에는 직장을 뛰쳐나와 기업가로 자리잡을 때까지 3년 여 동안의 엄청난 내부적 시련과 아울러 기득권을 유지하려는 예식장들의 외부적 견제와 압력이 있었다.

베아띠 창업 전

물품 리스 사업

현 사장은 1983년 영남대학 무역학과를 졸업한 후 1987년 미국 미네소타 대학에서 MBA 학위를 받고 잠시 미국의 곡물 회사에 근무하다 1988년에 귀국했다. 국내 대기업들이 그의 학위를 보고 입사를 제의했지만, 그는 중소 도자기 생산 업체인 요업 개발사를 택했다. 대기업의 부속품이 되기보다는 작은 기업에서 자신의 능력을 시험해 보고 싶었기 때문이었다. 현 사장은 이 중소 기업에서 해외 자금 조달, 해외 공장 건설 부문에서 일하며 우수한 성과를 내어 본사의 비서실장으로 승진하여 본사로 일터를 옮기게 되었다. 이때 현 실장은 회사의 이익보다 자신들의 이익을 앞세우려는 경영진과 심각한 갈등을 겪었고, 그러던 중 1990년 8월 일대 설전을 벌이고 무작정 회사를 뛰쳐 나왔다.

장래에 대한 구체적인 대안이 없던 상태에서 평소 알고 지내던 사람이 자본만 대면 된다며 물품 리스 사업을 제의해 오자 집안의 돈을 끌어다 이를 인수하여 자본금 5000만 원으로 청신 물산을 설립하였다. 봉천동의 조그마한 빌딩 지하에 사무실을 마련하고 물품 리스 사업에 나섰지만 악전고투의 연속이었다. 10여 명의 직원들이 프라이드 자동차에 인조 나무, 마대 걸레, 매트, 방향제 등을 싣고 서울 시내를 휘젓고 다녔지만, 적정 고객을 채우지 못해 적자만 늘어나고, 사업에 대한 회의감까지 들게 되었다.

이러한 사업 부진은 자금 부족으로 인하여 대중 광고를 하지 못하였기 때문이었다. 따라서 고객들은 소수였고, 서울 전 지역에 넓게 분포되어 있어서 이들을 상대하려 하다 보니 길에서 허비하는 시간이 너무 많았다. 그리하

* 이 사례는 이소용, 조현석, 정진신, 최세인과 함께 교육용으로 개발한 것이다. 사례의 내용은 특정 경영 상황의 처리에 관한 잘잘못을 예시하지 아니한다.

[1] '결혼식 관련 시장'은 '결혼 관련 시장'과는 구분되는 개념이다. 결혼 관련 시장은 결혼식 관련 시장뿐만 아니라 혼수, 신혼 여행 등도 포함하는 개념이다.

여 1991년 가을, 더 큰 자본주를 찾으려고 서울 시내 모 호텔 커피 숍에 나갔다가 투자 설득에 실패하고, 절망감에 빠진 채 명동의 한 빠찡꼬에서 슬롯 머신을 당기다가 우연히 한 대학 후배를 만났다. 그 후배는 웨딩 드레스를 만들어 예식장에 납품하는 회사에서 일하고 있었는데, 예식장의 횡포에 대해 불평을 하던 중 현 사장의 어려운 사정을 듣고 웨딩 드레스 사업을 제의하였다.

미국에서 마케팅을 전공한 현 사장은 후배의 이야기를 듣고 자의 반, 타의 반으로 시장 조사에 착수하였다. 시장 조사 결과 민주화와 개방화의 물결을 타고 우리 사회 대부분의 부조리한 부분들이 개선되고 있는데도 유독 웨딩 드레스 분야에 있어서 만은 소비자들의 불만이 여전히 해소되지 않고 있다는 사실을 알게 되었다. 예식장들이 신랑·신부들에게 예식 공간을 빌려주면서 그 약점을 잡아 자기네 웨딩 드레스를 빌려 입을 것을 강요하며 폭리를 취하고 있었다. 외국 시장을 조사해 보니 모두가 웨딩 드레스를 신부에게 파는 시스템이지 우리처럼 한 번 빌려주고 비싼 값을 받는 경우는 없었다. 이에 현 사장은 웨딩 드레스 시장의 성장 잠재력이 충분하다고 판단하고, 예식장들의 아성에 도전하여 웨딩 드레스 판매 사업에 나서기로 마음을 굳혔다.

웨딩 드레스 사업 진출

현 사장은 대학 후배로부터 필리핀에서 웨딩 드레스 공장을 운영하다가 철수하려는 미국인들이 있다는 정보를 듣고, 이들과 협상을 벌여 20만 불에 그 공장을 인수하기로 합의하였다. 자금 문제는, 요업 개발에 근무하던 시절부터 알고 지내던 홍콩의 은행 직원과 접촉하여 20만 불을 연 3%의 이자율로 대출 받아 해결하였다. 국내 은행의 지급 보증을 위한 담보물로는 친지였던 최원룡 기자의 사원 주택을 이용하였다. 현 사장은 친지들의 도움으로 미국인으로부터 필리핀 공장을 인수하여 퀘손(Quezon) 시에 'Bridal World Inc.'를 설립하고, 미국, 독일, 프랑스에 OEM 수출을 시작하였다. 현재 대학 후배와는 결별한 상태이고, 그 후배는 계속 OEM 수출을 하고 있다.

현 사장은 물품 리스 사업을 정리하고, 서울 강남에 매장을 구해 국내 영업을 준비하고, "가격은 30만 원대, 소재는 100만 원대"라는 캐치 프레이즈를 내걸고, 캐털로그와 잡지 광고 시안을 만들어 매장 오픈과 함께 여성지에 광고도 시작했다. 영업을 개시하자 전화 문의는 빗발쳤지만, 그것이 실수요로 연결되지는 않았다. 이는 예식장 측의 횡포에 대해 신랑·신부들이 "일생에 한 번 뿐인 좋은 날인데, 좋게 좋게 넘어가자"라고 생각하며 저항하려 들지 않았기 때문이었다. 또한 현 사장은 밤마다 걸려오는 예식 업자들의 협박 전화에 시달리게 되었다. 고향에서 끌어온 돈이 바닥나고 있던 중 1993년 부동산으로 재미를 본 고향 친구와 동업을 하여 국내에 별도 판매 회사인 ㈜프리마 돈나를 창업하였다. 하지만, 운영권 문제로 사사건건 논쟁을 벌이다 그 친구와 결별하고 독자적으로 ㈜베아띠를 창업하게 되었다.

창업

현 사장은 친구와의 동업 관계를 청산하고, 프리마 돈나에 투자한 1억 3000만 원 중 적자분을 제하고 7000만 원 가량을 받아 나와서 1993년 8월 주식회사 베아띠를 설립하였다. 필리핀 공장은 청신 물산 소유였으므로, 현 사장은 동업 관계 청산 이후에도 계속 영업을 할 수 있었다.

당시 웨딩 드레스 업계는 대여 시장이 지배적이었는데, 예식장에서는 웨딩 드레스를 한 번 대여하는 데에만 40-80만 원씩 받으면서 정작 하청 업체에 대해서는 담합을 통하여 납품가를 50만 원 이하로 묶어 놓고 있었다. 웨딩 드레스는 사람이 손이 많이 가는 전형적인 수공예품으로 하청 업체로서는 생산지를 해외로 이전하지 않고서는 도저히 채산성이 맞지 않는 형편이었다. 당시 국내 제조 원가는 40만 원 정도였지만, 필리핀 등지의 저임금을 활용하면 1/3 이하의 원가로 생산이 가능하였기 때문이었다.

베아띠 설립 당시 국내에서는 연간 45만 쌍 가량의 신랑·신부가 결혼식을 올리고 있었다. 이들은 대부분 예식장 또는 전문 드레스 숍에서 대여 받은 웨딩 드레스를 이용하고 있었다. 당시 국내에서는 600여 웨딩 드레스 숍에서 웨딩 드레스를 연간 4만 5000 벌 가량을 제작하고 있었고, 이 규모로는 우리 나라의 모든 신부들이 웨딩 드레스를 사 입을 수는 없는 형편이었다. 따라서 충분한 생산 능력을 보유하고 있는 기업이 웨딩 드레스를 사서 입는 문화를 만들 수만 있다면 큰 이익을 얻을 수 있는 상황이었다.

경쟁 업체

국내에 베아띠 이외에 베아띠와 똑같은 개념을 가진 업체로는 마이 웨딩과 프리마 돈나가 있으나 이들은 전국적인 매장을 가지고 있지 못하다. 기존 의류 업체로부터 진출한 비아트 등의 업체는 웨딩 드레스 부문을 적극적으로 확장할 계획을 가지고 있지 못하며, 베아띠와는 달리 중·고가품을 취급하고 있다. 메르삐, 노비아 등 고가 수입 업체들도 있으나 타깃이 베아띠와는 다르다. 아현동 등 전통 상가들은 가격대가 다양하지만, 소규모이어서 베아띠의 경쟁 상대로는 여겨지지 않고 있다. 다음은 다양한 경쟁 업체의 유형을 설명한다.

저가의 맞춤 대여점

- 베니스 웨딩 컬렉션: 성수기에 한달 평균 100여 명이 이용하고 있다.

웨딩 알선 업체

- 그린 무료 웨딩 센터: 세탁비 5만 원만 받고 웨딩 드레스를 빌려 준다. 이 업체는 사진, 비디오 촬영, 화장, 부케, 폐백 음식 등을 알선해 주는 수수료가 주된 수입원이므로, 이런 가격에 대여가 가능하다.

사진 스튜디오

- 공짜로 빌려주지만, 다양한 드레스를 구비하지 못하고 있어서 베아띠에서는 경쟁 상대로 여기지 않고 있다.

30만 원대 기성복

- 마이 웨딩(₩389,000-470,000)
- 프리마 돈나(₩380,000, ₩450,000, ₩520,000)
- 이들은 해외 원단, 부자재 업체와 직거래를 통해서 가격 파괴를 이룩하였다. 디자인은 비교적 단순한 편이지만, 도시 감각의 세련되고, 화사한 분위기를 강조하고 있다. 하지만 베아띠와는 달리 전국적인 프랜차이즈 망을 구성하고 있지는 못하다.

중고가 제품

- 한섬: 이 회사의 웨딩 드레스를 구입하는 고객에게 캐딜락을 대여해 주고 있다.
- 비아트(에스콰이어): 웨딩 드레스 사업부가 따로 있지 않고 예복 전문인 '로얄'이라는 브랜드로 1994년 가을부터 사업을 개시하였다. 현재 4-6개의 모델을 보유하고 있고, 가격은 ₩695,000-1,000,000까지 이다. 명동 직영점을 비롯하여 전국적으로 10곳 가량의 매장을 두고 있는데, 매장 수를 늘릴 계획은 전혀 없고, 1997년부터 명동 직영점을 중심으로 웨딩 드레스 사업을 강화하려고 하고 있다.

-마인: 'Mine in Wedding'이라는 웨딩 드레스 독립 사업부를 가지고 있으나, 웨딩 드레스를 취급하는 대리점은 1개뿐이다. 판매 가격은 ₩500,000-1,500,000이고, 대여는 판매가의 70%로 가능하다. 1994년 가을부터 영업을 개시하였으나 아직까지 매출은 미약한 편이고, 저가 웨딩 드레스 부문에 진출할 생각은 전혀 없다.

-꾸뜨리에(우평 모드): ₩565,000-633,000의 가격으로 판매하고 있으며, 결혼식 이후 원피스, 예복, 어린이 드레스로 변형해 주기도 한다.

150-500만 원대 고가 수입 업체

-앙시 프로젝트

-메르삐

-이들은 인터뷰 요구를 단호히 거절하며 사업 기밀을 유지하려고 하고 있다.

서울의 소규모 웨딩 드레스 매장

-명동: 주로 로얄 호텔 맞은 편에 위치하고 있는데, 대부분 강남 등지로 이전해 버렸다.

-강남의 청담동, 논현동, 압구정동, 신사동 일대(노비아 등): 주로 연예인들이 잘 맞추는 곳으로 알려져 있다. 대부분 명동에서 이전해 온 가게들로서 대여료는 국내 전문 디자이너의 작품은 150만 원이고, 해외 수입품은 200-500만 원이다. 맞출 경우에는 최소 300만 원 이상이다.

-세종대왕 기념관 주변

-건대 입구

-아현동: 20여 년의 전통을 가지고 있으며 아현 전철역에서 이대 전철역까지 110개 가량의 웨딩 드레스 숍이 길 양 옆으로 길게 늘어서 있다. 이 지역은 비교적 뜨내기 손님이 많은 편이고, 입에서 입으로 전해지는 경우도 종종 있다. 가격은 다른 지역에 비해 저렴한 편이고, 현재 매장의 개수가 점점 늘어나는 추세이다. 아현동에는 직접 제작하는 곳과 납품 받아 판매·대여하는 2가지 형태의 숍이 있다. 직접 제작하는 경우 공장은 그 건물 지하 등 가까운 곳에 위치하고 있으며, 보통 생산 과정에는 재단·미싱·비딩·보조 등 4명 가량이 투입된다. 웨딩 드레스의 경우 디자인이 가장 중요한 경쟁 요소인데, 아현동의 경우 대체로 평균 100여 가지씩 준비해 놓고 있다. 색상은 흰색이 압도적인데, 이는 핑크 색은 재혼일 경우에 많이 입는다고 소문이 났고, 하늘색, 금색 등도 그런 식의 소문이 날 기미가 보이고 있기 때문이다.

-고객들은 빌리는 경우가 90% 정도이고, 사는 경우는 10%에 불과하다. 빌릴 경우 가격은 30만 원에서 120만 원이고, 살 경우는 50만 원에서 150만 원이다. 성수기인 9-11월에는 100여 벌이 팔리고, 6-8월인 비수기가 가장 불황이다. 대체로 월평균 5-60벌은 팔려야 수지가 맞는다고 한다. 웨딩 드레스를 대여해 줄 경우 신부가 화장을 하는 곳으로 출장을 가서 결혼식이 끝날 때가지 보조해 주고, 예식, 야외 촬영, 폐백 등 모든 행사가 끝나면 웨딩 드레스를 회수해 온다. 이때 출장비는 보통 5만 원이고, 회수해 온 웨딩 드레스는 현란한 장식 때문에 세탁 전문가가 직접 손세탁을 한다. 드레스에 손상이 갔을 경우에는 신부가 이를 전액 보상하여야 한다.

사업 운영

디자인

디자인은 웨딩 드레스 산업의 특성상 가장 중요한 핵심 요소이다. 하지만 베아띠 설립 당시에는 국내 대학이나 학원 등에서 웨딩 드레스 디자인을 전문적으로 가르치는 곳이 거의 없어서 많은 어려움을 겪었다. 1990년에 신사동에 보노루 학원 한 곳이 생기기는 했지만 기초적인 것만 가르치고 있는 실정이었다.

또한 국내에는 드레스 전문 디자이너도 전무한 실정이었다. 그래서 베아띠사는 시중에 나와 있는 다른 회사의 제품을 분해하고 모방하면서 제품을 이해하기 시작하였고, 점차 의상학과 출신의 디자이너들을 고용하여 외국 서적과 외국 웨딩 드레스 전문 잡지 —국내 잡지로는 마이 웨딩, 신부 등의 잡지가 있지만, 거의 참고로 할 만한 내용이 없었나— 를 참고하여 디자인 수준을 향상시켜 왔다. 하지만 다른 나라 여성들의 체형이 한국 여성들과 달라 외국의 디자인을 직접 이용하기가 힘들었다.

이런 식으로 어렵게 디자인을 개발하여 현재에는 총 50여 가지의 디자인을 보유하고 있고, 본사에 디자인 실을 독립적으로 운영하고 있다. 직원은 한때 6명까지 있었는데, 현재는 3명이 근무하고 있다. 이 디자인 실에서 샘플까지 개발하여 중국 공장에서 바로 생산에 들어 갈 수 있도록 한다.

생산

베아띠에서는 창업 초기부터 월산 8000 피스(Piece) 규모의 필리핀 공장에서 생산을 해왔다. 그러던 중 영업 규모의 확대에 따라 25만 불을 투자하여 1995년 8월 22일 중국 청도(Quingdao)에 월산 2만 8000 피스 규모의 공장을 준공하고, 베아띠 복장 유한공사를 건립하였다. 보기 2는 베아띠의 해외 공장 현황을 보여준다. 이후 필리핀의 임금 상승으로 인하여 필리핀 사장과 결별하고, 중국 공장에서만 생산을 하고 있다. 품질 관리를 위해서 기술 지도 2명 등 한국인 3-4명을 중국 공장에 상주시키고 있고, 중국인 기술자들을 2명씩 한국으로 초빙하여 연수시키고 있다.

웨딩 드레스 생산에 사용되는 원단으로는 프렌치 라이스, 수직 실크 등이 있는데, 국내에는 생산 업체가 없어 이탈리아, 일본, 프랑스, 미국, 중국 등지에서 전량 수입하고 있다. 베아띠에서는 기존의 타 업체들과는 달리 대량 구매와 직거래를 통해 유통 마진을 줄임으로써 수입 단가를 낮추어 결과적으로 가격 경쟁력 우위를 확보할 수 있었다. 현재 국내에는 관련 소재를 생산하는 업체가 없고, 앞으로 베아띠에서 원단의 생산에 참여할 계획은 전혀 없다. 웨딩 드레스의 가봉은 보통 한 달 가량 걸리는데, 결혼식이 끝난 후 다른 형태의 드레스로 변형시켜 주지는 않고, 다만 친지에 맞게 웨딩 드레스를 재가봉해 주기는 한다.

마케팅

"구슬이 서말이라도 꿰어야 보배"라는 말이 있듯이 창업 초기의 회사에 있어서는 제품의 개발 못지않게 마케팅도 중요하다. 베아띠는 처음에는 교회 등 예식장이 아닌 곳에서 결혼식을 올리는 신부들을 주고객으로 삼아 웨딩 드레스뿐만 아니라 미용, 사진, 비디오 등 예식 공간 외의 모든 결혼식 관련 서비스를 시중 가의 절반 이하의 염가로 제공하였다. 다음과 같은 자극적인 문구를 사용하여 여성지 등에 광고를 하였으나, 예식장 측의 막강한 힘을 뚫기에는 역부족이었다.

> "일생에 단 한 번뿐인 결혼식, 마음에 맞는 웨딩 드레스를 직접 선택해 영원히 간직하세요."
>
> "신랑과 웨딩 드레스는 빌릴 수 없다!"
>
> "정직하다면 웨딩 드레스, 비쌀 이유가 없습니다."
>
> "나만의 웨딩 드레스를 입고 싶었다!"
>
> "오직 한 사람만을 위한 웨딩 드레스—베아띠"

보기 3은 베아띠의 광고 모음이다.

이에 현 사장은 돈만 많이 들고 수요로는

직접 연결되지 않는 광고에서 평소 친분이 있던 최원룡 기자를 통해 언론 보도를 통한 마케팅 쪽으로 방향을 수정하였다. 한 번 기사가 나가자 그 파급 효과는 엄청난 것이었다. 신문·방송에서는 결혼 시즌마다 예식장들의 바가지 상혼을 비판했지만 마땅한 대안을 제시하지 못하던 차에 베아띠의 등장은 훌륭한 기사거리가 됨으로써 막대한 PR 효과를 거둘 수 있었던 것이다. KBS 9시 뉴스에 등장하는 등 언론매체를 통해서 "웨딩 드레스의 가격 파괴를 실현한 사업가"라는 칭송을 받았고, 이후에도 연속적으로 언론의 취재 대상이 되었다. 부족한 광고비를 친분을 이용한 언론 플레이로 충당한 것이었다. 보기 4는 언론에 소개된 베아띠 관련 기사 모음이다.

이런 언론 보도에 힘입어 1993년 12월 예식 업소가 허가제에서 신고제로 전환되었고, 이러한 예식장 설립 자유화와 더불어 예식장 임대료 자유화, 부대 품목 강매 엄벌 등을 내용으로 하는 입법이 정기 국회에서 통과되기에 이르렀다. 이에 바탕하여 1995년 5월 공정 거래 위원회가 드레스나 사진 찍기를 강요한 서울, 대구 등 10개 예식장 대표와 예약 담당 임직원을 검찰에 고발한 바 있다. 또한 베아띠의 저가 판매에 영향을 받아 예식장과 다른 웨딩 드레스 숍에서도 웨딩 드레스 임대료와 판매가를 인하하여 베아띠가 우리 사회의 부조리를 줄이는 효과를 내게 됨으로써 지속적으로 언론과 소비자들의 긍정적인 반응을 얻을 수 있게 되었다.

재무

7000만 원 가량의 자본으로 ㈜베아띠를 설립하였는데, 회사 설립과 매장 구입 등 초기 투자분이 5000만 원 들어가 남은 돈은 2000만 원밖에 없었다. 2000만 원은 광고 한 달만 하면 없어지는 정도에 불과하였는데, 웨딩 드레스 산업의 특성상 광고를 하지 않을 수도 없는 상황이었다. 그러던 중 평소 친분이 있던 최원룡 기자를 만나 언론 매체를 이용한 PR을 제의 받게 된다. 베아띠는 앞서 설명한 언론 플레이를 이용하여 광고비를 절감할 수 있었고, 영업 첫 달부터 월 2000만 원 이상의 흑자를 내면서 자금 부족 문제를 해결할 수 있었다.

조직·인사

1996년 현재 매장 직원 2명 등 본사에 25명의 직원을 두고 있고, 중국에 3-4명, 40개 대리점에 코디, 실장을 각 1명씩 파견하고 있다. 본사의 경우 적은 인원이기 때문에 사원들 간에 가족적인 분위기를 유지하고 있으며, 최고경영자가 30대이므로 항상 젊고, 창의적인 분위기를 유지하고 있다. 종업원 복지 문제에 대해서는 현 사장이 수시로 알아서 나눠 줄 것을 공언하고 있고, 종업원들도 그 말을 전적으로 신뢰하고 있으므로 회사 내에 별다른 알력은 없었다.

애로 극복과 성과

결혼 시장에서 독점적인 위치를 누리는 예식장의 횡포가 가장 큰 난점이었다. 예식 공간을 구해야 하는 신랑 신부들 입장에서는 결혼식이 망가질까 봐 어쩔 수 없이 예식장의 드레스를 빌려 입을 수밖에 없었다. 직판 웨딩 드레스에 찬사를 보내면서도 정작 구입하지 못하는 상황이 이어졌다. 웨딩 드레스 강요는 시청 가정복지과에 담당하고 있는데, 이곳에 고발을 하면, 예식장에 전화를 해서 강요한 사실이 있는지 확인을 한다. 대부분의 경우 증거가 없는 관계로 예식장에서 부인을 하면, 예식장에서 신부를 불러 재협상을 하게 된다. 만약에 강요를 했음이 밝혀져도 1000만 원 이하의 경미한 벌금인데다가 시청 공무원과 예식장이 결탁되어 있어 별다른 제재가 실제로 행해지지는 않고 있다.

또한 처음 내건 캐치 프레이즈 "가격은 30만 원대, 품질은 100만 원대"는 사람들의 눈길을 끌기 충분했지만 저급품 이미지를 풍긴다는 것도 극복해야 할 문제점이었다. 국내에서는 웨딩 드레스 만들기를 가르쳐주는 곳이 없어 디자이너와 독창적인 디자인이 없다는 것은 업계 공통의 문제점이었지만 베아띠는 이것을 하나의 기회로 살려 독자적인 디자인 개발에 몰두한 것이다. 제품력 향상과 디자인 개발을 주 성공 요인으로 보고 이들의 향상에 주력한 결과, 영업 첫 해에 청담동 본점에서 1000벌 정도를 판매하는 등 총 5억 원의 매출을 기록하였다. 현재는 전국 40여 개 대리점에서 각각 연간 평균 1000벌 정도씩 판매하고 있고, 100억 원 가량의 매출을 기록하고 있다.

1996년 현재 베아띠사는 전국에 40여 개의 대리점을 두고 있으며, 자회사로 중국 청도에 베아띠 복장 유한공사와 사진과 비디오 촬영 등을 전문으로 하는 베아띠 포토매니아를 두고 있다. 베아띠에서는 웨딩 드레스와 사진, VCR 촬영 이외에도 턱시도 대여, 신부 화장, 부케 등 다양한 결혼식 관련 서비스를 제공하고 있는데, 웨딩 드레스와 사진 이외의 사항에 대해서는 기존의 다른 업체와의 협력을 통하여 시중 가의 절반 이하로 서비스를 제공하고 있다. 보기 5는 베아띠의 제품과 서비스 취급내역을 보여준다. 처음에는 ₩391,000, ₩451,000의 2가지 가격의 제품을 50여 디자인으로 판매해 왔다. 매년 판매 가격을 동결해 왔고, 1996년 가을부터 ₩539,000, ₩585,000 가격의 제품을 새로 판매하고 있다. 웨딩 드레스 이외에도 칵테일 드레스 8벌, 아동 드레스 3벌씩의 제품을 마련해 놓고 있지만, 아직까지는 판매가 미미하다.

베아띠는 해외 진출을 시도하여 1996년 워싱턴에 1개의 지점을 설치하고 안테나 숍으로 운영 중이다. 1995년에 일본의 오사카에 진출할 계획이었으나, 여러 문제점이 발생하여 보류 중이다. 해외 진출 시에는 베아띠 브랜드 사용과 마케팅 노하우 전수의 대가로 수출 가격 이외에 추가로 판매액의 3%의 로열티를 받는 조건으로 계약하고 있다.

미래 전략

베아띠는 월산 2만 8000 피스 규모의 중국 청도 공장을 현재보다 생산 설비를 2배로 확장하여 1996년 12월부터 확대 생산에 들어갈 계획이다. 또한 현재는 본사와 본점을 임대하여 사용하고 있지만, 장기적으로 베아띠의 사업 규모 확장에 따라 현 본사 부근에 사옥을 신축할 계획이다.

웨딩 드레스 시장이 빌려 입는 구조에서 사 입는 구조로 바뀌면, 우리 국민들의 삶의 질 향상 욕구와 맞물려 우리 국민들의 고가 제품에 대한 수요가 늘어날 것으로 예측하고 있다. 이에 앞으로 베아띠 이외의 새로운 브랜드로 고가 웨딩 드레스 시장에 참여할 계획을 가지고 있다.

현재의 워싱턴 지점 이외에 애틀랜타, 뉴저지, LA, 베이징, 토쿄 등에 대리점 개설을 추진 중이다. 해외 웨딩 드레스 시장은 주로 파는 시스템이어서 한국과는 틀린 점이 많기 때문에, 시장 조사에 많은 노력과 시간이 든다. 따라서 국가별로 소수의 대리점을 우선적으로 설치한 후 이들을 안테나 숍으로 이용하여 시장 조사를 확실히 한 다음에 그 국가에 대대적으로 진출하겠다는 아주 조심스러운 계획을 가지고 있다. 베아띠는 이러한 해외 진출을 단순한 제품의 수출이 아니라, 긍정적인 브랜드 이미지를 구축하기 위한 장기적인 전략의 하나로 생각하고 있다.

베아띠는 현재의 서비스를 확장하여, 1단계로 종합 서비스 체제를 구축하여 매장을 찾은 고객에게 예식장 예약부터 신혼 여행에 이르기까지 결혼식과 관련된 모든 서비스를 제공할 예정이다. 이런 시스템을 구축하여 연간 2조 원 가량의 결혼식 관련 시장을 장악한 이후에 연간 10조 원 가량으로 추산되는 결혼 관련 시장으로 진출할 계획을 가지고 있다. 이에 2단계로 혼수 용품 메이커들과 연계 체제를 구축하여 각종 혼수 용품을 베아띠 브랜드와 책임으로 판매하는 유통 혁신을 계획하고 있다.

보기 1 창업자 약력과 회사 연혁

현도정 사장 약력

1958년 대구 출생
1983년 영남대 무역학과 졸업
1987년 미국 미네소타 대학교 MBA 학위 취득
미국 하바드 밀링사 입사
1988년 ㈜요업 개발 입사
1990년 ㈜요업 개발 퇴사
㈜청신 물산 설립
1993년 ㈜베아띠 설립

회사 연혁

◎ 1992년 6월 필리핀 마닐라에 웨딩 드레스 제조 공장 Bridal World Inc. 설립 및 해외 수출
-미국의 Mori Lee, Alyce Design 등
-독일의 Eden
-프랑스의 Pronupyia

◎ 1993년 8월 한국에 ㈜ 베아띠 설립
-국내 최초로 웨딩 드레스의 기성복화와 브랜드화 시도
-웨딩 드레스를 포함한 결혼 관련 상품의 총체적 관리를 위한 전문 숍의 프랜차이즈화 시도
-현재 전국 주요 상권에 40개의 프랜차이즈 숍 개설 및 운영
-미국의 워싱턴시에 해외 지점 개설
-1997년 일본 토쿄와 오사카에 해외 지점 개설

◎ 1995년 2월 중국 청도에 베아띠 복장 유한공사 설립

보기 2 해외 공장 현황

(1) BRIDAL WORLD INC.
① 영업장
-150 Bayani st. Araneta sub Div.
Quezon city 1113
Metro Manila, PHILIPPINE
② 생산 용량
-Classic Wedding Gown : 3,000 PCS/MONTH
-Formal Wedding Gown : 5,000 PCS/MONTH
③ 인원 현황
-관리직 15명, 생산직 90명(총 105명)

(2) 청도 BEATI 복장 유한 공사
① 영업장
-10# Yu Huan Dao Road,
conomic And Technical Development Zone
Huang Dao Area, Qingdao, CHINA
② 생산 용량
-Classic Wedding Gown : 8,000 PCS/MONTH
-Formal Wedding Gown : 20,000 PCS/MONTH
③ 인원 현황
-관리직 20명, 생산직 100명(총 120명)

보기 3 베아띠의 광고

-1993.12 부산 일보, "신랑과 웨딩 드레스는 빌릴 수 없다! 30만 원대 판매 웨딩 드레스-베아띠"
-1994.4 광주 일보, "가구도 새것! 구두도 새것! 신랑도 새것! 웨딩 드레스는?"
-1994.12.20 세계 일보, "일생에 한번 입는 옷, 그러나 영원히 간직하고 싶은 추억!"
-1995.2.23 조선 일보, "정직하다면 웨딩 드레스, 비쌀 이유가 없습니다."
-1995.3.22 일간 스포츠(전면 칼라), "나만의 웨딩 드레스를 입고 싶었다!"
-1995.6.26 조선 일보, "대리점 모집광고"
-1995.8.26 일간 스포츠(전면 칼라), "그녀는 남다른 신부"
-1995.8-11월 호 마리, "그녀는 남다른 신부"
-1996.3 마이 웨딩, "오직 한 사람만을 위한 웨딩 드레스-베아띠"

보기 4 베아띠 관련 보도

-1995.2.13 국제 섬유 신문, "새로운 웨딩 문화 창출 주력"
-1995.4.13 시사 저널, "웨딩 드레스의 가격 파괴"
-1994.7.21 한국 경제 신문, "고급 웨딩 드레스 싼 값에 공급"
-1996.1.18 한겨레 21, "명분 실리면 성공 예감-합리적 가격대 웨딩 드레스로 새로운 예식 문화 창조"
-1994.1.31 국제 섬유 신문, "웨딩 드레스 대중화 선언"

-1994.2.1 일간 스포츠, "웨딩 드레스도 기성복 시대"
-1993.12 연예 정보 신문, "웨딩 드레스-임대보다 구입 시대"
-1995.2.20 한국 일보, "웨딩 드레스도 가격 파괴 바람"
-1995.4.3 한국 섬유 신문, "결혼예복 가격 파괴 선언"
-1995.3.8 스포츠 조선, "30만 원대 웨딩 드레스 성공"
-1995.5.31 섬유 경제 신문, "베아띠-저렴한 가격대 풍부한 상품력 어필"
-1994.12 Fashion Today, "기성복처럼 판매하는 웨딩 드레스 전문점 베아띠"
-1995.9.6 일간 스포츠, "가을에 온 신부를 위하여-베아띠, 전국 매장에서 토털 웨딩 서비스"
-1995.3.22 일간 스포츠, "가격파괴-웨딩 드레스 숍 등장"
-1994.9.29 중앙 일보 "기성복 웨딩 드레스 점 베아띠"
-1994.4.23 조선 일보 "다같이 생각해 봅시다-결혼문화"
-1996.3 Fashion Today, "베이띠, '96 웨딩 드레스 패션 쇼"

보기 5 제품/서비스 취급 내역서

구분	항 목	판매 가격 (원)	비고
웨딩	웨딩 드레스	391,000	
		451,000	
		539,000	96년 가을부터
		585,000	
	부속품	대여 70,000	화관, 베치코트, 귀걸이, 면사포, 웨딩 브라, 장갑
		검정 100,000	2박 3일 대여
		흰색 120,000	2박 3일 대여 (구두 포함)
		모닝 코트 250,000	2박 3일 대여
	폐백복	대여 50,000	신랑, 신부
포토		1,050,000-1,990,000	야외 촬영 시 화장, 턱시도, 소품 서비스
뷰티	메이크업	180,000	
	부케	65,000-80,000	캐털로그 비치 (코사지 7개 포함)
폐백	폐백 음식	45,000-500,000	캐털로그 비치

사례 연구 12

케이디씨 정보통신*

케이디씨(KDC) 정보통신 주식회사는 우리나라에 아직 컴퓨터가 대중화되기 이전인 1972년부터 이미 컴퓨터간의 정보 교환이라는 미래 지향적인 최첨단 사업을 개척해 왔다. 이는 국내 최초의 데이터 통신 업체로서 국내 데이터 통신의 효시가 됨과 동시에 이미 정보화 사회로의 변화를 예측함으로써 정보통신 산업을 개척한 선두 주자임을 말하는 것이다. 더 나아가 세계 굴지의 데이터 통신 관련 전문 업체와의 기술 제휴로 선진 데이터 통신 장비를 국내에 이전, 발전시킴과 동시에 자체 부설 기술 연구소의 개발을 통해 각종 데이터 통신 장비의 국산화를 이룩하고 있다.

급속도로 변화하는 현대 정보화 사회 환경에 대비하여 미래의 통신망으로 불리는 종합 정보 통신망의 구현을 위해 노력을 하는 KDC 사는 국내 최다의 네트워킹 구현 실적과 18개 전국 지사의 지원 체계, 그리고 축적된 노하우를 바탕으로 한 KDC 네트워킹 전문가들이 펼치는 KDC 네트워크를 통해 명실공히 일인자로서의 역할을 수행하고자 한다. KDC의 부단한 연구와 축적된 경험을 토대로 종합 정보통신 망에 관한 다양한 고객의 요구에 부응하여 설계 자문 등 통신 망에 걸친 토털 커뮤니케이션 솔루션을 제공하는 종합 네트워크 서비스 회사로서 위상을 정립해 나가고 있다. 또한 한국 카드콤사를 설립하여 카드식 공중 전화기용 카드 리더의 생산 등 다양한 카드 애플리케이션을 개발하며 일반 공중 통신 사업을 추진하고 있다.

경쟁 환경

1972년 창업 당시 모뎀이 국내에서 최초로 설치된 곳은 과학기술원과 경제기획원의 통계국이었다. 경제기획원과 외환 은행에 모뎀이 공급되기 시작하면서 모뎀에 대한 수요는 꾸준히 늘기 시작했으며, KDC 정보통신이 대부분을 독점하게 되었다. 이는 당시 모뎀을 수입해 영업한 업체가 한국 전자 계산과 KDC 정보통신 등 두 회사뿐이었기 때문이다. KDC 정보통신이 급속도로 모뎀을 성장시킬 수 있었던 것은 과학기술원에서 설치 작업에 관련된 외주를 전적으로 맡겼기 때문이다. 모뎀 관련 프로젝트는 KDC에서 독점했다. KDC는 ICC 제품으로 다양한 라인업을 가지고 공급하게 되어 시장을 장악하게 된다.

이처럼 KDC가 국내 모뎀 시장을 독점하다시피 점유함에 따라 경쟁사들이 탄생하기 시작했다. 삼익 전자, 금성 전기 등은 모뎀에 대한 수요가 급속도로 증가함에 따라 외국사의 제품을 그대로 복사한 국산품을 출하하였다. 그러나 기술력이 없는 상황에서 단순히 복사하는 방식을 택한 삼익 전자와 금성 전기는 거듭되는 성능의 문제로 인해 결국 사업을 포기하게 된다. 1980년대 초부터 KDC 정보통신 출신들이 나가 콤텍 시스템, 데이터콤 등을 설립하면서 KDC 정보통신의 독과점은 깨지기 시작했다. 특히 콤텍 시스템은 KDC 정보통신보다 외형이 더 큰 경쟁 업체로 커버렸다.

1990년대 들어 업체간 경쟁은 더욱 치열해졌다. 정보화에 따라 시장이 엄청나게 커지

---

* 이 사례는 김상수, 이균석과 함께 교육용으로 개발한 것이다. 사례의 내용은 특정 경영 상황의 처리에 관한 잘잘못을 예시하지 아니한다.

면서 참여 업체들이 계속 늘었고, 특히 LG 정보통신, 쌍용 정보통신, 삼성 전자, 현대 정보기술 등 대 그룹들이 모두 이 분야에 뛰어들었기 때문이다. 네트워크 프로젝트 수주 경쟁 시 4-5년 전에는 전문 기업 서너 개만 들어왔지만 지금은 현대, 삼성, 쌍용으로부터 외국 업체 휼렛팩커드 등 10개가 넘는 대기업이 몰려드는 것이 현실이다. 대기업이 고속 성장에 심각한 걸림돌로 작용하게 된 것이다.

창업과 성장

1970년대 초만 해도 국내 시장은 컴퓨터를 갖추고서 업무를 보는 기관이나 업체가 손에 꼽힐 정도로 소수에 머물렀기 때문에 컴퓨터를 이용해 통신을 한다는 것은 생각도 할 수 없었다. 따라서 모뎀에 대한 수요는 1년에 고작 1-2대에 그쳐 거의 보급이 되지 않았던 시절이다. 이처럼 수요가 거의 없었던 시기에 과감하게 모뎀 사업에 참여한 KDC 정보통신은 그야말로 이 분야의 개척자라고 할 수 있다. 창업자 인원식 회장이 모뎀 사업을 시작하게 된 계기는 친분이 있던 성기수 박사의 조언에 의해서였다. 인원식 회장은 전기·전자 장비 무역 업체인 삼아 상사를 운영하고 있었다. "오퍼상을 경영하면서 사귄 단골 고객들로부터 통신 장비에 대한 문의가 많았기 때문에 앞으로 무엇인지는 모르지만 새로운 산업이 부상할 것이라는 예감을 갖고 다각도로 구상을 하고 있었습니다"라고 인 회장은 모뎀 사업을 시작하게 된 동기를 밝힌다.[1]

1972년 미국 ICC사와 국내 대리점 계약을 맺고 자본금 2000만 원으로 무역 회사를 설립하여 모뎀을 수입, 판매하면서 전송 장비 사업에 뛰어든 KDC 정보통신은 네트워크 전문 회사인 케이디씨 상사로 출발하여 1991년 현재의 회사명으로 법인 전환한 데이터 통신 장비 전문 생산 업체이다. 주요 생산품은 컴퓨터용 모뎀과 패킷 교환 장비, 통신 다중화 장비, 통신 제어 장치 등 통신망 및 데이터 통신 관련 장비 등이다.

설립되던 해 9월에 한국 과학기술원(KIST)에서 전국 전산인들이 모인 가운데 '데이터 통신의 운용과 원리에 관한 세미나'를 개최했고 동시에 국내 최초로 KIST와 당시 경제기획원 통계국에 모뎀을 설치해 국내 데이터 통신의 효시를 이루었다. 당시 KDC는 외국의 유명 네트워크 전문 업체의 장비들을 국내에 수입, 설치해 '컴퓨터 통신, 네트워크, 데이터 통신, 정보통신'이란 새로운 개념을 도입, 확산시켰던 개척자이자 선두 주자였다.

국내 데이터 통신 시장은 1975년 이후에 점차로 활기를 띠기 시작했다.[2] 이때부터 본격적으로 모뎀 국산화에 나선 KDC 정보통신은 1980년 9월 국내에서는 최초로 1200bps 모뎀을 자체 생산하면서 비로소 우리 기술에 의한 초보적 단계의 모뎀을 내놓았다. 이어 1983년에 다중화 장비인 MUX를, 85년에는 DCU(Data Control Unit)를 생산함과 동시에 2400bps 급 다이얼 모뎀을 발표했으며, 86년에는 카드식 공중 전화기용 카드 리더를 국내 최초로 생산해 한국 통신에 납품했다. 이를 기반으로 데이콤 DLS 망 사업, 한국 과학기술원 주관 교육행정 망 사업, 대 검찰청 정보통신 망, 내무부의 치안 본부 공안 정보통신 망, 한국 통신 국제데이터 통신 망 구축 등 각종 정보통신 망 구축에 참여하여 자사의 모뎀을 비롯한 각종 전송 장비를 공급, 설치해 왔다.

그간 KDC는 데이콤의 향상된 정보통신 서비스를 위하여 채택 구성된 TI 기간 망으로 제공되는 DLS(Digital Leased Line Service) 망

---

1 네트워크 타임즈, 1994년 1월호.

2 컴퓨터 타임즈, 1992년 3월호.

의 설계 및 설치, 국내 유수의 VAN 서비스 업체의 통신망 구성 및 유지/보수 업무, 금융권과 공공 망을 위한 새로운 ATM/프레임 릴레이 솔루션(Frame Relay Solution)의 구축 등을 통하여 계속하여 새로운 정보통신 산업의 흐름을 주도해오고 있다. KDC 정보통신은 데이터 통신의 전송 장비로 라인업을 이루었다. 전용선과 다이얼 업 모뎀을 기간으로 하여, 64Kbps까지 지원하고 다이얼 업 백업 기능, 멀티포트 기능, NMS 기능을 갖춘 차세대 모뎀 DSU (Data Service Unit)를 비롯하여 MUX, T1/E1 고속 네트워크 장비, X.25 패킷 교환 장비, LAN 장비 등 데이터 전송 장비 전 품목을 갖추고 생산에서 컨설팅 및 설치에 이르기까지 일괄 수주할 수 있는 시스템을 갖추고 있다. 이를 위해 22명의 부설 연구소 인력 외에 기술본부에 기술 지원반, 지원 본부에 시스템 엔지니어링과를 운영하고 있고 전기 통신 공사 1등급 기계업과 별종 유선업 면허를 갖추고 있다.

KDC는 LAN과 WAN의 인터네트워킹 솔루션(Internetworking Solution)의 구현을 위하여 WAN 분야에서 축적한 기술을 바탕으로 1993년 LAN 사업을 전문으로 수행하기 위한 독립 사업부의 발족을 통하여 1994년 짧은 기간 동안 한일 증권, 기업 은행, 신한 은행, 교보 생명 등의 금융권의 LAN 프로젝트를 성공적으로 수행하고 엘렉스 컴퓨터, 금강, 고려 화학 등 각 기업에 최적의 LAN 솔루션을 제공함으로써 기술력을 인정 받고 있다. 94년을 기해 초고속 정보통신 망 시대를 여는 ATM/프레임 릴레이 네트워크 솔루션을 국내 최초로 도입, 기업 은행, 교보 생명 등을 비롯한 유수의 기업에 구축하는 성과를 올렸다. 보기 1과 2는 각각 KDC 정보통신의 1996년 부문별 판매 실적과 매출액 추이를 보여 준다.

KDC 정보통신의 이러한 성장 배경에 대해 인원식 회장은 "비록 힘든 상황이었지만 최첨단 사업을 개척해 간다는 소명 의식으로 일했으며, 'No.1 in Data Communication'정신으로 일했기 때문이다"라고 말한다.[3] KDC 정보통신은 현재 검찰청, 내무부, 치안 본부 등 정부 기관을 비롯하여 한일 은행, 기업 은행, 신한 은행 등의 금융권과 금강, 고려 화학 등에 통신 네트워크 장비를 공급하고 있다. 최근 들어 이동 통신 기기의 보급이 확산되고, 멀티미디어 제품 수요가 증가함에 따라 무선 모뎀과 음성 및 화상 등을 전송하는 초고속 다기능 통신 장비개발에 주력하고 있다. 보기 3과 4는 각각 KDC 정보통신의 주요 고객 명단과 회사 연혁을 보여 준다.

경영상의 특징

R&D 투자와 신기술 개발

KDC 정보통신은 'LAN & VAN Total Networking Solution'을 보유한 전문 업체로서, 1972년 모뎀 공급, 80년 국산 1200 bps 모뎀 개발, 83년 MUX(Multiplexer) 개발, 87년 VAN 사업, 90년 GD 마크 획득, 91년 멀티포트(Multiport) 모뎀 개발, 92년 56 Kbps X.50 멀티플렉서개발 등이 모두 국내 최초이다. 보기 5는 KDC 정보통신의 기술 개발 현황을 보여준다. 또한 ATM/프레임 릴레이 네트워크를 도입해 국내 최초로 '초고속 정보통신 망' 시대를 열었고 공공 기관, 금융 기관 및 제조 업체의 정보통신 망 구축에 핵심 역할을 담당해 기술력을 인정 받고 있다.

국내는 물론 국제적인 경쟁력 강화를 위해 KDC는 해마다 R&D에 대한 투자를 강화하여 신제품 개발에 앞장서고 있으며, 최근의 DSU, 보이스(Voice) 지원 MUX 등을 비롯하여 LAN 장비, PAD, 프레임 릴레이, 스위치,

[3] 컴퓨터 타임즈, 1992년 3월호.

FRAD 장비 등을 자체 기술력과 해외 업체와의 기술 제휴 등을 통하여 꾸준히 연구개발하고 있다. 1995년까지는 총 매출액의 6-8%를 R&D에 투자했지만, 96년부터는 13% 이상으로 투자하고 있다. 1997년에는 연구 인원도 60명에서 80명으로 늘려 특화된 제품을 개발할 계획이다.[4]

KDC 정보통신은 국내 최고의 축적된 네트워킹 기술과 노하우가 체계적으로 전달되어 계속하여 전문가를 양성할 수 있도록 KDC 사원을 위한 교육 프로그램인 TPK(Trainning Program for KDC People) 일반 과정과 전문 과정이 있다. 국제적인 경쟁력 향상을 위한 ETPK(English Trainning Program for KDC People)도 함께 개설되어 실력 있는 KDC 정보통신을 이끌어가는 원동력을 마련하고 있다.

고객 위주 마케팅

KDC 정보통신은 고객의 현재 시스템을 진단해 문제점을 파악한 후 고객의 상황에 가장 적합한 새로운 시스템을 설계하고 제안한다. 그리고 수주 계약이 체결되면 시스템에 맞는 부품을 새로 도입하고 조립해 고객에게 납품, 설치하는 등 철저히 고객 위주의 마케팅을 하고 있다.[5]

KDC 정보통신은 정보통신 산업에 빨리 진출한 만큼 기술적인 노하우를 가진 영업 인력이 풍부하고, 패기 넘치는 전문화된 젊은 인력을 계속 충원함으로써 신구가 조화를 이루는 장점을 소유하고 있다. KDC 정보통신은 오랜 역사를 지닌 업체의 다양한 경험을 토대로 과거와 현재는 물론 미래의 통신 환경에 대비한 ATM, 프레임 릴레이 등 신기술을 남보다 앞서 도입하는 등 고객 만족을 위한 뛰어난 예견과 분석력을 겸비하고 있다.

종합 정보통신 업체로서 토털 솔루션의 장비 공급과 더불어 고객이 올바른 솔루션을 선택할 수 있도록 하는 컨설턴트의 역할까지 무리 없이 수행함으로써, 지속적으로 성장하는 원동력이 되고 있다. 특히 요즘 네트워크 업체들이 장비 공급에만 급급할 뿐 사후 지원을 철저히 하지 않는 문제점을 노출시키고 있다. 반면 KDC 정보통신은 전국 18개 지사에 우수한 기술 인력을 갖추고 신속한 유지/보수를 실시하여 고객으로부터 좋은 호응을 얻고 있다. 이는 KDC 정보통신은 '한 번 고객은 영원한 고객'이라는 자세로 사후 지원을 철저히 한다는 방침 아래 'KDC 2000'이라는 슬로건을 내걸고 무한 책임주의 정신을 펼치고 있기 때문이다.

고속 통신 망의 장애 관리를 위해 고객의 네트워크를 KDC의 UHD(User Help Desk)에서 항상 감시 제어할 수 있는 KAS(KDC Access System)를 구축하여 운영하고 있다. 이는 엔지니어가 사이트를 직접 방문하지 않고 UHD에서 고객의 네트워크 운영 상황을 모니터링하는 무인 시스템의 설치를 통해 고객의 문제점을 고객보다 먼저 알고 지원 서비스를 실시하는 시스템이다. 고객 중심의 KDC 네트워크 서비스는 데이터 전송 이론, 디지털 전송 시스템, 통신 장비 일반, 네트워크 설계 및 운영, 네트워크 관리 및 운영, LAN, ISDN, 기타 사항별 특별 교육 훈련 과정을 운영하고 있다.

사업 다각화 전략

KDC 정보통신은 사업 다각화 전략을 추진함으로써 그 동안 업계에 데이터 통신 전문 회사로만 알려진 기업 이미지를 과감히 탈피하여 종합 정보통신 회사로 나아가려고 한다.[6] KDC 정보통신은 올해 근거리 통신망(LAN) 사업에 본격적으로 뛰어들 계획이다. 이에 따라

---

[4] 오픈 컴퓨팅, 1996년 2월호.

[5] 동양 경제, 1996년 9월호.

[6] 전자 신문, 1992년 2월 12일자.

이미 레이컬밀고사의 네트워크 장비인 '인터랜' 장비를 공급하기 시작한데 이어 네트워킹 분석 도구로 세계적인 명성을 얻고 있는 미국 네트워크 제너럴사의 '스니퍼 시스템' 등 장비를 수입, 국내 시장에 본격적으로 공급할 예정이다. KDC가 현재 추진하고 있는 신규 프로젝트는 이 회사의 기업 위상을 새롭게 변모시킬 한국형 CATV 개발 사업에 참여하고 있다. 이것은 상공부로부터 자금을 지원 받아 공동으로 추진중인데, 앞으로 종합 유선 방송 시대가 도래할 것을 대비하여 전송로 장비 가운데 망 감시 분야의 소프트웨어 개발에 참여한 것은 매우 장기적인 관점의 전략이다. 또한 하이텔 단말기 사업에도 본격적으로 진출할 계획이다.

KDC는 카드식 공중 전화기의 수출과 특수 분야 사업도 계속 추진할 예정이다. 그 동안 철도 차량의 각종 운행 기록을 자동으로 기록해 주는 장비인 '블랙 박스'를 국내 철도 차량에 독점 공급해 왔는데, 앞으로는 고속 전철 사업에까지 영역을 확대하고 시스템 통합(SI) 사업 성격이 강한 소프트웨어 사업 분야에도 적극 진출할 예정이다. 이를 위해 자회사인 KDC 시스템 내의 특수 사업 팀의 내부 진용을 대폭 보강하고 병원 전산화를 비롯한 각종 SI 사업을 크게 활성화하려고 한다.

끊임없이 발전하는 정보 산업의 요구 조건을 보다 적극적으로 대처하기 위하여 국산 개발 제품 및 범용적으로 응용되는 첨단 제품을 취급하는 KDC 정보통신과는 별도로 사내 벤처 기업 형식의 자회사로서 특수 신규 사업의 개척을 담당하는 KDC 시스템㈜과 카드식 및 IC 공중 전화기의 국내 보급을 통한 일반 공중 통신 망 산업 발전에 기여하는 한국 카드콤㈜, 그리고 국내에서 현재 미개발된 미들웨어 개발에 박차를 가하고 있어 자체 개발을 통한 세계적인 수준의 미들웨어 소프트웨어를 개발하고 이와 관련해서 I&T(Information & Technology) 관련 소프트웨어개발까지 영역을 넓혀 미들웨어 시장 공략 및 소프트웨어 산업 진입을 위한 KDC 소프트㈜를 설립하였다.

코스닥 시장 등록

KDC는 정부가 장외 시장 활성화를 위하여 1996년 7월 1일부터 입찰 방식을 도입한 이후 입찰을 통한 코스닥(KOSDAQ) 시장 장외 등록을 실시하였다.[7] 이 제도는 정부에서 증권 활성화를 위해서 새로 마련한 제도로서 그 성공적인 이행을 위해 각 장외 등록 신청 업체를 심사하여 선정하였는데, KDC 정보통신이 우선적으로 선정되어 국낸 최초의 입찰에 의한 장외 등록 기업이 되었다. KDC의 장외 등록은 TCS 2000(Top Company System 2000) 전략의 일환으로 이루어졌는데 이는 공동의 비전을 갖고 KDC 내·외적으로 경쟁력 강화 및 향후 급변하는 시장 변화에 능동적으로 대처하기 위한 특화를 목표로 한 장·단기 계획의 일환으로 일반 기업이 아닌 컴퓨터 네트워킹 업체로서의 위상을 공고히 하여 2000년부터는 한국을 대표하는 컴퓨터 네트워킹 업체로서 세계를 무대로 본격적인 약진을 이루는 데 그 중점을 두고 있다.[8]

KDC 정보통신의 장외 등록 준비 과정은 자체적인 기업 평가 검증의 일환으로 3단계의 준비 검증 과정을 계획하였는데, 일차적으로 한국 기술 금융 등의 벤처 자본사 평가를 거쳐 그 내재 가치를 인정 받고 다시 장외 등록을 거쳐 1년여 기간 동안 일반 투자자의 평가를 거친 후 3단계로서 거래소에 상장을 이루는 것을 목표로 했다. 이러한 KDC의 장외 등록은 많은 언론의 집중적인 스포트라이트를 받았으

7 KDC Network(사보), 1996년 창간호.
8 이코노미스트, 1996년 8월호.

며, 21 대 1이라는 매우 높은 입찰 경쟁률을 보였다.

도전과 비전

1996년의 KDC를 살펴보면 대내·외적으로 크고 작은 변화들이 어우러진 한 해라고 평가할 수 있다. 이 중 가장 크게 부각된 외부적인 변화는 역시 국내 최초로 입찰을 통해 장외시장(KOSDAQ)에 등록한 일이다. 이것은 대외적으로 KDC의 입지를 공고히 하였을 뿐만 아니라 일반 투자자들의 많은 관심을 끌면서 KDC의 이름을 알리는 데 큰 홍보 효과를 거두었다. 그만큼 1996년은 상장 등록이라는 큰 변화를 통해 안팎으로 거기에 걸맞는 변화를 유도하는 중요한 한 해가 되었다.

KDC는 내부적으로도 점진적인 개혁을 실시했다. 교육 강화를 통해 인재 양성에 그 어느 때보다 주력해 왔으며, 계속 경주하여 온 WAN 사업뿐 아니라 LAN 사업 분야의 성장을 이루었으며, 신기술을 습득함으로써 고부가가치의 기술 의존도가 높은 통신 장비 개발에 주력하여 제품의 국산화에 앞장서 왔다. 이러한 결과로 KDC는 1996년 말 현재, 95년 대비 37%의 성장률을 보였다. 보기 6은 KDC의 최근 재무 제표를 보여준다.

1997년 이후 성장 저해 요인이 더 많이 발생하리라 예상되며, 경쟁은 보다 치열해질 전망이다. 우리는 지금 통신 산업이 주도하는 정보통신 환경을 중심으로 한 변화의 시대에 살고 있다. 변화의 시대에는 기회와 위기가 상존하고 있다. 앞으로는 지금보다 더욱 급격한 변화와 도전이 예상되고 있으나, KDC가 이를 적극 활용하면 재도약의 기회로 삼을 수 있다.

1997년 KDC 정보통신은 창립 25주년을 맞아 향후 발전 및 투자에 대한 기본 전략과 실천 방침을 확립하고 이를 3S와 3NC로 정리하였다.[9] Service, Software, Solution으로 정리된 3S는 사업 방향을 부가가치를 높일 수 있는 서비스 부문, 핵심 소프트웨어 개발을 통한 소프트웨어 부문, 네트워크 설계에서 설치 후 망관리 및 유지/보수까지 각종 소프트웨어와 하드웨어가 총괄되는 종합 통신 솔루션 부문으로 설정하여 현재 90% 정도의 하드웨어 사업에 의한 회사 매출 비중을 30주년이 되는 2002년에는 솔루션 사업 30%, 소프트웨어 사업 40%, 서비스 사업 30%까지로 조정하는 데 그 목표를 두고 있다.

또한 3S는 사업 전략뿐 아니라 고객 및 동료간에 봉사하고 희생하는 마음(Service), 대안 없는 비판이나 관습적인 업무 진행이 아닌 분명한 해결책을 염두에 두고, 업무의 결론을 이끌어 낼 수 있는 행동과 의식(Solution), 경직된 사고에서 벗어날 수 있는 유연한 업무 처리 및 대인 관계(Soft) 등과 같이 KDC 피플(People)의 업무 처리에 대한 기본 의식 함양으로서도 그 맥락을 같이하고 있다.

한편 3S의 사업 부분을 실천하기 위한 3NC는 기존에 세계적으로 상용화되어 있는 제품의 기술 개발이나 단순한 프로덕트 라인업(Product Line-Up)을 위한 투자에 연연하지 않고, 일단 제품을 완성시켰을 때는 세계적인 경쟁력을 가질 수 있는 기술 분야에 대한 투자를 집중 육성하겠다는 Next Communication(차세대 기술), 급변하는 고객 환경에 대하여, 전문 업체로서 한 단계 더 멀리 보고 그에 맞는 정확한 네트워크 환경 구축을 위한 방안을 연구하는 Next Customer(차세대 고객 환경), 회사 TCS 2000 Vision에 의하여, 2000년부터 본격적으로 해외를 상대로 국익을 선양할 수 있는 예비 리더들을 양성할 수 있는 사내 인프라 구축 및 활동 방향과 그를 강하게 받쳐 줄 수 있는 '젊은 경영 방침 수행'을 위한 Next Co-Worker

---

[9] KDC Network(사보), 1997년 봄호.

(차세대 동료)로 정의하고 있다.

이러한 3 S와 3 NC를 기반으로 하여 KDC 정보통신은 1997년을 보다 강하고, 공격적인 활동으로 1970년대 이래 회사의 캐치프레이즈인 'No.1 in Data Communication'을 완성시켜 나가는 원년으로써 그 의미를 분명히 선포하고 있다.

보기 1 부문별 판매 실적(1996년 12월 기준)

(단위: 백만 원)

구 분	매출액
Modem	3,254
MUX	6,549
WAN	10,736
LAN	4,347
기타 제품	1,235
유지/보수 수입	3,249
수입 수수료	4,545
합 계	33,915

보기 2 매출액 추이 (단위: 억 원)

구 분	93	94	95	96	97(예상)
정보통신 매 출	100	180	270	369	550
총 매 출	215	310	430	560	850

보기 3 주요 고객

정부 및 투자 기관

경찰청, 대검찰청, 내무부, 한전 ETRI, KIST, 한국통신 외 200여 처

금융 기관

농협, 동화 은행, 신영 증권, 제일 은행, 조흥 은행, 평화 은행, 한일 은행, 한일 증권, 대한 교육 보험, 동아 생명 보험, 삼성 화재 보험, 증권 전산, 한양 증권, 홍국 생명 보험, 중소 기업 은행 외 400여 처

VAN 업체 및 일반 기업

고려 화학, 금강, 대림 산업, 대우 정보 시스템, 데이콤, 럭키 금성, 삼성 물산, 삼성 HP, 삼풍 백화점, 쌍용 그룹, 신호 그룹, 아시아나 항공, 에이텔, SDS, STM, 진로 그룹, KT-NET, 포항 제철, 한양 유통, 호남 정유 외 600여 처

언론 기관

동아 일보, 연합 통신, 중앙 일보, 한국 방송 공사(KBS), 한국 일보 외 10여 처

보기 4 회사 연혁

1972. 7.25. 케이디씨 상사 창립
72. 8. 1. 국내 최초 모뎀 공급
73. 1. 8. 과기처 인가 부설 기술 연구소 설립
75. 4. 4. 유지보수 업무의 개시
80. 1.29. 데이터 통신 설비운용에 관한 공헌으로 내무부 장관 상 수상
80. 9. 1. 국내 최초 1200 bps 모뎀의 국산 개발
83. 8.20. 국내 최초 멀티플렉서 개발 및 생산
85. 3. 1. 전기 통신 공사 사업 면허 1등급 취득
85. 8.27. 국내 최초 Data Control Unit 개발, 생산
85.12.31. 2400 bps Dial-up Modem 자체 개발, 생산
86. 6.26. 체신부 선정 유망 통신 기업
86.12. 1. 카드식 공중 전화기용 카드 리더 개발
86. 3. 2. 부설 기술 연구소 과학기술처 인가
87.10. 1. 국내 최초의 VAN 사업에 참여
87.11.30. 서울특별시장 표창 수상
88. 3. 3. 대통령 상 수상
88. 6.13. 데이콤 DLS망 사업 참여
88. 8.25. 한국 과학기술원 주최 교육 행정 망 사업 참여
89. 2.17. 케이디씨 시스템㈜ 자회사 설립
89. 5. 1. 한국 카드콤㈜ 자회사 설립
89. 10. 체신부, 한국 전기 통신 공사, 한국 전자통신 연구소 공동으로 유망 통신 기업체 선정
90. 5. 국내 업계 최초 GD(Good Design) 마크 획득
90. 9. 대검찰청 정보통신 망 구축
90.11. 내무부 치안본부 공안 정보통신 망 구축
91. 5. 케이디씨 정보통신 주식회사로 법인 전환
91.12. 농업 협동조합 전국 정보통신 망 구축
91.12. 국내 최초 멀티포트 모뎀 개발, 생산
92.10. 한국 전력 전국 종합 X.25 패킷 망 구축
92.12. 국내 최초 56 Kbps X.50 멀티플렉서개발
92.12. 종합 공장 건설
93. 5. 삼성 그룹 음성 통신 망 구축
93. 6. 한국 마사회 종합 통신 망 구축
93. 8. STM 패킷 망 구축
93. 8. 한국 무역 정보통신 무역 자동화 망 구축
93.12. 쌍용 그룹 종합 통신 망 구축
94. 1. 삼성 그룹 Frame Relay/X.25 패킷 망 구축

94. 5. 한일 은행 종합 통신 망 구축
95. 1. 기업 은행 종합 통신 망 구축
95. 4. 한일 증권 LAN 구축
95. 5. 교보 생명 종합 통신 망 구축
95. 8. (주) 금강, 고려 화학 LAN 구축
96. 2. 증권 전산원(주) LAN 구축
96. 4. 대동 은행 종합 정보통신 망 구축
96. 4. 크라운 베이커리 LAN 구축
96. 6. 한남 투자 ATM/Frame Relay 망 구축
96. 7. 기은 투자 종합 정보통신 망
96.10. 대우 전자 LAN 구축, 농협 정보통신 망
97. 5. 12. 케이디씨 소프트(주) 자회사 설립
97. 8. 효성 컴퓨터 ATM/Frame Relay 망 구축

보기 5 기술 개발 현황

시기	내 용
80년	1200 bps 모뎀 국산화
82년	2400 bps 모뎀 국산화
82년	비동기 대 동기식 전송 장비 국산화
84년	LAN 용 모뎀 개발
85년	데이터 전송 조정 장치 개발
85년	1200 및 2400 bps 다이얼업 모뎀 개발
86년	음성 변환 장치 개발
86년	카드식 공중 전화기용 입력 장치 개발
87년	9600 bps 모뎀 독자 개발
92년	동기식 패킷 전송 장비 개발
92년	데이터 증폭 장치(DSU)개발
95년	ATM 프레임 릴레이 장비 도입

보기 6 최근 3개년 영업 실적 및 재산 상태

요약 손익 계산서

(단위: 천 원)

과 목	제8기 (96.1.1-96.12.31)	제7기 (95.1.1-95.12.31)	제6기 (94.1.1-94.12.31)
매출액	33,915,260	25,661,362	18,075,150
매출원가	25,595,129	19,021,793	12,878,233
매출 총이익	8,320,131	6,639,569	5,196,917
판매비와 일반 관리비	5,315,204	4,501,374	3,192,394
영업이익	3,004,927	2,138,195	2,004,523
영업외 수익	603,250	401,494	104,538
영업외 비용	1,117,115	584,821	528,611
경상이익	2,491,062	1,954,868	1,580,450
특별이익	-	-	93
특별손실	1,352	879	1,100
법인세 차감 전 순이익	2,489,710	1,953,989	1,579,443
법인세 등	658,059	419,929	379,711
당기 순이익	1,831,651	1,534,060	1,199,732

요약 대차 대조표

(단위: 천 원)

과 목	제8기 (96.1.1-96.12.31)	제7기 (95.1.1-95.12.31)	제6기 (94.1.1-94.12.31)
유동자산	16,843,293	7,745,158	7,602,792
1)당좌자산	11,320,559	1,802,784	3,218,617
2)재고자산	5,084,220	5,427,306	4,221,727
3)기타유동자산	438,514	515,068	162,448
투자와 기타 자산	3,535,474	2,063,792	1,026,207
1)투자자산	2,062,602	768,861	224,506
2)기타자산	1,472,872	1,294,931	801,701
고정자산	1,503,154	927,966	972,820
이연자산	24,868	8,397	1,597
(자산총계)	(21,906,789)	(10,745,313)	(9,603,416)
유동부채	7,631,236	4,747,603	6,005,934
고정부채	2,573,214	1,528,520	1,165,302
(부채총계)	(10,204,450)	(6,276,123)	(7,171,236)
자본금	3,500,000	1,000,000	500,000
자본잉여금	2,900,000	-	-
이익잉여금	5,302,339	3,469,190	1,932,180
(자본총계)	(11,702,339)	(4,469,190)	(2,432,180)
(부채와 자본 총계)	(21,906,789)	(10,745,313)	(9,603,416)

사례 연구 13

웹 인터내셔널*

국가 경쟁력이 계속해서 떨어지고 있다는 우려의 목소리가 팽배해 있고, 국내 경기가 몇 년째 침체를 거듭하고 있는 어려운 경제상황 속에서 웹 인터내셔널은 주목할 만한 성과를 보였다. 창립한 지 3년 만인(법인 설립 후 1년 반) 1996년 매출액 40억 원에 순이익 5억 원이라는 훌륭한 성과를 거두었고, 1997년에는 100억 원의 매출액에 12억 원의 순이익을 목표로 하고 순조롭게 목표를 달성해가고 있다. 거대 기업들이 중병을 앓고 도산하기도 하는 현재 한국의 기업 환경에서 이 신생 회사가 이렇게 경이로운 성과를 올리고 있는 이유는 무엇일까?

웹 인터내셔널은 1994년 과학기술원(KAIST) 박사 과정이었던 윤석민 사장이 후배 4명과 자본금 1천만 원을 가지고 설립한 'S&T 온라인'이라는 회사로 시작되었다. 처음에는 컴퓨터 통신에 각종 온라인 게임을 개발하여 제공하는 사업을 하였다. 이듬해인 1995년 인트라넷 분야로 진출하여 인트라넷 구축과 홈페이지 제작을 전문으로 하는 회사인 웹 인터내셔널로 회사의 이름을 바꾸고 법인으로 새로운 출발을 하게 된다. 이 회사는 국내 최초의 인트라넷 통합 패키지 소프트웨어인 '인트라 오피스'를 개발, 인터넷을 기업 내 정보 인프라로 활용하는 인트라넷 시장 공략에 나섰다. 때마침 불어닥친 인터넷 열풍을 타고 순항을 거듭했다. 창업 2년 만에 매출 40억 원, 순이익 6억 원을 올렸으며, 1997년에는 매출액과 순이익 목표를 각각 80억 원과 12억 원으로 2배씩 늘려 잡았는데, 이후 매출 목표를 다시 100억 원으로 높인 바 있다.

산업 환경

인트라넷

인트라넷(Intranet)은 기업체, 연구소 등 조직의 내부 업무를 인터넷으로 처리할 수 있는 새로운 개념의 네트워크 환경을 뜻한다. 이제까지 조직은 다양한 형태의 정보를 전자 메일 시스템, 전자 결재 시스템 등 각각 별도의 시스템을 통해 주고받던 것을 'LAN 환경 인터넷'인 인트라넷을 통해서 인터넷의 웹(Web) 환경으로 통합하여 정보 교환 작업에 효율성을 기할 수 있게 된다. 인트라넷 구축 시 사용이 인가된 내부 조직원은 전세계 어디서나 인터넷을 통하여 조직의 정보 체계에 접속할 수 있게 되어 모든 업무 처리가 가능해진다.

인트라넷은 인터넷의 개방성과 저렴한 구축 및 유지 비용, 높은 확장성, 그리고 명확한 기술 표준에 따른 관련 기술의 높은 신뢰성 등의 장점을 가지고 있다. 그뿐 아니라 기존 C/S 모델과는 달리 하드웨어의 사양과 관계없이 정보 처리가 가능하고 멀티미디어 데이터 처리 기능이 뛰어나 향후 정보 인프라의 주류로 기대되고 있다.

인트라넷 시장은 인터넷 이용자의 급격한 증가와 효율적 정보 교류의 환경 구축에 대한 기업들의 투자가 가속화되면서 높은 성장세를 지속하리라 전망된다. 한국 전산원의 조사

* 웹 인터내셔널의 윤석민 사장은 1998년 9월에 자신의 48% 지분 중 28%를 영진 IC사에 매각하여 14억 원 이상을 수확하고, 사명을 한국 디지탈라인으로 바꾸었다. 그 후 2대 주주가 된 윤 사장은 경영권을 영진 측에 넘기고 자신은 기술 담당 부사장으로 내려 앉았다. 이 사례는 한국 디지탈라인으로 바뀌기 이전의 웹 인터내셔널에 대한 창업 과정을 강선, 강신헌과 함께 교육용으로 개발한 것이다. 사례의 내용은 특정 경영 상황의 처리에 관한 잘잘못을 예시하지 아니한다.

(1997년 1월)에 의하면 전 세계 인터넷 이용자는 1993년에 2200만 명에서 96년에는 1억 8000만 명으로 증가되어 연평균 101%의 성장률을 보여주고 있다. 이러한 세계적인 이용자 수의 증가에 힘입어 국내에서도 동 기간에 7만 6000명에서 73만 2000명으로 연평균 113%의 성장률을 보여 주고 있다.

인터넷/인트라넷 분야의 전문 조사 기관인 조나 리서치(Zona Research)의 전망에 의하면 세계 인트라넷 시장은 1996년 60억 불에서 1999년에는 284억 불에 이르러 연평균 68%의 성장률을 보일 것으로 추정되고 있다(보기 1 참조). 우리 나라의 경우 정보통신부의 전망(1997년 2월)에 의하면 1996년 약 150억 원에 달하는 국내 인트라넷 시장은 연평균 133%의 성장을 거듭하여 2000년에는 4400억 원에 이를 것으로 예상되고 있다. 향후 인트라넷은 기술적 발전과 함께 더욱 확장된 개념인 엑스트라넷(Extranet)으로 궁극적으로는 가상 기업의 출현을 가능케 함으로써 전자 상거래(EC: Electronic Commerce) 분야로 진보될 것으로 전망되고 있다. 1996년 하반기부터 국내 기업들의 전산화가 인트라넷 방식으로 전환되기 시작하여 웹 인터내셔널, 아이소프트, 다음 커뮤니케이션 등 몇몇 관련 인트라넷 그룹웨어 공급업체의 시장 진입이 가속화될 전망이다.

멀티미디어

최근의 멀티미디어 산업은 영상 미디어를 녹화, 재생하여 논문, 영화, 지리, 교육 정보를 제공하는 멀티미디어 컨텐트 분야, 각종 게임 서비스와 오락물을 제공하는 엔터테인먼트 분야 등으로 나뉘어진다. 1990년대 들어서 보급되기 시작한 멀티미디어는 컴퓨터를 이용하여 기존의 미디어를 개조, 통합하는 것 이외에 대화성이 가미되었다는 특징이 있다. 멀티미디어 산업은 기존의 정보 매체를 통합하여 새로운 개념의 정보 전달 체계를 형성하고 다양한 신규 사업 분야를 생성시킴으로써 고부가가치, 고 성장 산업으로 국내 산업 구조 전반의 고도화에 크게 기여할 것으로 전망되고 있다. 전 세계 멀티미디어 시장은 고도 성장할 것으로 기대되는데 정보통신부에 의하면 1992년 14억 불에서 1996년 130억 불로 연평균 73%의 성장을 기록했고, 이후 급성장하여 2000년에는 3조 3000억 불에 이르러 연평균 300%의 성장이 예견되고 있다(보기 2 참조).

관련 분야를 나누어 보면 크게 교육용 CD-롬 타이틀, 지리 정보 시스템, 여행 가이드 온라인 서비스 등 양질의 문화 정보를 수록/서비스하는 분야인 컨텐트 분야와 음악 CD, 게임 CD 등의 CD 산업, MUD, MUG 등 다수 사용자를 위한 게임 프로그램 및 보다 현실감 있는 3D 게임개발과 관련된 엔터테인먼트 분야가 있다. 웹 인터내셔널은 피아제 열린 교실, 조선일보와 한국 교육개발원이 주관한 키드넷 교육용 홈페이지 공모전 최우수상 수상, 인터넷 온라인 바둑 서비스를 통한 한국 기보의 DB 구축 등 좋은 성과를 거둔 바 있으며, 멀티미디어 분야에서도 온라인 헥사, 당구, 야구 등의 PC 통신 서비스 및 인터넷 바둑 서비스를 개발한 경험이 있다.

창업자 배경

웹 인터내셔널의 창업자 윤석민 사장−1967년 생, 서라벌 고교 중퇴, 연세대 전산학과(현 컴퓨터과학과) 86학번 입학, 과학기술원 90학번 입학, 박사 과정 수료−의 벤처 인생은 고교 시절부터 시작되었다.[1] 컴퓨터에 빠져 있던 그에게 학교 수업은 별반 매력적이지 못했다. 반에서 1-2 등을 달리던 그가 학교를 그만 두겠다고 폭탄 선언을 하고는 1년간 컴퓨터에

[1] 경향 신문, 1997년 4월 30일자.

빠져 살았다. 여러 소프트웨어 공모전에서 입상을 하고, 그 중 일부는 상품화되기도 했다.

그는 뒤늦게 대학에 진학했다. 자신만의 프로그래밍 개념이 대학 강의에서 일반화된 내용임을 알고 대학 공부의 절실함을 깨달았다. 검정 고시 후에 연세대학교 전산학과에 입학하게 되었다. 그 후 1990년 과학기술원에 진학했다. 자신의 말로는 "병역 특례를 위한 비겁한 선택이었다"고 한다. 그 후 과기원 박사 과정에 들어가 인공 지능을 연구하며 학자의 길을 걸을 때였다. 실용주의자인 그에게 연구용은 맞지 않는다고 느낀 것이다. 그는 "현실과 접목하지 못하는 학문은 시간 낭비다. 제품 속에 혼을 담아 사업을 해보자"라고 결심했다. 결국 박사 2년차를 마치고 자퇴했다. 그리고는 자신의 뜻과 맞는 후배들을 영입하여 'S&T 온라인'이라는 회사를 창업하기에 이르렀다. 이러한 배경을 지닌 윤석민 사장은 사내에서 앞선 기술, 창의적 아이디어만큼이나 탁월한 마케팅 능력까지 겸비하여 벤처 기업의 리더로서 손색이 없다고 평가되고 있다.

경영 성과

웹 인터내셔널은 1994년 2월에 설립된 회사이다. 보기 3은 웹 인터내셔널의 주요 회사 연혁을 보여준다. 인트라넷 업체인 웹 인터내셔널의 성적표는 화려하다. 누구보다 짧은 기간에 믿어지지 않을 정도로 크게 성장했다.[2] 웹 인터내셔널은 대표 윤석민 사장을 포함한 친구 5명이 신용 카드 2장으로 빌린 1000만 원의 자본금으로 1994년 2월 사업을 시작했다. 우선 컴퓨터 2대, 프린터 1대, 팩스 1대를 구입했다. 목돈이 없어 사무실은 월세로 빌렸다. 신촌의 한 빌딩 지하 사무실에 'S&T 온라인'이란 회사를 열고 컴퓨터 통신에 각종 온라인 게임을 제공하는 온라인 게임 제작과 네트워크 컨설팅을 주로 했다.

사업의 전환점이 된 것은 지난 95년 윤석민 사장이 인터넷으로 전산망을 구축하는 인트라넷에 주목하면서부터이다. 웹과 데이터베이스(DB)를 연결시키는 기술을 연구하기 시작했고, 불과 1년 만에 '인트라 오피스'를 발표했다.

웹 인터내셔널은 국내 처음으로 스톡 옵션제(주식 매입 선택권제)를 도입, 직원들이 회사 실적에 따라 억대 샐러리맨이 될 수 있는 길을 열어 놓았다. 1997년 4월 초 40명의 직원에게 옵션 행사 가격 6500원으로 총지분의 6.6%에 이르는 23,750주를 나눠줬다. 이후 스톡 옵션은 벤처 기업의 대명사가 됐다. 또한 인터넷 업계 처음으로 장외 시장(코스닥) 등록을 했다. 창업 후 1년 9개월의 최단기간에 코스닥 등록이란 기록을 갖게 되었다.

경영상의 특징

인적 자원 관리

웹 인터내셔널이 초고속으로 성장한 주요소의 하나는 인적 자원 관리였다. '두뇌 = 생산 공장'이라는 관점하에 1995년 6월 웹 인터내셔널을 법인으로 전환하면서 착수한 것이 헤드 헌팅이었다. 서울대·KAIST·포항공대 등의 전산·컴퓨터 공학 전공자들을 끌어 모았다. 현재의 보수는 적지만 앞으로 시행할 스톡 옵션에 미래를 걸라는 조건이었다. 당시에는 국내에서 스톡 옵션에 대한 개념도 없었지만 예상 밖의 인재들이 몰려왔다. 현재의 직원 62명 대부분이 서울대, 한국 과학기술원 등 출신으로 탄탄한 기술 인력을 자랑한다. 웹 인터내셔널의 직원 62명 중 대다수가 기획개발부와 개발부, 홈페이지 사업부와 같은 기술개발 부서에 근무함으로써 탄탄한 기술력을 갖춘 인재를

[2] 동아 일보, "사업 시작 3년 만에 자본금 18억 원. 올해 예상 매출액 80억 원. 코스닥 등록을 위한 주식 입찰경쟁률 4백48.6 대 1로 역대 3위 기록," 1997년 4월 9일자.

적소에 배치하여 능률 향상을 꾀하고 있다. 뿐만 아니라 영업 활동에 있어서도 높은 기술이 요구되므로 웹 인터내셔널의 영업 사원은 대부분이 전자 공학, 컴퓨터 공학 등을 전공한 공대 출신의 고급 인력을 유지하고 있다. 보기 4는 이 회사의 조직 구성을 보여준다.

이러한 고급 인력의 확보를 통하여 웹 인터내셔널은 타 기업이 보유하지 못하는 여러 기술을 보유하게 되었는데, 웹 인터내셔널이 보유한 산업 재산권 등록 현황을 보면 프로그램 등록 22건, 상표 등록 출원 15건, 공연 윤리 위원회 심의 합격 2건을 보유하고 있다. 보기 5는 웹 인터내셔널의 기술개발 현황을 보여 준다.

뛰어난 인재들의 역량을 최대한 발휘할 수 있도록 웹 인터내셔널은 여러 인센티브 제도를 실시하고 있는데, 그 중 가장 특징적인 것이 앞서 말한 스톡 옵션 제도이다.[3] 이는 사원 채용 때 주식을 일정 가격에 구입할 수 있는 권리를 부여한 뒤 회사 주식이 상장되거나 실적이 좋아져 주가가 오르면 약정 가격에 사 시가대로 팔 수 있게 보장하는 제도이다. 이 제도를 통하여 '억대 주주의 꿈'도 실현할 수 있기 때문에 고급 인력들의 자발적 노력을 이끌어 낼 수 있다. 이 밖에도 프로젝트별로 수당의 지급이라든지, 계약을 성사시킨 영업 팀에게 별도 수당을 지급하는 등의 금전적 인센티브뿐만 아니라, 자유 출퇴근 제도와 격주 휴무 제도와 같이 직원들이 여가를 통해 창의력 향상을 꾀할 수 있는 여러 인센티브 제도를 도입하고 있다.

시장 개척

웹 인터내셔널의 직원들이 꼽는 급성장 요인으로는 적절한 시장 선택 및 시기 포착과 아울러, 그에 적절한 마케팅 능력이 수반되었다는 것이다. 인트라넷 시스템 구축 분야는 소프트웨어 개발 및 용역 산업의 일부분으로 산업의 고도화를 앞당기는 고 부가가치 기술집약적 첨단 산업으로 국가 경제 구조의 고도화를 이루는 기간 산업으로 성장하고 있다.

인트라넷 시장은 기타 소프트웨어 시장과 몇 가지 다른 특성을 가진다. 첫째, 수요처의 업무 관행 및 처리 업무의 상이성으로 인해 고객화가 필요한 제품이다. 따라서, 외국의 유수 개발 업체가 쉽사리 잠식할 수 없는 국내 고유의 시장 확보가 가능하다. 둘째, 기업체, 은행, 병원, 공공 기관, 학교 등 모든 조직에서 도입의 필요성을 가지고 있으며, 각각의 조직에 대해 구축이 가능하다. 셋째, 과다한 연구개발비의 투입, 급변하는 기술 혁신 속도, 고객의 다양한 요구로 인해 참여 업체간의 전략적 제휴가 강력하게 대두되고 있다. 이러한 시장의 특성으로 인해 벤처 기업이 차지할 수 있는 틈새 시장이 확보되어 있었으며, 또한 인터넷상에서의 인트라넷의 구축이라는 아이디어를 실행할 수 있도록 인터넷이 널리 보급되어 있었기에 시기적으로도 적절하였다.

웹 인터내셔널이 주목하고 있는 인트라넷 시장의 전망 또한 이 회사의 시장 선정에 있어서의 적절성을 보여준다. 인트라넷 시장은 인터넷 이용자의 급격한 증가와 효율적인 정보 교류의 환경 구축에 대한 기업들의 투자가 가속화되면서 높은 성장세를 지속하리라 전망된다. 이러한 전망하에 웹 인터내셔널은 비용이 적게 드는 아이템이 중소 기업을 대상으로 인기를 끌 것이라 판단하여 즉시 웹과 데이터베이스를 연결시키는 기술을 연구하기 시작했고, 불과 1년 만에 '인트라 오피스'를 발표하는 기동성을 발휘했다. 즉 수요에 앞서나가는 마케팅 전략으로 시장 수요를 창출하였으며, 이 소프트웨어를 통하여 인터넷을 기업 내 정보 인

---

3 중앙 일보, 1996년 11월 6일자.

프라로 활용하는 기존의 인트라넷 시장 공략에 나섰다. 거농 정보통신, 제일제당, 한국 통신 프리텔 등의 인트라넷 시스템을 잇따라 수주하면서 웹 인터내셔널은 업계의 주목을 받는 신예로 떠올랐다.

자금 조달

웹 인터내셔널의 중요한 성장 요인으로 꼽을 수 있는 것은 벤처 자본이라고 할 수 있다. 능력 있는 인재 확보를 통해 기술력을 확보하고 한국 통신, 제일 제당, 한국 이동 통신 등 굵직굵직한 업체의 시스템 구축 수주를 따낸 후, 웹 인터내셔널에게 더욱 자신감을 불어넣어준 것이 벤처 자본이었다. 웹 인터내셔널의 기술력을 높이 산 한국 종합 기술 금융, 세진 창업 투자, 신한 투신, 무한 기술 투자 등이 1996년에 15억 원의 자금을 투자한 것이다. 이를 통해 웹 인터내셔널은 자금의 숨통을 텄을 뿐만 아니라 스톡 옵션을 시행하겠다는 사원들에 대한 약속도 지킬 수 있게 되었다. 앞에서도 언급한 바 있지만, 인트라넷 산업에는 많은 연구개발비가 투자되어야 하기 때문에 벤처 자본은 매우 중요한 성공 요인으로서의 역할을 하게 된다. 또한 웹 인터내셔널에서 자금을 담당하고 있는 한 실무자는 이 회사의 성공 요인 중에 하나로 정부에서 제공하는 저리의 장기 정책 자금을 꼽기를 주저하지 않았다. 윤석민 사장은 신문 기고를 통해 기술 신용 보증 기금의 신용 보증 지원과 대기업의 창업 투자업 진출 규제 철폐 등을 주장한 바 있다.

조직 구조

웹 인터내셔널의 경영 특징을 말할 때 빠질 수 없는 것이 바로 유연하고 의사소통이 자유로운 조직 구조이다. 대부분의 벤처 기업이 그렇듯이 웹 인터내셔널도 적은 수의 인원이 밀도 높은 성과를 달성하면서 성공해왔다. 만들어진 지 몇 년 되지 않은 신생 조직으로서 웹 인터내셔널은 자유롭고 적극적인 조직 분위기를 유지하고 있다. 일부의 관리직 인원을 제외한 대다수의 사원들에게 자유 근무제를 시행하여 제품개발과 영업 등을 담당하고 있는 인원들이 자유롭게 가장 창조적이고 효율적으로 일할 있는 시간을 선택할 수 있도록 했다.

관리 조직의 경우도 아직 소규모여서 그렇기도 하겠지만, 한 분야에만 매몰되지 않고 기획, 인사, 자금, 회계, 총무에 이르기까지 전체 업무를 두루 관장하고 있었다. 이런 포괄적 업무 수행으로 인해 사원들은 회사 전체를 볼 수 있는 시각으로 업무를 추진할 수 있다. 인터뷰에 임했던 한 관리직 사원의 경우도 자신이 회사 전체적 업무에 주도적으로 참여하고 있음에 자부심을 느끼고 있었다.

웹 인터내셔널의 조직 구조는 수직적이기보다는 수평적이라고 할 수 있다. 현재 65명의 임직원들의 평균 연령이 26세 정도이며, 임원진이 대략 30세 정도의 나이이다. 이렇게 연령층이 젊다는 측면이 조직 내에 수평적 의사소통 체계가 형성되는 데 긍정적인 효과를 내고 있다. 한편 조직 구성원간에 개방적 의사소통을 지향하여 창조적 아이디어 창출을 독려하고 있었다.

이러한 개방적이고 수평적인 조직 구조를 더욱 생동감 있게 유지해 나가는 데 효과를 발휘하고 있는 것이 앞에서도 언급된 바 있는 스톡 옵션제이다. 웹 인터내셔널은 경력 사원을 채용할 경우 스톡 옵션을 조건으로 하고 있다. 스톡 옵션을 통해 조직 구성원들은 종업원으로서가 아니라 회사의 주인으로서 업무에 임하게 된다. 이런 자세를 적극적인 업무 수행과 활기찬 조직 분위기 형성을 유도하고 있다.

최고 경영진

창업자 윤석민 사장의 아이디어로 출발한 웹 인터내셔널은 창의적 아이디어에 대한 인식이 전사적으로 펼쳐져 있다. 이에는 창업자의 기본적 마인드가 이루어낸 분위기 내지는 문화라고 할 수 있다. 윤석민 사장은 사내에 감각 있는 이들이 모여 있다고 자부한다. "당초 사업을 시작하면서 제가 직접적으로 무엇을 이끌어가겠다고 생각한 적은 없습니다. 단지 저는 자유로운 환경 속에서 근무할 수 있는 분위기만 조성해 줄 뿐, 나머지 아이디어는 직원들의 몫이죠"라고 하면서 아이디어만이 살아남을 수 있는 길임을 역설했다.

그의 리더십은 전혀 권위적이지 않다. 새로운 아이디어에 대해 언제나 수용적인 자세를 고수하고 있으며, 이는 사원들간의 의사소통에 있어서 활발함을 유도하는 데에 한 몫을 하고 있다. 또한 젊은 기업을 운영하는 데에 필요한 자유스러움도 겸비하고 있다. 일례로 우리가 웹 인터내셔널을 찾아갔을 때, 윤석민 사장을 비롯한 대다수의 직원들이 캐주얼한 복장을 하고 있었다. 이는 앞서 말한 자유로운 환경 속에서 근무할 수 있는 분위기가 실제로도 조성되고 있음을 보여주는 단적인 예라고 할 수 있다.

윤석민 사장은 공학도 출신임에도 불구하고 기술만으로 승부하는 것이 아니라 경영 의사결정 및 마케팅 능력 또한 겸비하고 있다. 이는 회사의 연혁에서도 살펴본 바와 같이 여러 대기업들과의 계약 성사에서 확연히 드러난다. 다음의 인터뷰 내용이 이를 입증해주는 단초라 할 수 있다.

"사업 초기에는 실력 있는 인재를 끌어오기 위해 몇 번씩 찾아갔습니다. 삼고초려를 한 거지요. 그러나 최근에는 자금을 지원하겠다는 개인 투자가나 대기업의 제의가 밀려들고 있습니다."

윤 사장은 이제야 말로 자신을 경영 마인드로 무장시켜야 할 때라는 것을 잘 알고 있다. 짧은 사업 기간 동안 그가 느낀 업계는 "공무원들은 오히려 도와주려고 애쓰는 데 반해 대기업들은 못 잡아 먹어서 안달하는 냉혹한 정글의 세계"였기 때문이다. 인트라넷이란 새로운 분야에서 시장을 석권하지는 못할지라도 최소한 중심에서 기업을 만드는 것이 윤 사장의 목표다. "그러기 위해서는 제가 담당해야 할 부분은 비즈니스라는 것을 잘 알고 있으며, 지금은 엔지니어 시절의 먼지를 털어내는 데 주력하고 있습니다"라고 그는 말한다.

미래의 도전

급속한 성장 가운데 웹 인터내셔널은 여러 가지 도전에 직면하고 있다. 조직의 운영과 관련하여 웹 인터내셔널은 1997년 들어 40여 명의 인력을 새로 충원했다. 1996년 말 인원이 20여 명이었던 것을 감안해 보면 반년 만에 인원이 세 배에 이르게 된 것이다. 이런 급속한 조직 팽창은 이제까지 웹 인터내셔널이 향유해 왔던 개방적 의사소통 분위기에 부정적 영향을 끼칠 가능성이 있다. 의사소통 방식이 아무래도 경직되고 조직 분위기가 관료적으로 변할 수 있다. 조직 구조가 이런 식으로 경직될 경우 벤처 기업으로서 변화에 대한 빠른 적응할 수 있었던 이점은 반감될 수 있다. 하지만, 조직의 팽창은 매력적인 사업 기회를 획득하기 위해 꼭 필요한 과정이기도 하며, 조직 팽창을 자연스러운 성장 과정으로 받아들인다면 수직적인 측면에서의 적절한 조직 구조를 모색하는 것이 중요한 이슈가 된다. 이런 점에서 볼 때, 웹 인터내셔널은 이러한 조직 구조의 문제를 보다 적극적이고 중요하게 검토하여야 할 것이다. 이 회사의 한 실무자는 기존의 수평적 조직 구조를 어떻게 하면 수직적 조직과 조화를 이루게 할 수 있는가에 대해 현재 연구 중이라고 말했다.

또한 성공한 벤처 기업의 단골 사례로 꼽히는 웹 인터내셔널이지만 제 2 의 도약과 성장을 위해 이제는 세계로 눈을 돌려야 한다는 것을 절실히 느끼고 있다. 보기 6과 7은 각각 웹 인터내셔널의 현재 재무 제표와 향후 목표 매출액을 보여준다. 그 일환으로 웹 인터내셔널은 일본의 소프트웨어 개발 전문 업체인 마켓 크리에이터(대표 야마다 다케시)와 '2002 한일 사이버 월드컵 시스템'을 공동 개발키로 하고 1997년 7월 31일 조인식을 가졌다. 인터넷과 인트라넷 기술을 적절히 배합한 이 시스템은 2002년 실제 월드컵 경기에 대한 생중계는 물론 월드컵 관련 액세서리나 기념품, 스포츠 용품 등에 대한 온라인 쇼핑 몰까지 갖추게 된다. 기자들은 '사이버 프레스룸'에서 월드컵 경기 결과와 여러 기록, 통계 등을 얻을 수 있으며, 이미지, 동영상, 음성 등 다양한 유형의 데이터가 적절히 배합된 '멀티미디어 기사'를 전자 우편으로 시차 없이 송고하게 된다.

웹 인터내셔널은 1997년 9월경 미국 실리컨 밸리에 연구 전담 현지 법인을 설립하고, 10월에는 중국 시장을 겨냥한 법인을 세운다는 계획이다. 국내에서 닦은 기술력을 기반으로 세계 시장에서도 승부를 걸어보겠다는 야심이다. 이러한 세계화 노력을 바탕으로 2002년까지 미국 장외 시장(NASDAQ)에 상장한다는 도약 목표를 세워 놓고 있다.

보기 1 세계 인트라넷 시장 전망

(단위: US $ 백만)

구 분	1996	1997	1998	1999	연평균 성장률
Server Comm. Software	802	1,545	2,763	3,940	70%
Authoring	17	54	117	167	114%
Services	1,295	2,791	4,490	6,521	71%
Online Services	426	903	1,929	2,786	87%
Systems Hardware	1,336	2,741	4,605	6,566	70%
Comm. Hardware	534	1,096	1,842	2,626	70%
Connectivity	1,537	2,724	3,867	5,506	53%
기 타	83	144	212	287	51%
합 계	6,033	12,102	19,826	28,402	68%

자료: Zona Research, 1996년 10월.

보기 2 주요 멀티미디어 사업군 예상 시장 규모

구 분	국내 시장		세계 시장	
	1996	2000	1996	2000
아케이드용 3D 게임	60억 원	1조 5천억원	4억 불	1,050억 불
멀티미디어 컨텐트	40억 원	9천 4백억원	3억 불	763억 불
입체 영상 처리 S/W	10억 원	2천 5백억원	0.7억 불	174억 불

자료: 정보통신부

보기 3 회사 연혁

94. 2. 회사 설립
95. 4. UNDP 데이터베이스 프로젝트 계약 한국 종합 기술 금융 주식회사
95. 5. 기술 금융 공공 DB 프로젝트 계약 한국 종합 기술 금융 주식회사
95. 5. 민간 상업 DB 프로젝트 계약 한국 종합 기술 금융 주식회사
95. 6. 4. 에스엔티 온라인 법인 설립
95. 6. 초고속 정보통신 응용 기술 개발 (멀티미디어 특허 정보) 정보통신부
95. 6. 초고속 정보통신 응용 기술 개발 (온라인백과사전) 정보통신부
95. 7.25. 한국 소프트웨어 산업 협회 가입
95. 8.14. 방송통신/독학 DB, 방송통신 DB 설계 및 S/W 개발, 한국 PC 통신 주식회사
95. 11. 부설 소프트웨어 연구소 설립, 한국 산업 기술 진흥 협회 인증
95. 11. CD 장애 상황 모니터링 시스템 개발, 전북은행
95. 11. 한국어 보급을 위한 인터넷 웹 홈페이지 개발 계약, 문화체육부
95. 11. 한국 과학기술원 연구개발 정보 센터(KORDIC) 홈페이지
95. 11. 한국 종합 기술 금융(KTB) 홈페이지
95. 11. 한국 생산성 본부(KPC)CALS 홈페이지
95.11.27. 병역 특례 업체 지정, 병무청
95. 12. 사물놀이 홈페이지, 김덕수 사물놀이
96. 2. 자동차 수주 인트라넷 시스템 개발
96. 3. 삼성 전자 홈페이지
96. 3. 대한 상공 회의소 인트라넷 시스템 구축
96. 4. 국내 최초 인트라넷 제품(인트라 오피스 V. 1.0) 개발
96. 5. KETI 인터넷 웹 홈페이지, (주) 한국 후지쯔
96. 5. 한국 통신 연수 정보서비스 시스템 2차 Web S/W개발

96. 5. 한국 전쟁사 워게임, 정보통신 연구 관리단
96. 6. 정보 엑스포 96 한국 이미지관 WWW 작품 개발, 한국 전산원
96. 7. 인터넷 온라인 바둑 서비스 개발 한국 통신
96. 7. 표준 연구단 "통신 망 품질 평가 관리" 인트라넷, 한국 통신
96. 7. (주)거농 정보통신 "사내 인트라넷 시스템" 구축, (주) 거농 정보통신
96. 7. 2002 사이버 월드컵 TFT 구성, 일본 마켓크리에이터사
96. 8. 순수 국내 업체 중 스톡 옵션 첫 도입
96. 8. 제일제당 그룹 인트라넷 시스템 공동 구축, (주) 제일 C&C
96. 8. LG EDS 도서 관리 시스템 개발, LG EDS
96. 9. 한국 이동 통신 홈페이지
96. 9. 한국 종합 기술 금융 주식회사 지분 참여
96. 10. '96 KT-Mail/Hitel-POP 고도 서비스 프로젝트, (주) 이미지시스템
96. 10. 한국 PC 통신 주식회사 공공 응용 한국 PC 통신 주식회사
96. 10. 정보통신 표준 정보 망 구축 운영 S/W 개발, 한국 통신 기술 협회
96. 11. 전자 민주주의 연구회 웹사이트 구축, 한국 전산원
96. 12 풍림 산업 홈페이지 구축
96. 12. 한국 개발 연구원 정보 시스템 도입, 설치
97. 1. 3D MUD 서비스를 위한 시스템 기술 개발, 정보 통신부
97. 1. 교육용 홈페이지 공모전 금상 수상 조선 일보, 한국 교육개발원 주최
97. 1. 인터넷 기반 개방형 기업간 표준 전자 거래 시스템 및 적합화 기술개발, 정보통신 연구 관리단
97. 1. 한국 통신 인터넷 협력 업체 등록, 한국 통신 전략 영업본부
97. 2. 삼성 전자 시스템 사업부 홈페이지 구축
97. 2. 미디어링크 하드웨어 납, (주)미디어링크
97. 2. 사이버 제품 발표회, 웹 인터내셔널(주) 홈페이지
97. 3. 인트라오피스 V.2.0 제품 설명회, 한국 과총 회관
97. 3. 한국 통신 프리텔 전사 정보 유통 인트라넷 시스템, 한국 통신 프리텔
97. 3. 무한 기술 투자 주식회사 지분 참여
97. 3. 세진 창업 투자 주식회사 지분 참여
97. 3. 신한 투자 신탁 운용 지분 참여
97. 3. 대우 증권 장외 등록 입찰 대행사 선정
97. 3. 포스코 마케팅 본부 홈페이지, 포스데이타
97. 4. 한국 통신 프리텔 홈페이지 구축, 한국 통신 프리텔
97. 4. Kidnet NIE 홈페이지, 조선일보
97. 4. 97 유망 중소 정보통신 인트라넷 S/W 분야 선정, 정보통신부
97. 4. 한국 교육 공학회 홈페이지, 한양대 교육공학과
97. 4. 중소 기업 기술 혁신 개발 사업 '3D 그래픽 머드 시스템', 중소기업청
97. 5. 연수 정보 서비스 3차 S/W 개발, 한국 전산원 협동조합
97. 6. 청와대 홈페이지 확대 개발, 청와대
97. 6. 인트라넷을 통한 Inno-NET 구축 사업, 산업 기술 정보원
97. 6. 원시 자료 DB 운용 및 관리 인트라넷 시스템, 국방 과학 연구소
97. 6. 97-인사 관리 인트라넷 시스템, 해군 중앙 경리단
97. 7. 전기 정보 DB구축, S/W개발 용역, 한국 전기 공업 협동조합
97. 7. NT 상 기술 평가 실무 위원회 위원 위촉, 국립 기술 품질원
97. 8. 신 소프트웨어 대상 수상(인트라오피스 V. 2.0), 정보통신부

보기 4 조직 구성

◆대표이사 – 윤석민 사장

- □인사위원회
- □비서실 – 임훈재 비서관
  - ▶비서 팀 – 임훈재 비서관, 임평혁
- □경영기획부 – 박영운 수석
  - ▶마케팅 팀 – 박영운 수석, 조광희 과장, 김진희, 김민주
- □경영지원부 – 정우성 관리이사
  - ▶총무 팀 – 정우성 이사, 조해완
  - ▶재경 팀 – 왕희선 과장, 전미경 주임
- □기획개발부 – 강성호 기술이사
  - ▶인트라넷 사업 팀 – 강성호 이사, 김대성 과장, 김유신 팀장, 서정훈, 임형도, 정환석, 이준성, 오윤경, 김대욱
  - ▶홈페이지 기획 팀 – 박지영 팀장, 허주희, 김지수, 김의영, 백영주, 김지호, 이충휘, 서희종
- □개발부 - 조옥근 기술이사
  - ▶개발 1 팀 – 박명수 팀장, 이석용 전임, 유진범 전임, 이영민 주임, 송병옥 주임, 정용범, 김세준, 손광현, 함재훈, 박규현, 김성수, 이상석
  - ▶개발 2 팀 – 하태중 부장, 김지송 과장, 나

재춘 대리, 김정일 전임, 김낙현 전임, 진재형 팀장, 윤교진 주임, 이달원, 이성우, 정진수, 김하정, 권창선, 임수경, 신창우, 박정윤
▶유지보수 팀 — 한병수, 엄성근
□홈페이지 사업부 — 김병국
▶웹 디자인 팀 — 허은진 팀장, 팀장, 이혜정 주임, 김홍관, 한주성, 홍정례, 이영,

●부설 연구소
□인트라오피스 개발 팀 — 조옥근 기술이사
여지황 전임, 김석주 전임, 노종대 전임, 오동진, 배영민, 변연옥

보기 5 기술 개발 현황

인트라넷에 필요한 통합 기술 축적
· 효율적인 웹-DB 연동 기술 개발
· Java를 이용한 그룹웨어 개발

Web 관련 탐색 엔진 개발
· 고속 탐색 기능
· 완벽한 한글 및 다국어 지원

한국형 키 워드 검색 엔진 개발
· 다양한 검색 엔진 개발
· 완벽한 한글 지원
· 사용자의 편의에 맞게 최적화된 환경

Web상에서 운영되는 BBS 개발
· 웹상에서 운용되는 되는 일정 관리 프로그램
· 게시판 기능 지원
· 그룹웨어 기능 제공

Java와 VRML 응용 기술 개발
· Java와 Java Script를 이용한 멀티미디어 응용 개발
· VRML을 이용한 가상 도시 기술 개발
· VRML, HTML, Java의 결합

인터넷 보안 기술
· RSA, DigiCash 등 해외 보완 업체와 기술 제휴
· 보안을 위한 토털 솔루션 제공

보기 6 재무 제표

대차 대조표

(단위: 백만 원)

과목	1996	1995
자산		
유동자산	2,021	18
투자와 기타자산	211	32
고정자산	139	40
이연자산	60	2
자산총계	**2,431**	**92**
부채		
유동부채	997	31
고정부채	120	0
자본		
자본금	800	50
이익잉여금	514	11
부채와 자본총계	**2,431**	**92**

손익 계산서

(단위: 백만 원)

과목	1996	1995
매출액	2,396	340
매출원가	1,410	0
매출총이익	**986**	**340**
판매비와 일반관리비	403	325
영업이익	**583**	**15**
영업외수익	31	0
영업외비용	20	1
경상이익	**594**	**14**
특별손익	0	0
법인세 차감전 순이익	**594**	**14**
법인세등	90	3
당기순이익	**504**	**11**

보기 7 미래 매출액 목표 (단위: 백만 원)

구분		96 (실제)	97	98	99	2000	연 성장률 (%)
인트라넷	S/W	1,241	4,080	11,408	26,880	45,360	146
	Server	604	930	1,488	2,880	4,590	66
	소계	1,845	5,010	12,896	29,760	49,950	128
멀티미디어		551	1,190	2,604	5,440	9,450	104
총계		**2,396**	**6,200**	**15,500**	**32,000**	**54,000**	**118**

사례 연구 14

씨티아이 반도체*

씨티아이(CTI) 반도체사는 1994년 5월 미국의 5대 방위 산업체인 레이티언(Raytheon)사의 기술 협약 및 자본 참여에 의해 설립된 갈륨 비소 반도체(MMIC)를 제조하는 회사이다. 갈륨 비소 반도체는 실리컨 반도체에 비해 고주파수에서 성능이 우월하고, 소모 전력이 적으며, 저 잡음, 저 왜곡 등 무선 주파수 관련 특성이 우수해 시장이 크게 확대되고 있는 이동 통신과 위성 방송, 디지털 TV 등의 핵심 부품으로 수요가 급증할 전망이다.

CTI사는 CDMA 셀룰러 전화기와 PCS 단말기, 무선 LAN 카드 등에 필요한 무선 주파수(PF) 관련 갈륨 비소 MMIC(단일 칩 고주파 집직 회로) 반도체를 생산하고 있고, 관계 회사로는 무선 LAN 관련 제품을 생산하는 레이컴, 저궤도 위성 통신 서비스 사업을 시작할 오브콤 코리아 등이 있는데, 해당 산업의 고 성장으로 경영이 조기에 안정되었다. 1996년 하반기부터 영업을 시작한 CTI 반도체의 1997년 순이익은 64억 원에 달할 예정이며, 1998년에는 240억 원, 자체 패브(Fab)가 완공되는 1999년에는 530억 원에 달할 것으로 전망되고 있다. 보기 1은 CTI사의 연혁을 보여준다.

CTI 반도체의 창업은 창업자 김훈 사장과 김혜봉 박사와의 만남이 주요 요인이 되었다. 30년이 넘는 기간 동안 대기업에 종사하면서 경력을 쌓은 김 사장은 당시 포드 마이크로라는 갈륨 비소 반도체 제조 회사에 있었던 김 박사와의 만남을 통해 미래 통신 산업의 핵심 부품이 될 갈륨 비소 반도체를 제조하는 회사를 한국에 설립하기로 결심하게 되었다. 갈륨 비소 반도체는 갈륨과 비소의 화합물 반도체로서 1960–70년대에는 군사용이나 인공 위성 등에 사용되어 왔으며, 1980년대 초부터는 주로 상업용으로 사용되고 있다. 이 반도체의 특징은 실리컨 반도체보다 동작 속도가 3–10배 빠르고 소모 전력의 효율성도 5배 정도 높다는 것이다. 또한 고주파 대역에서의 성능이 뛰어나 온도 변화의 영향을 적게 받으므로 이동 통신 단말기의 소형화 및 경량화 등이 진전됨에 따라 차세대 통신 부품으로 각광 받을 것으로 예상된다. 특히 최근 들어 상용화가 활발하게 진행되고 있는 위성 방송, PCS, WLL, 무선 LAN, 위성 통신 등 차세대 고주파 무선 통신 기기에는 갈륨 비소 반도체가 실리컨 반도체를 제치고 독점적으로 사용될 전망이어서 폭발적인 수요 증가가 예상된다. 이처럼 많은 잠재력을 지닌 갈륨 비소 반도체를 국내에서 양산한다는 목표로 CTI 반도체가 설립된 것이다.

창업자

CTI 주식회사의 창업자인 김훈(현 CTI 그룹의 대표 이사) 사장은 모험가라고 할 수 있다. 위험 부담이 너무 커 남들이 엄두도 못 내었던 일들을 일단 유망하다고 판단하면 그는 마침내 실행에 옮겼고, 또 훌륭히 해내었다. 1970년대 초 그는 국내에서 원자력 발전소 건설을 지휘하게 되었다. 그 당시에는 국내에서 연탄 집게 정도를 만들어 낼 수 있었던 정도의 상황이었다. 그는 당시 남들의 상식으로는 원자력 발전소는 위험하고, 당시의 한국의 기술력으로는 불가능하다고 생각하는 주장이 대두

*이 사례는 권은정, 안상영, 이종영, 하성수와 함께 교육용으로 개발한 것이다. 사례의 내용은 특정 경영 상황의 처리에 관한 잘잘못을 예시하지 아니한다.

되었음에도 불구하고 개인적으로 미국의 웨스팅하우스를 찾아가 기술을 받아 내었다. 미국인들을 설득해 내었던 것이다. 그리하여 미국에서 원자력 발전소 기술을 도입해 마침내 우리 나라에 최초의 원자력 발전소가 설립되었던 것이다. 뿐만 아니라 국내 최초로 초대형 유조선 건설을 지휘하게 되었고, 이것 역시 당시의 대부분의 전문가 및 관계자들을 모두 안 된다고 말했던 것을 그는 해냈던 것이다. 보기 2는 김 사장의 약력을 보여준다.

김 사장은 그의 경력이 말해 주듯이 백전노장의 사업가이다. 30년이 넘는 사업 경험뿐만 아니라, 남다른 사업에 대한 안목과 자신의 이미지를 가지고 있다. 서울대 전기공학과를 졸업해서 전기 및 반도체에 남다른 관심을 가지고 있었다. 그가 김혜봉 박사를 만나 갈륨 비소 반도체에 대한 이야기를 들었을 당시 김 박사에게 그가 큰 비전이 있는 사람이라는 강한 인상을 주어 김 박사로부터 협력 및 사업 구상에 대한 조언을 얻게 되었다. 그의 30년 사업 경험에 비추어 볼 때 그것은 한눈에 미래를 주도할 사업이라는 것을 알 수 있었다. 기술의 발전 단계로 볼 때 실리컨 반도체의 다음 단계는 갈륨 비소 반도체이다. 실리컨 반도체보다 정보 처리 속도가 3-10배나 빠른 갈륨 비소 반도체는 무선 통신 기기에 들어가는 핵심적인 부품인 것이다. 앞으로 무선 통신 기기 시대가 열릴 것이라는 것은 흔히 일반인도 알 수 있는 것이다. 그에 따른 핵심 부품 갈륨 비소 반도체의 수요의 급증은 김 사장에게는 당연한 것으로 보였다.

사업 추진

1989년 김혜봉 박사에게 사업 기회를 잡은 김 사장은 삼성·현대·금호·국제 그룹 등에 가서 사업에 대한 브리핑을 했다. 심지어는 청와대까지 찾아가 브리핑을 했다. 대통령이나 회장 등 최고 책임자 수준에서는 좋은 평가를 받았고, 해보자는 답변까지 얻어 냈다. 그러나 막상 실무진에서 반대를 한 것이다. 아직까지의 시장은 실리컨 반도체 시장이 주도해 왔고, 현재의 시장도 그러한데, 무리하게 불분명한 미래에 투자해서, 언제 수익을 올리느냐는 주장이다. 윗사람에게 실패에 대한 책임을 들어야 하는 실무진에게는 지금의 눈앞의 실적만이 중요하고, 또 그것이 그들에게 근시안적인 시야를 갖게 만들었다. 그의 체질적 추진력은 차라리 사업체를 직접 차리는 게 낫다고 생각했다. 그것을 1992년 1월에 실행한 것이다.

처음 공장을 지을 당시는 건설 분야에서는 휴식 기간인 11월 한겨울이었다. 겨울에는 콘크리트 양생이 안 된다고 알려져 있다. 그러나, 공장 부지 전체를 커다란 천막으로 씌우고, 그 안에 히터를 틀어 일정한 온도를 유지시켜 콘크리트 양생 문제를 해결함으로써 6월에 공장설립을 마쳤다.

협력 업체인 레이티언사는 그 동안 갈륨 비소 반도체를 생산해 왔으나, 주로 미사일, 인공 위성, 레이다 등의 군사용으로 개발함에 따라 생산 원가 면에서 상용화에는 적합하지 않았다. CTI 반도체의 경우, 레이티언사가 웨이퍼 가공을, CTI 반도체가 조립 및 검사를 담당하는 협력 체제를 구축하였다. 즉, 반도체 제조를 위해서는 회로 설계, 웨이퍼 가공, 조립, 검사의 4단계를 거치게 되는데, 앞의 두 단계는 레이티언이, 뒤의 두 단계는 CTI 반도체가 담당하는 것으로 사업을 시작한 것이다. 실리컨 반도체의 경우 회로 설계와 웨이퍼 가공에 비해 조립, 검사 등 후기 공정이 상대적으로 부가가치가 낮으나, 갈륨 비소 반도체는 재료의 성질과 응용 분야의 특성상 칩의 회로를 외부의 기관과 연결하고 칩 내부를 보호하기 위해 겉봉을 싸는 조립 공정 —새로운 패키지 방법을 CTI 반도체가 개발하였음— 이 매우 중요하고 부가가치가 높다.

성장 과정

CTI 반도체는 1994년 5월 설립된 이래 1996년 매출액 168억 원, 직원 수 277명의 급속한 성장을 하였으며, 1997년 상반기 이미 매출 400억 원을 달성, 하반기까지는 총 880여억 원의 매출을 기대함으로써 연 500% 정도의 놀라운 성장률을 보이고 있다(보기 3 참조). CTI 그룹은 모기업 ㈜CTI를 비롯하여 ㈜ CTI 반도체, 레이컴, 에어컴, ㈜에어링크 코리아, 오브콤 코리아, ㈜CTI-MMIC 등 정보통신 관련 분야의 7개사로 구성되어 있다(보기 4 참조).

CTI 반도체는 1997년 2월 코스닥 상장을 위한 공모주 청약 때 758:1이라는 역대 최고의 경쟁률과 25일 연속 상한가 행진 기록을 세웠다. 1997년 3월 15일 1만 2000원에 등록했지만, 1997년 7월 25일 종가는 7만 3000원으로 무려 508.33%의 상승률을 기록했다. 그리고 1997년 상반기 중 주식 전환 회사채의 평균 수익률이 61.5%인데 반해 CTI 반도체의 1회차 회사채의 경우 897%의 높은 수익률을 기록했고 5월 중 전환된 회사의 4회차 전환 주식도 748%의 이익을 올렸다.

CTI 반도체는 국내 벤처 기업 중 처음으로 97년 10월 액면가 5000원짜리 주식을 500원으로 분할해서 주식의 유동성을 높이기도 하였다. 그 외에도 국내 벤처 기업으로는 처음으로 1998년 상반기 중 미국 나스닥(NASDAQ) 시장에 상장할 계획도 갖는 등 성공적인 벤처 기업의 내명사로 자리잡아 나가고 있다.

자금 조달

CTI 반도체는 보광 창업 투자 회사로부터의 시드 머니와 김훈 사장 자신의 자산을 바탕으로 초기의 사업의 자금을 마련하는 데 성공했다. 이에 따라서 회사를 창업한 후 레이티언사와의 합작이 성사되자 얼마 후 사업성의 꾸준한 홍보로 정부의 정보통신 진흥 기금 수혜 업체로 선정되어 자금의 지원을 받게 되었다. 기록적인 코스닥 시장 등록 후부터는 더욱 회사의 위상과 가능성이 알려져 외부의 여러 곳에서 자금의 조달이 쉬워졌다.

사업 자금은 두 가지 방식으로 조달되고 있다. 한 가지는 산업 은행의 산업 시설 자금과 같은 저금리의 은행 자금을 주로 활용하는 것이다. 다른 한 가지는 주식을 통해서 자금을 조달하는 방법으로 이미 코스닥에 상장되어 25일간 지속적인 급 상한가로 1회차보다 900% 증가된 가격으로 거래되고 있다. 또한 2억 불 상당의 주식 예탁 증서(DR)를 발행해서 미국의 나스닥에 상장하기로 했다. DR 발행은 환은 스미스 바니 증권 및 미국 스미스 앤드 바니 증권사가 주간사를 맡게 되었다.

경영 관리

직원 교육

김 사장은 직원 교육을 할 때, 동양의 특성을 최대한 살리어 실시했다. 서양인은 밑에서부터 단계적으로 하나하나 추진하지만, 동양인은 총체적으로 전체적인 그림을 먼저 그리고 일을 시작한다. 직원들을 교육할 때 반도체의 기초부터 하나하나 가르치지 않고, 처음부터 갈륨 비소 반도체 본론에 들어가는 것이다. 이는 초대형 여객기인 보잉 747기의 파일럿이 자전거, 자동차, 경비행기 등의 순서를 밟아 배우지 않는 것과 같은 원리이다.

조직 관리

김 사장은 사원들에게 신뢰를 항상 강조한다. 신뢰는 정직에서 나오고, 또 사람이 정직하면 상대가 믿게 된다는 생각을 가지고 있다. 따라서, 서로를 신뢰하기 때문에 회사에서 출근부를 없앴다. 소수 엘리트들만의 의사결정 분위기를 없애기 위해 조직도 없애려고 한다. 기업이 비대해질수록 부서간의 의사소통이나 정보의 공유가 안 되기 때문에 기업의 비효율을 초래하게 된다. 따라서 조직을 되도록 만들지 않고 만들더라고 작게 만들려는 노력을 하고 있다.

경영 과정 및 방식

CTI사는 미국의 패트리어트 미사일 제조사인 레이티온사와 합작 설립한 회사이기 때문에 초기에는 레이티온사의 갈륨 비소 반도체 양산 기술을 받아들였고, 레이티온사를 통해서 제품을 판매했다. 그러나, 우리 나라의 여타의 다른 단순 조립 공장의 수준과는 매우 다른 차이를 가지고 있다. 레이티온사는 원천 기술을 가지고 있지만, 양산 기술이 부족했다. 대량 생산을 위해서는 특수한 기술이 필요한데, 그것을 CTI에서 개발해서, 이제는 상호 기술의 교류가 이루어지고 있다. 앞으로는 상품 공급 방식도 레이티언사를 통해 세계 시장에 공급하는 것이 아니라 직접 판매를 하게 되었다.

비록 외국 기업과 합자로 설립하였지만, 자체의 기술 개발을 통해 세계 최초 항공 무선 데이터 통신 개발, ISO 9002 획득, 디지털 휴대용 반도체 생산, 위성 방송 수신기용 반도체 생산 등 자체의 기술 개발에 노력하고 있다. 주로 다각화에 의해서 조직을 계속 분리하고 있지만, 핵심 부품만을 개발하고 생산하며, 쓸데없는 비대화가 아닌 기술력을 중심으로 한 알짜 경영을 추구하며 사업을 키워 나아가려 한다.

산업 환경

갈륨 비소 반도체의 관련 업계에서는 갈륨 비소 반도체에 대한 수요는 연평균 31%씩 증가하고 있으며, 2000년에는 16억 개에 달할 것으로 예상하고 있다. 이에 반해 세계적으로 대량 생산 체제를 갖추고 있는 회사는 CTI 반도체 한 곳 뿐이다. 물론 5-6년 후에는 경쟁업체의 출현이 예상되지만, 이 회사의 시장 독과점은 상당 기간 지속될 가능성이 높다. 또한 세계 최초로 개발한 플래스틱 패키지 기술의 개발은 생산비의 10% 절감 효과뿐만 아니라, 불량률이 높아 대량 생산이 어려웠던 기존 방식을 극복하고 99%에 달하는 높은 비율로 대량 생산에 성공하여 레이티언사로부터 기술력을 인정 받았다.

갈륨 비소 반도체는 화합물 반도체의 일종으로 전자적 특성이 다른 화합물 반도체, 예컨대 인듐 인, 갈륨 인, 갈륨 질소 등 보다 우수하다. 이는 고 주파, 저 소비 전력이 요구되는 이동 통신 기기에 필수적인 부품이다. 1980년대 이후 위성 방송, 휴대 전화 등 고주파 대역의 방송과 무선 통신이 상용화됨에 따라 고속, 고주파 특성의 갈륨 비소 반도체 수요가 빠르게 증가하고 있다.

1990년대에 들어 MHz 대역의 주파수 자원이 고갈됨에 따라 PCS를 비롯한 차세대 이동 통신이 주로 DHz 대역의 주파수를 활용하게 되는데 이 대역에서는 실리컨 반도체의 성능이 급격히 저하된다. CTI 반도체 등에 의해 저 가격의 패키지 조립 기술이 개발되면서 가격도 하락하는 추세를 보임에 따라 셀룰러와 PCS를 포함한 이동 전화용 갈륨 비소 반도체 수요는 연평균 69% 증가할 것으로 예상된다. 이동 통신 단말기의 소형화 및 경량화, 저 소모 전력, 고 효율, 저 잡음, 저 왜곡 등이 요구되고 있어 갈륨 비소를 소재로 한 MMIC가 이동 통신 단말기용 RF 부품 시장에서 차츰 실리컨 반도체를 대체해 나갈 것으로 판단된다. 1997년 이동 전화용 MMIC의 개당 평균 가격을 2불로 계산하고 매년 15%씩 가격이 하락하여 2001년에 절반 수준으로 하락한다고 가정할 경우 2001년까지 이동 전화용 MMIC 시장의 규모는 연평균 43.7%로 증가할 전망이다.

디지털 위성 방송 수신용 MMIC 수요도 연평균 34% 증가할 것으로 예상된다. 저 잡음 주파수 변환기(LNB : Low Noise Blockdown-Converter)는 위성 안테나에서 받은 11.7-12 GHz 대역의 신호를 1-1.5 GHz로 낮추고 TV가 인식할 수 있는 신호로 변환해주는 것으로 이러한 고주파와 저잡음 특성이 우수한 갈륨 비소 반도체가 필수적인 부품으로 요구된다.

무선 LAN용 MMIC 수요도 연평균 34% 증가할 것으로 추정된다. 이는 유선 LAN 보다 총 유지 비용이 적어 수요의 급증이 예상된다. 무선 LAN은 기존의 구리선 또는 동축으로 구축하는 유선 LAN 시스템의 단점 보완이 시급한 분야에서부터 수요가 창출될 것으로 예상되며, 2000년에 4억 불 규모에 달할 전망의 시장을 선점한 CTI 반도체가 이 시장의 50%를 점유할 수 있을 것으로 전망하고 있다.

신규로 출현한 고주파 통신/방송용 MMIC로 시장 수요가 창출될 가능성이 크다. WLL (Wireless Local Loop)과 무선 CATV 관련 기술의 보급과 발달로 관련 단말기에 필요한 MMIC의 수요가 증가할 전망이다. 향후 보급이 확대될 WLL은 주로 광대역 CDMA 기술을 이용하여 통신 사업자의 통신 장비와 고객의 단말기를 유선이 아닌 무선으로 연결하고 전화, 데이터, 팩스, 멀티미디어 정보 등을 제공하는 통신망 시대를 열 것이다.

향후 발전 계획

CTI 반도체는 총 1600억 원 규모의 세계 최대 갈륨 비소 단일 칩 고주파 집적 회로(MMIC) 웨이퍼 일관 가공 공장을 충북 음성에 건립하여 1999년부터 본격 가동할 계획으로 있다. 자금 흐름도 산업 은행 산업 시설 자금 등 저금리 자금을 활용하고 있어 문제가 없다. CTI 반도체는 이 공장을 통해 2004년까지 6인치 갈륨 비소 웨이퍼 5억 3000만 개를 생산하고 총 9억 불의 매출을 달성한다는 계획을 세워 놓고 있다. 회사측은 향후 세계 시장에서의 점유율을 20%까지 끌어올릴 방침이다.

보기 1 회사 연혁

1992년 1월 주식회사 CTI 설립
1994년 5월 CTI 반도체(CTIS) 설립(자본금 5억 원)
1995년 4월 정보통신진흥기금 수혜 업체 선정 (14.85억 원)
1995년 12월 RayCom 설립
1996년 2월 갈륨 비소 반도체 패키지 기술 특허 출원(한국 및 미국)
1996년 5월 AirCom 설립
1997년 3월 Orbcomm Korea 설립 및 코스닥 시장 등록
1997년 4월 ISO 9002 획득(갈륨 비소 반도체 제조)
1997년 5월 장영실 상 수상(Air-Cavity Plastic Package 공법)
1997년 11월 10 대 1로 주식 액면 분할 실시(액면 가를 5백 원으로 조정)
현재 세계 최대 규모의 갈륨 비소 웨이퍼 공장 98년 완공 예정

보기 2 창업자 김훈 사장 약력

1940년 생
1958년 2월 경남 고등 학교 졸업
1964년 2월 서울대 전기공학과 졸업
1964년 1월 현대건설 입사
1974년 4월 현대 중공업(울산조선소) 상무이사
1978년 6월 현대 중전기 대표이사
1983년 7월 현대 전자 부사장
1984년 11월 현대 종합 상사 부사장
1987년 8월 제너럴 일렉트릭 한국 지사 부사장
1992년 1월 ㈜CTI 설립

보기 3 영업 성과 (단위: 천 원)

구 분	1995	1996	1997(예상)
매 출 액	0	16,800,000	88,220,000
경상순익	3,930	120,000	10,000,000
순 익	3,930	12,600	7,000,000

보기 4 계열사 현황

○ (주) CTI
-이동 통신 관련 엔지니어링
-반도체 장비 제조
-컴퓨터 소프트웨어 개발
-오브콤 위성 단발기 개발 및 생산
-그룹사 자금 조달
※자본금과 주요 주주
-자본금: 33.5억 원
-김 훈: 30.9%

○ (주) CTI 반도체 (김종태 사장)
-갈륨 비소 반도체 제조 및 판매
-CDMA 셀룰러 폰용 MMIC
-PCS용 MMIC
-디지털 위성 방송용 MMIC
-무선 LAN 카드용 MMIC
※ 주요 주주
-CTI 23.82%
-레이티언 9.38%
-보광 창투 3.89%
-GaAsTronics 0.66%

○ 레이컴(최문철 사장)
-무선 DATA통신기기 제조 및 판매
-무선 LAN카드 및 Access Point
-팩스모뎀, PDA, 위성 수신 안테나
-각종 RF 모듈
※ 자본금과 주요 주주
-자본금: 66억 원
-(주)CTI 49%
-레이티언 51%

○ 에어컴(김 훈 사장)
-이동 통신 기지국 장비 제조, 판매 BTS(기지국 중계기), BSC(기지국 조정기),
-MSC(이동 전화 교환기), OMCR(운영 및 정비 센터)
※ 자본금과 주요 주주
-자본금: 5천만 원
-(주) CTI 51%
-Airnet 49%

○ (주) 에어링크 코리아(김 훈 사장)
-항공 및 공항 통신 관련 엔지니어링 및 기술 서비스업
-부가 통신업(VAN)/Database업
-Network서비스/Banking서비스/Billing서비스
※ 자본금과 주요 주주
-자본금 : 51.42억 원
-CTI 50%
-Airinc 50%

○ 오브콤 코리아 (김광영 사장)
-저궤도 위성을 이용한 양방향 메시지 및 위치 확인 서비스, 원격 감시 및 제어 등의 데이터 통신 서비스
※ 자본금과 주요 주주
-자본금 : 58.75억 원
-(주)CTI 외 33%

○ (주) CTI-MMIC(김혜봉 사장)
-MMIC 웨이퍼 일관 가공
-6″ 갈륨 비소 반도체 웨이퍼 생산
※법인 등기 준비 중

제 3 부　기업 성장과 변화의 관리

제 3 부에서 다루는 주제

Ⅷ장 고도 성장 기업의 경영

"틈새 시장에 접근하는 방법을 쓰지 않고 시장의 캐즘(Chasm)을 그냥 뛰어넘으려고 하는 것은 마치 불쏘시개 없이 불을 피우려는 우둔한 행동과 다름없다."

조프리 무어(Geoffrey A. Moore), *Crossing the Chasm*, 1991

이 장에서 다루는 주제

틈새 시장의 개척
산업의 성장 단계별 진입 전략
창업 기업의 성장 단계
고도 성장의 패턴
벤처 마케팅
전문 경영 시스템의 구축

창업 현장

실리컨 그래픽스[1]

미국의 실리컨 그래픽스사(Silicon Graphics, Inc.)는 급변하고 있는 컴퓨터 산업에서 1993년 하드웨어나 소프트웨어 업체들이 매우 소폭적인 수익률을 기록한 것에 반해 기록적인 매출을 올려 IBM사, 애플사, 디지털사 등을 당혹케 하였다. 이 회사는 컴퓨터 프로그래밍 분야에서 최첨단을 달리고 있다. 특히 삼차원 그래픽의 최초 개발자로서 유명한 영화 터미네이터, 쥬라기 공원, 어비스(Abyss) 등에서 중요한 역할을 담당하며, 차세대 선두 주자로 입지를 공고히 하였다. 주력 상품은 과학자나 엔지니어들이 사용하는 워크스테이션이나, 그래픽과 수퍼컴퓨터에도 진출하고 하고 있다.

회사의 비전을 제시하는 사람이 회장인 짐 클라크라면, 사장 맥크래큰(McCracken)은 전략을 도출하고 그 실행을 위한 구조적 아이디어를 짜낸다. 맥크래큰은 기술적 변화가 심한 컴퓨터 산업에서 경쟁하는 경영 방식에 대해 나름대로의 식견을 제시한다. 전통적으로 경쟁은 제품 개발에서 시장 출시에 이르는 기간을 단축하는 데서 나온다고 믿어 왔다. 또한 대량 생산은 규모의 경제를 창출하여 가격 인하를 통해 경쟁을 하는 바탕이 되어 왔다. 그러나 맥크래큰이 지휘하는 실리컨 그래픽스사는 혼돈 상태(Chaos)에 단순히 대응하는 것이 아니라 혼돈 상태를 적극적으로 창출해 나간다. 혼돈을 만드는 것이 혁신의 리더가 된다는 것이다.

컴퓨터 산업에서도 마찬가지이다. 많은 회사들이 제품을 좀더 싸게 만들고 유통망을 확충하며 R&D 비용의 절감, 그리고 고객들과의 관계 개선 등을 통해 경쟁력을 키우는 것에 중점을 두지만, 실리컨 그래픽스사는 그러한 상품 중심의 사고에서 벗어나 자사의 상품이 고객 개개인의 특성에 맞추어 설계되어 있고, 업무 특징에 맞춘 성능과 특성을 가짐으로써 프리미엄을 제공하는 것이다.

그리고 급변하는 기술 환경하에서 일단 처지기 시작하면 번영은 물론 생존도 어렵기 때문에 항상 최신의 기술을 보유해야 한다. 따라서 수익 대비 연구개발비의 비율은 업계 표준인 4-5%가 아니라 12% 정도를 유지한다. 요컨대 혼돈을 창출하는 것은 신속하게 새로운 기술, 그것도 이전의 기술과는 다른 차원의 기술을 끊임없이 고객 개개인의 특성에 맞추어 안겨 주는 것이고, 그것이 바로 혁신이 되는 것이다.

실리컨 그래픽스사는 예전의 기술에 집착하지 않는다. 항상 최신의 기술에 초점을 두고 연구개발 및 상품화를 꾀한다. 이는 컴퓨터 업계의 기술 변화가 정신을 못 차릴 정도로 빠르기 때문이다. 과거의 기술은 과감히 버리고 항상 새로운 아이디어에 몰두해야 한다. 또한 새로운 기술 개발을 할 때 이 다음의 기술은 어떤 모습을 띨 것인가까지 고려해야 한다. 기술 개발의 기간은 되도록이면 짧아야 한다. 기술의 변화는 물론 소비자의 욕구 변화를 정확히 예측할 수 없기 때문이다. 5년간의 계획은 말도 안 되고, 2-3년의 기간도 너무 길다.

맥크래큰은 제품 개발에 있어 최고 경영자가 기술자와 고객 사이에 중요한 조정 역할을 해야 한다고 여긴다. 즉, 최고 경영자는 회사의 조직 구조가 자사의 유능한 기술자들이 고객과의 긴밀한 관계를 촉진하도록 하는 것이

[1] Steven E. Prokesch, "Mastering Chaos at the High-Tech Frontier: An Interview with Silicon Graphic's Ed McCracken," *Harvard Business Review,* Nov.-Dec. 1993: 135-144.

다. 그리고 자사의 고객들을 욕구에 따라 세분화시키고 그들을 각각 만족시킬 기술이 무엇인가 결정하는 것이다. 그런 연후에 각각의 세분화 시장에 대해 기술자들을 팀별로 할당하고 임무를 맡기는 것이다.

또한 다양한 제품의 라인업(Line-up)을 유지해야 한다. 한 가지 시장에만 고집하는 기업은 너무 위험한 길을 달리고 있는 것이다. 중요한 점은 다양한 제품과 다양한 가격 대를 운영하되 회사가 생산하는 제품을 기본적으로 이해하고 변화의 지점을 지적해 줄 핵심 고객과의 활발한 의사소통을 유지하는 것이다. 실리컨 그래픽스사는 그러한 고객을 '등내'(Lighthouse)라고 부른다. 그들은 연구개발이나 기술의 방향을 함께 이끌어 나가는 창조적인 고객이다. 이런 고객들과의 의사소통은 마케팅이나 판매 담당자가 아닌 기술자들과 이루어져야 한다는 것이다.

이를 위해 실리컨 그래픽스사는 일선과 이선의 기술 관리자들이 고객들과 직접 대화를 하도록 고무한다. 그들에 대한 평가는 고객과 얼마나 많은 시간을 보내는가에 달려 있다. 경영자는 재정적인 성과를 관리하는 것이 아니라 자사의 기술과 고객의 요구와의 특별한 관계를 구축하는 것이다. 그들이 접촉하는 대상은 등대뿐만 아니라 프로그램을 공급하는 소프트웨어 회사도 포함된다.

이러한 혁신 활동을 촉진하기 위해 실리컨 그래픽스사는 조직의 구축에도 독특한 방법을 강구한다. 한마디로 전략적인 차원에서 대담한 배팅을 하고 그 일을 수행하는 조직원들과 하청 계약을 맺는다. 그리고 자유롭게 활동을 할 수 있는 자유를 부여한다. 즉, 위계적인 조직이 아닌 독립적인 팀들로 나누어 그들을 관리하고 계약을 통해 그들에게 인센티브를 부여한다. 이런 시스템은 회사의 규모가 커 나감에 따라 생길 수 있는 조직의 유연성 상실을 방지할 수 있다.

때로는 한 명 혹은 두 명의 자사 연구원과 타사의 연구자들로 구성된 팀을 만들도록 하기도 한다. 그리고 사내에 두 개의 경쟁 팀을 운영하는 것과 같은 IBM의 팀 운영 방식을 따르지 않는다. 이는 불필요하고 낭비적인 사내 경쟁을 없애기 위함이다. 한 팀을 운영하며 그것에 모든 것을 건다. 많은 팀을 운영하다 보면 조직의 초점이 흐려질 수 있다. 삼차원 그래픽 같은 일정한 기술을 여러 가지 기술 개발에 공통적으로 적용시키고, 모든 조직 구성원들 간의 원활한 의사소통을 장려하며, 서로간의 비밀이 없도록 거의 모든 것에 대해 이야기하도록 한다.

일에 즐거움을 부여하게 만들고 스스로 느끼도록 한다. 그것의 핵심은 서로에 대한 신뢰이다. 경영자의 역할은 통제하는 것이 아니라 모든 조직 구성원이 생각하는 기술의 혁신이나 개발이 조직에 의해 저해되는 일이 없도록 하는 것이며, 전횡적으로 종업원을 해고하지 않는 것이다. 항상 창업 기업가적 기질이 조직 내에 넘치도록 하는 데 실리컨 그래픽스사의 철학이 담겨 있다.

1. 틈새 시장의 개척

창업 기업의 성패를 좌우하는 것은 결국 시장이다. 기존 산업에서 시장 진입을 꾀하는 창업 기업은 기존의 기업이 충족시키지 못하는 **틈새 시장**(Niche Market)을 찾아 내고 공략해야 한다. **신흥 산업**(Emerging Industry)에서 선도적인 역할을 하고자 하는 보다 혁신적인 창업 기업은 전적으로 새로운 시장을 개척하고 조성해야 한다. 이를 위해 혁신적인 창업 기업은 **산업 표준**(Industry Standard)을 선도하고, 그 제품이나 서비스가 **시장 주도적 디자인**(Dominant Design)으로 되도록 노력한다. 둘 중의 어느 경우이건 창업자는 자신의 제품이 생소한 시장에서 활발하게 매매될 수 있도록 하는 차별적이고 효과적인 진입 전략을 수립해야 한다.

진입 쐐기(Entry Wedge)란 시장에서는 생소한 창업 기업이 초기에 효과적으로 고객에게 소개될 수 있도록 하는 방법을 말한다. 어느 기업이나 그 연혁의 발전상 독특한 발자국을 남기는 것이며, 어떠한 진입 쐐기를 구사하느냐 하는 것이 사후적인 성장과 경쟁 우위에 결정적 실마리가 될 수 있다. 기존 기업을 인수하지 않은 신설 기업으로서 일반적으로 구사하는 주요 진입 쐐기에는 크게 새로운 제품/서비스, 병행적 경쟁, 프랜차이징 등이 있다.[2]

신제품/서비스 신제품/서비스는 가장 강력한 진입 쐐기 중의 하나이다. 인텔의 마이크로프로세서 시장 진입이 좋은 예이다. 진정으로 혁신적인 제품을 제공하기는 상당히 어렵다. 그러나 그것이 성공적일 때 따르는 이점은 매우 크다. 신제품으로 구축한 시장의 발판을 기반으로 관련 제품이나 서비스를 추가적으로 개발하고 출시할 수 있다. 즉, **선도자 우위**(First-Mover Advantage)에 의해 초기에 상당한 시장 점유율을 확보하고, 그것을 기반으로 저가 제조 및 공급과 고객 인지도 등에서 후발자에 비해 차별적 우위를 누리는 것이다. 이러한 선도자 우위를 지속적으로 끌고 가기 위해서는 제품뿐만 아니라 고객 서비스, 품질 보증, 적시 배달, 그리고 제품 기능상의 필수 요소들은 포괄적으로 제시하는 전략, 즉 '최초로 최대한의 상품 패키지를 제공'(Being First with the Most)하는 것이 요구된다. 이 중 어느 하나의 요건이 미비할 때, 그것은 후발 기업으로 하여금 시장의 틈새로 치고 들어오게 하는 빌미를 제공하게 된다.

신제품/서비스로 시장에 진입하는 것은 그 보상만큼이나 큰 위험이 따른다. 또한 많은 경우 실패한다. 신제품에 의한 진입을 시도하는 창업자는 다음과 같은 부실 기업들의 체험에 바탕한 충고에 귀를 기울일 필요가 있다.

---

[2] Karl H. Vesper, *New Venture Strategies,* Revised Edition (Englewood Cliffs: Prentice-Hall, 1990): 197-224.

- 시장 조사가 탁상공론에 빠지기 쉽다. 즉, 잠재 고객으로부터 실제로 주문을 받는 것보다 낙관적인 해결책을 제시하기가 쉽다.
- 직접적인 주문과 잘 연결되지 않는 광고나 업계 전시회 참여보다는 조기에 고객에게 직접 주문을 받는 영업 노력이 보다 중요하다.
- 막연하고 장기적인 기대를 갖고 일시에 대규모적으로 자본을 투여하는 것보다는 단기적으로 결과를 봐 가면서 점진적으로 자본을 투여하는 것이 보다 현명하다.

병행적 경쟁 많은 경우 창업 기업은 기존 기업 모방 전략("Me Too" Strategy)을 가지고 시장에 진입한다. 이를 **병행적 경쟁**(Parallel Competition)이라 일컫는다. 기존의 상품과 동일하지는 않지만 기존 시장에 중복적인 경쟁 상품을 내는 것이다. 대부분의 도소매 유통 업체가 이러한 방식으로 시장에 진입한다. 경우에 따라서 이러한 상품이 어느 정도 혁신적일 수도 있고, 아니면 기존에 잘 팔리는 상품을 약간 변형한 유형일 수도 있다. 그러한 것을 통해 시장의 틈새를 공략하는 것이다.

대개의 경우 이러한 진입 방식은 소규모의 매상과 이윤만을 창출하는 데 그치지만, 창조적 모방을 통해 새로운 비전과 창의력을 발휘한다면 뛰어난 성과를 기대할 수도 있다. 창조적 모방은 기존의 시장에 잘 받아들여지고 있는 상품 특성을 재창출하는 모방의 측면과 아울러 기존 상품이 충족시키지 못하고 있는 고객의 욕구를 겨냥하는 창조적 변형의 측면을 잘 조화시킬 때 가능하다. 즉, 기존 기업들이 시장, 경쟁 상황, 자신에 대해서 잘 파악하고 있지 못한 약점과 **맹점**(Blindspot)을 꿰뚫어 볼 수 있어야 한다. 그러한 맹점의 예를 들면 아래와 같다.[3]

- **타사 발명품 거부 증상**("Not Invented Here (NIH)" Syndrome): 다른 회사가 발명한 새로운 아이디어에 대해 거부감을 갖는 증상이다. 이런 기업보다 재빨리 외부의 새로운 발명을 채택함으로써 조기에 경쟁 우위를 확보할 수 있다.
- **고가 정책**("Skim the Market") **맹점**: 고가 시장과 고수익 사업만을 고집하는 기업의 맹점이다. 창업 기업이 같은 품질의 상품을 저가로 제공하는 동시에 추가적인 부가가치를 제공하게 되면 빠른 속도로 고객과 가까워지고 시장 점유율을 높일 수 있다.
- **기술적 터널 비전**(Tunnel Vision): 사용자에 기반한 품질보다 제조 기술에 기반한 품질을 더 강조할 경우 생기는 맹점이다. 새로운 고객 욕구의 변화를 인지하는 창업 기업이 창조적 모방 전략을 펼친다면 쉽게 시장을 점할 수 있게 된다.
- **극대화 컴플렉스**(Maximizer Complex): 모든 유형의 상품을 모든 유형의 고객에게 제공하려는 기업의 강박 관념적 맹점을 말한다. 이는 결국 어느 고객도 적절한 서비스를 제공하지 못하는 결과를 낳게 된다. 따라서 특정한 틈새를 타깃으로 삼고 병행적 경쟁 전략을 취한다면 세분화 시장의 고객을 얻을 수 있다.

---
3 Marc J. Dollinger, *Entrepreneurship: Strategies and Resources* (Burr Ridge, IL: Irwin, 1995): 168.

프랜차이징 창업자는 **프랜차이즈(Franchise)** 사업을 통해 상대적으로 안전하게 시장에 진입할 수 있다. 맥도널드사 등 외식 업체가 고전적인 예이다. 쉽게는 기존 프랜차이즈의 **가맹점(Franchisee)**으로서 **프랜차이즈 본사(Franchisor)**로부터 상품의 제조 및 판매의 노하우를 습득하여 지리적으로 제한된 시장 영역에 진입하는 것이다. 이러한 진입 방법은 이미 어느 정도 성공적인 사업을 다른 시장에서 반복하는 것이므로 상대적으로 위험 부담이 덜하다는 장점이 있다. 가맹점은 본사로부터 제조 기술, 영업 노하우, 운영상의 지원 등을 받은 대가로 매출액 등에 비례하는 로열티를 본사에 지불하게 된다.

보다 어려운 진입 방법은 프랜차이즈 본사가 되는 것이다. 프랜차이즈 본사는 여러 가맹점을 통해 표준화된 제품/서비스를 여러 지역에 반복적으로 확산하여 기업을 성장시키는 것을 주 목적으로 한다. 특정 지역에서 이미 좋은 성과를 올린 본사는 그것을 기반으로 가맹점들을 유치할 수 있고, 결국 라이슨스를 얻은 가맹점들의 자금, 시간, 그리고 노력의 투입으로 빠른 속도의 성장을 할 수 있다. 이렇게 확산된 시장의 규모가 크면 클수록 프랜차이즈 본사의 구매력과 인지도를 높이고, 훈련비, 광고비, 로지스틱스 비용 등을 절감할 수 있게 된다. 성공적인 프랜차이즈는 결국 본사, 가맹점, 고객 등 삼자가 모두 효익을 얻을 수 있는 시장 진입의 유형이다.

창업 기업은 위와 같은 부류의 주요 진입 쐐기뿐만 아니라 그것의 변형이라고 할 수 있는 **세부 진입 쐐기**를 활용할 수도 있다. 세부 진입 쐐기에는 부분적인 모멘텀을 활용하는 방법과 모회사, 고객 및 정부 등의 후원을 얻는 방법이 있다.[4] 표 8-1에서 보듯이 각각의 세부 진입 쐐기마다 그에 해당하는 주요 진입 쐐기가 달라질 수 있다. 세부 진입 쐐기에 따라서는 두 가지의 주요 진입 쐐기가 모두 적용될 수도 있다. 그러나 중요한 점은 창업자에게 다양한 진입 쐐기가 활용 가능하다는 점이지 진입 방법의 특징이 항상 명확히 구분된다는 것은 아니다. 또한 경우에 따라 창업자가 여러 가지 진입 쐐기를 결합하여 보다 효과적인 시장 진입을 시도할 수도 있다.

부분적 모멘텀의 이용 창업자는 사업 초기부터 시장과 제품에 관한 정보에 기반해서 사업이 성공적일 것이라는 신념을 가질 수 있다. 이러한 정보가 사업 추진을 촉발하는 모멘텀으로 작용할 수 있다. 특정 지역 성공 사업의 타 지역 반복 가능성, 공급 물량의 부족, 자원의 불충분한 활용 등에 관한 정보가 이러한 모멘텀을 제공하게 된다.

- **지리적 이전**: 한 지역에서 성공적으로 운영되고 있는 사업을 관찰하게 되면 다른 지역에서도 똑같이 성공할 수 있다는 믿음을 갖게 된다. 그것은 이미 그 사업이 고객의 욕구를 충족시키는 사업 형태(Business Format)를 갖고 있다는 증거이기 때문이다. 선진국의 번창 사업을 개발도상국에서 창업한다든지 프랜차이징을 한다든지 하는 것이 이러한 진입 유형에 속한다.

---
[4] Karl H. Vesper, *op. cit.*: 225-251.

표 8-1 시장 진입 쐐기의 분류

세부 진입 쐐기	주요 진입 쐐기			
	신제품/ 서비스	병행적 경쟁	프랜차이징	기존 기업 인수
부분적 모멘텀의 이용				
1. 지리적 이전			√	
2. 공급 부족		√		
3. 미활용 자원의 이용	√	√		
고객의 후원				
4. 고객과의 계약		√		
5. 이차적 공급 업체화		√		
모회사의 후원				
6. 합자	√			
7. 라이슨싱			√	
8. 시장 양도		√		
9. 분사	√			√
정부의 후원				
10. 호의적 구매		√		
11. 규제의 변경	√			
12. 직접적 보조	√	√		
여러 쐐기의 결합				

자료: Karl H. Vesper, *New Venture Strategies,* Revised Edition (Englewood Cliffs, NJ: Prentice-Hall, 1990): 226; Marc J. Dollinger, *Entrepreneurship: Strategies and Resources* (Burr Ridge, IL: Irwin, 1995): 170.

- **공급 부족**: 기존의 기업들이 현재의 수요량를 충분히 따라가지 못할 때 시장 진입의 기회가 발생한다. 예컨대 어떤 신상품이 히트를 쳤을 때, 그 수요가 폭발적으로 증가하는 것에 비해 공급 업체가 딸리는 것이 보통이므로 타 지역 등으로부터 다른 업체보다 발 빠르게 공급 물량을 확보할 수 있는 창업자에게 시장 진입의 기회가 확보된다. 이 경우 단기적으로 상당한 수익성을 확보할 수 있다. 시장의 규모가 장기적으로 크다고 판단될 경우 대기업이 진출할 것이며, 이때 초기 창업자는 대기업과 직접적으로 경쟁하기보다는 그간의 성공 사업체를 매각하는 방식으로 사업 성과를 수확할 수 있다.
- **미활용 자원의 이용**: 보통 사람들에게 잘 인식되지 않은 경제적 가치를 지니고 있거나 그 가치가 잘 활용되고 있지 않은 자원이 있을 수 있다. 그러한 자원을 기반으로 시장 진입을 시도할 수 있다. 예컨대 많은 창업자들이 디즈니사나 코카콜라사 등의 브랜드나 상표권을 라이슨스 받아 사업체를 설립한 바 있다. 폐기되는 컴퓨터의 메인 보드에서 금을 캐내는 사업 등 자원 재활용을 시도하는 업체도 이러한 부류에 속한다.

고객의 후원 많은 경우 창업자가 신상품을 개발하고 시장에 진입하는 순서를 취하지만 반대로 고객의 부탁을 받아 어느 정도 시장을 확보하고 사업에 착수할 수도 있다. 고객으로부터 사업 지원 계약을 미리 체결하거나 자재 공급을 충분히 확보하고자 하는 고객에 대해 제 2 의 공급 업체 관계를 맺는 것이 이에 해당한다. 두 경우 모두 기존 업체와의 병행적 경쟁에 의한 시장 진입으로 볼 수 있다. 이러한 진입 방법의 장점은 사전적으로 고객으로부터 사업 착수에 필요한 자금, 인력, 장비 등의 지원을 받을 수 있다는 것이다.

- **고객과의 계약**: 고객과의 계약을 통해 창업하게 되면 필요 자금의 지원뿐만 아니라 개발된 상품의 초기 시장을 쉽게 확보할 수 있는 장점이 있다. 이미 확보된 시장이 있다는 사실은 창업자가 외부에서 추가적인 자금을 유치하기도 쉽게 한다. 초기에 확보된 매출에 기반해서 지속적으로 유사 고객을 확보하는 방식으로 시장의 점유율을 높여 갈 수 있다.
- **이차적 공급 업체화**: 고객 업체가 과거에 자재 공급 문제로 어려움을 겪은 경험이 있다면 항상 대안적인 공급 업체를 확보해 놓으려고 할 것이다. 이차적인 공급 업체를 확보하는 것이 쉬운 것이 아니므로 고객 업체가 새로운 업체에게 기술, 자금, 경영상의 지원을 자청하면서 공급 계약을 맺도록 종용할 수 있다.

모회사의 후원 모회사가 기존에 수행하고 있는 사업의 운영 방식을 다양한 방법으로 재구성하여 후원함으로써 창업 기업에게 시장 진입의 기회를 부여할 수 있다. 이러한 진입 방법으로 합작, 라이슨싱, 시장 양도, 분사 등을 들 수 있다.

- **합작**: 창업 기업과 모회사의 합작(Joint Venture)은 창업 기업으로 하여금 모회사의 기존 자원과 시장을 활용할 수 있게 한다. 물론 양자간에 직접적인 지분 투자가 있을 때 유리한 지분율을 결정하는 것은 창업자의 협상력에 달려 있다. 두 기업 역량의 시너지를 발휘할 수 있는 장점이 있으나, 합작 업체를 경영하는 데 따르는 관리상의 비용도 만만치 않다.
- **라이슨싱**: 모회사의 직원이 퇴사와 동시에 과거에 맡고 있던 업무를 라이슨스 받아 창업을 시도할 수 있다. 모회사와의 라이슨싱 협약을 통해 상품을 생산하거나 기술을 이전 받는 것이다. 이 경우 창업자가 원래 잘 알고 있던 기술적, 관리적 업무를 하는 것이므로 조기에 시장에 안착할 수 있다.
- **시장 양도**: 모회사가 기존에 운영하고 있던 사업이 회사의 규모에 비해 시장의 규모나 성장성이 떨어질 때 그 사업을 포기하고 타사에 양도할 수 있다. 이때 대개는 그 사업 분야에서 일하던 직원에게 사업권을 매각한다. 이렇게 창업을 하게 되면 이미 잘 알고 있던 업무이므로 경쟁 환경에 쉽게 적응할 수 있다. 더욱이 기존에 대규모적인 모회사에 기여하던 간접비가 삭감되므로 회사의 채산성이 높아짐과 아울러 소규모 독립 기업으로서의 경영상의 탄력성도 제고된다.

- **분사**: 모회사가 전략적으로나 운영상 직접적인 관련이 적은 일부 사업 부문을 독립된 기업으로 설립하는 것을 분사(Spin-Off)라 한다. 시장 양도와의 차이점은 모회사가 분사와 때에 따라 경쟁할 수도 있고, 어느 정도의 지분을 계속 보유할 수도 있다는 데 있다. 전직원으로서 분사를 통해 퇴사 창업을 하게 되면 운영상의 노하우가 있을 뿐만 아니라 기존의 고객층과 기술을 모두 가져갈 수 있다는 이점이 있다.

정부의 후원 세계 각국에서 정부는 중소·벤처 기업의 설립과 발전을 법적, 제도적으로 지원하고 있다. 창업 기업이 개발한 상품의 호의적 조건 구매, 창업 관련 규제의 변경, 또는 직접적인 재정 보조를 그 예로 들 수 있다. 이러한 정부의 후원에 의한 시장 진입 효과는 단독적인 것이라기보다는 다른 진입 쐐기와 더불어 보완적이라고 할 수 있다.

- **호의적 구매**: 조달청 등 정부의 구매 담당 관청에서 특정한 조건을 충족하는 창업 기업, 신기술 기업, 중소 기업 등의 상품을 타 업체와 차별적이고 호의적인 조건으로 구매할 수 있다. 이러한 조달 업체로 지정되면 그것을 신용으로 하여 금융 기관으로부터 자금 지원을 받거나 공급 업체로부터 자재를 외상 매입할 수 있는 등의 부수적인 이점이 생긴다.
- **규제의 변경**: 중소기업청과 각급 지방 정부에서 세수원이 되는 기업의 창업을 지원하기 위해 사업 추신에 부성석인 각종 규제를 철폐하고, 조세 감면이나 저리 자금 지원, 기술적 지원 등을 시행하고 있다. 창업자는 이러한 법규제상의 변화에 항상 귀를 기울여서 회사에 적용 가능한 모든 지원을 받음으로써 시장 진입을 보다 수월하게 할 수 있다.
- **직접적 보조**: 중앙이나 지방 정부에서 특별히 필요하다고 요구되는 기술 분야의 창업 기업을 경영, 기술, 자금상 직접적으로 지원할 수 있다. 미국의 경우 특히 연방 정부에서 연구 실험실 시스템을 운영하면서 과학기술자들이 창업 기업의 기술적 문제를 해결하는 데 직접적인 도움을 주고 있다.

2. 산업의 성장 단계별 진입 전략

시장 진입에 있어 중요하게 고려해야 하는 변수는 해당 **산업의 생명 주기**(Industry Life Cycle)이다. 어느 산업이나 생성기를 거쳐 성장하고 성숙되며, 결국 쇠퇴하게 된다. 이러한 산업의 생명 주기는 크게 **생성기**(Emerging Stage), **전이기**(Transitional Stage), **성숙기**(Maturing Stage), 그리고 **쇠퇴기**(Declining Stage) 등의 네 단계로 구분할 수 있는데, 이러한 발전 단계마다 그에 적절한 시장 진입 전략을 취해야 한다.[5] 생성기는 신흥 산업이 출현해서 그 성

[5] Marc J. Dollinger, *op. cit.*: 176-188.

장률이 지속적으로 상승하는 단계이다. 전이기는 산업이 지속적으로 성장하기는 하나 성장률이 감소하는 단계를 말한다. 산업의 어느 정도 성숙되면 성장이 둔화되어 성장률이 영에 가까워지는 성숙기에 이른다. 끝으로 쇠퇴기는 산업의 성장률이 마이너스로 되는 단계이다.

산업 생성기의 시장 진입 생성기의 신흥 산업에 진입하는 창업자는 혁신 전략을 취해 시장을 선도하고자 하는 사람이다. 최근의 예로서 생명 공학, 이동 전화, 쌍방향 텔레비전 등이 이러한 산업에 속한다. 이러한 시기에는 구조, 전략, 자원, 고객 등에 있어 여러 가지 **불확실성**(Uncertainty)이 존재하므로 시장 진입 자체가 상당한 위험 부담을 갖게 된다. 기존의 관행, 표준 운영 절차, 어림짐작 등이 없으므로 아무리 혁신적인 창업 기업이라 할지라도 사업 추진상 구조적인 불확실성을 안게 된다. 전략적으로도 누가 경쟁 업체가 될 것이며, 어떠한 경쟁 전략을 구사할지 불확실하다. 따라서 사업 투자에 대한 보상도 불투명하기 때문에 자원 획득상의 불확실성도 발생한다. 또한 고객 시장도 어떠한 욕구와 구매 특성을 지니는지 알 수 없기 때문에 불확실성이 존재한다.

이러한 다양한 불확실성 요인하에서 창업자는 그러한 요인들을 통제하는 기지를 발휘해야 한다. 우선 필요한 자원을 남보다 조기에 확보해야 한다. 그러한 자원을 가지고 속도 경쟁을 통해 시장 진입의 초기 발판을 마련하는 것이 중요하다. 초기 진입에 성공하게 되면 그것이 장기적으로 유지되도록 하는 **지속적 경쟁 우위**(Sustainable Competitive Advantage)를 확보할 필요가 있다. 이것은 기업의 보유 자원이 가치 있고, 희귀하고, 모방이 어려우며, 다른 자원으로 대체가 불가능할 때 가능하다.

기존에 없던 고객과 시장을 창출하기 위해서는 효용 창출, 가치 창출, 그리고 고객 시스템의 변화 등을 달성해야 한다. **효용 창출**이란 사람들이 기존에 수행하는 데 어려움을 겪었던 일들을 손쉽게 수행할 수 있도록 하는 상품을 제시하는 것이다. **가치 창출**이란 제록스사가 값비싼 복사기를 판매하는 대신 복사기 사용권을 판매한 것처럼 기존에 비싼 상품을 대체하는 저렴한 상품을 고객에게 제공하는 것이다. 끝으로 창업자는 **고객 시스템의 변화**를 통해 고객이 기존에 수행하는 작업을 단순화하고, 새로운 교육·훈련을 통해 문제 해결 능력을 배양하도록 함으로써 시장에 진입할 수 있다.

전이기의 시장 진입 전이기는 급속히 성장하던 산업이 어느 정도 안정기에 접어들기 시작하는 기간이다. 이 시기에는 특히 자원이 고갈되고, 고객의 취향이 변화하며, 이에 따라 경쟁 구도가 재편성된다. 우선 산업의 성장이 빠르게 진행되는 상황에서는 다수의 경쟁 업체가 진입하게 되고 전이기에 이르러 어느 정도 시장이 포화 상태에 이르면 이들 경쟁 업체들이 필요로 하는 여러 가지 자원이 희소해지면서 그 가격도 오르게 된다. 따라서 후발 진입 업체들은 같은 인력과 자금에 대해서 높은 급료나 수익률을 지불해야 한다. 또한 고객들도 초기에 시장이 잘 정의되지 않은 상황에 비해 상품 특성, 품질, 가치 등에 대해 보다 세밀한 판단을 할 수 있게 되고, 여러 업체의 난립으로 선택의 여지가 늘어난 상황에서 가격 경쟁성을 많이 따지게 된다.

제조비가 상승하고 판매가가 떨어지면 모든 경쟁 업체의 마진이 줄어들게 된다. 따라서 생산 효율이 높은 업체만이 생존할 수 있는 상황이 벌어지는데, 이를 **산업 재편**(Shake-out)이라 부른다. 이러한 상황에서 성공적으로 시장에 진입하여 생존하기 위해서는 우선적으로 보유하고 있는 자원 기반을 합리화해야 한다. 이는 적정 규모의 수익성을 창출하지 못하는 상품/시장에서 철수하고, 이에 투입된 불필요한 자원을 삭감해야 한다. 또한 생성기의 불확성에 대처하고 시장의 고도 성장을 흡수하기 위해 필요했던 **여유 자원**(Slack)을 산업 재편 시기에는 과감히 삭감해서 탄력성 있는 감량 경영을 유도해야 한다. 다음으로 현재까지 개발된 기업의 명성과 조직에 기반한 자원을 최대한 활용할 필요가 있다. 이는 추가적인 자원의 투입이 극소할 뿐만 아니라 경쟁 업체가 모방하기 어렵다는 장점을 지니고 있다.

특히 이 시기에 시장에 진입하는 창업자나 생존하게 된 기업은 산업 재편의 결과로 처분되는 기업의 자산과 자원을 싼 가격이 매입할 수 있는 기회를 적극 모색할 필요가 있다. 이러한 자원은 실제 가치보다 훨씬 낮은 가격에 매매되기 때문에 기업의 생산성을 조기에 올리는 데 긴요하다. 경쟁 기업이나 그 자산을 인수함으로써 산업의 **수평적 통합**(Horizontal Integration)을 이루어 규모의 경제를 달성할 수 있다.

성숙기의 시장 진입 성숙기의 산업은 대체로 성장이 둔화되고, 혁신적인 제품이 개발되지 않을 뿐만 아니라 고객의 취향이 세련화되고, 경쟁 업체가 소수로 집중화되면서 제품과 공정의 점진적 개선에 노력을 하는 양상을 띤다. 소수의 경쟁 업체들이 자신들 내부의 경쟁보다는 협력적 관행을 통해 새로운 경쟁 업체의 진입을 최대한 억제하려는 행태를 보인다.

그럼에도 불구하고 창업 기업이 틈새 전략, 선도 업체 공략, 특화 등을 통해 이러한 성숙 산업에 진입할 소지는 있다. 첫째, 컴퓨터와 같이 성숙된 산업에서도 포켓 컴퓨터, 이미지 관리 하드웨어 및 소프트웨어, LAN 서버 등의 기술적 **틈새 시장**을 개척할 수 있다.

둘째, 산업의 **선도 업체를 공략하기**는 쉽지 않지만, 특히 경기가 좋아서 방만한 경영을 하게 될 때 창업 기업으로서 불만족한 고객에 대한 서비스 증진 등을 통해 시장 진입을 시도해 볼 수 있다. 이때 단순한 모방이 아니라 최소한 선도 업체에 비견할 만한 품질을 가진 제품을 가지고 지속적인 경쟁 우위를 창출하고 선도 업체의 반격을 효과적으로 저항할 수 있는 기반이 있어야 한다.

이러한 기반 위에서 기존 업체들의 사업 관행을 **재구성**(Reconfiguration)하고 **서비스의 범위**(Scope of Service)를 재정의하는 시도를 함으로써 효과적인 시장 진입을 할 수 있다. 예컨대, 그레이 푸폰사(Grey Poupon)는 기존의 하인츠사와 달리 머스타드에 대한 집중적인 광고 전략으로 시장 진입에 성공했다. 또한 라 퀸타(La Quinta) 모텔은 저예산 비즈니스 여행자를 주요 목표 시장으로 해서 진입을 시도했는데, 이에 대해 기존 대형 업체들은 자신들의 핵심 브랜드 이미지에 손상이 갈 것을 두려워해 가격 경쟁 등의 반격을 하지 못하게 되었다.

셋째, 창업 기업은 성숙기 산업의 대규모 업체들에게 **특화(Specialization)**된 상품을 제공함으로써 시장에 진입할 수 있다. 이는 대규모 업체들이 자신이 직접 제조하는 것보다 외주(Outsourcing)를 통해서 특정 제품이나 서비스를 조달할 때 더 효율성을 올릴 수 있기 때문에 가능하다. 대기업들은 창업 기업에 비해 간접비가 높고, 특정 부문에 있어 노후화된 기술을 가지고 있을 수 있다. 물론 대기업이 외주할 때 그에 수반하는 비용, 예컨대 업체 탐색비, 법률 계약비, 감독비 등이 추가적으로 들지만 이러한 거래 비용에도 불구하고 외주가 훨씬 효율적일 수 있다. 예를 들면, 듀퐁사는 제품 엔지니어링과 디자인을 모리스 넛슨사로부터, 이스트먼 코닥사는 컴퓨터 지원 시스템을 비즈니스랜드사로부터, 그리고 월풀사는 유통 센터 관리를 켄코 그룹으로부터 아웃소싱한 바 있다.

사양 산업의 진입 전략 사양 산업은 상품의 판매량과 판매액이 감소하는 단계이다. 이러한 감소 추세는 기술적 대체품의 출현과 고객 취향 및 수요의 변화 등에서 기인한다. 트랜지스터의 개발로 진공관이 사라지게 되었고, 카세트와 CD의 출현으로 LP 레코트가 더 이상 필요 없게 되었다. 리커나 담배에 대한 수요도 고객의 취향과 사회 풍토의 변화로 감소 추세에 있다.

대부분의 창업자가 유망 성장 산업에 진입을 시도하려 하고 될 수 있으면 사양 산업은 회피하려 하지만 사양 산업에 진입하는 것도 생각해 볼 수 있다. 기존 업체들이 산업에서 성공하지 못하고 자산을 매각하거나 청산하려 할 때 우선 그것을 싼 값에 취득하여 시장에 진입할 수 있다. 창업자의 개인적인 판단에 그 산업이 여전이 매력적이라면 그러한 자산을 바탕으로 지속적인 경쟁 우위를 창출할 수 있는 자원 기반을 형성해야 한다. 전체 산업의 규모가 축소된다 하더라도 반드시 모든 업체가 수익성이 감소하는 것은 아니다.

분할 산업에의 진입 모든 산업이 성숙기에 이르면서 소수의 경쟁 업체로 집중화되어서 재편되는 것이 아니다. 특히 도소매, 서비스업, 전문 서비스 등은 성숙 산업임에도 불구하고 지역마다 수많은 업체가 난립하는 양상을 보인다. 이러한 특성을 지닌 산업을 **분할 산업(Fragmented Industry)**이라 한다. 분할 산업은 대체로 진입 장벽이 낮고, 규모의 경제를 달성하기 어려운 특징을 지니고 있다. 기업이 커지면 오히려 규모의 불경제가 발생할 수도 있다. 고객의 입장에서도 대규모 업체보다는 소규모 업체를 선호하고, 시장의 다양성이 너무 커서 대기업의 경제성 요구를 충족시키기 어려운 경우가 많다.

이러한 산업에 진입하는 것 자체는 쉽다. 문제는 평범한 진입 전략을 취해서는 사업의 수익성이 떨어진다는 것이다. 창업 기업으로서 규모의 경제를 가능하게 하는 기술, 전략, 경영상의 혁신을 도입하면 산업의 분할성 자체를 극복하면서 고도의 성장성과 수익성을 꾀할 수 있다. 맥주 양조업의 경우 전통적으로 지역마다 여러 양조 업체가 난립했었지만 냉장 차량 기술의 도입으로 경쟁력 있는 소수의 업체가 결국 살아남게 되었다.

또한 전략적으로 현재의 영업 관행을 깰 수도 있다. 전통적으로 운동화는 지역마다 여러 업체들이 평범한 디자인의 제품을 신발점이나 운동구점에 납품했었지만 개인 패션의 하나인 '전문 체육화'(Athletic Shoe)라는 상품 개념이 도입되면서 나이키, 리복, 아디다스 등의 유명 브랜드가 탄생했고 대규모로 고수익을 창출하게 되었다.

끝으로 산업 분할을 불가피하게 하는 자산을 그렇지 않은 자산과 분리하는 경영상의 혁신을 꾀할 수 있는데, 이를 개별화(Unbundling)라 부른다. 외식 산업의 예를 들면, 전통적으로 소규모 식당이 난립하는 특성을 지니고 있는데, 이는 외식 산업 자체가 매우 견실한 지역적 통제가 필요한 때문이었다. 지역적 통제를 강조하다 보니 구매나 마케팅상의 규모의 경제를 포기할 수밖에 없었다. 그러나 맥도널드 등의 프랜차이징이 도입되면서 지역적인 통제는 가맹점이 맡고, 구매나 마케팅상의 규모의 경제는 본사 차원에서 달성하는 개별화 전략을 통해 산업의 분할성을 극복한 것이다.

3. 창업 기업의 성장 단계

창업 기업은 사업 개시 단계에서 시작하여 성장하고 안정화되는 과정을 거치게 된다. 챈들러는 이러한 기업의 진화 과정을 다음 네 단계로 구분한 바 있다.[6]

- 초기 확장과 자원의 축적 단계
- 자원 활용의 합리화 단계
- 지속적 자원 활용을 위한 새로운 시장의 확장 단계
- 지속적 자원 동원을 위한 새로운 구조의 발전 단계

어느 창업자나 자신의 기업이 이러한 과정을 순탄하고 성공적으로 거쳐 가기를 기대할 것이다. 그러나 많은 기업들이 기대하는 성장을 하지 못하고 실패한다. 즉 시장성과 사업성의 부재로 인해 쇠퇴와 사멸의 과정을 거치는 것이다.

시장성 등 기업 외적 요인에 의해서뿐만 아니라 경영진 등 기업 내적 요인에 의해서

---

6 Alfred D. Chandler, Jr., *Strategy and Structure* (Cambridge, MA: MIT Press, 1962).

도 성장의 한계가 있을 수 있다. 특히 창업자의 기업 성장에 관한 개인적 철학과 선호가 기업 성장의 패턴을 바꿀 수 있다.[7] "우리 회사를 성장시킬 것인가 말 것인가?"라는 질문에 대해 대다수의 창업자는 기본적으로 "성장하지 않는 기업은 망한다"는 답을 한다고 알려져 있다. 그러나 실상은 창업자가 자신만의 여가 시간을 즐기거나, 종업원들에 대한 사적인 생활의 보장을 위해서, 혹은 적정 수준의 수익을 유지시키면서 나름대로의 사회 활동에 자신의 시간을 투자하기 위해 성장을 보류하는 경우도 있다. 물론 이와는 반대로 보다 많은 부의 축적을 위해 대부분의 시간을 일에 바치는 사람들도 있다. 요컨대 기업의 성장은 필연적인 것이 아니라 창업자의 선택에 의한 것일 수도 있다는 것을 명심해야 한다.

처칠과 루이스는 특별히 창업 기업의 성장 과정을 적절하게 기술하는 5 단계 성장 모형을 제시한 바 있다.[8] 이에 따르면 기업은 창업 초기의 존재의 단계에서 시작하여, 생존, 성공, 도약, 그리고 성숙 단계를 거친다.

존재의 단계 존재(Existence)의 단계는 제품/서비스를 제공할 수 있는 고객과 자금을 확보하는 단계이다. 조직과 경영 시스템은 매우 단순하며, 창업자가 거의 모든 일을 다 수행한다. 이 시기의 주요 경영상의 이슈는 다음과 같다.

- 사업을 영위할 수 있을 정도로 충분한 고객을 확보하고, 상품을 배달하며, 서비스를 제공할 수 있는가?
- 핵심 고객이나 시공정으로부터 보다 넓은 판매 기반으로 확장할 수 있는가?
- 사업 착수기의 필요 현금을 충분히 조달할 수 있는가?

생존의 단계 생존(Survival)의 단계는 창업 기업이 하나의 사업 단위로서 성립되고, 충분한 고객을 확보하는 시기이다. 이 시기에는 특히 수익과 비용의 관계가 핵심적인 현안으로 떠오른다. 조직과 시스템의 발달이 여전히 미미하고 창업자가 사업에서 중요한 부분을 차지하지만 기업의 규모가 양적으로 팽창되어 가는 단계이다. 창업자가 해결해야 할 주요 과제는 다음과 같다.

- 단기적으로 고정 자산의 감모분을 보수하고 대체하면서 손익 분기점에 도달할 수 있는 현금의 창출력이 있는가?
- 지속적으로 사업을 영위하면서 해당 산업과 틈새 시장에서 충분한 성장을 지원하고, 투자 자본과 노동에 대해 경제성 있는 수익을 벌어 들일 수 있는 최소한의 현금 창출력이 있는가?

성공의 단계 성공(Success)의 단계는 기존의 사업 성과에 기반해서 확장할 것인지 아니면 수익을 안정적인 상태로 그대로 유지할 것인지가 결정되는 단계이다. 즉 성장이냐

---

7 Susan Greco, "Who Needs Growth?" *Inc.*, October 1996: 90.

8 Neil C. Churchill & Virginia L. Lewis, "The Five Stages of Small Business Growth." In William A. Sahlman & Howard H. Stevenson (Eds.), *The Entrepreneurial Venture* (Boston, MA: Harvard Business School, 1992).

현상 유지냐를 결정하는 것이다. 그러한 결정에 따라 기업은 성공/지속 또는 성공적 성장의 하부 단계로 성장의 노선이 달라지게 된다. 성공의 단계에서 기업의 조직은 기능적 구조를 갖게 되면서 전문 경영자가 각 기능 부서를 책임지게 된다.

성공/지속의 단계 성공/지속(Success-Disengagement)이란 하부 단계는 평균 또는 그 이상의 수익을 올리고 경제적 성공을 얻을 정도로 상품 시장에서 성공하고 기업의 규모를 구축한 시기로서 창업자가 점차 직접적인 경영에서 물러나는 단계이다. 외적 환경이 자사의 틈새 시장을 파괴하지 않고, 비효과적인 경영을 통해 기업의 경영 역량을 손상하지 않음으로써 기업의 기존 규모와 경영 상태를 그대로 유지하는 것을 말한다. 창업자는 이러한 수준의 수익성과 성공에 만족하고 사업의 안정을 도모해야 한다.

성공적 성장의 단계 성공적 성장(Success-Growth)이란 하부 단계는 성공한 상황에서 안정적으로 현상을 유지하는 것이 아니라 창업자가 지속적인 성장을 위해 추가적인 자원을 동원하고 새로운 사업 위험에 도전하는 단계이다. 이를 위해 창업자는 기반 사업의 수익성을 유지하면서 성장 사업 성장에 요구되는 경영진을 확보해야 한다. 예산 등 운영상의 기획뿐만 아니라 창업자 자신의 전략적 기획이 매우 중요한 시기이다. 이러한 노력이 성공적일 때 기업은 도약의 단계로 발돋움하게 된다.

도약의 단계 도약(Take-Off)의 단계는 고도의 성장을 도모하고 경험하는 시기이다. 창업자에겐 어떻게 신속한 성장을 달성하며, 이를 위해 자금을 어떻게 확보할 것인가가 핵심적인 이슈이다. 이 시기를 성공적으로 이끌어 가면 대규모 기업으로 성장하게 된다. 사업의 확장을 위해 조직은 사업부제로 운영되는 것이 보통이다. 이 시기에는 다음과 같이 경영 책임의 위양과 현금의 확보가 주요 해결 과제이다.

- 고속 성장하고 있는 복잡한 기업 조직의 효과적인 경영을 위해 어떻게 경영 책임을 위양할 것인가? 즉 단순한 업무 포기가 아니라 위양된 업무에 대해 진행 과정이 아니라 성과에 따라 통제하고, 실수를 인정할 의지가 있는가?
- 성장에 필요한 수요를 만족시킬 수 있을 정도로 충분한 자금을 확보할 수 있는가? 부적절한 비용 통제와 잘못된 투자에 의해 잠식되지 않을 만큼 충분한 현금 흐름이 있는가?

성숙의 단계 성숙(Resource Maturity)의 단계는 성공적으로 성장한 기업이 안정화되는 시기로서 고속 확장을 통해 획득한 재무적 성과를 효과적으로 통제함과 동시에 창업 기업가적 정신으로 환경적 변화에 유연하게 대처하는 등 일반적으로 소규모적 기업이 가지고 있는 이점을 계속 유지하는 것이 핵심적인 과제가 된다. 이를 위해 성장과정에서 야기된 비효율성을 제거하고, 예산 관리, 전략적 기획, 목표 관리, 표준 원가 체계 등의 전문 경영 시스템을 도입할 필요가 있다. 재무적 기반, 규모의 경제, 경영 역량 등의 이점을 보유한 상태에서 창업 기업가적 정신을 유지한다면 시장에서 더욱 큰 힘을 발휘할 것이다.

그렇지 못하면 대규모 기업의 **고정화**(Ossification) 현상이 나타나 혁신적 의사결정이나 합리적인 위험 추구가 사라지고, 외부의 변화에 적응하지 못해 결국 경쟁 업체의 공격에 무릎을 꿇게 될 수 있다.

위와 같은 기업의 성장 단계에 따라 핵심적인 경영 요소의 중요성도 변화할 수 있다. 회사에 관련된 경영 요소로는 크게 재무, 인사, 시스템, 사업 관련 자원을 들 수 있다.

- **재무적 자원**: 현금 및 자금 동원력을 말한다.
- **인적 자원**: 경영진과 스태프 등 인력의 규모, 자질, 수준 등을 말한다.
- **시스템 자원**: 정보와 기획 및 통제 시스템의 세련화 정도를 말한다.
- **사업 자원**: 고객 관계, 시장 점유율, 공급 업체 관계, 제조 및 유통 과정, 그리고 기술과 명성 등 해당 산업과 시장에서 기업의 지위를 규정지우는 요소들을 말한다.

창업자와 관련된 경영 요소로는 목표, 업무 능력, 경영 역량, 전략적 비전 등을 들 수 있다.

- **목표**: 창업자 자신과 사업에 관한 목표를 말한다.
- **업무 능력**: 마케팅, 발명, 제조, 유통 등 중요 업무를 수행하는 창업자의 능력을 말한다.
- **경영 역량**: 경영 책임을 위양하고 타인의 업무를 지휘하고, 감독할 수 있는 능력과 의지를 말한다.
- **전략적 비전**: 현재를 뛰어넘어 미래를 투시하고, 기업의 장단점을 자신의 목표와 일치시킬 수 있는 전략적 능력을 말한다.

이들 핵심 경영 요소의 기업에 대한 중요도 수준은 성공을 위해 핵심적이고 최우선적인 수준, 필수적이고 중요하지만 관리 가능한 수준, 그리고 최고 경영진의 큰 관심사가 아니거나 부수적으로 발생하는 수준 등 크게 세 가지로 나누어 볼 수 있다. 표 8-2는 이 경영 요소들의 그 중요도가 성장 단계별로 어떻게 변화하는지를 일목요연하게 보여 준다. 이 표에 따르면 존재와 생존 등 창업 초기에 최우선적인 경영 요소는 재무 및 사업 자원, 그리고 창업자의 목표와 업무 능력이다.

반면 이 시기에 인적 자원, 시스템 자원, 전략적 비전, 그리고 경영 역량 등은 상대적으로 별로 중요치 않은 경영 요소이다. 하지만 이 요소들은 기업이 성장하고 도약하는 과정에서 그 중요도가 높아진다. 흥미로운 것은 사업 자원의 경우 반대로 기업의 성장 및 안정과 더불어 그 중요도가 떨어진다는 점이다. 이것은 시장이나 고객의 기반이 사업의 안정화와 더불어 자연스러운 부산물로 얻어진다는 것을 뜻한다.

이러한 핵심 경영 과제의 변화 패턴이 모든 산업, 모든 나라에 정확히 맞아 떨어진다고 볼 수는 없다.[9] 창업 기업의 경영진에 대한 일반적이고 경험적인 지침이라 판단하는 것

---

[9] 정승화, 안준모, "벤처 기업 성장과 핵심 경영 과제 변화에 관한 탐색적 연구: 한국 소프트웨어 산업을 중심으로," **벤처 경영 연구**, 1 (1): 5-34.

표 8-2 기업의 성장 단계별 핵심 경영 과제의 변화

단계	재무적 자원	인적 자원	시스템 자원	사업 자원	창업자의 목표	창업자의 업무 능력	창업자의 경영 역량	창업자의 전략적 비전
제 1 단계 존재	★★★	★	★	★★★	★★★	★★★	★	★
제 2 단계 생존	★★★	★	★	★★★	★★★	★★★	★	★
제 3 단계 성공/지속	★	★★	★	★★	★	★★★	★	★
제 3 단계 성공적 성장	★★★	★★	★★	★★	★★★	★★★	★★	★★
제 4 단계 노약	★★★	★★★	★★★	★	★★★	★★	★★★	★★★
제 5 단계 성숙	★★	★★	★★	★	★★	★	★★	★★★

주: ★★★ 핵심적이고 최우선적인 수준
★★ 필수적이고 중요하지만 관리 가능한 수준
★ 최고 경영진의 큰 관심사가 아니거나 부수적으로 발생하는 수준

자료. Neil C. Churchill & Virginia L. Lewis, "The Five Stages of Small Business Growth." In William A. Sahlman & Howard H. Stevenson (Eds.), *The Entrepreneurial Venture* (Boston, MA: Harvard Business School Publications): 272.

이 좋다. 예컨대 소프트웨어, 유전 공학 등 첨단 산업의 경우 벤처 자본으로부터 창업 초기에 자금을 지원 받을 수 있고, 이에 따라서 벤처 자본가가 성장이나 도약 단계에 필요한 기획 및 경영관리 시스템을 창업 초기에 도입할 수도 있는 것이다.

4. 고도 성장의 패턴

기업 성장에 대한 다양한 철학에도 불구하고 어느 창업자나 자신이 결국 직접 경영에 참여하지 않더라도 자신이 설립한 벤처가 신화적인 성장을 해서 대규모 기업으로 발전할 수 있기를 내심 바라기는 마찬가지일 것이다. 이는 중소 기업이 혁신, 고용, 인프라구조 등 경제 전반에 미치는 영향이 중요하고 광범위함에도 불구하고 대규모 기업이 경제에서 누리는 이점과 영향력이 막강하기 때문일 것이다.

우리는 여전히 대기업이 경제 전반을 지배하는 세계에 살고 있다. 기술 혁신, 국제 경

쟁력, 그리고 직업 창출의 원천으로서 중소 기업이 대기업을 대체할 것이라는 신념이 널리 확산되어 있기는 하다. 그러나 그런 신념을 뒷받침할 만한 증거는 별로 없다. 그렇다면 중소 기업의 부상에 대한 이야기를 신화처럼 받아들이는 이유는 무엇인가? 1970년대에서 1980년대 초로 이어지는 세계 경제 상황은 매우 열악했다. 그리고 그러한 경제 침체의 원인의 대부분을 대기업이 짊어져야 했는데, 이에 대한 반작용으로 기업가 정신, 소규모 사업, 자유 기업, 규제 완화 등이 각광 받기 시작했었다. 그러나 그런 중소 기업들이 전체 경제에서 대기업을 대체할 만큼 역할을 할 수 있는가는 역시 부정적이다. 경기 변동에 민감한 중소 기업들은 변화에 대처할 만한 자본력이 부족하기 때문이다.

사실 거대 기업의 경제적인 중요성은 국내적으로나 국제적으로나 줄어들지 않았다.[10] 이는 거대 기업의 구조가 변화하면서 거대 기업이 선진 산업 경제에서 부 창출의 중심 역할을 지속적으로 할 수 있도록 적응해 왔기 때문이다. 실제로 미국, 독일, 그리고 일본의 비즈니스 사이클을 고려해 보면, 소규모 회사들이 가지고 있는 각 국가별 고용 창출의 지분은 수십 년 간 변함이 없다.

대기업들은 서로 간에 뿐만 아니라 중소 하청 업체들과의 제휴 네트워크 및 장·단기의 재정 기술적 거래 등을 통해 그들의 경제적 권한이나 통제력이 분산되어 있는 것처럼 보인다. 그러나 궁극적인 결정권이나 자본에 대한 통제력은 감소되지 않고 있다. 겉으로는 대기업의 위력이 약화되고 소규모 기업의 위력이 전면에 떠오르는 것처럼 보이나, 권력의 핵심 위치는 거대한 조직들, 즉 다국적 기업, 주요 정부 기관, 대학 등으로 이루어진 강한 네트워크 안에 있다. 오히려 중소 기업의 의사결정은 그러한 네트워크 안의 핵심 역할을 하는 대규모 기업이 여전히 강하게 쥐고 있다.

이렇듯 대기업의 역할이 다시 강해지는 현상의 원인은 역설적으로 다운사이징이나 생산의 유연화, 전략적 제휴, 그리고 협동 등과 같이 네트워크 조직의 강화에서 비롯되었다. 네트워크가 만들어지고 강화되면 참가하는 다양한 구성원들이 가지는 나름대로의 목소리가 강해질 것 같으나 실제로는 네트워크 내의 중심 역할을 하는 대기업의 역할이 강조되기 때문에 대기업의 전성 시대가 여전히 지속되는 것이다. 게다가 그러한 네트워크화와 유연화 덕택에 화이트 칼라의 계층 분화가 빠르게 지속된 결과 부의 편중이 심화되어 혜택 받지 못하는 대다수는 빈곤의 나락으로 빠지게 되었다. 그것은 곧 자본의 집중을 의미하는 것이다. 요컨대, 외형상으로는 자본과 의사결정의 권력이 분산되고 평등화되는 것처럼 보이지만 그것은 사실상 대기업으로의 집중으로 귀결되고 있는 것이다.

이렇게 대기업이 주도하고 있는 국내·외 경제에서 창업자가 기업을 계속 소유하건 매각하건 기업의 장기적인 생존력과 성장성은 중요한 고려 대상이다. 어느 창업 기업이나

[10] Bennett Harrison, "The Small Firms Myth," *California Management Review,* Spring 1994: 142-158.

소규모의 기업으로 출발한다. 그러나 앞에서 살펴보았듯이 모든 기업이 고속 성장을 하는 것은 아니다. 창업 기업의 수익성뿐만 아니라 그 규모가 장기적으로 중소 업체로 남느냐 마느냐에 따라 다음 세 가지의 성장 유형을 생각해 볼 수 있다.[11]

- **저수익, 안정적 중소 기업**: '원맨 쇼' 유형의 구멍 가게, 주유소, 세탁소, 식당 등 도소매 유통 업체와 서비스 업체 등이 이에 속한다. 고정 자산과 설비 투자가 적고, 소유주가 장시간 근무하는 특징을 지닌다. 기업 처분 시의 상방 잠재성도 낮은 편이다.
- **고수익, 안정적 중소 기업**: 중소 제조 업체, 대규모 식당과 유통 업체들이 이에 속한다. 자본 투자 규모가 1억 원 정도인 경우가 보통이며, 소유주가 차량, 세금, 출장 여행 등 기업체의 여러 가지 이점을 얻게 된다. 기업 매각 시 투자와 더불어 업무 자체의 매력을 느끼는 인수자를 만나게 되면 상방 잠재성이 높을 수 있다.
- **고도 성장 기업**: 잠재 시장의 규모가 큰 신제품을 개발하는 첨단 기술 기업이나 혁신적인 영업 방식을 프랜차이즈화하는 업체는 중소 업체에서 대기업으로 성장할 가능성을 지닌다. 도약기에 대기업에 인수되거나 상장될 가능성이 높기 때문에 상방 잠재성이 매우 크다.

안정적 중소 기업 중 고수익을 누리는 기업은 나름대로 경쟁 업체에 비해 우위를 갖는 틈새 시장을 확보한 경우이다. 특히 다음과 같이 중소 기업이 대기업에 비해 유리한 고지를 점할 수 있는 시장이 존재한다.

- **국내 시장이 협소하여 수요가 한정적이거나 지역적인 시장**: 의료 기기, 고급 악기
- **경영상의 유연성과 혁신성에서 경쟁의 프리미엄을 얻을 수 있는 시장**: 볼펜, 전자 시계, 휴대용 계산기
- **고비용을 발생하지 않고 철저한 감독과 세심한 작업을 수행해야 하는 시장**: 고급 예술품, 최고급 식당
- **주문 제작이나 개인별 서비스가 중요한 시장**: 맞춤 양복, 건축 설계, 초상 사진
- **정부 정책 지원상 중소 기업을 선호하는 영역**: 소프트웨어, 정보 통신

어떠한 고도 성장 기업도 초기에는 소규모로 시작하는 것이 보통이다. 기업의 고도 성장은 결국 고수익을 낳는다. 어느 산업이 고도 성장하는 기업을 낳는가는 시기에 따라 달라질 수 있다. 표 8-3은 *Inc.*지의 500대 성장 기업이 가지고 있는 평균적인 특징을 제시한다. 일반적으로 아래와 같은 부류의 기업들이 그러한 고도 성장을 경험한다.

- **신흥 산업의 창시**: 혁신 또는 외국으로부터의 이전
- **성장 산업에의 참여**: 전자, 생명, 재료 등 첨단 기술
- **후진 산업에서의 혁신**: 연하장, 의류
- **기존 산업의 틈새 개척**: 혁신적인 장난감과 난방 용품, 외국 제품 모방 기구

---

[11] Karl H. Vesper, *op. cit.*: 171-186.

표 8-3 *Inc.*지가 뽑은 500대 성장기업의 특징(1997년)

· 5개년 성장률 평균: 1,598%	· $100,000 이상의 자금으로 사업을 시작한 기업의 수: 95개
· 96년 매출액 평균: $1,790만	· $3,000 이하의 자금으로 시작해서 가장 빠른 성장률을 보인 기업: Gearon & Co.(4,660%의 성장률)
· 96년 매출액 중간치: $900만	· 향후 1년 이내에 상장할 계획을 가지고 있는 기업의 비율: 17%
· 96년 총 매출액: $90억	· 향후 5년 이내에 상장할 계획을 가지고 있는 기업의 비율: 34%
· 평균 종업원 수: 121명	· 자신의 회사를 설립한 후 자기 자신에게 급료를 지불하면서 일을 한 CEO의 수: 98명
· 종업원 수 중간치: 64명	· 92년 자신에게 급료를 지불하지 않도록 허용한 CEO의 수: 23명
· 고용 창출한 일자리의 총수: 60,436개	· 96년 자신에게 급료를 지불하지 않도록 허용한 CEO의 수: 0명
· 흑자로 돌아선 기업의 비율: 85%	· 96년 봉급이 백만 불 이상이 CEO의 수: 7명
· $1억 이상의 매출을 올린 기업 수: 9개	· 가장 젊은 CEO: Lance Reid, 25세(InfiNet Systems CEO)
· *Inc.* 500 기업이 가장 많이 소재하고 있는 도시: New York (12개)	· 인도에서 태어난 CEO 수: 17명
· 가장 빠른 성장률을 보인 산업: 컴퓨터 & 비즈니스 서비스(양 산업은 작년보다 6% 증가)	· Brooklyn에서 태어난 CEO 수: 10명
· 96년 리스트에도 올랐던 기업 비율: 30%	· 기도로 힘을 얻는 CEO의 비율: 3%
· 15년 이상된 기업의 수: 27개	· 가장 좋아하는 사업사상가: -예수: 1명 -"Dilbert"의 Scott Adams: 2명 -자기 자신: 3명
· 가장 오래된 회사: C. D. Smith Drug Co. (1886년에 설립됨)	· 자기 기업을 차세대에게 물려 줄 계획인 CEO: 12명
· 가장 조화로운 작업장: Cecchetti Sebastiani Cellar (1997년까지 단 한 명의 직원)	
· 과거 한때 50명 이상을 고용해서 CEO의 자택에서 업무를 한 기업의 수: 4개	
· 공식적인 사업 계획서를 가지고 있었던 CEO의 비율: 46%	
· $1,000-10,000의 자금으로 사업을 시작한 기업 수: 115개	

주: 1997년 *Inc.* 500의 선발기준은 다음과 같다
-독립 기업체이면서 사기업체
-최소한 기본 매출액이 1년에 $200,000 이상
-1995-96년 중 매출액 신장을 보여야 함
-1992년 회계 연도에 최소한 6개월 동안 매출 수익이 있어야 함.
자료: *Inc.* 500, "Inc. 500 Almanac," 1997: 23.

• **서비스 표준의 향상**: 광고, 인쇄, 항공, 우편 서비스

주주, 종업원, 투자자 등 기업의 이해 당사자들에게 상대적으로 짧은 기간 안에 막대한 효익을 제공하는 기업을 **동태적 기업**(Dynamic Company)이라 부를 수 있다. 세계적 수준(World Class)의 기업들은 이러한 동태성에 바탕하여 현재의 위치와 명성을 얻게 된 것이다. 그렇다면 세계적 수준의 기업이 어떻게 그러한 동태성을 획득하였을까? 한마디로 그것은 회사 내 성장의 진흥자가 기업의 가치 잠재성을 개발하고, 그것을 반복하여 확대 재생산하였

기 때문에 이루어진 것이다.[12] 즉 아래와 같은 삼 요소가 적절히 결합되어야 한다.

- **가치 잠재성**: 동태적 기업은 매력적이고 전망 좋은 가치 잠재성(Value Potential)을 찾아내서 집중적으로 개발한다. 가치 잠재성은 시장의 잠재성과 산업 흐름의 변화, 그리고 구조 조정 등을 통해 발견될 수 있다.
- **반복 실행**: 발견된 가치 잠재성을 활용하는 활동들이 반복 실행(Multiplication)되어야 한다. 가치 잠재성을 반복적으로 활용함으로써만이 규모의 경제를 확보하고 기업의 동태적 성장의 힘을 지속시킬 수 있다. 동시에 여러 가지 활동을 수행하는 것보다 한 가지 활동을 반복 실행하는 것이 훨씬 큰 규모의 누적 효과를 발휘한다.
- **성장 진흥자**: 가치 잠재성과 반복 실행이 효과적으로 결합되기 위해서는 성장 진흥자(Growth Promoter)의 역할을 하는 창의적 경영자를 필요로 한다. 창업 기업의 창업자와 같이 한 명 이상의 성장 진흥자가 있음으로 해서 가치 잠재성을 주창하고 사업의 위험 부담을 하면서 성장하는 기업의 미래를 설계하게 된다.

카르티에사(Cartier)의 예를 통해 이러한 동태적 성장의 요소와 과정을 살펴보자. 카르티에라는 프랑스 보석상의 세계 최고라는 명성은 3세대에 걸쳐서 이루어졌다. 루이 프랑소아 카르티에(Louis Francois Cartier)가 1847년 창업한 후 나폴레옹 2세의 사촌인 마틸드 공주의 소개로 궁중에 그의 성공적인 보석 작품들을 소개하게 되었다. 그의 아들 알베르(Albert)는 파리의 뤼 드 라 패 13번지에 회사를 이전하고 1900년에 창업자의 손자인 루이에게 경영권을 양도하였다. 그와 동시에 손자 루이의 형제인 쟈크(Jacques)와 피에르(Pierre)도 런던과 뉴욕에서 각각 지사를 설립·운영하게 되었다.

루이의 보석 상자라고 할 수 있는 스케치북에 기록된 보석, 시계, 장신구 등의 고전적인 설계에서 보여 준 발명가적 기질이 카르티에의 명성을 더하게 하였다. 그는 15개 왕가의 납품업자로서 지정받을 만큼 카르티에를 고품격 보석상으로 자리매김하였다. 에드워드 7세도 웨일즈의 왕자 시절 루이를 "왕들의 보석상이자 보석상의 왕"이라고 칭송한 바 있다. 루이가 1942년 사망한 후 세 개의 지사는 과거의 명성에 매달려 각자의 길을 걷게 되었다.

그러나 1969년 카르티에는 파리, 런던, 뉴욕 지사들을 합병하고 동일한 경영권하에 세계적으로 활동하는 그룹으로 다시 뭉치게 되었다. 당시 라이터를 제조하던 로베르 호크(Robert Hocq)라는 기업가가 카르티에라는 브랜드를 사용하고 상용화할 수 있는 라이슨스를 얻었는데, 1972년 파리 본사가 국제 투자단에 의해 인수되자 호크에게 그룹의 경영권을 쥐어 주게 되었다. 호크는 당시 26세인 알랭-도미니크 페랭(Alain-Dominique Perrin)을 임명하여 브리켓이라 불리는 오벌형의 카르티에 라이터를 판매하도록 하였다. 호크와 페랭

12 Cuno Pümpin, *How World Class Companies Became World Class: Studies in Corporate Dynamism* (Brookfield, VT: Gower, 1991).

은 함께 카르티에를 세계 최고의 보석상으로 탈바꿈시켰다. 1970년의 매출액은 830만 불 정도였으나 1988년에 이르러서는 7억 1000만 불로 증가하여 연평균 20-25%의 고도 성장을 이룩한 것이다.

카르티에사의 가치 잠재성은 시장과 이미지의 잠재성으로 구성된다고 볼 수 있다. 카르티에의 시장 잠재성은 20세기의 산업 사회들이 대규모의 부를 창출하고 그에 따라 호화품에 대한 수요도 과거와는 달리 귀족 사회에 국한되지 않을 것이라는 데서 나온다. 1969년 카르티에가 통합 경영을 재개할 당시 세계적으로 6000여 개의 저명한 보석 업체가 있었으나 진정한 의미에서의 브랜드 네임이 존재하지는 않았다. 호크와 페랭은 세계 경제의 성장과 더불어 보석과 호화품에 대한 수요가 팽창하고, 호화품의 브랜드 네임이 많은 부가가치를 창출할 것으로 판단한 것이다. 카르티에는 넥타이 등 패션 품목은 만들지 않는다. 그 이유는 카르티에가 남달리 패션에는 진정한 창조적 노력이 발휘되지 않는다고 보기 때문이다.

이미지 잠재성에 있어 호크와 페랭은 카르티에라는 전통적인 보석 업체가 지닌 이미지로부터 세계 최고의 명성을 가진 호화 브랜드 업체를 창출하려 하였다. 그 첫 단계는 파리, 런던, 뉴욕의 경영을 통합하고 제품 라인을 통일하는 것이었다. 다음으로 루이 카르티에의 스케치북에 제시된 디자인으로 보석, 시계, 향수, 라이터, 필기구, 안경, 가죽 제품, 스카프, 테이블 세팅 등 '카르티에의 필수품'(Les Must de Cartier)이라는 품목을 창출하여 일반인들로 하여금 필수품은 아니지만 카르티에로서 반드시 가져야 할 품목들이라는 이미지를 구축했다. 이것은 신상품 개발보다는 새로운 마케팅 방식 창출에 의한 혁신이었다.

또한 유통 정책에 세심한 노력을 기울였다. 보석상들에게는 보석과 카르티에 필수품 전 품목을 제공하고, 각종 필수 품목에 대해서는 향수 업체, 안경 업체, 담배 업체 등 그에 해당하는 업체들에게 담당시켰다. 이와 더불어 가격 통제를 철저히 해서 유통 업체에게 높은 마진을 부여하는 대신 할인 판매를 금지시켜 전 세계의 카르티에 대리점들이 같은 품목에 대해 같은 가격으로 판매하도록 했다. 제조는 철저히 본사에서 직접 하고, 대리점은 상품에 대한 판매권만 가질 뿐 제조 라이슨스는 남에게 주지 않았다.

페랭은 유럽 각지를 순회하면서 카르티에 라이터를 판매할 담배 유통 업체를 접촉해 성공하였고, 그러한 성공을 반복 실행함으로써 국제적인 유통망을 구축하였다. 본사의 유통 정책 시스템을 철저하게 반복 실행하면서, 지사 및 대리점과의 사업 관계와 과정도 효율적으로 반복 실행하였다. 이러한 노력으로 1990년에 이르러 카르티에는 전세계적으로 31개의 직영점과 127개의 프랜차이즈 가맹점, 그리고 7000여 개의 판매 대리점 망을 갖추게 되었다.

반복 실행은 유통망 구축뿐만 아니라 브랜드 상품의 관리에도 적용되었다. 이브 생로랑, 페라리, 존 스털링 등의 유명 브랜드와 협력하면서 기존의 브랜드 이미지를 더욱 발전시켰다. 또한 피아제와 바움 & 메르시에사를 인수하여 호화품 시장의 주도권을 쥐었다. 이로써 카르티에는 세계 호화품 시장의 40%를 점하게 되었는데, 보석과 호화 가죽 제품에서는 세계 1위, 라이터와 고급 필기구에서는 세계 2위의 자리를 확보하였다. 이러한 브랜드를 통합하기보다는 독립적으로 유지하면서 상호 간에 전문 경영 지식을 이전하는 데 주력하고 있다.

카르티에의 성장 진흥자는 호크와 페랭이라고 할 수 있다. 호크는 다이내믹한 성품으로 회사의 성장을 지휘하고 지원하는 역할을 맡았다. 호크가 아이디어 맨이라고 할 수 있는 페랭을 발견하면서 라이터의 마케팅을 통해 성장의 기틀을 잡은 것이다. 1970년 호크가 불의의 교통 사고로 사망하면서 페랭은 카르티에 국제 부문의 책임을 맡아 회사의 이미지 잠재성을 극대화하려고 노력하였다. 페랭은 스피드 경영력과 더불어 회사에 대한 깊고 세밀한 지식을 소유하고 있었다. 그는 세계 각국의 카르티에 모조품을 수거해 증기 롤러로 박살내는 장면을 보도하도록 하는 상징적 리더십을 통해 카르티에의 회사 이미지 관리에 철저함을 꾀하기도 하였다.

이와 같이 카르티에사는 호크와 페랭이라는 성장 진흥 팀을 통해 회사의 가치 잠재성을 새로이 발견하고, 그것을 전세계적으로 반복 실행하여 확대 발전시킴으로써 초고속 성장을 하는 동태적 기업으로 변신한 것이다. 이 회사의 기업 개념(Corporate Concept)은 한마디로 브랜드 이미지를 관리하고 보호하는 것이다. 보석과 호화품 시장의 핵심은 바로 고품격 브랜드 이미지이기 때문에 이 회사의 최고 경영진은 결국 시장의 요구에 충실한 대응을 한 것이다.

5. 벤처 마케팅

성공적인 마케팅의 기본 대전제는 **고객 지향성**(Customer Orientation)이다. 시장에서의 성패를 가름하는 것은 단순히 기술적 기반, 단순한 출하 실적이나 판매 규모, 또는 사회적 호소력 등이 아니라 장기적인 고객과의 관계, 고객 만족을 위한 여러 가지 업무 기능의 통합적 운영, 고품질 상품의 저가 제공 등 최대한 고객을 위한 경영을 하는 것이다.

많은 기업들이 한 상품을 보다 많은 무차별적 고객에게 가능한 많이 판매하는 판매지향적 마케팅 전략을 추구하는 경향이 있다. 성장하는 창업 기업은 이러한 개념을 버리고 고객지향적인 **일대일 마케팅**(One-to-One Marketing) 전략을 추진해야 한다.[13] 이 전략의 핵

[13] Don Peppers and Martha Rogers, "Making the Transition to One-to-One Marketing," *Inc.*, January 1997: 63-67.

심은 고객의 데이터베이스를 기반으로 고객 각 개인에게 평생 동안 서비스함으로써 자사의 상품을 지속적으로 구매하게끔 하는 것이다. 기존의 전략이 상품이나 판매 경로 혹은 판촉 프로그램을 운영하면서 보다 많은 고객의 확보에 치중하는 것에 반해, 이러한 일대일 마케팅은 한 고객에 집중하면서 그 고객과의 관계를 키움으로써 평생 자사의 고객으로 묶어 두는 것이다.

이를 위해서는 팀 내에 숙련된 마케팅 전문가들이 개인별로 고객을 선정하여 가능한 모든 종류와 내용의 커뮤니케이션을 일 대 일로, 즉 직접적으로 또 끈기 있게 이어가야 한다. 이런 식으로 구축된 관계를 다른 고객들에게도 전이시키는 작업을 진행시켜 나가면서 거대한 집합체를 형성시키면, 정확한 목표 시장을 몰라 우왕좌왕하거나 실효성 없는 거대규모의 광고에 많은 비용을 소모할 필요가 없어진다. 자사 고객들이 각각 개인적으로 무엇을 원하고 바라고 있는지를 정확히 파악하고 있다면 그것이야말로 기업의 부 창출을 위한 보고가 될 것이다.

(1) 첨단 기술 마케팅

첨단 기술 시장을 개척하는 창업 기업이 초고속 성장의 패턴을 타기 위해서는 초기의 기술 혁신에 대한 소수의 선각적인 고객들이 지배하는 초기 시장으로부터 다수의 실용주의적 고객에 의해 지배되는 **주류 시장**(Mainstream Market)으로 이행하는 마케팅 역량이 절실히 요구된다. 수많은 창업 기업들이 초기 시장과 주류 시장 간의 대단절, 즉 **캐즘**(Chasm)을 뛰어넘지 못하고 결국 실패한다. 이러한 시장의 캐즘을 뛰어넘도록 하는 장기적인 마케팅 계획이 첨단 기술의 성패를 좌우하는 것이다.[14]

고객 지향성의 관점에서 첨단 기술의 수용 주기 현상에 효과적으로 대처하기 위해서는 산업 발전의 초기에는 혁신적이고 선각적인 수용자를 공략한 후 시장이 성장하면서 다수의 실용적이고 보수적인 수용자를 지향하고, 후기에는 지각 수용자를 만족시키는 다양한 마케팅 전략을 펼쳐야 한다. 특히 특정 상품이 전성기에 이르렀을 때 추진력을 잃지 않도록 상품의 이점을 최대한 활용할 필요가 있다. 중도에 성장의 추진력을 잃게 되면 기술 선도적 위치에 있을 때 누리던 독점적 우위, 즉 성장기의 높은 마진을 놓치게 된다.

시장의 캐즘을 성공적으로 뛰어넘고 주류 시장에서 상당한 점유율을 확보한 기업으로 애플, 탠덤, 오러클, 선 등을 들 수 있다. 애플과 탠덤은 응용 분야 틈새 시장(Application Niche)의 접근법을 활용하였다. 이들은 각각 전자 출판(Desk Top Publishing)과 자동 거래 단말기(ATM) 분야에서 시장을 주도하고 있다. 제품의 사용 범위를 한정하는 것이 캐즘을 뛰어넘는 데 중요한 열쇠가 된 것이다.

---

14 조프리 A. 무어(유승삼 역), 벤처 마케팅 (서울: 세종 서적, 1997).

한편 오러클과 선은 특정 주제 분야 틈새 시장(Thematic Niche)의 접근법을 취했다. 즉 자기들이 추구하는 광범위한 주제 시장에서 단 한 가지의 주제만를 택했다. 오러클의 경우 그 주제는 이식 가능성(Portability)였고, 선의 주제는 개방 시스템 설계(Open System Architecture)였다. 이들은 이러한 주제하에 자신들의 위치를 확보하는 데 초점을 맞춰 집중적인 마케팅 활동을 펼쳤다. 주류 시장을 공략하는 데 있어 응용 분야 접근법이나 특정 주제 접근법 모두 작고 알려지지 않은 회사의 입장에서 볼 때 크고 안정적인 경쟁 업체들이 스스로 그러한 틈새 시장을 회피할 수 있도록 한다는 공통점을 지닌다.

효과적인 마케팅 전략은 **시장 세분화**(Market Segmentation)에서 출발한다. 시장을 세분화하는 이유는 같은 산업이라고 해서 모든 고객이 다 같은 특성을 지니고 있지는 않기 때문이다. 특히 같은 **세분화 시장**(Market Segment)에 속한 고객들 간에 존재하는 **자기 참조**(Self-Reference) 성향이 중요한 역할을 한다. 즉 구매 의사결정을 위해 서로간에 정보와 의견을 교환하고, 관찰한다는 것이다. 별개의 세분화 시장에 속한 고객들은 구매 의사결정을 위해 서로 간에 참조를 하지 않기 때문에 같은 종류의 마케팅 전략과 프로그램이 결코 똑 같은 효과를 발휘하지 못한다. 세분화 시장 내의 고객간에 연쇄 반응 효과가 있기 때문에 특정한 마케팅 계획과 투자가 효과적인 결과를 낼 수 있다.

첨단 기술 분야뿐만 아니라 일반적인 중소 창업 기업들도 성공적인 시장 개척을 위해 시장 세분화 전략를 추구한다. 이는 시장 세분화가 바로 적절한 고객 만족과 높은 투자 수익률로 연결되기 때문이다. 다음은 기술의 수용 주기 외에 일반적으로 활용되는 시장 세분화의 기준을 보여 준다.[15]

- **지리적 위치**: 시, 도, 군
- **인구 특성**: 연령, 소득, 성별
- **사회 계급**: 상류, 중류, 하류
- **생활 습관 및 소견**: 취미, 직업, 정치관
- **인성 특징**: 외향성, 남성적, 적극성
- **구매 의사결정**: 고객의 구매 아이디어 발상의 기반
- **구매 시점**: 고객이 언제 구매하는가
- **사용 시간**: 고객이 상품을 사용하는 시간
- **추구하는 효익**: 고객이 원하는 것
- **사용 빈도**: 고빈도, 과거 사용자 등
- **구매자 충성도**: 고충성도 또는 타 상품 구매 가능자
- **구매자의 적극성**: 인식 및 의도의 수준

[15] R. Peterson, "Small Business Usage of Target Marketing," *Journal of Small Business Management,* October 1991: 79-85.

그림 8-1 경쟁 포지셔닝의 나침반

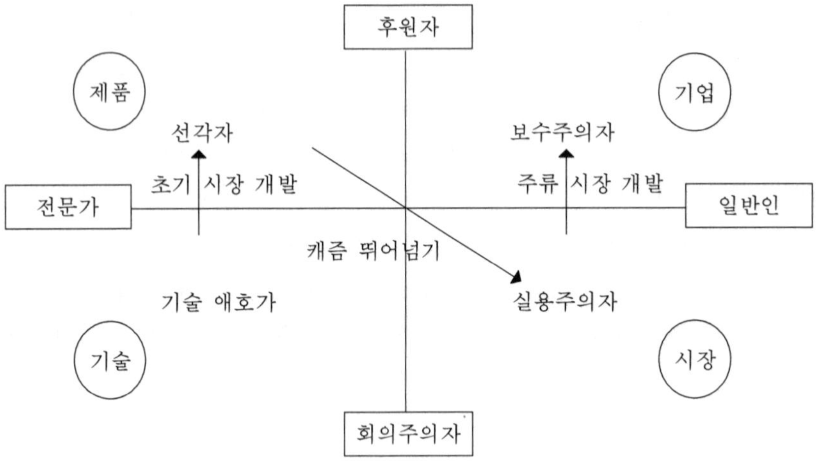

자료: 조프리 A. 무어(유승삼 역), 벤처 마케팅 (서울: 세종 서적, 1997): 180.

- **구매자 태도**: 열성적, 적대적 등
- **마케팅 특성**: 상품 특성, 가격 탄력성 등

첨단 기술 마케팅에 있어 기술, 제품, 시장, 그리고 기업이라는 네 가지 가치 영역이 존재한다. 그림 8-1에서 보듯이 기술 수용 주기에 따라, 제품의 특성이 변함에 따라 고객에게 의미 있는 가치 영역도 변하게 된다. 기술 애호가와 선각 수용자에 의해 주도되는 초기 시장에서는 기술과 제품이 주요 가치 영역이다. 반면, 실용주의자와 보수주의자에 의해 주도되는 주류 시장에서는 시장과 기업이 주요 가치 영역이 된다. 따라서 첨단 기술 마케팅에 있어 시장의 캐즘을 뛰어넘는다는 것은 제품 중심의 가치에서 시장 중심의 가치로 이행하는 것을 의미한다.

구체적으로 경쟁 포지셔닝(Positioning)의 나침반에서 수평축은 첨단 기술과 관련된 구매자의 관심과 이해의 정도를 나타낸다. 초기 시장은 시장 평판이나 회사 규모보다는 기술과 제품 자체에 더 관심이 많은 전문가가 주도하는 반면 주류 시장은 시장 선도력과 회사의 안정성에 더 관심을 보이는 일반인들이 주도한다.

한편 수직축은 구매자의 태도를 나타낸다. 초기 시장에서는 기술 애호가가 회의적인 문지기 역할을 하고, 이들이 제품에 대해 긍정적인 평가를 내리면 진보적인 선각 수용자가 제품을 구입한다. 캐즘을 성공적으로 뛰어넘은 후에는 실용주의자와 보수주의자도 제품을 받아들이게 된다. 달리 말하면 호의적인 후원자는 해당 제품과 회사에 관심을 갖지만 회의론자는 그렇지 않다는 것이다. 즉, 특정 제품이나 기업이 시장에서 얼마나 버틸지 아무도 모르는 초기 시장 상황에서 회의론이 지배적인 것은 당연하며, 따라서 이때 제품이나 회사의 장점을 근거로 고객에게 메시지를 전달하려는 것은 오류이다.

그러나, 아무리 회의적인 전문가라 할지라도 새로운 기술적인 발전에 대해서는 항상 주의를 기울이기 때문에 제품의 기술 자체를 이해시키기는 어렵지 않다. 그러한 이해를 바탕으로 좋은 평가를 이끌어 낼 수 있고, 제품에 대한 지원을 보다 쉽게 얻을 수 있다. 회의적인 일반인도 마찬가지로 회사에 대해서는 흥미가 없지만 새로운 시장의 발전 추세에 대해서는 늘 관심을 보인다. 이점을 활용해서 회사가 새로운 시장에 포지셔닝하는 활동을 펼치고 있다는 사실을 알리게 되면 이러한 일반인들은 그 회사에 대해 좋은 평가를 내릴 수 있고, 그것이 결국 보수적인 후원자를 유치하는 기반이 된다.

이와 같이 기술력에 대한 신뢰를 제품에 대한 신뢰로, 또 시장 선도력을 기업에 대한 신뢰로 전환시키는 것은 주류 시장으로 이행하기 위한 자연스런 마케팅 리듬이라고 할 수 있다. 반면 **캐즘을 뛰어넘는 이행 과정**(Chasm Transition), 즉 제품에 대한 신뢰로부터 시장 선도력을 장악하는 과정은 선각 수용자의 호의적 지원 환경에서 디수 실용주의자의 회의적 환경으로 옮겨 가는 부자연스러운 리듬이다. 첨단 기술 마케팅의 관건은 결국 마음에 맞는 전문가들로 이루어진 제품 중심의 우호적 환경에서 냉담한 시장 중심적인 낯선 환경으로 옮겨 가는 것이다. 제품 중심적 가치는 빠른 제품, 쉬운 사용법, 멋진 구조, 가격 경쟁력, 그리고 독특한 기능 등에 무게 중심을 두지만, 시장 중심적 가치는 다수의 사용자 기빈, 제삼자 시원, 실실적 산업 표준화, 유지 비용, 그리고 질 높은 지원 등에 마케팅의 의미를 부여한다.

효과적인 첨단 기술의 마케팅 활동은 이러한 기술 수용 주기에 따른 적절한 시장 포지셔닝에서 출발한다. 포지셔닝의 목적은 제품 시장의 발달에 있어서 각 시기와 단계, 그리고 그 속에 포함되는 고객들의 특성을 올바르게 파악하는 것이다. 포지셔닝은 무엇보다도 회사나 제품을 연상시키는 하나의 특징이 되어야 한다. 포지셔닝에 따라 구매자는 최종적 구매 결정뿐만 아니라 그 과정에서의 여러 가지 대안 평가 방식도 결정한다. 구매자는 기존의 관념을 깨고자 하지 않기 때문에 구매자의 머리 속에 혼란스럽지 않도록 적은 변화를 요구하는 포지셔닝이 효과적이다. 기업의 입장에서는 팔기 쉽게 하는 마케팅 목표를 짜고자 하는 것이 보통이지만 잠재 고객의 호응을 원한다면 그들이 사기 쉽게 하는 마케팅을 펼쳐야 한다. 구체적인 포지셔닝 추진 절차로 다음 네 가지 사항을 체계적으로 정립할 필요가 있다.

- **이름과 영역**: 잠재 고객이 무엇을 사는 것이고 제품의 영역(Category)이 무엇인지를 알아야 한다.
- **고객과 목적**: 어떠한 고객이 무슨 목적으로 제품을 사용할지를 제시해야 한다.
- **경쟁 시장 형성과 차별화**: 경쟁 시장이 조성되어 경쟁 제품간에 비교를 할 수 있어야 고객이 제품에 대해 기대하는 바와 적절한 평가를 내리고 구매할 수 있다.
- **기업과 재무 구조**: 고객은 회사가 현재 시장에서 탄탄한 재무 구조를 가지고 앞으로도

제품 영역에 대해 확고한 투자와 개발을 할 것이라는 신념을 가져야 안심하고 그 제품을 구입한다. 이는 최종적으로 보수주의자를 공략하기 위한 중요한 포지셔닝의 요소이다.

적절한 포지셔닝을 확립되면 회사는 시장에 대한 공략을 개시할 준비가 된 것이다. 시장의 공략은 **유통 경로**를 확보하고 **가격**을 책정하는 마케팅 활동이 있어야 가능하다. 캐즘을 뛰어넘고자 하는 기업은 실용주의적 고객이 선호하는 주류 시장의 진입 경로를 확보해야 한다. 그것이 없이는 매출, 이익, 고객 만족 등 어느 것도 잘 이루어질 수 없다. 첨단 기술 시장에 활용되는 유통 경로는 다음과 같이 다양하다.

- **직접 판매(Direct Sales)**: IBM사와 같이 회사와 고객 사이에 중간 단계가 없이 직접 고용된 영업 사원들이 거래처를 직접 방문하는 방식이다. 영업 사원이 상담역을 겸하면서 수요를 창출한다.
- **소매 영업**: 컴퓨터랜드사와 같이 대형 도매상이 회사로부터 제품을 공급받아 소매점에 판매하고, 소매점이 고객에게 다시 판매하는 두 단계의 유통 경로이다. 수요 창출보다는 수요 충족에 알맞은 유통 방식이다.
- **산업 유통 업체(Industrial Distributor)**: 표준적인 부품을 생산하는 반도체 제조 업체가 컴퓨터 관련 장비 제조 업체에게 부품을 공급하기 위해 쓰는 일 단계 유통 방식이다.
- **부가가치 재판매자**: 대규모 총판 도매업자가 군소 하부 사업체에 제품을 공급하고, 하부 사업체는 자사 소프트웨어를 포함한 여러 제품들을 모아 고객의 특정 용도에 맞는 제품을 만들어 내는 유통 방식이다.
- **주문자 상표 부착 생산자(Original Equipment Manufacturer)**: 먼저 직판 방식의 영업 사원이 제조업자에게 제품을 판매하면, 그 제조업자가 구입한 제품을 자사 제품으로 바꾸어 고객에게 판매하는 두 단계의 거래로 이루어진다.
- **시스템 통합자(System Integrator)**: 이것은 판매보다는 제작에 가까운 방식으로 규모가 크고 복잡한 컴퓨터 설계 등을 맡아서 처리한다.

유통 경로가 중요한 만큼 그것을 활성화하는 가격 결정도 중요하다. 단적으로 말해서 주류 시장을 공략하는 고객 지향적 유통을 위해서는 무엇보다도 **유통 지향적 가격 결정(Distribution-Oriented Pricing)**이 이루어져야 한다. 이는 비용에 따른 공급자 지향적 가격 결정이나 가치나 경쟁에 따른 고객 지향적 가격 결정과는 다른 개념이다. 유통 경로를 활성화하는 데 영향을 미치는 다음과 같은 두 가지의 중요한 문제가 있다.

- 고객에게 팔기 위해 책정된 가격인가
- 유통업자가 팔 가치가 있는가

팔기 위해 가격을 책정하는 것은 판매 주기 동안 가격이 중요한 문제가 되지 않도록 하는 것이다. 실용주의자의 입장에서 볼 때 캐즘에 직면한 기업들이 가격을 너무 높게 책정하는 경향이 있다. 하지만 가격이 너무 낮아도 캐즘을 뛰어넘을 수 없다. 너무 낮은 가격으로는 이미 확립되어 있는 주류 시장의 유통 업체에게 과외의 노력에 대해 충분한 보상을 해 줄 수 없다. 과외의 노력에 대해서는 일상적인 사업에서 얻을 수 있는 것보다 더 큰 보상을 해 주어야 한다. 캐즘을 뛰어넘기 위해서는 우선 시장 선도자의 가격선에서 가격을 결정하여 자사의 시장 선도력을 강화하는 동시에 유통 경로에 높은 마진을 남겨줄 수 있도록 해야 한다. 회사가 주류 시장에서 자리를 잡아 감에 따라 그러한 마진은 단계적으로 축소될 수 있다.

(2) 게릴라적 마케팅

오늘날 기업이 선택할 수 있는 마케팅 전술은 다양하게 증가하고 있다. 이런 때일수록 소규모의 창업 기업은 게릴라 전사적인 마케팅을 구사해 재빠르게 치고 빠지면서 상대적으로 재정이 든든한 경쟁사를 이기는 전략이 필요하다.[16] 소규모 창업 기업은 단순히 규모가 축소된 대기업과 같은 행태의 마케팅을 구사할 수는 없다. 즉 창업 기업가는 대규모 다국적 기업의 경영자가 아니라 이윤을 추구하고자 하는 개인이다. 따라서 생존을 위해서 창업 기업가는 극히 한정된 자원을 가지고 대기업이나 중견 기업의 최고 경영자와는 다른 관점에서 창의적인 마케팅 활동을 펼쳐야 한다.

전문 광고 회사를 파트너로 하여 여러 가지 광고 캠페인을 시도해 볼 수 있는 대기업과는 달리 창업 기업가는 단 한 번의 공략으로 틀림없이 소기의 목적을 달성하는 방법을 터득해야 한다. 물론 대기업이 구사하는 기본적인 마케팅의 원리는 같을 수 있다. 그러나 게릴라적 마케팅의 결정적 차이점은 대기업에 비해 훨씬 적은 예산으로 성공적인 성과를 낼 수 있도록 하는 주도 면밀한 마케팅 전술이 필요하다는 것이다. 어느 대기업이나 해당 산업에서 시장의 주도권을 획득하고자 하는 야심을 가지고 있지만, 창업 기업에게는 시장의 극히 작은 틈새를 얻는 것 자체가 일단은 큰 성공이다. 이러한 목적을 위한 마케팅 전술은 대기업의 전술과 다를 수밖에 없다. 즉 그들이 수행하는 마케팅 전쟁의 성격이 다른 것이고, 전쟁의 성격에 따라 전술도 달라져야 한다.

상대적으로 소규모적인 재정으로 상대방을 격파하기 위해서는 다음과 같은 다단계의 게릴라적 마케팅 전략을 시도해야 한다.[17]

- **제 1 단계— 마케팅 계획서를 작성하라**: 이는 하버드 MBA 수준의 계획서를 작성하라는 뜻이 아니다. 창업자 자신과 종업원, 공급자, 투자자, 이사진, 마케팅 파트너가 쉽게 이해할 수 있는 수준이면 된다. 그리고 시장과 산업 분석, 자사의 경쟁 우위, 마케팅의

[16] Jay Conrad Levinson, *Guerrilla Marketing: Secrets for Making Big Profits from Your Small Business* (Boston: Houghton Mifflin, 1993).

[17] Jay Conrad Levinson, "Plan of Attack: Start the New Year with a Marketing Calendar," *Inc.*, January 1997: 84-85.

목적, 자사가 고객에게 제공할 수 있는 이득, 목표 고객, 구체적인 마케팅 기술, 파고들어갈 목표 틈새 시장 등의 사항을 반드시 포함시켜야 한다. 특히 구사하려고 하는 마케팅 무기를 창의적으로 개발하고 선정하는 것이 중요하다.

- **제 2 단계— 마케팅 일정표를 작성하라**: 수립된 마케팅 계획서에 따른 실행표를 매주별로 작성하여 점검한다. 여기에 반드시 포함시켜야 할 사항은 구체적인 세부 일정, 마케팅 수단, 비용, 그리고 무엇보다도 중요한 수행 결과 등이다. 마케팅 무기를 활용하는데 있어 우선 순위를 설정하고, 구체적으로 언제 구사할 것인지를 결정해야 한다. 아울러 각 무기를 구사할 책임자와 수행 결과를 추적할 책임자를 지정해야 한다.
- **제 3 단계— 공격 개시**: 게릴라 전술은 상대방을 치고 빠지면서 지리한 공격을 지속적으로 전개하는 것이다. 마케팅 전술도 이와 마찬가지로 장기적인 안목에서 동원 가능한 모든 공격 무기, 즉 마케팅 수단을 통해 시장, 고객 및 경쟁자를 공략한다. 단, 너무 복잡한 계획은 실패하기 쉽다는 것을 명심해야 한다. 마케팅 계획에 따라 아무리 많은 마케팅 무기가 구사되더라도 이미 우선 순위가 설정되어 있고, 각 단계별로 누가 공격의 책임을 질 것인지를 잘 알고 있기 때문에 게릴라 마케터는 특별히 혼동될 것이 없다. 그러나 경쟁 업체에게는 매우 혼란스러울 수 있다. 이것이 바로 게릴라 전법의 주요 목적이기도 하다.
- **제 4 단계— 공격 자세를 유지하며 그 효과성을 검토하라**: 공격은 때로는 실패할 수도 있고, 성공할 수도 있는 것이다. 따라서 조급함을 버리고 효과를 확인하면서 공격을 진행시킨다. 광고 회사나 신문, 직접 우편, 텔레마케팅, 텔레비전 선전 등이 생각보다 효과적이지 못할 수 있다. 이때 많은 창업자들이 당황해 하고 중도에 포기한다. 그러나 창업 기업이 단기간에 마케팅 효과를 볼 수 없는 것은 당연하다. 수개월에서 일 년까지 공격 자세를 유지하며 결과를 지켜보아야 한다. 공격을 지구력 있게 유지할 때만이 성과가 나타나는 것이다. 물론 보다 빨리 성과를 보기 위해서는 중간 중간에 마케팅 수단의 효과성을 검토해야 한다. 이를 위해 상품에 대해서 잘 알고 회사의 주변에 있는 사람들로부터 의견을 청취해야 한다.
- **제 5 단계— 마케팅 전술을 개선하라**: 자신의 목표에 적절하지 못한 공격 무기는 버리고, 적절한 무기는 계속 유지한다. 이렇게 마케팅 활동을 더욱 효과적으로 만들게 되면, 마케팅 예산의 효율성을 두세 배 이상 올릴 수 있고, 매주 좋은 성적을 올리면서 경쟁 업체를 물리칠 수 있다.

6. 전문 경영 시스템의 구축

성공적인 성장을 원하는 벤처 기업은 먼저 유능한 전문 경영인을 확보해야 한다. 마이크로소프트사의 빌 게이츠나 야후의 제리 양 등은 컴퓨터 소프트웨어나 인터넷 분야에서 기업을 일으켜 명성과 재산을 한 손에 움켜 쥔 대표적인 업계 스타들이다. 하지만 벤처 기업이 국제 경쟁력을 갖추려면 뛰어난 기술과 함께 훌륭한 경영 관리가 뒷받침되지 않으면 안 된다.[18] 이는 모든 벤처 기업의 창업자들이 빌 게이츠나 인텔사의 앤드루 그로브 회장처럼 기술 개발·경영 양쪽 모두에서 천재성을 발휘하기는 힘들기 때문이다.

야후, 선, 넷스케이프 등은 기술과 경영을 잘 접목시킨 예이다. 인터넷 사업에 있어서 월드와이드 웹 검색 사이트인 야후(Yahoo!)의 공동 창업자인 제리 양이나 데이비드 필로만큼 부자가 되고 유명해진 사람은 드물 것이다. 1997년 야후의 주가는 무려 507%가 상승하여 나스닥 시장에서 상승률 4위를 기록했다. 야후는 1996년 상장 당시 주식 시가 총액이 3억 3000만 불에 불과했으나, 1998년 상반기에는 60억 불을 넘을 정도로 엄청나게 성장했다. 이 때문에 '치프 야후'(Chief Yahoo)라는 독특한 직책을 가진 양과 필로는 각각 7억 6000만 불 상당의 주식을 보유하게 됐다. 야후는 현재 순수하게 인터넷으로 출발한 업체들 중에서는 가장 높은 시장 가치를 가진 기업 중의 하나이다.

하지만 단순한 웹 사이트를 일류 인터넷 기업으로 키워낸 경영자들은 생각보다 잘 알려져 있지 않다. 이들은 바로 야후사의 최고 경영자(CEO) 겸 사장인 티모시 쿠글과 최고 운영 책임자(COO)인 제프리 맬릿이다.[19] 1995년 야후에 합류한 이들은 야후를 가상 공간에서 가장 유명한 장소로 만들기 위해 끊임없는 노력을 기울여 왔다. 양은 TV와 인터넷의 융합에 대비한 신규 프로젝트를 추진하고 있으며, 필로는 야후의 성장에 필요한 기술적 뒷받침에 주력하고 있다. 따라서 실질적인 경영은 쿠글과 맬릿의 몫이다. 이 두 사람의 전문 경영 체제하에서 야후는 단순히 인터넷 주소를 저장한 디렉토리에서 인터넷의 중심(Hub) 사이트로 변모할 수 있었다. 사실상 야후는 인터넷에서 가장 붐비는 사이트 중 하나이며, 웹 사이트의 관문이 되고 있다. 이들 전문 경영자의 활약으로 야후는 상장 후 주식의 시가 총액이 20배로 상승한 것이다. 따라서 양은 쿠글과 맬릿에 대해 "이들이 없었다면 오늘날의 야후는 존재하지 않았을 것이다"라고 말한다.

버지니아대와 스탠포드대 대학원을 거친 쿠글은 스스로 전자 부품 벤처 기업을 창업하기도 했으며, 세계적 통신 업체 모터롤라에서 7년간 근무한 경력을 갖고 있다. 그는 이

18 중앙 일보, "세계적 성공 벤처 뒤엔 경영 귀재 있었다," 1998년 9월 11일.
19 이코노미스트, "'야후'를 띄운 은막 뒤의 두 사람," 1998년 5월 5일: 34.

후 시애틀의 통신 회사인 인터맥사의 사장으로 있으면서 연간 두 배 이상의 판매 신장을 이룩했다. 그는 이후 인터넷에 심취하게 되면서 인터넷은 앞으로 대단한 사업이 될 것이라고 생각했다. 쿠글은 1995년 한 헤드 헌터로부터 야후라는 4명의 직원을 가진 작은 회사가 경영자를 필요로 한다는 말을 듣게 됐다. 그는 잘 나가는 회사의 사장직을 포기하고 아무것도 없는 회사로 옮기는 결단을 감행했다. 그는 벤처 기업들이 당하기 쉬운 적자를 탈피하는 데 최우선 목표를 두고 지출을 꼼꼼히 관리했다. 또 야후라는 브랜드 이미지를 높이면서 일본·영국 등 국제적으로 야후 서비스를 확장하여 광고 수입을 늘려 나갔다. 그 시도는 성공적이었고 현재 그가 갖고 있는 야후 주식과 스톡 옵션 등의 가치는 1억 4800만 불이 넘는다.

쿠글이 대규모의 제휴선이나 야후의 주된 수입원을 챙긴다면 정력적인 맬릿은 하루하루의 기업 운영을 담당하고 있다. 유명 소프트웨어 업체인 노벨사를 그만두고 야후에 합류한 맬릿도 쿠글과 마찬가지로 야후로 오면서 이전보다 못한 봉급을 받아야 했다. 하지만 지금은 7400만 달러 상당의 스톡 옵션과 주식을 갖고 있다.

두 사람은 인터넷 열기가 본격적으로 시작되기 전부터 회사의 각종 지출을 엄격하게 관리하면서 적자를 막는 데 주력했다. 그들은 야후라는 브랜드 이미지를 높이는 한편 야후 서비스가 어디서나 제공될 수 있도록 하면서 광고 수입을 늘려나갔다. 또한 신규 사업에도 적극 진출했다. 1997년 가을 무료 전자 우편 서비스 회사인 포11을 9200만 불에 사들였으며 11월에는 장거리 전화 회사인 MCI사와 합작 온라인 서비스 사업을 벌이기로 했다. 또한 최근에는 인터넷 전화 사업을 위해 IDT사와도 제휴했다.

워크스테이션 등 고성능 컴퓨터 생산 업체인 **선 마이크로시스템즈**(Sun Microsystems)의 스캇 맥닐리 회장도 컴퓨터 엔지니어가 아니라 하버드대와 스탠포드대 경영대학원을 거친 전문 경영인이다. 그는 군수 공장에서 생산 관리를 맡았던 경력을 바탕으로 1982년 선 창립 당시 생산 및 운영 담당 부사장으로 참여했다. 당시 회사 설립에는 공학도 2명과 경영학 석사(MBA) 출신 2명이 함께 참여했다. 기술과 경영이 창업 단계부터 손을 잡은 것이다. 1984년 CEO직에 오른 맥닐리는 88년 생산 체제 결함으로 첫 분기별 적자를 내자 직접 컴퓨터 생산 라인을 재조정하고 회사를 정상화하는 데 성공했다.

인터넷 브라우저 업체로 유명한 **넷스케이프**(Netscape)도 1994년 창업 초기부터 기술 개발과 경영이 분리된 경우다. 일리노이대학 재학 시절 인터넷 브라우저의 원조격인 '모자이크'를 개발하여 선풍을 일으킨 마크 앤드리센은 현재 상품 개발 담당 부사장을 맡아 기술 분야만을 책임지고 있을 뿐이다. 경영 전반은 택배 업체인 페드럴 익스프레스의 수석 부사장과 AT&T의 이동 전화 담당 사장을 지낸 짐 박스데일 사장 겸 CEO가 맡고 있다. 1996년 매출이 300%나 증가하는 등 고속 성장 가도를 달려 온 넷스케이프가 1997년부터 경영난에 빠지자 박스데일은 스스로 연봉을 단돈 1불로 정하고 '타도 마이크로소프트'의

그림 8-2 전문 경영 시스템의 두 차원

책임의 위양 \ 공식적 통제 기제의 활용		낮음	높음
책임의 위양	높음	자유방임형 경영	전문 경영
	낮음	창업 경영	관료적 경영

자료: Michael J. Roberts, "Managing Growth," Harvard Business School Note 9-387-054.

기치를 올렸다. 마이크로소프트의 공세에 맞서 무료 배포 정책으로 전환해 맞불 작전을 펼치고, 반독점 제소를 통해 마이크로소프트를 압박한 바 있다.

빌 게이츠가 탁월한 경영력을 발휘한 마이크로소프트에도 그를 뒷받침한 전문 경영인이 있다. 1998년 7월 마이크로소프트사의 사장에 오르면서 '빌 게이츠의 후계자'로 부상한 스티븐 발머 역시 게이츠와 함께 마이크로소프트를 세계 초일류 기업으로 키워 낸 일등 공신이다. 하버드대와 스탠포드대 경영대학원을 나와 세계적인 생활용품 업체인 프록터 앤드 갬블 (P&G)에 입사한 발머는 1980년 대학 친구였던 게이츠의 제의로 마이크로소프트로 자리를 옮겼다. 그 후 마이크로소프트의 판매 및 지원 담당 수석 부사장이 된 그는 인터넷 브라우저 분야의 선두 주자인 넷스케이프에 대항해 자사의 브라우저인 인터넷 익스플로러를 무료로 배포하면서 공격적인 마케팅 전략을 추진했다. "빌 게이츠가 시장을 개척하면 발머는 이를 장악한다"는 말이 나올 만큼 강력한 실무 추진력을 지니고 있다.

이러한 성공적인 성장 사례들에서 보듯이 창업 기업이 장기적으로 고도 성장을 이룩하기 위해서는 효과적인 전문 경영 시스템의 구축하는 것이 필수적이다. 전문 경영 시스템을 한마디로 설명하자면, 그림 8-2에서 제시하듯이 위임과 책임 경영을 통해 경영의 효과성을 높이고, 공식적 관리통제를 통해서 유영의 효율성은 기하는 것이다.

창업 초기의 기업은 창업자가 거의 모든 경영 기능과 운영을 총체적으로 수행할 수밖에 없다. 따라서 책임의 위양 수준이 매우 낮고 중앙 집중화된 의사결정 시스템을 갖게 된다. 작은 조직이기 때문에 경영 전반에 걸쳐 창업자가 의사결정에 필요한 제반 정보를 충분히 이해할 수 있다. 또한 창업자의 개인적인 감독만으로 정보의 통제가 가능하다. 즉 공식적인 절차와 시스템이 필요하지 않다.

이러한 초창기의 **창업 경영**(Entrepreneurial Management)과는 달리 **전문 경영**(Professional

Management)이란 거대해진 조직에서 창업자 개인이 경영 전반에 걸친 의사결정을 하기에는 벅차기 때문에 기본적으로 조직의 중간 관리자에게 의사결정의 책임을 위양하고, 하위 관리자에게도 자율 경영을 하도록 하는 것이다. 이러한 자율 경영 시스템이 원활하게 굴러가기 위해서는 공식적인 통제 시스템이 구축되어야 한다. 창업자가 없더라도 여러 부서의 전문 경영자가 차질 없이 사업 운영과 관련하여 적절한 의사결정을 할 수 있도록 안내하고 평가하기 위한 체제가 필요한 것이다. 그러한 체제를 통해 기업의 목표를 수립하고, 그에 따라 업무를 추진하고, 그 과정을 감독·평가할 수 있어야 한다.

그림 8-2에서 보듯이 전문 경영 시스템의 구축에 있어 공식화와 책임 경영을 동시에 추진하는 것이 긴요하다. 한 쪽만을 강조하게 되면 조직의 효율성이나 효과성을 희생시켜야 하는 문제가 발생한다. 예컨대 공식적 통제 기제 없이 자율 경영만을 추구하면 자칫 효율성이 떨어지는 자유 방임적 조직으로 변모할 수 있다. 반대로 책임 경영 없이 공식화만 강조하면 효과성이 떨어지는 관료적 구조를 낳을 수 있는 것이다.

전문 경영 시스템으로의 성공적인 이행을 위해서는 창업자가 우선 변화의 필요성을 인식하고, 새로운 경영 방식에 적합한 인적 자원을 개발하여 책임 경영과 공식화의 기반으로 삼아야 한다.[20] 초창기에 성공적인 창업자는 성공에 대한 자신감으로 기존 경영 시스템의 우월성에 대해 과신하는 경향을 가진다. 창업자가 외부의 조언이나 사고의 전환을 통해 창업 초기의 경영 시스템이 비대해진 조직에게는 더 이상 적합지 않다는 점을 먼저 깨달아야 한다. 그 다음으로 전문 경영에 걸맞는 인적 자원을 체계적으로 개발해야 한다. 이는 창업 초기에 충성심으로 불타 있는 사업 동지보다는 사업 운영의 일정 부분에 대해 책임을 위양 받고 실행할 수 있는 경영자를 발굴하고 육성하며, 때에 따라서는 외부로부터 영입하는 것이다.

창업 초기의 뛰어난 성과에도 불구하고 효과적인 전문 경영 시스템으로 이행하지 못해 성장을 감당하지 못하고 결국 실패한 유명한 사례가 바로 오즈본 컴퓨터(Osborne Computer)이다. 오즈본 컴퓨터사는 애덤 오즈본이 휴대용 마이크로컴퓨터 시장의 기회를 인식하고 업계에서 선도적으로 창업하였다. 초창기에 막대한 성장을 하여 연 매출액이 1억 불에 달하였고, 직원 규모가 1000명 이상 되었다. 그러나 한 공급 업체가 450만 불의 소송을 제기했고, 그 후 오즈본 컴퓨터사는 파산 신청을 하게 되었다. 이렇게 초창기의 초고속 성장을 하다가 갑자기 패망하는 경우를 **오즈본 신드롬**이라 한다.[21] 이 회사가 파산으로 가게 된 경위에 대해 창업자 애덤 오즈본 자신은 다음과 같이 말한 바 있다.[22]

"창업 기업가가 되었을 때 회사가 엄청나게 빨리 성장할 수 있다. 그러나 반대로 매

---

20 Michael J. Roberts, "Managing Growth," Harvard Business School Note 9-387-054.

21 Adam Osborne and John Dvorak, *Hypergrowth: The Rise and Fall of Osborne Computer* (Berkeley, CA: Idthekketh, 1984).

22 Robert A. Mamis, "Face to Face with Adam Osborne," *Inc.*, November 1983: 21-22.

표 8-4 전문 경영과 창업 경영의 비교

주요 영역	전문 경영	창업 경영
수익성	수익성 지향 이윤이 명시적 목표임	이윤은 부산물임
기획	공식적, 체계적 기획 · 전략적 기획 · 운영 기획 · 컨틴전시 기획	비공식적, 즉흥적(Ad Hoc) 기획
예산	표준과 편차에 대한 관리	예산이 불명확함 편차에 대한 사후 처결 미흡
통제	공식적, 계획적 조직 통제 시스템 명확한 목표, 성과 측정, 평가 및 보상을 포함함	부분적, 즉흥적 통제 공식적 측정 도구 미비
조직	공식적이고 명확한 역할 정의 상호 배타적이고 포괄적이어야 함	비공식적 구조 책임의 경계가 모호하고 중복됨
경영진 개발	계획적인 경영진 개발 · 요건의 파악 · 프로그램의 설계	현장 훈련을 통한 즉흥적 개발
혁신	점진적 혁신 지향성 계산된 위험 추구	파격적 혁신 지향성 큰 모험 감수
리더십	자문적 또는 참여적 스타일	다양한 스타일 추구 권위적일 수도 있고 자유방임적일 수도 있음
기업 문화	잘 정의된 문화	모호한 가족적 문화

자료: Eric G. Flamholtz, *Growing Pains: How to Make the Transition from an Entrepreneurship to a Professionally Managed Firm* (San Francisco, CA: 1990): 45.

우 급속하게 패망할 수도 있다. 마치 유명 배우가 하루 아침에 자살하듯 단명할 수 있는 것이다. 한때는 유명한 사람이 얼마 지나서 아무도 모르는 사람이 되는 것이다. …오즈본 컴퓨터의 업무 수준이 갑작스럽게 달라진 것이다. 나는 그것이 창업 초기의 운영과는 본질적으로 달라졌다는 것을 깨닫게 되었다."

전문 경영 시스템을 구축한다는 것은 구체적으로 무엇인가? 표 8-4 그것은 바로 다음과 같이 수익성, 기획, 예산, 통제, 조직, 경영진 개발, 혁신, 리더십, 기업 문화 등 경영 전반에 걸친 체계화를 의미한다. 전문 경영 시스템하에서는 우선 장기적인 사업성뿐만 아니라 단기적인 수익성도 성취해야 한다. 이를 위해 체계적인 사업 계획이 요구되고, 그에 따라 표준 예산이 짜여지고 사업의 추진과 더불어 편차에 대한 조정을 시행한다. 주어진 목표에 대해 주기적으로 성과를 측정하고 평가하여 기존의 운영 방식을 개선하고, 성과에 대한 보상을 실시하는 통제 시스템이 요구된다. 또한 상황의 변화에 따른 컨틴전시 계획도 마련해야 한다.

둘째로, 조직상으로도 직무 내역이 보다 체계적이고 공식적으로 문서화되고, 상호 협력을 효율적으로 할 수 있도록 꾀한다. 이를 위해 조직을 이끌어 갈 전문 경영진의 역량을 개발하는 데 보다 체계적이고 계획적인 접근법을 취해야 한다. 새로운 단계의 경영 전략을 실행하는 데 있어 가장 중요한 것 중의 하나가 특히 자금 문제이다. 따라서 자금 문제와 관련하여 전문적인 재무 책임자(CFO: Chief Financial Officer)가 반드시 필요하다.[23] 너무 오랫동안 지체하다가 CFO를 제때에 영입하지 못하게 되면 장차의 주거래 은행이나 투자자를 유치하지 못함으로 해서 회사의 성장 전략이 제대로 실행되지 못할 수 있기 때문이다. 따라서 CFO를 선발하고 영입하는 적절한 조언이나 가이드라인이 필요하다. 그러나 불행하게도 그것에 관한 일반적인 이론이나 주장은 없다. 그 자체가 성장 가도를 달리고 있는 기업에게 주어진 또 하나의 도전인 것이다.

단, 사업 성장에 필요한 조언을 듣기 위해 회계사에게 특별히 의존할 필요는 없다. 특히 신규 사업의 추진 시에는 더더욱 그렇다. 그 근본적인 이유는 회계사가 기본적으로 역사적인 성격을 가지고 있기 때문이다. 회계사는 그런 식으로 교육을 받았고, 또 그런 식으로 생각하며, 과거에 일어났던 일에 대해 설명하는 방식으로 일을 풀어나간다. 과거가 아닌 미래에 무언가 일이 발생하면 회계사들은 물어야 할 적절한 질문조차 모를뿐더러 어떤 결과를 초래할지도 모른다.[24]

기업가들이 적절한 질문을 하고 그렇게 하겠다고 할 때, 회계사들은 사업가들을 지나친 낙관주의라고 하면서 그렇게 못하게 하는 경우가 많다. 그런 질문이나 행동이 과거에 일어나지 않은 것들이었다면 더더욱 그럴 것이다. 따라서 사업을 하고자 하는 사람들이 보다 나은 자문을 얻으려면 장기간 동안 사업을 운영해 본 경험이 있는 사람들에게 의존하는 것이 오히려 낫다. 요컨대, 회계사가 미래를 위해 정답만 제시한다고 단정지어서는 안 된다는 것이다.

셋째로, 파격적인 혁신을 꾀하던 창업 경영 시기와는 달리 이미 개발된 핵심 역량에 기반하여 점진적인 혁신을 추구한다. 즉, 새로운 사업 기회를 가지고 열정적으로, 또 때로는 맹목적으로 사업에 뛰어들었던 창업 경영 마인드에서 벗어나야 한다. 불과 같은 열정이 사업 착수와 추진에 반드시 필요한 것이지만, 무엇을 하지 말아야 할 것인가에 대한 이해도 필수적이다.[25] 창업 기업을 성공적이고 지속적인 성장력을 가진 회사로 만드는 기업가들은 불투명한 실행은 하지 않으며, 스스로가 자제력을 발휘하는, 즉 '하지 말아야 할

---

23 Jill Andresky Fraser, "Hire Finance," *Inc.*, January 1998: 87-91.
24 Norm Brodsky, "No Accounting for Success," *Inc.*, Jun. 1996: 25-26.
25 Jim Collins, "Pulling the Plug," *Inc.*, March 1997: 76-77.

것들'을 알고 있는 사람들이다.

일례를 들면 다양한 아이디어로 폭발적인 성장을 보이는 3M사에서는 새로운 아이디어를 끊임없이 만들어내고 개발하는 한편, 누군가 "당신의 아이디어는 별로 좋은 것이 아니야. 그것 말고 다른 걸 해보는 것이 어떻습니까?"라고 말하는 것이 결코 부자연스럽지 않다. 즉 한 가지 아이디어에 끊임없이 집착하기보다는 자신의 모든 힘을 투여했던 일이라 하더라도 과감히 포기하고 다른 것에 매달리는 용기를 가지는 것도 필요하다. 이것은 마치 열심히 보던 TV의 플러그를 뽑아 버리는 것과 같은 것이다.

넷째로, 전문 경영 체제로 들어서기 위해서는 창업 경영 시기에 배태된 기업 문화적 특성을 재정립하는 시도를 해야 한다. 여지껏 발전되어 온 훌륭한 기업의 전통을 계승하고 지속적으로 전수하려는 보다 체계적인 노력이 요구된다. 이를 위해 특히 최고 경영진의 리더십이 중요하다. 전사적인 참여와 자율 경영 정신을 배양하기 위해 창업자는 이제 직원에 대해 지휘·통솔보다는 자문하고 코치하는 역할을 하고 최대한 직원의 참여를 유도하도록 해야 한다.

기업 문화에 대한 논의가 한창 유행했다가 이제는 '더 이상 중요하지 않다'고 주장하는 보고서들은 꽤 과장된 면이 있다. 사실 요즘 시장을 강타하면서 놀라운 실적을 보이고 있는 기업의 사장들은 기업 문화가 진정 중요한 때는 '지금'이라고 주장한다. 교묘하고 독창적이면서 고도로 진화된 기업 문화를 가지고 있는 기업은 타 기업들에 비해 경쟁 우위를 가지고 있다. 왜냐하면 요즘 나타나고 있는 시장의 변화와 그에 대한 도전에 기업 문화가 해결의 열쇠를 쥐고 있기 때문이다. 문화는 기업의 경쟁력을 한층 배가시킬 수 있는 것이다. 미국의 에이미 아이스 크림즈(Amy Ice Creams)사가 좋은 예인데, 다양한 종류의 아이스크림 판매를 통해 축적된 경험을 판매함으로써 자사의 판매망을 차별화시켰다.[26] 동시에 판매망을 차별화하는 자사만의 문화를 창조하고 육성했다.

기업이 고도의 성장성을 보일 때 흔히 겪는 어려움은 "언제 새로운 단계의 경영을 끌어 갈 것인가?" 하는 전문 경영의 적절한 시기를 택하는 것이다. 다시 말해 창업자가 사업 운영상 어떠한 문제에 봉착했을 때 전문 경영이 필요한 시점인가? 창업자는 기업의 빠른 성장에 따라 성취감과 아울러 성장의 고통도 겪게 된다. 성장기의 창업자는 회사가 다음과 같은 문제를 경험하는지 검토해 보라.[27] 만일 회사에 이러한 문제들이 심각하게 나가오고 있다면 신속히 전문 경영 시스템을 구축할 시점인 것이다.

- 직원들이 하루가 짧다고 느낀다.
- 직원들이 '발등에 떨어진 불'을 끄는 데 정신이 없다.

---

26 John Case, "Corporate Culture," *Inc.*, November 1996: 42-53.

27 Eric G. Flamholtz, *Growing Pains: How to Make the Transition from an Entrepreneurship to a Professionally Managed Firm* (San Francisco, CA: 1990): 53-70.

- 직원들이 다른 사람이 무엇을 하고 있는지 잘 모르고 있다.
- 직원들이 회사가 어디로 가고 있는지 잘 모른다.
- 능력 있는 경영자가 너무 모자란다.
- 직원들이 어떤 일을 차질 없이 처리하려면 자신이 직접 손을 대야 한다고 느낀다.
- 대부분의 직원들이 회의를 시간 낭비로 여긴다.
- 계획이 수립되더라도 사후 추진이 안 되기 때문에 업무가 제대로 수행되지 않는다.
- 어떤 직원들은 자기 자리에 대해 안정감을 갖고 있지 못하다.
- 회사의 외형은 증대되고 있지만 수익성이 오르지 않는다.

기업 내의 혁신과 경쟁 우위를 지속적으로 확보하고, 노동 시장에서 구하기 힘든 숙련 기술자들이 능력을 최고로 발휘하도록 사기를 진작시키기 위해서는 종업원에 대한 의식의 전환이 필요하다. 성장하는 기업은 여태까지는 종업원들이 회사를 위해 무엇을 할 것인가를 고민했지만, 이제부터는 회사가 노동자들을 위해 무엇을 할 것인가라는 질문을 해야 하는 것이다. 요즘같이 지식 산업이 날로 성장하고 있는 때에는 더더욱 그러하다. 이를 위해 보너스 제도, 이익 분배 제도, 무료 음식 제공, 의료 보험 등이 고려되고 있지만 그러한 방법들은 종업원들이 자신의 작업에 몰두하게 하는 데는 한계가 있다.

종업원들이 자신의 작업과 업무에 끊임없이 도전하고 즐기고 몰입하게 하기 위해서는 그들 스스로 자원 봉사자와 같은 존재라고 여기게 해야 한다.[28] 성공적인 방법 중의 하나는 회사가 해당 산업의 최선두에 서서 항상 도전하는 회사 전체의 분위기를 만들어 나가는 것이다. 실리컨 밸리에서 흔히 볼 수 있듯이 회사가 업계 상위층에서 고군분투하는 모습을 종업원들이 인식하고 동참한다면 그들은 그러한 '게임'을 즐기고 기꺼이 자신이 업무에 헌신하는 모습을 보여 줄 것이다.

1976-80년의 기간 동안 주로 인수 · 합병이 아닌 주력 사업 확장을 통해 초고속 성장을 한 74개의 미국 벤처 기업을 대상으로 한 조사연구에서 햄브릭과 크로지어는 고도 성장 기업을 경영하는 데 있어서의 경영 과제의 유형과 그 극복 방향에 대해 고찰한 바 있다.[29] 그들은 기업이 연 50% 이상 성장하는 기간은 창업 기업가에 대한 칭송과 안위의 시기라기보다는 경각심을 요구하는 어려운 의사결정과 고뇌의 시기라고 지적한다.

다시 말해 그러한 고성장 기업들은 위험한 과도기에 직면하게 된다는 것이다. 그들은 직원간에 친숙하고 응집력 있는 창업 기업의 단계를 이미 넘어서기는 했지만, 완전히 안정적인 독립체가 된 것은 아니다. 이러한 기업은 아직까지는 변화의 시기에 있을 뿐만 아니라 변화가 발생하는 속도에 따라서 당혹하게 되기도 된다. 아타리(Atari), 크레이 리서치

28 Nancy. J. Lyons, "Managing the Volunteer Workforce," *Inc.*, December 1997: 73-74.

29 Donald C. Hambrick and Lynn M.Crozier, "Stumblers and Stars in The Management of Rapid Growth," *Journal of Business Venturing,* 1, 1985: 31-45.

(Cray Research), 오즈본 컴퓨터, 피플 익스프레스(People Express) 등의 기업이 고도 성장기에 직면했을 때 그것을 관리하는 데 있어 효과성이 회사마다 천차만별이었다.

햄브릭과 크로지어는 고성장 기업에게는 다음 네 가지의 근본적 당면 과제가 있다고 파악한다.

- **규모의 초고속 성장**: 이러한 회사들은 매우 빠른 속도로 그 규모가 두 배나 세 배로 확장되며, 그 결과 불만족과 기술 및 시스템상의 부적절성이 유발된다.
- **무오류의 신념**: 현재까지의 성공에 기반하여 고성장 기업들은 그들의 전략과 행동 양식이 하자가 없는 것으로 여긴다. 환경이 급변하고 거대 경쟁자들이 진입하는 동안에도 자기들의 현명성을 과신하는 아이러니를 보이기도 한다.
- **내적 분란**: 매년 50%씩 성장하는 기업은 사회적 단위로서 엄청난 수준의 긴장 상태에 있다고 볼 수 있다. 서로 간에 잘 모르고, 회사를 잘 모르는 사람들이 많이 존재하게 된다. 의사결정이 어려워지고, 내부 알력이 계속되며, 직원들이 정신적으로 소진된다.
- **막대한 자원의 필요성**: 고성장 기업들은 보통 많은 현금을 필요로 한다. 그러나 현실은 자금 부족에 시달린다.

햄브릭과 크로지어는 이러한 고도 성장 기간을 성공적으로 헤쳐나간 기업들로부터 다음과 같은 지혜를 배울 수 있다고 제시하는데, 이는 결국 체계적인 전문 경영 시스템을 도입하되, 창업 경영 시기의 창의적 마인드를 최대한 유지하도록 하는 것이다.

- 최고 경영자가 기업을 보다 큰 실체로서 파악하는 비전을 지닌다.
- 미래를 위해 요구되는 팀이 현재 고용되고 개발된다.
- 기업의 핵심 비전을 항상 열성적으로 강화한다.
- 새로운 대기업적 경영 과정이 기존의 경영 방식을 대체하기보다는 점진적으로 보완하는 형식으로 도입된다.
- 조직내 계층을 최소화한다.
- 종업원이 기업의 지분을 소유한다.

창업 실무

특허 등록의 절차

특허는 산업 재산권의 한 종류이다. 우리 나라의 산업 재산권에는 특허뿐만 아니라 실용신안권, 의장권, 상표권 등이 있다. **특허권**이란 자연 법칙을 이용하여 창작한 새롭고 수준 높은 발명으로서 특허를 받으면 타인이 부당하게 사용하거나 침해하지 못하게 법으로 보호해 주는 배타적 권리를 가지게 된다. 그 보호 기간은 출원일로부터 20년으로 정해져 있다.

실용신안권이란 자연 법칙을 이용해서 창작한 새로운 발명 중에서 특허의 대상까지는 못미치는 작은 발명에 대해 주어지는 권리이다. 특허권과 마찬가지로 실용신안권을 가진 사람만이 그 권리를 행사할 수 있다. 그 보호 기간은 출원일로부터 15년이다.

의장권은 물품의 형상, 모양, 색채 또는 이것들이 서로 결합해서 사람의 눈으로 보아 아름답다고 느낄 수 있는 고안으로서 공업상 이용할 수 있는 정도라고 인정 받는 경우에 주어진다. 의장권은 특허나 실용신안같이 반드시 자연 법칙을 이용할 필요는 없으며, 등록일로부터 10년간 보호된다.

상표권이란 상품의 출처를 표시해 주고 자기의 상품을 다른 상품과 구별하기 위해 상표를 등록 받아 자신의 지정 상품에 사용할 수 있도록 보호해 주는 권리를 말한다. 상표권은 등록일로부터 10년간 보호되며, 10년마다 갱신할 수 있는 반영구적인 권리이다.

이러한 산업 재산권은 저작권, 신 지적 재산권 등과 더불어 크게 지적 재산권이라 불린다. **저작권**은 문학, 예술, 학문 등의 창작으로 인한 권리이다. **신 지적 재산권**은 반도체 칩이나 컴퓨터 프로그램, 영업 비밀, 상품화권, 프랜차이징 등 비교적 최근에 새로운 영역으로 부각되고 있는 재산권을 말한다.

우리 나라에서는 중앙 행정 기관인 **특허청**에서 특허, 실용신안, 의장, 상표 등 산업 재산권 관련 사무를 총괄적으로 처리한다. 특허청의 고유 업무로는 출원을 접수하는 일부터 심사 업무, 심판 업무, 그리고 등록 업무 등을 들 수 있다. **심사**는 법정 자격 요건을 갖춘 심사관이 특허 출원에 대해 특허성 여부를 판단하고 결정하는 업무이다. **심판**은 특허의 기술적 특수성을 고려하여 전문가로 구성된 법정 자격 요건을 갖춘 심판관 및 항고 심판관이 특허에 관한 내용의 정정이나 당사자간의 분쟁을 해결하기 위해 사법 절차에 준하여 행하는 재판과 유사한 업무이다. 단, 손해 배상 청구 등 민사 문제나 고소 등 형사 문제는 법원에서 처리한다. **등록**은 특허권의 설정 및 형성된 특허권에 관한 권리의 변동 사항을 특허 원부에 등재하는 업무로 부동산 등기 업무와 유사하다.

특허권을 얻기 위해서는 특허청에 자신의 발명품을 특허로 등록하고자 한다는 출원 신청을 해야 한다. 특허 출원은 반드시 서면으로 이루어져야 하며, 한글로만 기재하도록 되어 있다. 실용신안, 의장, 상표도 예외는 아니다. 이 중에서 특히 실용신안은 출원 절차 대부분이 특허와 유사하다. 이들 산업 재산권의 출원 서식, 출원의 제 방법 등에 대해서는 **특허청 민원 안내실**(민원 안내: 02-568-6074; 민원 자동 안내: 568-8162~3)을 찾아가면 명쾌한 답을 얻을 수 있다.

특허 출원은 출원서, 명세서, 요약서 등의 각종 구비 서류를 갖추어 신청하게 된다. 이러한 서류들은 출원인 자신이 직접 작성할 수도 있지만, 까다로운 법률적 지식이나 절차가 요구되므로 전문가에게 의뢰하는 경우가 많다. 특허와 관련된 제반 문제를 전문적으로 처리하는 사람이 바로 **변리사**이다. 서류를 갖추어 특허 출원을 하게 되면 아래와 같은 절차를 거쳐 특허가 등록된다.[30]

- **출원**: 각종 구비 서류를 제출한다.
- **자진 보정**: 출원일로부터 1년 3개월 내에 최초 출원의 범위 내에서 자진 보충 및 정정이 가능하다.
- **심사 청구**: 특허의 경우 출원과 동시에 또는 출원 후 5년 이내에 한다. 심사 청구가 없을 때는 취하로 간주한다.
- **출원 공개**: 출원일로부터 1년 6개월 경과 후 자동으로 공개한다.
- **심사 착수**: 심사 청구일로부터 대략 1년 6개월에서 2년의 기간에 실시한다.
- **심사 결과 통지**: 심사 청구일로부터 대략 2년에서 2년 6개월의 기간에 이루어진다.
- **공고 결정**: 거절 이유가 없는 경우 확정한다.
- **등록**: 등록 공고 후 3개월간 누구나 이의 신청이 가능하다.
- **등록료 납부**: 등록 사정서 접수일로부터 3개월 이내에 납부하여야 한다.
- **등록증 발행**: 등록일로부터 독점 배타적 권리의 행사가 가능하다.

특허 출원 시 필요한 서류로서 **출원서**는 발명자와 출원인, 대리인 등의 인적 사항과 제출 연월일, 발명의 명칭, 우선권 주장에 관한 사항 등을 기재한다. 특허 출원서는 추상적인 기술 사상을 서면으로 표현하는 서류이다. 이 출원서는 훗날 공개되어 기술 문헌으로 활용되기도 하고, 특허권을 행사하는 권리로서의 기능도 함께 수행하는 기초 자료가 되기 때문에 처음부터 발명의 내용이 명확히 표현되도록 작성해야 한다. 출원 후에 미비한 대목을 보정할 수는 있지만 그 범위가 한정되어 있을 뿐만 아니라 요지가 변경되어 출원인이 불이익을 받게 될 우려가 있으므로 처음부터 신중을 기하는 것이 최선이다.

출원서와 함께 명세서, 필요한 도면, 요약서, 그리고 소정의 출원료 등의 수수료 납부서도 첨부하여야 한다. **명세서**에는 발명의 명칭, 도면이 첨부되는 경우 도면의 간단한 설명, 발명의 목적, 구성, 효과 등 발명에 대한 상세한 설명, 그리고 특허권으로서 보호받고자 하는 특허 청구의 범위를 순서대로 기재해야 한다. 용어는 명세서 전체를 통해 통일해야 하며, 기술 용어는 학술 용어를 사용하되 우리말 표준 용어를 사용해야 한다. 한글로 이해하기 어려운 말은 ( ) 안에 한자 또는 원어를 병기한다. 단위는 C, G, S(cm, g, % 등) 단위로 표시한다. 어떤 용어를 특별한 의미로 사용할 때는 그 의미를 미리 정의하고 사용해야 한다.

요약서는 명세서와 별도로 첨부하는 서류로서 발명의 내용을 간략히 요약한 것으로서 기술 정보 자료로서 활용된다. 요약서는 명세서 또는 도면에 기재된 발명의 개요를 표현할 수 있도록 10줄 내지 20줄 이내로 가능한 한 간결하게 작성한다. 그 내용에는 청구 범위에 기재된 발명이 속한 기술 분야, 그 발명이 해결하려고 하는 기술적 과제, 그 발명의 해결 방법의 요지, 그리고 그 발명의 중요한 용도 등을 기재한다.

창업 기업이 개발한 기술과 발명에 대해 특허권을 취득하는 것도 중요하지만, 기술 개발 투자에 앞서 해당 기술이 이미 다른 사람이나 기업에 의해 특허로 출원되거나 등록된 것은 아닌지를 확인하는 것이 무엇보다도 중요하다. 막대한 연구개발비에 의해 개발된 발명이 결국 남의 특허권을 침해한 결과가 되면 개발비의 낭비를 초래할 뿐만 아니라 기업의 존폐가 걸릴 수도 있기 때문이다.

중복적인 연구개발 투자를 막고 체계적인

---

30 이상희, 과학원 괴짜들 특허 전쟁에 뛰어들다 (서울: 매일 경제 신문사, 1997).

기술 개발을 돕기 위해 다양한 종류의 특허 정보가 이용 가능하다. 우리 나라의 경우 특허청에서 **특허 공보**라는 책자를 발간하는데, 이것이 특허 출원 시 제출한 서류를 편집한 자료이다. 이 특허 공보는 특허청 열람실에 비치되어 있고 필요한 경우 누구나 열람이 가능하다. 이는 또한 국·공립 도서관, 국회 도서관, 대학 도서관, 지방 상공 회의소 등에도 비치되어 있다.

우리 나라만도 일년에 5만 건 이상의 특허가 등록되기 때문에 수작업으로 특허 공보를 일일이 조사하는 것은 비효율적이다. 효과적인 정보 검색을 위해 최근에는 특허 관련 데이터베이스가 CD-롬과 온라인 검색으로 가능하게 되어 있다. 국내 데이터베이스로는 특허청의 출원 심사 정보(CHULJO), 등록 관리 정보(DUNGJO), 상표 검색 정보(MAEK), 심판 사무 정보(JUGIXQA) 등이 있고, 한국 산업 기술 정보원(KINITI)의 특허 공고 정보(KPTN), 특허 공개 정보(KIMO), 실용 공고 정보(KUUM), 의장 정보(CODE) 등이 있다.

해외 정보를 제공하는 데이터베이스로는 아래와 같은 것들이 있다.

- **WPI(World Patent Index)**: 세계 주요 35개국의 특허 정보를 제공한다. 최근 특허의 도면까지 온라인으로 제공하는 기능이 추가되었다. 다양한 주제를 검색할 수 있고, 특히 대응 특허를 조사하거나 출원인의 신상을 파악하는 데도 유용하다. 매월 약 1만 5000건의 데이터가 수록되며, 총 3억 건 정도의 정보량이 축적되어 있다.
- **INPADOC(International Patent Documentation Center)**: 세계 56개국의 특허 정보를 제공한다. 단, 내용을 간편하게 검색할 수 있는 요약 기능이 없다.
- **CAS(Chemical Abstract Service)**: 세계 28개 국가의 화학 관련 특허를 거의 완벽하게 제공한다.
- **CLAIMS**: 미국 특허와 관련된 다양한 정보를 제공한다.
- **Chinese Patent Abstract**: 중국의 특허 정보를 제공한다.
- **JAPIO**: 일본의 공개 특허 정보를 영문으로 제공한다.
- **PATOLIS**: 일본의 산업 재산권 전반에 대한 정보를 제공한다.
- **Trade Mark Scan**: 미국, 캐나다, 영국, 독일, 네덜란드 등의 상표에 대한 정보를 제공한다.

이러한 데이터베이스는 기본 통신료뿐만 아니라 별도의 사용료를 지불해야 하고, 자료 검색 기술을 습득해야 하기 때문에 일반인들이 자유롭게 사용하기는 어렵다. 그러나 일정한 사용료를 지불하고 컴퓨터 통신 천리안을 통해 **한국 산업 기술 정보원**의 데이터베이스(KINITI-IR)에 접속하면 해외 특허 정보 서비스를 검색할 수 있다. 이에 일단 연결되면 국내의 한글 정보뿐만 아니라 미국, 유럽, 일본 등 세계 주요 국가의 영문 데이터베이스도 검색할 수 있다. 전기, 전자, 물리, 컴퓨터, 기계, 식품, 의학, 약학 등 거의 모든 기술 분야를 살펴볼 수 있다.

특허 정보를 검색할 때 알아 두어야 할 것은 IPC(International Patent Classification)라고 하는 국제 특허 분류 체계이다. 이는 1971년 국제 특허 분류에 관한 협정에 의해 1975년 10월에 발효된 것으로 특허 문헌을 국제적으로 통일되게 분류하여 검색을 용이하게 한다. 예컨대 만년필의 IPC는 B43K 5/00이다. 여기서 맨 앞의 영문자는 섹션, 그 다음의 두 자리 숫자는 클래스, 그리고 그 다음의 영문자는 서브클래스를 의미한다. 뒷 부분의 숫자 중 앞의 것은 메인 그룹으로 최대 세 자리까지 부여할 수 있고, 사선 뒤의 숫자는 서브 그룹으로 최대 네 자리까지 있다.

창업 이야기 Ⅷ-1

풀무원[31]

중산층 주부들이 즐겨 찾는 기초 식품류를 만드는 회사로서 기업이미지가 신선하고 매우 견실한 성장을 하고 있는 주식회사 풀무원은 지금부터 40여 년 전 "공동으로 농사짓고 똑같이 나누어 먹는 협동 농장으로 대장간에 잡철을 녹여 생활에 필요한 도구를 만들기 위해 풀무질을 하듯 우리 사회에 건강한 풀무질을 하겠다"는 정신으로 설립되었다. 이러한 풀무원 농장의 채소 판매로 시작된 사업이 1백여 종 생식품을 생산하고 나아가 생수, 건강 보조 식품, 그리고 화장품 전문 메이커로까지 급속히 커나가는 데 주역을 맡은 것은 남승우 사장이다. 아래 표는 풀무원의 성장사를 간략히 보여 준다.

1981. 5.12.	압구정동에 "풀무원 무공해 농산물 직판장" 개설
1983. 4. 2.	풀무원 효소 식품, 포천 공장 가동
1984. 5.31.	"풀무원 식품㈜"로 상호 변경
1988.11. 7.	"풀무원 샘물㈜"설립
1988.12.13.	"내추럴 하우스"(Natural House) 브랜드 건강 보조 식품 출시
1990. 6. 1.	명가 식품㈜ 도안 공장(장류 생산) 준공
1991. 1. 4.	풀무원 식품 미국 현지 법인 설립
1992. 9.25.	도안 건강 보조 식품 GMP 공장 가동
1993. 2. 1.	"찬마루 식품㈜" 설립
1993.10.18.	한중 합작 회사 "일송 식품 유한공사" 개업
1995. 5.12.	"㈜풀무원"으로 상호 변경
1995. 7.15.	"풀무원 LA 두부 공장" 준공
1995. 9. 6.	㈜풀무원 건보식 업계 최초 ISO 9002 인증 획득
1995. 9.15.	"이씰린 화장품" 판매(화장품 사업 개시)
1995.10. 5.	"㈜풀무원" 주식 상장
1996. 2.13.	풀무원 생활㈜ 설립
1996. 3. 5.	풀무원 샘물(찬마루 샘물㈜), 먹는 샘물 업계 최초 ISO 9002 인증 획득

이러한 고도 성장을 이끌어 내면서 풀무원은 100여 곳이 넘는 농가와 공급 계약을 맺고 쌀, 밀, 율무 등 곡식과 채소 및 달걀 등을 생산하게 하고, 이들과는 최저 가격과 구매 시점의 시가 지불이란 이중 원칙의 계약을 체결하고 있으며, 풀무원 기술진에 의해 각 농장은 영농 지도와 작물 품질 검사를 받고 있다.

풀무원은 물류 및 전산 정보 시스템에 관심을 기울여 전국 광역시에 냉장 물류 센터를 갖춰 두고 수도권에는 4곳의 물류 센터를 두고 있다. 또한 물류의 전산 정보화를 위해 100억 원을 투자하여 DIT(Distribution Information Technology)란 자회사를 설립, 운영하고 있다. 또한 풀무원은 세계 속의 우량 기업으로 성장하기 위해 선진 기업 중 모델을 찾아 나름대로의 연구를 게을리하지 않는다. 마찬가지로 사업을 다각화하여 생수, 건강 보조 식품 및 화장품 전문 메이커가 되고자 하는 전략을 꾀하고 있다.

풀무원이 누린 고도 성장의 근간에는 "인간과 자연을 함께 사랑하는 고객 기쁨 경영"이라는 기업 경영 이념에서처럼 고객을 만족시켜

31 이코노미스트, "풀무원, 10년만에 연 매출 1900억 원의 식품 그룹으로 키워," 1995년 6월 7일.

주는 고품질 제품, 환경을 지켜주는 경영 활동, 그리고 고객에게 최대한 빨리 대응함으로써 진정한 고객 기쁨을 창조하려는 고객지향적 경영의 원칙이 자리잡고 있다.

창업 이야기 Ⅷ-2

콤텍 시스템[32]

콤텍 시스템은 꾸준한 연구개발로 1983년 창업 이래 성장을 계속해 매출액 40배 증대라는 경이적인 성공을 가져온 기업이다. 콤텍 시스템의 창업자 남석우 사장은 1983년 자본금 500만 원과 종업원 8명으로 출발해 첫해 매출액 6억 5000만 원을 기록했으나, 93년에는 매출액이 260억 원으로 뛰어 오르고 자본금과 종업원이 각각 12억 원과 315명으로 크게 확대되었다. 남석우 사장은 체신 공무원을 거쳐 KIST·동양 시스템 산업·데이터콤 등에서 정보통신 분야의 엔지니어로서 경험을 쌓았다. 그 후 남 사장은 30세의 젊은 나이에 불모지였던 데이터 통신 기기 시장이 향후 크게 성장할 것으로 예측하고 과감하게 이 분야에 뛰어들었다.

정보통신 산업에서는 연구개발이 가장 중요하다는 점을 일찌감치 깨달은 남 사장은 1986년에 기술 연구소를 설립하고, 체신부로부터 유망 중소 기업으로 선정되었다. 콤텍 시스템은 초창기에 모뎀을 비롯, 기본 데이터 통신 장비를 공급해왔다. 그 동안 계속된 기술 개발로 이제는 각종 네트워크 장비 공급에서부터 컨설팅에 이르기까지 종합 정보통신 업체로 발돋움했다. 남 사장은 자체 기술 개발과 더불어 선진 기술 도입의 필요성도 느껴 세계 유수의 정보통신 업체들과 기술 제휴를 체결했다. 현재 매출액 구성은 자체 개발 제품 60%와 수입 제품 40%로 되어 있다.

이 회사의 기술 수준은 외국에도 널리 알려져 있다. 이미 1981년 1월에 국내 최초로 다이얼업 모뎀에 대한 미국 연방 통신 위원회의 규격 승인을 획득하고, 미국 모터롤라사의 계열사인 코덱스사와 국내 대리점 계약을 체결했다. 콤텍 시스템이 일본의 유수 업체들을 제치고 광범위한 아시아·태평양 지역의 사후 관리 대행 업체로 지정된 것에 대해 주요 국의 통신 장비 업체들이 주목하고 있다. 1985년 뉴질랜드에 모뎀 500대를 수출하면서 콤텍 시스템의 해외 진출이 시작되었다. 콤텍 시스템은 91년 한·중 수교 이후 중국에 데이터 통신 장비를 수출한 것을 포함해 현재 인도·남아프리카 공화국·일본·중국·덴마크·EC 각국 등 10여 개국에 모뎀을 수출하고 있다.

콤텍 시스템이 이렇게 해외 시장에 힘을 기울여 온 것과 같이 국내 통신 장비 시장에서도 40-50%의 시장 점유율을 유지하고 있다. 남 사장은 "거래처가 300여 개나 되고, 은행과 증권 회사에서는 대부분이 'Comtec' 상표의 통신 장비를 쓰고 있다"고 말한다. 금융 결제원·대우 증권·현대 자동차 써비스 등이 대표적인 고객들이다.

콤텍 시스템은 장비 생산에만 그치지 않고, 종합 정보통신 업체로 성장하기 위해 관련 분야만 한정해 사업 다각화를 추진중이다. 이는 그 동안 정보 전송 기기 사업에만 주력해 왔으나, 최근 세계적으로 정보 검색과 부가가치 통신망(VAN) 사업이 크게 부각되고 있기 때문

32 주간 매경, "콤텍 시스템, 한국형 모뎀의 개척자 종합정보통신사 꿈," 1993년 5월 19일.

이다. 콤텍 시스템은 세계적인 금융 정보 서비스업체인 블룸버그사와 국내 대리점 계약을 체결하여 은행과 증권 회사를 대상으로 금융 데이터베이스와 정보 조회 단말기를 공급하고 있다.

이 같은 고속 성장을 일구어낸 콤텍의 기초 자산은 무엇일까? 무엇보다도 정보통신 산업 분야 자체가 하이테크 산업이기 때문에 기술 경쟁력이 가장 주요한 성장의 핵이 되었던 것이다. 이와 더불어 이러한 기술 혁신을 이끌 인재에 대한 교육이 가장 중요한 회사 모토가 되었던 것도 중요한 이유이다. 현재 콤텍의 종업원은 10%가 연구원이고, 매출액의 5%를 연구개발비로 투자하고 있다.

창업 이야기 Ⅷ-3

성일 정보통신[33]

이제는 어느 퍼스널 컴퓨터에도 사운드 카드는 기본 사양이 되었지만 사운드 카드가 컴퓨터 시장에서 그 자리 매김을 하게 된 것은 불과 얼마 전의 일이다. 성일 정보통신의 박형욱 사장이 그러한 주역의 한 사람이다. 그는 집안에서 잠자는 컴퓨터를 끌어 내 새로운 시장을 창출해 내려는 의도하에 음악 카드·사운드 카드 사업에 뛰어들게 되었다.

박 사장은 경기도 광주에서 태어나 1976년 광운 공대 전자공학과를 나와 금성사에서 TV 디자인 설계 분야에서 2년, 태광 산업의 TV·오디오 개발실에서 5년, CATV 기자재 생산 업체인 삼창 전자에서 8년의 직장 생활의 경력을 가지고 있다. 대학에 진학할 때부터 "엔지니어로 대성해 보겠다"는 기본 마인드에서 "내 사업을 일구겠다"는 계획이 뒤따라 15년간의 직장 생활을 그만두고 1989년 4월 자본금 1억 원으로 성일 전자라는 개인 회사를 차렸다. 처음 그가 손댄 사업은 당시 수입에 의존하던 컴퓨터 부품인 컴퓨터 케이스와 전원 공급기 생산이었는데, 이는 수입 대체 효과가 있는 사업으로 고정적인 물량 납품 기회와 함께 수익을 가져다 주는 효자 사업이 되었다.

창업 2년째에 중소 컴퓨터 시장의 몰락과 함께 박 사장의 회사도 극심한 자금난에 허덕이게 되었다. 이에 박 사장은 회사 평수를 줄이고 종업원을 30명에서 3명으로 대거 축소하였다. 또한 집을 팔아 마련한 1억여 원으로 애초 그가 관심을 두었던 컴퓨터 사운드 카드라는 원초 기술을 개발하는 데 전념하게 되었다. 결국 1년여 만의 끈질긴 몰두의 결과로서 사운드 카드의 핵심 칩인 음성 프로세서를 개발할 수 있었고, 국내·외 시장에서 좋은 반응을 불러일으켰다. 물론 성일의 사운드 카드가 시장에서 빛을 보기까지는 상품화 자금, 해외 대기업의 특허권 분쟁 등의 넘어야 할 산이 산적해 있었지만, 성일 정보통신이 가진 기술 경쟁력이 이를 극복할 수 있게 해 주었다.

성일 정보 통신은 이러한 사운드 카드 사업 성공에 이어 팩시밀리와 모뎀, 음성 자동응답기(ARS), 노래방 기능을 하나로 합친 컴퓨터 내장 카드 등으로 사업을 다각화했다. 그중 사운드 마스터 FX, 사운드 마스터 하이 FX는 팩스 모뎀 카드나 음악 카드에 이어 다기능 카드로서 국내 시장에 처음으로 진출한 것이었다. 이러한 계속적인 카드 개발과 사업 성공에

[33] 이코노미스트, "성일 정보 통신(주) 박형욱 사장," 1993년 7월 5일.

힘입어 성일 정보통신의 매출은 1991년 13억 원에 불과했던 것이 92년에는 무려 70억 원으로 성장하고 93년에는 100억 원 이상으로 늘게 되었다. 성일 정보통신의 이러한 시장 창출 및 기술 개발의 성공은 고유 제품을 만들고자 했던 박 사장의 기술 개발에 대한 열정과 시장 요구에 부응하려는 노력의 소산이라고 할 수 있다.

읽을 거리

Neil C. Churchill & Virginia L. Lewis, "The Five Stages of Small Business Growth." In William A. Sahlman & Howard H. Stevenson (Eds.), *The Entrepreneurial Venture* (Boston, MA: Harvard Business School, 1992): 263-276.

Donald C. Hambrick and Lynn M. Crozier, "Stumblers and Stars in The Management of Rapid Growth," *Journal of Business Venturing*, 1, 1985: 31-45.

Jay Conrad Levinson, *Guerrilla Marketing: Secrets for Making Big Profits from Your Small Business* (Boston: Houghton Mifflin, 1993).

Geoffrey A. Moore, *Crossing the Chasm: Marketing and Selling the High-Tech Products to Mainstream Customers* (New York: Harper, 1995).

Cuno Pumpin, *How World Class Companies Became World Class: Studies in Corporate Dynamism* (Brookfield, VT: Gower, 1991).

Michael J. Roberts, "Managing Growth," Harvard Business School Note 9-387-054.

Ⅸ장 부실 기업의 관리

"열정을 가지라. 그것이 바로 성공뿐만 아니라 실패로부터 회생하는 데 있어서도 핵심적 요소이다. 당신 자신에 대해서, 당신이 되고자 하는 것에 대해서, 또 당신이 가고 있는 길에 대해서 열정이 없다면 지금 당장 포기하는 것이 낫다. 그런 자세로는 성취 가망성이 없기 때문에 직장을 찾아 편하게 사는 것이 좋을 것이다. 열정이야말로 인생의 진수이자 분명 성공의 진수인 것이다."

도널드 트럼프(Donald J. Trump), *Trump: The Art of Comeback,* 1997

이 장에서 다루는 주제

사업 위기의 원인
기업 부실의 유형과 전개 과정
기업 부실의 예측
기업 회생 전략
회사의 정리

창업 현장

하이퍼 크래프트[1]

하이퍼 크래프트사는 일본 내에서 CD-ROM 판매의 선구자이다. 1988년에 스미노 사장이 토쿄에서 창업했다. 창업 당시에는 애플 컴퓨터용 주변 기기나 소프트웨어를 판매하고 있었다. 그런데 1990년 스미노 사장이 미국 샌프란시스코에서 개최된 애플사의 전시회를 방문했을 때 마치 영화를 보는 듯한 영상 CD-ROM 게임 작품을 접하고 감탄하였다. 그는 아무런 망설임 없이 여행 가방에 CD-ROM 상품을 가득 채우고 돌아와서 토쿄의 미나토구 히로오에 위치한 점포에서 선보이기 시작했다. 1991년에는 개인용 컴퓨터 판매의 본거지인 토쿄의 아키하바라로 본사를 이전하여 일본 최초의 CD-ROM 전문점을 내게 되었다. 자사 점포 외에 가나가와, 나고야, 오사카, 고베 등 주요 지방 도시에도 적극 진출하여 1994년 전성기에는 직영점 6곳, 체인점 9곳 등 도합 15개의 점포를 개설하고 매출액 12억 6000만 엔을 달성하였다.

1991년경 하이퍼 크래프트사가 본격적인 판매 활동을 벌일 때는 아직 CD-ROM이라는 기술 자체가 극히 일부 컴퓨터 기술자들밖에 알지 못하던 시대로 주 대상 고객은 매니아층이었다. 판매가는 1장당 1-2만 엔 수준이었다. 판매 이익이 50% 이상 육박하는 경우도 있었다. 다른 점포에서 같은 상품을 구입할 수 없었기 때문에 신상품 출고 때에는 하이퍼 크래프트사의 구매자가 장사진을 쳤다. 신설된 가맹점들도 3개월 영업하면 본전을 뽑을 정도였다.

1994년에 이르러 CD-ROM 장치가 부착된 컴퓨터 가격이 어느 정도 안정되어 구매자의 부담이 줄고 CD-ROM으로 즐기고 싶어서 컴퓨터를 산다는 사람이 많아지는 CD-ROM 붐이 일기 시작했다. 스미노 사장뿐만 아니라 업계 전문가들도 지금대로만 추세가 계속되면 CD-ROM 시장이 막대하게 커질 것이라고 생각했다. 일본의 합동 파이낸스와 후지 은행 캐피털 등 벤처 자본도 이 업계에 적극 투자했다.

그러나 예상을 뒤엎고 1994년 이후 개인용 컴퓨터의 CD-ROM 시장이 급속히 쇠퇴하기 시작했다. 시장이 마치 천국에서 지옥으로 변한 것과 같았다. 그것은 드래건 엑스트 게임 같은 대 히트 소프트웨어 프로그램이 계속 나오지 않았기 때문이었다. 그와 더불어 인터넷 붐이 도래하면서 CD-ROM 시장을 내몰기 시작하였다. 1994년까지만 해도 멀티미디어의 주인공이 CD-ROM이라고 생각하는 사람들이 많았으나 주인공 자리를 인터넷에게 완전히 빼앗긴 것이다. CD-ROM에 투자되던 자금이 인터넷의 프러바이더에게 지불되기 시작했다.

CD-ROM 소프트웨어의 제작·판매에도 참여 업체가 계속 늘고 있는데다가 소프트웨어의 가격 파괴가 급속히 진행되었다. 초창기에 판매가 1-2만 엔, 마진 50%이던 것이 1995년 이후에는 평균 정가의 1/6 수준인 3000-4000엔, 마진 10-15%로 떨어졌다. 1년 전에 비해 1/20 이하로 하락한 것이다. 대형 서점에서는 CD-ROM이 딸린 게임 잡지나 사진집 등이 2000-3000엔에 거래되었고, 신형 컴퓨터에는 CD-ROM 게임이 10장 가까이 부록으로 끼어 있었다. 이에 따라 값싼 소프트웨어는 팔릴 수 없었다. 가맹점 입장에서는 1994년의 경우 하루에 2장씩 팔면 1개월 매출액이 900만 엔, 순익이 300-400만 엔이었지만, 1년 후 단가가 1/6로 떨어졌기 때문에 많이 팔아도 별 이윤이

[1] 니케이 벤처(조익권 역), **창업 경영의 7가지 위험 신호** (서울: 21세기 북스, 1998): 26-32.

남지 않게 되었다. 즉 상품의 원가 구조상 하이퍼 크래프트사의 사업 구조가 뿌리 채 흔들리게 된 것이다.

그럼에도 불구하고 스미노 사장은 CD-ROM 붐이 다시 한 번 찾아올 것이라고 굳게 믿고 있었다. 그것은 1995년에 윈도 95가 발매되기 시작했기 때문이다. 윈도 95를 탑재한 컴퓨터는 화상 표시 능력이 종전에 비해 훨씬 좋아졌기 때문에 이것이 CD-ROM 시장 재건에 도움이 될 것이라고 기대한 것이다. 이러한 기대와 함께 스미노 사장은 1995년 8월에 적극적으로 '미디어 록' 사업을 추진했다. 이것은 CD-ROM 소프트웨어 200개 정도를 전시할 수 있는 진열대를 사진점이나 가전 제품점 등에 비치하고 하이퍼 크래프트가 상품의 공급과 관리를 책임지며 가맹금 100만 엔과 매출액의 일부를 마진으로 징수하는 사업이었다. 새로운 유통 채널을 개척해서 과거의 영광을 되찾으려 한 것이다. CD-ROM 출판에 정열을 기울이던 미쓰이 물산이 관심을 갖고 2000만 엔을 출자하여 공동으로 사업을 전개했다. 그러나 이 사업도 팔리는 소프트웨어 자체가 없어 수개월 이내에 중단되고 말았다.

하이퍼 크래프트사는 히트 작품을 남에게 맡길 수 없다고 생각하고 1995년에는 자사에서 기획한 소프트웨어 3종을 발매했다. 그 중 2개는 1만 개 이상 팔리는 성과를 보였으나 시장 활성화에까지는 못 미쳤다.

미디어 록 사업이 실패한 뒤에는 점포를 축소하고 통신 판매 업체로 변신하기 위해 물건도 이익이 적은 CD-ROM 위주에서 탈피하여 하드웨어나 일반 비즈니스 소프트웨어, 그래픽 소프트웨어 등으로 확장하면서 컴퓨터 종합 디스카운터 업체를 지향하였다. 그러나 1996년 니혼 인컴이나 스텝이 도산했듯이 컴퓨터 소매업도 마진이 10% 내외밖에 안 되는 어려운 상황에 빠져 이러한 사업 전환도 순조롭지 못했다.

결국 하이퍼 크래프트사는 1996년 12월에 이르러 운영 자금 4000만 엔을 조달하지 못해 도산하게 되었다. 현금 거래여서 부도는 내지 않았으나 거래 은행마다 융자를 거절당해 경영을 단념할 수밖에 없었다. 매출이 부진해지면서는 제인 가맹점도 2곳으로 감소하고, 자사 점포도 절반 규모인 3개로 줄어 구조 조정을 시도하였지만 성공적이지 못해 결국 쓰러지고 말았다. 스미노 사장은 CD-ROM을 자신이 처음으로 일본 시장에 도입했다는 강한 자부심에 사로잡혀 급속한 기술의 변천과 그에 따른 시장의 변화를 따라잡지 못하는 결과를 낳은 것이다.

1. 사업 위기의 원인

중견 기업이건 창업 기업이건 사업의 위기가 발생할 수 있다. 하지만 제1장에서 우리가 이미 사업 실패의 통계를 고찰한 바와 같이 창업 기업은 특히 창업 후 수년 이내에 사업 실패의 확률이 높다. 따라서 창업자가 사업을 성공적으로 성장시키는 역량도 중요하지만 창업 초기에 사업 위기가 발생하고, 결국 사업체가 도산하게 되기 전에 기업 부실화의 원인을 조기에 규명하고, 효과적인 회생 전략을 추진할 필요가 있다. 보다 바람직하게는 사전적으로 사업의 부실화를 체계적으로 예측하여 적절한 예방 조치를 취하는 능력이 요구된다.

부실화된 기업의 경험상에는 여러 가지 공통점이 있을 수 있으나 중견 기업과는 달리 창업 기업은 떠받쳐 줄 재무적 자원상의 한계로 인해 사업 위기를 보다 신속하게 처리하고 극복해야 한다. 창업 기업이 전략적으로나 조직상에 있어서는 보다 단순할 수 있으나, 재무적 기획, 운전 자금 관리, 자산의 활용, 정보 시스템 등에 있어서 보다 실책의 여지가 많게 마련이다. 이러한 영역의 문제로 인해 일단 기업이 부실화되었을 때 이를 효과적으로 극복하는 것도 창업자의 주된 임무 중의 하나이다. 위기에 처한 사업을 회생시켜 본 창업자만이 전방위적인 사업 역량을 갖추었다고 볼 수 있다.

사업의 위기는 다양한 원인에 의해 발생한다. 시장성이나 사업성 자체의 문제뿐만 아니라 자금 조달상의 애로, 그리고 경영진이나 인력상의 문제가 특히 주요한 원인의 부류라고 할 수 있다. 첨단 기술 영역의 창업 기업은 시장 주도적이지 못한 제품이나 비효과적인 경영진상의 문제뿐만 아니라 특히 제때에 제품 개발을 하지 못함으로써 위기에 처하는 경우가 많다. 또한 적시에 제품이 개발되었다 하더라도 초기의 예상보다 소비자 시장이 늦게 발전할 수도 있다. 제품과 시장이 완비되어도 판매 경로상의 문제나 경쟁 우위의 부재 등으로 사업 위기에 봉착할 수 있다. 표 9-1은 벤처 기업이 겪는 사업 실패의 다양한 원인들을 소개하고 있다.

특히 처음으로 시장 틈새를 개척해야 하는 창업 기업에 있어 훌륭한 제품에도 불구하고 영업상의 경험과 기술 부족으로 판매 기회를 놓치는 경우가 많다. 이러한 문제를 극복하기 위해 창업자는 영업에 경험이 많은 경영자들로부터 배우고, 고객의 충고에 항상 귀를 기울이는 자세를 견지해야 한다. 고도 성장을 이룩한 최고 경영자들이 영업에 있어서 해서는 안 될 것이라고 공통적으로 생각하는 것은 다음 다섯 가지로 집약된다.[2]

- 일단 성사된 일을 덮어두는 것
- 고객에 대해 험담하는 것
- 판매해서는 안 될 때 파는 것
- 고객의 의견을 경청하지 않는 것
- 고객이 원하는 것을 알고 있다고 가정하는 것

자금 부족으로 인해 발생하는 사업의 위기는 창업자의 인생 자체를 파멸시킬 정도로 심각한 상황으로 몰려 갈 수 있으며, 다른 경영상의 문제들보다 훨씬 심각할 수 있는 것이다. 자금 부족을 야기시키는 수많은 원인 중 종업원의 급료 문제는 급료를 누구에게, 얼마나 충분히, 그리고 언제 지급할 것인가의 딜레마 외에도 도덕적인 함의성을 가지는 상당

---

[2] Susan Greco, "Five Ways to Blow a Sale," *Inc.*, September 1996: 101.

표 9-1 벤처 기업의 실패 원인

부 류	내 용	예
제품 선택	1. 시장이 원하는 제품을 고르지 못함 2. 시장이 가장 원하는 제품을 설계하지 못함	1. 경쟁 업체가 보다 좋은 제품을 내놓음 2. 저가, 저급 전략을 취했으나 시장은 고급 제품을 요구함
제품 개발	1. 회사의 기술 역량을 넘어섬 2. 개발이 더디고 고비용적임 3. 제품의 문제 요소가 너무 많음 4. 경쟁 업체가 앞지름	1. 목표로 한 제품 명세를 구축 못함 2. 개발 완료 전에 자금이 동남 3. 제품의 문제점에도 불구하고 출시함 4. 경쟁 업체가 우리의 제 1 세대 제품을 능가함
영업	1. 목표 세분화 시장을 뚫지 못함 2. 한 고객에게만 매달렸으나 그 고객이 재주문을 충분히 안함 3. 판매량이 너무 적어 원가를 보전하지 못함 4. 취약한 유통 업체를 선택했거나 강한 업체를 구하지 못함 5. 서비스 체계를 불충분하게 준비함	1. 목표 시장이 제품을 원했으나 효과적인 광고 등으로 확보하지 못함 3. 가격을 충분히 높게 책정 못함 5. 싸고 경험 없는 판매 사원을 고용해서 원가를 절감하려고 함
제조	1. 신입, 무경험 사원이 적절한 수준의 품질을 만들어 내지 못함 2. 공급 업체가 필요 자재를 제공 안함 3. 공급 업체가 제때에 나타나지 않음 4. 제품 설계가 효과적이고 효율적인 제조에 부적합함	2. 제품 명세가 잘못되었거나, 공급 업체가 제조 불능이거나, 자재 검사를 소홀히 함 3. 공급 업체가 타 회사에 매달려 자재 공급을 지연함
원가 통제	1. 영업 비용이 과다함 2. 반품이 과다함 3. 이자 비용이 기대치보다 높음 4. 서비스 비용이 과다함 5. 제조 원가가 과다함 6. 내부 통제가 불충분함	1. 광고비나 영업 사원 급료를 과소 평가함 2. 제품이 기대 이상으로 문제가 많음 3. 외상 매출금 회수가 잘 안 됨 4. 생산 설비를 필요 이상으로 조기에 확충하여 원가를 통제하기 어려운 지경에 이름 5. 재작업이 많고, 훈련비가 기대 이상으로 높으며, 생산 규모가 적어 효율성이 확보 안 됨 6. 자재 주문, 구매, 인력 활동 등의 활동이나 기타 문제에 너무 시간을 빼앗김
자금	1. 자금이 불충분함 2. 자본금 확보가 너무 어려움 3. 자본 비용이 과다하여 수익성을 떨어뜨림	1. 자본금 부족으로 필요 이상의 감축 경영을 함 2. 자본금 조달에 필요 이상의 시간을 낭비하여 업무 추진에 방해가 됨

자료: Karl H. Vesper, *New Venture Strategies,* Revised Edition (Englewood Cliffs: Prentice-Hall, 1990): 38.

히 복잡한 문제이다.[3] 적어도 종업원과 관련된 문제들이라면 도덕적인 시각을 견지해야만 한다. 요컨대 창업자나 경영진이 비도덕적인 시각과 편견에 사로잡힌 사람이라면 그로 인해 사업을 심각하게 잘못된 방향으로 빠뜨릴 수도 있다.

전반적인 사업 위기의 원인을 불경기, 이자율 변동, 정부 정책 변화, 인플레이션, 경쟁업체 진입, 산업의 사양화 등 기업 외적인 요소에서 찾을 수도 있다. 이들 요소는 경영진의 통제밖에 있기 때문에 어쩔 수없이 사업이 위기 상태에 빠졌다는 논리를 제공할 수 있다. 그러나 위기에 처한 기업을 실제로 회생시킨 경영진을 관찰하면 경영상의 창의성과 효과성을 발휘해서 위기 상황을 벗어날 수 있다는 것을 알 수 있다. 즉 위와 같은 외적인 요소는 부실 기업뿐만 아니라 같은 시장을 목표로 하는 모든 기업에 적용되는 것이다. 그럼에도 불구하고 경영 역량에 따라 성공하는 기업과 실패하는 기업이 구분되는 것이다. 이렇게 사업 실패의 원인을 경영진의 통제가 가능한 내적인 경영상의 문제로 볼 때, 그것은 대체로 전략적 문제, 관리적 문제, 그리고 시스템적 문제로 대별해 볼 수 있다.[4]

전략적 문제 전략적 문제로 꼽을 수 있는 것은 시장 틈새의 인식, 고객 및 공급업체와의 관계, 비관련 다각화, 기술 중심적 사고, 대규모 프로젝트 중심적 사고, 그리고 컨틴전시 계획의 미비 등이다. 공략하고자 하는 시장 틈새에 대한 정확한 이해가 없이 사업을 추진하게 되면 적정한 수익성도 생기지 않고, 현금도 곧 고갈된다. 이는 고객에 대한 이해와 장·단기적인 관계의 개발이 없음을 의미한다. 공급 업체에 대해서도 관계의 유지 및 관리를 철저히 못해 원가 상승의 요인을 발생시킬 수 있다.

창업 초기에 기대한 바대로, 또는 그 이상으로 사업이 성장하는 경우일지라도 초과 현금을 비관련 사업에 투자하는 문제가 흔히 발생한다. 노하우가 있는 사업에서 비관련 다각화를 하게 되면, 전혀 다른 경험과 투자가 요구되기 때문에 주력 사업의 운영과 발전에도 악영향을 미칠 수 있다. 많은 경우 기업이 상호 시너지가 창출되는 않는 사업 영역에 동시에 손을 댐으로써 부실화된다.

사업을 시장의 기회 중심적으로 생각하지 않고 아이디어나 기술 중심적으로 생각하는 발명가적 오류로 인해 수익이 발생하지 못할 수 있다. 이와 관련하여 프로젝트 중심적 사고도 위기의 원인이 된다. 즉, 대규모적인 사업 계획을 완성해서 결국 큰 수요를 창출한다는 신념으로 인력을 충원하고 설비 투자를 확충하여 프로젝트를 진행시키다가 미처 완성 전에 자금이 동나게 될 수도 있고, 개발이 완료된 후라도 매출이 더디고, 그 규모가 미진하여 위기에 처할 수 있다. 창업자는 이렇게 기대치 않은 사태가 발생했을 때를 늘 대비해야 한다. 즉 사업에 대한 자신감과 더불어 만일의 사태에 대한 컨틴전시 기획이 있어야 한

---

3 Jeffrey L. Seglin, "Always a Payroll to Meet," *Inc.*, January 1998: 31-32.

4 Jeffry A. Timmons, *New Venture Creation: Entrepreneurship for the 21st Century,* Fourth Edition (Burr Ridge: Irwin, 1994): 598-600.

다는 것이다. 사업이 기대한 대로 풀리지 않고 컨틴전시 계획마저 없다면 기업의 존립 기반이 매우 취약해진다.

관리적 문제 사업 위기를 불러오는 관리적 문제로서는 경영 노하우 부족, 취약한 재무 기능, 대기업 방식의 발생주의 회계, 그리고 경영진 교체 등을 들 수 있다. 처음 창업하는 기업가의 경우 경영 노하우와 경험 부족이 문제가 될 수 있다. 회사가 성공적으로 생존력을 확보하더라도 전문 경영 체제의 구축이 안 되어서 성장에 장애를 일으킬 수 있다. 특히 중요한 전문 경영 체제의 요소는 재무와 기획의 문제이다. 단순한 장부 정리의 차원을 넘어서 현금의 흐름을 예측하고, 이에 따른 자금 조달 계획과 방안을 강구하지 못하면 자본 규모가 적은 창업 기업에게는 치명적인 영향을 미친다. 도산의 위기에 대비하기 위해서는 대기업과 같은 발생주의 회계 원칙보다는 현금주의 회계를 적극 활용해야 한다. 또한 창업 공신과 같이 사업 초기부터 회사를 굴러 가게 하는 기술이나 경영상의 세부 사항을 잘 알고 있는 경영진이 퇴진하고 교체됨으로써 사업상의 마찰이 생기고 위기를 유발할 수도 있다.

시스템적 문제 시스템적인 문제라는 것은 부적정한 가격, 장기화된 외상 매출 채권, 과도한 차입 의존도, 현금 예산이나 추정의 미비, 경영진에 대한 보고 미비, 표준 원가 체계의 미비, 그리고 원가 요인이나 행태에 대한 몰이해 등을 말한다. 판매를 촉진할 뿐만 아니라 적정 수준의 이윤을 보장하는 가격 책정이 중요함은 더 말할 나위 없다. 이와 더불어 영업상의 채권이 더디게 회수되는 것도 바람직하지 않다. 창업 기업이 초고속 성장을 하더라도 그러한 성장을 뒷받침하기 위해서는 차입이 불가피한데, 이를 위해 단기 차입에 과도하게 의존하게 되면 이자 비용 부담이 과중해지고, 시장의 반응이 가시화되기 전에 가용 현금이 딸릴 수 있다. 문제가 발생할수록 차입금은 곧 빠지게 되므로 연쇄적인 기업 부실의 원인을 제공한다.

일상적인 업무 추진에 바쁜 창업 기업으로서 전문적이고 체계적인 관리 시스템을 구축하기가 쉽지는 않다. 따라서 사전적인 현금 예산과 추정이 어려울 수 있다. 향후 영업 활동과 관련하여서도 판매 내역 분석, 외상 매출 기간의 내역, 재고 내역 등에 대한 관리적 보고도 미진할 수 있다. 초창기 기업이기 때문에 제조 원가 내역에 대해서 그것이 높은지 낮은지 비교할 준기를 찾기가 어렵다. 창업자가 어느 항목이 고정비이고, 어느 항목이 변동비이며, 그것들이 각각 어떠한 행태를 가지고 발생하는지를 잘 모를 수도 있다. 이러한 문제들이 총체적으로 사업의 시스템적 위기 요인으로 작용한다.

2. 기업 부실의 유형과 전개 과정

기업의 부실, 또는 실패(Failure)는 경제적 부실, 기술적인 지급 불능 상태, 그리고 법적인 파산 등을 의미한다.[5] 경제적 부실이란 기업의 총 수익이 총 비용에 미달하거나, 평균 투자 수익률이 자본 비용에 미달하거나, 또는 실현된 수익률이 업종의 평균 수익률에 미달하는 사태가 발생한 것을 말한다. 이 모든 경우에 있어 공통적인 것은 수익성이 부진하여 기업이 자생력을 누적적으로 잃어 간다는 점이다.

지급 불능 상태란 기업의 유동성이 부족하여 만기가 된 채무를 상환할 수 없는 상태를 말한다. 통상적으로 부도가 났다고 하면 기술적 지급 불능(Technical Insolvency) 상태를 말한다. 하지만 만기가 도래한 채무가 없더라도 기업의 총 부채 가치가 총 자산 가치를 초과하여 실질적인 순 자산 가치가 마이너스가 되는 경우도 지급 불능 상태로 볼 수 있는데, 이를 실질적 지급 불능(Real Insolvency, 또는 Bankruptcy Insolvency) 상태라고 말한다. 기술적 지급 불능은 파산의 원인이 되기도 하지만 일시적 유동성 부족으로 인해 발생하는 흑자 도산과 같이 일시적으로 발생하여 자금의 융통에 따라 기업이 곧 정상으로 회복될 수도 있는 상태이다. 보다 위험한 것은 실질적 지급 불능이다. 실질적 지급 불능의 원인은 일시적 유동성 부족뿐만 아니라 만성적인 결손 누적이 대부분이다.

파산이란 법원에 의해 파산 선고가 내려지거나 파산적 지급 불능의 상태를 말한다. 기업의 총 자산 가치가 총 부채 가치에 미치지 못하여 실질적 지급 불능의 상태에 들어갔을 때 채권자들이 법원에 회사 정리 절차를 신청하고 법원이 이에 따라 청산이나 사업 재편, 또는 파산 선고 등의 결정을 내린다. 파산 선고가 내려지면 기업은 해산된다.

위와 같은 범주의 기업 부실이 동태적인 과정으로 발생한다고 보아야 한다. 먼저 제 1 단계로 기업의 수익성이 저하되어 경제적 부실이 발생한다. 다양한 원인에 의해 기업의 수익성이 악화되면 정상적인 영업 활동으로는 원활한 자금의 흐름을 유지할 수 없다. 따라서 증자나 자산의 매각을 통해서 지불 능력을 유지해야 한다.

그러나 근본적인 수익성이 개선되지 않으면 제 2 단계로 지급 능력이 저하된다. 이렇게 되면 매각할 자산이 고갈되어 심각한 지불 능력 저하를 경험한다. 회생을 위해서는 핵심 사업을 매각하거나 은행 관리를 전제로 한 융자 등 특단의 조치가 요구된다. 이러한 조치가 성공적으로 이루어지지 못하면 제 3 단계로 법적인 파산에 이르게 된다. 일단 2 단계 후반부에 이르게 되면 기업의 부실화가 가속화되기 때문에 경영진은 1 단계나 2 단계의 초반부에 부실의 원인에 따라 유효 적절한 회생 조치를 신속하게 취해야 한다.

---

[5] 황석하, 노규성, 기업 부실 예방 전략 7가지 (서울: 한국 미래 경영 연구소, 1998): 13-17.

표 9-2 우리 나라 중소 기업의 도산 원인

순위	도산의 원인	비율(%)
1	거래 기업의 도산 또는 경영 부진	46.6
2	판매 대금의 회수 부진	38.3
3	경영자의 자질 및 경험 부족	36.9
4	사채 차입의 과다	29.6
5	기술력의 미약	29.0
6	마케팅의 부족	28.0
7	제품의 진부화 및 대체품의 출현	23.0
8	대기업과의 경쟁	22.3
9	소비자 수요의 변화	17.7
10	과도한 고정 자산 투자	15.7

주: 비율은 300개 업체에 대한 복수 응답이며, 도산 원인별 업체 수의 구성비를 나타냄.
자료: 박정식, 신동령, **경영 분석** (서울: 다산 출판사, 1991): 263.

표 9-2는 우리 나라의 중소 기업들이 다양한 원인으로 인해 도산하고 있음을 보여 준다. 여러 원인들 중에서도 특히 거래 기업의 경영 부진, 매출 채권 회수 부진, 그리고 경영자의 자질이 가장 큰 문제로 부각되고 있음을 알 수 있다. 이러한 주요 부실 원인과 관련하여 기업의 부실화를 일련의 부실 경로에 의해 파악하면 다음과 같이 크게 네 가지 유형으로 구분할 수 있다.[6]

- **자본 부족형**: 회사 설립 시부터 절대적으로 자기 자본이 부족하여 차입금이나 사채 등 외부 자금 조달에 급급하면서 만성적인 자금 부족을 겪는 부실 유형이다. 임금 체불로 종업원의 사기가 저하되고 원자재의 적기 공급에 차질을 빚는다. 시설이 노후화되어도 교체하지 못해서 불량률이 증가하고 생산성이 떨어진다. 반품과 납기 지연으로 거래처가 감소해서 수익성이 악화되고 손실이 발생하면서 자금 부족이 심화되어 도산에 이른다.
- **확장 파멸형**: 무리한 시설 투자를 단행하거나 타 기업을 인수·합병하여 기업의 확장을 꾀했으나 경영에 무리가 생겨 부실화되는 유형이다. 사업 확장에 따라 타인 자본에 대한 의존도가 심화되고, 금융 비용이 늘어나면서 손실이 발생한다. 이것이 자본 잠식으로 이어지고, 금융 기관이 대출을 기피하게 되면 도산한다.
- **방만 경영형**: 경영자의 무능력과 경험 부족으로 인해 무분별하고 비체계적이며 비효율적인 경영을 하게 되어 부실화되는 유형이다. 판매 소홀과 부실 채권의 과다 보유가 발생하고, 재고 과다로 인해 덤핑 처분을 하게 되고, 무분별한 사채 조달이나 낭비적인 경비 지출을 한다. 이러한 행태는 수익성의 악화를 가져와 손실이 누적되고 자금난이

6 *Ibid.*: 82-84.

가중되어 결국 회사가 도산하게 된다.

- **연쇄 도산형**: 중견 또는 대기업의 계열 회사가 도산함으로써 부실 채권과 부실 채무가 발생하여 모기업이 덩달아 부실화되는 유형이다. 부실한 기업을 인수하는 경우에도 채무 상환의 의무와 정상화 자금의 공급이라는 부담이 발생하기 때문에 연쇄 도산형 부실화가 전개될 수 있다.

기업의 부실화란 어느날 갑자기 이루어지는 것이 아니다. 일정 기간을 거쳐 서서히 진행된다. 부실의 원인이 발생한 시기로부터 적극적인 기업 회생 조치나 회사 정리 절차가 실행되기까지는 보통 1년 반에서 길게는 5년까지도 걸린다. 이러한 기간을 기업 부실화의 **잠복기**(Incubation Period) 또는 **회임기**(Gestation Period)라고 부른다. 이 기간중에 회사에서 어떠한 일이 벌어지고 경영진이 어떻게 행동하느냐에 따라 사후에 취해야 하는 기업의 회생 전략이나 조치가 크게 달라질 수 있다.

기업 부실화의 전형적인 시나리오는 우선 부실화의 초기적 징후가 발생하고 있음에도 불구하고 그 중요성이 경영진에 의해 간과됨으로써 시작한다.[7] 이러한 부실화의 징후로는 마진의 감소, 고객의 제품 반송, 유동성 감소 등을 들 수 있겠다. 재고나 매출 채권이 증가하는 것을 경영진이 매출액과 유동성 비율의 증가로 오판할 수 있다. 매출액이 증가되더라도 마진이 줄고, 매출 채권의 회수가 더디면, 결국 유동성 문제가 생겨 도산에 이를 수도 있다.

경영진이 부실의 징후를 파악 못하더라도 은행, 공급 업체, 고객 등 외부에서는 회사의 문제를 보다 잘 인식할 수 있고, 그에 따라 회사의 신용도를 평가 절하할 수 있다. 대외적 신용도가 떨어지면 경영진은 부실에 적극적으로 대처할 수밖에 없다. 그러나 부실에 대처하기 위해서는 창업자가 감정적으로 애착이 가 있는 인력, 프로젝트, 사업 영역들을 잘라 내야 하는 아픔을 겪어야 한다. 이러한 것들은 창업자나 경영진이 볼 때 사업이 다시 활성화되면 꼭 필요한 것들이기 때문에 감축하기가 어려운 것들이다.

종업원들도 부실의 징후를 느낄 수 있다. 고객으로부터의 대량 반품이나 금융 기관으로부터의 잦은 전화 등이 계속되면, 경영진이 왜 그에 적극적으로 대처하지 않는지 의심하게 된다. 이는 경영진에 대한 신뢰도를 떨어뜨리고 종업원의 사기에도 치명적인 영향을 미친다. 회사에 대한 장기적 기여라는 관점에서 업무를 추진하는 것이 아니라 불확실성하에서의 단기적인 생존의 문제로 업무에 임한다. 불확실한 작업 환경에서 종업원은 스트레스를 받아 무엇보다도 창의력을 요구하는 창업 기업에서 창의적인 발상을 할 수도 없다. 업무 분위기는 상호 협조보다는 서로를 비난하려는 태도로 바뀐다.

이러한 대내·외적인 신인도의 하락에도 불구하고 사업 영역이나 프로젝트에 대한 감정적인 애착으로 인해 부실로부터 회생하려는 조처를 더디게 취할수록 기업이 부실화의

[7] Jeffry A. Timmons, *op. cit.*: 600-601.

소용돌이에 급격히 빠져 들게 된다. 창업자는 일을 손에 대지 못하고 스트레스에 빠진다. 일반적으로 문제를 잘 이해 못하고 해결력도 없이 스트레스에 빠져 있는 사람은 공상에 빠지고, 문제 해결과는 상관없는 일상적인 업무에 매달리게 된다. 문제 해결이 지연될수록 대외적인 신인도는 더욱 악화되어 회생의 기반조차 무너지게 된다.

우리 나라의 도산 기업들은 평균적으로 도산 시점을 기준으로 2년 전까지는 80% 이상이 재무 비율이 양호한 편이나, 어느 한 부문의 부실화로 결국 도산으로 치달은 경우가 많다. 따라서 경영진은 도산 2년 전부터 어떠한 상황이 전개되는지를 주지할 필요가 있다. 도산 2년 전쯤에는 부실의 징후가 속속 드러나기 시작하는 시점이므로 이에 대한 대비책을 조속히 마련한다면, 도산 1년 전의 시점보다 훨씬 수월하게 기업의 도산을 방지하고 회생시킬 수 있다.[8]

이렇게 정상화가 가능한 부실의 경우는 수익성은 그런 대로 양호하나 성상성이 저조하여 현금 흐름과 유동성을 점차 악화시키는 경향이 있고, 매출의 감소 현상도 나타난다. 이는 경영진이 시장 수요의 변화나 경쟁 업체의 출현, 신제품의 출시 같은 중요한 시장 내의 변화를 총괄적으로 감지하지 못하는 방만한 경영에 기인한다. 경영진이 특별한 조치를 취하지 않은 채 매출이 장기간 정체되고, 재고 누증을 막기 위해 단순히 덤핑이나 가격 인하를 시행하면 심각한 수익성 악화로 도산 사태에 이를 수 있다. 그러나 부실의 정도가 심하지 않은 초기 상태에서 2년 여의 기간 동안 얼마든지 경영 정상화가 가능하다.

도산 1년 전의 시점은 기업의 부실화 정도가 심각한 상태로서 수익성 비율과 자본 구조 비율 악화 등 각종의 부실 징후가 확연히 드러난다. 자본 구조가 불량하여 더 이상의 차입이 현실적으로 불가능해지고 현금화할 수 있는 유동 자산이 격감하여 사실상의 지급 불능 상태를 맞게 된다. 지급 능력의 부족은 자산의 효율성뿐만 아니라 종업원의 사기도 떨어뜨린다. 도산에 임박해서는 유동성 비율도 급격히 악화되고, 기업으로서 회생 불가능한 상황에 이르게 된다.

도산 직전에 확장형 투자를 하는 기업의 경우 총 자산 증가율이 급격한 증가세를 보이지만 수익성과 현금 흐름 지표들은 매우 저조한 경향을 보인다. 총 자산 증가율이 높은 이유는 기업의 도산을 회피하기 위해 재기의 몸부림으로 무리한 신규 차입이나 신규 투자를 감행하기 때문이다. 이 경우 문제가 구조적인 성향을 갖기 때문에 기업의 부실은 가속화된다.

그러나 단기적으로 유동성이 부족한 경우에는 경영진의 노력 여하에 따라 회생의 가능성을 찾아볼 수도 있다. 단기적 유동성이 부족하다는 것은 수익성과 전체적인 현금 흐름은 양호하나 일시적으로 자금 부족이 생기는 것으로 당좌 비율이나 유동 비율이 불량한

[8] 황석하, 노규성, *op. cit.*: 84-95.

상태를 말한다. 이 경우 미활용 자산 매각, 매출 채권 회수 등 자산의 구성을 신속히 재조정함으로써 부실 상태를 극복할 수 있다.

3. 기업 부실의 예측

기업의 부실화는 수년에 걸쳐 서서히 진행되는 것이므로 이를 사전적으로 감지하고 예측할 수 있다면 기업의 도산을 조기에 방지하고, 나아가서 기업을 성장의 궤도에 올려놓을 수 있는 예방적 조치를 취할 수 있다. 이러한 예측이 빠르면 빠를수록 문제의 해결은 쉬워진다. 이는 우리가 병이 난 후에 치료하는 것보다 병이 걸리기 전에 예방을 하는 것이 더욱 효과적인 것과 같은 이치이다.

기업 부실의 예측을 위해서는 양적인 척도뿐만 아니라 질적인 관찰도 활용할 수 있다. 양적인 예측 척도는 기본적으로 재무 제표에서 제시된 정보에 의존한다. 창업자가 쉽게 활용할 수 있는 지표로는 슐먼(Joel Shulman)이 제시한 **순 유동 잔고 대 총 자산 비율**(Net-Liquid-Balance-to-Total-Assets Ratio)이 있다. 이는 대차 대조표에 나타나 있는 유동 자산과 유동 부채를 영업 부문과 재무 부문으로 재분류하여 실질적인 유동성을 계산함으로써 도산의 확률을 사전적으로 평가해 보고자 하는 지표이다.

즉, 유동 자산 중 영업에 직접적으로 관련되는 재고나 외상 매출금은 영업 자산으로 분류하고, 영업에 직접적으로 관련되지 않은 현금이나 유가 증권 등은 재무 자산으로 분류한다. 마찬가지로 외상 매입금은 영업 부채로 분류하고, 어음이나 단기 차입은 재무 부채로 분류한다. 이 결과 나오는 재무 자산에서 재무 부채를 차감한 것을 **순 유동 잔고**(Net Liquid Balance)라고 부른다. 이는 특정 목적에 아직 투여되지 않고, 만일의 사태에 대비할 수 있는 현금으로 해석될 수 있다. 즉, 매출액 감소, 매출 채권 회수 지연, 이자율 상승 등에 대비할 수 있는 실질적인 유동성이라는 것이다.

아래 공식과 같이 순 유동 잔고를 총 자산액으로 나누면 순 유동 잔고 대 총 자산 비율을 구할 수 있다.

순 유동 잔고 대 총 자산 비율 = 순 유동 잔고 / 총 자산
여기서 순 유동 잔고 = 재무 자산 − 재무 부채
= (현금 + 유가 증권) − (어음 + 단기 채무)

일단 이러한 실질적 유동성 지표가 악화되면, 회사의 대차 대조표, 손익 계산서, 그리

고 현금 흐름표 등 재무 제표 전반을 체계적으로 분석하여 부실을 예측해 보아야 한다.[9]

대차 대조표 우선 대차 대조표에 있어 자산 항목에서 점검할 사항은 유동 자산 중 영업 활동과 상관없이 매출 채권과 재고 자산이 갑자기 늘고 있지 않나 하는 점이다. 즉 매출액의 증가율에 비해서 이들 항목이 이상적으로 증가하는 것이 문제이다. 이는 제품의 경쟁력이 문제가 있거나 영업이 부진함을 뜻한다.

고정 자산에 대한 과도한 투자도 주목해야 한다. 특히 불황기나 시장 수요가 취약할 때 이루어지는 투자는 영업과 직접적인 관련이 없어 현금 흐름에 치명적 악영향을 미칠 수 있다. 과다 투자는 결국 차입금의 증가를 낳아 부채의 규모가 증가하는 양태를 보인다. 차입금을 매출 규모와 비교해서 업종 평균보다 1.5배 이상 되면 주의를 요한다. 또한 단기 차입금이 과다하면 지급 불능에 빠지기가 쉽기 때문에 차입금의 기간별 구성도 점검해야 한다.

위와 같은 사항을 포함하여 대차 대조표에서 특별한 고찰을 요구하는 경우는 아래와 같다.

- 총 자산 회전율이 낮은 경우
- 현금 유동성 부족
- 순 운전 자본 부족
- 부실 채권의 급증
- 매출 채권 및 재고 자산의 누증
- 단기 차입금에 의한 과대한 고정 자산 투입
- 부채 비율의 증가
- 신규 단기 차입금의 증가
- 자본 잠식의 발생

손익 계산서 차입금이 는다는 것은 결국 금리 부담의 증가를 수반하여 수익성에 영향을 미친다. 따라서 대차 대조표보다 쉽게 기업 부실 여부를 판단할 수 있는 방법은 손익 계산서상의 금융 비용 부담률 추이를 살펴보는 것이다. **금융 비용 부담률**이란 매출액 대비 금융 비용의 규모이다. 과거 2-3년 사이에 이 비율이 계속 증가하는 추세라면 심각한 부실화 과정을 겪고 있는 것이다.

보다 중요한 문제는 매출액의 감소이다. 가동 중단 등 일시적인 매출 정체가 아니라 구조적인 매출 부진은 기업 부실화의 출발점이다. 이는 매출액에 대비해서 매출 원가율이나 판매 관리비의 비중이 높아지는가를 살펴봄으로써 알 수 있다. 판매나 생산 방식이 비효율적인 경우에도 매출액 대비 원가 비율이 높아질 수 있다. 이는 결국 기업의 가격 경쟁력을 떨어뜨려 시장에서의 퇴출을 앞당기게 된다.

---

9 *Ibid.*: 49-53; 홍준기, 죽은 기업 살리기(서울: 강천, 1999): 85-88; 121-122.

위와 같은 사항을 포함하여 손익 계산서에서 특별한 고찰을 요구하는 경우는 아래와 같다.

- 매출액의 지속적 증가로 인한 부실 채권 발생과 재고 자산 증가 가능성
- 판매비 및 일반 관리비의 증가
- 금융 비용의 누적적 증가
- 이익률의 감소
- 결손의 누적

현금 흐름표 현금 흐름표를 통해서 영업 활동으로부터의 현금 유입이 충분한가, 그리고 투자 활동으로 인한 현금 유출은 적정한가 등에 관해서 검토할 수 있다. 경기 침체기나 저성장기에 처해 있는 기업의 경우 자금의 흐름은 기업의 생존에 지대한 영향을 미치기 때문에 현금 흐름표가 제시하는 정보는 기업의 부실화 여부를 알리는 중요한 실마리를 제공한다.

창업자가 특히 유심히 보아야 할 항목은 영업 활동에서의 자금 조달이다. 영업 활동으로부터의 현금 유입의 주축은 순이익과 감가상각이다. 이들 항목이 순 운전 자본을 얼마나 충당하고 있는지를 점검해야 한다. 순 운전 자본이란 매출 채권과 재고 자산의 증가분에서 매입 채무의 증가분을 제한 것이다. 또 하나의 중요한 점검 대상은 장기 부채를 상환하는 데 있어 빈번하게 단기 차입금으로 막고 있는가 하는 점이다. 이것이 자금 조달 관행 중 기업 부실화에 결정적 영향을 주는 것이다.

위와 같은 사항을 포함하여 현금 흐름표에서 특별한 고찰을 요구하는 경우는 아래와 같다.

- 순 운전 자본의 감소
- 영업 자금 조달의 부족
- 과다한 배당금 지급
- 단기 부채에 의한 장기 부채 상환

재무 제표는 무엇보다도 과거의 경제 활동 정보를 보여 주는 것이므로 그러한 양적인 정보뿐만 아니라 질적인 지표를 종합적으로 활용해야 보다 정확하게 기업의 부실을 예측할 수 있다. 일반적으로 투자자나 채권자들은 아래와 같은 회사의 변화나 추세를 기업 부실화의 징후로 판단한다.[10]

- 경영진이나 고문의 교체 및 비상식적인 임원 이동
- 재무 제표 보고 지연
- 공인 회계사의 한정 의견이나 부적정 의견
- 전화 기피, 지각, 부재 등 창업자 행태의 변화

10 Jeffry A. Timmons, *op. cit.*: 602-603; 황석하, 노규성, *op. cit.*: 17-45.

- 새로운 경쟁 상황
- 대규모 프로젝트 추진
- 연구개발비 지출 감소
- 자산 상각
- 당좌 대출 한도 삭감
- 거래 금융 기관 변경
- 회사 직원의 불친절, 출근율 저조, 기강 해이 및 퇴사
- 어음 거래 불량과 높은 이자의 어음 융통
- 빈번하고 장시간적인 회의
- 이상한 바겐 세일
- 갑작스러운 구입량 증가나 부동산 처분
- 거래처의 빈번한 교체
- 터무니없는 상품 가격 인상
- 낯선 사람들이 출입하고, 악성 루머가 돎
- 사무실, 매장, 창고 등의 정리정돈이 불량함

이러한 질적인 부실의 징후가 있다고 해서 반드시 회사가 부실화되는 것은 아니다. 그러나 이러한 문제들이 복합적으로, 또 순차적으로 나타나기 시작하면 부실화의 과정이 진행되고 있다는 증거가 명백해지기 때문에 외부의 이해 당사자들이 먼저 비상적인 조치를 취하려 할 것이다.

4. 기업 회생 전략

사업 환경의 열악화, 사업 성장의 실패 등으로 부도를 낸 기업들이 부도의 상처를 씻고 다시 뛰는 것이 쉬운 일은 아니지만 기업의 회생에 적극적인 의지와 성과를 보여 주는 오뚝이 기업들도 상당히 존재한다.[11]

1998년 1월초 문구 업체 ㈜모닝 글로리가 부도로 문을 닫을 지경에 이르자 긴급 소집된 직원 토론회에서 직원들과 경영진은 "5천여 개 상품 중 이익을 내는 품목이 10여 개 뿐이라니 말이 안 된다. 업계 1위라는 사실만 믿고 경영진이 너무 방만한 운영을 해 온 것은 아닌가? 경영의 틀을 새로 짜야 한다"는 자기 반성을 하기 시작했다. 그로부터 4 개월이 지나 부도 직후의 전년 대비 26% 수준으로 떨어졌던 매출액이 70% 수준으로 다

[11] 중앙 일보, "부도 상처 씻고 다시 뛰는 오뚝이 기업들," 1998년 5월 28일.

시 회복되었다. 수출 역시 동남아 시장의 급격한 위축에도 불구하고 4월까지 121만 달러를 기록해서 예전의 80% 수준까지 끌어올렸다. 이러한 회생의 배경에는 모닝 글로리가 지금까지 수동적 영업에 머물렀다는 자기 반성을 통해 보다 공격적 영업으로 무장하는 노력이 있었다. 대형 대리점의 연쇄 부도 때문에 본사까지 무너지게 된 점을 감안해서 10여개의 부도 대리점을 모두 직영화해 유통 망을 튼튼히 했다. 또 1997년 말 79개였던 해외 체인점을 100개로 늘렸다. 극도로 위축된 내수 시장보다는 수출에서 살길을 찾아보자는 생각에서였다.

또한 한때 세계 3대 악기 메이커로 명성을 날리던 삼익 악기가 부도를 낸 것은 1996년 10월이었다. 그러나 이 회사 부평 공장에는 법정 관리중인 회사에서 느껴지게 마련인 어두운 그림자는 찾을 수 없었다. 1998년 들어 수출이 작년 같은 기간보다 무려 500% 이상 늘어 하루 4시간의 야간 작업을 해야만 물량을 댈 수 있을 정도였다. 법정 관리 업체로는 이례적으로 생산직 사원 200명을 신규 채용하기도 했다. 경영진은 경기 침체로 부동산 매각 등 자구 계획이 어느 정도 차질을 빚고 있기는 하지만 그간 보여 준 노사 화합과 수출 경쟁력 회복으로 곧 옛 명성을 되찾을 것이라는 자신감을 보여 왔다.

한편 주방 기기 전문 업체인 셰프라인이 무너진 것은 IMF 체제 직후인 1997년 12월이었다. 그러나 부도 3개월 만에 신속하게 화의 결정이 내려지자 노사 모두 회사 재기에 발벗고 나섰다. 셰프라인은 어려운 상황임에도 감원을 하지 않았다. 회사 회생에는 직원들의 적극적인 도움이 필수적이라고 판단하고 직원들의 사기를 꺾지 말자는 것이었다. 이에 따라 직원들도 회사의 회생에 발벗고 나섰다. 근로 시간을 2시간 연장하고 봉급의 20%를 너도 나도 내놓았다. 환율 상승에다 때마침 할로겐 등 전기 용품이 인기를 끌면서 수출도 크게 늘었다. 1998년 수출 목표도 전해 1600만 달러에서 3000만 달러로 두 배 가까이 늘려 잡았다.

이러한 회생 기업들의 사례에서 볼 수 있듯이 실패한 기업이 회생을 하기 위해서 비용과 자산이라는 두 가지 부류의 **긴축 전략**(Retrenchment Strategy)을 펼 수 있다.[12] 비용 긴축이란 관리상의 간접비, 재고, 재료비, 마케팅 및 영업비 등을 전반적으로 감축하는 것이다. 일반적으로 비용 긴축은, 실패하고 있는 기업이 제품/서비스를 재조정하거나 구조 조정하지 못하고 있을 때 취하는 방안이다.

또 하나의 전략은 자산 긴축이다. 이는 전략적 방향을 재조정하는 자산의 구조 조정을 포함한다. 이를 위해서는 기업이 **전략적 유연성**(Strategic Flexibility)을 발휘하여야 한다. 성과가 좋지 않은 자산을 처분하고 새로운 경쟁 우위 달성 가능 영역에 재투자하는 것이

12 D. Keith Robbins and John A. Pearce II, "Entrepreneurial Retrenchment among Small Manufacturing Firms," *Journal of Business Venturing*, 1993, 8: 301-318.

그림 9-1 긴축 정책과 기업 회생

		자산 긴축	
		비실행	실행
비용 긴축	비실행	기업 회생 실패	불완전한 기업 회생
	실행	불완전한 기업 회생	기업 회생 성공

다. 그림 9-1에서 보듯이 부실 기업의 경영진은 비용 긴축과 자산 긴축 전략을 동시에 추구함으로써 기업 회생을 보다 성공적으로 이끌 수 있다. 단순히 비용 긴축만을 감행하게 되면 부실 기업이 새로운 경쟁 전략을 추진하기 위에 필요한 재정적 안정성을 잃게 된다.

다시 말하면 기업 회생 전략을 추구하는 데 있어서도 기업 창설 시 필요한 창의적 기업가 정신을 발휘해야 한다. 기업 회생의 필요성이 클수록 그러한 창의적 기업가 정신이 더욱 요구된다. 즉 실패에 빠진 기업의 회생을 위해 경영진은 효율성 회생 전략과 더불어 창업적 회생 전략을 추구할 수 있다. **효율성 회생 전략**(Efficiency Recovery Strategy)이란 긴축 전략과 같이 현재의 제품/시장/기술 지향성을 유지하되 보다 작고 효율적인 규모로 사업을 추진하는 것이다.

반면, **창업적 회생 전략**(Entrepreneurial Recovery Strategy)이란 기업의 제품/서비스, 시장, 혹은 주요 기술을 새롭고 근본적으로 변화된 경쟁 방식으로 재구성하는 것을 말한다. 이러한 전략하에서 기업은 여기 저기 분산된 자원을 가망성이 높은 제품/시장 영역에만 집중적으로 투자하는 방식으로 사업 영역을 재조정하여 기업 회생을 모색한다.

애플 컴퓨터사는 효율성 회생 전략과 창업적 회생 전략을 복합적으로 활용하여 대기업화된 이후의 침체 상태를 성공적으로 벗어난 예라고 할 수 있다.[13] 스티브 잡스는 21세 때인 1976년에 스티브 워즈니액과 함께 세계 최초로 개인용 컴퓨터를 개발하고 이듬해인 1977년에 애플 컴퓨터사를 창업하여 전 세계에 '애플'의 돌풍을 몰고 왔었다. 1977년 애플 컴퓨터사를 설립해 회장으로 취임한 그는 1985년 애플을 떠날 때까지 매킨토시 컴퓨터를 개발하는 등 PC 혁명을 주도하였다. 그러나 1985년 그의 자유분방한 성격에 개발 팀만 편애한다는 내부 비난이 쏟아지자 애플을 떠나 컴퓨터 그래픽스 회사인 넥스트 소프트웨어를 설립했다.

[13] 중앙 일보, "12년 만에 재기, 스티브 잡스 애플 회장," 1999년 3월 12일: 32.

그러나 잡스는 1997년 9월에 애플의 임시 회장으로 다시 컴백하여, 제2의 창사를 위해 선봉에 섰다. 그가 애플에 다시 돌아왔을 때 회사는 존폐의 기로에 서 있었다. 2년 남짓한 기간 동안 20억 달러의 적자가 쌓였고, 좀처럼 회생이 불가능해 보였다. 직원들에게서도 예전의 뜨거운 열정이나 명확한 기업 전략을 찾아볼 수 없었다. 잡스는 창업 정신으로 되돌아 가는 것이 애플의 급선무라고 판단했다. 효율성 회생 전략의 일환으로 그는 먼저 1만 7000명의 직원 수를 절반 수준인 9600명으로 줄였다. 거액의 보너스 지급도 중단했고, 그 대신 사원 전원에게 스톡 옵션을 부여했다. 15종류이던 제품 수를 4개로 줄였다. 개발 경비도 대폭 삭감하고 첨단 재고 관리 시스템을 도입하여 재고 회전 기간을 이틀로 줄였다.

이와 더불어 잡스는 창업적 회생 전략을 구사하였다. 애플의 재기작으로 'iMAC' 컴퓨터를 개발했는데, 이것이 대 히트를 쳤다. 속이 들여다 보이는 누드 형 PC인 iMAC은 1998년 8월 시판 이후 100만 대 이상 팔렸다. 소비자 욕구에 맞춰 인터넷 접속을 간편하게 만드는 등 '다루기 쉬운 PC'로 상품 개념을 정립한 것이 성공의 비결이었다.

이러한 회생 전략을 통해 애플 컴퓨터는 1997년 말부터 5분기 연속 흑자를 기록하며, 1998년 3억 달러의 순이익을 냈다. 1998년 4분기의 이익률은 28%로 최근 3년 사이의 최고치를 기록했다. 가정용 PC 시장의 점유율은 1997년 5%에서 1998년 10%로 뛰었다. 이러한 성과에 따라 애플의 주가도 32달러 수준으로 올랐다. 이는 1년 전에 비해 2배 이상 뛴 것이다. 1999년 초 현재 애플의 세계 PC 시장 점유율은 4%에 이르게 되었다.

피어스와 로빈스는 1% 미만의 시장 점유율을 차지하는 32개 업체를 대상으로 경영진이 1976-85년 사이의 기간중 경험한 사업 쇠퇴와 전략적 변화에 대해 평가하는 회생 전략에 관한 실증 연구를 실시한 바 있다.[14] 연구 결과 기업들이 상당한 정도의 전략적 변화를 모색하였는데, 창업적 회생 전략을 추구하는 기업들은 마케팅과 생산 기능에 초점을 두었다. 반면, 효율성 회생 전략을 추구하는 기업들은 재무와 경영관리 기능에 초점을 두었다.

그런데 창업적 회생 전략을 추구하는 기업들은 상대적으로 낮은 수준의 성과를 보였다. 이러한 결과는 창업적 회생 전략이 대규모 다각화 기업들에게는 꽤 성공적으로 작용하는 데 반해, 소규모, 저시장 점유율 기업들은 그렇지 않다는 점을 보여 준다. 성숙한 제조업에 종사하는 소규모 기업들은 경제적인 회생을 위해 효율성 회생 전략을 채택하는 편이 좋다는 것이다.

기업 회생을 위해 회사는 각종 구조 조정 방안을 활용할 수 있다. 그러나 무엇보다도 우선적인 구조 조정의 지침이 되어야 하는 것은 현재 회사가 보유하고 있는 자산이 얼마

14 John A. Pearce II and D. Keith Robbins, "Entrepreneurial Recovery Strategies of Small Market Share Manufacturers," *Journal of Business Venturing,* 9, 1994: 91-108.

나 부가가치가 높게 활용되고 있는가를 평가하는 것이다. 즉 가치기반 경영(Value-Based Management)이라는 기조에서 구조 조정이 이루어져야 한다. 이는 비효율적으로 활용되고 있는 자산이나 관련 사업을 과감히 처분하고, 가치를 창출할 수 있는 사업 부문에 자원을 집중적이고 효율적으로 재배분함으로써 전반적인 사업 운영의 효율성을 회복하고 사업의 수익성을 달성하는 것이다.

기존의 경영 의사결정의 판단 기준이 회계 장부상의 외형적인 매출액이나 순익 중심으로 이루어졌다면, 가치기반 경영에서는 '경제적' 이익에 근거한 기업 가치를 중심으로 사업을 관리하는 것이다. 이를 위해 가치기반 경영은 투자 자본 수익률을 사업 평가의 핵심 기준으로 삼는다. 이는 생산과 영업 활동에 투자한 자본으로 어느 정도의 이익을 확보했는지를 나타내는 것이다. 이를 가중 평균된 자본 비용과 대비하여 재무 구조의 건전성과 수익성을 판단한다. 투자 자본 수익률이 가중 평균 자본 비용보다 높다는 것은 저렴한 자본 비용으로 투자 재원을 조달해 전략적 투자와 효율적 생산, 그리고 고매출의 영업 활동을 했다는 것을 뜻한다. 이러한 방법을 통해 사업 구조 조정 시 투자 자본 수익률의 구성 요소인 영업 이익률과 투자 자본 회전율을 사용해 철수 사업, 유지 사업, 성장 사업을 유도해 낼 수 있다.

기업 회생이란 난기적인 이익을 실현하는 것을 목표로 하는 것이 아니라 근본적으로 기업의 체질을 바꾸어 장기적으로 경쟁력과 생존력을 복원하는 데 주요 목표를 둔다. 기업의 구성원들이 가치기반 경영을 통해 노력하다 보면 점차 부분적으로 성과가 가시화되고 성공할 수 있다는 자신감을 얻게 되는 시점, 즉 임계점(Critical Point)을 통과하게 된다. 성공적인 기업 회생을 위해 다음 사항을 염두에 둘 필요가 있다.[15]

- **위기를 자기 문제로 받아들인다**: 사업 환경을 탓하기보다는 경쟁력이 없어서 실적이 저조해진 것으로 생각한다. 경쟁력을 확보하지 못하면 사업이 존립할 수 없고, 팀 모두가 사업과 운명을 같이해야 한다는 절박감으로 회생에 임해야 한다.
- **현금 출혈 방지를 위해 즉각 조치한다**: 기업 회생에는 현금이 왕이다. 재고, 불량 손실, 투자, 경비 등 불필요한 현금 지출을 긴급히 차단한다. 수족을 잘라 내는 아픔으로 40-50% 정도를 과감히 삭감한다. 복잡하고 다양한 품종을 과감히 단순화한다. 조직을 줄이며, 생산성이 떨어지는 인원을 재배치한다. 이익 기여도가 낮은 설비도 제기한다.
- **모든 활동을 제로 베이스에서 시작하여 가치 중심으로 재정비한다**: 회수 기간이 길고 경제성이 낮은 연구개발이나 투자는 일단 보류하고 이익 기여가 가시적이고 분명한 신제품 개발, 생산성 향상, 그리고 품질 개선 등에 집중 투자한다. 외형 중심의 영업 활동에서 탈피하여 제품별, 또는 고객별로 이익 기여도를 철저히 평가해서 부가가치가 높은 곳에 자원을 집중한다. 영업 사원별로도 이익 목표를 설정하고 철저히 수익성 중

---

15 정인철, **세계적 컨설팅사가 제시하는 기업 회생 전략** (서울: 매일 경제 신문사, 1998): 23-25.

심과 고객에 대한 가치 중심으로 영업 활동을 수행하도록 한다.

- **사후 관리를 체계화한다**: 기업 회생의 목표를 조직의 모든 구성원에게 할당하고, 경영진을 중심으로 정기적인 점검을 한다. 미진한 부분은 비상한 조치를 취하여 해결책을 강구하고 실행한다.

회생 전략은 강력한 지도력을 지닌 최고 경영자가 주도해야 한다. 최고 경영자는 직원이나 주주 등 이해 당사자를 설득하고, 회생의 방향과 비전을 제시한다. 특히 변화를 추진함으로써 얻게 될 회사의 이득을 적극적으로 알리고, 그것을 바탕으로 모든 사람의 협력을 구하는 것이다. 여러 가지 회생 조치들이 신속하고 정확하게 취해지기 위해서라도 최고 경영자가 자신 있게 새로운 변화의 방침을 피력하고, 전체 조직을 효과적으로 통솔해야 한다.

5. 회사의 정리

대부분의 사람들은 기업의 도산이 기업 활동의 마지막이라고 인식하고, 무슨 수를 쓰더라도 도산은 막아야 할 것으로 알고 있다. 그러나 이에 대해 미국의 굿먼(James A. Goodman) 판사는 이견을 편다.[16] 미국 기업 중 10만 개 정도는 재정적인 어려움을 겪으면서 이것을 극복하고 있는데, 그들은 회사 정리의 과정을 준수함으로써 사업상의 역경을 극복하는 것이다. 그러한 기업들은 계속적으로 고용을 창출하고, 세수를 올려 주며, 또 성장을 거듭하고 있다.

다시 말하면 도산 과정을 거치면서 기업가들은 자신을 단련시키고 보다 뛰어난 경영인으로 거듭날 수 있는 것이다. 대부분의 경영 악화의 원인을 자세히 살펴보면 기업가들의 경영상의 미숙보다는 예측하기 힘들고 경영 통제력 밖에 있는 환경적 요인이 대부분이다. 이러한 점들을 살펴볼 때 고난에 닥친 경영자들이 보다 높은 수준의 경영 활동을 펼칠 수 있도록 도산이라는 훈련 과정을 거치는 것도 때로는 유용하다고 할 수 있다.

통상적인 기업 모델에 배태된 핵심적 가정의 하나는 **영속성**(Permanence)이다. 이러한 존재론적 가정은 균형의 추구라는 경제 이론을 만족시킨다. 그것은 경쟁 우위의 지속성과 기업의 영속성을 위한 경영 전략을 갈구한다. 그것은 또한 조직 효과성의 중요 요소로 간주된다. 그러나 모든 기업의 궁극적인 목표는 영속성에 달려 있다는 일반적인 견해는 실리컨 밸리의 경험으로 볼 때 부분적으로 맞지 않는다. 역설적으로 첨단 기술 기업이 높은 실패율을 경험하는 동안 실리컨 밸리는 끊임없이 번영해 왔다. 이 분야에서 한 기업의 붕

[16] Robert A. Mamis, "Why Bankruptcy Works," *Inc.*, Oct. 1996: 38-40.

괴는 변함없이 직·간접적으로 다른 기업들의 창업을 낳아 왔다. 이는 유연한 재순환(Flexible Re-Cycling)의 과정이라고 할 수 있다.[17]

실리컨 밸리의 첨단 기술 기업들은 변화하는 환경 속에서도 극적인 성장 궤도에 기름을 붓는 끊임없는 참신성과 혁신력으로 번창하고 있다. 이 지역은 순식간에 지나가는 기회, 변화하는 고객의 선호도, 기술 혁신의 홍수, 잔인할 정도로 짧은 제품 수명 주기, 그리고 격렬한 세계화 경쟁 등으로 특징지어진다. 이러한 힘들이 기업의 급속한 성장을 자극하고 또한 그들의 갑작스러운 몰락을 부추길 수 있는 만화경 같은 변화의 조류를 끊임없이 집중적으로 퍼붓는다.

수많은 기업이 패망하고, 또 새로이 창설되는 유연한 재순환의 과정을 통해 인간의 능력과 지식이 새롭게 재구성된다. 새로운 창업 기업이 파산한 기업의 잿더미 위에서 일어나는 것이다. 단명한 기업들은 실리컨 밸리의 재생에 핵심적인 부분이고 유연한 재순환 과정을 통해서 생태 시스템의 계속되는 성공에 이바지한다. 그러므로 기술기반 기업에는 진정으로 죽음 후의 삶이 존재하는 것이다.

이러한 독특한 생태 시스템은 독불 장군식 기업가 정신을 유지하는 반면, 최근 미국 기업의 역사에서도 가장 빠른 성장을 보인 기업들을 양산해 왔다. 실리컨 밸리는 불과 40년 전까지만 하더라도 목초지였지만, 지금은 첨단 기술에 있어서 남다른 지역이다. 혁신을 추구하는 기업가 정신과 노력이 첨단 제품과 고 부가가치 직종을 창출함에 있어서 효과적인 것으로 판명되어 왔다. 더욱이 실리컨 밸리 기업들은 급변하는 세계화와 정보화의 시대를 위해 적합한 유연한 형태의 기업을 선도하고 있다.

다음에서는 이러한 유연한 재순환의 인프라구조를 제공하는 미국의 회사 정리 제도에 대해서 알아보자. 미국 정부는 기본적으로 사적인 경제 활동에 개입하는 것을 최소화하는 것을 원칙으로 하고 있다. 이러한 전통은 기업의 도산에도 적용된다. 도산이라 함은 채무자가 변제기에 있는 채무를 일반적으로 변제할 수 없게 되고, 도저히 경제 활동을 계속하기가 불가능한 사태에 이른 것을 말한다.

미국의 법 체제상 정부는 파산 절차를 통해 채권자와 채무자를 중재하고 나아가서 경제적 효율성과 공평성을 확보하도록 하는 것을 천명하고 있다. 파산(Bankruptcy)이란 채무자가 채무의 완제 불능이 되었을 때 다수 채권자 간에 공평한 변제를 받도록 하고, 채무자에게는 그 채무를 면책하여 재기의 기회를 부여하기 위해 만들어진 제도이다. 채무자는 파산을 통해 갚지 못할 채무에서 오히려 해방되는 계기를 제공하고 새롭게 할 기회를 줄 수도 있다. 한편 채권자는 파산을 통해서 채권을 완전히 받을 수 있냐, 아니면 한 푼도 건지지 못하느냐는 선택의 기로에서 부분적이더라도 채권을 보전할 수 있도록 하는 위험의

17 Homa Bahrami and Stuart Evans, "Flexible Re-Cycling and High-Technology Entrepreneurship," *California Management Review,* Spring 1995: 62-89.

헤징 수단이 된다.

1898년에 처음으로 제정된 **파산 법**(Bankruptcy Act, 또는 Nelson Act)이 그 후 15차례 이상 개정되면서 1978년의 **파산 개정 법**(Bankruptcy Reform Act)의 근간이 되었다. 새로운 법률하에서 파산 법원은 각 주 법원의 부속 기관으로 존재하게 되고, 판사는 의회의 동의와 추천을 받아 주지사에 의해 선임된다. 이 법은 다음과 같은 홀수 항목으로 파산 절차에 관한 행정적인 규정과 구체적인 파산 유형을 언급하고 있다.[18]

- **제 1 장**: 일반적인 정의와 규칙들을 정하고 있다.
- **제 3 장**: 사건의 처리를 다룬다.
- **제 5 장**: 채권자의 요구 사항, 채무자의 의무와 이점, 예외 조항, 법정 관리인의 권한 등을 다룬다.
- **제 7 장**: 청산(Liquidation)에 대해 다룬다.
- **제 9 장**: 지방 정부의 채무를 다룬다.
- **제11장**: 사업 재편(Reorganization)을 다룬다.
- **제13장**: 정규 소득원이 있는 개인의 채무에 대해 다룬다.
- **제15장**: 법정 관리인 예비 프로그램의 신설과 관련된 규정을 다룬다.

개인이 도산하게 되는 경로는 대개 두 가지이다. 하나는 자신이 감당할 수 있는 신용을 넘어서 물건을 구입하는 경우이다. 대부분의 경우 빚의 액수를 과소 평가하거나 자기의 수입을 너무 과대 평가해서 발생한다. 다른 하나는 본인의 재무 상태는 안정적이나 타인의 채무 보증 때문에 발생하는 경우이다.

기업의 도산은 부실 경영, 과도한 경쟁, 경기 순환, 수요 변화 등 개인보다 복잡한 경로로 발생한다. 특히 부실한 경영진은 회계 정보를 무시하기 때문에 변화에 적절하게 대처하지 못할 뿐만 아니라 과도하게 사업을 확장하거나 크게 잘못된 프로젝트를 무모하게 시도한다. 그 결과 회계 자료를 유리하게 분식 처리하기 시작하고, 결국 회계 정보의 예측력이 떨어지면서 사업이 감각으로 운영되는 상태에 도달하게 된다.

일단 도산 사태가 발생하면 개인이나 법인이 자발적으로 파산 신청을 할 수 있다. 개인이든 법인이든 6년에 한 번만 파산 신청을 할 수 있다. 경우에 따라서는 담보 대비 채권 규모에 따라 한 명 이상의 채권자가 강제적 파산 신청을 할 수도 있다. 이때 채무자가 변제 능력이 없다는 것을 채권자가 증명할 필요는 없으며, 단지 약속된 기한 내에 지불 안 된 사실만으로 강제적 파산 신청이 가능하다. 기업이 종종 재무적 이유보다 전략적 이유로 파산 신청을 하는 경우가 있다. 예컨대 노조 간부로 하여금 임금을 감축시키기 위하여 사장이 고의적으로 파산 신청을 해서 노조와의 계약을 무력화시키면서 결국 임금을 삭감

---

[18] Martha Gershun and Howard H. Stevenson, "Bankruptcy: A Debtor's Perspective," Harvard Business School Note 9-384-119.

하도록 할 수 있다.

채무자는 채무를 면제 받기 위해 거주지 관할 법원에 소정의 수수료를 내고 파산 신청을 해야 한다. 개념적으로 파산 절차가 신속하게 처리될 것으로 여길 수 있으나, 실제로는 매우 더디게 진행되는 것이 일반적이다. 1994년 미국 연방 의회의 보고서에 따르면 파산 절차가 평균 8년 정도 소요되는 것으로 나타나 있다.

파산 법상 파산 처리의 결과를 규정짓는 데 있어 제7장(Chapter 7)의 청산, 제11장(Chapter 11)의 사업 재편, 그리고 제13장의 개인 채무 조정 등 세 가지의 주요 장들이 있다. 제7장은 개인이나 법인의 재산을 청산해서 채권자에게 분배하도록 하는 규정이다. 제11장이나 13장은 채무자가 재산을 보전하되 주어진 기한 내에 채무를 변제하도록 하는 것이다. 파산 신청은 이렇게 재산이 채권자와 채무자 간에 이전되는 결과를 낳기 때문에 신청 유형에 따라 채권자나 채무자가 해당 장을 바꿀 수 있도록 되어 있다. 예컨대 채무자의 자발적 신청의 경우 채권자가 법정 관리인으로 하여금 제7장에서 제11장으로, 또는 그 반대로 변경을 요청할 수 있고, 채권자의 강제적 신청의 경우에는 채무자가 사건을 자신이 원하는 장으로 변경할 수 있다.

제7장 청산의 경우 채무자는 의무로서 채권자, 자산, 부채 등의 목록과 주요 재무 정보를 제출해야 한다. 채무자는 지정된 **법정 관리인**(Trustee)에게 협조하여 모든 재산과 관련 기록을 제공하고, 채권단 회의에 출석해야 한다. 법정 관리인은 채무자의 재산을 현금화하여 결산하고, 채무자의 재무 상태를 실사하며, 공여된 재산을 회계 처리하여 모든 이해 당사자에게 정보를 제공하고 법원에 재산의 처분에 대해 보고해야 한다. 채무자는 법에 정해진 한도에 따라 주택, 차량, 가구, 보석, 보험, 의료품, 연금 등의 일부는 자신이 보전할 수 있다. 청산된 재산은 담보 등 저당권을 가진 채권자에게 우선적으로 배분되고, 나머지는 재산의 관리 및 청구 비용, 법정 관리인 선임 전 무담보 채권, 임금 및 급료, 미인도 상품 대금, 세금 및 관세, 기타 무담보 채권 등의 우선 순위에 따라 배분된다.

제11장 사업 재편의 목적은 회사의 영업 활동이 계속되면서 재무 상태를 혁신적으로 재편성하도록 하는 것이다. 사업 재편은 일반적으로 회사의 장기적 전망이 좋아 현재 청산하는 것보다 계속 운영하는 것이 유리할 경우 적용된다. 청산의 경우와 마찬가지로 자발적으로, 또는 강제적으로 신청할 수 있나. 신청의 경우 30일 이내에 채권자와 채무자가 만나서 사업 재편의 방향을 논의해야 한다. **구제 명령**(Order of Relief)이 떨어지면 법원은 일반 무담보 채권자로 구성된 위원회를 선임한다. 이 위원회는 사업 재편 계획에 대한 책임을 진다. 채무자는 120일 기간 동안 계획을 수립할 수 있다. 그 후 60일 이내에 수립된 계획이 채권자의 과반수 및 금액 비중으로 2/3 이상의 채권자로부터 동의를 얻어야 한다. 법원이 이러한 절차를 거쳐 사업 재편 계획을 확정하면 채무자는 새로운 사업 계획에서 다루어질 것을 제외하고는 과거의 모든 채무가 면제된다.

이러한 파산 절차의 진행에 있어 채무자가 무력하게 보일 수 있으나 실제로는 채권자와 협상할 수 있는 상당한 힘을 가질 수 있다. 채권자가 보통 신속하게 모든 재무적 문제를 해결하기를 원하는 경향이 있고, 채권자들 사이에서도 관심이 다양하며, 일정 범위의 법적 보장이 있기 때문에 채무자에게 협상력이 생길 수 있다.

우선 채권자는 사실상 파산 사태가 발생하는 것을 두려워하기 때문에 실제로 채무자는 이러한 관계에서 영향력을 발휘할 수 있다. 일반적으로 채권자는 자발적으로 차입금을 재조정하고, 지급 기한을 연장해 주며, 리스 채무나 이자를 면제해 주면서 채무자가 파산하지 않기를 원한다. 채무자가 파산 신청을 하겠다고 위협할 때 채권자는 양단간에 이해득실을 따져 보아야 하는 문제가 있다. 파산 시 법정 비용이 상당히 들기 때문에 자신이 받게 될 재산의 지분이 줄어드는 것이 당연하다. 경우에 따라서 파산을 면하기 위해 채권자는 채무자가 제 3 의 채권자에게 지고 있는 빚을 대신 갚아 주기도 한다.

또한 채권자는 서로간에 다양한 이해 관계를 가지고 있기 때문에 채무자에 대해 하나의 통일된 목소리를 내기 어렵다. 빨리 빚을 갚아 주기를 원하는 집단과 100% 다 갚아 주기를 원하는 집단, 그리고 장기적으로 회사가 발전해 주기를 바라는 집단 등이 다양하게 섞여 있을 수 있다. 이럴 경우 가용한 현금을 가지고 현금을 원하는 채권자를 일단 무마하고, 장기적인 발전을 바라는 집단에게는 새로운 의지를 보여 줌으로써 해결의 실마리를 풀 수 있다.

끝으로 채무자는 파산법이 정하는 바에 따라 일정 한도의 교섭권을 얻을 수 있다. 청산 절차에 들어 간 후에는 법원의 판결이 없이는 어떠한 재산상의 변동도 있을 수 없다. 따라서 채권자가 회사에 대한 믿음만 있다면 채무자는 회사를 다시 직접 운영하면서 정상으로 가동하게 하도록 교섭할 수 있다. 한편 채권자는 사업 재편을 통해 회수할 수 있는 채권액의 규모를 상향 조정 받을 수 있기 때문에 대부분의 경우 제11장의 사업 재편을 원하게 된다.

창업 실무

회사 정리의 절차

우리 나라는 현재 부실 기업에 대한 법정 관리나 화의 개시 요건을 점차 완화하여 손쉽게 기업 갱생 절차를 밟도록 하는 추세이다. 1999년 개정되어 시행되는 회사 정리 법, 화의 법, 파산 법 등 도산 관련 3개 법률은 부실 기업의 신속한 갱생 및 퇴출을 통해 기업 구조 조정을 촉진하는 것을 골자로 하고 있다.[19] 회생 가능성이 없는 경우에는 곧바로 법원의 파산 선고와 함께 퇴출되게 된다. 그림 9-2는 이러한 회사 정리 절차의 흐름도를 보여 준다.

지금까지 엄격했던 법정 관리 및 화의 개시 요건이 완화됨으로써 도산에 처한 기업이 갱생 절차를 신청하면 법원은 1개월 내에 형식 요건만을 검토한 뒤 개시 결정을 내리게 된다. 법원은 개시 결정 후 신용 평가 회사 등 조사 위원을 통한 실사를 거쳐 회생 불가능한 기업에 대해서는 반드시 파산 선거를 내려 즉각 퇴출시킨다. 이러한 제도 변경의 취지는 그동안 회사 정리 및 화의 개시 결정을 받아 내기가 쉽지 않아 부실 기업이 회생 기회를 잃어버릴 뿐만 아니라, 회생에 실패한 회사에 대해 법원이 파산 선고를 하지 않고 그대로 방치해 부실 기업의 퇴출이 제대로 이루어지지 않았기 때문이다.

우리 나라의 법제하에서는 회사가 도산되었을 때 청산을 목적으로 하는 파산과 회사법상의 청산이 있고, 회사의 정리 및 재건을 목적으로 하는 화의와 회사 정리가 있다.[20] 파산을 중심으로 하는 **청산형 도산 절차**는 도산 회사의 재산 관계를 청산하여 전 채권자에게 공평하게 분배하는 것을 목적으로 하는 데 비해 **재건형 도산 절차**는 채무를 정리함과 동시에 도산 회사를 유지하고 재건하는 것을 그 목적으로 한다. 도산을 당함에 있어서는 개인이나 회사가 마찬가지나, 그 사후 처리 절차에 있어서는 상당히 다르다.

그림 9-2 회사 정리 절차의 흐름도

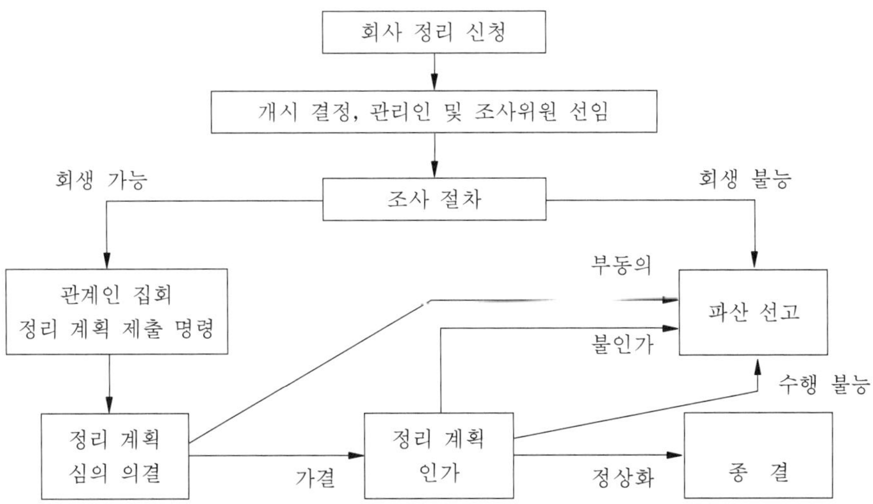

[19] 중앙 일보, "법정관리 · 화의 한달 내 처리," 1999년 2월 10일: 27.
[20] 강영호, 회사 정리와 파산의 모든 것 (서울: 청림 출판, 1998).

표 9-3 법원에 접수된 도산 사건 추이

사건	1987	1988	1989	1990	1991	1992	1993	1994	1995	1996	평균
회사 정리	30	26	27	15	64	87	45	68	79	52	49
파산	20	21	37	27	16	14	26	18	12	18	21
화의	-	-	2	-	-	-	-	-	13	9	2

자료: 법원 행정처, 사법 연감 (서울: 법원 행정처, 1997): 670.

개인이 도산하였을 때는 파산 법이나 화의 법에 의하여만 도산 절차를 진행한다. 하지만 주식회사가 도산하였을 경우에는 파산 법에 의한 파산 절차에 들어 가거나, 회사 정리 법이나 화의 법에 의해 회사 사업의 재건에 들어갈 수 있다는 점이 다르다. 이 외에도 사적 정리라 하여 법에 호소하지 않고 직접 도산 기업과 채권자들의 협의에 의해 도산 절차가 진행되는 경우도 있다. 표 9-3에서 보듯이 과거 우리 나라의 경우 법원을 통해 법적 처리된 회사 도산 건수는 미미한 편이다.

(1) 청산형 도산 절차

청산형 도산 절차에는 파산 법에 의한 파산과 회사 법상의 청산이 있다. 파산은 채무자가 일반적으로 금전의 지급을 할 수 없는 지급 불능 상태에 있을 때 법원이 신청에 의하여 결정함으로써 선고된다. 채무자가 채권자에게 금전 채무의 지급을 할 수 없다고 표시하는 지급 정지가 발생하면 지급 불능 상태로 추정한다. 법인에 대해서는 예외적으로 부채의 총액이 자산의 총액을 초과하는 경우에도 파산 선고를 할 수 있다.

파산 선고의 신청은 채무자가 영업자인 경우에는 본점 등 주된 영업소 소재지를 관할하는 지방 법원 본원 합의부에 한다. 채무자가 영업자가 아닌 경우에는 채무자의 보통 재판적 소재지를 관할하는 지방 법원의 본원에서 한다. 파산 선고의 신청은 채권자 또는 채무자에 의해서 한다. 단, 예외적으로 회사 정리 절차의 기각이나 회의 불인가 결정 등이 있을 때에는 법원의 직권으로 개시할 수 있다. 법원은 파산 선고의 신청이 있는 때에는 채무자와 그 재산의 확보를 위하여 가압류, 가처분, 또는 필요한 보전 처분을 할 수 있다.

법원이 파산 선고의 결정을 하게 되면 파산 관재인의 성명과 주소, 채권 신고의 기간, 채권자 입회의 기일, 채권 조사 기일 등을 관보 또는 신문에 공고해야 한다. 법원이 파산 선고를 하게 되면 즉시 수사상의 필요를 위해 검사와 주무 관청에 통지를 하고, 파산 선고 결정의 등기와 우편 관리의 송달을 촉탁해야 한다. 파산 선고 시 파산자는 파산 관재인이나 감사 위원, 또는 채권자 집회의 요구에 따라 필요한 설명을 해야 하고, 법원의 허가를 얻지 아니하면 거주지를 옮길 수 없다.

(2) 재건형 도산 절차

재건형 도산 절차로는 1) 파산 법상의 강제 화의 절차, 2) 화의 법상의 화의 절차, 그리고 3) 회사 정리 법상의 회사 정리 절차가 있다. 첫째, **파산 법상의 강제 화의**란 파산자로 하여금 기업의 영업을 계속하도록 하고 회수 불능의 채권을 일부 면제하거나 또는 기한을 유예하는 등으로 파산자의 기업 계속을 통한 장래의 수익으로부터 변제를 받는 편이 직접 파산적 청산에 의해 배당 받는 것보다 손해가 적다고 생각되는 경우에 파산 채권자와 파산자와의 협정에 의해 파산을 종결시키는 제도이다.

그 절차로서 파산자가 법원에 강제 화의를 제의하면, 법원은 채권자 집회를 소집한다. 채권자 집회에서 채권자들이 화의 조건을 가결하면 법원의 인가에 의해 화의가 성립한다. 강제 화의는 파산 채권자 전원을 위하여, 또 전원에 대하여 효력이 있다. 강제 화의에서는 화의 조건대로의 계약이 개개의 채권자와 제공자, 그리고 기타의 화의 참가자와의 사이에 체결된 것과 같은 법률 효과가 발생한다.

둘째, **화의 법상의 화의**는 도산 회사가 파산 선고를 피하고, 또한 채권자도 파산에 비할 때 보다 유리한 변제를 받을 목적으로 법원의 감독하에 제결되는 합의이다. 그 절차로 도산 회사가 화의 조건과 함께 화의를 신청하면 법원은 화의 절차 개시를 결정한다. 채권자 집회에서 화의 조건을 가결하면 법원의 인가에 의해 화의가 성립한다. 화의가 성립되면 인가 결정된 화의 내용에 따라 새로운 계약이 채권자 전원에 대하여 체결된 것과 동일한 효과가 발생한다.

셋째, **회사 정리 법상의 회사 정리 절차**는 재정적 궁핍으로 파탄에 직면하였으나 경제적으로 갱생의 가치가 있는 주식회사에 대해 법원의 감독 아래 채권자, 주주, 그리고 기타 이해 관계인의 이해를 조정하여 정리·재건을 도모하는 절차를 말한다. 이러한 회사 정리 제도는 주식회사에 한하여 인정되며, 기업을 해체시키는 것보다 이를 정리·재건시키는 것이 사회적, 경제적 손실을 방지하고 회사의 이해 관계인을 위해서도 유익한 공익적 필요성이 있는 경우에 한한다. 공익성을 확보하기 위해 법원이 회사 정리 절차를 처음부터 끝까지 주재하고 감독하게 된다. 따라서 회사 정리 절차는 그 내용이 법률상 엄격히 규정되어 정리 관계자의 자치에 맡겨지는 분야는 극히 적다.

회사 정리 사건은 회사의 본점 소재지(외국에 본점이 있는 경우에는 우리 나라에 있는 주된 영업소의 소재지)를 관할하는 지방 법원 본원 합의부에서 관할하도록 되어 있다. 회사 정리 절차의 신청은 변제 불능의 경우에는 회사만이 할 수 있고, 파산 원인의 사실이 생길 염려가 있는 경우에는 채권자나 주주도 신청권을 가진다.

회사 정리의 신청은 반드시 서면으로 해야 한다. 신청서를 낼 때는 회사의 현황에 관한 서류, 사업의 동향에 관한 서류, 그리고 종업원에 관한 서류 등을 첨부해야 한다. 회사 정리 절차는 사안이 방대하고 절차가 복잡하여 법원이 정하는 예납 비용, 인지 비용, 그리고 변호사와 공인 회계사 수임료 등 많은 비용이 소요된다.

회사 정리 사건이 접수되면 법원은 먼저 관할권 여부를 심사하고, 관할권이 있으면 감독 행정청에 통지하며 법원에 의한 직권 조사 등의 절차를 밟는다. 법원은 정리 절차 개시의 결정을 하기 전이라도 이해 관계인의 신청에 의해, 또는 직권으로 회사의 업무와 재산에 관해 가압류, 가처분, 그리고 기타 필요한 처분을 명하거나 보전 관리인의 관리를 명할 수 있는데, 이를 **보전 처분**이라 한다.

법원은 정리 절차 신청 후 조사한 자료를 검토하여 회사의 갱생 가치가 있는 때에는 **정리 절차 개시 결정**을 하게 된다. 그 후속 조치로서 결정 사항을 관보 및 신문에 공고하고, 관리인, 회사, 알고 있는 정리 채권자, 정리 담보권자 및 주주 등에게 결정문을 송달하며, 회사의 업무를 감독하는 행정청, 법무부 장관, 금융 감독 위원회에 그 내용을 각각 통지한다.

정리 절차가 개시되면 변제가 금지되고 채권의 행사도 금지된다. 따라서 채권자는 소정 기간 내에 법원에 신고를 함으로써 정리 채권자가 되고, 정리 절차에 의하여 변제를 받을 수 있게 된다. 정리 절차의 개시 결정이 있더라도 회사가 해산하는 것은 아니므로 회사는 여전히 존속하게 되고 이사나 감사는 그 지위를 잃지 않으며, 대표 이사도 또한 마찬가지이다. 또한 주주도 정리 절차와 관계없이 주주총회를 통하여 회사의 활동에 참가할 수 있다.

정리 절차의 진행에 있어서 관리인의 역할이 매우 중요하기 때문에 법원은 관리인을 선임할 때 신중을 기하는데, 공동 관리인의 선임도 가능하다. 관리인은 정리 회사의 기관이나 대표자가 아니고 정리 회사와 그 채권자 및 주주로 구성되는 소위 이해 관계인 단체의 관리자로서 일종의 공적 수탁자의 지위를 갖는다.

관리인은 취임 후 즉시 회사의 업무 및 재산의 관리에 착수한다. 먼저 구 경영진으로부터 회사 인, 대표자 인 및 상업 장부 등을 인계 받는다. 또 회사의 종업원이나 관계 금융기관, 채권자 등에게 회사의 현황을 설명하며 관계자의 협력을 구한다. 관리인의 임무 중 가장 중요한 것의 하나가 법원이 정한 기간 내에 **정리 계획안**을 작성하는 것이며, 그 정리 계획을 수행하는 것도 관리인의 직무이다. 또한 관리인은 회사의 업무 및 재산에 관한 경과와 현황 등 제반 사항을 조사하여 법원에 보고해야 한다.

정리 절차 진행 중 법원은 3회에 걸쳐 **관계인 집회**를 소집해야 한다. 이는 관리인, 회사, 정리 채권자, 정리 담보권자, 주주 등 이해 관계인으로 하여금 정리 절차의 내용과 흐름을 알게 하고, 의견과 정보를 교환하게 하며, 나아가서 정리 계획안을 심의 및 결의하기 위한 것이다. 정리 계획안이란 주식회사의 재건 계획을 문서화하여 관계인 집회의 심의와 의결의 대상이 되는 것을 말한다. 그 제출권자는 관리인, 회사, 정리 채권자, 정리 담보권자, 주주 등이나, 작성 의무자는 관리인이다. 각 관계인 집회별로는 다음 사항을 처리한다.

- **제 1 회 관계인 집회**: 관리인이 이해 관계인들에게 현황을 보고한다. 이해 관계인들은 관리인 선임과 관리 방침에 대한 의견을 진술한다.
- **제 2 회 관계인 집회**: 정리 계획안에 대해 관계인들이 의견을 진술하고 심의한다. 이에 따라 정리 계획안을 변경할 수 있다.
- **제 3 회 관계인 집회**: 정리 계획안을 최종적으로 결의한다.

정리 계획안이 법원에 의해 인가 결정되면 관리인은 정리 계획 수행의 담당자로서 지체 없이 그 계획을 수행해야 한다. 정리 계획 인가의 결정이 있게 되면 계획의 규정 또는 회사 정리법의 규정에 의하여 인정된 권리를 제외하고 회사는 모든 정리 채권과 정리 담보권에 관하여 그 책임이 면해지며, 주주의 권리와 회사의 재산상에 있는 모든 담보권은 소멸한다.

정리 절차가 정리 계획 인가 전·후에 폐지되거나, 정리 계획에 대해 불인가 결정이 내려지거나, 정리 절차 개시 결정이 취소되거나, 항고심에서 정리 계획 인가 결정에 대해 취소 결정이 내려지면 정리 절차가 종료된다. 정리 절차가 중도에 불가능하게 되어 앞서 언급한 파산 절차로 이행하는 경우도 있다.

창업 이야기 Ⅸ-1

동양 엑셀 화학[21]

동양 엑셀 화학의 박성규 사장은 창업 과정에서 흔히 범하기 쉬운 실수를 겪으면서도 다시 재기의 한 발을 내딛기를 주저하지 않는 전형적인 창업 기업가의 기질을 가진 사람이다. 박 사장은 현대 건설 연구소에서 10년 이상 근무하다가 1987년에 창업해 사장이 되었지만 요즘도 어지간한 신제품은 자신이 직접 개발한다.

서울 개봉 본동에 있는 단독 주택에 사는 그의 집 지하 1층에는 10평 규모의 실험실이 있다. 열처리 기계를 비롯해 각종 계측기와 실험 기기 등이 가득한 방으로 사장 자신이 신제품 개발에 착수하면 연구와 실험에 몰두하기 위해 사용되는 방이다. 비록 좁은 실험실이기는 하지만 박 사장이 여기서 개발해 낸 여러 가지 품목 중 세상을 놀라게 할 만한 것이 많다. 그가 개발한 품목은 주로 건축용 방수재 및 도료이다. 고무화 도막 방수제나 세라믹 단열 페인트는 국내에서는 물론 일본에서까지 품질을 인정 받은 제품이다. 덕분에 동양 엑셀 화학은 일본측의 요구에 따라 일본 도쿄와 나고야에 각각 하나씩의 대리점을 가지고 있다.

그러나 이렇게 그가 개발해 낸 제품의 우수성에도 불구하고 그의 창업 과정은 그렇게 순탄하지 못했다. 한양대 전기공학과를 졸업한 후 현대에서 1987년까지 근무하고 당시 연구원이던 그가 사표를 냈을 때 현대 건설 사장은 박 사장이 개발한 도막 방수제 기술을 가지고 나가 공장을 차리면 납품을 받아주겠다고 약속했다. 처음 몇 년간은 사업이 앞선 기술만 있으면 손쉽게 기업을 꾸려 나갈 수 있을 거라는 예상이 맞아 떨어지는 것 같았다.

그러나 1993년부터 몰아친 시련은 그에게 엄청난 타격을 주었다. 첫번째 타격은 1993년 4월 울산 건설 업체로 받은 어음이 부도나면서 시작되었다. 박 사장은 부도 하루 전까지도 이 회사에 1억 2000만 원 상당의 도막 방수제 및 문틀용 방수제를 보냈다. 부도 후 그는 일체의 권한을 채권단에 넘겼다. 그에게는 부도 맞은 돈보다는 2년간이나 신용 거래하던 사람의 신뢰감 상실이 더 큰 실망을 안겨 주었다.

이후로 이러한 소문과 함께 주변 건설 회사나 거래업자가 경계를 하면서 자금 줄이 더욱 조여 들었다. 그리고 설상가상으로 얼마 전 그와 10년 신용 거래를 하던 친구가 약속된 어음 결제일 하루 전에 사고로 사망하는 일이 벌어졌다. 일단 친구를 잃은 슬픔이 앞섰지만 차츰 친구에게 받은 어음이 문제가 되었다. 어음에 이서를 받아 놓지 않아 2억 7000만 원의 돈에서 3분의 2를 회수하지 못하게 된 것이었다. 그에게는 이중의 고통이 된 것이었다. 이후 1년간 박 사장은 자금난을 막는 데 동분서주하면서 시간을 소비해야만 했다.

이러한 경험을 통하여 이제 박 사장은 오직 기술에의 열정만 가지고 사업을 해 나가는 창업 초년생의 모습에서 "기업 경영을 하는 데는 기술 하나로는 불가능하다"라고 서슴없이 말하는 새로운 기업가로 변신했다. 재무 관리와 마케팅, 수출 시장의 확보도 애써 강조한다. 새로운 제품의 출시와 함께 박 사장의 이러한 태도 변화에서 동양 엑셀 화학이 의연히 일어서는 모습을 기대해 볼 수 있다.

---

[21] 이치구, 중소 기업인 (서울: 한국 경제 신문사, 1997): 270-275.

창업 이야기 Ⅸ-2

그로리 전자[22]

재규어를 비롯 벤츠·BMW·드보락·페라리·캐딜락 등 세계적인 고급 명차에 장착된 차량용 앰프가 한국의 중소 기업체에 의해 만들어지고 있다. 바로 김귀형 씨가 사장으로 있는 그로리 전자가 그 주역이다. 1989년 6월 8일 인천 만수동에서 보증금 700만 원에 월세 20만 원의 임대 공장에서 직원 1 명으로 출발하여 악전고투 속에 일구어진 쾌거였다. 당시 그로리 전자의 매출(수출)은 4억 7000만 원에 불과했지만 90년 12억 5000만 원, 92년 48억 원, 94년 130억 원, 95년 180억 원의 실적을 올렸다. 이는 1996년 창업 7년째를 맞는 그로리 전자가 카 앰프 수출 기업으로는 가장 큰 기업으로 성장하면서 이루어 낸 쾌속 성장의 증거이다. 하지만 이렇게 잘 나가는 회사를 만들어 낸 김귀형 사장의 개인 역사는 기업 성장을 훨씬 압도하는 드라마적인 인생이었다.

5살 때 돌봐 주던 사람의 잘못으로 척추에 금이 가는 사고가 발생하여 결핵균 감염이라는 사형 언도를 받았다. 그의 부모는 오키나와 미군 병원까지 찾아 다녔으나 살아 봐야 6개월 내지 1년이란 최종 진단이 내려지고 그를 포기할 수밖에 없게 되었다. 결국 삶을 포기하고 팔도를 유람하던 중 그는 우연한 만남으로 어느 노인의 극약 처방을 받고 척추 장애자로 목숨은 건질 수 있었다. 설상 가상으로 집안이 기울었고 대학 졸업 후 취직 시험에 1등을 하고도 신체적인 장애로 번번히 면접에서 탈락하게 되었다. 그의 불운은 여기서 끝나지 않았다. 1974년 그는 모 전자 업체의 공원으로 취직했다. 당시 그의 꿈은 동네 입구에 전파상을 차리는 것이었다. 그러던 중 갑작스러운 어머니의 죽음을 맞게 되고 그는 더 깊은 좌절의 나락으로 빠져 들었다. 실제로 그는 위장 자살을 생각하며 4일간 미아리 고개 내리막 길에 뛰어들어 보기도 했다.

1975년 그의 인생은 대한 전선 생산계장으로 부임하는 행운을 잡으면서 반전할 수 있었다. 또한 처가의 극심한 반대에도 불구하고 평소 생각지도 않던 결혼을 하게 됐다. 회사에서는 실력을 인정 받아 카 스테레오 업체인 한국 오디오 전자, 세원 종합 통상으로 계속 스카웃되면서 공원에서 출발하여 10년 만에 상무라는 초특급 승진의 기록을 세웠다.

1985년 미국 출장 길에 우연히 경제 잡지를 보다가 미국 500대 기업 안에 3대 카 앰프사가 모두 들어 있고 특히 록포드사는 최근 5년간 매출을 기적같이 20배나 성장시켰다는 기사를 읽고 그는 무릎을 치며 “바로 이거야!” 라고 탄성을 내질렀다. 그 후 꾸준히 관련 기술·시장·정보·인력 등에 대한 자료를 모았다. 하지만 그의 창업이 사업 초기 때부터 순탄했던 것은 아니다. 89년은 5억 원에 미치는 카 앰프를 수출한 후 몽땅 반품 받기도 했고 1992년에는 공장 설립을 위해서 자금난에 허덕이고 또한 운영 자금 부족도 계속되었다. 결국 그는 이러한 사업 위기를 가까스로 넘기면서 큰 행운을 잡을 수 있었다.

1992년 미국의 전문 잡지 카 오디오 2월호는 전세계 카 앰프에 대한 컨테스트를 한 결과 7개 최상품 중 그로리가 납품한 레가시 브랜드가 종합 2위를 차지했다고 보도한 것이다. 기회를 놓치지 않았다. 미국·이탈리아·독일·프랑스 등으로 해외 출장을 떠난 김 사장은 컨

22 이코노미스트, “척추 장애 소년의 ‘인간 승리’: 김귀형 그로리 전자 사장 세계적 카 오디오 사장됐다,” 1996년 1월 23일.

테스트 결과를 바이어들에게 적극 홍보했다. 이때부터 안정적인 수주를 할 수 있었고 주문량도 5배 가량 급증했다. 중소 기업임에도 불구하고 매출액의 10%를 연구비에 재투자한 것도 그의 성공을 앞당긴 주 요인이었다.

창업 이야기 Ⅸ-3

대웅 제약[23]

한국 제약 업계의 아이아코카라고 불리는 윤영환 회장은 성균관대 약대를 제1회로 졸업하고 부산 동아 고등학교에서 1년 동안 화학 교사로 잠시 교편을 잡기도 하였다. 그가 본업인 제약업에 투신하기로 결심한 것은 1958년 4월이었다. 당시 선화 약국의 25세 청년 약사 윤영환은 돈을 벌겠다는 생각보다는 "학교에서 배운 학문을 통해 사람들에게 건강을 찾아 주겠다"는 기본 이념으로 약국을 경영해 나갔다. 1966년 그의 나이 32세 때 돈에 큰 욕심을 갖지는 않았으나 알찬 약국 경영으로 어느 정도 돈을 모을 수 있었다. 당시 알고 지내던 부산에 위치한 대한 비타민 사장이 어느날 그를 찾아왔다. 회사 경영을 맡아달라는 얘기였다. 그는 좀더 큰 일을 해야겠다는 생각으로 선화 약국을 처분하고 대한 비타민을 인수했다.

그가 막상 회사를 인수하고 보니 문제점이 하나둘이 아니었다. 회사 종업원들 사이에 부정적 사고와 무사안일주의가 팽배해 근무 상태가 엉망이었다. 예를 들면 입고된 원료의 무게를 달아 검수하면 개수가 줄고 개수를 맞춰보넌 무게가 맞지 않았다. 또 원료를 입고하는 차량을 확인하면 상당수가 빈 드럼통이었다. 그는 사장실에 야전 침대를 들여 놓고 숙식을 해가며 문제점들을 하나하나 체크해 나갔다. 또한 제약 업계 최초로 무결점 운동을 실시하는 등 품질 제일주의를 밀어 붙였다. 문제점을 찾아 하나하나 해결해 나가자 회사는 해마다 150%가 넘는 고속 성장을 지속하여 인수 5년이 지난 1971년에는 매출액이 10배 이상 급신장을 했다. 제약 업계 랭킹도 30위 권 밖에서 점차 24위, 그리고 19위로 상승세를 탔다.

윤 회장은 부산에서는 유능한 인재를 확보하고 의약 경영 정보를 신속히 입수하는 데 한계가 있음을 느끼고 서울 입성 계획을 세웠다. 그래서 1972년 본사와 공장을 서울에 인접한 경기도 성남으로 옮겼다. 그는 회사 이전을 위해 부산에 있던 집까지 팔아 부족한 자금을 충당했다. 1973년에는 제약 업계에서 네 번째로 기업 공개를 했으며 1974년에는 우리 사주제를 도입했다. 윤 회장은 자기가 갖고 있던 주식의 3분의 1인 2만 주를 사원들에게 액면가 500원에 내놓고 사원들에게 이익에 대해서는 사원에게 돌아가고 손해가 생기면 보상해 줄 것을 약속했다. 회사가 성장하면서 500원을 넘지 못하던 주가가 900원을 넘어서면서 해마다 30% 이상의 현금 배당을 실시하자 사원들이 앞 다투어 주식 매입에 열을 올리게 됐다. 이제는 전 사원이 주주가 되어 사원 주식 지분율이 상장 회사 중에서 가장 높은 수준을 유지하고 있다.

1978년 윤 회장은 대한 비타민이란 상호가 비타민만 전문으로 생산한다는 이미지를 벗고 종합 제약 메이커로 도약하기 위해 사명을

23 주간 매경, "대웅 제약: 쓰러져가는 회사를 최우량 기업으로," 1992년 10월 21일.

대웅 제약으로 바꿨다. 회사 이름을 바꾸고 난 후 대웅 제약은 불경기 여파에도 불구하고 우루사의 성장과 함께 급신장하기 시작해 10년간 매출액은 물론 법인세 납부액, 당기 순이익 등 모든 면에서 10배 이상의 성장을 나타냈다. 윤 회장은 1984년 업계 최초로 성과 배분제와 청년 중역 회의를 도입하는 등의 독특한 경영 기법으로 오늘의 대웅 제약을 일궈 놓았다. 윤 회장의 업적은 일단 양적으로 확실히 나타난다. 경영이 정상화된 1972년부터 1991년까지 20년간 대웅 제약의 매출액은 연평균 34%의 고속 성장을 해 92년 결산 매출액은 904억 원에 이르렀다.

이제 대웅 제약은 외국 기업과 경쟁하면서 국제적인 기업으로의 재도약을 꾀하고 있다. 세계 시장에 진출하기 위해선 제약 관련 전문 계열화가 필요하다고 느낀 윤 회장은 미리부터 이를 대비해 준비하고 있었다. 1982년에 신물질·신약 생산을 위한 대웅 릴리 제약을, 83년에 제약 원료 생산을 위한 대웅 화학을, 그리고 91년에는 의약품 수출입 업무를 전담하는 대웅 상사를 연달아 설립하여 원료 합성에서부터 완제 의약품 생산과 수출에 이르기까지 완벽한 경영 시스템을 갖추었다. 지금까지와 같은 속도로 성장한다면 머지않아 대웅 제약이 세계 제약 업계에서 다국적 제약 기업들과 나란히 경쟁할 수 있으리라 기대해 볼 수 있다.

읽을 거리

Homa Bahrami and Stuart Evans, "Flexible Re-Cycling and High-Technology Entrepreneruship," *California Management Review,* Spring 1995: 62-89.

Martha Gershun and Howard H. Stevenson, "Bankruptcy: A Debtor's Perspective," Harvard Business School Note 9-384-119.

John A. Pearce II and D. Keith Robbins, "Entrepreneurial Recovery Strategies of Small Market Share Manufacturers," *Journal of Business Venturing,* 9, 1994: 91-108.

D. Keith Robbins and John A. Pearce II, "Entrepreneurial Retrenchment among Small Manufacturing Firms," *Journal of Business Venturing*, 1993, 8: 301-318.

X장 기업의 처분과 인수 및 프랜차이징

"우리가 판매하고 있는 것은 상품이 아니라 무엇보다도 서비스이다. 왜냐하면 서비스에 실패하면 곧 아무도 상품을 구입하려 하지 않을 것이기 때문이다."

줄리어스 플라이시먼(Julius Fleischmann), *The Book of Business Wisdom,* 1997

이 장에서 다루는 주제

투자 회수 전략
기업 공개
기업의 인수
프랜차이즈 가맹점의 운영
프랜차이즈 본사의 경영

창업 현장

앨런 레인[1]

앨런 레인(Allen Lane)은 기존 회사를 인수해서 직접 경영하기 위해 1982년까지 거의 2년간 인수 대상 업체를 물색해 왔다. 그는 1965년에 대학에서 경영학을 전공하고, 와그너 일렉트릭사에서 일하면서 생산 부문 부사장까지 올랐다. 그러나 1972년에 개인 컨설팅 사업을 하기 위해 퇴사한 후 생산 관련 컨설팅을 하다가 제임스사에 다시 입사했다. 앨런은 제임스사에서 경영에 대한 전략적 시각을 배우고 인맥을 폭넓게 알게 되었다. 43세가 되던 1980년에 자신의 회사를 갖고 싶다는 생각에 제임스사를 퇴사하고 여러 종류의 업체들을 인수 대상으로 물색하게 된 것이다.

앨런이 신규 창업보다는 기존 기업의 인수를 고려한 이유는 네 가지였다. 첫째, 신규 창업이 위험 부담이 크고, 투자 자본의 회수 기간이 길며, 창업자의 보다 헌신적인 업무 추진이 필요하다. 둘째, 소비자를 끌만한 신제품을 찾기 어려웠다. 셋째, 자신이 개인적으로 창조적인 역할보다는 자문하는 역할을 즐겼다. 넷째, 적당한 업체를 선정하기까지 기다릴 만한 자원과 시간상의 여유가 있었다.

앨런은 인수 대상 업종으로 첨단 산업보다는 유통 업종을 선호했다. 그가 첨단 산업을 기피한 이유는 대기업이 진입해서 경쟁이 치열해질 수 있고, 관련 분야의 핵심 기술을 직접 이해하고 관리할 수 있어야 한다고 느꼈기 때문이다. 반면 유통 업종은 자신이 관련 분야의 컨설팅 경험이 많고, 업계 자체가 아직 주먹구구식 경영을 하고 있다는 것이다. 또한 세부 분야에 따라 수익성의 수준이 다양하게 분포되어 있어 상위 3번째 안에 속하는 회사를 일단 인수하게 되면 유동 자산이 풍부하고, 소규모 자영 업체들이 많아 경쟁이 덜 치열하여 큰 돈을 벌 수 있다고 판단했다.

앨런이 구체적으로 인수를 타진해 본 회사로는 스펙트로닉스, 에이스 일렉트로닉스, 가든프로, 하이드라프레스, 플래스-텍 등이 있었다. 버트 스펙이 대주주로 있는 스펙트로닉스사는 매출액 1억 6500만 불 규모의 상장된 뉴저지 주 뉴 워크 시 소재 전자 부품 유통 회사인데, 어떤 회계 법인으로부터 매각 정보를 듣고 인수를 타진하게 되었다. 가격 폭은 주당 20불 내외였고, 수익 잠재성이 좋았다. 최종적으로 앨런은 800만 불의 담보부 융자와 200만 불의 후 순위 부채를 포함하여 총 1100만 불의 자금 조달 계획과 함께 주당 20.50불의 가격을 제시하였다. 그러나 일 주일 후 스펙트로닉스사는 결국 18.50불에 제3자에게 매각되었다.

이러한 경험에서 앨런이 깨달은 바는 상장사의 경우 고가의 변호사와 공인 회계사의 자문이 필요하므로 자금상 적극적인 후원자가 없으면 인수를 피하는 것이 좋다는 것이었다. 또한 잠재적인 투자자에게 부득이한 경우가 아니면 결코 인수 대상 회사의 이름을 언급하지 말라는 것이다. 좋은 딜을 발견해서 고수하면 발견해서 투자 패키지화했다는 그 자체만으로 10-20%의 지분을 얻을 수 있다는 것이다.

스펙트로닉스사의 인수가 실패한 후 앨런은 동북부에 위치하고 매출액 규모가 500-5000만 불 규모의 회사를 물색했다. 그러던 중 1981년에 에이브 폭스라는 사장이 운영하던 에이스 일렉트로닉스사의 인수를 적극 탐색하게 되었다. 이 회사는 미국 내에서 구형 콘덴서와 진공관에 있어 극소수의 공급 업체 중의 하나였고, 마진도 좋았다. 두 달 이상 협상하여 구두

[1] Howard H. Stevenson and Michael J. Roberts, "Allen Lane," Harvard Business School Case 9-384-077.

로 협상을 타결하였는데, 에이브가 캘리포니아로 휴가를 갔다 온 후 갑자기 회사를 매각하지 않겠다고 선언하는 바람에 인수할 수 없게 되었다.

앨런이 경험한 바로는 에이스와 같이 소규모 회사의 경우 저평가된 재고 자산이 문제였다. 창업자들이 보통 절세를 위해 재고를 저평가 하는데, 이러한 회사를 인수한 후 세무 당국에 그러한 관행이 발각되면 주식을 인수하는 자가 사후에 세금을 소급해서 내야 한다. 따라서 이러한 경우 주식이 아니라 자산을 인수하는 것이 바람직할 수 있다.

그 후 앨런은 가든프로라는 정원 용품, 공구, 페인트 등의 유통 업체를 섭촉하였다. 이 회사의 입지도 좋을 뿐만 아니라, 앨런 자신에게도 마음에 드는 사업이었다. 척 스태먼 사장은 재무 제표에는 나타나 있지 않지만 상품을 장부에 기재하지 않고 정가의 80%에 판매하는 방법으로 현금을 챙길 수 있다고 설득했다. 그러나 앨런은 단순히 재무 제표에 근거한 협상안을 제시해서 결국 매매가 이루어지지 않았다.

다음으로 앨런은 하이드라프레스사를 탐색했다. 이 회사는 68세 된 모리스 골든 사장이 운영하고 있었고, 수압 기계로 내화 벽돌 등을 제조하는 업체였다. 모리스는 300-400만 불에 현금으로 매각할 생각이었다. 앨런은 340만 불의 인수안을 제시했으나, 근소한 차이로 결국 뉴 요크 증시에 상장된 회사에게 매각하기로 결정되었다. 그런데 그 후 6개월이 지나서까지 모리스가 계속 매매 계약상의 트집을 잡아 인수하고자 했던 업체가 결국 인수를 포기하게 되었다. 이러한 사후의 소문을 통해 앨런은 한 기업의 창업자가 자신이 설립한 회사를 마치 자식과도 같이 생각하여 남에게 매각하는 것을 심리적으로 심히 꺼리기 때문이라는 것을 알게 되었다.

마지막으로 앨런은 플래스-텍이라는 특수 플라스틱 부품 업체의 인수를 타진하게 되었다. 이 회사는 1954년에 해리 엘슨이 설립해서 운영해 왔는데, 그가 사망한 후 자선 단체에게 기탁된 것을 은행에서 매각하기로 한 것이다. 은행은 회사의 역사, 고객 기반, 공급 업체, 경쟁 업체를 종합적으로 고려하여 이 회사를 60만 불 이상으로 평가했다. 앨런은 우선 사업 가치를 평가하고 인수 가격을 책정하기로 하였다. HE 매뉴팩처링사와 플래스-텍 세일즈사의 두 가지 사업 부문으로 구성되어 있는 이 회사는 순수한 유통 업체는 아니었지만 고객 서비스와 같이 유통과 공통적인 부문이 있었고, 창업자의 사망 이후 경영상의 공백이 있었으므로 앨런이 추구하는 목표와 일치하였다.

플래스-텍의 사업 자체는 특허가 없는 제품에서 마진의 50% 이상이 창출되고 있어서 회사를 인수한 후 합법적인 순익이 얼마나 될지를 평가하는 것이 중요했다. 이 회사의 핵심적 직원은 십장인 버니와 경리 새러, 그리고 고객 서비스 및 주문부의 엘리너있고, 그 외에도 다수의 시간제 근로자들이 있었다. 사업의 반 정도를 맡길 수 있는 파트너가 필요하다는 생각에 앨런은 50 대 50의 지분 참여로 친구 댄 레이를 고려하고 있었다. 앨런은 댄과 함께 각각 10만 불을 투자하고 나머지는 은행 융자를 함으로써 100% 지분을 갖고자 하였다.

앨런은 이러한 계획과 함께 자산을 인수할 것인가 지분을 인수할 것인가를 따져 보아야 했다. 창업자가 여태까지 많은 봉급을 가져가 왔고, 배당금 대신 HE 매뉴팩처링사에 이자 수입이 있는 자산을 많이 축적했기 때문에 지분을 인수할 경우 세무 당국에 추가적인 법인세를 내야 할 우발 채무의 가능성도 배제할 수 없었다. 여지껏 2년 가까이 인수 노력을 해온 앨런은 과연 플래스-텍사를 인수해야 할 것인가 말 것인가를 결정해야 하는 시점에 왔다. 내일 이 회사를 인수하지 않겠다는 결정을 내리면 그는 또 다른 업체를 물색해야 한다.

1. 투자 회수 전략

훌륭한 기업을 키워 내기 위해 시간과 노력과 정열을 투입하는 창업 기업가에게 무엇보다도 중요한 보상의 메커니즘은 성공한 기업을 처분하고, 함께 투자한 투자자로 하여금 투자된 자본을 회수(Exit)하도록 하는 수확(Harvest)의 과정일 것이다. 물론 많은 성공적인 창업 기업가들이 돈보다는 기업을 키워 내는 과정 자체에서 깊이 빠져들고 매료되는 것은 사실이다. 즉, 돈을 벌기 위해 사업을 하기보다는 사업을 하기 위해 돈을 번다고 생각하는 것이다. 그럼에도 불구하고 현명한 수확과 투자 회수 전략을 취함으로써 창업 기업가는 자신이 성장시킨 기업의 입장으로 보나 향후에 개인적으로 추구할 수 있는 옵션으로 보나 보다 나은 결과를 이끌어 낼 수 있다는 것은 당연한 사실이다.

창업자는 무엇보다도 우선 사전적으로 수확의 목표를 설정해야 한다. 사업 은퇴 등에 직면해서야 수확의 방법을 따지는 것이 아니라 창업 초기부터 일찍이 사업의 당연한 과정으로서 준비된 수확을 해야 한다는 것이다. 수확의 목표와 눈높이를 어디에다 설정하느냐에 따라 창업의 이유가 개인적 생계를 위한 것일 수도 있고, 보다 원대하게 기술 혁신과 가치 창출을 통해 수많은 사람들에게 일자리를 제공하는 것일 수도 있다.

수확 지향적인 창업자에게는 여유 있는 생활을 통해 사업 추진 활동이 개인적으로 훨씬 재미있고 덜 스트레스적으로 느껴질 수 있다. 사회경제적으로도 투자자에게 충분한 보상을 해 주고, 기술 혁신을 통해 경제를 재생시키는 역할을 더 잘 할 수 있다. 창업으로부터 수확에까지 이르는 전체 과정은 사업상의 리사이클링 과정이라고 볼 수 있다. 이 과정을 통해 창업 기업가 정신이 새로운 사업 기회의 추구를 위해 재투입되고, 회수된 자본이 보다 가망성 있는 사업에 재투자되는 것이다. 따라서 기업의 처분을 통한 수확과 투자 회수는 단순히 회사를 매각하고 떠나는 종결적인 사건이 아니라 장기적으로 부가가치를 창출하는 사업 과정의 일부라고 여겨야 한다.

시장 진입에 있어서와 같이 수확에 있어서도 기회의 창이 존재한다. 창업자에게 자신이 키워 낸 회사를 처분하는 것은 마치 자기 자식을 버리는 것과 같은 기분을 자아내는 것이 보통이다. 그래서 많은 창업자들이 위협적인 신기술이나 경쟁 업체의 출현으로 회사 전체가 망해 버리는 상황이 오기 전까지는 결코 회사의 매각을 생각하지 않는다. 그러나 이러한 위협적 상황이 도래한 후 회사를 처분하면 제 값을 받지 못하게 된다. 따라서 창업자는 항상 회사가 적시에 적정한 가격에, 그리고 적절한 이유가 있을 때 처분하고자 하는 전략적 시각을 견지해야 한다. 즉, 회사의 처분에 있어서도 **전략적 창**(Strategic Window)이 존재하는 것이다. 전략적 창이 닫히는 순간에 처분하기보다는 그것이 열리기 시작할 때 처분하는 것이 바람직하다. 이 시점은 보통 남들이 보기에는 너무 이른 시기일 수도 있다. 그러나 이 시점을 놓쳐서 처분하게 되면 회사의 가치가 급격히 하락할 수 있다는 사실을 명심해야 한다.

회사를 처분해서 수확하는 데는 아래와 같이 여러 가지 옵션이 있다.[2] 창업자가 유의해야 할 것은 비전과 인내를 가져야 한다는 점이다. 회사를 성공적으로 키워 내는 데는 수년이 걸린다. 따라서 투자 회수 전략도 짧게는 3년, 길게는 10년까지 바라보아야 한다. 또한 과욕을 부리지 말아야 한다. 회사의 가치를 적정하게 평가하고, 그에 따라 매각 대금을 요구할 필요가 있다. 인수 업체에 대한 무리한 요구로 적절한 처분 기회를 놓치고, 결국 회사를 파탄에 몰고가는 예가 허다하다. 회사의 적정 가격을 알기 위해 자신의 판단도 중요하지만 외부 전문가와 장기적인 관계를 가지고 자문을 구해 볼 필요가 있다. 장기적인 관계를 가진 전문가는 회사를 오랜 동안 잘 관찰할 수 있고, 어느 시점에서 일마에 회사를 처분하는 것이 바람직한지를 정확히 조언해 줄 수 있다.

캐피털 카우 중견 기업에 있어 많은 이윤을 창출하는 캐시 카우(Cash Cow)와 마찬가지로 창업 기업이 **캐피털 카우**(Capital Cow)가 될 수 있다. 사업이 기대 이상으로 잘 풀림으로 해서 창업자가 미처 쓸 시간도 없을 만큼 많은 현금을 급료나 이권의 형태로 제공받을 수 있다. 성공적인 창업 기업은 현금이 풍부하여 융자 상환이나 재투자를 위한 자금도 여유 있게 된다. 이는 노력과 재산을 투여한 창업자에 대한 수확의 기회이자 회사에 자금을 대준 융자자에게 좋은 투자 회수 기회를 제공한다.

종업원 지주제 **종업원 지주제**, 또는 **우리사주제**(Employee Stock Ownership Plan)란 회사가 경영 방침으로 특별한 편의를 제공하여 종업원에게 자사 주를 취득하여 보유하게 하는 제도이다. 이는 외부의 공개적인 시장이 아직 미비한 창업 기업의 주식을 종업원에게 매각함으로써 창업자가 자신의 투자금의 일부를 회수하여 개인적 유동성을 확보할 수 있는 방법이 된다. 종업원들의 입장에서 보면 회사의 소유권을 사내에 확산시켜 공동체 의식과 주인 의식을 갖고 보다 열성적으로 업무에 임할 수 있게 하는 동기 부여의 방안이 된다.

우리 나라에서는 1968년에 자본 시장 육성에 관한 법률의 제정으로 상장 법인이 유상증자를 실시할 때 그 증자 분의 10% 범위 내에서 종입원에세 우선 배성하도록 규정함으로써 종업원 지주제의 법적인 기초가 마련되었고, 그 후 1974년 5·29 조치에 따라 세제 및 금융 상으로 여러 가지 지원이 강화됨으로써 종업원 지주제가 확대 실시되기 시작하였다. 우리 나라에서 이 제도를 실시하기 위해서는 우선 종업원의 자율적 기구인 우리사 주조합을 결성해야 한다. 이는 법인의 공개 유무에 상관없이 전 종업원을 대상으로 하는 자

---

2 Jeffry A. Timmons, *New Venture Creation: Entrepreneurship for the 21st Century,* Fourth Edition (Burr Ridge: Irwin, 1994): 658-661.

사 주 투자 조합으로서 회사와 대등한 입장에서 종업원 지주제의 운영에 관한 사항을 약정하고 조합원의 입회 및 탈퇴, 주식 매매, 그리고 지분 관리 등 종업원의 소유 주식을 관리·운영하는 주체적인 기구이다.

조합원의 자격으로서 임원과 법인에 계속적으로 고용되지 않는 일급이나 시간급 종업원은 제외된다. 우리사 주 조합의 입회가 강제적인 것이 아니며, 입회를 원하는 조합원은 조합장에게 서면으로 신고하여 가입할 수 있다. 우리사 주 조합원의 자사 주 취득 방법으로는 유상 증자 시 우선 배정, 상여금 대체 지급, 기업 공개 시 우선 배정 등이 있다. 공개 및 상장 법인의 경우 유상 증자 시 전 종업원이 소유하는 주식이 100분의 20을 초과하지 않는 범위 내에서 청약한 주식 수에 따라 안분하여 신주를 우선 배정 받을 수 있다. 기업 공개 시에도 주식 총수의 100분의 20까지 우선 배정하여 조합원이 주식을 취득할 수 있다. 조합원이 우리사 주 조합을 통해 취득한 주식은 한국 증권 금융㈜에 예탁해야 하며, 자사 주의 장기간 보유를 유도하기 위해 예탁된 주식에 대해 세제상 각종 혜택을 부여하고 있다.

경영진 매수 창업자는 회사 지분을 파트너나 경영진에게 매각함으로써 현금을 회수할 수 있는데, 이를 **경영진 매수**(MBO: Management Buy-Out)라 한다. 그러나 대개의 경우 경영진이 회사를 소유 경영할 의지가 있다고 하여도 소유권을 매수할 만큼 충분한 재정적 능력이 모자라는 것이 보통이다. 이러한 상황에서 창업자는 매수 초기에 일정액을 현찰로 결제하고 나머지는 사업의 운영을 통해서 수년간 상환하도록 하는 조건을 제시할 수 있다. 이때 향후의 수익성 조건에 따라 매수 대금을 연동시키도록 하는 경우가 있는데, 이렇게 되면 경영진의 노력 여하에 따라 창업자의 회수금이 의존될 수밖에 없는 상황이 벌어진다. 즉, 경영진이 설비 투자 등으로 회사를 확장시키는 전략을 취하면 당분간의 수익성이 떨어져 매수 대금을 최소화할 수 있기 때문에 창업자의 각별한 주의를 요한다.

사업체가 충분한 자산과 건전한 현금 흐름을 확보하고 있을 때는 이를 담보로 금융기관으로부터 외부 차입금을 유치해서 매수토록 할 수 있는데, 이를 특별히 **차입 매수**(LBO: Leveraged Buy Out)라 한다. 차입 매수를 하게 되면 기업의 소유권이 이전될 뿐만 아니라 피매수 기업의 자본 구성이 일시에 부채가 증가하는 방향으로 변하게 된다. 다각화된 대기업의 경우도 경영의 효율화를 기하기 위해 채산성이 낮은 부문이나 본업 이외의 자회사 또는 특정 부문을 처분하는 경우가 있다. 이때에도 대상 부문의 경영 책임자가 증권사와 함께 부문의 차입 매수를 할 수 있다.

차입 매수는 통상적인 기업 매수 이외에도 상장 기업이 기업 탈취자에 의한 매수를 방어하기 위해서나 경영에 대한 주주로부터의 영향을 배제시키기 위해서 기업을 다시 비공개화할 때도 활용된다. **기업의 비공개화**란 고의적으로 상장 폐지 요건에 충족되도록 하는 것으로 대주주의 지분 확대나 부채 비율의 상향 조정 등의 방법이 있다.

인수 · 합병 및 전략적 제휴 창업자는 타 기업과의 **인수 · 합병**(M&A: Mergers and Acquisitions)을 통해 현금을 회수할 수 있다. 인수 · 합병이란 어떤 기업이 경영 전략의 실현을 위해 자본, 거래, 인적 측면에서의 실질적인 지배를 위해 지분을 취득하는 것을 말하며, 지분 취득의 범위는 경영 전략의 목적에 따라 달라질 수 있으나 통산 자산 또는 지분의 10% 이상 취득에 그 의미를 둔다. 이는 대상 기업들이 합쳐 단일 회사가 되는 합병과 경영권의 획득을 목적으로 주식을 취득하는 인수를 합한 개념이다.

창업 기업이 타 기업에 인수 · 합병되더라도 상호 합의와 계약에 의해 창업 경영진이 수년간 계속 매수 기업의 경영진으로 남아 기업 운영에 적극 가담할 수도 있다. 경우에 따라서는 지분의 일부만 우선 매각하고 나머지 지분은 매각된 기업의 사업 성과를 보아 가며 적시에 매각할 수 있는 **주식 매각 선택권**(Put Option)을 얻을 수도 있다.

인수 · 합병 시 현금 매수를 하지 않고 주식 교환 매수를 할 경우는 특히 주의를 요한다. 주식 대 주식의 거래는 세제상의 혜택이 있을 수 있지만, 주가 자체가 가변적이기 때문에 창업자가 회수한 주식의 가치가 시간이 지나 원래의 회사 가치에 훨씬 못 미치는 결과를 낳을 수 있기 때문이다.

창업자는 또한 전략적 제휴를 통해 창업 기업의 신기술에 관심을 가진 대규모 파트너 기업으로부터 영업 활동이나 시장 확대 등에 필요 자본을 유치할 수 있다. 즉 창업 기업은 기술 및 개발 부문을 맡고, 대기업은 마케팅과 유통 부문을 맡아 상호간의 시너지를 창출할 수 있다. 창업자는 제품의 판권을 파트너 대기업에게 매각함으로써 현금을 회수할 수 있다.

인수 · 합병을 통한 창업자의 투자 회수가 활발한 미국의 성공적인 회사의 매각 사례로 스티브 김(한국명 김윤종) 사장이 1993년에 창업한 자일랜사를 들 수 있다. 첨단 통신 장비를 제조하는 자일랜사는 창업 후 6년 만인 1999년 3월에 프랑스의 세계적 통신 장비 회사인 알카텔에 20억 불에 인수되었다.[3] 자일랜은 통신 업계 필수 장비인 고주파 변조 장치를 개발하는 등 첨단 기술력을 바탕으로 매년 50% 이상의 초고속 성장을 거듭해 주목받아 왔었다. 인수 조건은 주당 37불로 당시의 주가 수준인 26.94불에 비해 37%의 프리미엄을 받는 것이었다. 총 4227만 6000주의 자일랜 주식 중 7% 가량을 보유하고 있던 김 사장은 이 인수 거래로 1억 4000만 불 가량의 현금을 얻게 되었다. 김 사장은 인수 계약상 2년간 자일랜 사장직을 계속 맡아야 하는 것으로 되었다.

우리 나라에서도 첨단 기술과 참신한 아이디어의 사업화로 수십억 내지 수백억 원의 수확을 하는 벤처 기업인들이 속속 나타나고 있다.[4] 이들은 회사를 설립하여 신제품으로 실력을 인정 받은 뒤 외국이나 국내 대기업에 고가에 매각하는 회수 전략을 취했다.

[3] 중앙 일보, “20억 불에 자일랜사 판 스티브 김,” 1999년 3월 8일: 31.
[4] 중앙 일보, “어필 텔레콤 · 아이네트 등 벤처 지분 팔아 속속 돈방석에,” 1998년 10월 17일.

- 어필 텔레콤: 휴대폰, 무선 호출기 전문 벤처인 자본금 60억 원 규모의 어필 텔레콤 이가형 사장은 1998년 10월 16일 미국 모터롤라사에 4500만 불을 받고 회사 지분의 51%를 넘겼다. 이 사장은 자신의 지분을 팔아 수백억 원을 벌었고, 우리사 주를 소유한 직원들 역시 적잖은 현금을 얻었다. 이 사장은 당분간 어필의 경영도 계속 맡았다. 어필 텔레콤사는 창업한 지 4년밖에 안 되었지만 처음부터 광역 무선 호출기 등으로 눈길을 끌면서 1997년에 매출액 541억 원을 기록했다. 특히 1998년에는 79 g의 초경량 휴대폰을 출시하여 50만 대가 팔리면서 단숨에 국내 휴대폰 시장의 8%를 점유할 정도로 인기를 모으면서 매출이 1800억 원으로 급증할 것으로 예상되자 모터롤라사의 관심을 끈 것이다. 한국 모터롤라 정갑근 상무는 "어필은 중소 기업이지만 이동 통신 분야에서 기술력이 뛰어나 전략적 제휴와 투자를 결정했다"고 설명했다.
- 아이네트: 국내 인터넷 분야의 선두 주자인 아이네트(자본금 43억 원)도 1998년 9월 28일 미국 4 위인 인터넷 서비스 업체 PSI 넷에 3500만 불에 인수됐다. 아이네트가 1997년 129억 원 매출에 34억 원의 적자를 기록했는데도 불구하고 거액에 매각되었다. 이 회사의 허진호 사장은 스톡 옵션 계약으로 받은 주식을 팔아 300만 불(약 40억 원) 정도를 수확했고, 계속 경영을 맡기로 했다. 이는 미국측이 아이네트의 미래 가치를 높게 평가했기 때문이다. PSI 넷 관계자는 "한국의 인터넷 업계 사정을 잘 아는 허 사장을 유임시키는 것이 아이네트의 기업가치를 높일 수 있다고 판단했다"고 설명했다.
- 한국 디지탈라인: 규모는 상대적으로 작지만 국내 웹 비즈니스 벤처의 선구자인 한국 디지탈라인(구 웹 인터내셔널)도 매각되었다. 1994년 한국 디지탈라인을 세운 창업자 윤석민 현 부사장은 98년 9월 자신의 지분(48%) 중 28%를 동종 업계의 영진 IC에 매각하고 14억 원 이상을 수확했다. 그 후 2대 주주가 된 윤 사장은 경영권을 영진측에 넘기고 자신은 기술 담당 부사장으로 내려 앉았다.
- 로커스: 로커스사의 지분 매각도 주목할 만하다.[5] 로커스사의 주력 제품은 음성 사서함으로 컴퓨터와 전화를 결합한 컴퓨터 전화 통합(CTI) 기술에서 나온 것이다. 이 기술은 미국 생활 시절 옆 사무실에서 음성 메일 시스템을 연구하던 이스라엘 친구들로부터 아이디어를 얻어 개발한 것이다. 이 기술을 갖고 귀국한 김형순 사장은 1990년에 종업원 4명으로 회사를 설립했다. 로커스의 제품은 한국 통신 프리텔 고객 만족 센터, 한솔 PCS 음성 사서함 시스템, SK 텔레콤 고속 무선 호출 등에 쓰이고 있고, 조흥 은행, 한미 은행, 신한 은행 등 18개 금융 기관도 로커스의 고객이다. 김형순 사장은 1999년 1월 26일 영국계 금융 회사인 플레밍 그룹의 투자 전문 자회사 자딘 플레밍 일렉트라사(JFE)에게 로커스의 지분 34%를 매각했다. 주식 액면가의 26배인 주당 13만 원에 매각해서 1600만 불의 현금을 회수했다. 인수 조건은 JFE사가 비상임 이사 한 명만 선임

---

[5] 중앙 일보, "㈜로커스, 1600만 불 외자 유치," 1999년 1월 27일: 21.

할 뿐 경영에는 전혀 관여하지 않는다는 것이었다. JFE사가 로커스사의 가치를 높게 평가한 이유는 전년도의 매출액이 300억 원을 넘는 등 3년 평균 매출액 성장률이 131%나 되고, 당기 순이익 성장률은 221%나 되었으며, 연구원이 전 직원의 58%나 되는 등 기술력으로 무장된 회사라는 점을 인정했기 때문이었다. 김 사장은 "2000년 중 국내 주식 시장에 상장하고 2001년에는 미국 나스닥에도 상장하기로 JFE사와 협의를 마무리한 상태이다"라고 투자 회수와 성장 전략을 피력했다.

기업 공개 창업 기업가가 기업을 성공적으로 성장시켜 사회에서 가장 인정 받을 수 있는 회수 방법으로서는 무엇보다 **기업 공개**(Going Public)를 들 수 있다. 자신이 일궈낸 회사가 국내·외의 증권 거래소에 상장되거나 장외 시장에 등록되어 거래된다는 사실은 매우 흥분적일 것이다. 따라서 많은 창업 기업가가 이를 꿈꾸고 실현시키고자 하고 있지만 다음 절에서 구체적으로 살펴보듯이 기업 공개에 따르는 노력과 비용 또한 만만치 않은 점을 명심해야 한다.

기업 공개란 구체적으로 주식을 신규로 상장하기 위하여 증권 거래 법에 의한 모집 또는 매출의 방법으로 주식을 새로이 발행하거나 이미 발행된 주식을 매도하는 것을 뜻한다.[6] 기업 공개는 창업자 등 소수의 대주주가 소유하는 주식을 일반 대중에게 분산시켜 당해 기업의 주식이 증권 시장을 통해 자유롭게 거래될 수 있게 함으로써 직접 금융 방식에 의한 기업 자금의 원활한 조달을 가능케 하고 자본과 경영의 분리에 의한 경영 합리화를 도모할 수 있게 한다. 기업 공개를 원하는 법인은 금융 감독 위원회에서 제정한 **유가 증권 인수 업무에 관한 규정**과 한국 증권 거래소에서 제정한 **유가 증권 상장 규정**상의 기업 공개 요건을 충족시켜야 한다.

우리 나라의 경우 증권 거래소 상장을 통한 기업 공개의 준비 과정으로서 코스닥 시장이라는 장외 시장 등록 제도를 도입하여 중소 기업 및 창업 기업이 투자를 회수하고 직접 금융을 할 수 있도록 권장하고 있다. 코스닥 시장 등록 방법에 대해서는 본 장 끝의 창업 실무 부분을 참조하기 바란다. 비공개 법인이 주식 장외 시장에 등록하고 총 발행 주식수의 30% 이상을 분산시키면 유가 증권 상장 규정상 요건을 갖추어 주식을 상장시킬 수 있다. 또한 장외 시장에서 공모에 의한 증자를 실시하여 주식 장외 시장 등록을 하고 상장 요건을 갖추어 증권 거래소에 직상장시킬 수도 있다.

이러한 방법 이외에 신주 모집, 구주 매출 또는 이들의 병행 발행으로 기업을 공개할 수 있다. 신주 모집에 의한 방법은 비공개 법인이 자본 시장에서 소요 자금을 조달함과 동시에 기업을 공개하는 방법으로서 공개 후 자본금의 30% 이상에 해당하는 신규 발행 주식 전량을 인수 기관이 인수하여 일반 대중에게 모집하고 발행 회사에 증자 금액을 납입

---

[6] 동원 경제 연구소, **증권 강좌: 이론과 실제**, 전정판 (서울: 동원 경제 연구소, 1998): 83-97.

하여 자본 변동 등기 후 발행 회사가 자금을 인출하여 사용하면 된다. 구주 매출은 신규 자금의 필요성이 적거나 공개 전 자본금이 과다하여 더 이상 자본금을 증가시킬 여력이 없는 경우 공개 전 자본금의 30% 이상을 일반 대중에게 매출하는 방법이다.

또한 신규 자금의 필요성 등 자본 증가의 필요성은 있으나 전액을 신주 모집에 의한다면 공개 후 자본금이 적정 자본금을 초과하게 되는 경우 일부를 신주 모집하고, 공개 여건상의 공모 주수 중 잔여분을 구주 매출하는 신주 모집 및 구주 매출 병행 방법도 있다. 인수 기관이 모집 및 매출 총액을 전액 인수하여 대중에게 모집 및 매출하고, 발행 회사는 납입 일에 전액을 수령하여 모집분은 증자 등기하고 매출분은 구 주주에게 전달하는 방법으로 이 경우에도 공개 후 자본금의 30% 이상을 공모해야 한다.

2. 기업 공개

기업 공개(IPO: Initial Public Offering)가 매우 활발하게 진행되었던 1996년 한 해에 미국에서는 매출액 규모가 1000만 불 이하인 200개의 회사가 기업 공개를 하였는데, 그 중 특히 41개 회사가 매출액 규모가 10만 불에도 미치지 못하는 회사였다.[7] 주식 시장이 활황일 때는 이렇게 소규모 기업에 이르기까지 기업 공개가 활발하게 이루어지는 경향이 있기는 하지만 기업 공개 자체가 만만치 않은 시간과 비용을 요구할 뿐만 아니라 일단 기업이 공개된 후 경영 상황에 따라 다시 비공개 기업으로 회귀할 때도 많은 시간과 비용이 소요되므로 창업자는 기업 공개에 따른 장·단점과 비용을 사전적으로 심도 있게 살펴보아야 한다.

부채와는 달리 직접 금융 방식인 기업 공개는 동종 산업에 있어 높은 성장률을 보이고 있고, 장래에도 그러한 성장성과 수익성을 보장할 만한 기업에게 좋은 자본 조달의 방안이라고 할 수 있다. 공개 기업은 그 주력 제품/서비스가 일반 투자자들에게 높은 관심을 끌 만하고, 경영진도 투자자들에게 신뢰도를 줄 만한 자질이 있어야 한다. 표 10-1은 이러한 기업이 공개함으로써 얻을 수 있는 이로운 점과 아울러 단점도 제시한다. 기업 공개는 창업자나 투자자의 관점에서 투자를 회수할 수 있도록 할 뿐만 아니라 기업체의 관점에서도 장기적으로 자본 조달을 용이하게 하고, 대중적인 인지도를 상승하게 한다. 그러나 기업의 경영 상태를 공개함으로써 경영상의 기밀 유지가 어려워지고, 단기적인 성과주의에 치달을 수 있는 등 경영상의 제약과 비용도 무시할 수 없다.

---

7 Robert A. Mamis, "The Secret World of IPOs," *Inc.*, June 1997: 60-65.

표 10-1 기업 공개의 장 · 단점

장 점	단 점
· 장기 자본 조달의 용이성	· 경영상의 기밀 유지 어려움
· 지속적인 자본 조달의 용이성	· 단기 성과주의 팽배 가능성
· M&A를 통한 기업 확장의 용이성	· 경영상의 제약
· 소유권의 다각화와 유동성	· 기업 공개 비용 소요
· 재산 및 세금 계획의 용이성	· 경영권 침해 가능성
· 투자의 시장 가치 상승 가능성	· 회계 및 세무 분야의 노하우 필요
· 종업원 인센티브 제도 활성화 가능	· 공개로 인한 지속적 관리 비용 발생
· 대중적 인지도 상승	· 배당금에 대한 요구

자료: Seymour Jones, M. Bruce Cohen & Victor V. Coppola, "Going Public." In William A. Sahlman & Howard H. Stevenson (Eds.), *The Entrepreneurial Venture* (Boston, MA: Harvard Business School): 395-399.

미국에는 주식 거래가 이루어지는 주식 시장이 여러 가지 있다. 미국에서 1996년 공개된 회사의 거의 90%가 **나스닥**(NASDAQ)이나 **소자본 시장**(SmallCap Market)에서 이루어진 것이다. 경쟁의 정도는 각 주식 시장에 따라 다르다. 미국의 여러 주식 시장에서 기업 공개 시 갖추어야 할 기본적인 요건은 표 10-2와 같다.

미국의 증권 법(Security Act of 1933)은 기업 공개의 제안이 있기 전에 증권 거래 위원회(Securities and Exchange Commission)에 등록 양식(Registration Statement)을 제출해야 한다. 이는 제 1 부에 주식 인수자를 위한 주식의 **매출 안내서**(Prospectus)를 제시하고, 제 2 부에 우편이나 SEC를 통해 열람이 가능한 각종 보충 자료를 포함한다. 매출 안내서는 사업 영역, 자산, 사업의 위험, 수익의 운용, 주주에 대한 보상, 경쟁 상황, 매도 대상 증권, 임직원 정보, 재무 상태 등을 제시한다. 보충 자료에는 자회사 목록, 비등록 주식의 최근 인수 실적, 각종 도표, 마케팅 방식, 주식 발행 비용, 보충 재무 제표 등이 포함된다.

기업 공개에 들어가는 비용은 직접적인 현금 비용, 증권사 수수료 및 주식의 저 평가 매각에 따른 비용 등으로 구성된다. 공모 주식의 인수 기관으로서의 증권사에 대한 관리 및 인수 수수료(Fee)와 판매 커미션(Selling Commission) 총액은 보통 공모 자금액의 6-7%에 이른다.[8] 1986년 3월 기업 공개를 한 마이크로소프트사의 경우 공모액은 약 5870만 불이었는데, 증권사 수수료가 약 366만 불로 공모액의 6.24%에 달하였다. 선 마이크로시스템즈사는 기업 공개 시 6400만 불을 공모했고, 증권사 수수료는 그 6.1%로 390만 불이었다.

애거왈과 리볼리는 1977년부터 87년까지 미국의 1852개 사를 대상으로 조사한 결과 공개하는 기업마다 공개 비용의 규모가 천차만별이라는 점을 밝힌 바 있다.[9] 소규모의 노

8 John L. Nesheim, *High Tech Startup: The Complete How-To Handbook for Creating Successful New High Tech Companies* (Saratoga, CA: Saratoga Venture Finance, 1997): 228-233.

9 Reena Aggarwal and Pietra Rivoli, "Evaluating the Costs of Raising Capital through an Initial Public Offer-

표 10-2 미국 증권 시장에서의 기업 공개 요건

	NYSE	AMEX Regular	AMEX Alternative	NASDAQ National Market Alternative 1	NASDAQ National Market Alternative 2	NASDAQ SmallCap Market
순 유형 자산	$40 million	-	-	$4 million	$12 million	$4 million
자본금	-	$4 million	$4 million	-	-	$2 million
매출액	-	-	-	-	-	-
순이익	-	-	-	$400,000	-	-
세전 이익	$2.5 million	$750,000	-	$750,000	-	-
발행 주식 수	1.1 million	500,000 or 1 million	500,000 or 1 million	500,000	1 million	100,000
발행 주식의 시장가치	$40 million	$3 million	$15 million	$3 million	$15 million	$1 million
주식의 총 시장 가치	-	-	-	-	-	-
영업 연수	-	-	3년	-	3년	-
최소 매입가	-	$3	$3	$5	$3	$3
주주의 수	2,000	800 or 400	800 or 400	800 or 400	400	300
시장 조성자	-	-	-	2	2	2

자료: Stephen D. Solomon, "So You Want to Go Public," *Inc.*, June 1997: 77.

력 조건부 인수(Best-Efforts Offering)의 경우 총비용이 총 자금 수입액의 80%까지 육박하는 반면, 대형 증권사가 확정 인수(Firm-Commitment Offering)하는 대규모 기업 공개의 경우에는 총비용이 총 자금 수입액의 15% 정도밖에 되지 않는 것으로 나타났다. 구체적인 비용 액수로 볼 때 이는 80만 불 정도에서 400만 불까지 이른다.

이러한 비용상의 특징 때문에 증권사들은 너무 조기에 기업 공개를 하지 않도록 충고한다. 즉 소규모 기업이 기업 공개를 통해 자금을 조달하기에는 너무 많은 비용이 든다는 것이다. 비용 상승의 중요한 요인 중의 하나는 계약의 종류이다. 노력 조건부 인수 계약의 경우 확정 인수 계약에 비해 3배 정도 더 많이 비용이 들게 된다. 따라서 기업 공개의 매력에도 불구하고 창업 기업가는 회사가 일정 규모 이상으로 성장한 뒤 확정 인수 계약을 통해 기업 공개를 하는 방식을 취하는 것이 유리할 것이다.

---

ing," *Journal of Business Venturing,* 1991, 6: 351-361.

기업 공개 비용과 인수 규모와는 정의 상관 관계를 가지나, 인수 규모가 1000만 불을 상회하게 되면 그러한 관계가 약화된다. 다시 말해 자금의 수요가 이러한 규모 이상이 될 때까지는 기업 공개를 생각하지 않는 것이 좋다는 것이다. 예컨대 200-300만 불 정도의 소규모 확정 인수의 경우 현금 지출 비용이 42만 5000불이고 주식 저평가 비용이 50만 불 정도로 이들의 합계가 총 자금 수입의 40%에 이른다. 반면, 1400만 불 규모의 기업 공개의 경우, 150만 불의 현금 지출 비용과 80만 불의 주식 저평가 비용이 발생하여 총 비용이 총 수입의 17% 정도밖에 되지 않는다.

기업 공개에 들어가는 비용의 내용은 어떤 것들이 있을까? 미국의 사례를 통해 살펴보자. 미국의 시애틀에 소재하고 있는 멀티콤 출판사(Multicom Publishing Inc.)는 기존 CD-ROM 라인을 계속 개발하기 위해 추가적인 자금이 필요했다. 1995 회계 연도의 매출액은 390만 불이었고 1996년 7월 기업 공개를 통해 720만 불로 올렸다. 그러나 회사의 순이익은 600만 불 이하였다. 이 회사가 기업 공개를 위해 지불한 돈을 그 내용별로 자세하게 살펴보면 표 10-3과 같다.

엄청나게 부풀려졌던 1995년의 넷스케이프사(Netscape Communications Corporation)의 기업 공개와는 대조적으로 1996년에 이뤄진 압티컬 케이블사(Optical Cable Corporation)의 공개는 증권가에서 별로 잘 알려지지 않은 사실이다.[10] 압티컬 케이블사의 사장인 캅스타인(Robert Kopstein)은 기업 공개 전까지 유일한 주주였다. 그는 인수(Underwriting) 과정을 거치

표 10-3 미국 기업의 공개 비용 내역 예

내 역	비용 ($)	비 고
지원 신청비	15,000	증권거래소에 지원 신청
인수비(Underwriting)	572,000	중개 비용
회계 감사 비용	150,000	
보험료	100,000	상장을 하게 되면 주주들에 대한 책임조로 보험에 가입해야 한다.
인수회사(Underwriter)에게 주는 수수료	145,000	협상에 따라 비용 조정 가능
이전 대리인과 등기 비용	10,000	
보스턴 증권 거래소 지원 신청비와 증권 사기 방지 관련 비용(Blue Sky Fee)	11,000	미국에는 여러 종류의 주식시장이 있다.
법률 사문 수수료	200,000	여러 종류의 법적 서류 작성비
주권 인쇄비	75,000	
기타 부대 비용	12,409	홍보, 공개시 고용했던 임시직 급료, 서류 복사비 등
총계	1,290,409	

자료: Stephen D. Solomon, "Follw the Money," *Inc.*, June 1997: 80-81.

[10] Robert A. Mamis, "You Don't Know Me... ," *Inc.*, June 1997: 68-73.

지 않고 주식 공모를 감행하여 일약 거부로 떠오른 사람이다.

벤처 기업의 경우 일반적으로 IPO 시에 사람들에게 인지되지 않은 경우가 대부분이기 때문에 주가가 그리 높이 올라가지 않는다는 것은 누구나 다 인정하는 사실이다. 따라서 주식 인수 기관(Underwriter) 역할을 하는 증권사나 브로커의 개입을 통해 주식을 공모하는 것이 통상적이다. 그러나 캅스타인은 스스로 인수 작업을 추진했고, 증권 브로커에게 지불해야 했을 막대한 금액을 스스로 챙길 수 있었다. 창업자는 이렇듯 기업 공개의 비용을 최소화하기 위한 여러 가지 대안이 있음을 주지할 필요가 있다. 물론 그가 감행한 방법은 엄청난 모험 수였고, 그는 다시는 이런 방법을 쓰지 않을 것이라고 스스로 인정한 바 있다.

기업 공개를 준비하는 회사들이 알아두면 이익이 되는 전반적인 사항들이 있다. 인수 기관들의 경험과 지혜를 통해 이것을 배울 수 있고, 기업들이 예상하지 못했던 안 좋은 사태를 어느 정도 예방할 수 있다. 미국의 경우 기업 공개 준비 과정에서 대부분의 회사들은 최고 경영진의 보수를 크게 —경우에 따라 50%까지— 삭감할 필요가 있다는 사실을 아는 기업가들은 그리 많지 않다.[11] 노래나 춤 등을 통한 길거리 홍보도 때론 크게 도움이 되기도 한다. 실제로 많은 미국 회사들은 홍보에 많은 신경을 쓰고 있다. 왜냐하면 강렬한 시선 집중, 맞대면을 하면서 주는 강렬한 인상, 홍보하는 목소리의 적절한 변화 등은 경영자들이 피치를 올리는데 필요한 경우도 있기 때문이다. 많은 회사들은 기업 공개 전에 재무 관리자보다 총괄적인 경영 마인드가 강한 사람들로 교체할 필요가 있다.

우리 나라에서는 1968년의 자본 시장 육성에 관한 법률이 공개 법인에 대한 혜택을 부여하기 시작하면서부터 관계 당국과 기업 당사자의 노력으로 1978년까지 300여 개가 넘는 기업이 공개하였다. 그 후 유가 파동으로 다소 부진하다가 1984년 이후 경기 호전과 자본 자유화 분위기로 주식 거래가 활성화되고 자본 시장이 안정된 성장세를 보임에 따라 기업 공개 분위기도 고조되었다. 1990년 이후에는 증권 시장의 침체로 인해 주식 공급 물량의 축소가 요청되고 기업 공개 요건이 강화되면서 기업 공개가 다소 위축되었다. 기업 공개를 할 수 있는 일반 법인의 기본적인 요건은 설립 후 5년 이상이 경과되고, 납입 자본금이 30억 원 이상, 자기 자본이 50억 원 이상 되며, 매출액 규모가 공개 직전 연도에 200억 원 이상, 그리고 최근 3 사업 연도에 평균 150억 원 이상 되는 우량 기업이어야 한다. 표 10-4는 일반 법인의 기업 공개 요건을 자세히 보여 준다.

11 Jerry Useem, "Now Let's Talk about You," *Inc.*, May 1996: 65-66.

표 10-4 일반 기업의 공개 요건

요 건	내 용
설립 연수	· 법인 설립 후 5년 이상 경과할 것
자본금 및 자기 자본	· 납입 자본금: 30억 원 이상 · 자기 자본: 50억 원 이상
유가 증권 분석 가치	· 자산 가치: 액면 가액의 3 배를 초과할 것 · 수익 가치: 액면 가액의 2 배를 초과할 것
매출액	· 공개 직전 연도: 200억 원 이상일 것 · 최근 3 사업 연도의 평균: 150억 원 이상일 것
납입 자본 이익률	· 최근 3 사업 연도에 각각 영업 이익, 경상 이익, 당기 순이익이 있어야 함 · 최근 사업 연도: 25% 이상 · 최근 3 사업 연도 합계: 50% 이상
부채 비율	· 최근 사업 연도 말 상장 법인 동 업종 평균 부채 비율의 1.5배 미만 · 단, 동 업종 상장 법인이 5사 이하인 경우 전 상장 법인 · 금융, 보험, 리스업은 미적용
주간사 계약 체결 여부	· 공개 주간사 계획서를 금융 감독원에 제출하기 6개월 전에 주간사 계약이 주간사와 발행 회사 간에 체결되어 있을 것
감사인 지정 및 감사 의견	· 금감위에 감사인 지정을 신청하여 최소한 공개 전 1 사업 연도 재무 제표를 지정 감사인으로부터 감사 받을 것 · 최근 3 사업 연도 적정 또는 한정 의견
소송 분쟁/부노 여부	· 소송 등의 분쟁 사건이 없고 부도 사실이 있었던 경우 신고서 제출 1년 전에 그 사유 해소
합병 등의 경우	· 합병, 영업의 양수도 및 감자 시 당해 합병 등의 기일 및 감자의 등기일이 속한 사업 연도의 결산 재무 제표가 확정될 것 · 단, 합병 등의 기일 및 감자의 등기일로부터 당해 사업 연도 말까지의 기간이 3개월 미만인 경우에는 차기 사업 연도의 결산 재무 제표가 확정될 것
주식 소유 비율의 변동 금지	· 유가 증권 신고서 제출일로부터 소급하여 1년간 최대 주주와 그 특수 관계인 및 발행 주식 총수의 1% 이상을 소유한 주주의 지분율 변동이 없을 것 · 단, 우리사 주 조합, 유상 증자 납입 불이행, 코스닥 시장 매매, 상속, 유상 증여 및 합병, 외국 투자자 지분 매각, 유가 증권 신고서 제출일 3년 이전의 전환 사채 및 신주 인수권부 사채 전환권이나 신주 인수권 행사 등은 허용됨
공모 규모	· 일반 법인의 경우: 공개 후 자본금의 30% 이상 · 발행 주식 수가 1000만 주 이상인 법인: 공개 후 자본금의 10% 이상을 공모해야 하며, 소액 주주가 1000명 이상일 것 · 코스닥 등록 법인: 상장 신청일 1년 이전에 주식을 모집, 매출 또는 협회 규정에 의한 입찰 방식에 의한 실적이 있는 경우는 30% 계산에 포함(단, 20% 초과시 초과분은 제외)
공개 전 무상 증자 제한 요건	· 공개 전 1년 동안 제한 · 공개 2년 전의 날이 속하는 연도 말 자본금의 40%
공개 전 유상 증자 제한 요건	· 공개 전 2년 동안 재평가 적립금 제한 · 공개 전 1년 동안 재평가 적립금 외 잉여금 제한

자료: 동원 경제 연구소, **증권 강좌: 이론과 실제**, 전정판 (서울: 동원 경제 연구소, 1998): 90-92.

3. 기업의 인수

기업의 인수와 기업의 처분은 동전의 양면과도 같다. 즉, 투자 회수를 위해 기업을 처분하는 사람이 있다는 것은 반대측에 기업을 인수하고자 하는 사람이 있다는 것을 의미한다. 기존의 회사가 사업 영역을 다각화하기 위해 기업을 인수할 수도 있고, 투자자가 기업체의 지분 인수를 통해 투자 수익을 얻고자 하여 기업을 인수할 수도 있다. 창업자들도 신규 창업(Start-Up)을 하지 않고, 기존의 기업을 인수(Acquisition)하여 자신의 독립적인 사업체를 운영할 수 있다. 실제로 삼분의 일 가량의 창업자들이 신규 창업보다는 인수를 통해 사업을 시작한다고 볼 수 있다.

기존 기업을 인수하여 사업을 시작하게 되면 시간, 위험도, 자원의 필요 수준, 그리고 절차나 관행의 수립 등에 있어 보다 유리한 점이 있다.[12] 신규 창업 시 요구되는 시간과 노력은 기대 이상으로 소모적일 수 있는데, 기존 기업을 인수하면 이러한 부분이 절감된다. 또한 기업 인수 시에는 기존 업체의 과거 사업 성과(Track Record)에 대한 구체적인 물증이 있기 때문에 기대치 않은 사업 위험을 최소화할 수 있다. 기업을 매각하는 측에서 매수 대금에 대해 신용 거래를 해주고, 인수자가 회사 자산을 담보로 외부 차입 매수를 할 경우 기업 인수는 당장의 자원의 필요 수준도 대폭 낮출 수 있다. 그리고 종업원, 공급 업체, 고객 등과의 관계나 거래 절차 등을 새로이 수립하는 것보다는 기존의 관행을 채택하는 것이 쉽다.

기업을 인수하는 과정은 **동시 추진적**(Ham and Egging) 기술을 요구한다. 기업 인수를 재정적으로 후원하는 측의 입장에서는 인수 당사자가 인수 대상 업체와의 합리적이고 수용 가능한 매수 거래를 얻어 내지 못할 사람이라면 애초부터 인수를 위한 지원을 하려고 하지 않을 것이다. 다른 한편으로 인수 대상 업체는 인수 당사자가 후원자 등의 자금 동원력이 없으면 거래 협상 자체를 시간 낭비라고 생각할 것이다. 따라서 인수 당사자는 후원자와 인수 대상 업체를 동시에 설득하고 협상하는 기술과 능력을 가져야 한다는 것이다.

이 장의 서두에서 소개했던 앨런 레인이 자신의 인수 경험으로부터 깨달았듯이 인수자에는 다음과 같이 여러 층이 존재한다.[13] 어느 인수자층을 겨냥하느냐에 따라 회사를 매각하는 측의 매각 프리미엄이 달라질 수 있다.

- **A급 계층**: 전략적 관점에서 다른 사업을 매입하려는 회사이다. 이 경우 현금으로 인수 프리미엄까지 제공하려는 의지를 보일 수 있다.

---

[12] Karl H. Vesper, *New Venture Experience,* Revised Edition (Vector Books: Seattle, 1996): 583.
[13] Howard H. Stevenson and Michael J. Roberts, *op. cit.*: 9-10.

- B급 계층: 대기업 등을 대표하는 증권사들이 이에 해당한다. 현금 프리미엄까지 제시하지는 않지만 인수 대금 지불에는 전혀 문제가 없는 경우이다.
- C1급 계층: 외부 차입금에 의존해서 회사를 인수하는 경우이다. 인수 대금을 완불하지 못할 가능성은 있지만, 과거에 자금 동원 경험이 있는 인수자 층이다.
- C2급 계층: 현금도 없고 과거 인수 거래 경험도 없지만 자금 동원력에는 문제가 없는 인수자 층이다.
- C3급 계층: 인수 경험이나 충분한 자금력도 없이 인수하겠다는 의욕만 넘치는 인수자 층이다.

기업의 인수를 통해 창업을 하기 위해서 창업자는 인수 대상 업체를 탐색하고 평가하며, 인수 조건을 협상하고, 인수 후에 회사를 실제로 관리하는 과정을 거쳐야 한다. 다음에서는 이러한 인수 과정을 보다 구체적으로 자기 평가로부터 사후 관리에 이르기까지의 여덟 가지 단계로 제시하고자 한다.[14]

자기 평가 기업을 인수하고자 하는 창업자는 자신의 인수 동기, 기대 수준, 위험 선호도, 그리고 재무 및 전문적 자원의 보유 수준 등을 스스로 평가해야 한다. 이를 통해 인수 과정의 진지성 수준을 판단할 수 있다. 진지한 인수 탐색을 할 경우 창업자가 높은 수준의 몰입과 더불어 높은 수준의 기대감을 가지고 있고, 인수 대상 산업에 대해 거의 전일제로 깊이 연구하면서 자신의 재산을 투입할 좋은 기회가 올 때까지 인내심 있게 기다린다.

반면 가벼운 수준의 탐색을 하는 인수자는 어느 정도 한계적인 몰입 수준과 기대감을 갖고, 자기 사업을 한다는 것 자체에 깊은 의욕을 갖고 있지 않아 좋은 기회가 도래해도 단호하게 결정하는 의지가 미약할 수 있다. 주의할 것은 기대 수준은 높으나 몰입도가 떨어지는 비현실적인 인수 자세를 갖게 되면 좋은 기회 발견이 오히려 더뎌질 수 있다는 점이다. 인수 당사자의 자기 평가가 정확할수록 거래 상대방에 대한 설득과 협상도 쉬워질 수 있다.

거래의 기준 기업의 인수 기준과 인수 당사자가 원하는 거래상의 특징을 사전적으로 명확히 설정해야 한다. 인수 대상 기업이 다수가 있을 수 있기 때문에 그들 간의 장·단점을 비교를 할 수 있는 일관된 기준이 필요하다. 기본적으로 고려해야 할 사항은 원하는 거래의 규모, 즉 매입 가격, 선호하는 산업, 경영상의 주 성공 요인, 고객 기반의 유형, 지리적 선호도, 현 소유 구조 등이라고 할 수 있다. 특정한 인수 거래가 바람직한 거래가 되기 위해서는 다음과 같은 특성을 지녀야 한다.

- 매출액과 순익의 증진 가능성

14 Ennis J. Walton and Michael J. Roberts, "Purchasing a Business: The Search Process," Harvard Business School Note 9-388-044.

- 예측 가능한 현금 흐름
- 최소한의 부채 수준
- 실질적인 신규 차입을 뒷받침할 수 있는 자산 기반

인수의 경험이 많은 기업가일수록 우선적으로 고려하는 기준을 명확히 할 수 있다. 그리고 인수 기업가에 따라 그러한 기준의 강조점이 달라질 수 있다. 창업자가 은퇴하려고 하는 기업을 원할 수도 있고, 기업의 자본 집약도를 강조할 수도 있고, 과거의 순익 실적에 높은 비중을 둘 수도 있다. 적절한 거래의 기준을 설정하는 목적은 조건에 맞는 기업을 일관성 있고 포괄적으로 파악하고 분석하기 위한 것이기는 하지만 시간적 제약이 있기 때문에 주안점을 가지고 작업을 최대한 단순화시키도록 노력해야 한다.

표 10-5는 인수 대상 기업의 평가 기준을 설정한 예를 보여준다. 이 경우는 인수 기업가가 상대적으로 우측으로 치우치도록 평가되는 기업을 인수하려는 의도를 나타낸다. 이와 같이 나름대로 인수 기준이 설정되었다 하더라도 상황이 변화하면 그에 따라 인수 기준을 탄력적으로 조정해서 인수의 목적을 달성하는 자세를 견지해야 한다.

거래의 원천 인수 기업가는 자신의 욕구와 인수 기준에 맞는 인수 대상 기업체의 정보를 제공하는 최적의 원천을 찾아내야 한다. 이때 중개인과 매각 당사자의 목표와 의도를 정확히 파악하고 대처할 필요가 있다. 특히 매각 시점, 신용도, 자금 조달 방법 등의 조건을 고려해야 한다.

거래 원천의 유형을 크게 나누어 보면 사업 브로커, 벤처 자본사, LBO 펀드, 개인적 친분 관계, 그리고 금융 기관 등을 들 수 있다. 인수의 규모에 따라 이들 원천을 다각도로 적절하게 활용할 필요가 있다. 증권사와 LBO 펀드는 상대적으로 대규모의 거래에 적절하고, 나머지 유형은 중소 규모의 거래에 적합하다.

사업 브로커는 매각자와 매수자를 대리하여 매매 수수료를 받고 거래를 성사시키는 업을 한다. 일반적인 개인 브로커에 비해 전문 브로커 법인은 매수 성사 시에 높은 프리미엄의 수수료를 요구할 수 있다.

벤처 자본사는 3-5년 전의 투자에 대한 회수 전략으로서 기업을 매각해야 되는 입장에 있기 때문에 좋은 매수 정보의 원천이 될 수 있다. 투자 특성상 이들은 현금 매각에만 관심을 둔다. 그러나 주로 문제가 있는 기업만을 매각하려는 경향이 있기 때문에 인수자의 주의를 요한다.

LBO 펀드(Leveraged Buy-Out Fund)는 인수 기업가에 대해 기업 매수에 있어 경쟁적인 위치에 있을 수 있으나, LBO 펀드의 사업 목적상 직접적인 관심이 되지 않는 기업에 대해 좋은 정보를 제공할 수도 있다. 또한 LBO 펀드가 부채 상환을 위해 매수한 기업의 일정 사업 부문을 매각할 때 매력적인 인수 거래를 성사시킬 수 있다.

개인적인 친분 관계가 있는 인사로부터 좋은 기업 정보를 얻을 수 있다. 그들은 인수

표 10-5 인수 대상 기업의 탐색 체크리스트

일자 ________

1. 회사명 ____________ 2. 소유주 ______________ 3. 전화 번호 ____________
4. 제품 ____
5. 규모: 종업원 수 ________________ 사업 가치 ________________원
6. 평정치:

원치 않는 특성	원치 않음			바람직함			원하는 특성
	1	2	3	4	5	6	
a. 맞춤 제품							표준 제품
b. 고가							저가
c. 일손이 딸림							일손이 여유로움
d. 소유주 업무량이 많음							소유주 부재 경영
e. 경쟁자가 많음							시장 틈새가 명확함
f. 제품이 복잡함							제품이 단순함
g. 지역적인 고객 층							광범위한 고객 층
h. 고객이 적음							고객이 많음
i. 진입 비용이 낮음							개시 비용이 높음
j. 성장 잠재성이 낮음							성장 잠재성 높음
k. 시장이 축소 추세임							시장이 확장 추세임
l. 흑자 경험이 짧음							장기적 안정 순익
m. 매각 의사 약함							매각 의사 강함
n. 자본 집약도가 높음							자본 집약도가 낮음
o. 낡은 장비							최신 장비

7. 기타 소견:

자료: Karl H. Vesper, *New Venture Strategies*, Revised Edition (Englewood Cliffs: Prentice-Hall, 1990): 282.

상황과 개인적인 전문 지식에 따라 관련된 사람과 인맥을 소개해주고, 자신들이 겪었던 성공과 실패담을 들려줄 수도 있다.

시중 은행과 지방 은행 등의 금융 기관은 관할 지역의 사업체들에 대해 광범위하고 자세한 정보를 갖고 있기 마련이다. 은행은 새로운 사업주를 주고객으로 삼는 데에 관심을 두기 때문에 고객 사 중에서 매각 의사가 있는 업체에 대한 매수자를 탐색하고 잠재적인 매수자에게 매각 대상 기업의 정보를 제공해줄 수 있다. 은행은 매각자와 매수자 상호 간에 이해 관계가 맞는 경우 신용도와 재무 상태에 대해 조언을 해주기도 한다.

자원 실제로 인수 거래를 추진하기 위해서 필요한 추가적인 현금과 신용, 직업상이나 개인적인 인맥, 정보 등을 평가하고 수집해야 한다. 인수 거래의 규모가 클수록 같은 인수 대상 기업에 대해 경쟁하는 매수자들의 능력이나 자원이 우수하다는 점을 염두에 두어야 한다. 인수 성사를 위해 외부적인 지원이 필요할 때 이들의 지원 목적과 규모, 그리고 협조 자세 등을 정확히 파악하고, 적절한 인센티브를 제공하도록 한다. 인수 기업가는 매각자와 첫 접촉을 할 때 경험과 능력이 있는 변호사의 자문을 얻어 다음과 같은 관심사에 응답할 준비를 해야 한다.

- 보유 현금이 얼마인가?
- 인수 지원자가 누구인가?
- 과거에 어떠한 인수 경험이 있는가?
- 어떠한 경영 역량을 유치할 것인가?
- 회사에 대한 경영 계획이 무엇인가?

거래 과정 인수 거래의 추진 일정을 잡고 순차적으로 처리해야 할 업무의 계획을 짜고 집행하는 과정이 필요하다. 이를 위해 매각 당사자와 일차적으로 접촉하고 매각 동기와 장단점, 그리고 비재무적인 특수 요건 유무를 파악해야 한다. 초기 접촉 시에는 매각자가 인수 기업가를 매수 능력이 있는 거래 상대자로 인식하게 하는 것이 주요 목적이다. 따라서 사업 계획, 현실적인 자금 조달 능력, 적절한 복장과 행동 등을 보여줄 필요가 있다. 인수 기업가가 나름대로의 비장의 카드는 가지고 있어야 하지만 자신의 목표, 자금 능력, 몰입도 등을 알리는 것이 바람직하다.

인수 거래의 탐색 과정은 평균적으로 1년이 소요된다. 이러한 과정에서 얻은 특정 산업에 대한 정보는 사후 거래 상대자에 대한 과시용으로 축적할 필요가 있다. 매각 정보가 시장에 잘 유출되지 않는 폐쇄적인 업계의 사업체를 인수하고자 할 때는 단계적인 인맥의 구축을 통해 접근한다. 인수 기업가의 주변 인맥에 대해서도 3-4주 간격으로 개별적으로 접촉하여 인수의 추진 정도를 설명하고 추가적인 정보를 수집한다. 또한 매각자의 사업장을 방문하고 매각자를 직접 면담함으로써 매각자가 사업체에 대해 가지는 심리적 몰입도를 파악해야 한다. 사업체에 깊이 몰입되어 있는 매각자에게는 사업체의 인수 후에 인수 기업가가 취할 경영상의 조치와 자세를 설득력 있게 제시하는 것이 바람직하다.

평가 과정 인수 거래의 평가 과정으로서 매각 당사자가 제시하는 사업 가치의 분석 방법에 대해 이해하고, 핵심적인 재무적 지표를 요구하며, 인수 거래의 주요 재무적 차원을 분석한다. 인수 업체에 대한 자세한 재무적인 분석에 앞서 간결한 재무적 매력도의 검토가 유용하다. 이를 위해 회사의 규모, 수익성, 대차 대조표의 건전성 등을 근거로 인수 거래 성사가 일차적으로 합당한지를 평가한다. 그 후 할인 현금 흐름, 자산 가치, 그리고 주가/순익 배수 등의 복합적인 기준을 사용하여 사업 가치를 구체적이고 체계적으로 평가한다. 이러한 가치 평가는 불가피하게 미래에 대한 가정을 수반한다. 다음은 그 중에서 특히 중요한 사항들이다.

- 현금 흐름의 위험 수준
- 경쟁의 정도
- 산업의 성장성과 수익성
- 조직의 사업 안정성
- 경영진의 역량
- 회사의 연혁과 성장 과정
- 사업의 일반적인 시장 매력도

사업 가치가 평가된 후에는 인수 거래가 성사되기 위해 필요한 자금 조달의 전반적 구조와 방안을 고려해야 한다. 이를 위해 은행으로부터의 차입을 위한 담보 자산과 현금 흐름의 규모를 파악하고, 현재 담보로 설정된 자산이 있는가를 알아본다.

거래 협상 평가의 결과로 선정된 최종적인 인수 대상 업체에 대해 거래의 조건을 세심히 따져 보고, 매매하는 쌍방간에 매력적인 거래가 되도록 협상해야 한다. 이때 기업체를 인수한다는 자체에 매료되어 객관적인 판단을 흐려서는 곤란하다. 따라서 사업 가치의 평가 이후에도 미결 법정 소송, 산업 재해 처리, 부실 매출 채권 등 추가적으로 입수되는 각종 관련 정보를 지속적으로 업데이트하여 최종 협상에 임해야 한다. 부정적인 추가 정보로 인해 설사 이번의 인수 기회를 놓친다 하더라도, 다음 기회를 위해 생생한 경험과 대외적인 신용을 쌓는 데에 기여하는 바가 있는 것이다. 매각자에 대해서도 중도에 매매 가격 등에 생각을 바꾸지 않도록 서류 작업 등을 남에게 의뢰하지 않고 인수 기업가가 직접 속도감 있게 다루어야 한다.

가치 부가 인수된 기업이 실제로 가치를 발휘하기 위해서는 인수 초기부터 인수 기업가가 보유하고 있는 경영 역량을 발휘하여 인수 전보다 좋은 기업이 되도록 가치 부가 활동을 적극적으로 해야 하는데, 이때 장기적인 회수 전략을 염두에 둘 필요가 있다. 인수된 기업의 가치 부가를 위해서는 영업 방식과 재무 구조의 변화를 기해야 한다. 영업 방식의 효과성을 증진하려면 창의적인 아이디어에 기반하여 유통 체계를 확대하고, 신규 시장을 개척하며, 판매 촉진 활동을 강화한다. 이를 위해 우선 기존의 경영진과 직원이 그러한 능력과 신뢰성이 있는지를 검토하는 작업이 선행되어야 한다. 사업의 재무 구조 개선을 위해서는 부채의 상환 연장, 고객에 대한 매출 채권의 조기 지불 인센티브 제안, 그리고 당좌 대출 계좌 개설 등을 추진할 수 있다.

4. 프랜차이즈 가맹점의 운영

우리의 주변에는 맥도널즈, 홀리데이 인, 도미노즈 피자 등 수많은 프랜차이즈(가맹 사업)가 사업을 성공적으로 영위하고 있다. 미국의 경우 프랜차이즈 판매가 전체 소매 판매 규모의 50%에 육박하고 있고, 1980년대를 기준으로 보면 그 판매 규모가 3360억 불에서 7160억 불로 배가 되었다. 프랜차이즈 사업의 영역은 각종 소매 유통업에 확산되고 있고, 그 지리적 범위도 점차 국제화되어 가고 있다. 이에 따라 국내 고유 브랜드의 프랜차이즈도 경쟁적으로 생성되고 있다.

이러한 프랜차이즈 사업이 번창해가는 이유는 그것이 고객이나 소유주, 그리고 가맹 계약자에게 여러 가지 이점을 제공하기 때문이다. 고객은 프랜차이징이 제공하는 제품/서비스의 품질, 가격, 그리고 일관성 등을 통해 혜택을 입고, 다문화적 점포가 곳곳에서 개설됨으로 해서 다양한 소비와 선택의 기회를 얻게 된다. 프랜차이즈의 소유주는 자신의 유망한 사업을 위해 가맹점들의 자본 참여를 유도함으로써 점포를 신속하게 확장하고, 그에 따라 구매와 유통 등에 있어 짧은 기간에 규모의 경제를 이룩할 수 있다. 프랜차이즈의 가맹 계약자는 전국적인, 그리고 나아가 국제적인 지명도가 있는 프랜차이즈에 가맹함으로써 단시일 내에 자신의 사업을 운영할 수 있다. 즉 본사와의 긴밀한 협조하에 독립 업체에 비해 손쉽게 사업에 착수할 수 있을 뿐만 아니라 이미 성공적인 운영상의 각종 노하우를 빠르게 터득할 수 있다.

프랜차이징은 제품이나 서비스를 유통하기 위한 목적을 지닌 둘 이상의 당사자간의 관계라고 규정지울 수 있다. 전통적으로 프랜차이징은 다음과 같은 세 가지 유형을 중심으로 발전해 왔다.[15]

- **제품/상호 프랜차이징**(Product/Tradename Franchising): 제조 업체가 상대방에게 제품의 판매 라이슨스를 제공하는 한정적인 형태의 사업 관계를 가진다. 자동차 판매 대리점, 주유소, 음료수 유통 업체 등이 이에 속한다.
- **영업 방식 프랜차이징**(Business-Format Franchising): 이는 우리가 일반적으로 프랜차이징이라 부르는 유형이다. 이는 프랜차이즈 본사가 가맹점으로 하여금 본사의 이름, 상표 및 규정된 영업 방식으로 제품/서비스를 제공하게 하는 것이다. 많은 경우 제품/서비스는 가맹점이 직접 제공하고 본사의 상호와 시스템을 사용하는 대가로 판매에 비례하는 로열티를 지불한다. 예컨대 맥도널즈사는 가맹 시의 가입비와 판매에 대한 로열티를

---

15 Joseph Mancuso and Donald Boroian, *How to Buy and Manage a Franchise* (New York: Simon & Schuster, 1993): 28-48.

받고 음식의 제조 기법 사용권, 훈련, 특수 장비, 장소 선정 자문, 주기적 성과 검토 및 지도, 광고, 브랜드의 사용권 등을 총괄적으로 판매한다.

- **전환 프랜차이징**(Conversion Franchising): 이는 기존에 독립적으로 운영되던 사업체들이 연합하는 공통의 상호하에 정보 공유, 전국적 광고 등 단체 경영의 이점을 살리는 것이다. 과거의 독립적인 부동산 중개 업자들이 연합하여 부동산 업계의 단결력을 발휘하고 있는 센추리 21이라는 부동산 중개 업체가 이에 속한다. 전환 프랜차이징은 분할된 산업 구조일수록 시장 지배력, 구매력, 통일된 영업 방식 등의 장점을 확보할 수 있다. 하지만 이는 독립적인 업체의 소유주가 거대 회사에 소속되어 종속되는 것을 꺼릴 수 있기 때문에 특별한 이점이 있다고 생각하지 않는 한 프랜차이즈 가맹 유치가 어려울 수 있다.

역사적으로 볼 때 프랜차이즈는 싱어 재봉틀사(Singer Sewing Machine Co.)가 1850년대에 자사 제품의 판매와 서비스를 지원하기 위해 대리점 망을 확보하면서 처음 도입한 것으로 알려져 있다. 19세기 후반에 이르러 철도 회사와 전기 회사 등이 신속한 확장을 위해 상호와 시스템의 사용권과 개발권을 일반 사업가나 투자자에게 매각하면서 제품/상호 프랜차이징의 모태가 되었다. 이에 따라 자동차 산업, 석유 산업, 음료 산업 등에서 제품/상호 프랜차이징을 적극 활용하기 시작했다. 이러한 업종에 있어서 프랜차이즈 시스템을 빨리 도입한 회사일수록 고속 성장을 구가하게 되었다. 20세기 초 제너럴 모터스사가 효과적인 자동차 유통을 위해 토지와 건물을 소유한 독립적인 딜러들에게 할인 가격으로 판권을 부여하여 유통과 고객 서비스에 있어서의 경쟁 우위를 점하기 시작했다. 석유 회사들은 직영점보다는 독립적인 대리점이 판매에 있어 훨씬 적응력 있고 효과적이라는 점을 점차 깨달으면서 독립적인 프랜차이즈 망을 확산시켜 갔다.

애틀랜타 소재의 코카콜라사가 1899년에 테네시의 사업가에게 보틀링과 유통권을 주면서 음료 산업에 있어서도 프랜차이징이 급속히 발전하기 시작했다. 코카콜라사의 입장에서 시럽만을 프랜차이즈 가맹 바틀러에게 판매한 것은 대부분이 물인 제품을 중앙 제조하여 배달할 필요성이 없다는 점, 음식점용 파운튼에 비해 병 제품이 단기적인 유행일 것이라는 점, 그리고 각 지역 제조 공장을 위한 설비 투자가 필요 없다는 점 등을 고려한 것이었다. 그 후 20년 만에 코카콜라사는 전국적으로 1000개 이상의 바틀러를 확보하게 되었다. 이에 따라 20세기 초부터 펩시, 닥터 페퍼, 로열 크라운 등도 경쟁적으로 프랜차이즈 가맹 바틀러를 확보하기 시작했다.

1950년대 들어 미국 경제가 성장하고 자동차 문화가 심화되면서, 버거킹, 던킨 도너츠, 데리 퀸, 치킨 딜라잇 등 외식과 신속한 포장 음식 서비스를 제공하는 패스트푸드 식당이 많이 생겨나기 시작했다. 이들은 영업 방식 프랜차이즈로서 단순히 제품을 판매 유통하는 라이슨스를 제공하는 것을 넘어서 조리법에서 유니폼에 이르기까지 전반적인 사업 개념을 사용할 권리를 판매하였다. 이와 때를 맞추어 방방곡곡을 유람하는 드링크 혼합용 멀티믹서의 판매원이었던 레이 크록이 기존 프랜차이즈의 장단점을 따져서 그것을 기준으로 1955년 일리노이 주 드 플레인즈에 설립한 회사가 바로 맥도널즈사이다. 맥도널즈사는 레이 크록 자신이 설립한 회사도 아니었고, 그가 영업 방식 프랜차이징을 최초로 도입한 사람도 아니었다. 그는 캘리포니아 주 샌 버나디노에 소재한 딕과 맥 맥도널드 형제가 운영하는 햄버거 스탠드에서 자신이 판매하는 멀티믹서를 10개나 구입한 것에 의아해 하고 유심히 그들의 판매 방법과 고객 서비스 방식을 관찰한 결과 자신이 직접 보다 효과적으로 전국적인 프랜차이즈 망을 열 수 있다는 결론을 내리고 그것을 실행한 것이다.

프랜차이즈에 가맹해서 사업을 시작하려고 하는 창업자는 우선 프랜차이즈가 자기 자신의 사업 성향에 적합한지를 세심히 검토하고, 관심 있는 프랜차이즈를 선별한 다음 최종적으로 가맹을 결정하는 절차를 거치는 것이 필요하다.[16]

(1) 자기 적합도의 검토

여러 가지 이점으로 인해 프랜차이즈가 확산되어 가고는 있지만, 그 운영상의 단점이 없는 것이 아니다. 따라서 프랜차이즈 가맹을 검토하고 있는 예비 사업가는 자신이 고려하고 있는 프랜차이즈의 일반적인 장단점과 아울러 그것이 자신의 역량과 사업 방식에 적합한가를 먼저 검토하고 평가해 보아야 한다. 표 10-6은 프랜차이징의 일반적인 장단점을 비교해서 보여 준다.

프랜차이즈 본사의 입장에서 볼 때 성공적인 프랜차이즈 가맹 계약자가 갖추어야 할 특성으로 아래와 같은 것을 중시하고 있다. 따라서 예비 가맹 계약자는 자신이 이와 같은 성향을 갖추고 있는지를 판단해 보아야 한다.

- **배우고자 하는 열의**: 프랜차이즈 가맹 계약자는 본사에서 제시하는 각종 운영 및 영업 방식을 새롭게 취득하고 실행해야 한다. 따라서 항상 적극적으로 배우는 자세를 취할 필요가 있다. 이는 본사에서 새로운 상품/서비스를 개발하여 제공할 때에도 마찬가지로 중요한 특성이다.
- **장시간 근무 의욕**: 아무리 전통 있고 잘 구축된 프랜차이징 시스템에 가맹하더라도 충분한 인력이 모자란 상태에서 가맹 계약자는 개업 준비 단계부터 어느 정도 자리를 잡을 때까지 밤낮으로 장시간 일을 해야 할 필요가 있다. 이러한 초과 근무에 대해 가맹 계약자가 흔쾌히 받아들이는 성의와 자세가 요구된다.
- **세련된 대인 기술**: 프랜차이즈의 원활한 운영을 위해서는 고객뿐만 아니라 종업원, 본사 직원, 공급 업체들과 원만한 인간 관계를 구축하고 유지하는 것이 절실하다. 이러한 인사들과 원활한 의사소통을 함으로써 가맹 계약자에 대해 신뢰감을 갖도록 해야 한다.

---

[16] *Ibid.*: 49-120.

표 10-6 프랜차이징의 장·단점

장 점	단 점
· 이미 정립되어 있는 사업의 평판, 로고, 상호를 이용 · 이미 확립된 마케팅 개념과 전문 지식 활용 · 개인 사업에 비해 일반적으로 저렴한 투자 · 구매에 대한 융자 보조 가능 · 적절한 점포 위치 선정에 대한 전문가 지원 가능 · 가맹점과 주요 종업원에 대한 교육 프로그램 활용 · 사업에 대한 상세한 영업 지침서 활용 · 사업 개시 시에 본사로부터 사업 운영 지원 및 광고와 홍보에 대한 지원 · 시장이나 상품에 대한 본사의 지속적인 연구 개발 보조 · 사업에 필요한 설비, 기계, 소모품, 재고, 토지, 건물 등의 사업 패키지의 일괄 종합 구매 가능 · 가맹점이 지역 사회에 기여함으로써 상기적으로 안정된 영업 가능 · 본사가 가맹점을 일상적 운영에 관여할 필요가 없고, 조직을 최소화할 수 있음 · 가맹점으로부터 신상품이나 서비스에 대한 새로운 아이디어나 제안 사항의 수렴 가능	· 가맹점이 본사의 정형화된 영업 및 운영 절차에 대해 순응해야 함 · 상품 개발, 시장 개척 등에 있어 독자적인 변화 추구의 어려움 · 계약에 따른 지속적인 로열티 및 관리비 지출 · 재무 구조가 취약하고 경험이 부족한 본사의 파산으로 인한 연쇄 피해 가능성 · 가맹점의 영업 성과와 상관없이 본사의 실패 및 평판 하락으로 인해 가맹점에 간접적으로 미칠 수 있는 악영향 · 본사의 입장에서 가맹점의 자격 요건 및 영업에 대한 본부 규정 준수 등에 지속적인 확인과 감독을 해야 함 · 본사의 매출이 각 가맹점의 영업 성과에 직결되어 있음

자료: 김은성, 프랜차이즈 (서울: 을지 서적, 1992): 27-28.

- **영업 능력**: 프랜차이즈 본사가 중심이 되어 상품 개발과 광고 등을 한다 하더라도 성공적인 운영을 위해서는 단위 가맹점이 업종에 관계없이 어느 정도 효과적인 영업력을 발휘해야 함은 당연하다.
- **스트레스 극복력**: 사업 초기일수록 새로이 배워야 하는 것도 많고, 장 시간 근무해야 하는 경우도 많기 때문에 가맹 계약자가 이러한 업무상의 도전과 스트레스를 정신적으로 별 무리 없이 받아들일 수 있어야 한다. 초기에 기대 이하로 영업 성과가 저조한 경우도 본사와 협력해서 끈기 있게 문제를 해결하고자 하는 자세를 지닐 필요가 있다.
- **지침 준수 능력**: 프랜차이즈는 본질적으로 본사의 성공적인 영업 방식을 다른 시장에서 재창출하는 것이므로 본사의 지침을 성실하게 따르는 자세가 요구된다. 가맹 계약자가 자신의 의견과 개성을 본사의 통제 없이 무분별하게 추진하고 요구할수록 프랜차이즈의 강점 중의 하나인 본사의 성공적인 영업 방식 채택에 의한 사업 위험 감소의 가능성을 저버리는 것이다.

- **여유 자금 확보**: 어느 사업이나 마찬가지로 프랜차이즈 본사나 특정 가맹점이 경기 불황 등의 이유로 사업 성과가 저조해질 가능성은 항상 있는 것이다. 따라서 본사의 입장에서나 가맹 계약자의 입장에서나 이럴 때를 대비해서 가맹 계약자 자신이 버티어 갈 수 있는 여유 자금을 확보해 두는 것이 필요하다.

이러한 긍정적인 특성 이외에 대기업 근무 경력, 관련 업계 경험, 사업 경험, 개인적 특성, 재무적 계산력 등은 상대적으로 별로 중요치 않은 특성으로 여겨진다. 이는 프랜차이즈 본사의 기획력과 운영상의 노하우가 충분히 보완할 수 있는 부분이기 때문이다.

(2) 프랜차이즈의 선택

자신에게 맞는 프랜차이즈 업종을 선택하는 출발점은 사업 목표가 무엇인지를 명확히 설정하는 것이다. 사업자에 따라 단순히 직업에 대한 대안으로, 장기적으로 승계할 만한 가업 확보 방안으로, 또는 보다 큰 사업을 위한 단기적 발판 등 다양한 목적에서 프랜차이즈 사업에 뛰어들 수 있다. 그 중에서 구체적으로 어떠한 목표를 추구하고 있는지를 명확히 함으로써 업종과 업체 선택이 보다 체계화되고 쉬워지게 된다.

프랜차이즈도 어느 사업이나 마찬가지로 수익률에 따라 위험의 수준이 달라진다. 크게 나누어 볼 때 유명 브랜드를 보유한 블루칩 프랜차이즈의 기존 가맹점은 저 위험, 고비용, 그리고 저 수익형이라 할 수 있고, 일반적인 프랜차이즈의 신규 가맹점은 위험, 비용, 수익성이 중급 수준이라고 볼 수 있다. 또한 가맹비나 운영상의 비용이 저렴하고 잠재적인 수익성도 높을 수 있으나 그에 따른 사업의 위험 수준도 높은 신규 프랜차이즈의 신규 가맹점도 고려의 대상이 될 수 있다. 가맹 계약자는 이러한 위험과 수익성의 관계를 염두에 두고 자신의 위험 선호 수준에 적합한 사업 특징을 지닌 프랜차이즈를 최종적으로 선택을 해야 한다.

고려의 대상이 신규 프랜차이즈의 신규 가맹점일 경우 예비 가맹 계약자의 각별한 주의를 요한다. 우리 나라의 프랜차이즈 중에는 영세하고 노하우가 부족한 곳이 많고, 가맹점의 입장을 최대한 반영하려는 노력을 하기보다는 단기적으로 한탕주의를 노리는 가맹사업자가 많기 때문에 신중을 기해야 한다. 다음과 같은 프랜차이즈 본사와 계약을 해서 실제로 피해를 본 가맹점이 많다.

- 인테리어나 시설 비용이 지나치게 비싸거나 인테리어 사업이 주업종인 업체
- 체인점 모집이 지지 부진한 업체
- 노하우 지원도 없이 가맹비를 많이 받는 업체
- 보증금 반환 규정이 애매한 가맹 계약을 제시하는 업체
- 상권 보장 규정을 어기는 업체
- 질 나쁜 물건을 공급해 주는 업체

- 프랜차이즈 사업에 대한 준비가 부실한 업체
- 상권 조사를 엉터리로 하는 업체
- 부족한 자금 마련을 위해서 가맹점을 모집하는 업체

영세하고 부실한 프랜차이즈 본사로 인해 피해를 보는 가맹점들을 보호하기 위해 공정 거래 위원회는 1997년 2월부터 가맹 사업의 불공정 거래 행위의 기준을 제정하여 시행하고 있다. 당시 가맹 사업은 편의점, 외식업 등 30여 개 업종에 350여 개 가맹 사업자(가맹 본부)와 15,000여 개의 가맹 계약자(가맹점)가 있는 것으로 추산되었다. 위의 기준을 제정하게 된 것은 가맹 사업에서 가맹 계약자가 계약 체결 시나 가맹 사업을 영위하면서 자기의 의사를 반영시키기가 매우 어렵기 때문에 전적으로 가맹 사업자에 의존하여 영업 활동을 할 수밖에 없기 때문이다. 따라서 가맹 사업자의 각종 영업 활동의 통제나 제한 행위에 대해서 가맹 사업의 특성을 고려하여 해당 가맹 사업의 필요 범위를 벗어나는 경우 부당한 행위로 하여 분쟁의 소지를 사전에 예방할 수 있게 하였다. 위 기준의 주요 내용은 아래와 같다.[17]

- **공정 거래 행위에 해당되는 가맹 사업자의 정보 미제공 행위**: 가맹 사업과 관련된 재무 상태, 사업 경력, 진행 중인 소송 등 가맹 사업자의 가맹 사업 수행 능력과 관련한 정보, 가맹 희망자의 금전, 지도, 통제 사항 등의 부담 내용, 그리고 상품/용역의 공급 조건, 인근 지역의 가맹점 현황 등 점포 운영 여건에 대한 정보 등을 서면으로 요구함에도 가맹 사업자가 응하지 않는 경우 우월적 지위의 남용 행위에 해당한다.
- **가맹 사업의 이미지 통일 등 특성을 고려하여 불공정 거래 행위를 판단해야 할 행위**: 가맹 사업자가 가맹점의 실내·외 설비를 자기가 지정한 사업자에게 구입, 설치토록 강요하는 행위, 취급 상품 및 그 구입처와 각종 영업 활동을 제한하거나 통제하는 행위, 그리고 가맹 사업 관계 종료 후 정당한 이유없이 경쟁 사업 종사를 금지하는 행위 등이 이에 해당된다.
- **가맹 계약자의 가맹 사업자에 대한 의존적 영업 활동의 특성을 고려하여 보다 엄격히 공정 거래법 규정을 적용해야 할 행위**: 가맹 사업자의 영업 지도, 상품 공급의 거절 및 거래 수량과 내용을 제한하는 행위, 거래 관행에 비추어 가맹 계약자에게만 불리한 결제 방법을 강요하는 행위, 그리고 사전 합의 없이 가맹 계약자에게 불리하도록 계약 조건이나 관련 행위를 변경 또는 새롭게 결정하는 행위 등이 이에 해당한다.

(3) 프랜차이즈의 가맹 결정

선별 과정을 거쳐 하나의 프랜차이즈에 최종적으로 가맹하기까지 충분한 조사와 검토가 필요하다. 이를 위해 다음과 같이 기존의 프랜차이즈 가맹점이 실패하는 이유에 대해

[17] 창업 타임즈, “가맹 사업 거래 행위 기준 고시,” 1998년 4월 23일: 36-37.

서 알고, 그러한 가능성이 높은 업체와 가맹점 계약을 맺지 않도록 한다.

- 취약한 사업 개념이나 시스템
- 좋지 않은 입지
- 가맹 계약자의 기술과 프랜차이즈 성공 요건의 부적합성
- 낮은 수익 잠재성
- 주변의 과다한 경쟁
- 너무 작은 규모의 상권
- 프랜차이즈 본사의 지원 부족
- 운전 자금의 부족

선정된 프랜차이즈에 실제로 가맹하려는 사업자는 프랜차이즈 본사에 대해 보다 세심하고 정확한 정보와 감각을 얻은 후 최종적인 계약에 들어가야 한다. 이를 위해 다음과 같이 본사와 기존 가맹점들을 직접 방문하여 추가적인 정보를 입수하고 수익성을 확인하는 절차를 거칠 필요가 있다.

- **프랜차이즈 본사의 방문**: 본사 방문 시 회사의 고위 경영진과 면담하고, 회사 설비를 관찰할 기회를 갖게 되며, 가맹 신청에 필요한 각종 법적 문서와 서류를 받을 것이다. 지원 서류에 기반하여 본사도 예비 가맹 계약자를 심사할 것이지만, 가맹 계약자 스스로도 본사의 협조 수준이나 주요 정보를 판단해야 한다. 결국 본사와 예비 가맹점 양자간에 합의와 협력에 의해서만 성공적인 가맹 계약이 체결될 수 있다.
- **각종 서류와 양식 검토**: 실제로 프랜차이즈 가맹을 위해서는 각종 법적 서류가 요구된다. 주요 서류로는 가맹 제안서와 가맹 계약서를 들 수 있다. **가맹 제안서(Offering Circular)**는 본사와 영업 프로그램에 관한 주요 정보와 법적 요구 정보를 제공한다. **가맹 계약서(Franchise Agreement)**는 본사와 가맹점간의 사업 관계와 사업 조건에 대한 합의 사항을 표시한다. 이외에 본사 방문 시나 요청 시 **가맹 지원서(Application Form)**를 제공받을 수 있는데, 이는 예비 가맹 계약자에 대한 개인적인 경력, 교육 수준, 건강, 가족 사항 등에 대한 자세한 정보를 요구한다.
- **기존 가맹점의 방문 조사**: 기존 가맹점을 방문 조사함으로써 본사에서 제시한 각종 정보가 적절한 것이었는지를 확인할 수 있고, 가맹 계약 체결 시 자신도 같은 입장에 있을 타 가맹점의 경험을 미리 살펴볼 수 있는 기회를 갖게 된다. 기존 가맹점에 대해서 우선 쉬운 질문부터 하고, 구체적이고 재무적인 질문은 나중에 하는 순서를 밟는 것이 좋다. 우선 가맹 연혁, 본사의 지원에 대한 만족도, 신규 가맹자에 대한 조언에 대해 질문한다. 투자 수익률 등 재무적인 사항에 대해서는 기존 가맹점에 대한 직접적인 질문보다는 동종의 가맹점이 어떠한 수익률을 얻을 수 있는가를 간접적으로 묻는다.
- **수익성 확인 작업**: 프랜차이즈 본사의 지명도가 높고, 과거의 영업 실적이 높다고 하더

라도 신규 가맹자가 지불한 가맹비에 부응하는 가치를 얻어낼 수 있다고 보장 받을 수는 없다. 가맹점들의 수익성 현황에 대해 정확한 정보를 제공하는 것이 본사의 입장으로 보나 가맹점의 입장으로 보나 가장 바람직하지만, 본사의 취향에 따라서 실제 가맹점들의 수익성을 과대 포장한다든지, 아니면 거꾸로 법적 책임을 최소화하기 위해 평가 절하하는 경향이 있을 수 있다. 따라서 예비 가맹 계약자는 본사가 주장하는 수익성의 수준이 타당한지를 확인하는 절차를 반드시 거쳐야 한다. 본사에서 정보 제공을 꺼리거나 가맹 제안서에 나와 있지 않은 재무적 정보를 제공할 때에는 기존 가맹점들을 방문할 때 예비 가맹 계약자 스스로가 추적하고 확인해 보아야 한다.

5. 프랜차이즈 본사의 경영

프랜차이즈 본사의 입장에서 볼 때 사업 확장의 방법으로 직영 체인점들을 만들기보다는 가맹점을 선호하는 고전적인 이유는 첫째 프랜차이즈 가맹 계약자(Franchisee)가 확장에 필요한 사업 사본을 제공한다는 점이고, 둘째 일반적으로 프랜차이즈 가맹 계약자가 프랜차이즈 본사(Franchiser) 직영의 점포 직원보다 운영을 더 잘한다는 점이다. 자신의 사업을 프랜차이즈로 만들기 위해서는 우선 사업의 프랜차이즈화 가능성을 타진하고, 구체적인 운영 방식을 구성해야 한다.[18]

(1) 사업의 프랜차이즈화 가능성 검토

가맹 사업을 하려는 사업가는 자신의 사업 개념이 프랜차이즈로서 성공의 가능성이 높은가를 타진해 보아야 한다. 일반적으로 다음과 같은 부류의 사업이 프랜차이즈화하기에 좋은 경우이다.

- **적절한 수준에서 쉽게 반복되고 쉽게 운영될 수 있는 사업**: 운영상 너무 어려운 사업은 반복 확산이 어렵고, 너무 쉬운 사업도 모방의 가능성이 높아 불리하다.
- **검증된 시장에서 새로운 아이디어나 새로운 사업 방식을 적용하는 사업**: 예컨대 아이스 크림 가게 대신 프로즌 요구르트 가게를 함으로써 검증된 디저트 시장에 새로운 개념을 제시할 수 있다.
- **추구하는 시장 목표에 적합할 만큼 폭넓은 개념을 가진 사업**: 사업 확장을 위해 특정 지역에 국한된 제품/서비스가 아니라 전국적인 호소력을 갖기 위해서는 다양한 소비자의 기호를 동시에 충족시킬 수 있는 상품을 제시해야 한다.

---

18 Joseph Mancuso and Donald Boroian, *op. cit.*: 145-196.

프랜차이즈화할 수 있는 사업의 부류는 실제로 모든 소매 및 서비스업에 걸쳐 다양하다. 그럼에도 불구하고 어느 사업을 프랜차이즈화하려 할 때 요구되는 일정 수준의 사업 특성이 존재한다고 볼 수 있다. 다음은 그러한 특성을 제시한다.

- **규모**: 경쟁업체에 비해 상대적으로 대규모일수록 예비 가맹점에 대해 신뢰감을 불러일으킬 수 있다.
- **영속성**: 프랜차이즈 본사 자체가 수년간 성공적으로 사업을 영위한 경력이 있어야 한다. 사업 경력이 많을수록 일상적인 업무 운영상의 결함이 최소화될 가능성이 크다.
- **수익성**: 본사가 수익성 있게 사업을 하고 있어야만 성공적으로 사세를 팽창시킬 수 있다. 본사도 잘 안 되는 영업 방식을 프랜차이즈화한다고 해서 수익성이 높아지는 것은 아니다.
- **전수 가능성**: 프랜차이즈의 핵심은 성공적인 영업 방식의 표준화된 복제 운영에 있다. 따라서 가맹점에게 영업 방식과 노하우를 적절히 전수할 수 있고, 경험이 부족한 가맹점이 배운 바에 따라 똑같이 따라 할 수 있는 능력을 보유해야 한다.
- **시스템 복제**: 영업의 전수 가능성을 높이기 위해서는 사업 시스템 자체가 체계적으로 분석되고 운영 매뉴얼로 기술될 필요가 있다. 이러한 매뉴얼과 지침이 경험과 전문 지식이 부족한 가맹 계약자도 수행할 수 있는 수준으로 짜여져 있어야 한다.
- **시장성**: 사업 시스템이 하나의 상품으로서 고객이나 사업가에게 기존의 프랜차이즈와 같이 쉽게 설명되고 전달될 수 있어야 한다.
- **전이 가능성**: 프랜차이즈화하려는 사업이 지역 시장에서 전국 시장과 국제 시장으로 확대될 수 있는 가능성을 타진해야 한다. 확대할 수 있는 시장의 규모가 클수록 본사 운영의 장점이 부각된다.
- **독창성**: 프랜차이즈화할 사업이 현재 경쟁 업체에 의해 제공되고 있는 제품/서비스에 비해 가지고 있는 차별적 경쟁 우위를 확보해야 한다. 즉 **독특한 영업 전략(Unique Selling Proposition)**이 필요하다.
- **가맹점의 수익성**: 프랜차이즈를 확대 재생산하는 데 필수적인 것은 기존 가맹점들이 영업 활동을 통해 고수익을 올리는 것이다. 가맹비나 로열티에 의해 가맹점들의 수익이 본사로 다 들어가서 가맹점에게 남는 것이 없다면, 본사의 입장에서 볼 때 단기적으로는 흑자 현금 흐름을 얻을 수 있지만, 장기적으로는 결국 수익의 원천을 죽이는 결과를 낳게 된다.

구상하고 있는 사업이 위와 같은 요구 조건을 충족시킬 때 최종적으로 점검해야 할 것은 예비 가맹 사업자 자신이 프랜차이즈 본사 운영에 필요한 적성을 소지하고 있는가 하는 점이다. 특히 중요한 적성은 인내심, 신뢰성, 유연성, 그리고 의사 소통 노력이라고 할 수 있다. 가맹점이 본사의 영업 방식을 잘 배우고 따라올 때까지 끈기 있게 지도하고 지원해야 하며, 지역적인 사업의 운영을 결국 개별적인 가맹점에게 믿고 맡길 수 있어야 한다. 가맹점과의 관계 유지와 발전을 위해서 논란의 소지에 대해 탄력적으로 대응하는 자세를 견지하고, 가맹점의 의견을 상호간의 이득이 되는 방향으로 수용해 줄 필요가 있다. 이는 본사와 가맹점간에 지속적인 의사소통이 이루어질 때 가능하다. 가맹점의 의견은 결국 장래의 예비 가맹점 계약자의 판단에 중요한 영향을 미칠 수 있기 때문에 프랜차이즈 본사가 항상 귀를 기울여야 한다.

(2) 프랜차이즈의 운영 방식

프랜차이즈 사업의 운영 방식을 결정하기 전에 우선 기존의 업체, 특히 동 업종의 경쟁 업체들이 어떠한 프로그램 구조와 운영 방식을 취하고 있는지를 조사할 필요가 있다. 기본적으로 조사할 사항으로는 다음과 같은 것을 들 수 있다.

- 가맹점이 어느 수준의 현금과 현물 출자를 해야 하는가?
- 본사에서 어떤 수준의 서비스를 제공해야 하는가?
- 가맹비, 로열티, 광고비는 얼마인가?
- 기타 지불하거나 구매해야 할 것은 무엇인가?
- 어떤 부류의 가맹점을 유치할 것인가?
- 상권을 어떻게 정할 것인가?
- 가맹 계약의 기간은 얼마인가?

운영 방식 위와 사항에 대한 일차적인 답을 얻은 후에는 프랜차이즈의 유형을 결정해야 한다. 현재까지 많이 활용되고 있는 프랜차이즈의 유형은 아래의 네 가지이다. 이들 각각의 유형이 모든 업종에 다 적합하고 볼 수는 없기 때문에 자신의 사업에 맞는 유형을 선택하는 것이 바람직하다.

- **개별 프랜차이즈**: 이는 개인이나 단체에게 하나의 점포를 부여하는 것으로 특히 프랜차이즈 사업 초기에 본사에서 가장 쉽게 운영할 수 있는 방법이다. 어느 정도의 학습 곡선을 지나면 이러한 유형의 경험과 노하우에 기반하여 다음과 같은 다점포 프랜차이즈를 운영할 수 있다.
- **다점포 프랜차이즈(Multiunit Franchise) 또는 지역 개발 프랜차이즈(Arca Development Franchise)**: 이는 한 번에 가맹점을 하나씩 확장을 하든지 아니면 한 지역에 여러 개의 가맹점을 열 수 있는 권리를 부여하는 방식이다. 다시 말해 한 개의 프랜차이즈 가맹점에게 한 개 이상의 프랜차이즈를 관리할 수 있는 권리를 준다는 것이다. 이는 결국 프랜차이즈 시스템 내에 작은 체인들의 집합을 만드는 결과가 된다. 이러한 소규모 체인들은 고용된 점포 관리자들이 운영하게 된다. 특정한 가맹 계약자가 동시에 여러 점포를 개설할 자금력을 갖기 어렵고, 또한 사업 위험상 단계적인 개발 전략을 취하는

것이 보통이므로 경우에 따라서는 개별 프랜차이즈보다 오히려 개발이 더디어질 수 있다. 따라서 가맹 계약상 단계적인 시한을 두고 개발의 진척도를 지키도록 하는 것이 바람직하다. 카우프먼과 댄트의 패스트 푸드 프랜차이즈에 관한 연구는 본사가 다점포 프랜차이징에 적극적으로 뛰어들수록, 즉 다점포 프랜차이즈 가맹점이 수익으로 가져가는 비율이 높을수록 다점포 프랜차이즈는 빠른 성장을 한다는 점을 보여준다.[19]

- **하부 프랜차이즈(Subfranchise)**: 개인이나 단체에게 특정 상권을 부여하여 이들이 프랜차이즈 지역 본사로서 소속 점포의 운영권을 타인에게 다시 부여하고, 그 운영을 직접 관리, 감독하게 하는 것을 하부 프랜차이즈라고 한다. 이들은 점포를 직접 운영하지 않고 제삼자에게 개별 프랜차이즈나 다점포 프랜차이즈의 형태로 재할당함으로써 가맹점으로부터 가맹비와 로열티를 중앙 본사와 배분하는데, 보통 중앙 본사보다 더 많이 취한다.
- **전환 프랜차이즈(Conversion Franchise)**: 이는 기존의 독립된 사업체들을 가맹점으로 연합하여 운영하는 것이다. 부동산, 건설, 모텔업 등과 같이 기존 업체들이 분산적으로 발전되어 있는 경우나 사업 운영 기술 자체보다는 광고나 구매에 있어서 단체에 속하는 것이 유리할 때 특히 효과적이다.

위와 같은 운영 방식 중에 하나가 결정되면 구체적으로 가맹비와 로열티의 수준, 프랜차이즈 상권, 계약 기간 등을 결정하고, 운영 매뉴얼을 작성해서 프랜차이즈의 마케팅 활동을 해야 한다.

가맹비 및 로열티 가맹비(Franchise Fee)는 프랜차이즈 사업의 초기 투자를 어느 정도 회수하는 데 요구되며, 또한 마케팅 활동과 가맹점의 훈련 및 지원에 필요하다. 이를 결정할 때는 동 업종의 일반적 수준과 아울러 투자 비용과 투자 수익률을 종합적으로 고려한다. 단, 본사의 요구 수준을 충족시키되 그 수준을 적정하게 유지해서 가맹점에게 과도한 부담이 되지 않도록 한다.

로열티(Royalty)는 매상의 일정 비율로 하거나 일정 금액 플러스 매상 비율로 정하는 것이 보통이다. 즉 가맹점의 인센티브 차원에서 어떠한 경우에도 고정 액수를 정해서는 안 된다는 것이다. 로열티의 수납은 매주 하도록 하는 것이 바람직하다. 이는 프랜차이즈 수입 자체가 계속적으로 본사의 브랜드 보유에 기인한 것이고, 자주 성과를 피드백 받는 것이 성과가 저조한 문제가 발생했을 때 상호간에 유리한 해결책을 조속히 도출해낼 수 있기 때문이다.

다점포 프랜차이즈의 경우는 신속한 개발 인센티브로서 가맹비나 로열티는 개설된 점포 수에 따라 점진적으로 감해 주는 정책을 취할 수 있다. 하부 프랜차이즈의 경우는 지역 본사에게 들어 오는 로열티의 일정 비율, 예컨대 1/3을 본사의 로열티로 취하도록 할 수

[19] Patrick J. Kaufmann and Rajiv P. Dant, "Multi-Unit Franchising: Growth and Management Issues," *Journal of Business Venturing,* 11, 1996: 343-358.

있다. 전환 프랜차이즈의 경우는 가맹점들이 이미 사업을 벌이고 있는 상황이기 때문에 초기에는 로열티를 적게 설정하고 매해 점진적으로 인상하든지, 아니면 과거 실적을 기준으로 해서 그보다 높은 매상 부분에 대해서만 로열티를 부과하는 방안이 있다.

상권 결정 프랜차이즈 상권(Franchise Territory)을 결정하는 데 있어서는 그 지역적 범위와 기준을 설정해야 한다. 지역적 범위는 각 가맹점이 최소한 투자에 대비해서 정상 이윤을 얻을 수 있어야 할 만큼 넓어야 할 뿐만 아니라, 주변에 점포가 모자라서 본사가 판매할 기회를 잃지 않도록 할 만큼 좁아야 한다. 상권 설정의 기준은 고객의 특성에 따라 매우 달라질 수 있다. 즉, 외식업은 단순히 인구 수만을 기준으로 할 수 있는데 반해, 업무 서비스업은 주변의 사업체 수가 더 중요한 기준이 된다. 지역적 범위와 기준 설정의 예로 한 가맹점 고객의 3/4이 반경 3km 이내에서 거주하거나 업무를 보고 있고, 그 범위 내의 거주 및 업무 인구가 20-30만 명 정도일 때 상권을 반경 3km 이내로 설정하도록 하는 원칙을 정할 수 있다. 하지만 극단적인 예로 맥도널즈사는 가맹점에게 절대로 전속 상권을 부여하지 않고, 특정 위치의 주소지만 부여하는 정책을 쓴다. 이는 가맹점 개설을 판촉해야 하는 신설 프랜차이즈와는 달리 포화(Saturation) 상태에 신경을 써야 하는 수십 년 전통의 프랜차이즈이기 때문에 가능하다.

계약 기간 가맹점과 최종적인 가맹 계약을 체결할 때 주요한 사안의 하나가 계약 기간을 설정하는 것이다. 이때 중요한 고려 요소는 투자의 규모와 가맹점의 임대차 조건이다. 투자의 규모가 클수록 가맹점이 투자를 회수하는 데 많은 시간이 요구되므로 계약 기간이 길어질 수밖에 없다. 즉, 호텔업은 25년 장기이고, 아이스 크림업은 5년 단기일 수 있다는 것이다. 일반적으로 업종에 따라 5-10년간 장기 계약을 하고 원래 계약 조건에 별 위배 사항이 없을 때 매 5년마다 계약을 자동적으로 갱신할 수 있도록 하되, 그 당시의 상황에 따라 구체적인 조항을 조정하도록 하는 것이 본사나 가맹점에게 모두 유리한 계약이 될 수 있다. 점포를 임대할 경우에는 어느 정도 장기적인 계약을 통해 사업의 안정성을 도모해야 한다.

운영 매뉴얼 프랜차이즈 운영상의 핵심적인 자료가 되는 것이 바로 **운영 매뉴얼**(Operational Manual)이다. 그것을 통해서 프랜차이즈 본사의 창업자가 겪었던 수많은 시행착오를 가맹점들이 다시 범하지 않도록 할 뿐만 아니라 성공의 비결이 된 사업 요소를 반복 시행할 수 있도록 하는 것이다. 효과적인 운영 매뉴얼은 매일매일 개점하는 시점부터 폐점할 때까지 해야 할 모든 업무 사항을 체계적으로 제시한다. 외양상으로는 사업이 발전함에 따라 변화되는 사항을 계속 업데이트할 수 있도록 바인더로 제작되어 추가 삽입이나 교체가 가능하게 하는 것이 바람직하다. 매뉴얼의 구성은 회사의 전반적인 프로그램 운영 정책에 대한 서론을 포함하여 다음과 같은 개업 전 준비 절차, 인사, 행정 절차, 일상 운영 절차, 판매 및 광고 등의 사항을 포함한다.

- **개업 전 준비 절차**: 개업 전에 필요한 모든 준비 사항, 즉 입지, 장비 및 재료 구입, 라이슨스 및 인허가, 은행 계좌 개설, 개업식 준비 등을 설명한다.
- **인사**: 경영진 및 종업원의 선발, 훈련, 평가 및 해고 등의 사항을 기재한다.
- **행정 절차**: 효과적인 운영을 위해 필요한 제 경영 방침, 즉 재고 구매와 기록 업무, 현금 출납, 그리고 원가, 매출액 및 이윤 등에 관한 표준 가이드라인을 제시한다.
- **일상 운영 절차**: 이는 전체 매뉴얼 중에서 가장 핵심적인 부분이다. 점포의 운영 시간, 판매 및 대 고객 정책, 보안 및 응급 상황 대처 정책, 재고, 상품 가격, 매장 관리 등의 사항을 다룬다. 원칙적으로 가맹점에서 점포 운영상 문의할 수 있는 모든 사항을 포괄적으로 포함시키는 것이 좋다.
- **판매 및 광고**: 본사의 전국적인 광고 및 홍보 정책을 알리고, 그에 따라 지역적인 판촉 활동을 준비할 수 있도록 한다. 직접 우편물, 신문 광고, 전화번호부 광고, 판촉 이벤트 등의 방법에 대해 구체적인 안을 제시한다.

마케팅 활동 위와 같은 제반 사항들이 준비된 상태에서 프랜차이즈 본사는 목표로 하는 잠재적인 가맹 계약자를 선정하고 그에 따른 체계적인 마케팅 계획을 수립하고 실행해야 한다. 특히 사업 초기에 10개 내외의 최초 가맹 계약자에 대한 세심한 선정과 각별한 지원이 필요하다. 가맹 계약자로서 우선시할 수 있는 대상은 퇴사 후 사업을 하려는 사람들이다. 이들은 프랜차이즈 사업의 성공에 필요한 경영상의 경험이 풍부하고 퇴직금과 개인 저축 등 일정 수준의 자금력이 있다. 부부 가맹 계약자도 우선적인 고려 대상이다. 이들은 가옥 담보를 통해 자금을 조달할 능력이 있을 뿐만 아니라 합심적인 노력을 통해 가족의 사업을 성공시키려는 의지가 충만하다.

일단 선정된 계약자에 대해서는 개업 전후에 본사가 직접 나서서 입지, 점포 임대, 설비, 재고 조달, 개업식 등 전반에 대해서 적극적인 지원을 해주어야 한다. 가맹 계약자의 입장에서 보면 전 재산을 투자해서 개업하는 것일 수 있기 때문에 개업 초기의 고객의 내왕이나 준비 상태 등에 대해서 감정적으로도 매우 애태울 수 있는 시기이다. 이러한 시점에서 본사가 필요 시나 문제 발생 시에 적극 도움을 줄 수 있는 위치에 있어야 하는 것이다. 이러한 지원이 개업 시점부터 장기적으로 하나의 프로그램으로 체계화되어 있고 본사와 가맹점이 지속적으로 의사 소통할수록 프랜차이즈 마케팅의 효과는 커진다.

창업 실무

코스닥 시장 등록

코스닥 시장이란 비상장 유가 증권 중 증권업 협회에 등록된 종목이 코스닥 증권 주식회사의 중개를 통해 거래되는 시장을 말한다. 여기서는 코스닥 시장의 등록, 매매 거래, 기업 공시, 그리고 관리 및 규제 제도 등을 살펴보자.[20] 코스닥 시장은 증권 거래소 시장과 유사하게 매매 거래 대상 유가 증권 및 거래 장소를 제한하고 있고, 거래 방법과 수도 결제 방법 등도 정형화되어 있어 증권 거래소 시장과 더불어 또 하나의 제도화된 유가 증권 시장이라 할 수 있다. 따라서 이는 장외 시장(Over-the-Counter Market)과는 개념이 다른 시장이다.[21] 외국에서 이와 같이 증권업 협회가 운영하는 거래 시장으로는 미국의 NASDAQ 시장, 일본의 JASDAQ 시장, 그리고 유럽의 EASDAQ 시장 등이 있다. 이들은 거래소 시장의 보완적 기능을 가진 장외 시장으로서 출발하였지만 점차 독립적이고 경쟁적인 관계로 발전하고 있다.

코스닥 시장은 우리 나라에서 창업 기업가나 벤처 기업가가 성공적으로 성장한 사업체의 주식을 매각함으로써 투자와 노력의 대가를 회수하고, 중소 기업과 벤처 기업에게 직접 금융의 이용 기회를 부여하고, 벤처 금융업에 대해서는 벤처 기업에 투자한 자금을 회수할 수 있는 편의를 제공하며, 투자자에게는 비상장 유망 중소 기업의 주식을 거래할 수 있는 새로운 투자 수단을 제공하는 제도로서 자리를 잡아 가고 있다. 1986년 12월 재무부는 '중소 기업 등의 주식 거래 활성화를 위한 시장 조직화 방안'을 발표하여 기존의 거래소 시장과는 별도로 증권업 협회의 주관하에 1987년 4월부터 주식 장외 시장을 조직화하도록 했다. 코스닥 시장은 이에 기반하여 1997년까지 여섯 차례에 걸쳐 제도 개선이 이루어지면서 현재와 같은 제도적 골격이 이루어졌다.

특히 1996년 4월에는 주식 장외 시장의 조직화만으로 중소 기업의 자금 조달 시장 역할을 기대하기 힘들어짐에 따라 중소 기업 중심의 새로운 시장 개설을 위한 장외 주식 전담 중개 회사인 코스닥 증권 주식회사를 설립했다. 이때 시행된 개정 증권 거래법에 이 새로운 시장을 법제화하여 그 명칭을 협회 중개 시장이라 했고, 미국의 NASDAQ 시장을 벤치마킹하여 일명 코스닥 시장이라 칭하게 되었다. 1997년 11월 정부가 발표한 '코스닥 시장 개선 방안'에는 시장을 벤처 기업 시장과 일반 기업 시장으로 분리하여 성장성이 높은 벤처 기업의 코스닥 시장 상장을 유도하고 이를 통해 거래소 시장과의 차별화를 도모하고자 하는 의도가 담겨 있다.

(1) 증권업 협회 등록 제도

증권업 협회는 비상장 주식 중 일정한 요건을 구비한 종목을 증권 회사의 신청에 의해 등록하고, 등록 종목의 호가, 시세, 기업 공시 등에 관한 정보를 공표해서 원활한 거래와 투자자 보호를 기하고 있다. 코스닥 시장에 등록할 경우의 이점으로는 양도 소득세의 비과세,

20 동원 경제 연구소, *op. cit.*: 151-165.

21 장외 시장이라 함은 증권 거래소 시장 이외의 장소에서 유가 증권 거래가 이루어지는 시장을 말한다. 이는 자연 발생적이기 때문에 일정한 조직이 없는 추상적인 시장으로서 특정한 거래 장소도 없고, 거래 대상 유가 증권에도 제한이 없다. 따라서 장외 시장에서는 비상장 유가 증권은 물론 상장 유가 증권도 거래가 가능하다. 거래 방법에 있어서도 매매 당사자 간의 개별 접촉에 의해 거래되는 직접 거래와 증권 회사의 중개에 의해 거래되는 점두 거래의 두 가지 방식이 있다.

매매 가격의 상속세나 증여세의 과세 가액 인정 등 세제상의 혜택뿐만 아니라 최초 코스닥 등록 시 대주주나 회사로의 대규모 자금 유입이 가능하고 시가 증자 및 직접 공모를 통한 자금 조달이 용이하다는 점을 들 수 있다.

증권업 협회에 코스닥 시장 거래 종목으로 등록할 수 있는 주권은 증권 거래법 제3조 규정에 의거하여 금융 감독 위원회에 유가 증권 발행 등록을 한 법인이 발행한 주권으로서 표 10-7에서 보듯이 일정한 기준을 충족하여야 한다. 특히 일반 기업에 비해 벤처 기업에 대한 등록 조건이 대폭 완화되어 있어 벤처 기업의 코스닥 시장 등록이 적극 권장되고 있다.

등록 절차로서 등록을 주선하는 증권 회사는 등록 대상 법인의 주식 분산 등을 확인할 수 있는 등록 신청 서류를 구비하여 증권업 협회에 등록을 신청한다. 증권업 협회는 등록 신청에 대하여 주식 장외 시장 운영 협의회의 심의를 거쳐 등록 기준에 적합하고 신청 내용에 이상이 없다고 인정되면 등록을 수리하고 지체 없이 투자자에게 공시한다.

(2) 코스닥 시장의 매매 거래 제도

증권사가 고객을 상대로 매매 거래를 할 수 있는 유가 증권은 비상장 주식 중 증권업 협회에 등록된 법인이 발행한 주식에 한한다. 코스닥 시장에서 매매 거래를 하기 위한 주문 호가 단위는 100주 이상 1주 단위이고, 종가 등을 감안하여 산정 발표되는 매매 기준 가격에 0.12를 곱해서 산출한 금액으로 한다. 수도 결제는 매매 계약 체결 일로부터 기산하여 3일째 되는 날(T + 2일) 증권 예탁원을 통해 증권 회사간 계좌 이체 방식을 통해 이루어진다. 거래가 성립된 경우 증권 회사는 매매 약정 대금의 1000분의 4에 해당하는 수수료를 고객으로부터 징수한다. 증권 회사는 코스닥 증권 회사에 매매 약정 대금의 1만 분의 3에 해당하는 중개 수수료를 지불한다. 고객이 주권을 매도한 경우 매도 약정 대금의 1000분의 3에 해당하는 금액을 증권 거래 세로 부담해야 한다.

코스닥 시장은 미국의 마켓 메이커와 같은 역할을 하는 등록 종목 딜러를 통해 등록된 주식의 원활한 거래와 공정한 시세 형성을 꾀하고 있다. 등록 종목 딜러란 코스닥 시장 참여 대상 기업을 발굴하여 증권업 협회에 등록하고 당해 등록 종목에 대해 거래 중개, 의무호가 제출, 그리고 공시 지도 등에 관한 업무를 담당하는 증권 회사를 말한다. 등록 종목 딜러는 또한 등록 기업에 대해 주식 또는 회사채 발행을 주선하여 직접 금융 조달을 지원한다.

등록 종목 딜러는 증권 거래 법 제28조의 증권업, 즉 유가 증권의 매매(딜러), 유가 증권의 위탁 매매(브로커), 유가 증권의 인수 주선(언더라이터) 등 세 가지 업무를 재경부 장관으로부터 허가 받은 증권 회사에 한하며, 등록 대상 법인과 특수 관계에 있는 증권 회사는 등록 주선 회사가 될 수 없다. 등록 종목 딜러는 협회 등록 공모를 통한 인수 수수료 또는 등록 주선을 통한 등록 주선 수수료 등을 징수할 수 있으며, 주식 및 회사채 발행 주선 또는 기업 공개 시 주간사 회사 지정 등의 유대 관계를 형성할 수 있다. 등록 후 2년이 경과한 협회 등록 법인은 기업 공개 등과 관련하여 등록 이후 특별한 변경 사항이 있는 경우에 한하여 당해 회사, 변경 전 등록 종목 딜러 및 변경 후 등록 종목 딜러의 동의를 얻어 등록 종목 딜러를 변경할 수 있다.

(3) 기업 공시 제도와 코스닥 시장의 관리

기업 공시 제도는 발행 회사의 경영 정보를 투자자에게 적기에 제공함으로써 투자 판단에 도움을 주는 중요한 제도이다. 이는 거래소 시장은 물론 코스닥 시장에서도 공정한 주가

표 10-7 코스닥 시장 등록 기준

<table>
<tr><th>구 분</th><th>벤처 기업</th><th>일반 기업 (중소기업)</th><th>일반 기업 (대기업)</th></tr>
<tr><td>설립 연수</td><td>미적용</td><td>법인 설립 후 3년 이상 경과</td><td>미적용</td></tr>
<tr><td>자본금</td><td>미적용</td><td>자본금 5억 원 이상</td><td>자본금 100억 원 이상
자산 500억 원 이상</td></tr>
<tr><td>등록 시 주식 분산</td><td colspan="3">발행 주식 총수(무의결권 주 제외)의 20% 이상을 등록 신청일 전 6월 이내에 모집 또는 매출을 통해 100인 이상의 소액 주주가 소유하고 있을 것
이때 우리사 주 조합은 소액 주주 1인으로 간주
단, 등록 신청일 전 300인 이상의 소액 주주가 20% 또는 50만 주(1주당 5000원 기준) 이상을 소유하고 있을 때는 추가 분산은 하지 않아도 됨</td></tr>
<tr><td>등록 주식 의무 보유</td><td colspan="3">등록 종목 딜러는 등록을 주선한 협회 등록 법인이 발행한 주식 총수의 1%(납입 자본금이 10억 원 이상일 때는 액면 기준으로 1000만 원 상당의 주식) 이상을 등록 후 1년간 보유해야 하며, 이에 미달하게 될 경우에는 1월 이내에 부족분을 충당해야 함</td></tr>
<tr><td>자본 성과</td><td>미적용</td><td colspan="2">최근 사업 연도에 자본 잠식이 없을 것</td></tr>
<tr><td>경영 상태</td><td>미적용</td><td>최근 사업 연도에 경상 이익이 있을 것</td><td>미적용</td></tr>
<tr><td rowspan="2">부채 비율</td><td rowspan="2">미적용</td><td>최근 사업 연도 말 부채 비율이 동 업종 협회 등록 법인 평균 부채 비율의 1.5배 미만일 것</td><td>최근 사업 연도 말 부채 비율이 동 업종 협회 등록 법인 평균 부채 비율의 1배 미만일 것</td></tr>
<tr><td colspan="2">동 업종이 3사 이하인 경우에는 금융업, 보험업, 리스업을 제외한 전체 코스닥 등록 법인의 평균 부채 비율의 1.5배 미만일 것
단, 금융, 보험, 리스업은 미적용</td></tr>
<tr><td>명의 개서 대행</td><td colspan="3">명의 개서 대행 계약을 체결할 것</td></tr>
<tr><td>발행 주권</td><td colspan="3">통일 규격 유가 증권일 것</td></tr>
<tr><td>합병 및 영업의 양도·양수의 경우</td><td colspan="3">합병 등을 한 경우에는 당해 합병 등의 기일이 속한 사업 연도의 결산 재무 제표가 확정될 것
단, 합병 등의 기일로부터 당해 사업 연도 말까지의 기간이 3월 미만인 경우는 차기 사업 연도의 결산 재무 제표가 확정될 것</td></tr>
<tr><td>소송 및 부도 발생</td><td colspan="3">회사에 중대한 영향을 미칠 소송 등의 분쟁 사건이 없고, 부도가 발생한 사실이 있는 경우에는 유가 증권 신고서를 제출하는 날로부터 소급하여 6개월 전에 그 사유가 해소될 것</td></tr>
<tr><td>주식의 양도 제한</td><td colspan="3">정관 등에 주식 양도의 제한이 없을 것
단, 다른 법령에 의하여 제한되는 경우로서 그 제한이 중개 시장에서의 매매 거래를 제해하지 않는다고 인정하는 경우에는 그렇지 않음</td></tr>
<tr><td>액면 가액</td><td colspan="3">액면 가액이 100원, 200원, 500원, 1000원, 2500원 또는 5000원일 것</td></tr>
<tr><td>기타</td><td colspan="3">감독원장이 당해 법인의 안정성과 성장성 및 그 업종의 특성 등을 고려하여 공익과 투자자 보호상 협회 등록이 부적당하다고 인정하는 사유가 없을 것</td></tr>
</table>

자료: 동원 경제 연구소, **증권 강좌: 이론과 실제**, 전정판 (서울: 동원 경제 연구소, 1998): 156-157.

형성과 투자자 보호를 위해 필수적으로 요청되는 사항이므로 증권업 협회는 공시 업무를 담당하고 있다.

협회 등록 법인은 다음과 같은 정기 및 수시 공시 자료를 협회에 제출해야 한다. 협회는 공시 방법으로서 등록 관계 서류, 정기 공시 서류의 경우는 접수 일로부터 2년 간 협회 투자 정보 자료실에 비치하여 투자자가 열람할 수 있도록 하고, 수시 공시 자료는 그 때마다 코스닥 시장지에 게재하여 공시한다.

- 정기 공시 자료: 매 사업 연도마다 결산기 종료 일부터 90일 이내에 사업 보고서, 매 반기마다 매 사업 연도 반기 종료 일부터 45일 이내에 반기 보고서를 협회와 금융 감독원에 제출해야 한다.
- 수시 공시 자료: 상호 변경, 유무상 증자 또는 감자, 당좌 거래 정지, 합병, 회사 정리, 영업 정지 또는 양도, 자산 재평가, 재해, 주식 액면 분할 또는 병합, 대주주의 지분 변동, 회사채 발행, 스톡옵션 내용 변경 또는 행사, 특허 취득 등의 주요 사항이 발생한 경우 등록 법인은 협회에 문서 또는 팩스로 신고해야 한다.

증권업 협회는 코스닥 시장에 대한 자율 규제 기관으로서 투자자 보호를 위해 등록 종목의 매매 거래가 증권 거래법 및 협회 중개 시장 운영 규정 등에 따라 공정하게 이루어지도록 하기 위해 투자 유의 종목 지정, 매매 거래 정지, 등록 취소 등의 조치를 행할 수 있다.

창업 이야기 X-1

유리 시스템즈[22]

1992년 집을 저당 잡히고 신용 카드 대출까지 받아 마련했던 창업 자금 40만 달러를 가지고 시작해서 지금은 회사를 팔아 5억 1000만 달러(약 7100억 원)이라는 천문학적 재산의 소유자로 탈바꿈한 유리 시스템즈의 김종훈 사장은 미국 비즈니스 위크지가 선정한 1997년도의 미국 내 초고속 성장 100대 벤처 기업 중 1위를 차지하고 표지 인물로 실리면서 한 순간에 유명세를 타기도 하였다.

김 사장은 중 2 때 부진을 따라 미국으로 간 코리안 어메리칸으로 고교 시절, 존즈 홉킨즈 대학, 해군 핵추진 장교 후보생을 거치면서 악착같이 살아온 사람으로 알려져 있다. 해군을 제대하고 매릴랜드 대학에서 공학박사 학위를 취득한 후 1992년 2월 6일 사업에 착수하였다. 당시 그는 다섯 가지 목표를 세웠는데, 컨설팅으로 돈을 모으고, 커뮤니케이션 제품을 생산하고, 군수 분야로부터 진출하고, 민간 시장을 공략하며, 마지막으로 5년 안에 기업을 공개하여 2000만 달러 이상의 돈을 번다는 것이 그것이다.

사업이 착수되자 그는 군 복무에서 얻은 경험을 바탕으로 육·해·공군에게 필요한 물품을 조달하고 AT&T 등 미국 유수의 대기업들에 첨단 교환기를 납품하는 등 업계의 인정을 받을 수 있었다. 초고속 교환기 제조 업체(ATM)인 유리 시스템즈는 최근 3년간 매출액 385%, 당기 순이익 410%라는 초고속 성장을 거듭할 수 있었다.

1998년 들어 5억 달러 이상의 개인 소득을 얻으며 자신의 손때가 묻은 유리 시스템즈사를 10억 달러에 루슨트 테크놀로지사에게 매각키로 한 결정에 대해 그는 다음과 같이 말한다.

"더 높은 비약을 위해 회사를 매각키로 했습니다. 루슨트사의 자본을 끌어들임으로써 최근 주력해온 데이터 네트워킹 분야의 신기술 개발에 박차를 가할 수 있어서 기쁩니다."

이 인수로 상호가 '캐리어 네트워크'로 이름이 바뀌기는 하나 김 사장이 회사의 사장직을 계속 유지하며 나머지 237명의 임직원도 잔류가 결정되었기 때문에 실질적인 변화는 크지 않다. 김 사장은 이제 세계 최대 정보통신 장비 업체의 최고 경영자로 우뚝 서게 된 것이다.

---

[22] *Business Week*, "Yurie Systems: High-Tech Hot Rod," May 26, 1997; 조선 일보, "비즈니스 위크 미 유망 1백대 중소 기업에 교포기업이 1위," 1997년 5월 18일; 한국 경제 신문, "재미 교포 벤처 기업 '유리 시스템즈' 매각," 1998년 4 월 29일.

창업 이야기 X-2

제일 엔지니어링[23]

다른 기업이 포기한 시장에 뛰어들어 불황 중에도 꾸준한 연구개발 투자를 통한 신제품 개발로 연평균 30%의 고속 성장을 이끌어낸 기업이 바로 생활 무전기 국산화에 처음으로 성공의 결실을 거둔 제일 엔지니어링이다. 제일 엔지니어링은 정보화 사회에 따른 정보통신 기기 수요의 확대를 전망하고 1990년 10월 정보통신 사업부를 신설했다. 그리고 주식회사 한독이 통신 사업부를 폐지할 때 2억 5000만 원에 장비를 인수하고 인원의 일부를 흡수하여 정보통신 사업 분야에 진입하였다.

사업 착수 원년인 1991년 정보통신 사업부의 수출 드라이브 전략이 맞아 떨어져 내수 1억 원, 수출 34억 원이라는 결실을 일구어 냈다. 이 당시 국내의 무선 통신 규제가 까다로웠던 것을 감안한 전략이었다. 그러나 국내에서도 차츰 무선 통신에 대한 규제가 완화되리라는 판단 아래 15명의 전문 인력으로 구성된 연구개발부를 신설하고, 1991년부터 2년간 장비 구입비 5억 원을 포함한 20억 원의 연구개발비를 투자했다. 결국 독일·영국·프랑스 등 11개국의 정부 규격 승인을 받게 됐고, 체코슬로바키아에서는 경찰이 이 회사에서 무전기를 이용하게 되는 등 국내·외 시장에서의 매출이 급증할 수 있었다. 수출은 1991년 5백만 달러에서 92년 60% 성장한 800만 달러로 증가하고 내수는 전해의 2배인 2억 원을 기록할 수 있었다. 제일 엔지니어링은 그간 연구의 성과로 1992년 9월 초 국내 최초로 정부 형식 검정 승인 제품을 개발해냈다. 또한 종전에는 건설 공사 현장, 방범 등 산업용으로만 주로 사용되었던 것이 규제 완화로 일반인들이 시민 무선국을 운용할 수 있게 됐고, 이에 따라 생활 무전기 수요가 급증하리라 예상되고 있다.

제일 엔지니어링의 새로운 사업 진출은 성공적으로 평가 받고 있다. 즉 다른 기업이 포기한 시장에 선봉으로 치고 들어가 시장에서의 독점적 우위를 점할 수 있었다는 것이다. 이제 제일 엔지니어링은 국내·외에서 기술을 인정 받은 만큼 세계적인 무선 통신 기기 업체로의 성장 청사진을 가지고 있다. 제일 엔지니어링은 1979년 4월 플래스틱 정밀 사출 업체로 창업됐다. 그 후 금형·VTR 데크 부품·자동차용 릴레이·자동화 기기·통신 사업 등으로 꾸준히 사업을 덧붙였다. 지속적인 경영 다각화로 사업 영역을 확장, 국내 유수의 전자·자동차 부품 및 통신 기기 업체로 성장한 것이다. 앞으로 정보통신과 자동차 등 첨단 분야에 대한 투자 확대를 계획하고 있어 성장 전망도 매우 밝다. 현재 제일 엔지니어링은 제일 통신·제일 하이테크·제일 제네랄 등 3개의 계열사를 거느린 첨단 전자 업체로 기반을 잡고 있다.

---

[23] 주간 매경, "제일 엔지니어링: 불황 장벽 연구개발로 뚫었다," 1992년 11월 18일.

창업 이야기 X-3

바디네트[24]

목욕은 현대인의 일상 생활에 깊이 스며들어 예전처럼 월중 행사가 아닌 매일같이 하는 일이 된 현재 목욕 관련 업종은 성장 가능성이 매우 큰 사업으로 인식되고 있다. 이러한 사업성 예측에 기반하여 설립된 목욕용품 전문점 바디네트 체인은 전국에 18개 영업점을 가지고 있다. 목욕용품 전문점은 고객의 90% 이상이 젊은 여성이라는 점을 감안할 때 여성 소유주에게 적합한 부업거리가 될 수 있다. 바디네트는 체인 본사 에바스 삼바드에 의한 프랜차이징 형태로 영업이 되므로 가게를 선정해서 개업 및 운영하는 데까지 여러 가지로 많은 조언을 구할 수 있다.

서울 화양리에서 2개월 된 보통 규모의 비디네드를 운영하는 서형천 씨의 상점의 사업성은 다음 표와 같다.

투자 규모		수익성	
점포 보증금(15 평)	3,000만 원	일일 매출	30만 원
권리금	6,000만 원	월 매출	900만 원
인테리어비	2,000만 원	마진율	40%
초도 상품비	2,500만 원	매출 이익	360만 원
물품 설치비	500만 원	경상비	임대료 100만 원
			인건비등 120만 원
계	1억4,000만 원	순이익	140만 원

서 씨가 문을 연 9월 26일은 이미 추석이 끝난 시점이었다. 말하자면 '개업발'을 살리지 못했다는 이야기다. 업종 자체가 목욕 용품이라 주로 선물용이 많이 나간다는 점에 착안, 선물용 수요가 많은 때에 맞춰 개업 시기를 잡으면 유리하다. 연말 연시나 입학·졸업 시즌 등 대목이 개업하기엔 적당하다. 초보자일수록 사업 초기 자신감이 중요하기 때문에 이런 문제도 고려해야 한다.

그러나 "앞으로 시장을 보면 힘이 생긴다"는 서 씨 자신의 말대로 가능성은 얼마든지 열려있다. 바디네트에는 목욕 스펀지와 보디 클린저·보디 오일 등 목욕 용품이 있고 구색용으로 향수 제품과 화장품·남성용 내의 등을 고루 갖추고 있다. 거의 전매장에서 목욕용품이 차지하는 비중은 70% 선이다. 이 중에서도 기존 때밀이용 이태리 타올을 대체한 목욕 스펀지와 목욕 20회 분량으로 나온 보디 클린저가 많이 나간다. 특히 목욕용품을 선물 세트로 포장한 2만 원대 제품이 이 점포의 최대 히트작이다. 목욕용품 전문점은 10평 규모의 대학가, 유흥 업소, 쇼핑가 등을 끼고 있으면 일반적으로 마진율 40% 선을 예상할 수 있다. 무엇보다도 아직은 애용품 수준에 밖에 미치지 못하는 상태이므로 한번 쓰고 나서 좋다고 인정하면 판매자들의 구매가 계속 이루어지게 하는 전략을 구사하여 주 고객층을 확보하려 한다.

[24] 주간 매경, "바디네트: 여성이 운영하기에 적합한 업종," 1996년 12월 18일.

읽을 거리

Reena Aggarwal and Pietra Rivoli, "Evaluating the Costs of Raising Capital through an Initial Public Offering," *Journal of Business Venturing,* 1991, 6: 351-361.

Jay Finegan, "Buying a Business: Fifteen Steps to Owning the Company That's Right for You," *Inc.*, October 1991: 26-35.

Seymour Jones, M. Bruce Cohen & Victor V. Coppola, "Going Public." In William A. Sahlman & Howard H. Stevenson (Eds.), *The Entrepreneurial Venture* (Boston, MA: Harvard Business School, 1992): 394-416.

Patrick J. Kaufmann and Rajiv P. Dant, "Multi-Unit Franchising: Growth and Management Issues," *Journal of Business Venturing*, 11, 1996: 343-358.

Joseph Mancuso and Donald Boroian, *How to Buy and Manage a Franchise* (New York: Simon & Schuster, 1993).

Ennis J. Walton and Michael J. Roberts, "Purchasing a Business: The Search Process," Harvard Business School Note 9-388-044.

사례 연구 15

한글과 컴퓨터*

컴퓨터 관련 업계에는 유난히 신화가 많다. 그 신화의 뒷면에는 '무서운 아이들'이라 불리는 젊은 창업자들이 있는가 하면 모험에 비유되는 갖가지 창업 스토리가 존재한다. '한국 소프트웨어의 희망', '한국의 빌 게이츠'라고 불리는 이찬진 사장이 설립한 ㈜한글과 컴퓨터(한컴)는 이러한 컴퓨터 관련 업계의 신화를 이야기할 때 빠뜨릴 수 없는 기업 중의 하나이다. 1990년 10월, 꿈과 패기, 그리고 한글 워드프로세서만을 가지고 5명의 젊은이들에 의해 창립된 회사가 바로 한컴이다.

창업

아래 한글을 만들게 된 배경

1988년 이전의 한글 워드프로세서는 그야말로 초보적인 수준에 머물고 있었다. 그 당시 대표적인 워드프로세서로는 삼보 컴퓨터에서 만든 '보석글'과 금성의 '하나 워드'가 있었다. 이들은 나름대로 장점을 가지고 있었지만 기본적인 부분부터 여러 가지 문제점을 안고 있었다. 즉, 단지 외국 프로그램을 한글화했기 때문에 우리 나라 사람들을 만족시키기에는 역부족이었을 뿐 아니라, 제각기 서로 다른 한글 코드를 채택하고 있었기 때문에 특정 회사의 파일은 특정한 시스템과 프린터상에서만 사용할 수 있는 실정이었다.

그러던 차에 1988년 여름, 캐나다에서 이민 생활을 하다가 귀국한 강태진 씨가 '한글 2000'이라는 프로그램을 내놓았다. 이 제품은 모든 컴퓨터가 가지고 있는 그래픽 기능을 이용하여 한글을 화면상에 그리는 방식을 채택했기 때문에 별도의 한글 카드 없이도 아무 기종에서나 사용할 수 있는 획기적인 제품이었고 또 여러 가지 새로운 기능들로 커다란 인기를 모았다. 그러나 이 프로그램도 차츰 문제점이 발견되었다. 자동 정렬이 잘 되지 않고 별다른 이유 없이 프로그램이 갑자기 죽어버리는 것이었다. 그러나 그 개정판은 나올 수가 없었다. 이때는 아직 소프트웨어도 엄연한 상품이라는 인식이 정착되어 있지 않았으므로 엄청난 인기에도 불구하고 정본으로 판매된 것은 약 3천개 정도에 불과하였다. 이는 강태진 씨가 회사를 유지하며 제품의 기능 향상에만 전념할 수 있는 상황을 만들어 주지는 못한 것이다.

이렇게 한글 2000이 좀처럼 개선될 기미가 보이지 않자 좀더 유용하고 마음에 드는 워드프로세서를 사용하기를 원했던 당시 대학생 이찬진 씨는 이번 기회에 아예 자기가 새로운 워드를 만들어 보기로 결심하게 되었다. 1989년 1월 23일 이찬진과 후배 김형집, 우원식 등 세 사람이 드디어 만나게 되었다. 그러나 이때 그 사람들은 자기가 하려는 일에 대해 그렇게 큰 의미를 두지 않았고 일이 나중에 그렇게 커질 줄은 아무도 알지 못했다. 전체적인 설계와 기획, 필요한 자료를 구해 오거나 다른 전문가의 조언을 듣는 등 대외적인 일은 이찬진 씨가 처리했고, 김형집 씨는 프로그램의 구조적인 분석과 설계 및 입출력 부문과 한자 사전을, 그리고 우원식 씨는 메인 프로그램을 각각 담당했다.

---

* 이 사례는 정승화, "한글과컴퓨터의 성장전략," 연세 경영 연구, 1996년 봄호: 73-96을 수정 · 게재한 것이다.

'훈글'의 탄생

이들의 이러한 노력은 드디어 결실을 맺게 되었다. 바로 '훈글 1.0'이 탄생된 것이다. 이 프로그램은 이후 이찬진 씨가 한글과 컴퓨터라는 회사를 만드는 밑거름이 되었다. 당시에 나와 있던 워드프로세서들은 대부분 독립적인 개발자들의 작품이 아니라 컴퓨터 제조 업체들이 만든 것이었다. 따라서 그들은 대부분 워드프로세서를 자체의 기능과 상품성보다는 자기네 컴퓨터에 끼워서 팔 수 있는 소품 정도로 생각했다. 프로그램의 기능 향상보다는 다른 회사 컴퓨터에서는 돌아가지 않게 만드는 방법에 더 열중하기도 했다. 그런 프로그램들은 자연히 장기적인 생명력을 가질 수 없었다. 바로 이러한 환경에서 '가능한 한 쓰기 쉬운 프로그램을 만들어야 한다'는 명제를 가지고 시장에 뛰어든 '훈글'은 자연스럽게 최고의 인기를 구가할 수 있었고, 지금까지도 한컴의 주력 사업인 동시에 주 소득원이다.

㈜ 한글과 컴퓨터의 설립

1990년 10월, 이찬진, 김형섭, 우원식, 박홍호, 정내권 등 다섯 명이 자본금으로 한글 프로그램 판매 수익금 5천만 원을 가지고 한글과 컴퓨터라는 회사의 문을 열었다. 사무실은 한글문화원 한 귀퉁이의 4평짜리 방을 임대한 것에 지나지 않았다. 창립 당시의 한글과 컴퓨터는 한 해에만도 수십 군데가 생기고 망하는 다른 소프트웨어 회사들처럼 바람 한 번 훅 불어서 흔적 없이 날아가 버려도 어디 하소연할 데 없는 그런 작은 회사였다. 그러나 이 회사는 다른 회사들과는 달리 '훈글'이라는 당당한 상품을 가지고 있었다. 1991년 한컴은 10억 원의 매출을 올렸다. 1992년에는 20억 원의 매출을 올렸고, 이듬해인 1993년의 매출은 사회적인 파장을 일으켰던 불법 복제 단속 파동의 흐름을 타고 103억 원을 기록했으며, 1994년에는 150억 원의 매출을 올렸다. 그 동안의 직원 수도 5명에서 293명(1995년 7월 현재)으로 늘어났다. 회사가 사용하는 공간은 처음 한글 문화원의 4평짜리 방 한 칸에서 현재 영등포에서 임대해서 쓰고 있는 층당 300평짜리 건물의 5개 층과 회사가 소유한 신대방동의 연구소를 합쳐 2000여 평으로 커졌다. 보기 1은 1990년 창립 시부터 1995년까지의 회사 연혁을 나타내고 있다.

불법 복제라는 도전

지금도 마찬가지지만 우리 나라의 소프트웨어 산업의 발목을 잡는 가장 중요한 문제점은 바로 사용자들의 소프트웨어 산업에 대한 잘못된 인식이다. 소프트웨어를 개발하는 사람은 마땅히 그 일만으로 생활을 영위할 수 있어야 하고, 더 나아가서 그 일로 창출해낸 가치에 상응하는 보상을 받을 수 있어야 함에도 불구하고 누군가 소프트웨어 개발에 뛰어들어 온갖 고생 끝에 제품을 만들어 냈는데도 자신에게 돌아오는 것은 없고 모두 다 불법 복제를 해버린다면 당연히 소프트웨어 산업은 도태될 수밖에 없는 것이다. 한컴도 이런 위험을 알고 있었고 거기에 대처하기 위해 훈글 1.0판에 복제 방지 장치라는 궁여지책을 채택했다.

그러나 누군가에 의해 락(Lock)은 풀렸고, 그 제품은 무제한 복제의 길로 들어섰다. 훈글 1.0판의 경험을 바탕으로 한컴은 복제 방지 장치가 하등의 도움이 되지 않는다는 결론을 내렸고, 1.5판에는 복제 방지 장치를 하지 않기로 결정했다. 그 대신에 사용한 방법은 일명 '양심 호소 작전'이었다. 그들은 컴퓨터 잡지에 이런 글을 실었다.

"우리는 과연 대한민국이라는 나라에서도 복사 방지 장치를 하지 않은 소프트웨어가 살아남을 수 있는지 확인하기 위하여 사용자 수의 90% 정도를 차지하는 도트 프린터 판에 복사 방지 장치를 하지 않았습니다."

그러나 이 작전은 완전히 실패하고 말았고 판매량은 1천 본 정도에 지나지 않았다. 한컴은 파산의 위기를 맞이하게 된 것이다. 그러나 한컴은 90%를 뺀 나머지 10%에는 복사 방지 장치를 했는데, 이건 바로 레이저 프린터 판이었다. 값은 도트형보다 3배쯤 비싸게 매긴 13만 5000원이었다. 사실 이삼백만 원을 주고 레이저 프린터를 살 만한 사람이라면 13만 5천 원을 별로 아까워하지 않을 거라고 생각했던 것이다. 결국 흔글 1.5를 발표한 1991년 1월부터 다음 제품인 흔글 2.0이 나온 1992년 7월에 이르기까지 1년 반 남짓한 기간 동안 한컴을 지탱한 것은 바로 이 레이저 프린터 판이었다.

흔글 2.0의 출시

1992년 7월 한컴은 '흔글 2.0'을 출시했다. 일반용은 8만 원, 전문가용은 25만 원이었는데 만들어 내기가 무섭게 팔려나가 두 달 동안 무려 3만 본이나 판매되는 쾌거를 이룩했다. 그러나 9월 중순부터 갑자기 매출이 떨어지기 시작했다. 다시 락이 풀린 것이다. 그 해 5월 한컴은 이미 언론을 통해 '불법 복제와의 전쟁'을 선포하고 마침내 9월 29일 정식으로 부산 지검에 고소장을 접수시켰다. 그 사건이 우리 나라 소프트웨어 산업의 앞날에 대해 가지는 중요성이 부각됨에 따라 철저히 수색되었고, 범인은 아이러니컬하게도 락을 제조하는 회사의 직원이었다. 이 사건이 전국 언론에 크게 보도됨에 따라 불법 복제에 대한 사회의 인식이 달라지는 계기가 되었고, 그 후부터 흔글 2.0의 판매도 서서히 정상 궤도로 복귀했다.

조직과 고객지원

사업부 중심 팀 조직

한컴은 독특한 조직 구조와 운영 방식을 채택했다. 최근 몇몇 기업들이 '리엔지니어링', '조직 파괴' 등의 개념을 도입하면서 혁신적인 변화를 꾀하고 있기는 하지만 일반적으로 대부분의 기업들은 아직 위계 질서가 뚜렷한 수직적 구조를 가지고 있다. 반면 한컴은 보기 2에서 보듯이 서로 동등한 권한과 책임을 가지는 수평적인 팀들로 이루어져 있다. 직급도 대리, 과장, 차장, 부장 등의 개념이 없이 팀원에서 팀장, 그리고 대부분 이사급인 부서장으로 곧장 이어진다. 그 다음은 사장이다. 따라서 직급이 모두 4개밖에 없는 셈이다.

실제로 일을 하는 그룹은 물론 팀장 라인이다. 그 위의 부서장이나 사장은 팀장이 일할 수 있는 환경을 만들어 주고 대체적인 방향을 잡아주는 정도에 그친다. 따라서 팀장들이야말로 자기가 맡은 일에 대해서는 회사의 다른 누구보다도 전문가가 되어야 하고, 회사를 이끌어갈 실질적인 중추가 되어야 한다. 수직적 구조의 치명적인 맹점 가운데 하나는 사업추진의 권한과 책임의 소재가 분명하지 않다는 것이다. 한컴의 각기 독립적이고 자기 완결적인 구조를 가지는 사업부 제도와 수평적 팀 제도 하에서는 이런 맹점을 크게 줄일 수 있다. 즉, 개발 부문에서는 제품만 만들어서 영업 부문에 던져 주고 마는 게 아니라 제품의 기획에서부터 판매에 이르기까지 포괄적인 권한과 책임을 가진다.

단, 수평적 팀제에서는 각각의 팀이 고유의 권한과 책임을 갖는 반면 부서간의 협조 체제에서 문제가 발생할 수도 있다. 이런 문제를 해결하기 위해 한컴이 취하고 있는 방법이 'Try Twice And Jump'이다. 만약 타 부서에 협조를 요청했을 때 그 부서가 거절한다면, 두 번 시도해 보고 안되면 한 단계 위로 올라가라는 것이다. 또 한 가지 중요한 점은 만약 자기가 임무를 수행함에 있어서 도저히 불가능하다고 판단되면 중간에라도 매니저에게 보고를 해야 한다는 것이다. 이를 통해 그때 그때의 예기치 않은 상황에 대한 대비책을 마련하고자 하는 것이다.

열린 한컴 문화

한컴은 직원 개개인의 창조력과 개성을 마음껏 발휘할 수 있도록 하기 위해 주 5일 근무제, 연 휴가 15일의 근무 조건을 마련해 놓고 있으며, 자유로운 복장은 물론 자율 출·퇴근제도, 제품 개발직의 경우 재택 근무도 허용하고 있다. 자율 출·퇴근 제도는 일반 관리직과 제품 개발직으로 구분되어 실시되는데 일반 관리직의 경우 오전 10시부터 오후 5시까지가 코어 타임(Core Time)으로 규정되어 있고, 제품 개발직의 경우는 오후 1시에서 오후 5시까지가 코어 타임으로 사원 각자의 스케줄은 스스로가 관리하고 일정관리 표에 따라 자유롭게 근무할 수 있도록 하고 있다. 본사 및 연구소 등은 절대 금연 건물로서 담배 연기가 없는 쾌적한 근무 환경을 조성하고 있다.

한컴은 커뮤니케이션을 매우 중요시하는 회사이다. 회사의 발전 가능성 여부는 그 회사의 모든 의사결정이 얼마나 자유로우며 또한 원활한 의사소통이 이루어지는가로 결정된다는 생각 아래 사원과 사원, 사원과 사장이 함께 대화할 수 있는 다양한 채널을 갖추고 있다. PC 커뮤니케이션 채널을 통해 개인 및 다중 상대 의견 교환을 지원하고, 사원들에게 공지사항을 전달하며, 사장과의 대화 채널을 늘 열어 놓고 있다. 또한 1년에 한 번 전 직원이 사장과 직접 만나 대화의 시간을 갖는다.

내부 판매 제도

한컴은 이른바 '내부 판매'라는 독특한 제도를 시행하고 있다. 이것은 말 그대로 회사 안에서부터 판매가 이루어진다는 의미이다. 일반적으로 다른 회사에서는 생산 부서에서 만들어 낸 제품을 영업 부서에서 판매하는 형식이지만 한컴의 경우 개발 부서에서 만든 제품을 영업 부서에다 파는 형식으로 일이 시작된다. 개발부에서 신제품을 만들어 내면, 영업부에서는 자체적으로 그 제품의 시장 가치를 판단한다. 그래서 서로 협상을 통해 적절한 가격을 정한 다음 정식으로 계약서를 작성해서 판권을 사들이는 형식을 취하는 것이다. 물론 이때 돈이 오가는 것은 아니지만 최소한 책임 떠넘기기와 같은 상황은 피할 수 있게 된다. 이렇게 해서 각 부문별로 독자적으로 예산을 짤 수 있고, 그 범위 내에서 지출도 자율적으로 결정할 수 있다. 직원들은 부문별 독립성과 자율성이 보장되고 자기가 노력해서 올린 실적이 그만큼 연봉에 반영되는 동기가 부여되는 셈이고, 관리자 입장에서는 좋은 일이건 나쁜 일이건 책임 소재를 규명하기 위해 고민하지 않는다. 이 제도는 머지않아 한컴의 생산성을 극대화할 수 있는 제도로 자리잡을 것이라고 기대되고 있다.

고객 지원 방침

한컴은 현재 국내 최대 규모의 고객 지원 센터를 운영하고 있다. 300평의 국내 최대의 넓은 공간을 확보하여 고객 지원실, 세미나실, 교육실, 그리고 방문하는 고객들을 위한 한컴 갤러리(휴게실)를 갖추고 약 50명의 인원이 투입되어 전화, 팩스, 컴퓨터 통신, ARS(음성 자동 응답 서비스), FOD(팩스 자동 응답 서비스) 등의 다양한 방법으로 고객들의 편의를 위해 노력하고 있다. 또한 지방의 사용자들을 위하여 대전, 대구, 부산, 광주 등의 4개 도시에 지방 'AS 센터'를 설립하여 고객 지원 업무를 확대하였다.

이는 국내의 타 업체들의 고객 지원 상황에 비추어 보면 많은 차이가 있고 회사의 규모로 보아서도 과다한 투자라 평해지기도 한다. 하지만 고객의 편의와 서비스 차원에서 이러한 고객 지원을 계속 함으로써 고객들을 만족시키고 나아가 감동시켜야 한다는 한컴의 사명 차원에서 지속되고 있다. 고객 지원은 가장 한국적인 제품을 만들기 위한 한컴의 또 다른 의지로서 실제 사용자인 고객의 욕구를 수용함으로써 한컴과 고객들과의 가교 역할을 하고 있다.

한컴에서는 등록 고객을 대상으로 '한가족' LG 카드를 발행했다. 이 카드는 그 자체에 회원의 개인 정보를 담을 수 있기 때문에 회원의 한컴 제품 보유 현황과 고객 등록 상황을 항상 기록하고 점검할 수 있다. 따라서 한컴은 이 독창적인 제도를 통해 고객들의 제품 구입에 따르는 불편을 해소함은 물론 보다 효율적인 사후 고객 서비스를 할 수 있게 됐다.

인적 자원의 관리와 개발

사원 채용과 승진

보기 3에서 나타나 있듯이 창업 이후 사세의 팽창과 더불어 사원의 수도 급격히 증가하여 처음 5명에서 300명 가까이에 이르게 되었다. 하지만 한컴 인사 관리의 특징은 기본적인 개념 이외에는 통일된 규제나 원칙을 만들어 놓지 않았다는 것이다. 따라서 한컴에는 경영 이념이나 사시나 사훈 같은 것이 따로 명문화 되어 있지 않다. 정보화 사회라는 환경 아래서는 창조적인 에너지와 개인의 개성을 마음껏 발휘할 수 있도록 다양성을 존중해 주어야 한다는 것이 경영진의 생각이기 때문이다. 아직 설립 초기의 회사이기 때문에 제도 정비가 완벽하게 마련되어 있지는 않지만 누구라도 열심히 일한 만큼 인정 받는 분위기를 조성하는데 인사 관리의 초점을 맞추고 인사관리를 해 나가고 있다.

한컴은 사원 채용 시 일괄적인 공채 모집을 하지 않는다. 연초에 수립한 각 부문의 채용 규모에 따라 부문장의 재량권에 의해 수시로 모집된다. 채용은 주로 제품개발 위주로 진행되는 경우가 많지만 최근에는 영업, 마케팅, 고객 지원, 관리 행정 등 타 부서의 채용도 활발하게 진행되고 있다. 모집 방법 또한 신문이나 인쇄 매체를 사용하는 일이 거의 없다. 주로 연고 추천이나 개별 스카웃, PC 통신 등을 이용하여 지원자를 모집하며 전문적인 지식을 갖추고 새로운 것을 능동적으로 받아들일 수 있는 창조적이고 도전적인 사람을 인재로 여기고 있다. 또한 제품을 상품화시킬 수 있는 구체적 기획력을 갖춘 머리가 죽어 있지 않은 인재. 자신의 기획을 설득시킬 수 있는 능력을 갖춘 인재를 중요시 여기며 이러한 인재라면 학력, 전공, 나이 등 어떤 것에도 제한을 두지 않는다. 실제 한컴에는 국졸 학력의 이사가 존재하기도 하며, 각 분야의 전공에 있어서도 전자공학과나 전산학과 아니면 이공계 출신이 많을 것으로 생각되지만 제품 개발직을 비롯해 전 직종에 걸쳐 다양한 전공의 소유자들이 분포되어 있다.

승진 관리에 있어서는 각 직급별 최소 소요 기간을 두고 있으나 능력 있는 사람의 조기 발탁 및 조직의 탄력적인 운영을 도모하기 위하여 직급의 상승과 직책 선임을 분리하여 운영하며 대리 이상 자에 대하여 폭넓게 직책 보임을 가능하게 하고 있다. 실제로도 직급별 승진 연한은 3년으로 되어 있지만 이 기간을 다 채우고 승진하는 사람보다 그 이전에 승진하는 사람이 대부분이다. 승진 심사는 인사 고과, 근속 연수, 교육 등을 기준으로 삼고 있다.

능력에 따른 연봉제

한컴은 연봉제 보상을 실시한다. 한컴의 연봉제는 능력과 실적이 우수한 직원을 철저히 우대하는 한편 전직원들에게 능력 개발 분위기를 조성할 목적으로 1990년 창립 당시부터 전직원을 대상으로 철저한 능력주의 연봉제를 실시하고 있다. 이외에도 영업직 및 개발직 사원들의 동기부여를 높이기 위하여 소프트웨어 상품화의 성공척도에 따라 인센티브 제도를 운영하고 있다.

연봉에는 1일 10시간에 해당하는 기본급을 포함 야근 식대 및 교통비 등 각종 수당이 포함되어 있으며 연봉 이외의 수당은 일체 지급하지 않는다. 연봉의 지급은 14등분하여 매월 25일에 지급하고 나머지는 설, 추석, 7월, 12월에 각각 50%씩 나누어 지급한다. 연봉 조정 원칙으로는 능력 고과 30%, 실적 고과 50%, 근무 시간 10%, 외국어 및 타자 10%로 하고 포상·징계와 관련한 점수는 총점에서 가감하여 처리하고 있다. 연봉 조정 등급에 대한 결정은 위를 종합하여 나온 총점을 기준으로 8등급으로 구분하여 최종적으로 전직원의 연봉을 책정하게 된다. 각 개인의 연봉은 능력에 의해 책정되는 것이므로 철저히 비밀을 유지하도록 되어 있으며, 한컴의 연봉제는 동기 부여 차원과 자율적 근무 환경 조성에 많은 이점을 노리고 있다.

컴퓨터 소프트웨어 개발이라는 특수한 근무 환경과 창업 초기인 점을 고려하여 연봉 책정에 있어 근무 시간을 반영시키고 있는데, 근무 시간은 연간 총 근무 시간을 기준으로 1일 평균 근무 시간을 환산하여 최고 10%까지 연봉 책정에 반영된다. 근무 시간의 측정 방법은 "로그온(logon) 프로그램"에 의해 합리적으로 관리되고 있다. 전 직원이 각자 본인 책상에 놓여 있는 PC를 이용하여 로그인 하는 시간이 출근, 로그 아웃하는 시간이 퇴근으로 전 직원의 근무상황을 자동적으로 체크할 수 있도록 되어 있다. 로그온 프로그램에는 출장, 식사, 외출, 휴식 등 업무 외 시간이 설정되며 근무 일수, 휴가 일수, 지각, 무단 결근은 물론 1년 총 근무 시간까지 점검 가능하다.

연봉 산정에 있어 근무 시간 이외에도 직원들의 자기 개발을 위한 동기부여 및 직무 만족을 위하여년 1회 이상 외국어 및 타자 테스트를 실시하여 10%까지 반영하고 있는데 외국어는 매년 9월 TOEIC 테스트를 실시하여 5%를 연봉에 반영하며 6월과 11월에는 타자 테스트를 실시하여 분당 350타 5점 만점 기준으로 5%를 연봉에 반영하고 있다. 이외 사내·외에서 실시하는 각종 포상 및 징계를 받은 사람에게는 연봉 기준 점수(100%) 외에 10%까지 가감하고 있다.

한컴에서는 직원 개인의 능력을 극대화하고 국제화 시대의 인재를 길러내기 위해 사원 교육을 강화하고 있다. 계층별, 직능별 교육과 함께 자기 계발을 위해 외부 강사를 초빙하여 영어, 일어, 등 외국어 학습을 시키고 있고 사원들이 학원에 등록할 경우 반액을 회사 경비로 보조하고 있다. 특히 업무와 관련하여 학원에 등록하거나 연수를 원할 때에는 부문장의 판단 아래 전액을 회사에서 지원하도록 하고 있다. 봄·가을 미국에서 열리는 전 세계인의 컴퓨터 축제인 컴덱스(COMDEX)에 매년 40명 이상을 참관케 하고 있으며, 체력 단련이나 취미 활동을 위한 사내 모임도 적극 지원해 주고 있다. 1996년에는 교육 이수 학점제를 도입하여 교육 부문을 더욱 강화해 나갈 계획이다.

다각적인 사업 추진

기존 시장의 발전적 방어

도스용 한글 3.0 출시 보기 4에서 보듯이 한컴은 창사 이전의 혼글 1.0부터 시작하여 1995년 후반기 윈도 95용 혼글 3.0b에 이르기까지 다양한 컴퓨터 소프트웨어를 개발해 왔다. 특히 한컴은 7월 20일경에 도스용 혼글 3.0을 출시했다. 그러나 사람들은 이에 대해 의외의 반응을 보였다. "도스용 혼글 이후에는 더 이상 도스용 혼글을 출시하지 않겠다고 하지 않았느냐?"는 것이다. 하지만 이것은 오해이며 근거 없는 추측일 뿐이었다. 왜냐하면 오히려 한컴은 윈도용 혼글이 출시된 이후에도 도스용 한글의 개발을 계속할 것이라는 발표를 해 온 바 있기 때문이다. 이는 윈도 95에서 작동 가능한 훈글 3.0b의 출시에 의하여 앞으로 도래할 윈도 95시대에 대한 대비였고 한편으로는 도스용 훈글 3.0의 발표를 통하여 기존의 사용자를 보호하고자 하는 의도에서였다.

한컴은 95년 3월에 윈도용 훈글 3.0을 출시하였으며, 이는 윈도용 워드프로세서를 기출시한 타 회사들에 비하여 시간적으로 무려 3년이나 뒤진 진출이었다. 이렇듯 윈도 쪽으로의 진출이 늦어진 가장 커다란 이유는 우리 나라 컴퓨터 시장이 윈도를 받혀 주기에는 미성숙되었다는 판단을 기초로 한 것이었다. 실제로 1995년 현재 보급된 약 500만 대의 컴퓨터 중 4분의 3은 기존의 윈도 3.1조차도 지원키에 미흡한 시스템이므로, 국내의 컴퓨터 하드웨어 환경은 도스에 머물러 있다고 보아도 과언이 아닐 것이다. 또한 훈글 3.0은 32비트 코드로 만들어졌다는 점에서도 윈도 95 시대에 즈음하여 전향적인 자세를 취했다는 것을 알 수 있다.

컴퓨터 학원용 통일 교재 발간 한컴에서는 1995년 7월 22일 컴퓨터와 관련된 모든 교육 교재를 총 망라한 교과서 형식의 통일 교재를 발간하였다. 컴퓨터 학원 교육용 통일 교재의 발간은 국내뿐 아니라 전 세계적으로도 유례가 없던 것으로서 비현실적인 교육 커리큘럼, 수준 미달의 교재 범람 등으로 학원 교육이 효율을 거두지 못하고 경영의 악순환을 겪는 학원가의 어려운 교육환경을 개선하는 획기적인 대응책으로 마련되었다.

전략적 파트너십

한글과 컴퓨터/한국 아이비엠의 전략적 제휴 한컴과 한국 아이비엠(IBM)은 1995년 7월 20일, OS/2용 응용 소프트웨어의 개발을 지원하고 소프트웨어의 전반적 기술을 교류하는 것을 주요 내용으로 전략적 제휴 관계를 맺는 협정 조인식을 가졌다. 양사의 제휴 내용은 크게 두 가지로 집약된다. 즉, OS/2의 저변 확대를 위한 양사의 협력과 함께 소프트웨어 전반에 대해 적극적인 기술 교류를 통해 긴밀하게 협력 체제를 구축하기로 한 것이다. 물론 개발된 소프트웨어에 대한 앞으로의 영업 협력 방안도 모색하기로 했다. 이러한 협력 체제의 실천을 위하여 한컴은 연내에 OS/2용 한글을 개발하고, 점차 자사가 보유하고 있는 주요 응용 소프트웨어 중 필요하다고 여겨지는 것들을 OS/2용으로 개발하기로 했다.

이 두 회사는 그간 마이크로소프트사를 상대로 계속 경쟁해 온 회사이다. 국제적인 전장에서는 IBM이, 국내에서는 한컴이 마이크로소프트사를 상대로 힘든 싸움을 해왔지만 매출면에서 마이크로소프트사의 20배가 넘는 IBM의 경우와 단지 국내의 젊은 회사일 뿐인 한컴은 비교가 되지 않는다. 그런 대규모의 IBM이 한컴을 파트너로 선정하고, 나아가 5%에 지나지 않아서 경영권을 가지지도 못하는(아직 주식 상장도 되지 않은) 한컴의 주식을 액면가의 16배의 프리미엄을 붙여서 산 것이다. 한국 아이비엠은 과거에도 이미 한컴의 제품 한글을 자사의 PC에 끼워 팔고, 한글이 가능한 유닉스용의 워드프로세서로는 유일한 제품인 한컴의 한글/X를 자사의 유닉스 시스템에 끼워 파는 등 한컴과는 계속적인 전략적 협력 관계에 있었다.

이 같은 양사의 전략적 제휴는 많은 의의를 가지고 있다. 한컴은 국내 응용 소프트웨어 중 가장 많은 사용자를 확보하고 있는 훈글(누적 판매분 100만 개, 등록 사용자 30만 명)뿐 아니라 보기 5에서 볼 수 있듯이 다양한 PC용 패키지 소프트웨어에 관한 한 독보적인 기술력과 마케팅 전략을 갖고 있는 업체이다. 반면 IBM은 세계적인 시장을 기반으로 축적된 기술과 노하우를 보유하고 있다. 따라서 두 회사의 전략적인 결합을 통하여 마이크로소프트사의 도스 및 윈도 운영 체제에 대한 편중으로 기인될 수 있는 소프트웨어 유통상의 문제점과 사용자의 불편이 많이 감소될 전망이다(보기 6과 7은 한국 소프트웨어 시장의 품목별 비중과 주요 경쟁사의 시장 점유율을 보여주고 있다). 특히 운영 체제 및 모든 응용 소프트웨어, 나아가 이제는 온라인서비스(통신) 시장까지 온통 장악하려는 마이크로소프트사의 국내 소프트웨어 시장에서의 주도권 확보 기도에도 쐐기를 박을 수 있는 기틀이 마련된 것이다. 마이크로소프트사의 이러한 기도는 미국 시장에서조차도 반독점 법을 위반하는 행위로서 반발받아 온 바 있음은 주지의 사실이다.

한편 한컴이 지구촌화되어 가는 현 세계에서 세계화의 각종 장애를 넘는데 있어서 세계적인 기업 IBM을 통해 효율적으로 세계화를 꾀할 수 있는 기반이 마련되었다는 점에서도 큰 의의를 가진다고 볼 수 있다. 양사는 이와 같은 제휴 관계를 공고히 하고, 이러한 제휴로부터 실질적인 성과를 거둘 수 있도록 하는데 최선을 다하기로 했다. 그 일환으로 한국 IBM이 한컴에서 추진하는 25%의 외부 투자 유치분 중 1/5에 해당하는 5%의 지분 참여를 하게 된 것이다.

외부 회사들과의 전략적인 협조 및 투자 유치는 이미 1993년부터 기획되어 그 다음해인 10월 '혼글 큰잔치'에서의 '한컴 비전 2000'이라는 제목으로 발표회를 가진 바 있다. 이는 혼글이라는 엔드 유저용 응용 소프트웨어를 중심으로 한 패키지 시장에서의 성공만으로는 보다 바람직한 미래를 점치기 힘들다는 예측을 통해서 경영 기반을 보다 공고히 하고, 사무용, 가정용 소프트웨어 시장을 개척하며, 나아가 미래의 정보 통신 시장으로의 진출을 꾀하기 위함이다. IBM과의 제휴를 통해 이제 한컴은 한컴 비전 2000을 실천하는 실질적인 단계에 접어 든 것이다. 한컴은 이미 1993년부터 97년 주식 상장을 목표로 하여 우리 나라 유수의 회계 법인인 삼정 회계 법인의 경영 진단을 필하고, 자체적으로 1명의 공인 회계사를 포함한 7명의 경영학 석사로 구성된 감사 및 경영 진단팀을 운영하여 경영 진단을 완료한 바 있으며, 94년 이후 계속 쌍용 투자 증권의 투자 자문을 받아 왔다.

한국 아이비엠과의 전략적 제휴는 윈도 95의 출시와 더불어 보다 강화될 수 있는 마이크로소프트사의 위상과 그들의 전략에 효과적으로 대응할 수 있는 유일한 방안이기도 했다. 지금까지 한컴은 마이크로소프트사의 시장 독식 전략에 즈음하여 홀로 외로운 싸움을 벌여왔다. 마이크로소프트사는 13,000명 이상의 직원을 가진 다국적 기업이고 한컴은 평균 연령 25.5세의 300명이 채 안 되는 젊은이들로 이루어진 회사이다. 이의 싸움은 실로 골리앗과 다윗의 싸움에 비견될 수 있으며, 현실에서는 다윗의 기적이 다시 일어난다는 것이 거의 불가능한 일이라 할 수 있다.

하지만 한국 시장을 지키기 위해 한컴은 지금까지 최선을 다해왔으며, 최근 마이크로소프트사의 확장 완성형(한글 통합형) 채택 발표 등과 같이 한국의 문화를 좀먹는 다국적 기업의 횡포에 직면하여 한컴의 노력에 한국 산업을 대표할 수 있는 관련 대기업들의 뜻 있는 동참을 외치기도 했다. 하지만 결과는 한컴의 외로운 싸움이 앞으로도 계속되어야 한다는 쪽으로 나왔다. 이러한 시점에서 마이크로소프트사를 견제할 수 있는 실질적인 힘을 가진 파트너로서 한컴이 선택할 수 있는 회사는 PC-도스, OS/2, AIX(IBM판 유닉스), 그리고 이제는 로터스의 응용 소프트웨어와 기존의 중·대형 컴퓨터 기술 기반 및 영업력을 지닌 아이비엠 밖에 없다고 하겠다.

우성 건설과 함께 만든 '인텔리전트 홈'

한컴은 1995년 5월 25일, 우성 건설과 함께 연

구·개발해온 컴퓨터를 이용한 인텔리전트 홈을 선보였다. 이것은 국내 최초의 본격적인 인텔리전트 홈이다. 한컴은 최근 그룹웨어 전문 개발 업체 나눔 기술과 오피스웨어 공동 개발을 위한 기술 제휴를 맺었다. 양사는 나눔 기술이 보유하고 있는 그룹웨어 제품 워크플로우의 시스템 관련 기술과 한컴이 갖고 있는 데스크탑 응용 소프트웨어 기술을 결합하여 유닉스 시스템을 서버로 하는 클라이언트-서버 방식의 오피스웨어를 공동 개발·판매하기로 합의했다. 오피스웨어에 관련한 양사의 기술 제휴는 업계간 중복 투자를 막고 외국 업체 및 제품에 대한 경쟁력을 높이는 데 큰 의의를 갖는다고 평가된다. 한컴은 앞으로도 이와 같은 맥락에서 타 업체와의 기술 제휴에 적극적으로 대응할 의사를 밝혔다.

사업 재편성: 한컴 서비스와 한컴 프레스의 설립

한컴이 1995년 11월 1일자로 두 개의 별도 법인을 설립했다. 한컴 개발 제품의 유통 및 고객 지원 서비스를 전담하는 한컴 서비스와 출판 전문업체 한컴 프레스로 각각 출범하는 이들 회사는 한컴의 영업/지원 부문과 출판 사업 부문이 분화하는 형태이며, 한컴이 전액 출자하고 이찬진 사장이 대표 이사를 겸한다. 한컴은 효율적 경영과 고유 기능 강화를 목표로 이와 같은 법인 설립을 단행했다.

한컴 서비스는 기존 유통 전문사에서 손대지 못했던 전국 대리점과의 긴밀한 커뮤니케이션 유지, 철지한 물류 관리를 위해 다각도의 장치를 마련하고 있으며 궁극적으로 이를 통해 유통 질서 확립을 꾀하고 부가가치를 획득한다는 목표를 갖고 있다. 직원 규모 약 90여 명으로 출범하는 한컴 서비스는 앞으로 한컴 브랜드 제품 유통에 주력하며 전국 총판 기능을 보강하기 위해 러브리 컴퓨터의 도매 기능을 흡수키로 했다. 반면 한컴 프레스는 1994부터 시작한 단행본 출간 사업이 매달 4-5권씩을 발행하여 총 발간 서적 수가 31권이 되는 등 자리가 잡히자 이를 확장하여 보다 다양한 장르의 단행본을 기획·출간하고, 출판 사업에 부합하는 조직 관리를 위해 독립하기로 한 것이다.

이로써 한컴은 연구, 개발 기능이 집중된 개발 전문 업체로 그 기능을 더욱 강화하고 한컴 서비스는 기동력을 최대한 살린 유통 영업 및 고객 지원 전문 회사로, 또 한컴 프레스는 보다 다양한 저작물을 기획, 출간하는 출판 전문 업체로 각각 새 출발을 하는 것이다. 한컴은 설립 후 5년 여 동안 소프트웨어 업계의 빠른 변화에 적극 대응하는 체제로 성장해 왔다. 패키지 소프트웨어로 40여 종에 이르는 제품군을 보유하게 됨은 물론 21세기를 대비하여 정보통신, 오피스웨어, 홈웨어 등 신규 사업부문에 집중 투자하고 있는 가운데 한컴 서비스와 한컴 프레스의 분리는 다각화된 연구 부문의 생산성 향상에 일조할 것으로 기대했다.

멀티미디어 시장의 개척

한컴은 1990년도에 창립된 이래 한국형 워드프로세서인 흔글의 개발원으로서 워드프로세서 전문 업체로 비약적인 성장을 거듭해 왔다. 1993년 말에는 흔글 단 한 품목의 판매를 통해 103억 원의 매출고를 올려 한국의 소프트웨어 산업계가 이룬 성과에 있어서 하나의 신기원을 이룬 것으로 평가되기도 했다. 한컴은 1994년 이래 10여 종의 응용 소프트웨어를 개발 및 시판했으며, 1995년 중반기까지 개발된 품목은 40여 종에 이르고 있다(보기 5를 볼 것). 하지만 1994년 초까지 흔글이 전체 매출액의 80%를 점유하고 있었다. 이러한 주종 품목에 대한 지나친 편중은 한컴의 장기적인 발전에 걸림돌이 될 수 있었다. 그러므로 한컴은 보다 다양한 분야로의 진출 등 장기적인 발전 계획을 수립하고, 그 일환으로 제품의 다양화를 도모하게 되었다.

이에 따라 한컴은 한국에서 도스용과 윈도용을 통틀어 워드프로세서 시장의 90% 이상을 점유하고 있는 훈글의 설치 기반을 고려하여 이를 모든 응용 소프트웨어를 사용함에 있어서의 기간 소프트웨어로서 계속적인 발전을 할 수 있도록 시도하기 시작했다. 현 시대의 총아로 떠오르고 있는 멀티미디어 시장에의 진출은 물론 그룹웨어의 개발을 통하여 앞으로 확대될 사무 자동화 시장에 진출하고, 나아가 가정과 사무실에서 쓰이는 한컴의 응용 소프트웨어들과 연계되어 컴퓨터의 활용을 더욱 원활하게 해주는 온라인 서비스인 '한컴 네트' 및 에뮬레이터의 개발 등을 통한 정보 통신 분야로의 진출을 꾀하기로 했다. 이중에서도 멀티미디어 시장 진출의 의미는 크다. 즉 이 시장으로의 진출은 궁극적인 목표가 모든 가정을 공략하는 것이라는 점에서 이를 통해 실질적으로 컴퓨터 문화를 확산시킬수 있기 때문이다.

인터넷 접속 상용 서비스 개시　한컴은 1995년 11월부터 인터넷 접속 서비스를 시작했다. 한컴의 인터넷 접속 서비스는 기존의 서비스에 비해 빠른 속도와 저렴한 사용 요금이 특징이다. 또한 서비스 이용료의 과금과 수금을 최대한 자동화하고 최적 인력으로 서비스를 운영, 유지 비용을 최소화함으로써 이용자들의 부담을 줄였다. 두 달여간의 무료 시범 서비스 기간을 통해 서비스 운영의 노하우를 축적하고 3500여 명의 등록 이용자를 확보하는 성과를 올린 한컴 인터넷 서비스는 단순 인터넷 접속 서비스에서 한 단계 차원을 높여 초보 사용자를 위한 인터넷 사용 교육과 이용자 수준별 구분, 또 관심사가 같은 이용자들간의 이용자 모임 개설 등을 통해 다양한 계층의 인터넷 사용자들을 포용하는 마케팅을 펼쳤다.

'한컴 홈' 프로젝트　1980년대의 뉴 미디어는 하드웨어적인 사고에 바탕을 둔 미디어 간의 결합이었다. 이는 오늘날까지도 영향을 미쳐서 그와는 달리 판단되어야 할 멀티미디어까지도 하드웨어적인 관념에서 바라보는 편협한 시각을 가지게 했다. 한컴은 이런 오해를 불식시키고 보다 실질적이면서도 본질적인, 멀티미디어의 본령을 개척하려 한다. 즉, 멀티미디어를 지원하는 하드웨어를 그에 어울리는 좋은 소프트웨어로 완성시키는 방안이다. 왜냐하면 이런 일은 한컴이 가장 잘할 수 있는 소프트웨어적인 측면을 가진 것일 뿐만 아니라 한컴은 소프트웨어 중심적 사고의 대표적인 기업으로서 소프트웨어만 생각해 왔고, 또한 소프트웨어에 강한 기업이어서 멀티미디어 시대를 이끌 수 있는 적임자이기 때문이다.

한컴은 멀티미디어 PC, 혹은 일체형의 홈 PC를 위한 소프트웨어의 공급 및 제작이라는 새로운 분야에 진출키로 하고 이를 '한컴 홈' 프로젝트로 명명하였다. VTR 등의 뉴 미디어가 출현한 초기에 그랬듯이 최초에는 저급의 프로그램들이 범람하지만 정화 단계를 거쳐서 뉴 미디어에 의한 새로운 문화가 정착되게 된다. 한컴은 초기 단계에서 필요한 정화 작용을 위해 최선을 다하고 있다. 이를 위한 방안 중의 하나가 한컴의 기준에 부합되는 제품에 대해서 '한컴 홈' 로고를 부여하는 것이다. 한컴 홈 표시는 그 로고가 붙어 있는 제품이라면 누구라도 안심하고 고를 수 있는 제품에 붙여질 것이다. 한컴의 멀티미디어 제품에는 한컴 홈 로고가 붙게 되며, 타사의 제품이라고 할지라도 한컴의 기준에 부합한다면 한컴 홈 로고가 붙여지게 된다.

한컴 홈 브랜드 마케팅　'한컴 비전 2000'이라는 프로젝트로 대변되는 미래의 꿈과 비전을 가진 회사로서 한컴은 모든 개발을 한컴이 이뤄내야 한다는 아집에서 벗어나 있다. 그러므로 멀티미디어 세상을 이루어 가는 과정에 있어서 한컴은 다양한 관련 기업과 협력 관계를 구축해 나가고, 그들에 대한 정보 제공자의 역할을 담당하고자 한다. 이는 한컴의 파트너들에 대한 한컴 홈 브랜드 프로젝트를 통해서 이뤄질 것이다. 한컴의 파트너는 애니메이션, 글꼴 등의 프로덕션, 저작자를 포함한 출판업체들, 그리고 홈 PC나 주변 기기를 제작하는 하드웨어 업체들이 될 것이다. 또한 한컴의 협력 체계 구축은 해외로부터의 적극적인 외주(Outsourcing)도 포함될 수 있다. 특정 분야에 있어서는 한컴보다 나은 다른 회사들이 있을 수 있는데, 그 경우에는 서로 경쟁하여 쓸 데 없는 에너지를 낭비하는 어리석은 일은 하지 않겠다는 것이다. 관련 업체들과의 연계를 통해서 상승 효과(Synergy)를 얻고자 하는 것이 한컴 홈 프로젝트의 일환이다. 보기 8은 현재 구축되어 있는 국내외 협력 관계를, 보기 9는 산학연 협력 관계를 각각 나타내고 있다.

한컴 홈 프로젝트의 비전 한컴 홈은 단지 CD-롬 타이틀의 집합체가 아니다. 이것은 모든 컴퓨터적인 요소를 가진 관련 제품 및 분야와의 연계성을 중시하는 프로젝트이기 때문이다. 한컴 홈은 초고속 정보 통신망 시대에 있어서의 해결책을 제시코자 하는 차세대 프로젝트이다. 한컴은 앞으로의 정보 통신 시대에 있어서 모든 온라인 서비스는 멀티미디어적인 요소를 가질 것으로 조망한다. 한컴은 이 같은 서비스를 회사가 추구하는 미래의 정보화, 자동화된 편안한 가정을 의미하는 인텔리전트 홈과 연계시키고, 나아가 한컴 오피스웨어 부문에서 추진하는 'O-Vision' 프로젝트와 연계하여 직장과 결합되는 가정 정보 처리 및 기타 응용 소프트웨어의 통합을 꾀하고, 효과적인 교육 및 출판에 기여하고자 했다.

현재 세계 각국은 초고속 정보 통신망의 구축을 위하여 많은 노력을 하고 있으며, 이는 TV등의 뉴 미디어에 의한 지구촌화와 같은 일방 통행식의 정보 전달의 시대로부터 양방향(Two-Way) 대화식(Interactive) 정보 전달의 시대로 이행되고 있음을 의미한다. 이러한 미래는 공간적인 거리가 미디어에 의하여 완전히 극복되는 시대이며, 이에 걸맞는 미디어는 당연히 초고속 정보통신 망과 어울릴 수 있는 멀티미디어가 채택될 수밖에 없다. 한국에서도 적극적으로 추진하고 있는 초고속 정보통신 망을 국내의 소프트웨어 회사가 뒷받침해 주지 못한다면 공들여 깔아 놓은 통신망 위로 외국의 소프트웨어 및 정보들만 달리게 될 것이다. 따라서 한컴은 보다 적극적인 생각을 통하여 인류의 공용 언어인 그림과 소리 등을 위주로 한 멀티 미디어 제품을 글로벌웨어(Globalware)로 만들어 가려는 계획도 병행하였다.

보기 1 한글과 컴퓨터 연혁

연도	월	내용
1990년	10월	㈜한글과 컴퓨터 설립—서울 종로구 와룡동 95
1991년	9월	회사 이전—서울 강동구 성내2동 136-2
	11월	소식지 '한글과 컴퓨터' 소식 창간호 발행
1992년	5월	과학기술처 인정 기업부설연구소로 선정
	11월	과학기술처 인정 병역특례 연구기관으로 선정
	12월	출판사 등록 (명칭 도서출판 한글과 컴퓨터)
1993년	1월	소식지 '한글 마을'로 제호 변경
	6월	월간지 '한글과 컴퓨터' 창간
	9월	회사 이전—서울 동작구 신대방2동 349-24
	10월	제1회 한글 큰잔치 3일간 개최
	12월	1993년 매출 103억 원 달성
1994년	1월	지오시스템 인수, 소프트라인의 제품 '프린트 마당' 인수
	3월	창인 시스템과 제휴 한글 바이오스 프로그램 '한맥' 출시 용산 서비스 센터 설립
	6월	미국 지사 '한글과 컴퓨터 USA' 설립
	7월	㈜한컴플러스 설립
	10월	제2회 한글 큰잔치 3일간 개최 '한컴 비전 2000' 발표

11월 시스템 환경 개발 도구 '한터' 개발
서울 정도 600년 기념 타임 캡슐에 '혼글' 2.5 수장
12월 산학연 협동 중소 기업부문 최우수 기업상 수상
1994년 매출 152억 원 달성
1995년 1월 사업부제로 조직 개편 (9개 부서)
나라 소프트 합병
한마이크로시스템즈 합병
2월 ㈜안철수 컴퓨터 바이러스연구소 설립 후원
3월 지방 AS 센터 설립—부산, 대전, 대구, 광주
4월 제13회 '벤처 기업 대상' 과기처장관상 (대상) 수상
5월 회사 이전—서울 영등포구 영등포동 7가 94-46

보기 2 조직도

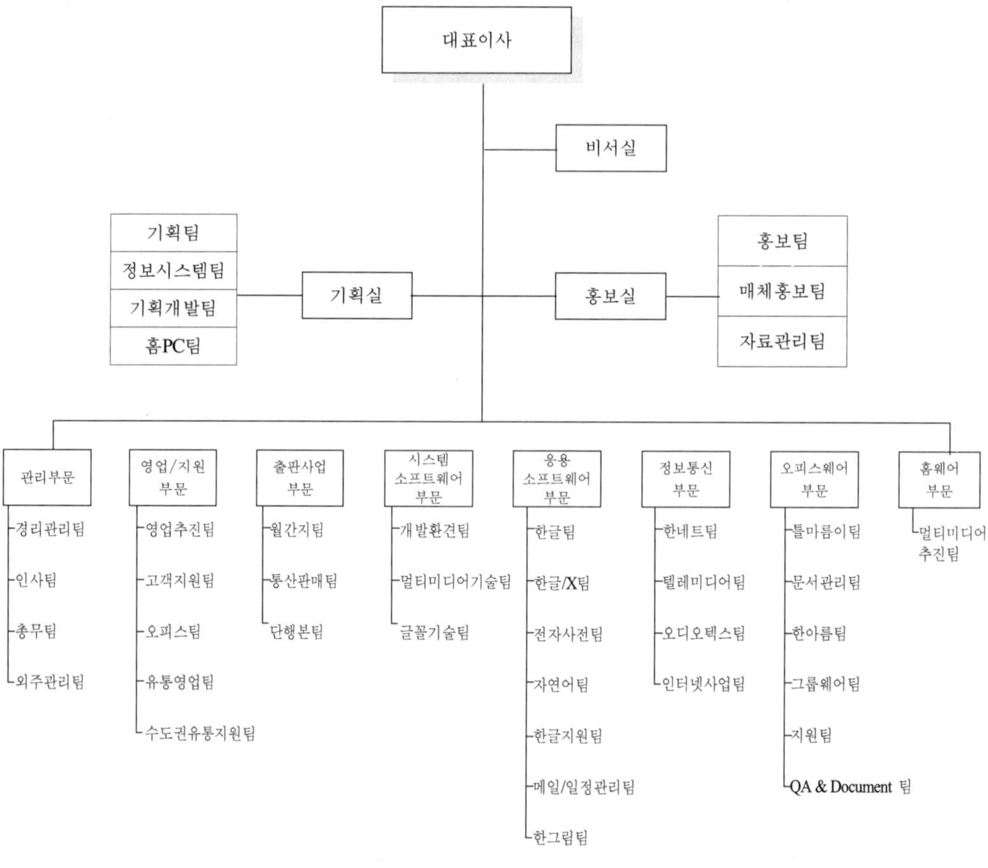

보기 3 직원 수 증가 추세

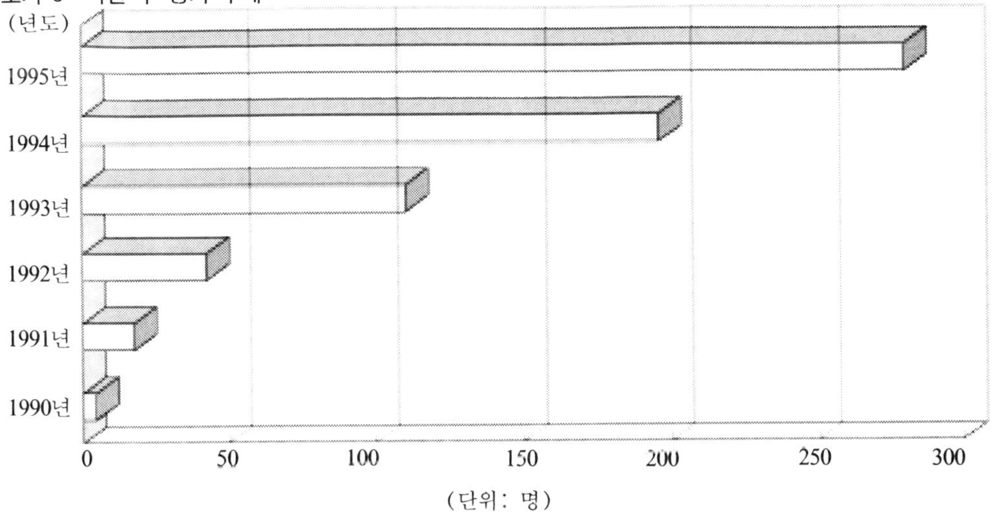

보기 4 도스용 워드프로세서 시장에서의 시장 점유율

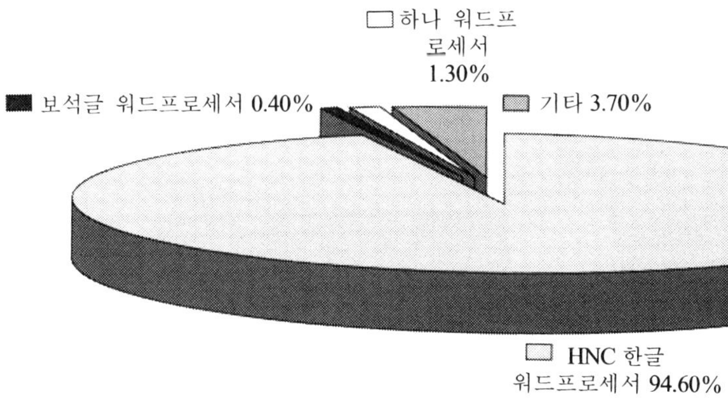

보기 5 한컴의 제품

제 품 명	비 고
혼글	총 판매량— 100만여 개 시장 점유율 90% 등록 사용자 수— 30만 명
윈도용 혼글 3.0	판매— 약 10만 개
혼글 오피스 3.0	사무용 Suite 제품
한아름 1.5	사무용 통합 소프트웨어
혼글 영한 사전/프라임	영한 사전
한그림 1.0	그래픽 프로그램
혼글 타자 2.0	타자 연습 프로그램

흔글 맵시	글꼴 지원
흔글/X	유닉스 환경하에서의 워드프로세서
흔글 프린트 마당 2.5	프린터 유틸리티
CD-ROM 타이틀	[나의 문화유산 답사기] [삼국사기] [고려사] [마이크로소프트웨어 CD II] [모래 시계] [미녀와 야수] [인어 공주]
틀마름이	폼 프로세서
날아찾기	데이터 서치 프로그램
텔레팩스	팩스 서버
한길	도스/윈도용 통신 에뮬레이터

보기 6 한국 사무자동화 시장의 품목별 판매 비율

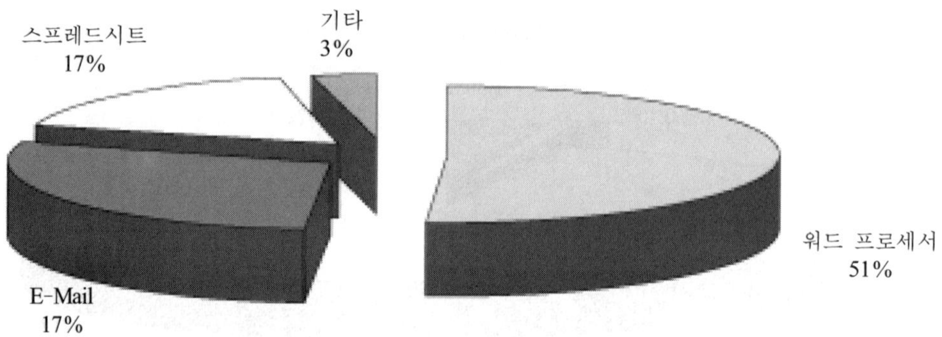

보기 7 한국 소프트웨어 시장의 각 경쟁사 점유율

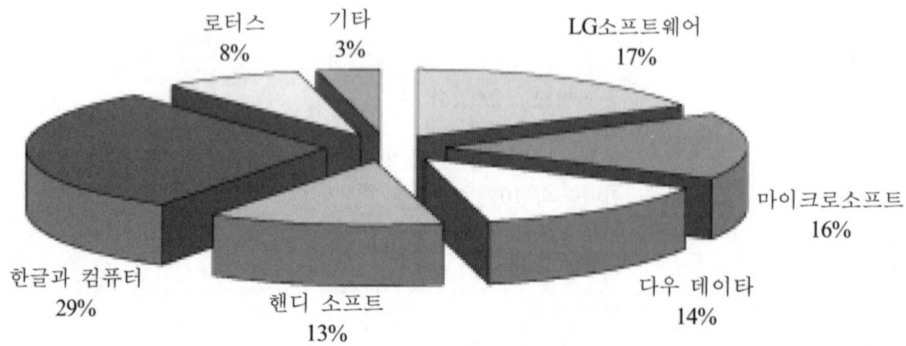

보기 8 전략적 제휴 관계

지역	회사명	사업부문
국내	나우콤	정보통신
	데이콤	〃
	우성 건설	지중해 프로젝트 (인텔리전트 홈)
	태 시스템·태서체	서체
	신명 컴퓨터	〃
	산돌 글자 은행	〃
	한국 컴퓨터 그래픽	〃
	한양 시스템	〃
	휴먼 컴퓨터	〃
	창인 시스템	멀티미디어
	한겨레 정보통신	〃
	민스	〃
	세영 애니텔	〃
	창작과 비평사	〃
	현대 정보 기술㈜	오피스웨어
	나눔 기술	〃
	빅뱅	응용 소프트웨어
	삼성 전자	레이저 프린터
	LG 전자	홈 PC
	바이낸	홈 마우스, 핸디 스캐너
해외	Lotus	Suite, Groupware
	Novell(WordPerfect)	Groupware/Linguistic tool
	Bitstream	Font & Rasterizer
	MicroBurst	통합 O/A
	TwinBridge	Windows Multilingual Engine

보기 9 산학연 협력 현황

연 구 소 명	협 력 부 문
한국 과학기술원 전산과	시스템 보안
부산대 전산과	한글 정보처리
연세대 한국어 사전 편찬실	한글 정보처리
한글학회	한글 정보처리
SERI/국어공학센터	한글 정보처리
한국 과학기술원 수학과	한글 텍(TeX)
명지대 디자인학과, 컴퓨터공학과	통합 User Interface
서울대 중문과	멀티미디어, 확장 한자
이화여대	공인 교육 기관 협정
중국 연변 과학기술대	데이터 입력

사례 연구 16

태일 정밀*

태일 정밀의 창업자 정강환 사장은 원래 섬유 회사의 촉망 받는 회사원이었다. 그러나 최고 경영자의 교체와 그에 따른 제반 갈등으로 인해 회사에 대한 회의를 가지게 되었다. 그리고 무엇보다도 직접 경영에의 욕망, 즉 자신이 직접 움직일 수 있는 조직을 갖고자 하는 본질적 욕구의 충족이 태일 정밀을 탄생케 한 가장 큰 요인이라고 할 수 있다. 약 10 개월여간의 준비 작업 끝에 1983년 10월 드디어 태일 정밀사를 창업하기에 이르렀다. 보기 1은 태일 정밀의 개요를 보여준다.

사업 추진

사업 품목의 선정

정강환 사장은 기업의 사업 품목을 설정하는데 있어 무엇보다도 시대 요구적 사업, 즉 새로운 기술의 바탕 위에 이루어지는 창업을 시도하고자 했다. 이에 따라 과거 섬유 업종의 경험을 백지화하고 통계에 의한 원초적 접근을 시도해 시장 동향, 기술 환경을 고려하여 대상, 목표, 방향 등을 결정하다가 결국 전자 업종을 선택하였다. 이 업종을 선택한 이유는 수요가 많고 성장 속도가 빠르며, 공급 업체 수가 적기 때문이었다. 독자적 기술 개발 가능한 아이템을 찾던 끝에 하드 디스크 드라이브(HDD)용 하드 디스크(Hard Disk)를 목표 제품으로 선정하였다.

제품 개발

사업 제품의 개발에 있어서는 개인적인 네트워크가 활용되었다. 태일 정밀이 개발하려는 박막 디스크의 경우 매우 최첨단의 제품이었기 때문에 국내에는 그러한 기술을 가진 사람이 없었고, 전 세계적으로도 찾기 힘들었다. 태일의 가장 큰 행운이라고 할 수 있는 점이 바로 이 부분인데 정강환 사장의 친척 중 이 분야에 상당한 연구 경험이 있고 미국에서 활동 중인 재미 과학자가 있어 원천 기술 및 각종 정보를 제공하고 국내에서는 이를 바탕으로 실용 연구하는 연계적인 공동 연구 체제를 구축하였다. 재미 과학자 3명, KAIST 출신 연구원 2명으로 연구 팀을 구성하고 본격적인 연구개발에 돌입하였다.

처음 1년간은 주로 박막 디스크의 기본 원리와 제조 기술 습득에 소비하였고, 1984년에는 드디어 반월 공단을 착공하기에 이르렀다. 이는 준공 즉시 실험 돌입을 위해 연구 설비 선정 작업을 재미 과학자와 미리 협의하였다. 1985년부터 실제 실험에 들어갔는데 그 동안의 연구가 이론 파악으로 머리를 썼다면 이때부터는 연구원의 끈기와 정열이 필요한 단계가 되었다. 설비 자체를 주로 미국에서 가져온 범용 설비를 개조하여 자체 제작하였으나, 주변 사업의 전무로 인해 볼트, 너트도 미국 시장에 직접 가서 사들였고, 설비의 조잡과 경험 부족으로 실험은 실패의 연속이었다. 드디어 연속적인 실패 끝에 1985년 말 '꿈의 도넛' 박막 디스크를 세계 2번째로 개발하는 데 성공하였다.

자금 조달

태일은 등록 자본금 6500만 원으로 시작하였다. 정강환 사장은 사업 계획 수립 시 창

*이 사례는 김태홍, 장경훈과 함께 교육용으로 개발한 것이다. 사례의 내용은 특정 경영 상황의 처리에 관한 잘잘못을 예시하지 아니한다. 자료수집 과정에서 협조해 준 태일 정밀사에 감사드린다.

업 초기 자본금을 8억 원으로 계획하였고, 이 중 5억 원은 개인 투자를 통해 그리고 나머지 3억 원은 벤처 캐피털로 조달하였다. 자본 구성이 어떻게 되더라도 기술 우위를 확보한 사람이 경영을 맡게 될 것이라고 판단하여 과감히 벤처 캐피털 자금을 사용하였으며, 이후 자본 증자 시에도 이 원칙은 계속해서 고수되었다.

판매 개시

박막 디스크의 개발 후 양산 준비 작업이 활기를 띠었다. 이는 개발 과정에서 이미 양산 체제를 추진한 결과인데 디스크 개발 기술을 응용, 비교적 쉬운 HDD용 헤드 사업을 추가하였다. 그러나 비록 영업은 개시하였으나 외국의 바이어들이 한국의 작고 생소한 회사의 제품을 믿지 않아 견적을 거절당하였다. 이에 6개월간 매출 없이 빚만 증가하였고 태일 정밀의 최초의 위기에 처하게 되었다. 그러다가 기존의 고가 정책을 버리고 과감히 저가 정책으로 전환한 이후 가격 경쟁력에서의 우위를 확보하여 1986년 5월 미국의 시게이트(Seagate)사로부터 2만 불 가량의 첫 주문을 받게 된다. 이후 정 사장은 어떤 제품이라도 가격 경쟁력을 갖추지 못하면 성공할 수 없으며, 시장 점유율이 이익보다 앞선다는 경영 철학을 갖게 되었다. 그 후 계속 주문을 받게 되어 86년 22억 원의 매출을 달성하였다. 그 때까지 연구개발 투자는 13억 원으로 실로 값진 대가를 얻어냈다고 볼 수 있다.

제품 다각화

1986년에 관련 제품이며 디스크 개발 기술로서 생산이 가능한 HDD용 헤드의 개발에 착수하여 판매를 시작하였고, 이후 프린터, FDD용 헤드 등으로 품목을 다각화시켰다. 이는 생산 품목 및 거래선의 다변화가 없을 시에는 불황에 따른 타격이 극심할 것이라는 생각에서였다.

사업 확장

1986년 이후 수주량의 폭발적인 증가로 생산 설비의 확충을 시작하였다. 87년에 경남 진주에 제2 공장을 건설하였고, 2년 후인 89년 강원도 춘천에 제3 공장을 건설하였다. 태일 정밀은 1987년과 88년 연속 흑자로 기업 공개 요건을 갖추고 89년 4월 드디어 기업 공개에 이르렀다. 이는 회사 설립 후 5년 6개월 만인 최단 기간 내 기업 공개로서 한국 건국 이래 최고 기록이라고 한다. 기업 공개 이후 생산 능력의 확충, 소재 확보 등의 목적으로 1990년부터 기업 인수를 하게 되어 뉴맥스, 미국 NMI사 등을 사들이게 된다. 컴퓨터용 자기 헤드 생산 업체인 뉴맥스는 자회사에 대한 부품 판매가 꾸준히 늘어난 데 힘입어 전년 대비 41.6% 늘어난 1,051억 원의 매출과 15.1% 신장된 35억 원의 경상 이익, 10.6% 증가한 31억 2,500만 원의 당기 순이익을 각각 달성하였다.

1988년 이후 급격한 임금 인상에 의해 국제 경쟁력을 잃어감에 따라 원가 절감의 차원에서 해외 투자를 계획하고, 91년 6월 중국 하얼빈에 현지 공장을 설립하였다. 이 현지의 공장은 본사에서 파견된 20여 명의 직원 외에는 모두 현지의 한국 교포로 의사소통이 잘되고, 또한 대학을 졸업한 우수한 인력으로 오히려 한국에서 보다 나은 근로 인력을 고용하고 있는 셈이다. 다만 중국이 산업 초기 단계이고 오랜 기간 공산주의 체제에 젖어 있던 상황으로 인해 직장과 일에 대한 개념 정립, 즉 최선을 다해야겠다는 정신이 부족한 것이 한가지 흠으로 남아 있다. 국내의 자본과 기술만 이전하고 부지와 건물 등의 부동산은 중국 정부로부터 임대 형식으로 사용하고 있다.

1995년에는 서울시 개인 택시 조합이 발주한 서울시 개인 모범 택시용 TRS 장비 공급권을 수주하였다. 이 계약의 규모는 1차분 4천 대용으로 조합측이 TRS 교환기 1대를 29억 원에 구입하고 나머지 통신 센터, 중계소 설비는 임대 방식(월 1억 원 상당)으로 운용하는 방침인데, 향후 택시 대수가 4만 대로 확대되면 수주 금액은 2백억 원 이상으로 늘어나게 된다.[1] 모터롤라사와의 휴대폰용 초소형 모터 공급 계약도 맺어 1996년 3월부터 1년간 140만 개(약 25억 원 규모)를 수주하였으며, 97년에는 750만 개(약 150억 원) 규모로 확대하기로 하였다.

태일 정밀은 1996년 현재 12개 사로 구성되어 있으며, 총 자본금은 728억 원, 종업원 수 3500명, 그룹 전체 매출액은 4000억 원에 이르고 있고, 장차 종합 정보통신 기기 전문 업체로의 성장을 도모하고 있으며, 2000년대에는 2조 원 이상의 매출을 기록할 것으로 예상된다. 보기 2는 태일 정밀의 재무 제표를 보여준다.

시장 동향

컴퓨터 산업의 동향

1995년의 세계 경제는 3%의 경제 성장률과 7%에 달하는 무역 신장률로 전반적인 호황의 국면을 가졌다. 국내 경제는 1994년부터 7-8%의 실질 GNP 성장률을 통해 성장세를 지속해왔다. 이러한 국가 전체의 성과와 함께 국내 컴퓨터 시장은 매년 20% 이상의 성장을 하였다. 이처럼 국내 시장이 활황세를 유지한 것은 국내 경제가 성장세를 지속하는데다, 지방 자치제에 의한 지방 투자 활성화, 시장 개방에 대비한 컴퓨터 업체들의 투자 증대, 경쟁 가열에 따른 컴퓨터 가격 하락 등이 크게 작용했기 때문이다.

전체적 시장 동향으로는 외국 업체들의 적극적 공세로 극심한 가격 경쟁 및 하락 유발로 시장의 지속적 위축이 예상된다. 또한 시장 및 유통 개방과 세계 탑 브랜드의 시장 공략, 그리고 한국 시장에서의 경험 축적으로 외산 PC 점유율의 지속적인 증가가 예상된다. 특히 유통 채널의 변화가 예상되며, 멀티미디어 PC (MMPC)의 급속한 확산으로 다양한 CD롬 타이틀의 수입과 개발 촉진이 요구된다. 네트워크의 가장 기본기능이 PC에 번들(Bundle)되는 제품 다양화가 추진될 것이다. 또한 PC의 기술 혁신으로 기존의 각종 바틀넥의 제거, 과학기술 및 전문가 시장에서 PC 사용의 급속한 확대와 다양한 PC 서버 등장과 시장의 확대가 예상된다. 인건비 상승, 시장개방, 경쟁심화 등으로 기업의 컴퓨터 투자가 확대될 것이며, 기업의 다운사이징으로 인한 PC 수요가 증대될 것이다.

세계 하드 디스크 드라이브(HDD) 시장 동향

최근 하드 디스크 장치(HDD)의 수요가 PC용을 중심으로 크게 신장하고 있다. 또 윈도 환경이 확대됨에 따라 PC의 고성능화가 급속히 진전되고 있다. 이러한 상황을 배경으로 PC의 기본 부품이라고 할 수 있는 HDD도 대용량화와 고속화가 추진되고 있다.

1994년 HDD 시장은 대단한 호조를 보여 노무라 종합 연구소의 추정에 의하면 세계의 총 출하 대수는 약 6500만 대로 전년 대비 30% 가량 증가한 것으로 나타났다. 사이즈별 내역은 3.5인치가 약 85%를 점하였고, 2.5인치가 약 15%를 나타냈으며, 기타의 사이즈는 1%에 미치지 않았다. 3.5인치 HDD는 데스크 탑 PC 이상의 컴퓨터에 사용되고 2.5인치 HDD의 용도는 포터블 PC에 한해 사용되고 있으며, 다른 사이즈의 HDD는 명확한 애플리케이션이 없다. 애플리케이션 시장 규모의 차가 그대로 HDD의 시장 점유율이 되어 나타나고 있는 것이다.

이전에 HDD 산업에서는 대용량화가 주된 관심사였다. 1994년 초에는 양산 모델 디스크

[1] 서울 경제 신문, 1995. 10. 11.

1장당 용량이 270MB였으나, 95년에 420MB 이상까지 가능하게 되어 1년간 약 55%나 기록 밀도를 향상시켰다. 이처럼 HDD의 고밀도화는 급속히 진행되고 있으나 고속화에 관해서는 이제까지 그다지 인식되지 못하고 있었다. 하지만 최근 들어 HDD의 고속화가 돌연 주목받기 시작했는데, 그 배경에 있는 것이 CPU의 고속화로, CPU 처리 속도나 DRAM의 액세스 속도는 급속히 빨라지고 있다.

반면, 데이터를 CPU와 연결시키는 버스(Bus)의 운동 속도와 HDD의 운송 속도는 이들에 비해 압도적으로 느리다는 것을 감지할 수 있는데, 이처럼 처리 속도의 상승률에 차이가 있으면 시스템 전체의 속도는 느린 쪽 디바이스를 따르게 된다. 이 버스의 운동 속도 문제는 두 가지 방법, 즉 버스의 스피드를 높이는 방법과 또 하나는 보내진 데이터를 압축해 버스를 지난 디스플레이측에서 이것을 전개하는 방식으로 해결을 할 수 있다. 이렇게 되면 HDD가 다음으로 문제가 되는데 앞서 언급했듯이 윈도의 사용은 MS-DOS 사용보다 HDD에 액세스 빈도를 상당히 증가시킨다. 그러므로 컴퓨터 전체의 고속도화에는 HDD의 속도 향상이 무엇보다도 필요해지는 것이다.

요즘 시장에서는 HDD에 MR(자기 저항 소자) 헤드를 채용한 기종의 시장 투입이 증가하고 있는데, 이는 헤드가 종래의 HDD에 사용되고 있던 박막 기록 헤드와 달리 원가를 대폭적으로 올리는 일 없이 기억 용량을 증가시킬 수 있기 때문이다. HDD 전문 업체로서 수위를 차지하고 있는 시게이트사에서는 MR을 제2세대 박막 헤드로서 위치를 부여하고 이에 의해 트랙 밀도를 30%, 비트 밀도를 15% 증가시켰다. 또한 MR 헤드의 기술을 둘러싸고 경쟁을 보이고 있던 IBM과 시게이트가 1994년 가을 화해한 것도 HDD의 보급이 급증하는 요인이 되고 있다.

태일 정밀에서도 MR 헤드를 양산하기 시작했는데 이것은 미국 IBM에 이어 세계 두 번째이다. 태일이 양산하는 MR 헤드는 지금까지 주종을 이루던 씬 필름 헤드(Thin Film Head)에 비해 2배 정도 기록을 증가시킬 수 있다. 이의 생산과 관련하여 태일은 일본의 후지쯔사와 3년간 공급 계약을 맺고, 춘천 공장에 2천만 달러를 투자, 연간 1천만 개의 생산 능력을 갖추기로 하였다.

주요 생산 제품

HDD용 박막 디스크

컴퓨터의 보조 기억 장치인 HDD용 자성 박막 디스크는 그 생산에 있어서 초정밀의 가공 기술, 증착 기술 및 윤활 기술이 필요한 정교한 제품이다. 이 자성 박막 디스크는 기존의 옥 사이드 디스크와 비교하여 2.5배의 기억 용량을 갖고 있을 뿐 아니라 표면에 도금한 자성체의 두께가 10분의 1에 불과한 첨단 제품으로서 미국에 이어 세계에서 두 번째로 개발에 성공한 것이다. 특히 이 제품은 일본의 소니사가 후발 기업이라고 여길 만큼 태일이 자부심을 가지고 있는 제품이다. 디스크를 HDD에 장착할 때에는 0.2 미크론의 간격을 유지해야 하는데 이것은 마치 제트 비행기가 지면 위를 2.5 mm의 높이로 비행할 수 있을 정도의 균일한 지면을 만들어 내는 것과 같은 기술 수준을 필요로 하는 것이다.

윈체스터 헤드(Winchester Head)

태일에서는 HDD용 헤드로서 씬 필름 헤드와 윈체스터 헤드(Winchester Head: Monolithic Composite Thin Film), 그리고 플로피 디스크 드라이브(FDD)용 헤드, 일명 플로피 헤드를 생산하는데 최근 가장 발달된 기술이라고 하는 MR 헤드를 양산하기 시작했다. 태일 정밀은 이 제품을 생산하기 위해 입고에서부터 철저한 수입 검사를 시행하고 있으며 각 공정을 거쳐서 최종 제품이 생산되고 나면 각종 시험을 통해 완전한 제품만을 출고한다. 특히 이 회사는 인아웃(In-Out: 합격/불합격) 여부를 자체 기술로 판별할 수 있기 때문에 외국에 로열티를 지불하지 않고 있다.

씬 필름 헤드용 슬라이드

이것은 세라믹 서브스트레이트(Ceramic Substrate) 위에 쿠퍼 레이어(Cooper Layer), 퍼멜리 레이어(Permelly Layer), Al 203 오버코트 등으로 이루어진 리얼 화이트 서킷(Real White Circuit)이 형성된 웨이퍼(Wafer)를 초정밀 가공하여 생산하는 제품이다. 현재에 미국의 대스텍사(Dastek Corporation)로부터 국내 생산이 불가한 웨이퍼(Ferrite)를 수입하여 월 20만 개의 슬라이드(Slide)를 생산하고 있으나 장차 소재 사업 분야의 발전을 위해 웨이퍼까지도 자체 생산하기 위한 기술 개발을 서두르고 있다.

프린터

프린터 사업 분야에는 1988년 7월에 9핀을 자체 생산하면서부터 본격적으로 진출하기 시작하였다. 최근에는 9핀 프린터의 수요가 크게 감소되고 24핀 프린터의 수요가 급격히 증가되고 있는 실정이므로 태일 정밀에서도 이러한 추세에 발맞춰 24핀 프린터의 생산에 주력하고 있다.

기타

태일은 최근 컴퓨터 본체 완성품과 주변기기인 모니터 시장을 '테크미디어'(Techmedia)라는 명칭으로 진출하고 있다. 또한 태일은 VTR 헤드를 제조하고 있고, 향후에 통신 기기 사업으로 본격 진출하는 발판으로서 4종의 팩시밀리 사업을 추진하고 유무선 전화기 등을 만들고 있다.

기술 개발 동향

1995년 1월에는 퍼스널 컴퓨터 및 메모리 카드, 카메라에 사용되는 보조 기억 장치인 PCMCIA 메모리 카드를 개발하여 특허 출원하였으며, 차세대 전지로 각광 받는 리튬 이온 전지 개발에 착수하는 등 계속적으로 기술 개발을 위한 노력을 소홀히 하지 않고 있다. 특히 PCMCIA D램 카드의 경우 태일 정밀은 불량 D램을 채용, 기존의 정상 D램을 사용한 제품에 비해 40% 이상 원가를 절감할 수 있는 기술을 개발하는데 성공하였다. 이를 위해 지난 1994년 6월부터 1년 8 개월 여에 걸쳐 공업 기반 기술 개발 자금 3억 8500만 원을 포함, 총 5억 7800만 원의 개발비를 투입하여 대부분 폐기 처분되고 있는 불량 D램을 활용하는 PCMCIA 제조 기술을 세계 최초로 개발한 것이다. D램의 특성상 전원 공급이 차단되면 기억된 데이터가 지워지는 것을 방지할 수 있도록 미국 골드사의 리튬 이온 2차 전지를 D램과 일체형으로 채용, 항시 전원이 공급될 수 있도록 함으로써 획기적인 가격의 D램 카드를 만들었다.[2]

태일 정밀은 8배속 CD롬 드라이브를 개발하여 1996년 4월 말부터 국내·외 시장에 공급하고 있다. 이로써 국내 8배속 CD롬 드라이브 시장은 삼성 전자, LG 전자 등 3파전의 치열한 경쟁이 벌어지게 되었다. 월 10만 대 규모의 시설을 갖추고 생산에 돌입했으며, 10억 원의 자금을 추가로 투입해 월 20만 대로 늘릴 계획에 있다.

이 밖에 태일 정밀은 정수기 시장에의 참여도 고려 중인데, 기존 정수기 업체의 역 삼투압 정수 방식과는 다른 이온 분해 방식의 정수기를 채택, 국산화를 완료하고 실험 단계가 끝나는 대로 생산 및 판매에 나설 방침이다.

---

2 전자 신문, 1996. 3. 14.

조직 구성과 운영

생산 조직과 공정 운영

태일 정밀의 생산 조직은 크게 생산 부서와 품질 관리 부서, 기술 개발 부서로 구성되어 있다. 이 세 부서는 횡적 배열로 연구개발실 하에 소속되고, 그 위에 최고 경영자층이 있는 단순한 조직 체계로 구성되어 있다. 그러므로 종업원의 의사가 최고 경영자에게 효율적으로 전달되어 정체감을 없앨 수 있으며 환경 변화에 민첩하게 움직일 수 있도록 생산 조직이 구성되어 있다.

기술 개발부와 품질 관리부가 생산 공정 관리에 있어 커다란 몫을 차지하고 있다.

디스크의 제조 공정은 아래와 같다.

- 알루미늄판을 도넛형으로 찍어낸 뒤 외·내 구경 가공
- 표면 절삭
- 연마
- 무전해 니켈 피막을 입힘
- 연마
- 원형의 패턴 구성
- 자성 처리 보호막 입힘
- 보호막을 보호하기 위한 윤활유 입힘

이중에서 연마, 패턴 구성, 자성 처리, 보호막 처리, 윤활 처리 공정 등이 가장 까다로운데 매 공정마다 세척 및 검사를 따로 해야 한다. 제품의 품질을 위한 검사 공정은 한 공정을 마칠 때마다 있는 이러한 검사를 통하여 철저하게 통제되고 있다. 이러한 공정 과정에 있어서의 검사 공정은 고도의 정밀 제품을 생산하는 데 있어 필수적인 것으로서 품질 관리부에서는 TQC 제도, 분임조 활동, 제안 제도 등을 통해 불량품 생산을 억제하고 있다. 이는 불량품이 적으면 적을수록 기업의 순이익을 증대시킬 수 있기 때문이다.

국제적 네트워크를 형성한 생산 전략(삼각 구도 체계)

생산 체제는 국제 경쟁력을 강화하기 위해 삼각 생산 체제를 구사하고 있다. 즉 미국의 NMI사가 소재 개발을 담당하고 한국에서는 이 기술을 사용하여 제품을 생산하는 기지가 되는데, 부가가치가 낮은 제품일 경우에 한하여 중국에서 생산을 하는 생산 체제 전략이다. 1990년 8월 미국의 인포맥을 인수한 선워드사로부터 인포맥의 한국 공장을 1350만 달러에 인수했고 그 해 말에는 재정난에 허덕이고 있던 미국의 디스크 소재업체 NMI사의 주식 51%를 420만 달러에 인수, 경영권을 장악했다. 당초 인포맥 코리아의 인수 제의는 이 회사의 경영이 노사 분규로 크게 악화된 1989년 처음 인포맥 본사로부터 받았다. 그 이후 상당한 진보를 보이던 인수 협상은 인포맥 본사가 선워드사로 넘어가면서 주춤했다가 1990년 2월 선워드사가 재차 인수 제의를 해 옴으로써 성사되었다.

태일 정밀은 1990년 7월 중국 하얼빈에 헤드 조립 공장을 세우기로 결정하고 가칭 하얼빈 태일 유한공사를 현지에 설립했다. 이후 하얼빈 태일 유한공사는 1993년 8월 태일이 51%의 지분을 소유하고 이스라엘과 중국이 합자 형태로 운영하는 쌍태 전자 실업 유한공사로 변경되었다. 이 공사는 태일 정밀의 컴퓨터 부품생산으로부터 냉장고, 전자 레인지를 망라한 16가지 전자 제품을 개발·생산하여 다원화 경영 방식으로의 기초를 돈독히 하는 계기가 되었다. 이 현지 공장은 고도의 숙련된 기술을 필요로 하므로 우리 교포가 많이 사는 하얼빈으로 택하였으며 이러한 이유는 무엇보다도 언어 소통이 용이하기 때문이었다. 또한 가격 경쟁력 확보와 기술 이전, 국내 산업 공동화, 인력 자원 효율화 측면 등을 한꺼번에 고려한 적격지였기 때문이다.

인력 관리

태일 정밀의 관계 회사는 태일 전자㈜, ㈜뉴맥스를 비롯한 6개의 국내 투자 회사와 미국 현지 법인인 NMI(National Micronetics Inc.)와 중국 하얼빈에 설립한 쌍태 전자 실업 유한공사 등이 있다. 관련 회사 중 뉴맥스는 이미 1994년 1월에 상장이 되었고, 삼경 정밀 역시 상장될 예정이다. 태일 정밀은 위 회사 외에도 유망한 자회사들을 계속 상장시킬 예정이다. 태일 정밀은 본사를 안산에 두고 있지만 생산을 제외한 기획, 판매, 구매와 일부 R&D 등 모든 주요 업무는 삼성동에 위치하고 있는 서울 사무소에서 관장한다. 서울 사무소는 태일 정밀 업무 외의 관련 회사들의 구매, 판매, 기획도 관여하고 있어 태일 그룹의 실질적인 그룹 조정실과 같은 기능을 가지고 있다.

태일 정밀의 조직은 사장 직할로 각 공장과 각 부서가 운영되고 있다. 이것은 최고 경영자가 각 부서와 생산에 얼마나 관심을 가지고 있나를 알 수 있게 한다. 최고 경영자 사무실의 문은 언제나 열려져 있어 어느 말단 종업원이라도 크게 부담을 느끼지 않고 최고 경영자와 상의를 할 수 있게 하고 있다.

태일 정밀의 국내 종업원은 1991년 1100명에서 92년 900여 명으로, 또 94년 말에는 726명으로 줄어들었다. 하지만 종업원 수의 감소는 생산 기지의 해외 이전과는 상관없이 관계 회사(뉴맥스)를 독립시킴으로 인한 종업원의 나눔이 있었기 때문이다. 태일 정밀은 인력이 곧 기술 개발과 기업의 경쟁 우위 확보에 결정적인 역할을 한다고 믿기 때문에 서류 전형, 입사 시험, 두 번의 면접 등 엄격한 선발 과정을 통해 우수한 인재를 채용하고 있다. 사무직 직원들도 입사한 후에는 직접 생산 현장에 투입하여 생산 과정의 고충과 문제점 등을 익히도록 하고 있다.

판매

정강환 사장은 1985년 말 꿈속에서 그리던 꿈의 도넛을 개발한 후 판매에 있어 난관에 부딪히게 되었다. 한국의 무명 중소 기업인 태일 정밀이 최첨단 제품을 만들었다는데 아무도 믿지 않았다. 판매 부진과 극심한 자금난에 시달리다가 당시 한국 코아의 상무였던 백태주 씨의 충고로 기존의 고가정책에서 저가 정책으로의 변환이 회사의 전환점이 되었다. 첫 주문은 저가 정책으로 전환한 지 1개월 만에 미국의 시게이트사로부터의 $20,000의 소규모 물량이었다.

시게이트와의 첫 거래 후 시게이트의 요구 물량도 커졌지만 마이크로사이언스(Micro-Science) 등 다른 업체로부터의 주문도 밀려들기 시작했다. 이 때문에 1986년은 22억 원을 매출하였고, 87년은 106억 원을 매출하는 등 기하급수적으로 성장하기 시작했다. 이때부터 정강환 사장은 어떤 제품이라도 가격 경쟁력을 갖추지 못하면 성공할 수 없고 시장 점유율이 이익보다 앞선다는 경영 철학을 가지게 되었다. 현재 헤드 부문에서는 초창기부터 현재까지 중요한 거래는 정강환 사장이 직접 관여하고 있다. 물론 영업부에서 많은 지원이 있어야 하겠지만 현재 태일 정밀이 세계 헤드 시장에서 인정을 받고 있고, 공급이 수요에 못 미치는 관계로 헤드와 관련 제품들은 특별한 영업보다는 전 구매자들의 의뢰로 영업을 하는 면이 크다.

지역별로 보자면 일본이 약 40%의 물량을 소화하고 있고, 미국이 30%, 중국이 10%, 그리고 나머지는 유럽과 동남아 등지에서 구매하고 있다. 태일 정밀의 다른 제품들은 태일 정밀의 전체 매출액 면에서 극히 적은 양이나 보통 국제적인 입찰을 통한 거래나 미국에 있는 NMI사의 도움을 받아 판매를 하고 있다.

여기서 역시 특이한 점은 중국에서의 판매에 있다고 하겠다. 모든 중국에서의 판매는 정 사장의 독자적인 중국 커넥션을 통해 이루어지고 있는데 이는 중국의 폐쇄적인 환경이 많은 영향을 미쳤다.

국제화 전략과 리더십

기술 혁신은 기업의 독자적인 연구개발에 의하여 전혀 새로운 기술을 획득하는 자체 개발과 다른 기업이 개발해 놓은 기존의 기술을 응용하여 이의 활용을 용이하게 한다든지 또는 이를 모방하여 다른 기술을 개발하는 모방 개발에 의해 이루어진다. 태일 정밀은 전자에 속한다고 할 수 있다. 태일 정밀은 박막 디스크가 정보 수집조차 힘든 최첨단 기술이고, 개발과 동시에 양산해 나가야 하는 무거운 부담을 안고도 기술 이전이 아닌 회사 자체 내에서의 기술 혁신을 회사의 기술 전략으로 선택했다. 이렇게 기술 혁신을 선택한 이유로는 외국에서 기술을 사오는 방법(기술 이전)이 가장 손쉽기는 하지만 그것은 사양화된 기술일 때에나 가능하기 때문이었다.

재미 과학자가 원천 기술 및 각종 정보를 제공해 주고 동시에 국내 기술자가 이를 바탕으로 실용 연구를 하는 연계 공동 연구 체제를 구축하였다. 국내 연구팀은 학교를 갓 졸업한 젊은 사람을 쓰기로 하였다. 그 때 당시에는 태일 정밀이 속해 있는 분야가 아직 국내에 제대로 소개된 적이 없었던 점을 감안 과거 타 분야의 연구 경험이 없는 사람일수록 적격이란 판단을 내리게 되있다. 이러한 결정 과정을 통해 1984년 초부터 미국과 국내의 연계 개발 체계가 구축되고 태일 정밀은 기업의 최대 과제인 박막 디스크 개발에 들어갔다.

정강환 사장은 사회나 시장의 잠재 수요를 포착한 다음 기술 집약적인 소기업을 조직하고 자기가 가진 창의적인 아이디어를 개발하여 실용화함으로써 자유롭고 신축성 있는 조직 환경에서 새로운 아이디어를 개발하고 실용화하려는 다국적 기업의 면모를 가지게 되었다. 대기업의 기술 도입에 구애 받지 않고 자체 기술을 토대로 회사를 이끌어 나간 것이 태일 정밀이 지금에 와서 세계에서 두 번째로 박막 디스크를 개발한 회사이자 세계 2위의 컴퓨터 헤드 공급 회사, 그러면서도 로열티 지불액이 전혀 없는 회사로 된 중요한 요인일 것이다. 하지만 이러한 자기의 아이디어를 실용화시켜 국제적인 기업을 세우기에는 경영자의 국제적 관점에서 시장을 바라보고 회사를 효율적으로 끌고 나가는 리더십 없이는 이루어질 수가 없을 것이다.

최고 경영자의 리더십

국내 기업뿐만 아니라 다국적 기업에서도 경영자의 자질은 그 성패를 결정짓는 가장 중요한 변수 중의 하나이다. 태일 정밀의 정강환 사장은 강력한 의지를 바탕으로 위에서 언급된 기술 혁신을 이루어나가기 위해 다음과 같은 방법을 적용하였다. 첫째, 기술 개발에 필요한 모든 자원을 최우선적으로 배려하는 것이다. 반월 공장에 근무하는 관리자들의 말에 의하면 한번도 기술 개발 프로젝트가 거부된 적이 없을 만큼 정강환 사장의 전폭적인 지지가 이루어지고 있다고 한다. 둘째, 실질적으로 정강환 사장은 창업 초창기에 공장에서 종업원들과 함께 생활하는 가운데 종업원의 어려움 및 공장의 실제 설비 상황, 제품 개발 등에 대해 항상 대화하는 시간을 가짐으로써 원만한 노사 관계를 유지해 오고 있다.

이러한 관리 방법으로 정강환 사장은 다국적 기업의 특징인 다양성을 해결해 나간다고 볼 수 있다. 정강환 사장은 태일 정밀의 목적을 효과적으로 달성하기 위해서 일단 채용한 종업원들이 그들의 능력을 최대로 발휘할 수 있는 여건을 조성하고 이들을 효율적으로 이용하여 기업 성과 향상에 기여하고 있다. 태일 정밀의 신화를 창조하는 데 원동력이 된 이들 종업원에 대한 교육은 주로 위탁 교육과 일년에 한번씩 직급별로 이루어지는 자체 워크샵에 의해서 이루어지고 있다. 이러한 노력과 정강환 사장의 의지를 바탕으로 빠르게 변화하는 국제화 시대에 발을 맞추어 나가고 있다.

다국화 전략

안산을 비롯해 진주, 춘천, 청주에도 각각 공장을 보유하고 있는 태일 정밀의 관련 회사로는 국내의 태일 전자, 뉴맥스가 있으며, 국외에는 미국에 태일이 51%의 지분을 소유하고 있는 컴퓨터 관련 소재 생산 현지 법인인 NMI사(National Micronics Inc.)와 중국 하얼빈에 설립한 하얼빈 태일 정밀 유한공사 등이 있다. 여기서 주목할 점은 90년 7월 중국 하얼빈에 헤드 조립 공장으로서 세워진 공장이다. 태일 정밀의 중국 진출을 도와준 사람이자 1996년 현재 하얼빈 태일 유한공사 사장으로 재직 중인 장덕재 씨를 중심으로 이 공장의 대부분이 현지인을 중심으로 구성되어 있다.

일반적으로 경영이 이루어지는 지역의 현지인을 채용하는 방법은 본국인을 파견하는 경우와 비교하여 다음과 같은 장점을 가지고 있다. 첫째, 본사의 파견인은 한시적으로 주재할 수밖에 없는데 비해 현지인은 그 나라에 계속 거주함으로써 업무의 계속성을 유지할 수 있다. 둘째, 현지인은 이미 현지국의 언어와 문화에 익숙하므로 본사 경영자의 해외 파견에 있어 가장 어려운 점인 언어 장벽, 이질적인 문화에 대한 적응 문제 등을 추가 비용 없이 해소시킬 수 있다. 한편 이렇게 다국적 기업이 현지인을 쓰는 방법의 단점중의 하나는 본사와의 의사소통이 원활하지 못해 본사의 기업목표 내지는 업무 수행 방식에 대한 이해가 부족하다는 것이다. 하지만 태일 정밀의 경우는 이러한 단점을 현지에 있는 한국인들을 중심으로 종업원을 선택해서 제거하며 동시에 장점을 더 살릴 수 있게 하였다.

태일 정밀은 계속적으로 세계 시장 점유율을 유지하기 위해서 현재 뒤쫓아오고 있는 일본의 소니나 그 밖의 다른 기업이 시장에 진출하지 못하도록 선제 저가 전략을 구사하고 있다. 중국 하얼빈에 공장을 세운 이유도 이러한 전략에서 나온 것이다. 정 사장은 이렇게 말한다.

"물론 세계에서 1등 가는 기술을 갖고 있다면, 가격 경쟁을 무시해도 되지만 2등 기술이라면 얘기가 달라집니다. 이 경우 가격 경쟁력을 발판으로 삼는 것이 당연합니다. 저희 태일 정밀이 만주로 진출한 결정적 계기는 무엇보다도 가격 요인 때문입니다. 지금은 만주에서 공장을 돌리고 있지만 만주 인건비가 올라간다면 시베리아로 공장을 옮겨야 할지 모릅니다. 또 시베리아마저 원가 계산에 걸림돌로 작용할 경우엔 아프리카로 눈을 돌려 공장을 물색해야 할 겁니다."

이처럼 태일 정밀은 가격 경쟁력 확보의 노력, 기술 이전, 국내 산업의 공동화, 인력 자원의 효율적 운용 등을 한꺼번에 감안해서 다국적 기업의 면모를 갖추어 나가고 있다.

경쟁 우위 확보

태일 정밀은 기술 개발로 신화를 창조한 기업이라 불린다. 창업한 지 9년 만에 매출액 1천억 원을 넘기고 세계에서 두 번째로 박막 디스크를 개발하고 세계 2위의 컴퓨터 헤드를 공급하고 로열티를 한푼도 지불하지 않는 신화적인 기업으로 불리는 이면에는 태일 정밀의 기술 개발에의 집념과 온갖 역경을 이겨낸 의지가 담겨져 있다. 박막 디스크 개발에는 당시 세계 40여 개의 기업들이 치열한 개발 경쟁을 벌이면서 단 한 기업도 사업화에 성공하지 못했으며 거의 같은 시기에 개발에 착수한 일본 기업을 따돌리고 미국에 이어 세계에서 두 번째로 박막 디스크를 만들어 낸 원인은 기술 개발 투자, 기술 인력과 공동 연구 체제, 기술과 생산 설비의 동시 추진, 그리고 최고 경영자의 추진력 등이라고 할 수 있다.

기술 개발에 대한 투자 창립 이후 기술 개발 완료 시기까지 매출액이 전혀 없으면서도 기술 개발을 위한 비용으로의 지출을 계속해 왔으며 기술 개발과 양산 이후 매출액을 기록하면서부터 기술 개발에 대한 투자는 매년 매출액의 5%를 지속적으로 투자한다는 방침을 세워 놓고 있다.

기술 개발 인력 구성 및 공동 연구 체제 구축 태일은 창립 후 미국의 재미 과학자들과 젊은 연구 요원들과의 공동 연구 체계를 구축하여 연구 개발 활동을 수행하였다. 미국 내 현지 법인인 태일 U.S.A.의 설립을 필두로 국내에서는 이들이 제공한 기술의 실용화를 담당할 연구 팀을 구성하여 연계 개발 체제를 구축하였다. 이러한 연계 공동 연구 체제는 태일의 주요 생산 품목인 박막 디스크를 일본에 앞서 세계에서 두 번째로 개발할 수 있었던 원동력이 되었다.

기술 개발 과정에서 생산 설비를 동시에 준비 대부분의 기업의 경우 기술 개발에 따른 제품화의 과정은 상당한 시일이 걸린다. 그러나 태일은 기술 개발 과정에서 생산 설비를 동시에 준비하고 양산 체제에 대비한 결과 단시간 내에 기술 개발과 제품 생산이라는 과정을 단축함으로써 타이밍 선정을 잘 포착했다.

최고 경영자의 강력한 의지 기술 개발과 혁신에 있어 자금, 시간, 기초 기술, 인력 등을 핵심 요소로 꼽을 수 있다. 태일 정밀이 이러한 요소의 부족함을 극복하고 단기간 내에 세계의 경쟁 업체들을 따돌릴 수 있었던 원인은 최고 경영자의 기술 개발에 대한 강력한 의지라고 할 수 있다. 태일 정밀에서는 경영자의 강력한 의지를 바탕으로 부단한 기술 혁신을 이루어 나아가고 있으며, 이에 따른 관리 방침을 아래와 같이 적용하고 있다.

- 기술 개발에 필요한 모든 재원을 최우선적으로 배려한다. 공장에 근무하는 관리자들에 의해 제안된 기술 개발 프로젝트는 한번도 거부된 적이 없이 실시 여부를 검토하고 경영자의 지지를 받아 개선 제의에 대한 두려움을 해소했다.
- 매년 매출액의 5% 정도를 기술 개발에 투자한다는 방침을 정하고 있다.
- 기술 개발에 대한 종업원과 최고 경영자의 의사소통은 항상 개방적으로 운영한다. 회사의 사장실은 중역 회의 등을 할 때를 제외하고는 항상 문이 열려 있으며 이 회사의 어느 말단 종업원이라도 크게 부담을 느끼지 않고 사장실을 방문할 수 있도록 방침을 정하고 있다. 실제 종업원들과의 격의 없는 대화는 창업 초기부터 공장에서 종업원들과 함께 생활하는 가운데 종업원의 어려움 및 공장의 실제 설비 상황, 제품 개발 등에 대해 대화하는 가운데 형성된 원만한 노사 화합의 결과이기도 하다.
- 경쟁 우위를 창출할 수 있는 모든 부문으로의 진출을 위해 전자 부품에서의 비교 우위를 통해 정보통신 분야의 제품 개발을 운영한다. 태일의 제품 수가 다양한 이유도 경쟁 우위를 만들어 내기 위한 시행 착오 과정의 부산물로 파악할 수 있다.

그 기술 개발 과정을 살펴볼 때 위험을 무릅쓰면서도 기술 개발에 있어서 부족한 시간, 자금, 인력을 극복하고, 외국 기술의 도입 대신 순수한 자체 기술 개발을 한 점에서 태일 정밀은 대외적으로 좋은 평가를 받고 있다.

기술 경쟁력

정보화 시대의 도래는 필연적으로 첨단 기술의 도입의 필요성이 대두된다. 태일의 기술 수준은 HDD용 디스크 제품 개발에 성공했다는 것만으로도 입증된다. 비슷한 시기에 기술 개발을 시작한 일본을 앞질렀으며 일본 전자 업계에 충격을 던져주기도 한 태일의 기술 수준은 초 정밀도를 측정하기 위해 1천만분의 1밀리에 해당하는 옴스트롱이라는 단위로 보면 자성체의 두께 500옴스트롱, 경면 가공 오차가 50옴스트롱으로서 이 정밀도가 확보될 때 비로소 정상 품질의 제품이 생산 가능하다. HDD에 장착한 디스크가 동작하려면 1분에 3600회 회전해야 하며, 이때 헤드와 디스크는 머리카락 굵기의 1/100 간격을 유지해야 한다. 이 간격은 빛이 겨우 통과할 수 있을 정도의 극히 미세한 사이로서 극도의 초정밀을 요구한다. 다시 말해 비행기가 지면 위로 2.5 mm의 간격을 유지하면서 마찰 없이 비행할 수 있도록 고른 면을 만드는 기술이다.

이와 더불어 HDD의 생산 과정에서 일본에서 수입하던 디스크용 도금 약품을 자체 개발함으로 제품이 국제 시장에서 가격 경쟁력을 유지할 수 있도록 하는 기초를 마련했다. 디스크 생산 원가에서 도금 용액이 차지하는 비중은 30% 정도로 외국 선진국과 기술 제휴를 시도했으나 기술 부메랑 효과를 두려워한 외국 기업의 거절로 사내 연구진의 자체 개발에 대한 의욕과 1987년 서울 대학교와의 공동 연구로 개발을 시작하였다. 상공부의 공업 기반 기술 개발 자금의 지원과 최고 경영자의 지원으로 2년 만에 선진 제품과 동일한 수준의 무전해 니켈 도금 용액의 개발을 완료함으로써 디스크용뿐만이 아니라 첨단 제품으로의 기술적 파급 효과 또한 대단히 큰 것이어서 제품의 다각화 전략에 필요한 기반 기술 등을 지속적으로 개발하고 있다.

연구소형 공장 운영

태일의 기술 개발과 관련하여 한 가지 특징으로 들 수 있는 것은 연구소와 공장의 공존 체제의 시스템을 이룩하고 있다는 점이다. 태일 정밀의 기업 부설 연구소는 춘천(춘천시 석사동)에 위치하고 있다. 원래 반월 공장의 연구소로 출발하였으나 박막 디스크를 전담 생산하는 춘천 공장의 연구소와 함께 기술 개발 24시간 체제라는 슬로건 아래 박사 10명, 석사 15명, 학사 35명 등 60여 명의 연구원이 연구에 전력하고 있다.

매년 총 매출액의 5%의 연구개발비를 이용하여 연구개발과 동시에 공장의 생산 활동에도 직접 참여하여 개발 자체가 곧 생산이 되도록 하는 연구소와 생산 현장과의 연계 체계를 갖추고 있다. 공장 내의 관리부에서 연구개발을 담당하는데 생산에 있어서 발생한 문제점들은 현장에서 즉시 연구하여 개선하는 것을 원칙으로 하고 있다. 이러한 연구개발 부서와 생산부서 간의 긴밀한 상호 유대 관계가 태일 정밀의 고속 성장의 기초를 마련하고 있다.

연구소 내에는 생산하고 있는 제품의 원가 절감을 위해 연구하는 팀과 생산하지 않는 새로운 아이템의 개발을 위한 연구팀으로 구성되어 있다. 다른 기업과의 차이점은 생산과 연구가 이원화되어 있지 않고 항상 의사소통이 가능한 일원화 시스템으로 되어 있다는 점인데, 이는 생산 과정에서 발생한 문제점에 대해 서로 토론하고 사고 발생시 같이 해결할 수 있는 구조이다. 전자 제품이 매우 정밀한 것이기 때문에 기계에 대한 사고, 품질 이상 등 여러 가지 사고에 대하여 문제점을 해결해 나아가는 과정을 통해 기술 축적을 이루어 나아가고 있다.

요컨대 연구소형 공장 운영이란 모든 연구원들이 생산 라인에 직접 투입되어 생산 라인에서 생산과 연구를 병행하는 것을 의미하며 연구원들에게 있어 생산 라인이 곧 연구실이 되는 형태를 의미하며 이는 기술과 생산의 이원화와 분절을 극복하고 효율적인 연계를 이루는 기반이 되고 있다.

판매 분야와 기술 분야의 연계

시장의 변화를 파악하기 위하여 세일즈맨들을 해외 시장에 투입하고 있으며 미국에 판매 센터를 만들어서 계속 고객과 접촉하여 고객의 요구를 파악하는 데 중점을 두고 있다. 판매 일선에 있는 사람이 수요자의 동향, 즉 어느 회사에서는 무엇을 설계하고, 어느 회사는 어떤 조건의 제품을 원하는지를 신속하게 파악하여 기술 개발을 하는 활동을 리드하도록 하고 있다. 국내의 종합 상사에서 팔 만한 물건이 없어서 못 판다는 식의 논리는 태일의 경우 엉터리라고 거부한다. 판매 조직에서 파악한 고객의 수요 동향과 욕구를 충분히 파악하고 이를 기술 조직에 동기부여함으로써 기술적으로는 좀 어렵더라도 판매의 가능성과 수요의 지속성 여부를 판단한 후에 계속적인 기술의 선도를 유도하는 것이 태일의 판매 분야와 기술 분야의 연계 노력이라고 할 수 있다.

기술 개발의 변화 대응 노력

기술 개발에만 안주하는 것이 아니라 기술 개발을 생활화하면서 세계 시장의 논리에 맞추려고 하는 것이 중요하다. 같은 제품에 대한 고객의 수요 요건은 증대되고 초창기에 어떤 제품을 도입한 다음에 그 수준에서 안주하게 되면 시장의 변화에 대응할 수 없다. 변화에 대응할 수 있는 능력을 갖추기 위해서는 계속적으로 원자재에 대한 접근을 시도하는 것이 바람직하다. 태일 정밀의 경우 헤드 사업 부문에서 자성체의 합성으로부터 컴퓨터 조립에 이르기까지 기술을 수직적으로 접근해 나아가고 있다. 제품의 전 과정을 수직 기술 개발 과정으로 연결시켜 나아가는 가운데 원가 절감의 노력과 공정 혁신의 노력들이 가능해지는 것이다.

기술 개발과 신제품 개발

신제품을 개발하는 분야에서는 기술 개발 분야의 체계와 마찬가지로 이론을 연구하는 분야와 반복적인 실험을 하는 분야로 구성되어 있다. 이론 연구가 완성되면 반복적으로 실험을 하는 분야에서 신제품을 위한 계속적인 실험을 하는 과정을 거치게 된다. 실제로 발생하는 문제점은 기계 설비에서 발생한다. 첨단 제품을 생산하기 위한 설비는 대부분 일본에서 수입하고 있어 일본에 비해 국제 경쟁력을 높일 수 없다. 이유는 이미 기계, 설비가 도입될 때 그것에 대한 연구개발비가 일본에 지급되기 때문이다. 따라서 태일 정밀에서는 회사의 신제품 개발을 위한 필요한 기계 설비를 직접 만들어 사용하고 있다.

미래의 도전

태일 정밀은 1996년 그룹 전체로서 4천억 원 정도의 매출을 이루고 있다. 향후 21세기에는 2조 원 이상의 매출을 추구하는 태일 정밀이 기업의 목표로 삼고 있는 것은 종합 정보통신 기기 전문 업체로의 성장이다. 이와 동시에 태일은 현재의 태일 정밀의 사업 부문을 뉴맥스로 계속 이전시키고 있다. 이는 삼성이 이 사업 부문에 뛰어들겠다고 선언한 사실과 취약한 주주 구성으로 인한 인수의 위협을 회피하고자 하는 작업이다. 즉 현재 태일이 취급하고 있는 업무를 뉴맥스로 이전함으로써 만약에 태일이 적대적 M&A에 의해 인수당하더라도 사업을 영위할 수 있도록 하는 방안이다. 무엇보다 현재의 태일이 중요시하는 부문은 중국 진출에 따르는 문제이다. 정강환 사장이 개인적으로 가지고 있는 중국과의 관계 또한 여기서 중요한 의미를 지니는데 향후 중국 시장에서의 태일의 움직임이 태일 정밀의 미래를 좌우하는 중요한 요인이 될 것이다.

또한 태일 정밀은 1995년의 서울시 개인

택시 조합의 TRS 장비 공급권을 수주한데 이어 현재 부산에서도 계약을 맺기 위한 노력을 하고 있다. 그리고 앞에서 언급되었던 모터롤라사와의 계약도 태일의 궁극적인 목적인 종합 정보통신 기기 사업을 위한 일직선상의 움직임이라고 보인다. 기존의 박막 디스크 사업은 상대적으로 경쟁자가 적은 부문이었지만 앞으로 태일이 나아가려는 사업은 현재 수많은 경쟁자가 그 사업의 성장성을 보고 뛰어들고 있는 부문이다. 이에 유수한 대기업과의 경쟁을 앞둔 태일의 입장에서는 기존의 저가 정책만이 아니라 보다 선진 기술의 개발을 통해 기술적 우위를 확보할 때만이 진정한 기업의 성공을 가져올 수 있을 것이다.

보기 1 회사 개요

설립일: 1983. 10. 25 상장 일: 1989. 6. 5
대표이사: 정강환 종업원 수: 744명
수권 자본금: 880억 원
주거래 은행: 외환 은행 반월 지점
출자 관계: 태일 정밀 홍콩 유한공사 100.0%
쌍태 전자 89.9%
대방 창업 투자 38.0%
원가 구성: 재료비 81.7%, 노무비 6.9%, 경비 11.3 % (주요 원자재: 슬라이더)

보기 2 재무 제표

요약 대차 대조표

(단위: 억 원)

과목	92.12	93.12	94.12	95.6
유동자산	945.1	1,291.0	1,673.6	1,995.0
고정자산	92.8	104.2	147.8	167.5
자산총계	**1,209.6**	**1,815.4**	**2,398.7**	**2,759.1**
유동부채	558.6	407.0	484.2	812.2
고정부채	277.1	744.9	834.5	840.8
부채총계	835.7	1,152.0	1,318.7	1,653.1
자본금	160.0	220.0	345.4	349.4
자본잉여금	166.4	334.4	596.8	612.2
이익잉여금	47.4	74.3	99.5	102.8
자본총계	373.9	663.4	1,079.9	1,106.0
부채와 자본총계	**1,209.6**	**1,815.4**	**2,398.7**	**2,759.1**

요약 손익 계산서

(단위: 억 원)

과목	92.12	93.12	94.12	95.6
매출액	1,235.9	1,639.7	1,976.5	1,307.0
매출 총이익	155.5	181.7	220.4	174.0
영업 이익	111.0	127.0	149.3	104.6
영업외 수익	21.9	53.4	68.0	56.1
영업외 비용	100.4	133.6	162.6	118.9
경상 이익	32.5	46.8	54.8	41.8
특별 이익	1.2	7.0	7.8	0.9
특별 손실	0.8	0.1	0.0	0.0
당기 순이익	22.5	37.3	41.3	29.6
(감가상각비)	11.7	9.7	11.7	10.2

사례 연구 17
자네트 시스템*

1987년 4월 24일 을지로 한 구석에 자리한 한 칸짜리 방에서 7명의 종업원으로 통신 모뎀 개발에 나선 자네트 시스템이 매출 1백억 원을 달성하기까지는 7년이 걸렸다. 그 동안 회사는 종업원들의 헌신적인 공헌과 연구개발에 대한 끊임없는 투자로 인해 많은 기술적 경험을 가지게 되었고, 꾸준히 경쟁 우위를 구축하였다. 3년 전쯤부터는 기하급수의 성장세를 보이고 있다. 최근까지 내년 10% 이상, 최대 15%까지를 연구개발비로 투자해 온 덕분이다.

이 회사가 설립되어서부터 지금까지 발전해 온 길에서 경영층과 종업원들은 미래에 대한 확신으로 최고 경영자 주위에 뭉쳤다. 남다른 기술이나 빤짝이는 아이디어로 불황 속에서도 여러 가지 곤란을 이겨내는 자네트 시스템의 창업자 고시연 사장은 "기술 개발이야말로 기업의 성장을 가능케 하고 미래까지 보장해 주는 유일한 방패"라고 말한다. 보기 1은 고 사장의 약력을 보여 준다.

고 사장은 기술 확보가 중소 기업이 국내 최고가 될 수 있도록, 그리고 세계적인 유수 기업과 경쟁할 수 있도록 하는 유일하면서도 가장 강력한 수단이라고 하면서 기술 개발의 중요성을 강조하였다. 기술이 있으면 날로 짧아지는 신제품·신상품의 시장 사이클에도 적극 적응해 나갈 수 있어 엔지니어 출신 사업가들이 겪기 쉬운 경영 실패를 이겨낼 수 있다는 게 고 사장의 지론이다. 많은 기업들이 조금만 잘 나가도 비관련 영역까지 손을 뻗치는 것과는 달리 전송 모뎀 등 데이터 전송 기기 제조와 시스템 통합 사업 등 통신 기기 분야 한 길만을 걸어온 자네트 시스템이 심각한 불황기지만 요즘도 연간 성장률 100% 이상을 구가하는 것을 보면 실제로 기술 개발이 불황 때 어떤 효과를 내는지 바로 알 수 있다.

이 회사 분위기의 가장 큰 특징은 기술로 회사를 일으켰듯 총체적 불황 국면에서도 회사의 성장을 유지시키기 위해 고급 기술 확보에 총력을 기울이는 점이다. 300명이 조금 못 되는 전체 종업원 중 60여 명이 연구직이지만 전문 요원을 더 늘릴 계획이다. 기술 인재에 대한 정책을 말할 때 고 사장은 불황일수록 제도 개선과 일할 수 있는 분위기 조성이 절실하다고 말한다. 그는 중소 기업에서는 우수 인력 확보가 제일 큰 어려움이라며 "중소·중견 기업이 어렵게 기술 인력을 키워놓으면 '돈 좀 더 주고' 대기업들이 데리고 가 버린다"고 대기업의 불공평한 인재 스카우트에 대해 지적하고 있다. 그러나 그는 자네트 시스템은 기술을 가지고 있기 때문에 대기업은 경쟁 상대가 되지 않는다고 하면서 기술을 가진 다른 중소 기업에 대해서는 상황에 따라 경쟁도 하고 협력도 할 수 있는 준비가 언제나 되어 있다고 자신 있게 말한다.

사업 성과

자네트 시스템은 디지털 고속 전송 기기와 위성 통신용 모뎀 등을 생산하는 정보통신 업체이다. 보기 2는 자네트 시스템의 개요와 연혁을 보여 준다. 1997년 1월 23일 코스닥 시장에 신규 등록한 기업으로 전 직원의 20%를 연구개발 인력으로 충원하는 등 기술력을 확보

* 이 사례는 김창도, 박준석과 함께 교육용으로 개발한 것이다. 사례의 내용은 특정 경영 상황의 처리에 관한 잘잘못을 예시하지 아니한다.

하고 있어 성장성이 기대되고 있다. 데이터 장비 전문 업체로서 전국 유통망 및 A/S 체계(전국 대도시 13개 지사, 50개 대리점 165개 소 A/S 지정점)를 구축 최상의 네트워크 컨설팅을 통한 서비스를 제공하고 있으며, 기업의 조직은 수시로 변화하는 시장 상황 속에서 소비자 욕구에 부합되는 제품 개발을 중앙 연구소에서 담당하고 영업 조직을 사업 분야(시스템, 운영, 제조/판매, 유지·보수, 유통/수출)별 팀 단위로 구성하여 대외 영업 활동을 다각적으로 진행하고 있다.

1987년 4월 데이터 통신 전문 업체로 설립한 자네트 시스템은 동종 업계에선 조금 뒤늦은 출발을 하였지만 뛰어난 자체 기술력과 국내 정보통신 시장의 활성화에 힘입어 계속적인 상승 곡선을 그리며 모뎀(Modem), MUX, 패킷 교환기 등 데이터 통신 단말기 및 네트워크 장비를 개발·공급하면서 정보통신 업계의 선두 주자로 성장해 왔다.

자네트 시스템은 지난 1987년 중앙 연구소를 설립하여 국내 최초로 위성 통신용 모뎀을 개발한데 이어 디지털 고속 전송 기기와 IC 카드 판독기 등을 자체 기술로 개발했다. 국내 최초로 공중선용 다이얼업(Dial-Up) 모뎀의 체신부 형식 승인을 취득하여 국내 통신 사업의 신기원을 이룩하였으며, 1989년 4월에는 국내 최초로 PC 내장형 모뎀을 개발·출시하였고 1990년 4월에는 한국 전자 박람회 산업 부문에서 신제품 경진대회 우수상을 수상하였다.

1992년 국내 최초로 무장애 모뎀을 개발하는 등 끊임없는 기술 개발로 현재 자체 개발한 전송 장비 관련 160여 품목의 형식 승인을 취득하였다. 이러한 노력으로 1990년 12월에는 형식 승인 및 소비자 보호에 기여한 공로로 체신부 장관 표창을 수상하였다. 이 회사는 체신부 지정 유망 중소 기업으로 부가 통신 사업자, 전산망 사업자 지정을 받았고, 전기 통신 공사업 허가를 취득하여 데이터 통신망 유지보수를 함께 수행함으로써 국내 데이터 통신망의 네트워크화에 일익을 담당하고 있다. 이후 계속적인 연구개발을 통하여 1993년에는 한국통신에서 보급하는 하이텔 단말기의 품질 인증을 획득하여 납품하였고, 1994년 4월에는 통신사업을 통한 국가 사회 발전에 기여한 공로로 국무총리 표창을 수여 받았다. 1995년 12월에는 무궁화 위성 시대 개막에 맞춰 1993년부터 2년간 연구되어 온 위성 통신용 무선 호출 시스템 장비를 세계 최초로 개발하는 등 뛰어난 기술력과 막대한 연구 개발 투자로 21세기 종합 정보통신 전문 업체로의 도약에 박차를 가하고 있다.

영업 성과를 보면, 900여 개의 거래선 확보를 비롯하여 1995년 말 디지털 가입자 장치(DSU: Digital Service Unit) 사용 중 장애가 발생하면 고속 다이얼업 모뎀으로 자동 저장되는 노다운 DSU를 개발하여 외환 은행, 삼성 전자, 쌍용 정보 통신 등 국내 유수의 기업과 공급 계약을 체결하였다. 전량 수입에 의존하던 2BIQ 방식의 HDSL(고속 디지털 전송 장비)을 국내 최초로 개발하여 수입 대체하고, 세계 최초로 위성 통신용 무선 호출 시스템 장비인 무선 호출 위성 단말 시스템을 개발·납품하는 등의 성과를 통해 회사의 미래 지향적인 안목과 기술력을 입증하고 있다. 또한 자네트 시스템은 막대한 연구개발비를 투입 신제품 개발에 적극적으로 나서는 한편 신규 사업에 대한 투자도 대대적으로 늘려 종합 정보통신 업체로 성장할 전략을 수립하고 있다.

판매 제품

전송 장비

자네트 시스템에서 생산하고 있는 전송 장비는 모뎀과 DSU/CSU 등이 그 주된 생산품이다.

모뎀 모뎀(Modem)이란 컴퓨터의 데이터를 통신망을 통하여 전송하고자 할 때 이 데이터를 통신망에 적합한 신호로 바꾸어 주거나 반대로 통신망을 통하여 들어오는 신호를 컴퓨터가 인식하는 데이터로 변환시켜 주는 장치를 말한다. 현재 통신망에서 쓰이는 신호는 아날로그 체계로 되어 있는 반면에 컴퓨터가 처리하는 데이터는 0과 1의 조합으로 이루어진 디지털 방식이기 때문에 이를 변환시켜 주는 장치가 바로 모뎀이다. 모뎀은 따라서 통신망, 특히 전화망을 이용한 컴퓨터 통신에 있어서 반드시 필요한 장비이다.

자네트 시스템에서 생산하는 품목에는 전송 속도 36,600 bps(bite per second)의 모뎀과 이보다 전송 속도가 2배가 빠른 56,000 bps의 모뎀이 있다. 이들 제품은 팩스 모뎀으로 이 모뎀을 통하여 팩스로 문서를 전송하거나 팩스처럼 문서를 수신할 수도 있는 기능이 내장되어 있다. 또한 56,000 bps급의 모뎀은 전 세계적으로 급속히 모뎀의 시장을 확보해 가고 있는 제품 사양이며, 자네트 시스템에서는 세계적인 모뎀 칩 회사인 록웰(Rockwell)의 칩을 사용한 제품으로 소비자들에게 공급하고 있다. PC 통신을 위한 모뎀은 국내 시장의 60%를 점유하고 있다.[1]

DSU/CSU DSU(Digital Service Unit)란 디지털 가입자 장치의 약자인데, 이는 CSU(Channel Service Unit), 즉 채널 가입자 장치와 함께 WAN(Wide Area Network), 즉 원거리 망용 전송 장치이다. 이는 일반 모뎀이 공중선을 이용하는데 반하여 전용선을 이용한다. 전용선(Dedicated Line)이란 데이터 통신에서 각 장치들을 연결하는 회선으로, 거기에 연결되어 있는 장치들만이 독점하여 사용할 수 있는 회선이다. 이것은 일반적인 전화 회선과 같이 많은 가입자들이 공유하여 사용하는 다이얼업(Dial-Up) 회선과 대비되는 개념이다. 예를 들면 회사에서 전화선을 임대하여 그 회사의 본사와 지방의 지점을 직통으로 연결하여 사용하게 하는 경우를 생각할 수 있다. 또 전화 회선을 아예 이용하지 않고 직접 케이블을 가설하는 것도 전용 회선의 범주에 들어간다.

이와 관련하여 자네트 시스템이 데이터 전송 속도를 최대 T1(1.544 Mbps)급까지 지원할 수 있는 디지털 채널 가입자 장치를 개발했다. 1996년부터 모두 2억 8000만 원의 연구개발비를 들여 T1급으로 음성, 데이터, 화상까지 전송이 가능한 CSU(모델명 GCSU1000)를 개발, 1997년 3월 초부터 본격적으로 판매에 나섰다.[2] 4선식 전이중 방식으로 데이터 단말 장치(DTE)와 공중 사설 망간의 지능형 프로그래밍이 가능한 이 CSU는 딥 스위치를 이용한 파라미터 설정 기능을 비롯해 시간대별 전송 상태 확인 기능, 알림 기능 및 에러 메시지 기능, 에러 자체 시험 기능 및 확인 기능, 알람 발생시 부저음 조정 기능, 발생 시간 조절 기능 등을 가지고 있다. 이와 함께 1997년 하반기 중 786 Kbps급까지 지원하는 중속 디지털 전송 장비(MDSL)도 개발하여 유선 전송 장비 생산 품목을 다양화하였다.

다중화 장비(MUX), 페이징 시스템, 패킷 스위치

다중화(multiplex)란 하나의 전송 통로로 여러 개의 메시지를 전송하기 위해 이들을 섞는 방법을 말한다. 단순히 하나의 전송 통로로 여러 개의 메시지를 전송한다면 메시지끼리 섞이게 되는 이러한 현상을 없애면서 동시에 여러 개의 메시지를 전송한다면 단위 시간 당 데이터 전송량은 몇 배나 증가하게 된다. 이에

[1] 한국 경제 신문, 1997. 11. 6.
[2] 한국 전자 신문, 1997. 2. 13.

필요한 장비가 다중화기(Multiplexer: 약자로 MUX)이다. 자네트 시스템이 개발하여 한국 이동 통신에 공급한 먹스는 무선 호출 터미널의 아날로그 신호를 디지털로 바꿔 주는 신호 변환기(A/D)를 비롯해 변환된 디지털 신호를 고속으로 다중화하는 다중화기, 이를 저속의 디지털 신호로 다시 바꿔 주는 역 다중화기, 디지털 신호를 아날로그 신호로 재생해 주는 역 신호 변환기(D/A) 등으로 각각 구성돼 있다.

특히 이 먹스는 전송 속도가 512 bps(POGSAG) 및 1,200 bps(슈퍼 POGSAG)급의 페이징 신호 처리가 가능하도록 개발됐으며, 앞으로 고속 무선 호출 서비스에 대비해 별도의 시스템 개발이 필요 없는 게 최대의 장점이다. 또한 망 관리 장비는 기존 폴링 방식이 갖고 있는 문제점을 개선하기 위해 통계적 시분할 방식을 채택해 기지국과 중심국 간의 망 관리 장비 회선 속도를 4배 이상 향상시켰다.[3] 자네트 시스템이 주로 취급하는 다중화 장비는 주로 위성을 이용한 호출 시스템(Paging System)과 묶어서 제공되고 있다.

무선 호출 시스템과 병행한 다중화 장비와 함께 생산되고 있는 제품은 패킷(Packet Switch)이다. 이는 비동기식 전달 방식(Asynchronous Transfer Mode: 약자로 ATM)에 이용되는 장비이다. 특히 이 전달 방식은 일정한 길이를 갖는 데이터를 패킷 교환하는 방식으로 스위치로서 대역폭 조정이 유연하고 음성, 데이터, 화상, 비디오를 단일 포트로 제공할 수 있으며 광대역 ISDN과 접속이 용이해 향 후 멀티미디어 서비스에 적합하여 계속적인 성장세가 예상되는 방식이다. 자네트 시스템에서 ATM 장비와 관련하여 생산하는 패킷 스위치 기계와 관련하여 패킷 전송은 두 지점 사이에 데이터를 연속적으로 전송하지 않고, 전송할 데이터를 적당한 크기로 나누어 패킷(패킷은 데이터 전송에서 사용되는 데이터의 묶음임)이라는 형태로 구성한 다음 패킷들을 하나씩 보내는 방법을 쓴다. 각각의 패킷은 일정한 크기의 데이터뿐만 아니라 데이터 수신처, 주소 또는 제어 코드 등의 제어 정보까지 담고 있다. 보통 한 패킷은 1,024비트의 데이터를 담고 있을 수 있다.

패킷 교환(Packet Switching)은 디지털 통신에서 사용되는 교환 방식의 하나로서 메시지를 전송 네트워크가 요구하는 패킷이라는 크기 단위로 쪼갠 후에 전송 채널을 통하여 목적지로 전달하는 방법이다. 데이터 통신이 발전됨에 따라 지역적으로 산재한 정보 기기를 연결하기 위해서는 두 지점간을 독점적으로 이용하는 전용 회선을 구축하여야 하는데 이는 별도의 회선을 설치하여야 하므로 각 통신 지점이 증가할 때마다 전용 회선의 수 또한 급격히 증가해야 하므로 비용이 급상승하게 된다. 그러므로 패킷 단위의 일정 크기로 데이터를 분할하여 전송하면 전용 회선의 단점을 보완하는 것 이외에 선로의 이용 효율을 높일 수 있고 요금도 사용량에 따라 부과되는 등 장점이 있다. 따라서 자네트 시스템이 생산하고 있는 패킷 스위치는 ATM 전송 시대에 반드시 필요한 장비이다.

RF 카드 단말기

RF(Radio Frequency) 카드 단말기는 IC 카드 단말기이며, 현재 출시된 제품명은 GSR (Garnet Smart Reader)-100 Series이다. IC 카드란 조그만한 카드 안에 집적 회로를 탑재하여 정보를 수록하는 것으로 전자 주민 등록증에도 이용되는 매체이다. IC 카드 연구 조합 관계자에 따르면 통상산업부 지원 예산 2천억 원 중 상당 부문을 IC 카드 관련 업체에 할애할 예정으로 앞으로 그 대상자는 계속 늘 것이라고 밝

[3] 한국 전자 신문, 1996. 10. 5; 1997. 6. 2.

혔다.[4] 이러한 시장을 공략하기 위해 프랑스 다스 사에서 기술을 이전 받아 IC 카드 사업에 진출했다. 이 부문에선 카드 설계와 카드 판독기 제작 관련 SI(System Integration) 사업을 시작했고, 이미 광주 은행과 신세계를 고객으로 확보했다.[5]

기타 제품

PCS(개인 휴대 통신) 중계기와 CDMA(디지털 이동 전화) 중계기, 인터넷용 전송 장비나 접속 장치 등의 제품이 개발을 끝내고 시장에 공급되기 시작하였다.

산업 환경과 전략

자네트 시스템의 시장은 한마디로 정보통신 장비 시장이라고 할 수 있다. 이 시장은 1980년대 후반부터 전산 기기의 급격한 증가 및 보급의 확대로 전산 데이터를 전송하기 위한 전송 장치의 필요성 증가와 PC 통신 및 인터넷 사용 급증에 따른 모뎀 수요의 급증으로 1990년부터 전산 데이터의 용량과 사용자의 다양한 욕구를 수용하기 위한 고속, 다기능 전송 장치의 개발과 더불어 급속한 발전을 하고 있다. 특히 인터넷은 단순한 오락이나 정보 검색의 차원에서 넘어서서 기업들의 영역인 무역으로도 급속도로 침투함에 따라 기업체를 대상으로 한 고가의 장비 시장도 급성장하고 있는 실정이다. 인터넷의 무역 규모는 21세기 초에 적어도 1천억 달러 규모에 이를 것으로 전망되고 있다.[6] 이는 유럽 연합 소속 15개 국가의 연간 국내 총생산을 합친 것보다 많은 액수이다. 따라서 자네트의 주요 시장 중의 하나인 다중화 장비와 전용선 모뎀의 시장 전망은 밝다고 할 수 있다.

뿐만 아니라 1995년부터 추진한 초고속 국가망 1단계 사업이 1997년 말 완료될 예정임에 따라 1998년부터 2002년까지 시행할 제2단계 초고속 국가망 사업 계획을 수립했다.[7] 제2단계 초고속 국가망 구축 계획에 따르면, 2002년까지 광 케이블과 광 전송망이 중심이 된 기간 전송 망을 144개 지역으로 확대할 계획이다. 정부는 또 2002년까지 모두 103대의 비동기식 전송 방식(ATM) 교환기를 설치하여 대용량 정보 전송을 가능하게 할 계획이다.

멀티미디어의 다양한 욕구를 충족시키기 위해 무선 모뎀, 팩스 모뎀, P&P 모뎀, DSVD (Digital Simultaneous Voice & Data) 모뎀 등 초고속 다 기능의 제품이 속속 개발되고 있으며, 무궁화 위성의 개막으로 위성 통신 분야 등 큰 시장을 가지고 있다. 현재 정보통신 사업체를 비롯한 관공서 및 각 기업체의 종합 정보통신 망 구축, 사무 자동화를 위한 전산화 환경 구성 등 정보통신에 관련된 제품들의 수요가 급증하고 있으며, 최근 인터넷 사용자의 증가로 다이얼업 모뎀 시장 또한 수요가 급격히 성장하고 있다.

자네트 시스템은 설립 초기에 은행 전산망의 통신용 모뎀을 완전히 국산화하는 데 성공했으며 지금까지 개발한 모뎀 종류만도 120여 가지에 이른다. 현재 전용선 모뎀 부문은 50% 이상, 인터넷 및 PC통신용 모뎀은 60% 이상의 국내 시장 점유율을 기록하고 있다. 최근 들어서는 무선과 위성 관련 전송 장비 분야로 사업을 다각화하고 있다. 특히 1995년에 세계 최초로 개발한 위성 통신용 무선 호출 시스템 장비인 'MUX'는 현재 특허 출원 중이다. 1996년 9월에 무궁화 위성을 이용한 SK 텔레콤의 위성 무선 호출 서비스에 160억 원 어치

4 한국 전자 신문, 1997. 2. 20.
5 매일 경제, 1997. 2. 25.
6 서울 신문, "해외 논단," 1997. 8. 10: 10.
7 매일 경제, "정보 고속도로 계획," 1997. 7. 29: 11.

의 무선 호출 시스템 신호 변환기와 위성 관련 다중화 장비를 공급하기도 했다. 제 2 이동 통신 사업자를 겨냥한 이런 위성 관련 다중화 장비는 인도네시아, 말레이시아, 인도 등 위성을 이용할 수밖에 없는 이동 통신 환경을 갖춘 동남아 지역으로 1998년부터 수출을 적극 추진한다는 계획이다.

또한 한국 통신 프리텔에 PCS 기지국용 수신 신호 증폭기 22억 원 어치를 1 차 공급키로 하는 등 모뎀 업체로서의 이미지를 벗어나기 위해 노력하고 있다. 이 밖에도 IC 카드 리더기 부문에도 진출할 준비를 마쳤다. 1994년 말 프랑스의 다소로부터 핵심 기술을 도입해 지난 2 년간 기술력을 쌓아 왔다. 1 차적으로는 정부가 주관하는 주민 전산망 사업에 참여해 국내 표준화가 확정되기만을 기다리고 있다.

일반 전화선을 이용하여 데이터를 초당 36,600비트씩 전송할 수 있는 모뎀이 최근 잇따라 선보이고 있다. 이런 모뎀은 미국의 유에스 로보틱스(U.S. Robotics)와 AT&T 등이 1995년 말 발표한 데 이어, 한솔 전자와 자네트 시스템 등 우리 나라 모뎀 업체들도 내달부터 잇따라 내놓을 예정이다. 지금까지 일반 전화선을 이용할 때의 데이터 전송 속도는 초당 28,800 비트가 최고였다. 모뎀 업체 관계자와 컴퓨터 통신 이용자들 모두 일반 전화선을 통해 이 속도 이상으로 데이터를 주고받는 것은 불가능한 것으로 여겨 왔다. 컴퓨터 통신 이용자들은 새 모뎀이 지금까지 생각하던 한계 속도를 뛰어넘었다는 점에 주목하고 있다. 실제로 새 모뎀을 이용하면 현재 일반 전화선을 통해 컴퓨터 통신을 할 때 쓰는 최고 속도의 모뎀보다 데이터를 초당 7,800비트(200자 원고지 5 장 분량)씩 더 빠르게 주고받을 수 있다. 전송 속도는 30% 가까이 빨라진 데 비해 값 차이는 1-2만 원 밖에 나지 않는다. 하지만 데이터를 초당 36,600비트씩 전송하는 모뎀은 아직 표준이 제정되지 않아 같은 칩이 장착된 모뎀을 쓰는 컴퓨터 사용자끼리만 이 속도로 데이터를 주고받을 수 있다.

컴퓨터 통신 서비스 업체들이 이 속도를 지원하지 않아 컴퓨터 통신망에서 정보를 찾거나 파일을 내려 받을 때는 기존처럼 초당 28,800비트 속도로 작동한다. 업체 관계자들에 따르면 국제 전기 통신 연합은 데이터를 초당 36,600비트씩 전송하는 모뎀은 따로 표준을 제정하지 않고, 초당 28,800비트씩 전송하는 모뎀의 확장 표준으로 승인할 방침이다. 그러나 컴퓨터 사용자들끼리 파일을 주고받거나 전화선 하나를 이용해 컴퓨터 통신과 전화 통화를 동시에 하는 기능 등을 이용할 때는 유용하게 쓸 수 있다. 전화 요금을 30% 가까이 절감할 수 있고, 컴퓨터와 전화기를 이용해 화상 통신을 하는 경우 화상의 질을 크게 높일 수 있다.

국내·외 제조 업체들이 핵심 칩을 못 구해 공급 부족 모뎀을 구하기가 매우 어렵다. 28,800 bps급(초당 한글 1800자 전송) 고속 모뎀은 구하기가 힘들다. 국산뿐 아니라 대량 수입되던 대만산도 구하기 쉽지 않다. 이는 모뎀 제조 업체들이 고속 모뎀 제작에 필요한 핵심 칩을 공급 받지 못해 생산에 차질을 빚고 있기 때문이다. 모뎀 칩이 부족하게 된 원인은 세계 공급량의 50% 이상을 조달하는 미 록웰사의 멕시코 공장이 1996년 발생한 화재로 가동 중단돼 생산량이 대폭 줄어들었기 때문이다. 록웰사는 생산 물량을 미주 및 유럽에 우선 공급하기 위해 아시아에 6 개월째 공급을 중단했다. 또 인터넷의 확산 등으로 고속 모뎀 수요가 크게 늘어난 탓도 있다. 현재 시중에는 유에스 로보틱스사의 스포스타 등 20만 원을 넘어가는 비싼 외제 모뎀과 TI사의 칩을 확보한 삼백 컴퓨터 등 일부 업체들 제품만이 선보이고 있다. 자네트 시스템, 한화 통신 등 유명 제조 업체들은 지난해 재고분에 의존하고 있으며 신규 업체 중에는 생산을 중단한 곳도 있다. 보기 3은 모뎀 시장의 경쟁사별 점유율을 보여 준다.

재무 분석

보기 4의 재무 제표에서 나타난 것과 같이 1996년 말 자네트 시스템의 당기 순이익은 약 18억 원이며, 자산 총계는 약 275억 원으로, 1987년 납입자본금 1억 원으로 시작하였을 때와 비교하여 양적으로는 매우 성장하였다. 1996년 매출은 전년보다 52.7% 증가한 400억 원, 경상이익은 92.3% 늘어난 25억 원, 순이익은 100% 증가한 20억 원 선으로 추정됐다. 1997년의 매출, 경상 이익, 순이익은 더 증가할 추세이다. 최근 몇 년 동안의 영업 실적이 대폭 호전된 것은 한국 이동 통신 등 대기업의 정보통신 장비 수주가 대폭 늘었기 때문이다.

지금과 같이 자금 시장이 경색된 경기의 흐름에 있어서 중요한 현금 흐름을 살펴보면, 영업 활동 현금 흐름은 56억 원 정도로 양호하며, 재무 활동 현금 흐름은 21억 원 정도이다 (보기 5 참조). 그러나 한 가지 위험 신호로 주시해야 할 것은 1995년의 유동 부채가 약 70억 원에서 1996년 1년 사이에 170억 원으로 급격히 증가함에 따라 금융 비용도 4억 9000만 원에서 9억 2000만 원으로 증가하였다는 것이다. 이렇게 단기 부채가 증가하게 되면, 금융 비용이 급격히 증가하여 기업의 경영에 커다란 압박 요인이 될 수 있다는 점을 주시해야 한다. 보기 6은 주요 재무 비율 보여 준다. 유동 비율은 116%를 상회하는 비교적 양호한 상황이다.

전망과 과제

자네트 시스템은 기간 통신망 디지털화를 감안하여 국내 최초로 개발한 2BIQ방식의 고속 가입자 디지털 접속 방식(HDSL: High Bit Rate Digital Subscriber Line)의 시장 선점에 주력하는 한편 CSU 개발도 완료된 상태이다. HDSL의 개발은 회선 개통 비용 및 서비스 비용을 절감하여 도입에 의존하던 제품을 국산화하여 수입 대체 효과 및 수출 증대를 통해 국가 산업 발전에 기여할 것이다. 기술 집약적인 회사이므로 최근 몇 년간 국내 및 국제 경제 상황이 어려움에도 불구하고 빠른 속도로 성장하고 있는 것을 보면 전망이 좋다.

따라서 자네트 시스템은 1994년 258억 원, 95년 262억 원, 96년에는 360억 원이던 매출액을 97년에는 2000억 원, 99년 3500억 원, 2000년 5000억 원이라는 야심찬 매출 계획을 세워놓고 있다. 회사 덩치만 커가는 것이 아니다. 자네트 시스템은 기술 집약적인 기업으로서 기술적 우위를 바탕으로 성장을 추구한다. 축적된 통신 분야 기술을 활용하여 1995년 10월 세계 최초로 '무선 호출 위성 통신 시스템'을 자체 개발하고 특허 출원하는 등 세계 어디에 내놓아도 자신 있는 기술이 많다. 이 시스템은 SK 텔레콤에 150억 원에 납품했고, 1997년에도 SK 텔레콤의 사업 확장분을 포함하여 130억 원 가량의 매출을 올릴 계획이다.

자네트 시스템이 성공한 원인을 보면 최고 경영자의 기술에 대한 확고한 의지와 기업 구성원에 대한 동기부여 및 목표 설정에 명확한 방향이 있었으며, 기술 개발에 대한 높은 비율의 지속적인 투자이다. 그러나 앞으로 예상되는 중소 기업들간의 치열한 경쟁을 고려하면 기술만이 아닌 다른 것도 많이 고려해야 할 시기이다.

우선 전략적인 측면에서 국내 중소 기업의 시각에서 벗어나 국내·외를 모두 고려하는 넓은 시각을 가지고 앞으로 다가오는 글로벌 시대에 적응해야 할 것이다. 기술은 그 수명 주기가 있기 때문에 그 개발이 중시되고 있지만 또한 우리 보다 훨씬 뒤진 개발도상국을 볼 때 우리의 기술은 그들의 요구에 부합될 수 있다.

둘째, 인력 유치와 양성에서 중소 기업의 틀에서 벗어나 더 높은 차원에서 인재를 양성하고 활용해야 하며 또한 국내뿐만이 아닌 국외에도 시각을 돌려야 할 필요가 있기 때문에 국제 인력 양성에도 힘을 기울여야 한다.

셋째, 조직적인 면에서 보다 유연한 사업팀을 구성하여 불필요한 절차를 줄이고 의사결정의 신속성을 유지해야 한다. 자네트 시스템은 이제는 창업 단계를 넘어서 기업 발전 단계에 이르고 있다. 따라서 최고 경영자가 모든 것을 다 할 수 없는 상황이며 다른 전문적 관리 인원의 영입도 불가피하다. 그러나 아직도 최고 경영자 중심의 경영은 중소 기업을 놓고 볼 때는 강력한 경쟁력 원천이기도 하다. 그러나 1995년 5명이던 임원이 1996년 10명으로 늘어난 것은 물론 사업 영역의 확대와 기업의 규모 증대에 기인한 것이지만 벤처 기업의 최대 강점인 빠른 의사결정과 이에 따른 환경의 적합성 증대를 감소시킬 수 있으므로 주의가 필요한 대목이다.

넷째, 시장의 변화와 경쟁자의 출현에 따른 위협 요인의 증가이다. WTO 체제 이후에 정보통신에 관한 협상이 타결됨에 따라 통신 장비의 시장 개방 일정도 급속도로 앞당겨지게 되었다. 따라서 현재에도 미국의 유에스 로보틱스사의 모뎀과 대만의 저가 모뎀의 적극적인 공세로 인하여 PC용 모뎀 시장의 경쟁이 치열해지고 있을 뿐만 아니라, 다중화 장비와 위성 호출 장비의 대기업 진출이 강화되고 있다. 그러나 더욱 위험한 경쟁자는 바로 1987년 같은 창업 멤버였던 김만덕 상무이사가 자네트 시스템이 기술 개발보다는 너무 영업 위주의 경영 전략을 수행하는 데에 불만을 품고 세운 C&C 엔지니어링이라는 회사이다. 1992년 설립된 이 회사는 통신 회사용 모뎀을 생산하여 고 부가가치에 따른 고수익성을 올리고 있으며, 자네트 시스템과 영업 부문이 겹치기도 하는 회사라는 점에서 가장 강력한 경쟁자로서 기술 개발만이 이러한 경쟁자를 물리칠 수 있는 방법이다.

보기 1 창업자 약력

성　　명: 고시연(高時淵)
　　　　Koh, Si-Yurn
생년월일: 1949년 12월 31일
본　　적: 충청남도 금산군 금산읍 상옥리 175번지
현　　직: 주식회사 자네트 시스템 대표이사/사장
회사 주소: 강남구 논현동 221-2 동호 빌딩 4층
　　　　Tel: 519-7011
학　　력: 1972년 한양대학교 공과대학 졸업
　　　　1978년 연세대학교 경영대학원 졸업
경　　력: 1987~1996 현재 ㈜자네트 시스템 대표이사/사장
　　　　1994~1996 현재 자네트 정보통신㈜ 대표이사/사장
상　　훈: 1990. 체신부 장관 표창(통신 기술 진흥 및 산업 육성에 이바지한 공로)
　　　　1994. 국무총리 상 수상(통신 사업에 기여한 공로)

보기 2 회사 개요 및 연혁

회사명: 주식회사 자네트 시스템
대표자명: 고시연
본사 주소: 135-010 서울시 강남구 논현동 221-2 (동호빌딩)
전화: 02-519-7080
사업장주소: 336-880 충남 아산군 신창면 남성리 150-1
업종: 3001 컴퓨터 및 그 주변 기기
주요제품: 통신 기기 제조
설립 일자: 1987.4.24
결산월: 12월
종업원 수: 282명
기업규모: 중소 기업
공개여부: 등록
사업자번호: 211-81-38541

기업체 연혁

87.04.24 회사 설립
87.05. 중앙연구소 설립 및 수출입업 등록
88.09. 과학기술처 기업부설 연구소 인가 취득 (인정번호 제 88-187)
89.03. 특허청 모뎀 기술 특허 및 의장 등록 출원

89.10. 병역특례 연구기관 선정 (과학기술처)
91.06. 군납 적격 업체 판정 (업체번호 2163292)
91.11. 유망 중소 기업 선정 (체신부)
92.06. 서울지역 호출기 사업 참여 (서울 이동 통신)
93.01. 전산망 사업자 등록
93.02. 부가가치 통신 사업자 등록 (음성 서비스)
93.07. 하이텔 단말기 KT 품질 규격 획득 및 납품
94.04. 국무총리 상 수상 (통신 사업에 기여한 공로)
94.08. SI 사업자 등록 (과기처)
94.12. IC 카드 단말기 사업 참여 (프랑스 Dassault 사와 기술 제휴)
95.04. 성남 공장 준공 및 Dial-Up Modem 수출 개시
95.12. 위성 통신용 무선 호출 시스템 장비 MUX 개발
96.06. 신규 통신 사업 참여(국제 전화, 수도권 TRS)
96.06. 서울 TRS 사업 참여
온세 통신 사업 참여
96.10. KMTC "무선 호출 위성 전송 시스템" 납품 계약 체결 (152억 원)
96.11. 개인 휴대 통신 사업 참여 (한국통신 PCS 자회사)
제33회 무역의 날 백만 불 수출의 탑 수상
96.12. ISO 9001 품질 시스템 취득 관련 컨설팅 계약 (한국 품질 경영 연구원)
97.01.23 장외 등록

보기 3 모뎀의 시장 점유율 비교

회사명	생산능력 (대)	시 장 점유율 (%)	자본금 (백만 원)	당기 순이익 (백만 원)	비고
자네트 시스템	30,000	30%	2,100	1,801	96년
콤텍 시스템	20,000	20%	1,000	1,534	95년
KDC 정보통신	19,000	15%	2,100	1,499	95년

보기 4 요약 재무 제표 (단위: 백만 원)

구분	93/12(12)	94/12(12)	95/12(12)	96/12(12)
감사 의견	자 료 미제출	적정	적정	적정
자산 총계	**12,481**	**15,893**	**13,289**	**27,555**
(유동자산)	10,578	13,106	9,164	19,886
(고정자산)	775	1,298	1,846	1,672
부채 총계	10,439	13,281	9,682	20,443
(유동부채)	8,920	10,278	7,079	17,104
(고정부채)	1,520	3,004	2,603	3,340
자본 총계	2,041	2,612	3,607	7,112
(자본금)	400	400	400	2,100
매출액	**18,502**	**25,841**	**26,221**	**36,052**
영업이익	669	797	1,319	1,981
(금융비용)	177	381	492	925
(경상이익)	626	675	1,289	2,523
당기 순이익	**466**	**563**	**1,021**	**1,801**
영업 활동 현금 흐름		1,732	-1,390	5,644
투자 활동 현금 흐름		-3,088	-1,941	-2,189
재무 활동 현금 흐름		2,037	714	2,103

보기 5 현금 흐름 분석 (단위: 백만 원, %)

구분	94/12(12)	95/12(12)	96/12(12)
총 영업 활동 현금 흐름	1,568	2,208	2,035
운전 자본 투자	-164	3,598	-3,609
영업 활동 현금 흐름	1,731	-1,390	5,644
CF 대 차입금 비율	46.95	54.57	35.31
CF 대 단기 상환 부채 비율	460.87	179.44	80.53
NCF 대 차입금 비율	51.84	-34.35	97.93

보기 6 주요 재무 비율

구분	93/12(12)	94/12(12)	95/12(12)	96/12(12)
1회전 기간	1.48	1.82	1.80	1.77
총 자산 증가율	-15.37	-6.43	18.28	22.40
매출액 증가율		27.34	-16.39	107.35
매출액 경상이률		39.67	1.47	37.49
매출액 순이익률	3.39	2.61	4.92	7.00
부채 상환 계수		120.92	89.43	60.81
유동 비율	118.59	127.52	129.44	116.27
부채 비율	511.40	508.49	268.39	287.46
자기자본 비율	16.36	16.43	27.14	25.81
차입금 의존도	9.28	21.01	30.45	20.92

사례 연구 18

케이씨텍*

케이씨텍(K.C.Tech)은 1987년에 설립된 반도체 장비 생산 업체이다. 특수 가스용 배관 시스템 및 관련 제품의 수입과 제조를 전문으로 하는 개인 회사로 출발했다가 90년에 법인으로 전환해 반도체 장비 제조 업체로 기업 변신을 했다. K.C.Tech은 크게 반도체 장비 제조 관련 매출(약 77%)과 반도체 장비 수입 판매를 통한 수수료 수입(약 23%) 등 크게 두 가지 사업을 하고 있다.

반도체 제조 공정은 크게 다음과 같이 6단계로 나눌 수 있다.

1. 웨이퍼 제조
   모래로부터 고순도 단결정 실리컨 웨이퍼를 만들어내는 과정
2. 회로 설계
   웨이퍼상에 구현될 전자 회로를 설계하는 과정
3. 마스크 제작
   설계된 전자 회로를 각 층별로 나누어 유리 마스크에 그리는 과정
4. 웨이퍼 가공(FAB)
   웨이퍼의 표면에 여러 종류의 막을 형성시켜 이미 만든 마스크를 사용해 특정부분을 선택적으로 깎아내는 작업을 되풀이함으로써 전자 회로를 구성해 나가는 전 과정. 이를 줄여서 FAB라고 한다.
5. 조립
   웨이퍼상의 칩을 개개로 잘라서 리드 프레임과 결합하여 완제품으로 조립하는 과정
6. 검사
   완제품의 하자 여부 검사 과정

이러한 6가지 과정 중 K.C.Tech이 제조한 제품이 참여하는 과정은 4번째 단계인 웨이퍼 가공 단계이다. 이 단계 공정 가운데는 웨이퍼 표면에 각종 유해 독성 가스로 부식시키거나 산화시키는 공정인 식각, 이온 주입, 화학적 기상 증착, 금속 배선 공정 등이 필수적이다. 그래서 각종 유독성 가스를 정확한 양으로 적시에 투입하고 반응 후에는 반응실 안의 가스를 안전하고 완벽하게 제거하는 장비가 필요하다. K.C.Tech은 반도체 제조 공정 중에서 가스 관련 공정에 관련된 가스를 공급하는 장치인 가스 캐비넷(Gas Cabinet)과 가스 정화 장치인 가스 스크러버(Gas Scrubber), 진공 펌프(Vacuum Pump), 그리고 각종 세정 장치인 웨트 스테이션(Wet Station)을 생산해서 이를 반도체 메이커 업체에 공급하고 있다.

엔지니어 출신 경영진

K.C.Tech의 경영진을 보면 반도체 관련 분야에서 경력을 가진 전문 엔지니어들이다. 그리고 회사의 나이가 10년 정도 되었지만, 경영진의 평균 연령은 41세로 상장사 평균에 비하면 매우 젊다. 창업자인 고석태 사장은 1997년 현재 43세로 성균관대 화공학과를 졸업하고 대성 산소에 근무했었고, 김귀식 상무는 44세로 버지니아대 전자공학과를 졸업, SK 정보통신에서 근무한 적이 있다. 선우국일 이사는 41세로 서울대 화공과를 졸업, 역시 SK에서 근무한 적이 있다. 이 외에도 여러 명의 경영진이

* 이 사례는 이태화, 최석훈, 허건과 함께 교육용으로 개발한 것이다. 사례의 내용은 특정 경영 상황의 처리에 관한 잘잘못을 예시하지 아니한다.

주로 공대를 졸업한 젊은 사람들이다.

고석태 사장은 공대 졸업 후 대성 산소에서 6년간 기술 영업을 담당했던 세일즈 엔지니어 출신인데, 가스 관련 장비 분야에서 기술과 영업에 정통한 전문가이다. 그가 대성 가스를 퇴사해서 1987년에 특수 가스용 배관 시스템의 수입과 제조를 전문으로 하는 회사를 차린 것이 K.C.Tech의 모태가 된 것이다. 그 뒤 1990년 법인으로 전환해서 반도체 장비를 제조, 판매하는 업체로 탈바꿈했다. 이때 과감한 R&D 투자와 국내 반도체 시장의 설비 투자가 붐을 이룸으로써 K.C.Tech은 완전한 기반을 다지게 됐다. K.C.Tech의 대주주는 대표이사인 고석태 사장이고, 고 사장과 특수 관계인의 지분이 81%로서 대주주의 지분율이 높다. 그 외 한국 종합 기술이 4.9%, 코리아 아시아 펀드(Korea Asia Fund), 싱가포르 투자청이 각각 2%씩의 지분을 가지고 있다.

반도체 장비 국산화

반도체 장비는 고신뢰성을 요구하기 때문에 신뢰성이 검증되지 않은 제품은 사용할 수 없다. 하지만, 일단 기술력을 인정 받은 업체는 지속적인 거래 관계를 보장 받아 반도체 업체와 동반자적 관계로 발전해 성장해 간다. K.C.Tech은 엘지 반도체를 비롯해 삼성 전자, 현대 전자 등의 한국 반도체 3사를 주요 거래선으로 하고 있어 한국 반도체 업계의 성장과 함께 고성장을 지속했다. 보기 1은 K.C.Tech의 거래선을 보여 준다. 또한 반도체 장비 국산화를 통한 원가 절감으로 고수익성을 누리고 있는 점도 특징이다. 보기 2는 K.C.Tech의 고성장, 고수익의 추이를 보여 준다.

사업 추진 현황

사업 다각화

반도체 장비를 만드는 중견 기업의 경우 한 개 제품에 특화해서 성공할 수도 있지만, 선진국 기업이 이미 거의 모든 장비를 개발해 상용화하고 있기 때문에 기술 변화나 반도체 메이커의 구매선 변경이 있을 경우 영업에 치명적인 영향을 미친다. 한국의 반도체 업계 특성을 고려해 본다면, 경기나 구매선의 변동에 대해서 완충력을 가지기 위해서 적당한 정도의 사업 및 제품 다각화가 필요하다. 보기 3은 K.C.Tech이 갖고 있는 사업 부문과 관련 제품들, 그리고 매출액 구성을 보여 준다. 직접 제품을 생산하는 사업부문은 크게 6개 부문이고 주력 제품은 Dry Pump, Gas Cabinet, Purifier, Dry Scrubber, Wet Station 등이다.

K.C.Tech은 반도체 장비 무역업부터 시작했기 때문에 제품의 범위가 다양하다. K.C.Tech의 장비는 반도체 소재인 실리컨 웨이퍼 제조 공정에서부터 시작해 반도체 완제품 생산에 이르기까지 사용되고 있어 사업의 범위가 넓고 최근 국내 액정(LCD) 생산의 본격화로 액정 생산에까지 사용된다. K.C.Tech은 다른 상장 반도체 장비 업체와 비교해 보면 제품의 다각화와 사업 영역의 범위가 넓은 점이 특징이다. 보기 4는 K.C.Tech과 경쟁사의 제품별 점유율을 나타낸 것이다. K.C.Tech은 스크러버, 퓨리파이어 등을 국내 업체로는 최초로 국산화해 외국 업체와 경쟁할 정도로 기술력을 갖고 있으며, 1995년 이후 매년 10건씩 장비 국산화를 해오고 있다. 이러한 것을 바탕으로 K.C.Tech은 반도체 메인(Main) 장비로 사업 영역을 확대할 계획을 세우고 있다.

아웃소싱 능력과 반도체 업계에서의 네트워크

국내 반도체 장비 업계의 제품 국산화율은 20% 수준으로 낮고 대부분의 장비는 수입에 의존하고 있다. 국내 반도체 메이커의 실력과 기술은 세계 정상 수준이고 반도체 장비 업계의 기술은 날로 발전하기 때문에 반도체 장비에서도 세계적인 기술 조류에 뒤지면 국내에서 살아 남기 어렵다. 또한 반도체 장비를 외국에서 들여오더라도 국내 실정에 맞게 조정하고 계속적인 A/S가 필요하다고 한다.

K.C.Tech은 오랫동안 반도체 수입업을 하는 과정에서 전세계의 유수 반도체 장비 업체들과 관계를 맺고 있어, 국내 반도체 메이커가 국내에서 조달하지 못하는 장비를 해외에서 아웃소싱하는 능력이 탁월하다. 또한 장비 수입 후에는 기술 A/S를 제공해 반도체 업계에서 신뢰가 구축되어있는 편이다. 이러한 수입업을 통한 세계 반도체 장비 업체와의 교류로 K.C. Tech은 반도체 장비 시장에서의 기술 변화에 관한 정보에 빠르므로, 국내 반도체 업계가 필요로 하는 장비 중 국내에서 국산화할 수 있는 아이템을 타사에 비해 조기에 발견할 수 있다는 장점이 있다.

합작 투자

K.C.Tech은 국산화를 할 경우 해외 거래선과 경쟁이 되어 거래 관계가 어려워질 가능성이 있는 제품에 대해서는 국내에 합작사를 세워 시장을 확보하는 전략을 쓰고 있다. 합작사를 세울 경우의 이점은 국산화를 통해 우대를 받기 때문에 단순 수입 판매에 비해 시장을 확대할 수 있고, 합작 부문 계열사의 판매를 대행해 줌으로써 판대 수수료도 얻을 수 있다는 이점이 있다. 또한 반도체 장비 업체는 고부가가치 제품이고 합작사에서 생산할 경우 거래선의 전폭적인 기술 지원으로 조기 양산을 할 수 있다. K.C.Tech의 기존 판매망을 이용하기 때문에 판매 관리 비용이 들지 않아 조기에 손익 분기점 도달도 가능하다.

K.C.Tech은 보기 5에서 보는 것처럼 4개의 합작자를 가지고 있다. 대부분의 합작사가 일본 회사와 합작을 하고 있다.

예컨대, 한국 파이오닉스는 일본 파이오닉스와 K.C.Tech이 합작해서 설립한 회사이고, 한국 도카이 카본도 일본 도카이 카본과 합작한 회사이다. 이들 K.C.Tech의 합작사들은 반도체 가스 정화 기기, 반도체용 카본 금속 등 거의 대부분이 K.C.Tech의 제품들과 긴밀한 관계를 맺고 있는 제품들이다.

재무 구조

K.C.Tech의 1996년도 재무 구조를 보면, 유동 비율은 506.3%나 되고 부채 비율은 단지 22.7%에 불과하다. 구체적으로 차입금 구조와 금유 비용 부담률을 보면, 1996년도 차입금은 14억 9900만 원, 예금은 67억 3900만 원으로 차입금 대 예금 비율이 22%이며 이로 인한 순금융 수익이 6억 2300만 원을 기록했다. 이는 매출액 대비 2%나 되는 수치로 K.C.Tech의 재무 구조나 얼마나 견실한가를 보여 주는 단면이다. 대기업 계열이 아닌 중견 기업의 경우 경기 하강기에 가장 큰 애로 사항은 자금이다. 또 반도체 장비는 대부분 국산화가 되어 있지 않은 제품이기 때문에 투자 원가가 낮아야 제품이 가격 경쟁력을 갖는데 그 중 한 요소는 금융 비용이다. K.C.Tech은 이러한 양호한 자금 흐름과 낮은 금융 비용 부담으로 신제품에서 원가 경쟁력을 확보하려고 노력하고 있다.

전망

K.C.Tech의 매출액은 반도체 업체의 설비 투자에 좌우된다. 따라서 한국 반도체 업계의 설비 투자 축소와 증설이 지연될 경우 영업이

바로 영향을 받는다. 이러한 영향을 축소하기 위해 K.C.Tech은 수출 비중을 확대하고 있지만 아직 내수가 영업의 주력이다. 수출 비중에 있어 1996년에는 4%였으나, 97년 상반기에 25% 선까지 올라갔다. K.C.Tech은 2000년까지 수출 비중을 40% 선까지 끌어올릴 계획이다.

반도체 업체들은 1996년부터 불어 닥친 경기 불황으로 채산성이 크게 악화되었다. 그래서 경비 축소와 원가 절감이 최대 과제인데 반도체 산업은 장치 산업이기 때문에 설비 투자비의 절감이 원가 절감의 중요한 요소이다. 따라서 경기 불황기에 장비 업체에 대한 가격 인하 압력은 불가피한 것이고 수익성 유지를 위해서는 K.C.Tech과 같은 장비 업체는 원가 절감과 생산성 향상이 큰 과제이다.

반도체와 반도체 장비 업종은 전형적인 경기 순환형 산업이다. 즉 호황과 불황이 주기적으로 반복되는데 1997년 2/4 분기부터 세계 반도체 경기는 경기 저점에서 서서히 벗어나고 있다. 그리고 대체로 반도체 업종에 비해 반도체 장비 업종의 경기는 6-8개월 후행한다. 세계 반도체 경기가 1997년 말부터 서서히 호조됨에 따라 K.C.Tech에 있어서도 좀더 많은 해외 투자 기회를 제공할 수 있을 것으로 예상된다.

국내 반도체 메이커의 투자 계획은 보기 6과 같다. 그러나 이 계획은 IMF 구제 금융이 국내에 도입되기 전에 나온 계획이므로 전면적으로 수정될 것으로 보인다. 현대 전자는 반도체 부문 투자를 전면 연기했고, 엘지 반도체도 영국 웨일즈 투자 계획을 연기할 것으로 보이며, 동부 전자 등도 투자 계획이 불투명하다.[1] 결국 국내의 반도체 시장 전망은 IMF 구제 금융이 국내에 들어옴으로 인해, 그리고 현재 국내 금융 시장이 극도의 혼미 상태를 보이고 있음으로 인해 매우 어둡다고 볼 수 있다.

[1] 매일 경제 신문, 1997년 12월 9일자.

요컨대 해외 시장은 서서히 개선될 것으로 예상되나, 국내의 반도체 시장은 암흑에 싸여 있는 상황이다. 이러한 현재의 상황만을 살펴본다면, K.C.Tech의 향후 전망은 매우 어둡다고 볼 수 있다. 왜냐하면, K.C.Tech은 1997년 6월 현재 수출 비중이 단지 25%에 머물고 있어서, 국내 수요에 전적으로 매출을 의지하고 있는 형편이기 때문이다. 따라서 조속히 해외 시장을 개척하지 않으면 목표한 매출액에 심각한 타격을 입게 될 것이다.

보기 1 거래선별 매출 비중 추이 (단위: %)

거래선	94	95	96	97.6
LG 반도체	17	44	39	22
삼성 전자	2	4	2	1
현대 전자	48	21	30	51
기타	33	31	29	26
합계	100	100	100	100

자료: 대우 증권, *K.C.Tech* 사업 설명서: 35.

보기 2 매출과 손익 추이 (단위: 백만 원, %)

구분	94	95	96	97 반기	97 (추정)	98 (추정)	99 (추정)	2000 (추정)
매출액	12,323	22,053	31,303	18,850	37,600	60,000	82,000	109,816
증감률		78.7	42.5		12.76	59.5	35.3	35.2
경상이익	1,864	5,296	6,621	3,301	8,070	13,470	18,390	23,910
증감률		184.12	21.24		25.68	66.9	36.5	30
순이익	960	4,080	5,167	2,515	6,150	9,370	12,727	16,545
증감률		325	26.64		19	52.35	35.8	30

자료: K.C.Tech, *Information Meeting Book*: 17.

보기 3 사업부문 및 매출액 구성 (단위: 백만 원)

사업 부문	품목	용도	97반기 매출액
펌프 사업부	Dry Pump	반도체 및 LCD 생산 라인 내의 고 진공, 고 청정도를 유지하기 위한 Pumping 장비	1,833
개스 사업부	Gas Cabinet VMB, VMP	Gas를 규정된 압력으로 조정하여 반도체 및 LCD 생산 설비에 안전하게 공급하는 장비	5,464
환경 사업부	Purifier	반도체 및 LCD 공정에 공급하는 Gas의 순도를 유지하는 장비	2,812
	Dry Scrubber Wet Scrubber	반도체 및 LCD 생산 공정 중 사용된 Gas를 정화시켜 주는 장치	
세정 사업부	Wet Station Tube Washer Part Cleaner	Wafer 표면 및 LCD 패널 표면의 이물질을 화학 용제와 순수 이온수를 사용하여 세정하는 장치	2,016
엔지니어링 사업부	Purifier	N2, Gas Plant 및 진심 배관 Injector 장치 공사	1,843
부품 사업부	Valve Regulator	반도체 장비 핵심 부품인 Valve, Regulator 생산 판매	1,093
기술 영업부		반도체 장비 및 재료 수입 판매, Agency 영업	2,,114
기타			-1,675
계			18,850

자료: K.C.Tech, *Information Meeting Book*: 10.

보기 4 제품별 시장 점유율

Gas Cabinet 점유율	케이씨텍	한양 기공	아토	
	20.00	44.85	38.65	
Dry Pump 점유율	케이씨텍	성원 에드워드	효성 에바라	Alcatel
	10.00	55.00	20.21	17.88
Scrubber 점유율	케이씨텍	노바피스	성원 에드워드	C.S.
	15.00	23.5	23.5	11.75
Purifier 점유율	케이씨텍	한국 에터스	사이언스	기타
	44.00	28.00	14.00	14.00

자료: 대우 증권, *K.C.Tech* 사업 설명서: 33-34.

보기 5 합작 계열사 현황 (단위: 백만 원, %)

회사명	설립일	주 제품	지분율	자본금	매출액	순이익	이익률
한국 파이오닉스㈜	95.7	가스 정화기	50	600	7,982	2,097	26
한국 ADCS㈜	95.9	고순도 화학 제품	30	1,742	669	-389	-58
한국 고요린드버그㈜	96.4	확산로 장치	50	1,000	371	-15	-4
한국 도카이카본㈜	96.8	카본 금속	40	3,000		-1	
KSK Corporation	97.5	무역업	100	892			
합 계				7,234	9,022	1,694	19

자료: K.C.Tech, *Information Meeting Book*: 5.

보기 6 반도체 제조업체 투자전망 (단위: 억 원)

기관명	프로젝트	생산규모	총 투자 금액	투자 예상 시기	비고
삼성 전자	9LINE	8 Wafer 기준 월 30,000매	10,000	98.4	
LG 반도체	GIGA-Line	12" Wafer 기준 월 5,000매	4,000	98.5	연구용
	WALES	8" Wafer 기준 월 25,000매	10,000	98.7	
	FAB 8	8" Wafer 기준 월 30,000매	12,000	98.10	
현대 전자	SCOTI-LAND	8" Wafer 기준 월 25,000매	10,000	98.5	
	R-3	12" Wafer 기준 월 50,000매	4,000	98.9	
아남 반도체	Phase-2	8" Wafer 기준 월 30,000매	10,000	98 하반기	연구용
동부 전자	FAB 1 (가칭)	8" Wafer 기준 월 30,000매	10,000	98.5	
LG Siltron		12" Wafer 및 EPI공정	4,000	98.4-10	Wafer 제작
합 계			74,000		

자료: K.C.Tech, *Information Meeting Book*: 12.

사례 연구 19

두인 전자*

두인 전자는 1990년 창업 이후 연평균 300%씩 성장해 왔다. 창업 초기 1-2억 원에 불과했던 매출액이 1993년에는 16억 원, 94년에는 48억 원으로 늘더니 96년에는 420억 원의 매출을 달성했다. 이와 함께 PC용 멀티미디어 카드 분야에서는 국내 최고의 기술력을 가진 벤처 기업으로서 컴퓨터 업계에 '멀티미디어 카드는 두인 전자'라는 이미지를 심었다. 이러한 급성장은 두인 전자의 신기술 개발 노력에 기반한다. 매일 신기술, 신제품이 소개될 만큼 멀티미디어 산업은 기술 변화가 빠르다. 그래서 두인은 이른바 '6개월 전략'으로 이에 대응하고 있다. 즉 한 제품이 출시된 후의 수명을 6개월이라 보고 매 6개월마다 그 제품을 대체할 새로운 제품을 계속 개발, 출시하는 것이다. 보기 1과 2는 두인의 회사 개요와 성장 추이를 보여준다.

두인이 최초로 출시한 제품은 1992년에 개발한 TV수신 카드 'PC 비젼'이다. 요즘은 TV수신 기능이 가장 보편화된 멀티 기능이지만, 당시로선 PC를 통해 TV를 시청할 수 있게 한 제품으로는 국내 최초였다. 그 후 'Oscar I, II, III', '윈도우 비전 I, II', '사운드 액센트 16', 'CD 시네마 I, II', 'Media Camp7' 등의 제품을 출시하며 영상 보드, 고성능 그래픽 보드, 사운드 카드, 멀티미디어 통합 보드 등 멀티미디어의 각 분야에 걸쳐 첨단 제품의 개발에 성공, 멀티미디어 업계의 흐름을 주도해 왔다. 94년 캡션 어댑터인 '마이캡'의 미국 수출을 계기로 해외 시장 진출을 활발히 추진해 미국, 일본, 중국 등의 시장을 개척했다. 1996년 9월에는 미국 실리컨 밸리에 현지 법인인 Elecede Technologies, Inc.를 설립해 미주 지역 마케팅의 거점으로 삼고 있다. 1996년 11월 COMDEX 가을 전시회에서는 PC용 DVD 재생 보드 'DVD Vision'을 세계 최초로 발표, 차세대 멀티미디어 세계를 구현함으로써 세계의 유수 관련 업체들로부터 가장 앞선 기술로 인정 받았다. 1997년 이후에는 내수와 수출 비율을 동일하게 가져 간다는 목표 하에 수출에 더욱 박차를 가하고 있다.

두인은 멀티미디어 영상 보드 및 차세대 영상 매체인 DVD 플레이어, 위성 방송 수신기 등의 신기술 분야에서는 이미 기술 선진국과 어깨를 나란히 할 정도가 되었다. DVD 대응 멀티미디어 통합 VGA 보드인 'Oscar III'를 개발, DVD와 VGA의 연계를 꾀하였으며, 위성 방송 수신 카드 'Sky Vision'의 개발이 완료되었다. 또한 영상 회의 솔루션 'InterView'를 20만 원대의 보급 가격대로 출시, 국내 인터넷 사용자에게 큰 호응을 얻은 바 있다. 영상 분야에서 축적한 기술력과 경험을 토대로 최근에는 통신 분야, 멀티미디어 가전 기기, 멀티미디어 교육 소프트웨어 등의 분야로 사업 영역을 넓혀가고 있다.

경영 이념과 전략

두인 전자가 타사와 경영에 있어서 크게 다른 점이라 하면 예를 바탕으로 조직을 다져가고 있다는 점과 공장을 보유하지 않는 모범적인 모듈 기업이라는 점이다.

---

* 이 사례는 이정웅, 이종혁, 이진욱과 함께 교육용으로 개발한 것이다. 사례의 내용은 특정 경영 상황의 처리에 관한 잘잘못을 예시하지 아니한다.

상호 존중의 경영 이념 '예'

두인 전자의 경영 이념은 '예'(禮: Respect & Partnership)이다. 이는 기업이 해야 하는 마땅한 도리를 다한다는 실천적인 의미를 지니고 있다. 즉, 매출 목표 달성만이 목적이 아니라 이를 이루어 가는 과정에서 예를 완성해 가는 것을 목표로 한다. 인간 존중의 경영으로 개인의 창의성을 계발하여 회사가 지향하는 가치를 창조하고자 한다. 이는 인생의 80% 이상을 보내는 장소인 일터를 늘 벅찬 마음으로 출근할 수 있는 회사로 만들고, 회사와 함께 직원들이 성장하는 회사를 만들어 나가고자 하는 것이다. '예'는 어떤 조직이건 그 근본은 결국 사람이며, 따라서 회사가 정상적으로 성장, 발전하기 위해서는 구성원간에 상호 이해하고 존중하는 마음, 즉 예를 다하는 마음이 필요하다는 것이다. 두인은 회사가 성장할수록 직원 수가 늘어날수록 예의 필요성을 강조해야 한다고 여긴다.

두인 전자 대부분의 사원들은 예라는 다소 어려운 개념을 '건전한 상식에 따라 움직이는 것', '작은 것부터 실천하는 것'으로 이해하고 있으며, 이를 통해 남의 입장을 살필 줄 알게 되고 사람간의 관계를 잘 정립할 수 있게 된다고 믿고 있다. 끊임없는 연구 개발 및 기술 축척과 함께, 예의 정신에 바탕한 두인 가족간의 상호 이해와 존중은 설립 이래 두인의 발전을 이끌어 온 가장 큰 무형 자산이라고 할 수 있다. 두인은 전 직원이 예의 근본이 있기에 두인 전자는 분명 세계적인 기업이 될 것이며, 우리 민족에게 자랑스런 기업, 세계인에게 유익한 기업이 될 것이라는 신념을 갖고 있다.

미래상

두인 전자는 '예'라는 경영 이념의 실천 방안으로 직원들 상호간에는 예를 충실히 실천함으로써 직원이 만 명으로 늘어도 가족과 같은 분위기를 간직할 수 있는 기업 문화를 만들어가려 한다. 따라서, 모든 두인 가족은 후배들에게 물려줄 만한 가치가 있는 회사, 우리 사회에 본을 보이는 회사, 자율적인 회사, 예를 바탕으로 사회에 모범이 되는 기업 정신을 창출하기 위해 최선을 다하고 있다. 이를 토대로 2000년대 초반에는 멀티미디어와 디지털 가전, 통신을 결합한 세계적인 멀티미디어 회사로서 20개 기업군에 연간 매출 1조 원을 올리는 회사를 만들려는 비전을 갖고 있다.

사훈

두인 전자는 "경성보국, 재환은민, 사명도의"(經盛報國, 財還恩民, 使命到義: 경제를 일으켜 나라에 보답하고, 얻은 것은 나누어 겨레에 이바지하며, 사명을 다해서 올바름에 이른다)를 사시로 한다. 이러한 사시하에 모든 두인 가족들은 기업 경영을 통해서 나라와 겨레, 그리고 이해 당사자들에 대해 스스로 감당해야 할 사명이 설정되어 있다. 예를 들어, 차세대 모범 기업이 되어 사회경제적으로 기업이 수행해야 할 역할을 충실히 수행하여 국가에 대한 사명을 다하고, 최상의 제품을 최저의 가격으로 제공함으로써 소비자에 대한 사명을 다하고자 한다. 이러한 사명에 대한 보답으로 정당한 이익의 확보와 기업의 성장, 발전이라는 목표를 달성하려고 한다.

공장 없는 제조 업체

두인 전자의 경영상의 특징 하나는 모듈 기업, 즉 '공장이 없는 제조 업체'라는 점이다. 제품을 개발, 설계만 하고 실제 생산은 타 제조 업체에 용역을 준다. 공장이 없는 대신 20여 명의 생산 관리, 생산 기술 직원들이 제품의 품질을 꼼꼼히 챙긴다. 이와 같이 협력 업체를 이용하여 비용 절감을 철저히 함으로써 소위 '불황을 모르는 기업'이 되었다.

제품 개발

두인 전자는 영상 멀티미디어 기술로 세계적인 기업이 되겠다는 의지로 TV 수신 카드에서 사운드 카드, 고성능 그래픽 카드, 멀티미디어 통합 카드 등 다양한 멀티미디어 제품을 개발하고 있으며, 제품 개발을 통한 첨단 기술 축척을 위해 노력해 온 결과 차세대 매체인 DVD 플레이어, 위성 방송 수신기 등의 신기술 분야에서 이미 선진국 수준의 기술 경쟁력을 확보하였다. 두인은 그 기술력을 대외적으로 크게 평가 받아 1992년에 유망 중소 기업에 선정되고 중소 기업 기술 혁신 상을 수상했으며, 95년 제15회 벤처 기업 내상을 수상했다. 또한 두인의 기술력은 해외에서도 인정 받고 있다. 보기 3은 두인 전자의 개발 제품을 보여 준다.

사업 분야 확장

정보통신과 멀티미디어 기술의 비약적인 발전은 사회를 빠르게 변화시키고 있다. 영상 보드 전문 업체로 출발한 두인 전자는 변화의 핵심이 되는 멀티미디어 기술을 바탕으로 영상 분야에서 통신 분야, 멀티미디어 가전기기, 멀티미디어 교육 소프트웨어 등의 분야로 사업 영역을 넓혀 가고 있다. 보기 4는 이러한 사업 분야별 제품 개발 현황을 보여 준다.

영상 분야

영상 멀티미디어 분야에서 국내 최고의 기술을 보유하고 있는 두인 전자는 그 동안 TV수신/오벌레이, 그래픽, 통합 VGA 카드 등에서 우수한 제품 개발에 성공했다. 이 분야의 기간 기술을 바탕으로 하여 차세대 영상 매체로 각광 받는 DVD를 PC에서 재생할 수 있는 DVD VISION의 개발로 영상 멀티미디어 분야에서 새로운 도약을 이루고 있다.

통신 분야

멀티미디어 분야에서의 축적된 기술을 바탕으로 급속하게 발전하는 정보통신 분야에서의 신제품 개발에 박차를 가하고 있다. 인터넷을 통한 영상 전화 시스템인 'InterView'의 개발을 시작으로 영상 회의, 인터캐스트, 위성 방송 수신 전용 보드 등 멀티미디어를 이용한 통신 분야에서도 제품 개발에 주력하고 있다.

멀티미디어 가전 기기

두인 전자는 사용자에게 최상의 제품, 보다 사용하기 편리한 제품을 공급하기 위하여 노력하고 있다. PC용 DVD 플레이어에 이어 가전용 DVD 플레이어를 개발 중에 있으며, 위성 방송 수신기 등의 신기술 분야에서는 이미 기술 선진국과 어깨를 나란히 하고 있다.

멀티미디어 교육 SW

두인 전자는 비디오 CD 2.0 규격을 보다 효과적으로 활용하기 위하여 CCI라는 대화형 캡션을 독자적으로 개발하였다. CCI 영어 학습법은 멀티미디어의 다양한 기능을 이용한 효과적인 학습이 가능하며, 영어 학습의 새로운 방법으로 각광을 받고 있다. CCI는 PC의 고급화와 대중화 추세에 부응하는 다양한 기술 환경을 사용자에게 제공하려는 두인 전자의 노력이 결실을 맺은 것이다.

경영 조직

두인 전자는 연구소를 중심으로 하는 조직체를 가지고 있다. 빠른 의사결정과 변화에 대한 탄력적 대응을 위해 수평적인 조직 체계를 유지하고 있다. 또한 구성원 개인의 역량을 극대화하는 것이 기업의 경쟁력이라 믿고, 다양한 교육 프로그램을 실시하여 우수한 인재를 양성하는 데 초점을 맞추고 있다.

두인 전자는 종업원에게 이익을 분배함으로써 사원의 공동체 의식을 고양하고 우수 사원을 확보할 수 있었다. 두인 전자는 웹 인터내셔널, 택산 전자 등의 벤처 기업들과 국내에서 처음으로 회사 임직원에게 스톡 옵션제를 실시했다. 또한 1997년 2월 대표이사 지분 중 2만 주를 전직원에게 분배했으며 3월에도 신주 발행을 통해 4만 주를 제공하는 등 우리사주 배분을 적극적으로 실시했다.

두인 정보통신 연구소

기술 수준과 기술의 상품화는 기업의 미래를 보여 준다. 두인 정보통신 연구소는 영상처리 분야에서 정보통신, DVD, 위성 방송의 분야에 이르기까지 고도의 기술력과 풍부한 경험을 축적하고 있다. 60여 명의 엔지니어들은 기술력에서 우위를 차지하는 최첨단 제품의 개발을 위하여 고도의 전문 기술과 창조적인 아이디어로 연구 개발에 전념하고 있다. 이들은 SW 연구실, HW 연구실, 그리고 전산실 등으로 구성되어 있다.

마케팅

급격히 변화하는 기술에 대한 신속한 적응력을 갖추기 위해 생산 시설에 대한 투자 없이 사업을 시작한 두인 전자는 마케팅 지향적인 기업이다. 연구개발에 대한 투자와 함께, 활발한 마케팅 활동은 첨단 기업의 핵심 요소이다. 두인 전자의 마케팅 부서는 유통 영업, OEM 영업, 해외 영업, 마케팅 기획 등으로 구성되어 시장 개발에 주력하고 있으며, 미국 현지법인 설립으로 미국을 비롯한 세계 시장 진출에 주력하고 있다.

고객 지원

두인 전자는 고객에 대한 최상의 서비스를 제공하기 위해 노력하고 있다. 본사 및 용산의 고객지원과에서는 친절하고 성실한 AS로 고객의 요구에 신속하게 대응하고 있다. 또한 인터넷과 PC 통신을 통한 서비스, ARS 시스템, 전국 AS 지정점 설치 등으로 고객 지원을 위한 다양한 서비스를 실시하고 있다. 고객 지원과 관련하여 고객지원과, 인터넷 서비스, PC 통신 서비스, 전국 A/S 지정점, ARS 시스템 등이 활동하고 있다.

전망

기술과 제품 선도력으로 시장을 주도하고 있는 두인 전자는 1990년 회사 설립 이후 고속성장을 하고 있고, 2000년까지 10개의 회사에 1조 원의 매출을 달성한다는 비전을 세워 놓고 있다. 두인은 그 성장의 지속화를 위해 수익성 제고, 조직 통합력 향상, 유동성의 확보 등이 필요한 시점에 와 있다.[1]

현재의 수익성을 향상시키기 위해서 두 가지의 과제가 해결되어야 할 필요가 있다. 첫째, 높은 재료비 부담을 낮추기 위해 핵심 부품을 자체 생산하는 방법이다. 규모의 경제가 달성될 수 있을 정도의 사업 규모가 되면 핵심 부품의 자체 생산은 타당할 것으로 판단된다. 둘째, 다양한 사업 분야의 진출로 제품을 기본 플랫폼으로 분류하고, 제품 포트폴리오 전략을 수행해야 한다. 제품 수명 주기에 따라 수익 창출의 방법이 달라질 수 있다.

두인은 사장이 참여하지 않는 10인 부서장 회의체를 통해 조직을 운영하고 있다. 하지만 이 방식은 매출이 1천억 원대가 되는 시점에서 과연 어떻게 운영될지 재고할 필요가 있다. 참여 경영은 개성 강한 개인들이 자신의 신념과 가치에 따라 각자의 목표를 세우기는 쉽지만 하나의 목표에 대해 합의를 이루기는 어렵다는 맹점이 있다. 조직이 커지면 예측 불가능한 일도 그만큼 많아진다는 것을 의미하므로 내부를 통합적으로 운영관리할 경영자가 필요할 수도 있다.

사업 규모가 커감에 따라 기업의 유동성은 매우 중요한 의미를 지닌다. 일상적으로 구

1 임종근, 중앙 일보, 1997년 3월 27일.

매, 생산, 영업, 자금 회수의 순환 주기를 주의 깊게 관리하는 것이 중요하다. 더욱 중요한 것은 사업 외적인 요인, 예를 들면 금융 긴축에 의한 자금 경색이라든가 경기 변동에 의해 부도 기업이 양산되는 현상에 따른 대비책이 마련돼야 한다. 경기 동향에 대한 예측 시스템을 정비하고, 돌발 변수에 대응할 수 있을 정도의 유동성은 확보되어야 한다.

요컨대 두인 전자가 성장하는 데 결정적이었던 요인은 무엇보다도 최고 경영자의 예견력과 결단력이라고 볼 수 있다. 시장을 지속적으로 선도하기 위해 실리컨 밸리에 정보망과 유통망을 개설하고, 핵심 그룹이 기술 개발과 시장 전략을 수행하고 있는 것도 성장의 중요한 요인이었다고 판단된다. 매출 1천억 원을 목표로 하고 있는 현시점에서 무엇보다 중요한 것은 각 사업 부문을 책임 경영할 수 있는 전문경영 시스템을 구축하는 것이다.

보기 1 회사 개요 및 연혁

회사 개요

회사명: 두인 전자 주식회사
주소: 경기도 성남시 분당구 수내동 16-6 두인 빌딩 (우) 463-020
전화: (0342) 710-8000(대) FAX: (0342) 710-8001
인터넷: http://www.dooin.com
설립일: 1990.8.20
대표이사: 김광수(37)
▶서울대 전자공학과(학사 · 석사)
▶LG전자 중앙연구소 선임연구원
주요 인사: 유수근(36) 부사장, 전략기획실
▶서울대 전자공학과
▶한국과학 기술원 전자공학과(석사)
▶중앙연구소
황종범(36) 이사, 미국지사장
▶서울대 전자공학과
▶미국 일리노이대 전산과(석사)
▶한국전자
▶미국 AT&T 벨연구소
강명호(36) 이사, 정보통신연구소장
▶서울대 전자공학과
▶LG전자 중앙연구소
이종산(36) 이사, 전략기획실
▶서울대 전자계산기공학과
▶한국 과학기술원 전산학과(석사)
▶LG전자 중앙연구소
김진묵(41) 이사, 전략기획실
▶인하대 전자공학과
▶현대전자
나기철(37) 이사, 전략기획실
▶외국어대 영어과
▶삼성전자
한석우(37) 이사, 구매부
▶연세대 전자공학과(석사)
▶LG전자
박창수(39) 이사, 전략기획실
▶고려대 전자공학과
▶LG전사
자본금: 92억 원
종업원 수: 155명
사업 내용: 영상 분야, 통신 분야, 멀티미디어 가전 분야, 멀티미디어 교육 S/W 분야, 반도체 설계, 오스카 반도체 유통, 디지털 가전 등

회사 연혁

1990년 법인 설립(자본금: 5천만 원)
1991년 두인 정보통신 연구소 설립(과학기술처 인가)
병역 특례 업체(연구 분야) 피선정
비디오텍스 통신 SW "비젼텔" 개발
1992년 자본금 증자(2억원)
TV수신카드 "PC 비젼" 개발
캡션 어댑터 "마이캡" 개발
1993년 유망 중소 기업 선정 (신용보증기금 추천)
VGA 카드 "오스카," "파워맥스" 개발
1994년 사운드카드 "사운드 액센트" 개발
통합카드 "윈도우 비젼" 개발
MPEG카드 "CD 시네마" 개발
1995년 자본금 증자 (9억 원)
제15회 벤처 기업상 대상 (과학기술처 장관상) 수상
"윈도우비젼II," "CD시네마II" 개발
1996년 자본금 증자 (92억 원)
미국 샌 호제이 현지 법인 Elecede Technologies Inc. 설립
KOSDAQ 장외등록
중소 기업 기술 혁신 상 수상
통합카드 "미디어캠프 7," "오스카II," "오스카 3D" 개발

1997년 PC용 DVD 플레이어 "DVD VISION," "DVD VISION II" 개발
통합 VGA 카드 "오스카III," "오스카V" 개발
인터넷 영상전화 "InterView" 개발
오벌레이 카드 "PC VISION 97," "PC VISION 97 PRO" 개발
3D VGA 카드 "DELPHINO" 개발

보기 2 성장 추이

연도	직원 수(명)	매출액(백만 원)
1993년 6월	24	1,604
1994년 6월	44	4,830
1995년 6월	77	17,590
1996년 6월	107	41,813
1997년 12월(추정)	180	100,000

보기 3 제품 개발 현황

MPEG

1994년 CD 시네마(MPEG 디코더)
1995년 CD 시네마II(MPEG 디코더, 비디오 오벌레이)
1997년 DVD VISION(DVD플레이어)

TV/오벌레이

1992년 PC 비젼(TV수신)
1993년 오스카(TV수신, 2D그래픽)
1994년 윈도우 비젼(TV수신, 비디오 오벌레이)
1995년 윈도우비젼 II(TV수신, 비디오 오벌레이, MPEG 디코더)
1996년 미디어캠프 7(고성능 그래픽, MPEG 디코더, TV수신, 비디오 오벌레이, 16비트 사운드, 미디 Synthesizer)
1997년 PC 비젼 97(TV수신, 비디오 오벌레이, 정지화 캡처, 동영상 녹화)

그래픽

1993년 파워맥스(2D 그래픽)
1996년 오스카3D(고성능 3D 그래픽, MPEG 디코더)
오스카II(고성능 그래픽, MPEG 디코더, TV수신, 비디오 오벌레이)
1997년 오스카III(고성능 그래픽, MPEG디코더, TV 수신, TV출력, 비디오 오벌레이, MPEG-2 인터페이스)

사운드

1994년 사운드 액센트16(16비트 사운드, 미디 Synthesizer)
1997년 InterView(인터넷 영상 전화, 디지털 비디오 캡처, CCD 카메라)

보기 4 사업 영역과 신제품 개발

영상분야

- DVD(MPEG-II)
  - ▲DVD VISION(DVD 플레이어) - 1997년 1분기
  - ▲Cool DVD(DVD 플레이어) - 1997년 2분기
  - ▲DVD VISION II(DVD 플레이어, DVD 오벌레이) -1997년 3분기
- 통합 VGA
  - ▲OSCAR III(64비트 그래픽, MPEG-I 디코더, TV 수신/출력, 비디오 오벌레이, DVD 인터페이스) - 1997년 1분기
  - ▲DELPHINO(64비트 그래픽, MPEG-I 디코더, DVD 인터페이스, DELPHINO TV)-1997년 2분기
  - ▲OSCAR V(64비트 그래픽, Intercast, DuoView, MPEG-I 디코더, NTSC/PAL인코더, DVD인터페이스)-1997년 2분기
  - ▲DELPHINO 128(AGP, 128비트 3D 그래픽, MPEG-I 디코더, DVD인터페이스)-1997년 3분기
  - ▲OSCAR V 128(AGP, 128비트 3D 그래픽, MPEG-I 디코더, NTSC/PAL인코더, TV수신, 비디오 오벌레이, 영상 회의) - 1997년 4분기
- TV수신/오벌레이
  - ▲PC Vision 97(TV수신, 비디오 오벌레이, 정지화 캡처, 동영상 녹화) - 1997년 2분기
  - ▲PC VISION 97 Pro(TV수신, 비디오 오벌레이, 정지화 캡처, 동영상 녹화, FM 라디오 수신) - 1997년 3분기

통신 분야

▲InterView(인터넷 영상 전화, 디지털 라디오 캡처, CCD 카메라)-1997년 1분기
▲SKY VISION(위성 방송 수신)-1997년 2분기
▲X-pression(MPEG-I 인코더, H.320/H.323/H.324, 영상 회의) - 1997년 4분기

멀티미디어 가전기기

▲비디오 CD플레이어(비디오 CD 1.0/1.1/1.2, 오디오 CD)-1997년 1분기
▲위성 방송 수신기-1997년 3분기

▲DVD플레이어(MPEG- I · II디코더, 비디오/오디오 CD 플레이어)-1997년 4분기

멀티미디어 교육 SW

▲CCI(Closed Caption Interactive)(Dictation 기능, History 기능, 멀티캡션 기능, 캡션브라우저, 온라인 전자 사전, 캡션 프린트 기능)
▲Screen English MASTER(SW MPEG, CCI Player, 비디오CD 타이틀, 영화대본교재, Listening Tape)
▲Screen English(비디오 CD 타이틀, 영화 대본 교재, Listening Tape)

보기 5 조직 체계

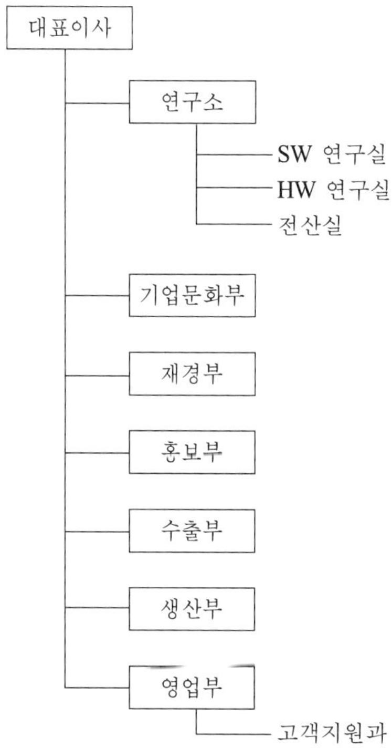

사례 연구 20

바른손*

바른손의 창업자 박영춘 회장 —현재는 일선에서 물러나 자택에서 안거 중— 은 1970년 당시 미주 및 유럽 등 여러 나라를 여행 시 외국에서는 계절에 큰 영향을 받지 않고 연중 사용되는 카드가 많이 있었으나, 우리 나라에서는 오직 크리스마스 카드만 사용되고 있다는 것을 인식하고, 서울시 충무로에 두세 평의 사무실을 임대하여 조그마한 구멍가게 형태로 출발하였다. 이후 10년간 지속적인 성장을 통해 10여년이 경과된 1981년에 ㈜바른손 카드를 설립하여 정상적인 회사 형태를 갖추게 되었다.

창업 당시 주변에서는 "카드 같은 것을 해서 어떻게 밥을 먹고 살 수 있겠느냐"는 조롱이 있었지만, 박 회장은 "아름다운 생활 문화를 창조한다"는 사명을 바탕으로 우리 나라에서는 관심을 보이고 있지 않는 틈새 시장을 발굴하였다. 그는 소비자의 생활 수준 향상에 따라 상품에 대한 가치 인식이 변화된다는 것을 미리 예측하고 지속적인 연구와 노력을 게을리하지 않았다.

회사명 '바른손'은 올바른 마음의 '바른'과 창조적인 '손'의 합성어로 만들어진 순수한 우리말이다. 올바른 마음이란 꿈과 사랑, 그리고 아름다운 생활 문화의 창조에 기여하고자 하는 바른손의 경영 이념을 의미하고, 창조적인 손이란, 고객이 원하는 좋은 품질의 디자인으로 제품을 만들겠다는 바른손의 의지를 나타낸다. 이러한 이념과 의지가 회사를 운영하고 성장시키는 기본 틀이 되었다. 보기 1은 회사 개요와 연혁을 보여 준다.

산업 환경

상품의 본래 기능에 그래픽 요소(캐릭터)를 부가하여 전혀 새로운 가치를 지닌 상품으로 재창조하는 팬시 상품은 일반 상품에 비해 디자인의 비중이 높고 유행에 민감하며 제품 수명 주기가 다른 상품에 비해 짧은 특성을 지니고 있다. 따라서 신제품 개발과 디자인의 다양화, 캐릭터 개발 등이 지속적으로 이루어져야 할 필요성이 있다.

팬시 시장은 국내 카드나 문구류 시장과 비슷한 5천억 원 정도로 추산되고 있으나, 향후 경제 및 문화 수준의 향상에 따라 화장품, 의류, 영화, 출판 사업에 이르기까지 광범위한 시장으로 확대될 전망이며, 유통 구조의 변혁과 함께 소비 행태의 감성화, 고급화와 더불어 미래 성장 산업으로 자리를 잡아 가고 있다. 국내 팬시 업계는 군소 업체를 포함 약 100여 개의 업체가 있으며 아트 박스, 모닝 글로리, 영 문구, 미코 팬시 등이 주요 경쟁 업체이며, 바른손은 약 20-25%의 시장을 점유하고 있다.

팬시 제품은 특성상 다품종 소량 생산의 형태를 띠고 있으므로 인쇄, 목각, 초자, 봉재 등 다양하고 광범위한 연관 산업을 필요로 한다. 하지만 다품종 소량 생산이므로 영세한 중소 기업이 생산 업체의 다수를 차지하고 있어 품질 향상, 생산성 증대, 딜리버리 등의 문제점을 안고 있는 것이 현실이다.

국내 팬시 산업은 소비자의 인식 변화와 생활 수준의 향상, 소비 행태의 변화로 짧은 기간 동안 빠른 속도로 성장·발전해 왔으며,

* 이 사례는 김유식, 신관선과 함께 교육용으로 개발한 것이다. 사례의 내용은 특정 경영 상황의 처리에 관한 잘잘못을 예시하지 아니한다.

지속적인 디자인 연구와 캐릭터 개발로 대외 경쟁력을 꾸준히 배양해 나가는 과정에 있다.

경영 전략과 시스템

바른손사는 최근 생활 문화 업계 1위, 성장 목표 매출액 5000억 원, 수익 목표 매출액 경상 이익률 10%라는 경영 목표를 설정하였다. 이를 달성하기 위해 'I DO TOP'이라는 슬로건 하에 경영 효율의 극대화(Innovation), 사업의 다각화(Diversification), 인재 양성과 조직력 강화(Organization Development), 고객 제일주의 체제 구축과 이미지 제고(Total Service), 유통력 강화(Distributional Power) 등의 총체적 경영 전략을 추진하고 있다. 바른손은 크리아트, 꼬마또래, 바른손 카드, 실용선언, 바른손 위즈, 체인, 해외, 지원 사업부 등 8개의 사업부를 중심으로 하는 사업부 조직을 운영하고 있다. 이들 각 사업부 예하에 대리점을 두고 이들을 하나의 네트워크로 연결하여 협력하는 네트워크 조직 체제를 도모하고 있다. 보기 2는 바른손의 조직도를 보여 준다.

국내 팬시 업계는 군소 업체를 포함 약 100여 개 정도이며 5000억 원 시장에 자체 유통망을 가진 바른손사와 아트 박스, 모닝 글로리, 마이크로 등이 업계 선두업체로 꾸준한 매출 신장을 보이고 있다. 바른손사는 전문 유통망을 구축하여 전국적으로 90여 개가 넘는 전문 체인점인 크리아트와 체계성이 없는 일반 도매시장의 유통 구조를 정리하여 만든 25개의 민들레 상사 대리점을 운영하고 있다. 소비 행태의 감성화, 고급화, 차별화에 따라 바른손은 제품의 고급화와 시장 차별화 정책을 병행 추진하여 매출 신장을 꾀하고 있다. 최근 마이크로사는 부도로 회사 매각 위기에 처해 있으며, 부도 원인은 과도한 투자로 분석 되고 있다.

팬시의 영역은 작게는 카드나 문구류, 선물 용품에서 크게는 의류, 전자 제품, 출판 사업에 이르기까지 방대하며 특히 디자인이 강조되는 사업이다. 편선지, 노트, 일기장으로 대표되는 종이 제품은 바른손사의 경우 수출을 포함해서 약 27%를 차지한다. 필기구는 품질 및 생산 원가 차이로 해외에서 100% OEM 수입에 의존하고 있으나 점차적으로 국내 생산 제품으로 대체할 예정이다.

군소 업체, 다품종 소량 생산, 디자인 요소의 강조 등으로 대변되는 팬시 산업은 생활 수준 향상, 유통 구조의 변화 속에 점차 우리의 생활 속에 친숙해지고 있으며, 미래 성장 산업의 총아로 자리를 잡아가고 있다. 바른손사는 다양한 캐릭터 개발과 시장 세분화 전략의 추진 및 유통 구조의 확충으로 시장 점유율을 확장하고 있으며, 해외 영업 강화를 위해 국제 문구 전시회에 다수 참가하여 국제적 디자인 감각을 익히고 있으며, 라이센스 계약으로 기술 도입에 관심을 집중하고 있다.

바른손은 종합 유통 업체로의 진출 계획을 마련하고 제11기 사업을 1997년 4월부터 시작하여 기존 사업부 이외에 의류와 생활 잡화 등을 제조·판매 하는 '실용선언 사업부', 넥타이, 스타킹, 여성 내의류를 전문 유통시키고자 하는 '샹브린느 사업부', 우드, 초자, 주방용 기기 등을 유통시키고자 하는 '컨츄리 사업부' 등을 통해 사업 다각화를 계속적으로 추진하고 있다.

바른손은 1996년부터 전사원 연봉제를 실시하여 종업원들로 하여금 능력에 따른 자원 배분이라는 기치 아래 조직 구성원들의 능력을 최대한으로 발휘시키고 있다. 또한 회사의 사업 특성이 아이디어가 강조되고 있다는 점을 감안하여 제안 제도를 정착, 발전시키는 데 주력하고 있다. 특히 안식년 제도와 재택 근무 제도 등 신경영 기법을 추진하는 등 시대에 부합되는 경영을 추구함으로써 조직 구성원들로 하여금 자발적이고, 적극적인 근무 자세를 견지하도록 유도하고 있다.

팬시 제품의 핵심은 '기능 + 디자인 = 소비자 생활 문화의 풍요로움 추구'라는 모토로 다양한 감성 제품과 캐릭터 개발하고, 비전 2005, 해외 진출, 실용선언 등을 실현시키는 데는 인재 양성이 주춧돌이 된다는 판단 하에 바른손사는 인재 양성에도 총력을 기울이고 있다. 아직은 경영 정보 시스템, 네트워크 등의 부재로 인한 여러 가지의 경영상 취약 요소가 내재되어 있지만, 이들은 현재 소 규모의 조직 특성을 살려 가족 같은 분위기로 이를 해결코자 하고, 장기 경영 전략에 이를 반영하여 문제 요소를 풀어가고 있다.

사업 부문

바른손 크리아트

크리아트 사업부는 중·고생은 물론 대학생, 사무 종사자들의 취향에 맞는 제품을 개발하고, 새로운 디자인 감각이 가미된 노트, 필기구, 팬시류, 선물 용품, 생활 잡화 등을 28개의 대리점을 통하여 소비자가 손쉽게 접할 수 있도록 하고 있다.

바른손 꼬마또래

1992년 첫발을 내딛은 꼬마또래는 유치원생, 초등학생을 상대로 하는 문구, 완구, 생활용품 전문 메이커로서 바른손이 지금껏 쌓아온 경험과 노하우를 바탕으로 만든 어린이 토털 팬시 용품 전문 브랜드이며, 떠버기, 개골구리, 헬로디노 등 100여 종의 인기 캐릭터가 디자인 된 800여 종의 상품을 22개의 대리점, 1개의 전문점 등을 통하여 제공하고 있다.

바른손 카드

바른손 카드는 세련된 디자인과 색상, 격조 높은 분위기로 명품의 자리를 지켜 왔다. 크리스마스 카드, 연하장 등 연말 카드와 각종 주문 카드, 초대장을 제작·판매하는 바른손 카드의 등장은 국내 카드 시장의 발판을 마련하고 관련 산업 활성화의 촉진제가 되어 우리나라 카드 문화의 새로운 장을 열었다. 1994년부터 세계 카드 업계의 2위인 미국의 아메리칸 그리팅스사와의 기술 제휴로 세계 카드 시장에 접근하고 있고, 국내에 22개의` 대리점을 갖추고 있다.

바른손 실용선언

실용선언 사업부는 한국에서 새로운 '노-브랜드'(No-Brand) 생활 용품 시대를 선언하여 상품의 브랜드는 물론, 없어도 되는 기능 및 비용을 줄이고 필요한 것을 참으로 필요한 형태로 만든다는 신생활 철학을 바탕으로 사업을 전개한다. 실생활에서의 쓰임새와 조화를 최우선적으로 고려하여, 디자인과 소재로부터 제조, 포장, 유통까지의 전공정을 단순화시켜 제품 개발과 소비자의 사용 전반에 이르기까지 허례허식을 배제하고 일반 시중가보다 20-30% 저렴하게 상품을 제공하고 있다. 현재 특약점 17개, 백화점 2개, 체인점 4개, 직영점 2개 등의 유통망을 확보하고 있다.

바른손 위즈

위즈 사업부는 과학적인 조사를 토대로 최고의 국내 크리에이터들을 통해 바른손 캐릭터를 창조하고, 전문가들에 의해 이들 고유의 성격과 이미지를 관리하고 있다. 특히 외래 캐릭터들과의 교류를 통하여 기술적인 향상을 꾀함과 아울러 국산 캐릭터를 해외에 보급하는 데도 주력하고 있다. 유통에 있어 100여 개의 체인점과 지역 대리점을 연결하는 1만여 개의 가맹점을 통하여 소비자에게 편리성을 제공하고 있다.

체인 사업부

바른손사는 1986년 처음으로 홍대점을 열

고 체인 사업을 시작하였다. 체인 사업부 발족 후 현재 본사와 직거래를 하고 있는 체인점 수는 약 80여 개로 체인 사업부는 각 지역 특성에 맞춰 상품을 차등 공급하여 각 매장의 매출을 극대화하도록 하고 있다. 영업 사원에게 자사 및 경쟁사의 인기 상품과 주력 상품에 대한 시장 파악과 예측력 강화 등 영업력 배양에 관한 정기적인 교육을 실시하고, 탄력적인 매장별 등급제를 운영하여 체인점의 경쟁력을 향상시키고 있다.

해외 사업부

해외 사업부는 바른손이 1997년 이후 가장 중점을 두는 부문으로서 해외 시장의 개척을 담당한다. 이미 1989년에 100만 불 수출 탑을 수상한 바른손은 품질 세계 제일을 목표로 꾸준하게 해외 사업을 전개한 결과, 95년에는 300만 불, 96년에는 600만 불의 수출 실적을 달성했으며, 97년의 수출 목표는 1000만 불이다. 이미 확고하게 자리를 굳혀온 동남아, 남미, 중동 시장 등 15개 국가에 제품 독점 공급 계약을 체결한 바른손은 1996년 10월, 중국(바른손 차이나: 북경 소재, 대리점, 소매점 등과 거래)과 미국(바른손 아메리카: 뉴욕 소재, 소매점과 거래, 미 동부 지역 판매; 바른손 USA: LA 소재, 소매점과 거래, 미 서부 지역 판매)에 각각 현지 법인을 세워 자체 브랜드로 해외 진출하는 데 성공했다. 향후 홍콩, 필리핀에도 현지 법인을 설립할 계획을 세우고 있다.

바른손은 독일 프랑크푸르트 박람회에서 지제류, 필기구 등 400여 종의 제품을 포함하는 100만 불의 주문을 따냈으며, 터키, 크로아티아 등 동구권과 프랑스, 이탈리아, 독일 등 선진 유럽국들과도 대폭적인 신규 거래를 성사시켰다. 1996년 바른손이 캐릭터 수출을 통해 벌어들인 로열티는 약 8000만 원 정도이나 97년에는 미국, 일본, 캐나다, 말레이시아 등과의 협상을 통해 96년의 두 배인 1억 6000만 원을 목표로 하고 있다.

지원 사업부

바른손은 팬시 사업의 특성을 제대로 살리고 경쟁력을 확보하기 위해서는 사업부 제도가 필수적인 요소임을 인식하고 사업부에 최대한의 권한 위임과 자율성을 보장함과 동시에 각 사업부들간의 유기적인 협조 체제를 위하여 지원 사업부를 설치, 운영하고 있다. 관리자들간의 경영 마인드를 공유하기 위하여 사업부장들은 주 2-3회의 경영 간담회를 실시하고 있다.

경영상의 특징

창업 초기인 1970년대만 하더라도 우리나라의 경제 상황 및 소비자의 수준이 '없어서 못쓰는', 즉 공급자 위주의 시장 관계가 성립되이 있었고 소비자의 욕구도 디자인이나 제품의 질보다는 실용성이 우선이었으므로 소비자의 수준이 저급한 실정이었다. 그러나 1990년대에 들어서면서부터 소비자들의 생활 수준이 향상되어 실용성에 디자인, 품질 등이 가미된 감성 제품을 선호하는 경향이 나타나게 되었다. 이에 바른손사에서는 이미 창업 초기부터 '소비자의 삶의 질 향상'이라는 기치 아래 감성 제품을 꾸준히 추구하였는바, 이것이 시장 여건과 부합되어 좋은 성과를 낳게 되었다.

다양한 신상품 개발

바른손은 '다품종 대량 생산'의 전략하에 여러 가지의 제품을 소비자에게 저렴한 가격으로 제공하기 위해서는 대량 생산만이 가능하다고 인식하여 동남아 및 국내에서 OEM 방식으로 제품을 조달하고 있다. 이에 부응하기 위해서는 새로운 신상품만이 경쟁력을 확보할 수 있다고 전제하고, 신상품을 연 5000여 종 가량 출시하고 있다.

인재 개발 및 연구

바른손은 경쟁 무기를 신상품으로 내세우기 위해서 신상품의 핵심 요소인 인력 개발과 연구 개발에 집중 투자하고 있다. 특히 종업원들의 자질 향상을 위하여 해외 연수 및 위탁 교육을 추진하고 있으며, 연봉제와 팀제를 도입하여 조직 구성원간의 선의의 경쟁 심리를 자극하고 자발적인 노력을 유발시키고 있다.

해외 시장 개척

국제화, 세계화 시대에 부응하기 위하여 바른손은 국내 시장에 집중하지 않고 일찍이 해외 시장에 눈을 돌려 해외 시장을 개척하고 있다. 그 해외 진출 전략으로 일본과 미국 등 선진국 업체와 기술 제휴를 하여 최첨단의 기술력을 적시에 확보하고 있다.

감성과 실용성 동시 추구

바른손은 최고도의 기술력을 바탕으로 한 감성 제품을 제공하고 있으며, 특히 캐릭터 부문은 미래를 내다보는 통찰력에 근거한 혁신적인 산물이다. 대표적인 예로 항균 노트는 기존 제품에 대한 통념을 깨트리는 혁신이었다. 또한 바른손은 '실용선언'을 통하여 많은 제품들을 브랜드가 없이 저렴한 가격으로 소비자에게 제공함으로써 제품의 실용성을 추구하는 소비자 중심의 제품 개발을 추진하여 경쟁 우위를 확보하려 한다.

시장 중심 조직

바른손은 1996년 50명을 감원하는 등 조직 개편을 통하여 조직을 과거에 비해 보다 효율적이고 시장 중심의 조직 구조를 구축하였다. 조직 구성원들간의 팀워크 향상을 위하여 야구, 볼링, 산악회 등 다양한 종류의 사내 동호회를 적극 지원함으로써 구성원들의 정신적, 신체적 건강을 통한 건전한 팀워크를 구축하는데 노력하고, 이를 경쟁의 무기로 삼고자 한다. 보기 3은 바른손의 종업원 현황을 보여 준다.

시장 세분화

바른손사는 단순한 문구류일지라도 유치원생, 초등생, 중·고생 등의 계층으로 세밀한 시장 세분화를 통하여 이들의 취향에 맞는 제품을 제공함으로써 시장 점유율을 확대하고 있다. 또한 소비자가 인식치 못한 부분까지 발굴하여 소비자의 욕구를 개발해 낸다는 목표 하에 제안 제도를 정착시키고 끊임없는 연구개발을 추진하고 있다.

공익 사업

바른손은 춘천 시민과 전국 각지인들에게 동심의 세계와 추억의 향수를 안겨 주는 '춘천 인형극제'에 자금을 지원하고 직원을 직접 파견하여 행사를 적극 후원하고 있다. 어린이의 정서 함양과 삶의 질 향상을 위해 바른손이 1989년부터 주관해온 이 행사는 매년 40-60개의 국내·외 극단과 약 4만 명의 관람객들이 참여하는 국내 최대의 인형극제이자 세계에도 널리 알려진 축제로 정착되어가고 있다.

당면 과제

소비 시장의 포화 상태

국내 문구류 시장이 5000억 원 규모이나 100여 개나 되는 군소 업체들의 경쟁으로 인해 국내 시장은 포화 상태에 이르고 있다. 이들 중 일부는 시장 경쟁에서 살아 남지 못하고 도산하는 업체들도 다수 발생하고 있다. 따라서 바른손은 국내 시장에서의 1위의 지위를 확보, 유지하면서 해외 시장으로의 진출을 도모하고 있으나 현재는 아직 시작 단계에 불과하다. 보기 4와 5는 각각 바른손의 재무 제표와 경쟁업체와의 비교를 보여 준다.

외국 문구점 국내 진출 및 대형 할인 매장의 출현

우리 나라는 세계화 시대를 맞이하여 시장이 개방 되고 있는 실정이며, 문구업계 또한 예외일 수는 없다. E-마트와 같은 대형 할인점에서도 국내 문구 업계를 위협하고 있어, 가격 경쟁력과 기술력 확보가 무엇보다도 중요한 시기가 도래하였다.

대기업의 문구 업계 진출

국내 대기업의 가장 어두운 면은 새로운 시장 개척을 통해 경쟁력을 확보하는 것이 아니라 국내의 중소 업체의 자리를 유통망, 지금 및 규모의 경제를 이용해서 위협하고 있다는 사실이며, 문구 업계에도 예외는 아니다. 대표적인 예로 LG 그룹은 97년 초부터 팬시 업계에 참여함으로써 바른손뿐만 아니라 타 문구업체에도 커다란 위협으로 대두되ㄱ 있다. 코오롱 상사도 캐릭터 부문에 진출하고 있어 중소기업의 경쟁 환경은 더욱 열악한 상황에 처해 있다. 바른손사에서는 기술력 향상과 영업력 강화로서 이에 대응하고자 한다.

빈약한 유통 망과 정보통신 네트워크의 부재

바른손사는 다수의 유통망을 보유하고 있지만 유통망의 빈약성, 저 효율성이 제품 가격을 상승시키는 요인으로 작용되고 있다. 또한 각 대리점과의 원활한 정보 교류를 위해서 통신 네트워크가 필수적이나 바른손에게는 이것이 거의 부재한 상태이다. 그리고 외국 소재 생산지 및 국내 하청 업체와의 정보 교류도 매우 빈약한 상태에 있다.

보기 1 회사 개요 및 연혁

회사 개요

회 사 명: 주식회사 바른손
소 재 지: 서울시 서초구 방배 본동 764-19 바른손 B/D(137-069)
설 립 일: 1970. 4. 1
업 종: 문구, 팬시, 의류, 생활 용품 유통업, 캐릭터 관련 사업
기업이념: 꿈, 사랑 그리고 아름다운 생활 문화의 창조에 기여
자 본 금: 57억 원
결 산 기: 3월 말일
매출 추이: 93년(416억 원), 94년(529억 원), 96년(620억 원)
종업원 수: 280명
대 표 자: 대표이사 권오덕
주요 브랜드: 바른손 크리아트 – 신세대 문구, 생활 용품 브랜드
바른손 꼬마또래 – 어린이 토털 팬시 용품 브랜드
바른손 실용선언 – 실용과 감각이 있는 토털 생활 용품
바른손 위즈 – 캐릭터 개발 전문 집단

회사 연혁

1970. 4 바른손 카드 창립
81. 9 ㈜바른손 카드 설립
85.12 ㈜바른손 팬시 설립
86. 2 프렌차이즈 샵 '팬시 가든' 개점
87. 4 미국 Hallmark사와 기술 제휴
88. 3 해외 프랜차이즈 샵 개점(인도네시아, 대만)
88. 6 미국 Determined Production사와 기술 제휴
88. 7 일본 Sony Creative Production사와 기술 제휴
88.10 스위스 Focus사와 기술 제휴
89.12 100만 불 수출 탑 수상
90.12 바른손, 크리아트 흡수 합병
91. 1 월트 디즈니사와 상품화권 계약
92. 4 꼬마또래 브랜드 시작
94. 6 ㈜바른손 카드와 ㈜바른손 팬시 합병 및 ㈜바른손으로 상호 변경
94.10 방배 본동 신사옥 완공 및 이전
95. 5 실용선언 사업부 시작
95. 8 일본 아즈끼 나일론사와 기술 제휴
95.12 신경영 전략 '비전 2005' 설정/사업부, 팀제로 조직 개편
96. 4 전사원 연봉제 실시/캐릭터 사업 시작
96.10 바른손 차이나, 바른손 아메리카, 바른손 USA 현지 법인 설립

보기 2 조직 구성

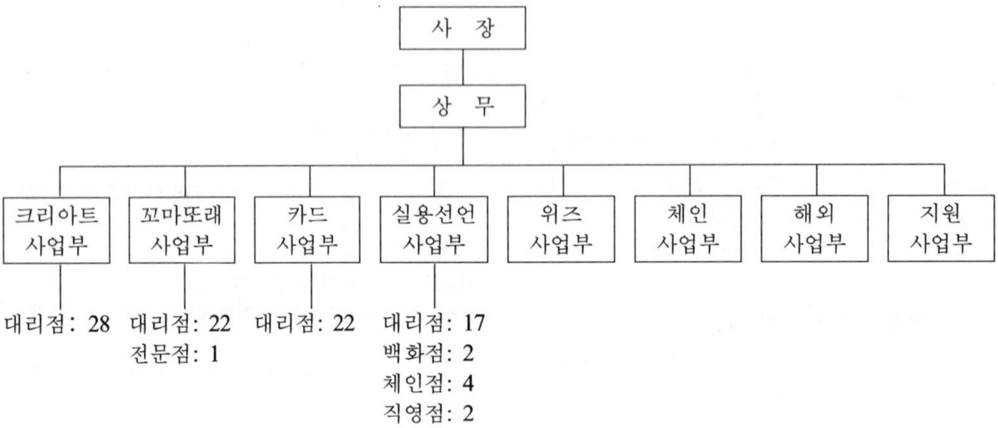

보기 3 종업원 현황 (단위: 명)

구분	93년	94년	95년	96년
임 원	5	5	5	5
사무직	277	279	289	300
생산직	18	18	37	31
합 계	300	302	331	336

보기 4 요약 재무 제표 (단위: 백만 원)

구 분	93/3(12)	94/3(12)	95/3(12)	96/3(12)
감사 의견	적 정	적 정	적 정	적 정
자산 총계	**24,022**	**31,875**	**45,011**	**54,083**
(유동자산)	18,440	24,020	31,882	39,677
(고정자산)	3,556	5,326	8,817	9,456
부채 총계	18,476	25,469	36,005	40,854
(유동부채)	15,201	21,262	25,586	29,268
(고정부채)	3,275	4,207	10,418	11,585
자본 총계	5,546	6,406	9,0006	13,229
(자본금)	2,650	2,650	3,192	5,700
매출액	**37,325**	**41,618**	**52,936**	**57,814**
영업이익	2,445	1,493	3,794	4,581
(금융비용)	634	951	2,161	2,627
경상이익	2,021	1,268	1,927	2,219
당기순이익	**1,398**	**863**	**1,287**	**1,568**
영업 활동 현금 흐름	258	1,366	-1,040	-1,267
투자 활동 현금 흐름	-2,506	-2,540	-6,873	-2,532
재무 활동 현금 흐름	557	3,861	9,160	5,417

보기 5 팬시 업계 비교

연구개발비

순위	기업체 명	금액('95)	전년 순위	전년 금액
1	㈜마이크로세라믹	1,623	10	3
2	㈜바른손	695	1	961
3	㈜마이크로코리아	517	14	1
4	한국 지퍼㈜	422	2	515
5	한국 쓰리엠㈜	405	3	273
6	㈜신평 물산	154	4	160
7	㈜도남 메탈	45		
8	한국 빠이롯드 화학㈜	31	6	36
9	경인 상사㈜	31	7	30
10	동일 쎄라믹 산업㈜	13	5	80
11	㈜수한 양행	8		
12	동아 연필㈜	3	9	8
13	㈜협립 제작소	1	11	1

자산총계

순위	기업체 명	금액('95)	전년 순위	전년 금액
1	한국 쓰리엠㈜	118,559	1	95,329
2	㈜마이크로코리아	68,264	4	53,649
3	㈜모나미	65,037	2	62,324
4	한국 지퍼㈜	61,143	3	55,966
5	㈜마이크로세라믹	55,320	5	50,466
6	㈜바른손	45,011	6	31,875
7	㈜협립 제작소	18,209	9	17,667
8	㈜명성	17,720	8	17,704
9	㈜문화 연필	14,297	13	12,964
10	㈜신화사	13,660	10	14,593
11	㈜유엔	13,533		
12	㈜도남 메탈	12,990		
13	동해 산업㈜	11,533	14	9,221
14	한국 빠이롯드 화학㈜	9,134	11	14,096
15	㈜아트 박스	9,076	18	8,317
16	경인 상사㈜	8,912	16	8,488
17	심화 실업㈜	8,635	15	9,099

매출액

순위	기업체 명	금액('95)	전년 순위	전년 금액
1	한국 쓰리엠㈜	171,954	1	139,618
2	㈜모나미	64,904	2	58,091
3	㈜마이크로코리아	60,840	3	51,232
4	㈜바른손	52,936	5	41,618
5	㈜마이크로세라믹	40,704	4	46,767
6	한국 지퍼㈜	32,423	6	33,181
7	㈜유엔	19,005		
8	㈜문화 연필	16,534	8	15,966
9	㈜신화사	16,119	7	22,006
10	㈜아트 박스	15,094	10	13,905
11	동아 연필㈜	12,821	15	11,398
12	경인 상사㈜	12,153	11	13,889
13	심화 실업㈜	11,439	12	12,555
14	㈜신평 물산	11,286	13	12,518
15	㈜수한 양행	11,245		
16	한국 빠이롯드 화학㈜	7,550	16	9,322
17	㈜명성	7,259	19	6,889

당기순이익

순위	기업체 명	금액('95)	전년 순위	전년 금액
1	한국 쓰리엠㈜	11,034	1	14,745
2	㈜유엔	1,677		
3	㈜바른손	1,287	4	863
4	㈜아트 박스	1,165	5	607
5	㈜마이크로코리아	1,080	2	1,067
6	㈜수한 양행	753		
7	㈜마이크로세라믹	738	3	1,050
8	㈜명성	479	23	-2,753
9	한국 빠이롯드 화학㈜	334	20	-155
10	㈜문화 연필	330	11	213
11	㈜협립 제작소	282	14	128
12	동아 연필㈜	220	13	142
13	경인 상사㈜	182	7	416
14	동일 쎄라믹 산업㈜	156	17	43
15	㈜신평 물산	118	8	351
16	㈜도남 메탈	82		
17	동해 산업㈜	67	9	277
18	삼화 실업㈜	-235	12	209
19	㈜신화사	-455	15	99
20	한국 빠이롯드 만년필㈜	-751	21	-886
21	㈜모나미	-3,369	6	534
22	한국 지퍼㈜	-4,548	22	-2,028

매출액 경상 이익률

순위	기업체 명	금액('95)	전년 순위	전년 금액
1	㈜아트 박스	11.13	3	6.34
2	한국 쓰리엠㈜	11.12	1	16.99
3	㈜수한 양행	10.08		
4	한국 빠이롯드 화학㈜	9.52	4	4.71
5	㈜유엔	8.95		
6	㈜협립 제작소	5.32	11	2.70
7	㈜바른손	3.64	9	3.05
8	㈜마이크로세라믹	3.18	7	3.69
9	㈜마이크로코리아	3.06	8	3.26
10	동일 쎄라믹 산업㈜	3.06	18	.98
11	㈜문화 연필	2.76	15	1.99
12	동아 연필㈜	2.58	14	2.05
13	경인 상사㈜	2.17	5	3.97
14	㈜신평 물산	1.99	6	3.82
15	동해 산업㈜	.94	20	.28
16	삼화 실업㈜	-2.05	12	2.36
17	㈜신화사	-2.81	17	1.15

제 4 부 창업 역량의 개발

제 4 부에서 다루는 주제

Ⅺ장 창업 기업가의 배양

Ⅻ장 벤처 기업의 경영진과 가족 기업

ⅩⅢ장 사내 창업, 국제 창업 및 인터넷 창업

XI장 창업 기업가의 배양

"창업 기업가는 다른 사람들이 보지 못하는 것을 볼 수 있는 능력, 즉 현상보다는 가능성을 보는 통찰력을 지녀야 한다고 생각한다. 사람들이 전통적으로 보아온 것과는 다른 시각으로 사물을 보는 것이 바로 창의적 사업 기회로 되는 것이다."

프레드 스미스(Frederick W. Smith), *Forbes Great Minds of Business*, 1997

이 장에서 다루는 주제

창업 기업가의 유형과 특징
창업 기업가의 전략적 창
창업 경영 역량과 기업의 발전
전문 경영자로의 전환
창업 기업가의 교육과 개발

창업 현장

하워드 헤드와 프린스 매뉴팩처링사[1]

하워드 헤드(Howard Head)는 제 2 차 세계대전 기간 중에 항공기 엔지니어로 근무하면서 알루미늄 응용 기술에 전문가가 되었다. 그는 이 기술을 이용해서 1950년에 금속제 스키를 제작하였고, 1960년대까지 기존의 목제 스키 제조 업체들을 물리쳤다. 헤드 스키는 1940년대에 총 1만 명에 불과하던 미국의 스키 인구가 1960년대에 와서 수백만으로 성장하게 한 주요 동인이 되었다. 헤드 스키사(Head Ski Company)를 AMF사에게 1600만 불에 매각하고 1년 후인 1970년에 헤드 사장은 은퇴했지만 오래지 않아 다시 테니스 라켓 사업에 손을 대게 되었다.

은퇴 후 헤드는 테니스를 배우기 시작했으나 생각만큼 쉽지 않았다. 테니스 코치가 자동 투구기를 가지고 연습해 보라고 제의하면서 뉴저지 주의 프린스턴에 소재한 중소 기업인 프린스 매뉴팩처링사(Prince Manufacturing Company)를 소개해주었다. 그는 그 회사에서 자동 투구기를 구입하여 연습하기 시작했다. 그런데 기계의 품질이 조악해서 자주 공이 걸리거나 중간에 떨어져버리거나 했다. 제품에 있어 완벽주의자에 가까운 헤드는 전화를 통해 그 회사에 기계의 문제점이 대해서 일일이 이야기해주면서 문제점을 계속 개선하도록 했다. 이러한 관계를 통해 결국 헤드는 1971년에 프린스사의 주식 27%를 $27,000에 매입하면서 회장으로 경영에 참여하게 되었다. 자동 투구기가 완벽하게 완성되면서 프린스사는 최초로 1972-74년간 3년 연속 평균 15%의 순 이익률을 올렸다. 그가 다시 사업에 뛰어든 것은 돈을 벌려고 해서가 아니라 기존의 장비들을 개인 사용자에게 더 잘 맞도록 하려는 노력의 결과였다.

1974년경 헤드는 초보자로서 코트에서 보다 안정적인 타구를 할 수 있는 라켓을 만들려고 고심하기 시작했다. 처음에는 라켓 프레임에 무게를 더하려고 나무를 깎아 내고 알루미늄을 씌워 보았지만 잘 안되었다. 그 후 획기적인 돌파구로서 무게를 더하지 않고 무게 중심을 주변으로 넓게 펼쳐서 라켓의 안정성을 증대하고 스윗 스폿의 크기를 확장할 수 있다는 점을 발견했다. 이를 위해 라켓을 2인치 넓고 3인치 길게 만들고, 늘어난 줄 길이의 장력을 감당할 수 있게 알루미늄으로 제작하였다. 헤드가 이렇게 디자인한 라켓에 비해 기존의 70평방 인치 라켓은 중심에서 벗어난 타구 시 손에서의 뒤틀림이 심했다. 처음에는 합법성 논란이 있었지만 게임 규정상 "테니스는 도구를 가지고 공을 쳐야 한다"라고만 되어 있어 프린스 라켓이 종래의 라켓보다 타구 면이 50% 정도 크기는 하지만 절대적으로 합법적이라는 결론이 났다.

특허청에서는 처음에 프린스 라켓이 특허를 부여할 만큼 충분히 획기적인 아이디어가 없다고 판단했다. 이에 헤드는 컨설팅 엔지니어인 켄 라이트와 협의한 후 라켓의 복원 계수를 측정하여 계량적 자료를 제시하고, 초고속 사진술을 이용해서 기존의 라켓보다 동등 복원력을 갖는 구역이 3-4배 넓다는 것을 제시하여 1976년에 3,999,756번으로 17년간 유효한 특허를 취득했다. 이로써 기존의 라켓보다 스윗 스폿이 3.78배나 큰 프린스 라켓이 절찬리에 시판되기 시작했고, 자동 투구기 시장이 포화 상

[1] Susan Harmeling and Howard H. Stevenson, "Howard Head and Prince Manufacturing Inc.," Harvard Business School Case 9-388-079.

태에 이른 상태에서 새로운 라켓 시장이 프린스사가 수익을 올리는 데 적절한 타이밍으로 출현한 것이다.

테니스 산업은 1960년대 말에서 1970년대 초에 이르러 특권층의 운동에서 대중 운동으로 대 전환을 하게 되었다. 실내 코드가 건설되면서 연중 할 수 있는 스포츠로서 수요가 급증한 것이다. 그러나 1970년 중반에 이르러서는 기술적 혁신이 극에 달했지만 테니스에 대한 인기는 쇠잔하기 시작했다. 테니스 전문가들은 프린스사의 특대형 라켓의 확산을 기능성보다는 심리적인 요인으로 설명했다. 이러한 테니스 산업의 전반적 침체와 전문가들의 회의적인 태도에도 불구하고 헤드가 디자인한 프린스 라켓은 대성공이었다. 50불 이상으로 판매되는 고가 시장에서 프린스사의 시장 점유율은 1979년의 8.5%에서 1981년에 30.7%로 급성장했다. 상대적으로 AMF사의 점유율은 31.6%에서 26.3%로, 윌슨사는 19.2%에서 10.7%로 줄었다.

1976년 생산에 들어가서 7만 개, 77년에 16만 개를 판매했고, 그 후에도 같은 증가세를 기대했지만 매출액 성장이 주춤했다. 그 이유는 대부분의 구매자가 40세 이상의 초보자나 여성들이었고, 젊은 층, 선수 층, 대학생 등에게는 나약한 것으로 보인다는 이미지로 인해 외면당했기 때문이었다. 이에 프린스사는 고강도 재질의 모델을 개발하려는 노력을 했다. 프린스 라켓의 생산은 처음에는 헤드 스키사 시절 헤드 브랜드의 알루미늄 라켓을 제조했던 마아크사에 의뢰해서 1974년에 첫 모델인 '프린스 클래식'이 제작되었다. 이 모델이 사출형 알루미늄을 사용하여 너무 유연했기 때문에 1978년에 진공형 프레임을 제작하도록 요청했지만 마아크사가 이를 거절했다. 그 후 대만의 쿠난 로와 사업 관계를 구축해서 고강도 알루미늄 튜브를 구입하여 '프린스 프로' 모델을 제작했다. 프린스사는 다시 그래파이트의 고강도 재질로 '프린스 그래파이트' 모델을 제작해서 성공했다. 이러한 새로운 고강도 재질의 모델들로 젊은 프로와 대학 선수들의 인기를 얻기 시작했다. U.S. 오픈에서 팸 슈라이버가 프린스 프로 라켓으로 나브라틸로바를 물리치고 우승하는 상징적 이벤트로 인해 프린스 라켓의 인기는 더욱 올라가게 되었다.

재무적으로 프린스사는 외부 투자자나 자금 조달이 없이 이익 잉여금으로만 자금을 조달하는 보수적인 경영을 했다. 헤드가 처음 주식을 매입한 이후 추가적인 자본금 조달이 없었다. 헤드가 회사를 공동 설립한 창업 주주들의 주식을 대부분 재매입하여 지분의 80%까지 소유하게 되었다. 그 후에는 종업원에게 주식 보너스를 부여해서 헤드의 지분이 67%로 줄어들었다.

1982년 봄에 헤드는 프린스의 장래를 심각하게 생각하고 있었다. 특대형 프린스 라켓으로 최근 몇 년간 성공을 거둔 후 헤드는 이제 중간 크기의 라켓 시장에도 침투하려는 개인적인 야심을 갖고 있었다. 그런데 사장 머레이나 마케팅 이사 바우는 지금까지의 고도 성장에 만족하고 제품 라인의 변화에 따른 위험을 취하려 하지 않았다. 그 즈음 케넥스사가 프린스사에 회사를 매각하겠다고 제안하자 마케팅 이사는 프린스의 110 사이즈 라켓 시장에서 벗어나서는 안 된다는 이유로 반대했다. 그러나 헤드는 자신이 직접 중간 사이즈를 프린스 이름으로 설계, 제작하기를 원했기 때문에 반대했다. 헤드는 68세의 나이에 과연 이러한 야심적인 계획을 실행에 옮겨야 할지 아니면 회사 가치가 상승세를 타고 있는 지금의 시점에 프린스사를 다시 매각해야 할지를 고민했다. 보수적인 경영진의 반대에도 불구하고 시간과 정력을 또다시 프린스사의 중간 사이즈 라켓 개발에 투여해야 할 것인가?

1. 창업 기업가의 유형과 특징

창업 기업가(Entrepreneur)는 어떤 사람인가? 그는 천재성, 노력, 상상력, 행운 등 성공적인 사업 추진에 필요한 여러 요소들을 통해 아이디어를 실제 가능한 사업으로 변모시키는 사람이다. 그러나 그런 능력을 가지고 있지 않은 많은 사람들이 자신을 스스로 창업 기업가로 착각하는 경우가 많다. 진정한 창업 기업가는 무에서 시작하는 사람이다. 그는 새로운 벤처에 대한 아이디어만으로 시작하며, 그러한 아이디어를 스스로 성장시키며, 그 사업으로부터 나온 자금을 통해서 지속적인 발전을 보이는 기업으로 변모시킨다.[2] 이러한 점이 창업 기업가의 공통적인 특징이기는 하지만 시대의 변천에 따라 창업 기업가의 경영스타일도 바뀌어 가고 있다. 표 11-1은 과거의 창업 기업가에 비해 현재의 창업 기업가가 달라진 모습을 비교하고 있다.

창업 기업가가 창업을 하는 이유는 다양하다. 어떤 창업자는 실업이나 명예 퇴직으로 불가피하게 사업을 하게 되고, 어떤 이는 동업의 요청을 받거나 자금 지원의 약속을 받아 창업하기도 한다. 또한 현재 자신이 하고 있는 업무에 불만을 갖게 되어서, 또는 자신이 건의한 신규 사업에 대해 소속 회사가 지원을 하지 않아서 사직하고 스스로 창업을 하기도 한다. 많은 경우 회사에서의 업무 경력과 경험에서 나오는 사업 노하우와 인맥을 바탕으로 자신의 독립성을 누리기 위해 사업을 시작한다.

창업의 동기가 어떠하든 그것이 곧바로 사업의 성패와 직결되는 것은 아니다. 벌리와 웨스트헤드는 영국에 소재하는 405개의 독립 사업체의 창업자에 대한 설문 조사를 바탕으로 창업자가 사업을 착수한 동기가 무엇이고, 그것이 사후의 사업 성장에 어떠한 영향을 주는가를 연구한 바 있다.[3] 연구 결과 창업 동기에 있어 일곱 가지의 기본적인 유형들이 드러났다. 이 중에서 인정에 대한 욕구, 독립에 대한 욕구, 개인적 발전에 대한 욕구, 후생에 대한 고려, 부의 유용성에 대한 인지 등 다섯 가지는 샤인버그와 맥밀런이 창업 동기에 관한 연구에서 제시한 것들과 일치한다.[4] 나머지 두 가지 새로운 요소는 절세 및 간접적 이득, 그리고 역할 모형 따르기 등이다.

---

2 Norm Brodsky, "Who Are the Real Entrepreneurs?" *Inc.*, December 1996: 33-34.

3 Sue Birley and Paul Westhead, "A Taxonomy of Business Start-Up Reasons and Their Impact on Firm Growth and Size," *Journal of Business Venturing*, 9, 1994: 7-31.

4 S. Scheinberg and I. C. MacMillan, "An 11 Country Study of Motivations to Start a Business." In B. A. Kirchhoff, W. A. Long, W. E. McMullan, K. H. Vesper, and W. E. Wetzel, Jr. (Eds.), *Frontiers of Entrepreneurship Research* (Wellesley, MA: Babson College, 1988): 669-687.

표 11-1 창업 기업가 특징의 변천

과 거	현 재	변화 내역
지역적(Local)	세계적(Global)	지역적인 차이가 없어지며, 자국적인 것이 가장 세계적인 것이다.
즉석의 결정	합의	개인의 결정보다 공동체의 합의에 바탕을 둔 기업 활동이 중요해진다.
값싼 복제품	혁신	모방이 아닌 자신만의 혁신 제품으로 승부해야 한다.
아이디어	실행	성공을 가져다 주는 것은 아이디어가 아니라 생동적인 실천력이다.
고립적 모험가	네트워크의 구축	주변의 인맥이 사업의 기반화
기밀 유지	공개	회사의 장부가 곧 경영 활동이다.
초보자	베테랑	자기 영역에서 전문가가 되지 않으면 성공 못한다.
장사꾼	경영자	단순한 장사꾼이 아닌 전문 교육을 받은 경영인이 성공한다.
창업	창업 및 그 밖의 대안	신설, 분사(Spin-off), 인수, 경영진 매입(Buyout)
전형적 조직	혁신적 조직	피라미드형이 아닌 거미줄형 조직, 외부 협력 파트너십 구축 등
전문가 기피	전문가 유치	조기에 전문 경영인 적극 유치
자기의존적	탐구적	타인의 능력을 최대한 이용
관련 사업 협회 회원	웹 서퍼(Web Surfer)	정보 기술을 통한 사업 정보 입수
자급자족적	가상적(Virtual)	외부 업계와 연계 사업 추구
소시민적 사고	야심적 사고	업계의 1위를 추구
남성 위주	남녀 혼성	여성 창업자의 비중 증가
배우자는 내조	배우자도 자기 사업 활동	부부의 역할 분화 사라짐
자동화	혁신	정보 기술 활용
소기업 창업자	창업 기업가	생계 소득보다 투자자에게 부를 창조함
육감과 경험(Seat-of-the-Pants)	사업 계획서	체계적인 사업성 분석과 사업 계획을 통한 사업 추진
보스(Boss)	리더(Leader)	부하 직원과 동고동락하는 자세
직관	교육	전문 경영학 교육을 받은 창업자 증가
창업에 대한 연구 조사 미진	창업에 대한 연구 조사 활성화	과학적 조사를 실시하는 대학의 연구 교수진 확대와 영향력 증가
기존 시장 가격 수용자	가치 창조자	새로운 상품 캐터고리 창출과 가격 책정
창업자의 개인적 재무 계획이 사업의 전부임	사업이 창업자의 개인적 재무 계획의 일부임	창업자가 다양한 사업체와 소득원을 보유하고 운영하는 추세
예술성	과학성	전문적 지식의 응용을 통한 예술성의 증진
지분 = 경영 통제	성과 = 경영 통제	회사의 지속적 성장과 성과가 창업자의 경영 통제권의 기반
단일 회사 중심	창업자의 경력 중심	다중 창업을 통해 자기 경력 개발

자료: *Inc.*, "The Evolution of the Professional Entrepreneur," Special Issue, 1997: 50-56.

이 연구는 또한 창업 동기는 여러 가지가 동시에 나타날 수 있기 때문에, 즉 상호 배타적이지 않을 수 있기 때문에 군집 분석을 통해 창업자의 유형을 일곱 가지로 묶었다. 이들 유형에는 심리 불안자, 추종자, 기득권 회피자, 다목적 추구자, 세금 회피자, 공동체 추구자, 기타 유형 등이 포함된다.

이들 유형간에 통계적으로 뚜렷한 차이가 드러남에도 불구하고 매출액이나 종업원 수 등으로 평가되는 사업체의 성장이나 규모에는 별 영향을 끼치지 않는 것으로 나타났다. 다시 말하면 창업 동기나 이유에 관해서 각 개인들간에 뚜렷한 차이점들을 보이기는 해도 새로운 사업이 일단 시작되면 그러한 동기나 이유가 사업의 성장이나 부의 창조, 그리고 새로운 일자리의 창출에 별 영향을 미치지 않는다는 것이다. 따라서 투자자의 입장에서도 단지 창업자의 개인적인 특징이나 창업하려는 사업가의 창업 동기에 대한 이야기만을 토대로 투자 대상을 선정하는 것은 그다지 바람직스럽지 못하다. 사업가들의 개인적인 특징이나 개인적인 이유 때문에 사업이 착수되더라도 그러한 창업 동기가 사업의 성공을 보장해주는 것이 아니기 때문이다.

사업을 스스로 시작한다는 것은 분명히 개인적 자유, 독립성, 사업 아이디어를 추구하기 위해 일정 기간 재정적 희생을 감내하는 것이다. 자신의 사업을 함으로써 얻어지는 경제적 이득이 회사에서 받는 월급보다 많을 확률이 크지만, 실제 대부분의 창업자에게 있어 이러한 이득이 평균적으로는 더 낮을 수 있다. 기업을 급성장시켜 거부가 된 성공적인 기업가, 예컨대 마이크로소프트사의 빌 게이츠, 애플사의 스티브 잡스, 선 마이크로시스템즈사의 스캇 맥닐리 등을 대중 매체들이 확대 보도하기 때문에 우리는 대부분의 창업 기업이 종업원 5인 이내에서 머무른다는 사실을 간과하기 십상이다. 많은 창업자들이 실제로는 훨씬 많은 시간을 일하고 적은 월급에 만족하며, 휴가의 기회도 적고 헬스 클럽이나 여가 활동 등의 부대 복리 후생도 드물게 받는 것이 현실이다.

기업을 창업한 사람들이 개인적으로 어떠한 느낌을 갖고 있는가에 대한 체계적인 연구는 드물다. 더욱이 창업 후 실패한 기업가들이 자신의 사업 경험을 어떻게 보고 있는가에 대해서는 관심을 두어오지 않았다. 그러나 창업자들이 사업에 성공하건 실패하건 그들이 사업을 시작했다는 사실에 대해서 후회하지는 않는다는 것을 간간히 관찰할 수 있다. 단지 창업자들은 사업을 했다는 사실 자체보다 그 추진 방법에 대해서 이렇게 했었으면 더 좋았을 것을 하는 정도의 반성을 하는 것이 보통이다.[5] 창업자들이 사업 추진상 여러 가지 느낌을 경험하기 마련이다. 다음은 창업자들이 흔히 경험하는 느낌의 예를 보여 준다.[6]

- 현금 흐름을 유지하는 문제로 고심

---

5 Arnold C. Cooper and Others, *New Business in America* (Washington, D.C.: The NFIB Foundation, 1990): 62.

6 Karl H. Vesper, *New Venture Experience*, Revised Edition (Seattle: Vector, 1996): 10.

- 이윤을 증진시키는 일로 기뻐함
- 정부 제출용 서류 작업으로 골치 아픔
- 임대인, 종업원, 하청 업체와의 관계에서 속은 것 같아서 노여워함
- 복잡한 법률 문제와 높은 자문료에 당혹함
- 채권자와 투자자와의 관계 유지에 걱정함
- 고객을 따내서 즐거워함
- 모든 업무를 스스로 결정한다는 사실에 만족함

창업자는 일반적으로 사업 기회를 추구하기 위하여 독립적으로 일을 추진하는 행동력을 가지고 있다. 이러한 공통점에도 불구하고 실제로 사업의 운영상 다양한 유형의 창업자들이 존재한다. 창업자나 예비 창업자들은 다음에 설명하는 창업자 유형 중 본인은 어떠한 유형에 속하고 또 속하기를 원하는지 검토해볼 필요가 있다.[7]

- **단독 자영업자(Solo Self-Employed Individual)**: 흔히 주변에서나 업종별 전화 번호부에서 찾아볼 수 있는 소규모 자영업으로서 구멍가게(Mom'n Pop Business), 브로커, 에이전트뿐만 아니라 세무사, 회계사, 변호사, 의사 등의 전문직 종사자도 포함된다. 이들을 대별하면 소비자 판매업, 부동산 개발업, 특수 판매업 및 전문 서비스 등으로 나눌 수 있다.
- **기회 추적자(Deal-to-Dealer)**: 사업의 성공이나 실패를 거듭하면서 여러 가지 상호 관련 없는 업종에 마구 뛰어드는 스타일의 창업자도 존재한다. 다중 창업(Multiple Ventures)의 경우 매우 젊은 시절부터 사업에 뛰어들고 저급 기술 업종으로 시작하는 것이 보통이다. 사업 기회가 여기저기 눈에 띄게 많은 경우, 예컨대 홍콩의 사업가들은 사업 기회를 쫓아 단기적으로 이 사업 저 사업을 넘나드는 경우가 많다.
- **팀 빌더(Team Builder)**: 소규모 사업의 성공을 기반으로 점차 조직을 확장하고 전문적 위임 경영을 통해서 대규모의 기업으로 성장하는 유형이다. 모든 창업자가 꼭 이렇게 대규모화되기를 원하는 것도 아니고, 더욱이 원한다고 다 이렇게 되는 것은 물론 아닐 것이다. 하지만 초기에는 보잘 것 없는 사업도 그 사업 확장의 잠재성은 무한할 수 있다. 피자 헛(Pizza Hut)은 대학 등록금을 마련하기 위한 학생에 의해 창업되었고, 코카콜라(Coca-Cola)는 일인 잡화점에서 시작되었다.
- **독립적 혁신가(Independent Innovator)**: 벨이나 에디슨과 같이 신제품 아이디어에 착안하여 기업을 설립하고 제품을 개발, 생산 및 판매하는 유형이다. 1950년대 이후 급속히 발전하기 시작한 전자 기술은 이러한 유형의 기업가를 많이 배출하였다. 특히 이들은 보스턴 근교의 128번 도로 주변과 샌프란시스코 근교의 실리컨 밸리를 중심으로 소위 첨단 벤처 기업군(High-Technology Venture)을 형성하게 되었다. 1940년대 스탠포드대 전기과를 졸업한 휼렛과 패커드의 학생 엔지니어링 프로젝트에 의해 시작된 휼렛 패커드

[7] Karl H. Vesper, *New Venture Strategies*, Revised Edition (Englewood Cliffs: Prentice-Hall, 1990): 3-8.

사가 잘 알려진 예이다. 또한 이민 1세 알렉산더 포니아토프(Alexander M. Poniatoff)가 전시 독일의 자기 녹화 기술을 활용해서 전문 비디오 녹화기를 제조하기 위해 설립한 앰팩스사(Ampex Corporation), 그리고 사진을 찍자마자 카메라에서 왜 사진을 못 뽑아 보냐는 딸의 당혹스러운 질문에서 착안한 물리학광 에드윈 랜드(Edwin Land)가 설립한 폴라로이드사도 이에 속한다. 1980년대 이후 첨단 컴퓨터 하드웨어 및 소프트웨어 기술도 수많은 성공적 기업가를 배출했으나, 반드시 첨단 기술이 아니더라도 빠른 우편 업무를 창시한 페드럴 익스프레스나 여성 의류를 디자인하는 리즈 클레이본(Liz Claiborne)과 같이 혁신적 아이디어로 창업하여 대규모로 성공하는 경우도 있다.

- **패턴 증식가**(Pattern Multiplier): 패턴 증식가는 효과적인 사업 유형을 찾아내어 이를 여러 곳에 적용함으로써 이윤을 추구하는 기업가이다. 이에는 제이 씨 페니사(J. C. Penny)와 같이 자신의 사업을 체인점의 확대를 통해 증식한 경우도 있고, 레이 크록의 맥도널즈사와 같이 다른 사람의 사업을 프랜차이즈화해서 확장하는 경우도 있다.
- **규모의 경제 추구자**(Economy-of-Scale Exploiter): 이는 교외의 대규모 할인 유통업을 통해 낮은 임대료나 세금의 혜택을 얻고, 최소한의 서비스로 대량 공급 망을 통해 물품 가격에서 경쟁 우위를 점하는 유형이다. 십수 년간 변호사를 하던 솔 프라이스(Sol Price)가 설립한 프라이스사(Price Company)는 멤버십을 가입한 고객만을 상대로 하는 대규모 창고 소매업을 성공적으로 확장하여 창립 수년 만에 수십 개의 점포를 외곽 지역에 확보하고 수조 원의 외형을 갖게 되었다. 유료 멤버십을 가입한 고객일지라도 자신의 구매 패턴상 일시 대량 구매가 장기적으로 유리한 경우가 많기 때문에 이러한 유형의 대형 할인점의 인기는 일반 슈퍼마켓에 비해 증가 추세에 있다.
- **자본 집성가**(Capital Aggregator): 각종 법적 규제에도 불구하고 수억에서 수십 억대의 대규모 초기 자본을 동원하여 은행, 상호 신용 금고, 보험사 등을 설립하는 유형의 창업을 자본 집성가라고 부를 수 있다. 특히 증권 시장이 붐이고, 경기가 호황이었던 1960년대의 미국에서 많은 금융 기관들이 이러한 방법으로 창설되었다. 하지만 경기가 안 좋을 때도 소규모 투자자들에게 고 수익 증권을 발행하는 상호 신용 금고 사업을 시작하는 경우도 있다.
- **기업 인수가**(Acquirer): 스스로의 사업을 시작하는 데는 기업을 창설하는 경우, 즉 창업 기업(Start-Up)을 세우는 방법뿐만 아니라 기존의 기업을 인수하는 방법도 흔히 활용한다. 기업 인수의 경우 몇 가지 범주의 인수 유형을 구별해볼 수 있다. 기업 회생 전문가(Turnaround Specialist)는 경영 위기에 처한 기업을 취득하여 위기로부터 소생시키는 일을 한다. 기업 매매 전문가(Buy-Sell Artist)는 인수한 기업을 재정비하고 외양을 보기 좋게 바꾸어 재매도함으로써 매매 차익을 노리는 사람이다. 기업 투기자(Speculator)는 자신이 직접 운영하지 않는 부동산 등의 자산을 소유하고 시장 변동에 따른 단순 매매

차익을 노린다. 기업 사냥꾼(Corporate Raider)은 기업을 매수하여 경영권을 쥐고 기업을 분할 정비함으로써 분할된 사업 부문들의 총합을 이전 단일 기업일 때보다 비싸게 매각하는 이점을 추구한다. 기업 집단가(Conglomerator)는 소유 기업의 주식 일부를 매각하여 다른 기업을 인수하고, 또 그렇게 해서 소유한 기업군의 주식 일부를 재매각해서 제삼의 기업을 인수하는 과정을 반복하는 유형이다.

특정 부류의 창업자나 기업 상황에 근거해 일반적으로 창업자나 사업의 성공 비결에 대해 정형화된 사고가 지속적으로 존재해왔다. 하지만 다양한 사업 배경에 따라 여러 부류의 창업자와 독특한 성공 요인이 있다는 점을 여러 연구가 이미 밝힌 바 있다. 다음에서 여태껏 많은 사람들이 고정 관념으로 지니고 있는 창업자에 대한 그릇된 인식(Myth)과 현실(Reality)과의 차이를 살펴보자.[8]

- **창업자는 사고하는 자이기보다는 행동하는 자인가**: 창업자는 물론 위험을 무릅쓰는 행동가이다. 하지만 창업자는 또한 사업 추진의 방침과 전개에 있어 주도 면밀한 계획을 세우는 체계적인 사고를 하고 사업 위험을 최소화하려고 노력한다. 최근에는 특히 사업 계획서를 통해 막연한 사업 구상을 구체화함으로써 자금 조달뿐만 아니라 사업 추진에 만전을 기하는 경향이 늘어가고 있다.
- **창업자는 후천적이 아니라 선천적으로 되는 것인가**: 창업 역량은 가르치고 배울 수 없으며, 창업자는 추진력, 모험심, 설득력, 공격성 등을 타고난다고 일반적으로 믿어져 왔다. 그러나 현대는 창업 과정과 사업 성공에 관한 체계적인 모형과 이론 및 사례 연구 등이 창업자들의 교육과 개발에 활용되고 있고, 실제로 대학에서 창업 교육을 받은 사람들이 창업하는 경우가 많다는 것이 드러나고 있다.
- **창업자는 항상 발명가인가**: 많은 발명가들이 실제로 창업을 한 것은 사실이다. 하지만 발명 이외의 창의적 활동을 통해 창업한 사람들도 많다. 예컨대 레이 크록은 그 자신이 패스트푸드 프랜차이즈(Fast-Food Franchise)를 처음으로 발명하지는 않았지만 그것을 운영하는 다양한 창의적 사고를 통해 맥도널즈사를 세계 최대의 패스트푸드 기업으로 키워냈다. 창업을 위해 필요한 여러 유형의 창의적 행동을 이해할 필요가 있다.
- **창업자는 학업상이나 사회적인 부적응자가 아닌가**: 상당 수의 창업자가 학업을 중도 포기하거나 직장을 그만두고 사업을 성공적으로 수행해 왔기 때문에 이러한 고정 관념이 있을 수 있다. 역사적으로 볼 때도 교육 기관이나 사회 조직이 사업가를 높이 평가해오지 않은 것은 사실이나 이러한 것이 최근 들어 점차 변화하고 있다. 경제적, 기술적, 사회적, 학술적 분야 등 다방면의 기여를 통해 창업자들이 영웅시되고 전문가로서 자리잡아 가고 있다.

---

[8] Donald F. Kuratko and Richard M. Hodgetts, *Entrepreneurship: A Contemporary Approach*, Third Edition (Fort Worth, TX: Dryden, 1995): 7-11.

- **창업자는 특정한 '프로필'을 지녀야 하는가**: 많은 책자나 글에서 성공적인 창업자가 되기 위한 체크리스트를 소개하고 있다. 그러나 이러한 리스트에 나열된 특징들이 체계적으로 검증된 것도 아니고 완벽하지도 못하다. 이들이 보통 성공적이며 성취 지향적인 사람들을 대상으로 조사된 사례나 조사이기 때문에 그렇지 못한 사람들과의 과학적이고 차별적인 비교는 되지 못한다. 창업자의 종합적 사업 스타일과 창업 기업 및 사업 환경 등이 역동적으로 상호 작용하여 총체적으로 사업의 성패를 가늠하는 것이기 때문에 여러 유형의 프로필들이 상황에 따라 좋은 결과를 나타낼 수 있다.
- **창업자에게 필요한 것은 돈이 전부인가**: 흔히 자금 조달이 창업의 가장 큰 애로 사항이라고들 한다. 물론 충분한 자금이 유효 적절한 시점에 공급되지 않으면 사업을 성공적으로 추진할 수 없다. 하지만 자금 조달이 여의치 않은 것은 관련된 사업 수완, 예컨대 불분명한 사업 개념, 불합리한 투자, 잘못된 기획과 통제, 경영 능력 부족 등에 기인하는 경우가 많다. 분명히 자금은 가장 중요한 자원의 하나이지만 사업 성취 목적의 한 수단일 뿐이다.
- **창업자는 운이 좋으면 다인가**: 적시타를 날릴 수 있다는 것은 사업상 큰 이점일 것이다. 단, "행운은 준비된 사람에게 온다"는 격언을 잊어서는 안 된다. 좋은 사업 기회가 왔을 때 충분한 준비가 된 창업자는 그 기회를 더욱 잘 활용하여 사업을 보다 성공적으로 이끌 수 있다. 운으로 비쳐지는 사업 성공의 바탕에는 창업자의 준비, 결단력, 지식, 혁신성 등이 깔려 있는 것이다.
- **창업자가 무관심할 수 있다는 것은 행복한 것인가**: 창업 초기에 과도한 분석과 기획이 발 빠른 사업 추진상 장애가 된다는 생각을 흔히 하게 된다. 경쟁 환경이 점차 복잡 다단해지고 있기 때문에 자기 사업의 장·단점을 시장 상황과 견주어서 항상 분석하고, 향후 펼쳐질 수 있는 문제에 대한 상황적 대처 방안을 고안하여 월별, 분기별, 연도별 사업 추진 진행표를 짜두는 것이 사업의 도중 하차를 예방하는 지름길이 된다. 즉, 주도 면밀한 계획력이 성공적 창업자의 기본 소양인 것이다.
- **창업자는 높은 실패율을 겪을 수밖에 없는가**: 우리는 주변에서 사업 실패를 흔히 관찰하게 되고, 또 수 차례 사업에 실패하는 경우도 적지 않다. 중요한 것은 그러한 실패의 경험으로부터 새로운 것을 배울 수 있는 것인가 하는 점이다. 사업을 추진함으로써만이 그전에 알 수 없었던 새로운 기회를 접하게 되고 그것을 추구하여 사업에 종국적으로 성취하는 통로의 원리(Corridor Principle)를 실제로 많이 보게 된다. 3M사에서 발명한 접착제가 너무 약해서 원래 의도한 용도에 쓸 수가 없게 되자 그것의 새로운 용도를 창의적으로 찾아내어 '포스트잇'(Post-it)이라는 노트를 개발하여 수백만 불의 사업으로 발전시킨 것이 그 좋은 예이다.
- **창업자는 무모한 도박가인가**: 수많은 부도 업체와 사업 실패를 목격하고 우리는 사업

가들이 무모한 도박꾼이 아닌가 하는 생각을 하게 된다. 실제로 브록하우스는 창업 기업가와 일반 경영자를 비교한 연구에서 위험 추구 성향(Risk Taking Propensity)이 별다른 차이가 없음을 밝힌 바 있다.[9] 그러나 대부분의 창업자들은 모험을 추구하되 계산된 위험(Calculated Risk)을 극복하고 최소화하는 가운데 사업을 성공시키려 한다. 그러기 위해 계획하고 준비하며 사업의 운명이 남이나 외부 세력이 아니라 자기 스스로에 의해 통제되도록 노력한다.

2. 창업 기업가의 전략적 창

기업을 설립하고 사업을 추진해 나간다는 것은 창업 기업가에게 냉혹하면서 많은 것을 요구하는 것이다. 또한 그것이 창업자의 자신의 일생을 송두리째 앗아갈 수도 있는 고된 작업임은 누구나 인정한다. 15년간 창업 기업가들에게 컨설팅을 하면서 경험을 축적한 래니 굿먼(Lanny Goodman)이라는 컨설턴트에 따르면 가장 중요한 것은 전략적인 계획인데, 간과해서는 안 될 한 가지 중요한 원칙은 사업이 창업자 자신에게 충분히 매력적이고 생활의 활기를 자극할 수 있는 것이어야만 한다는 것이다.[10] 회사가 존재하는 이유가 여러 가지 있겠지만 가장 중요한 이유는 창업자의 욕구를 충족시키는 것이며, 그것을 만족시키지 못하는 회사는 창업자의 인생에 결코 도움이 되지 않는다는 것이 그의 철저한 신념이다.

창업 기업가가 되는 데 있어 두 가지의 중요한 행동적 차원은 첫째로 사전적으로 준비를 철저히 하는 것이고, 둘째로 행동 시점을 결정하는 것이다. 앞서 여러 장에 걸쳐 우리는 철저하고 체계적인 사전적 준비에 대해서 충분히 논의한 바 있으나, 예비 창업자는 두 번째 차원의 중요성도 결코 간과해서는 안 된다. 배움이 전 생애에 걸쳐 일어나는 과정인 것처럼 창업 정신도 전 생애에 걸쳐 발생하는 사업 기회의 과정으로 보아야 한다. 창업 정신은 본질적으로 역동적인 특성을 가지고 있다. 경쟁 환경, 사업 추진 과정, 그리고 창업 기업가적 활동 등의 여러 가지 사건들은 개인적인 요소들의 단순한 분석이 아닌 개인의 전 생애를 총괄하는 총체적인 분석을 통해 보아야 한다.

하비와 에반즈는 창업 기회를 포착하는 데 있어 예비 창업자가 자신의 전 생애에 걸쳐서 사업에 진입할 수 있는 **창업자의 전략적 창**(Strategic Window)을 활용해야 한다고 제시

---

9 Robert H. Brockhaus, Sr., "Risk Taking Propensity of Entrepreneurs," *Academy of Management Journal*, 1980, 23: 509-520.

10 Michael Hopkins, "The World according to Me," *Inc.*, January 1998: 64-69.

한다.[11] 원래 전략적 창이라는 개념은 시장에서 경쟁하는 기업의 특정한 역량과 시장이 요구하는 주요 역량 사이에 적합성이 존재하는 특정한 제한된 시기가 있는데, 이러한 시기가 진입의 최적기라는 개념이다. 시장 수요와 조직 역량 간의 적합성과 마찬가지로 개인이 창업 기업가가 되기 위해서는 자신의 능력과 자신을 필요로 하는 시기 간에는 적합성이 있다. 이는 창업 기업가가 되기 위해 가장 좋은 시기는 자신의 전 생애를 포괄하는 경력 중 특정한 때가 있다는 것을 의미한다.

창업자가 되기 위해서 요구되는 일정한 기술이나 경험의 집합이 존재하는 것이 아니라 개인의 생애 단계와 관련하여 요구되는 일련의 과거 경험과 기술이 있다는 것이다. 결국 창업자가 되는 방법은 개인의 경험에 따라 다양하며, 어느 한 가지 방법이 최우선이라는 결론은 오류라는 것을 의미한다. 각 개인은 저마다 다르고 특이한 경력의 단계를 거치는데, 각각의 단계는 창업 기업을 만들기 위한 기회를 제공할 수 있다. 개인에 따라 다양하게 자신만의 경력을 쌓으면서 나름대로의 독특하고 차별적인 기술을 보유하게 되는데, 그것은 창업자가 되기 위한 준비 과정에 영향을 끼친다.

일반적으로 개인에게 주어지는 전략적 기회의 창은 대학을 졸업하는 것으로부터 시작하여 기능적인 분야의 전문가가 되고, 사내에서 높은 지위에 오르고, 종사 업종에서 전문가가 되고, 재정적인 독립을 성취하고, 은퇴할 때에 이르기까지 역동적으로 존재한다. 이러한 각 단계별로 주어지는 기회와 자신의 경험 및 기술이 맞아 떨어질 때 성공적인 창업 기업가로 변모할 수 있다.

보통 벤처 기업 하면 사업 활동이 신속하고 재빨리 움직이기만 하는 것으로 생각하는 경향이 있다. 높은 기대하에서 투자한 벤처 기업의 창업자에게 화려한 사무실과 백지 위임장을 쥐어 주고 모든 권한과 책임을 위양하면서 CEO가 사업에 관한 모든 아이디어를 가져야만 하는 것으로 생각하는 경우가 많다. 그러나 창업자의 전략적 창이라는 관점에서 보면 실상은 새롭고 기발한 아이디어를 창업자 자신이 만들어 내지는 않았더라도 타인을 통해서 얻을 수도 있는 것이고, 때로는 인내력을 가지고 기다려 볼 수 있는 작업일 수도 있다.[12] 물론 창업자나 아이디어의 제공자가 화려한 경력을 반드시 가져야만 하는 것도 아니다. 중요한 것은 그런 아이디어를 열매를 맺게 하는 능력이 창업자에게 필요하다는 것이다. 벤처 기업의 창업자가 가져야 할 능력은 사업에 착수하는 것 그 자체가 아니라, 기회를 포착하고 시장에 뛰어드는 넓은 안목과 이를 위해 요구되는 인내력이다.

이러한 점에서 창업자는 대기업의 일반 경영자와 의사결정 과정상 여러 가지 차이점을 지닌다. 뷰즈니츠와 바니는 창업자와 일반 경영자의 비교 연구에서 창업자가 일반 경

---

[11] Michel Harvey and Rodney Evans, "Strategic Windows in The Entrepreneurial Process," *Journal of Business Venturing*, 10, 1995: 331-347.

[12] Jerry Useem, "Help Wanted," *Inc.*, March 1997: 29.

영자들보다 의사결정 시 **편의**(Bias)와 **발견적 방법**(Heuristics)을 더 사용하는 경향을 보인다는 점을 밝혔다.[13] 이는 환경이 불확실하고 복잡할 때 편의와 발견적 방법은 의사결정에 효율적이고 효과적인 가이드가 될 수 있다는 것이다. 그러한 환경 하에서는 보다 종합적이고 신중한 의사결정이 현실적으로 불가능하기 때문이다.

구체적으로 편의적 의사결정 방법 중의 하나는 **과다한 자신감**(Overconfidence)이다. 이는 자신이 옳다는 것을 지나치게 과대 평가하는 것이다. 또 하나는 **대표성**(Representativeness)인데, 이는 작은 특징이나 관찰 내용으로부터 지나친 일반화를 끌어내려는 경향이다. 연구결과 창업자들이 일반 경영자들보다 높은 수준의 과다한 자신감뿐만 아니라 광범위한 대표성 경향을 보였다.

편의적, 발견적 방법을 활용하지 않고서는 창업자들이 의사결정을 하기가 어려울 것이다. 창업 기업의 경우 의사결정을 위해 필요한 정보들이 모두 준비될 때까지 기다리다가는 기회의 창이 사라질 것이다. 성공적으로 창업을 추진하기 위해서는 여러 가지의 애로 사항을 극복해야 한다. 다양한 사업 상의 문제들을 다루기 위해 단순화된 의사결정 메커니즘을 활용하는 것이 매우 중요하다. 엄격한 분석적 접근법으로 문제를 해결하려는 것은 의사결정을 지연시킬 뿐만 아니라 결국 문제를 해결하지 못하는 결과를 낳게 된다.

전략적 창을 통해 창업자가 선택할 수 있는 시장 진입의 방법에는 신규 창업(Start-Up), 부업(Part-Time), 프랜차이즈(Franchise), 인수(Acquisition), 사내 창업(Intrapreneurship) 등이 존재하는데, 표 11-2는 전략적 창의 관점에서 각 진입 방법의 장단점을 보여준다. 회사 생활을 통해 습득할 수 있는 무형의 기술과 경험에 대한 평가는 자신이 직접 회사를 운영할 경우 많은 도움을 줄 수 있다. 단지 창업자가 되려고 열망하는 것이 곧 성공은 아님을 명심하는 것도 중요하다. 자신의 생애에 걸쳐 제공되는 여러 기회에 대해 민첩하게 대처하는 것, 자신의 능력을 키우기 위한 노력과 그러한 노력이 시장의 요구와 맞아 떨어지는 것이 성공적인 시장 진입의 핵심이다. 비록 개인이 뛰어난 실력을 갖춘다 하더라도 전략적인 창이 시장을 향해 열려 있지 않다면 실패할 가능성은 언제라도 있다. 따라서 때를 기다리며 자신을 준비해 나가야 한다. 창업자가 되는 방법이 오로지 한 가지만 존재하는 것은 아니기 때문이다.

[13] Lowell W. Busenitz and Jay B. Barney, "Differences Between Entrepreneurs and Managers in Large Organizations: Biases and Heuristics in Strategic Decision-Making," *Journal of Business Venturing*, 12, 1997: 9-30.

표 11-2 진입 방법의 장단점

진입 방법	장점	단점
신규 창업	· 과거 없이 새롭게 시작할 수 있다 · 필수 요소의 비용을 최소화할 수 있다. · 전 직원들을 새로이 선발할 수 있다. · 경쟁사와 차별적인 회사 이미지를 구축할 수 있다.	· 조직/인사에 투여하는 시간이 엄청나다. · 모든 것에 초기 운영 비용이 든다. · 업무 지원 시스템이 미비하다. · 고객이나 공급자에게 인지도가 없다. · 계획 수립과 사업 착수에 자금이 고갈될 수 있다.
부업	· 개인적 위험도가 적다 · 기존 직업을 계속 유지할 수 있다. · 개인적 관심도가 높다. · 전업 전에 시험 삼아 해 볼 수 있다.	· 전적으로 몰입할 만큼 중요치 않다. · 고객이나 공급자가 '진정한' 회사로 인정하지 않는다. · 충분한 지원이 부족하다. · 사업 기반이 미비하다. · 충성도가 양분된다. · 손익 분기점 달성이 어렵다.
프랜차이즈	· 기존의 인지도를 활용할 수 있다. · 과정/절차 등이 확립되어 있다. · 본부로부터의 지원 · 광고/판촉상의 산하 효과	· 과거의 성과에 좌우될 수 있다. · 유연성의 부족 · 성공 시에도 본부에 계속 로열티를 지불해야 한다. · 본부의 실책이 프랜차이즈 전체에 영향을 미친다. · 본부 구매 자재의 고비용성
인수	· 이미 확립된 고객/공급자 기반 · 즉각적인 현금 흐름 · 인사 배치 확립 · 사업 수행의 기반 구조 확립	· 피인수 회사 내부의 변화에 대한 저항감 · 기업 문화의 단절 가능성 · 시장의 인지를 바꾸기 어렵다. · 매입 과정에 핵심 인력을 빼앗길 우려가 있다.
사내 창업	· 창업에 필요한 개인적 기술을 시험해 볼 수 있다. · 부족한 기술을 개발할 수 있는 기회 · 재정적 위험도가 낮다. · 다른 경영진과 차별화할 수 있는 방법	· 벤처가 실패할 경우 사업주가 손해를 입는다. · 회사가 적절한 보상을 안 해줄 수 있다. · 동료들로부터 따돌림당할 수 있다. · 벤처의 성공 시 회사의 일상적인 의사결정과 인센티브 체제에 흡수된다.

자료: Michel Harvey and Rodney Evans, "Strategic Windows in the Entrepreneurial Process," *Journal of Business Venturing*, 10, 1995: 331-347.

3. 창업 경영 역량과 기업의 발전

(1) 사업 추진 활동

창업 경영의 역량은 창업의 준비 단계부터 발휘된다. 그러한 역량은 타고난 것이라기보다는 사업의 준비와 추진에 임하는 자세와 실천 행동을 통해서 스스로 배우고, 깨닫고, 가꾸어지는 것이다. 카터 등은 미국의 71명의 예비 창업자(Nascent Entrepreneur), 즉 새로운 사업을 추진하기 위해 여러 절차를 밟고 있으나 아직 공식적인 사업체의 소유자는 아직 아닌 창업 준비기에 있는 사람들을 대상으로 창업 활동에 대해 다음 문제를 중심으로 조사 연구를 실시한 바 있다.[14]

- 예비 창업자는 신규 사업 추진을 위해 어떤 활동을 시도하는가?
- 창업 기업의 준비 기간 중 예비 창업자는 얼마나 많은 활동을 시도하는가?
- 특정한 활동들이 언제 시작되고, 또 종결되는가?

첫번째 인터뷰와 그 후 6-18개월 사이에 시행된 두 번째 인터뷰 기간 중 예비 창업자의 48%가 실제로 사업을 개시하고 운영 중이라고 응답했다. 그러나 20% 이상이 중도에 포기하고 사업체 설립에 더 이상 적극적인 노력을 보이지 않았다. 그리고 응답자의 3분의 1 정도가 아직 회사 설립을 위해 노력하고 있다고 답하였다.

연구 결과 예비 창업자는 실행형, 포기형, 그리고 준비형 등 크게 세 가지 유형으로 나눌 수 있었다. 먼저 실제로 사업을 시작할 수 있었던 **실행형 예비 창업자**는 자신의 사업 구상을 실현한다는 측면에서 상당히 공격적이다. 이 유형의 예비 창업자는 다른 사람들에게 자신의 사업을 가시적으로 만들도록 하는 활동을 수행했다. 이들은 재정적 지원을 탐색하여 얻어내고, 법인체를 구성했다. 또한 팀을 조직하고, 설비와 장비를 구입하며, 자신의 전 시간을 사업에 바쳤다.

사업을 개시한 이러한 예비 창업자들은 높은 열성으로 업무를 추진했다. 그들은 사업을 개시하지 못한 사람들보다 더 능동적으로 활동을 수행했다. 활동의 유형은 그들 자신의 매일 매일의 생활을 가능한 한 사업을 지속시키는 데 투입하였다. 그런 활동의 결과 매출을 올리고, 흑자 현금 흐름을 달성하는 사업을 영위할 수 있었던 것이다. 그러나 이러한 창업 기업들이 앞으로도 계속 성공을 거두고 수익을 올릴 수 있는가는 미지수이다. 예를 들어 사업 개시에 성공한 기업의 50%는 흑자 현금 흐름을 달성하지 못했다. 그러한 기업은 장차 유지가 불가능한 무모한 사업을 시작한 것일 수도 있다.

---

[14] Nancy M. Carter, William B. Gartner, and Paul D. Reynolds, "Exploring Start-Up Event Sequences," *Journal of Business Venturing*, 11, 1996: 131-166.

둘째, **포기형 예비 창업자**는 초기의 사업 아이디어가 성공하지 못할 수 있다는 점을 발견한 부류이다. 모델이나 시제품을 개발하는 활동의 유무가 단순 포기하는 창업자와 포기는 하되 사업 아이디어를 테스트하고 사업이 그들이 기대한 대로 진행되지 않을 것이라 점을 알아낸 창업자를 구별하는 잣대가 된다. 포기형과 실행형 예비 창업자는 사업에 착수하는 과정 중 시작 단계에서 공격적인 방법으로 사업체를 만들어 내는 활동을 벌인다는 점에서 유사하다. 그러나 포기형은 시간이 지남에 따라 사업의 여러 면모가 드러나면서 활동을 줄이고 창업 활동을 그만둔다는 데 차이점이 있다. 이러한 유형의 예비 창업자들은 그들의 사업 아이디어를 테스트해 보고 자칫하면 실패나 유연성 부족으로 결판날지 모르는 사업에서 손을 떼고, 그들이 테스트를 통해 발견한 문제들을 해결하기 위한 보다 창조적인 방법을 찾는 것이다.

셋째로, **준비형 예비 창업자**는 계속적으로 창업 시도를 하는 사람으로 초기 단계에서 과연 사업을 시작해야 하는지, 아니면 포기해야 하는지를 알기 위한 노력을 충분히 기울이지 않았을 수 있다. 이러한 부류의 예비 창업자들은 위의 두 유형보다 양적으로 적은 활동을 한 사람들이다. 즉 사업 아이디어를 현실화하기 위한 활동에 있어 저축이나 계획표를 준비하는 등의 사업 초기의 내부적인 활동에 그치고, 그 다음 단계로 넘어가지 못하는 단기적인 노력을 보이는 데 그친다. 어떻게 보면 말만 많고 실행은 없는 사람들일 수도 있다. 그렇지 않다면 그들이 집착하고 있는 특별한 사업 기회가 실현되기에 보다 많은 시간을 요구하는 사업일 수도 있다.

사업을 막 시작하려고 하는 예비 창업자는 단기간 내에 공격적인 활동을 추구해야 한다. 왜냐하면 현명한 창업자는 자신이 추구하는 사업이 과연 계속 고집해서 성공할 만한 것인지 아니면 빨리 포기하지 않으면 실패할 것인지를 빨리 배우는 사람이기 때문이다. 사업 착수를 위해 시간과 노력을 바치지 않는 창업자는 성패를 맞보기 전에 항상 준비만 하는 것이다. 성공이든 실패든 모든 노력을 기울여 결판을 내고 다음 단계로 가는 것이 현명한 것이다. 창업자의 일상적 활동 내용이 무엇인가가 중요하다. 창업자가 수행하는 활동의 종류, 활동의 양, 그리고 활동의 결과는 신규 사업을 성공적으로 개척하는 창업자의 능력에 결정적인 영향을 미친다.

(2) 사업 네트워크의 구축

신생 벤처 기업은 기존의 중견 기업이 갖고 있는 확립된 상품, 알려진 기술, 고객과의 오랜 유대 관계, 풍부한 경험을 지닌 경영진, 충분한 자본, 그리고 강한 명성 등 여러 가지의 사업 자원이 대개의 경우 부족한 것이 사실이다. 이러한 약점을 강점으로 전환시킬 수 있는 능력이 아직 성숙하지 못한 창업 기업의 과제이자 성공의 척도이다.

창업 기업에겐 취약점이지만 수익성 있는 성장에 결정적으로 중요한 자원들을 어떻게 얻어낼 것인가? 최우선적으로 중요한 것은 바로 '사람'이다. 사업 기회의 포착, 전문 경영, 정부의 인가, 자금 조달, 고객 확보, 하청 업체 설득 등 일련의 과제들을 효과적으로 수행하기 위해서는 반드시 그 일에 적합한 인재들이 창업자 자신의 **인재 네트워크** 속에 있어야만 한다. 따라서 성공적인 창업 기업가들은 네트워크 활동을 통해 자원을 얻어내고 경쟁우위를 달성한다. 네트워킹은 창업 기업가가 외부 조직과 유용한 관계를 형성하고 이용함으로써 여러 채널에 접근하여 정보, 조언, 신용 등을 얻어 내고, 기술 혁신을 달성할 수 있게 한다. 또한 타 조직과의 사업 관계는 창업 기업가가 바라는 사업 결과를 자산의 검약성(Asset Parsimony)을 통해 달성할 수 있도록 한다.

사업 아이디어가 아무리 훌륭하다 하더라도 홀로 모든 일을 해낼 수는 없는 노릇이다. 따라서 기업을 만들고 운영한다는 것은 곧 필요한 인재들과 믿을 만한 파트너십 관계를 구축하는 과정이라 해도 과언은 아닐 것이다. 그러한 과정에서 주의해야 할 것을 몇 가지 열거하면 아래와 같다.[15]

- 일류 대학 졸업증과 같은 학벌보다는 그 사람의 자질을 중요시한다
- 조급함을 버리고 끈기 있게 기다린다
- 자금 회수뿐만 아니라 반드시 자신의 사업 내용을 이해하고 있는 투자가를 찾는다
- 금전적 관계뿐만 아니라 신뢰에 바탕하여 네트워크를 구축한다
- 공급 업체와는 독점적인 계약을 통해 관계를 구축한다

창업 기업이 네트워크를 하나의 해결책으로 활용하는 데 있어 현실적으로 해결해야 할 문제가 여러 가지 있을 수 있다. 사업 파트너로 어떤 사람을 정해야 하는가? 조직간 관계는 모든 동일한 것인가, 아니면 어느 특정한 관계가 더 유용한 것인가? 높은 수준의 네트워킹 활동에 의존하는 기업들은 실제로 외부 조직과의 관계를 통해 자원을 얻지 않는 조직보다 좋은 성과를 올리는가?

관계를 중시하는 사회일수록 창업 과정에서 네트워킹의 중요성은 더 커진다. 자오와 애럼은 중국의 기술지향적 창업 기업의 경영진과의 광범위한 인터뷰를 통해 창업 네트워킹의 중요성을 확인한 바 있다.[16] 네트워크는 범위와 강도의 측면에서 이해할 수 있다. 네트워크의 범위(Range)는 해당 기업이 관계를 맺고 있는 외부 조직의 수를 가리킨다. 네트워크의 강도(Intensity)는 깊이라고도 하는데 외부 조직과의 관계를 통한 자원의 의존 정도로서 계약의 빈도와 교환되는 자원의 양을 가리킨다.

이들의 연구 결과 고성장 창업 기업의 경영자는 저성장 창업 기업의 경영자보다 사업 네트워킹의 범위가 보다 넓고 강도도 센 것으로 나타났다. 또한 이러한 네트워킹 활동과

---

15 Donna Fenn, "Rules of Engagement," *Inc.*, January 1997: 48-53.

16 Liming Zhao and John D. Aram, "Networking and Growth of Young Technology-Intensive Ventures in China," *Journal of Business Venturing*, 10, 1995: 349-370.

성장 사이의 긍정적인 관계가 기업 발전 과정에 있어 여러 단계에 걸쳐 나타났다. 따라서 전반적으로 네트워크의 범위와 강도가 성장 과정에서 중요한 것으로 평가되었다.

중국과 외국 기업 간의 사업 관계는 최근 수년 간 급속하게 확장되고 있다. 많은 외국 기업가들이 라이센스 협정, 합작 파트너, 지분 참여, 혹은 창업 기업과 유통 관계를 맺기를 바라고 있다. 그렇다면 서방에서 적용되는 네트워킹의 규칙이 중국에도 적용되는 것일까? 위의 연구 결과는 중국의 창업 기업들의 네트워킹 활동 과정이 서방에서 일어나고 있는 것과 맥락을 같이한다는 것이다. 이렇듯 네트워킹 활동은 다른 문화적 기반하에서 이루어짐에도 불구하고, 같은 네트워킹 원칙에 의해 사업의 성공을 일구어 낼 수 있다.

네트워크 구축 활동을 통해 성공적인 창업 기업가적 행동에 대한 이해를 상호간에 공유한다면, 외국의 기업가와 중국의 파트너는 함께 일하면서 서로를 배울 수 있다. 경영 스타일, 기대, 태도 그리고 언어에 있어서의 문화적인 차이가 가끔씩 사업 관계에 장애가 되곤 한다. 중국의 기업가들과 함께 일하는 것도 예외적인 문제는 아니다. 중국과 외국의 사업 관계 내에 현존하는 문화적 차이점들에 맞추어 가는 것은 외국의 입장에서 보면 상당한 정도의 적응을 요구할 수도 있다. 왜냐하면 중국적인 네트워크(Quanxi)의 구축이 외국인에게는 익숙하지 않은 방식이기 때문이다. 그러나 궁극적으로는 창업 기업가적 네트워크 구축이라는 공통의 언어를 공유한다는 사실을 인식할 수 있다.

신생 벤처 기업은 필요한 자원을 획득하기 위해 경영진에게 외부 조직에 대한 네트워크를 적극적으로 확장하도록 요구할 수 있다. 그러나 그러한 네트워크 구축 활동은 일정한 정도를 넘어서면 독립성과 자율성이라는 중요한 창업 기업가적 동기를 거스를 수 있다. 따라서 창업 기업가는 네트워크를 통해 필요한 자원을 외부 조직에게 의존함과 아울러 그것과는 대비되는 독립 정신을 잘 조합할 필요가 있다. 그리고 전략적 사업 관계와 개인적인 자율성 간에 균형을 맞출 필요가 있다.

(3) 창업자의 개인적 역량

일단 성공적으로 사업을 개시한 창업 기업이 모두 사업 개시로부터 고속 성장, 성숙, 그리고 쇠퇴의 성장 단계를 경험할 것이라고 생각하는 것은 그릇된 판단이다. 기업 관련 각종 통계 지표들을 보면 매우 적은 수의 기업들만이 대규모 회사로 성장한다는 것을 알 수 있다. 소수는 약간의 성장을 누린다. 그러나 대다수의 기업들은 창업자에게 최저 수준의 기대 수입만을 제공하는 느린 성장을 경험하게 된다. 고도 성장을 경험하는 극소수의 창업자는 차별적인 정보 처리 능력과 위험 추구 성향을 갖는다.

우선 고속 성장을 유도하는 창업자는 미래에 대한 남다른 직관력과 아울러 조직적인 분석력을 갖추어야 한다. 고속 성장을 하는 극소수 기업의 창업자들은 어떠한 인지적 특성을 가지고 있는가에 대해 진과 섹스턴은 1987년 *Inc.*지 선정 500대 고성장 기업과 저성장 기업의 창업자들을 비교 연구한 바 있다.[17] 이들은 마이어스-브리그스의 정보 처리 유형 척도를 사용하여 창업자가 환경으로부터 정보를 수집하고, 의사 결정을 하며, 정보로부터 결론을 도출하는 개인의 인지적 선호 방식을 조사했다.

그 결과 고성장 기업의 창업자들이 저성장 기업의 창업자들과 매우 다른 인지적 선호 유형을 가진다는 점이 드러났다. 성장 지향적 창업자들은 정보와 아이디어를 수집할 때 미래의 잠재성에 대한 직관적인 접근 방식을 선호한다. 또한 결론을 도출하는 데 있어서는 계획적이고 조직화된 접근 방식을 선호한다. 이러한 정보 처리 방식은 기업의 전략 수립과 성장 계획에서 주로 사용되는 인지적 측면을 표현한다고 할 수 있다. 이러한 특징적 차이를 통해 창업자가 전략적인 사고와 기획을 하지 못함으로써 기업이 제대로 성장하지 못하거나 실패할 수 있다는 유추를 할 수 있다.

또한 위험 추구 성향에 있어서 기업 경영이 세계에서는 어느 누구도 모험적 의지를 잃은 창업 기업가가 끝까지 버티고 참는 모습을 보일 것이라고 생각하지는 않을 것이다. 그러나 성공적인 창업 기업가들 중에 모험적인 의지를 잃은, 즉 위험을 기피하는 행동이 어느 정도 광범위하게 나타나는 편이다.[18] 예전의 겁 없는 창업 기업가들은 위험의 감수와 변화에 기반을 두고 기업을 운영하여 사업을 나락으로 빠뜨리는 경우가 많았다. 초기에 보였던 용감무쌍한 창업 기업가의 모습에 반해 있는 정력적인 직원들은 회사의 성장 이후 그가 과거와 같이 위험스러운 계획을 계속 추진할 때 큰 어려움에 처하게 된다. 이에 반해 위험 기피 성향이 있는 최고 경영자의 밑에서 일하는 경영자들은 지난 시절 창업 기업가가 보여 주었던 회사에 대한 공헌을 올바로 평가하고 장차 기업의 성장을 위해 자신들이 할 수 있는 공헌들을 인식함으로써 창업 기업가의 고심을 덜어줄 수 있다.

창업 경영의 역량은 남성과 여성을 특별히 구분짓지 않는다. 남성들이 지배하고 있는 산업에서 기업을 운영하는 여성 창업자들은 전통적으로 여성들이 강세를 보이는 소매상이나 서비스 사업에 종사하는 여자들보다 오히려 동종 산업에 속한 회사의 남성들과 유사한 점이 많다. 미국의 **전국 여성 사업가 협회**(National Association of Women Business Owners)에서 실시한 설문 조사에 따르면 성별 차이는 기업의 소유주별로 나타나는 것이 아니라 사업의 유형이나 종사하는 산업의 종류에 더 많은 영향을 받는 것으로 나타났다.[19] 유통업이나 서비스업 같은 전통적인 산업에 종사하지 않는 여성 창업자들은 오히려 남성적인 경향을 띤 경우가 많았다.

즉, 운송, 건설 및 개발, 통신, 제조, 항공, 도매, 금융, 첨단 산업, 오락 등과 같은

---

[17] Charles W. Ginn and Donald L. Sexton, "A Comparison of the Personality Type Dimensions of the 1987 *Inc.* 500 Company Founders/CEOs with Those of Slower-Growth Firms," *Journal of Business Venturing*, 1990, 5: 313-326.

[18] Steven Berglas, "The Risk-Averse entrepreneur," *Inc.*, February 1997: 35-36.

[19] Kathleen R. Allen, "What Do Women Want?" *Inc.*, September 1996: 27-28.

비전통적인 산업에 종사하는 여성 창업자들은 전통적인 산업의 여성들보다 26%나 더 자사의 제품들을 해외로 수출하고 해외 시장 개척에 열정적인 것으로 나타났다. 그들은 시중 은행의 대출을 받기 위해 보다 어려운 과정을 거쳐 자금 조달 활동을 수행하며, 사업의 평균 총 매출액이 38%나 더 많고, 투자액 증가율도 17%나 더 높은 것으로 나타났다.

비전통적인 산업에 종사하면서도 성장률을 꾸준히 보이는 여성 창업자들은 남성 파트너와 함께 일하는 경우가 많았고, 세계적인 식견을 가지고 자신의 사업을 성장시킬 만한 인력 혹은 네트워크를 구축하면서 적극적인 전략적 제휴를 꾀하는 능동적인 사업가로 드러났다. 결론적으로 세계적 수준의 고성장 기업에서는 성별 차이가 별 문제가 되지 않는다는 것을 알 수 있다.

(4) 창업자의 자기 관리

창업 기업가는 사업의 성패에 관계 없이 지속적으로 다양한 경영상의 과제에 당면하고, 그러한 과제를 해결해 나가는 것이 일상적인 업무이다. 따라서 창업자는 사업을 시작한 후 여러 가지 업무상의 스트레스에 계속 시달리게 마련이다. 표 11-3은 *Inc.*가 1996년에 선정한 500대 기업 창업자의 업무상의 고민거리를 예시한다. 이를 보면 많은 창업자들이 경쟁 전략 수립과 인적 자원 관리로부터 수주 관리와 법적 소송에 이르기까지 모든 경영상의 문제로 고민한다는 것을 알 수 있다.

사업 초기에서부터 성숙기까지 이러한 여러 가지 문제에 부딪히면서 자신감이 떨어지거나 희망을 잃거나 혹은 사업을 계속해 나갈 만한 힘조차 잃을 수 있다. 그러나 자신의 능력 이상의 것을 요구하는 상황에 닥칠 때 느끼는 스트레스는 일정 기간의 휴가나 휴지기를 통한 재충전을 통해 극복 가능하지만 이러한 스트레스와는 다른 종류의 감정도 존재한다. 이미 달성했던 목표이거나 충분히 달성 가능하다고 여겨지는 사업 목표가 주어지면

표 11-3 창업 기업가의 고민거리

순위	내용	비율 (%)
1	경쟁사의 전략	18.0
2	인적 자원의 관리	17.2
3	신기술 조류 따라잡기	13.0
4	성장률의 관리	12.5
5	자금 관리	12.3
6	충분한 사업 자금 동원	9.0
7	정부의 입법 규제	7.0
8	주문 사항의 준수	3.3
9	법적 소송	2.0
10	기타	5.7

자료: *Inc.*, "What Worries CEOs: Based on a Survey of the 1996 Inc. 500," February 1997: 97.

무료함이나 무의미감 등의 감정에 빠지면서 사업에 대한 열정이 식을지도 모르는 위기에 빠질 가능성이 있다. 이러한 것을 탈진(Burnout)이라고 하는데, 탈진은 외로움, 교만함, 지나친 모험 심리 등을 자극하여 자기 파괴적인 결과를 초래할 수도 있는 아주 위험한 것이다. 이러한 상황에 처한 창업자는 다음과 같은 다섯 가지 대처 방안을 시도해 볼 만하다.[20]

- **자신의 기술(Skill)을 여러 모로 시험하고 확장해 보라**: 현재 자신이 가지고 있다고 생각하는 능력이 있다면 그것을 다각화해 보고 끝없이 시험해 볼 필요가 있다. 자신감을 증진시키고, 자신에 대한 여러 가지 반성을 할 많은 기회를 가지는 것이 중요하다.
- **남을 가르치라**: 남을 가르친다는 것은 자신에 대한 재확신과 자신의 확장을 꾀할 수 있는 기회를 준다. 나아가 사업 내적인 사람들뿐만 아니라 사업 영역 밖의 사람들도 가르쳐 볼 만하다.
- **경영 승계 계획을 세워 보라**: 미래의 경영 승계 계획을 세운다는 것은 사신의 궁극적인 목적이 무엇인지 재확인하고 새로운 활력소를 불어넣는 것이다. 이것은 현재의 어려움을 그저 환상 속에서 탈출하는 것과는 질적으로 다르다. 자신이 선호하는 것과 기피하는 것을 뚜렷이 판정하고 그것에 대한 대책을 함께 세우는 것이 중요하다. 그것에 따라 자신의 사업을 같이 이끌어 나갈 믿을 만한 사람에 대한 생각을 고쳐 세우고, 자신의 지원자를 찾는 작업을 사신만의 분석을 통해 할 수 있는 것이다.
- **네트워크를 구축하라**: 정신적이고 창업 기업가적인 건강을 일깨워 줄 동료, 즉 자신에게 지적인 자극을 줄 수 있는 동료들과의 네트워크 구축이 반드시 필요하다. 자신만의 세계에 갇혀 있는 사람만큼 자신을 제한하는 사람은 없는 법이다. 새로운 혁신적인 아이디어를 얻을 수 있는 젊은 창업가 그룹과 같은 동료를 자신의 주위에 두고 끊임없이 의사 소통하도록 노력해야 한다.
- **새로운 열정을 가지도록 노력하라**: 새로운 도전 의식과 창업 기업가 정신을 되찾으려고 한다면 자신의 사업 영역 밖의 무엇을 찾아 자신이 재충전되도록 투신할 필요가 있다. 현재의 일에 매달리기보다는 다른 일을 통해 자신감과 열정을 되찾는 것도 한 방편임을 명심해야 한다.

많은 창업 기업가들은 회사의 가치를 올리기 위해 자신의 개인적인 재정 상태를 방치해 두는 경우가 대부분이다. 그러나 창업 기업가라 해서 회사의 재정 상태에만 신경 쓰고 자기 가성의 재정 상태에 대해서는 무관심해서는 안 된다. 회사의 가치가 아무리 급등한들 자신과 자신의 가족이 빈곤한 삶을 산다면 무슨 의미가 있겠는가? 개인적 재정 상태를 건전하게 유지하는 것이 결국 사업체의 건실한 성장에도 도움이 된다. 창업 기업가는 개인적 재정 상태를 건전하게 유지하기 위해서 아래와 같은 행동 지침을 명심할 필요가 있다.

---

[20] Steven Berglas, "Managing Stress," *Inc.*, March 1996: 70-75.

- 개인적인 위험을 최소화하라.
- 개인적 부채를 피하라.
- 자신에게 적당한 수준의 월급을 지불하라.
- 개인적 투자 등을 통해 유동성을 확보하라.

표 11-4는 창업자가 자녀들의 교육비나 휴가 비용 등 자신과 가족을 위한 재정 상태를 점검해 볼 수 있는 설문 양식을 제시한다.[21]

4. 전문 경영자로의 전환

창업 기업가는 보통 기술적 업무에 뛰어나서 사업을 개시한 사람들이 많다. 이들은 기술적으로 뛰어남으로 해서 곧바로 사업 운영에 있어서도 뛰어날 수 있다고 생각한다. 그러나 사업에 필요한 기술을 잘 알고 있다고 해서 그 기술을 활용하는 사업 자체를 잘 알고 있다고 가정하는 것은 크나큰 오류이다. 이를 한마디로 E 신화(E-Myth: Entrepreneurial Myth)라고 한다.[22] 이러한 가정 하에 사업을 하는 많은 창업자들이 실제로 실패의 길로 들어선다. 창업자가 기술을 직접 잘 안다는 사실이 오히려 효과적인 경영에 장애물로 작용할 수 있기 때문이다. 성공적인 창업자가 되기 위해서는 자신이 직접 기술적 업무를 수행하지 않고서도 사업체가 원활하게 운영되도록 하는 방법을 터득하고 실행해야만 한다. 즉, 성공적인 창업자는 회사가 성장함에 따라 기술자의 업무로부터 경영자의 업무로 노력의 초점을 옮기는 것이다.

(1) 전문 경영 체제

창업 기업이 성장하면서 경영진 선발, 인사 정책, 마케팅 전략, 재무 계획, 회계 시스템 개발 등 다양한 해결 과제가 대두된다. 따라서 사업을 시작할 때의 성공이 사업을 운영할 때의 성공을 보장하는 것은 아니다. 뛰어난 발명가이자 사업가였던 토머스 에디슨도 전문 경영자로서는 실패했다. 사업체가 성공하고 번영하기 위해서는 새로운 경영상의 기술과 접근법이 요구된다. 이를 위해 외부에서 유능한 전문 경영인을 유치하는 것도 좋은 대안이 될 수 있다. 그러나 창업 기업의 재정적 능력이 그에 못 미치거나 전문 경영 체제로 전환하는 과도기에 있을 때는 창업자 스스로가 전문 경영 역량을 터득하고 개발해내야

---

21 Andresky Jill Fraser, "Test Your Financial Fitness," *Inc.*, October 1996: 92-93.

22 Michael E. Gerber, *The E-Myth Revisited: Why Most Small Businesses Don't Work and What to Do about It* (New York: Harper Business, 1995).

표 11-4 창업자의 개인적 재정 상태 점검 설문

• 해당되는 모든 항목에 표시하시오. 표시된 숫자 × 5가 자신의 점수가 된다.

1. 다음의 문장 중 자신에게 해당되는 것을 전부 고르시오.
   a. 내 자신의 수입·지출을 결산해 본 적이 없다.
   b. 은퇴 시기가 조만간 닥칠 때 은퇴를 대비해 저축을 할 계획이다.
   c. 자녀들이 대학에 가는 것보다 회사를 상장하는 것이 중요하다.
   d. 만약 회사 운영이 그리 바쁘지 않다면 재산 계획에 대해 생각할 것이다.
   (다음에 해당되면 5점을 가산하시오: 내가 회사를 운영하는데 그리 바쁘지 않다면, 생명 보험에 가입할 것이다.)

2. 당신이 하고 있는 사업 외의 투자에 대해 생각하고 있을 때 무엇이 필요한가?
   a. 여유로운 자금
   b. 유능한 재정 자문가
   c. 복권 당첨
   d. 계획 중

3. 당신의 봉급은 안정적입니까?
   a. 회사를 시작하기 전 수준의 금액으로 돌아가고 있다.
   b. 그리 크지는 않지만 안정적이다.
   c. 봉급에 대해 생각하는 때가 그리 많지 않다.
   d. 생각한 적 없다.

4. 얼마나 자주 당신 개인의 신용 카드를 사용하십니까?
   a. 회사의 자금이 달릴 때마다.
   b. 항상 쓴다. 내 개인적 신용은 회사의 성장과 동고동락한다. 회사가 잘 안되면 안 써도 되고 잘 되면 쓴다.
   c. 내 신용 한도를 넘지 않을 때는 언제나.
   d. 결코 사용 안 한다.

5. 당신 혹은 당신 가족의 재정 상태에 대해 어떻게 생각하십니까?
   a. 끔찍하다. 이처럼 빨리 극도로 나빠질 수 있는가?
   b. 정말 자신 있다.
   c. 너무 바빠서 어떤 것도 느낄 수가 없다.
   d. 너무 혼란스럽다.

평가 결과:
1) 10점 이하: 축하합니다. 건전합니다. 더욱 더 사업에 정진하십시오.
2) 15-25점: 이성적으로 해나가고 있습니다.
3) 30-50점: 재정비할 때입니다. 일주일에 30분에서 1시간 정도 당신 자신의 재정 문제에 대해 고민하십시오.
4) 50점 이상: 위급합니다. 전문가와 상담하십시오.

자료: Andresky Jill Fraser, "Test Your Financial Fitness," *Inc.*, October 1996: 92-93.

한다.

실제로 창업자가 회사의 급성장에도 불구하고 전문 경영자로 잘 적응할 수 있다는 증거가 많다. 전문 경영자로 전환하여 회사의 성장에 적응한다는 것은 창조, 열정, 개인적인 직접 통제 중심의 관리 체제로부터 활용, 객관성, 조직적인 간접 통제 중심의 관리 체제로 바뀌는 것을 말한다. 포춘 1000대 기업 창업자의 경력을 살펴보면 일반적으로 창업 경영자가 적응력이 높고, 이공계보다는 경영학을 전공하고, 가족 중심의 경영을 할수록 성장 후에도 장기적으로 기업체에 머무르는 경향을 보인다.[23]

윌러드 등은 *Inc.*지의 초고속 성장 첨단 제조 업체를 대상으로 창업자가 직접 경영하는 경우와 전문 경영자가 경영하는 경우의 경영 성과를 비교 분석한 바 있다.[24] 그 결과 두 그룹간에 성장률, 수익성, 종업원 생산성, 주가 등의 성과에 있어 유의적 차이를 발견하지 못하였다. 이는 고속 성장하는 기업의 창업자의 경영 역량이 성공적인 창업 기업의 성장 속도를 따라잡을 수 없기 때문에 전문 경영진으로 보완되거나 대체되어야 한다는 통념을 깨는 것이다. 즉, 초고속 성장 기업의 창업자들이 사업이 복잡 다단하게 성장함에도 불구하고 경영 성과나 통제력을 희생하지 않고 잘 적응할 수 있음을 보여 준다.

피터 드러커는 시장 중심적 사고, 재무적 예측력, 강력한 최고 경영진, 그리고 창업자 자신의 장래 계획 등이 전문 경영 체제의 구축에 있어 특히 중요한 요소라고 제시한다.[25]

- **시장 중심적 사고**: 창업이 성공하려면 시장에서 소비자들이 제품을 받아들이는 것이 가장 중요하다. 시장 지향성을 잃으면 결국 경쟁 업체에게 기회를 제공할 수밖에 없다. 초기의 제품 개발 목적보다 사후적으로 발견된 시장의 기회를 추구하는 것이 필요하다. 일례로 DDT가 처음에는 미군 병사들을 열대 곤충과 기생충으로부터 보호하기 위해 개발되었지만, 나중에는 가축과 곡식에 대한 방제에 광범위하게 쓰였다. 예측하지 못했던 시장의 파악은 시간과 자금보다는 감각과 체계적인 활동이 요구된다. 발명가적인 창업자가 결코 소비자보다 더 잘 알고 있다고 여겨서는 안 된다.
- **재무적 예측력**: 기업이 급성장하는 것은 매우 바람직한 것이지만 한편으로는 자칫 잘못하면 재무적으로 통제 불가능한 상황을 야기할 수 있고 이를 바로잡기 위해 많은 비용과 기회 상실이 수반될 수 있다. 이는 재무적인 문제가 급속히 성장하는 기업에 있어서 더욱 크게 작용하기 때문이다. 이러한 문제에 대비하기 위해 창업자는 깊은 사고와

---

23 George C. Rubenson Anil K. Gupta, "The Founder's Disease: A Critical Reexamination." In Neil Churchill et al. (Eds.), *Frontiers of Entrepreneurial Research, 1990* (Babson Park, MA: Babson College, 1990): 177-178.

24 Gary E. Willard, David A. Krueger, and Henry R. Feeser, "In Order to Grow, Must the Founder Go: A Comparison of Performance between Founder and Non-Founder Managed High-Growth Manufacturing Firms," *Journal of Business Venturing,* 7, 1992: 181-194.

25 Peter F. Drucker, "The New Venture." In William A. Sahlman & Howard H. Stevenson (Eds.), *The Entrepreneurial Venture* (Boston, MA: Harvard Business School Publications): 247-262.

체계적인 분석을 통해 향후 3년간에 대해서 최대한 보수적으로 현금 흐름을 예측하고 이를 체계적으로 관리해야 한다. 재무 구조도 건실하게 유지해야 하며, 기업의 성장 기조를 활용하여 사적 금융보다는 기업 공개나 파트너의 지분 참여 등을 통해 공적인 자본 조달을 모색할 필요가 있다.

- **강력한 최고 경영진**: 시장 지향성과 재무적 계획이 충분히 준비되었다고 하더라도 강력한 최고 경영진이 없이는 소용이 없다. 경영진이 제대로 기능을 하기 위해서는 시간이 필요하기 때문에 충분한 시간적 여유를 갖고 필요 시점보다 먼저 구성되어야 한다. 창업 기업가는 팀의 리더가 되는 것을 배워야 한다. 창업 경영진은 기업 내의 핵심 인물들과 함께 핵심적 활동들이 무엇인지를 파악하고 누가 어느 핵심 활동을 책임지기에 적합할지를 정해야 한다.
- **창업자의 장래 계획**: 전문 경영진을 구성함과 아울러 창업자는 자신의 개인적인 미래를 생각하는 계기로 삼아야 한다. 새로운 사업이 발전함에 따라 창업자의 원래 역할과 관계가 변화하게 마련이다. 이러한 자연스런 변화에 거역하게 되면 창업자 자신이 사업의 성장에 방해가 되고 심지어는 사업체를 몰락시키는 결과를 낳을 수 있다. 따라서 창업자는 내가 무엇에 적합한가, 그리고 내가 사업상 필요한 것 중에서 무엇을 가장 잘 제공할 수 있는가라는 질문에 답해야 한다. 맥도널즈사의 창업자 레이 크록은 회장으로 있으면서 죽기 얼마전까지 자신을 '마케팅 양심역'(Marketing Conscience)으로 지명하고 매주 2-3개의 가맹점을 순회하며 품질, 청결도 및 친절성 등을 직접 점검하였다.

(2) 창업자의 정치적 역량

좋은 아이디어와 좋은 제품은 많지만 수준 높은 실행 능력과 경영 역량은 찾기가 힘든 것이 보통이다. 미국에서 수많은 성공적인 벤처 기업을 키워낸 벤처 자본가 아더 록은 사업 전략 자체를 수립하는 것보다 하루 하루, 또는 매달 사업을 운영해 나가는 전술이 더 어렵고 중요하다고 역설한다.[26] 그가 중시하는 것은 사업 계획서의 부록에 첨부된 창업자의 이력서이다. 이력서를 통해서 또 개인적인 대화를 통해서 창업자가 누구를 알고, 과거에는 어떤 경험을 했고, 누구를 직원으로 초치할지를 파악함으로써 사업의 잠재적 가능성에 대한 신뢰감을 얻을 수 있다는 것이다. 훌륭한 아이디어도 훌륭한 경영 역량이 없으면 실패하기 때문에 사람이 제품보다 중요한 것이다. 좋은 아이디어가 실행되지 않으면 단지 아이디어로 그치지만, 훌륭한 경영자는 하나의 사업 전략이 실패하면 언제고 또다시 새로운 전략을 펼칠 수 있다.

일상적인 사업 운영을 위해 무엇보다 필요한 것은 사업 추진을 위해 창업 기업의 내·

---

[26] Arthur Rock, "Strategy Vs. Tactics from a Venture Capitalist," *Harvard Business Review*, November-December 1987: 63-67.

외부적 세력을 활용하고 이끌어가는 정치적인 기술과 영향력이다. 초기 창업자들은 사업에 대한 과도한 열정 때문에 주변의 공급업자, 자금 제공자, 고객들, 그리고 내부적으로 파트너와 종업원들의 입장을 흔히 간과하는 것이 보통이다. 반면에 이러한 **이해 당사자(Stakeholders)**들은 창업자가 믿을 만한 증거를 제시하기 전까지는 선불리 창업 기업에 참여하거나 지원하기를 꺼린다. 예컨대 고급 잡지 사업을 하려는 경우 인쇄업자나 장비 공급업자는 신설 업체라 하여 특별히 외상 거래 기간을 연장해 주려 하지 않고, 유통업자는 잡지 대금을 선불하려 하지 않는다. 특별한 자산이 없는 신설 잡지사에 대해 은행도 무담보 융자를 꺼리고, 광고주들은 잡지가 어느 정도 발행 부수에 도달할 때까지는 광고 의뢰를 하지 않으려 한다. 이들은 모두 누군가 다른 사람이 확고하게 먼저 참여하기를 기다리는 것이다.

능력 있는 창업자는 이러한 위협적 요소들을 극복하고 중화할 수 있는 정치적 기술을 개발해야 한다. 창업 기업에 있어 초기에 극복해야 할 상대는 경쟁 업체라기보다는 공급업체, 잠재 고객, 그리고 내부의 저항 세력 등의 기대치 않은 적들이다. 이들 이해 당사자들에게 확실한 혜택을 제공하지 못하면 창업 기업에게 필요한 그들의 자원이나 명성을 얻을 수 없다. 이해 관계상 창업 기업의 성공보다는 실패를 더 보고자 하는 기득권 세력에 적절히 대처하기 위해서는 다음과 같이 세 가지 방향으로 해법을 추구해야 한다.[27]

- **반대 집단의 흡수**(Co-optation): 내부의 기술 공헌자를 인정해 주거나, 창업 기업에 납품하는 공급 업체의 담당자나 유통 업체의 구매 담당자의 실패 가능성에 대한 책임을 면제해 주는 방안을 제시한다.
- **협력 세력**(Coalition)**의 구축**: 고객 업체나 공급 업체 내의 개인이나 집단과 제휴 관계를 구축한다. 이는 창업 기업이 실패하는 것을 보고자 하는 구성원들에 대한 반격을 할 수 있는 기반이 된다.
- **저항의 우회**(Bypassing): 저항 세력화되어 있는 담당자보다 상위의 경영자를 설득하여 위로부터의 공식적인 명령 절차를 통해 하위 저항 세력이 창업 기업을 받아들이도록 한다.

위와 같이 적극적인 반대 세력이 없더라도 창업 기업의 입장에서 보았을 때 능동적이지 못한 이해 당사자들도 심각한 장애 요소가 될 수 있다. 이들을 적극적인 지원자로 전향시키기 위해서는 아래와 같은 노력이 필요하다.

- **이해 당사자의 위험을 줄여 준다**: 이해 당사자들이 창업 기업에 대해 소극적인 태도로 임하는 것은 섣불리 지원했을 때 이미 잘 되어 가고 있는 것을 망치는 등 위험 부담이 너무 크기 때문이다. 따라서 위험 부담을 최소화할 수 있는 방안을 제시함으로써 창업

[27] Ian C. MacMillan, "The Politics of New Venture Management," *Harvard Business Review*, November-December 1983: 4-8.

기업의 제품을 보다 쉽게 받아들이도록 해야 한다. 예컨대 창업 기업의 신제품이 품질은 좋지만 고가인 경우 물품 대금을 제품 사용 후 기능상의 성과를 지켜본 다음 지불토록 하여 제품 채택 시의 위험 부담과 아울러 금전적 부담감을 줄여 줄 수 있다.

- **영향력 네트워크를 구축한다:** 창업 기업에 있어서는 무엇을 아는가도 중요하지만 누구를 아는가가 매우 중요하다. 사업 추진상 여러 모로 필요한 인맥을 장기적인 관점에서 개발하는 것이 필요하다. 이러한 인맥들의 추천과 지원을 통해 광범위한 신뢰성을 구축할 수 있다. 네트워크 구축 시에는 우선 이해 당사자와 가까이 있는 사람이나 조직체를 파악하고, 이들로부터 사업에 대한 충고나 비판을 구한다. 이들로부터 공략 대상 조직의 주요 담당자 2인 이상을 소개 받고, 접촉을 시도하는 것이 효과적이다. 네트워크를 구축하는 것도 중요하지만 구축된 네트워크로부터 최대한의 혜택을 얻기 위해 유지 및 발전을 기하는 것도 중요하다. 이를 위해 상호간의 공통점을 교류하고, 수시로 조언을 구하면서 의견을 개진한다. 또한 그들이 어려움을 당했을 때 성실하게 도움을 주는 자세를 보여야 한다.
- **신뢰성을 확립한다:** 창업자가 사업가로서의 신뢰성을 갖도록 하는 것이 인맥 구축에 있어서도 절대적으로 중요하다. 이를 위해 핵심적인 이해 당사자들에게 사업 계획을 설득력 있게 설명하고, 과거의 실적을 보여 주는 것이 필요하다.

5. 창업 기업가의 교육과 개발

창업 교육을 통해 조기에 창업자를 양성함과 동시에 장단기적으로 창업을 준비하고 있는 예비 창업자의 사업 실패율을 낮추도록 할 수 있다. 우리 나라에서는 1970년대 후반부터 대학에서 중소 기업론을 중심으로 창업 교육이 배태되었고, 1980년대 초부터 대학에서 창업 강좌가 시작되었다. 1986년 중소 기업 창업 지원법의 제정과 아울러 창업에 대한 정책적 지원과 사회적 관심이 높아져서 경영 컨설팅사, 산업 교육 기관, 은행 등에서 전문적인 창업 단기 강좌가 개설되어 왔다. 1990년대 후반부터는 고용 창출과 첨단 벤처 기업의 발선을 위해 대학뿐만 아니라 사회 전반적으로 창업 교육이 확산되기 시작했다. 특히 중소기업 진흥 공단, 생산성 본부, 경제 신문사, 대학 부설 기관, 문화 센터 등에서 활발하게 창업 강좌를 개설해 왔다. 이러한 강좌들은 대부분 창업 기업가의 정신 등을 다루는 창업 이론 부분, 사업 계획과 자금 조달 등에 대한 창업 준비 부분, 경영 전략, 마케팅, 생산기술, 인사, 인터넷 비즈니스 등에 대한 창업 후 경영 관리 부분, 유통업, 소자본 창업, 벤처 창업 등 업종별 창업 실무 부분, 그리고 사례 연구 및 실습 지도 부분 등으로 구성되어

있다.[28]

20여 년간 대학의 창업 교육 현황에 대한 연구를 해온 칼 베스퍼 교수는 1991년에 다시 전 세계적으로 750개의 경영 대학과 226개의 공과 대학 학장을 대상으로 각 학교에서 실시중인 창업 교육에 관한 설문 조사를 실시한 바 있다.[29] 조사 결과 창업 교육을 실시하는 학교 수가 증가하는 추세를 보였다. 미국보다는 오스트레일리아, 콜롬비아, 핀란드, 프랑스, 독일, 아일랜드, 한국, 노르웨이, 파키스탄, 스페인, 스웨덴, 영국 등의 나라에서 증가세가 뚜렷했으며, 전체 수는 1974년 85개에서 1991년 369개로 증가하였다. 경영 대학의 경우 창업 교육을 실시하는 학교가 1985년 이래 210개에서 369개로 늘어났으며, 1985년에 실시했던 210개 학교 중 152개가 1991년에도 여전히 실시중이었다. 반면, 1985년 39개의 공과 대학이 창업 교육을 실시했으나 32개 학교로 줄어들었으며, 1985년의 39개 실시 교중 13개만이 1991년에도 실시중이었다.

전체 조사 대상 학교 중 37.6%가 학부 수준의 교육을 실시하고, 23.7%가 대학원 수준의 교육을, 그리고 38.7%가 양자를 함께 제공하는 것으로 나타났다. 창업 교육을 실시하는 학교들 중에서 서너 개의 관련 강좌를 개설하는 학교가 51개 있었으며, 이런 강좌 중에서 학생들은 자신이 특별히 관심이 있는 분야에 대해 전공이나 학위 등을 위해 집중적인 교육을 받을 수 있다. 1997년 9월에 발간된 석세스(*Success*)지에 의하면 최고 랭킹 25위에 속하는 학교들 중에서 창업 분야를 최소한 중점 전공(Concentration) 분야로 지정한 곳이 19개교나 되고, 창업 전공 석사를 개설한 대학이 4곳, 그리고 두 대학은 박사 과정도 두고 있는 것으로 나타났다.[30] 창업 프로그램의 특성도 다양하여 워튼 스쿨의 경우 스나이더 창업 경영 연구소를 중심으로 학술적 연구와 지식 발굴에 중점을 두고 있는 반면, 남가주 대학(USC)은 캠퍼스 내에 사업 확장 네트워크를 운영하면서 사업 타당성 조사 방법에 상당한 비중을 두고 있다. 또한 오스틴의 텍사스 대학은 창업론을 MBA 과정의 필수 과목으로 지정했고, 코넬 대학은 7개의 단과 대학을 연계하여 심도 있는 학제간 창업 과정을 운영하고 있다.

일반적인 창업 교육 강좌가 포함하는 내용은 사업 계획서 작성, 강의, 문헌 읽기, 그리고 사례 연구 등이다. 세부적으로는 103가지 종류의 교재가 활용되고 있고, 사례 연구, 초청 강사의 강연, 강의, 텍스트 읽기, 개인별 혹은 팀별 사업 계획서 작성, 외부 전문가들을 초빙하여 함께 하는 학습 활동 등이 있다. 드물게는 실제 사례를 이용하여 교육하는 경우도 있다.

---

28 한정화, 이명자, "한국의 창업 교육 실태와 개선 방안," 경영 교육 연구, 2 (2), 1998년 11월: 5-26.

29 William B. Gartner and Karl H. Vesper, "Experiments in Entrepreneurship Education: Successes and Failures," *Journal of Business Venturing*, 9, 1994: 179-187.

30 조병주, "창업 교육: 교육 과정 전개와 효과적 교수 방법," 경영 교육 연구, 2 (2), 1998년 11월: 27-48.

창업 교육에서 실험적으로 시도한 학습 활동 등이 많이 있는데, 그 중에서 특별히 성공적인 예들은 다음과 같다.

- 비서비스 상품에 대한 사업 계획서를 작성하는 것
- 예전에 창업 교육을 받은 학생이 사업에 성공해서 후배를 가르치는 경우
- 창업 재무 계획 소프트웨어를 사용한 경우
- 초청 강사가 5000불을 기증하고 창업 교육에 모금을 하는 것
- 사업 계획서 초안에 대해 피드백 주기
- 창업자의 실제 사례를 토의한 후 저녁 식사를 같이 하는 것
- 사업 계획서에 대해 외부 인사 5인의 평가 면담 결과를 첨부하는 것
- 아이디어를 찾기 위해 특허청 사무소를 방문하는 현장 여행
- 학생들의 주의를 끌기 위해 현상금을 걸고 경연 대회나 퀴즈를 실시하는 것
- 현존하는 창업 기업을 위해 학생들을 컨설턴트로 선발하고 상담하게 하는 것
- 자신의 강점과 약점을 인식하게 하기 위해 성격 검사 도구를 이용하는 것
- 각종 활동에 대해 동문들을 면담 또는 서베이 조사하는 것
- 자금 조달 모사 실험, 사업 계획에 대한 경매, 협상 등
- 특정한 창업 관련 텔레비전 프로그램을 이용해 보기
- 회사를 사고 파는 협상 훈련
- 학생들 스스로의 창업 경험에 대해 발표하기
- 경험 있는 동문들을 초빙하는 것
- 학생들이 사업주를 위해 사업 계획서를 개발하도록 하는 것
- 오래 사용한 사례를 접어두고, 새롭고 지역적인 사례를 활용하는 것
- 미래 가족 기업 대표들의 회합을 개최하는 것
- 창조력에 방해물이 되는 것들을 치워버리기
- 격주간으로 학생들이 자기 점수를 평가하고, 예비 사업 계획서 초안을 발표하기

반면에 별로 성공적이지 못했던 교육 실험도 많았다. 다음은 그러한 예를 보여 준다.

- 대학 3학년 학생들에게 이해되지 않는 강좌
- 2년간 계속 사용된 컴퓨터 시뮬레이션 게임
- 여름 계절 학기 동안 실시된 짧은 교육
- 성공하지 못한 창업자와의 면담이나 서평
- 전체 학급에 한 개의 사업 계획서를 작성하도록 하는 경우 무임 승차자가 발생하여 교육 효과가 없다
- 신설 제조 회사에 대한 기말 프로젝트는 너무 큰 부담이 된다
- 초청 강사는 정해진 주제에 대해서만 이야기하는 경우가 많다

- 코스 말미에 사내 창업 서적을 읽는 것
- 학생들에게 전공 지식(회계, 재무, 마케팅 등)을 지나치게 강조하는 것
- 실제 창업자 사례 연구를 학생들에게 시키는 것
- 학생 팀의 규모가 2-3인을 초과하는 경우
- 경영이나 기술상의 조언자로서 다른 교수에 의존하는 것
- 별 효과가 없던 자료나 사례를 이용하는 것
- 사업 계획서 작성을 위해 세부 기록장을 이용하는 것
- 기말 고사를 실시하는 것
- 계량적인 연습(예를 들면 현금 흐름 계산)을 수업 시간에 진행하는 것
- 사례 중심 교육을 실시하는 것
- 학급 규모가 35명 이상이어서 학생 참여가 어려운 경우
- 그룹에게 맡겨진 사례 분석을 개인에게 떠넘기는 경우
- 수업 시간중에 학생들끼리 과도하게 비판하는 것을 제도적으로 보장하는 경우
- 한 강좌에 사례 연구, 사업 계획서, 그리고 시험까지 부과시키는 것
- 학생들로 하여금 강좌 내용에 대한 제안을 시키는 경우 아이디어가 빈약하다
- 학생들에게 자신만의 소 사례를 작성하게 하고 토론을 이끌도록 하는 것

위와 같이 여러 가지 교육 실험이 진행되어 왔는데, 이는 그 성패를 떠나 각 학교에서 다양하고 새로운 아이디어와 노력들을 시도한다는 점을 나타낸다. 창업 교육 내용 자체가 매우 복잡하고 상호 연관성을 지니고 있다. 예를 들면 특정 강좌에서 변화를 시도하면 그것이 다른 강좌에 영향을 끼치며, 또한 다른 강좌들에 의해 내용적으로나 방법론적으로 영향을 받게 된다. 이러한 상호 연관성에 따라 특정한 학교에서의 실패 사례가 다른 학교에서는 성공적인 방법으로 평가될 수도 있다. 그러므로 창업 교육 프로그램을 성공적으로 운영하기 위해서는 상황적인 조건을 살펴보아야 한다.

창업 실무

사업 아이디어의 검토: 사업 실현성 평가의 일반적 가이드[31]

차례

(1) 머리말

창의적 아이디어의 힘은 창업에 있어 가장 큰 축복인 동시에 해악이기도 하다. 축복인 점은 아이디어가 막 자라나는 기업이 직면하게 되는 심각한 장애들을 창업자가 극복하도록 하는 힘력을 주기 때문이다. 또한 해악인 점은 아이디어가 각별한 주의력을 요하는 사업 계획에 있어서 창업자를 눈가림하기 때문이다.

수많은 창업 기업들이 해마다 생겼다가 사라지며, 그들 대부분은 초기 회사 형태를 5년 이상 유지하지 못한다. 계획의 부족이 이러한 실패의 근원이다. 아이디어가 성공에 도달했다 해도, 만약 경영자가 이러한 성공을 맞이할 준비가 되지 않다면 이러한 성공은 곧 실패로 바뀔 것이다. 일단 당신이 무언가 새로운 것을 발명하고 세상이 이를 맞이할 길을 열어준다면, 당신은 다음에 무엇을 어떻게 할 것인가에 대하여 생각해 보았는가?

왜 사람들은 계획을 하지 않는가? 혹자는 계획을 어떻게 하는지 모르고, 또 혹자는 그것이 너무 부담되는 작업이라고 생각한다. 때로는 계획을 하는 것이 단지 아이디어가 쓸모 있

31 이 사업성 평가 지침은 Edward M. Moldt and A. Gregory Stone, "Testing a Business Idea: A Common-Sense Guide to Evaluating the Feasibility of a Business," December 1, 1992를 축약 번역한 것이다. 이 지침은 미국 워튼 스쿨에서 창업 경영론을 수강하는 학생들이 자신의 역량과 사업 아이디어의 적합도를 평가하고 사업 계획을 수립하도록 하기 위해 개발된 것이다.

다는 것을 알기 위해서도 몇 달간의 연구를 요구한다. 그리고 완전한 재무 및 운영 계획을 이끌어 내기 위해서는 산처럼 많은 정보와 셀 수 없는 작업 시간이 요구된다.

이 지침서는 예비 창업자에게 사업 아이디어를 평가하는 데 있어 명료하고 간단한 접근법을 제시할 것이다. 이 지침서는 이용자들이 개념적 계획과 시장 시험 도구들을 개발하는 데 도움을 준다. 더욱이 이 글은 창업자들이 좋지 않은 아이디어를 소거하고 그들 자신의 경험과 기술에 어울리지 않는 사업들을 포기하도록 하며, 사업을 계속 유지할 것인가에 관한 의사결정을 돕는다. 이 지침서는 구체화된 사업 계획을 작성하는 데 출발점이 될 것이다.

이 워크북은 워튼 스쿨의 경영 전략과 창업론 수강생을 위해 개발된 것이지만 다른 이용자들에게도 의미가 있을 것이다. 이는 사업의 착수나 인수를 생각하는 사람들에게 모형적 도구를 제공한다. 기존 기업 내에서도 경영자들로 하여금 새로운 제품이나 서비스, 그리고 사내 창업 등을 추진할 것인지를 판단하는 도구를 제시한다.

토머스 에디슨이 “천재는 1%의 영감과 99%의 노력으로 만들어진다”라고 말한 것처럼 이 지침서는 새로운 사업을 시작하는 데 있어서의 영감을 명료히 하고 사업의 성공을 향한 움직임을 계속하게 하는 노력을 지속시킬 것이다. 그러한 과정에서 많은 ‘훌륭한 아이디어들’이 성공적인 사업으로의 잠재력을 키워갈 것이다.

(2) 목표: 성공적인 사업의 설립

창업자들은 다양한 이유에서 그들 고유의 사업을 시작한다. 그들이 공통적인 특성을 가지고 있기도 하지만, 나름대로 다양한 배경과 개성을 유지한다. 그들은 모두 적어도 한 가지 공통적 특성을 가지는데, 이는 성공을 위한 욕구이다. 이것은 성공을 단순히 ‘원하는’ 것을 넘어서는 것이다. 그들은 실제로 성공할 필요성이 있다.

이러한 필요성이 사업을 위한 충동이 될 것이다. 그것이 또한 사업 개시를 위한 에너지이며, 창업자들이 재무적, 조직상의 장애물을 직면하는 데 있어서 의지할 저수지 역할을 한다.

목표 달성 방법

실현 가능한 사업 아이디어가 성공적인 사업을 설립하려는 목표에 도달하기 위한 핵심 요소라는 점은 두말할 나위 없다. 그것은 자신에게 적합하고 성공의 확률이 높은 새로운 사업을 찾기 위해 무한한 사업 가능성을 파헤쳐 보아야 한다는 것을 의미한다.

실제로 실행 가능한 사업 아이디어를 확인하는 과정에는 세 가지 단계가 존재한다.

1) 특정 아이디어가 자신에게 성공 가능성을 갖는지 결정하는 것
2) 사업 개시를 계획하는 것
3) 사업 운영을 계획하는 것

창업자가 1단계를 거치지 않고 곧바로 2단계나 3단계로 점프하기 때문에 많은 창업기업들이 실패한다. 그들은 사업의 개시나 운영에 관해 상세한 계획을 개발한다. 그러나 이러한 계획들은 대체로 조악한 기초 위에 세워지고, 창업자는 사업이 진행되도록 할 기술을 갖고 있지 못하며, 아이디어 역시 사업을 지탱할 만큼 강하지 않은 것이 보통이다. 결국 사업에 실패하고 나서야 창업자들은 사업이 시작되기 전에 했어야만 했던 자기 분석을 시작하게 된다. 운 좋게 후속 사업에서는 성공할 수도 있다. 하지만 이것은 자기 인식을 얻는 방법으로서는 고통스러운 길이다.

반면에 성공적인 창업자들은 첫번째 단계에 집중한다. 그들은 자기 분석에 철저하다. 그

들은 많은 시간과 금전이 투자되기 전에 좋지 않은 아이디어들을 소거한다. 이 과정에서 중도 포기하는 것은 실패가 아니다. 성공에 대한 이성적인 기회를 제공하지 않는 사업으로의 진입은 좋은 의사결정이 아니다. 사업 성공이 목표라면 몇몇 아이디어가 버려지는 것도 감수할 필요가 있다는 것이다.

대가를 지금 지불할 수도 있고 나중에 할 수도 있다. 선택은 당신 몫이다. 실현성 연구에서 직면하게 되는 위험은 아이디어가 그렇게 별로 좋지 않은 것으로 판명된다는 점이다. 또한 자신의 강점과 약점을 집중적으로 검토하는 위험을 감수해야 한다. 그러나 이러한 위험은 창업 기업의 생존 문제에서 직면하게 되는 위험과 비교한다면 대수롭지 않은 것들이다.

(3) 실현성 연구

실현성 연구는 잠재적 사업의 모든 면들과 그 성과에 영향을 미칠 많은 요인들을 검토하는 도구이다. 이는 제품/서비스 시장에 대한 자신의 고유 기술에서부터 유통 시스템에 이르기까지 전 부문에 걸친다. 이 과정에서 다음과 같은 과제들을 해결해야 한다.

- 당신의 강점과 약점은 무엇인가?
- 당신의 제품/서비스 개념은 무엇인가?
- 당신은 그러한 제품/서비스로 어떤 시장을 공략할 것인가?
- 어떤 고객들이 그러한 제품/서비스를 구매할 것인가?
- 요구되는 기술력은 획득 가능한가?
- 어느 정도 그기의 매출을 요구하는가?
- 제품을 생산하거나 서비스를 전달하는데 비용이 얼마나 들 것인가?
- 어떠한 경쟁자들이 존재하는가?
- 경쟁사 제품/서비스는 얼마나 좋은가?
- 당신의 제품/서비스의 경쟁 우위는 무엇인가?
- 당신의 틈새 전략은 무엇인가?
- 그것이 살아남을 수 있는 사업 아이디어인가?

이러한 질문 중 몇 가지는 당신 자신에 대해 알아봄으로써 해결된다. 여타 항목들에 관해서는 제품 및 산업에 대한 조사가 필요하다. 다음에서 이러한 질문들에 어떻게 대답할지를 알 수 있게 될 것이다. 이 지침서를 읽어가면서 아이디어가 떠오르면 노트를 하는 것이 좋다.

이는 일종의 브레인스토밍으로서 몇몇 아이디어는 처음에 중요하지 않은 것처럼 보일지라도 나중에 사업을 개발하는 과정에서 매우 중요하게 될 수 있다.

(4) 자신의 장 · 단점 인식

사업 설립자이며 첫번째 종업원으로서의 당신 자신은 회사의 가장 큰 자산이다. 자금과 장비 보다 훨씬 더 중요하게 창업자의 기술과 재능은 사업 성공의 핵심이다.

따라서 사업의 우선적 과제는 당신의 기술과 경험과 관심에 관한 분석이 되어야만 한다. 성공은 자신의 강점을 부각하고 약점에 의한 영향을 최소화하는 데서 온다. 자신의 강점과 약점에 대한 정확한 이해는 특정 사업을 성공적으로 시작하고 유지할 수 있는지에 관한 가치 있는 정보를 준다. 이러한 자기 평가는 그다지 고통스런 과정이 아니지만 늘 수월한 것도 아니다. 많은 사람들은 그들 자신의 진짜 강점과 약점에 일치하지 않는 자기 이미지를 가지고 있다. 혹자는 자신이 가지고 있지 않은 강점들에 대해 환상에 사로잡혀 있고, 혹자는 자신의 진짜 강점들에 대해서 평가 절하하기도 한다. 이 두 가지 모두에 해당하는 이도 있다. 자기 평가는 당신의 진짜 강점에 대하여 보다 정확한 청사진을 제공할 것이다. 그러나 이러한 연습이 효과적이기 위해서는 각각의 문제에 대해 최대한 정직한 답을 해야 한다.

	약함									강함
- 나는 스스로 동기를 부여하고 진로를 결정한다.	1	2	3	4	5	6	7	8	9	10
- 나는 변화하는 환경에 잘 적응한다.	1	2	3	4	5	6	7	8	9	10
- 나는 공과 사를 어떻게 조절해야 하는지 안다.	1	2	3	4	5	6	7	8	9	10
- 나는 끈끈한 개인적 관계를 요구하는 사업을 운영하는 것을 좋아한다.	1	2	3	4	5	6	7	8	9	10
- 나는 사람과 관련된 것들보다는 사무와 관련된 사업을 운영하는 것을 좋아한다.	1	2	3	4	5	6	7	8	9	10
- 나는 사람들에게 좋은 동기 부여자이고 내가 그들에게 무언가를 요청했을 때 잘 받아준다.	1	2	3	4	5	6	7	8	9	10
- 나는 정확한 답이 없고 의사결정에 기초하는 정보가 불완전한 상황에서 편안하게 느낀다.	1	2	3	4	5	6	7	8	9	10
- 나는 스스로 세운 계획의 우선 순위를 매기고 그것을 따를 수 있다.	1	2	3	4	5	6	7	8	9	10
- 나는 옳고 그름에 관한 명백한 개념을 가졌고, 동료의 압력은 나의 윤리적 의사결정에 영향을 미치지 않는다.	1	2	3	4	5	6	7	8	9	10
- 나는 새로운 사업환경에 요구되는 장시간 작업에 필요로 하는 체력을 가지고 있다.	1	2	3	4	5	6	7	8	9	10
- 나는 어떤 계획에 대해서 내가 모든 책임을 져야 하는 상황에 있어 보았다.	1	2	3	4	5	6	7	8	9	10
- 나는 의사결정을 하는데 있어 내 위에 어느 누구도 없는 사업 환경에서 나 자신을 인식할 수 있다.	1	2	3	4	5	6	7	8	9	10
- 나는 사업상의 부진과 실망감에 대처하고 그것을 실패로 간주하지 않을 수 있다고 믿는다.	1	2	3	4	5	6	7	8	9	10
- 나는 군중으로부터 나 자신을 분리하는 데서 기인하는 동료들의 압박을 참아낼 수 있다.	1	2	3	4	5	6	7	8	9	10
- 나는 사업 초기에 스파르타식이 될지 모르는 생활 스타일을 받아들일 수 있다.	1	2	3	4	5	6	7	8	9	10
- 나는 기꺼이 발전적인 비평을 받아들일 수 있다.	1	2	3	4	5	6	7	8	9	10
- 나는 자신의 실수로부터 배운다.	1	2	3	4	5	6	7	8	9	10
- 나는 내가 얼마나 아는 것이 부족한지 인정할 만큼 겸손하다.	1	2	3	4	5	6	7	8	9	10
- 나는 잘 발달된 유머 감각을 가졌고 나 자신이 무언가 어리석은 일을 했을 때 웃어넘길 수 있다.	1	2	3	4	5	6	7	8	9	10
- 나는 책임을 누군가에게 위임하는 것을 불편해 하지 않는다.	1	2	3	4	5	6	7	8	9	10

일단 자신의 강점과 약점을 파악하고 난 뒤, 당신은 자신에게 적합한 사업을 선택할 수 있다. 사업은 편안한 신발과 같이 개개인에게 잘 맞아야만 한다. 그것이 모든 사람에게 들어맞는 것은 아니다. 그것은 특정 창업자에게 실행 가능해야만 한다. 사업을 시작하는 것은 결혼처럼 여러 모로 많은 헌신을 의미한다. 실제로 사업을 착수하는 데 많은 시간을 소비하기

시작할 때, 가족들이 당신의 사업 추진이 헌신 이상의 것을 요구한다는 점을 알게 될 것이다. 다음 연습은 자신에게 알맞은 사업을 발견하는 데 도움을 줄 것이다.

개인적 특성

당신은 어떤 류의 사람인가? 당신은 창업자가 되기에 적합한 특성을 지녔는가? 자신의 능력들을 평가하기 위해 위의 표에서 1에서 10의 범위에서 당신 자신의 점수 매겨 보라. 1등급은 약한 특성이나 부족한 기술을, 10등급은 강점이나 잘 개발된 기술을 반영한다.

만약 이러한 질문들에 대하여 계속적으로 7점 이상을 얻는다면, 당신은 창업자로서 잘 개발된 재능을 가진 것이다. 만약 계속 4점 이하를 얻는다면 당신은 사업을 수립하는 데 큰 어려움을 겪을 것이다. 그러나 개인적 특성들이 일생 동안 지속되는 것은 아니다. 부신과 비평을 참아내는 데 문제가 있는 사람은 부정적인 피드백에 대한 그들의 자세를 바꾸도록 배울 수 있다. 다른 사람을 다루는 데 어려움을 가진 사람들도 유능한 관리자가 되도록 배울 수 있다. 성공적인 사업을 설립하고자 하는 욕심이 충분히 강하다면 위의 문제들을 당신이 가지고자 하는 특성들을 확인하고 강화하기 위한 지침으로 이용할 수 있다.

기술

당신은 자신이 생각하는 것보다 더 많은 기술들을 가지고 있을 수 있다. 만약 당신이 이십대 학생이라면, 여러 기술들을 개발하기에 충분한 시간이 없었다고 생각할 수 있다. 만약 당신이 경력의 대부분을 한 직장에서 일해 왔다면, 자신의 사업을 시작하기 위해 요구되는 기술들을 가지지 않았다고 생각할지도 모른다. 그러나 이 두 가지 경우 다 당신이 틀릴 수도 있다.

우리들 대부분은 우리가 가진 기술보다는 부족한 부분에 신경 쓰는 경향이 있다. 대체로 우리는 직함으로써 우리가 가진 기술을 평가한다. 예컨대 당신이 시스템 프로그래머로서 일했었다면, 당신은 프로그래밍 이상의 기술들을 익혔을 것이다. 아마도 당신은 관리 기술, 시간 관리, 그리고 당신이 새로운 소프트웨어 유통에 관여되었다면 공공 관계와 마케팅에 이르기까지의 기술 등을 익혔을 것이다. 또한 당신은 일과는 관련이 없는 많은 경험들을 가졌고, 이들은 당신이 가진 기술들에 포함된다.

자신의 기술을 아는 것은 중요하다. 첫째로 그것은 기술에 맞는 사업 대안들을 선택하는 데 도움이 된다. 둘째로 그것은 사업을 시작하기 위해 당신에게 필요한 기술들을 개발하도록 도와준다. 셋째로 그것은 투자자나 공급자, 그리고 고객들에게 사업을 성공시킬 기술을 가졌음을 확신시키는 데 도움이 될 것이다.

이 부분에서 학교와 직장에서 당신이 개발해 왔던 기술들을 발견할 것이다. 아래에 언급된 몇몇 활동들은 당신으로 하여금 한가지 이상의 기술을 개발시키도록 해왔을 것이다. 만약 아래에 리스트되지 않는 기술들이 있다면 리스트에 추가해도 좋다. 당신은 자신이 얼마나 많은 기술을 갖고 있는지를 발견하고 놀랄 것이다.

업무 관련 기술

당신은 보수가 있든 없든 자신의 기술을 개발해 왔던 많은 업무들을 경험해 왔다. 아래의 리스트는 가능한 경험들에 관한 몇몇 지침을 제공한다. 이 리스트를 살펴본 후 남은 여백에 다섯 개 이상의 직장 경험을 기술하라. 그런 경험들과 더불어 그 경험에서 얻은 기술들을 서술하라. 최대한 과거로 거슬러 올라가 기술을 개발시켰던 경험들을 찾아낼 수 있다.

경영자	엔지니어
잔디깎기	목수
트럭 운전사	상담
심판	코치
기계 작업자	정원사
프로그래머	공공 관계
아기 돌보기	식료품 조달
점원	조립공
안내원	비서
판매원	수금원

1. 경험 ______________________
   취득한 기술 ______________________

2. 경험 ______________________
   취득한 기술 ______________________

3. 경험 ______________________
   취득한 기술 ______________________

4. 경험 ______________________
   취득한 기술 ______________________

5. 경험 ______________________
   취득한 기술 ______________________

학교 관련 기술

학교 경험 역시 기술의 보고다. 학교는 새로운 활동을 경험하도록 하기 때문에 직장과는 다른 경험을 제공한다. 아래의 리스트는 다른 기술로 변환 가능한 학교 활동들을 보여 준다. 리스트를 살펴본 후 학교 생활에서의 다섯 가지 이상 나열하고 각 활동에서 얻어진 기술들을 적어보라.

드라마	음악	화학	역사
제도	학생회	논쟁	지질학
모금 운동	창작	교지	학생 사업

1. 경험 ______________________
   취득한 기술 ______________________

2. 경험 ______________________
   취득한 기술 ______________________

3. 경험 ______________________
   취득한 기술 ______________________

4. 경험 ______________________
   취득한 기술 ______________________

5. 경험 ______________________
   취득한 기술 ______________________

스포츠 관련 기술

스포츠는 업무를 위해 별로 좋은 준비처럼 보이지 않을 수 있다. 하지만 운동 팀은 가치 있는 기술들을 개발하는 데 좋은 영역이 될 수 있다. 스포츠 활동은 특별히 새로운 사업의 성공에 대단히 중요한 사람 관련 기술을 개발하는 데 매우 좋다. 여기서는 스포츠 활동들을 나열하기보다는 스포츠로부터 얻은 기술들을 확인하도록 할 것이다. 아래의 리스트는 운동 경기에 참여함으로써 얻어질 수 있는 몇몇 가능한 기술들을 제시한다. 당신에게 적용되는 것에 동그라미하고 여백에 다른 것들을 첨가해도 좋다.

인내력	목표 지향성
준비성	실패 없이 지는 자세
집중력	기교
팀워크	스포츠맨십
이기기 위한 의지 개발	팀 동료 동기부여
승리자를 인정하기	결단력

다른 기술들: ______________________

리더십 기술

리더십 기술은 사업을 설립하고 운영하는 데 중요하다. 고용인들을 이끌기 위하여 다른 사람에게 당신의 생각을 전달할 수 있어야 할 필요가 있다. 리더십 기술은 다른 사람을 통솔함으로써 개발된다. 스포츠, 사업, 군 생활 등을 통해서 이 기술을 얻을 수 있다. 리더의 역할을 받아들이는 것, 리더십을 실천하는 것, 그리고 당신이 이끄는 사람들의 존경을 얻는 것은 이러한 기술을 얻는 유일한 방법이다. 아래의 리스트를 살펴본 후 적어도 다섯 가지 이상 당신이 경험했던 리더십 역할을 회상하고, 이들 경험들로부터 얻었던 다른 기술들을 기록하라.

반장	동아리 회장
선거 봉사단	청소년 선도단
평화 봉사단	해외 훈련 참가자
신문 편집인	군 복무
교회 집단 리더	스카우트 리더
감독자나 경영자	응원단장

1. 경험 ______________________
   취득한 기술 ______________________

2. 경험 ______________________
   취득한 기술 ______________________

3. 경험 ______________________
   취득한 기술 ______________________

4 경험 ______________________
   취득한 기술 ______________________

5. 경험 ______________________
   취득한 기술 ______________________

취미 기술

사업 기술을 개발하는 데 있어서 취미와 여가 활동으로부터 얻는 기술들은 종종 간과되어진다. 그러나 우표 수집, 보트 서비스업, 사진술 등에서 많은 창업자들이 취미 생활을 성공적으로 사업화해 왔다. 몇몇 사람들은 학교나 직장으로부터의 외적 압박보다는 스스로가 좋아하기 때문에 특정 취미 분야에서 전문가가 된다. 이러한 취미들은 다양한 기술 개발을 도울 수 있는데, 예로서 연구, 기능적 기술, 구매와 판매, 예산 편성, 협상, 시간 관리, 인내심, 대인 관계, 시간 조절, 다른 기술에 대한 평가 그리고 가치 인식 등을 들 수 있다. 아래에서 당신의 과거와 현재의 다섯 가지 취미를 열거하고 각각의 경험에서 얻은 기술들을 확인하라.

1. 취미 ______________________
   취득한 기술 ______________________

2. 취미 ______________________
   취득한 기술 ______________________

3. 취미 ______________________
   취득한 기술 ______________________

4. 취미 ______________________
   취득한 기술 ______________________

5. 취미 ______________________
   취득한 기술 ______________________

사업 기술

앞의 연습 문제들은 사업의 시작과 관련한 기술을 발견하기 위한 전 범위의 인생 경험을 조사할 기회를 제공한 것이었다. 여기서는 당신의 구체적인 사업 기술을 찾아 볼 것이다. 당신의 기술과 경험들을 다음 리스트에 표시하

라. 당신이 다음에서 리스트되지 않은 기술을 가졌다면, 추가할 수도 있다.

사업 개시

- 자신의 사업을 가졌다.
- 다른 사람이 사업을 시작하도록 도왔다.
- 가족의 사업을 위해 일했다.
- 실패한 사업에 관련된 적이 있다.
- 사업을 인수했다.
- 가족이 아닌 창업자를 위해 일했다.
- 분사 기업에서 일한 적이 있다.
- 사업을 진지하게 계획했다
- 사업 계획을 작성했다.
- 누군가 사업 개시 자본을 모금하는 것을 도왔다.
- 대출을 지원했다.
- 회사의 사업 개발에 참여했다.
- 사업 관련 서적들을 가지고 있다.

시장 확보와 유지

- 포괄적인 마케팅 계획을 개발했다.
- 시장 조사를 실시했다.
- 제품 테스트를 실시했다.
- 가격 구조를 책정했다.
- 인적 판매를 실시했다.
- 유통 방법의 지식을 개발했다.
- 고객 서비스를 제공했다.
- 고객 불만을 수집했다.
- 광고나 선전 프로그램을 개발했다.
- 다른 세일즈맨을 동기부여하고 지시했다.
- 세일즈맨의 보상 계획을 개발했다.

사업의 운영

- 사업의 법적 형태를 선택했다.
- 조직도를 개발했다
- 어떤 조직의 인사 선발을 했다.
- 어떤 조직의 인사 훈련을 실시했다.
- 어떤 기능 부서에 대한 운영 계획을 개발했다.
- 직무 명세서를 작성했다.
- 종업원 보상 수준을 결정했다.
- 사업의 입지를 선정했다.
- 토지나 건물을 위한 임대 계약을 협상했다.
- 어떤 제품을 건조하거나 생산했다.
- 어떤 서비스를 개발하고 제공했다.
- 사업을 위한 자재나 지원물을 구매했다.
- 재고 관리 시스템을 디자인했다.
- 품질 관리 기준을 만들고 감독했다.
- 보험 상품을 선택하고 구매했다.
- 제품 가격 정책을 결정했다.
- 사업 운영의 손익 분기점을 계산했다.

사업 자금의 조달

- 사업 자본의 규모를 결정했다.
- 조직의 운영 계획을 작성했다.
- 투자자로부터 자본을 모금했다.
- 예비 투자자들을 탐색했다.
- 자금 조달법을 숙지한다.
- 대출 방법을 이해한다.
- 은행에 대출 신청을 마련했다.
- 은행으로부터 대출을 받았다

사업의 재무적 관리 통제

- 어떤 조직을 위한 경리를 수행했다.
- 수표 장부를 결산했다.
- 예산을 산정하고 수행했다
- 비용 관리를 실시하고 감독했다.
- 손익 분기점 분석 도구를 개발했다.
- 현금 흐름 예측을 개선했다.
- 조직을 위한 현금 흐름 예산을 유지했

다.
- 세금 지불 계획을 개발했다.
- 외상 매출금 회수 현황을 작성했다.
- 급료 지불 원장을 활용했다.
- 판매세 보고서를 작성했다.
- 대차 대조표와 손익 계산서를 작성할 수 있다.
- 재무 제표를 읽고 이해할 수 있다.
- 근로 소득세를 이해한다.

일반적인 경영 기술

- 변호사와 회계사를 면접하고 선택했다.
- 사업을 위한 정부 규제를 이해한다.
- 기본적 상법을 이해한다.
- 문제 해결의 개인적 스타일을 개발했다.
- 위험을 받아들일 능력을 개발했다.
- 다른 사람을 동기 부여할 능력을 개발했다.
- 사업을 위한 포괄적인 전략을 개발했다.

(5) 자신의 기술 활용과 개발

위의 연습에서 발견된 기술들을 다시 생각해 보자. 기술과 개인적 특성들은 사업을 계획하고 설립할 때 매우 큰 가치가 있다. 그것에는 자신에게 흔히 나타나거나 강점인 몇 가지 기술들이 있다. 몇 분간 위의 문제들을 재검토하고 나서 아래 여백에 당신의 강점인 기술을 5-10개까지 나열하라. 그리고 당신이 개발하고 싶은 다섯 가지 기술들을 나열하라. 이는 자기 개발 계획을 위한 가이드로 활용할 수 있다.

기술적인 강점들

1. ______________________
2. ______________________
3. ______________________
4. ______________________
5. ______________________
6. ______________________
7. ______________________
8. ______________________
9. ______________________
10. ______________________

개발할 영역

1. ______________________
2. ______________________
3. ______________________
4. ______________________
5. ______________________

(6) 자신의 개인적 환경

사업 초기에는 자신이 사업의 전부이기 때문에 자신의 개인적 환경은 사업의 발전과 성장에서 중요한 역할을 한다. 따라서 개인적 환경을 좀더 현실적으로 평가할 필요가 있다. 다음은 고려해야 할 몇 가지 쟁점을 보여 준다.

- 무슨 일이든지 하던 것을 멈추고 사업에 모든 시간을 투자할 건가?
- 사업으로부터 자신과 가족의 기본적 욕구를 지원할 수 있나?
- 사업을 시작하는 동안의 긴박한 요구를 충족시킬 충분한 저축을 가지고 있는가?
- 인생에서 중요한 사람들의 지지를 받고 있는가?
- 가족 중 한 사람이 사업에서 파트너, 직원, 투자가, 고객 등으로 당신과 연관될 것인가? 만약 그렇다면 당신은 사업의 계획과 위험에 관하여 그에게 절대적으로 정직해 왔나?
- 사업이 성공하지 않을 수 있다는 가능성을 직면해 봤나?
- 성공에 중요하게 생각되는 누군가에게

진심어린 지원을 요청해 봤나?

이런 질문들을 고려하고 나서 사업에 영향이 있는 추가적인 개인적 문제들을 더해 보라. 사업을 위한 투쟁의 한 복판에서 육체적, 정신적 정열이 한창 필요하기 전에 이러한 문제를 이해하고 다루는 것이 중요하다.

(7) 아이디어 및 개념 개발

자신의 기술과 욕구에 관한 보다 나은 이해를 바탕으로 사업 아이디어의 평가를 시작할 수 있다. 성공적인 사업은 시장을 발견하는 아이디어와 개념으로 시작한다.

누구나 수많은 사업 아이디어들을 창출할 수 있다. 그러나 이러한 아이디어들은 목표를 향해 추진할 때만이 실행 가능하다. 성공적인 사업 개발의 열쇠는 아이디어를 창출하는 데 있는 것이 아니라 추려내는 데에 있다. 가능한 한 빨리 성공적인 아이디어를 집어 내고 좋지 않은 것은 제거할 수 있어야 한다.

사업 아이디어를 추출하는 것은 금을 찾는 것과 유사하다. 금 덩어리를 얻기 위해 보다 효율적으로 바위와 흙더미를 체질할수록 더 많은 금을 추려낼 수 있다. 아이디어를 검색하는데 더 긴 시간을 소비할수록 그 과정은 시간과 돈에 있어서 더 많은 비용을 초래할 것이다. 요는 빠르고 효과적으로 이를 추출함으로써 다음 아이디어로 넘어갈 수 있도록 하는 데 있다.

다음 질문들은 사업 아이디어들을 검토하는 데 도움을 줄 것이다. 우선 아래 빈칸에 사업을 위한 아이디어를 기술하고, 다음 질문들에 대답하여 아이디어를 구체화하도록 하라.

사업 아이디어: ____________________

- 위 아이디어를 적극 추진할 만큼 좋아하는가?
- 앞의 검토 작업에 근거해 볼 때 아이디어가 당신의 기술과 특징들에 적합한가?
- 아이디어에 독특한 무엇이 있는가?
- 아이디어가 대단히 창의적이어서 순조로운 출발을 할 수 있는가?
- 아이디어가 당신이 보유하거나 획득할 수 있는 자원으로 충분히 추구될 수 있는가?
- 아이디어가 당신이 꺼려 하는 위험—예컨대, 직장을 그만두는 것, 집을 담보 잡히는 것, 저축을 동내는 것 등—의 감수를 요구하는가?
- 다른 누군가가 비슷한 아이디어를 시도한 적 있는가? 그것이 성공적이었는가?
- 아이디어나 개념에 대한 기술이 존재하는가, 아니면 당신이 그 기술을 직접 개발해야만 하는가?
- 아이디어를 시험하기 위해 걸리는 시간 동안 버틸 정력과 자원을 가졌는가?
- 아이디어가 시험될 때까지 위험을 최소화할 수 있는가?
- 만약 아이디어가 성공적이라면 그에 따르는 돈, 명예, 독립성 등의 보상물들이 당신의 목표를 달성하는 데 도움을 줄 것인가?
- 만약 아이디어가 실패한다면 그러한 노력을 실패라고 하기보다는 배움의 경험으로 간주할 자세가 되어 있는가?

이는 아이디어를 평가하는 출발점이다. 다음에서 보다 체계적인 사업 아이디어 분석을 할 것이다. 잠재적 사업을 위한 시장, 생산, 유통, 가격 책정, 자원 등을 검토할 것이다.

(8) 제품/서비스 시장

실행 가능성 있는 아이디어, 즉 자신의 기술과 특성들에 적합하고 자신의 개인적 환경 안에서 성취될 수 있는 아이디어를 가진 연후에 당신의 제품이나 서비스를 위한 시장이 존재하는지를 판단할 필요가 있다. 대부분의 신규 사업들은 비용이나 규모에 의해 주도되는 것이 아니라 시장에 의해 주도되기 때문에 시장은 사업의 성공에 매우 중요하다. 아래의 질문들은 제품/서비스에 대한 시장의 강도를 결정하는 데 도움이 될 것이다. 대답할 수 없는 문제는 이 절 해당 부분의 탐색적 작업을 끝낸 후에 다시 돌아와 완결할 수 있을 것이다.

- 당신이 제공하고자 계획하는 제품/서비스, 또는 그 조합은 정확하게 무엇인가?
- 시장은 어디에 있는가?
- 그 시장은 왜 당신의 제품을 구입하는가?
- 시장은 어떤 가격을 지불할 것인가?
- 시장은 어디서 당신 제품을 구입할 것인가?
- 시장은 언제 당신 제품을 구입할 것인가?
- 시장은 어떻게 당신의 제품을 인식할 것인가?
- 시장은 얼마나 큰가?
- 어떻게 그 시장에 접근할 것인가?

고객

잠재적 고객을 파악하는 것은 시장을 정의하고 접근하는 데 있어 중요한 부분을 차지한다. 다음 질문들을 통해서 누가 목표 고객인지에 대한 가정을 시험하는 기회를 갖게 될 것이다. 질문에 답하기 위해 잠재 고객들과 대화하고, 고객 집단에 대한 추세와 신문 기사들 또는 진입하고자 하는 시장과 산업에 대한 특정한 정보를 검토할 필요성이 있을 수 있다.

- 누가 당신의 제품/서비스를 필요로 하거나 원하는가?
- 어떤 제품/서비스가 현재 소비자의 요구를 만족시키는가?
- 만약 고객이 당신의 제품이나 서비스를 받아들이지 않으면 어떻게 되는가?
- 잠재 고객들이 당신의 제품/서비스 유형에 어느 수준의 충성도를 가졌는가?
- 잠재 고객들이 경쟁사가 아닌 당신에게서 구매하기 위해 무엇을 원하는가?
- 전형적인 고객으로부터 어떤 종류의 반복적 사업을 기대할 수 있나?
- 잠재 고객은 제품에서 주로 어떤 점에 가치를 두는가?
- 목표로 하는 가정이나 사업체에서 실질적 의사결정자가 누구인지를 아는가?
- 당신 제품의 다양한 속성들 중 소비자가 인지하는 우선 순위를 나열할 수 있나?
- 그러한 속성들 각각의 비용을 아는가?
- 경쟁에 직면하여 제품의 독특성이나 혁신성을 유지할 수 있는가?
- 고객의 시각에서 본 제품 가치에 영향을 미치지 않는 비용 요소를 제거할 여지가 있는가?

경쟁자

경쟁자 파악은 시장 파악의 주요 부분이다. 경쟁자는 적으로 간주될 필요가 없다. 실상 그들은 가치 있는 자산으로 고려되어야 한다. 경쟁자는 다음 사항들에서 도움이 된다.

- 시장이 어떻게 구조화되었는지 보여 준다.
- 누가 당신이 원하는 고객을 가졌는지 보여 준다.
- 시장에서 잘 운영되고 잘못 운영되는 사업들의 예를 제공한다.
- 당신 사업의 강점을 파악하도록 요구한다.

- 피해야 할 실책들을 보여 준다.
- 적절한 서비스를 받지 못하고 있는 시장 부문을 알게 해 준다.

위의 예에서 볼 수 있는 것처럼 창업자는 경쟁자의 긍정적인 경험뿐만 아니라 부정적인 경험으로부터도 이득을 얻을 수 있다. 경쟁자로부터 배우라. 그들은 창업자에게 유용한 가장 훌륭하고 저비용의 교육을 제공해 준다. 그들의 실수를 조망함으로써 무엇을 피해야 하는지 알 수 있다. 그들의 성공 경험을 검토함으로써 무엇을 해야 하는지도 발견할 수 있다. 그들이 간과하는 것을 찾음으로써 개척되지 않은 틈새 시장을 발견할 수 있다.

경쟁자 분석은 어떠한 사업 계획 과정에서든 가장 조심스러운 부분이다. 능력 있는 경쟁자를 만나는 것은 위협적인 것이지만, 그것이 두려워할 부분이 되어서는 안 된다. 그들은 사실과 지혜의 원천이다. 시장에서 그들과 경쟁하기 전에 그들의 지식을 이용하고 못하고는 전적으로 당신에게 달려 있다.

시장 조사

잠재적 경쟁 환경을 조사하기 위해서는 마치 탐정과 같이 행동하여야 한다. 이 과정은 데이터를 모으고, 의견을 형성하고, 데이터를 비교하고, 인터뷰하고, 예측하는 것 등으로 구성되어있다.

특정 지역에서 당신이 새로운 하드웨어 가게를 열려고 구상하고 있다고 가정해 보자. 또한 당신이 그 사업 유형에 대해 거의 모르고 있다고 가정하자. 경쟁 환경을 연구하기 위해 무엇을 해야 할 것인가?

- 하드웨어 가게들을 방문하라. 각 방문에서 찾아 볼 것들을 결정하라.
  - 대략적인 가게의 크기
  - 방문 시간 중 판매 사원의 수
  - 청결 정도
  - 가게 안의 고객 수
  - 주차의 가능성
  - 인접 가게들의 유형
  - 선반이 잘 채워져 있나?
  - 상품의 상태
  - 종업원의 친절성과 도움
  - 표식의 정연성
  - 가게가 잘 되어 보이는가?
- 처음 방문을 위해 당신의 시장 구역 밖의 6개의 하드웨어 상점을 선택하라. 구역 밖에서 연습하기 전에 진짜 경쟁자를 조사하지 않는 것이 좋다.
- 방문할 때는 호기심을 발휘하라. 가게 안에서 진지한 흥미를 보이고 무언가 명백하게 드러난 것에 관해 종업원을 칭찬하라. 매상이 최근 좋았는지 묻고, 친숙한 대화로 들어가라. 사용할 수 있는 간단한 물품을 사고, 그들의 말에 귀 기울이라.
- 차로 돌아오자마자 보고들은 모든 것에 대해 노트하라. 이는 나중에 도움되는 것이고 무엇을 배웠는지에 관해서 스스로 놀라게 될 것이다. 다른 상점들을 거쳐감에 따라 질문 사항과 노트 사항을 익히게 되고 노트가 점차 완전해질 것이다.
- 시장 구역 밖에서 연습한 후 당신의 실제 경쟁자를 조사하기 위해 같은 기법을 활용할 수 있다. 이런 구역 밖의 상점들은 조사 경험을 얻기 위한 기회를 제공할 뿐만 아니라 구역 내 상점의 질과 효과성을 벤치마킹하도록 도와준다.

경쟁 환경을 더 조사할수록 경쟁자들의 주요한 차이점들을 평가하는 데 있어 보다 유능해질 것이다. 이런 평가 기간 동안 경쟁 업체의 전략과 당신의 주효한 대응 전략을 파악하게 된다. 또한 당신이 처음 예상했던 틈새 시장이 사실상 존재하지 않는다는 결론을 내리게 될 수도 있다.

이러한 조사는 아이디어를 계속해서 추구해야 하는지, 아이디어를 수정할 필요가 있는지, 아니면 아이디어를 포기해야 할지를 결정하는 데 요구되는 정보를 제공해 줄 것이다.

여타 정보원

정보는 사업을 설립하는 데 있어 경쟁 우위를 제공한다. 경쟁자가 알지 못하는 무언가를 안다면 그것은 사업을 성공시키는 정보가 될 수 있다. 사업에 많은 시간과 돈을 투자하기 전에 가능한 한 많은 정보를 획득하는 것이 중요하다. 위에서 살펴본 직접적인 조사 외에, 많은 정보의 원천들이 존재한다.

대부분의 정보는 문헌 연구(Arm Chair Research)를 통하여 얻을 수 있다. 가장 어려운 점은 대답하고자 하는 질문을 정의하는 것이다. 답을 찾는 것은 편지나 한 통의 전화로 충분할 수 있다. 문제를 정확히 정의할수록 당신이 답을 발견하는 것은 더 쉬워진다.

다음 두 예는 질문의 중요성을 보여 준다.

> 만약 당신이 인디애너폴리스에서 여성 의복을 위한 하이 패션 양장점을 개장할 계획이라면, 그 도시의 모든 여성 거주자들의 데이터를 찾아서는 안 된다. 그보다는 30세 이상으로서 특정한 우편 번호 지역이나 인구 조사 구역에 거주하고 6만 불 이상을 소득을 가진 여성에 관한 자료를 수집해야 한다.

> 만약 당신이 제조 설비를 위한 지역을 찾고 있다면, 특정 도시의 모든 공한지에 관한 자료를 추구할 것이 아니라 일정 면적을 지닌 제조 구역으로서 전기, 용수 등이 공급되고, 고속도로와 철도 등으로 연결되며, 적당한 가격 조건에 맞는 지역에 관한 자료를 찾아야 할 것이다.

이런 예에서 보듯이 원하는 것에 대해 정확하게 초점을 맞추면 좋은 자료를 얻을 수 있다. 시장이 존재하는지에 대한 판단을 하는 데 필요한 대부분의 정보는 이미 누군가에 의하여 수집되어져 있다. 정부 기관, 도서관, 자료 은행, 학교, 상공 회의소 등 다양한 조직체들이 가능한 정보원이다. 일단 어떤 데이터를 원하는지 알게 되면, 정보를 찾아내기에 논리적으로 적절한 장소가 있다. 다음은 특정한 질문에 답하기 위한 정보의 원천에 관해 몇 가지 예를 보여 준다.

- 특정 회사명을 사용할 수 있는가?
  관할 법원
- 회사 관련 도시 구역이 어떤 우편 번호에 속하는가?
  관할 우체국장
- 관련 지역에서 어떤 회사가 무슨 제품을 만드는가?
  관할 상공 회의소
- 관련 시군에서 태권도장들은 어디 어디에 있는가?
  관련 시군의 전화 번호부, 태권도장 연합회, 혹은 태권도장 주인
- 해당 도에서 중학교 2학년생들의 숫자는?
  관할 교육 구청
- 누군가 유사한 제품을 발명한 적이 있는가? 그리고 특허가 있는가?
  특허청
- 특정 재산에 관한 재산세는 얼마인가?
  관할 세무서

주요 정보 자원

이는 창업자들에게 이용 가능한 정보 원천의 예이다. 이런 원천들은 낮은 비용으로 정보를 제공할 수 있다.

도서관

특정 문제에 대해 정보의 원천이 불분명할 때 우선적인 접근법은 지역 도서관의 참고 열람실이 되어야 한다. 그 도서관이 필요로 하는 참고 도서를 소장하지 않았다면 국회 도서관 등 다른 도서관을 활용할 수 있다.

산업 협회

정보의 다른 중요한 원천은 관련 산업의 협회 또는 연합회이다. 거의 모든 산업이 통계 자료를 수집하고, 새로운 발전 현황을 모니터하고, 산업 동향을 예측하고, 멤버들을 위해서 로비하고, 멤버들의 활동을 부각시키는 신문이나 잡지를 발행하는 등의 업무를 수행하는 협회를 가지고 있다. 진입하고자 계획한 산업에 관한 정보를 찾는 것과 동시에 잠재적 공급자와 소비자를 평가하는데 이 협회를 이용할 수 있다. 여러 도서관이 산업 협회의 주소 및 전화 번호 등을 수록한 참고 서적을 가지고 있다.

관공서

관공서는 관할 지역에서 여러 가지 조사 결과, 보고서, 예측치 등을 발행한다. 예를 들어 산업자원부는 산업 일반, 수출, 산업 전망, 관세 등에 관한 자료를 보유하고 있다. 국방부는 무기 조달, 부품, 하도급 서비스들에 관한 정보를 보유하고 있고, 중소기업청은 중소 기업 대출, 사업 실무 등에 관한 자료를 제공할 수 있다.

지방 정부 또한 상업, 교육, 세수 등에 대한 정보를 제공할 수 있다. 이들은 때로 중앙 정부 기관보다 더욱 자세하고 최신의 정보를 가지고 있을 수 있다.

데이터베이스

PC 통신 등에서 입수 가능한 대규모 자료 은행들은 손끝 조작에 의해 거대한 양의 정보를 제공할 수 있다. 지방 도서관에서도 이러한 정보를 얻을 수 있다. 이런 정보에 접근하기 위해 모뎀을 장착한 컴퓨터가 필요할 것이다.

발로 뛰기: 고객 서베이

문헌 조사에 의한 정보 수집은 의외로 가치 있고 경제적일 수 있다. 그러나 그것이 특정 사업의 실현 가능성에 대해 말해 줄 수 있는 것에는 한계가 있다. 만약 당신의 아이디어가 수집된 정보의 관점에서 계속 이점을 가진다면, 다음 단계는 잠재 고객들과 직접적으로 접촉하는 것이 되어야 한다.

이 단계에 있어서는 전문가의 조력이 필요하다. 창업자들은 고객 조사를 효과적으로 설계하고 실시하기 위하여 요구되는 경험과 기술을 거의 가지고 있지 않다. 비효과적인 조사는 값진 시간과 돈을 요구하지만, 유용한 정보를 제공하기 어렵다. 이 단계는 사업을 개발함에 있어서 외부 조력자를 고용해야 하는 첫 번째 시점이다. 고품질의 조사를 위한 작은 투자는 훗날 시간과 돈을 절약할 수 있다. 자신이나 동료가 전문가에 따라서 탐방하여 조사할 수 있다면 비용을 삭감할 수도 있다. 문헌 조사가 완결되면 이는 전문가들이 연구를 실시하는데 큰 도움이 될 수 있고 조사의 시간과 비용을 최소화할 수 있다.

당신은 경영 대학, 광고 대행사, 그리고 시장 조사 전문 기관들을 통하여 시장 조사 전문가를 찾아낼 수 있다. 또한 시장 조사에 숙달한 자를 대기업에서 발견할 수도 있다. 이러한 조사의 결과는 잠재적인 틈새 시장의 존재를 확신시킬 수 있고, 제품에 대해 가격을 책정하는 데 도움을 주고, 예상되는 매상의 규모를 예측할 수 있게 하며, 고객의 제품 구입 사유를 판단할 수 있게 한다. 기대와는 달리 소비자가 아주 다른 이유로 제품을 구매한다는 점을 발견할 수도 있다. 이에 따라 효과적인 마케팅 계획을 개발하게 되는 것이다. 또한 제품에 대한 틈새 시장이 존재하지 않음을 발견할 수도 있는데, 이런 경우 조사 비용이 여전히 낭비되는 것이 아니다. 즉, 이는 실패할 사업으로 진입하는 큰 재난으로부터 당신을 구하는 작은 보험금으로 여겨야 한다.

(9) 생산 관련 과제

계획사업에 대한 수요가 존재한다면 그러한 수요를 충족시키기 위한 제품/서비스를 어떻게 제공해야 할지를 결정할 필요가 있다. 제품을 생산하거나 서비스를 창출하는 전략은 사업의 비용과 이윤에 중요한 영향을 미친다. 제품/서비스를 생산하기 위한 대안들은 신중하게 고려해야 한다. 다음은 생산 계획을 시작하는 데 도움을 줄 일련의 질문들이다.

제품에 대해 고려할 점들은 다음과 같다.

- 제품을 어디서 제조할 것인가?
- 얼마나 넓은 장소를 필요로 하는가?
- 조립 라인(Assembly Line)으로 운영할 것인가 작업실(Job Shop) 형태로 운영할 것인가?
- 어떤 유형의 장비를 필요로 하는가?
- 어떤 수준의 임금과 얼마나 많은 수의 종업원들이 필요한가?
- 적정 수준의 노동력이 존재하는가?
- 공장은 몇 번의 근무 교대로 운영할 것인가?
- 원자재는 적절히 조달 가능한가?
- 어떤 운송 수단이 필요한가?
- 어떤 특별 설비가 필요한가?
- 생산 용량은 어느 수준이 되어야 하는가?
- 제조 단가는 얼마인가?
- 직접 제작보다 타 업자에 의한 주문 제작이 가능한가? 주문 제작의 비용의 얼마인가?
- 주문 제작이 위험 감소에 도움 되는가?
- 환경 규제가 입지를 제한하는가?
- 매출액 규모가 예측 수준을 넘어서면 생산 규모가 이를 소화할 수 있는가? 반대로 매출액이 예측에 미달되면 어떻게 대응할 것인가?

서비스업을 설립할 계획이라면 서비스를 어떻게 제공할 것인가를 계획하는 데 있어서도 여러 해결 과제가 존재한다. 서비스업체를 조직하는 것도 제품을 생산하는 것만큼이나 복잡한 것이 될 수 있다. 다음은 고려해야 할 질문을 보여 준다.

- 서비스를 회사의 시설물에서 제공할 것인가 그렇지 않으면 고객의 장소에서 제공할 것인가?
- 어떤 종류와 크기의 빌딩을 필요로 할 것인가?
- 사업의 위치의 중요도는 어떠한가?
- 사업의 이미지는 중요한가?
- 어떤 유형의 종업원들이 사업을 위해 필요할 것인가?
- 노동 시장은 그러한 종업원들을 공급할 수 있는가?
- 종업원들에게 얼마나 지급할 것인가?
- 종업원들에게 얼마나 많은 교육 훈련을 시킬 것인가?
- 서비스를 제공하기 위해 특별한 장비가 요구되는가?
- 서비스 제공에 특별한 허가나 면허가 요구되는가?
- 수요 충족을 위하여 적절히 공급할 수 있는가?
- 사업에 차량이 필요한가?
- 해당 영역에서 적절한 사업 관련 보험이 가능한가?
- 얼마나 많은 고객들에 대해 서비스를

제공할 것인가?

- 종업원들은 제복을 착용할 것인가?
- 특별한 표식, 그래픽, 로고 등이 필요한가?

이 이외에도 사업을 개시하기 전에 짚고 넘어가야 할 생산 관련 과제들이 많다. 이들이 마음 속에 생생할 때 열거하고, 해답을 찾아보라.

(10) 유통 체제

일단 제품/서비스를 어떻게 생산할 것인가를 판단한 후에는 그것을 어떻게 고객에게 전달할 것인가를 결정해야 한다. 경쟁 환경을 분석하고 잠재적 고객을 연구함으로써 기존 유통 구조를 파악할 수 있어야 한다. 유사한 제품/서비스의 기존 유통 구조에 있어서의 약점을 발견했을 수도 있다. 목표하는 틈새 시장 자체가 고객에게 제품/서비스를 배달하는 데 있어 보다 나은 시스템을 제공하는 데 있을 수도 있다.

독특한 유통 시스템들이 여러 가지 성공적인 사업의 기반을 형성해 왔다. 페드럴 익스프레스사(Federal Express)는 신속한 배달을 위해 중앙 허브(Hub)를 활용하여 미국의 우체국을 공략했다. 도미노즈 피자사(Domino's Pizza)는 배달 전문 가게를 만들어서 피자 업체들을 놀라게 했다. 애본사(Avon)는 고객의 집 앞까지 화장품을 배달함으로써 업계를 주도하는 화장품 회사가 되었다. 켐론사(Chemlawn)는 잔디 비료를 배달하고 응용함으로써 잔디 비료 산업을 혁신시켰다.

어떤 사업들은 하나 이상의 유통 시스템을 조합한다. 예로서 소매점이 우편 주문 캐털로그를 가질 수도 있고, 자전거 수리점이 이동 자전거 수리상이 될 수도 있으며, 레스토랑이 배달 차량을 유지할 수도 있다.

위와 같이 유통 시스템의 선택이 사업 성공에 결정적일 수 있다. 아래 문항들은 유통에 관련된 논점을 고려하는 데 도움이 될 것이다.

- 시장 조사 결과가 현재의 유통 시스템에 대해 고객들이 좋아하거나 혹은 좋아하지 않는 것에 대한 무언가를 말해 주는가?
- 현재의 시스템에 있어 효과적인 것은 무엇인가?
- 현재의 시스템에 있어 비효과적인 것은 무엇인가?
- 현재의 시스템이 계획 사업의 비용/이익에 어떠한 영향을 미치는가?
- 또 다른 시스템이 당신의 시장 잠재력을 확대할 것인가?
- 대체적인 유통 시스템에 투자하는 것이 비용상 효과적인가?
- 경쟁 업체가 대체 시스템을 모방하기가 얼마나 쉬운가?
- 누군가 대체 유통 시스템을 시도한 적이 있나? 결과는 어떠했는가?
- 당신은 대체 시스템을 구축할 능력을 가지고 있나?
- 샘플 고객에게 대체 시스템의 개념을 시험하기가 얼마나 어려운가?
- 당신의 고객들은 무슨 시스템이 가장 받아들일만 하다고 생각할 것인가?
- 어떤 시스템이 가장 효과적인 것인가?
- 자원의 한계상 어떤 시스템을 채택해야 할 것인가?

서비스와 비용 사이의 상충 관계는 중요하다. 대체로 비용은 시스템의 복잡성과 비례하여 증가한다. 만약 자신의 판매력, 도매상, 유통업자, 딜러 등을 통하여 제품을 유통시키는 것이 최종 소비자에게 직접 판매하는 것보다 훨씬 더 많은 비용이 들 것이다. 그러나 가장 큰 자산은 창의력이다. 고객 욕구를 충족시키는 자원의 한계 내에서 유통 시스템을 개발하는데 창의력을 현명하게 발휘한다면, 돈도 절약하고 효과성도 증대할 수 있다.

(11) 핵심 과제: 손익 분기점 달성

비용

지금까지 우리는 사업 운영 상의 비용 및 이익 발생을 위한 제품 가격에 대한 고찰 없이 추상적으로 사업 아이디어를 고려해 보았다. 그러나 이러한 분석은 매우 중요하다. 손익 분기점에 도달할 수 없다면 그것은 영리 사업이 아니라 자선 사업인 것이다.

제품과 서비스가 시장에 도달하기 전에 그 비용을 추정하기 어렵기는 하지만 이러한 과정을 수행하는 것은 중요한 것이다. 직접 제조하는 제품에 있어서는 제품 명세서가 최대한 구체화되어야 한다. 잠재적 공급 업체들이 부품의 비용을 추정하는 데 도움 될 수 있다. 타 업체가 완제품을 생산한다면, 그 회사가 제품 가격이나 견적을 내줄 수 있을 것이다.

이러한 추정치를 알아내는 데 물량이 중요한 것임을 잊어서는 안 된다. 생산량이 늘어남에 따라 개당 노무비, 재료비, 그리고 간접비 등은 감소할 것이다. 그리고 품질 보증, 수리, 반품, 환불, 애프터 서비스 등의 비용 요소를 추가하도록 해야 한다. 고객 서비스 지원이 많을수록 비용이 늘어날 것이다.

고정비와 변동비를 분리하라. 고정비는 판매량에 관계없이 동일하다. 이에는 월세, 전화비, 보험료, 급료, 유지비, 회계 비용 등이 포함된다. 변동비는 제품이나 서비스를 생산하는 비용과 관련되기 때문에 매출의 크기에 따라 변한다. 가장 일반적인 변동비에는 제품이나 서비스를 생산하기 위해 사용되는 원재료와 노무비이다.

경험에 따라 외부의 도움을 찾을 필요가 있을 수 있다. 제조비를 계산해 보지 못했다면, 경험 많은 회계사가 도울 수 있다. 제조 기간을 추정하거나 생산 계획을 짜는 경험이 없다면, 관련 산업 분야 또는 제조 업종 엔지니어에게 도움을 요청할 수 있다.

서비스업에 있어서는 약간 다른 접근법을 취할 필요가 있다. 노무비, 재료비, 그리고 간접비를 추정해야 하는 것은 마찬가지이다. 하지만 서비스 한 건을 제공하는 데 대한 비용을 추정하기 위해 서비스를 모의 실험할 필요성이 있을 수도 있다. 사업 계획에 몇 시간을 소비했더라도 이러한 실험을 통해서 서비스 제공의 비용이나 복잡성에 대해 새로운 것을 발견할 수 있다.

제품/서비스의 구체적인 비용을 파악한 후에도 신규 사업 개시에서 불가피한 계산 상의 실수, 특정 경험의 부족, 그리고 예상할 수 없는 추가 비용 등을 위해 25 내지 50%의 비용을 추가해야 한다.

가격 책정

다음으로 제품/서비스의 가격을 책정해야 한다. 가격 책정은 과학이라기보다는 기술이다. 현재 비용에 대해 상당히 정확한 추정치를 가졌다 하더라도 그런 비용들은 가격 책정을 위한 기준치로 여겨져야 한다.

제품/서비스에 부과하는 가격은 생산 비용에 의해서보다는 소비자가 부여하는 가치에 의해 더 결정된다. 고객에게 제품이 1달러 어치의 가치가 있으면 고객은 당신이 그것을 생산하기 위해 5달러를 소비했는지 아닌지에는 관심을 두지 않는다. 반대로 고객에게 2달러의 가치가 있는 제품에 당신이 2센트를 소비한 것에도 역시 개의치 않는다. 값싼 롤스 로이스(Roll Royce) 자동차, 해터래스(Hatteras) 요트, 롤렉스(Rolex) 시계를 본 적이 있는가? 소비자들은 이런 제품이 가졌다고 인식하는 가치 때문에 기꺼이 더 지불하는 것이다.

제품의 가치에 기반해서 최대한 높게 가

격을 잡아라. 미국의 어느 대기업은 '동적 가격 책정'(Dynamic Pricing)이라는 가격 책정 공식을 사용한다. 이는 '시장이 지불하고자 하는 최대한'을 부과하는 것이다.

어떤 창업자들은 박리다매 전략에 의해 고객을 유치하겠다고 생각한다. 그러나 이런 방법은 자멸적일 수 있다. 박리 판매가 수익성을 보장하지 못하며, 고객이 그들이 지불한 가격보다 더 많은 가치를 얻는다는 사실을 믿지 못할 수도 있다. 저가 제품에 대해 고객은 다음과 같이 여러 가지로 반응할 수 있다.

- 가격이 낮으면 무언가 잘못 되어 있는 게 아닌가?
- 이 제품들이 혹시 중고품이나 복제품, 아니면 장물 아닌가?
- 가격이 너무 낮지만 이 가격이라면 모험을 걸어볼 만하다.
- 다른 곳에서 좀더 지불하더라도 확실한 제품을 구입해야지.
- 환상적이군! 이 가격이라면 횡재야.

고객의 가치에 주의를 기울임으로써 제품/서비스가 전달하는 가치에 기반하여 가격을 책정할 수 있다. 고객들이 가치 있게 평가하는 요소를 알고 있다면, 창의성 있게 제품/서비스를 개량하여 높은 가치를 확보할 수 있다. 또한 당신의 제품/서비스가 어떻게 이러한 고 가치를 제공하는지를 효과적으로 고객에게 교육시킬 수도 있다.

손익 분기점 분석

손익 분기점 분석은 전체 비용을 충당하기 위해 어떤 가격에서 얼마나 많은 양의 제품/서비스를 판매해야 하는지를 알려 준다. 약간의 이익이라도 발생시키기 위해서는 이 손익 분기점을 넘어서야 한다.

손익 분기점 분석을 이해하기 위해 다음 사항을 알아야 한다.

수익

주어진 기간 동안 추정된 매출액. 이미 단가를 결정했기 때문에 단가에 판매량을 곱함으로써 이를 파악할 수 있다.

고정비

주어진 기간 동안 고정비(간접비)는 얼마인가?

변동비

주어진 기간 동안 재료비나 노무비 등의 변동비는 얼마인가?

위의 정보가 있다면 손익 분기점 분석은 다음 공식을 사용하여 간단히 구할 수 있다.

손익 분기 매출액 = 고정비 + 변동비

이러한 분석 결과 사업 전략의 변화가 요구될 수 있다. 이때 비용과 가격 책정 모두가 변화될 수 있다. 즉, 지출을 충당하기 위해 가격이나 판매량을 올릴 수도 있고, 적은 판매량을 유지한 채 비용을 삭감하여 손익 분기점에 도달할 수도 있다.

(12) 자원 분석: 인력, 시간 및 자금의 모색

계산상 매출에서 비용을 초과하기에 충분한 수익을 창출할 수 있다 하더라도 사업을 개시하는 데 필요한 자원을 찾아내야 하는 일이 남아 있다. 숙련된 종업원과 전문 상담가가 필요할 것이고, 계획 사업에 자신의 시간을 투여해야 하며, 사업에 착수하기 위해 회사 내부와 외부의 자금원을 파악해야 한다.

인력

사업을 운영하기에 필요한 모든 전문 능

력이나 노동력을 스스로 공급할 수는 없을 것이기 때문에 사업상 가장 우선적으로 요구되는 자원은 인력이다. 사업에 필요한 특별한 기술과 능력을 파악하라. 그리고 앞서 파악된 당신의 개인적 기술 리스트에 기반하여 자신이 제공할 수 없는 점을 파악하라. 그러한 기술과 능력은 다음과 같은 다양한 원천에 의해 제공될 수 있다.

- 종업원
- 고문단과 이사회
- 컨설턴트
- 유급 전문가(변호사, 세무사, 회계사)
- 관공서(중소기업청)
- 재능 있는 친구들
- 가족

비용을 관리하고 위험을 최소화하기 위하여 인적 자원은 가능한 한 변동비로 유지하라. 일단 종업원이 영구적인 임금 지급의 대상이 되면 신규 사업이 생존하는 데 긴요한 유연성에 제약이 된다.

시간

다음으로 시간을 고려할 필요가 있다. 사업을 파트타임로 할 것인가, 아니면 전일제로 할 것인가? 장기간 사업에 시간을 소모해야 한다면 당신은 그렇게 할 재정적 자원을 가지고 있는가? 사업을 생존시키려는 노력에 간섭하는 다른 어떤 시간적 요구가 있는가? 인적 자원들이 해당 사업에 충분한 시간을 할애할 수 있는가? 사업이 한정된 '기회의 창'(Window of Opportunity)을 가졌는가? 그 '창' 안에서 당신이 사업이 성공하도록 충분한 시간을 투여할 수 있나?

자금

돈은 시간과 마찬가지로 부족한 자원이다. 사업에 착수하기 위하여 필요한 자금이 얼마나 있어야 하는지를 판단해야 한다. 위의 손익 분기점 분석에서처럼 지금이 비용을 줄이기 위한 방법을 고려하기에 적절한 시기이다. 예를 들면 필요한 것을 임대하거나 취득하기보다는 단기간 동안 대여할 수 있는가? 필요한 것과 가지고 있는 것을 교환할 수 있는가? 훗날의 개인적 서비스를 제공하는 대가로 지금 필요로 하는 것을 얻을 수 있는가? 다시 말해서 현금을 지불하기보다는 가능한 한 최대한 창의력을 발휘하라.

추가적인 자본이 필요하다고 판단되면 가능한 재원들을 알아내야 한다. 가족, 친구, 사업 동료, 주치의, 예전의 동창생, 잠재적 공급업체, 관심 있는 고객, 그리고 지역 투자자 등에게 의존할 수 있다. 사업에 시간과 돈을 투자할 수 있는 동업자를 새로 참여시키는 방안도 고려할 수 있을 것이다. 직원 예정자나 자문 위원들도 사업에 투자하려 할 수 있다. 당신의 제품에 대한 수요가 높다면, 예비 고객으로부터의 투자도 끌어 낼 수 있다.

끈기를 보여라. 세상에는 여러 종류의 재원들이 있다. 모든 가능성이 섭렵된 것처럼 보일 때도 예기치 않았던 재원에서 자금이 나올 수 있다. 중요한 것은 자금 확보에 집중하고, 당신이 필요하는 것에 대해 가능한 많은 사람들과 논의하는 것이다. 만나는 개개인 모두에게 재원 확보에 대한 아이디어를 요청하라. 이는 자금 조달의 가능성을 증대시킬 뿐만 아니라 사업이 존속하는 한 소중하게 쓰일 관계를 형성하는 바탕이 된다.

자원 확보 기술을 개발하라. 창업자로서의 성공적인 경력은 끊임없는 자원의 추적과 확보에 달려 있는 것이다. 자원 확보상의 실패는 잠재적인 투자자들의 지원 자금이 모자라서가 아니라, 엉성한 사업 계획과 그 전달의 결과일 때가 많다. 이 경우 투자를 거부한 잠재적인 투자자들로부터 피드백을 요구함으로써 사업 계획과 그 전달 요령을 발전시킬 수 있다.

(13) 틈새 전략

앞의 내용을 검토한 후에 관련된 모든 정보를 하나의 사업 전략 명제로 표현해야 한다. 이 전략은 당신 사업이 시장에서 차지할 틈새(Niche)를 명확하게 제시할 것이다. 전략은 당신이 어떻게 그 틈새를 포착하고 유지할지를 기술해야 한다. 전략은 당신이 어떠한 계획으로 경쟁자들과 차별화할 것인지를 나타내야 한다.

이 전략 명제는 사업의 초석이 될 것이다. 그것은 회사를 위한 비전이다. 그 용도는 다음과 같다.

- 마케팅 전술의 기초
- 고객 서비스의 초점 확립
- 고용할 종업원의 유형 결정
- 회사가 구현할 기업 이미지 기술
- 성과 측정의 도구 제공
- 교육 훈련 프로그램 확립
- 투자자들에 대한 회사 개관의 제공

틈새 전략 명제: ____________________

____

____

(14) 의사결정의 시기: 추진할 것인가 말 것인가

앞의 논의 과정에서 일련의 의사결정 순간들이 있었다. 당신의 아이디어가 이 시점까지의 분석을 통과했다면 시장에서 성공할 수 확률이 높은 것이다. 다시금 당신의 답변과 분석을 검토하라. 사업이 여전히 좋은 아이디어인 것 같은 느낌이 드는가? 두려워 말고 직관에 의존하라. 여전히 사업이 잘 될 것 같은 기분이 드는가?

사업이 계속 추진할 수 없을 것 같다 하더라도 시간 낭비한 것은 아니다. 그것은 사업실패를 면함과 아울러 다음 사업을 위한 계획에 도움이 된다. 새로운 사업을 구상할 때 일이 보다 쉬어질 될 것이다. 최소한도 자신의 기술과 적성의 점토는 이미 완료되었다.

사업이 성공할 가능성이 있어 보이면 다음 단계는 앞의 조사에 바탕해서 보다 세부적인 사업 계획을 수립하는 것이다. 사업을 위한 자원을 동원하고 사업 추진 일정과 이정표를 수립해야 한다. 이 과정에서 도움이 될 여러 가지 자료가 있다.

(여기에 당신이 찾아낸 자료를 열거하라)

____

____

____

이러한 분석이 상당히 완벽할지라도 최종 결정을 내리기 위해 필요한 모든 사실들을 수집한 것은 결코 아니다. 그러나 창업자로서 해야 하는 모든 의사결정이 그러한 성격을 띠고 있다. 사업 개시 전에 할 수 있는 모든 준비를 하는 수밖에 없다. 이것이 위험을 최소화하고 성공의 가능성을 증대시키는 길이다. 앞의 모든 연습 과제들에 대답하였다면, 이는 성공적인 사업 설립에 필수적인 용의주도한 분석력과 지구력을 증명한 셈이다. 앞길이 그리 순탄치는 않을 것이나 매우 큰 성취감를 맞보게 될 것이다. 사업에 행운이 함께 하길 바란다.

창업 이야기 XI-1

터보테크[32]

국내에서 최초로 공작 기계의 핵심인 CNC 장치를 개발하여 공작 기계 자동화에서 새로운 금자탑을 쌓은 주역인 터보테크 장홍순 사장의 행보는 입지전적이다. 특히 수치 제어식 신발 금형 전용기 개발로 1991년 5월 매일 경제 신문사와 한국 산업 기술 진흥 협회가 공동으로 주관하는 IR52 장영실 상 수상자로 선정될 정도로 장 사장이 이끄는 터보테크의 기술 개발은 높은 평가를 받고 있다. 상영실 상 수상 작품인 수치 제어식 신발 금형 전용기는 고임금·인력난의 현실과 다품종 소량 생산 추세에 부응하는 금형 제작 소요 시간 단축의 고민을 한꺼번에 해결해 주는 고생산성·고정밀도·고부가 가치 창출에 적합한 장치이나. CAM을 잘 모르는 사람도 쉽게 작동할 수 있으며, 생산성은 수작업의 10배로 수작업에 비해 40-50%의 비용 절감 효과가 가능하도록 고안되었다. 터보테크의 컴퓨터 수치 제어 장치 개발은 수입 대체 효과에 적지 않은 기여를 할 것으로 기대를 모으고 있다.

이러한 터보테크의 개가는 FA(Factory Automation)에 대한 요구가 다양한데도 그 동안 하드웨어·소프트웨어 분야에서 국내 공작 기계 CNC 장치 시장의 90%를 일본의 한 회사에 의존해 온 기술 종속적 관계를 탈피할 계기를 마련했다는 점에서도 큰 의미가 있다. 터보테크는 이 밖에 공작 기계 주변 기기와 관련하여 7개의 아이템을 개발하거나 개발중에 있다. 특별 용도에 사용되는 전용기 제어 컨트롤러, CAD/CAM을 연결한 자동차, 전자 관련 금형 자동 프로그램, 로버틱스 컨트롤러, 검사 공정 자동화 비전 시스템 등 중소 기업에 맞는 기계 자동화와 이 같은 자동화 시스템을 한꺼번에 묶어 관리할 수 있는 중견 기업용 자동화 엔지니어링 사업 등이 그것들이다. 이러한 터보테크에 의한 기술 개발은 엄청난 수입 대체 효과를 일으키면서 기술 개발의 중요성을 다시금 일깨우고 있다.

터보테크는 최근에 개발된 반도체 기술을 응용, 이를 공작 기계 부문에 접목시키는 고급 아이템을 개발해 하반기부터는 미국·대만 등 수출 시장의 문을 두드린다는 청사진을 짜놓고 있다. 또한 하이테크 분야의 경우 다품종 소량 생산 체제와 기술 개발이 생명인만큼 이 분야에 역점을 두는 한편, 대량 생산이 가능한 아이템을 선정하여 외형적 성장도 추구하고 있다.

이렇게 입지전적인 사업 능력을 보여 준 장 사장은 과학기술원 박사(전기/전자과 11회) 출신으로 과기원 박사 과정에 있을 때부터 사업을 구상하기 시작하여 당시 5개나 되는 아이템을 개발하고도 판로 개척에 실패한 경험을 가지기도 했다. 때문에 기술 개발뿐만 아니라 수요 창출에도 깊은 관심을 쏟고 있다. 사업이란 기술과 함께 돈과 시장 등 3박자가 갖춰져야 하는 만큼 창업 투자 회사와의 연계 및 제품의 질·가격·애프터 서비스 등의 우수성을 내세워 자금 조달과 시장 마인드 확대를 꾀해 나가고 있다. 터보테크가 기계와 전자 부문을 결합한 컴퓨터 제어식 기기의 대명사로 통할 정도로 유명세를 타고 있는 것도 이 같은 꾸준한 아이템 개발과 경영 수완 보강의 결실이다.

---

32 주간 매경, "터보테크, FA핵심 CNC 최초 국산화, 3조 원 수치 제어 시장 탈환 나서," 1991년 7월 3일.

창업 이야기 XI-2

인터링크 시스템[33]

다른 사람들의 발길이 닿지 않은 처녀지에서 살아 남기 위한 벤처 기업의 밑천은 뭐니뭐니 해도 남보다 한 발 앞선 기술이다. 이런 기술로 무장한 기업은 불황의 높은 파고도 거뜬히 넘는다. 네트워크 컨설팅 및 서비스 분야의 중견 기업인 인터링크 시스템도 예외는 아니다. 1989년 이명근 사장이 창업을 할 때만 해도 정보통신이라는 말이 낯설게 들릴 무렵이었다. 인터링크 시스템의 전문은 IBM 메인프레임 통신 규약의 일종인 SNA(System Network Architecture)와 ATM(비동기 전동 방식) 관련 제품 개발이다.

창업 초기에 인터링크 시스템이 기록한 첫 안타는 1989년에 내놓은 증권용 종합 정보문의 단말기이다. 이 사장이 6개월여 동안 군용 야전 침대에서 지내며 악전고투 끝에 국산화에 성공하여 수입 제품보다 30-40% 싸게 한양·대우 등 5개 증권사에 납품하고 14억 원을 손에 쥐었다. 이로써 인터링크 시스템이 우뚝 설 수 있는 발판을 마련하였다.

첫 단추는 제대로 달았지만 순탄한 항해가 그리 오래되지는 않았다. 1991년부터 회사가 휘청대더니 1992년에는 5억 원이 넘는 적자를 기록했다. 연구개발 투자에 비해 네트워크 시장 활성화가 더디기도 했지만 적자의 주범은 조직 관리의 실패였다. 엔지니어 출신인 이 사장의 아킬레스 건이었다. 기술에 대한 것이라면 자신이 있었지만 인사·마케팅·회계 등에는 문외한이었다. 컴퓨터는 명령에 따라 정확히 움직이지만 사람은 그렇지 않을 수 있다는 사실을 간과한 것이다. 외부에서 대표를 영입했지만 내부의 갈등만 커졌다. 한솥밥을 먹던 식구들이 하나 둘씩 떠났다.

비싼 수업료를 낸 이 사장은 8월부터 전문 경영 공부에 몰두했다. 조직 관리·인사·마케팅 등의 서적을 뒤적였다. 서강대에서 MBA 과정도 수료했다. 이러한 경험에 근거하여 그는 "창업하려는 사람은 반드시 경영 수업을 먼저 해야 한다"고 강조한다. 조직이 점차 정비되면서 성장 속도도 빨라졌다. 1993년 45억 원이던 매출액이 1996년에는 180억 원으로 늘었다. 1997년 목표는 250억 원이다. 인터링크 시스템은 1997년을 '수출 원년'으로 정했다. 수출 목표액은 200만 달러이다. 전체 매출액에 비하면 보잘 것 없는 액수지만 이는 인터링크 시스템 창업 원년의 안타를 홈런으로 이으려는 새 출발이었다

33 이코노미스트, "인터링크 시스템, 초고속 ATM 카드로 승부수," 1997년 5월 20일.

창업 이야기 XI-3

새롬 기술[34]

1996년 미국 라스 베가스에서 개최된 컴덱스(COMDEX) 쇼에서 참가자들 중 유난히 관심을 끈 벤처 기업이 있었다. 처음 참가하는 기업으로서 눈길을 끌게 된 것은 상호가 낯선 이름이란 점과 함께 '보이스맨 프로'라는 제품 때문이었다. 보이스맨 프로는 윈도에서 돌아가는 통합 통신 프로그램으로 영상은 물론 전화, 삐삐 호출, 팩시밀리 송수신 등을 일반 모뎀으로 가능하게 하면서 모든 기능을 하나로 집약시킨 제품이다. 당시까지는 삼보 컴퓨터 등에서 제공한 DSVD 모뎀만이 영상과 음성의 신호를 처리할 수 있었다. 그런데 보이스맨의 개발로 누구든지 자신의 PC에 5만 원 상당의 카메라와 마이크만 장착하고 보이스맨 프로를 윈도에 깔면 어느 누구와도 얼굴을 보며 채팅도 하고 글도 쓸 수 있게 된 것이다. PC 통신에 일대 혁명을 가져올 수도 있는 제품인 것이었다.

그러면 삼성, LG, 현대, 한솔 등 대기업들 틈에서 맹위를 떨치며 그 존재를 알리는 데 성공한 새롬 기술은 어떻게 만들어진 회사인가? 새롬 기술은 1993년 7월 오상수 사장을 비롯한 KAIST 동기생 4명이 통신 소프트웨어 시장 제패란 원대한 꿈을 갖고 탄생했다. 그러나 여느 벤처 기업과 마찬가지로 꿈과 실적은 반비례해 창업 첫해의 매출은 제로를 기록했다. 팩시밀리를 관리하는 팩스맨을 만들어 냈으나 판로가 없었기 때문이었다. 15평짜리 오피스텔에서 라면으로 배를 채우며 고생한 보람치곤 비참한 것이었다.

그러나 팩시밀리 송수신 예약·관리는 물론 팩시밀리 송수신을 하면서 다른 작업하기 등 획기적인 기술은 결국 성공했다. 1995년 오 사장은 승부를 걸었다. 팩스맨의 성공을 발판 삼아 데이타맨, 북맨, 페이지맨, 도스용 팩스맨 등을 잇달아 출시했다. 이렇게 사업의 범위를 확장하는 한편으로 오 사장은 자금을 위해 은행 문을 두드렸다. 그러나 담보, 어음, 보증이라는 은행측의 요구는 다시금 오 사장에게 벽을 느끼게 만들었다.

이후 오 사장은 단지 기술에만 의존하는 것이 얼마나 무모한지를 발견하고 금융 전문가를 찾기 시작했다. 결과적으로 대한 통운 뉴욕 부지사장과 유원 건설 뉴욕 지사장을 역임하고 조그만 사업을 하던중인 부친 오정태 씨와 조지 워싱턴 대학에서 MBA를 마친 서울대 동창생을 합류시켰다. 이들을 활용하여 경영지원실을 설치하고 서울 은행을 주거래 은행으로 정했다. 아울러 기술 신용 보증 기금으로부터 우량 중소 기업으로 지정됐다. 더군다나 정보통신부로부터 병역 특례 업체 판정도 받았다. 한마디로 날개를 단 셈이다. 금융 전문가 영입에 대한 오 사장의 계획은 적중했다. 1995년 매출액이 20억 원으로 커져 갔고, 1996년에는 경기가 불황인데도 60억 원의 매출을 올릴 수 있었다. 결국 소프트웨어 업계의 판도를 흔들면서 소프트웨어 업계의 한 맥으로서 자리잡음으로써 3년 만에 기적을 일구어낸 것이다.

회사의 규모가 커지면서 과거의 개발·판매의 단순한 공식에서 벗어나 홍보에도 눈길을 돌리기 시작했다. 컴덱스 쇼에 참가했던 것도 이 같은 전략의 일환이었다. 1995년 국내 소프트웨어 산업은 총 39억 달러의 매출을 올렸고 이 중 수출은 0.6%인 3000만 달러에 지나지

---

34 주간 매경, "새롬 기술, 미 MS사 윈도용 보이스맨에 매료," 1996년 12월 11일.

않았다. 현재 65명의 새롬 식구들은 새롬의 보이스맨 프로 등을 통하여 이 비율을 높이는 작업에 일조하고 있다. 창업 기업가로서의 오 사장의 행보와 새롬 기술 식구들의 노력이 세계 시장에서 제대로 평가 받을 수 있을지 지켜볼 만하다.

읽을 거리

Sue Birley and Paul Westhead, "A Taxonomy of Business Start-Up Reasons and Their Impact on Firm Growth and Size," *Journal of Business Venturing*, 9, 1994: 7-31.

Robert H. Brockhaus, Sr., "Risk Taking Propensity of Entrepreneurs," *Academy of Management Journal*, 1980, 23: 509-520.

Lowell W. Busenitz and Jay B. Barney, "Differences Between Entrepreneurs and Managers in Large Organizations: Biases and Heuristics in Strategic Decision-Making," *Journal of Business Venturing*, 12, 1997: 9-30.

Peter F. Drucker, "The New Venture." In William A. Sahlman & Howard H. Stevenson (Eds.), *The Entrepreneurial Venture* (Boston, MA: Harvard Business School Publications, 1992): 247-262.

William B. Gartner and Karl H. Vesper, "Experiments in Entrepreneurship Education: Successes and Failures," *Journal of Business Venturing*, 9, 1994: 179-187.

Charles W. Ginn and Donald L. Sexton, "A Comparison of the Personality Type Dimensions of the 1987 Inc. 500 Company Founders/CEOs with Those of Slower-Growth Firms," *Journal of Business Venturing*, 1990, 5: 313-326.

Michel Harvey and Rodney Evans, "Strategic Windows in The Entrepreneurial Process," *Journal of Business Venturing*, 10, 1995: 331-347.

Ian C. MacMillan, "The Politics of New Venture Management," *Harvard Business Review*, November-December 1983: 4-8.

Arthur Rock, "Strategy Vs. Tactics from a Venture Capitalist," *Harvard Business Review*, November-December 1987: 63-67.

S. Scheinberg and I. C. MacMillan, "An 11 Country Study of Motivations to Start a Business." In B. A. Kirchhoff, W. A. Long, W. E. McMullan, K. H. Vesper, and W. E. Wetzel, Jr. (Eds.), *Frontiers of Entrepreneurship Research* (Wellesley, MA: Babson College, 1988): 669-687.

Gary E. Willard, David A. Krueger, and Henry R. Feeser, "In Order to Grow, Must the Founder Go: A Comparison of Performance between Founder and Non-Founder Managed High-Growth Manufacturing Firms," *Journal of Business Venturing*, 7, 1992: 181-194.

XII장 벤처 기업의 경영진과 가족 기업

"내가 IBM에 공헌한 것 중 가장 중요한 것은 강하고 지적인 사람들을 고르는 능력이었다. 그리고 그러한 팀을 유지하기 위해서 그들에게 설득하고 사과하며, 금전적 인센티브를 부여하고, 연설하고, 그들이 아프거나 사고를 당했을 때 가족과 만나서 이야기하며, 내가 가진 모든 수단과 방법을 동원해서 그들이 내가 괜찮은 사람이라고 생각하도록 한 것이었다."

토머스 왓슨(Thomas J. Watson, Jr.), *Father, Son and Co.: My Life at IBM and Beyond*, 1990

이 장에서 다루는 주제

벤처 팀의 구성과 운영
첨단 기술 벤처의 인력 관리
창의성의 개발
보상 체계와 스톡 옵션
가족 기업

창업 현장

이미지 프레즌테이션[1]

조너던 스프링은 고등 학교 재학 시절 영화 제작에 흥미가 있어 뉴 햄프셔에 있는 필립스 익제터 어캐더미에서 영화 관련 과목을 수강하였으나, 영화 제작이 직업으로 적합하지는 않다는 판단으로 MIT에서 엔지니어링을 전공하였다. 재학 중 영화에 대한 관심이 다시 생겨서 교내에 좋은 교수진과 최고급 장비를 갖춘 영화 제작 프로그램이 있다는 사실을 알고 영화 관련 과목을 수강했다. 2학년 당시 익제터 4학년에 재학중인 마크 에드워즈와 함께 익제터 200 주년 기념 영화를 제작하게 된다.

그 후 MIT 총장이 기부금 마련 비디오 제작을 의뢰하여 당시 하버드 대학 1학년 마크와 함께 다시 작업을 했다. 마크와 조너던 팀은 이로 인해 보스턴 일대에서 명성을 얻기 시작하여 1977년에 이미지 프레즌테이션즈사(IPI: Image Presentations, Inc.)를 설립하고 보스턴 일대의 학교들의 요청에 따라 기숙사에서 영화 제작 사업에 착수했다. 마크가 사장이 되고, 조너던은 파트너가 되었다. 이들은 교육 기관 비디오 제작 이외에도 일반 기업체들을 위한 쇼, 상품 판촉, 판매 모임 등도 연출했다. 마크는 1983년 졸업 후 펀드 레이징, 채용, 상품 출시, 종업원 사기 진작, PR, 이벤트 등을 위한 미디어 제작 사업에 전업적으로 뛰어들었다. 당시의 고객으로는 아이비 리그 대학, IBM, 질렛, 웨스팅하우스 등이 있었다.

IPI사는 1977년 이후 매년 매출액이 2배씩 성장하는 성과를 보여 1989년의 매출액이 250만 불, 순이익은 24만 불에 이르렀다. 총 매출액 중에서 대학 고객이 58%, 기업 고객이 42%를 차지했다. 경쟁사에 비해 50-100% 가격이 비쌈에도 불구하고 상품 차별화를 통해서 20개교 중 19개가 IPI를 선택했다. 기업 고객을 대상으로 하는 경쟁사들은 IPI사보다 경력과 규모 면에서 더 좋았다. 보스턴에 이러한 경쟁사들이 4곳이 있어 교육 시장보다 경쟁이 심하고, 고객들도 브랜드 네임을 선호하는 경향을 보였다. 따라서 IPI사가 이 시장에서 주도권을 갖고 있지는 않지만 교육 시장에서만큼 좋은 서비스를 제고하고자 노력하였다.

IPI사는 다양한 서비스와 노하우, 시설, 인력을 고루 갖춘 회사이다. 고객과의 상호 협조와 감독 아래 대본, 사진, 음향, 최종 마무리에 이르기까지 모든 서비스를 제공한다. 프로듀서, 디자이너, 제작 및 기술 전문 인력들이 창의력과 헌신적 노력을 통해 고객이 다시 찾도록 하고 있다. 보스턴의 뉴버그 가에 소재한 사무실은 업무 효율화와 고객 편의성을 위해 설계되어 최상의 음향 시스템, 비디오 및 영화 인터페이스, 완벽한 디자인 설비, 스크리닝 및 미팅 리허설 룸 등을 갖추고 있다.

1989년 현재 직원이 16명이 있고, 영업부, 제작부, 예술부, 관리부 등으로 조직되어 있다. 영업은 마크가 총 책임을 맡고, 제작은 조너던이 총 책임을 맡고 있다. 제작부는 연기자, 대본, 사진, 음향, 무대를 책임지고, 비전, 쇼의 수익성, 예산을 고려하며, 일정 관리, 대 고객 협상 등을 관장한다. 필요에 따라서는 프리랜서를 고용한다. 3년 전까지는 외주를 주다가 비용 절감, 디자인의 일관성을 위해 새로이 생긴 예술부는 제작부를 도와 로고 디자인, 그래픽 등을 제작한다. 관리부는 회계, 워드 프로세싱, 리셉션 등을 맡고 있고 잭 개러티를 책임자로 두고 있다.

1988년에 매출액의 급성장에도 불구하고

[1] Amar V. Bhide and Kevin Hinton, Image Presentation, Inc. Harvard Business School Case 9-390-140.

회사가 적자를 기록하자 마크는 재무 전문가를 물색하여 잭을 고용하게 되었다. 그는 하버드 MBA 과정 졸업 후 공인 회계사를 수년 간 한 경력이 있었고, 광고, PR, 커뮤니케이션 등에 각별한 관심을 가지고 있어서 IPI사에서 다시 시작하겠다는 마음가짐으로 창의적인 업무를 수행하고자 입사하였다. 결국 그는 총괄 관리자가 되어 현금 관리, 예산, 재무 예측 등의 업무를 맡게 되었고, 이익 창출을 위해 프로듀서, 제작 물, 제작 예산 시스템 등의 세부 조정 역할도 수행하였다.

매월 프로듀서의 회의를 통해 수익성, 비용, 작품 진행 상황을 점검하고 계획대로 진행되지 않을 경우 그룹을 다시 조정하고 해결 안을 모색했다. 프로듀서는 특히 외부 서비스 비용에 민감해야 하는데, 이는 학교의 경우 20-30%, 기업의 경우는 50%가 외부 서비스를 활용하기 때문이다. 잭은 효율적인 재무 관리를 위해 창작 과정을 개발하고, 월례 프로듀서 회의를 위해 직접 연구 조사, 예시, 그래픽 비평, 분석 등을 수행했다.

그는 또한 평가, 보상, 휴가, 회의 등 인사 제도가 제대로 갖추어지지 않았던 IPI사에 평가 양식을 도입하는 등 연봉 및 평가 규정을 체계화하였다. 특히 전문가 의식을 개발하기 위해 복장, 대인 관계, 전화 예절 등 고객과 직원간의 전문 의식을 강조하고 평가에도 반영하였다.

잭이 인력의 질적 업무 수행 능력에 주안점을 두는 반면, 마크와 조너던은 IPI사를 현재보다 큰 규모의 회사로 성장시키는 데 끊임없이 관심을 기울이며 이익 창출 자체보다는 사원이 많은 대규모 조직을 가지려는 야심을 가지고 있었다. 이에 따라 1989년 마크와 조너던은 리크루팅 아츠(RA: Recruting Arts)를 IPI의 자회사로 설립하고 다양한 상품과 서비스를 제공하여 회사의 성장을 꾀하였다. RA사는 미디어 광고를 통해 인력을 채용해 주는 회사로서 교육 기관, 회사 등이 마케팅, 광고, 이미지 창출을 통해 최고의 학생이나 직원을 채용할 수 있도록 도움을 주는 것을 회사의 목표로 삼았다.

이 회사의 사업 계획 정립과 운영을 위해 보스턴 지역의 경영 대학원생 중에서 디렉터를 물색하던 중 6명의 지원자 중에서 하버드 경영 대학원 2년차인 리사를 RA의 경영 책임을 맡을 적임자로 생각하고 채용 제안을 했다. 리사는 직장 경험이 충분하지는 않았지만 RA사의 사업 잠재성에 대한 신념을 가지고 있었고, 창업 경영 기회에 대해 높은 관심을 표명했다. IPI사는 리사에게 $40,000-45,000의 연봉과 매출액에 따른 수당을 제시했다. 그러나 리사는 결국 RA사 대신 뉴욕 타임즈사의 취업 제안을 받아들인 상태이다. 리사가 IPI사의 제안을 거절한 이유는 빠른 시일 내에 학자금 융자액을 상환해야 했고, 남자 친구가 뉴욕에서 직장을 구하게 되어 보스턴 지역에서 취업하기를 꺼려했기 때문이다.

그러나 IPI사는 리사 이외에는 마땅한 후보가 없었다. 이는 신규 회사로서의 위험과 규모를 고려해 볼 때 RA사의 취업 기회에 관심이 있는 유능한 지원자를 찾기 어려웠기 때문이다. IPI사 또한 새로운 프로듀서 고용에도 난관을 겪게 되었다. IPI사는 창의적이면서 고객 관리 업무에 뛰어난 전문성 있는 인재를 원하지만 뜻대로 안 되기 때문에 회사의 성장에도 큰 장애로 작용하게 되었다.

1. 벤처 팀의 구성과 운영

어느 기업이나 팀을 운영한다. 자율 작업 팀, 생산 설계 팀, 판매 회계 팀, 공정 설계 팀 등등 조직 어느 부서에서든 팀이 운영되는 모습을 볼 수 있다. 무엇보다 창업 기업의 경우는 효과적인 벤처 팀을 구축하는 것이 기업의 사활을 가름할 수 있다. 이는 유능한 경영진의 팀워크가 없이는 고성장 잠재력을 실현시킬 수 없기 때문이다. 창업자 일인이 주도해서 운영하는 회사는 창업자 자신의 생계를 벌기에 충분할지는 몰라도 대외적으로 명성 있는 조직으로 성장해서 투자자들에게 훌륭한 투자 회수의 기회를 제공하는 가치 있는 기업으로 변모하기는 어렵다.

창업 기업이 성장의 가도를 순탄하게 달리기 위해서는 창업 경영진이 합리적이고 협력적인 팀 정신과 철학을 공유해야 한다. 이를 위해 창업 기업가가 특히 기업의 비전을 제시하고 핵심적인 경영진들에게 공동의 꿈을 실현시키도록 설득하고 영감을 불어넣어 주어야 한다. 성공적인 벤처 창업자들이 공통적으로 강조하는 팀워크의 요건은 아래와 같다.[2]

- **단결성**: 회사와 개인이 운명을 같이하며, 개개인의 기여가 회사의 성공에 직결된다는 신념을 지닌다.
- **팀워크**: 개인의 스타 의식보다 상호간의 파트너 정신이 지배한다.
- **성실성**: 고객, 회사, 사회에 대한 가치 창조와 기여를 중심으로 판단한다.
- **장기적 관점**: 자신의 노력이 수년이 지나서야 보상 받을 수 있다는 장기적인 관점을 가지고 단기적인 이해 득실에 연연해 하지 않는다.
- **투자 회수적 관점**: 현재의 상황과 여건보다는 현재의 투자와 노력에 대한 미래의 대가를 기다린다.
- **가치 창조적 관점**: 고객, 공급 업체, 유통 업체 등에 대한 가치 창조를 통해 모든 이가 이기는 사업을 운영해 나간다.
- **형평적인 불평등성**: 모든 사람이 노력에 비례해서 수확한다는 점에서 평등하되 노력의 수준에 따라 보상의 수준이 달라진다.
- **공정성**: 개개인의 노력, 기여, 성과 등에 따라 공정하게 보상을 받는다.
- **수확의 공유**: 특히 기업이 성공적으로 성장했을 때 법적인 의무가 아니더라도 임직원에 대해 그 성과를 공유할 수 있도록 한다.

일반적으로 최고 경영진 팀은 여타의 팀에 비해 독특한 특징을 가진다. 팀워크의 중

[2] Jeffry A. Timmons, *New Venture Creation: Entrepreneurship for the 21st Century*, Fourth Edition (Burr Ridge: Irwin, 1994): 255-257.

요성이 남다름에도 불구하고 창업 경영진을 포함하여 대부분의 최고 경영진 팀은 팀으로서 기능하지 못한다. 단지 이름을 '팀'이라고 붙였다고 해서 팀으로 기능하는 것은 아니다. 최고 경영자들 사이에는 그들의 팀을 만들었을 때 다른 경우와 마찬가지의 의미와 성과를 가진다고 생각하는 경향이 있다. 카첸박에 따르면 최고 경영진 팀에 대해 다음과 같이 그릇된 관념이 도사리고 있다.[3]

- **팀워크가 팀 수준의 성과를 높일 것이라는 관념**: 이는 사실과 다르다. 왜냐하면 의사소통, 협동, 공동 작업, 그리고 타협 등은 효과적인 팀워크를 위해 필수적인 요소인데, 최고 경영자들은 그러한 직무 스타일을 가진 사람들이 아니다. 더욱 중요한 것은 그들의 직무가 그런 것들을 요구하는 경우가 많지 않다는 점이다. 오히려 그러한 직무 스타일은 성과를 저해하는 경우가 많다.
- **최고 경영진 팀은 합의를 유도하기 위해 보다 많은 시간을 써야 한다는 관념**: 이와는 반대로 최고 경영자들의 의사결정은 공동 작업이 아닌 개인적인 수준에서 이루어지는 경우가 대부분이다.
- **최고 경영진 팀은 그들이 함께 있을 때는 언제나 팀으로 기능해야 한다는 관념**: 대부분의 최고 경영자들의 상호작용은 팀으로서 할 수 있는 것들이 아니다. 오히려 그들 사이의 의견 조정이나 갈등을 조정하기 위해 쓸데없이 많은 시간이 낭비될 수 있다. 팀워크보다 비팀(Nonteam)적인 노력이 신속하고 효과적인 경우가 많다.

진정한 팀이 되기 위해서는 팀 자체가 목적 달성을 위해 정교하게 정의된 원칙을 따라야 한다. 목적의 수행이야말로 가장 핵심적인 요소인데, 이는 팀 구성원들이 모여 각자가 개별적으로 활동할 때보다 집단적으로 팀을 구성해 작업함으로써 성과가 보다 나아질 때 의미가 있는 것이다. 그런데 최고 경영자들의 팀은 과연 그런 측면에서 볼 때 유의미한 것인가? '팀'이라는 용어 자체에 대한 무조건적인 관념 때문에 최고 경영자들조차 팀을 이루어야 한다는 그릇된 믿음에 빠지는 것일지도 모른다. 최고 경영진 팀이 제대로 기능하지 못하는 이유를 구체적으로 살펴보면 다음과 같다.

- **목적의 정의**: 최고 경영진 팀에 부여할 수 있는 목적은 정의하기가 매우 어렵다. 진정한 팀은 팀 구성원들이 몰입할 수 있는 목적이 주어져야 한다. 그러나 그들이 수행해야 할 직무의 성격은 매우 추상적이다. 전략의 구상, 기업 전체의 성과 증진 등과 같이 정의하기에는 포괄적인 그들의 임무가 초점이 불분명하기 때문에 적절한 목적을 부여하지 못한다.
- **성과 목표의 설정**: 일선 근무자에 비해 가시적인 성과 목표의 설정이 어렵다. 사업 단위별 목표, 장기적 재무 계획, 시장 점유율 등에 의해 목표가 설정될 수 있으나, 결과

---

3 Jon R. Katzenbach, "The Myth of the Top Management Team," *Harvard Business Review*, November-December 1997: 83-91.

중심적인 최고 경영진에게는 이들의 설득력이 떨어진다.

- **기능상의 협력**: 필요한 기능이 적절히 혼합되기가 어렵다. 팀을 구성할 때는 각 구성원들이 팀의 성과를 위해 기여할 수 있는 부분들을 고려하여 자신들이 가진 능력을 합침으로써 비로소 팀이 만들어지는 것이다. 그러나 최고 경영자들은 그러한 면의 고려 없이 무작정 팀이 구성되는 경우가 많다.
- **시간 공유**: 대부분의 팀은 상당한 시간을 같이 보내야 한다. 그러나 최고 경영자들은 그럴 시간이 없다. 따라서 팀으로서의 활동이 원활하게 돌아갈 수 없다.
- **상호 책임**: 진정한 팀은 상호 책임에 바탕을 둔다. 최고 경영자들은 대부분 개인적으로 자신의 맡은 바 책임을 지려 하고 상대방에게도 맡은 바 책임을 지우려 한다. 그러나 팀은 그렇지 않다. 서로가 서로에게 책임을 지는 상호 채무 관계가 성공의 관건이다. 따라서 최고 경영자들은 팀으로서 기능하기 힘들다.
- **권력 구조**: 조직의 권력 구조가 팀의 원활한 활동에 방해된다. 최고 경영자는 조직 내 위계의 정상에 있으면서 권력의 위계 구조에 익숙한 사람들이다. 그러나 팀이라는 것은 그러한 위계 구조를 최소한으로 운영해야 하는 구조이다. 따라서 최고 경영자들은 팀워크를 만들어 내기 힘들다.

요컨대 최고 경영자는 개인적으로 책임을 지고, 포괄적이고 광범위한 기업 수준의 전략에 책임을 지며, 스스로 의사결정을 하는 사람들이다. 다시 말하면 경영자의 리더십을 이끌어 나가는 원칙과 팀을 이끄는 원칙은 질적으로 다른 차원의 것들이다. 그렇다면 최고 경영자들의 팀을 구축하기 위해 무엇을 해야 하는가? 우선 팀의 환상에서 벗어나 적절한 원칙과 타이밍을 가지고 팀을 구축해야 한다. 카첸박은 팀이 제대로 돌아가기 위한 일반적인 원칙을 다음과 같이 제시한다.

- 집단적으로 작업할 수 있는 무엇인가를 형상화해야 한다. 즉, 각 개인이 아닌 전체가 모였을 때만 함께 만들어 낼 수 있는 무엇인가를 정한다.
- 상호 책임감을 구축한다.
- 공동 작업이 될 만한 사안과 구체적으로 성과를 낼 수 있는 것들을 두고 팀 작업을 진행시킨다.
- 선택을 신중하게 해야 하는데, 다양한 대안들을 여러 모로 고려하고 필요하면 수정하고 다듬는 것을 주저하지 않는다.
- 팀을 이루었다고 팀의 원칙을 무분별하게 고수해서는 안 된다. 상황에 맞는 적절한 원칙을 실행한다.
- 다양한 리더들이 모여서 만든 팀 내에서 자신이 원래 있었던 리더의 역할뿐만 아니라 다른 종류의 리더십을 배울 기회를 가진다.
- 자신이 최고 경영자로서 수행해야 할 역할을 포기하고 팀을 구성했을 때는 그만한 대

가가 있어야만 한다. 그러한 상충 관계를 잘 따져 본다. 굳이 팀을 구성할 필요가 없는 경우에는 차라리 한 명의 리더가 조직을 통솔하는 편이 나을 수도 있다. 반면 팀을 구성함으로써 개인에 의한 리더십이 아닌 구성원 전체에 의한 리더십이 구축되어 조직이 활기를 띨 수도 있다.

유능하고 효과적으로 상호 협력하는 최고 경영진이 없이는 기업이 변화하는 환경에 즉각적으로 적응할 수 없다. CEO(Chief Executive Officer) 등 최고 경영진의 리더는 경영진과 관련해 당면하는 문제들에 대해서는 준비가 부족한 것이 보통이다. 이러한 문제들을 검토하기 위하여 햄브릭은 미국과 유럽에 본부를 둔 주요 회사들의 23명의 중역에 대한 심층적인 인터뷰를 통해 최고 경영진에 대해 가진 이슈나 관심의 영역이 무엇인지를 조사한 바 있다.[4] CEO들은 각자가 대략 2개씩의 관심 사안을 내세웠고, 전체적으로는 총 41개의 관심 이슈를 보고했다. 이들은 모두 다음과 같이 다섯 개의 주요 범주로 나누어질 수 있다.

- 임원 개인의 부적절한 능력
- 전체 팀 공통의 단점
- 지나친 수준의 내부 경쟁
- 집단 사고(Groupthink), 즉 지나친 수준의 합의
- 분열성

이 중에서 분열성은 심도 있게 탐구되어야 할 필요가 있다. 분열된 팀은 당면 과제를 감지하고 합의를 유도하는 데 어려움을 가지게 된다. 이는 전형적으로 사업 성공, 예컨대, 성장, 제품과 시장의 확대, 풍부한 자원, 그리고 팀 멤버의 성공적 경력 등에 따르는 일련의 원심적인 힘의 결과일 수 있다.

물론 불확실한 상황 하에서 의사결정을 해야 하는 합리적인 사람들은 기업의 미래를 위해 가장 최선의 길이 무엇인가에 대해 의견이 서로 불일치할 수 있다. 최고 경영자는 경영상의 문제들을 둘러싼 갈등이 자연적이고, 또 필요하다는 것을 잘 알면서도 갈등이 닥칠 때 당혹하게 된다. 서로의 생각이 합의점을 찾지 못하는 구성원들로 이루어진 경영 팀은 최종 선택에 대해 보다 완벽한 이해를 유도하고, 풍부한 선택적 대안들을 창출할 수 있으며, 궁극적으로 경쟁적인 환경에서 요구되는 효과적인 의사결정을 할 수 있다.

그러나 불행히도 건전한 갈등이 급속히 비생산적인 결과를 낳을 수도 있다. 조직의 실상을 표현하는 발언이 개인적인 인신 공격으로 해석될 수 있으며, 어려운 선택을 두고 나타날 수 있는 걱정과 절망이 동료들에 대한 직접적인 분노로 변해 버릴 수도 있다. 대부분의 경영자들은 자신이 합리적인 의사결정자라는 데 긍지를 가지고 있기 때문에 자신이

4 Donald C. Hambrick, "Fragmentation and the Other Problems CEOs Have with Their Top Management Teams," *California Management Review*, Spring 1995: 110-127.

감성적이고 비합리적인 행동을 보일 수 있다는 것을 인정하려 들지 않는 경우가 태반이다. 경영 팀의 일원으로서 경영자는 역기능적이고 파괴적인 갈등을 피하고 건설적인 갈등 관계를 유지하도록 하는 데 지대한 관심을 가져야 한다.

최소한의 개인적인 갈등, 즉 건설적인 갈등 관계를 유지하는 팀은 처리해야 할 실질적인 문제와 개인의 특징과 관련된 문제를 구별할 수 있는 능력이 있다. 그들은 전략적으로 중요한 문제를 두고 서로 동의하지 않는 경우 서로 협조해 가면서 일한다. 무엇이 이를 가능하게 하는가? 아이젠하트 등은 여러 기업의 사례를 연구한 결과 건전한 갈등 관리에 성공하는 기업들은 다음과 같은 방법들을 공통적으로 사용하고 있다고 밝힌다.[5]

- 팀 멤버들이 논의하고 있는 문제 요인의 기본적인 차원과 사실적인 정보에 관해 많은 토론을 한다.
- 팀 멤버들이 토론의 수준을 높이기 위해 여러 가지 다양한 대안을 만들어 낸다.
- 팀 멤버들이 지향하는 공동의 목적에 대한 공감대를 공유한다.
- 팀 멤버들이 공동의 의사결정 과정에 유머를 써 가면서 논의를 전개한다.
- 조직 구성원 간의 권력 관계를 균형 있게 유지한다.
- 동의를 얻어 낼 때 상대방에게 강제하지 않는다.

이러한 전술은 겉으로 드러나는 것이 아니라 의사결정 과정 중 은연히 드러나는 것이다. 이와 더불어 아이젠하트 등은 건설적인 토론을 하는 팀을 구성하기에 유용한 몇 가지 접근법을 다음과 같이 제시한다.

- **팀을 구성할 때 다양한 사람들로 구성한다.** 다양한 연령 대, 남과 여의 적당한 배분, 다양한 기능적 배경, 그리고 다양한 산업의 종사자들로 팀을 구성한다.
- **팀 구성원들을 정규적으로 자주 만나게 한다.** 빈번한 상호작용은 서로에게 자신감을 심어주고 친밀감을 키워 준다. 그럴 때 건설적인 반대를 마음 놓고 표현할 수 있다. 서로의 마음을 숨긴 채 하는 반대는 심각한 갈등의 폭탄을 안고 지내는 것과 같다.
- **팀 멤버들로 하여금 그들의 책임을 넘어서는 역할을 하도록 시도한다.** 그렇게 함으로써 그들은 주어진 사안의 모든 면을 고려할 수 있다.
- **어떤 사안이든 간에 복합적인 대안과 복합적인 마음가짐으로 다루어 보게 한다.** 역할연기나 타인의 직위에서 행동하게 한다든지 전쟁 게임 등을 통해 신선한 시각을 키울 수 있다. 이를 통해 팀 멤버들은 서로 결속력을 갖고 문제 해결을 위한 자극을 받을 수 있다.
- **갈등을 적극적으로 관리한다.** 갈등이 부족하다고 해서 곧 그것이 동의를 뜻하는 것이 아니다. 흔히 동의로 알려진 것이 진정한 갈등 관계인지도 모르는 것이다. 따라서 지나

5 Kathleen M. Eisenhardt, Jean L. Kahwajy, and L. J. Bourgeois III, "How Management Teams Can Have A Good Fight," *Harvard Business Review*, July-August 1997: 77-85.

치게 빨리 혹은 초기에 묵묵히 따르게 하지 않아야 한다. 동의하는 것과 무감각성을 구별할 수 있어야 한다.

요즘과 같이 급변하는 시장 환경하에서 스피드와 정력의 낭비 없이 팀 내에 적극적이고 광범위한 갈등을 촉진함으로써 만들어지는 전략적 결정이 성공한다. 그것을 위한 키 포인트는 팀 내 개인적 특성 차원의 갈등을 최대한 완화시키고 팀 전체의 목적에 구성원들을 묶는 것이다. 물론 개성을 매몰시켜서는 안 될 것이다.

2. 첨단 기술 벤처의 인력 관리

첨단 기술 벤처는 지속적으로 기술의 혁신을 추구한다. 따라서 기술 혁신을 가속화할 수 있는 인력의 관리와 조직 운영의 메커니즘을 가지고 있어야 한다. 기술 혁신은 일련의 기술 개발 프로젝트의 수행 과정에 의해 진행된다. 로버츠와 퍼스펠드는 이러한 과정이 효과적으로 진행되기 위해서 개발 단계에 따라 인력에 있어서 다른 조합의 기술(Skill)과 행동이 요구된다는 점을 지적한다.[6] 이는 기술 혁신 단계별로 서로 다른 다양한 활동이 이루어지기 때문이다. 기술 혁신의 과정은 반드시 선형적일 필요는 없지만 다음과 같이 크게 여섯 단계로 나누어 볼 수 있다.

1) **프로젝트 준비 단계**: 혁신적인 벤처는 공식적인 프로젝트 활동이 수행되기 전에 상당한 기술적 작업이 이루어져 있고, 이것으로 차후의 혁신 활동의 기반을 삼는다. 이 단계에서는 아이디어가 광범위하게 비공식적으로 논의된다.
2) **프로젝트 가능성 탐색 단계**: 특정한 아이디어가 프로젝트 준비 활동에서 도출되어 실행 가능한 기술적 개념이 될 수 있다. 이를 위해 특정한 제품 또는 공정의 향상 방안이 어느 정도 고객 만족의 잠재성이 있는지를 평가한다.
3) **프로젝트 착수 단계**: 기술적 작업의 방향을 인식된 고객의 욕구에 일치시키는 단계이다. 이를 위해 프로젝트 제안서가 구체적으로 작성되고, 예산과 이정표가 정해진다. 이 단계에서는 전문 기술자, 연구소, 그리고 마케팅 담당자가 신설 프로젝트 팀에게 제공하는 조언과 격려가 핵심적이다.
4) **프로젝트 실행 단계**: 프로젝트가 공식적으로 승인되면 계획 수립, 리더십, 상호 조정 등의 활동이 늘어나게 된다. 이러한 활동을 통해 문제를 해결하고 아이디어를 산출한다. 기술진은 외부 정보를 탐색하기 위한 노력을 하고, 경영자와 마케팅 담

[6] Edward B. Roberts & Alan R. Fusfeld, "Staffing the Innovative Technology-Based Organization," *Sloan Management Review*, Spring 1981: 19-34.

당자는 프로젝트 목표의 달성을 위해 경쟁 업체와 고객에 대한 면밀한 관찰을 한다. 프로젝트의 관리 책임자는 프로젝트의 가치(Virtue)와 예산을 보호하는 노력과 조치를 취한다.

5) **프로젝트 성과 평가 단계**: 시장의 반응에 대해 기대했던 수준과 현재의 인지도를 심도 있게 평가한다. 중간 평가 결과에 따라 생산 과정이나 그 이상의 발전 단계로의 이전이 일어난다.

6) **프로젝트 이전 단계**: 프로젝트의 성과에 따라 타 부서나 단계로의 이전(Transfer)이 일어난다. 예컨대 프로젝트의 성과가 중앙 연구소에서 생산 부서 R&D로, 또는 개발에서 생산 엔지니어링으로 이전될 수 있다. 이러한 이전 과정을 촉진하기 위해서 기술적 서류가 요구된다. 또한 핵심적인 기술자가 부서를 옮김으로써 효과적인 이전과 프로젝트의 지속적인 추진을 기할 수 있다.

위와 같은 프로젝트의 추진 과정이 활성화되기 위해서는 참여 인력이 다양한 유형의 역할을 반복적으로 수행해야 한다. 로버츠와 퍼스펠드는 특히 아래와 같은 **핵심적 기능**(Critical Function)이 일 인 이상의 개인에 의해 수행되어야만 혁신이 이루어질 수 있다고 제시한다.

- **아이디어 창출**: 시장, 기술, 절차 등을 분석하고 종합함으로써 새로운 제품이나 서비스, 기술적 방법이나 절차, 기술적 문제 해결 등을 위한 아이디어를 창출한다.
- **창안(Entrepreneuring) 및 옹호(Championing)**: 경영상의 공식적인 승인을 위해 새로운 기술적 아이디어, 접근법, 절차 등을 선도적으로 인식하고 그것을 추진하기 위해 제안하고 설명하는 역할이 필요하다.
- **프로젝트 지휘**: 제안된 아이디어를 실행하는 데 요구되는 활동과 인력을 계획하고 조정한다.
- **정보 감시(Gatekeeping)**: 시장, 생산, 기술에 있어서 내·외부적 환경에서 발생하는 중요한 변화에 대한 정보를 수집하고 제공한다.
- **후원 및 지도**: 프로젝트의 원활한 수행과 적극적 참여를 위해 경험이 부족한 인력을 지도하고 발전시키는 역할이다.

이와 같은 역할들은 각각 그것을 수행하는 사람의 독특한 기술을 요구한다. 이러한 역할 중 어느 하나라도 미비할 때는 기업의 혁신 활동에 심각한 지장을 초래할 수 있다. 첨단 기술 벤처의 경우 이러한 역할들이 비교적 소수에 의해 수행되는 경향이 있기 때문에 그 중에서 한 사람이라도 떠나게 되면 대체 인력을 시급히 충원해야 하는 문제가 발생한다. 핵심적 기능의 수행이 미흡하게 될 때 여러 가지 부정적인 징후가 일어날 수 있다. 예컨대, 아이디어 창출이 안 될 때 업무 추진상 새로운 방법을 고려하지 않게 되고, 정보 감시가 안 될 때는 경영 환경의 변화가 예고 없이 찾아온다.

단, 인력의 유치와 구성에 있어 사람에 따라 여러 가지 기능을 동시에 추구할 수 있는 기술과 여력(Breadth)을 가지고 있을 수 있다는 점을 명심할 필요가 있다. 예를 들어 아이디어의 상업적 가치를 인지한 많은 창업 기업가들은 창안 및 옹호하는 역할과 아이디어를 창출하는 역할을 동시에 보유한다. 또한 기술적인 창업을 하는 사람들은 보통 창안 및 옹호 역할과 프로젝트 지휘 역할을 동시에 수행한다. 인력이 부족한 창업 기업들은 이러한 다기능적인 인사를 적극 유치할 필요가 있다.

첨단 산업에 있어 주요한 경영진과 기술진을 유치할 때 비경쟁 합의(Noncompete) 계약을 많이 활용한다. 이는 기업이 사업 기밀을 유지하고 인력을 확보하기 위해 퇴사 후 동업종 업체에 일정 기간 종사하지 못하도록 하는 계약이다. 비경쟁 합의는 그 한계점에도 불구하고 특히 미국 내 첨단 산업에 종사하는 기업들 사이에 뜨겁게 논의되는 쟁점이다.[7] 현재로선 점차 더 많은 기업들이 비경쟁 합의를 실시하고 있는 실정이다. 비경쟁 합의와 관련하여 기술 인력과 맺을 수 있는 합의나 계약에는 다음과 같이 몇 가지 유형이 존재한다.

- **비경쟁 합의**(Noncompete Agreement): 이는 주어진 기간 동안 특정 직원이 경쟁업체에 취직하거나, 고객을 빼앗아 가거나, 스스로 경쟁 업체를 창업하는 것을 제한하는 합의이다.
- **호객 금지 합의**(Nonsolicitation Agreement): 이는 비경쟁 합의의 아류로서 직원이 고객이나 동료 직원을 빼앗아 가는 행위를 제한하는 합의이다.
- **비공개 합의**(Nondisclosure Agreement): 이는 직원이 기술적 정보, 사업 계획, 제조 공정, 가격 구조, 고객 정보 등 업무상의 기밀(Trade Secrets)을 가지고 회사 이외의 그 누구에게도 유리한 방향으로 사용하지 못한다는 합의이다.
- **충성의 의무**(Duty of Loyalty): 이는 직원이 서류상의 계약이 없더라도 일반적으로 회사의 이익에 반하는 행위를 해서는 안 된다는 것을 말한다. 이러한 의무에 반하는 행위에는 경쟁사의 직접 운영, 경쟁사에 도움을 주는 행위, 기밀 정보의 불법적 유출, 회사 고객에 대한 호객 행위, 다른 직원을 경쟁사로 유치하는 행위 등이 포함된다.

아무리 다양하고 교묘한 방법으로 비경쟁 합의를 체결한다 하더라도 모든 법정에서 유효한 것은 아니다. 또한 비경쟁 합의가 사람들 사이에서 발생하는 불신이나 다툼까지 해결할 수 있는 것은 아니라는 점을 명심해야 한다.

복잡한 업무를 수행할 때 유능한 사람들로 구성된 작은 팀들을 운영하는 것이 대규모 팀보다 훨씬 좋다는 것은 상식이다. 신제품을 개발하거나 신기술을 고안해 낼 때 10인 이하의 유능한 사람들을 모아 임무를 맡기는 것이 결과적으로 보나 관리적인 측면에서 보나 훨씬 효율적이고 효과적이라는 데에 대부분의 연구자나 경영자들이 동의한다. 그러나 기업의 입장에서 봐서 대규모 프로젝트를 짧은 기한 내에 수행해야 하는 현실적 문제에 직

---

7 Christophor Caggiano, "Think All Noncompetes Stink," *Inc.*, October 1997: 114-116.

면하게 되는 경영자는 소규모 팀이 가지고 있는 본질적인 한계를 고려해야만 한다. 최고의 기술자들로 구성된 팀이라 해도 많은 요소들로 구성되는 복잡한 제품을 단기간 내에 경쟁력 있게 출시하기란 결코 쉬운 일이 아니다.

마이크로소프트, 보잉, 혼다, 토요타 등의 회사가 신제품을 개발할 때와 같이 수백 명이 달려들어 수년 동안 수행해야 하는 대규모의 작업은 수십 개의 하부 조직으로 나누고 직무를 분할하여 수행하는 **분할 정복**(Divide and Conquer) 방식으로 해야 하는데, 이때 필연적으로 통합의 문제를 해결해야만 한다. 또한 여러 팀 간의 교류나 상호작용, 그리고 의견 조정 등 규모의 경제상의 고비용 문제를 해결해야만 한다.

수십 개의 팀으로 구성된 거대한 조직이 되어 버린 성공적인 벤처를 어떻게 하면 예전처럼 한 개의 소규모 팀처럼 운영할 것인가가 첨단 기술 팀 경영의 핵심 과제이다. 쿠주매노는 마이크로소프트사가 이러한 팀 경영의 과제를 해결하는 방법을 자세히 설명한다.[8] 마이크로소프트사의 기본적인 개념은 각 팀과 개인들에게 창의성과 자율성을 최대한 부여한다는 것이다. 그러면서도 빈번하게 팀 내외의 조화를 요구하고 주기적으로 제품 설계를 변화하거나 혁신 결과를 **안정화**(Stabilization)하기 위한 노력을 기울인다.

마이크로소프트사의 팀 경영은 한마디로 **동시 안정화 방식**(Synch-and-Stabilize Approach)이라고 표현할 수 있겠다. 이는 각 개인이 하고 있는 과업을 팀의 일원으로서의 과업과 조화시키도록 지속적으로 살펴보고, 프로젝트의 종료 시점이 아닌 진행 과정중에 그러한 조화된 작업의 결과를 안정화하는 것이다. 이러한 방법을 통해 프로젝트의 규모가 커나가면서 생기는 여러 가지 문제점들을 해결한다. 즉, 각 개인이 유연성과 창의성을 가지고 작업하도록 하면서 프로젝트의 궁극적이고 전체적인 목적 하에 그들을 통합시키는 것이다.

마이크로소프트사가 개발 과정에서 추구하는 두 가지 핵심 전략 중의 하나는 제품 특성 발전과 자원 조정을 통한 창의성의 집중이다. 첨단 산업에서 창의성이 풍부한 기술자를 보유하는 것뿐만 아니라 그들의 창의성을 이끌어 주는 것 또한 매우 중요하다. 그리고 그러한 창의성을 팀 차원에서 종합하는 작업이 요구된다. 그림 12-1은 마이크로소프트사가 이러한 작업을 이끌어 가는 과정을 보여 준다.

두 번째의 핵심 전략은 모든 작업을 빈번한 **동시화**(Synchronization)를 통해 수행하는 것이다. 거대한 규모의 프로젝트라 해도 명확하게 기능적으로 정의된 하부 그룹과 순차적인 단계, 그리고 정확한 규칙과 통제를 통해 진행한다면 관리하기가 상대적으로 단순하고 효과적일 것이다. 그러나 이러한 방식은 혁신의 과정을 지나치게 억제하거나 작업 간의 조화를 그르칠 수 있다. 따라서 기능별, 단계별로 일어날 수 있는 구성원 혹은 팀 간의 의사소통과 조정을 추구하는 것이다. 이러한 두 가지의 핵심 전략을 통해 마이크로소프트사

[8] Michael A. Cusumano, "How Microsoft Makes Large Teams Work Like Small Teams," *Sloan Management Review*, Fall 1997: 9-20.

그림 12-1 마이크로소프트사의 동시 안정화 개발 과정 (12-24 개월 주기)

기획 단계

비전 설정
제품 및 프로그램 관리진의
15개 특성 및 우선 순위 선정

개요 및 작업 명세서
프로그램 관리자가 개발진과 수행
특성의 기능성, 설계상의 쟁점 및
구성 요소의 상호 관련성을 정의

개발 일정 및 특성 팀 구성
대규모 특성 팀은 프로그램 관리자 1인,
개발자 5인, 검사자 5인으로 구성

개발 단계

3-4개 이정표에 의한 특성 개발
프로그램 관리자: 제품 명세의 발전
개발자: 설계, 코딩, 디버깅
검사자: 개발자와 짝지어 검사 수행
이정표의 구성: 개발(설계, 코딩, 시제품화)-
가용성 실험-사적 출하 검사-일상적 구축-
특성 디버깅-특성 통합-코드 안정화-버퍼 기간

안정화 단계

특성 및 코드 완성, 알파 및 베타 검사
최종 안정화 및 출시
프로그램 관리자: OEM 감독, 고객 피드백
개발자: 최종 디버깅 및 코드 안정화
검사자: 에러의 분리

자료: Michael A. Cusumano, "How Microsoft Makes Large Teams Work Like Small Teams," *Sloan Management Review*, Fall 1997: 13-14.

는 팀과 개인에게 충분한 자율성과 자유를 부여함으로써 전체 팀과의 균형과 더불어 개인의 창의성이라는 두 가지 목적을 달성한다.

쿠즈매노의 연구는 마이크로소프트사와 같은 팀 경영 전략을 도입하려는 창업 기업은 다음과 같은 핵심적 요소를 도입할 필요가 있다는 점을 시사한다.

- **프로젝트의 규모와 범위의 한계 설정**: 명확하고 한계가 분명한 제품의 비전을 제시하고, 각 개인에게 무한한 자율성과 창의성을 부여하기 보단 일정한 한계를 부여하고 시한을 설정한다.
- **분할 가능한 제품의 구조**: 특성, 기능, 하부 시스템, 목표별로 모듈화한다.
- **분할 가능한 프로젝트 구조**: 구체적 항목별로 팀을 나누고, 이정표별로 하부 프로젝트를 부여한다.
- **소규모 팀 구조와 관리**: 다수의 소규모 다기능 그룹에게 높은 자율 경영권과 책임을 부여한다.
- **조정과 조화를 위한 엄격한 규칙 설정**: 일상적 제품 구축, 즉각적인 에러 탐지와 수정, 그리고 이정표의 안정화를 위해 필요하다.
- **기능 부서 및 팀의 내부 또는 상호간의 원활한 의사소통**: 책임의 공유, 동일 장소성, 공통 언어, 개방적 문화 등을 조장한다.
- **예기치 못했던 사태에 대처하기 위한 제품과 공정상의 유연성 확보**: 이는 제품 명세의 발전, 프로젝트 버퍼 기간, 공정 발전 등에 요구된다.

어느 산업에서든 시간적 제한과 인적 자원에 일정한 한계를 부여하는 것, 즉 제품개발 프로젝트의 범위에 한계를 부여하는 것은 중요하다. 그렇게 함으로써 팀과 개인들이 자신들의 노력을 분산시키지 않고 일정한 대상에 집중시킬 수 있기 때문이다. 복잡한 시스템을 분할하여 모듈이나 하부 시스템을 통해 반복적인 의사소통을 가능하게 하는 것이 중요하다. 또한 자율성을 부과하되 전체 프로젝트와 궤를 같이하면서 진행시키는 것 또한 간과해서는 안 된다. 따라서 자율성뿐만 아니라 최소한의 엄격한 규율, 빈번한 의사소통과 조정, 공유된 기술과 기량, 최소한의 관료제적 규칙과 규제, 유연성 등이 키 포인트이다.

3. 창의성의 개발

창업 기업이 생존하고 성공하기 위해서는 혁신해야 한다. 더욱이 요즘같이 거세진 국제 경쟁과 급격히 변화하는 기술 환경에서 혁신의 필요성은 더 말할 나위 없이 크다. 혁신은 두 가지 영역에서 이루어진다. 첫째는 외적인 것으로 기업이 신제품과 새로운 서비스를 개발하여 시장에 선보여야 한다. 둘째는 내적인 것으로서 기업 내부의 혁신이 필요하다. 이는 가치가 창조되고 작업이 이루어지는 등 투입물이 산출물로 전환되는 과정 자체에 대한 혁신이다.

이러한 내·외적 혁신의 제일 원천은 고용된 사람들의 창조성이다. 종업원들은 새로운 지식을 만들어 내고, 기술을 발전시키며, 기업의 제품 혹은 서비스를 변화시키고 개선시킬 수 있는 프로세스 혁신을 일구어 냄으로써 창조성을 발현한다. 그러나 이러한 창조성은 자동적으로 일어나지 않는다. 창조성을 발휘할 만한 잠재력을 가진 사람들을 고용해야 하며, 그들의 창조성이 제대로 발현되도록 적절한 환경을 조성해 주어야 한다. 즉 적절한 사람을 적재적소에 배치함으로써 기업의 창조력은 극대화될 수 있다.

창조성이 갖추어야 할 두 가지 요건이 있다. 첫째, 새로워야 한다. 기존의 것들보다 독특하고 모방할 수 없는 무엇인가이어야 한다. 둘째는 유용성이다. 혁신을 통해 기업이 무언가 기업의 목적에 공헌할 수 있는 것을 뽑아낼 수 있어야 한다. 이러한 혁신은 조직 내 개인에 의해 이루어질 수도 있고 팀에 의해 수행될 수도 있다. 그리고 그러한 활동은 조직 내 현존하는 여러 자원의 조합을 통해 달성될 수도 있으며, 새로운 자원의 혁신적인 개발을 통해 이루어질 수도 있다.

혁신은 구체적으로 어떻게 이루어지는가? 그것은 종업원들의 창조적 활동이 모여 융합될 때 이루어진다. 종업원의 혁신적인 활동이란 새롭고 유용한 제품이나 아이디어, 혹은 서비스를 만들어 내는 것으로서 기업 혁신의 기초가 되는 것이다. 혁신은 기업 수준의 활동으로서 새로운 성과물을 성공적으로 만들어 내는 것이다. 따라서 각 종업원들이 가지고 있는 새로운 생각들과 이들을 현실화시키는 보유 자원들을 적절히 합침으로써 혁신이 가능한데, 새로운 아이디어와 보유 자원이 풍부하면 할수록 회사가 선택할 수 있는 혁신 전략의 폭도 넓어지게 된다.

그렇다면 종업원들이 혁신을 어떻게 이끌어 내는가? 전통적으로 두 가지 입장이 대립된다고 볼 수 있다.[9] 하나는 인간의 특성 중 선천적으로 창조적인 성격이 있으며, 그러한 특성을 타고난 사람만이 창조적이 생각을 한다는 것이다. 다른 하나는 창조적인 생각과 결과를 유도하려면 그에 걸맞는 상황과 맥락을 조성해 주어야 한다는 주장이다. 각 개인의 창조성을 자극하고 실현시킬 수 있는 작업 환경이나 조직 구조를 설계 해야 한다는 주장이 후자이다. 이런 의견을 종합해 볼 때, 창조성의 실현을 극대화하기 위해서는 창조적 잠재력을 가진 사람을 고용하여 그들이 창조적 작업에 몰두할 수 있도록 작업 환경과 조직 구조를 설계하여 그 양자 간의 적합성이 최고가 될 때 창조성 발현은 극대가 될 수 있다는 주장이 도출된다.

우선 종업원의 유형은 종업원의 문제 해결 유형과 개인적 특성으로 나누어 볼 수 있다. 혁신적인 문제 해결 유형은 개선하기보다는 창조하고, 낡은 문제들을 신선한 시각으로 보는 동시에 여러 새로운 아이디어로 대처한다. 방법론에 안 빠지고 체계적인 생각을 피

9 Anne Cummings and Greg R. Oldham, "Enhancing Creativity: Managing Work Contexts for The High Potential Employee," *California Management Review*, Fall 1997: 22-39.

하기도 하며 작업을 통제하는 데 있어 엄격한 순서를 매기지 않는다. 또한 지침을 정확히 지키는 것을 좋아하지 않는다. 즉 규칙을 바꾸거나 깨려 하며, 때로는 다른 방식으로 위험을 감수한다. 그룹의 의견에 반발하여 눈에 띄고, 권위 없이 행동한다. 창조적인 개인 성격이란 현명하고, 유쾌하고, 비공식적이고, 성찰적이고, 발명적이고, 근원적이고, 반성적이고, 자신감이 넘치고, 섹시하고, 전통에서 벗어나기를 좋아하고, 출세 지향적이고, 문제해결 능력을 가지고 있다.

둘째, 창조적인 작업 환경이란 다양하고 복잡한 직무를 해결할 수 있게끔 하는 직무와 작업자를 감독하는 감독자의 특성으로 나뉠 수 있다. 복잡한 직무의 특징은 아래와 같다.

- 작업을 완수하기 위해 다양한 기술과 능력을 필요로 한다.
- 작업의 시작부터 끝까지 작업을 총체적으로 보게끔 한다.
- 작업 과정과 계획 작성을 결정하는 데 있어 작업자의 자유와 재량을 제공한다.
- 작업자에게 작업 성과에 대한 직접적인 정보를 제공한다.
- 회사 내부 혹은 외부의 다른 사람들의 삶에 상당한 영향을 끼친다.

창조적인 작업을 이끌어 내는 감독자는 지원적이며 비통제적이다. 창조적인 감독자는 다음과 같은 특성을 지닌다.

- 작업자가 사물에 대해 어떻게 생각하고 느끼는지 항상 알고 있다.
- 작업자가 작업에 대해 자율적으로 의사 결정하도록 한다.
- 작업자가 중요한 의사 결정에 참여하고 있다고 스스로 느끼도록 한다.
- 자신의 행동을 종업원에게 설명한다.
- 작업자가 문제를 해결하도록 도와 준다.
- 잘된 작업에 대해서 칭찬하고 보상한다.
- 작업자의 업무 활동을 항상 체크하는 것을 꺼린다.

창조적 개인의 특성은 새로운 사람을 고용할 때뿐만 아니라 기존의 종업원들을 교육시키는 지침으로도 유용하다. 그러나 고용이나 훈련이 매우 힘들다면 상황을 바꾸기 위해 노력해야 한다. 창조적인 작업 환경은 종업원들에게 자유와 자율을 부여하는 직무와 감독자 그리고 조직 구조를 뜻하는데, 직무는 보다 다양한 기술과 능력이 요구되는 것이며, 감독자와 조직 구조는 종업원으로 하여금 자신의 정체성을 느낄 수 있도록 도와 주는 것을 의미한다.

이러한 환경은 훈련과 구조 조정 등을 통해 달성될 수 있으며, 그 과정에 내부 경쟁을 붙이는 것도 유용하다. 보다 새로운 아이디어, 보다 자율적인 환경을 만들어 내기 위한 내부 경쟁은 건설적일 수 있다. 또한 개인의 특성, 문제 해결 유형, 감독자 스타일, 직무의 특성 등은 서로 상호 작용한다. 한 요소가 다른 한 요소에게 영향을 끼칠 때 단 방향적이지 않다는 것이다. 네 가지 요소는 역동적으로 상대방들에게 영향을 끼치며 영향 받는다. 따라서 그러한 역동성에 주의하며 개인과 환경 간의 '적합성'을 실현해 나갈 때 혁신을 이룰 수 있다.

조직이 창의력을 십분 발휘하도록 하기 위해서는 시스템 차원에서 창의적 과정을 활성화하고 그 안에서 개개인이 창의성을 개발하도록 훈련하여야 한다.[10] 창의적 과정은 보통 지식 축적, 심사숙고, 아이디어 경험, 그리고 평가 및 실행의 단계를 거쳐 진행된다.

1) **배경 연구 및 지식 축적의 단계**: 성공적인 창조와 혁신이 이루어지기 위해서는 무엇보다도 먼저 조사와 정보의 수집을 하는 배경 연구 및 지식 축적의 단계가 있어야 한다. 이를 위해 관련 전문 분야 및 비관련 분야에 대한 다각적인 독서, 전문 협회 워크숍 및 세미나 참가, 토론, 정보의 문서화 작업 등이 필요하다.
2) **심사숙고(Incubation)의 단계**: 이전의 준비 단계에서 수집한 광범위한 정보를 소화해서 자신의 것으로 만들어 내야 한다. 의식적으로 문제에 집착하는 것도 중요하지만 관련되지 않은 업무를 수행하면서 무의식적으로 발견하는 과정도 필요하다. 이러한 무의식적 발견을 촉진하기 위해 스포츠나 취미 등의 정기적인 육체적 활동을 하거나 휴식을 취하는 것도 좋은 방법이다.
3) **아이디어 경험의 단계**: 추구하는 아이디어나 해결책을 발견하는 시기이다. 이는 새로운 것을 발견함으로써 흔히 **유레카 요인**(Eureka Factor)이라고 불리는 매우 흥분되는 경험의 단계이다. 아이디어나 해결책이 물론 어느 순간에 떠오르기는 하지만 사실은 점진적인 진보와 노력의 과정에 의해 이루어지는 결과물이라고 할 수 있다. 프로젝트에 대해 공상하고, 취미나 여가 활동을 하고, 자유스런 분위기에서 작업하는 등 다각적인 여건에서 이러한 결과물에 보다 쉽게 도달할 수 있다.
4) **평가 및 실행의 단계**: 현재의 기술과 능력의 수준을 고려할 때 실현 가능한 아이디어를 확정하고 실제로 현실화하는 시기이다. 창의적 과정 중 매우 어려운 부분으로 많은 용기와 인내심이 필요한 단계라고 할 수 있다. 전 단계까지의 과정을 거쳐 아이디어를 발견했다 하더라고 그것이 자신의 회사를 위해 최선의 해결책이라고 단정할 수는 없다. 많은 경우 창업자들이 이러한 여러 가지 해결책에 대해 실패를 경험한다. 평가와 실행의 단계를 거치면서 오히려 아이디어가 수정되고 세련화되어 다른 모습으로 변할 수도 있다. 특히 기술적 아이디어가 시장성 있는 사업화가 될 수 있는지를 관련 전문가와 더불어서 꼼꼼히 따져 보아야 한다. 이 과정에서 문제가 뜻대로 잘 풀리지 않을 때는 거꾸로 첫 단계로 돌아가서 새로운 지식을 입수하는 방식을 취해 볼 필요가 있다.

---

10 Donald F. Kuratko and Richard M. Hodgetts, *Entrepreneurship: A Contemporary Approach*, Third Edition (Fort Worth: Dryden, 1995): 66-79.

위와 같은 창의적 과정이 조직 내에서 시스템화된 상태에서 다음으로 해야 할 일은 종업원 개개인의 창의력을 제고하는 훈련을 하는 것이다. 이를 위해 다음과 같은 부류의 훈련을 시도해 볼 수 있다.

- **관계의 인식**: 발명품이나 혁신은 내연 기관과 바퀴를 결합하여 자동차가 탄생했듯이 기존의 물체, 기술, 과정, 그리고 인적 요소의 새로운 관계를 발견함으로써 가능하게 된다. 따라서 이미 존재하는 것에 대해 독특하고 다각적인 시각을 개발하는 것이 창의성의 출발점이다. 이러한 능력을 개발하기 위해 기존의 사물이나 사람에 대해서 상호 보완적이거나 병렬적으로 관계를 여러 모로 인식하는 연습을 하도록 한다.
- **기능적 관점의 개발**: 창의적인 사람들은 사물과 사람에 대해 그것이 어떻게 하면 자신의 욕구를 충족하고 프로젝트를 완성하는 데 도움이 되도록 활용할 수 있을 것인가 하는 기능적 관점을 견지한다. 따라서 보다 창의적이기 위해서는 볼품 없고 필요 없는 듯 여겨지는 일상적인 사물에 대해서도 자신에게 보완적이고 도움이 되는 방향으로 생각하는 비전형적인 시각을 개발해야 한다.
- **두뇌의 활용**: 창의적 과정은 지식 축적, 평가, 실행 등의 과정에 필요한 논리적이고 분석적인 좌뇌의 역할과 함께 심사 숙고와 아이디어 경험 등의 과정에 필요한 상상력, 통찰력, 유추력, 종합력을 발휘하는 우뇌의 역할이 잘 어우러져야 활성화될 수 있다. 따라서 주어진 조직의 문제에 대해서 우선 좌뇌적인 해결책과 우뇌적인 해결책을 상호 구별하여 다각도로 생각해 낸 다음 두 부류의 해결책을 상호 보완적으로 결합하는 혁신적인 최종안에 도출하는 시도를 지속적으로 할 필요가 있다.
- **혼동스러운 마음가짐의 제거**: 우리들은 새로운 것에 대해 너무 쉽게 판단을 내는 경향과 부정적인 요소만을 지적해 내는 경향을 가지고 있다. 이러한 습관은 창의적인 사고를 방해한다. 이러한 부정적인 습관을 제거하면 우리의 창의력을 열 배 이상 증진시킬 수 있다. 구체적으로 창의성을 억제하는 사고의 패턴에는 모호성을 용납 못하고 이것 아니면 저것이라고 여기는 택일적 사고, 추상적인 평균을 실제라고 간주하는 **고정 관념적 사고(Stereotyping)**, 그리고 일회적 사건에 대해 평균적 기대를 하는 확률적 사고 등을 들 수 있다. 창의성을 발휘하는 데 장애가 되는 이러한 사고의 틀을 깨기 위해서는 모호성을 적극 추구하고, 특정한 아이디어에 대해 여러 가지 긍정적인 측면을 발견해 내며, 사전적인 판단을 내리지 않고 타인의 의견을 경청하는 태도를 견지해야 한다.

4. 보상 체계와 스톡 옵션

벤처의 창업에 참여하여 기여하는 임직원에 대한 보상은 주식, 보너스, 부가 급부(Fringe Benefits) 등의 금전적이고 유형적인 보상뿐만 아니라 개인적 성장, 자율 경영의 경험, 사업 수완의 터득 등 정신적이고 무형적인 보상을 포함한다. 이러한 보상의 체계가 효과적으로 설계되고 실행될수록 경영진이 서로 합심하여 사업 기회를 보다 잘 수행할 수 있는 기반이 된다. 창업의 과정이 진행되는 단계에 따라 회사에서 내·외부의 이해 당사자들에게 제공할 수 있는 보상 패키지가 달라질 수밖에 없기 때문에 창업 기업가는 회사의 경영 여건에 어울리면서 경영진, 종업원, 그리고 투자자 모두에게 득이 되는 방향으로 보상 체계를 설계해야 한다.

보상의 기본적인 원칙으로 임직원이 회사의 성장에 기여하는 만큼 보상하되 그때 그때마다 회사가 공여할 수 있는 자원의 종류를 고려해야 한다. 즉, 무형적인 자원은 초기부터 줄곧 제공할 수 있지만 금전적인 보상을 회사가 어느 정도 성장한 후에나 가능한 것이다. 또한 외부 투자자들에 대해서는 그들이 자신들에 대한 회사의 보상 계획을 통해 회사와 창업 경영진의 신인도와 사업에 대한 노력과 몰입의 수준을 파악한다는 사실을 명심해야 한다. 따라서 임직원에 대한 보상은 또한 외부의 투자자에 대한 보상 패키지와 형평성을 잃지 않는 범위에서 이루어져야 한다.

바람직한 보상 체계가 되기 위해서는 회사의 목적을 반영하면서 장기적으로 회사 가치의 성장과 일치하도록 짜여져야 한다. 예컨대, 회사가 5-10년 후에 대규모의 자본 이득을 목표로 하고 있다면 회사의 경영 방식과 보상 체계도 이러한 목표를 달성하기 위해 임직원들이 장기적인 안목을 갖고 노력을 집중하도록 하는 방향으로 설계되어야 한다. 회사의 여건에 따라 다양한 보상 패키지가 가능하지만 다음과 같은 원칙을 지키도록 해야 한다.[11]

- **차별화**: 벤처 팀 멤버의 기여도와 개인적인 위험 부담 수준에 따라 차별적인 보상을 해야 한다. 일괄적으로 대등한 보상을 하는 것보다 이것이 보다 형평성 있는 보상 방식이다.
- **성과**: 창업 기업은 특히 생존을 위해 조기에 매출액과 수익상의 성과를 내야 한다. 따라서 노력의 수준 자체보다는 성과에의 기여도에 따라 보상해야 한다. 성과에 따른 보상이 미비하여 장기적으로 함께 동고동락해 온 벤처 팀이 와해되는 경우가 많다.
- **유연성**: 벤처 팀 멤버의 기여도는 시간에 따라 상대적으로 변화할 수 있다. 따라서 보상 패키지도 그러한 변화를 수용할 수 있도록 유연성 있게 설계되어야 한다.

---

[11] Jeffry A. Timmons, *op. cit.*: 262-265.

보상 체계를 실행할 때 이러한 원칙과 더불어 가치 부가적인 요소와 시간적 요소를 동시에 고려해야 한다. 보상은 우선적으로 회사에 대한 **가치 부가적 활동**을 근거로 이루어져야 한다. 특히 창업 초기에 주식 지분을 증여할 때는 벤처 경영진의 무형적이고 상대적인 기여도를 감안해야 한다. 그러한 기여로 중요하게 꼽을 수 있는 것은 아이디어의 개발, 사업 계획의 입안, 개인적인 위험 부담과 몰입, 기술과 경험, 그리고 책임 수준 등이다. 단, 일반적으로 벤처의 성공에 있어서는 아이디어나 사업 계획보다는 개인적인 몰입, 기술과 경험, 그리고 책임 수준 등이 더 중요한 비중을 차지한다.

다음으로 **시간적 요소**를 고려하면 창업 초기에는 유능한 벤처 경영진의 유치를 위해 지분을 분할하여 주식을 제공하는 방식을 취하지만 사업의 추진과 더불어 보상해 주어야 하는 것은 실질적인 사업 성과에 기여라고 할 수 있다. 시간이 지남에 따라 핵심적인 경영자가 회사를 떠날 수도 있고, 사고를 당할 수도 있고, 또 기대한 만큼의 성과를 보이지 못할 수도 있다. 그러한 경영자에게 증여한 주식은 당초에 성과에 대한 기대에 따른 보상이었지만 그러한 기대가 이루어지지 않은 결과를 낳은 것이다.

이 경우 사실상 지분이 손실되는 것인데, 이를 방지하기 위해 주식 증여 시 특정한 경영자를 대체해야 할 필요가 있을 때 회사가 원래의 가격으로 재매입(Buyback)하는 옵션을 갖는 방식을 취할 수 있다. 회사가 2-3년에 걸쳐 조건부로 주식을 증여하고 유사 시에는 증여하지 않는 방식을 스톡 베스팅 계약(Stock-Vesting Agreement)이라 한다. 이러한 계약을 통해 단계적인 성과에 따라 주식에 의한 보상을 하여 경영진이 회사에 장기적으로 공헌하게 함과 동시에 성과가 기대에 못 미치는 사태가 발생했을 때 결별하는 유연한 대응을 할 수 있게 된다. 베스팅 계약은 창업자가 핵심적인 경영자를 원하는 대로 회사에 묶어놓는 황금 수갑(Golden Handcuffs), 즉 특별 우대 조처의 역할을 한다. 베스팅 계약의 조건에 따라 경영자가 예컨대 4 년의 베스팅 기간 이전에 회사를 떠나게 되면 증여 받은 주식 전체를 원래의 매입가에 반납하도록 하거나, 회사를 떠나더라도 매년 일정 부분은 보유하고 떠날 수 있도록 할 수 있다.

종업원 지주제하에서 소수의 지분을 가지고 있는 종업원 겸 주주를 해고할 경우, 특히 회사가 종업원에게 주식을 증여했을 경우에 회사와 종업원 간의 관계는 새로운 국면에 접어든다. 회사의 지분을 증여하는 방법이 성장 가도를 달리고 있는 소규모 회사에게 능력 있는 종업원을 유치하고 보존하는 방법으로서는 탁월한 대안이긴 하지만 많은 경우 종업원과 주식을 공유하는 것에 대한 확실한 동의 없이 맹목적으로 주식을 증여한다. 이런 경우 다음과 같은 이유로 주주 종업원의 존재가 회사와 종업원의 관계를 복잡하게 만들 소지가 있기 때문에 창업자는 종업원 지주제 시행 시에 충분한 검토를 하고 대비책을 마련해야 한다.[12]

[12] Stephanie Gruner, "Yon Can't Fire Me, I'm an Owner!" *Inc.*, June 1997: 102-103.

- 종업원이 주주로서 회사의 장부를 살펴볼 수 있다.
- 종업원을 해고하기가 더 힘들어진다.
- 종업원들 때문에 회사의 매각 결정이 난항에 부딪힐 수 있다.
- 종업원들이 냉철하게 사업성을 판단하기보다는 선의로 주식을 매입하기 쉽다.

창업자는 주식뿐만 아니라, 스톡 옵션(Stock Option), 즉 주식 매입 선택권, 급여, 보너스, 부가 급부 등을 적절히 활용하여 성과에 대한 보상을 할 수 있다. 이러한 보상 방안을 활용할 때는 회사의 성장 단계를 감안하여 할 필요가 있다. 아무래도 창업 초기에는 현금이 부족하기 때문에 가능하면 현금 지출을 동반하는 보상보다는 비현금적 보상을 제공하는 것이 바람직하다. 즉 급여, 보너스, 부가 급부 등은 많은 현금을 필요로 하기 때문에 사업 투자를 위해 많은 현금을 필요로 하는 창업 초기의 기업에게는 적절하지 못한 보상 방식이다. 그것보다는 현금 지출이 없는 스톡 옵션을 적절히 활용하는 것이 바람직하다. 회사가 손익 분기점을 넘어서서 어느 정도 자금의 여유가 생기면 급여의 수준을 높일 수 있고, 그 후 몇 년이 지나 회사가 사업 기반을 공고히 하게 되면 보너스나 부가 급여 등도 생각해 볼 수 있다.

스톡 옵션은 주식 자체를 증여하는 것이 아니라 주식을 취득할 수 있는 권리를 제공하는 것이다. 주식은 지폐와 같은 외관을 가진 문서이지만 스톡 옵션은 보통의 서류에 회사의 주식을 미래에 특정한 조건으로 매입할 수 있는 권리를 부여한다고 적혀 있는 것에 불과하다. 주식을 증여 받으면 현금 증여와 같이 과세된다. 주식은 물론 사업이 잘 안 되면 그 가치가 하락하지만 장기적으로는 회복할 수 있는 가능성을 항상 갖는다. 하지만 스톡 옵션은 회사가 잘 될 때만 그 가치를 발휘한다. 따라서 회사가 임직원들에게 서로 노력하여 미래의 증진된 회사 가치를 공유하도록 하기 위해서 스톡 옵션을 많이 활용한다. 이 경우에도 베스팅 기간을 4-5년 정도로 두고, 수익성이나 개인적 성과 목표를 설정하여 그것을 달성했을 때만 옵션을 행사할 수 있게 하는 것이 보통이다.

스톡 옵션 제도가 매우 까다롭다는 사실은 누구나 알고 있다. 그러나 기술 인력이 빠듯한 노동 시장의 상황을 감안하여 대개의 창업 기업가들은 유능한 사원들을 유치하기 위해 스톡 옵션을 부여하는 경우가 많다. 그러나 스톡 옵션제를 도입하는 데 있어서 많은 위험이 따르기 때문에 세심한 배려가 요구되는데, 특히 다음과 같은 질문에 대해 최종적인 선택을 해야 한다.[13] 첫째, 가장 유행하고 있는 방법이 무엇인가? 아래에서 설명하듯이 인센티브 스톡 옵션이나 비적격 스톡 옵션을 취할 수 있다. 둘째, 세금 부과 방법은 각각 어떻게 다른가? 각각의 방법은 세금 부과 방법이 다를 수 있기 때문에 이를 알고 있는 것이 중요하다. 잘못되면 법적 분쟁으로까지 갈 수 있다. 셋째, 우리 회사는 무엇을 선택해야

---

13 Jill Andresky Fraser, "Know Your Options," *Inc.*, February 1998: 112-113.

하는가? 반드시 유능한 법률가와 회계사에게 자문을 구해야 한다. 넷째, 일단 도입한 계획을 어떻게 수정할 것인가? 주식의 시장 가치는 매년 변하는 것이기 때문에 그에 따라 세부적인 조항을 변경하는 것이 좋다.

표 12-1은 각종 주식 증여 방식과 스톡 옵션 방식의 장단점을 기업과 임직원의 입장에서 각각 비교하여 제시한다. 스톡 옵션에 있어 세금과 회계 처리상 옵션이 부여된 시점, 임직원이 옵션을 행사하는 시점, 그리고 옵션의 행사로 취득한 주식을 매도하는 시점 등이 세 가지의 중요한 시점이다. 스톡 옵션은 일반적으로 5-10년의 만기를 가지며, 인센티브 스톡 옵션과 비적격 스톡 옵션으로 구분된다.[14]

인센티브 스톡 옵션(ISO: Incentive Stock Option)은 임직원들에게 보상 패키지로 흔히 제공하는 방식으로 외부 컨설턴트, 사외 이사, 외부 인사들에게는 제공될 수 없다. 이 경우 옵션을 행사하는 시점에서 시가와 행사 가격의 차이에 대한 과세가 일어나지 않는다. 하지만 임직원이 옵션을 행사하여 취득한 주식을 매도할 때 시가와 옵션의 행사 가격의 차이에 대해 자본 이득 세를 내야 한다. 기업의 입장에서는 비적격 스톡 옵션과는 달리 임직원이 옵션을 행사하더라도 주가의 상승 부분만큼 비용 처리를 하지 못한다.

인센티브 스톡 옵션의 규정이 명시되지 않은 옵션 제도를 **비적격 스톡 옵션**(NQSO: Nonqualified Stock Option)으로 분류한다. 이는 옵션의 행사 시 임직원이 주가와 행사 가격의 차이에 대해 세금을 내야 하고, 세액을 산정하는 데 있어 일반 소득에 대한 높은 세율의 적용을 받는다. 기업은 임직원이 옵션을 행사할 때 주가와 행사 가격의 차이를 비용 처리함으로써 과세 소득이 적어지게 된다. 주식의 취득 후 매각 시에는 매각 시와 행사 시점의 시가 차이에 대해 자본 이득 세(Capital Gains Tax)가 부가된다.

그러면 언제 얼마만큼의 옵션을 부여할 것인가?[15] 주식은 실질적인 자본 유입이 이루어지기 전에 창업에 기여한 벤처 경영진에게 부여하는 것이 적절한 반면, 스톡 옵션은 자본 조달이 어느 정도 이루어진 후에 임직원을 동기 부여하기 위해 제공하는 것이 보다 바람직하다. 한정된 규모의 주식을 가지고 있는 창업 기업의 경우는 인센티브로서 매년 일정 규모의 옵션을 부여할 수 있는 대기업과는 달리 고용 시에 보다 큰 규모로 부여하고, 고용 후에는 드물게 소규모로 부여하는 방식을 취하는 것이 보통이다. 고용 후 추가적인 부여를 할 경우 해마다 부가적 방식을 취하여 임직원 간에 성과에 따라 누적적인 부여 규모가 형평성이 있는가를 항상 관찰하는 것이 바람직하다.

얼마만큼의 옵션을 부여할 것인가는 개별 임직원과 협상 가능한 문제이다. 회사의 입장에서 우선 창업 경영진, 현재의 직원, 미래의 신입 사원 등을 총체적으로 고려하여 종업

[14] 김창수, 박상용, "인센티브 스톡 옵션 제도 도입의 효과와 추진 방안," 연세 경영 연구, 34, 4: 157-201.
[15] Michael L. Baird, *Engineering Your Start-Up: A Guide for the Hi-Tech Entrepreneur* (Belmont, CA: Professional Publications, 1997): 212-214.

표 12-1 주식 증여와 스톡 옵션의 장단점

증여 유형	종업원		회 사	
	장점	단점	장점	단점
주식 증여	즉각적인 투표권. 주식이 무상. 주식 보유 용이. 소유 조건이 없음.	과세 대상. 재매입 계약.	종업원 충성도 제고. 장부상 비용으로 절세 효과.	소유 지분 잠식. 장부상 비용으로 수익성 감소.
주식 즉시 매입권 증여	즉각적인 투표권. 저가의 주식. 주식 보유 용이. 매입 조건 없음.	과세 대상. 재매입 계약. 즉각적인 매입 필요.	종업원 충성도 제고. 소규모의 추가적인 자본 획득.	소유 지분 잠식. 장부상 비용으로 수익성 감소.
상동, 단 제한 조건	미래 세 부담 제거.	재매입 계약. 초기 소규모 세 부담.	성과 미달성 시 또는 베스팅 조건에 따라 주식 재매입.	
또는 이전 가능 조건 (창업 기업은 어려움)	주식 지분을 언제든지 처분할 수 있음.	즉각적인 세 부담.		주식 통제권 상실.
기타 주식 인수: 매입(투자)	즉각적인 투표권. 매우 높은 투자 수익률 가능. 언제든지 주식 매각 가능.	높은 급여 수준을 갖고 있거나 현금 투자가 있어야 함.	추가적인 자본 획득.	주주 수의 증가.
또는 재산 제공	즉각적인 투표권. 언제든지 주식 매각 가능. 세련된 투자. 면세 교환 가능.	투자 위험 부담.	필요 재산 획득.	소유 지분 잠식.
인센티브 스톡 옵션 부여	부여나 행사에 대한 면세. 필요 순서에 따라 옵션 행사 가능. 주식 매각 시 과세. 베스팅 일정 협상 가능.	행사 전까지 투표권 없음. 매각 시 세 부담. 행사 가격, 고용 기간 등 행사 조건 준수. 행사 시 현금 필요. 옵션 손실 위험성. 행사 일정 협상 불가.	비용 처리가 안 되므로 수익성에 무영향. 옵션 비행사 가능성. 행사 일정 협상 불가.	미래 소유 지분 잠식 가능성.
비적격 스톡 옵션 부여	필요 순서에 따라 옵션 행사 가능. 베스팅 일정 협상 가능. 행사 일정 협상 가능.	행사 전까지 투표권 없음. 부여 시 과세. 행사 시 과세. 매각 시 과세.	종업원 충성도 제고. 장부상 비용으로 절세 효과.	미래 소유 지분 잠식. 장부상 비용으로 수익성 떨어짐. 행사 일정 협상 가능.

자료: Michael L. Baird, *Engineering Your Start-Up: A Guide for the Hi-Tech Entrepreneur* (Belmont, CA: Professional Publications, 1997): 189.

원 1인당 부여할 수 있는 평균 주식 수를 계산하고 1-2년간의 스톡 옵션 계획을 수립할 필요가 있다. 이때 매년 주식의 가치가 증대함에 따라 부여하는 옵션의 규모도 줄도록 해야 한다.

구체적으로 부여 규모를 결정할 때 임직원의 직위, 책임 수준, 그리고 미래 회사 가치에 대한 개인적인 기여 능력을 종합적으로 고려해야 한다. 반드시 합리적이지는 않더라도 관례상 직위가 한 단계 내려 갈 때마다 부여 옵션의 규모는 10배로 줄어든다. 즉, 사장이 100만 주의 옵션을 받았다면, 부사장은 10만 주, 공장장은 1만 주, 프로그래머는 1000주를 받는다는 것이다. 같은 직급의 임직원에게는 급여 수준의 차이를 고려하여 증감할 수 있다.

회사의 미래에 핵심적인 임직원에 대해서는 적정 시가로 계산하여 1년 연봉에 해당하는 스톡 옵션을 부여하는 것이 관례적인 어림 계산이다. 적정 시가 계산 시 우선 주의 가격을 기준으로 해야 하는데, 이는 경영 상황이 좋을 때 우선 주가 회사 보통 주로 전환될 수 있기 때문이다. 회사가 성공적으로 성장할 경우 주가가 10배 정도는 오를 수 있기 때문에 연봉 5000만 원의 직원은 회사의 경영 성과가 좋다면 부여 받은 스톡 옵션으로 향후 5억 원의 가치를 수확하기를 기대할 수 있다.

스톡 옵션제의 도입을 고려하고 있는 회사들은 다음 몇 가지 사항에 유의하여야 한다.[16] 우선 대상 종업원들로 하여금 주식을 보유할 경우 장차 그들에게 닥칠 일이 무엇인가를 확신시켜야 한다. 예를 들면 주식을 소유함에 따라 세금이 부과된다는 사실을 주지시키거나, 주식은 회사의 이익, 특히 주식의 상장이나 회사의 매각 등이 발생할 때 개인 소득과 연결된다는 사실을 이해시켜야 한다. 주식은 일종의 보너스일 뿐 연금과 같은 전통적인 복지 혜택과는 다르다는 점이다. 둘째, 말을 조심해야 한다. 회사는 종업원들에게 세금과 관련된 조언을 해야 할 의무는 없다. 따라서 주식을 증여했다고 해서 그것에 대한 책임까지 지는 것이 아님을 명확히 해야 한다. 그렇지 않을 경우 법적 분쟁에 빠질 수도 있다. 셋째, 스톡 옵션은 성과와 밀접한 관련이 있는 것이다. 따라서 가능한 한 명확하게 성과와 관련시키도록 해야 한다.

5. 가족 기업

가족 기업(Family Business)이란 가족이나 친지가 중심이 되어 기업의 중요한 의사결정

[16] Stephanie Gruner, "We're Thinking of Offering Stock Options. Any Tips?" *Inc.*, February 1998: 110.

에 영향력을 끼치고 운영하는 기업을 말한다.[17] 세계의 많은 나라들에 있어 가족 기업은 전체 기업 수의 80-90%를 차지하며, 이들의 국민 총생산에의 기여도 역시 50%를 상회한다. 증권 거래가 가장 활성화된 미국의 경우도 가족 기업이 전체 회사의 2/3, 노동력의 50%, 그리고 국민 총생산의 40%를 차지하며, 1976년부터 1990년까지 15년간 새로이 생겨난 일자리의 78%를 기여했다. 우리 나라도 예외는 아니며, 30대 재벌 그룹들도 일종의 가족 기업군이라 할 수 있다. 이렇게 한 나라 경제의 운용에 가족 기업이 큰 몫을 담당하는 것은 가족 기업 자체가 가지고 있는 바람직한 특성, 예컨대 가족 경영진간의 신뢰감, 사업 운영의 유연성, 기업 통제의 용이성 등이 존재하기 때문이다.

가족 기업 중에서 부부 창업도 주요한 사업 운영의 방식으로 자리잡고 있다. 미국 부부 중 25만 명이 부부 동업자로서 나름대로 새로운 형태의 사업을 개척해 나가고 있다.[18] 하지만 이 경우 사업 영역에서 서로 평등하고 자신의 능력에 따라 역할을 배분하고 가정에서도 역시 공평하게 가사를 분담할 것이라는 일반적인 인식과는 달리 실상은 그렇지 않다. 오히려 맞벌이 부부들이 평등주의를 제대로 실현하고 있다. 부부 동업자의 경우 대부분의 부인들은 남편을 보조하는 정도의 역할에 그치고 있다. 가사 부담 또한 너무 많은 부담을 부당하게 지고 있는 편이다.

이러한 실상의 원인은 무엇인가? 많은 이유가 있겠지만 맞벌이 부부와 비교해 보면, 맞벌이 부부는 매일 아침 다른 직장으로 출근하듯이 가정과 직업 사이의 경계선이 뚜렷한 반면, 부부 동업자들은 하루 종일 같이 시간을 보내기 때문에 그러한 경계가 애매모호해지면서 전통적인 부부 관계가 지배하게 되기 때문이다. 이러한 상황에서 여성이 자신의 자리를 찾기 위해서는 보다 적극적인 노력이 요구되는 것이 현실이다.

관료적 조직에 지쳐서 인본주의적 정신하에 소규모로 가족과 함께 동고동락하고자 주거지에 소호 창업(SOHO: Small Office/Home Office)을 한 경우에도 그러한 사업이 항상 소규모로 머물지는 않는다는 사실을 인식할 필요가 있다. 기업이 기대 이상으로 성장하게 되면 가정을 떠나 다른 곳에 사무실을 차려야 하는 경우가 발생할 수 있다. 이렇게 되는 이유로는 다음과 같은 것들을 들 수 있다.[19]

- 사업 활동과 가족과 함께 하는 사생활과의 구분이 애매모호해진다.
- 이웃이 사업 활동으로 인해 생활 안정과 사생활에 침해 받을 수 있다.
- 가족이 해 주는 잔심부름 등을 종업원에게 요구할 수 있다.
- 자신의 집이 진정한 사무실이 아니기 때문에 그러한 사실이 종업원이나 기타 사업에 관련된 사람들을 불편하게 할 수 있다.

---

17 남영호, "기업가 정신과 가족 기업: 연구 영역 및 관련성을 중심으로," **벤처 경영 연구**, 2, 1, 1999년 3월: 3-29.

18 Jerry Useem, The Myth about the Mrs. in Husband-and-Wife Teams, *Inc.*, January 1997: 16.

19 Christopher Caggiano, "Leaving Home," *Inc.*, December 1996: 127.

• 고객들이 창업자에 대해 별로 신통치 않게 생각할 수 있다.

주지하다시피 동남 아시아 경제에서는 중국계 가족 기업이 중요한 영향력을 행사하고 있다. 가족 기업 형태는 중국 밖의 전세계에 자리잡고 있는 화교들의 기본적인 경제 활동 단위이다. 가족 기업으로 성공한 예는 이루 헤아릴 수 없다. 5500만에 이르는 화교들은 2조 달러에 이르는 자산을 보유하고 있으며 매년 5000억 달러에 달하는 매출을 올리고 있다.

표 12-2에서 보듯이 이러한 가족적 중국 기업은 일반적인 서구 기업들과는 기본적으로 많은 차이점이 있다.[20] 화교 기업의 본부는 사회적으로나 경제적으로 모든 권한을 가진 가장 이 지배하는 전형적인 가부장적 체제이다. 창업 기업가는 가족의 주요 구성원들에게 중요한 활동과 자리를 위임하며, 그가 가지고 있는 가족 내의 권위는 절대적이다. 또한 매우 침착하고 현명하게 보이며, 과묵한 사람으로 표현된다. 여성은 단지 보조적인 역할을 맡거나 중요한 역할을 맡더라도 남자에 비해 덜 중요한 자리를 차지하게 된다.

물론 모든 중국계 기업의 최고 경영진이 모두 소유주 가족에 의해 지배되는 것은 아니다. 전략적으로 중요한 자리들이 보통 인척이나 그 가족을 위해 오랜 세월 봉사해 온 사람들로 채워진다. 그런데 인척이 아닌 극소수의 '선택된 이방인'들은 상당한 세월을 소유주 가족들과 같이 보냈기 때문에 가족과 다름없는 대접을 받는 '명예 가족'이라 할 수 있다.

가부장적인 분위기하에 권위적인 리더십이 효과를 발휘하는데, 그 이유는 최고 경영

표 12-2 서구 기업과 중국계 가족 기업의 대비

특 징	전통적 서구 기업	중국계 가족 기업
소유권	공개 기업	사기업
승계	연공서열	가족
조직 구조	대규모 단일 기업	다수 중견 기업의 상호 소유
통제 특성	분권화	집권화
의사 결정	분석적	직관적
시장	소비재 및 산업재	산업재
제품 라인	좁음	넓음
기술 수준	고급에서 저급까지	저급에서 중급까지
내부 보고	공식적이고 실질적임	비공식적이고 제한적임
합병 및 투자에 대한 예비조사	세밀함	없거나 약간 있음
기업간 관계	계약적	비공식적
자금 조달	내부 및 외부	주로 내부
대외적 프로필	높음	낮음

자료: Murray Weidenbaum, "The Chinese Family Business Enterprise," *California Management Review*, Summer 1996: 155.

[20] Murray Weidenbaum, "The Chinese Family Business Enterprise," *California Management Review*, Summer 1996: 141-156.

자가 기업의 설립자인데다가 기업 내에 경쟁자가 없는 상태에서 발전해 왔기 때문에 도덕적인 권위 의식이 최고 경영자에게 내재적으로 키워진다. 이러한 소유주와 경영자의 중복 혹은 긴밀한 관계 때문에 많은 서구 기업이 직면하고 있는 대리인 문제(Agency Problem)를 피할 수 있으며, 상당한 정도의 유연성을 발휘할 수 있다. 그리고 이러한 바람직한 특징들은 소유주와 경영자 사이를 강하게 묶는 상호 의무라는 연대로 인해 강화되는 것이다.

이런 중국계 기업들은 다양한 산업과 광범위한 활동을 함에도 불구하고 기업에 대해 가족을 통한 강력한 통제력을 발휘하고 있다. 그들은 종종 외부의 전문적인 경영인을 영입하는 것을 매우 꺼리기도 한다. 오히려 경영과는 무관한 직업에 종사한 가족에게 경영권을 세습하는 경우가 일반적이다. 물론 때때로 전문 경영인을 영입한다든가, 주식을 공개한다든가 하는 등의 현대적 기업의 면모를 보이기도 한다. 그러나 그런 경우라도 가장 중요한 자산이나 자리는 친인척들이 독점하며, 전략적으로 중요한 의사결정과 자원 배분에는 반드시 가족이 지배권을 행사하는 것이 일반적이다.

이러한 경향은 기업을 비슷한 문화와 성향을 가진 사람들로 구성하게 하여 효율적이고 신속한 의사결정에 도움이 되기도 한다. 서구 기업들은 오랜 동안의 경영으로 인해 기업 구조가 비대해짐에 따라 다운사이징이나 수평적 조직 구축에 힘을 쏟고 있는 반면, 중국 기업들은 소수의 가족이 경영을 독점하고 있다. 이는 유연성뿐만 아니라 신속성에도 도움을 준다.

그러나 단점도 있다. 가족이 기업 조직을 통제함에 따라 기업의 규모를 제약할 수 있으며 이런 규모의 제약은 기업의 성장을 일정한 한계에 묶어 놓는 역할을 할 수 있다. 이러한 현상은 저기술 산업 분야에서는 그리 큰 문제가 안 될 수 있다. 이에 반해 첨단 산업은 정교한 조직 구조와 혁신적 전문가를 요구하기 때문에 기업 성장에 큰 장애물이 될 가능성이 크다. 가족간의 유대에 의한 기업 경영은 상대적으로 유능하고 훈련이 잘된 외부의 전문가들을 놓치게 하기 때문이다.

중국계 기업의 가족적 기업 경영을 가능하게 하는 요소는 무엇일까? 사회학자 피터 버거는 가족적인 중국계 기업이 가능한 이유는 중국의 특이한 문화 때문이라고 주장한다. 즉, 중국에서는 가까운 가족 이외에는 믿지 않는 문화가 강하게 자리잡고 있다는 것이다. 경제적인 이유로는 중국인들의 검소한 소비와 높은 저축률을 들 수 있다. 또한 중국인들은 본토를 떠나 타국으로 이주해도 중국인만의 특수한 기질을 버리지 않는다. 위계 체제와 권위에 대한 충성심, 엄격한 장유유서, 인척과 친구에 대한 강한 신뢰, 노동에 대한 미덕, 그리고 지나친 소비에 대한 경계 등 이런 중국인들의 특성은 가족 기업의 성공의 한 면을 설명해 준다. 이중에서 검약성은 매우 오랫동안 지속되는 특성이다.

중국 기업이 가지고 있는 독특한 강점과 지식은 외국 기업이 광대한 아시아 시장으로 침투하기 위해 유용한 파트너를 구하는 데 중요한 기반을 제공한다. 그러나 그들은 파트너인 동시에 강력한 경쟁자이다. 중국 기업들은 그들의 영역에서 정부나 국민 그리고 문화적인 측면에서 서구 기업에 비해 월등한 이해 수준을 지니고 있으며, 다운사이징이나 수평화가 필요 없는 조직 구조를 가지고 있다. 또한 오랜 세월에 걸쳐 이루어진 '사람'에 대한 투자는 기업 내부나 외부에 대한 관계 측면에서 매우 월등한 경쟁력을 제공해 준다. 그러나 화교 기업들은 브랜드 인지도, 대량 시장, 그리고 첨단 기술 면에서 처지는 면이 많다. 또한 가족적 경영으로 인한 기업 규모상의 제약도 무시하지 못하는 요인이다.

한편, 우리 나라에서 삼익 악기, 유원 건설, 우성 건설, 한보 건설, 삼미 특수강, 한라 그룹 등 가족 기업으로서 제 1 세대 경영에서 제 2 세대 경영으로 성숙한 중견 재벌 기업들이 거의 연쇄적으로 무너져 가고 있는 것은 무슨 연유인가? 이들의 부도는 무리한 사세 확장, 이에 따르는 불법적 자금 거래, 경기의 침체, 한국 경제의 국제 경쟁력 약화 등 많은 요인들이 동시에 작용함으로써 일어났다고 볼 수 있으나, 과연 우리 나라 기업의 2세 경영 체제 자체에 본질적인 문제가 있는 것은 아닌가 하는 의문을 제기할 수 있다.[21]

하나의 가족 기업이 창업자에 의해 잉태되어 제 2 세, 3 세 경영의 궤도에 돌입하고 종국적으로 기업이 하나의 실체로서 영구히 지속하는 단계에 이르기까지에는 창업자의 헌신적인 노력뿐만 아니라 기업의 경영 관리 시스템이 자생적으로 유지되게 하는 리더십과 다세대 경영진의 협력이 필요한 것이다.

그러면 가족 기업이 갖고 있는 본원적인 특징은 무엇이고, 차세대 경영으로의 효과적인 전이에 필요한 것이 무엇인가? 먼저 가족 기업에 가족으로서 가담하는 방법에는 크게 세 가지의 경우가 있다.[22] 첫째는 형제간이나 부부간과 같이 창업 당시부터 가족과 더불어 사업에 가담하는 경우이다. 이 경우 가족은 창업 초창기의 곤경과 고민을 나눌 수 있는 동지가 되며, 서로의 능력과 책임면에서 상호 보완적일수록 그 효과를 더 할 수 있다. 특히 다이아몬드 등 고가의 제품을 판매할 때 창업 동지간에 서로 신뢰할 수 있다는 장점이 있다.

둘째는 사업의 운영 체계가 어느 정도 골격이 잡힌 창업 초창기에 가족 기업에 합류하는 경우이다. 이 경우 지분의 배분, 성과의 보상, 책임의 소재 등에 있어 전 경우보다는 복잡한 경영상의 이슈를 가족 회의를 통해 해결하여야 한다.

셋째는 2 세나 3 세 등의 차세대 가족 성원으로서 가족 기업에 가담하는 경우로서 제 2 세, 3 세 경영에 진입한 우리 나라의 재벌 기업들이 이에 속한다. 이 경우 차세대 경영의 성패는 두 세대 경영진간의 순조로운 승계에 달려 있게 된다. 예컨대 미국의 IBM사의 경우 토머스 왓슨 2 세(Tomas Watson, Jr.)는 아버지가 꿈도 꿔보지 못했을 정도로 IBM을 세

---

21 정승화, "가족 기업과 2세 경영," 주간 매경, 1997년 4월 9일: 14-15.

22 Wendy C. Handler, "The Family Venture." In William A. Sahlman & Howard H. Stevenson (Eds.), *The Entrepreneurial Venture* (Boston, MA: Harvard Business School Publications, 1992): 311-321.

계적인 초대형 기업으로 성장시켜 놓았다.

위의 세 번째 경우의 차세대가 가족 기업에 참여하는 방법에 있어 여러 가지 수준이 존재한다. 우선 포드사(Ford)의 2세 엣젤 포드(Edsel Ford)와 같이 창업자인 아버지 헨리 포드(Henry Ford)에 대한 충실한 도제이자 보조역으로서 가족에 대한 도움을 주는 것 자체에서 보람을 느끼는 경우가 있다. 또한 차세대의 경영자가 가족 기업에의 참여를 하나의 개인적 성장 발전의 디딤돌로 활용하고자 하는 경우도 있어, 가족 기업에서의 사업 경험을 바탕으로 차후 개인적으로 새로운 창업을 기획하고자 하는 것이다.

그러나 우리 나라의 경우는 위의 두 가지 경우보다는 하나의 사회화된 후계자로서 가족 기업에 참여하는 경우가 대부분이라고 할 수 있다. 이 경우 특히 차세대 경영의 성패는 기업이 과거 세대와 같은 지속적인 성장을 누릴 수 있느냐 없느냐에 달려 있다. 왜냐하면, 차세대의 후계자로서의 야망과 혁신적 사업 아이디어와 새로운 사업 영역으로의 팽창을 충분히 충족시키기 위해서는 사세의 지속적인 발전이 필요하기 때문이다. 위에서 언급한 최근 우리 나라 2세 경영의 몰락도 이러한 사세의 지속적인 성장과 팽창을 꾀하다가 벌어진 사태인 것이다.

그렇다면 과연 사회화된 후계자로서 차세대 최고 경영자가 꿈꾸는 사업 야망을 현명하게 충족시키고 동시에 기업을 하나의 독립적인 실체로서 전문적으로 경영이 되게 할 수 있는 방법은 존재하는 것인가? 차세대로서의 승계 과정의 성패는 결국 창업자가 사업 초창기에 가졌던 전략적 비전과 일차적 성공에서 얻은 사업 경험과 식견을 얼마만큼 차세대에 전수하며, 차세대가 이를 얼마만큼 팽창하는 사세에 신축적인 전문 경영 시스템으로 탈바꿈하도록 하느냐에 달려 있다. 제 1 세대 창업자는 결국 단독의 사업 책임자이자 전제적인 감독자의 역할로부터 점차 권한의 위임자가 되고, 종국적으로 가족 기업의 컨설턴트로서의 역할로 변신함과 동시에 차세대 최고 경영자는 사업 보조역으로부터 점차 관리자와 최고 책임자의 역할로 변신하여야 하는 것이다.

승계의 과정에서 특히 우리 나라의 경우 많은 차세대 경영진에게 공통적으로 요구되는 것은 자기 기업 내부에서의 관리 경험이라고 하기보다는 외부 기업에서 독자적으로 책임을 맡고 사업을 경험하는 과정이라 할 수 있다. 이러한 외적인 경험과 식견이 한 가족 기업의 터널 비전(Tunnel Vision)을 벗어나서 날라지는 사업 환경에 보다 원활하게 적응하는 사업 승계에 도움을 줄 것은 분명하며, 우리 나라 경제의 기간이 될 2세 경영을 몰락이 아니라 성공으로 이끌어 가는 바탕이 될 수 있다.

이러한 변신과 임무 교대의 자연스런 진화의 과정에서 가족 협의회(Family Council)가 활성화되어 지속적으로 사업아이디어를 교류하고, 성장 전략을 논의하며, 서로가 배우는 메커니즘이 필요하다.[23] 가족 기업도 일반적인 기업과 마찬가지로 소유 구조와 사업이라는

[23] Scott E. Friedman, *The Successful Family Business* (Chicago: Upstart, 1998): 22-33.

중요한 축이 작용하고 있지만, 그에 더하여 가족이라는 제3의 축이 작용한다. 따라서 일반 기업에서 경영상의 의사결정을 과연 사업상 좋은가 나쁜가라는 관점에서만 판단할 수 있지만 가족 기업에서는 다음과 같은 네 가지의 시나리오가 가능하다.

- 사업과 가족 모두에게 좋음
- 사업에는 좋으나 가족에게는 나쁨
- 사업에는 나쁘나 가족에게는 좋음
- 사업과 가족 모두에게 나쁨

이러한 가능성 때문에 가족 기업의 경우 의사결정상의 합의를 보기가 더욱 어려워진다. 또한 사업에 참여하는 가족 구성원의 세계관이 제각기 다를 수 있기 때문에 그만큼 경영상의 갈등과 판단의 차이가 나타날 소지가 있게 된다. 따라서 가족 협의회를 통해 가족간에 의사결정의 방법을 효과적으로 진행할 수 있는 메커니즘을 모색하고 확립하는 것이 매우 긴요한 이슈가 된다.

가족 협의회는 사업에 참여하는 가족간에 원활하고 만족스러운 의사소통을 보장하기 위해 점차 많은 가족 기업이 활용하는 의사결정의 메커니즘이다. 이러한 협의회는 가족과 사업에 관련된 제반 이슈를 토론하고 결론에 이르도록 유도한다. 이를 통해 각 가족 구성원은 자신의 의견을 개진하고, 다른 구성원의 생각도 들을 수 있는 기회를 갖는다. 가족 협의회가 활성화되면 가족간의 갈등이 최소화되고 유대 관계가 돈독해져 사업 운영에 큰 도움을 줄 뿐만 아니라 경영 승계의 과정에서 나름대로의 좋은 전통을 수립하는 기반이 된다.

가족 협의회는 상황에 따라 여러 가지 유형으로 운영될 수 있고, 필요하면 보다 공식적인 의사소통 시스템을 확립하기 위해 전문적인 진행자를 유치할 수도 있다. 일반적으로 보다 효과적인 협의회 운영을 위해 다음과 원칙을 고려할 필요가 있다.

- **가족 구성원에 대해 협의회 가입을 개방한다**: 이사회와는 달리 회사에 이해 관계가 있는 전 가족 구성원에게 가입을 개방함으로써 보다 참여적이고 원활한 의사소통을 유도 한다. 기밀을 요하지 않는 사안에 대해서는 필요에 따라 외부 인사를 초빙할 수도 있다.
- **협의회 대표를 이사회에 파견한다**: 모든 협의회 회원이 사업에 관여할 수는 없기 때문에 사업 역량이 뛰어난 수명의 대표로 하여금 이사회의 운영을 맡도록 한다. 이렇게 함으로써 가족들의 의사가 사업에 적절히 반영되게 하되 구체적이고 직접적으로 사업상의 의사결정에 영향을 주지는 않도록 한다.
- **충분한 시간을 갖고 진행한다**: 공식적이고 개방적인 회의에 익숙하지 않은 가족의 경우 협의회가 제대로 운영되는 데는 어느 정도 시간이 필요하다. 이 경우 초기에는 될 수 있는 한 대립적인 논제는 피하도록 한다. 협의회가 자리를 잡게 되면 보다 복잡한

문제를 다룰 수 있다. 초기에 원로 회원이 사업의 연혁과 전통을 설명함으로써 구성원들에게 사업의 비전을 공유하도록 하는 것은 협의회 발전상 좋은 출발점이 될 수 있다.

- **협의회의 기본 규칙을 설정한다**: 효과적인 협의회가 되기 위해서는 모든 구성원이 그 운영 방식을 주지하도록 기본 규칙(Ground Rules)을 설정해야 한다. 협의회 리더의 선정 방식과 그의 책무, 그리고 회의 안건 및 일정의 설정 방식 등을 기본 규칙으로 정한다. 협의회는 일회성 모임이 아니라 정규적인 포럼이 되어야만 그 효과를 발휘할 수 있다. 또한 협의회에 참여하는 가족 회원들이 회의 안건에 충실하고, 서로 정보를 개방적이고 정직하게 공유하며, 결정된 사항을 실행에 옮기도록 하여야 한다.

창업 실무

스톡 옵션제의 도입 절차

우리 나라는 1997년 1월 개정된 증권 거래법을 통해 내부 임직원에 대해 스톡 옵션을 제공할 수 있게 하고 있다.[24] 우리 나라에서 기업이 스톡 옵션제를 실시하기 위해서는 우선 증권 거래 법 제189조의 4 제 2 항에 의거 스톡 옵션 도입을 위한 전반적 내용을 회사 정관에 규정하여야 한다. 정관의 규정이 이루어진 후에는 주주 총회의 특별 결의를 통해 스톡 옵션의 대상, 부여 방법, 행사 가격 및 행사 기간 등의 사항을 구체적으로 정하게 된다. 주주 총회의 결의를 거쳐 구체적인 내용을 확정한 후에 선택권을 부여하려는 법인은 선택권을 부여 받을 임직원과 서면으로 계약을 체결한 후, 스톡 옵션 부여에 관한 계획을 필요한 서류와 함께 금융 감독 위원회에 등록하게 된다.

법인은 스톡 옵션을 부여하기 위한 주주 총회의 특별 결의를 한 때, 스톡 옵션과 관련하여 정관 또는 기타 관련 내부 규정을 제정 또는 변경한 때, 스톡 옵션의 행사 가격을 조정한 때, 그리고 당해 임직원이 주식 매입 선택권을 행사한 때 등에 이에 관련된 사항을 첨부 서류와 함께 금융 감독원 등에 신고하고 공시함으로써 스톡 옵션 부여를 위한 모든 절차를 마치게 된다. 법률로서 규정된 스톡 옵션에 대한 전반적인 내용을 정리하면 표 12-13과 같다.

(1) 정관의 규정

스톡 옵션을 부여할 법인은 증권 거래법 제189조의 4 제 2 항에 의거하여 우선 다음의 사항을 정관에 규정하여야 한다.

- 일정한 경우 스톡 옵션을 부여할 수 있다는 뜻
- 스톡 옵션의 행사로 교부할 주식의 종류와 총수
- 스톡 옵션을 부여 받을 자의 자격 요건
- 일정한 경우 스톡 옵션의 부여를 취소할 수 있다는 뜻

(2) 주주 총회의 특별 결의

스톡 옵션을 부여하기 위해서는 정관 정비 후 주주 총회에서 다음의 사항을 특별 결의로 정하여야 한다(증권 거래 법 제189조의 4 제 3 항, 동 시행령 제84조의 6 제 6 항).

- 주식 매입 선택권 피부여자의 성명
- 주식 매입 선택권의 부여 방법
- 주식 매입 선택권의 행사 가격 및 행사 기간
- 스톡 옵션을 부여 받을 자 각각에 대해 스톡 옵션의 행사로 교부할 주식의 종류 및 수 등의 사항

여기서 주주 총회 특별 결의란 상법 제434조상의 출석 주주의 의결권 2/3 이상의 수와 발행 주식 총수의 1/3 이상의 수로써 결의하는 것을 말한다. 이 의결 정족수는 정관의 규정에 의해서도 완화할 수 없으며 가중할 수는 있다. 여기서 피부여자가 주주인 경우에는 결의 시 특별 이해 관계인에 해당하므로 결의에 참석할 수 없다. 법인이 스톡 옵션을 부여하기 위해 주주 총회에서 특별 결의를 하는 경우, 주주 총회 결의 이후 행하게 될 유상 증자, 주식 배당, 준비금의 자본 전입 또는 액면 분할 시의 행사 가격 및 수량 등의 조정에 관한 사항도 함께 정하여야 한다(주식 매입 선택권 운영 기준 제 7 조 제 3 항).

[24] 백형기, **스톡 옵션의 모든 것** (서울: 청림 출판, 1999).

표 12-3 증권 거래법상의 스톡 옵션 제도

구 분	주 요 내 용
부여 대상자	법인의 설립과 경영, 기술 혁신 등에 기여하였거나 기여할 능력을 갖춘 당해 법인의 임직원 부여 제한자: 주요 주주, 제 1 대주주와 그 특수 관계인, 스톡 옵션의 행사로 주요 주주가 되는 자
부여 가능 법인	상장 법인 협회 등록 법인 벤처 기업: 7년 이내의 중소 기업 창업자 및 신기술 창업 지원법상 신기술 개발·응용 중소 기업
부여 방법	신주 인수권 방식 자사 주 취득 후 교부 방식 주식 평가 차액권 방식
부여 절차	정관의 규정 주주 총회 특별 결의 스톡 옵션 부여 계획의 체결 금융 감독 위원회의 등록 금융 감독 위원회 및 증권업 협회에 신고 및 공시
총 부여 한도	상장 법인 및 협회 등록 법인: 발행 주식 총수의 15 % 벤처 기업 : 발행 주식 총수의 50 % 조세 감면 규제 법상 과세 특례 요건: 1 인당 10 %, 연간 5 천만 원 이하
행사 기간	옵션 부여 후 3년 경과 후부터 주주 총회에서 결의한 날까지, 퇴직 시, 퇴직 직후 3개월 이내 행사
양도	원칙적으로 양도 불가, 사망 시 상속은 가능
전반적 감독	금융 감독원
취소	주식 매입 선택권을 부여 받은 임직원이 본인의 의사에 따라 퇴임하거나 퇴직한 경우 주식 매입 선택권을 부여 받은 임직원이 고의 또는 과실로 법인에 중대한 손해를 끼친 경우 법인의 파산 또는 해산 등으로 스톡 옵션(주식 매입 선택권) 행사에 응할 수 없는 경우 기타 주식 매입 선택권을 부여 받은 자와 체결한 주식 매입 선택권 부여 계약서에서 정한 취소 사유가 발생한 경우 정관이 정하는 바에 따라 이사회의 결의로 취소

(3) 스톡 옵션을 부여하는 계약 체결

주주 총회의 결의를 거쳐 선택권을 부여하려는 법인은 선택권을 부여 받을 임직원과 서면으로 계약을 체결한 후, 계약서 사본을 당해 임직원에게 교부하고 계약서를 스톡 옵션의 행사 기간까지 보관하여야 한다. 이 계약서에는 다음의 사항이 포함되어야 한다(주식 매입 선택권 운영 기준 제 4 조, 제 9 조).

- 스톡 옵션의 행사 가격
- 스톡 옵션의 행사 가격 조정에 관한 사항

- 스톡 옵션의 행사 기간
- 스톡 옵션의 행사 방법 및 절차
- 스톡 옵션의 양도 및 담보 제공 등의 제한
- 스톡 옵션의 행사에 따른 법인의 이행 기간
- 스톡 옵션 부여의 취소에 관한 사항
- 스톡 옵션의 행사 및 그 행사로 취득한 주식의 매매 등과 관련하여 당해 임직원이 증권 거래 법상의 미공개 정보 이용 행위의 금지 및 시세 조작 등 불공정 거래 행위를 하여서는 안 된다는 뜻

(4) 금융 감독 위원회 등록

법인이 당해 법인의 임직원에게 스톡 옵션을 부여하기 위해서는 옵션 부여 전에 금융 감독 위원회에 미리 등록되어 있어야 한다. 이 때 상장 법인이나 협회 등록 법인일 경우에는 스톡 옵션 부여 계획서를 위원회에 제출함으로써 별도의 등록 절차 없이 등록을 한 것으로 해서 등록 절차를 간소화하고 있다(주식 매입 선택권 운영 기준 제 3 조).

벤처 기업인 경우에는 등록 법인 관리 규정 제 4 조 제 2 항의 첨부 서류(당해 법인의 정관, 법인 등기부 등본, 주주 명부, 결산에 관한 서류, 주식 매입 선택권 부여 계획서 및 사업자 등록증 등)와 스톡 옵션 부여 계획서, 사업자 등록증을 제출한 후 등록한다. 등록 신청서 서식은 금융 감독원장이 정하며, 기재 사항은 회사의 현황, 사업의 내용, 관계 회사 현황 및 임직원에게 관한 사항 등을 포함한다.

(5) 신고 및 공시

스톡 옵션을 부여하려는 법인은 다음과 같은 경우에 이를 해당 감독 기관에 신고하여야 한다.

- 스톡 옵션을 부여하기 위한 주주 총회의 특별 결의를 한 때
- 스톡 옵션과 관련하여 정관 또는 기타 관련 내부 규정을 제정 또는 변경한 때
- 스톡 옵션의 행사 가격을 조정한 때
- 당해 임직원이 주식 매입 선택권을 행사한 때

상장 법인인 경우 금융 감독 위원회 및 증권 거래소에, 협회 등록 법인인 경우는 금융 감독 위원회 및 한국 증권업 협회에, 벤처 기업인 경우에는 금융 감독 위원회에 서면(팩스 포함)으로 본 사유 발생 당일에 신고하여야 한다. 이때 총회 의사록, 정관, 기타 관련 규정 의제 및 개정 내용을, 선택권의 행사 가격을 조정한 경우에는 그 조정 내역서를, 그리고 임직원의 선택권 행사 시에는 아래와 같은 스톡 옵션 행사 내역 서식에 따라 신고하여야 한다. 이러한 서류와 계약서는 주주 총회 특별 결의일 또는 계약 체결 일 다음 날로부터 스톡 옵션의 행사 기한까지, 영업 연도 말 스톡 옵션의 부여 현황 등은 사업 연도 경과 후 1월 이내의 날로부터 2년간 본점 및 지점에 비치하여 회사 임직원, 주주 및 채권자들이 열람할 수 있도록 하여야 한다(증권 거래 법 제189조의 4 제 8 항, 주식 매입 선택권 운영 기준 제 10조).

<table>
<tr><th rowspan="2">성 명</th><th rowspan="2">구 분</th><th rowspan="2">주식의 종 류</th><th colspan="3">주식 매입 선택권의 행사와 관련된 주식의 수</th><th rowspan="2">행사 후 지분율 (주수)</th><th colspan="2">자본금 (총 발행 주식 가)</th></tr>
<tr><th>행사 전</th><th>행사 후</th><th>잔여분</th><th>행사 전</th><th>행사 후</th></tr>
<tr><td></td><td></td><td></td><td></td><td></td><td></td><td></td><td></td><td></td></tr>
<tr><td></td><td></td><td></td><td></td><td></td><td></td><td></td><td></td><td></td></tr>
<tr><td></td><td></td><td></td><td></td><td></td><td></td><td></td><td></td><td></td></tr>
<tr><td colspan="3">합 계</td><td></td><td></td><td></td><td></td><td></td><td></td></tr>
</table>

창업 이야기 XII-1

엘렉스 컴퓨터[25]

1987년 창업된 지 3년 만에 연 100%의 매출액 성장을 거듭하고 있는 엘렉스 컴퓨터사의 성장은 창업 정신에서부터 정상 궤도로의 순탄한 진입에 이르기까지 모범적인 벤처 기업의 예가 되고 있다. 엘렉스사는 삼보 컴퓨터를 정상 궤도에 올려 놓는 데 일등 공신이었던 삼보의 창업 멤버 3인인 이유기 사장, 김영식 부사장, 권순덕 전무에 의해서 설립된 회사로서 당시 IBM 호환 기종이 득세하던 국내 컴퓨터 시장에서 매킨토시 컴퓨터의 시장 잠재력을 확신시키며 업계의 화재가 되었다.

이 회사의 취급 상품은 매킨토시 컴퓨터인데, 설립 당시 애플 컴퓨터와 국내 독점 대리점으로 출발했지만 단순 수입 판매를 지양하고 마케팅과 엔지니어링 회사로서 기빈을 굳혀 왔다. 기술 능력 배양을 목표로 삼아온 만큼 짧은 기간에 이러한 입지를 확보할 수 있었고 매킨토시용 한글 오퍼레이팅 시스템인 '한글 Talk 4.1'을 88년 2월에 개발했고, 89년 7월엔 매킨토시용 한글 멀티태스킹 오퍼레이팅 시스템인 '한글 Talk 6.02'를 개발하여 고객 지원을 독자적으로 하고 있다. 이들 시스템으로 공략하는 시장은 DTP(Desk Top Publishing), 그래픽, 교육, OA 등의 분야이다.

엘렉스는 IBM 호환 기종에 길들여져 있는 사용자의 취향을 감안해서 기존 시장에 무작정 들어가는 것이 아니라 새로운 시장을 창출하는 차별화된 마케팅 전략을 쓰고 있다. DTP(전자 출판 시장)에서 엘렉스는 전문 회사로서 처음으로 이 분야에 뛰어들었다. 고객의 수요를 제대로 파악하기만 하면 고객 욕구를 채워 줄 수 있다는 생각이 있었기 때문이었다. 이러한 전략으로 엘렉스는 많은 수익을 낼 수 있었다. 또한 매킨토시 컴퓨터의 강점인 그래픽 기능의 효율성－데이터 검색 시 사진이나 음성이 나오고 워드프로세서가 그래픽 처리되는 것 등－을 무기로 시장을 공략하고 있다. 그래픽 분야, 그 중에서도 광고 시장 분야는 매킨토시의 독무대이다. 광고 회사라면 거의 엘렉스 컴퓨터의 유저이며, 현재는 활용 범위를 더욱 넓히기 위한 테스트가 진행중이다.

엘렉스는 무엇보다 신제품 개발에 주력하고 있으므로 이를 위해 아래로부터의 경영 방식을 채택하고 있다. 또한 삼보 컴퓨터의 경영 방식을 그대로 이어받아 우수한 인력과 미래지향적 경영, 그리고 수평화되고 유연하게 움직이는 조직 형태를 지향하고 있다. 이러한 경영팀의 사업성에 대한 정확한 진단 및 조직적 진입과 꾸준한 기술 개발 노력이 엘렉스의 경쟁력이 되고 있다. 때문에 아직은 국내에서의 시장 점유율이 겨우 걸음마 단계를 벗어나는 수준이지만 엘렉스 3인의 트로이카와 젊은 엘렉스맨들의 미래는 밝음을 알 수 있다.

25 이코노미스트, "IBM에 도전하는 삼보 출신 트리오," 1990년 7월 20일.

창업 이야기 XII-2

삼보 컴퓨터[26]

삼보 컴퓨터는 경기도 부천에서 1980년 7월 2일 직원 7명과 1000만 원의 자금으로 출범했다. 그러나 1989년 삼보는 매출액 1800억 원, 종업원 1600여 명, 자본금 150억 원으로 단일 회사로서는 국내 최대의 컴퓨터 생산 회사로 발전하였다. 출범 10년 만에 '한국의 IBM'으로 우뚝 설 수 있게 된 삼보의 성공 요인은 크게 세 가지로 요약될 수 있다.

우선 우수한 맨파워를 들 수 있다. 초기에 8명의 특공대로 30대 초·중반의 컴퓨터 업계 맹장들로 기반이 다져지고 이들은 각각 고유 업무를 맡아 전권을 행사하였다. 기술 연구소의 연구 인력은 200여 명이고, 그 중 50% 이상이 석사 학위 소지자들이다. 신설된 소프트웨어 사업 본부에도 40여 명의 정예 인력을 투입하였다. 종합 정보 회사로서 대대적인 변신을 시도하는 삼보는 미국 현지 법인에서 연구 개발 팀을 구성하고 있다. 삼보의 초창기 멤버들이 1987년까지 집단 경영을 실행하고 있고, 몇 사람은 개인 사업 등으로 삼보를 떠났지만 맨파워는 최근 오히려 최근 2년간 8명의 이사가 보강되어 강화되었다.

둘째, 삼보는 어려울수록 기술 투자를 늘리는 미래지향적 경영을 한다. 1981년에 SE-8001이라는 국내 최초의 PC를 개발하고 상공부로부터 유일한 컴퓨터 생산 업체로 지정 받은 뒤, 1982년 매출은 4억 9000만 원에 달했다. 1983년 하반기 컴퓨터 시장에 많은 회사들이 뛰어들자 덤핑 시장에서 고가 전략을 고수하고 외부 상황이 악화됨에도 불구하고 중역들이 부동산을 은행에 제공하면서 투자를 계속하였다. 대기업의 견제로 주춤했던 삼보는 1986년부터 또 성장했고, 국제 입찰에서 14개의 대형 메이커를 물리치고 공급선으로 선정되었다.

끝으로 유연한 경영 조직을 들 수 있다. 경영 체제가 전형적인 집단 지도 체제의 양상을 보이고 8 인을 핵심으로 형성된 경영 위원회는 수시로 얼굴을 맞대고 경영 방향을 설정하는 난상 토론을 벌리기도 한다. 대기업으로 성장하면서도 상하간 의사소통이 원활하고, 보수적인 구석은 찾아볼 수 없다.

삼보의 향후 계획은 "컴퓨터와 관련된 것이면 삼보에 가라"는 얘기가 나올 정도의 시스템을 갖추겠다는 것이며, 이를 위해 매년 매출액의 6%를 기술 개발에 투자하고 있다. 1990년 삼보의 생산 능력은 PC 6만 대로서 1990년 12월 제 2 공장이 완공되어 100만 대의 추가 공급 능력을 갖추게 되었다. 1989년 매출 신장율 46%, 당기 순이익 40%를 기록함으로써 중견 기업으로서 청년기의 활력을 잃지 않고 있다. 특히 매출액의 60%를 차지하는 수출은 지난 5년간 연평균 281%의 신장률을 보였으며, 현재 소량 판매 위주로 동구권을 공략하고 있다.

[26] 주간 매경, "출범 10년 만에 한국의 IBM으로 우뚝," 1990년 5월 24일.

창업 이야기 Ⅻ-3

서통[27]

주식회사 서통은 창업자 최준규 회장의 뒤를 이어 미국 펜실베니아 대학 워튼 스쿨의 졸업생인 아들 최좌진 사장에 의해 다시 태어나고 있다. 서통은 1954년 설립된 서울 통상이 모체다. 초창기의 주요 수출 품목은 가발과 섬유였다. 서울 통상은 1970년 수출 실적 우수 기업으로 은탑 산업 훈장을 받은 바 있는 수출입 상사였다. 1970년대 들어 서통은 서통 화학을 인수하고 필름과 테이프 산업에 뛰어들면서 업종을 전환했다. 1974년 주식을 상장하고 1977년에 상호를 서통으로 바꿨다. 1978년에는 미국 레오백사와 합작으로 건전지 사업에 뛰어들었고 '썬파워' 건전지로 로케트 건전지와 함께 건전지 시장의 양대 기둥으로 성장했다.

1980년대 들어서는 해외 진출을 적극적으로 시도하였다. 1986년 뉴욕 현지 법인을 비롯해 홍콩, 일본 등지에 현지 법인을 냈고, 1988년 인도네시아에도 법인을 설립했다. 1990년에는 미국 제2의 테이프 회사인 아메리칸 테이프사를 인수했고 1992년에는 필리핀에 테이프 생산 공장을 설립하는 등 6개의 현지 법인을 거느렸다. 계열사로는 서통 상사, 서통 기계, 서통 실업, 한림 투자 자문 등 4개사가 있다. 전체 종업원수는 1600명이고, 1995년 그룹 매출 총액은 5000억 원이었다.

그러나 서통이 항상 호조만 계속한 것은 아니었다. 주력 업종인 건전지 사업이 침체의 늪에 빠지면서 부진을 면치 못했고 합작사인 미국 P&G사와의 결별 등으로 진통을 겪기도 했다. 너무 앞서가는 바람에 적기 투자에 실패하고, 애써 개발한 제품을 몇 년 뒤 대기업에 넘겨 주는 쓰라림도 맛보았다.

그러한 서통이 2세 경영 체제를 통해 1995년을 '서통 재창조 원년'으로 정하고 새로운 발돋움을 하게 되었다. 이러한 성장을 위한 노력의 일환으로 시행한 것이 조직 혁신이다. 연봉제를 도입해 능력에 따른 급여 체계를 구축하는 신인사 제도를 과감하게 실시했다. 인사 고과 방식도 전면 개편했다. 상사가 부하 직원을 평가하는 일방 통행식을 버리고 한 직원에 대해 상사뿐만 아니라 부하와 동료들이 종합적으로 평가토록 하는 이른바 다면 평가 제도를 도입한 것이다.

또한 CI 작업을 실시하고, 노동집약형에서 기술집약형 산업으로의 산업 고도화와 정보화 등은 최 사장이 추구하는 새로운 서통의 모습이다. 앞으로 서통의 앞날을 책임지게 될 최좌진 사장은 미래의 서통을 다음과 같이 이야기하고 있다.

"우선 알칼라인 건전지 분야의 선두 주자가 되기 위한 기반을 구축해 나갈 겁니다. 한 걸음 더 나아가 리튬 이온 전지를 전략 상품으로 개발해 나갈 겁니다. 현재 연산 200만 개 정도의 생산 라인을 증설하고 있습니다. 사업 내용도 고도화해 나갈 생각입니다. 앞으로 저부가가치 제품은 필리핀 공장으로 이전하고 그 공백을 고부가가치 제품으로 대체할 생각입니다. 새로운 인사 제도와 경영 시스템도 계속 개발해 나갈 겁니다."

[27] 이코노미스트, "데스크 초대석: 제2 창업 불 댕긴 ㈜서통 최좌진 사장," 1996년 1월 23일.

읽을 거리

Anne Cummings and Greg R. Oldham, "Enhancing Creativity: Managing Work Contexts for The High Potential Employee," *California Management Review*, Fall 1997: 22-39.

Michael A. Cusumano, "How Microsoft Makes Large Teams Work Like Small Teams," *Sloan Management Review*, Fall 1997: 9-20.

Kathleen M. Eisenhardt, Jean L. Kahwajy, and L. J. Bourgeois III, "How Management Teams Can Have A Good Fight," *Harvard Business Review*, July-August 1997: 77-85.

Scott E. Friedman, *The Successful Family Business* (Chicago: Upstart, 1998).

Donald C. Hambrick, "Fragmentation and the Other Problems CEOs Have with Their Top Management Teams," *California Management Review*, Spring 1995: 110-127.

Wendy C. Handler, "The Family Venture." In William A. Sahlman & Howard H. Stevenson (Eds.), *The Entrepreneurial Venture* (Boston, MA: Harvard Business School Publications, 1992): 311-321.

Jon R. Katzenbach, "The Myth of the Top Management Team," *Harvard Business Review*, November-December 1997: 83-91.

Edward B. Roberts & Alan R. Fusfeld, "Staffing the Innovative Technology-Based Organization," *Sloan Management Review*, Spring 1981: 19-34.

Murray Weidenbaum, "The Chinese Family Business Enterprise," *California Management Review*, Summer 1996: 141-156.

XIII장 사내 창업, 국제 창업 및 인터넷 창업

"외형이 수천억 달러가 되는 산업 전반에 영향을 미칠 수 있는 것은 분명 대단한 것이다."

앤디 그로브(Andrew S. Grove), *Only the Paranoid Survive,* 1996

이 장에서 다루는 주제

사내 벤처의 운영
사내 벤처의 애로와 성공 요인
국제 창업과 실리컨 밸리
사이버 경쟁 시장
인터넷 창업

창업 현장

애머존.컴[1]

애머존.컴은 제프 베조스(Zeff Bezos)라는 32살의 젊은이에 의해 탄생하게 된 인터넷 서점이다. 그가 이 사업에 뛰어든 이유는 1994년 봄 "인터넷 사용이 지난 해에 비해 2400%나 급등했다"는 신문 보도를 우연히 접했기 때문이다. 당시 베조스는 월 스트리트의 유명한 헤지 펀드사의 수석 부사장으로 근무하고 있었다. 프린스턴 대학에서 컴퓨터를 전공하고 뱅커스 트러스트에서 근무했던 베조스는 컴퓨터와 금융 지식을 융합한 투자 기법에 푹 빠져 있었다. 그러나 인터넷이 급성장하고 있다는 소식에 인터넷을 통한 '서적' 판매를 가장 먼저 생각하고 실행해 냈다.

인터넷과 서적 유통을 적절히 융합시킨다면 큰 벌이가 될 것이라는 예감이 스치자 베조스는 1994년 과감히 사표를 던지고 시애틀로 향해 허름한 차고에서 7명의 직원과 함께 애머존.컴을 창업했다. 애머존.컴은 창업 초기부터 온라인 서적 판매의 리더가 되자는 미션을 가지고 있었다. 가장 먼저 착수한 것은 눈에 띄는 홈페이지를 작성하는 일이었다. 검색하고자 하는 서적의 개요, 저자의 인터뷰 기사, 독자 독후감까지 소개하고 추천 목록까지 홈페이지에 올려 놓았다. 유통 시스템에도 신경을 썼다. 소비자는 주문 시점으로부터 2-5일 안에 책을 받아볼 수 있었다. 재고 관리와 신속한 배달을 위해 자체적으로 창고까지 구비하였다. 이러한 준비 작업 끝에 애머존.컴의 홈페이지는 1995년에 웹상에 올려지게 되었다.

1996년 시작 당시 첫 분기의 매출액이 87만 5000달러에 지나지 않았던 애머존.컴의 매출액은 다음 분기부터 매 분기마다 매출이 두 배로 늘어나면서 1997년의 첫 분기 매출액은 1600만 달러의 판매고를 보이게 되었고, 100여 개국에서 34만 명의 고객 데이터를 확보할 수 있었다. 또한 1995년 12월에 홈페이지 접속자 수가 2200여 명이었던 것이 1997년 3월에는 접속 횟수가 하루 800만 명 이상에 이르는 대성과가 나타났다.

1996년의 전 세계 서적 산업은 시장이 매우 크고 빠른 성장기에 있었다. 특히 미국 내 서적 판매량은 260억 달러에 이르렀고 이는 2001년에는 330억 달러에 이를 전망이었다. 또한 서적 산업은 매우 세분화되어 있는데, 특정의 대표적인 서점이 있지 않고 많은 서점들이 서로 공존해 있었기 때문에 같은 책의 중복 인쇄, 과다한 재고 등의 문제로 책의 가격이 다양하게 소비자에게 제시되고 또한 공급자에게 필요 이상의 많은 양의 재고 비용 및 회수 비용을 발생시키고 있었다. 더욱이 일반 소매 서점의 경우 3만 권 이하, 대형 서점의 경우 13만에서 최대 17만 5000권 이하의 책을 소장하고 있어서 소비자 입장에서는 구하고자 하는 책을 제대로 구하는 데 어려움이 있었다.

애머존.컴은 전세계의 인터넷 이용자를 고객으로 하는 전자 상거래 업체이다. 때문에 전세계 인터넷 이용자의 수가 1996년 약 3천 500만에서 2000년까지는 약 1억 6300만에 이를 것으로 추산되고, 인터넷 이용자들의 50% 이상이 학사 학위 이상의 교육 받은 층이며, 62% 이상이 연간 4만 달러 이상의 소득층이라는 사실 등은 애머존.컴의 상품(책)이 고등 교육을 받고 소득 수준이 높은 사람에게 더욱 많이 판매되어질 것이라는 점에서 회사의 미래를 밝게 하고 있다. 이와 더불어 웹상에서 이루어지는 거래에 의한 매출은 1995년 3억 1800만 달러,

---

[1] William A. Sahlman and Laurence E. Katz, "Amazon.com—Going Public," Harvard Business School Case 9-899-003.

1996년에는 54억 달러에서 2000년에는 950억 달러에 이를 것으로 예상되어지고 있다.

애머존.컴이 대상으로 하는 시장 및 전자 상거래의 이러한 성장 가능성과 함께 애머존.컴은 다른 전통적인 서적 판매 업체와 상대적인 경쟁 우위에 있는데 이를 요약하면 아래 표와 같다. 단, 미국 최대의 서적 업체인 반즈 앤드 노블이나 그 밖의 업체들(ex, Borders, CUC International)의 인터넷 시장 공략과 계속적인 투자로 인해 애머존.컴의 누적 적자 폭이 확대되는 등 위협 요소도 상당히 가지고 있다.

특징	전통적인 서적 소매점	애머존.컴
책방의 수	439	1
보유 서적 수	175,000	2,500,000
매출액 대비 임대비	12%	4% 이하
종업원 당 매출	$ 100,000	$ 300,000
재고 회전율	2-3배	50-60배
평방 피트 당 매출	$ 250	$ 2,000
평방 피트 당 임대료	$ 20	$ 8.00

1996년 베조스와 CFO 조이 커비(Joy Covey)가 기업 공개를 준비하는 과정에서 회사가 가진 자본은 700만 달러의 가용 현금밖에 없었다. 그러나 애머존.컴의 사업 운영 사이클 특성상 자본의 필요성을 적었고, 여러 개인 투자자들이 이 사업에 관심을 가지고 있었기 때문에 기업 공개에 대한 필요성이 사실 그다지 크지 않았다. 또한 과거 넷스케이프(1995)와 야후(1996)의 기업 공개는 매우 성공적이었음에도 불구하고 1997년 4월 30일의 시점에서 첨단 기술 기업들의 IPO 상황은 썩 좋지 않았다. 1996년 상반기에는 104개의 첨단 기술 기업들이 기업 공개를 해서 86억 달러라는 기록적인 기금 모집에 성공했으나, 1997년에는 4월까지 단 40개의 첨단 기술 기업들만이 증권 시장에 공개되었고, 조성된 자본금이 겨우 12억 달러에 지나지 않았다. 특히 인터넷 기업은 단 3개의 기업만이 5200만 달러의 자본금을 마련했을 뿐이다.

이와 같이 첨단 기술 기업들의 기업 공개가 부진했던 것은 미 연방 준비 위원장 앨런 그린스펀이 첨단 기술 기업들에 대해 "비합리적 호황"이라고 부정적으로 표현한 바 있었고, 1997년 3월 당시 많은 인터넷 기업들의 성과가 저조하여 첨단 기술 기업들의 기업 공개 시장이 위축되었기 때문이었다. 이에 따라 다우존즈 지수는 10일 사이에 평균 2.6%나 하락했고, 1995년 8월 이후 상장 기업들 중 거의 75%에 해당하는 기업들이 기업 공개 가격을 밑도는 수준에서 주식 거래가 이루어졌다. 이러한 시장 상황에서 기업 공개를 준비중이던 와이어드 벤처즈(Wired Ventures: 멀티미디어 발행 업체), N2K(온라인 뮤직 판매 업체), 오토-바이-텔(Auto-By-Tel: 온라인 자가용 및 트럭 쇼핑 서비스 업체) 등이 기업 공개를 취소했다.

이러한 부정적인 기업 공개 시장의 분위기에도 불구하고 베조스와 커비는 브랜드 인지도의 확보가 기업의 경영에 매우 중요하고 이를 위해서는 기업 공개 과정을 거쳐야 한다는데 인식을 함께 했다. 베조스는 기업 공개를 위한 초석으로 1996년 여름 몇몇 증권사들과 접촉하고 그들의 새로운 스타일과 문화에 익숙해지려고 시도했다. 이러한 기업 공개의 준비 과정에서 커비가 애머존.컴에 합류하게 되었다. 커비는 기업 공개에 필요한 재무 보고 자료와 기반을 마련하는 업무를 수행했다.

기업 공개 시장의 불확실성에도 불구하고 커비는 1997년 2월에 앨렉스 브라운, 도이치 모건 그렌펠, 골드먼 삭스, 햄브렉트 & 퀴스트, 몽고메리 시큐리티즈, 모건 스탠리 등의 증권사에 공개 제안서를 제출했다. 커비는 "CFO는 기업 공개 과정에서 CEO가 되어야 한다"라는 말을 상기하면서 기업 공개를 진두 지휘했고,

결국 애머존.컴의 이사회에 도이치 모건 그랜펠을 주간사 회사로, 그리고 햄브렉트 & 퀴스트와 앨렉스 브라운을 공동 간사 회사로 할 것을 제안하였다.

이러한 과정에 따라 사업 계획서의 내용을 준비하는 데 있어 애머존.컴은 투자자를 유치할 만한 단기적 이익에 초점을 두기보다는 장기간에 걸친 사업 기회를 보여 주는 데 초점을 두는 전략적 선택을 하였다. 이러한 선택은 마케팅과 판매 촉진, 홈페이지 그리고 기술 및 운영 기반의 개발에 대한 막대한 투자와 기업의 계속적인 누적 적자를 의미하는 것이었다. 또한 기업에 관한 정보를 가능한 한 정직하게 투자자들에게 제공하고 투자자들이 의사결정 과정에 참여할 수 있도록 하였다. 이러한 방식은 일반적인 관행은 아니었지만 장기적으로 투자자들과의 관계를 개선시킴으로써 결국 투자자의 투자 의욕을 강화시킬 수 있다는 생각이었다.

커비는 투자 설명회를 통해서 투자자들과 장기적인 기회에 대한 이해를 공유하고, 기업 정보에 대한 최대한의 공개를 통해서 투자자들의 신뢰를 이끌어 내고자 노력했다. 하지만 애머존.컴의 고객 구성, 재구매 고객의 패턴, 마케팅 프로그램 등과 같은 기업의 핵심 가치는 공개하지 않음으로써 기업 고유의 자산은 유지하도록 했다.

1. 사내 벤처의 운영

창업 기업이 아닌 대기업이 종업원의 창의력과 선도성을 자극하며 사업 초창기의 창업 기업가적 기질을 유지하는 비결은 무엇인가? 관심 있는 아이디어를 어떻게 성과 있는 사업으로 전환시킬 것인가? 창업 기업가적 활동을 유도하는 데 성공한 대기업의 경영자들은 종업원들로 하여금 새로운 기회를 발견하고 확인하게 하는 방법이 여러 가지가 존재한다는 점을 잘 알고 있다. 예를 들면 많은 기업이 의사결정을 조직의 하위 부서에 위임하는 것만이 전부가 아니라는 데 동의한다. 창업적인 기업 문화를 만들기 위해서는 다양한 수준에서 다양한 사람들을 유도하고 자극하는 총체적인 방법이 요구된다.

3M, 인투이트(Intuit), 제록스사 등은 창업 기업가적인 기업 환경을 창출하는 데 성공적인 예이다.[2] 이들은 그러한 환경을 창출하기 위해 인센티브와 보상 시스템, 위험과 보상에 대한 태도, 선발과 훈련 방식, 그리고 회사의 관리 시스템과 비공식적 절차 등을 종합적으로 설계하고 관리해 나가고 있다.

3M사는 종업원들이 기회를 탐색할 수 있는 자유와 시장의 원리, 그리고 조직 운영의 원칙들 사이의 균형을 맞추는 것이 중점을 둔다. 실험실에서 자유롭게 새로운 제품을 탐

[2] *Harvard Business Review*, "Perspectives: How Can Big Companies Keep the Entrepreneurial Spirit Alive?" November-December 1995: 183-190.

색하되 투자에 대한 성과가 있어야 한다. 창업 기업가적 활동을 지원하는 것은 경영자가 종업원에 대해 얼마만큼의 신뢰를 얼마나 가지고 있느냐에 달려 있다. 즉 종업원이 실패하는 것을 비난하기보다는 실패로부터 얼마나 배울 수 있는냐에 관심을 기울이는 것이다. 3M사는 여러 국가에 진출하고 있기 때문에 다양한 사업 기회를 얻어 낼 수 있다.

또한 인투이트사는 원래 소규모이고 한 지역에 모두 모여 있는 회사였다. 당시 의사결정이나 서로간의 의사소통이 원활하고 창의적으로 진행되었다. 그러나 사세가 확장됨에 따라 인원이 붇고, 포괄해야 하는 지역이 넓어져서 난관에 봉착하게 되었다. 즉, 회사의 의사결정을 분산시키고 그것을 통괄하는 문제를 해결해야 했다. 첫번째 조치로서 조직의 계층을 줄이고 의사결정 과정을 세분화했다. 창의성을 지속적으로 보유하기 위해서는 고객과 종업원 간의 간격을 최소화하는 것이 관건인데, 의사결정을 분산시키고 계층을 슬림화함으로써 즉각적이고 완벽한 고객과의 접촉을 보상한 것이다.

또한 영업 수익의 삼분의 일 혹은 이분의 일을 신제품 개발에 투여하였다. 이러한 혁신 활동은 때로는 무모하게 보일 수도 있지만 중요한 것은 실패로부터 무엇을 배우는가이다. 종업원을 평가할 때 활동 실적으로 평가하는 것이 아니라, 어떠한 노력을 기울이느냐를 중시하는 것이다. 이 회사가 창의성을 유지할 수 있는 핵심은 내부 관리자의 지시나 규율보다는 조직 외적인 존재, 즉 고객의 목소리에 항상 귀를 기울이는 자세에 있다.

한편, 제록스사는 초기에 기업의 규모가 작았기 때문에 성공할 수 있었으나 점점 성공을 거듭하면서 조직이 커지고 혁신을 지속하기에 많은 어려움이 있었다. 그러나 몇 가지 방법을 통해 지속적인 혁신을 이루어 나갈 수 있었다. 우선 빠르게 변화하는 환경, 특히 기술의 변화에 대응하기 위해 고객들과 지속적이며 직접적인 상호 관계를 유지시켜 나갔다. 또한 회사의 기술자들에게 그러한 변화에 적극적으로 대처하고, 나아가 미래를 선도하기 위한 기술 개발에 힘을 불어넣었다.

동시에 기술진과 경영진과의 활발한 커뮤니케이션을 통해 서로가 기업 전체의 성장에 어떤 역할을 하고 있고, 서로가 도움이 될 수 있는 것이 무엇인지를 협의하면서 항상 같은 배를 탔다는 일체감을 심어 주는 데 주력하였다. 즉 엔지니어들에게 그들이 비즈니스맨으로서 역량을 가지게 하기 위해 훈련하고 임파워먼트를 실시하였고, 경영진에게는 엔지니어들의 의견이나 현재 기술의 조류 등을 알려 주게 함으로써 지속적인 혁신에 힘을 불어넣을 수 있도록 하였다. 결국 고객과의 밀접한 관계를 통해 혁신의 원천을 포착하고 그러한 혁신을 지속적으로 유지시키기 위해 회사 내의 원동력을 키워 낸 것이다.

사내 벤처도 기존 회사의 이러한 창의적 사업 역량 개발이라는 거시적 관점에서 이해할 수 있는 경영 기법 중의 하나이다. 한마디로 **사내 벤처(Corporate Venture)**란 주요한 신제품 개발, 신시장 개척, 신기술의 상업화, 주요 혁신 프로젝트 등을 추진하는 기존 회사 내의 사업 위험 감수 활동을 말한다. 회사의 사업 활동이 사내 벤처로 간주되기 위해서는 아

래와 같은 특징을 지녀야 한다.[3]

- 현 조직에 새로운 활동을 실시해야 한다
- 사내에서 주창되거나 수행되어야 한다
- 기존의 기반 사업보다 상당히 높은 수준의 실패 위험이나 대규모 손실의 가능성을 갖는다
- 기반 사업보다 높은 수준의 불확실성에 처해 있다
- 특정한 사업 시점에서 분리되어 경영될 예정이다
- 매출액, 순익, 생산성, 또는 품질을 제고하려는 목적으로 수행된다.

이러한 사내 벤처의 경영상의 특성은 무엇인가? 독립 벤처 기업과 사내 벤처는 새로운 사업 기회를 추구하고 위험을 감수하는 벤처로서의 공통적인 특징을 지니면서도 표 13-1에서 보듯이 자본 조달, 경영 통제, 그리고 동기 부여 등에서 많은 차이점을 지니고 있다. 히스리치와 피터스가 포춘 1000대 기업을 대상으로 조사한 바에 의하면 사내 벤처가 평균 5.3년 간 지속되어 왔고, 그 범위는 수 개월에서 20년까지 광범위하다.[4] 각 사내 벤처 단위의 종업원 수의 범위도 1명에서 100명까지 다양하다. 화학 및 의약품, 컴퓨터, 미용 제품, 여성용 제품 등의 제품 라인에서 특히 많은 신규 사내 벤처를 가지는 경향이 있다. 이러한 사내 벤처 단위들은 마케팅, 재무 그리고 연구개발을 포함해서 다양한 부서들을 가지고 있다. 이들은 해마다 새로 출시되는 제품의 수를 꾸준히 늘려 기업 전체적으로 볼 때 최근 3년 안에 출시된 제품에 기반한 매출액의 비중을 크게 늘려 왔다.

컴퓨터 및 통신 장비 산업을 대상으로 한 연구에서 시레이더와 사이먼은 개인 창업자가 설립한 독립 벤처 기업과 대규모 기업의 산하에 있는 사내 벤처 간에 존재하는 자원, 전략, 그리고 성과 등에 있어서의 차이점을 조사한 바 있다.[5] 자원의 측면에서 보면 사내 벤처의 경영자는 조직 내부의 자본, 독점적 지식, 그리고 마케팅 전문성 등에 역점을 둔다. 이에 반해 독립 벤처의 경영자는 조직 외부의 자본, 기술 전문가, 그리고 브랜드 인지도의 개발 등을 강조한다.

한편, 전략적 측면에서 보면 독립 벤처의 경영자는 폭 넓은 전략을 선호하고, 보다 높은 수준의 고객 서비스와 특화된 제품을 강조한다. 사내 벤처의 경우 사업의 성공 가능성을 높일 수 있는 자원, 예컨대 사내 자본의 확보가 상대적으로 용이하다는 견지에서 볼 때 독립 벤처보다 사내 벤처의 경영자가 좁은 범위의 전략을 추구한다. 사내 벤처의 전략적 범위가 넓을수록 사내의 다른 사업 영역과 조직을 침범할 수 있기 때문에 전략의 폭이 위

---

[3] Zenas Block and Ian C. MacMillan, *Corporate Venturing: Creating New Business within the Firm* (Boston: Harvard Business School Press, 1993): 14.

[4] Robert D. Hisrich and Michael P. Peters, "Establishing a New Business Venture Unit Within a Firm," *Journal of Business Venturing*, 1985, 1: 307-322.

[5] Rodney C. Shrader and Mark Simon, Corporate versus Independent New Ventures: Resource, Strategy, and Performance Differences, *Journal of Business Venturing*, 12, 1997: 47-66.

표 13-1 독립 벤처와 사내 벤처의 특징 비교

영 역	독립 벤처	사내 벤처
자본	· 벤처 자본의 지원 시 자금 투입이 장기적일 수 있다	· 충분한 자본의 지원이 가능하다 · 외부 자본을 싸고 쉽게 확보할 수 있다 · 조직 내 정치적인 예산 과정을 통해 자금이 확보된다
통제	· 경영자의 자율성이 높다 · 관료적 타성이 없다 · 단순 중앙 집권적 조직으로 행동이 빠르다	· 다단계의 심의 과정이 있다 · 엄격한 비용 통제와 단기적이고 계량적인 목표가 주어진다
경영진의 동기부여	· 창업자가 벤처의 성패에 의해 보상을 받으므로 목표 지향적이다 · 창업자는 장기적 손실 시 사업을 지속할 수 없으므로 반드시 사업을 성공시켜야 한다 · 명확하고 확실한 목표가 수립되어 있다	· 경영자가 사내 벤처 업무를 한직으로 생각한다 · 경영자가 다양한 정치적 압력과 기업 수준의 목표를 조화시켜야 한다 · 경영자가 주어진 계획의 집행 정도에 따라 평가된다
인사 및 기능상의 특징	· 최고 경영진이 기술적 배경을 갖는 경향이 있다 · 창업 전문 경영자를 쉽게 구할 수 있다	· 다양한 기능적 전문성을 지닌 경영자를 구할 수 있다 · 마케팅 기능을 중시한다
모기업의 자산 제공		· 모기업의 브랜드 인지도와 명성에서 이점을 얻을 수 있다 · 모기업의 설비를 활용해서 유통망을 효과적이고 경제적으로 확보할 수 있다 · 공급 업체를 용이하게 통제할 수 있다 · 모기업의 유휴 자원을 활용하여 규모의 경제를 얻을 수 있다

자료: Rodney C. Shrader and Mark Simon, "Corporate versus Independent New Ventures: Resource, Strategy, and Performance Differences," *Journal of Business Venturing*, 12, 1997: 50.

축될 수 있다고 여겨진다.

이러한 자원과 전략적 차원상의 차이점에도 불구하고 성과 측면에서 양자 간에는 차이점이 드러나지 않았고, 자원상의 특징이 성과에 영향을 주지도 않았다. 설사 사내 벤처와 독립 벤처가 각기 다른 사업 과정을 거친다 하더라도 둘 다 소기의 목적을 달성한다고 하면 벤처의 유형이 다르더라도 똑같이 성공할 수 있다는 결론을 내릴 수 있다.

반면에 전략 관련 변수는 성공에 영향을 끼친다는 결과가 나타났다. 따라서 사업의 성공은 각 벤처의 유형이 가지고 있는 자원에 의해 영향을 받는 자원의 함수라고 하기보다 자원에 기반하여 선택하는 전략의 함수라고 볼 수 있다. 벤처의 유형과 상관없이 저비용 전략은 성과를 낮추었다. 저비용 전략을 추구하는 경영자가 소탐대실하는, 즉 비용을 아끼려고 노력하다 사업 기회 자체를 상실하게 되면 성과가 떨어질 것이다. 이러한 사실은 벤처 유형과 관계없이 컴퓨터 및 통신 장비 산업의 창업자가 기회 추구적일 필요가 있다는 것을 시사한다.

이 연구는 또한 독립 벤처가 광범위한 사업 영역 전략을 선택할 경우 성과를 높일 수 있지만, 사내 벤처의 경우 그러한 전략이 오히려 성과를 낮추는 결과를 낳는다는 결과를 보여 준다. 독립 벤처가 폭 넓은 전략을 추구할 때 보다 높은 성과를 달성하는 것은 독립 벤처가 관료주의로부터 벗어날 수 있고, 유연성과 공격적 전략을 동시에 추구할 수 있기 때문이라고 할 수 있다.

이와는 대조적으로 사내 벤처는 보다 많은 자원을 가지고 있고, 그것을 활용해서 보다 공격적인 전략을 추구함으로써 사업을 성공적으로 이끌어 간다. 그러나 모기업을 통해 사업 영역의 폭이 넓은 공격적인 전략을 수행하기 위해 충분한 자원을 확보할 수 있는 사내 벤처라 해도 그러한 전략을 추구할 때 첨단 산업의 역동성에 대처하는 데 있어서 민활한 행동의 자유를 상실하고 행동의 폭에 제한을 받을 수 있다. 따라서 이러한 첨단 산업에 종사하는 사내 벤처의 경영자는 공격적이고 폭 넓은 전략을 회피하든지, 아니면 유연성을 유지하는 방안을 강구해야 한다.

한편, 일본의 경우 기업들이 사내 창업 활동을 본격적으로 추진하기 시작한 지는 오래지 않다. 1960년대에 전통적인 사업에서의 초과 현금을 활용하기 위해 수미토모 전기 산업, 토레이, 아사이 화학 등이 내부적인 사내 창업 조직을 통해 사업 다각화를 추진하였다. 1974년에 오일 가격 상승과 더불어 일본 기업들이 신규 사업 개발 부서들을 속속 추진하기 시작하였는데, 특히 성숙된 산업이나 에너지 집약적 산업에서 치열해지는 경쟁 위협과 함께 이러한 노력이 가시화되었다.

표 13-2는 일본 기업들의 사내 창업 활동을 유형별로 보여 준다. 기술 수준이 높아질수록 사내 벤처의 유형이 태스크 포스 유형으로부터 신규 벤처 부서 또는 독립 법인 유형으로 조직되는 경향을 보인다. 이러한 발전 과정에 따라 사내 벤처의 운영과 평가가 중앙 집권화되는 반면, 벤처의 직접적인 후원자가 최고 경영진으로부터 위임되고, 벤처 팀이 자율적인 영역을 확보하여 기존의 회사 조직과는 독립적인 사업 조직을 운영하게 된다.[6]

우리 나라 기업들도 신기술 개발과 신시장 진출을 활성화하기 위해 사내 벤처를 적극

---

[6] Vijay K. Jolly and Haruhisa Kayama, "Venture Management in Japanese Companies," *Journal of Business Venturing*, 1990, 5: 249-269.

표 13-2 일본 기업의 사내 벤처 유형

사내 벤처 관리 유형	주요 목적	해당 기업
1. 기존 사업부 내에서 최고 경영진에게 보고하는 전사적인 태스크 포스와 프로젝트 조직	기존 사업 영역 내에서 핵심 기술을 개발하고 활용함	Canon, Honda, Sharp, Kyocera, Hoya
2. 사업부 외곽에서 최고 경영진으로부터 점진적으로 자원을 확보하는 비공식적이고 자발적인 팀 조직	기존 사업 영역 외의 핵심 기술을 활용함	Asahi Chemical, Nippon Light Metal, Meiji Milk
3. 라인 권한이 없이 신규 벤처 사업을 진흥하고 감독하는 기업 수준의 지원 스태프	기존 사업 영역 외의 핵심 기술을 활용하거나 신기술을 개발함	Hitachi, Asahi Glass, Dai Nippon Ink, Kubota, Nippon Steel
4. 신규 벤처 창설 과정을 관리하는 독립적인 신규 벤처 부서나 사업부	내부 자원을 활용해 기술과 시장을 다각화함	Sumitomo Electric, Toray, Nippon Kokkan, Nippon Mining, Marubeni, Osaka Gas
5. 벤처 팀을 주축으로 법적으로 독립된 벤처 기업	내부 및 외부 자원을 활용해 기술과 시장을 다각화함	Daiwa House

자료: Vijay K. Jolly and Haruhisa Kayama, "Venture Management in Japanese Companies," *Journal of Business Venturing*, 1990, 5: 265-269.

도입하려는 추세에 있다. 예컨대 한국 통신(KT)의 경우 1998년부터 사내 벤처 발굴 프로그램을 추진해서 독립적인 벤처 법인을 점차 설립하는 단계에 들어 가고 있다.[7] 1998년 6월에 승인한 사내 벤처 사업 아이템 4개 모두가 별도의 벤처 법인으로 분리되었다. 1998년 말에는 700 교환 망 소프트웨어 유통 업체인 소프트 가족과 파장 분할 다중 전송(WDM) 전문 업체인 쏠리테크가 각각 설립되었고, 1999년 1월에는 GIS(지리 정보 시스템) 데이터베이스 사업을 표방한 한국 통신 데이터와 통신망을 통해 지리 정보 서비스를 제공하는 업체인 한국 통신 정보 기술이 잇달아 설립되었다.

이 중에서 한국 통신 정보 기술은 한국 통신 물류 정보 서비스 개발 팀을 주축으로 설립된 회사로서 각종 통신 망을 통해 지리 정보 서비스를 제공하고, GIS 컨설팅 및 GIS 기반의 시스템 통합 사업을 추진하고 있다. 자본금 1억 원(KT가 33% 지분 소유), 14명의 인력으로 구성되어 창업 첫 연도에 10억 원 가량의 매출을 올릴 계획이며, 한국 통신 데이터와도 적극 협력해서 시너지 효과를 높인다는 방침을 갖고 있다.

7 정보통신 신문, "KT 사내 벤처 독립 법인화 결실: 사원 아이디어 회사 지원 합쳐 4개 사업 창업," 1999년 1월 18-24일: 1-2.

2. 사내 벤처의 애로와 성공 요인

기존 기업이 사내 벤처의 일환으로 합작, 인수 또는 신규 창업 등을 통해 새로운 사업 영역을 개척하려 할 때 여러 가지 어려움에 처할 수 있다. 그러한 이유로는 시장에 대한 오판, 기업 내 지원의 미비, 비현실적인 기대감, 부적절한 계획, 운영상의 어려움 등을 들 수 있다. 맥밀런 등은 다양한 산업 분야의 최고 경영진에 대해 설문 조사를 실시한 결과 표 13-3에서 보는 바와 같이 신규 사업 추진 시 경영자들이 각종 애로 요인을 경험하고 있음을 보여 주고 있다.[8] 따라서 사내 벤처를 추진하려는 경영자들은 기존의 기업들이 이미 경험한 바 있는 이러한 애로 사항들을 사전에 인식하고, 그러한 것들을 최소화하기 위해 보다 효과적인 신규 사업 목표 달성 방안을 마련하고 실행해야 할 것이다.

사내 벤처는 기존 사업과 상품, 시장 및 기술 등에서 관련성의 정도를 달리할 수 있다. 그러한 관련성이 낮을수록 새로운 것을 보다 더 학습해야 하는 도전에 당면하게 된다. 반대로 그러한 관련성이 높을수록 기존 조직의 노하우를 활용할 여지는 많아진다. 상품, 시장 및 기술 등의 각각의 요소에 있어서 신규 사업과 기존 사업의 관련성이 높고 낮음에 따라 표 13-4와 같이 크게 일곱 가지의 사내 벤처 유형을 생각해 볼 수 있다. 표에서 비교하여 제시하듯이 각각의 유형마다 회사가 학습상의 과제와 기존 조직과의 연결성이 달라진다. 또한 사내 벤처를 추진함에 따라 기존 사업의 일상적인 운영상에 갖가지 방해 요소가 발생할 수 있다. 각각의 사내 벤처 유형을 효과적으로 조직하고 운영하기 위해서는 다음 두 가지의 핵심적인 원칙을 따라야 한다.[9]

- **핵심 활동(Focal Activity)에 관한 의사결정**: 사내 벤처가 성공하기 위해서는 개발, 생산, 영업/서비스 중 어떠한 활동을 벤처의 핵심 과제이자 추진 요소를 삼을 것인가를 결정한다. 예컨대 신시장 개척이 주요 과제라면 영업과 마케팅을 핵심 활동으로 삼아야 한다.
- **연결성(Linkages)에 관한 의사결정**: 사내 벤처에 유용한 기존의 노하우를 적극 활용해야 한다. 따라서 벤처의 핵심 활동과 전문 지식을 가진 부서를 연결하는 메커니즘을 확립하는 것이 중요하다.

다시 말해 사내 벤처를 통해 신규 사업을 성공적으로 개발하기 위해 기존 기업은 이미 개발된 활동들을 지속하기 위해 기존 활동과 상황을 관리하는 관리적 경영과 새로운

---

8 Ian C. Macmillan, Zenas Block, and P. N. Subba Narasimha, "Corporate Venturing: Alternatives, Obstacles Encountered, and Experience Effects," *Journal of Business Venturing,* 1986, 1: 177-191.

9 Zenas Block and Ian C. MacMillan, *op. cit.*: 195-230.

표 13-3 신규 사업 추진상의 애로 요인

범주	애로 요인
1. 시장의 오판	· 불완전한 시장 분석 · 경쟁의 과소 평가 · 초기 영업 활동 수준의 과소 평가 · 사업 결과에 대한 고객의 위험 부담의 과소 평가 · 시장 진입 장벽의 과소 평가 · 고객에 대한 교육과 훈련의 불비
2. 사내 지원의 미비(투입 및 자원)	· 벤처에 대한 실질적 후원 부족 · 신규 사업 단위에 대한 명확한 미션 부족 · 사내 창업 기업가적 역량 부족 · 사내 자원에 대한 경쟁 · 회사 전략과의 적합성 부족
3. 회사의 비현실적 기대	· 결과에 대한 사내의 조바심 · 비현실적인 수확 기준 · 과도한 회사 간접비 책정 · 벤처의 위험도에 대한 과소 평가 · 약점에 대한 불인정
4. 부적절한 계획	· 어설픈 비용 예측 · 필요 자금의 과소 평가 · 기대치 않은 규제상의 문제 · 실패에 대한 명확한 정의 부재
5. 운영상의 어려움	· 문제해결 기간의 과소 평가 · 품질 관리 유지 문제 · 기존 운영 활동의 방해 · 신규 사업 단위의 기존 운영 활동과의 통합 · 벤처와 직접적으로 관련된 과도한 고정 비용

자료: Ian C. Macmillan, Zenas Block, and P. N. Subba Narasimha, "Corporate Venturing: Alternatives, Obstacles Encountered, and Experience Effects," *Journal of Business Venturing*, 1986, 1: 180.

것을 개발함으로써 변화를 창출하기 위한 창업적 경영을 잘 조화시켜야 한다. 캔터는 사내 벤처가 일반적으로 가지는 특성으로 불확실성, 지식 집약성, 대안적 방책과의 경쟁, 관련 영역 간의 교류 등을 든다.[10] 이러한 특징에 효과적으로 대응하기 위해 혁신적 창조를 지원하는 창업적 경영에서는 비전을 제시하는 리더십, 장기적인 자본 투자, 유연성 있는 계획, 경영 팀의 지속성 및 안정성, 그리고 다기능적인 협력 등을 강조한다. 이러한 원칙들이 일반적인 경영관리 행태와 모순되기 때문에 어떤 회사들은 경영 관행 간의 충돌을

[10] Rosabeth Kanter, "Supporting Innovation and Venture Development in Established Companies," *Journal of Business Venturing*, 1985, 1: 47-60.

표 13-4 사내 벤처의 유형과 특징

벤처유형	예	관련성			학습 과제	노하우 활용	시스템 방해 요소
		제품	시장	기술			
1. 제품 확대	자동차 내장재에서 외장재로	낮음	높음	높음	운영	마케팅 및 개발	영업 및 서비스
2. 제품 개발	맥주에서 스낵으로	낮음	높음	낮음	개발 및 운영	마케팅	영업 및 서비스
3. 기술 혁신	행원에서 자동 입출금기로	높음	높음	낮음	개발	마케팅 및 운영	운영, 영업 및 서비스
4. 시장 확대	가스 터빈에서 항공기 엔진으로	높음	낮음	높음	마케팅	개발 및 운영	운영
5. 수직적 통합	맥주에서 음료수 캔으로	높음	낮음	낮음	마케팅 및 개발	운영	운영
6. 기술 상업화	태양 전지에서 계산기로	낮음	낮음	높음	마케팅 및 운영	개발	없음
7. 비관련 다각화	정유에서 사무기기로	낮음	낮음	낮음	마케팅, 개발 및 운영	없음	없음

자료: Zenas Block and Ian C. MacMillan, *Corporate Venturing: Creating New Businesses within the Firm* (Boston: Harvard Business School Press, 1993): 222-223.

회피하기 위해 기존의 기업으로부터 신규 사업부를 분리하려고 하기도 한다. 그러나 이는 부분적인 해결책밖에 되지 못한다.

어느 기업이나 사업의 본질에 기초해서 지속적인 활동을 관리하면서 새로운 활동을 창조하기 위해서는 적당한 비중으로 두 가지 경영 방식을 동시에 추구해야 한다. 즉, 관리적 경영과 창업적 경영 사이의 균형을 찾을 필요가 있다는 것이다. 기존 기업에서 신규 벤처 개발상의 문제는 관리적 경영이 지배적이 되고 혁신이 충분히 가치 있는 것으로 받아들여지지 않을 때 발생한다. 이 경우 관리적 경영의 지휘 체계가 상호 조정 시스템으로 대체될 필요가 있다.

다시 말해 혁신적인 기업들은 유연성을 유도하기 위해 상호 조정 시스템을 구축한다. 또한 작은 사업 단위로 구성된 구조나 기능적으로 완전한 프로젝트 팀을 형성하고, 공헌도에 기반해서 능력을 우선시하는 문화를 개발하며, 정보, 지원, 자원 등의 주요한 경영 도구들에 손쉽게 접근할 수 있게 한다. 창업적 경영을 하는 기업들은 딱딱한 규칙과 명령적 절차를 최소화하는 대신에 유연성과 변화하는 환경 요구에 따라 조직화될 수 있는 유연한 조직 단위 내에서 활동하는 폭 넓은 기술을 지닌 종업원 집단을 강조한다.

캔터는 사내 벤처를 활성화하려는 대기업들이 다음과 같은 사항을 구축하는 데 유념해야 한다고 강조한다.

- **기존의 시스템, 구조, 관행 등이 혁신을 위한 유연성과 발 빠른 행동에 커다란 장애가 되지 않도록 한다**: 이를 위해 관료제적 경향을 배제하고, 부서간의 협력과 통합을 강조하며, 회계 및 예산 시스템을 이에 걸맞게 개선한다.
- **창의적 벤처 프로젝트를 위한 인센티브와 도구들을 제공한다**: 이를 위해 사내 벤처 자본과 특별한 프로젝트 예산을 설정하고, 재량권적 자금과 시간을 부여하며, 혁신적 개발을 위해 포트폴리오(Portfolio) 내지는 **시추 작업적 접근 방식**(Dry Hole Approach)을 취한다. 또한 혁신의 성과에 대한 평가를 하고 보상을 부여한다.
- **각 사업부가 독립성을 유지한 채 사업 영역 간의 시너지를 추구하여 새로운 사업 기회를 새로운 결합 방식을 통해 발견하도록 한다**: 이를 위해 공동 프로젝트와 벤처를 구성하고, 컨프런스 및 아이디어 교류의 장을 활성화한다.

신규 사내 벤처가 좋은 성과를 내기 위해서는 위와 같은 상호 조정 시스템을 통해 기업 내에 적절한 업무 환경을 조성하는 것과 더불어 최고 경영진이 남다른 리더십을 발휘해야 한다. 표 13-5는 이러한 업무 환경과 최고 경영진의 지도력 요건을 통합적으로 제시한다. 요컨대 기본적으로 새로운 아이디어를 장려하고, 팀워크를 조성하고, 성과 목표와 그 달성에 따른 적절한 보상 시스템을 마련하며, 최고 경영진이 사내 벤처를 강하게 지원해야 한다.

실제로 사내 벤처의 성공적 수행에 영향을 미치는 요소는 다양하다. 표 13-6은 이러

표 13-5 성공적인 신규 사내 벤처를 위한 경영 환경 및 리더십의 요건

호의적 환경 요건	효과적 리더십 요건
· 회사가 첨단 기술 수준을 유지하고 새로운 아이디어를 조장한다 · 실험을 장려하고 실패와 실수를 용납한다 · 기득권적 영역을 없애고, 초기 사업 기회에 대한 요구 조건을 설정하지 않는다 · 회사의 자원을 쉽게 활용할 수 있도록 한다 · 다기능적 팀워크를 조장한다 · 회사가 장기적 투자 안목을 지닌다 · 폭넓은 성과 목표를 수립하고, 적절한 보상 체제를 갖춘다 · 유연한 기획 체제를 마련하고, 다양한 후원자를 유지한다 · 최고 경영진의 강력한 지원을 유지한다	· 사업 환경을 이해한다 · 비전을 갖는다 · 유연한 접근 방식을 추구한다 · 다양한 경영상의 옵션을 창출한다 · 팀워크를 조장하고, 다기능적 접근 방식을 취한다 · 열린 토론을 조장한다 · 지원자들의 네트워크를 구축한다 · 지속적인 관심을 갖고 후원한다

자료: Robert D. Hisrich and Michael P. Peters, "Establishing a New Business Venture Unit Within a Firm," *Journal of Business Venturing*, 1985, 1: 319-320.

한 요인들을 일목요연하게 보여 준다. 사내 벤처의 성공에 영향을 미치는 요인들은 크게 외생적 요인과 내생적 요인으로 분류할 수 있다.[11] 영향력 있는 외생 및 내생적 요인의 선택권은 대체로 기업 경영층이 갖고 있다. 기본적으로 일반 벤처 자본가가 투자 시 이들에 대해 선별하는 방법을 사내 벤처에 대한 투자에 도입할 경우 그 성공의 가능성이 높아질 것이다. 외생적 또는 환경적 요인들은 투자 후원자의 형태(즉 회사 본부나 벤처 자본) 그리고 투자 후원자의 특성 등에 의해 결정되어진다. 이 중에서 구조적 요인은 투자 후원자에 대한 조직과 기능상의 관계에 의해 결정되는 것이며, 절차적 요인은 투자 후원자가 요구하는 경영 과정과 관련된 것이다.

경영 통제, 벤처 경영자의 선발, 인센티브 보상 및 자금 조달 등 네 가지 절차적 요소들은 기업 전체의 환경과 독립된 사내 벤처 환경 간의 차이를 말한다. 기술, 시장, 조직의 독립성 및 인력 등 네 가지 구조적 요인들은 구조적 조화의 전반적인 정도로서 요약되어진다. 이들의 조화 정도가 사내 벤처 성공에 직접적으로 관련될 수 있다. 기업을 새로운 시장으로 진입시키기 위해서는 어느 정도의 부조화가 요구된다. 그러나 지나치게 많은 부조화는 실패의 위험을 매우 높일 수 있다. 이러한 부조화의 관리를 위한 기업의 행위가 기업 전체가 성공적으로 사업을 다각화할 수 있는 정도를 결정할 것이다.

내생적 요인은 벤처 자체의 특징을 말한다. 이에는 제품과 관련된 요인과 경영적 요인이 있다. 외생적 요인들에 비해 내생적 요인들이 사내 벤처의 성공을 결정하는 데 더욱 중요한 역할을 하는 것이 보통이다. 벤처 경영자가 사내 벤처의 목표 시장에서 사전적인 경험을 많이 가질수록 벤처의 성공률은 높아진다. 사적인 벤처 자본 자금 관리자에 의해

표 13-6 사내 벤처의 성공에 영향을 미치는 요인

외생적 요인	내생적 요인
절차적 차이	제품 관련
통제(의사결정)	기술 개발
인센티브 보상	시장의 발전
벤처 경영진의 선발	판매에까지 이르는 기간
자금 조달	
구조적 차이	벤처 경영진의 경험
기술	일반 관리
시장	마케팅 및 영업(벤처의 시장 영역에서)
조직의 독립성	기술(벤처의 분야에서)
인력의 배경	

자료: Hollister B. Sykes, "The Anatomy of a Corporate Venturing Program: Factors Influencing Success," *Journal of Business Venturing,* 1986, 1: 278.

[11] Hollister B. Sykes, "The Anatomy of a Corporate Venturing Program: Factors Influencing Success," *Journal of Business Venturing,* 1986, 1: 275-293.

사용되는 것과 유사한 요인들의 적절한 선택을 통해 사내 벤처의 전체적인 성공률을 높일 수 있다.

3. 국제 창업과 실리컨 밸리

(1) 국제적 창업 기업

국제 창업은 수적으로 증가하고 있는 중요한 창업의 유형이다. 국제적 창업 기업(International New Venture)이란 창업 초기 단계부터 여러 국가를 통해 얻어 낸 자원을 사용하고 산출물을 판매하여 주요 경쟁 우위를 확보하는 신생 사업체라고 정의할 수 있다. 국제 경쟁의 측면에서도 이러한 유형의 창업 기업의 확산과 그 역할에 대해 이해를 해야 할 필요성이 증가하고 있다.

국제 창업의 일례로서 로지텍사(Logitech)를 들 수 있다. 로지텍의 창업자들은 다른 두 나라 출신으로 사업 초기 단계부터 회사에 대한 비전을 글로벌하게 가졌다. PC에 부차히는 주변 기기를 생산하기 위해 로지텍은 본사를 스위스와 미국에 두었다. 제조 및 연구개발 부서도 미국과 스위스 양국에 분산시켰고, 그 후 빠르게 대만과 아일랜드로도 확산시켰다. 또한 첫번째 사업 계약은 일본 회사와 체결하였다.

국내 창업이건 국제 창업이건 매출액, 원가, 수익성 등을 따져 보아야 하는 것은 공통적이다. 그러나 국제 창업은 경영 의사결정 시에 고려해야 할 요소들의 상대적 중요도가 달라질 수 있다. 국제 창업에 있어 다음과 같이 경제, 정치, 문화 및 기술상에 있어 보다 복잡한 의사결정이 요구된다.[12]

- **경제적 환경**: 다국적 환경에서 설립된 기업을 위해 효과적인 사업 전략을 수립하기 위해서 국가간의 다양한 경제 발전 단계, 국제 수지 문제, 그리고 마케팅과 유통 등의 경제 체제 문제를 다루어야 한다.
- **정치적 환경**: 인력, 제조, 광고, 세제 등 영업 활동과 관련된 법적, 제도적 환경이 다름으로 해서 국제 창업자에게는 새로운 사업 기회를 제공할 수도 있고, 사업 추진에 장애요소로 작용할 수도 있다.
- **문화적 환경**: 사업 계획 수립 시 국가마다 문화적 전통과 상거래 습관이 독특하고 다양한 것을 감안해서 지역 문화와 충돌이 없도록 해야 한다.
- **기술적 환경**: 국가별 기술 발전의 단계와 속도도 천차만별이다. 특히 후진국에 진출할 경

---

[12] Robert Hisrich and Michael P. Peters, *Entrepreneurship: Starting, Developing, and Managing a New Venture*, Third Edition (Chicago: Irwin, 1995): 560-566.

우 경제적 하부 구조가 자국과 비슷할 것이라고 막연히 가정하는 것은 금물이다. 경제적으로 다른 여건에서 개발된 제품이 그러한 시장에 침투하기가 어려운 것이 보통이다.

기존의 국제 경영 이론은 국제적 창업 기업의 형성을 설명하는 데 한계점을 지닌다. 독점 우위론(Monopolistic Advantage Theory), 상품 주기론(Product Cycle Theory), 국제화 단계론(Stage Theory of Internationalization), 과점 대응론(Oligopolistic Reaction Theory), 내부화론(Internalization Theory) 등의 기존 이론들이 국제적 창업 기업의 형성을 설명하지 못하는 이유는 기업이 세워진 후 오랜 시간이 흐른 뒤에 국제화 현상이 일어난다는 것을 기본 전제로 하기 때문이다. 이런 전제로 인해 성숙한 대규모 회사들에만 관심을 기울이게 되고, 개인적이고 소규모적인 기업에 대한 분석에 대해서 소홀히 하게 된다. 예를 들면 창업자와 사업 제휴 네트워크에 대한 분석을 간과하고 있다.

맥두걸 등은 국제적 창업 기업의 창업자, 다국적 경쟁 특성 및 사업 활동의 유형 등에 관해 조사 연구한 바 있다.[13] 우선 국제적 창업자는 국내와 국외에서 사업 활동을 펼치는 창업 기업을 통해 사업 기회를 추구하는 개인들이다. 국제적 창업자는 여러 국가의 시장에서 확보할 수 있는 자원들을 결합하는 사업 가능성을 예의 주시한다. 창업자 자신이 일찍이 개발한 인맥, 지식 및 경험 등을 바탕으로 국경을 넘나들면서 특별한 사업 자원들을 구축하고 국제적 창업 기업을 설립한다.

둘째, 국제적 창업 기업가들은 기업이 보유해야 할 국제적 사업 역량을 기업 형성의 시점부터 만들어 내야 한다고 인식하는 경향을 보인다. 사업 착수 단계부터 이러한 국제적 사업 역량을 개발해 내지 못한다면 창업 기업은 국내 역량의 발전 경로에 전적으로 의존하게 되고, 결국 국제적인 확장이 필연적으로 요구되는 시점에 전략적 방향을 바꾸기 어렵게 된다는 것이다. 다시 말해 사업 초기부터 국제적인 사업 개념으로 출발하는 이점은 바로 처음부터 국제적 정신을 확립할 수 있다는 것이다.

셋째, 국제적 창업 기업은 사업 운영 방식에 있어 전략적 제휴나 네트워크와 같은 절충적 구조(Hybrid Structure)를 선호한다. 그러한 운영 방식을 통해 창업 초기에 겪는 자원 부족 문제를 해결하게 된다. 국제적인 차원의 사업을 한다는 것은 자원의 획득과 생산 및 판매 등을 사업 초기부터 여러 나라를 통해 수행하는 것이며, 그러한 활동을 하기 위해서는 필연적으로 여러 국적을 가진 다양한 사람 혹은 조직과의 다중적인 네트워크 관계를 통해 사업 수행 도중 겪을 수 있는 여러 문제를 해결하는 것이다. 결국 행동 방식이 관계 형성적 양태를 띤다고 할 수 있다.

---

13 Patricia Phillips McDougall, Scott Shane, and Benjamin M. Oviatt, "Explaining the Formation of International New Ventures: The Limits of Theories from International Business Research," *Journal of Business Venturing*, 9, 1994: 469-487.

(2) 중국 시장 진출

중국은 1978년 경제 개혁을 발표한 후 상당한 정치적, 경제적 권력이 중앙 정부로부터 지방 정부로 위임되었다. 그러한 권력을 부여 받은 지방 정부는 그들의 관할 구역 내에 있는 사기업들의 규모에 핵심적인 영향을 발휘해 왔다.[14] 지방 정부의 계획된 예산 밖에 놓여진 사기업들은 원자재와 금융에 대한 접근이 그리 용이하지 않았다. 중국의 변덕스러운 정치적 분위기에 놓여 있는 사기업은 정치 선전이 이루어지는 동안 시장을 공략하기에 어려움을 겪었다. 뇌물을 제공하고 다양한 부과료를 물면서 지방 정부의 간부와 우호적인 관계를 유지하는 것은 사기업 생존의 선결 조건이었다. 이러한 정치적인 후원을 등에 업고서야 사기업의 기업가들은 사업이 좀더 무난하게 굴러가도록 할 수 있을 뿐만 아니라, 탈세, 부당 이득 그리고 금지된 상품을 판매하는 등의 불법적인 활동을 해나갈 수 있다. 결국 중앙 정부 이득의 희생하에 지방 정부와 사기업들이 공모하는 것이 전체적인 중국의 경제 상황이다.

경제 개혁하에서 유통 시스템은 전보다 덜 엄격해졌다. 사기업들은 원자재이건, 완성된 상품이건 간에 안전한 공급선을 구하는 것이 좀더 용이해졌다. 노동력에 있어서도 소규모로 비숙련 노동자를 고용하는 대부분의 사기업들에게 문제시되지 않는다. 그러나 대기업들은 국유 기업, 집체 기업, 외자 기업 등과 공급이 부족한 전문 경영자를 두고 경쟁하지 않으면 안 되는 상황이다.

1980년대 초부터 소비 유형에도 커다란 변화가 있어 왔다. 사람들은 주식용 식품보다는 부식, 소비재, 그리고 서비스에 더 많은 돈을 소비하고 있다. 중국은 소비 붐을 경험하고 있다. 소비 붐이 비록 민간 시장 경제 영역에 커다란 기회를 제공하고 있기는 하지만 경쟁이 매우 빠른 속도로 치열해지고 첨예화되고 있다. 국유 기업은 효율성을 계속적으로 증진시켜야 하는 압박을 받고 있고, 다국적 기업이 쇄도하여 들어오고 있다. 진입 장벽이 거의 없는 관계로 사기업들도 그들끼리 치열한 경쟁을 하고 있는 것이다.

외국인이 중국 시장에 진출을 하는 방법은 무엇인가?[15] 일반적으로는 중국 진출에 활용되는 방법은 잘 아는 중국인 파트너와 함께 지분 참여를 통해 운영하는 **합자 기업**(EJV: Equity Joint Venture)이다. 그러나 앞서 지적한 바와 같이 중국의 경제 환경은 점차 바뀌고 있다. 사업의 기회와 그에 따른 당면 과제도 바뀌고 있다. 합자 기업이라는 형식이 특정 부문에서는 아직 요구 사항이고, 외국의 자본 투자가 제한되고 있는 부문도 있기는 하다.

하지만 합작(Joint Venture)은 미국이나 유럽과 같이 안정적인 환경 내에서도 그 성공

---

14 Eric W. K. Tsang, "Threats and Opportunities Faced by Private Businesses in China," *Journal of Business Venturing*, 9, 1994: 451-468.

15 Wilfried Vanhonacker, "Entering China: An Unconventional Approach," *Harvard Business Review*, March-April 1997: 130-140.

여부가 불투명한데, 중국과 같이 문화나 전통이 깊고 복잡하며 광대한 영토와 무한한 다양성을 가진 곳에서는 더더욱 그 성공 여부가 불투명하다. 또한 외국 자본이 중국으로 유입됨에 따라 여러 가지 장애물이 부가되고 있는 상황이다.

우선 중국의 시장은 점차 진화하고, 세분화되며, 경쟁이 심화되고 있다. 이런 상황 속에서 기업이 미래의 시장 지배를 위해 현재의 손실을 계속 떠안고 있기는 하지만 미래는 역시 불투명하다고 볼 수 있다. 또한 중국의 투자 여건 자체가 계속 변화하며 어려움을 가중시키고 있다. 예를 들면 유통 시스템이 매우 혼란스럽고 본질적인 변화를 겪고 있다. 소매상이나 도매상 모두 이합집산을 거듭하며 불안정한 모습을 보인다.

이 밖에 일단의 변화가 있다 해도 근본적인 변혁이 없는 중국의 계획 경제와 융통성 없고 위계적인 관료 구조도 걸림돌이 되고 있다. 통신 및 우편 제도 또한 중앙 정부의 소유와 통제하에 있기 때문에 외국 자본이 진입할 만한 융통성을 보이고 있지 않다. 또한 시장에 대한 접근이 어렵기 때문에 구매자를 찾는 것이 매우 힘든 실정이다.

시장에 대한 중국인의 인식론적인 측면도 기업 활동의 어려움을 가중시키고 있다. 중국인들은 자유 시장 체제에 익숙하지 않기 때문에 재빨리 변화하는 시장의 동향에 적응하는 데 어려움을 겪고 있다. 기술 이전이나 노하우 전달에 있어 외국 기업과 많은 충돌을 한다. 더욱이 중국 기업들은 터무니 없이 단기간에 이득을 취하려고 하는데, 이는 자본주의 시장 경제 체제에 익숙하지 않기 때문에 빚어지는 이윤 수확에 대한 견해 차이에서 기인한다.

이러한 정치경제적 상황에서 **독자 기업**(WFOE: Wholly Foreign-Owned Enterprise)이라는 보다 효과적인 진출 방법이 부상하고 있다. 합자 기업과 독자 기업은 과세, 기업 채무, 외환 거래 규정, 그리고 면허, 쿼터, 의무 등과 관련된 수입 및 수출 규정 등의 면에서 매우 유사하다. 다만 차이점이 있다면 독자 기업이 회사 설립에 있어 기간이 짧게 걸리고, 이사회의 구성을 요구하지 않으며, 합자 기업이 인정되는 특정 부문에서는 설립이 제한된다는 점이다.

향후 독자 기업의 수는 급격히 증가할 것이며, 2000년에는 중국 내 외국인 투자의 절반을 차지할 것으로 보인다. 이러한 증가세의 원인은 무엇인가? 법적인 규제의 변화나 완화에 의해서가 아니라 오히려 그러한 규제로 인해 합자 기업의 성과가 기대 이하이기 때문이다. 따라서 하나의 새로운 돌파구로서 독자 기업을 시험해 보고 있다고 보아야 한다. 중국의 관료들은 기업의 외적, 내적 요건들에 대해 심한 간섭을 하고 있다. 반면에 독자 기업은 그러한 간섭과 규제를 벗어나 열악한 투자 여건에도 불구하고 나름대로의 유연성과 경영 통제권을 가질 수 있다.

이런 난관을 극복하고 독자 기업을 통해 중국 진출을 원하는 기업가는 우선 독자 기업의 설립이 제한되는 산업 부문이 있다는 점에 유의하고, 중국 내 사업 추진을 위해 **관계**

(Quanxi)의 문제를 필수적으로 해결해야 한다. 또한 중국인은 문화적인 측면에서 볼 때 외국 기업이 그들 나라에서 수익을 걷어가는 것을 못마땅해 한다는 점을 주의하고 대비해야 한다.

(3) 실리컨 밸리의 창업 환경

실리컨 밸리의 역사는 1937년 휼렛-패커드사(HP: Hewlett-Packard Company)의 창업 시점까지 거슬러 올라갈 수 있다.[16] 당시 스탠포드의 대학원생이던 윌리엄 휼렛과 데이비드 패커드는 프레드릭 터먼 교수가 $538의 착수금을 대여해 주면서 사업을 적극 권장하여 팰로 앨토의 작은 차고에서 전자 기기 회사를 설립하게 된 것이다.

그러나 팰로 앨토 시가 소재한 캘리포니아 주의 샌타 클라라 밸리가 반도체의 주 소재명을 따서 실리컨 밸리(Silicon Valley)로 명명되기 시작한 것은 1970년대 초에 이르러서였다. 그러한 명칭이 붙게 된 데에는 1959년부터 1976년까지의 기간중 미국 전체에서 45개의 반도체 회사가 설립되었는데, 그 중에서 40개가 이 지역에서 탄생되었기 때문이었다. 스탠포드의 졸업생으로서 트랜지스터를 발명한 윌리엄 쇼클리가 1954년에 AT&T의 벨 연구소를 떠나 자신의 발명을 상업화하기 위해 쇼클리 트랜지스터사를 설립했다

1956년에 그 회사의 소위 '8인의 반역자'(Traitorous Eight)라 불리는 핵심 기술자 여덟 명이 퇴사하면서 뉴욕의 투자 은행가 아더 록의 도움으로 페어차일드 세미컨덕터사를 설립했다. 이들 중 로버트 노이스와 고든 무어는 그 후 인텔사를 설립했고, 유진 클라이너는 클라이너 퍼킨스 코필드 & 바이어즈라는 벤처 자본사를 설립했다. 1960년대에 실리컨 밸리에서만 31개의 반도체사가 설립되었는데, 대부분이 페어차일드사 계통에서 시작된 것이었다.

현재 실리컨 밸리에는 약 7000여 개의 전자/소프트웨어 회사들이 소재하고 있고, 일주일에 평균 11개의 회사가 새로이 설립되고 있다. 세계의 100대 전자/소프트웨어 회사 중 약 20%가 이곳에서 생겨났다. 인텔, 시스코 시스템즈, 3Com, 선 마이크로시스템즈, 넷스케이프 커뮤니케이션즈 등을 합친 시장 가치는 GM, 포드, 크라이슬러 등을 합친 것보다 크다.

실리컨 밸리가 이렇게 크게 성공한 데에는 과감한 위험 감수, 아이디어를 배양하는 인큐베이터 시스템, 그것을 뒷받침해 줄 수 있는 자본과 시설, 현재에 만족하지 않는 정신 등이 바탕이 되었다.[17]

- **양질의 인적 자원**: 주변의 스탠포드 대학, 버클리 대학, 샌타 클라라 대학, 샌 호제이

---

[16] Anna Lee Saxenian, *Regional Advantage: Culture and Competition in Silicon Valley and Route 128* (Cambridge, MA: Harvard University Press, 1996): 20-27.

[17] *Business Week*, "Silicon Valley: How It Really Works," August 25, 1997: 48-89.

대학 등이 뛰어나고 창조적인 아이디어를 지닌 인력을 공급해 준다.

- **위험을 감수하는 분위기**: 어떤 아이디어도 가능하다고 보는 전반적인 분위기가 존재한다.
- **아이디어 실현을 위한 헌신적인 노력**: 실리컨 밸리는 이를 위해 24시간 움직이는 세상이 되어 가고 있다.
- **주변 대학들의 적극적인 지원**: 스탠포드와 버클리의 각종 지원이 유명하며, 이런 대학들의 지원으로 성공한 구체적인 예로 휼렛-패커드와 스티브 잡스를 들 수 있다.
- **스톡 옵션 제도**: 유능한 인재를 유치하고 부를 가져다 주는 데 큰 역할을 한다. 새로운 어메리컨 드림이라고 할 수 있다.
- **독특한 생태계**: 하나의 거대한 산업군을 이루고 있어 각종 교류 및 교환을 통해 시너지가 창출되고 서로간의 차별성을 꾀하기 위해 경쟁이 촉발되는 것이 하나의 문화적 생태계로 정착되었다.
- **각종 사회 간접 자본**: 법률 자문, 공작 기계의 대여, 각종 편의 시설 이용 등 사업 추진에 필요한 기초적 환경이 잘 조성되어 있다.

이러한 환경적 요건에 힘입어 실리컨 밸리는 세계적으로 첨단 산업을 유치하는 본거지로 자리매김하였다. 첨단 기술 벤처로서 국제 창업을 하려는 경우 위와 같은 매력적인 사업 환경을 지닌 실리컨 밸리를 거점으로 사업을 추진하는 것을 충분히 고려해 볼 가치가 있다.

우리 나라 정부에서도 이를 적극 지원하는 정책을 펴고 있다. 1998년 4월에 정보통신부가 20억 원의 자금을 투자해서 실리컨 밸리에 해외 소프트웨어 지원 센터(KSI)를 설립하여 현지에서 소프트웨어 벤처 창업을 위한 인큐베이터 사업을 직접적으로 지원하기 시작했다.[18] 초기에 입주한 업체로는 골드뱅크, 건잠머리, 넥스텔, 디지털캐스트 등이 있다. 이 센터에는 한국과 연결된 초고속 통신 회선이 마련되어 있어 태평양을 사이에 두고 각종 사업을 동시에 진행시킬 수 있다. 입주 비용은 월 100-200달러로 저렴하다. KSI는 국내 벤처 기업의 현지화 지원, 단기 출장 업체 업무 협조, 미국 내 인적 네트워크 구성, 자금 유치, 그리고 각종 정보 제공 업무 등을 수행한다.

실리컨 밸리의 성공의 비결은 실제로 사업을 경영하는 방식에 있다고 볼 수 있다. 따라서 실리컨 밸리는 첨단 산업뿐만 아니라 모든 사업에 있어 경영상의 표준 모형을 제시한다. 수평적이고 참여적인 조직, 공급 업체 등의 기업간의 네트워크, 양질의 기술 인력, 긍정적이고 진취적인 문화 등이 그러한 모형의 핵심적인 요소이다. 실리컨 밸리의 회사와 경영자는 실패를 용납하고, 아이디어를 중시하고, 지속적으로 자신의 기록을 경신하는 자세를 지닌다. 표 13-7은 실리컨 밸리의 경영 방식을 채택하려는 회사들에 대해 전통적인

---

[18] 이코노미스트, "코리아 벤처는 여기로 오라!" 1998년 5월 26일: 48-49.

표 13-7 전통적인 경영 방식과 실리컨 밸리 경영 방식의 비교

경영 요소	전통적 방식	실리컨 밸리 방식
사업	전쟁터	생태계
기업	기계	공동체
경영	통제	서비스
종업원	아이들	동료
동기부여	공포심	비전
변화	고통	성장
컴퓨터	주인	하인

자료: Geoffrey James, *Success Secrets from Silicon Valley: How to Make Your Teams More Effective (No Matter What Business You're In)* (New York: Times Business, 1996).

경영 방식과 실리컨 밸리의 방식이 어떻게 다른지를 일목요연하게 비교한다.

4. 사이버 경쟁 시장

인터넷(Internet)의 발전과 확산은 창업 기업으로 하여금 순식간에 국경을 뛰어넘는 사업을 추구할 수 있는 기회를 제공하고 있다. 즉, 인터넷은 지역, 시간, 위치 등의 장벽을 제거함으로써 고객과의 커뮤니케이션에 방해되는 사항들을 제거하는 정보 교류와 상거래의 새로운 도구로 떠오르고 있는 것이다. 이런 현상이 미국에서 출발하였지만, 결국 국제적인 현상으로 파급될 것으로 보인다.

전세계의 인터넷 호스트 수와 도메인 수를 알아봄으로써 인터넷의 확산 추이를 대략적으로 파악할 수 있다. 네트워크 위저드사의 웹 사이트에 들어 가면 전세계의 인터넷 호스트 및 도메인 수에 대한 자료를 자세히 볼 수 있다. 표 13-8은 1993년부터 1998년까지 국내 및 세계 인터넷 호스트 수와 도메인 수의 성장 추세를 비교하여 보여 준다. 세계적으로 1996년과 1997년 사이에 인터넷이 급속도로 발전한 것을 알 수 있다. 특히 도메인 수는 4배 가량 성장했다. 국내(kr)의 연도별 호스트 수를 보면 매년 2배 가까이 증가하고 있고, 도메인 수는 매년 4배 가까지 늘어가고 있다. 특히 상업용(co) 호스트와 도메인 수가 급속하게 증가하고 있는데, 이는 기업들의 전자 상거래가 인터넷의 활용을 주도하고 있다는 것을 말한다.

전 세계의 인터넷 이용자는 1998년에 1억 4000만 명을 넘어섰다.[19] 이 중에서 미국의 이용자가 1억 명으로 대다수를 차지했다. 1997년까지는 유럽의 이용자가 아시아보다 많았

[19] Atlantis Translations, Inc (www.atlantistrans.com).

표 13-8 인터넷 호스트와 도메인의 성장 추이

연도	1993	1994	1995	1996	1997	1998
세계						
호스트 수	1,313,000	2,217,000	4,852,000	9,472,000	16,146,000	29,670,000
도메인 수	21,000	30,000	71,000	240,000	828,000	10,380,000
국내						
호스트 수	7,650	13,856	36,644	73,191	131,005	159,499
도메인 수	61	192	579	2,664	8,045	9,410

자료: Network Wizards (www.nw.com); 한국 전산원 한국 인터넷 정보 센터(www.krnic.net).

으나, 1998년부터는 아시아의 이용자가 2000만 명을 넘어서 유럽을 앞지르기 시작했다. 정보통신부의 발표에 따르면 국내의 인터넷 이용자는 1997년에 250만 명, 1998년에 450만 명에 이른 것으로 집계되었다.

전자 상거래의 시장 규모도 매년 두 배 이상의 성장률을 보이고 있다.[20] 국내의 전자 상거래 시장 규모는 1997년 62억 원, 1998년에는 150억 원으로 추산되고 있다. 미국의 포레스터 리서치사는 전자 상거래를 이용한 기업간 상거래 시장의 규모가 1998년에 80억 달러에 달하고, 온라인 소매 매출이 2000년에는 66억 달러가 될 것이라고 예측한 바 있다. 기업간 전자 상거래를 주도할 품목으로는 철강 등의 내구재를 들 수 있고, 종이, 플라스틱, 의류 등의 비내구재의 거래도 점자 증가하고 있다. 온라인 소매에는 책, 음악, 꽃, 컴퓨터 관련 상품, 그리고 여행 정보 서비스 등이 주도하고 있다. 수년 후 가계 지출의 20% 이상이 웹을 통해서 이루어질 가능성이 커가고 있다.

이처럼 인터넷 상거래가 급속히 성장하고 있는 것은 인터넷이 상품을 판매하려는 회사에게 많은 이점을 제공하기 때문이다. 이는 기존 회사든 인터넷 창업 기업이든 모두 적용된다. 온라인 점포를 운영하는 이점을 들면 아래와 같다.[21]

- 전세계 고객에게 접근할 수 있다
- 광대한 시장이 있다
- 시간 제약이 없고, 하루 24시간 내내 점포를 열 수 있다
- 고객이 사고 싶어할 때 언제든 접근할 수 있다
- 새로운 판로를 개척할 수 있다
- 인터넷만을 판로로 이용할 수 있다
- 고객에게 저렴한 가격을 제시하여 경쟁을 물리칠 수 있다
- 경쟁 업체가 온라인에 없다면 새로운 시장을 선점할 수 있다

[20] 이재규 외, 전자 상거래 원론(서울: 법영사, 1999): 13-14.
[21] Daniel S. Janal(한용희, 한상봉 역), 인터넷으로 돈 버는 101 가지 방법 (서울: 위저드, 1997): 32-40.

- 더 쉽게 더 많이 팔 수 있다
- 자세한 설명을 곁들인 캐털로그를 저렴한 비용으로 제작할 수 있다
- 사업 비용이 저렴하다
- 초기 비용이 저렴하다
- 점포세가 없거나 극히 저렴하다
- 고객과 상호작용할 수 있다
- 오디오, 비디오, 멀티미디어 등 감각적인 매체를 사용하여 고객과의 관계를 도모하고 판매를 촉진할 수 있다

인터넷을 통한 정보 제공과 상거래는 다음과 같이 가격, 중간상, 시장 창출 및 자금 흐름 등에 대한 영향력을 통해 시장의 효율성을 증진시키며, 기업 내부 및 외부의 활동을 원활히 하고, 국제적 고객의 특성을 보다 잘 이해할 수 있게 해 준다.[22]

- **가격의 표준화**: 기존의 다국적 기업은 지역별로, 또 고객 층별로 가격을 차별화해 왔다. 그러나 인터넷에서는 정보가 모든 고객들에게 무차별적으로 주어지기 때문에 전세계적으로 가격이 표준화되는 현상을 초래할 수 있다. 또 한편으로 각 정보를 고객별로 특화하여 전달할 수 있기 때문에 개인별로 가격을 맞춤하여 제시할 수도 있다.
- **중간상의 역할 변화**: 고객과 공급자가 직접 연결되기 때문에 중간상이 무용지물이 될 가능성이 있다. 그러나 중간상도 새로운 역할을 찾을 수도 있다. 예를 들면 소비자들은 정보의 바다에 빠져 자기에게 유용한 정보가 무엇인지 정확히 찾아낼 수 없는 경우가 많은데, 이럴 때 중간상이 정보를 가공하여 각 고객 개인에게 유용한 정보를 전달하는 역할을 담당할 수도 있다. 비교 쇼핑을 지원하는 에이전트(Agent)가 그 예라고 할 수 있다.
- **시장 창출**: 이전의 시장은 물리적인 존재였으나 웹 사이트는 가상의 공간이기 때문에 사이버 쇼핑 몰(Cyber Shopping Mall)과 같은 사이트를 개설해서 물건을 거래하는 마당을 만들 수도 있다. 물론 법률상의 규제나 문화적인 격차 등의 제약 조건이 따른다.
- **효율적인 자금의 흐름**: 정보가 무제한으로 유통될 수 있기 때문에 투자자들에게 적절한 투자 대상을 알려 줌으로써 빠르고 효율적인 자본의 흐름을 창출할 수 있다.
- **조직 내적인 영향**: 인트라넷을 구축함으로써 회사 내부의 원활한 정보의 흐름을 창출해 낼 수 있다. 소규모 기업은 물론, 특히 다국적 기업일 경우 여러 국가에 뻗어 있는 계열사나 지사들을 실시간으로 연결하여 보다 효율적인 관리를 가능하게 한다.
- **조직 외적인 영향**: 인터넷의 국제적인 확산은 신제품 시장을 찾아내고, 새로운 시장에 맞는 제품의 개발을 촉진시킨다. 신제품의 전파가 용이해지고, 제품을 지역 특성에 맞

[22] John A. Quelch and Lisa R. Klein, "The Internet and International Marketing," *Sloan Management Review,* Spring 1996: 60-75.

출 수 있다. 또한 전 세계의 다양한 정보를 입수함에 따라 **틈새 상품**(Niche Product)을 개발할 가능성을 열어 준다.

- **국제적 소비자의 이해**: 인터넷을 활용하는 기업은 웹 사이트를 방문하는 고객들을 추적함으로써 시장의 추이나 상황을 점검하고, 전 세계의 잠재 고객을 대상으로 온라인 설문 조사도 시행할 수 있다. 또한 웹 사이트의 홈페이지는 기업의 게시판 역할을 하며, 기업은 전자 우편을 통한 마케팅 리스트를 작성할 수 있다.

인터넷은 DM(Direct Mail)이나 홈 쇼핑처럼 또 하나의 마케팅 채널을 넘어서서 글로벌 마케팅을 혁신적으로 바꿀 수 있다. 인터넷의 확산을 통해 소규모의 창업 기업들이 세계적인 기업이 될 수도 있고, 거대한 다국적 기업이 규모의 이점을 상실할 수도 있다. 인터넷을 통해 공급 업체는 다수의 고객이 아닌 특정 고객들의 요구에 맞춰 특성화된 제품을 제공할 수 있다. 고객들 또한 일방적인 정보의 전달이 아닌 자신의 특성에 맞는 정보를 찾아내거나 받을 수 있다.

물론, 인터넷 상거래의 한계점도 존재한다. 인터넷 사용자가 뚜렷한 인구통계학적 특징에 따라 고객층이 한정되는 현상을 보인다. 또한 인터넷을 통해 거래되는 상품의 유형이 한정되고 있다. 아울러 상거래상의 규제와 보안의 문제도 존재한다. 이러한 문제들로 인해 인터넷으로 전세계를 연결시키고 그것을 통해 상거래를 하는 온라인(On-Line) 공동체가 아직 외형적으로 충분히 성숙되지는 않았으나, 전자 상거래가 활성화되고 발전할 만한 씨앗은 이미 뿌려진 상태라고 할 수 있다.

아직까지는 사이버 시장을 통해 물건을 구입할 수 있는 구매자들의 풀이 충분히 개발된 상태는 아니지만 향후 인터넷을 통한 상거래는 대부분의 성공적인 기업들에게 중요한 유통 경로가 될 것이다. 이런 상황에서 다가올 시대에 온라인을 통해 무엇을 판매할 수 있을 것인가를 전망하기에 앞서 미래의 고객들이 어떤 특성을 가지고 있는지를 확인하는 작업이 선행되어야 한다. 치열한 경쟁에 직면해 있는 소규모 기업들이 살아남기 위해서는 가상 세계를 통해 사업 영역을 감시면서 수백만의 새로운 이용자들을 사업 기반으로 하여 생존 전략을 짜야 할 것이다. 이를 위해 다음과 같은 사이버 경쟁 시장의 현황과 추세에 주목할 필요가 있다.[23]

- **누가 인터넷을 자주 이용하는가**: 인터넷을 사용하는 인구의 53%가 베이비 붐 세대이다. 가장 성장률이 빠른 풀은 18-34세 사이로서 전체의 34%를 차지하는데, 그 성장률이 계속 유지될 것으로 보인다. 여성들의 이용 추세가 증가하면서 남녀간의 성별 차이가 점차 줄어들고 있는 추세이다. 18세 미만의 청소년들도 잠재적인 고객이다. 그러나 이런 이용자들이 과연 실제로 물건을 구입할지는 아직 미지수이다.
- **인터넷 이용자들은 무엇을 구매하는가**: 남성을 타깃으로 삼는 상품들과 주문 및 배달

[23] Dan Kennedy, "Who's On Line?" *Inc. Technology Supplement*, 1997: 34-39.

이 용이한 상품들이다. 예로서 컴퓨터 관련 하드웨어와 정보 관련 소프트웨어를 들 수 있다. 잡지, 책, CD-롬 등은 폭발적인 성장률을 보이고 있다. 여행 관련 상품들 예컨대 항공권, 호텔, 여행 프로그램 등의 예약이 활발하다.

- **사이버 시장(Cyber Market)의 사업을 위해 추진해야 할 사항은 무엇인가:** 사이버 시장은 무척 밝아 보이지만 모든 일이 순조롭게 진행되리라고 낙관해서는 안 된다. 문제는 잠재 고객들이 자신의 사이트를 얼마나 쉽게 찾고 방문하는가, 사이트를 방문하는 잠재 고객들이 과연 구매력이 충분한 수입을 버는 사람들인가, 그리고 무엇보다도 월마트나 K마트와 같은 회사들과 충분한 경쟁력을 갖추고 있는가 등의 문제를 해결해야 한다.

5. 인터넷 창업

다국적 기업과 창업 기업이 개설하는 웹 사이트 유형의 차이점은 뚜렷한 편이다.[24] 다국적 기업은 **선 정보/후 상거래 모형**(Information-to-Transaction Model)을 추구하는 반면, 창업 기업은 **선 상거래/후 정보 모형**(Transaction to-Information Model)을 추구한다. 전자의 특징은 웹 사이트(Web Site)를 통해 현재의 고객들에게 필요로 하는 제품이나 서비스의 정보를 우선 제공한 후 고객의 반응에 따라 상거래가 이루어진다. 3M의 경우 수만 개의 제품 정보를 내보내지만 웹 사이트를 통해 거래를 하는 항목은 극소수이다. 반면, 후자의 특징은 거래 자체를 트기 위해 웹 사이트를 개설한다. 그런 후에 브랜드 이미지를 구축하고 제품 지원을 제공하고, 반복적인 거래를 유도한다.

위의 두 가지 모델 중 어느 것을 채택하든 간에 웹 사이트의 기능은 수입을 창출하고 비용을 절감시키는 것이다. 그림 13-1은 기업이 채택하는 웹 사이트의 네 가지 범주와 각각의 예가 되는 기업들을 보여 준다. 웹 사이트의 내용(Content)상 정보나 지원/서비스 중심의 사이트와 상거래 중심의 사이트로 나눌 수 있고, 고객의 초점을 국내 시장 또는 세계 시장에 둘 수 있다.

전 세계적인 규모로 인터넷을 이용하여 시장을 제패하려는 기업은 적절한 사업 모델을 선택해야 하며, 어떻게 정보와 거래를 전달할 것인지를 정의해야 한다. 기업은 웹 사이트에 들어오고 나가는 고객들이 과연 어떤 사람들이고 누구인지 명확히 알아야 하며, 그들을 어떻게 만족시킬 것인지, 경쟁사의 움직임에 어떻게 대처해 나갈 것인지, 그리고 기술의 발전은 어떻게 나아가고 있는지 등을 새로운 시각으로 살펴보아야 한다. 인터넷을 통한 상거래에 있어서는 인터넷만이 할 수 있는 개별 고객을 위한 주문 제작(Customization)

24 John A. Quelch and Lisa R. Klein, *op. cit.*: 62-65.

그림 13-1 웹 사이트의 유형

		웹 사이트 내용: 정보 및 지원/서비스	웹 사이트 내용: 상거래
고객 초점	국내	3M Apple Computer Saturn Reebok	Software.net CD Now Godiva Chocolates Yvonne's Weinkabinett
	세계	Federal Express Sun Microsystems ChinaWeb British Airways	TRADE'ex American Venture Capital Exchange Underground Music Archive Online BookStore

자료: John A. Quelch and Lisa R. Klein, "The Internet and International Marketing," *Sloan Management Review*, Spring 1996: 65.

과 시장의 범위가 전 세계로 확대됨에 따라 나타나는 일관성 있는 통제력 사이의 균형을 맞추는 작업이 중요하다.

단, 점차 경쟁이 치열해지는 같은 인터넷 영역에서 활동을 하더라도 서로를 경쟁 상대로 보지 않고 공존하면서 자사의 성장을 도모할 수가 있다는 점을 알아야 한다. 웹을 기반으로 사이버 서점을 운영하는 제프 베조스의 애머존.컴(www.amazon.com)과 월터 파월이 운영하는 파월즈 시티 오브 북스(www.powells.com)가 그 대표적인 예이다.[25] 애머존사는 웹 페이지를 통해 고객의 주문을 받아 유통업자들과 연결시켜 주는 매개적 활동을 하는 인터넷 서점으로 서점 사업자라면 누구나 강력한 경쟁자로 위협을 느낄 만큼 폭발적인 매출액 신장세를 보인 바 있다. 이 회사는 책뿐만 아니라 다른 상품도 어떻게 팔 것인가에 대한 기초적인 개념을 시사해 준다.

이에 비해 파월즈사는 본사가 소재하고 있는 포틀랜드 시나 오레곤 주에서뿐만 아니라 전 세계적으로도 인기 있는 성인 잡지사로서 애머존사의 경쟁적인 위협에 직면했으나 애머존사와 같은 유형이 아닌 지류적 성격의 웹 숍을 개설하여 개설한 시점으로부터 한 달 동안 매출액이 10%에서 20% 정도 증가했다. 판매 방법을 서로 배우고 타사와 차별적인 서비스를 제공함으로써 서로가 경쟁하는 것이 아니라 서로의 사업을 돕고 있는 것이다.

우리 나라에서도 사이버 벤처(Cyber Venture), 즉 인터넷 상거래를 주 사업으로 하는 창

[25] Charles C. Mann, "Volume Business," *Inc.*, June 1997: 54-61.

업 기업이 점차 늘어나고 있다. 예로서 인터넷 부동산 시장에서 사이버 벤처 기업들의 활약상을 엿볼 수 있다. 이들 업체는 창의적이고, 기존 업체와 차별화 된 메뉴를 제공하면서 네티즌들의 호기심을 불러일으키고 있다.[26] 틈새 시장을 공략하기 위해 이들 업체의 홈페이지는 색다른 메뉴를 계속 발굴해 가고 있다. 네티즌들의 입장에서는 집이나 사무실에 앉아 다양한 부동산 정보를 얻을 수 있는 기회가 넓어져서 좋다.

예로서 1998년 8월 1일 영업에 나선 텐(www.ten.co.kr)은 이용자 위주의 그림 정보를 제공한다. 권역별 지도 ⇒ 구별 지도 ⇒ 매물 ⇒ 단지 지도 ⇒ 평면도 등을 차례로 클릭하면 서울을 포함한 수도권 지역 아파트와 상가 매물 정보를 화상과 함께 한 눈에 볼 수 있다. 텐의 특징은 부동산 매물에 대한 적정 가격을 제시한다는 것이다. 홈페이지에 올라와 있는 부동산 매물에는 팔려는 사람이 제시한 매도가와 함께 텐이 자체 분석한 적정가가 같이 제시되어 구매자들의 판단에 도움을 준다. 텐의 정요한 사장은 "2년 만에 개발한 적정가 분석 프로그램은 공해·소음·녹지율·층수 등 각종 변수를 고려해 가격을 제시하기 때문에 상당히 시세에 근접해 있다"고 말한다. 거래도 텐의 홈페이지를 통해 할 수 있는데 다른 사이트들이 주로 평형과 가격 등을 올리는 데 비해 환경·교통 등 여러 조건을 입력함으로써 이용자의 의사결정에 도움을 준다. 이 밖에 텐의 파트너 관계인 변호사·세무사·감정사·법무사 등의 홈페이지에 직접 연결하여 무료로 상담을 받을 수도 있다. 또 금융 상담 코너는 물론 이삿짐 센터·인테리어 업체와도 네트워크로 연결되어 있어 말 그대로 '원 스톱 서비스'를 받을 수 있는 것이 장점이랄 수 있다.

인터넷 창업을 하기에 적당한 사업은 무엇인가? 크게 나누어 보면 아래와 같이 다섯 가지의 유형이 존재한다.[27] 인터넷 창업자는 이러한 유형 중 어느 것이 자신의 사업 역량에 합당한지를 선택하고, 그에 따라 사업성을 제고하는 방안을 구상하고 실행해야 한다.

- **상품 판매형 인터넷 사업**: 이는 인터넷을 통해 상품을 판매하는 사업을 말한다. 주로 백화점, 전문점 등과 같이 기존의 현실 공간에서 이루어졌던 사업을 인터넷으로 옮긴 것이다. 우리 나라의 화장품 사이버 쇼핑 몰인 코스메틱랜드(shopping.cosmetic.co.kr)를 그 예로 들 수 있다.
- **인터넷 정보 제공형 사업**: 홈페이지에서 특정 분야에 대한 정보를 제공하여 인터넷 이용자를 유치하는 사업이다. 수익은 주로 홈페이지에 광고를 유치해서 얻는다. 따라서 이 유형의 성공은 얼마나 많은 이용자를 끌어 모으는가에 달려 있다. 영화 웹진(www.screen.co.kr) 등과 같이 **웹진**(Webzine)이라 불리는 전자 잡지가 이 유형에 해당된다.
- **인터넷을 이용한 아이디어 사업**: 이는 인터넷만의 특성을 살리는 독특한 아이디어로 사업을 하는 것이다. 예를 들어 인터넷으로 1-800-U.S.SEARCH(www.1800ussearch.com)

---

26 이코노미스트, "인터넷 복덕방에 속속 '새 메뉴'…" 1998년 9월 15일: 54.

27 김건우, 인터넷 창업(서울: 대림, 1999): 56-116.

와 같이 사람을 찾아 주는 사업을 할 수 있다. 수많은 인명이 저장되어 있는 데이터베이스를 구축한 다음 인터넷 홈페이지를 통해 정보를 제공하는 것이다. 즉, 데이터베이스로 상품을 파는 것이 아니라 요건에 맞는 사람을 찾아 주는 것이다.

- **검색 도구형 사업**: 이 유형은 인터넷에서 정보를 찾을 때 자주 방문하는 야후(www.yahoo.com)나 앨타 비스타(www.altavista.co.kr)와 같은 검색 엔진 사업을 말한다. 인터넷에는 하루에도 수많은 홈페이지가 생겨나고 있다. 따라서 이러한 홈페이지를 찾아 주는 서비스가 요구된다. 검색 엔진 사업은 광고로 수익을 얻는 만큼 이용자 확보가 성공의 관건이다. 향후에는 보다 세분화되고 특정 주제나 목적만을 다루는 검색 도구형 사업이 유리하게 될 것이다. 예컨대 숍 바인더(www.shopbinder.co.kr)와 웹나라(www.webnara.com)는 비교 쇼핑 서비스 업체로서 쇼핑 몰을 직접 운영하지 않으면서도 상품 검색 서비스를 제공하여 이용자들이 일일이 여러 사이트를 방문하지 않고도 싸고 좋은 상품을 살 수 있도록 한다.
- **웹 사이트 구축 관련 사업**: 웹 사이트 구축 관련 사업으로는 웹 서버 구축 사업, 웹 호스팅 사업, 홈페이지 제작 사업, 홈페이지 클리닉 사업, 웹 프로모션 사업 등을 들 수 있다. 웹 서버를 구축하는 방법에는 실제 서버 구축과 가상 서버 구축 방법이 있는데, 실제 서버 구축은 비용이 상당히 많이 요구되므로 소규모 업체의 경우에는 가상 서버 구축이 적당하다. 가상 서버를 구축하는 사업을 다른 말로 웹 호스팅 사업이라 한다. **웹 호스팅**(Web Hosting)이란 서버를 운영하지 못하는 사람에게 자신이 운영하는 서버의 일정 영역을 빌려 주는 것이다. 국내 웹 호스팅 업체와 외국 웹 호스팅 업체의 리셀러를 합쳐 수백 개의 웹 호스팅 업체가 국내 시장에서 치열하게 경쟁하고 있기 때문에 한 달에 1-2만 원대의 서비스 업체도 존재한다.

사이버 벤처를 설립하려는 창업자는 인터넷 상거래의 역사가 길지 않음에도 불구하고 적지 않은 실패 사례가 있음을 우선 명심해야 한다. 첨단적인 정보 기술을 활용한 사이버 사업이라 하더라도 사업성을 원천적으로 꼼꼼히 계산적으로 따져 보아야 하는 것은 어느 사업과도 마찬가지이다. 사이버 벤처의 경쟁 우위는 결국 기존 사업 방식에 비해 비용이나 편의성 면에서 고객에게 추가적인 가치를 창출하는 데서 생겨난다.

이러한 근본 원리를 따지지 않아 실패한 예로 미국의 릴.컴(www.reel.com)을 들 수 있다.[28] 캘리포니아 주의 애머리빌에 소재한 릴.컴은 1997년에 기존 비디오 점의 수요를 모두 흡수하겠다는 당찬 포부를 갖고 출범하였다. 이를 위해 이 회사는 방대한 규모의 비디오테이프를 갖추고 판매와 대여 사업을 시작했다. 인터넷으로 주문하면 2-3일 내에 우편으로 배달하고, 다 본 테이프도 우편으로 반송하도록 했다.

그러나 릴.컴은 이 사업이 수지가 맞지 않는다는 사실을 곧 깨닫게 되었는데, 주 원인

[28] 한경 비즈니스, “실패 사례로 배우는 전자 상거래,” 1999년 1월 5일: 52-53.

은 임대 사업 부문이었다. 인터넷으로 비디오테이프를 임대한다는 것이 비현실적인 것이었다. 소비자들의 입장에서 보면 대부분의 비디오테이프 대여점이 집 가까이에 있기 때문에 굳이 인터넷을 이용하지 않더라도 쉽게 빌려 볼 수 있다. 특히 대여 시에 매장을 둘러보고 적당한 것을 고르는 소비자의 습성이 있다. 따라서 주문 후 2-3일이나 기다려야 된다는 것은 치명적인 결점이다.

임대 사업의 결정적인 문제는 낮은 재고 회전율이었다. 즉 보내는 데 2-3일, 다시 받는데 2-3일, 총 4-6일이 거리에서 허비되는 것이다. 릴.컴은 대여료로 3달러 정도를 받는 일반 대여점보다 2달러 정도 더 받았음에도 불구하고 적자였다. 이는 재고 회전율도 떨어지고, 비싼 운송료도 물어야 하기 때문이다. 무점포 대여점으로 저렴하게 공급할 수 있다는 이점이 전혀 발휘되지 못한 것이다. 이로써 릴.컴은 결국 임대 사업을 그만두고 지금은 판매 사업에 주력하고 있다.

창업 실무

인터넷 창업의 절차

전자 상거래를 활용해서 창업을 하고자 하는 예비 창업자는 우선 어떠한 형태로 전자 상점을 운영할지를 결정해야 한다. 그 다음 사업 아이템 선정부터 관할 세무서에서 전자 상거래 업종으로 사업자 등록을 하는 것에 이르기까지 일반적인 창업 절차를 거쳐야 할 뿐만 아니라 하드웨어, 소프트웨어, 주문 처리 및 배달, 전자 결제 등 전자 상거래 특유의 기술적 문제를 단계적으로 해결해 나가야 한다.[29]

(1) 전자 상점 운영 방식

기존 백화점들이 운영하는 대형 전자 쇼핑 몰에 단순히 물품을 납품하는 것과 같은 형태가 아니고 창업자 자신이 직접 전자 상거래의 운영에 개입하기 위해서는 기존 매장에 입점하는 경우, 빌려 쓸 경우, 단독 상점을 구축하는 경우 등을 고려해 볼 수 있다.

- **기존 매장 입점**: 이는 초기 시장에서 많이 행해졌던 방법인데, 몰 오브 몰즈(Mall of Malls)를 표방하는 대형 몰 운영자에게 상점 구축을 의뢰하여 사업자가 이러한 대형 몰에 상품을 공급하고 몰 운영자가 자신의 고객에게 판매하는 방법이다. 이러한 대형 몰로서 메타랜드, 인터파크, 신비몰, 신세계, LG 트윈피아 등을 들 수 있다. 이들은 보통 상점 구축비는 별도로 하고, 월 회비로 10-30만 원을 지불한다. 또한 판매액의 일정 비율을 수수료로 내는 곳이 많다. 이 방법은 상점 구축, 운영, 대금 회수까지를 모두 몰에서 대신해 주기 때문에 사업자가 큰 신경을 쓸 필요가 없다.
- **서버 임대**: 이는 서버와 네트워크를 갖춘 사업자에게 월별로 일정 금액을 내고 임차한 공간을 사용하는 방식이다. 일반적으로 이를 **웹 호스팅 서비스(Web Hosting Service)**라고 부른다. 사업 초기에 서버 관리와 네트워크 관리 등을 할 수 있는 전문 인력이 없는 창업자가 쉽게 시장에 진입할 수 있는 방법이다. 초기 세팅 비는 10-30만 원 정도이고, 월별로 기본 사용료를 3-30만 원 내야 하고, 경우에 따라 판매액의 5-10%를 지불하기도 한다. 국내에는 코넷, 신비로, 유니텔 등 비교적 규모가 큰 웹 호스팅 서비스 업체와 연혁이 비교적 긴 업체들 이외에는 대부분이 외국 웹 호스팅 서비스를 재판매하고 있는 리셀러들이다.
- **단독 상점 구축**: 인터넷상에서 일반적인 소매 점포같이 창업자가 자신의 점포를 갖고, 창의적인 아이디어로 진열, 마케팅, 고객 관리, 대금 결제 등을 직접 할 수 있다. 이 방식은 전자 상점을 직접 운영하기 때문에 위의 두 가지 방법과 달리 입점 시 지불하는 사용료나 판매 수수료를 지불할 필요가 없다. 하지만 서버와 네트워크 관리를 직접 운영해야 하는 부담이 있다. 초기 투자비가 최소 1000만 원이 소요되고, 월 유지비도 300-500만 원 선이 된다. 단독 서버를 운영할 때 인터넷 전용선을 사용하기 위해서는 최소 56 Kbps를 기준으로 월 40만 원 내외의 사용료를 지불해야 한다. 소형 점포를 운영하고자 하는 창업자는

---

29 남영기, 김덕곤, **전자 상거래와 창업: 지금 시작하는 자가 모든 것을 장악한다** (서울: 커뮤니케이션 북스, 1999): 47-101.

보다 저렴한 대안으로 전화 전용선을 고려할 수 있는데, 이는 33.6 Kbps 기준으로 월 9만 원이면 24시간 인터넷 라인을 사용할 수 있다.

(2) 전자 상점 꾸미기

전자 상점을 운영하는 데 있어서도 창업자 자신의 사업 역량과 기호에 맞는 사업 아이템을 잡는 것이 가장 중요한 출발점이다. 어떤 제품을 주력으로 하고, 어떤 고객 층을 주 타깃으로 하며, 가격 수준을 어떻게 할 것인가를 기획해야 한다. 일단 이러한 전략적 방침을 수립한 후 상점 운영에 필요한 인력과 장비를 갖춘다. 기본 인력으로서 웹 사이트의 전반적인 관리를 하는 웹매스터, 홈페이지를 설계하는 웹 디자이너, 홈페이지 제작과 유지에 필요한 기술적인 일을 담당하는 웹 프로그래머, 그리고 영업 및 마케팅 담당자 등이 필요하다.

수요 하드웨어로서 인텔 기반 PC형 서버 또는 보다 전문적인 UNIX 서버를 갖춘다. 또한 모뎀, ISDN, 전용선, 케이블 모뎀 등의 인터넷 접속 장비와 이미지 입력을 위한 스캐너와 디지털 카메라가 필요하다. 소프트웨어로서는 기존의 웹 서버만으로도 캐털로그 구축 기능과 고객 관리 프로그램 등을 추가할 수 있으나, 온라인 전자 상점을 쉽게 만들고 운영할 수 있도록 지원해 주는 프로그램인 **머천트 서버(Merchant Server)**가 효과적이다.

머천트 서버는 그 구성 요소로서 캐털로그 프로그램, 프로모션 프로그램, 고객 관리 프로그램, 관리 및 정산 프로그램, 결제 처리 프로그램 등을 갖추고, 인터넷상에서 데이터베이스와 웹을 연동하여 온라인 캐털로그를 구축하고, 이용자의 주문 정보를 처리하며, 결제 정보를 지불 처리 시스템에 보내 결제를 가능하게 한다. 머천트 서버의 예로 웹으로마트, 인터숍, 원 스톱 사이트 빌더 등이 있는데 단일 몰의 경우 300-800만 원 정도의 가격대이다.

전자 상점의 레이아웃과 이동의 흐름을 설정하는 것을 **내비게이션 플로(Navigation Flow)**라 하는데, 이는 일반 매장에서 상품을 전시할 때의 조명, 분위기, 색상, 상품 배치 등과 같은 역할을 한다. PC 화면이라는 제한된 공간에서 디자인과 배치를 하는 것이므로 변경할 때 많은 자금이 소요되지 않으므로 다양한 방식을 시도해 볼 수 있다. 우선 종이 위에 상점의 메뉴 트리 구조를 그려 본다. 이때 방문객의 입장에서 쾌적하게 쇼핑을 즐길 수 있는 이동 플로를 갖추도록 한다.

이 중에서 특히 점포의 입구는 쇼핑 몰에 처음 접속했을 때 나타나는 초기 화면이므로 방문자에게 매력적으로 보이도록 각별히 세심한 노력을 해야 한다. 가장 중요한 것은 화면의 레이아웃 설계이다. 어떤 것을 보여 주며, 무엇을 표현할 것인가를 고려해야 한다. 이때 너무 많은 정보를 한꺼번에 보여 주려고 해서는 안 된다. 그렇게 하면 디스플레이 시간이 길어져서 10초 이상을 기다리지 못하는 일반 방문객들에게 매우 답답하게 느껴지고, 산만해 보일 수 있다. 연결되는 화면간에도 전체적으로 통일성이 있도록 설계해야 한다.

전자 캐털로그(Electronic Catalog)는 인터넷의 특성상 다양한 제품을 적절히 표현하기 위한 목록이다. 일반적으로 초기 화면에서는 제품의 분류를 디스플레이하고, 그 다음 페이지에서 선택한 제품 분류의 상품명과 가격, 프로모션 정보를 나타내며, 마지막 페이지에서는 개별 상품의 상세 설명서와 사진 등을 보여 주는 방식을 취한다. 이를 위해 전체 캐털로그가 각 제품군별로 제품 특성을 적절히 반영할 수 있도록 일관되고 체계적인 방식으로 구성되어야 한다.

전자 캐털로그 작성 시에 **상품 설명서**를 입력해야 하는데, 일반적으로 제품의 이름, 가격, 할인가, 할인율, 제조 업체, 원산지, 속성, 상세 설명 등을 포함한다. 일반 제품과는 달리 인터넷상에서 소비자가 직접 상품을 눈으로 확인하거나 판매원의 안내를 받을 수 없으므로 홍보성의 문구보다는 상품에 대한 실질적이고 자세한 정보의 제공이 더 중요하다. 정보가 불충분하거나 부정확하게 제공된 상태에서 구매한 소비자는 회사에 대한 불신감을 갖게 되고, 반품으로 인한 처리 비용도 늘게 된다. 상품의 사진 이미지를 처리할 때는 이미지 해상도와 이미지 파일 용량의 균형 관계를 적절히 조절해야 한다. 이미지 해상도를 높이면 선명하고 보기에 좋지만 그만큼 파일의 전송 속도가 느려지므로 저속 모뎀 사용자들은 답답함을 느끼게 된다.

장바구니(Shopping Cart)는 고객이 구입할 의사를 가지고 선택한 상품의 목록이다. 일반적으로 제품의 이름, 가격, 수량, 금액 등으로 구성된다. 상품의 수량 변경, 또는 구입 목록으로부터의 삭제 등이 편리하도록 만들어져 있어야 한다. 국내의 경우 전자 상거래 초기 단계이므로 고객 유인을 위해 대부분의 경우 배달료나 수수료를 무료 서비스한다. 이 경우 상품 가격 책정 시 상품의 판매 수익에서 배달료 등의 지출을 사전적으로 고려하여 가격을 책정하는 것이 필요하다. 외국 업체들과 같이 배달료나 수수료를 별도로 받는 경우에는 배달 서비스의 속도에 따라, 또 포장 등과 같은 부가 서비스에 따라 가격이 달라지므로 장바구니 설계도 이러한 내용을 자동적으로 계산할 수 있도록 되어 있어야 한다.

전자 상거래 운영 시 어렵고도 중요한 부분이 전자 결제 부분이다. 무통장 입금, 전자지갑, 배달 시점 수금, 계좌 이체, 신용 카드 등의 여러 가지 결제 방식이 있으나 신용 카드 결제가 가장 보편적으로 활용된다. 신용 카드는 후불이기 때문에 고객의 입장에서 당장 돈이 지출되는 무통장 입금보다 선호한다. 단, 신용 카드를 사용하기 위해서는 자신의 카드 번호를 입력해야 하기 때문에 보안에 신경을 쓰는 고객들은 결제 과정에서 망설이게 된다. 이러한 약점을 보완하기 위해 SET(Secure Electronic Transaction)이나 SSL(Secured Socket Layer) 등의 결제 보안 방식을 활용한다.

전자 상점의 구축이 끝나면 인터넷 서비스 제공 업체(Internet Service Provider)를 통해 인터넷에 접속시켜 서비스를 개통한다. 인터넷 전용선은 컴퓨터 시스템이나 네트워크를 전화선보다 훨씬 빠른 속도로 인터넷 망에 연결해 주는 서비스이다. 서비스 용량별로 56 Kbps부터 2,048 Kbps에 이르기까지 여러 종류의 회선이 있는데, 이 중 적절한 용량을 선택하여 신청서를 우편, 팩스, 온라인 등으로 접수하면 된다. 전용선을 설치할 때는 라우터, 전용선 모뎀 등의 장치를 설치해야 하고, 사용료도 전용선에 따라 많은 차이가 나므로 회사의 인터넷 사용 환경에 적절한 서비스를 받도록 전문가와 충분한 상담을 할 필요가 있다.

전용선의 월 사용료가 부담이 되는 소규모의 SOHO 창업자는 전국 주요 도시에 소재한 전화 전용선 사업자로부터 전화 전용선 서비스를 이용할 수 있다. 전화 전용선이란 인터넷 전용선에 전화선을 연결하여 전용선의 유휴 용량을 나누어 쓰는 통신선이다. 전용선 사정에 따라 서비스 속도가 변화되기는 하지만 사용료가 저렴하므로 사업 초기에 이를 이용하고, 사업이 본 궤도에 도달한 후 인터넷 전용선으로 교체하는 것이 바람직하다.

(3) 주문 처리, 배송 및 결제

고객이 가장 싫어하는 것 중의 하나는 오래 기다리는 것이다. 따라서 고객의 주문 내역을 가능한 한 신속하게 처리해 주는 것이 지속적인 거래를 위한 밑거름이 된다. 쇼핑 몰의 전문 서비스 담당자를 지정하여 하루에 2-3회에 걸쳐 고객의 주문을 확인하고 신속히 배송 서비스를 진행하도록 한다. 물론 무통장 입금으로 결제하는 경우 입금이 확인될 때까지 기다려야 하지만, 신용 카드로 결제하는 고객의 주문은 즉시 배송 처리해야 한다.

배송은 가상 공간에서의 상거래가 실제 공간에서 마무리되는 중요한 과정이다. 배송 수단은 크게 우체국을 이용하는 방법과 택배사를 이용하는 방법이 있다. 보통 가벼운 상품, 즉 중량 10 kg까지는 우체국을 이용하고, 그 이상의 무거운 상품은 택배사를 이용하는 것이 유리하다. 택배사를 이용할 경우는 직접 배송품을 운반해야 할 필요가 없이 전화나 인터넷으로 온라인 신청이 가능하다. 택배사와 장기 계약을 하면 일반 요금보다 할인을 받을 수 있다. 상품 배달이 완료되면 택배사로부터 팩스로 배달 운송장을 접수하여 고객의 문의에 대비한다. 타인에 대한 선물 등의 용도로 상품을 구매한 경우 배달에 대한 문의가 특히 많이 들어온다.

주문을 적절히 처리하기 위해서는 사전적으로 재고 관리를 철저히 해야 한다. 판매 수량이 한정된 상품은 특히 정확한 재고 파악이 중요하다. 주문 품목이 품절되었을 경우에는 만일 고객이 원하는 상품이 가까운 시일 내에 입수될 수 있으면 고객의 양해를 구하고 배송 시점을 조정한다. 그러나 원하는 시일 내에 상품의 입수가 어려우면 유사한 타 상품을 추천하거나 고객의 구매 취소를 요청해야 한다. 하지만 자동화된 재고 관리 방법을 사용하면 물품 창고의 데이터베이스와 연결하여 고객에게 실 시간으로 재고 유무를 알려 주어 주문의 취소나 환불 등의 복잡한 사후 처리를 미연에 방지할 수 있다.

무통장 입금의 경우 인터넷 사업자가 원하는 시점에서 쉽게 대금을 정산을 할 수 있으나, 카드 결제 시에는 카드사마다 정산 주기가 달라서 다소 복잡하다. 대체로 **캡처**(Capture)라고 하는 대금 지불 요청이 판매자에게서 제출된 후 일 주일 정도 후면 결제 계좌로 입금된다. 일반적으로 카드 수수료는 3-5%이다. 전자 상점은 매일 약속한 시간대에 당해 일자의 거래 상황에 대한 대금 정산 자료를 일괄적으로 해당 금융 기관에 전송한다. 이 전송 자료에는 당해 기간의 거래 승인 부분에 대한 정산 요청 자료와 접수된 매출 취소 요청 자료가 포함되어 있다. 금융 기관에서는 통신망을 통해 접수된 정산 요청 자료와 매출 취소 요청 자료에 근거하여 수수료를 제한 금액을 해당 회사 계좌에 입금시켜 준다.

일반적으로 카드사가 신용도가 낮은 업체와의 거래를 기피하는 경향이 있기 때문에 사업 초기에는 메타랜드와 같은 **결제 대행 업체**를 이용하여 대금 결제를 할 수 있다. 이 경우 메타랜드가 카드사와 대표 가맹점 계약을 맺어 놓고 대금 정산을 일괄적으로 한 후에 각 판매점에게 다시 정산하는 구조를 갖는다. 이때 대금 정산 주기는 주로 월말에 일괄적으로 이루어진다.

우리 나라의 경우 대체로 20-30일 이내의 **반품**(Return) 규정을 갖고 있는데, 무조건적인 반품 등 적극적인 반품 정책을 표방하는 곳은 드물고, 반품 시 택배 비용에 대한 내용도 명확히 규정되어 있지 않다. 반품 요청은 전화로 접수하여 처리하는 경우가 많다. 미국의 경우는 일반적으로 소비자가 반품을 원할 경우 30일 이내에 100% 반품 처리해 준다. 미국의 주요 사이트들은 반품 시 택배 비용까지도 전액 부담하고, 소비자와의 분쟁을 사전에 방지하기 위해 반품 조건을 상세히 알려 준다. 이러한 관행에 비추어 볼 때 인터넷 창업 기업이 소비자의 입장에서 적극적인 반품 정책을 시행하면 그것이 경쟁 우위를 확보하는 기반이 될 수 있다.

창업 이야기 XIII-1

I &C 테크놀로지[30]

LG 그룹의 '사내 벤처 사업가' 공모에서 유일하게 독립 기업으로 선정되어 1996년 11월 출범한 아이 앤드 씨(I&C: Information and Communication) 테크놀로지는 창업 초기부터 높은 성장 가능성으로 인하여 주목을 받고 있다. I&C의 전문 분야는 매우 특수하다. 이 회사는 비메모리 반도체 중에서도 특히 '주문형 반도체'로 불리는 특별 적용 반도체 칩 '에이직'(ASIC: Application Specific IC), 그 중에서도 칩의 설계만 맡고 있다. 비메모리 반도체 분야에서도 가장 고난도의 기술과 창의력을 요구하는 부문이다.

컴퓨터에 내장된 칩은 5년 전만 해도 마이크로 컨트롤(CPU)·롬·램 등 10여 개 종류였다. 이것이 점점 더 통합된 형태를 이루면서 에이직 기술의 발전이 이루어졌다. 전문가들은 조만간 다른 기능의 칩들이 통합되면 에이직은 컴퓨터 칩의 황제로 등극할 것이라고 전망한다. 뿐만 아니라 이 같은 통합의 기능이 광범위하게 알려지면서 에이직은 어떤 종류의 전자제품에도 간단하게 이용될 수 있어 관심을 끌고 있다. 특정 제품에 필요한 기술들을 기능에 맞게 하나로 통합할 수 있게 된 것이다. 첨단 레이더의 물체 판별에서 가라오케의 선곡·예약에 이르기까지 제품의 특성에 맞도록 반도체가 설계·생산되는 것이다. 특히 통신의 발달이 에이직의 기술 개발을 부추기는 가장 큰 요인이다.

I&C의 박창일 사장은 경북대 전자공학과 출신으로 한국 과학기술원에서 정보통신공학으로 대학원을 마치고, 1988년도 LG 반도체에 입사한 후 퇴사하기까지 에이직 설계사로 근무한 이 분야의 전문가이다. 박 사장과 한 팀을 이룬 이재헌, 김봉수 씨 등도 역시 전자·정보 전문가들이다. 현재 I&C 테크놀로지는 5명의 석·박사급 연구원들을 포함하여 모두 8명이 설계에 전념하고 있다.

LG 반도체가 내건 조건은 I&C가 설계한 에이직 반도체 전량을 LG 반도체가 생산·판매한다는 분업적 협력이다. LG 반도체는 창의력과 열정이 요구되는 부분을 독립시켜 에이직 기술 개발에 가속도를 붙일 수 있다는 것 외에 생산·판매로 훨씬 큰 이익을 볼 수 있다는 계산이었다. LG 반도체는 이를 위해 하드웨어와 소프트웨어 등 20억 원에 이르는 장비를 지원하고 LG 창투는 자본금 일부를 투자하여 지분을 확보하고 있다.

I&C는 사업 초기부터 높은 성공 가능성과 시장 잠재력을 인정 받고 선수금으로 개발에 착수했기 때문에 자금 사정이 매우 좋은 사내 벤처라고 볼 수 있다. I&C의 1997년 매출 목표는 30억 원이고, 1998년에는 이보다 250% 성장한 80억 원을 무난히 달성하리라 예상하고 있다. I&C가 가장 자랑하는 것은 직원들의 성실성이다. 박 사장은 "자기가 하고 싶은 일을 하니 쉬라고 해도 쉴 줄 모른다"고 말한다. 스톡 옵션제를 실시하여 모두 자기 회사라는 생각을 갖게 했다는 점도 열심히 일하는 이유가 될 것이다. 회사가 성장하면 모두 백만장자가 될 수 있다는 생각들이다.

30 이코노미스트, "I&C 테크놀로지, '비메모리 반도체 우리가 제패한다'," 1997년 6월 24일.

창업 이야기 XIII-2

조이 월드[31]

방콕의 작은 벤처 기업 사장인 나룽퐁 씨는 1997년 6월 한국의 벤처 기업 ㈜조이 월드의 전하진 사장으로부터 기막힌 제안을 받았다. 아이디어만 있으면 세계 시장을 조사해 주고 기획·판매까지 대행해 주겠다는 내용이다. 원한다면 조이 월드가 일정액을 투자할 수 있고, 세계 각국에서 개발된 '조이' 제품의 독점 판매권 제공도 가능하다는 단서도 덧붙여져 있었다. 세계 각국의 벤처 기업을 협력사로 확보해 네트워크를 구성한 뒤 조이란 이름의 사이버 벤처 그룹을 만들겠다는 것이 전하진 사장의 전략이다.

21세기를 향한 그의 원대한 계획은 조금씩 그 모습을 드러내고 있다. 1997년 말 현재 조이 그룹에 동참 의사를 밝힌 기업은 모두 8곳이다. 미국·캐나다 등 직접 설립한 회사에 이들을 합치면 모두 10개국이다. 태국·홍콩·중국 등 아시아 지역은 물론 멀리 유럽의 남단 그리스도 포함되어 있다. 1997년 들어서만 5개월을 돌아다니며 뿌린 씨앗이 차츰 싹을 틔우고 있는 것이다.

전 사장이 조이 월드 설립 즉시 본사를 미국 샌 호제이로 옮기기로 결정했으니 시작부터가 국제적이었다. 세계 각국에서 제안된 제품을 검증하기엔 미국이 제격이라는 의미에서 이러한 결정을 내렸다. 1997년 8월 100만 달러를 들여 미국 샌 호제이에 조이 월드사를 설립한 전 사장은 아예 그곳 사무실에서 세계 네트워크를 관리할 계획이다. 전 사장은 "기업에는 이제 국가나 국적이란 의미가 없다. 오직 세계 시장을 향한 제품만 있을 뿐이다. 전세계 네트워크를 형성하기 위해서는 기술 수준이 가장 높은 미국에 본사를 설립하고 그곳에서 직접 세계 네트워크를 통제하는 것이 최상이라 생각했다"고 말한다.

미국에 본사를 설립한 후 캐나다에 지사를 설립한 것이 두 번째 작업이었다. 터론토에 설립된 '조이 캐나다'는 조이라는 브랜드로 생산된 모든 제품의 수출 및 로열티를 관리한다는 전략이다. 캐나다의 수출 조건이 가장 좋다는 점이 큰 이유였다.

전 사장은 아직 네트워크가 완결되지 않은 상황에서 이미 2건의 히트작을 내놓았다. 이 계획이 단순히 꿈에 그치지 않는다는 것을 입증한 것이다. 조이월드에서 직접 기획·개발한 아동용 학습 소프트웨어 '조이 블록'이 첫 작품이다. 이 제품은 1년 동안 무려 6차례나 뜯어 고쳐졌다. 색상이나 구성에 대해 회원사의 불만이 계속됐던 것이다. 애쓴 만큼 효과도 커 결과는 대성공이었다. 컴퓨터 화면상에서 3차원으로 집짓기 놀이를 하도록 꾸며진 이 소프트웨어는 1997년 4월 세계적으로 가장 명성이 높은 볼로니아 아동 도서 전시회에서 창의력 증진 부문 대상을 차지했고, 미국·일본·대만 등에 200만 달러어치의 계약을 체결했다.

소호(SOHO)를 위한 전화 교환기 '조이 소호 PBX' 역시 동일한 방식으로 히트했다. 국내의 한 벤처 기업이 제안한 아이디어를 조이 협력사의 도움으로 상품화한 것이다. 이 제품의 가장 큰 강점은 200달러 수준의 가격이라는 점이다. 미국에서 동일 제품이 1000 달러에 이르는 것에 비춰 보면 20%에 불과한 가격이다. 내년까지 예상되는 계약 액만 2000만 달러를 넘는다.

내년이면 세계 각 지역에서 조이 제품이 쏟아질 것으로 내다보고 있다. 1개국 회원사가

31 이코노미스트, "조이 월드, '세계를 품는 큰 날개 펼칠 것'," 1997년 12월 9일.

1제품만 제안해도 연간 수십 건의 제품이 개발된다는 것이다. 모든 제품의 수익은 각 사에 돌아가니 조이 월드뿐 아니라 각 회원사의 기대도 크다. 1997년 매출은 2-3억 원 정도였지만 1998년도 매출을 500배 이상으로 잡았다.

창업 이야기 XIII-3

M2[32]

1997년 7월 7일 국내 첫 인터넷 방송국(http://www.m2.station.com)을 개국하여 아직 국내·외적으로 밑그림조차 그려져 있지 않은 분야에 뛰어들어 화제가 된 기업이 바로 박중하 사장이 이끄는 메가미디어 커뮤니케이션즈(M2)가 그 주역이다. M2의 인터넷 방송국은 사무실 40평, 직원 11명의 '초미니' 방송국이지만 새로운 차원의 차세대 방송 메커니즘을 제시하는 것으로 평가받으면서 네티즌의 뜨거운 화제거리가 되었다. 초창기이고 작은 방송국이지만 방송중 컴퓨터 화면을 통해 토크 쇼와 관련된 화면이 흘러나가고, 이메일을 통해 접수된 내용이 즉각 대화에 반영된다는 점에서 기존 방송의 개념을 바꿔 놓는 특성을 보여 준다.

공중파나 CATV 등 이때까지의 방송이 방송국측의 일방적인 편성에 의존하여 시청자의 의견이 반영되기 어려웠던 반면, 인터넷 TV는 시청자가 제작에 참여할 수 있어 기존의 방송 개념을 근본적으로 바꾼 것이다. 24시간 아무 때나 보고 싶은 프로를 선택할 수 있는 것 역시 인터넷 방송의 시청자만이 갖는 권리다. 컴퓨터만 있으면 언제든 접속이 가능하고 마우스 클릭 한번으로 보고 싶은 방송을 얼마든지 볼 수 있게 꾸밀 수 있다. 공중파나 CATV가 꿈도 꿀 수 없는 24 시간 종일 방송 및 다중 방송이 가능한 TV인 셈이다. M2의 계획대로라면 1998년부터는 이 같은 장점을 충분히 살릴 수 있다. 더욱이 방송국 설립·운영비가 기존 방송국과는 비교할 수 없을 만큼 적어 소자본가도 참여할 수 있다는 큰 매력이 있다. 작은 사무실과 스튜디오, 카메라 몇 대, 서버 등 기본적인 장비만 있으면 개국이 가능하다. 수억 원 정도면 충분한 금액이다. 대기업은 물론 많은 소자본가들까지 인터넷 방송에 관심을 갖는 이유도 결국은 적은 경비에 있다.

이 같은 강점을 가장 확실하게 살린 것이 M2사이다. 컴퓨터 20대, 서버 1대, 디지털 캠코더 8밀리 3대가 장비의 전부이다. 개국까지 들어간 경비는 2-3억 원에 불과하다. 준비 기간은 약 2년이었다. 처음 박 사장이 인터넷 사업에 뛰어든 것은 1995년 10월이었다. 초창기 1년은 인터넷으로 수능 시험을 해설하고 양희은 씨를 대상으로 인터넷 콘서트를 실시하는 등의 간단한 인터넷 사업 준비 작업을 통하여 이 분야의 사업성을 확인할 수 있는 기간이었다. 박 사장은 개인적으로 운영하던 사업을 1996년 10월에 법인 등록하고, 스폰서에게서 마련한 돈 1억 원을 초기 자본으로 활용했다. 1997년중 생겨난 10여 개 인터넷 방송국들에 비해 박 사장이 이끄는 M2는 시장 선점 효과를 얻음으로써 앞으로 더 많은 광고 수익과 기업 인터넷 방송국 설치 대행 등으로 1997년 매출액을 40억 원까지 올릴 계획을 수립했다.

32 이코노미스트, "M2, '우리가 한국의 인터넷 방송국 1호'," 1997년 8월 26일.

읽을 거리

Business Week, "Silicon Valley: How It Really Works," August 25, 1997: 48-89.

Harvard Business Review, "Perspectives: How Can Big Companies Keep the Entrepreneurial Spirit Alive?" November-December 1995: 183-190.

Harvard Business School, "Encouraging Innovation and Entrepreneurship," Harvard Business School Note 9-385-197.

Robert D. Hisrich and Michael P. Peters, "Establishing a New Business Venture Unit Within a Firm," *Journal of Business Venturing*, 1985, 1: 307-322.

Vijay K. Jolly and Haruhisa Kayama, "Venture Management in Japanese Companies," *Journal of Business Venturing*, 1990, 5: 249-269.

Rosabeth Kanter, "Supporting Innovation and Venture Development in Established Companies," *Journal of Business Venturing*, 1985, 1: 47-60.

John Kao, "Note on Corporate Venturing," Harvard Business School Note 9-487-056.

Patricia Phillips McDougall, Scott Shane, and Benjamin M. Oviatt, "Explaining the Formation of International New Ventures: The Limits of Theories from International Business Research," *Journal of Business Venturing*, 9, 1994: 469-487.

Ian C. Macmillan, Zenas Block, and P. N. Subba Narasimha, "Corporate Venturing: Alternatives, Obstacles Encountered, and Experience Effects," *Journal of Business Venturing*, 1986, 1: 177-191.

Austin K. Pryor & E. Michael Shays, "Growing the Business with Intrapreneurs," *Business Quarterly*, Spring 1993: 131-139.

John A. Quelch and Lisa R. Klein, "The Internet and International Marketing," *Sloan Management Review*, Spring 1996: 60-75.

Rodney C. Shrader and Mark Simon, "Corporate versus Independent New Ventures: Resource, Strategy, and Performance Differences," *Journal of Business Venturing*, 12, 1997: 47-66.

Hollister B. Sykes, "The Anatomy of a Corporate Venturing Program: Factors Influencing Success," *Journal of Business Venturing*, 1986, 1: 275-293.

Eric W. K. Tsang, "Threats and Opportunities Faced by Private Businesses in China," *Journal of Business Venturing*, 9, 1994: 451-468.

Wilfried Vanhonacker, "Entering China: An Unconventional Approach," *Harvard Business Review*, March-April 1997: 130-140.

사례 연구 21

스탠더드 텔레콤*

정보통신 기기 제조 전문 업체인 주식회사 스탠더드 텔레콤은 1991년 9월 고명 전자의 설립을 시작으로 첨단 기술의 개발과 자체 기술력 향상에 힘써온 기업으로 기술 우위의 통신 기기 전문 업체로의 도약을 준비하고 있다. 주력 품목인 무선 호출기를 비롯하여 팩시밀리, 무선 전화기 CT-2, GSM 등 첨단 통신 기기를 개발하여 국내는 물론 해외에서도 그 시장을 넓혀가고 있는데, 기술력의 확보만이 급변하는 고도 정보화 사회에 대응할 수 있다는 기술 우위 원칙하에, 부설 정보통신 연구소와 미국 샌터 클라라 연구소를 설립하여 첨단 기술 연구개발에 총력을 기울이고 있다. 이 회사는 기업 이미지 통합 작업을 통해 '닉소'(Nixxo)라는 이름의 브랜드를 개발하여 편리성, 첨단성, 전문성을 강조하면서 미주 지역을 비롯해서 유럽, 동남아 지역을 발판으로 하여 사세를 확장하고 있다.

회사 설립 후 4년 만인 1995년에 매출액 388억 원(자본금 63억 원)에 당기 순이익 65억 1000만 원이라는 경이적인 성장을 한 스탠더드 텔레콤은 무선 호출기가 주력 상품으로서 삼성 전자 정보통신 연구소 출신의 임영식 사장이 한국 종합 기술 금융의 지원을 얻어 설립한 전형적인 벤처 기업이다. 1996년 8월 정보통신 사업 강화 전략으로 ㈜윈텔을 합병하였으며, 2개의 계열사와 미주 연구소, 미주 판매 법인을 운영하고 있다. 보기 1과 2는 각각 회사의 연혁과 계열사 현황을 보여 준다.

창업 과정

창업자

임영식 사장은 항공대학교 통신공학과를 졸업하고 1982년부터 4년간 대륭 정밀에서 개발을 담당했다. 이어 1986년에 삼성 전자 정보통신 연구소로 자리를 옮겨 91년 4월까지 연구원 생활을 했다. 그러는 동안 무선 호출기 사업은 중소 기업의 영역이라는 생각을 가지고 같은 곳에서 근무하던 손진현 전무(36세), 윤영한 상무(33세)와 함께 창업을 하게 되었다. 그는 어릴 적부터 모형 엔진 비행기, 헬리콥터 조립 등 뭐든 만드는 것을 좋아했다. 원래 좀 소심한 성격의 소유자인 임 사장은 항상 분수를 지키며 기업을 해야 한다고 강조하고 있는데, 그러한 그의 성격으로 인해 자금의 운용에 있어서도 차입금을 거의 사용하지 않는다.

창업 동기

임 사장은 대기업의 선임 연구원으로 있으면서 서류 작성이나 하는 등 엔지니어로서의 창의력을 너무 제약 받고 있던 차에 무선 호출기 사업은 중소 기업의 영역이라는 생각이 들었고 꼼꼼한 계획 끝에 성공할 수 있을 것이라는 확신을 갖게 되어 창업을 결심하였다. 임 사장은 동업자들과 함께 처음 시작할 때부터 시장의 니즈(Needs)를 철저하게 파악하고 완벽에 가까운 계획을 세웠다. 동시에 그는 연구소에서 수년간 근무하면서 얻은 기술과 경험으로 기술적인 면에 제품의 초점을 맞춤과 아울러 디자인에도 많은 신경을 썼다. 무엇보다 1990

*이 사례는 김훈상, 문원준, 이원범과 함께 교육용으로 개발한 것이다. 사례의 내용은 특정 경영 상황의 처리에 관한 잘잘못을 예시하지 아니한다.

년대 들어서 무선 호출기 시장이 급성장할 것이라는 예측이 정확히 맞아떨어진 것이 가장 큰 성장 요인이었다.

성장 과정

'작지만 큰 기업'은 바로 스탠더드 텔레콤을 두고 업계에서 하는 말이다. 이는 1995년 약 12만 개의 법인체 중에서 매출액 순위는 5000등(390억 원)이지만 당기 순이익 순위에서는 340등(65억 원)을 기록하였기 때문이다. 스탠더드 텔레콤은 사실 창업 때부터 급격한 성장세를 기록해 업계의 눈길을 끈 기업이다. 1992년 창업 첫해 19억 원의 매출을 올린 것을 시발로 93년 120억 원, 94년 280억 원, 95년 390억 원을 달성했고 96년에는 600억 원을 예상하였으나 전반적인 경기 침체로 인한 내수 부진으로 인해 약 100억 원이 적은 500억 원 정도를 기록했다. 임 사장은 "97년 800억 원, 98년 1500억 원까지 내다보고 있다"고 할 만큼 성장 속도는 여전히 급속할 것으로 기대된다.

회사측은 "끊임없는 기술 개발로 시장 선점에 성공했다"는 점을 강조한다. 수익이 생겨도 부동산, 재테크 등 영업 외 수익으로 회사를 키우는 방법을 전혀 택하지 않고 매출액의 15% 가량을 연구개발에 투입했다. 첨단 기술의 개발이 이 회사의 살 길이라고 생각하는 창업자의 시각을 고려할 때 당연한 것인지도 모른다. 1993년 4월 자체 부설 통신 연구소를, 94년 11월 미국 실리컨 밸리에 미주 연구소인 '스탠더드 텔레콤 샌터 클라라'를 세운 것도 이런 맥락에서였다.

스탠더드 텔레콤이 조직의 경량화를 위해 창업 때부터 생산을 부문별로 나누어 100% 아웃소싱(Outsourcing)해 온 점도 성장에 큰 도움을 주었다. 소비자 지향의 마케팅 활동에 주력한 것도 큰 효과를 가져왔다. 일례로 회사 조직도에 고객이 사장보다 공식적으로 위에 자리잡고 있다. 이외에 중소 기업임에도 불구하고 20여 군데의 A/S 센터를 운영하고 있는 점도 특이하다.

스탠더드 텔레콤의 강점 중의 하나는 수출 위주의 해외 사업 치중 전략이다. 이는 세계적인 통신 회사로 도약하기 위해서는 세계화, 현지화가 필수적이라는 판단에서이다. 물론 국내 무선 호출기 시장이 포화 상태라서 불가피하게 해외로 눈을 돌리는 점도 무시할 수는 없지만, 스탠더드 텔레콤은 창업 초기부터 해외 시장 개척에 나서 창업 이듬해인 1993년 무역의 날 5백만 불 수출 탑을 수상하였다. 이러한 기반 위에 1996년의 수출 목표는 4천만 달러로 잡았다. 해외 영업 강화 차원에서 1995년 4월 미주 지역 판매 법인인 '스탠더드 텔레콤 아메리카'를 설립하였으며 현재 성장 잠재력이 풍부한 동남 아시아, 중국, 인도 등을 겨냥해 강력한 수출 드라이브 정책을 펴고 있다.

스탠더드 텔레콤은 1994년 131%, 95년 38.6%의 매출액 신장률을 기록하였으며 관계사와의 시너지 효과에 따른 높은 매출 증가는 이익으로 연결되어서 1993년 이후 연 평균 54%의 경상 이익 성장률을 보였다. 보기 3은 주요 재무 지표를 보여 준다. 특히 1995년의 경우 무선 호출기 핵심 부품 국산화로 동종 업계 평균보다 8.5 배나 웃도는 16.8%의 당기 순이익을 기록하였다. 부채 비율은 60%에 불과한데, 그것도 상품 거래와 관련된 것이 대부분이며 금융 기관 차입금은 저리의 정책 자금 이외에는 거의 없을 정도로 보수적인 경영을 하고 있다. 연구개발비는 매출액 대비 15%선에 이르지만 전액 당해 연도 비용으로 처리하기 때문에 이연 자산이 없다.

1996년 5월 30일 장외 주식으로 등록될 당시의 매매 기준가는 자산 가치(12,911원)와 수익 가치(34,365원)를 감안하여 25,800원으로 결정되었고, 등록한 이후 주가가 크게 강세를 보여 장외 시장에서 귀족 주로 부상했다. 임영식 사장이 34.1%의 지분을 보유하고, 손진현 전무와 윤영한 상무가 합쳐서 37.1%, 그리고 한국 종합 기술 금융이 16.3%의 지분을 보유하고 있다. 임영식 사장은 1997년 3/4분기에 거래소 시장에 상장하여 향후 성장에 필요한 자금을 조달할 계획인데, 벤처 기업의 경우 주식 분산 의무가 상대적으로 약한데다 임영식 사장 등 3인의 대주주가 71.2%의 지분을 보유하고 있기 때문에 주식의 유동성은 높지 않을 것으로 보인다.

제품 개발

스탠더드 텔레콤사가 대표 브랜드이자 기업 로고로 선정한 '닉소'(Nixxo)는 라틴어로 리더 혹은 선구자를 의미하는 라틴어 'Oniks'와 첨단 통신 기술인 디지털 통신의 0과 1을 형상화한 기호인 'XO'의 결합이다. 이는 스탠더드 텔레콤이 통신 업계의 선두 주자로서 기술 제일주의를 모토로 하여 가장 완전한 통신 서비스를 제공하기 위해 연구, 노력하겠다는 실천적 의지의 표현이다.

기술 개발 실적과 계획

스탠더드 텔레콤은 1992년 무선 호출기의 핵심 부품인 Decorder-IC의 국내 최초 ASIC 개발을 시작으로 국내 최초 AAA 알칼라인 배터리 사용 무선 호출기를 개발하고, 93년에는 미주 및 유럽형 900 MHz 무선 전화기 개발을 완료하였으며, 제 2 무선 호출 사업자 시행 '무선 호출기 현장 시험'에서 수신율 1위를 차지하였다. 또한 국내 최초로 생활 정보 수신용 무선 호출기를 개발하고, 국내 최초로 무선 호출 핵심 부품인 절전형 게이트 어레이(Gate Array)의 개발에 성공했다. 보기 4는 이 회사의 주요 R&D 실적을 보여 준다.

최근의 연구개발 실적으로는 일반 호출기보다 전송 속도가 5배 이상 빠른 플렉스 무선 호출 방식의 고속 삐삐를 개발했다. 이 방식은 전송 속도가 6,400 bps로 기존의 POCSAC 방식보다 약 5배 이상 향상된 것이다. 또한 1996년 10월 범 유럽 디지털 이동 전화의 단말기를 개발했다. 무게가 180 g인 이 GSM 단말기(모델명 Nixxo-GSM)는 1997년부터 국내에서 생산해 미국, 중국 및 유럽에 수출할 예정이다.

주요 시제품

Nixxo Airfly 이는 안정적 품질에 기본을 둔 보급형 광역 호출기로서 1995년 5월 개발 완료되었으며 한 달간의 현장 실험 끝에 6월에 출시하였다. 과도한 소형화보다는 안정성과 내구성을 중심으로 하여 광역 호출기가 갖기 쉬운 불안정성을 극복했다.

Nixxo-α 나래 이동 통신의 문자 호출 서비스 시작과 함께 적극적인 광고 판촉 활동을 펴고 있는 스탠더드 텔레콤의 주력 상품이다. 특수 기능으로 매시간 변하는 다양한 생활 정보 수신 기능이 있다.

Nixxo-Pop 신세대 감각에 부응하기 위해 호출기에 FM 라디오 기능을 첨가한 아이디어 상품이다. 판매가 매우 저조한 편으로 알려져 있다.

Nixxo-Etti 초소형 디자인과 특수 소재를 사용한 여성층을 겨냥한 신제품이다.

Nixxo-Swing Nixxo시리즈의 최신형으로 독특한 디자인과 다양한 기능의 제품이다. 최신 제품답게 호출기의 최신 기능이 총 망라되어 있나. 스탠더드 텔레콤의 또 하나의 주력 상품이다.

판매 전략

스탠더드 텔레콤의 마케팅 전략은 기본적으로 소비자 지향의 마케팅을 표방하는 것이다. 이러한 개념은 국내 최초의 소형화, 그리고 신세대 취향에 맞는 무선 호출기 시장을 창조해 냈다는 점으로 나타난다. 특히 젊은 층을 표적 시장으로 설정하여 소형 호출기 시장을 'Compac'이라는 브랜드로 창조해 냈다는 것은 그의 좋은 예이다.

경쟁 상황

무선 호출기 시장의 판도는 미국의 거대 기업 모터롤라가 압도적으로 시장을 주도해 나가고 있다. 그 뒤에 국내 굴지의 재벌 기업인 삼성 전자가 따르고 있다. 시장 점유율을 보면 모터롤라가 35-40% 삼성 전자가 20-25% 정도이고, 스탠더드 텔레콤과 텔슨 전자가 각각 13%로 시장을 나누어 가지고 있고, 나머지 14%를 그 외의 업체들인 어필 텔레콤, 팬택 등 60여 개의 중소 기업들이 나누어 가지는 2대, 2중, 다 소의 구도임을 알 수 있다.

국내 호출기 시장을 주도하고 있는 모터롤라사는 뛰어난 디자인, 마케팅 능력과 광고력, 기술력, 다수의 베스트 셀링 모델 등을 갖추고 있어 당분간 시장 1위의 자리를 고수할 것으로 예상된다. 이에 반해 시장 2위인 삼성 전자는 제품 자체의 경쟁력보다는 강력한 판매력과 조직망을 바탕으로 호출기 시장이 급성장하던 시기의 시장 선점 효과를 아직도 보고 있다. 이어 스탠더드 텔레콤은 월평균 6만 대에서 8만 대의 내수와 2만 5000대에서 3만 대에 이르는 실적을 올리며 시장 3위의 자리를 차지하고 있다.

스탠더드 텔레콤의 맞수 격인 텔슨전자는 '왑스'(Warps)라는 브랜드로 중소 기업으로서는 최고의 점유율을 가지고 있고 이 외에 후발 업체로 '어필'(Appeal)의 어필 텔레콤이 기술력을 인정 받으며 시장 점유율을 늘려 가고 있다.

내수 판매

국내 무선 호출기 시장의 판매 구조는 1차적으로 각 이동 통신 사업자(012와 015)의 대리점에서 각지의 판매소와 계약을 맺어 자신이 소속한 무선 통신사의 서비스와 무선 호출기 단말기를 공급하는 판매소와 자신이 직접 조달한 기계를 취급하되 대리점으로부터는 호출 서비스만을 제공 받는 판매소로 양분되어 있다. 현재의 추세는 기계를 직접 조달한 판매소의 비중이 주를 이루고 있는데 이는 원가 절감에 기인한 당연한 결과라 하겠다.

현재 이러한 판매소들이 수입품과 국내 60여 개 회사의 무선 호출기를 일반 소비자에게 판매하고 있다. 그러므로 스탠더드 텔레콤의 1차 고객은 전국의 군소 호출기 판매 대리업자들과 양 통신 업체의 대리점이라고 하겠다. 물론 세계적인 기업인 모터롤라와 삼성 전자의 경우 몇 개의 직영점을 운영하고 있기는 하지만 그 비중은 극히 작아 제품 전시장의 개념에 가까운 것이 현실이다.

결국 이러한 중소 판매소들이 스탠더드 텔레콤의 1차적인 고객들인 셈이므로 이들 판매소의 확보와 관리가 판매의 가장 직접적인 요인이다. 스탠더드 텔레콤은 이들 판매소의 관리를 위하여 주 일회의 판매소 방문과 불만 사항 접수 등의 서비스를 실시하고 있다.

수출과 해외 영업 망 운영

연 규모가 2600억 원인 국내의 무선 호출기 시장은 그 규모로 보아 시장의 완숙기에 이르렀다고 할 수 있다. 그러므로 해외 시장의 판로 개척은 당연한 전략이라고 할 수 있다. 스탠더드 텔레콤은 1992년 회사 설립 후 다음 해인 93년 무역의 날에 500만 불 수출 탑을 수상할 정도로 내수 못지않게 수출에도 힘을 기울였다. 이는 창업 초기부터 '세계화'와 '현지화'를 이루어야 세계적인 통신 회사로 도약할 수 있다는 창업자의 의지가 있었기 때문이었다.

스탠더드 텔레콤은 1995년 4월 해외 영업을 더욱 강화하기 위하여 미주 지역 판매 법인인 'Standard Telecom America, Inc.'를 설립하였고 동남 아시아, 중국, 인도, 유럽 등지를 겨냥한 강력한 수출 드라이브 정책을 펴고 있다. 이 중 중국을 겨냥한 수출 전략에 초점을 두고 있다. 이는 중국의 시장 규모가 나날이 커져 1996년 스탠더드 텔레콤 예상 수출량의 절반인 150억 원 규모로 커가고 있기 때문이다. 현재 중국에는 OEM 방식으로 4개 지역에 수출중이고 동남 아시아에는 Local 숫자/문자 호출기를, 유럽 시장에는 900MHz 무선 전화기와 Local 숫자 호출기를 수출중이다. 이 중 국내에 900MHz 무선 전화기가 금지되던 때에 이를 유럽에 전량 수출하여 한때 유럽의 900 MHz 무선 전화기 판매량의 30%를 차지하기도 하였다.

조직 관리 및 운영

조직 구조

스탠더드 텔레콤은 상당히 수평화되어 있는 조직을 가진 기업이다. 임영식 사장을 정점으로 하여 5명의 본부장과 21명의 팀장과 그 이하 103명의 팀원으로 이루어져 있다. 모두 26개의 팀이 조직 안에 있는데 이것이 바로 스탠더드 텔레콤의 수평적인 조직을 대변해 주는 것이다. 보통 팀원이 어떤 안건을 내면 그 안건이 팀장에게로 올라가고 그 다음에는 바로 본부장에게로 올라가는데, 사장에게까지 올라가는 경우는 거의 드물다. 거의 모든 일이 두 단계의 과정만 거치면 의사결정이 끝나기 때문에 아주 신속한 의사결정이 이루어지게 되는 것이다. 이는 요즘과 같이 시장 환경이 급속하게 바뀌는 것을 고려할 때 아주 중요한 전략적 장점이라고 할 수 있다.

이 회사의 또 하나의 독특한 제도는 자유 게시판 제도인데 이는 사내 컴퓨터 망에 자유 게시판이라는 것을 만들어 놓고 제품 개발에 대한 아이디어에서부터 회사 경영에 대한 불만까지 마음 놓고 이야기하도록 하는 것이다. 실제로 회사 방침에 대해 정면으로 "잘못되었다. 즉각 철회되어야 한다"고 지적하는 내용을 포함하여 하루 20-30 건씩 이 게시판에 아이디어가 올라온다. 스탠더드 텔레콤에서 해마다 '히트 상품'을 내놓을 수 있었던 것은 사원들의 평균 나이가 젊은 신세대 층이고, 이들의 감각을 경영에 잘 반영한 임영식 사장의 독특한 경영 방식 때문이라고 볼 수 있다.

인력 관리

스탠더드 텔레콤은 중소 기업임에도 불구하고 대기업 못지않은 파격적 급여와 복지 혜택을 주고 있는데 이것은 임 사장의 인재관이 직접적으로 반영된 것이다. 임 사장은 긴 안목에서 보면 자기 계발, 창의력에 힘쓰는 인재들을 확보해야 회사도 발전한다는 생각을 가지고 능력 위주의 인사 제도를 펼치면서 1995년부터 주 5일 근무제 －단, 협력사와의 업무가 과도하여 실제로는 격주 토요일 휴무제－ 를 실시하고 있다. 또한 예전부터 2000만 원 무이자 주택 자금 대출, 개인 연금의 회사 전액 부담, 우리사주 제도 등을 시행하여 왔으며, 1995년에는 110명의 직원을 3박 4일간 괌 여행을 보내기도 하는 등 직원들의 사기를 고취하고 있다.

1997년에 상장을 계획한 것도 향후 자금 조달의 목적이 가장 크기는 하지만 기업 공개를 해야만 기업의 위상도 높아지고 우수한 인재 확보도 쉬워진다고 보았기 때문이다. 그러나 주 5일 근무에 대기업 수준의 월급과 복지 혜택을 주고 있음에도 불구하고 젊은 인재들이 대기업을 너무나 선호하고 중소 기업은 쳐다보지도 않는 풍조가 만연되어 있어서 우수한 인력의 확보가 어려운 것이 현실이다.

인력 구성의 특징과 연구 개발

기술력을 중심으로 하는 벤처 기업답게 스탠더드 텔레콤은 총 인원 대비 높은 비율의 연구개발 인력을 보유하고 있다. 특히 이 회사의 왕성한 기술 개발 능력은 창업자들이 모두 엔지니어 출신이라는 사실에 기인한다. 창업자들은 국내 일류 대학에서 항공통신, 전자공학 등을 전공한 후 삼성 전자 등에서 일하다 뜻을 모아 회사를 차렸기 때문에 자연히 매출액의 15% 이상을 연구개발비로 투입하는 등 연구개발을 중시하는 풍토가 자리잡았다.

당면 과제

스탠더드 텔레콤은 성공적인 급성장에도 불구하고 향후 다양한 경영상의 해결 과제를 안고 있다. 첫째, 신세대를 목표 시장으로 하기는 하지만 브랜드 이미지를 좀더 고급화할 필요가 있다. 둘째, 디자인 부서의 확장이 요구된다. 현재 스탠더드 텔레콤에는 디자인실이 따로 마련되어 있지 않고, 상품 기획부에 디자이너 3명이 속해 상품 기획, 디자인, 대외 홍보 업무까지 맡고 있다. 전문 디자이너와 디자인 마케팅 전략 인재의 확보가 급하다. 이것이 이루어져야 위의 브랜드 이미지의 고급화가 이루어질 수 있기 때문이다. 셋째, 유럽 GSM 시장에 진입하는 것이다. GSM 방식의 범 유럽 디지털 이동 전화의 개발로 유럽 시장에 진출이 가능해졌지만 아직도 스탠더드 텔레콤의 해외 수출/영업 전략에는 주먹구구식의 측면이 남아 있기에 유럽 지역 판매 법인의 설립 등을 통해 체계적인 판매 조직의 구축 및 관리가 필요하다. 넷째, 문자 호출기라는 새로운 시장 기회를 창조할 수 있는 NIXXO-α의 마케팅에 주력해서 새로운 시장을 개척할 필요가 있다. 이를 위해 가격 수준의 하향 조정을 고려해 보아야 한다.

보기 1 회사 연혁

1991. 9. 1	고명 전자 설립
1992. 2.27	㈜스탠더드 텔레콤 법인 전환 (자본금 2억 원, 대표이사 임영식 취임)
1992. 9.16	제 2 이동 통신(나래 이동 통신) 수도권 지역 무선 호출 분야 컨소시엄 구성, 주주 참여
1993. 4. 1	기업 부설 정보통신 연구소 설립
1993. 7.15	계열사 ㈜스탠더드 에스엠티 설립
1993. 9. 1	계열사 ㈜윈텔 설립
1993.11.30	제30회 무역의 날 500만 불 탑 수상
1993.12.21	병역 특례 업체 선정
1994. 6.13	제 2 이동 통신(㈜신세기 통신) 이동 전화 컨소시엄 주주 참여
1994. 6.30	체신부 유망 중소 정보통신 기업 선정
1994. 7.18	기술 신용 보증 기금 우량 기술 기업 지정
1994.11.29	병역 지정 업체 선정
1994.12.16	미국 SANTA CLARA 현지 연구소 설립
1995. 1	유럽형 DIGITAL CELLUAR 방식의 GSM Phone 개발 시작 (미주 연구소)
1995. 4.24	미국 Santa Clara에 현지 판매 법인 Standard Telecom America, Inc. 설립
1995. 5.19	계열사 ㈜스탠더드 정보통신 설립
1996. 5.30	KOSDAQ 1호주식 장외 등록
1996. 7.10	신규 통신 수도권 무선 호출 분야 해피텔레콤 컨소시엄 구성, 주주 참여
1996. 8. 5	㈜윈텔 합병
1996.10	GSM 단말기 개발

보기 2 계열사 현황

회사명	대표자	설립 연도	95년 매출 (억 원)	96년 예상 매출(억 원)	주요 사업
스탠더드 텔레콤	임영식	92.2.27	390	600	무선 호출기
스탠더드 SMT	최은식	93.7.15	29	35	PCB
스탠더드 정보통신	손진현	95.5.19	4.4	34	무선 통신 기기 유통
미주 판매 법인	김일환	95.4.24	26	120	무선 통신 기기 유통
미주 연구소	방사현	94.12.16			통신 기기 연구개발

보기 3 주요 재무 지표 (단위: 억 원)

구분	94년	95년
자본금	2.0	6.0
매출액	280.2	388.3
경상 이익	74.5	75.8
당기 순이익	63.8	65.1
주당 순이익 (원)	159,500	81,393
주당 순자산 (원)	186,146	109,962

보기 4 주요 R&D 실적

1992. 1 무선 호출기용 핵심 부품 Decorder-IC 국내최초 ASIC 개발.
1992. 3 국내 최초 AAA Alkaline Battery 사용 무선 호출기 개발. 상공부 지원 PDA 개발 업체로 선정.
1993. 4 미주 및 유럽형 900MHz Cordless telephone 개발 완료.
1993. 6 제 2 무선 호출 사업자 시행 무선 호출기 현장 시험에서 수신율 1위.
1993. 7 국내 최초 생활 정보 수신용 무선 호출기 Information Compac 개발.
1993. 8 다기능, 소형 가정형 홈 팩스인 Comfax 2100 개발 완료.
1993.11 국내 최초 무선 호출 핵심 부품인 절전형 Gate Array 개발.
1994. 6 전자 부품 종합 연구소(KEIT) 주관 한국형 PDA 국책 연구 과제 공동 참여.
1994. 8 국내 최초의 문자 호출기(닉소-α) 개발.
1994. 9 원격 조정 무선 호출기 PROTO TYPE 개발 완료. 한국 전력 공사와 세일 정보 통신에 시험 완료.
1994.12 미국 실리컨 밸리 지역에 미주 연구소 Standard Telecom Santa Clara 설립으로 선진 기술 확보와 GSM Phone 개발 착수.
1995. 5 국내 최초 라디오 수신 겸용 무선 호출기 개발. Car Navigation System용 교통 정보 단말기 개발
1995. 8 광역 무선 호출기 개발.
1996. 1 발신 전용 전화(CT-2) 개발 착수.
1996. 8 세계 최소형 2 라인 문자 호출기 개발.
1996. 9 고속 삐삐 첫 국산화 성공.
1996.10 GSM 이동 전화 단말기 개발.

사례 연구 22

메디슨*

메디슨의 창업자 이민화 사장은 1978년에 서울 공대 전자공학과를 졸업한 후 한국 과학기술원에서 초음파에 관한 연구를 하여 박사 학위를 취득한 과학자 출신의 경영자이다. 애당초 이 사장은 한국 과학기술원에서 석사 과정을 마친 후 ㈜대한 전선 산하의 연구소에 취직하였으나, 그 후 한국 과학기술원으로 복귀하여 지도교수 박송배 박사 팀에 의해 초음파 진단기와 인연을 맺게 되었다. 이때 박 교수는 1983년부터 의료 기기 제조 업체인 남북 의료 기기의 초음파 진단기 개발 프로젝트를 맡고 있었는데 도중에 교환 교수로 미국에 건너가게 되면서 이민화 씨가 업무를 대행하게 된다. 그런데 얼마 지나지 않아 주관 기업인 남북 의료 기기가 철수해 버렸다.

이에 이민화 사장은 지금까지 정열을 쏟은 연구개발 프로젝트를 포기할 수 없어 직접 초음파 진단기 제조 업체를 만들기로 결심하게 된다. 이때 같이 참여한 사람들은 그 당시 한국 과학기술원 박사 과정에 있던 이승우 씨(메디슨의 현 부사장)를 비롯한 김시우(당시 의료기 회사 근무), 김종황(벤처 기업 전문가) 등 7인이다. 그리고 주주의 구성은 자금주 50% 7명, 기술주 50% 5명으로 이루어졌으며, 자본금은 5000만 원이었다. 그러나 막상 창업은 하였지만 기업 형태를 갖추기 위한 자금 확보가 어려워 벤처 자본에 의존하게 되었으며, 한국 기술 개발로부터 자기 자본 2억 원을 확보한다는 조건하에 2억 원을 융자 받을 수 있었다. 그리고 자기 자본을 확보하기 위해서 의료 기기 판매 대리점들과 한국 투자 신탁에서 2억 원의 주식 자금을 끌어들였다. 이렇게 하여 창업 7개월 만인 1986년 2월 10일에 소형 초음파 진단 장치 1호기를 출하하여 서울 녹십자 병원에 공급하였다. 보기 1과 2는 각각 메디슨의 연혁과 출자 현황을 보여 준다.

전자 의료기 산업의 발전

의료 용구 산업의 발전 과정

우리 나라의 의료 용구 산업은 1970년대 국가 경제의 고도 성장에 따른 주변 산업으로 발전해 오면서 성장 기반을 구축하기 시작하였다. 1980년대에 들어와서는 1977년에 시행된 의료 보험 제도의 확대 실시로 의료 수요가 늘어나고, 또한 국가 경제 성장에 따라 의료 기기에 대한 수요 변화와 더불어 의료 서비스의 질적 향상이 강력히 요구됨에 따라 의료 기관의 첨단 의료 장비에 대한 수요가 급증하였다. 이러한 의료기관의 첨단 의료 기기에 대한 수요 욕구는 국내 의료 용구 산업의 성장 속도보다 더욱 빠르게 확대되어 첨단 의료 장비의 대부분을 수입에 의존하게 되었다.

이에 정부에서는 고가 첨단 장비에 대한 수입 제한으로 외화 절약과 의료 기관의 과당 경쟁을 억제하는 한편 의료 기기 국산화 시책을 실시하였다. 이러한 의료 기기 국산화 시책은 국내 의료 용구 산업의 성장을 촉진하는 계기가 되었으며, 1980년대 초에는 대기업 및 전자 기기 업체 등에서 산학 협동의 공동 연구개발을 통하여 의료 기기 산업에 적극 참여하여 그 동안 수입에 의존했던 첨단 의료 기기의 일부 품목의 생산이 가능하게 되었다. 그럼에도

---

*이 사례는 성우상, 이균석과 함께 교육용으로 개발한 것이다. 사례의 내용은 특정 경영 상황의 처리에 관한 잘잘못을 예시하지 아니한다. 자료 수집 과정에서 협조해 준 메디슨사에 감사한다.

불구하고 의료 기기에 대한 핵심 기술의 부족 및 내수 시장의 협소라는 주변 활동의 한계에 부딪혀 몇몇 품목을 제외하고는 대부분 상업화 및 시장 확보에 실패하였다.

1990년에 들어와서는 X-선 진단기, 초음파 진단기, 심전계, 환자 감시 장치 등 일부 국산화에 성공한 품목들은 국내 업체들의 꾸준한 기술확보 노력으로 내수 및 수출 시장에서 차츰 기반을 구축하고 있다. 현재 의료 용구 산업은 대부분 중소 규모 형태의 업체로 구성되어 있는 한편 다품종 소량 생산에 의한 국내 시장 경쟁이 더욱 심화되는 현상을 띠고 있다. 우리 나라 의료 용구 생산 업체는 1994년 현재 365개 회사에 이르고 제조 품목 허가 수는 4천 여 품목으로서 이들 회사의 대부분이 중소 영세 업체로서 주사기 및 주사침, 안경 렌즈, 혈압계 등의 단순 제품인 의료 용구 및 기기 생산에 그치고 있다.

전자 의료 기기 산업의 발전 과정

전자 의료 기기 산업은 전자공학을 중심으로 전산공학, 기계공학, 물리학, 화학 등의 공학 기술, 의학, 생리학 등을 응용하여 개발한 의료 장치나 기기를 생산하는 산업을 말한다. 전자 의료 기기는 목적 및 특성에 따라 크게 영상 진단 기기, 생체 현상 측정 기기, 실험 분석 장치, 치료 기기, 인공 기기, 의료 재활 복지 기기, 의료 정보 시스템, 동서 의학(한방) 의료 기기로 분류된다. 국내 전자 의료 기기 산업은 1984년부터 시행된 보사부의 의료 기기 국산화 정책에 영향을 받아 X-Ray 촬영기, 초음파 진단기 등 일부 기종의 국산화를 이룩하는 성과를 올렸다. 그러나 전자 의료 기기 생산에는 고도의 설계 기술과 대규모 투자가 필요하고 R&D 비용이 과중하여 대부분이 중소기업인 국내 전자 의료 기기 제조 업체들은 단순 소형 기기의 생산에만 주력할 뿐이고 고가 장비를 생산하는 기업들도 대부분 외국 제품을 수입, 단순 조립하여 판매하고 있는 상태이다.

그러나 통상산업부에 의해 국산 의료 장비 개발 지원 정책이 실시되고 있고, 전자 의료 기기는 의학과 공학의 결합체로서 높은 부가가치를 창출할 수 있는 품목이라는 인식이 확산됨에 따라 삼성 GE 의료 기기 등 중견 업체가 외국 전자 의료 기기 제조 업체와의 합작 또는 기술 제휴로 신제품 개발과 생산 공장 설립을 통하여 전자 의료 기기 사업을 강화하고 있으며 산학 협동을 통한 기술 개발이 계속되어 첨단 장비 핵심 부품의 국산화 작업이 어느 정도 성과를 거둬 비록 초보적인 단계에 머물러 있기는 하지만 기술 축적이 부분적으로 이루어지고 있다.

국내 전자 의료 기기의 시장 규모는 1994년 약 3658억 원으로 전년 대비 44%의 높은 성장을 하는 등 1991년 이래 연 평균 25.6%의 성장세를 보였으나, 전자 의료 기기는 정밀한 기술의 결정체로서 국내 업계의 생산 기술 수준이 병원을 비롯한 국내 수요자들이 요구하는 수준에 크게 미달하여 수입 의존율이 약 85%에 이르고 있다. 한편, 영상 진단 기기 제품은 크게 MRI, CT, 초음파 영상 진단기, 방사선 X-Ray 등으로 나누어지는데 MRI(자기 공명 진단 장치)는 가격이 10억 원 이상을 호가하는 최첨단 기기로서 국내 시장은 종합 병원 및 대학 병원급 이상으로 수요가 한정되며 국내 생산이 이루어지지 않는 관계로 대부분 수입에 의존하고 있다.

CT(전산화 단층 촬영 장치)도 대부분 수입에 의존하고 있으며 최근 중외 메디칼사에서 히타찌사(Hitachi)의 제품을 SKD(Semi-Knock-down) 방식으로 조립 생산하고 있다. 한편 국내에서 비교적 높은 국산화율을 보이고 있는 방사선 X-Ray의 경우 투시 용량에 따라 500 mA 이상의 대형 고가 제품과 500 mA 미만의 저가 소형 제품으로 나누어지는데, 국내 업체들은 500 mA 등급까지는 국내 일반 시장 대부분을 공급하고 있다. 최근에 동아 X-Ray 기계가 독자 기술로 600mA급의 제품을 개발하였고, 중외 메디칼에서는 동급의 제품을 히타찌사와 기술 제휴로 생산, 공급하고 있다.

초음파 영상 진단기는 인체에 투사한 초음파 빔의 돌아오는 신호 처리를 통하여 인체의 특정 부위나 장기의 단면을 화상으로 표시하여 주는 의료용 진단기로서 인체에 전혀 해가 없고 환자에게 고통을 주지 않으며 X-Ray나 CT 등에 비하여 검사가 용이한 장점을 갖고 있다. 초음파 진단기도 과거 여타 전자 의료 기기와 마찬가지로 수입 제품이 시장을 압도하였으나 1985년에 메디슨이 국산화에 성공하였다. 최근에는 삼성 GE 의료 기기, 계림 메디칼, 중외 메디칼 등이 외국 전자 의료기 제조 업체와 기술 제휴로 생산에 참여하고 있다. 표 3에서 보듯이 국내 초음파 영상 진단기 시장은 대형 병원이 신설 및 증설되고, 사용 기관이 내과, 가정 의학과, 비뇨기과 등의 개인 의원급으로 확대됨에 따라 매년 꾸준한 성장을 지속하고 있으며, 1994년 말 기준 500억 원 정도의 시장 규모를 보이고 있다.

성장 관리

메디슨(Medison)이란 말은 메디컬(Medical)과 소닉(Sonic)에서 유래된 것이다. '초음파에서의 최고'를 의미하는 메디슨사의 고유 브랜드 소노에이스(SonoAce)가 함축하듯이 메디슨사는 세계 최고의 기술로 의료용 초음파 영상 진단기기(Diagnostic Ultrasound Scanner)를 생산하는 기업체가 되겠다는 야심으로 출발했다. 메디슨사는 고도의 기술력을 바탕으로 한 연구중심형 기업으로서 인간의 존중, 경영의 윤리성, 고부가가치 창출을 기업의 근본 목표로 삼고 있다.

메디슨사의 성장 바탕에는 국부 창출과 인간 존중이라는 기업의 사명이 깔려 있다. 메디슨은 전량 수입에 의존했던 초음파 진단기를 자체 기술로 개발함으로써 수입 대체 효과를 얻었으며, 그에 따라 수입 제품의 가격을 하락시키는 데 큰 기여를 하였다. 또한 국내 기술로 초음파 진단기를 연구개발함으로써 선진국의 기술을 사용하는 데 따르는 로열티의 과도한 지급을 막을 수 있었다. 이러한 의미에서 메디슨은 국부 창출을 기업 이념으로 삼고 있다.

인간 존중이라는 기업 이념은 메디슨맨의 자아 완성을 뜻하는 것이다. 이는 한마디로 점차 자기의 범위를 넓혀 나가려는 노력이라고 말할 수 있다. 그리고 이러한 자아 완성은 결국 회사의 공동체 의식으로 귀결되는 것이다. 보기 4는 이러한 기업 이념에 바탕한 메디슨 방식을 보여 준다. 메디슨 방식은 메디슨사 고유의 기업 문화로서 업무와 조직 운영 및 관리 활동 전반에 기준이 되는 지침을 제공한다.

메디슨의 기술 축적과 시장 개척

메디슨은 1986년 2월 제 1 호기(SA-3000)를 출하한 이래 연간 매출액 대비 10% 내외의 연구개발 투자를 통하여 지속적인 신제품 개발에 주력해 왔고, 이와 더불어 급속히 성장하였다. 보기 5에서 보듯이 메디슨사는 지속적인 신제품 개발을 통해 1986년에 매출 5억 원을 실현한 이후 매년 평균 60%의 고도 매출 신장을 통하여 1994년에는 476억 원의 매출을 달성하는 등 중견 기업으로 성장하였다. 또한 메디슨사는 최근 방계 회사를 통해 동서 의학 사업 및 병원 업무 전산화 사업 영역을 개척하여 종합 의료기 전문 업체로 성장하고 있는 회사이다.

메디슨사는 1991년 10월 초음파 진단기가 수입선 다변화 품목으로 지정된 이후 내수 판매를 급격히 확대하여 왔고, 1993년에는 국산 신기술 장비 구입 자금을 적극 활용하여 동사의 제품을 구입하는 소비자에게 연간 약 5.5%

의 금리로 구입 자금을 대출 받을 수 있도록 지원함으로써 수입 제품에 비해 판매상의 비교 우위를 바탕으로 지속적인 성장을 이루고 있다. 특히 한국산 초음파 진단기가 전무했던 국내 시장에서 동 제품을 자체 기술로 개발한 후 주요 경쟁자인 일본의 알로카(Aloka), 토시바(Toshiba), 히타찌(Hitachi) 등과의 차별화 정책을 펴고자 빠른 배달, 경쟁사보다 낮은 가격, 전국적인 판매 및 애프터 서비스(A/S) 망을 통한 24시간 내 A/S, 임상 교육의 무료 제공 등 다양한 영업 전략으로 시장 점유율을 계속 넓혀 국내 사설 의료 기관 시장에서 강세를 보이고 있다.

수출 부문에서는 1987년 2월 터키에 초음파 영상 진단기(SA-3000A) 2대를 처음 수출한 것을 시작으로 해외 수출 시장의 개척에도 적극 나서 1988년에는 8채널의 휴대형 기종인 SA-88을 수출 주력 기종으로 판매하면서 세계 소형 초음파 진단기 시장에서 급부상하였다. 1992년에는 16 채널의 코넥스 포터블(Conex Portable) 초음파 진단기인 SA-1500을 개발하여 세계 포터블 시장에서 확고한 위치를 확보하였다. 세계 소형 초음파 진단기 시장에서 꾸준한 매출 신장으로 메디슨사는 1991년에 500만 달러 수출의 탑을, 1992년에 1000만 달러 수출의 탑 및 철탑 산업 훈장을 수상한 바 있다. 1994년 들어 2800만 달러의 수출 실적을 기록하였다.

초음파 진단기는 인체를 대상으로 질병을 진단하는 장치이므로 고도의 정밀성과 안정성을 필요로 한다. 따라서 동사는 제품에 대한 안정성 유지와 계속적인 신제품 개발을 위하여 1986년 기업 부설 연구소를 설립, 50여 명의 연구 인력(종업원의 4분의 1)을 확보하여 연간 매출액의 10% 내외 금액을 지속적으로 연구개발에 투자하고 있다. 제품의 설계 및 생산에서부터 설치, A/S까지 전 공정에 걸쳐 고객이 만족하는 품질의 유지를 위한 동사의 지속적인 연구개발 노력은 1990년에 SA-88의 미국 식료약품청(FDA)의 승인, 1992년에 SA-1500의 프랑스 Homologation, 독일 TUV의 획득에 이어 1994년에는 SA-88P과 SA-1500에 대해 미국 FDA의 승인을 획득하였다. 1994년에 국내 의료 기기 업체로는 최초로 세계적인 품질 기준인 ISO 9001 품질 인증을 획득하는 등 제품의 품질 수준을 대외적으로 인정 받고 있다.

전자 의료 기기 산업은 생산에 있어 고도의 기술을 요하고 각 기기별로 수요가 많지 않아 대량 생산에 적합하지 않고 제품 수명 주기가 비교적 짧으므로 생산 방식이 유연해야 경쟁력을 유지할 수 있다. 이에 따라 메디슨사는 유연 생산 방식으로 생산 공장을 운영하고 있다. 국내 시장에서 수입 제품과의 차별화된 정책을 펴 핵심 부품의 국산화에 따른 가격 경쟁력 우위, 임상 전문 요원을 통한 방문 임상 교육 및 사내 임상 강좌, 임상 전문지 *SONOACE* 잡지의 전국 고객에 배부, 장기적인 수리 기간 중에는 대체 장비의 무상 대여, 24시간 내 A/S, 중고 초음파 진단기 보상 교환 판매 등의 특화된 마케팅 활동을 펼치고 있다.

메디슨은 국내 시장에서의 확고한 지위를 바탕으로 미국, 독일, 러시아, 중국 등 해외 6개국의 합작 법인과 50여 개의 해외 대리점을 기반으로 글로벌 영업 망을 구축하고 지역별, 시장별 특화 전략을 구사하고 있으며 일본의 경쟁력이 비교적 약한 개발도상국과 선진국의 동물용이나 비뇨기과 시장 등의 저가의 초음파 진단기 시장에서 우위를 점한다는 특화 전략을 구사하고 있다. 또한 국내 초음파 임상 연구의 발전을 위하여 대한 초음파학회와 의용 생체공학회에 매년 연구 기금을 출현하고 있으며 기업 이익의 사회 환원 및 인류 건강 복지의 실현이라는 목표 아래 수의대, 보건대 등 국내 대학 및 무의탁 환자를 위한 병원에 초음파 진단기를 기증하는 등의 사회 공헌 활동에 적극 참여하고 있다.

국내 시장은 국산품을 대표하는 메디슨의 제품과 수입 제품이 시장을 분할하고 있으며, 구매자 중 개업의가 35%를 차지하는 등 사설 시장이 급성장하여 가격 대비 성능이 우수한 중소형 제품에 대한 선호도가 높아짐에 따라 중소형 시장에서 가격 경쟁력 및 판매 금융상에서의 우위를 바탕으로 시장 점유율 1위를 유지하고 있다. 이에 따라 1994년 현재 판매 대수 기준 56%, 판매 금액 기준 33%의 시장 점유율을 나타내고 있다. 중 대형급 초음파 진단기 시장은 수입 제품으로 충당되고 있으며 1994년 대수 기준 18.5%, 금액 기준 54.9%를 수입 완제품이 점유하고 있다. 보기 6에서 보듯이 판매 금액 기준 점유율은 1992, 1993, 1994년 각각 38.5%, 36.5%, 32.8%로 안정적인 추세를 보이고 있지만 판매 대수 기준 점유율은 72.8%, 67.1%, 56.7%로 크게 하락하고 있다. 메디슨사의 판매 대수 기준 점유율이 하락한 것은 메디슨사가 본격적으로 참여하지 않은 시장인 중 대형급 시장에 수입 제품이 많이 들고(1994년 기준 수입 제품의 평균 판매 가격은 5600만 원, 메디슨사의 평균 판매 가격은 1400만 원), 또한 국내 조립 생산 업체의 소형 기종 생산 대수가 증가한데도 크게 기인한다(평균 판매 가격 1900만 원).

1994년 기준으로 메디슨사의 세계 시장 점유율은 1.7% 정도로 추정된다(메디슨사의 제품 매출액 398억 원대 세계 시장 규모 2조 3천억 원). 특히 SA-88, SA-1500 등의 모델을 통하여 포터블급 시장에서 지명도를 확고히 구축하였고, SA-88을 잇는 SA-600을 1995년 초부터 본격 출시하여 포터블급 시장에서의 지배적 지위를 계속 유지하고 있다. 또한 SA-4800HD, SA-5000, SA-7700 등의 제품을 통하여 중형급 시장에 본격 진입하고 있다.

고도의 기술력을 추구하는 연구 중심형 기업

기술 분야와 영업 분야의 유기적 결합을 강조하는 메디슨사는 효과적인 차별화 전략과 중저가 제품 시장을 석권하기 위한 원가 전략을 세우고, 우수한 연구 인력의 확보를 통해 프로젝트 위주의 신제품 개발을 최우선 과제로 삼고 있다. 또한 연구개발이 하루 아침에 이루어지는 것이 아님을 알고 계속적인 연구개발 지원과 함께 모든 사원들의 끊임없는 도전 의욕을 불러일으키기 위해 "실패에 대한 지원"을 강조하고 있다. 현재 미흡한 기술력은 어쿠스틱 이미지사(Acoustic Image)와의 기술 제휴를 통해 보충 받고 있다.

메디슨사는 자체 연구팀을 중심으로 프로젝트를 추진해 나감으로써 순수 기술의 개발을 통해 국산화율을 높이는 데 최선을 다하고 있다. 이의 일환으로 각종 박람회에 참여하여 선진 제품과 자사 제품을 비교해 봄으로써 창의성과 아이디어 창출을 유발하여 제품 디자인과 부품의 설계가 이루어진다. 연구개발 투자액이 고정적으로 설정되어 있는 것은 아니지만 대략 매출액의 20% 전후로 필요에 따라 투자 비율을 조정하는데, 이는 대기업의 연구개발에 대한 투자 비율을 상회하는 것으로 오늘날 메디슨의 발전하는 데 원동력이 되었다고 할 수 있다.

메디슨사는 대량 생산 체제에 적합한 분업 형태보다는 한 사람이 다양한 공정을 도맡아 작업하는 다품종 소량 생산 체제를 갖추고 있으며, 효율성보다 창의성을 중시하고 일과 재미의 결합을 추구함으로써 첨단 산업의 특성을 십분 살리고 있다. 권위주의적 중앙집권식 관리보다는 현장이나 업무 기능 중심의 자율적인 관리 체제를 가지고 있다. 그러나 지나친 분권화와 기능화가 때로는 비효율적일 수 있으며, 관리 체제에 대한 통제가 잘 이루어지지 않고 적극적 추진력이 필요하여 조화를 이루고자 할 때에도 미흡한 점이 드러날 수 있다는 점을 간과할 수 없다. 이에 메디슨은 목표 설정에 의한 활동을 중시, 목표 관리에 의한 상호 합의 체제를 구성하고 있으며, 각 기능간의 결합과 연결이 원활한 조직 개발에도 노력을 한다.

메디슨의 사원들은 '보이지 않는 관리 구조'나 규정에 얽매이지 않고 자율성에 의해 창의력을 유발하도록 함으로써 성장에 이바지할 수 있다고 공감한다. 즉, 직책에 관계없이 관심 있는 업무에 참여할 수 있도록 태스크 포스(Task Force)를 구성함으로써 성취 욕구가 높아진다. 이러한 과업에 대한 참여는 개인의 성장에도 도움을 줄 뿐만 아니라 신기술 및 첨단기술 개발에도 큰 도움을 주고 있다. 과업 담당자에게서 사장으로 바로 이어지는 결재 라인에 의해 조직 구조의 복잡성에서 오는 혼란을 막을 수 있고 신속한 의사결정을 내릴 수 있다. 그리고 사장은 임원회에서 전략적인 의사결정만을 할 뿐, 나머지는 각 분야별로 간부 중심의 의사결정이 내려지는 메디슨의 조직 구조는 사장이 전권을 쥐고 모든 업무 분야를 일일이 관리해야 하는 일반 중소 기업들의 관행과는 사뭇 다른 것이다.

인간을 존중하는 창의적 기업 문화

인간 중심의 경영을 기업 이념으로 하고 있는 메디슨사는 종업원이 회사 최대 자산임을 인식하고, 회사의 성장과 더불어 개인의 발전과 능력 개발을 중시한다. 즉, 도전의 기회를 제공하고 자율성을 바탕으로 한 각종 과업을 주어 스스로 문제를 해결할 수 있는 능력을 배양해 나가도록 하고 있다. 이와 같이 메디슨사에서는 자율적 관리에 의한 창의력 창출과 능력향상 및 개인 성장의 중요성을 인식하고, 이에 대해 적극적인 지원을 한다. 최고 경영자인 이민화 사장은 현장의 중요성을 인식하고 늘 생산 라인이 기업 성장의 바탕임을 강조하고 있다.

메디슨사는 주주, 사원, 회사 모두에게 만족을 줄 수 있는 조직 문화를 형성하고자 종업원에게 동기부여를 해줄 수 있는 적절한 보상제도와 사원 지주제를 실시하고, 종신 고용제 및 성과급 제도를 채택하고 있다. 즉, 메디슨사에는 참여를 통한 공동체 문화의 확립뿐만 아니라 우수 인력의 확보라는 측면도 고려하여 매년 이익의 일정액을 사원 주택 마련 자금으로 적립하고 있다. 또한 연구직 종사자들의 경우 연구소에서 개발한 제품이 상품화되어 연구개발 비용의 3배 이상 매출이 이루어지게 되면 그에 상응하는 인센티브를 주고 있다.

기술 주도형 기업으로서 기술 인력의 확보가 중요한 메디슨사는 연구개발에 자체 기술 인력을 확보, 양성하기 위해 자체 교육과 해외 연수를 통한 기술 축적 및 인적 자원 개발과 관련 분야의 외부 전문 인력 활용에 주력하고 있다. 연구, 생산, 영업 등 각 부문이 팀을 이루어 아이디어를 내고 목표를 설정하여 추진하는 프로젝트 팀을 중심으로 업무를 수행하고 있으며, 그 결과에 대한 평가는 해당 각 부서의 참여에 의한 평가와 외부 평가로 이루어지고 있다. 즉, 각 기능 부서에서 나온 창의적인 의견을 수렴함과 동시에 영업 및 홍보 부문을 통해 고객들과 공급자의 요구도 반영하고 있는 것이다.

이와 같이 조직 내의 유기적 결합뿐 아니라 조직 외적 요소인 고객 및 공급업자들과의 유기적 결합도 추구하고 있으며 정보의 원활한 흐름을 통해 기업 성장을 이루어가고 있다. 겉으로 보기에는 느슨해 보이지만 조직 내적으로 자율성과 창의성 및 공동체 의식을 기반으로 한 조직 문화를 형성하고 있는 메디슨은 강력한 경영층의 신념을 바탕으로 환경 변화에 신속하게 대응할 수 있는 능력을 배양하고자 한다.

이같이 메디슨의 조직 문화는 경영층의 적극적인 지원과 이해를 바탕으로 자율성과 창의성 등 개인의 능력을 충분히 발휘할 수 있도록 하는 인간 존중의 기업 문화라고 할 수 있다. 메디슨의 이민화 사장이 피력하듯이 "기업의 의미는 시장, 소비자에게 합당한 제품과 서비스를 제공하는 데 있다. 이 사회는 기업이 공급하는 제품이 없다면 단 하루도 운영될 수 없다. 이러한 사회의 필요에 의하여 제품과 서비스를 공급하고자 하는 목적에서 만들어진 조직이 기업인 것이다"라는 창업자의 신념이 메디슨 고유의 기업 문화를 형성해 가는 바탕이 되고 있다.

조직 관리 체제

단순한 조직과 권한의 위양

메디슨 조직의 특징은 단순하다는 데 있다. 사장인 이민화 씨가 10개 부서 중 6개 부서를 총괄하고 있다. 이는 조직 구조를 단순하게 만들어 의사결정이 신속하게 이루어지도록 하자는 데 목적이 있는 것이다. "많은 사람을 관리할 수 있어야 조직이 단순해진다"는 이민화 사장의 말에서 엿볼 수 있듯이 조직 구조를 단순하게 짜고, 과감하게 권한을 위양함으로써 종업원에게 보다 많은 자율성을 보장하여 조직의 효율성을 제고하기 위한 것이다. 메디슨사는 또한 이러한 단순한 조직을 통해 급속도로 변하는 시장 환경에 유연하게 대처하고자 한다.

보이지 않는 관리로 표현되는 메디슨의 관리 체계는 목표 관리를 바탕으로 개인의 자율성과 창의성을 중시하고 있다. 이러한 관리 체계는 다음과 같은 특징을 가지고 있다.

느슨한 조직을 기초로 한 자율적 운영 및 관리 과업을 수행하는 데 있어 개인의 창의성과 능력을 십분 발휘할 수 있도록 종업원에게 충분한 재량권을 제공하고 있다. 사장은 임원 회의에서 전략적인 의사결정만을 수행할 뿐, 관리자들이 하부 의사결정을 조정하는 역할을 수행하고 있다.

참여 의식을 강조하는 공개적 조직 구조 종업원 지주제, 사업 공제 조합, 메디슨 사우회, 경영 연수 회의를 활성화하여 적극적으로 운영하고 있다. 특히 경영 연수 회의에는 대리급 이상이 참여하며, 상부와 하부의 의사를 종합하여 보고하는 것으로서 주 1 회 수요일에 실시하고 있다.

규정보다 이념과 가치에 의한 업무 체계 평상시 메디슨 정신을 강조하고 수시로 교육하며, 이를 평가하는 테스트도 실시하고 있다. 바로 이러한 과정을 통해 메디슨 정신을 종업원들에게 심어 주고 있는 것이다.

서류 작업의 최소화를 통한 현장 중심의 관리 공식적 권한 계층에 따른 결재보다는 현장의 문제 해결에 과업의 초점을 맞추고 있다. 또한 의사소통을 촉진하고 신속하게 자료를 제공함으로써 불필요한 시간을 허비하지 않도록 사내에 근거리 통신망(LAN)을 설치하여 운영하고 있다.

최소한의 통제를 통한 불필요한 관리의 억제 첨단 기업의 특징적인 요소로서 상의하달을 최소화하고 오히려 하의상달을 중요시하고 있다. 특히 연구원과 종업원의 자율적 관리를 강조하고 있으며 이의 일환으로서 종업원 제안 제도를 활용하고 있다고 한다.

상호 합의에 의해 중첩되는 업무 시스템 메디슨사에서는 MRP 연구팀 등 각종 프로젝트에 따른 태스크 포스의 구성이 수시로 이루어진다. 첨단 기술 지향적인 기업 특성상 항상 변화하는 업무 환경에 대응하기 위해서 기능 분할보다도 상호 합의에 의해 한 기능을 중첩되게 분담하는 팀워크를 중시하고 있기 때문이다. 따라서 조직 운영상 신속한 상황 대처를 위해 매트릭스 조직을 근간으로 하여 각 프로젝트별로 태스크 포스를 구성함으로써 생산, 연구, 영업 등 조직의 모든 기능들이 기술 개발에 전념하도록 하고 있다.

이와 같은 조직 구조와 관리 기법을 활용할 경우, 모든 의사결정이 자율적으로 신속하게 이루어지며 일에 대한 종업원의 성취 욕구를 높일 수 있다는 장점이 있다. 반면 정보 흐름의 비효율성에 의한 손실이 발생되며 적극적 추진력을 요하는 과업의 수행 시 조화 및 통제가 잘 안 된다는 단점도 있다. 이러한 점을 감안하여 메디슨의 경영층에서는 정보의 흐름이 원활해질 수 있도록 조직 내 비공식적 커뮤니케이션을 중시하고, 목표 관리에 의한 조직의 유기적인 결합에 초점을 맞추고 있다. 관리층에 대해서도 실무 부서의 업무 파악과 현장 중심의 사고 방식을 강조한다.

이처럼 보이지 않는 관리에 의해서 자율성을 보장하는 분산 관리 체제는 업무 정보 전달 회의 및 소규모 기능 단위 조직간의 원활한 의사소통을 바탕으로 개인의 자질 향상 및 참여를 통한 자부심과 주체성 확립에 중점을 두어야 한다고 말한다. 그러나 무엇보다도 중요한 것은 위의 내용을 기반으로 하는 기업 문화의 정착이며, 이것 또한 주체성과 자부심에 의거하여 공통된 가치를 도출할 수 있는 메디슨 고유의 것이어야 함을 밝히고 있다.

개척자적 도전을 강조하는 인사 방침

"기업은 사람이다"라는 말이 메디슨의 인사에 대한 모든 것을 함축하고 있다. 이를 바탕으로 메디슨은 "항시 개척자적 사명을 가지고 미래에 도전하는 것"과 "자기의 한계를 극복해 나가는 것"이라는 두 가지를 인사 고과의 기준으로 삼고 있다. 직급에 따라 다음과 같은 차별적 강조점을 둔다.

가. 평사원이 갖추어야 할 요건
- 재탄생의 노력
- 자신의 업무에 정통함
- 자기 부서의 업무 파악이 될 것

나. 대리가 갖추어야 할 요건
- 자기 업무의 권위자
- 회사 경영의 이해
- 상대 부서 업무의 공부

다. 과장이 갖추어야 할 요건
- 조직 관리 능력
- 회사 내 의사소통 능력
- 메디슨 정신의 구현 능력

라. 부서장이 노력해야 할 점
- 전술 지휘 능력
- 부하 육성 능력
- 경영진의 마음가짐

영업과 기술의 정보 공유

초음파 진단기 시장의 규모는 20억 달러 정도로 매년 15-20%의 높은 성장률을 보이고 있다. 그 중 미국의 HP, 아쿠슨, ALT, GE 등이 높은 시장 점유율을 가지고 있으며, 이들과 함께 일본의 토시바, 히타찌, 알로카, 그리고 서독의 지멘스, 네덜란드의 필립스 등 대형사들이 세계 시장의 80% 이상을 차지하고 있다. 그리고 나머지 20% 정도를 가지고 세계 각국의 중소 업체들이 치열하게 경쟁을 벌이고 있다.

미국사들은 대형 기종을 중심으로 세계 시장의 50% 정도를 차지하고 있으며, 일본사들은 중소형 기종을 중심으로 20%, 유럽의 제작사들이 20% 정도의 시장 점유율을 보이고 있다. 국내 시장은 200억 원 정도의 규모로 세계 시장의 0.8%에 불과하다. 메디슨의 창업 이전에는 국내 시장을 일본의 3개사가 지배하고 있었다. 그러나 현재 메디슨은 유명세를 등에 업은 일본 기업과 경쟁하여 국내 시장의 70% 이상을 차지했으며, 세계 시장에도 SONOACE-

88 기종을 200대 이상 보급함으로써 단일 기종으로는 세계 최대의 판매량을 기록하였다.

메디슨의 주력 제품은 중소형 기종이다. 따라서 목표 시장은 개업 의사다. 그러나 세계 시장 중에서 아직 서유럽과 일본, 그리고 미국에는 본격 진출하지 못한 상태이다. 이는 현지 생산업자의 명성과 경쟁하여 유리한 위치를 점할 만큼 명성을 얻지 못했기 때문이다. 따라서 주 시장은 중동, 중국, 동남 아시아, 동유럽, 스페인, 이탈리아 등이다.

경쟁 전략

마케팅 전략과 고객 지원

메디슨이 경쟁상의 우위를 차지하게 된 원인은 우선 대등한 품질과 가격에 있다. 즉 동종의 외국 제품에 비해 10–30% 저렴한 가격 우위를 가지고 있는 것이다. 그리고 두 번째로 완벽한 사후 봉사를 앞세운 마케팅 활동을 전개하고 있다는 점을 들 수 있다. 품질에 대한 보증과 편리한 A/S는 메디슨사가 자랑하는 바이다. 실제로 판매 후 일 년간은 무상 수리를 해 주고 있으며, 사후 다시 일 년간 무상 수리 보증 제도를 활용하여 고객들에게 A/S를 제공해 주고 있다. 이러한 점은 타 경쟁 수입상에 비해 절대적인 강점이다. 수입상의 경우에는 A/S가 전무하거나 시간이 많이 걸리고, 비용이 많이 드는 것으로 조사되었다. 이러한 경쟁상의 우위를 바탕으로 메디슨이 국내 시장에서 펼치고 있는 마케팅 전략은 다음과 같다.

먼저 유통 경로를 살펴보면 서울 및 경기 지역은 본사의 판매원으로, 지방은 6개소의 대리점을 사용하고 있다. 이들 대리점은 메디슨사의 제품만을 전문으로 취급하는 대리점은 아니며, 각종 의료 기구를 종합적으로 취급하는 중대형 의료 기구상이다. 그럼에도 불구하고 이러한 대리점의 매출은 1990년도에 20억 원을 기록하였다. 한편, 소비자들은 의사 협회 등의 단체를 통하여 비교적 잘 조직되어 있으며, 이들 단체를 통해 의학 및 관련 분야에 대한 정보를 상호 활발하게 교환하고 있다. 일반적으로 이러한 각종 단체의 회원은 공개되어 있으므로 회사에서 직접 고객과 접촉하는 것이 가능하다. 이에 메디슨사는 의사들을 상대로 직접적인 마케팅 활동을 펼치고 있는데, 이는 일본 제품을 수입 판매하는 수입상에 비해 보다 진보된 형태의 마케팅 활동이라고 할 수 있을 것이다. 수입상들도 최근 임상 교육, 광고 등을 시작했으나, 아직까지는 마케팅 활동의 양이나 질에 있어서 메디슨에 비해 열위에 있다.

마케팅이 어려운 계층은 초음파 진단기에 생소한 40대 중반 이후의 의사층과 보수성이 강해 일제를 선호하는 산부인과 의사층이다. 이들을 포함한 소비자에 대한 마케팅 활동은 다음과 같이 시행되고 있다. 먼저 제품에 대한 인지도를 높이기 위해 각종 학회나 세미나에 실습 장비로 초음파 진단기를 무료로 대여해 주고 있으며, 국내 몇 개 대학에 교육용 장비로 이를 기증하였다. 그리고 1991년에는 13회에 걸친 자체 임상 교육을 외부 의사와 함께 실시할 계획을 세우는 등 매년 10회 이상의 임상 교육을 실시하고 있다. 또한 매 분기마다 탁상용 달력을 제작하여 직접 의사들에게 배포하고 있으며, *SONOACE*라는 초음파 진단기 전문 잡지를 격월로 제작, 무료로 우송하고 있다. 이 잡지의 주요 내용은 임상 기록, 외국의 주요 문헌과 초음파 진단기의 응용 분야에 대한 소개, 그리고 고객이 된 개업의 소개로 되어 있다. 이 잡지는 의사들에게 유용한 임상 정보를 제공하는 것으로 평가되고 있다.

이와 더불어 수시로 자사 제품에 대한 사용법 교육이 행해지고 있으며, 필요에 따라서는 방문 교육도 수시로 시행하고 있다. 뿐만 아니라 개업을 위한 안내 책자를 제작하여 개업을 준비중인 의사들에게 제공하고 있으며,

장비 구입 자금을 지원하기 위해 국내 유일의 할부 제도와 리스 제도를 도입하고 있다. 20명에 달하는 자사의 판매원들은 친절하고 신속한 대고객 서비스로 고객들에게 메디슨이라는 상호의 이미지를 긍정적으로 심어 주고 있다. 메디슨사에서는 이들의 활동 결과가 국내의 시장 점유율을 높이는 데 결정적인 역할을 수행한 것으로 평가하고 있다. 이러한 성과에 대한 보상으로 판매원 출신 중 2명이 메디슨의 지원을 받아 지방에 대리점을 개설하였다. 1990년 국내 판매원에 의한 매출은 30억 원을 상회하였다.

조음파 진단기 사업의 경우 국내 시장의 협소로 해외 시장에서의 경쟁력 확보가 매우 중요한 실정이다. 이에 메디슨사는 소형 기종을 중심으로 저가와 품질, A/S 위주의 마케팅 활동을 전개하고 있다. 해외 대리점의 개설은 현지의 기존 의료 기구상을 중심으로 하고 있다. 이들 중 자체 수리 능력을 가진 대리점을 선별하고, 대리점 계약을 체결한 현지사는 국내에서 메디슨 제품에 대한 교육과 훈련을 받도록 하여 A/S에서의 우위와 품질에 대한 명성의 제고에 노력하고 있다. 초음파 진단기는 상품의 품질에 대한 고객의 인식이 사업 성패를 가르는 요소이고, 특히 해외에서는 각국의 유명사와 경쟁해야 하는 입장이므로 품질의 중요성이 더욱 부각된다. 이는 해외 대리점들 중 메디슨의 자체 교육에 적극적으로 참가하는 곳이 매출액이 더 높다는 사실로도 알 수 있다.

기술력을 바탕으로 한 차별화 전략

고도의 기술력을 바탕으로 한 연구 중심형 기업인 메디슨은 '기술의 차별화, 자본의 차별화 및 영업 능력의 차별화' 등 차별화 전략을 최종 전략으로 삼고 있다. 특히 적은 자본을 투입하여 단기간에 기술을 개발해 낼 수 있는 자본의 차별화가 한국 기업에게 요구된다고 보고 있다. 즉, 메디슨사는 외국의 경쟁사에 비해 상대적으로 취약한 자금력을 효율적인 연구 개발비의 사용으로 만회하고 더 나아가 경쟁적 우위로 확보하려는 것이다.

현재 메디슨의 기술 수준이 특정 제품에서는 세계 수준이나, 그러한 수준이 반드시 경영의 성공을 보장하지는 않는다. 따라서 메디슨은 소형 기종에서 점차 대형 기종으로, 개도국 시장에서 선진국 시장으로 전환하기 위해서 요구되는 영업 능력의 차별화를 이루기 위해 노력하고 있다. 즉, 영업 사원을 통해서 단순히 제품만을 판매하기보다는 연구소를 중심으로 한 메디슨의 기술과 정신을 보급시킨다는 자세를 가지고 있는 것이다. 현재는 1차적으로 원가 절감에 의한 비용 우위 전략을 통해 국제 시장에 진출하고 있으나 앞으로는 영업면까지 차별적 경쟁 우위를 확보하겠다는 계획이다.

기술면에서의 경쟁 우위를 확보하기 위한 노력으로 미국의 어쿠스틱 이미지사(Acoustic Image)와 기술 제휴하였고, 타 제품과의 능력 비교를 통한 자체 순수 기술 개발에 초점을 맞추어 국산화율을 높이는 데 노력하고 있다. 특히 제품의 품질 유지 및 개선을 위해 연구소가 회사 운영 전반에 걸쳐 중추적인 역할을 수행하고 있다. 예컨대, 자회사인 메디슨 써플라이는 메디슨의 부품 공급을 전담하고 있는 회사로 구매 부품의 선정 등에 연구실의 경험을 적극적으로 반영하고 있다. 영업 사원들은 제품의 특징 및 기술적 특성을 잘 파악하고 있어야 하는데, 이는 사후 봉사 능력을 갖추기 위한 것으로 연구소의 기술 지도에 의해 배양되고 있다.

메디슨사는 초음파 진단기 이외에도 다른 진단기 분야로 사업 영역을 확장해 나가고 있다. 이러한 타 분야로의 진출은 외국의 선진 기술 도입에 의한 것이라기보다는 자체 연구소의 연구 결과에 의한 것으로 현재 개발의 마지막 단계에 들어선 분야도 상당수 있다. 이와 같이 회사 내외의 활동을 유기적으로 연결하고 있는 것이 연구소이다. 이 밖에도 연구소에서는 한국 과학기술원 등 국가 기관의 지원을 확보하고, 자금을 효과적으로 동원하는 등 세계 수준의 설계 능력과 효율적 연구를 위한 우수 인력의 확보에 힘쓰고 있다.

메디슨사는 선진국에 비해서 값싸게 연구, 개발해 낼 수 있는 기술을 새로운 경쟁력 배양의 기반으로 삼아야 할 것을 주장하며, 연구개발의 효율성 제고에 노력하고 있다. 소형 기종 중심의 기존 영업 전략에서 탈피, 기종의 고급화와 대형화를 통한 단계적인 경쟁력의 확보로 10% 이상의 해외 시장 점유를 목표로 하고 있다. 현재 메디슨은 일본과 대등한 기술 수준에 낮은 가격을 바탕으로 1990년부터 소련과 2000만 달러의 연불 수출 계약을 체결하고 있다.

미래 사업의 개발

메디슨의 다각적인 신규 사업 개발

메디슨은 초음파 진단기의 생명인 해상도의 현격한 향상과 관련된 다수의 특허 기술을 보유하고 있으며 1994년 초음파 진단기의 가장 중요한 부품인 프로브(Probe)의 국산화로 저가의 고품질 초음파 진단기 공급을 가능하게 하였고, 염가의 프로브 생산을 통하여 저가의 고기능 제품을 시장 확대의 주요한 수단으로 적극 활용하고 있다.

삼성 GE 의료 기기 등 일부 업체가 외국 전자 의료 기기 제조 업체와 제휴하여 초음파 진단기 생산에 참여함으로써 내수 시장에서 경쟁이 더욱 치열해질 전망이나 메디슨사의 중소형 초음파 진단기 제품은 이미 세계 시장에서 상당한 경쟁력을 갖추고 있고 전국적인 판매 및 A/S 망과 더불어 높은 인지도를 보유하고 있어 내수 시장에서 큰 폭의 점유율 하락은 없을 것이라고 일반적으로 예상된다.

해외 시장에서도 메디슨이 경쟁 우위를 갖는 저개발 및 개발도상국의 포터블 시장과 선진국의 사설 병원 시장 및 동물용 시장의 규모가 커짐에 따라 세계 시장의 점유율은 더욱 높아질 전망이다. 특히 메디슨은 칼라 도플러를 장착한 고급형으로 점점 변하고 있는 중대형 초음파 시장의 흐름에 부응하여 풀 라인 업(Full Line Up) 체제를 이루어 시장의 욕구에 능동적으로 대처하기 위하여 3년 여의 연구개발 기간을 거쳐 1994년 하반기에 64 채널의 보급형 칼라 초음파 진단기인 SA-7700의 개발에 성공하여 KIMES'95 전시회에 성공적으로 데뷰시키고, 1995년 6월부터 출시하고 있다. 흑백 초음파 진단기가 인체 내부의 2차원 단면 화상을 제공하는 데 비해 칼라 도플러 영상 진단기는 인체 혈관 내부를 다양한 칼라로 표시하고 혈류 순환을 칼라로 보여 줌으로써 종래의 흑백 초음파 진단기의 단점인 저 해상도를 극복할 수 있도록 하여 심장 및 혈관 계통의 진단에 필수적인 장비이다. 현재 칼라 초음파 진단기의 가격이 10만 달러 이상으로서 그 수요가 일부 대형 종합 병원에 한정되는 데 반하여 동 제품은 10만 달러 이하의 가격으로 향후 대형 산부인과 및 병원급까지 보급이 예상되어 중대형 초음파 시장에서 빠른 신장세를 나타낼 것으로 전망되고 있다.

메디슨은 종합 의료기 제조 업체로서 도약 기반을 구축하기 위하여 1993년에 의료용 진단 영상을 저장하고 전송할 수 있는 이미지 파일링 시스템(Image Filing System) 중의 하나인 "의사랑"을 개발하여 각종 차트의 작성, 출력 기능 그리고 의료 보험 청구 업무를 완전 전산화할 수 있는 전자 차트 시스템을 제품화하였다. 동서 의학(Bio-Energy) 의료 기기 분야에도 진출하여 1994년에는 인체의 경락에 미세한 전기 에너지를 가하여 각 경락에 연결되는 장기의 이상 유무를 진단하는 생 기능 진료기인 "메리디안"을 개발하였다. 의사랑은 관계회사인 ㈜메리다스에서, 그리고 메리디안은 ㈜메리디안에서 생산을 담당하고 메디슨이 이를 구입하여 상품으로 판매하고 있으며, 향후 메디슨의 외형 및 손익에 상당한 기여를 할 것으로 전망된다.

메디슨사는 또한 향후 정보통신 기술의 급격한 발전과 더불어 가장 빠른 성장이 예상되는 의료 정보화(Medical Information) 산업에 적극 대처하기 위해서 의료 정보화 산업의 기본 품목인 PACS(Picture Archiving Communication System)를 1995년 하반기에 개발하여 현재 상품화를 위한 준비 작업중에 있다. PACS는 병원 내에 있는 각종 영상 장비로부터 직접 환자 영상을 컴퓨터에 입력·저장하고 이를 필요로 하는 곳에서 원내에 설치되어 있는 근거리 통신망(LAN)을 통하여 이를 활용할 수 있도록 하는 의료용 영상 관리 시스템이다. 따라서 향후 의료 정보 데이터 처리 장치의 수요가 급증할 것으로 예상됨에 따라 이 부문에서의 지속적인 성장이 기대된다.

사내 벤처 기업

메디슨은 다양한 국내 자회사와 합작 투자 회사를 두고 있으며(보기 7을 볼 것), 해외 현지 법인의 설립으로 기술력의 보완 및 시장의 확대를 꾀하고 있다(보기 8을 볼 것). 이는 현재의 성공에 안주하지 않고 지속적으로 미래를 지향하는 메디슨사의 사업 영역 개척 방침의 일환이라고 볼 수 있다. 특히 사내의 벤처 기업으로서의 메리디안과 메디다스는 신사업 영역 개발을 위해 활발히 활동하고 있으며, 메디슨 패밀리 개념을 통해 기업 전체 수준의 통합적 전략을 취하고 있다.

㈜메리디안 1992년 당시 ㈜메디슨의 국제 기술 협력실장이었던 현 메리디안 대표이사를 주축으로 러시아와 ECG, 레이저(Laser), 내시경 등의 기술 협력을 추진하면서 러시아의 전자침 진단과 동종 요법이라는 형태의 현대 동서 의학에 깊은 관심을 갖고 국내와 독일, 러시아, 북한, 미국, 중국, 일본, 대만 등의 관련 의학 자료 수집 및 기술 현황을 조사하였다. 1993년 2월 당시 ㈜메디슨의 러시아 합작회사 얼트라메드사(Ultramed)의 부사장직을 수행하면서 동서 의학 사업 분야와 첫 제품이 될 메리디안(Meridian)을 구상하고 기초 연구를 수행하여 러시아와의 임상 협력을 추진하였다.

1993년 9월에 메디슨사가 2000년대까지 국내 의료기 산업을 이끌어 나갈 3대 중점 의료기 사업 부분의 하나로 동서 의학 부분을 선정하였다. 동서 사업부 시절인 1994년에 국제 기술 협력실을 해체하고 동양의 고전 침구학과 기(氣)개념 및 서양 현대 의학의 상보적인 결합을 통해 21세기에 세계적으로 통용될 동서 의학에서 세계적 리더가 된다는 장기 구상하에 이 사업 부문을 구체화시키기 위하여 메디슨사의 연구진을 중심으로 동서 사업부 제1진을 출범시키고 동서 사업부를 중심으로 창업을 준비하여 자본금 5000만 원으로 가칭 ㈜엘메드 법인을 출범시켰다. 중소기업 진흥공단 창업 지원 업체 선정에서 적격 판정을 받고 홍천의 상오안 농동 단지에 공장 부지 매입 계약을 체결하여 첫 제품인 'Meridian'을 개발 완료한 후 같은 해 11월에 자본금 10억 원의 증액 및 동양 창업 투자의 공동 출자로서 ㈜메리디안으로 상호를 변경하여 사업자 등록을 하였다.

동서 사업을 추진하고 메리디안(생기능 진료기)을 개발하고자 계획하게 된 것은 구소련의 문호 개방 후 메디슨사가 러시아 합작 회사인 얼트라메드사를 통해 러시아의 과학기술을 검토하던 중 KIST 한러 과학기술 협력 센터의 소개로 모스크바에서 전자 침 진단과 동종 요법이라는 의학을 처음 대하고 동양의 고전 침구학과 서양의 최근 동서 의학 연구 결과가 과학적 진단 도구의 형태로 통합 발전해 가는 데 대해서 깊은 인상을 받아 동서 의학 사업을 장기적으로 구상하고 제 1 단계 개발 과제인 메리디안을 구체화시켰다.

우선 메디슨사는 경영 전략 회의를 통해 메디슨 Vision-2000의 3대 중점 사업 부문의 하나로 정하여 동서 의학 사업 분야의 장기적 사업 계획을 세웠다. 연구개발을 함께 할 사내 협력자를 모집하여 연구개발에 많은 노력을 쏟은 결과 1984년 7월 메리디안은 그 모습을 드러내었고, 임상적인 검토에서도 만족스러운 결과가 나왔다. 보사부에서도 진단기로서 인정하였고, 국내에 외제품조차 도입되지 않은 의료기를 국내 의료기 업체에서 단번에 개발하여 소개하는 쾌거를 올렸다.

㈜메디다스 1992년 사내 주간 영상을 통해 게재된 마이다스(Midas) 사업부 사내 벤처 기업 모집 광고에 서울대 의공학과에서 마이다스를 개발하던 연구 팀이 중심이 되어 사업 계획서를 제출하고 이를 승인 받아 개업을 시작하였다. 3개월 여 기간에 걸친 마이다스의 개발로 첫 영업은 그리 순조롭지 못하였으나, 1993년에 들어서면서 고객이 원하는 제품을 만들자는 생각으로 차트와 의료 보험을 전산화하는 무차트 시스템(Non-Chart System)을 개발하는 계획을 세웠고, 그 해 KIMES에서 비트 컴퓨터와 공동개발을 본격 시도하였다. 그와는 별도로 마이다스는 간간이 영업 실적이 생기던 중 마이다스가 네트워크로 설치되는 성과를 통하여 한국에 의료 공학 기기 중의 하나인 PACS의 기반을 세울 수 있는 좋은 기회가 생기게 되었다. 1993년 말 T-프로젝트(T-Project)의 제품을 '의사랑'이라는 이름으로 시장에 내놓게 되었다. 이를 통하여 1994년 총 12억 3000만 원의 매출을 달성한 메디슨의 마이다스 사업부가 1994년 12월 총 인원 12명으로 의료 정보 사업을 주도할 ㈜메디다스라는 법인을 설립하게 되었다.

1990년 8월 한국 통신의 지원하에 원격 의료 영상 진단 장치의 시범 사업이 있었는데 서울대 병원과 연천 보건 의료원, 경북대 병원과 울진 보건 의료원, 한림대 부속 병원과 화천 보건 의료원을 상호간에 연결하여 X-레이 필름과 판독 결과를 송수신하는 한국 최초의 텔레레디올로지(Tele-Radiology) 시스템이었다. 이를 메디슨이 입찰 받아 TELE-ACE라는 상품을 개발하게 되었는데, 1992년 TELE-ACE가 고 해상도용 텔레레디올로지를 목적으로 설계되어진 관계로 해서 선뜻 고객 확보가 어렵다는 생각에 고객층의 부담을 줄이고 시장 활성화와 판매를 위해 PC 기준으로 설계 변경하여 추진중 이미지 파일링을 위한 마이다스로 개발을 선회하여 의료 영상 관리 시스템 마이다스가 개발되게 되었다. 마이다스는 개인이 의원 혹은 연구실에서 보관하려는 영상을 카메라를 통하거나 직접 입력하여 데이터베이스로 관리하고, 슬라이드로 출력하거나 모뎀을 통해 다른 사용자와 통신할 수 있는 기능을 갖춘 시스템이며, 그 수요는 멀티미디어의 붐과 함께 점점 증대되고 있다.

의료 보험이 시작된 이후 1993년에 이르기까지 전 의원의 전산화 수준은 단지 보험 청구를 위한 소프트웨어 정도에 머물러 있었다. 마이다스로 내과, 산부인과 고객을 접하면서 각 의원의 고질적인 문제는 차트와 보험에 있음을 알게 되었다. 1992년 하반기 고객 상대 영업에서 상당히 많은 의사들이 마이다스에 의료 보험 기능과 차트 기능이 추가될 수 있느냐는 요구로 마이다스에 차트와 의료 보험을 추가한 무차트 소프트웨어의 개발을 추진하던 중 의료 보험 쪽에 경험이 있는 회사와 공동 개발을 하는 것으로 방침을 정하고 협력 업체를 고려하게 되어 비트 컴퓨터와 공동 개발을 시도하게 되었다. 이에 마이다스에서 2 인, 비트에서 2인 등 모두 4명으로 구성된 개발팀이 '의사랑'이라는 제품을 만들게 된 것이다. 이러한 '의사랑'은 두 회사가 상호 협력하여 한 제품을 만들어 내었다는 데에 큰 의미가 있으며, 기존 의원의 진료 형태의 변화에 과감히 도전하고 의원급 전산 수준 특히 고질적인 업무로 남아 있던 차트 관리와 의료 보험 청구 업무의 간소화뿐만 아니라 의료 서비스의 질을 한층 높일 수 있게 되었다는 점에서 주목할 만하다.

메디슨 패밀리(Medison Family)

메디슨은 초음파 진단기의 생산에 필요한 부품의 안정적인 공급선 확보 및 국산화를 통한 부품 공급 가격 인하로 생산 원가를 절감하기 위하여 관련 부품 업체를 계열화하는 정책을 실시하고 있으며, 특수 의료 기기의 연구 및 생산 또는 판매를 전담하는 관계 회사를 설립하고 있다. 그리고 의료 기기 생산에 필요한 기술을 보유하고 있는 전자 기기 제조 업체와의 합작 투자를 통하여 전자 의료 기기 사업을 강화하고 있다. 또한 해외 수출을 위하여 해외 현지 생산 또는 판매 법인의 설립 역시 지속적으로 추진하고 있다. 계열사로는 모기업인 메디슨을 중심으로 전자 부품 제조 업체인 대원전자 등 2개사, 초음파 진단기용 케이블 제조 업체인 메디카 케이블, 의료 기기 판매 업체로는 메디슨 아메리카 등 9개사, 의료 기기 제조 업체로는 메리디언 등 4개사, 전자 기기 제조 업체로는 태하 메카트로닉스 등 3개사가 있다.

보기 1 회사 연혁

1985. 7. 2.	KAIST 연구원 7인, 자본금 5천만 원으로 ㈜ 메디슨 설립 ㈜ 한국 기술개발 유망 중소 기업 선정 및 투자
1986. 2.12.	SONOACE - 30
12.	SONOACE - 3000A Linear형 출고 기술 진흥 확대 회의 산업 포장 수상 한국 투자 신탁 100% 프리미엄 투자(한국 최초)
1987. 3.28.	SONOACE-3000A 2대 터키로 처녀 수출 파키스탄, 이탈리아, 홍콩, 중국, 인도, 멕시코 등에 수출 개시
1988. 4.12.	강원도 홍천군 남면 양덕원리의 농공단지 내 제1공장 준공 주식 장외 시장 등록 및 매매 개시
8.	SONOACE-88 개발
1989. 1.20.	프랑스 ENTA사와 SONOACE-88 10대 계약
1.30.	미국 VIBEN사와 SONOACE-4000A 200만 달러 계약
2.11.	자회사 메디슨 써플라이 창업
12. 4.	역삼동 689-3 하성 빌딩으로 서울 사무소 이전
12.12.	SONOACE 4500 출하
1990. 1.	미국 A-I사와 SKD를 체결
4.	SONOACE-2000 생산
12.	소련과 3000만 달러 연불 수출 계약 체결
1991. 4. 3.	㈜ 한국 기술개발 선정 제1회 벤처 대상 수상
10.	러시아 공화국 경협 3000만 달러 수출 승인
11.11.	초음파 진단기 핵심 기구 TRANSDUCER ELEMENT개발
11.30.	500만 달러 수출의 탑 수상
1992. 1.	미국 합작 회사 MAI(MEDISON AMERICA INCOPORATED) 설립
2.	독일 합작 회사 MEDISON EUROPE GMBH 설립
3.	러시아 합작 회사 ULTRAMED 설립
4.	세계 일류 상품화 기업 지정 (대한 무역 진흥 공사)
9.	홍천 제2공장 준공
11.	철탑 산업 훈장, 1000만 달러 수출의 탑 수상
1993. 1.	자회사 MEDITEC 설립 SONOREX 장은 기술 상 대상 수상
1994.	한국 의료 업계 최초 ISO9001 획득 동서 외학 사입부 ㈜ 메리디안으로 독립 MIDAS 사업부 ㈜ 메디다스로 독립 싱가포르 현지 법인 MEDISON SINGAPORE 설립
1995.	일본 현지 법인 MEDISON JAPAN 설립 국내 4개사와 합작 투자(PMS, 한국 멀티미디어 통신, 태하 메카트로닉스, 비트 컴퓨터)

	SA600(EUREKA), SA5000(SONOET), SA7700(TRIDENT) 출시
	전자 공업 대상 수상
	생산성 대상 종합 부문 대통령 상 수상
1996.	증권거래소 시장 상장

보기 2 출자 현황(1995. 12. 31 기준)

주주	소유율(%)	관계
이민화	6.23	본인
우리사주 조합	10.29	
한국 투자 신탁	8.34	기관투자가
한국 종합 기술 금융	3.67	기관투자가
한국 기술 투자	2.82	기관투자가
한국 기술 투자	2.26	기관투자가
이승우	1.36	타인
김영호	1.09	타인
ICA	4.54	외국인
SCHRODER	3.41	외국인
RPHF(L)	2.27	외국인
NKGF(L)	1.13	외국인

자료: ㈜ 메디슨, 제11기 영업 보고서: 1995. 1. 1-12.31.

보기 3 국내 초음파 진단기 시장 규모 추이

(단위: 억 원)

구분	1991	1992	1993	1994	평균 증가율(%)
수입	140.7	133.8	170.9	253.2	23.7
국내 생산	47.9	109.9	184.7	247.0	79.8
메디슨	47.9	93.6	130.2	163.6	57.4
기타	0	16.3	54.5	83.4	143.7
합계	188.6	243.7	355.6	500.2	39.9

주: 메디슨사의 금액은 해당 연도 내수 판매 실적임.

보기 4 메디슨 방식

· 목표
국부 창출과 인간 존중
· 환경
첨단 기술에 의한 세계 도전과 한국적 기업 현실
· 전략
차별화 전략(최종), 비용 전략(국제)
· 구조
현장 중심의 유연한 조직 구조, 보이지 않는 관리 구조, 상호 합의 체제
· 시스템
경험에 의한 체계화, 관리에 의한 도전 의욕 저하 방지
· 부서장
부서장은 명령자가 아닌 조정자
· 스태프
패기와 자기개발 욕구, 갈등의 조화 능력, 문제 해결 능력 우선
· 스타일
외유내강, 부드러운 가운데 강함(예: 군대식 조직 분위기), 느슨한 분위기, 강력한 신념에 의한 환경변화 능력, 실패를 지원하는 긍정적 강화
· 스킬
탁월한 기술과 영업, 변화 수용 능력
· 의사결정
경영 정보 이관, 판단력 강화에 의한 실무선의 의사결정
· 보수 체계
국내 동종 업계 최고 대우(고정급)와 영업 성과급(변동급)
· 문화
주체성과 자부심에 의거, 공통된 가치 분모 도출
· 교육
현장 훈련 중심, 동기부여에 의한 자기 개발
· 직무 태도
일과 직장의 즐거움, 사랑, 어려움과 행복의 공존 가치
· 인사 원칙
업무 성과와 메디슨 정신
· 커뮤니케이션
업무 정보 전달 회의, 라인 조직 지휘, 바이패스(인간적, 원샷)
· 업무 태도
시장 지향적, 고객 지향적
· 비전
3년 내 10대 초음파 회사

보기 5 주요 경영 성과 추이 (단위: 백만 원)

연도	매출액	수출액	총 자산
1986	500	-	781
1987	952	-	1,712
1988	3,051	538	2,919
1989	4,500	1,493	5,614
1990	7,307	3,694	8,679
1991	13,602	8,213	14,002
1992	22,500	10,949	24,238
1993	34,413	17,942	39,743
1994	47,500	22,300	56,700

보기 6 시장 경쟁 현황 (단위: 대, 억 원, %)

구분	1992		1993		1994		94/93
	대수	금액	대수	금액	대수	금액	금액증가율
수 입	182	134	233	171	449	253	47.9
생 산	800	110	1,155	185	1,600	247	33.5
메디슨	715	94	931	130	1,162	164	26.1
기타	85	16	224	55	438	83	50.9
계	982	244	1,388	356	2,049	500	40.4
메디슨 점유율	72.8	38.5	67.1	36.5	56.7	32.8	

보기 7 국내 자회사 및 합작 투자 회사

회사명	설립일	주요 사업
㈜ 메리디안	94.11.19	한빙 의료 사업
㈜ 메디다스	94.12. 2	의료 정보화 사업
대원전자 ㈜	94. 3.21	TRANSDUCER 생산
PMS	95. 2. 9	종합 생체 건강 진단 및 운동 처방 시스템 개발 공급
한국 멀티 미디어 통신	95. 2. 9	무역업
비트 컴퓨터	95. 2. 9	의료 정보화 사업 공동 연구개발
㈜ 태하 메카트로닉스	95. 2. 9	자동화 전자 의료 기기
㈜ 히포 의료 기랜드	95. 8.14	개원 컨설팅
㈜ 유로메드	95. 5.30	비뇨기과 전문 영업
GA전자	95. 5.	모니터, 터미널 및 전원 공급 장치
메디카 케이블	95. 6.	피복 절연선 및 케이블
코메드	95.10.	쇄석기 X-ray 관련 장비

보기 8 해외 합작 투자 및 현지 법인

법인명	설립일	법인 형태
Medison America, Inc. (California. U.S.A)	92. 2.14	현지 판매 법인 (초음파 진단기)
Medisonic (Langenfeld, Germany)	92. 4.13	현지 판매 법인 (초음파 진단기)
Ultramed (Moscow, Russia)	92. 6.30	현지 판매 법인 (초음파 진단기)
Shanghai Medison (Shanghai, China)	93. 2.16	현지 판매, 생산 법인 (초음파 진단기)
Medison Singapore Pte., Ltd.	94.12.19	현지 판매 법인
Medison Japan Co., Ltd.	95. 1.21	현지 판매 법인
Medison, Inc. (Miami, U.S.A)	94. 6.14	현지 판매 법인

사례 연구 23

다우 기술*

다우 기술은 컴퓨터계의 백화점이라고 할 수 있다. 주변 하드웨어 기기에서부터 인트라넷(Intranet)에 이르기까지 컴퓨터 정보통신에 관한 모든 제품들을 생산, 제공하고 있으며, 앞으로는 점점 더 SI(System Integration) 쪽으로 그 중심을 옮기려고 하고 있다.

정보통신 산업은 기술 유지·보수 비용이 막대할 뿐만 아니라, 트렌드가 급변하고 있는 상황이다. 이에 발맞추어 다우 기술은 소프트웨어를 단지 팔고 끝내는 것이 아니라, 하드웨어, DB, 시장 대처 방안 등을 고객들에게 계속해서 제공하고 있다. 즉 컴퓨터에 관한 모든 컨설팅 업무를 하고 있는 것이다.

지난 10년간 이 회사의 성장 과정을 크게 세 단계로 나눌 수 있는데 첫번째 단계는 창업 초기로서 인력난, 자금난을 UNIX 한글화를 통하여 해결한 시기이고, 두 번째 단계는 RDB(관계형 데이터베이스)를 중심으로 하여 국내 S/W 시장에서 선구자적 역할을 수행하면서 성장한 시기이고, 세 번째 단계는 SI 시장으로의 본격적인 진입 시기라고 할 수 있다. 보기 1과 2는 각각 다우 기술의 연혁과 재무 제표를 보여준다.

국내 시스템 컨설팅 업계의 현황

국내 시스템 컨설팅 시장에서 활발한 활동을 나타내고 있는 컨설팅 서비스 업체들을 살펴보면 대상 고객을 중심으로 크게 대형 SI(System Integration) 업체, 외국 투자 업체, 중소 업체의 세 그룹으로 구분해 볼 수 있다.[1] 대형 SI 업체들과 외국 업체들의 시장 기반은 금융이나 공공 기관, 대기업 등을 기반으로 하고 있고 중소 규모의 국내 업체들은 소규모 기업들을 그 기반으로 하고 있다. 중소 규모의 국내 컨설팅 시장이 크게 구분되는 이유는 고객들의 업무에 대한 신뢰도와 영업력의 차이에서 비롯되는데 고객들의 컨설팅 서비스업체에 대한 신뢰도의 기준은 해당 업체가 가지고 있는 기술력으로 평가되고 있다.

대형 SI 업체의 경우 초기의 정보 시스템 컨설팅 서비스는 SI 사업을 수행하면서 부가적인 서비스 차원으로 수행하였다. 그런데 프로젝트를 재구축하는 과정에서 컨설팅에 대한 수요가 증가하게 되자 이러한 환경 변화에 대응하기 위해 컨설팅 팀을 독립시키고 업무를 강화하게 된 것이다. 또 다른 측면에서는 그 동안 그룹사 중심에서 탈피, 대외적인 영업 기반을 넓혀 가는 과정에서 조직 재정비의 필요성이 대두되었기 때문이다. 여기에는 삼성 SDS, LG-EDS 시스템즈, 포스데이타, 쌍용 정보통신 등이 이에 포함된다.

대형 SI 업체들은 대부분 그룹사를 중심으로 컨설팅 업무에 주력하고 있는데, 경영 환경 및 전략 분석, 현행 사업 기능 분석 및 진단, 정보 시스템 부문별 진단 및 방향 제시, 그리고 전산 조직의 평가와 설계, 정보 전략 기획, 시스템화 계획 등의 업무를 수행하고 있다. 국내 대형 SI 업체들의 경우 대부분 외국의 유명한 컨설팅 회사들과 제휴 관계를 맺고 있는 실정이다.

---

* 이 사례는 김형기, 김희동과 함께 교육용으로 개발한 것이다. 사례의 내용은 특정 경영 상황의 처리에 관한 잘잘못을 예시하지 아니한다.

1 조창연, "확산 일로의 컨설팅 시장, 질적 개선이 요구된다," 경영과 컴퓨터, 1993년 1월호: 112.

국내에 진출해 있는 미국계 전문 컨설팅 업체로는 앤더슨 컨설팅을 비롯하여 약 20여 개의 업체가 있다. 이들 외국 업체들의 업무조직은 경영 컨설팅과 시스템 컨설팅을 모두 포함하고 있으며 그들 고유의 방법론과 오랜 경험 및 풍부한 전문가를 장점으로 경쟁 우위를 점하고 있다.

컨설팅 업무를 수행하고 있는 중소 규모의 국내 법인들의 경우 대부분이 소프트웨어 개발 업체나 시스템 개발 업체들로 현재 대부분의 업체들이 컨설팅 업무를 수행한다고 표방하고 있다. 하지만 실질적으로 업무를 수행하는 업체는 많지 않고 대부분 특정 1인의 대표를 중심으로 영업을 전개하는 특징을 갖는다.

창업

다우 기술 창업자이자 대표이사인 김익래 사장이 장기에 걸친 시장의 동향을 예측하고 파악하여 사업을 전개해 왔고, 이에 따라 중단기 기획도 세우고 있다. 김 사장은 한국 IBM 영업 부서에서 일을 하다가, 이병현 큐닉스 사장과 큐닉스를 공동으로 설립하였다. 그런데 큐닉스의 이병현 사장이 하드웨어가 컴퓨터 업계를 주도할 것이라고 본 반면, 김익래 사장은 소프트웨어를 중심으로 한 시장이 앞으로 컴퓨터 업계를 주도할 것이라고 판단하였다.

이러한 이유로 김익래 사장과 이병현 사장은 결별하게 되었고 이후 김익래 사장은 다우 기술을 창업하게 되었다. 사실 그 당시의 상황에서 판단해 본다면 김익래 사장이 남다른 해안을 가지고 있었던 것이다. 다우 기술이라는 회사명에 포함되어 있는 '다우'라는 단어는 '多佑'라 하여 도와 주는 사람이 많다는 것을 의미하기도 하고 '모두 다 우리 것'이라는 것으로 해석되기도 한다. 그만큼 창업 당시 김 사장은 자신이 진출하려는 시장에 대해서 매우 낙관적인 전망을 하고 있었다.

국내 정보통신 분야의 선두 주자

정보통신 분야로의 진출을 본격적으로 시도하고 있는 다우 기술은 수많은 중소 업체들 중에서 독보적인 위치를 차지하고 있다. 이렇게 시장에서의 선두 주자로의 위치는 다음 몇몇 사실에서도 나타나고 있다. 우선 1995년 정보통신 S/W 관련 부문에서 매출 1위(1996년 현재 480억 원, 대기업 제외)를 차지하였고, Informix, Borland 등 C/S 환경하의 오픈 솔루션(Open Solution) 관련 제품을 공급하고 있다. 또한 국내의 인터넷 시장을 개척한 기업으로, 넷스케이프사(Netscape)의 제품 공급, 기술 지원 및 인터넷 서비스를 제공하고 있으며, Net-Dynamics, OneWave, RealAudio, VDOLive, IntraBuilder 등 다양한 Internet Solution도 제공하고 있다. 그리고, 오픈 솔루션을 제공하면서 RDBMS, Forte, Delphi 등의 Client/Server 제품에 대한 공급 및 기술 지원을 하고 있다. 마지막으로 기술력 면에 있어서도 인터넷, Client/Server, 네트워크 관련 전문 인력을 보유함으로써 우위를 차지하고 있다. 업계 최초의 UNIX OS의 한글화와 RDBMS 한글화로 경쟁 우위를 점하고 있다.

사업 부문

다우 기술은 제품 및 사업 영역에 따라 7개의 사업부를 가지고 있는 사업부제 조직의 면모를 가지고 있을 뿐만 아니라 앞으로의 SI 시장에서 필요로 하는 다양한 업무를 담당하기 위해서 여러 자회사를 가지고 있다. 보기 3과 4는 각각 다우 기술의 사업 부문과 자회사를 보여 준다. 그러나 이렇게 필요에 따라 설립된 자회사는 다우 기술과는 전혀 관계없이 독자적으로 운영되어지고 있다. 이에 대해 다우 기술의 한광택 대리는 이에 대해 다음과 같이 말한다.

"자회사는 다우 기술의 100% 출자에 의해서 설립되었지만 다우 기술은 자회사를 총괄할 수 있는 업무를 담당하는 비서실 혹은 기획조정실과 같은 부서는 두고 있지 않을 뿐만 아니라 자회사는 완전하게 독자적으로 운영되어지고 있습니다. 다만 다우 기술에서 100% 출자한 관계로 김익래 사장님의 개인적인 통제는 가능하리라 생각됩니다."

시스템 및 응용 소프트웨어

이 부문에서 개발된 소프트웨어로는 3 Tier Client/Server Application개발 환경을 위한 Forte, 2 Tier Client/Server Solution인 Delphi, 관계형 D/B 관리 시스템인 Informix, 그리고 Language 및 관련제품으로 Borland, Liant, SI-GMS, CenterLine사 등의 제품을 판매하고 있다.

기간 통신 사업

기간 통신 사업의 일환으로 PCS, 국제 전화, 페이저(Pager) 사업에 기술 공여 및 주요 주주(76억 원)로서 컨소시엄에 참여하였고, 앞으로 주요 S/W 및 H/W를 공급할 예정으로 있다. 부가 서비스 애플리케이션도 개발할 예정이다. 그리고 CATV 사업자(SO), 신규 통신 사업자 설정에도 추후 참여할 예정이다.

부가 통신 사업

1997년에 미국 PCN사와 공동으로 개발하여 정보제공 서비스를 제공하고, 미국 CyberCash사와 공동 개발하여 가상 은행 서비스(Virtual Banking)를 제공하기 시작했다.

인터넷 사업

넷스케이프의 제품 공급 및 한글화를 이루었고, 인터넷 폰 서비스 개발과 멀티미디어 제품을 공급하였다. 또한 인터넷을 통한 실시간 방송 제공(RealAudio, VDOLive)과 기존 LAN을 통한 동화상 방송 제공(IP/TV)도 할 예정이다.

S/W, SI 및 인트라넷 사업

인트라넷(Intranet) 구축 및 관련 툴 공급(NetDynamics, OneWave, IntraBuilder 등)과 SI & Intranet Service가 있다. 그리고 중소기업청 등에 Legacy Data를 Web상에서 멀티미디어 DB로 구축한 바 있다.

장비 개발

ETRI-ATM LAN Switching System(ALAN-ES) 기술을 전수(96. 7-12)하였고, ETRI-ATM LAN(ALAN-ES)를 위한 백본(Backbone)용 기술(ALAN-BS)을 개발했다(96. 7-97.12). 미국의 Proxim사와 Wirless LAN 장비 판매 및 공동 개발을 하였고, CATV 모뎀, 셋톱 박스(Set-Top Box) 등도 개발하였다.

멀티미디어 사업

멀티미디어와 관련하여 CD-ROM 타이틀, TV수신 카드, 오버레이 보드 및 멀티미디어 그래픽 보드 등을 개발하였다.

컴퓨터 시스템 및 주변 기기

디스크 어레이(Clarion), 후지쯔 OEM 제품(HDD), 광자기 디스크 드라이브, CD-Recordable 등 컴퓨터 시스템과 주변 기기 관련 제품을 판매하고 있다.

미주 지사의 역할

다우 기술은 1996년 9월 미주 지사를 설립하였다. 이는 미국의 여러 기업들이 전 세계적 S/W시장을 장악하고 있을 뿐만 아니라 다양한 개발도 이루어지고 있기 때문에 보다 빠른 선진 기술의 도입을 위한 것이었다. 다우 기술은 미주 지사를 통하여 초보적인 시장의 흐름을 파악할 수 있게 되었으며, 이를 우리나라 환경에 맞도록 개선하거나 기술적 지원을 받기 위하여 현지의 미국 기업과의 라이슨싱이 용이하게 되었다. 다우 기술에 있어 신규 시장에의 진출을 위해서는 무엇보다도 앞선 기술을 직접 체험하여 그 시장을 형성하고 진출하는 것이 중요하게 작용한다.

홍보 및 마케팅 전략

다우 기술은 창업 초기의 소프트웨어 한글화 작업 단계를 지나면서 다른 업체보다는 빠른 선진 기술 도입과 선도적 기술 개발로 인하여 선구자적 역할을 할 수 있었다. 이러한 다우 기술은 창업 초기에는 별다른 선전이나 홍보가 필요 없었다. 왜냐하면 새로운 제품 그 자체가 바로 홍보였고 선전이었기 때문이다. 그러나 점차 시장 규모가 증가하고 경쟁자들이 많아짐에 따라 독자적인 홍보 및 마케팅 업무가 필요하게 되었다. 다우 기술은 주로 기업의 전산실 혹은 연구실을 중심으로 일간지, 컴퓨터 관련 월간지, 학술지, 세미나, 전시회, 전자신문 등을 통하여 홍보를 하고 있다.

재무 상태

다우 기술은 지난 10년간 굉장히 높은 성장률을 보였다. 그러나 대부분의 기업이 성장에 있어서 필수적인 자금의 조달을 위해서는 타인 자본의 유입이 많을 수밖에 없는 것에 비해서 다우 기술의 경우 창업 초기를 제외하면 부채로 인한 곤란을 별로 겪지 않았고 상당히 견실한 재무 상태를 가지고 있다. 다우 기술은 지금까지 부채 비율이 200%를 넘어간 적이 없다. 그 이유는 회사가 첨단 제품을 다루고 있을 뿐만 아니라 국가 기간 산업과 관련이 되어 있기 때문에 정부로부터의 많은 지원을 받을 수 있었기 때문이다. 특히 1988년 한국 전자통신 연구소로부터 유망 중소 기업으로 선정된 이후 저리의 장기 자금을 정부로부터 지원 받을 수 있었다. 다우 기술은 다른 기업체들보다 많은 지원을 받았고 이러한 지원을 적절히 활용하였다.

이렇듯 대부분의 기업들과는 달리 안정된 재무 구조 속에서 지속적이고 안정된 성장을 이룩할 수 있었다. 다우 기술은 1997년에 응모가 50,000원으로 주식 시장에 상장하였다. 이것은 기업의 지속적인 성장에 따른 자연스러운 면모일 뿐만 아니라 김익래 사장의 개인적 계획에 따른 것이기도 하다. 그는 창업 시절부터 10년이 지나면 상장을 할 것이라고 이야기하곤 했다. 그리고 50,000원이라는 높은 응모가는 그의 자신감을 나타낸 것이다.

경쟁 우위

다우 기술은 지난 10년간 꾸준한 소프트웨어 개발, 연구개발 투자, 사업 다각화 등으로 경쟁 우위를 획득하였다. 먼저 다우 기술은 S/W개발에 있어 선도적 역할을 하였다. 1987년 상공부로부터 관계형 데이터베이스 기술 도입을 승인 받아 국내 최초의 관계형 데이터베이스 관리 시스템(RDBMS)을 도입하였다. 또한 국내 최초의 한글 UNIX 개발과 그래픽 DB를 비롯한 응용 S/W를 개발하는 등의 노력으로 선두 기업으로서의 이점을 갖고 있다. 이 외에도 윈도 및 UNIX 환경에 대한 노하우가 축적되어 있고, 병역 특례 업체로 선정되어 우수한 석·박사급 기술 인력을 확보하고 있다.

또한 다우 기술은 연구개발 투자에 주력해 왔다. 87명의 석사 이상 급 전문 연구개발 인력을 보유하고, 보기 5에서 보듯이 매년 매출액 대비 10% 내외의 연구개발비 투자를 하고 있다. 다우 기술은 초기에 UNIX의 한글화로 회사의 기반을 형성하고, DB 도입으로 많은 성장을 이루었으며, 관계형 데이터베이스(RDB)를 국내에 처음으로 도입하였다. 멀티미디어 쪽에 관심이 많아 CD-ROM, TV 수신카드 등을 개발, 생산하기도 하였다.

셋째로, 다우 기술은 이와 같은 집중적인 연구개발의 뒷받침하에 여러 부문에 효과적인 사업 다각화를 추진해 왔다. 다우 기술은 2 Tier개념의 Client-Server 개념에서 3 Tier 개념으로 변환을 추진하고 있고, 인트라넷 구축과 ATM-LAN(ALAN-BS) 기술 개발을 통해 정보통신 부문에의 진출을 꾀하고 있다. 현재 정보통신 분야의 새로운 분야인 PCS에도 출자하고 있다. 또한 SI 시장이 커질 것으로 예상하고 있기 때문에, 다우 기술은 기존의 소프트웨어 분야에서 SI 분야로 무게 중심을 옮겨 가려고 하고 있다.

이렇듯 다우 기술은 10년이라는 짧은 역사에도 불구하고 나름대로의 방향성을 가지고 그것에 필요한 준비를 착실히 하고 있다. 이는 지금은 없지만 앞으로 형성될 시장을 주 목표로 삼고 있는 것이다. 미국 넷스케이프사와의 국내 판권 계약에서도 다우 기술의 이러한 면모는 잘 나타난다. 즉, 다우 기술은 4년여 전부터 인터넷에 대한 구상을 하고 있었고, 이를 위한 다양한 준비를 하고 있었다. 그러던 차에 넷스케이프사의 'Navigator'에 대한 한국 판권 계약에 입찰에 응했던 30여 개의 업체들 중 그렇게 자본도 많지 않고 규모도 크지 않은 다우 기술이 파트너로 선정된 것이다.

이러한 준비를 가능하게 했던 동력이 창업자의 남다른 능력에 있는 것은 사실이다. 그러나 이러한 평범한 동력 뒤에는 다른 보통의 대기업에서는 볼 수 없는 모습이 숨겨져 있다. 그것은 약한 조직체를 대신할 수 있는 '신바람'이라는 것이었다. 다우 기술에는 270여 명의 사원들이 있다. 이는 그렇게 많은 인력이 아니다. 그래서 많은 사람들이 여러 가지의 일을 함께 한다. 예컨대 마케팅/홍보부는 직무가 아직 세분화 혹은 전문화되지 않아 붙여진 이름이다. 이렇듯 많은 사람들이 두세 가지의 일을 함께 한다. 그러나 이와 같이 체계화되어 있지 못하다고 해서 반드시 대기업에 뒤쳐지는 것은 아니다. 비록 적은 수의 직원을 가지고 있지만 그 사람들은 일을 즐기면서 하고 있고, 일을 하면서 신바람을 내고 있다. 이러한 바탕 위에 자본과 많은 인력을 앞세우면서 SI 시장 공략에 앞장서고 있는 대기업들과도 맞서고 있는 것이다.

전망과 과제

미래의 SI 시장은 크게 두 가지로 나누어 볼 수 있을 것이다. 하나는 인터넷과 인트라넷의 통합과 관련한 것으로서 인프라적 측면과 이의 운용을 위한 다양한 솔루션의 개발 부문이며, 다른 하나는 정보와 관련된 분야일 것이다. 다우 기술은 1997년 사업 방향을 내적으로는 직원 개개인의 자질 향상과 급변하는 사회에 빠르게 대처하기 위한 자세를 키워 주는 방안으로 교육의 기회 및 투자를 확대하고, 외적으로는 고객들이 필요로 하는 다양한 솔루션을 제공함으로써 이제까지 제품 판매와 그에 따른 기술 지원에서 한 차원 진보된 사업 형태를 지향하는 것을 기본으로 한다고 밝힘으로써 첫 번째 부문에 대한 사업의 기틀을 마련하였다.

두 번째 부문에 있어 다우 기술은 보다 근본적으로 정보가 미래의 SI 시장을 지배할 것이라고 예측하고 있다. 그런데 이러한 정보는 크게 세 가지로 나누어 볼 수 있다. 단편적인 사실만을 나타내어 주는 데이터(Data)가 1기 정보이고, 이러한 데이터를 종합한 상태를 나타내는 인포메이션(Information)이 2기 정보이며, 이러한 정보를 의사결정에 도움이 되는 형태로 조작 혹은 편집된 상태인 컨텐트(Content)가 3기 정보이다. 이러한 정보들 중에서 다우 기술은 3기 정보인 컨텐트를 제공할 수 있어야만 앞으로의 SI 시장에서 생존 가능하다고 생각하고 있으며, Content Provider로서의 면모를 갖추기 위하여 다우 기술은 인프라뿐만 아니라 이의 운용을 위한 다양한 솔루션의 개발에 많은 노력을 기울이고 있다.

다우 기술은 정보, 유통, 처리를 일관하는 제품 개발로 통합된 신사업 분야에서 선두 업체로 부상하기 위해서 기존의 '정보 처리' 위주의 사업 내용(SI, S/W, Network 등)을 확대하여 정보 유통 서비스(PCS, 국제 전화, Pager 등) 및 정보통신 기간 장비 개발(ATM LAN 개발, Wireless LAN 개발, CATV Modem 개발 등) 시장에 진출하였고, 또한 정보 제공자로서의 역할을 수행하기 위하여 부가 통신 서비스(PCN, Virtual Banking)사업을 시작하였다.

사업 부문별 매출 확대 계획

다우 기술은 1996년 이후 매년 30% 이상 매출 신장을 이루어, 2000년 1400억 원 매출 실현을 이룰 계획을 가지고 있다. 7개의 사업 부문 중에서 정보통신(특히 컨텐트 제공 사업)에서 500억 원으로 가장 큰 매출액을 획득할 것이라고 내다보고 있다

통신 사업자 컨소시엄 참여

다우 기술은 보기 6에서 보듯이 5개의 통신 사업 부문 중에서 3개 분야(PCS, 국제 전화, 무선 호출)에 출자하였다. 단순히 출자만 한 것이 아니라 기술적 참여도 함께 할 계획이다.

인트라넷 특화

SI 시장은 사업성은 있으나 대기업의 막대한 자본력과 횡포로 중소 기업이 어려움을 겪고 있는 상황이다. 이에 대하여 우리 다우 기술은 인트라넷 특화를 통해 시장 진출을 꾀하고 있다. 즉 인터넷과 인트라넷을 이용할 때만이 대기업과의 전쟁에서 살아남을 수 있다고 여기고 있는 것이다. 다우 기술은 창업 11년째를 맞이하는 1997년을 제2의 창업을 위한 그 시발점으로 삼고 기존의 사업을 기반으로 한 '토털 솔루션'의 제공이라는 기본 방향하에 지속적으로 인트라넷 시장을 공략하면서 분야별 전문 인력 보강 및 솔루션 확보로 '사통팔달'의 이미지 확보에 주력하고 있다.

보기 1 회사 연혁

1986. 1: 다우 기술 설립

① 한글화 단계

1986. 4: 일본 ASCII사와 기술 제휴 계약 체결
1986. 9: Sun Microsystems용 한글 UNIX(SunOS V3.0) 공동 개발 완료
1987. 4: 미국 Liant Software사와 소프트웨어 라이슨스 계약 체결

② 선구자적 역할 담당

1987. 9: 미국 Informix Software사와 관계형 데이터베이스 생산, 판매 계약 체결
1987.11: 상공부로부터 관계형 데이터베이스 기술 도입 승인
1988. 3: 과학 기술처 승인 기업 부설 연구소 설립
1989. 9: 한글 LPI COBOL개발
1989.10: 병무청 선정 병역 특례 연구 기관

③ S/I 시장으로의 진입

1989.12: ㈜다우 정보 시스템 설립
1991. 1: 다우 기술 교육원 설립
1991. 1: 한글 VGA 보드개발
1991.11: 병무청 선정 병역 특례 업체 선정
1992. 4: 미국 Borland International사와 계약 체결
1992. 6: ㈜다우 데이터 시스템 설립
1992. 7: 과학기술처로부터 시스템 통합 사업자 선정
1992.12: 멀티미디어 그래픽 보드 개발
1993. 3: 체신부 인가 전산망 사업체 등록
1993. 4: TV수신 카드 개발
1993. 5: Data General사와 제품 판매 계약 체결
1994. 4: 비디오 오벌레이 보드 개발
1994.10: 주식 장외 시장 등록
1995. 5: Delphi 국내 공급
1995.10: 미국 Netscape Communications사와 제품 판매 계약 체결
1995.11: 미국 Forte Software사와 제품 판매 계약 체결
1996. 3: 미국 NetDynamics사와 제품 판매 계약 체결
1996. 6: 미국 Progressive Networds사와 제품 판매 계약 체결
1996. 6: 국가 기간 통신망 사업자 Consortium 참여 및 선정
1996. 6: 전자 통신 연구소와 공동으로 Backbone용 ATM-LAN 기술 개발 계약 체결

1996. 7: 정보통신부 선정 S/W 사업자
1996. 9: 미주 지사 설립
1997. 1: ㈜ 다반테크 설립
1997. 3: ㈜ 다우 아카데미 설립

보기 2 재무 제표

요약 대차 대조표

(단위: 백만 원)

항목	95년 말	96년 말	97년 말 (추정)
1. 자산 총계	30,481	50,906	68,506
유동자산	19,851	30,509	36,998
투자와 기타 자산	7,955	16,938	26,938
고정자산	1,967	2,650	3,520
이연자산	708	809	1,050
2. 부채 총계	22,035	31,504	43,504
유동부채	16,309	19,516	23,516
고정부채	5,726	11,988	19,988
3. 자본 총계	8,446	19,402	25,002
자본금	4,000	5,598	5,598
자본잉여금	372	4,524	4,524
이익잉여금	4,094	9,280	14,880
4. 부채와 자본총계	30,481	50,906	68,506

주: 97년 경우 상장 시 자본 증가분은 제외함.

요약 손익 계산서

(단위: 백만 원, %)

항목	95년		96년		97년(추정)	
	금액	비율	금액	비율	금액	비율
매출액	33,687	100.0	43,336	100.0	62,000	100.0
매출 원가	24,645	73.2	26,210	60.6	37,600	60.6
매출 이익	9,042	26.8	17,016	39.4	24,400	39.4
판매및일반관리비	7,886	23.4	11,123	25.8	14,800	23.9
영업 이익	1,156	3.4	5,893	13.6	9,600	15.5
영업외 수익	1,848	5.5	3,502	8.1	2,500	4.0
영업외 비용	1,811	5.4	2,479	5.7	2,900	4.7
경상 이익	1,193	3.5	6,916	16.0	9,200	14.8
특별 이익	2,197	6.5	534	1.2	-	-
특별 손실	13	-	41	0.1	-	-
세전 순이익	3,377	10.0	7,409	17.1	9,200	14.8
법인세 등	619	1.8	1,776	4.1	2,760	4.5
당기 순이익	2,758	8.2	5,663	13.0	6,440	10.4

보기 3 주요 사업 부문 (단위: 백만 원, %)

사업 부문	품목	96년 매출액	비중
System S/W	관계형 데이터 관리시스템 Forte, Compiler	12,134	28.1
정보통신 부문	Netscape Application, CAPS, ISP	5,279	12.2
멀티미디어	CD-ROM Title, TV수신용 멀티미디어 보드, Overlay Board, MPEG	7,239	16.7
SI	컨설팅, Application을 비롯한 Turnkey Solution	8,478	19.6
S/W Package	Spread Sheet, Data Base, 개발 관리 Tool	3,373	7.8
주변 기기	Disk Array, HDD, MOD, CD-Recorder	6,305	14.6
서비스	Program개발 용역, ASIC Design, 교육	418	1.0
합 계		43,226	100

보기 4 자회사

회사명	본사와의 관련 업무	설립 일자
㈜ 다우 정보 시스템	공장 자동화를 통하여 기업이 만들고자 하는 것들을 실제로 만들어 내는 회사	1989. 12
㈜ 다우 기술 교육원		1991. 1
㈜ 다우 데이터 시스템	H/W 개발	1992. 6
㈜ 다우 환경 기술 설립		1994. 12.
㈜ 다반테크	기업체의 전산실, 연구소와 같은 첨단 기술을 필요로 하는 곳을 대상	1997. 1
㈜ 다우 아카데미	고객 기업들에 대하여 다우기술이 판매한 것에 대한 교육 서비스 실시	1997. 3

보기 5 연구개발 투자 현황 (단위: 백만 원)

구분	1994	1995	1996	1997(추정)
연구개발 인건비	850	1,010	1,310	1,610
연구개발용 장비 구입	810	1,320	1,830	2,050
연구개발용 재료 구입	310	480	710	1,010
합 계	1,970	2,810	3,850	4,670

보기 6 통신 사업자 컨소시엄 출자 현황

(단위: 백만 원)

분야	주도 업체	출자 법인	자본금	출연금	다우기술 지분(%)	다우기술 출자금
PCS	한솔 데이콤	한솔 PCS	200,000	110,000	1.5	4,650
국제전화	고합, 동아, 롯데	한국 글로벌 텔레콤	70,000	30,000	0.2	200
무선호출	성미전자	해피 텔레콤	20,000	8,000	3	840

사례 연구 24

웅진 코웨이*

급격한 산업 발전의 부산물로서 마시는 물까지도 안전하지 못한 상황에 이르고 더욱이 최근 들어 환경 보호의 중요성이 강조되면서 마시는 물과 관련된 사업은 점차 성장 가능성이 높은 사업으로 각광을 받아왔다. 이러한 상황 속에서 한국 정수기 사업을 선도해 온 웅진 코웨이는 1989년 5월 국산 정수기 생산이라는 목표와 정수기 사업의 환경 사업으로서의 성장 가능성을 바탕으로 웅진 그룹 내 계열사로서 그 첫발을 내디뎠다. 창립 이후 꾸준히 매년 매출액의 7%를 연구개발비로 투자한 결과 뉴임팩 정수기, 냉온 정수기 등 정수기 자체 생산을 이뤄 냈으며, 창업 8년 후인 1997년에 국내 정수기 시장의 70%를 점유했다. 현재는 정수기 사업뿐만이 아니라 수처리 플랜트 사업, 건축 배관 자재 사업 등과 같은 연관 환경 사업으로의 다각화는 물론 PCS 및 유선 방송 사업으로의 다각화도 추진하고 있다.

성장 과정

창업

웅진 코웨이는 경제 발전의 부산물인 환경 파괴에 의한 수자원을 보호하고 깨끗한 환경 구현을 목표로 지난 1989년 5월 당시 웅진 그룹의 계열사인 웅진 인삼㈜의 코웨이 사업부가 독립해 한국 코웨이㈜라는 상호로 인삼 제품, 도자기, 수입 정수기 등을 취급하는 판매 전문 회사로 설립되면서 출발하였다. 당시 웅진 인삼에서는 드링크 제품을 생산하고 있었는데 이 드링크 제품의 제조 과정에서 깨끗한 물의 필요성을 절감하고 아예 정수기 사업에 나선 것이었다.

웅진의 이 같은 결정은 시의 적절했다. 당시 낙동강 페놀 사건 등 수질 오염 사건이 잇따라 터지면서 '안심하고 먹을 수 있는 물'에 대한 국민들의 관심이 높아진 것을 계기로 정수기 시장의 규모가 해마다 50%에 육박하는 성장을 보인 것이다. 이러한 사회적 분위기에 부응해 웅진 코웨이는 지난 1990년 국내 최초로 자체 개발한 정수기를 출시, 크나큰 반향을 불러일으키며 폭발적인 매출 신장세를 기록하여 이후 7년 연속 업계 수위를 지켜 왔다.

한편 정수기가 실제로 국내에 처음 등장한 것은 지난 1980년대 중반이었다. 이 시기에는 수도 꼭지에 부착하는 간이 방식의 정수기가 모습을 드러낸 데 이어 자연 여과식의 등나무 정수기, 음이온 정수기 등이 관심을 모았다. 이후 1980년대 말까지 아시안 게임과 올림픽 등을 거치면서 소비자들의 인식이 높아져 정수기 수요가 폭발적으로 증가하여 제 1 차 성장기를 누렸다. 이처럼 정수기 시장은 1980년대 말까지 성장 잠재력이 높은 시장이었다. 그러나 1990년 정부 당국의 시험 조사 결과 일부 정수기로 걸러 낸 물에서도 대장균이 검출되자 정수기 시장은 한풀 꺾였다. 당시 50여 업체 중 절반 이상이 문을 닫거나 업종을 바꿨을 정도였다. 당시 정수기 업계가 큰 타격을 입었던 것은 대부분의 업체가 경쟁적으로 판매에만 몰두하여 애프터 서비스를 소홀히 하면서 소비자들의 외면을 자초한 결과이기도 했다.

이처럼 웅진 코웨이가 정수기 시장에 뛰어들 당시 국내 정수기 시장은 주로 정수기를

* 이 사례는 감덕식, 임정훈과 함께 교육용으로 개발한 것이다. 사례의 내용은 특정 경영 상황의 처리에 관한 잘잘못을 예시하지 아니한다.

수입해 판매하는 단계였기 때문에 시장은 극도로 취약했고, 수입 정수기의 무분별한 범람과 사후 관리 부실로 정수기 시장은 침체를 겪고 있었다. 연구개발 또한 등한시하여 단순 기능의 제품이 주류를 이루었다. 특히 정수기는 그 특성상 A/S가 그 어느 제품보다 철저하게 이루어져야 하는 데도 불구하고 당시 업계의 인식 부족으로 A/S가 이루어지지 않아 소비자들로부터 외면당하는 실정이었다.

이에 웅진 코웨이에서는 제대로 된 정수기를 우리 손으로 개발하겠다는 신념과 장기적으로 상수도를 활용한 정수기 산업은 환경 산업으로 활성화될 것이라는 판단 아래 자체 제품을 생산할 수 있는 공장을 충남 유구 농공단지에 짓고 설비 투자와 기술 개발에 매진했다. 1990년 5월 드디어 국내 최초로 역 삼투압 방식에 의한 국내 제1호 웅진 코웨이 정수기를 자체 개발하여 지금의 웅진 코웨이의 모태를 이루었다. 웅진은 창업과 동시에 전문 환경 기술 연구소를 설립하여 매년 총 매출액의 7% 이상을 꾸준히 투자하여 순환 펌프 수위 자동 조절 장치 등 주요 부품의 국산화에 성공했고, 세계 최초로 3 웨이 밸브 방식의 냉온 정수기를 개발하기도 했다. 특히 1996년 5월에는 냉온 정수기로 세계 3대 국제 발명전 중의 하나인 제네바 국제 발명전에서 금상과 동상을 수상했다.

웅진 코웨이는 품질 개발 시스템 혁신을 통해 업계 최초로 IS0 9001 및 14001DIS 품질 인증을 받았다. 또 아시아 최초로 정수기 제품 인증 제도에서 세계 최고 권위를 가지고 있는 NSF(미국 위생 협회)로부터 제품에 사용되는 소재의 위생과 환경 안전성에 대한 인증을 획득하여 세계 시장에서도 호평을 받고 있다. 이러한 웅진 코웨이의 노력은 국내 정수기 산업 및 시장 구조를 바꾸는 데 기여했고, 1996년 5월 한국 정수기 산업의 대중화와 기술 개발 공로를 인정 받아 김형수 사장이 대통령 표창을 받기도 했다.

한편 웅진은 세계 각국의 수질 환경을 체계적으로 조사, 분석해 수출 전용 상품을 개발하고 있다. 각국의 수질이나 수압, 그리고 전기적 사양 등이 다르다는 점을 감안하여 지역별 특성에 알맞는 필터 등 부품 개발에 힘쓰고 있다. 1992년 일본에 50만 달러를 수출하기 시작해 1993년에는 태국을 비롯한 동남 아시아 지역에, 1994년에는 역 삼투압 정수기의 본고장인 미국에 수출했고, 1995년에는 우즈베키스탄에까지 진출했다. 현재 정수기 메카인 미국을 비롯하여 일본, 싱가포르, 대만, 말레이시아, 인도네시아 등으로 꾸준히 수출이 증대하고 있으며 정수기와 공기 청정기를 추가 수출 품목으로 집중 육성하고 있다.

좋은 제품이 좋은 마케팅 전략을 창출하듯이 웅진 코웨이의 초기 마케팅 전략은 그 어느 기업보다 독특하게 소비자들의 머리 속에 기억되었다. 정수기 업계에서는 처음으로 건전한 식수 문화의 구현을 테마로 한 TV CF를 제작 방영했으며, '깐깐한 정수기', '물을 천천히 씹어 마시자', '물도 몸무게에 맞추어 마시자', '우리집 물 보험' 등의 광고 문구로 유행어까지 창출했다. 1996년 9월 6일부터는 '깐깐하니까 세계에서도 통하더군요, 코리아 코웨이'라는 새로운 컨셉트로 TV CF를 방영하기도 했다.

업계 최초로 AS 인증 마크를 획득한 웅진 코웨이는 깐깐한 품질에 걸맞게 깐깐한 'A/S 세븐 시스템'을 갖추고 있다. 책임 있고 완벽한 문세 해결을 위해 A/S의 접수부터 완료까지 본사서 직접 총괄한다. 전국 소도시까지 직영 A/S 사무소를 설치해 신속한 서비스가 가능하도록 했다. 필터의 수명 보호와 적기 교환을 위해 필터 교환 한 달 전에 전화 또는 우편을 통한 사전(BS) 서비스를 실시하고 있다. 또 서울을 비롯한 전국 지역별로 A/S맨 및 주부 사원들의 대기 체제를 구축, A/S 접수 후 시내 6시간, 시외 24시간 이내 처리할 수 있도록 했다. 또 정수기 설치나 A/S 완료 후 고객들에게 전화를 걸어 사후 만족도를 조사하는 '해피 콜' 서비스를 운영하고 있다. 이 밖에도 고객들의 편의를 위해 애프터 서비스를 원하는 날과 시간에 받을 수 있도록 예약 시스템을 운영하고 있으며, 정수기 제품마다 기능과 필터의 성격이 달라 제품별 전담 A/S맨을 별도로 두었다.

국내 정수기 시장에서 선두를 달리고 있는 웅진 코웨이는 정수기뿐만 아니라 현재 환경 산업으로 그 범위를 확장하여 정수기 사업, 대단위 정수 플랜트 사업, 공기 청정기 사업, 환경 과학 기술 개발 사업 등의 신규 사업팀을 계속 강화해 2000년에는 수출 1억 달러 달성과 더불어 종합 환경 전문 기업으로 발돋움한다는 중장기 계획을 잡고 있다. 이러한 계획은 소비자들로부터 사랑 받는 제품개발이 관건이라는 판단 아래 산학 협동을 통한 연구개발의 활성화 및 전문 연구 기관과의 전략적 제휴 등 과감한 투자와 기업의 경쟁력 강화에 역점을 둘 방침이다. 이제 웅진 코웨이는 세계 제일의 환경 기업을 목표로 도약하고 있는 것이다. 보기 1과 2는 각각 웅진 코웨이의 연혁과 재무 제표를 보여 준다.

적극적인 생산 개발 투자

웅진 코웨이가 창업할 당시 정수기 시장은 가정용의 수요가 생성되기 시작하면서 확장일로에 있었으나 대부분의 수요가 수입품에 의존하고 있었으며 국내 제품의 경우도 핵심 부품은 대부분 외제품을 사용하고 있었다. 이에 웅진 코웨이는 1992년부터 2년 6월여의 기간 동안 핵심 부품의 국산화와 함께 뉴임팩 정수기를 개발했다. 이 제품의 개발은 웅진 코웨이 부설 연구 기관인 환경 기술 연구소의 소장 성경학 이사 및 설계, 정수 시스템, 전기, 디자인 등의 전문 기술 인력 9명에 의해 이루어졌다. 성 이사는 현재 한국 막학회 이사, 미국 수도 협회 및 미국 막 분리 협회의 회원으로 활동하고 있으며, 특히 정수기 핵심 부품의 국산화에 견인차 역할을 한 인물로 평가되고 있다.

개발팀은 당시 국산품 중 고급 정수기가 거의 없는 실정에 고품질, 고가격대의 제품에 대한 수요가 커지고 있는 데다 기존 제품에 대한 소비자들의 불만을 주로 기술적인 면에 있다는 점에 초점을 맞추고 안전성이 우수한 제품으로 개발의 방향을 정했다. 그래서 채택된 것이 역 삼투압 정수 방식인데 이 방식은 원수가 머리카락의 100만분의 1 크기인 역 삼투막을 통과할 때 불순물은 걸러 내지고 인체에 유익한 미량의 미네랄은 그대로 보유하게 되는 장점을 가지고 있다. 기존 제품에서 자주 발견되는 결함인 정수 탱크 내에 이물질이 침투하는 단점을 보완키 위해 실리컨 러버 방식을 채택하여 이를 완전히 차단했고, 이중 수위 안전장치를 개발하여 잦은 물 넘침의 단점도 보완했다. 이러한 연구와 단점의 보완을 통해 개발된 뉴임팩 정수기는 ISO 9001 인증을 받았으며 한국 수도 연구소로부터 C 마크를, 그리고 미국 수질 협회로부터 전 부문 골드 실(Gold Seal) 마크를 획득했다.

이처럼 웅진 코웨이는 설립 초기부터 환경 기술 연구소를 만들어 제품 개발은 물론 관련 기술 연구에 투자를 아끼지 않았다. 매년 총 매출액 대비 7-8%를 연구개발비에 투자, 1991년 국내 최초로 역 삼투압 정수기를 개발했으며, 업계 최초로 국제 표준화 기구(ISO)로부터 품질과 환경 인증인 ISO 9001, 14001DIS를 잇따라 획득했다. 이와 함께 1993년 초 첨단 마이컴 제어 장치를 정수기에 도입하여 물의 온도 및 모든 기능이 중앙 제어 장치에 의해 자동으로 작동되는 냉온 정수기를 개발했다. 이 제품을 시장에 내놓은 지 1년 만에 웅진 코웨이는 국내 1천대 기업에 진입하는 성과를 올렸다. 1996년 2월 세계 최초의 3웨이 밸브 방식에 의한 냉온 정수기를 개발한 환경기 등의 부품을 별도 제작해 미국, 일본, 싱가포르, 대만 등으로의 수출을 늘리는 데 기여하고 있다. 환경 기술 연구소에는 50여 명의 석·박사급 연구원이 포진하고 있으며, 환경 관련 첨단 장비를 갖추고 환경 전문 업체로서의 기술력 향상에 여념이 없다.

마케팅 전략

적극적인 기술개발 투자와 함께 웅진 코웨이의 성공적 성장을 이끈 것은 마케팅 전략이었다. 웅진 코웨이의 마케팅 전략은 정수기가 고가 제품인 만큼 기존 제품과의 가격 비교를 피하고 제품 성능으로 가격 가치를 유지하는 것이 핵심이었는데, 이를 위해 일반 유통 채널을 철저히 피하고 방문 판매 시스템을 채택했다. 그래서 사회적으로 어느 정도의 지위를 확보하고 있는 중년층을 세일즈맨으로 확보하고 그들의 인적 자원을 바탕으로 한 밀착 세일즈를 전개했을 뿐만 아니라 영업 사원들에 대한 철저한 교육도 병행했다.

광고 전략은 주로 수돗물을 끓여 먹는 가정을 대상으로 천천히 씹어 먹는 물, 깐깐한 물 등의 카피를 통해 정수기 전문 회사로서의 이미지를 강조했다. 이에 따라 뉴임팩 정수기는 1995년 1/4 분기 총 5600여 대를 기록한 데 이어 1996년 동 기간에 7200대 그리고 3/4 분기에는 1만여 대에 육박하는 판매량을 기록해 1995년과 1996년 2년 동안 총 6만여 대를 판매한 것으로 집계됐다. 또한 웅진 코웨이의 1996년도 10월까지의 매출 총 900억여 원 가운데 뉴임팩 정수기가 차지하는 비율은 36.6%인 3백 30억 원으로 나타났다

이러한 마케팅 전략과 함께 웅진 코웨이의 괄목할 만한 성장을 이룬 배경에는 또한 철저한 사후 관리를 빼놓을 수 없다. "A/S를 해줄 수 없는 지역엔 정수기를 팔지 않는다"는 웅진 코웨이의 신조가 이를 잘 대변해 주고 있다. 특히 신속하게 고객이 원하는 장소와 시간에 서비스를 공급해 주는 '비포어' 개념을 A/S에 도입, 정수기의 성능을 극대화하는 데 기여함으로써 업계의 벤치마킹 사례로까지 평가받고 있다.

창업 경영진

웅진 그룹 윤석금 회장

웅진 코웨이는 현재 웅진 그룹의 주력 계열사이나. 창업된 지 10년 정도 된 기업으로서 그 창업에 있어서 웅진 그룹을 총괄적으로 이끈 그룹 회장의 역할은 간과될 수 없다. 지난 1980년 '웅진 출판'으로 시작한 웅진을 현재 계열 8개사, 매출액 5000억 원(1994 기준)의 중견 기업으로 성장시킨 그는 브리태니커의 외판 사원으로 입신하고, 무에서 유를 창조한 입지전적 인물로 업계에서는 유명하다. 웅진 출판사가 15년 만에 업계 선두의 출판 업체로 자리 잡은 것도 윤 회장 특유의 집념이 가져온 결실이다.

평소에 물에 대해 관심이 많았다고 얘기하는 그는 정수기 제조 업체인 '웅진 코웨이'를 설립해 현재 정수기 시장의 70%를 차지하는 데 있어 그 후견인의 역할을 해 왔다. 정수기 사업에서의 성공에 대해 그는 "소비자의 신임과 최고의 품질, 철저한 애프터 서비스가 전부였다"며 애프터 서비스에 역점을 둔 것이 성공의 큰 원인을 제공했다고 평가한다.

웅진 코아 두진문 사장

1997년 1월 3일 창립된 햇병아리 회사로서 정수기와 공기 청정기 이외에 집중력을 높여 주는 '브레인 Q'라는 학습기를 유통 판매하는 회사인 웅진 코아 두진문 사장은 세일즈에 관해서는 국내 일인자임을 자부하는 경영인이

다. 웅진 그룹 계열사 12개사 가운데 세일즈맨으로 입사해 사장이 된 경우는 그가 처음이었다. 역시 세일즈맨 출신인 윤석금 회장이 그만큼 두 사장의 실력을 인정했던 것이다. 그는 입사 후 회사에서 주는 판매 실적 1등 상을 줄곧 놓치지 않았으며, 웅진 코웨이 판매 담당 부사장일 때인 1996년 한 해 동안 2000억 원을 팔았던 기록도 가지고 있다.

부산의 한독 기능 대학 교사로 일하다가 1983년 웅진에 입사한 그는 6개월 만에 세일즈 관리자로서 탁월한 능력을 발휘하면서 초고속 승진을 거듭해 왔다. 웅진 출판을 거쳐 웅진 식품 창립 멤버가 됐고, 웅진 코웨이 정수기와 웅진 그룹의 또 하나의 계열사인 코리아나 화장품 초창기 판매 책임자로도 일했다.

그가 직원들에게 매일 교육하는 '세일즈 기법'은 의외로 단순하다. 그는 "세일즈맨은 항상 생각이 건전하고 자신감이 있어야 하며 본인이 기분이 좋아야 상대도 기분이 좋습니다"라고 말한다. 지금도 오전 7시면 출근하여 목표 진행 상황을 점검하고 판매원들을 독려한다. 스스로 "아랫사람 교육시켜 목표액을 달성하게 하는 데 귀재"라고 말할 정도다. 그가 세일즈를 선택한 이유는 "능력 따라 돈 벌고 나이 관계 없이 고속 승진할 수 있다"는 점이었다. 그러나 그도 판매 현장에서는 수많은 일을 당했다. 현관에서부터 쫓겨나기도 일쑤였다. 하지만 세일즈맨으로서 이런 우여곡절을 극복해 왔던 그의 판매 철학은 믿음이다. "상품이 세일즈맨 스스로 마음에 들어야 하고, 그래야 필요한 것을 전달한다는 생각을 갖게 됩니다"라고 하는 신뢰를 바탕으로 하는 판매 철학으로 고객이 감동할 때까지 몇 번이고 반복 방문하는 방식으로 세일즈 인생을 살아온 그는 웅진 코웨이의 성공을 이끌었던 사람들 중의 한 명이라고 말할 수 있다.

웅진 코웨이 김형수 사장

'운이 좋은 사람', 이는 대개 성공한 사람들을 폄하하여 주변 사람들이 하는 말이다. 그런데 웅진 코웨이 김형수 사장은 자신을 실제로 그렇게 묘사한다. 웅진 코웨이의 급성장은 낙동강 페놀 사건 등과 같은 수질 오염 사례와 생활의 질을 강조하는 세상 분위기 덕분이라는 것이 운 좋다는 이유이다. 그러나 이는 김 사장 스스로의 겸손에 불과하다. 왜냐하면 웅진 코웨이의 성장은 김형수 사장의 '기능, 기술, 판매의 3위 일체 경영' 철학을 그 바탕으로 하고 있었기 때문이다.

윤석금 웅진 출판 회장의 강경상고 동문의 인연으로 지난 1987년 웅진 출판의 전신인 헤임 인터내셔날에 합류한 그가 웅진 코웨이 사장에 취임한 것은 1992년 12월이었다. 이 당시 코웨이는 매출 240억 원에 불과한 그룹 내 부실 기업이었다. 이 후 웅진 코웨이는 매년 2배 이상의 급성장을 거듭하여 1995년에는 1850억 원의 매출액을 기록했다. 김 사장이 코웨이에서 가장 먼저 한 일은 환경 기술 연구소의 설립이었다. 정수기다운 정수기의 국산화가 목표였다. 국내에 정립돼 있지 않은 정수기 기술을 하나하나 새로 개발하다 보니 연구비도 막대했다. 웅진 코웨이의 연구개발 투자비는 총매출의 7%에 달한다. '살아 있는 물'을 위한 이 같은 투자는 결국 고인 물도 썩지 않고 청정함을 유지케 하는 순환 펌프의 개발과 1996년 제24회 제네바 국제 발명전에서의 금상과 동상 수상으로 보상 받았다.

그러나 웅진 코웨이의 성공은 또한 판매와 기술 외에 기능을 중시한 결과였다. 김 사장은 '판매할 수 없는 기술, 기능 없는 기술은 무용지물'이라는 기술론을 갖고 있다. 그래서 연구소 직원을 채용하면 즉시 애프터 서비스 센터 근무를 명령한다. 소비자들이 느끼는 불만과 요구 사항을 알고 기술을 개발하라는 주문인 것이다. 이처럼 기능과 기술 및 판매의 3위 일체 경영이 웅진 코웨이를 이끌어 왔던 힘인 것이다.

웅진 코웨이의 급성장을 일구어 낸 김 사장의 리더십은 한마디로 '참여형 카리스마'라고 평가될 수 있다. 참여형 카리스마는 나름대로의 사업 목적과 비전을 갖고 있으면서도 종업원들에게 이를 주입하기보다는 스스로 이를 실천할 길을 찾도록 하는 것이다. 조직원의 창의를 최대한 활용하는 리더십이라고 말할 수 있다. 김 사장의 사업 목적과 비전은 '환경 그룹 웅진'이다. 마음 놓고 물을 먹을 수 있는 사회, 공해 없는 사회를 앞서 가는 기업이 웅진 코웨이를 이끄는 비전이다. 그러나 이러한 비전의 실천은 종업원과 함께 하지 않으면 불가능하다. 그래서 회사 이름도 함께 가는 길, 즉 '코웨이'(Co-Way)이다.

이 같은 코웨이 문화 조성을 위해 김 사장은 공평 무사한 경영에 노력해 왔다. 웅진 코웨이에는 하다못해 인쇄물 납품업자까지도 그와 인연이 있는 사람은 한 사람도 없다는 것이 김 사장의 말이다. 코웨이 전략의 또 다른 축은 회사 내에 감사실을 운영하지 않는다는 것이다. 사람이 사람을 감시한다는 기분 나쁜 어감도 그렇거니와 내가 남을 믿을 때 남도 나를 믿고 따르게 마련이라는 것이 그 이유다. 그는 사원들을 교육시킬 때도 많이 팔라고 주문하지 않으며 영업 사원이 들어오면 판매 교육이 아닌 인성 교육을 먼저 시키고 소극적인 사람들을 명예와 소득 그리고 비전을 갖는 적극형 인간으로 만들고, 거칠었던 사람에게는 순한 기운을 불어넣어 주고, 그 다음에 가서야 제품 교육을 실시했다. 김 사장은 스스로 제품에 미쳐 있어야 팔 수 있다고 믿는다. 자신이 신뢰하지 못하는 제품을 팔 때 인간은 일종의 죄의식을 느끼기 때문이다.

김 사장의 리더십은 철저한 하의상달과 공동체의 강조라고 말할 수 있다. 김형수 사장은 리더의 요건으로 어느 정도의 카리스마는 불가결하다고 인정한다. 실제로 만년 적자를 면치 못하던 웅진 코웨이가 초고속 성장을 거듭하며 웅진 그룹의 주력 계열사로 자리잡게 된 것도 지난 1992년 김 사장이 취임한 다음부터의 일이고 보면 그의 카리스마가 어느 정도인지 쉽게 짐작을 할 수 있다. 하지만 김 사장의 카리스마는 상명 하복에 치우치는 독재자의 그것과는 전혀 다르다. 그의 리더십은 철저히 하의상달, 즉 밑으로부터의 참여에 기반하고 있기 때문이다. 그는 사장 고유의 역할이 무엇이라고 생각하느냐는 질문에 "모든 임 직원이 소신껏 일할 수 있도록 자리를 만들어 주는 것"이라고 답하고 있는데, 이는 윤석금 웅진 그룹 회장이 몸소 실천해 온 자율 경영을 다시 아래 세대로 확대 재생산하는 과정이기도 하다.

요컨대 웅진 코웨이의 식구라면 단순한 근로자가 아니라 공동의 배를 탄 파트너의 개념으로 일해야 한다는 지론인데, 김 사장은 그래서인지 사내 공문에 웅진 식구라는 표현을 사용토록 하는 등 분권적 경영(Empowerment)의 중요성을 일찌감치 실천에 옮긴 선견을 가진 경영자이기도 하다. 제품개발, 마케팅, 홍보를 최고 경영자가 주력해야 할 3박자로 꼽고 있는 김 사장은 또한 '깐깐한 물'이라는 공전의 히트를 기록한 카피를 직접 만들어 낼 정도로 소비자의 마음을 읽어 내는 능력 또한 탁월한 경영인이다.

사업 추진 현황

정수기 시장은 1980년대 이래 매년 50% 이상씩 성장해 왔다. 웅진 코웨이는 1990년 이후 연이어 터진 낙동강 오염 파동, 생수 파동에 따른 정수기 수요 급증에 힘입어 매년 30% 이상 매출이 급증했으며, 지금까지 시장 점유율 1위(65%)를 고수하고 있다. 1995년 1850억 원의 매출을 기록해 국내 500대 기업으로 부상했고, 창립 후 총 130여만 대(5800억 원)를 판매했다. 그리고 1992년 일본에 50만 달러를 수출하기 시작해 93년에는 태국을 비롯한 동남아시아 지역에, 94년에 역 삼투압 정수기의 본고장인 미국에 수출했다. 1996년엔 중앙 아시아에 위치한 우즈베키스탄에 수출했다. 1997년 10월에는 홍콩과 대만에 정수기 200만 달러 규모를 수출했고, 이를 계기로 인도네시아, 싱가포르, 태국 등 동남아는 물론 중앙 아시아 등에도 수출을 확대해 나갈 계획이다. 웅진 코웨이의 1997년 정수기 수출 목표는 1400만 달러로 잡았다.

주요 제품

웅진의 주요 판매 제품은 크게 정수기, 냉정수기, 냉온 정수기 및 공기 청정기로 이루어져 있다. 정수기에는 NewPac, ComPac, ImPac, HiPac 등 4가지 제품이 있으며, 냉 정수기에는 WJCP-6000, WJCP-TECH80 등 2가지 제품이 있다. 냉온 정수기에는 WJCHP-7000H, WJCHP-8050, WJCHP-9000, WJCHP-9000, WJCHP-9900 등이 있다. 그리고 공기 청정기는 WAP-12000, WAP-6000s 등이 있다. 웅진 코웨이에서 생산, 판매하는 정수기에는 TFC 멤브레인 필터, 표면적을 극대화한 침전 필터, 멤브레인 보호용 염소제거 선카본 필터, 냄새 제거 및 물맛 보존용 후카본 필터, 바이러스 및 세균 살균용 자외선(U.V.) 필터, 저소음 가압 펌프, 누수 탐지 기능 등 7가지의 기능이 내재되어 있다. 이는 정수기의 성능에 큰 영향을 미침과 동시에 동종 시장 내에서 높은 시장 점유율을 점하는 주요한 요인으로 평가되고 있다. 아래는 이러한 정수기의 주요 기능을 설명한다.

- TFC 멤브레인 필터: TFC 멤브레인 필터는 물 속의 세균, 중금속, 발암 물질 등을 제거하는 역할을 한다.
- 표면적을 극대화한 침전 필터: 넓은 표면적은 정수 성능을 향상시키고 수명을 연장시킨다. 한편 웅진 코웨이는 물속의 부유 물질 및 수도관의 녹 제거 기술에 있어 KT 마크를 획득한 바 있다.
- 멤브레인 보호용 염소 제거 선 카본 필터: 흡착 성능이 뛰어난 선 카본 필터는 물 속의 염소를 제거하여 멤브레인 필터를 보호해 주는 역할을 한다.
- 냄새 제거 및 물맛 보존용 후 카본 필터: 흡착 성능이 뛰어난 후 카본 필터는 물의 맛을 보다 향상시킨다.
- 바이러스 및 세균 살균용 자외선(U.V.) 필터: 바이러스 및 세균 살균용 자외선 필터는 253.7mm의 파장으로 2차적으로 발생할 수 있는 바이러스 및 세균을 살균한다.
- 저소음 가압 펌프: 저소임 가압 펌프는 수압이 낮거나 일정치 못한 지역에서도 정수기 사용에 지장이 없도록 한다.
- 누수 탐지 기능: 누수 탐지 기능은 누수시에 전원이 차단되어 정수 기능을 자동정지시켜 물의 낭비, 전력 소모를 방지하는 역할을 한다.

연구개발 투자

웅진 코웨이는 물마크, C 마크, AS 마크, 골드실 마크, NSF 인증, ISO 9001 등 각종 품질 인증 마크 획득과 함께 한국 기네스 협회로부터 국내 최대 정수기 회사로 인정 받았다. 설립 초기부터 환경 기술 연구소를 만들어 제품개발은 물론 관련 기술 연구에 투자를 아끼지 않았다. 매년 총 매출액 대비 7-8%를 연구개발비에 투자하여 1991년 국내 최초로 역삼투압 정수기를 개발했다. 이와 함께 1993년 초 첨단 마이컴 제어 장치를 정수기에 도입하여 물의 온도 및 모든 기능이 중앙 제어 장치에 의해 자동으로 작동되는 냉온 정수기를 개발했다. 웅진 코웨이는 이 제품을 시장에 내놓은 지 1년 만에 국내 1000대 기업에 진입하는 성과를 올렸다. 세계 최초의 3 웨이 밸브 방식에 의한 냉온 정수기를 개발한 환경 기술 연구소는 세계 각국의 수질 환경을 체계적으로 조사, 분석하여, 지역 별로 제품에 소요되는 필터 등의 부품을 별도 제작해 미국, 일본, 싱가포르, 대만 등으로의 수출을 늘리는 데 기여하고 있다.

50여 명의 석·박사급 연구원이 포진하고 있는 환경 기술 연구소는 환경 관련 첨단 장비를 갖추고 환경 전문 업체로서의 기술력 향상에 경주하고 있나. 또한 웅진 코웨이의 연구소는 유기 화합물과 중금속, 양이온, 음이온 등 음용수 수질 기준 42개 항목과 지하수 49개 항목을 분석할 수 있는 장비를 갖추었으며, 국가 공인 수질 검사 기관으로 선정되기도 하였다.

생산

웅진 코웨이는 충남 공주시 유구읍 유구리에 있는 유구 공장에서 가정용 정수기 모델 6종, 업소용 정수기 모델 3종, 공기 청정기 2종을 연간 정수기 70만 대, 공기 청정기 10만 대의 규모로 생산하고 있다. 이 공장은 1994년 3월 26일에 준공되었으며, 자동화 설비 시스템 구축으로 전 공정의 90%가 자동화되어 있다.

판매와 고객 관리

웅진 그룹은 웅진 출판과 같은 계열사를 통하여 일찍이 일반 판매 및 방문 판매의 노하우가 있었으며, 다단계 판매 체제를 통해 최종 소비자에게 보나 효과적으로 다가갈 수 있었다. 고가 제품에 대해서는 기존 제품과의 가격 비교를 피하고 제품 성능으로 가격 가치를 유지하도록 마케팅을 하였다. 이를 위해 일반 유통 채널을 철저히 피하고 사회적으로 어느 정도의 지위를 확보하고 있는 중년층을 세일즈맨으로 하는 방문 판매 시스템을 채택하는 등의 노력을 경주하였다.

그리고 'Before Service' 개념을 도입하여 소비자들의 불만을 최소화하였다. 이러한 고객 서비스에 대한 경영진의 신조는 "사후 관리를 할 수 없는 곳에는 제품을 팔지 않는다"라고 할 정도이다. 구체적으로 살펴보면 웅진 코웨이는 전국적인 온라인 전산망과 연중 무휴 24시간 대기 체제를 갖추고 사후 서비스를 실시하고 있다. 서울을 비롯한 전국 지역별로 A/S맨과 주부 사원을 두고 시내는 6시간, 시외는 24시간 내에 고객 불만을 처리해 준다. 특히 정수기의 수명을 좌우하는 필터를 적기에 교환할 수 있도록 사전 서비스제를 도입, 필터 교환 30일 전에 서비스해 주고 있다. 또 A/S 완료 후 고객 만족을 극대화하기 위해 정수기 설치 후 3일 이내에, 사후 서비스 완료 후 24시간 이내에 각각 고객에게 전화를 걸어 사후 만족도를 조사하는 해피 콜제를 운용한다.

이와 별도로 고객들의 편의를 위해 A/S를 원하는 날 원하는 시간에 받을 수 있도록 A/S 예약 시스템을 운영중이며 지역적인 한계를 극복하기 위해 100% 출장 서비스제를 도입했다. 전국 소도시까지 직영 A/S사무소를 운영하고 있는 이 회사는 고객 정보를 전산망을 통해 필요 시 입·출력하고, A/S의 접수에서 완료까지 총괄 운영은 본사에서 하고 있다. 웅진 코웨이는 앞으로 수도권을 소구역별로 분리해 고객 불만을 최소한 2시간 내에 처리할 수 있는 시스템을 구축할 계획이며, 필터 교환을 신속하게 서비스해 주기 위해 고객 전산망을 제품별, 소구역별로 이원화할 방침이다.

미래의 사업 다각화

1989년 5월 정수기 자체 생산과 환경 사업의 선두자를 표방하며 설립한 뒤 지속적인 연구개발 투자와 철저한 방문 판매, 애프터 서비스 등 사후 관리, 효과적인 광고와 디자인으로 한국 정수기 사업의 대표 업체로 자리잡은 웅진 코웨이는 현재 정수기 사업에서의 성공을 기반으로 수처리 플랜트 사업, 건축 배관 자재 사업, 건강, 문화, 환경 컨설팅 등 환경 관련 사업 등으로 그 사업 범위를 확장하고 있으며, 기존 판매망을 활용한 PCS 사업 진출과 유선 방송 진출 등 비관련 다각화까지 추진하고 있다.

유선 방송 업계로의 진출

공보처는 1997년 5월 29일 전국 24개 구(권)역에 대한 제2차 종합 유선 방송국 허가 대상 법인 23개 업체를 최종 선정하여 발표했는데, 여기에 웅진 코웨이가 포함됨에 따라 유선 방송 업계에 본격적으로 진출하게 되었다.

PCS 사업 진출

웅진 코웨이개발은 PCS 사업자인 한국 통신 프리텔과 영업 업무 위탁 계약을 맺고, 자사의 방문 판매망을 이용한 PCS 가입 유치 활동을 하면서 PCS 사업에 진출하였다. 웅진 코웨이 개발은 PCS 가입자 유치에 따른 가입비 및 통신 사용료 중 일정액의 수수료를 받게 되며, PCS 단말기 판매에 따른 수입도 기대할 수 있게 되었다. 웅진 코웨이 개발은 전국 1000여 개의 정수기 방문 판매 사업처에 소속된 134,000명의 영업 인력을 활용해서 1만여 명의 가입자를 확보할 계획이다. 웅진 코웨이 개발은 이와 함께 조만간 주파수 공용 통신(TRS) 판매사업에도 참여하는 등 정보통신 관련 사업을 강화할 계획이다.

수처리 플랜트사업

웅진은 최근 대구 평화 식품 회사와 충남 공주에 있는 유구 사우나에 하루 200톤의 물을 처리하는 정수 플랜트를 설치했다. 또 현재 50여 개의 업체와 설비 계약을 추진중에 있으며 하루 처리 용량 2톤에서 4천 톤까지 플랜트 설비를 주문 제작하고 있다. 웅진은 환경 전문 기업으로서 제2의 도약을 위해 지난 1993년 초 부설 환경 기술 연구소에 별도의 수처리 플랜트 팀을 구성하여 국내 최대의 정수기 유통망을 바탕으로 중대형 복합 수처리 플랜트 사업 진출에 박차를 가해 왔다. 정수 플랜트의 전체 시장 규모는 1994년 1100억, 95년 1500억, 96년 2000억 원으로 매년 25%씩 고속 성장하고 있다. 웅진은 1998년 말까지 수처리 설비의 국산화 등 연구개발을 위해 총 70억 원 정도를 투자했다. 수처리 산업은 크게 음용수, 초순수 공업 용수, 연수 설비 및 폐수처리 부문으로 나뉘어진다. 특히 1997년에 신설한 플랜트 사업본부를 중심으로 환경 분야의 플랜트 수주에 나섰다. 소각로나 음식물 처리기 제조에도 참여해 소각로, 냄새가 나지 않는 음식물 처리기를 각각 출시할 계획이다.

건축 배관 자재 사업

웅진 코웨이는 사업 다각화를 위해 배관 사업부를 신설하고 2년에 걸친 연구 끝에 첨단 파이프 연결구를 개발하여 본격적인 시판에 나섰다. 웅진 코웨이가 건축 배관 자재 사업에 진출한 것은 사업 다각화를 통해 지난해 560억 원의 매출액을 2000년까지 2500억 원으로 높이기 위한 21세기 중장기 사업 계획에 따른 것이다. 웅진 코웨이가 5억 원을 들여 개발한 건축 배관 자재인 파이프 연결구 '링 조인트'는 배관 시공 시 간단한 체결 공구를 이용해 원터치식 나사로 쉽게 결합·해체할 수 있는 신제품이다. 이번에 개발된 링 조인트는 기존의 용접이나 확관 공법에 비해 2차 가공 장비나 추가 작업이 필요 없어 공사 비용을 40% 이상 절감할 수 있는 장점이 있다. 웅진 코웨이는 링 조인트의 개발로 중소기업청으로부터 NT(신기술) 마크를 획득했으며, 국내서 특허를 출원한 것은 물론 미국 LA 발명전에서 동상을 수상하기도 했다.

결론적으로 웅진 코웨이는 창립 당시 가

졌던 정수기 자체 생산의 꿈은 이루었으나 정수기 사업의 성공으로 이제는 관련, 비관련 다각화를 실행하려는 시기에 기존 정수기 사업에서 벌어지고 있는 대기업 등 경쟁 기업의 추격을 극복하면서 사업 다각화를 성공적으로 이루어야 하는 도전의 시기를 맞이하고 있다.

보기 1 회사 연혁

1989. 5.01	웅진 코웨이 주식회사 법인 설립
1990. 4.13	정수기 판매개시
1991. 5.01	코웨이 정수기 자체 생산 및 판매 개시
11.03	정수기 일본 수출 및 WQA(미국 수질 협회) 정식 회원 등록
1993. 1.18	환경 기술 연구소 설립
11.01	업계 최초로 인공 지능 마이컴 제어 장치를 도입한 냉온 정수기(WJCHP-8050) 생산 및 판매
1994. 4.20	유구 공장 준공(충남 공주군 유구읍 유구면 658번지)
8.19	업계 최초 과학기술처 인정 기업 부설 연구소 지정
12.01	공기 청정기 카나리아(WAP-6000) 생산 및 판매 개시
1996. 1.20	유구 공장 제2공장 생산 라인 가동
2.01	가정용 냉온 정수기(WJCHP-7000H) 생산 및 판매 개시 "세계 최초 자동 순환 기능, 3-Way 밸브 방식, 멤브레인 자동 세척 기능"
2.24	유구 공장 무재해 1배 달성
5.29	'96 한국 산업 기술 대전 업계 최초 참가
9.02	주식 장외 거래 등록 개시
10.28	먹는물 수질 검사 기관으로 지정(환경부)
11.29	전문 연구 요원 및 산업 기능 요원 지정 업체 선정 (병무청)
1997. 4.30	유구 공장 무재해 2배 달성
5.19	오폐수 자가 측정 대행업 지정 (한강 환경관리청)

보기 2 재무 제표

(단위: 백만 원)

요약 대차 대조표

계정 과목	93/12(12)	94/12(12)	95/12(12)	96/12(12)
유동자산	11,682	14,930	23,496	29,513
당좌자산	6,679	12,055	19,158	21,384
(현금예금)	112	1,988	1,778	6,704
(매출채권)	6,115	9,793	16,786	12,465
재고자산	4,469	2,602	3,724	6,487
기타유동자산	533	273	615	1,642
투자와 기타자산	1,028	1,802	1,096	2,462
투자자산	233	373	58	1,407
(유가증권)	5	209	4	1,399
기타자산	795	1,429	1,038	1,056
고정자산	1,829	3,187	4,866	6,080
(토지)		250	1,138	1,467
(건물, 구축물)		1,580	1,491	2,657
(기계장치)	258	537	529	741
(건설가계정)	1,158		581	
이연자산	250	2111	209	262
(연구개발비)	232	198	204	251
자산총계	14,789	20,130	29,667	38,317
유동부채	8,426	5,672	12,269	11,600
(매입채무)	3,701	3,883	8,534	8,337
(단기 차입금)	1,596			
(선수금)				
(유동성 장기부채)	899	379	100	134
고정부채	1,120	830	890	964
(사채)				
(장기차입금)	712	736	636	502
(퇴직충당금)	56	114	291	519
이연부채				
부채 총계	9,546	6,502	13,159	12,564
자본금	2,500	3,920	3,920	5,065
자본잉여금				3,435
이익 잉여금	2,744	9,708	12,588	17,253
(당기 순이익)	2,702	7,529	5,442	5,622
자본조정				
자본총계	5,244	13,628	16,508	25,753
부채와 자본 총계	14,789	20,130	29,667	38,317

요약 손익 계산서

계정 과목	93/12(12)	94/12(12)	95/12(12)	96/12(12)
매출액	30,039	29,906	42,105	56,763
매출원가	10,536	19,107	33,612	47,295
매출 총이익	19,503	10,799	8,493	9,468
판매비와 일반관리비	14,217	1,957	2,752	4,267
영업 이익	5,287	8,842	5,741	5,201
영업외 수익	64	598	1,908	3,759
(수입 이자)	37	97	289	313
영업외 비용	1,075	698	942	1,946
(금융 비용)	807	273	72	67
경상이익	4,276	8,742	6,707	7,014
특별이익			5	
특별손실	1	23		
세전 순이익	4,274	8,719	6,712	7,014
법인세 등	1,573	1,191	1,271	1,392
당기 순이익	2,702	7,529	5,442	5,622
주당 순이익(원)	5,507	13,745	6,941	7,097

이익 잉여금 처분 계산서

계정 과목	93/12(12)	94/12(12)	95/12(12)	96/12(12)
당기말미처분이익잉여금	2,729	7,681	4,279	5,714
전기이월이익잉여금	15	104	580	69
재평가차액결손보전				
전기손익수정이익	12	69	441	36
전기손익수정손실		20	2,183	13
당기순이익	2,702	7,529	5,442	5,622
임의적립금 이입액				
이익잉여금 처분액	2,625	7,102	4,210	5,590
이익준비금	62	82	100	150
기타 법정적립금	450	1,400	1,130	850
기타 세법상준비금				
배당금	613	820	980	990
임원상여금				
임의적립금	1,500	4,800	2,000	3,600
결손처리(준비금이입)				
차기 이월 이익잉여금	104	580	69	124

요약 현금 흐름표

계정 과목	93/12(12)	94/12(12)	95/12(12)	96/12(12)
1. 영업활동으로 인한 현금 흐름	4,573	6,394	3,404	8,031
당기순이익(손실)	2,702	7,529	5,442	5,622
현금의유출이없는비용등	9,010	3,540	10,718	8,367
현금의유입이없는수익등	7,139	4,674	12,755	5,959
2. 투자활동으로 인한 현금 흐름	-621	-2,863	-2,416	-6,604
투자활동으로 인한 현금유입	2,199	724	1,328	187
투자활동으로 인한 현금유출	2,820	3,587	3,744	6,791
(유동자산의 증감)	-207	-1		1,917
(투자와 기타 자산의 증감)	-692	790	-512	1,907
(고정자산의 증감)	1,393	1,979	2,805	2,612
(이연자산의 증감)	128	95	122	168
3. 재무활동으로 인한 현금 흐름	-4,815	-1,655	-1,199	3,500
재무활동으로 인한 현금유입	1,031	1,320		4,580
재무활동으로 인한 현금유출	5,846	2,975	1,199	1,080
(유동부채의 증감)	-2,963	-2,495	-379	-100
(고정부채의 증감)	-2,080	-15		
(자본의 증감)	228	856	-820	3,600
4. 현금의 증가	-863	1,877	-210	4,926

제조 원가 명세서

계정 과목	93/12(12)	94/12(12)	95/12(12)	96/12(12)
원재료비	10,038	13,896	26,256	35,851
노무비	274	575	1,090	1,084
임금 및 제수당	264	531	1,004	1,024
퇴직급여충당금전입액	10	43	85	60
제조 경비	415	2,361	3,974	5,624
전력비				
감가상각비	137	591	957	1,022
지급임차료	51	26		
복리후생비	17	71	157	265
교육훈련비		1	12	9
외주가공비	3	11	8	3
연구개발비				
기타	206	1,660	2,841	4,324
당기 총제조비용	10,727	16,831	31,320	42,559
기초 재공품재고액		73		
기말 재공품재고액	73			
타 계정 대체				
당기 제품제조원가	10,654	16,904	31,320	42,559

사례 연구 25

휴맥스*

회사 직원 100여 명에 연구 인력만 50명, 이 가운데 석·박사 학위 소지자만 20여 명, 이는 신생 디지털 멀티미디어 가전 업체 중 대표 주자로 떠오른 휴맥스의 직원 명세이다. 서울대 제어계측학과 박사 출신인 창업자 변대규 사장은 1989년 대학 동기 6명과 함께 서울 봉천동 조그만 사무실에서 5000만 원의 자본금으로 사업을 시작하여 97년 코스닥에 매매 기준가 4만 5000 원으로 등록하여 8년 만에 그 결실을 보게 되었다. 보기 1은 휴맥스의 연혁을 보여 준다.

창업 과정

휴맥스는 창업 후 5년간 이렇다 할 성적을 내지 못하고 방황했다. 휴맥스는 첫 작품으로 심혈을 기울여 투자한 특수 카메라를 이용한 정밀 계측 기기에서 시장의 협소성으로 인해 완벽한 실패를 했고, 이어 영상 자막 편집 모드 비디오 믹스를 독자 개발해 국내 업계의 주목을 끌었지만 다시 실패했다. 이 역시 주수요자가 방송국이어서 시장이 작았기 때문이다. 다행히 기술만은 자신이 있어 기술 신용보증 기금으로부터 보증 받았고, 이를 토대로 자금을 지원 받아 회사가 위험한 상황에 놓이지는 않았던 것이다.

변대규 사장은 초기의 어려움이 이만저만이 아니었다고 말한다. 그는 창업 후 5년간을 이렇게 회고한다.

"손을 대는 것마다 상품화가 어렵고 흐지부지돼 막막했습니다. 도대체 뭘 해야 할지 시장이 안보였습니다. 뭘 하라고 가르쳐 주는 곳도 없었습니다. 만약 실리컨 밸리처럼 창업 스쿨 같은 곳이 있었더라면 그런 방황을 하지 않아도 좋았을 텐데요."

성공의 계기는 아주 우연히 찾아왔다. 서울대 제어계측과 석·박사 과정 선배가 1991년 미국 실리컨 밸리 인근의 스탠포드대에서 연수 중 들러 디지털과 가전을 합친 틈새 시장을 찾아보라는 조언에서 힌트를 얻었다. 이런 분야는 대기업이 기술의 뿌리를 갖고 있어도 기존의 관성 때문에 뛰어들기도 어렵고 시간이 많이 걸려 벤처 기업이 오히려 유리하다는 데 착안한 것이다. 그는 그 속에서 아날로그 기술에 근거한 기존 가전 산업이 디지털화할 것이란 대변화를 감지하게 된다.

그리고 그는 한국 과학기술원 박사 학위 소지자 친구 6명과 함께 죽기 살기로 컴퓨터의 CD롬 기술을 응용한 CD 영상 가요 반주기를 1993년 5월에 만들어 냈다. 기존 가라오케와 원리는 같지만 CD를 활용해 기존 테이프에 비해 엄청나게 많은 분량(2500곡 이상)을 수록하고 영상미를 더욱 풍부하게 했다. 지금 노래방에 나와 있는 반주기는 삼성 전자 제품과 휴맥스가 시장을 반분하고 있다.

하지만 이 정도의 제품으로는 첨단으로 지칭하기도, 수출하기도 어려운 것이었다. 따라서 휴맥스는 첨단 신제품 개발을 시도해 1996년 8월 디지털 위성 방송 수신기(일명 셋톱 박스)개발에 성공했고, 지금은 이 제품이 주력 제품으로 발돋움했다. 특히 이 첨단 제품을 일본

* 휴맥스는 건인이란 이름으로 창업되었고, 1998년 1월에 휴맥스로 사명이 변경되었다. 이 사례는 김성환, 김현재, 나동하, 박건진과 함께 교육용으로 개발한 것이다. 사례의 내용은 특정 경영 상황의 처리에 관한 잘잘못을 예시하지 아니한다.

을 포함한 아시아 국가들 중 최초로 유럽(호주, 남아 공화국 등)에 수출해 휴맥스맨들은 긍지로 가득차게 되었다. 셋톱 박스란 TV 수상기와 결합하여 보조 수상 기능을 확대해 주는 제품으로 케이블, 위성, 지상파, 비디오 폰 등 네 계통으로 분류된다. 변대규 사장은 이 디지털 위성 방송 수신기가 휴맥스가 개발에 주력하고 있는 DVD와 더불어 차세대를 이끌어 갈 주요 가전 제품이 될 것으로 믿고 있다.

1996년 202억 원으로 매출 실적을 올렸던 휴맥스는 97년 다소 부진했다. 급격한 매출 신장을 올리면서도 부진하다고 말할 수 있는 것은 제품을 대량 구입할 것으로 믿었던 유럽의 2개 방송 장비 구입 회사가 인수합병으로 통합됐기 때문이다. 하지만 새로운 시장이 급팽창하리라는 가정하에 전 세계 기술 흐름을 바탕으로 뽑은 계산서에 의하면 셋톱 박스 시장은 앞으로 15년 내 1000배 이상으로 확대될 것으로 예측되고 있다.

휴맥스는 이렇게 셋톱 박스가 무한한 시장 확장을 이룰 것으로 보고 당분간 셋톱 박스 시장에서 눈을 돌리지 않을 것으로 선언하고 있다. 하지만 건인 텔레콤을 인수하여 PCS에 진출하기 위한 발판을 마련해 두었고, 기존 벤처 기업들과 함께 무한 창업 투자 회사를 설립하고 노원 케이블을 인수하는 등 디지털 본래의 시장뿐 아니라 휴맥스 관련의 다양한 사업으로의 발전을 시도하고 있다.

경영 원칙

탈 한국적 경영 사고

휴맥스가 추구하는 탈 한국 사고에는 변화의 방향, 사업 품목 또는 목표의 발견, 필요한 사업 전략 구사 등 단계별 액션 플랜이 담겨져 있다. 변 사장은 이렇게 말한다.

"이미 자리잡은 산업은 새로운 참여자에겐 더 이상 의미가 없습니다. 무엇을 할 것인가와 잘하는 방법을 짚어 내는 것이 사업의 요체입니다. 그러나 이것은 매우 어려운 일입니다."

휴맥스의 탈 한국적 사고가 자리잡게 된 데는 그의 창업 초기 5년간 기술력은 충분히 갖추고 있으되 시장의 규모를 고려하지 않은 채 뛰어든 자신들의 직접적 경험에서 산출된 것이다. 벤처 기업으로서 승부를 낼 수 있는 것은 자금력도 아니고, 유통망도 아니고, 자신들이 가진 기술력을 십분 발휘할 수 있는 니치 마켓을 발견하는 일이라는 것이다.

휴맥스는 탈 한국적 경영 사고에서 인재 우선의 원칙을 주장한다. 휴맥스의 인재에 대한 생각은 남다르다. 그래서 1997년 뛰어난 인재를 영입하기 위한 수단으로 스톡 옵션제를 채택하기도 했다. 대기업들이 구조 조정과 감량 경영으로 사람 안 뽑기에 비상이 걸린 것과는 대조적으로 휴맥스는 좋은 사람들만 있으면 언제라도 채용하겠다고 밝히고 있다. 꼭 일류대 졸업생만 가려 뽑는 것은 아니며, 공부를 잘한 모범생보다는 실험 실습 경험, 긍정적 사고의 소유자를 높이 평가하고, 부정적 사고에 젖은 사람은 절대 뽑지 않는다고 한다. 이러한 휴맥스의 인재관도 벤처 기업을 운영하면서 얻게 된 경험적 측면이 크게 작용한 것이다.

실험 중시 경영

뛰어난 창의성은 시행 착오를 통해 나오게 마련이다. 창조적 아이디어가 생명인 벤처 기업에 과감한 실험→시행 착오→학습을 통한 재도전의 과정은 필수적일 수 있다. 물론 여기에는 실패를 두려워하지 않는 자세와 학습된 내용을 체계화하려는 노력이 요구된다. 대학원생들이 뜻만으로 뭉쳐 만든 휴맥스가 국내 가요 반주기 시장을 석권하고 디지털 셋톱 박스(Set-Top Box)의 세계 시장에서 발판을 마련한 것도 시행 착오의 힘이라고 할 수 있다. 여기에는 위험을 최소화하려는 변 사장의 계산된 시행 착오와 하나의 실패 속에서 열의 기회를 얻고자 하는 학습 의지가 핵심이 되었다.

휴맥스는 디지털화하고 있는 가전 산업에서 변화의 길목을 지키고 있다. 기술과 시장의 급속한 변화 속에서 세계적인 경쟁력을 획득하고자 노리고 있는 것이다. 한국은 첨단 제품을 외국에 팔아 본 경험이 별로 없다. 휴맥스는 우리 기업들이 첨단 분야에서 경쟁력을 얻기 위해서는 기존과는 근본적으로 다른 방식이 필요하다는 것을 인식했던 것이고, 이것이 실험 중시의 경영으로 이어진 것이다. 매출액의 15%를 연구개발에 투자하는 휴맥스의 연구개발에 대한 노력은 사원 구성에서도 잘 나타난다. 97년 현재 128명의 직원 중 연구개발 엔지니어가 45%이다.

이와 더불어 휴맥스의 강점으로 파일럿(Pilot) 생산 능력을 들 수 있다. 이것은 휴맥스가 가지고 있는 파일럿 라인에서 시험 생산과 초기 양산을 하고 생산 시험 설비 및 생산 기술을 개발한 다음, 국내의 주 생산 업체에게 생산을 맡기고 완제품 조립을 거의 외주하는 것이다. 휴맥스는 이 파일럿 생산에서 6MTM(Month To Market), 즉 연구의 시작에서 제품으로 시장에 탄생시키기까지 6개월 작업을 하는 과정을 구축해 놓고 있다. 휴맥스는 이를 원활하게 수행하기 위해서 조직적 역할 분담을 위해 노력하고, 한 차원 앞선 경쟁력을 확보하고자 한다.

사업 확장 전략

많은 한국 기업들은 비관련 다각화, 즉 기업이 이미 행하고 있던 사업과는 무관한 사업 분야에 진출하여 자신들이 축적된 기술적 노하우가 없이 새로운 사업에 진출하여 많은 폐해를 양산해 왔다. 지금의 벤처 기업들이 사업 확장에서 취하고 있는 정책을 살펴보면 관련 다각화를 위해 많은 노력을 하고 있음을 발견할 수 있다. 휴맥스도 예외는 아니다. 사업 초기에 휴맥스는 제어 계측 분야에서의 기술력에 강점을 가지고 특수 카메라를 이용한 정밀 계측기기를 만들어 실패한 경험이 있고, 이어서 영상 자막 편집 모드 비디오 믹스를 만들고 난 후에도 실패를 거듭했다.

그 후 디지털 가전으로 눈을 돌린 뒤 CD 영상 가요 반주기와 디지털 위성 수신기를 만들어 성공의 발판을 다졌고 파텔사를 인수하여 건인 텔레콤을 창립하면서 통신망 시장에 적극적으로 참여하게 되었다. 또한 미래의 중요한 가전으로 떠오르고 있는 DVD 시장에의 진출도 적극적으로 모색하고 있고, 케이블 셋톱 박스, 케이블 모뎀에 대한 연구에도 박차를 가하고 있다.

휴맥스는 1996년에 메디슨, 두인, 핸디소프트, 한글과 컴퓨터 등 국내 25개 벤처 기업들이 공동 출자하여 총 150억 원의 투자 규모로 무한 창업 투자사를 설립했고, 97년에 자금난을 겪고 있던 대농 그룹의 계열사인 ㈜ 노원케이블 TV를 85억 원에 사들여 종합 유선 방송국 사업에 참여했다. 이로써 디지털 가전 본업에 집중적인 투자함과 동시에 관련 산업으로 진출을 활발히 모색하고 있다.

전망과 과제

휴맥스는 사업 초기 마케팅에 대한 의식 부족으로 니치 마켓을 발견하지 못하고 방황하였으나 그런 경험이 힘이 되어 디지털 가전으로 재도약할 수 있는 기반을 가질 수 있었다. 사업 분야에 있어서도 다른 분야로 한눈 팔지 않고 디지털 관련 분야와 벤처 자본 분야에 집중 투자하여 축적된 기술이 상호 시너지 효과를 거둘 수 있도록 노력하고 있다.

하지만 휴맥스는 우리 나라 유수의 벤처 기업과 마찬가지로 기업의 급속한 성장에 따라 신속히 전문 경영 체제로 이행되지 못함으로써 생길 수 있는 앞으로의 문제를 직시할 시점에 와 있다. 국내 벤처 기업의 창업자들은 과거와는 달리 소유권 분산을 많이 시도하고 있다. 대개 10% 정도의 지분을 소유하면서 나머지는 사원들에게 스톡 옵션으로 제공하고 일부는 증권 시장에 등록 또는 공개하고 있다. 휴맥스도 이러한 추세를 따르고 있다. 하지만 대부분 선진국 기업 형태의 소유권 분산은 시도하고 있으나, 전문 경영 체제로의 진입은 꺼려 한다. 현 우리 나라 벤처 기업가들의 경력을 살펴보면 대개가 공학도로서 기술자인데도 불구하고 회사가 일정 단계에 올라선 이후에도 전문 경영화를 시키지 않고 자신들이 직접 경영에 참가하고 있는 것이다.

휴맥스는 이에 대한 보완책으로 연구개발은 대학 동기인 김종일 박사(휴맥스 연구소 소장)에게 일임하고 경영에만 전념할 뜻을 비쳤다. 하지만 현재 휴맥스의 경영층은 전문적인 경영 수업을 받았던 것도 아니고, 단지 8년간의 경험을 휴맥스의 전반적인 경영에 옮겨 놓겠다는 것이다. 따라서 과거의 실수가 재발될 여지를 여전히 남겨 놓고 있다. 변 사장은 과거의 고통스런 경험을 이렇게 술회한다.

"대부분의 휴맥스인들은 연구원 출신이고 사회 경험이 그렇게 풍부하지 못할 뿐 아니라 시장의 변화와 소비자의 요구, 생산성 등 경제와 경영을 잘 모릅니다. 책과 연구 프로젝트에만 집중하던 사람들이 이것을 알기가 힘들지요. 그래서 많은 고통을 겪었습니다."

지금의 휴맥스는 기술력에서 한발 앞서 있다. 이로서 상당량의 수출을 해외에서 올리고 있고 이를 통해 가격 경쟁력을 확보하여 국내에서도 적극적인 마케팅을 하지 않는 대기업 속에서 매출 신장을 이룩하고 있다. 1997년의 성장에는 정부에서 추진한 고등학교 위성 방송이 큰 몫을 차지했다. 전국 1만 3000여 개 초·중·고등 학교에 위성 방송 수신 시설을 갖추도록 학교 당 100만 원의 예산을 배정한 것이다. 이 시장에서 휴맥스는 적극적인 로비 활동으로 70%의 시장을 석권한 것으로 밝혀졌다. 하지만 휴맥스가 주력 생산하고 있는 셋톱 박스 시장이나 앞으로 진출하게 될 DVD 시장이 급속도로 커져서 대기업을 비롯한 우수 벤처 기업들이 시장에 참여하게 될 때 그들의 마케팅 능력은 새롭게 발휘되어야 할 것이다.

보기 1 회사 연혁

1989. 2	설립 (주식회사 건인 시스템)
1990. 5	기업 부설 연구소 설립 (과학기술처)
1990.10	산업용 Vision시스템 CVS-256 : 산업 전자 부문 우수상 수상 ('90 한국 전자전)
1990.10	연구소 병역 특례 업체 지정 (과학기술처)
1990.10	IBM-PC용 Image Digitizing 보드 SeeEye-256 출하
1990.12	우량 기술 기업 및 유망 중소 기업 선정 (기술 신용 보증 기금)
1991. 9	영상 자막 편집 보드 비디오 믹스 출하
1991.11	병영 특례 제조 업체 지정 (통상산업부)
1992. 8	기술 선진화 업체 지정 (통상산업부)
1993. 3	그래픽 보조 프로세서 CV1010 반도체 개발
1993. 5	가정용 영상 가요 반주기 출하
1993.12	그래픽/시스템 제어기 CV1021AF 반도체 개발
1993.12	'주식회사 건인'으로 사명 변경. 사옥 신축 및 자사 공장 설립
1994. 5	휴맥스 CD 반주기 출하
1994.12	제 4회 중소 기업 대상 우수상 수상 (통상산업부)
199 5. 3	Video CD Pack 출하
1995. 6	Video CD-ROM Drive 및 외장형 CD-ROM Drive 출하
1995. 6	Video CD 반주기 출하
1995. 7	한국 통신 FAT 개발 계약
1995.11	Video CD Pack Version 2.0 출하
1995.11	한국 통신 엘리트 프로젝트 공동 개발 업체로 선정
1996. 2	Video CD 6500 반주기 출하
1996. 7	'96년도 유망 중소 정보통신 기업 선정 (정보통신부)
1996. 8	㈜ 파텔 인수, '건인 텔레콤'으로 상호 변경
1996. 9	SAT 500 IRD 출하
1996.10	KT(국산 신기술) 마크 획득
1997. 4	코스닥 시장 등록
1997. 5	북아일랜드 현지 법인 설립
1998. 1	사명을 '휴맥스'로 변경

사례 연구 26

버추얼텍*

버추얼텍은 매년 100% 이상의 성장률을 보이고 있다. 1994년 2억, 95년 5억, 96년 12억 원의 매출을 달성했고, 97년에는 매출액 25억 원 달성이 무난할 것으로 보인다. 버추얼텍은 1997년 현재 28명의 직원을 거느리고 있다. 그 중 절반 이상이 프로그래머이다. 그리고 창업 이래 이직률은 소프트웨어 업계의 일반적인 속성과는 달리 거의 제로에 가깝다. 버추얼텍은 차세대 기술로 인정 받고 있는 인터넷, 인트라넷, 엑스트라넷 방면의 최고 기술을 보유하고 있다. 보기 1은 회사 개요와 연혁을 보여 준다.

창업

버추얼텍의 창업자 서지현 사장은 지난 87년 연세대 전산과학과 졸업과 동시에 친구들과 프로그램을 짜는 아르바이트를 시작했다. 그녀는 경영 정보 시스템(MIS)과 의상 디자인 관리 프로그램 용역을 맡아 일하던 중 인터넷의 광활한 세계에 흠뻑 빠졌다. "시집은 언제 갈 거냐?"라는 부모님의 성화가 귀에 들어올 까닭이 없었다. 1994년 기어이 창업했다. "인트라넷용 소프트웨어 '인트라웍스'를 개발한 회사 사장이라며 대기업을 찾아가면 여자라는 이유만으로 괜히 가볍게 봐요. 참 이상해요"라고 서 사장은 초창기 여 사장의 애로 사항을 털어 놓는다.

그래서 서 사장은 각오하고 몇 시간이고 정면으로 제품의 기능을 꼼꼼히 설명하는 정공법을 택했다. 직원 28명의 개미 회사에서 영업 사원들이 대기업 직원과 상대하면 괜히 주눅들기 때문에 전자 우편과 멀티미디어 기능에 승부를 건 기업용 제품 인트라웍스 영업에 스스로 발벗고 나섰다. 그녀의 배짱과 오기는 결국 대우 전자, 현대 중공업 등 대기업 수주를 따내 기반을 잡기 시작했다.

인적 자원과 경쟁 우위 확보

산업의 특성에는 여러 가지가 있겠지만 버추얼텍의 경우에는 이 산업에서의 핵심 성공 요인을 기술과 지식으로 보고 있었고, 그에 따른 기업 성장 전략을 실행에 옮기고 있었다. 기술이나 지식이라는 것을 핵심 역량으로 보는 것은 어쩌면 소프트웨어 업계에서 당연한 것인지도 모르지만 이러한 개념을 관리할 수 있도록 실행화하는 능력은 곧바로 기업의 성과로 이어질 수 있으며, 그 자체가 바로 핵심 역량의 구축으로 이어지는 것이다.

우리 나라 소프트웨어 산업의 특성 중 하나는 이러한 기술과 지식 축적에 핵심적인 인력이 자주 이직한다는 것이다. 대부분의 업체들은 이를 인식하고 이직하는 자들 중 우수한 인력을 확보하고, 이직하기 전까지 최대한 활용하는 것이 기본 태도이다.

그렇다면 버추얼텍에서는 이러한 특성을 어떻게 활용했을까? 이직률이 높은 이유는 단순한 새로운 기업으로의 이전이 아니라 프로그래머들이 다른 새로운 기술과 지식을 습득하는 과정이기도 하다. 이것은 산업에서 기술이 발전하고 변하는 속도가 그만큼 빠르다는 것을 의미하며 이직한 사원의 경우 새로운 기술을 습득하는 과정에서 다른 기업에게 이러한 기술

* 이 사례는 김유식, 송경섭과 함께 교육용으로 개발한 것이다. 사례의 내용은 특정 경영 상황의 처리에 관한 잘잘못을 예시하지 아니한다.

과 지식을 이전해 주는 역할을 하는 것으로 볼 수 있는 것이다. 즉, 프로그래머들이 새로운 지식과 기술을 효과적으로 접할 수 있는 기회와 업무에 있어서 자율성만 확보해 줄 수 있다면 새로운 기술과 지식의 습득을 기업 자체적으로 조직 내에서 이루어 나갈 수 있다는 것이다.

이러한 인력 활용의 논리로 버추얼텍은 남보다 앞서 나갈 수 있었다. 버추얼텍은 최첨단 기술을 보유하고, 그 기술이 조직 밖으로 빠져나가지 않음과 동시에 조직 내부에 있음으로 인해 변화 속도가 정체될 수 있는 것을 막고 지속적인 혁신이 이루어질 수 있도록 구성원의 자기개발을 적극 지원함으로써 자신만의 경쟁 우위를 구축해 왔다.

버추얼텍은 이런 방식의 조직관리 외에 고급 인력을 회사 내로 영입하기도 하였는데, 그 예로서 김욱 실장을 들 수 있다. 김 실장은 1994년 삼성 그룹 계열사에서 버추얼텍으로 전직했다. 이러한 대기업의 사원들이 비교적 작은 규모의 회사로 옮기는 이유는 버추얼텍과 같은 소규모 회사들이 부여해 주는 자율성과 창의력, 실력발휘의 기회 때문이다. 이러한 인력 역류 현상을 통해 버추얼텍은 대기업에 버금가는 새로운 인적 자원과 그를 통한 경쟁 우위를 확보할 수 있었다.

발전 과정

창업 초기인 1991년 버추얼텍은 자본금 300만 원으로 매출이 1억 원이 안 되었고, 직원은 5명뿐이었다. 서 사장은 1987년 졸업과 동시에 유학 자금을 마련하기 위해 친구들과 함께 아르바이트 형식으로 작업실에서 프로그램 용역 일을 하였다. 그 중 대표적인 것이 의류 관리 시스템이었다. 그러던 중 한 의뢰 회사에서 세금 계산서를 요구하여 '아이오 시스템'이라는 상호를 우연치 않게 만들게 되었고, 이를 계기로 서 사장은 유학을 잠정적으로 포기하고 적극적으로 소프트웨어 개발에 투신하게 되었다. 아이오 시스템에서 처음 만들기 시작한 프로그램은 'Print Device Driver'였으며 인터넷과는 관련이 없는 것이었으나, 그 후 서지현 사장이 개인적으로 관심이 많던 인터넷 분야로 눈을 돌리게 되었다.

인터넷 사업 분야

아이오 시스템은 1994년 7월 버츄얼 아이오 시스템(VIOS)으로 상호를 변경하고 법인으로 등록하였다(99년 9월 (주)버추얼텍으로 상호 재변경). 매년 두 배의 매출 성장을 이루는 과정에서 상품개발 분야 이외에 경영의 중요성이 부각됨에 따라 서지현 사장은 경영 업무에 전력하게 되었다. 버추얼텍은 1995년 인터넷 음악 방송국을 개설하였다. 'www.intermusic.co.kr'이라는 주소로 국내·외 음악인들과의 인터뷰, 국제 음악 학교에 대한 소개, 새 얼굴들의 소개, 음악계의 뉴스 등 인터넷상의 음악 방송과 같은 내용으로 서비스를 제공하였다. 버추얼텍은 이러한 인터넷 사이트 개설을 통해 인터넷 업체로 전환하는 계기를 마련하였다. 특별히 음악을 선택한 이유는 함께 한 이벤트사가 음악 전문 업체였고, 또한 직원 중에 음악에 관심 있는 직원들이 많고, 음악 쪽으로 실력 있는 사람들도 꽤 있어서 음악이 좋겠다는 의견이 지배적이었기 때문이었다. 그러나 이 사업을 추진했던 사람들은 음악에 대한 전문가가 아니었다. 따라서 전문화를 위해 각 음악 장르별로 전문가를 초빙해 사이트를 운영하게 되었다.

버추얼텍은 음악 서비스의 후속으로 인터넷 병원 자가 진단 사이트를 개발하였다. 국내 최초 인터넷상 자가 진단 프로그램 사이트인 'www.hospital.co.kr'은 인터넷상 의료 정보 서비스로서 일반인들을 위해 자가 진단과 진료 기관 정보 및 응급 처치, 약품 정보, Q&A, 의학 상식 등 풍부한 의학 관련 내용을 제공하는 것이다. 병원 사이트의 경우 주목할 만한 점은 의료 서비스라는 전문성으로 인하여 컴퓨터와 관련된 전문가라도 구축하기가 쉽지 않다는 것인데, 버추얼텍의 경우에는 직원의 친척 중에 의사가 있어서 도움을 받을 수가 있었다. 인터넷 의료 사이트는 단국대학교 가정의학과와 공동으로 구축하였다. 버추얼텍은 이러한 일련의 인터넷 사이트 구축에서 특정 분야에 집중하는 틈새 전략을 추구했다.

기업 정보 시스템 관련 소프트웨어

'InterMusic'이나 '인터넷 자가 진단 프로그램'은 직접적으로 자금을 뽑아 낼 수 있는 사업 분야는 아니었다. 따라서 버추얼텍은 곧 판매 가능한 단일 상품을 만드는 것으로 관심을 돌리게 되었다. 버추얼텍은 1995년 미국 등 선진국에서 인트라넷에 대한 개발이 깊숙이 진행되는 것을 보면서 기술 흐름이 인터넷과 연동되어 진행될 것으로 판단하였고, 국내 내나수의 기업들이 현재의 클라이언트/서버 방식에서 궁극적으로 인트라넷으로 갈 것으로 추정되어 인트라넷 사업을 시작하게 되었다. 이 사업을 추진하여 버추얼텍이 본격적으로 기업 내 통합 전산 시스템이라고 할 수 있는 그룹웨어 '인트라웍스'를 개발한 것은 1996년 10월이었다.

1997년부터 국내 인트라넷 그룹웨어 시장이 급속도로 성장하고 있으며, 이러한 수요를 충족시켜 줄 제품 개발을 위해 버추얼텍 외에도 아이소프트, 웹 인터내셔널, 다음 커뮤니케니션 등의 업체들이 선점 경쟁에 들어갔다. 최근 들어서는 '엑스트라웍스'라 하여 외부인들도 사내 그룹웨어에 접속할 수 있도록 요구하는 추세이다. 버추얼텍의 경우 이러한 기업들의 수요에 대응하는 한글, 일어, 그리고 영어로 사용이 가능한 버전의 '인트라웍스 1.2'를 다음 커뮤니케니션과의 협력을 통해 개발하였고, 동남 아시아 진출을 위해 싱가포르와 말레이시아에서 현지 협력 업체를 모색하였다.

인트라웍스는 한국 기업의 경영 혁신을 통하여 세계 경쟁력 강화 및 세계화를 이룰 수 있도록 국내 어떤 기업 환경에서도 사용 가능한 한국형 인트라넷 통합 시스템을 만든다는 취지에서 개발되었다. 오늘날과 같은 치열한 생산성 경쟁 속에서 성공하기 위해서는 정확한 정보를 시기 적절하게 접할 수 있는 환경을 갖추는 것이 필수적이다. 정보화, 세계화의 새로운 조류는 폐쇄적인 기업 환경을 개방적이고 생산적인 환경으로 혁신시키고 있으며, 인트라넷 구축은 이러한 혁신의 주축이 되고 있다. 인트라웍스는 기업 환경의 세계화를 목적으로 개발된 차세대 토털 인트라넷 솔루션이다. 버추얼텍이 내놓은 인트라웍스는 아래와 같은 특징과 기능을 가지고 있다.

-인터넷에 기반한 설계
-내·외부 정보 공유
-저렴한 비용
-기존 환경과의 통합·확장성
-간편한 관리
-강력한 보안 기술
-패키지 기능 모듈화
-자체 데이터베이스 내장
-빨라진 속도
-사용자 인터페이스
-다양한 개인 환경 설정
-데이터 복구와 백업 기능
-그래픽 통계 지원
-Layered Approach 개발 방식
-멀티서버 지원
-뛰어난 기능들간의 연동
-Virtual Hosting

버추얼텍은 또한 대부분의 상용 데이터베이스(DB)와 연동해 사용할 수 있고, 내용 검색 엔진(IRS)과 연계 가능하며, UNIX와 Windows NT를 동시에 지원하는 국내 최초로 개발한 인트라넷개발 툴인 '웹오써'(WebAuthor)를 개발하였다. 웹오써는 전문 기술자와 디자이너, 일반 사용자들을 위한 것으로, 웹-DB 연동 시스템 개발 환경을 선도해 나가는 인트라넷 구축 개발 도구이다. 웹오써는 웹에서 다수의 개발자가 중·대 규모의 소프트웨어 개발을 손쉽게 할 수 있도록 고안되어 기업이 짧은 시간 안에 웹 응용 시스템을 개발할 수 있게 해 준다. 이는 아래와 같은 특징과 기능을 지닌다.

-대부분의 UNIX시스템과 Windows NT를 동시에 지원
-CGI, FASTCGI, NSAPI, ISAPI를 동시에 지원
-다양한 웹 서버 지원
-다양한 상용 DB 지원 및 자체 DB 제공
-Web DB Broker 방식 도입을 통한 DB 연계 성능개선
-검색 엔진 연계를 위한 API
-개발 효율을 높이기 위한 기본적인 라이브러리와 디버깅 환경을 제공
-빠른 시간 내에 인터넷 응용 프로그램을 제작할 수 있는 Rapid Prototyping 기능
-웹오써를 통해 개발된 시스템의 타 시스템으로의 포팅(Porting)이 용이
-HTML에 프로그램을 혼용하는 확장 HTML 방식
-계층적인 구조의 손쉬운 소스 프로그램 유지 및 관리 기능
-웹 인터페이스를 통한 시스템 개발, 유지 및 관리
-튜토리얼 및 풍부한 예제 프로그램 제공
-자바, 액티브 X 등의 오브젝트 관련 기술과 독립적 사용하기 쉽고 미려한 사용자 인터페이스 제공
-각 기업들의 홍보를 위한 인터넷 홈페이지를 작성 개발.

버추얼텍은 웹서버 구축과 안내 시스템 개발에까지 사업 영역을 넓혔다. 거대한 정보의 집합체인 인터넷을 통하여 서로의 자료를 전달할 수 있고 손쉽게 검색할 수도 있는 여건이 마련되어 있는 상황에서 'InterMusic', 'Virtual Hospital' 등의 사이트를 직접 구축한 경험을 바탕으로 버추얼텍은 각 기업에서 회사 홈페이지를 작성하여 기업 소개, 홍보, 상품 마케팅까지 할 수 있는 웹서버 구축 관련 서비스를 제공하고 있다. 이에는 인터넷 데이터베이스 및 IRS 시스템 구축, 인트라넷 구축, 인터넷 보안시스템 구축, 인터넷용 화면 디자인, 인터넷 광고 디자인, 멀티미디어 관련 서비스 등이 포함된다. 버추얼텍은 삼성 반도체, LG 애드, 대우그룹, 현대 전자, 쌍용 투자 증권 등의 의뢰사에게 이러한 서비스를 제공한 바 있다.

또한 버추얼텍은 기업 이념, 사업 범위, 제품 소개는 물론이고 방문객에게 전화 교환, 약도 안내 등의 편의를 도모할 수 있는 3차원의 안내 시스템을 개발하였다. 이는 24시간 서비스 시스템으로 인력 절감 효과를 주며, 의뢰사의 대고객 서비스를 강화하여 기업 이미지를 제고하게 한다. 이와 관련하여 버추얼텍은 삼성 국제화 학습 센터, 삼성 물산 국제 경영 연수원, 현대 전자 등을 의뢰사로 확보한 바 있다. 이 사업은 최근 기업 홍보 방법이 다각도로 발전하고 있으며 그 방법도 첨단화되어 가고 있는 시류에 발맞춘 것이다. 기업들은 광고판, 신문, TV 등의 기존의 방식에서 탈피하여 스포츠, 대형 이벤트 기획, 영화에 이르기까지 여러 방면으로 다각화하고 있으며, 인터넷 서비스, 안내 시스템 등 멀티미디어를 이용한 최첨단 방식까지 도입하고 있다. 3-4년 전의 안내 시스템은 문자 위주의 전달식 방법이었으나, 이제는 음성, 동화상, 애니메이션 등을 이용하여 대화식 방법으로 발전되고 있다. 이러한 안내 시스템은 전시장, 은행, 공연장, 교육 시설 안내에서 일반 기업의 홍보용으로 점차 적용 범위가 커지고 있으며, 최근에는 제조 업

체 공장에까지 확대 설치 운영되고 있어 이제는 기업 홍보에 있어서 안내 시스템은 기본이라 할 수 있게 되었다.

해외 진출

1997년 들어서 업계 두드러지게 나타나는 현상은 국내에서 벗어나 외국 시장을 공략하려는 움직임인데, 버추얼텍의 경우 미국 워싱턴주 시애틀에 자본금 2억 원 규모의 'Virtual Tek'이라는 현지 법인을 설립하였다. 미 현지법인 설립은 최근 소프트웨어 수출에 대한 관심이 높아지는 가운데 현지 일반 패키지 소프트웨어 시장을 겨냥했다는 점에서 관련 업계에 상당한 영향을 줄 것으로 보인다.

버추얼텍은 미 현지 법인을 통해 현지인들을 대상으로 국내 최초의 인트라넷 개발 도구인 웹오써와 인트라웍스를 판매하고 버츄얼 호스피탈, 인터 뮤직 등 웹 서비스를 제공하는 한편 현지 소프트웨어 업계의 최신 정보를 수집해 신제품 개발에 반영할 예정이다. 이 회사는 이를 위해 웹오써, 인트라웍스 등 패키지 소프트웨어와 버츄얼 호스피탈 등 웹 서비스의 영문화 작업을 추진하여 본격적인 시장 영업에 나설 예정이다. 국내 소프트웨어 업체들이 현지 교포들을 대상으로 한 영업 활동을 위해 미국, 일본 등에 현지 법인을 설립한 경우는 그동안 종종 있었으나, 교포 대상이 아닌 현지 시장을 겨냥해 법인을 설립한 것은 버추얼텍이 처음이었다.

또한 97년 초에 싱가포르의 인터넷 전시회에 새로운 버전의 인트라웍스를 출시하면서 아시아에서의 상품 유통과 서비스를 담당할 말레이시아나 싱가포르 거점의 협력 업체를 모색하고 있다.

기업 문화

한껏 치장한 강아지 두 마리가 다리 사이를 누비고 다니고 어제 꼬박 밤을 새운 임모 씨는 목욕탕에서 샤워를 하며 흥얼거린다. 아침 커피를 양 손에 들고 나타난 조모 씨는 신발을 벗으며 막 안으로 들어 오고 있다. 급히 외근을 나갔다가 점심을 놓친 김모 씨는 5층 회의실 겸 식당에 들러 전기 밥솥과 냉장고를 뒤져 늦은 점심을 챙긴다. 한쪽 구석에 세워져 있는 칸막이 뒤에는 역시 밤을 세워 작업한 오모 씨가 침대에 누워 코를 골고 있다. 이는 버추얼텍의 사무실 모습이다.

버추얼텍의 이렇게 자유분방한 기업 문화는 '자율 경영'이라는 경영 방침에 따라 형성되었다. 이 회사의 최고 경영 방침이자 이제껏 발전해 올 수 있게 한 원동력은 사원 한 사람 한 사람의 능력을 믿고, 온 시간을 맡기는 자율 경영에 있다. 어떤 프로젝트든 성공적으로 마치게 하는 힘도 물론 이러한 '신바람 나는 문화'에서 나온다. 버추얼텍은 기술력이 생명인 사업을 하기 때문에 우수한 엘리트들을 대량 확보해 기술력을 최고의 수준으로 올릴 계획을 가지고 있다. 이를 위해 버추얼텍은 자유로운 업무 분위기를 계속 유지하며, 직원들에게 계속적으로 프로 의식을 부여해 주고, 날로 새롭게 변해가는 기술을 습득할 기회를 제공함으로써 세계적 수준의 경쟁력을 키울 수 있도록 하고자 한다.

보기 1 회사 개요와 연혁

개요

회사명: 주식회사 버츄얼 아이오 시스템
기업 이념: 인간과 컴퓨터의 조화
대표이사: 서지현
사업자 번호: 105-81-66548
업태: 7 제조 도소매 서비스
취급 품목: S/W개발 용역 외
자본금: 200 (백만 원)
종업원 수: 28명
주소: 서울시 마포구 연남동 568-39
전화 번호: 3333-012

FAX 번호: 333-8651
설립 연도: 1994년 7월 15일

연혁

1991년 9월 1일 아이오 시스템 설립
1994년 7월15일 법인 전환 (버츄얼 아이오 시스템으로 상호 변경)
1994년 8월 1일 버츄얼 아이오 시스템 부설 연구소 설립
1997년 2월 9일 버츄얼 아이오 시스템 미국 지사 Virtual Tek 설립
1999년 9월 (주)버추얼텍으로 상호 변경

정부 지정 사항

상공부 GIS 개발 프로젝트 참여
병역 특례 지정 업체 선정 (전문 연구 요원 및 산업 기능 요원)
초고속 정보통신 응용 기술개발 사업 선정
산업 기술 정책 연구소 공업 기반 기술 사업 선정
정보통신부 1996년도 경쟁력 강화 기반 기술 개발 사업 선정
초고속 통신망 시범 지역 서비스 업자 선정 (1997년 1월부터 서비스 시작)
정보통신부 1997년도 국책 기술 개발 사업 선정

부 록

A. 사업 계획서 예

1. 블루 바이오텍

2. 책갈피

B. 사업 계획서 평가 도구

1. 사업 계획서 평가 부문과 심사 기준

2. 사업 계획서 경연 대회 심사 양식

C. 창업 및 벤처 기업 관련 법령

1. 중소 기업 창업 지원 법(1986)

2. 벤처 기업 육성에 관한 특별 조치 법(1997)

부록 A 사업 계획서 예 1

블루 바이오텍*

Ⅰ. 회사 현황

1. 회사 개요

◇ 회사명: ㈜ 블루 바이오텍

◇ 설립일: 1997년 1월 18일

◇ 대표이사: 김 재 호

◇ 주소: 서울시 마포구 연남동 509-28

Tel : 02)325-7989, Fax: 02)322-4168

◇ 업종: 제조, 서비스 및 도소매업

◇ 종목: 미생물 종균제, 농학 연구 및 개발, 부산물 비료 등

◇ 자본금: 1억 원

◇ 종업원: 7명(사무직 2, 연구직 5)

◇ 부설 기관: 산업 미생물 연구소(소장: 이상협 박사)

2. 지원 요청 내용

◇ 소요 금액: 3억 원

◇ 필요 설비

-30L/300L 발효조

-Steam Generator 또는 Boiler

-Compressor(Oil-less Type)

-혼합 교환기

-임대 공장(후보지: 파주/광적/김포/제주, 면적: 건평 60-100 평 규모)

3. 연혁

◇ 1994.3 유기 농업용 미생물 제재의 시제품 제조

◇ 1994.6 솔빛 바이오텍 설립

◇ 1994.9 (사) 한국 유기농업협회/흙살림 연구소 미생물 제재 공급

◇ 1996.2 본사 서울 이전

◇ 1996.3 ㈜ LG 레저, 곤지암CC 생물학적 관리 용역(3개년)

◇ 1997.1 법인 설립 및 상호 변경-㈜ 블루 바이오텍

---

*이 사업 계획서는 실제로 국내 모 창업 투자 회사에 제출된 사업 계획서이다. 단, 사업 계획서를 제출한 회사와 내용상의 특정인이나 관련 회사는 가명으로 표기하였다.

◇ 1997.1 기업 부설 기술 연구소 설립 및 인가(산업 미생물 연구소)
◇ 1997.3 ㈜ LG 레저, 강촌 CC 생물학적 관리 용역(3 개년)
◇ 1997.3 연세대/제주대 등 공동 연구
◇ 1997.5 중소기업청 기술 혁신 개발 자금 지원
◇ 1997.5 한국 벤처 기업 협회 회원 가입
◇ 1997.6 농림 수산 측정 연구 사업 최종 심사 중(2 건)
제주 감귤 연구소/생명공학 연구소/제주대 등 공동 연구

4. 창업 동기와 사업의 기대 효과

1) 창업 동기

◇ 1990년대 이후 U.R.에 의해 우리 나라 농업이 경쟁력 제고가 대두되고, 환경 보호에 대한 국민적 관심이 고조되면서, 외국에 비해 상대적으로 취약한 무공해, 고 생산성 농업을 실현할 수 있는 환경 친화형 미생물 제재에 대한 필요성이 인식됨에 따라 관련 분야를 전공한 전문인들의 지식과 경험을 토대로 미생물 관련 제품의 연구, 생산, 판매를 시도하게 되었음.
◇ 생물 산업에서의 기술집약적 연구개발 기업의 가능성이 매우 높다고 판단됨.
◇ 생물공학의 고 부가가치를 이용한 균주 개발, 미생물 기술 및 관련 제품의 연구개발과 판매 및 수출을 도모함.

2) 사업의 기대 효과

◇ 생물 산업의 발전 촉진
-미생물 관련 연구성과의 사업화 유도 및 생물 산업 기반 확대
-관련 제품의 전문화, 고급화 및 세분화
-관련 제품의 수입 대체 및 해외 수출 기반 확립
◇ 농어촌 소득 향상
-고품질 무농약 농산물의 출하를 통한 농가 소득 향상에 기여
-농작물 저장, 유통 혁신을 통한 수출 증대
◇ 국민 복지 향상
-무농약 농산물의 공급을 통한 국민 건강, 복지 향상에 기여함
◇ 환경 보전
-농작물 및 골프장 잔디의 생물학적 관리를 통한 화학 농약 절감으로 환경 및 생태계 보전에 기여

5. 주식 분포 상황

성 명	주식 분포	비 고
김재호	51%	대표이사
반재구	16	공동 연구자
홍성오	10	영업 담당 이사
이석원	10	마케팅 실장
이상협	2	연구소장
기타	11	
계	100%	

6. 주요 경영진 및 기술진

(1) 주요 경영진

◇ 김재호 석사 36세 연세대 미생물공학 전공 롯데 기업 중앙연구소 근무

◇ 홍성호 학사 40세 건국대 농화학 전공 한진 농기구 대표

(2) 기술연구진

◇ 이상협 박사 38세 고려대 생물공학 전공 고려대 자연자원대학 자연자원 연구소 선임연구원

◇ 이석원 학사 36세 연세대 식품생물공학 전공 ㈜ 풀무원 근무

◇ 홍성훈 학사 34세 성균관대 낙농학 전공 한진 농기구 근무

◇ 김경진 학사 31세 연세대 식품생물공학 전공 롯데 그룹 중앙 연구소 근무

◇ 소인섭 박사 49세 고려대 원예학 전공 제주대 원예학과 교수

◇ 정건섭 박사 44세 연세대 미생물학 전공 연세대 생물자원공학과 부교수

◇ 강경희 박사 42세 동아대 농학전공 제주 감귤 연구소 연구관

◇ 이상규 박사 40세 Yale 대 면역학 전공 연세대 생명공학과 조교수

◇ 반재구 박사 39세 한국 과학원 생물공학전공 생명공학 연구소 책임연구원

◇ 박형환 박사 38세 동경대 약학 전공 롯데 그룹 중앙 연구소 선임연구원

7. 조직도

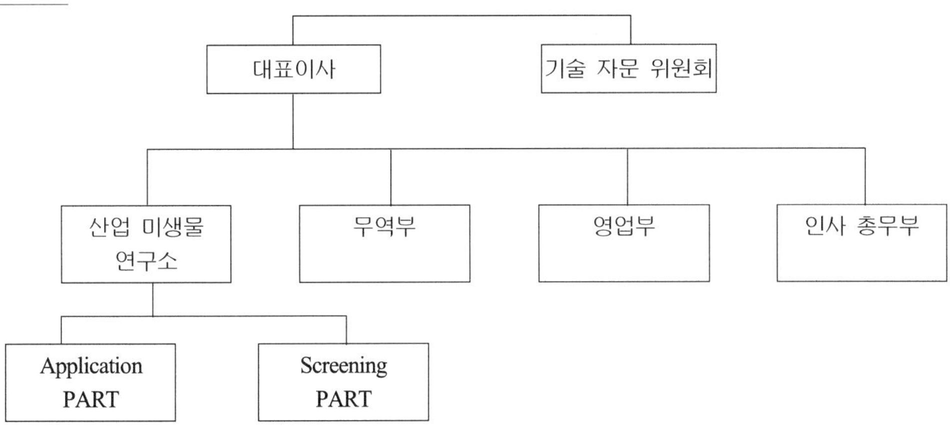

8. 종업원 현황과 고용 계획

구 분	1997	1998	1999	2000	2001
연구개발	5	7	8	12	16
영업	1	2	3	5	8
무역	1	1	2	3	4
관리	1	1	2	3	3
계	8	11	15	23	31

9. 관계 회사 내용

◇ ㈜ 동아 바이오테크

-미생물 대량 배양 용역 의뢰

-동물성 아미노산 등 임가공 의뢰

◇ ㈜ LG 레저

-곤지암 CC/강촌 CC 골프장 생물학적 관리 용역 실시

-제주 탐라 CC/부산 양산 CC 생물학적 관리적 설계

◇ (사) 한국 유가 농업 협회

-회원 전용 미생물 제재 공급(2종류)

-협회 자체 제품의 관리 및 종균 생산 용역

◇ 롯데 제과 ㈜/롯데 쇼핑 ㈜: 식용 키토산/병원성 대장균 검출 키트 공급

◇ ㈜ 서울 농자재 : 동물성 아미노산 액 공급

◇ ㈜ 세화: 식용 및 농업용 키토산 제품 개발 및 판매

◇ ㈜ 홍농 종묘: 미생물 종자 코팅제 공동시험

◇ ㈜ 신농 비료: 미생물 종균제 공급/ 기능성 유기질 비료 공동 개발

◇ ㈜ 쎌 바이오텍: 기능성 식품 소재 공동 개발/ Probiotics 개발 및 판매

◇ ㈜ 제농: 관련 제품 제주도 총판 업체

10. 기술 현황

◇ 골프장 생물학적 관리

-영업중인 골프장 전면적에 대한 2년간의 분석 데이터 확보

-제재화 형태별/적용 시기별 효과에 대한 노하우 확보

◇ 산업용 미생물 활용 기술

-항진균성 미생물 Screening 기술

-미생물별 배양 특성 검색 및 적용 기술

-대량 배양 기술

-항진균 활성 물질 분리 제거 기술

-미생물 농약 제재화 기술

-유용 균주의 순수 분리 및 배양 기술

11. 시설 현황

◇ 기술 연구소 시설

-Shaking Incubater

-Clean Bench

-Autoclave (2)

-Dry Oven

-현미경

-Incubater (2)

-항온, 항습 실내 유리 온실
-Soil Test Kit
-Chemical Balance
-Deep freezer
-Jar Fermentor
-균주 보관용 냉동고 (3)
◇ 생산 시설: 외주 및 임대 시설 활용
-동아 바이오테크 ㈜, 연세대 BRC, 생명공학 연구소 Pilot plant

II. 계획 사업

1. 계획 사업의 개요

-본 사업은 자연계의 유용 미생물을 활용하여 환경 친화형 농업 소재(주로 미생물 농약 또는 미생물 제재)를 개발, 보급하는 것임.
-적용 범위: 환경 친화형 농업(유기 농업) 및 시설 원예의 병해 방제. 골프장 잔디의 생물학적 관리, 농작물(과일, 야채류) 무독성/저독성 저장. 조직 배양 난의 부패 방지제 등
-국내 수요 외에 선진 외국으로의 수출 경쟁력이 높은 유망한 사업임. 선진 외국에서도 개발 초기 단계에 있으며 미생물의 다양성으로 충분한 경쟁력이 있음.
-환경 보전에 대한 사회적 관심 및 행정 규제로 인하여 향후 2-3년 이내에 적용 범위의 확대가 예상됨
-완제품 개발 이외에 미생물 배양 반제품/미생물 종균/항진균성 활성 물질(추출/합성) 등의 판매가 가능함.

2. 계획 제품

◇ 항진균성 미생물 제재 No. 1(잿빛 곰팡이병 방제)
◇ 항진균성 미생물 제재 No. 2 (도열병/잔디의 주요 병해 방제)
◇ 수확 후 처리용 미생물 제재(감귤 저장 중의 부패병 방제)
-키위, 감자, 양파, 사과 등 장기 저장 농산물 대상의 무독성/저독성 미생물 제재
◇ 항진균성 미생물 제재 No. 3(조직 배양 난의 연부병 방제)
◇ 기타
-미생물 종자 코팅제(유묘 재배시의 입고/잘록병 등 방제)
-종합 방제(Integrated pest management)용 소재: 해충 기피제 등
-천연 항균/ 방부제(식품/제약용)
-기능성 유기물 부숙제/음식물 쓰레기 발효제

3. 기술성

◇ 골프장 잔디의 생물학적 관리(중기청 기술 혁신 과제)

-미생물 종균제의 형태로서 Product &Service의 연간 계약에 의해 관리

-골프장 전 면적에 대한 2년간의 시행 노하우 및 분석 데이터 확보

-판매 확대를 위해 토양 미생물 제재(부산물 비료)로서의 인허가 필요

◇ 항진균성 미생물 제재(시설 하우스의 잿빛 곰팡이병 방제용)

-수종의 식물 병원균에 대한 길항 미생물 분리 및 제재화 연구(특허 출원 준비 중)

-현장 적용 시험 2년간 수행

-판매를 위해 토양 미생물 제재(부산물 비료)로서의 인허가 필요

◇ 수확 후 처리용 미생물 제재(농림수산 특정 연구 과제 최종 심의 중)

-저장 시 발생하는 주요 부패병에 대한 길함 미생물 분리 및 시험 적용

-감귤, 키위의 저장 중의 부패 억제 효과 포장 시험 완료

◇ 항진균성 미생물 제재(조직 배양 난의 연부병 방제/농림 수산 특정 연구 과제 최종 심의 중)

-조직 배양 난의 순화작업 시 발생하는 연부병에 대한 길항 미생물 분리 및 시험 적용

-생산 농가에서 현장 시험 완료

4. 시장 총 규모와 판매 전망

(단위: 억 원)

연도	감귤 저장 매출 (총저장액)	미생물 농약 (매출/점유비)	난조직 배양 (매출/점유비)	골프장 관리 (매출/점유비)	매출액 총계
1998	22 (1,000)	700 (11/1.6%)	200 (11/5.5%)	100 (20/20.0%)	64
1999	37 (1,700)	740 (18/2.4%)	220 (19/8.6%)	120 (33/27.5%)	108
2000	56 (2,500)	780 (27/3.5%)	240 (28/11.7%)	150 (48/32.0%)	159
2001	79 (3,500)	820 (34/4.1%)	270 (39/14.4%)	200 (53/26.5%)	205
2002	106 (5,000)	860 (43/5.0%)	300 (53/17.7%)	220 (59/26.8%)	261

5. 생산 계획

1) 기계 시설 명세와 증설 계획

기계시설	수량	비용(천 원)	설치구분	비고
발효조 300L/30L	1	200,000	신규	Pilot Plant
발효조 5L	1	17,000	증설	연구소설비
냉동고(-80 ℃)	1	5,000	〃	〃
혼합기	2	10,000	신규	생산
포장시스템	1	20,000	신규	자동화라인
냉각보존탱크	1	5,000	〃	3ton
발효조 3,000L	1	250,000	증설	증설 Capa.
농축기	1	30,000	〃	생산
계		537,000		

2) 생산 공정도

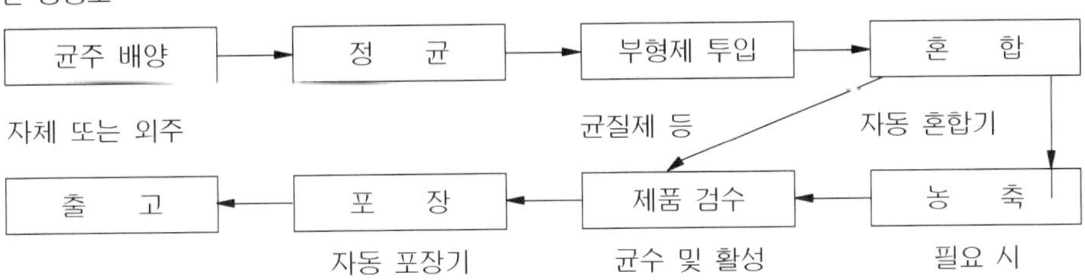

Ⅲ. 계획 사업 추진 일정

구분	세부 내용	1997	1998	1999	2000	2001	2002
제품 개발 (상품화, 인허가, 특허)	잿빛 곰팡이병 길항 미생물제	—	→				
	도열병/잔디병 길항 미생물제	— —	→ →				
	수확 후 처리용 길항 미생물제	—	→				
	난 조직 배양용 길항 미생물제		→				
설비 투자 (생산 및 연구 시설)	공장 부지 확보	→	→				
	Pilot Plant 설치(300L 발효조)		→				
	생산 설비 확충(3,000L 발효조)			→			
	연구소 확충			→			
	작물 시험 재배 단지 조성			→			
	ISO 인증 마크 획득				→		
연구 인력 확충	병력 특례 업체 신청(연구원)		→				
수출	Internet Website 개설			→			
	미국, 일본, 대양주, 유럽 수출			→			
주식 공개	장외 주식 시장 등록				→		

Ⅳ. 재무 예측 자료

추정 5개년 손익 계산서

(단위: 백만 원)

계정 과목	1998	1999	2000	2001	2002
매출액	6,412	10,717	15,922	20,574	26,120
매출 원가	2,577	4,287	6,369	8,230	10,448
매출 총이익	3,835	6,430	9,553	12,344	15,672
판매 관리비	931	1,282	1,996	2,817	3,270
인건비	220	330	567	825	966
감가상각비	82	90	99	109	120
연구개발비	189	202	217	233	251
기타 판매 관리비	440	660	1,113	1,650	1,933
영업 이익	2,904	5,148	7,557	9,527	12,402
영업외 수익	23	35	50	63	78
수입 이자	21	32	45	57	71
기타 수익	2	3	5	6	7
영업외 비용	33	33	33	33	33
지급 이자	30	30	30	30	30
기타 비용	3	3	3	3	3
경상 이익	2,894	5,150	7,574	9,557	12,447
출연금	-	-	2,525	3,186	4,149
세전 순이익	2,894	5,150	5,049	6,371	8,298
법인세 등	868	1,545	2,272	2,867	3,734
당기 순이익	2,026	3,605	2,777	3,504	4,564

추정 5개년 대차 대조표

(단위: 백만 원)

계정 과목	1998	1999	2000	2001	2002
유동 자산	2,265	4,116	5,264	7,079	9,123
현금 예금	472	1,169	885	1,421	1,940
매출 채권	1,630	2,679	3,981	5,144	6,530
기타 유동자산	163	268	398	514	653
고정자산	21	32	285	57	1,519
투자자산	21	32	45	57	71
유형자산	-	-	-	-	1,000
건설 가계정	-	-	-	-	1,000
기타 유형자산	-	-	-	-	-
무형 이연자산	-	-	240	-	448
자산 총계	2,286	4,148	5,549	7,136	10,642
유동 부채	708	1,179	1,751	2,263	2,873
매입 채무	644	1,072	1,592	2,057	2,612
기타 유동부채	64	107	159	206	261
고정부채	330	330	330	330	330
장기 차입금	330	300	300	300	300
기타 고정부채	30	30	30	30	30
부채 총계	331	1,509	332	332	3,203
자본금	50	100	200	300	500
이익 잉여금	2,026	5,631	8,412	11,916	16,480
기타 이익잉여금	-	2,026	5,631	8,412	11,916
당기 순이익	2,026	3,605	2,781	3,504	4,564
자본 총계	2,076	5,731	8,612	12,216	16,980
부채와 자본 총계	2,407	7,240	8,943	12,548	20,183

매출액 추정

A. 감귤 저장품에 대한 매출 추정

[단위: 생산량(톤)/사용량(리터)/단가(원)/매출액(백만 원)]

연도	생산량 (톤)	저장 추정율	저장량	시장 점유율	매출 대상량	제품 수요량	매출 단가	매출액
1998	668,609	10%	66,861	100%	66,861	445,739	5,000	2,229
1999	682,570	15%	102,385	100%	102,385	682,570	5,500	3,754
2000	696,530	20%	139,306	100%	139,306	928,707	6,050	5,619
2001	710,491	25%	177,623	100%	177,623	1,184,152	6,655	7,881
2002	724,452	30%	217,336	100%	217,336	1,448,904	7,321	10,607

1. 감귤 생산량 추성 (난위: 1000 kg)

연도	1991	1992	1993	1994	1995
생산량	556,368	718,955	619,182	548,961	614,801
구분	통계량	통계량	통계량	통계량	통계량
연도	1998	1999	2000	2001	2002
생산량	668,609	682,750	696,530	710,491	724,452
구분	추정량	추정량	추정량	추정량	추정량

* 시판 기간을 거친 후 본격적으로 판매가 이루어질 1998년도부터의 생산량에 대해서 추정하였음.

2. 저장률의 추정

(1) 자연 공급적 저장에 대한 추정

감귤의 생산 종류는 조생종, 만생종 및 하우스종으로 구별되는데 이것들의 평균 수확 기간은 약 3개월 정도임. 따라서 1년 중에 생산으로 공급되는 기간은 약 8개월 정도이며 따라서 저장으로 공급이 가능한 기간이 약 4개월 정도임. 이 중에서 조생종의 품질이 타종에 비하여 월등하기 때문에 조생종의 생산비율이 점차로 높아지고 있음. 조생종의 경우 저장 가능한 기간까지 저장할 수 있다면 충분히 경쟁력을 갖는 상품이 될 수 있음. 현재 저장 가능 기간에 대한 연구 결과 약 3개월로 추정되므로 조생종의 공급 기간을 부패없이 약 2배로 늘릴 수 있음. 이 경우 저장률은 50%가 되지만 전체 감귤 생산량에서 조생종이 차지하는 비율과 기타 종의 경우에 이보다는 저장률이 감소할 것으로 판단되므로 총 생산량에 대한 저장률은 시장이 성숙 시 약 30%로 추정됨.

(2) 시세 차익을 위한 저장(도매가 기준)

연도	지역	10월	11월	12월	1월	2월	3월
1995	북제주	23,625	20,500	19,500	20,333	22,000	23,750
	남제주	26,700	27,220	28,380	28,300	27,700	29,166
1996	북제주			11,500	13,100	15,000	13,166
	남제주	20,000	15,126	15,154	18,180	20,400	16,866

위 표에서 생산에 의하여 감귤이 공급되는 12월의 가격에 비하여 저장에 의하여 공급이 되는 2월 및 3월의 가격이 상당히 상승하는 것을 볼 수 있음(약 10-20% 정도 증가함). 따라서 이러한 시세 차익을 위한 저장의 수요도 상당할 것으로 판단됨.

3. 시장 점유율의 추정

저장중의 부패를 막기 위하여 농약을 사용하여야 하는데 이를 위하여 사용할 수 있는 농약은 농약의 잔류 피해 예방을 위하여 사용이 엄격하게 제한되어 있음. 본 제품의 경우 이러한 제한과는 무관하게 자연계에 존재하는 미생물을 이용한 것이기 때문에 이러한 문제점이 없음. 현재 저장중에 사용할 수 있도록 고시된 농약이 없는 상태이기 때문이므로 본 제품의 저장 시장에 대한 점유율을 100%로 가정함.

4. 사용량의 추정

15 kg 상자 당 약 100개의 감귤이 저장되는 것으로 가정함.

시험 생산품 1 리터로 약 1000개의 감귤을 처리할 수 있었음. 따라서 1 리터로 15 kg 상자 기준으로 약 10개를 처리할 수 있음.

B. 골프장 관리 매출

(단위 : 백만 원)

연도	골프장 수	용역 단가	추정 관리 개수	추정 매출
1998	150	100	20	2,000
1999	180	110	30	3,300
2000	200	121	40	4,840
2001	210	133	40	5,324
2002	220	146	40	5,856

1996년도 기준으로 골프장이 108 개소 개장되어 있으며, 개당 관리비를 약 1억 원 정도 받고 있음. 건설중이거나 착공 예정인 골프장을 감안하면 2000년에는 약 200 개소 정도로 추정되며, 이러한 골프장 관리 용역에 대한 추정 매출액이 위와 같음.

C. 기타 길항 미생물 및 난 관리 시장에 대한 매출

1. 난 조직 배양 시장 매출

연도	감귤 매출	난 관리 시장
1998	2,229	1,114
1999	3,754	1,877
2000	5,619	2,809
2001	7,881	3,940
2002	10,607	5,303

난 관리 시장에 대한 매출의 추정은 감귤 저장 매출에 대한 50%를 가정하였음. 현재의 시장 규모가 감귤 저장 시장 규모와 비슷하며, 예상되는 시장 규모도 이와 유사할 것으로 예상됨.

2. 길항 제품 매출

(단위: 백만 원)

연도	감귤 매출	난 관리 시장	관리 용역	소계	미생물 농약
1998	2,229	1,114	2,000	5,343	1,069
1999	3,754	1,877	3,300	8,931	1,786
2000	5,619	2,809	4,840	13,268	2,654
2001	7,881	3,940	5,324	17,145	3,429
2002	10,607	5,303	5,856	21,766	4,353

유기 농업용 길항 미생물 농약의 매출에 대한 추정은 기타 매출의 20%를 가정하였음. 이것은 당사에서 매출 구조를 그러하게 유지하려는 것과 잠재적 시장에 대한 추정의 어려움을 감안하여 결정한 것임.

D. 매출의 집계

연도	감귤 매출	난 관리 시장	관리 용역	미생물 농약	합계	감귤 매출량	환산 기준	환산량
1998	2,229	1,114	2,000	1,069	6,412	445,739	6412/2229	1,282,330
1999	3,754	1,877	3,300	1,786	10,717	682,570	10717/3754	1,948,625
2000	5,619	2,809	4,840	2,654	15,922	928,707	15922/5619	2,631,673
2001	7,881	3,940	5,324	3,429	20,574	1,184,152	20574/7881	2,091,474
2002	10,607	5,303	5,856	4,353	26,120	1,448,904	26120/10607	3,568,028

연구개발비 추정

연도	생산량 (리터)	연구개발비
1998	36,000	189
1999	36,000	202
2000	36,000	217
2001	36,000	233
2002	36,000	251

1. 연구개발비

기계 장치 도입의 가장 중요한 목적은 이를 이용하여 신제품 개발과 기존 제품에 대한 품질 향상을 통하여 제품 경쟁력을 높이도록 하는 것임. 따라서 공장에서 발생하는 원가를 모두 연구개발비로 처리함.

2. 연구개발비의 추정

구분	가격(천 원)	내 역
배양 기계	200,000	1 회 생산 시 300 리터 생산 능력 기준. 월 10 회 생산
공장 건물	48,000	60평 기준으로 평당 건축비 800,000 원 기준
대지 임차료	175,000	현재 물색중인 파주 기준 500 평 예정 350,000 원/평
인건비	40,000	2 명×20,000,000 원/년
배지 원가	36,000	1,000,000/톤 기준 연간 36톤 생산
기타 유지비	49,900	위 원가 합계의 약 10%를 가정함
생산량	36,000	300리터/회×10회/월×12월

(단위: 천 원)

구 분	기본 원가	1998	1999	2000	2001	2002
기계 감가상각비	40,000	40,000	40,000	40,000	40,000	40,000
공장 감가상각비	9,600	9,600	9,600	9,600	9,600	9,600
대지 임차료	35,000	38,500	42,350	46,585	51,244	56,368
인건비	40,000	44,000	48,400	53,240	58,564	64,420
원재료비	36,000	39,600	43,560	47,916	52,708	57,978
소계	160,000	171,700	183,910	197,341	212,115	228,367
기타 유지 원가	16,060	17,170	18,391	19,734	21,212	22,837
합계	176,660	188,870	202,301	217,075	233,327	251,203
생산량 (리터)	36,000	36,000	36,000	36,000	36,000	36,000

대차 대조표 추정 자료

1. 유형자산의 추정

구 분	1998	1999	2000	2001	2002
건물	48,000	48,000	48,000	48,000	48,000
기계 장치	200,0000	200,00	20,00	200,000	200,000
기타 유형자산	124,000	124,000	124,000	124,000	124,000
합계	372,000	372,000	372,000	372,000	372,000
자산 보정 후 가액	409,200	450,120	495,132	544,645	599,110
감가상각비	81,840	90,024	99,026	108,929	119,822
장부가액	327,360	360,096	396,106	435,716	479,288
토지의 취득	0	1,000,000	2,000,000	3,000,000	4,000,000
유형자산 계	327,360	1,360,096	2,396,106	3,435,716	4,479,288
건설 가계정					1,000,000

초기에 건물과 기계 장치를 취득하는 것을 기본으로 기타 집기 비품 등을 건물, 기계 장치의 계속적인 물가 상승을 가정하여 실질 자산 유시를 위한 10%의 사산 보정을 하였음. 취득 원가 합계의 50% 정도로 추정하였음. 감가상각은 5년 정액 상각을 가정하였음. 시험 연구를 위한 토지를 자본이 축적되는 1999년도부터 약 10억씩 취득하는 것으로 가정함. 토지는 연구개발과 함께 연구소의 연구 목적 등으로 취득하는 것임. 설비 확충 등의 목적을 위하여 2002년에 10억을 투자함.

2. 무형 이연자산의 추정

특허 출연과 관련된 비용이나 상표권 등의 무형 자산과 비경상 연구개발비 및 개업비 등의 이연 자산의 총액을 기타 유형 자산의 10% 정도로 추정함. 이는 계속적인 연구개발을 가정한 것임.

3. 투자자산의 추정

구 분	1998	1999	2000	2001	2002
매출 채권	1,630,000	2,679,250	3,980,500	5,143,500	6,530,000
유형자산	327,360	1,360,096	2,396,106	3,435,716	4,479,288
투자자산 가액	490,360	1,628,021	2,794,156	3,950,066	5,132,288

투자자산은 일반적인 영업상 필요로 하는 자산과 해외 시장 개척, 기타 자회사의 설립 등과 같은 필요한 자산을 의미함. 따라서 이러한 목적 달성을 위하여 유형자산의 100%와 매출채권의 10%를 투자자산으로 유지하는 것을 가정함.

4. 재고자산의 추정

현재 외주 가공처의 가공 처리 능력이 상당하기 때문에 재고자산을 일시적으로 보유하는 경우를 제외하고는 보유하지 않는 것으로 가정함.

5. 기타 유동자산의 추정

재고자산을 보유하지 않는 것으로 가정하기 때문에 기타 유동자산은 매출 채권의 10% 정도로 가정함.

6. 현금 예금의 추정

(단위: 천 원)

구 분	1998	1999	2000	2001	2002
매출 채권	1,630,000	2,679,250	3,980,500	5,143,500	6,530,00
기타 유동자산	163,000	267,925	398,050	514,350	653,000
고정자산	850,456	3,124,127	5,429,872	7,729,354	11,059,504
소계	2,643,456	6,071,302	9,808,422	13,387,204	18,242,504
현금 예금 필요액	264,346	607,130	980,842	1,338,720	18,242,504
계상액	471,551	1,168,795	884,689	1,421,491	1,824,250

7. 차입금의 추정

(단위: 천 원)

구 분	1998	1999	2000	2001	2002
장기 차입금	300,000	300,000	300,000	300,000	300,000
이자율	10%	10%	10%	10%	10%
추정 지급이자	30,000	30,000	30,000	30,000	30,000

장기 차입은 기계 장치 및 공장 건물의 취득과 관련된 차입금으로 초기 소요액을 감안하여 3억원으로 가정함

8. 기타 유동부채의 추정

기타 유동부채는 매입 채무의 10%를 가정함.

9. 기타 고정부채의 추정

기타 고정부채는 장기차입금의 10%를 가정함.

10. 자본금의 추정

자본금은 초기 500만 원을 기준으로 점차 현금 증자를 실시하여 2002년에 5억 원의 납입 자본금을 유지하는 것으로 가정함.

V. 첨부 자료

A. 제주도 농가 현황

1. 일반 현황
   1) 농가(인구): 39,784 호(145천 명)
   제주도 전체 가구 수의 25%, 인구의 28%
   3) 경지 면적: 56,829 ha (호당 1.43 ha, 전국 1.29 ha)
   4) 농가 소득: 27,215천 원(농업 소득 65%)

2. 감귤 재배 현황
   1) 감귤 재배 농가: 26,589 호 (전 농가의 67%)
   2) 감귤 재배 면적: 25,802 ha (총 경지의 45%)
   3) 감귤 생산 (조수인('96)): 480천 톤(6,000억 원(추정))

B. 1995년도 조생종 감귤의 생산 현황

구분	생산량(Ton)	재배 면적(ha)
	조생종 감귤/전체 감귤	조생종 감귤/전체 감귤
현황	450,130/614,770	15,726/21,605
	73.2%	72.8%

C. 1995년도 감귤 저장고 보유 현황

• 상온 저장고
-저장고: 13,251 동
-총 저장 능력: 269,842 통
-저장고 보유율: 50.9%

• 저온 저장고
-저장고: 137 동
-총저장 능력: 9,028 통
-저장고 보유율: 0.5%
-저장고 평균 능력: 65.9 톤

D. 저장 형태별 능력 비교

1995년 조생종 생산량 450,130 통 기준
-생산량: 450,130톤
-저장량: 269,842톤
-출하량: 180,288톤

-'91-'95년 평균 경락가: 13,235.8 원/15 kg

구분	저온 저장 (4℃, CA)	상온 저장 (8℃, CA)	노지 저장 (8℃, NoCA)	미생물 처리
부패율	4-5%	22-28%	47-55%	10%
평균 감모율	10%	10%	10%	10%
유통 가능량	230,714톤	175,397톤	94,444톤	215,875톤
생산 금액	2,035억 원	1,547억 원	830억 원	1,904억 원

* 미생물 처리에 의해 저장할 경우 노지 저장(8℃)에 비해서 1,074억 원의 경제 이익 창출
* 저장 외 유통 과정에서의 부패를 방지함으로써 추가의 경제 이익을 창출.

E. 재배 기술, 유통, 수출상의 문제점 및 개선 방안

구분	문제점	개선 방안
재배	-다수확 위주, 밀식 재배로 품질이 저하되고 격년 결과에 의한 연도간 가격 등락 폭이 큼 -과다 시비에 의한 품질 저하 -농약 위주 병충해 방제	-품질 및 생력화를 고려한 기술 도입 -적정 시비 및 품질 향상 -생물적 방제 기술 도입
유통	-가공 식품 개발 미흡 -저장성 향상 요구됨 -상품성, 선과 기준이 없음	-통조림, 건과, 차 등 가공품 개발 -저장 기간 확대 및 부패량 감소 기술 개발 -선과 기준 설정, 과실의 규격화
수출	-농약 등 수출 통관상 법 규제가 심하여 별도 세척 필요 -세척, 등급 세분화 등으로 비용이 많이 듦 -중국, 대만 등에 가격 경쟁력이 취약	-세척 설비 마련 -수출 단지 조성 등을 통한 공동 작업 비용 절감

F. 감귤 저장성을 증대시키기 위한 현행 방법

- 저온 저장고
  -병해 감량보다는 자연 감량이 큼
  -저장 비용(관행 경비 + 저장고 운용비)가 매우 큼(277,000 원/톤)
- 상온 저장고
  -자연 감량보다는 병해 감량이 큼
  -약제 처리(Topsin M)

G. 저온 저장고와 미생물 처리의 비용 비교

구분	저온 저장고	미생물 처리
저장 비용	277 원/kg	20 원/kg
손실률	4-5%	10% 미만

H. 감귤 저장 중 발생하는 주요 부패 원인균

-청색 곰팡이 병(Penicillium italicum)

-녹색 곰팡이 병(Penicillium digitatum)

-회색 곰팡이 병(Botrytis cineria)

-흑부 병(Alternaria citri or A. alternata)

-축부 병(Phomopsis citri or Diaporthe citri)

-흑반 병(Phomosis citricarpa or Phoma erratica)

- 푸른 곰팡이 병

-저장 초기에 다발

-저장 중기에 감소 경향

-저장 말기에 증가 경향

- 회색 곰팡이 병

-저장 기간에 따라 서서히 증가

- 흑부 병, 흑반 병, 축부 병

-수상에서 과실에 침입 감염되어 과실 내에 잠복 후 발병

I. 중소기업 기술 혁신 개발 사업 계획서

접수번호				
중소기업 기술혁신개발사업 계획(신청)서				
개발기술명	항진균성 미생물을 이용한 유기 농업용 또는 골프장용의 미생물 제재(농약)개발			
주관기업	기 업 명	㈜블루 바이오텍		
	주　소	(121-240) 서울시 마포구 연남동 509-28		
	대 표 자	이 재 호(한문: 李 在 鎬)		
	연 락 처	Tel: 02)325-7989, 3142-4758 Fax: 322-4168		
과제책임자	성　명		직　급	책 임 급
개발기간 1997년 5월－1998년 4월 (12개월)				
개발사업비	총　액	51,000 (천 원)	정부지원액: 38,000 (천 원) 민간부담액: 13,000 (천 원)	
참여기업			위탁연구 기관명	

중소 기업 기술 혁신 개발 사업 운용 요령 제 8 조의 규정에 따라 개발 사업을 성실히 수행하고자 개발 계획서를 제출합니다.

첨부: 1. 중소 기업 기술 혁신 개발 사업 계획서(수정본) 3부
　　　2. 통장 사본 3부

1997년 5월 17일

과 제 책 임 자: 이 상 협 (인)

주관기업대표자: 이 재 호 (인)

중소기업청장 귀하

＊개 요＊

1. 사업 구분: 첨단 기술 개발
2. 연구개발 분야: 원예 (유통)
3. 과제명: 미생물을 이용한 감귤 저장 기술 개발
4. 주관 연구 기관: ㈜ 블루 바이오텍
5. 총괄연구책임자: 이상협
   (㈜ 블루 바이오텍 산업 미생물 연구소)
6. 협동 연구 기관 및 책임자: 생명공학 연구소 반재구

7. 위탁 연구 기관 및 책임자: 제주 감귤 연구소 강경희
8. 총 연구 기간: 1997년 7월-2000년 6월 (3년)
9. 연구개발비

(단위: 천 원)

	1년차	2년차	3년차	계
정부 출연금	72,000	72,000	72,000	216,000
기업 부담금	18,000	18,000	18,000	18,000
계	90,000	90,000	90,000	90,000
위탁 연구비	20,000	20,000	20,000	20,000

사업 구분: 현장 애로 기술 개발 사업
연구개발 분야: 원예, 특작
과제명: 길항균을 이용한 심비움속의 시들음병 방제에 관한 연구
주관 연구 기관: 제주대학교 원예학과
총괄 연구 책임자: 소인섭

10. 연구개발 추진 체계

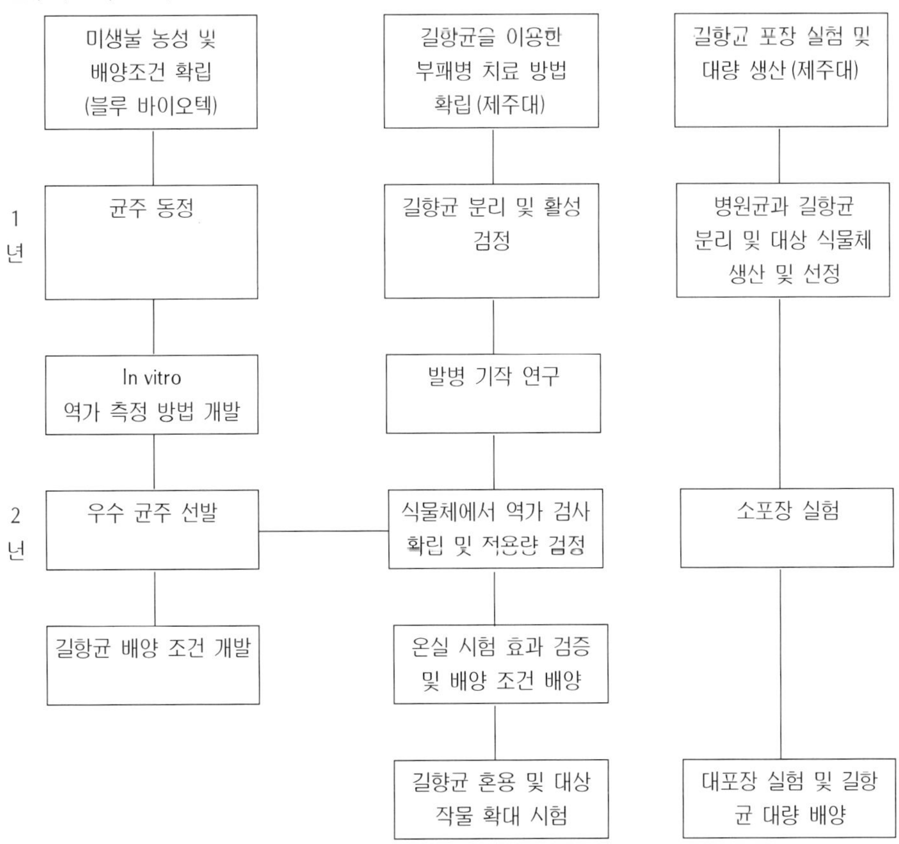

부록 A 사업 계획서 예 2

책갈피*

목 차

* 이 사업 계획서는 창업 실습용으로 이재용, 김희재, 김태훈, 이태영이 작성한 것이다. 계획서의 내용 자체는 수익성이나 성장성 있는 사업을 예시하는 것은 아니다. 단, 창업경영론 등의 수업 시간에 하나의 실천적인 예로 토의될 수 있다.

1. 사업의 목적

- 전국적인 네트워크를 가진 텔레비전의 광고 비용이 현저히 증가하고, 시청자들이 TV 광고에 식상함에 따라 많은 광고주들은 소비자들에게 접근하기 위한 새로운 방법을 추구하고 있다.
- 마케팅 전략이 보다 지역화함에 따라 특수한 고객 집단에 초점을 맞춘 새로운 매체 전략이 기존의 전국 네트워크를 대체하고 있다.
- 광고주들은 표적 시장에 보다 효과적으로 도달할 수 있으면서 비용이 적게 소요되는 광고 매체에 상당한 예산을 할당하고 있는 것이다.
- 각 기업들은 불경기가 지속되면서 저비용으로 효과 있는 광고 방법을 모색하고 있다.
- 여기에 우리가 추진하는 사업 아이템의 핵심이 있다. 즉 고비용의 기존의 광고 매체를 대신할 수 있는 새로운 광고 매체를 기업들에게 제공하는 것이다.

2. 사업 계획

(1) 계획 사업의 개요

㉠ 제품(책갈피)의 형태 및 특징

책갈피의 수요성

현재 책을 접하는 대부분의 사람들은 책갈피를 얼마만큼 이용하고 있을까? 만일 이용을 하고 있다면 어떤 책갈피를 이용하고 있는가? 돈을 주고 구입한 책갈피를 이용하고 있을까? 대부분의 이들이 책갈피의 필요성은 느끼고 있지만 돈을 주고 구입할 만큼 성의를 들이지 않는 것이 현실이다.

그렇다면 책의 구입 시점에서 책갈피를 구할 수 있다면 어떻게 할 것인가? 그 책의 구입과 동시에 책갈피를 가지게 된다면 그들의 만족도는 어떠하겠는가? 그리고 그 책갈피가 무료이고 가지고 싶을 만큼 매력을 지니고 있다면 그들의 반응은 어떨까?

이것이 책갈피가 광고 매체로서 가지는 중요한 핵심이다. 대부분의 광고 매체가 PUSH 전략의 측면이 강한 반면 이 매체는 PULL 전략의 형태를 가지게 되면서 무차별 뿌려지는 광고에 대한 소비자의 거부감을 줄여 줄 수 있다.

소비자의 소유욕을 자극하기 위한 특성

현재 서점에서 책을 고르고 카운터에서 값을 치를 때 그 옆에 놓여 있는 조잡한 책 광고를 담은 책갈피가 놓여 있는 것을 간혹 볼 수 있다. 하지만 그것을 들고 가는 사람은 거의 볼 수가 없나.

여기서 그 책갈피의 종류가 다양하고 보다 매력적이라면 책을 사는 이들의 행동은 어떨까? 소비자들은 구입한 책 수 이상은 가져 갈 것이라 생각된다. 그리고 굳이 책을 사지 않더라도 호기심에, 혹은 필요성에 의해 가져가는 이들도 있을 것이다.

이렇게 서점을 이용하는 이들의 시선을 가지고 보관하게 되는 책갈피에 제품의 광고가 들어 가게 된다면 여기서 얻을 수 있는 광고의 효과는 상당하다. 하물며 소비자의 시선을 끌기 위해 만들어지는 광고의 특성에 따라 소비자의 소유욕을 자극할 수 있다.

소비자들이 한 번 스치고 지나가면 끝나게 되는 기존 광고 매체에 비한다면 책갈피라는 광고 매체가 지니는 효과는 더할 수 없이 크다. 책을 펼 때마다 그 책갈피를 바라보게 되고 책이 지루해질 때 그들로 하여금 소비 욕구를 자극할 수 있다.

㉡ 제품의 유통 흐름도

광고주, 인쇄 회사, 매장과의 긴밀한 유대 관계를 이루어 나가야 한다. 우리의 사업체를 포함하여 4각 구도의 원만한 연계가 우리 사업의 관건이다.

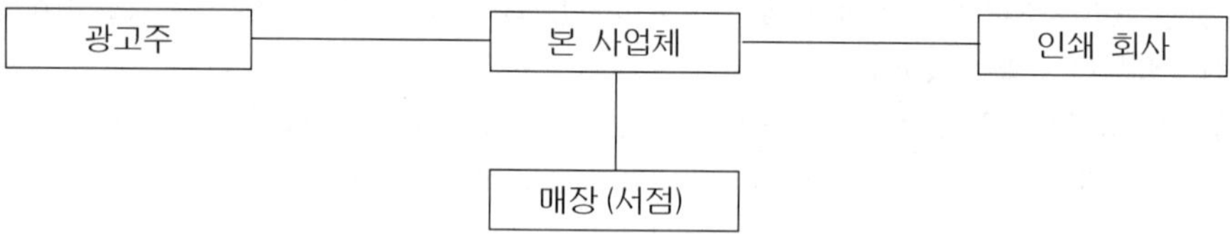

㉢ 광고 매체의 시장 현황

A. TV

장점

• 전국을 동시에 커버할 수 있다.
• 프로그램의 고정 시청자에게 정기적인 접촉이 가능
• 광고의 주목률이 크다.

단점

• 광고료와 제작비가 크다.
• 광고가 순간적으로 노출되며, 시청률에 따라 효과가 크게 좌우된다.
• 시청자의 속성에 맞게 구분해서 노출하기가 힘들다.
• 광고 효과의 측정이 어렵다.

B. 라디오

장점

• 시간과 장소에 제한이 없다.
• 프로그램별 대상층을 세분화할 수 있고, 지역적으로 세분화가 가능하다.

단점

• 지속적으로 반복하지 않으면 잊어버리기 쉽다.
• 시간대나 프로그램의 영향을 많이 받는다.
• 청각에만 의존하므로 정보 전달에 한계를 지닌다.

C. 신문

장점

• 전국, 또는 특정 지역을 구분하여 사용할 수 있다.
• 속보성이 뛰어나며 능동적인 광고를 할 수 있다.
• 광고의 절차가 간편하며, 제작료도 TV에 비해 저렴하다.

단점

- 매체의 수명은 1일이고, 광고 접촉이 짧은 시간에 이루어지므로 반복적으로 노출해야 효과가 크다.
- TV에 비해 주목률이 낮고, 전시 효과가 적다.

D. 잡지

장점

- 고정 독자가 많고 독자층별로 세분화된 광고가 가능하다.
- 회독률이 높고, 장기간 능동적으로 보여진다.
- 제품 지식과 정보의 전달에 유리하다.

단점

- 신문 등에 비해 속보성이 떨어진다.
- 많은 양의 광고에 묻혀, 눈에 잘 띄지 않을 수도 있다.
- 잡지 자체의 신뢰도가 광고에 영향을 미친다.

위의 광고 매체들은 우리가 쉽게 접할 수 있는 것들이다. 이들과의 비교를 해볼 때 지금 추진하고 있는 책갈피 매체를 살펴보면 비용면이나 필요로 하는 대상에게 접근하여 이들이 지속적인 접촉을 가져간다는 점에 주목해야 할 것이다.

(2) 사업 추진 일정 계획

㉠ 시장 조사

서점의 현황

매장의 규모와 특정 소비자와 효과적으로 접할 수 있는 서점(가령 대학 교내 서점)을 조사한다. 여기서 그 서점에서 판매되는 책의 양을 조사하여 우리가 준비할 책갈피의 양과 광고주에게 제시할 광고의 자료를 파악한다.

책 갈 피

광고를 효과적으로 전달할 수 있는 크기를 고려하여 소비자들이 원하는 크기, 종이 재질, 코팅 상태의 책갈피를 제작한다. 여기에서 미리 만들어진 샘플을 통한 선호도 설문조사를 통해 책갈피의 형태를 최종 설정한다.

인쇄소 및 진열대 제작 회사 조사

여러 인쇄소를 고려해 본 후, 최고의 품질, 가격 조건, 주문 후 납품 일정을 제시하는 업체를 선정한다.

광 고 주

서점의 주이용 고객이 10대, 20대의 학생을 비롯하여 어느 정도 지식을 갖춘 이들임을 고려하여 이들을 대상으로 하는 기업을 선정한다.

예) 통신 업체, 외식 업체, 의류 업체, 주류 업체 등

㉡ **매장 확보**

위에서 확보된 자료를 바탕으로 매장이 가지는 중요성에 따라 3개의 군으로 나누고 순차적으로 매장을 확보해 나간다.

1군: 우선 기업의 광고주에게 신뢰를 얻기 위해서도 반드시 필요한 매장이다. 서적의 매출 규모로 볼 때 보다 효과적으로 소비자들과 접할 수 있다. 이 서점들의 확보를 매장 확보의 시발점으로 삼는다.

1군에 속하는 서점은 잘 알려진 규모가 큰 서점과 대학 교내 서점(이미지 확립을 위한 중요한 역할을 담당)을 들 수가 있다.

서울 지역 100평 이상 대형 서점: 종로 서적 외 23개 서점
서울 지역 대학 구내 서점

1차 확보 전략: 이 점포의 확보를 위해서는 책갈피 뒷면에 이 서점들의 광고를 인쇄해 준다.
2차 확보 전략: 그래도 확보가 되지 않을 시 우리 제품이 들어가는 수에 비례하는 만큼의 금액을 협상한다.

2군: 서울에 위치한 중·고등 학교 근처에 자리잡은 서점을 대상으로 한다. 중·고등 학생들을 직접 접할 수 있다는 점에서 큰 장점을 지닌다.

확보 전략: 서점의 광고를 담은 스티커를 뒷면에 붙여 주거나 소정의 금액을 지불하는 것을 기본으로 하여 비용(금액 및 시간 고려)이 적게 드는 방법을 선택한다.

3군: 기타 소규모 서점과 도서 대여점을 칭한다. 우선적인 1, 2군 확보 전략이 이루어진 뒤 어느 정도 이루어진 후 진출한다.

㉢ **진열대 제작 의뢰**

디자인과 비용을 고려하여 제작 업체를 설정하고 위에서 확보된 매장의 자료에 따라 주문 수를 확정한다.

진열대 제작 원가 (250 개 제작 기준)

재 질	단 가 (원)
아 크 릴	@30,000-40,000
원 목	@70,000-80,000
철 재	@80,000-100,000

주: 정확한 도안이 없는 상태에서 대략적으로 계산된 가격 (기획비 포함)
자료: 일성 아크릴, 대한 SM

㉣ 광고주 모집

확보된 매장을 바탕으로 광고주를 확보해 나간다. 책갈피가 가진 광고의 효과를 충분히 설명하고 확보 후 광고의 효과를 피드백해 준다.

광 고 주

통신 업체 (각종 이동 통신 업체, 인터넷 또는 정보통신 업체)

외식 업체 (맥도널드, 버거킹, KFC, 롯데리아, 피자헛, 코코스, 파파이스 등)

의류 업체 (GET USED, 닉스, V6 , 리바이스 등)

컴퓨터 업체 (삼성, 대우, 삼보, IBM, 세진 등)

기타 업체

피 드 백

대학 광고 연합 동아리 'AD POWER'를 통해서 학생들의 시각에서 광고의 효과성의 분석과 소비자들이 선택한 책갈피의 숫자를 파악하여 인기 있는 이유를 나름대로 분석 의뢰한다. 이렇게 분석된 자료를 광고주들에게 피드백해 줌으로써 책갈피 매체의 우수성을 알린다.

㉤ 인쇄 의뢰 및 진열대 수급 완료

제작된 광고를 책갈피로 담는 과정 (자료 제공: 디자인 섬, 한연 문화사)

a. 광고주로부터 광고를 받는다.

b. 광고를 인쇄하기 위한 준비 단계로서 필름으로 뜬다.

필름 인화비: 책갈피 양면일 경우 – @100,000 (4절 필름 기준)

c. 인쇄 비용: 1,000,000 개를 인쇄할 경우

인쇄비 + 코팅비 + 제단비 = 1,100,000

㉥ 매장에 공급

6-8 군데 정도의 광고주가 확보되면 본격적인 진열대 제작에 들어가며 우선 확보된 광고부터 인쇄에 들어간다.

초기 소요 시간 (사무실 확보 후 본격적 영업이 이루어질 때)

(소요 일수)

1	2	3	4	5	6	7	8	9	10	11	12	13	14	15	16	17	18	19	10	20	21	22	23	24	25

매장 확보

광고주 확보(총 18 개의 업체)

진열대 주문 제작

확보된 광고주 순으로 책갈피 제작

매장(서점)으로 공급

➡ 진열대 200 개 주문시 제작 기간 5 일

➡책갈피 제작 시간: 광고 제작 2 일 + 원색분해 필름 1 일 + 인쇄, 코팅, 제단 3 일

(3) 원재료 조달 계획

㉠ 책갈피 제작비

필름 인화비	100,000 원
인쇄비(코팅, 제단비 포함)	@ 1.1원/개

주: 책갈피 18 종류를 기준
자료: 디자인 섬, 한연 문화사

㉡ 진열대

아크릴 제작시 200 개를 제작할 때 총 7,000,000 원이 든다.

@ 35,000 × 200 개 = 7,000,000 원

(4) 시설(유형 고정자산) 투자 계획

현재 가지고 있는 설비를 최대한 활용하며, 초반기에는 중고 제품을 이용한다.

- 사무실: 보증금 5,000,000 원, 월 임대료(관리비 포함) 400,000 원
- 컴퓨터: 노트북 및 데스크 탑은 현재 소유하고 있는 것을 활용
- 사무 기기: 팩스(일반 용지) 460,000 + 책상 (3 개) 300,000 원
- 차량 운반구: 승용차 1 대 + 미니밴 1 대(중고) 1,500,000 원

(5) 조직 및 인력 계획

㉠ 조직도

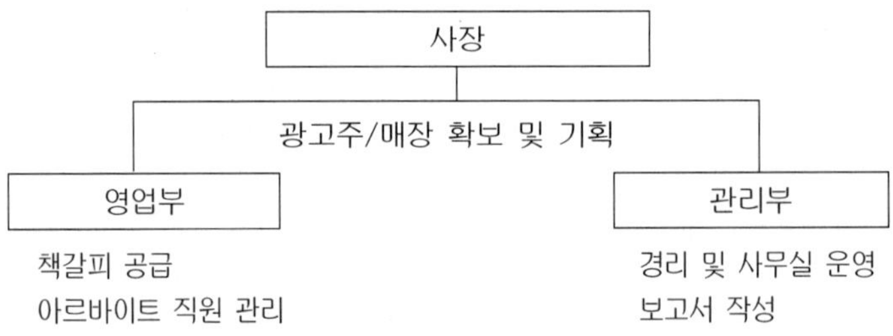

㉡ 인력 수급 계획

정규 직원은 영업부 2 명, 관리부 1 명으로 하고 기타 단순 노동직은 아르바이트 생을 이용한다.

채용 계획	
정규 직원 (3)	믿을 수 있는 인물로 대표가 직접 물색
아르바이트 (3)	지역 벼룩 시장(정보지) 구인 광고, 대학생 모집 광고

(6) 소요 자금 추정 및 자금 조달 방안

㉠ 추정 소요 자금

총 소요 자금으로 약 8,110,000 원이 필요하며 5,000,000 원의 현금 준비로 자금 필요시 대비함.

개업시 소요 자금 분석

창업비	200,000 원
차량 운반구 (중고 승용차, 소형 밴)	1,500,000
기타 (전화, 사무 용품)	200,000
임대 보증금	5,000,000
전화 가입권	260,000
비품 (중고 책상 3, 선반 등)	500,000
팩스 (일반 용지용)	450,000
계	8,110,000 원

㉡ 자금 조달 방안

자기 자본 20,000,000 원으로 창업을 시작한다.

(7)추정 재무 제표

㉠ 추정 대차 대조표

(단위: 천 원)

과 목	1차 년도	2차 년도	3차 년도
1. 유동자산			
당좌자산	1,600,000	1,860,000	2,000,000
현금 예금	44,840	48,170	49,560
2. 투자와 기타 자산			
1) 기타 자산			
① 임대 보증금	5,000	10,000	10,000
② 전화 가입권	400	600	600
3. 고정자산			
1) 차량운반구	1,500	5,000	7,000
(감가상각 충당금)	(500)	(1,000)	(1,700)
2) 비품(사무 기자재)	500	1,500	1,500
(감가상각 충당금)	(200)	(700)	(900)
3) 기타 비품	200	200	200
(전화 등)	3,000	3,000	3,000
4) 비품(팩스, 컴퓨터)	(600)	(1,000)	(1,500)
(감가상각 충당금)	7,000	7,500	7,500
5) 진열대			

자산 총계	1,661,140	1,933,270	2,075,260
1. 자본금 (자기자본)	20,000	20,000	20,000
당기순이익	1,641,140	1,913,270	2,055,260
부채와 자본 총계	1,661,140	1,933,270	2,075,260

㉡ 추정 손익 계산서

A. 매출액(광고 수주 금액)

광고주들로부터 받는 광고 금액은 기타 다른 광고 매체와 비교하여 설정한다. 기존의 광고 매체와 다른 새로운 매체로서 등장한 유사 업종들을 비교하자면, 애드랙스의 무료 카드 광고의 경우에는 1년 계약에 최고 1억 8000만 원, 상류 사회를 대상으로 하는 월간 네이버지의 경우 월 1000만 원, 매주 발행되는 대학 학보의 경우 주당 200만 원이다. 본사가 요구하는 책갈피 한 건에 대한 광고 금액은 일 년 계약에 한달 1500만 원 선으로 설정한다. 또한 우리가 확보할 서점들의 매출 규모, 그 매장을 이용하는 대상(10-20대 학생을 비롯한 지식층), 책갈피의 광고 매체로서 효과를 고려하여 결정한다.

B. 매출 원가(책갈피의 원가)

책갈피의 공급량은 서점의 판매 권수와 밀접한 관계를 가지기 때문에 각 서점별로 조사하려 했지만 대부분의 서점이 공개를 꺼려해서 정확한 자료를 구하기 어려웠다. 그러나 교보 문고의 협조로 월 판매 권수를 파악할 수 있었으며, 교보 문고의 경우를 참고로 하여 매장 규모 등을 고려하여 대략적인 판매 권수를 파악하여 필요로 하는 책갈피의 수요량을 예측해 보았다. 한 권당 한 개의 책갈피를 공급한다고 한다면 위의 책 권수만큼의 책갈피가 필요하다고 할 수 있다.

교보 문고의 도서 판매량

	성수기 (3-4월, 8월)	비수기 (1-2월, 5-7월, 9-12월)
일일 판매량 (월-금)	32,000 권/일	24,000 권/일
일일 판매량 (토-일)	42,000 권/일	32,000 권/일
월간 도서 판매량	976,000 권/일	736,000 권/일

자료: 교보 문고

교보 문고에 들어가는 책갈피의 원가

성수기: 개당 1.1원 (인쇄비, 코팅비, 제단비만 포함) × 976,000 = 1,073,600
비수기: 개당 1.1원 × 736,000 = 809,600

여기서 교보 문고의 경우를 비교하여 우선 확보할 1군 서점에 들어갈 책갈피의 총 제조 원가를 대략적으로 계산해 보면:

100 평 이상 대형 서점-서울 지역 24 개 (자료: 한국 출판 협회)
대학 구내 서점 -서울 지역 35 개

교보 문고와 비슷한 규모의 서점 종로서적, 영풍문고 등 3 개사	성수기 기준 약 3,000,000 원/월
나머지 21 개사 (교보 문고의 1/7 계산)	성수기 기준 약 3,000,000 원/월
기타 대학 구내 서점(총 35) (교보 문고의 약 1/15로 계산)	성수기 기준 약 2,500,000 원/월
총 계	약 8,500,000 원/월

C. 판매 관리비

a. 사원 급료

원칙: 노력에 대한 성과급제로 노력한 만큼 충분한 대가를 보상한다.

정직원:

관리부 1 명 = 200만 원

영업부 2 명 = 월 200만 원 × 2 = 400만 원

아르바이트:

책갈피 분류 및 공급 요원 = 월 100만 원 × 3 = 300만 원

총 900만 원

b. 임차료

사무실 위치 선정은 마포 홍익대학교 인근으로 할 때 15평 규모의 사무실의 임대료는 보증금 500만 원에 월세(관리비 포함) 40만 원 정도로 한다(자료: 홍익 공인 중개사, 삼익사).

c. 세금과 공과

전화료와 전기료 등은 평균 사무실 수준으로, 여름에 에어컨과 겨울철 히터를 감안하여 계산하고 각종 기타 유지비를 추가 계산하여 산정함.

d. 소모품비

각종 종이류, 필기류 등 소모품으로 월 10만 원으로 책정.

D. 영업외 비용

a. 접대비

이 과목은 각종 판촉용 활동비의 예비 항목으로 광고주 확보와 매장의 유지를 위해 지출되는 비용 항목으로 계산함.

b. 정기 적금

향후 제2의 아이템 개발과 추진을 위한 자금을 예치하기 위해 본 항목을 설정함.

c. 유류비

제품 공급을 위해 필요한 차량 유류 대금으로 계산.

d. 소득세

소득세 산식

1 년간 이익 - (기본 공제 - 특별 공제) = 과세 표준액

(과세 표준액 × 세율) - 누진 공제액 = 소득세

여기에 기본 공제와 특별 공제가 있는데, 이것은 대표 단독에 대한 세금 공제 혜택을 계산했기에 추후 별도의 혜택을 받을 수 있다.

세율 표

과세 표준 금액	세율 (%)	누진 공제액 (원)
1,000만원 이하	10%	0
1,000만원 초과	20%	1,000,000
4,000만원 초과	30%	5,000,000
8,000만원 초과	40%	13,000,000

소득세는 그 해 이익에 대해 익년도 5월 말까지 소득세를 신고하게 되어 있으나 여기서 우리는 단기간의 계산서를 작성하기에 편의상 연도 말에 신고하는 것으로 계산한다.

1년간은 개인 사업자로 등록한 뒤, 차후에 세금을 절세하기 위해 법인으로 전환하려고 한다. 본 사업 계획서는 개인 사업자임을 가정하여 작성하였다.

추정 손익 계산서(개업 후 1년)

(단위: 천 원)

	1월	2월	3-11월별	12월	합계
1. 매출액	150,000	270,000	270,000	270,000	3,120,000
2. 매출 원가	8,500	10,000	10,000	10,000	118,500
3. 매출 총이익	141,500	260,000	260,000	260,000	3,001,500
4. 판매 관리비					
① 급 여	9,000	10,000	10,000	12,000	121,000
② 사장 급여	3,000	3,000	3,000	3,000	36,000
③ 임 차 료	400	400	400	400	4,800
④ 세금과 공과 (전화, 광열비)	200	200	200	200	2,400
⑤ 광고선전비	200	300	300	300	3,600
⑥ 소모품비	100	200	200	200	2,300
5. 영업 이익	128,600	245,900	245,900	243,900	2,831,400
6. 영업외 비용					
① 접 대 비	7,000	9,000	9,000	9,000	106,000
② 유 류 비	1,000	1,000	1,000	1,500	12,500
7. 경상 이익	120,600	235,900	235,900	233,400	2,712,900
8. 소득세	-	-	-	1,071,760	1,071,760
9. 당기 순이익	120,600	235,900	235,900	(838,360)	1,641,140

주: 소득세 산식

2,712,900,000 - 1,000,000 = 2,711,900,000

(2,711,900,000 × 0.4) -13,000,000 = 1,071,760,000

추정 손익 계산서(개업 후 2-3년)

(단위: 천 원)

	2년차	합　계
1. 매출액	3,888,000	4,320,000
2. 매출 원가	180,000	270,000
3. 매출 총이익	3,708,000	4,050,000
4. 판매 관리비		
① 급　여	145,200	174,240
② 사장 급여	43,200	51,840
③ 임 차 료	72,000	86,400
④ 세금과 공과(전화, 광열비)	67,200	73,920
⑤ 광고 선전비	4,000	4,800
⑥ 소모품비	32,200	38,640
5. 영업 이익	3,344,200	3,620,160
6. 영업외 비용		
① 접 대 비	159,000	190,800
② 유 류 비	18,750	26,250
7. 경상 이익	3,166,450	3,403,110
8. 소득세	1,253,180	1,347,844
9. 당기 순이익	1,913,270	2,055,266

3. 참고 자료

아래의 자료들은 한국출판연구소의 1997년 국민 독서 실태 조사에 기반한 것이다.

〈표 1〉 서점별 이용 이유

	중심가 대형 서점	직장 근처 서점	동네 서점
사례 수	329	124	583
거리가 가까움, 교통이 편리함	6.7	87.9	88.9
도서 종류가 다양함	71.7	2.4	1.7
주인이 친절, 개인적 친분	0.9	4.0	5.2
시내에서 찾기 쉬움	6.4	0.0	0.0
가격 할인을 해주어서	0.9	2.4	1.7
도서 정보 제공이 잘되어 있음	2.1	0.8	0.0
편안하게 읽으며 고를 수 있음	1.2	2.4	0.5
신간 안내가 잘되어 있음	2.7	0.0	0.2
전문화가 잘되어 있음	2.4	0.0	0.2
진열이 잘되어 있음	2.4	0.0	0.2
실내가 조용함, 붐비지 않음	0.0	0.0	0.4
반품과 교환이 쉬워서	0.0	0.0	0.7
매장이 넓어서	0.9	0.0	0.0
실내가 깨끗하다	0.6	0.0	0.0
지역 발전에 기여하기 위해서	0.0	0.0	0.3
주차하기 편하다	0.0	0.0	0.2
도서 상품권을 이용하기 위해서	0.3	0.0	0.0
집까지 배달해 준다	0.3	0.0	0.0
고객 카드 실적 때문에	0.3	0.0	0.0

〈표 2〉 일반 도서 구입비	94년	95년	96년	학교 급별									거주지 규모별		
				초등 학생			중학생			고등 학생			대 도시	중소 도시	읍면
				4년	5년	6년	1년	2년	3년	1년	2년	3년			
사례 수	2,700	2,700	2,700	300	300	300	300	300	300	300	300	300	900	900	900
안 든다	32.9	37.6	42.3	41.7	29.0	30.3	39.0	44.3	45.7	48.3	50.0	52.3	41.3	42.9	42.7
1,000-5,000 원	20.9	18.9	14.4	21.0	21.3	20.3	18.7	11.3	10.3	11.3	8.3	7.3	15.1	15.1	14.7
6,000-10,00 원	17.2	17.4	15.9	17.3	15.3	20.7	15.7	18.3	16.0	11.3	11.7	16.7	16.8	16.8	15.8
11,000-20,000 원	16.3	15.1	15.3	12.3	17.7	15.7	14.0	14.7	17.0	12.3	18.0	15.7	14.1	14.1	15.1
21,000-30,000 원	5.6	6.1	5.3	3.7	6.0	4.3	5.7	6.3	5.3	6.3	6.0	3.7	5.7	5.7	4.6
31,000 원 이상	7.1	4.8	6.9	4.0	10.7	8.7	7.0	5.0	5.7	10.3	6.3	4.3	7.0	7.0	7.3
평균 지출비(천 원)	10.2	13.6	9.4	7.4	12.6	11.2	10.1	8.6	8.5	10.3	8.9	7.1	9.6	9.2	9.4

〈표 3〉 참고서 구입비	94년	95년	96년	학교 급별									거주지 규모별		
				초등 학생			중학생			고등 학생			대 도시	중소 도시	읍면
				4년	5년	6년	1년	2년	3년	1년	2년	3년			
사례 수	2,700	2,700	2,700	300	300	300	300	300	300	300	300	300	900	900	900
안 든다	43.1	42.4	46.0	57.3	46.7	49.7	40.0	36.7	39.3	44.7	52.3	47.3	49.4	44.4	44.1
1,000-5,000 원	15.7	13.8	8.0	15.7	12.3	46.0	7.3	6.7	5.3	4.0	4.0	0.7	6.9	8.2	9.9
6,000-10,00 원	16.8	14.7	14.6	13.7	23.0	15.7	15.7	17.0	14.0	9.0	12.3	10.7	14.3	14.4	14.9
11,000-20,000 원	10.8	13.7	13.4	10.3	12.3	12.3	16.3	14.0	16.7	12.3	12.3	13.7	12.0	15.0	13.1
21,000-30,000 원	5.7	5.7	6.1	1.7	2.3	6.0	8.3	12.7	8.3	7.0	5.7	5.0	5.8	5.9	6.7
31,000 원 이상	8.0	9.6	12.0	1.3	3.3	2.3	12.3	13.0	16.3	23.0	13.3	22.7	11.6	13.0	11.3
평균. 지출비(천 원)	9.7	18.4	13.1	5.1	6.7	6.6	14.0	15.2	16.4	20.9	12.3	20.7	12.4	14.4	12.5

〈표 4〉 자주 이용하는 서점	93년	94년	95년	96년	성 별		연령별				거주지 규모별		
					남	여	20대	30대	40대	50대 이상	대도시	중소 도시	읍면
사례 수	2,000	1,200	1,200	1,200	594	606	327	333	218	322	581	360	259
중심가 대형 서점	30.5	21.3	28.9	27.5	32.0	23.1	42.2	30.3	19.3	15.2	25.6	37.8	17.4
직장 근처 서점	33.9	9.4	10.8	10.5	13.8	7.3	15.3	12.3	8.7	5.0	8.6	10.6	14.7
동네 서점	7.1	36.9	43.0	48.8	42.8	54.8	39.8	52.3	60.6	46.6	54.6	40.6	47.5
기타	2.7	6.4	6.6	11.6	9.9	13.2	2.8	4.5	10.1	28.9	9.8	10.0	17.8
가리지 않음	23.3	25.9	-	-	-	-	-	-	-	-	-	-	-
무응답	2.7	-	10.7	1.6	1.5	1.7	.0	.6	1.4	4.3	1.4	1.1	2.7

〈표 5〉 도서 구입 횟수 (3개월 기준)	94년	95년	96년	성 별		연령별				학력별		
				남	여	20대	30대	40대	50대 이상	중졸 이하	고졸	대재 이상
사례수	1,200	1,200	1,200	594	606	327	333	218	322	581	360	259
1회	14.3	15.5	11.9	12.8	11.1	15.0	14.4	12.4	5.9	3.8	14.5	13.5
2회	14.5	10.7	14.0	14.1	13.9	19.5	19.2	12.4	4.0	2.7	15.1	21.0
3회	8.4	6.6	6.1	7.4	4.8	9.2	5.7	7.3	2.5	0.4	6.4	10.0
4-6회	9.8	6.4	5.5	6.6	4.5	9.5	5.4	4.1	2.5	0.8	4.0	12.2
7회 이상	4.9	3.5	2.8	3.4	2.3	5.5	2.7	2.8	0.3	0.0	2.6	5.6
없다	48.1	57.3	59.7	55.7	63.5	41.3	52.6	61.0	84.8	92.3	57.3	37.6
평균 구입 횟수 (전체 성인 기준)	1.3	1.3	1.2	1.3	1.0	1.9	1.3	1.0	0.4	0.1	1.2	2.0
평균 구입 횟수 (구입자 기준)	3.3	2.9	2.9	3.0	2.7	3.2	2.7	2.7	2.4	1.8	2.7	3.2

그림 1　도서 입수 경로

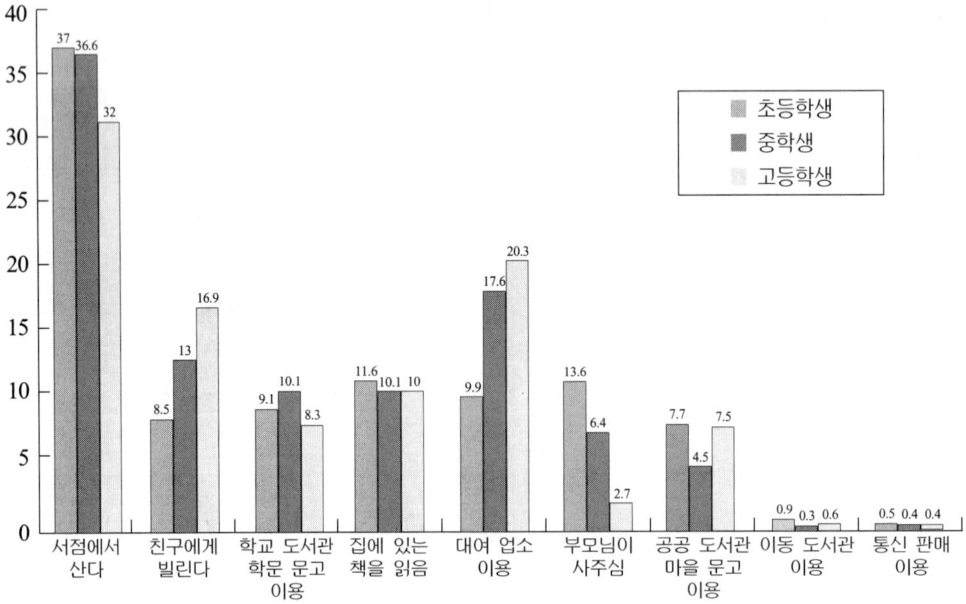
40
35
30
25
20
15
10
5
0
37
36.6
32
8.5
13
16.9
9.1
10.1
8.3
11.6
10.1
10
9.9
17.6
20.3
13.6
6.4
2.7
7.7
4.5
7.5
0.9
0.3
0.6
0.5
0.4
0.4
초등학생
중학생
고등학생
서점에서 산다
친구에게 빌린다
학교 도서관 학문 문고 이용
집에 있는 책을 읽음
대여 업소 이용
부모님이 사주심
공공 도서관 마을 문고 이용
이동 도서관 이용
통신 판매 이용

부록 B 사업 계획서 평가 도구 1

사업 계획서 평가 부문과 심사 기준*

1. 평가 기준

사업 계획의 실현성 사업 계획이 실제 기업화할 가능성이 높을수록 높은 평점을 받는다. 이를 위해 자본상의 이득 잠재성, 투자 매력도, 실현성 등을 복합적으로 검토한다.

제품/서비스의 서술 사업 계획서가 제안하는 제품이나 서비스를 명쾌하게 서술해야 한다.

제품/서비스의 시장성 제안된 제품/서비스에 대해 실질적인 시장이 존재함을 보여야 한다. 시장 조사나 인구 통계 자료를 첨부하면 효과적이다. 시장의 규모, 시장의 성장 가능성 및 시장 진입 전략 등에 초점을 맞추어야 한다.

경영진의 강점 회사의 주요 경영진의 인적 사항을 기술하고, 경영진이 효과적이고 효율적인 사업 추진에 필요한 기술과 의욕을 겸비하고 있음을 보여야 한다.

운영상의 특징 사업 계획서가 자원 조달, 제품 개발 및 유통에 대한 논리적인 접근법을 제시하여야 한다. 공장 배치 및 시설과 설비의 설계 등이 포함되어야 한다.

위험의 평가 사업개시와 관련된 위험의 유형과 성격을 제시하여야 한다.

판매 분석과 예측 사업개시 이후 최소 3년간의 판매 예측을 포함하되 예측의 타당성을 뒷받침하는 논리적 분석에 주안점을 두어야 한다.

자본상의 요건 사업 계획서에 제시된 재무 예측 자료는 회사가 사업 구상을 실행하는 데 충분한 자본을 가질 것임을 보여야 한다.

투자 수익률 재무 예측상 자본 투자자들이 투자 후 3-5년간에 걸쳐 만족할 만한 투자 수익률을 얻을 수 있음을 보여 주어야 한다.

사업 계획서의 구성 사업 계획서가 전문가적이고 논리적인 양식으로 구성되어야 한다. 서술 양식과 외양도 중시한다. 도입부에 전체 계획서의 핵심적 요소를 강조하는 두 쪽의 요약을 제시하여야 한다.

2. 전반적 기준

- 표지에 회사의 상호, 주소, 전화 번호, 날짜 등이 기재되었는가
- 목차와 해당 쪽 번호가 간결하게 지재되었는가
- 계획서가 첨부 자료를 포함하여 40 쪽 이내인가
- 제본이 정연하게 되어 있는가

* 이 평가 기준은 앨런 그랜트(Alan J. Grant) 박사에 의해 개발되어 뱁슨 대학(Babson College)과 샌디에고 주립 대학교(San Diego State University) 등에서 매년 시행하고 있는 사업 계획서 경연 대회에서 사용하고 있는 심사 기준에 기반하여 요점을 정리한 것이다.

- 모든 그림과 예시들이 본문에서 잘 설명되고 지적되고 있는가

3. 항목별 기준

요 약

- 4쪽을 초과하지 않고, 5분 이내에 읽을 수 있는가
- 창업자의 사업 야망을 잘 표현하는가
- 목적이 구체적이고 명료하게 적혀 있는가
- 사업 계획의 핵심 사항은 무엇인가
- 언제, 어떤 용도로 얼마의 자금이 필요한가
- 투자자가 수확기에 얼마의 투자 수익률(ROI)을 기대할 수 있는가

제품/서비스의 설명

- 무슨 제품/서비스인가
- 누가, 왜 그러한 제품/서비스를 원하는가
- 어떻게 구매 고객에게 이득을 제공할 것인가
- 기존의 무엇을 대체하는가
- 법적으로 보호될 수 있는가

관리 및 조직

- 회사의 운영 주체는 누구인가, 그(들)의 배경은 무엇인가
- 이사회, 회계사, 변호사 등 전문적 사업 상담 역할을 맡는 사람은 누구인가
- 누가 재무, 회계, 마케팅, 기술, 제조, 총무 등의 기능적 전문 부문을 관장할 것인가
- 사업 추진 과정, 즉 목표, 이정표, 진행도(Gantt Chart), 향후 조직도 등은 어떠한가

운 영

(제품의 경우)

- 어디서, 어떻게, 무슨 핵심 부품으로 만들어지는가
- 부품에 대해 어떠한 외부 조달/직접 제조(Make-or-Buy) 전략을 가질 것인가
- 제조 비용은 얼마인가

(서비스의 경우)

- 어떠한 가치나 이득을 제공할 것인가
- 고객이 왜 이 회사를 선택하겠는가
- 타사에 비해 차별적인 서비스는 무엇인가
- 비용/이득의 경제성이 잠재 고객에게 뚜렷이 제시되었는가

마케팅 전략

- 제품을 판매할 시장부문의 규모와 성장 가능성은 어떠한가
- 잠재 고객은 누구인가, 그들 중 사업 개시 전 이미 관심을 보인 사람이 있는가
- 어떠한 경쟁 업체가 존재하는가, 그들의 장·단점은 무엇인가

• 여타 업체의 시장 진입 장벽은 무엇인가

마케팅 기법

• 어떻게 제품 차별화를 할 것인가
• 어떻게 마진(Margin)을 얻을 것인가, 품질, 판촉, 가격, 아니면 서비스인가
• 어떻게 제품을 최종 소비자에게 제공할 것인가

재무적 평가

• 매출액, 순이익, 손익 분기점(Break-Even), 흑자 현금 흐름들 중 향후 5년간 회사를 기술할 주요 재무적 지표는 무엇인가
• 어떠한 전제 조건하에 계산이 나온 것인가, 낙관적, 정상적 및 비관적 예측을 잘 비교하고 있는가

자금 조달

• 회사의 소유주는 누구이며, 그 범위는 어떠한가
• 얼마만큼의 자금이 필요한가
• 그 용도는 무엇인가
• 얼마만큼의 지분이 제공될 수 있으며, 그 조건은 무엇인가
• 투자자가 기대할 수 있는 수익은 얼마인가, 수확의 방법은 어떠한가

위험 평가

• 어떠한 경제적, 경쟁적, 인적 및 재무적 위험이 존재하는가
• 그러한 위험이 계획상의 재무적 지표를 어떻게 바꾸어 놓을 것인가
• 계획상의 목적이 달성 안될 시 얼마만큼의 추가 자금이 필요한가
• 개발 및 생산상의 지연을 어떻게 보전할 것인가

4. 자주 활용되는 예시

5개년 추정 재무 제표

• 손익계산서, 대차대조표, 현금흐름표 등을 기업 회계 기준에 따라 제시한다. 현금 수지표도 필수적으로 첨부한다.

조직 발전 현황

• 첫 연도와 마지막 연도의 조직의 상황을 이름, 직위, 직책 등을 명시하는 조직도를 제시한다.

사업 진행도

• 갠트(Gantt) 또는 퍼트(PERT)형식의 표를 작성하여 사업 개시점과 완성 시기 사이의 주요 목표를 예시한다.

제품 특징 예시

• 제품의 상대적 크기나 특징을 보여 주는 판매 자료나 그림 등을 제시한다.

이력서

• 주요 임원의 직함과 직위 등을 포함하여 사업관련 배경을 제시한다.

시장 통계

• 출판된 산업 자료를 출판일과 자료원을 명시하여 제시한다.
• 관련 시장 조사 자료를 제시한다.

부록 B 사업 계획서 평가 도구 2

사업 계획서 경연 대회 심사 양식*

회사명:

위 회사의 사업 계획서를 다음 항목에 따라 평가하시오.

(평점: 1=매우 나쁨, 2=나쁨, 3=보통임, 4=적절함, 5=좋음, 6=매우 좋음, 7=뛰어남)

Ⅰ. 계획서의 요소(20%)

아래 사항을 평가할 때 다음 질문을 고려하시오.

- 본 영역이 적절하게 자세히 기술되어 있는가
- 사업 관련 요소를 명확하게 이해하고 있는가
- 관련 가정이 현실적이고 합리적인가

1. 요　　약

(명확성, 흥미로움, 계획서를 개관하는 데 독립적으로 효과적임)

1　2　3　4　5　6　7

논평/질문: ______________________________

____

____

2. 회사 개요

(사업 목적, 역사 및 현황, 전반적 전략과 목표)

1　2　3　4　5　6　7

논평/질문: ______________________________

____

____

3. 제품/서비스

(특징, 효과, 가격 책정, 개발 상황, 재산권 상태)

1　2　3　4　5　6　7

논평/질문: ______________________________

____

____

* 이 양식은 텍사스대학교(어스틴)에서 매년 실행하는 국제 사업 계획서 경연 대회에서 심사위원들이 사용하는 심사 기준을 번역한 것이다.

4. 시장과 마케팅 전략

(시장 특성, 경쟁 분석, 욕구 파악, 시장 수용성, 독보적 역량, 판매 촉진)

1　2　3　4　5　6　7

논평/질문: ______________________________

5. 관　리

(주요 인사의 배경, 전략 실행력, 경영진의 연혁, 개인적 욕구, 조직 구조)

1　2　3　4　5　6　7

논평/질문: ______________________________

II. 요약 재무 자료(20%)

재무 자료는 요약 형식으로 사업 계획서의 본문에 제시되고, 기업 회계 기준에 따라 작성되어야 한다.

1. 현금 흐름표

(가용 현금에 대한 기록 및 기획상 효과성; 초기 2년간은 월별, 3-5년차는 분기 또는 연도별)

1　2　3　4　5　6　7

논평/질문: ______________________________

2. 손익 계산서

(계획서와의 일관성과 수익성 측정상 효과성; 초기 2년간 분기별, 3-5년차는 분기 또는 연도별)

1　2　3　4　5　6　7

논평/질문: ______________________________

3. 대차 대조표

(자산, 부채, 자본 등 제시의 효과성)

1　2　3　4　5　6　7

논평/질문: ______________________________

____

____

4. 필요 자금과 용도

(사업 자금 필요액, 시점, 유형, 용도 등에 대한 명확성과 간결성)

1 2 3 4 5 6 7

논평/질문: ____

____

____

5. 투자조건

(ROI, 거래 조건, 투자 요구액 등 투자자에 대한 제시 조건; 실행 가능한 회수 전략)

1 2 3 4 5 6 7

논평/질문: ____

____

____

Ⅲ. 발표 기술(20%)

아래 항목을 평가할 때 다음 사항에 유의하시오.

- 발표자가 유능한 발표 기술을 보이고 있는가
- 차분하고, 자신감 있으며, 충분한 지식을 갖고 있는가
- 즉석에서 효과적으로 사고하는 능력이 있는가

1. 전반적 구성

(자료 제시의 명료성과 논리성)

1 2 3 4 5 6 7

논평/질문: ____

____

____

2. 회사의 필요성에 대한 표현력

(의미 있는 예시, 실천적 응용 가능성 등)

1 2 3 4 5 6 7

논평/질문: ____

____

____

3. 심사 위원의 관심 유도력

1 2 3 4 5 6 7

논평/질문: ______________________________

____

____

4. 심사 위원에 대한 응답

(질의 응답력, 심사 위원 수준, 요구 등에의 적응력)

1 2 3 4 5 6 7

논평/질문: ______________________________

____

____

5. 시청각 자료의 질

(슬라이드, 개요, 배포물 등)

1 2 3 4 5 6 7

논평/질문: ______________________________

____

____

<u>발표의 강점</u>

<u>발표의 약점</u>

<u>추가적 논평</u>

Ⅳ. 회사의 생존 가능성(40%)

1. 시장의 기회

(확실한 시장 수요가 존재하고, 그러한 수요를 충족할 방법이 존재함)

1 2 3 4 5 6 7

(확실한 부정) (확실한 긍정)

논평/질문: ______

______

______

2. 차별적 역량

(회사가 시장에서의 경쟁 우위를 지닌 독특하고 참신한 것을 제공함)

1 2 3 4 5 6 7

논평/질문: ______

______

______

3. 경영능력

(경영진이 효과적으로 회사를 발전시키고 사업 위험을 극복할 능력이 있음)

1 2 3 4 5 6 7

논평/질문: ______

______

______

4. 재무적 이해도

(경영진이 사업추진상의 재무적 요건에 대한 깊은 이해를 하고 있음)

1 2 3 4 5 6 7

논평/질문: ______

______

______

5. 투자 가치

(사업이 직접 투자하고 싶을 만큼 충분한 투자 가치가 있음)

1 2 3 4 5 6 7

논평/질문: ______

______

______

회사의 강점

회사의 약점

추가적 논평

부록 C 창업 및 벤처 기업 관련 법령 1

중소 기업 창업 지원 법(1986)

제정 1986. 5. 12
개정 1995. 12. 29

第1條(目的) 이 法은 製造業등의 中小企業의 設立을 促進하고, 中小企業을 創業한 者가 成長·발전할 수 있도록 적극 지원하며, 특히 農漁村地域에서의 中小企業設立을 促進함으로써 中小企業의 발전과 地域間 균형있는 成長을 통하여 健實한 產業構造의 構築에 기여함을 目的으로 한다.

第2條(定義) 이 法에서 사용하는 用語의 定義는 다음과 같다.<改正 93. 3. 6, 95. 1. 5, 95. 11. 22>

1. "創業"이라 함은 새로이 中小企業을 設立하는 것을 말한다. 이 경우 創業의 범위는 大統領令으로 정한다.
2. "創業者"라 함은 中小企業을 創業하는 者를 말한다.
3. "中小企業"이라 함은 中小企業基本法 第2條의 規定에 의한 中小企業者의 事業을 말한다.
4. "中小企業創業投資會社"라 함은 創業者에 대하여 投資하는 것을 主된 業務로 하는 會社로서 第11條第1項의 規定에 의하여 通商產業部에 登錄한 會社를 말한다.
5. "中小企業相談會社"라 함은 中小企業에 대한 事業性 評價를 위한 用役事業등을 業務로 하는 會社로서 第12條第1項의 規定에 의하여 通商產業部에 登錄한 會社를 말한다.
6. "中小企業創業投資組合"이라 함은 創業者에 대하여 投資하고 그 成果를 配分할 目的으로 第13條第1項의 規定에 의하여 結成된 組合을 말한다.
7. "創業保育센터"라 함은 創業의 成功可能性을 높이기 위하여 創業者에게 施設 및 場所등 각종 지원을 제공함을 主된 目的으로 하는 事業場을 말한다.

第3條(適用範圍) 이 法은 製造業 및 大統領令이 정하는 業種의 創業에 관하여 適用한다.

第4條(創業의 지원) ① 通商產業部長官은 創業을 촉진하고, 創業者의 成長·발전을 위한 中小企業創業支援計劃을 수립하여 이를 告示하여야 한다. <改正 95. 11. 22>

② 政府는 創業者 및 大統領令이 정하는 創業支援關聯事業을 하는 者에 대하여 所要資金을 投資 또는 融資하거나 기타의 지원을 할 수 있다. <改正 95. 11. 22> [全文改正 95. 1. 5]

第5條(專門要員의 派遣·지원등) 通商產業部長官은 創業者에 대하여 관련분야의 專門要員을 派遣·지원하거나 高價裝備의 共同使用 또는 稀貴·少量機資材등의 共同購入등을 위하여 필요한 지원을 할 수 있다. <改正 93. 3. 6, 95. 11. 22>

第6條 내지 第10條 削除 <95. 11. 22>

第11條(中小企業創業投資會社의 登錄) ① 다음의 事業을 하는 會社로서 이 法에 의한 지원을 받고자 하는 者는 大統領令이 정하는 바에 의하여 通商產業部에 登錄하여야 한다. <改正 93. 3. 6, 95. 1. 5, 95. 11. 22>

1. 創業者에 대한 投資
2. 中小企業創業投資組合資金의 管理
3. 創業과 관련되는 相談·情報提供 및 創業者에 대한 事業의 알선
4. 創業者로부터 委託받은 事業의 經營 및 技術向上을 위한 用役事業
5. 海外技術의 알선·普及 및 이를 促進하기 위한 海外投資
6. 投資한 創業者에 대한 保證 및 資金의 알선
7. 創業者의 事業妥當性 檢討를 위한 調查用役

事業

8. 創業保育센터의 設立·운영

9. 第1號 내지 第8號 事業에 부수되는 事業

② 中小企業創業投資會社(이하 "投資會社"라 한다)는 大統領令이 정하는 바에 의하여 매년 당해 會計年度의 決算書를 通商産業部長官에게 제출하여야 한다. <改正 93. 3. 6, 95. 11. 22>

第12條(中小企業相談會社의 登錄) ① 다음의 事業을 하는 會社로서 이 法에 의한 지원을 받고자 하는 者는 大統領令이 정하는 바에 의하여 通商産業部에 登錄하여야 한다. <改正 92. 12. 8, 93. 3. 6, 95. 1. 5, 95. 11. 22>

1. 中小企業에 대한 事業性 評價를 위한 用役事業
2. 中小企業에 대한 經營 및 技術向上을 위한 用役事業
3. 中小企業에 대한 事業의 알선
4. 中小企業에 대한 資金의 알선
5. 中小企業創業에 관한 節次의 代行과 관련되는 用役事業
6. 中小企業에 대한 海外投資 알선 및 海外技術導入의 알선·普及
7. 創業保育센터의 設立·운영
8. 創業과 관련되는 相談 및 情報提供

② 中小企業相談會社(이하 "相談會社"라 한다)가 創業者에 대한 用役을 제공한 경우에는 大統領令이 정하는 바에 의하여 그 用役代金의 일부를 中小企業振興및製品購買促進에관한法律 第41條의 規定에 의한 中小企業創業및振興基金에서 지원할 수 있다. <改正 95. 11. 22>

第13條(中小企業創業投資組合) ① 投資會社가 第11條第1項第2號의 資金을 管理하는 경우에는 당해 投資會社와 投資會社외의 者가 出資하는 中小企業創業投資組合(이하 "投資組合"이라 한다)을 結成하여야 한다.

② 投資會社는 投資組合에 出資되는 資金을 創業者에게 投資하여야 하며 善良한 管理者로서 出資者의 利益을 위하여 管理하여야 한다.

③ 投資組合의 組織과 운영에 관하여 필요한 사항은 大統領令으로 정한다.

第14條(投資組合의 收益處分) ① 投資組合은 投資收益의 100分의 20의 범위안에서 大統領令이 정하는 바에 의하여 投資組合의 業務를 執行하는 投資會社에 그 收益을 配分할 수 있다.

② 投資會社는 第1項의 規定에 의한 配分額의 범위안에서 一定額을 당해 收益發生에 기여한 任職員에게 成果給으로 支給할 수 있다.

第15條(投資組合의 損失金 充當順位) ① 投資組合에 損失이 있는 때에는 大統領令이 정하는 바에 의하여 中小企業振興및製品購買促進에관한法律 第41條의 規定에 의한 中小企業創業및振興基金이 投資組合에 出資한 범위안에서 그 損失金을 충당할 수 있다. <改正 95. 11. 22>

② 第1項의 規定에 의하여 損失金을 충당한 후에도 殘餘損失金이 있을 때에는 投資會社가 出資한 금액의 범위안에서 그 損失金을 우선 충당하여야 한다.

③ 第2項의 規定에 의하여 損失金을 충당한 후에도 殘餘損失金이 있을 때에는 第1項 및 第2項외의 出資者의 出資額의 범위안에서 出資比率에 따라 그 損失金을 配分하여 충당한다.

第16條(投資會社의 借入등) ① 投資會社는 事業수행을 위하여 필요한 때에는 政府, 政府가 設置한 基金, 國內外金融機關, 外國政府 또는 國際機構로부터 資金을 借入할 수 있다.

② 投資會社는 事業遂行에 필요한 財源을 충당하기 위하여 資本金과 積立金 總額의 5倍의 범위안에서 社債를 발행할 수 있다. 다만, 社債의 消滅時效는 元金은 5年, 利子는 2年으로 完成한다.

③ 外國人은 外資導入法이 정하는 바에 따라 投資組合에 대하여 出資할 수 있다. <改正 95. 1. 5>

第16條의2(創業保育센터事業者의 지정) 創業保育센터를 設立·운영하는 者(이하 "創業保育센터事業者"라 한다)로서 이 法에 의한 지원을 받고자 하는 者는 大統領令이 정하는 바에 따라 通商産業部長官의 지정을 받아야 한다. <改正 95. 11. 22> [本條新設 95. 1. 5]

第16條의3(創業支援業務運用規程의 告示) 通商産業部長官은 投資會社·相談會社 및 創業保育센터事業者가 創業者에 대한 효율적인 지원을

할 수 있도록 創業支援業務에 관한 기준을 정하여 告示하여야 한다. <改正 95. 11. 22> [本條新設 95. 1. 5]

第17條(創業支援審議會의 設置) ① 創業支援에 관한 政策을 綜合審議하기 위하여 通商産業部에 創業支援審議會(이하 "創業審議會"라 한다)를 둔다. <改正 93. 3. 6, 95. 11. 22>

② 委員은 非常勤으로 한다.

③ 創業審議會의 구성 및 운영에 관하여 필요한 사항은 大統領令으로 정한다. <改正 95. 1. 5>

第18條(創業審議會의 機能) 創業審議會는 다음의 사항을 審議한다. <改正 93. 3. 6, 95. 11. 22>

1. 創業支援에 관한 政策
2. 創業節次의 簡素化 方案
3. 通商産業部長官이 審議요청한 創業關係民願事項
4. 기타 創業에 관련된 사항

第19條 削除 <95. 1. 5>

第20條(創業節次의 簡素化) ① 通商産業部長官은 創業에 따른 각종 制度와 節次에 관한 簡素化 方案, 行政權限의 委任·委託方案, 기타 改善方案을 수립하여 創業審議會의 審議를 거쳐 그 施行을 소관中央行政機關의 長에게 요청할 수 있다. <改正 93. 3. 6, 95. 11. 22>

② 第1項의 規定에 의하여 通商産業部長官으로부터 요청을 받은 中央行政機關의 長은 특별한 사유가 없는 한 그 改善方案을 施行하여야 한다. <改正 93. 3. 6, 95. 11. 22>

第21條(事業計劃의 승인) ① 創業者는 大統領令이 정하는 바에 의하여 事業計劃書를 작성하고, 이에 대한 市長, 郡守, 區廳長(自治區의 區廳長에 한한다. 이하 같다)의 승인을 얻어 事業을 開始할 수 있다. <改正 95. 1. 5>

② 市長, 郡守, 區廳長은 第1項의 規定에 의한 事業計劃書의 승인을 함에 있어서 내용이 第22條第1項第10號 내지 第13號에 해당하는 경우에는 당해 工場의 建築面積이 工業配置및工場設立에관한法律 第8條의 規定에 의한 基準工場面積率에 적합하도록 하여야 한다. <改正 90. 1. 3>

③ 通商産業部長官은 創業에 따른 節次簡素化를 위하여 市長·郡守·區廳長이 第1項의 規定에 의한 事業計劃의 승인에 관한 業務를 처리함에 있어 필요한 指針을 작성하여 創業審議會의 審議를 거쳐 이를 告示할 수 있다. <新設 92. 12. 8, 93. 3. 6, 95. 11. 22>

第22條(다른 法律과의 관계) ① 創業者가 第21條의 規定에 의한 事業計劃의 승인을 얻은 때에는 다음 各號의 申告·許可·解除·認可·免許·同意 또는 決定등을 받은 것으로 본다. <改正 90. 1. 13, 91. 12. 14, 92. 12. 8, 94. 3. 24, 95. 1. 5, 95. 12. 29>

1. 工業配置및工場設立에관한法律 第13條第1項의 規定에 의한 工場設立申告
2. 砂防事業法 第14條의 規定에 의한 伐採등의 許可 및 同法 第20條의 規定에 의한 砂防地指定의 解除
3. 公有水面管理法 第4條의 規定에 의한 公有水面占用 및 사용의 許可
4. 公有水面埋立法 第4條의 規定에 의한 公有水面埋立의 免許
5. 河川法 第23條의 規定에 의한 河川工事施行의 許可 및 同法 第25條의 規定에 의한 河川占用등의 許可
6. 山林法 第18條의 規定에 의한 保全林地의 轉用許可 및 同法 第90條의 規定에 의한 伐採등의 許可와 申告
7. 私道法 第4條의 規定에 의한 私道의 開設許可
8. 削除 <92. 12. 8>
9. 都市計劃法 第4條의 規定에 의한 土地의 分割 또는 形質變更의 許可, 同法 第2條第1項第1號 나目의 해당 사항에 관한 同法 第12條의 規定에 의한 都市計劃의 變更決定, 同法 第23條第5項의 規定에 의한 施行者指定 및 同法 第25條의 規定에 의한 實施計劃의 認可
10. 國土利用管理法 第8條의 規定에 의한 國土利用計劃의 變更決定, 同法 第21條의 3의 規定에 의한 土地등의 去來契約의 許可 및 同法 第21條의7의 規定에 의한 土地등의 去來契約의 申告
11. 農地의保全및利用에關한法律 第4條의 規定

에 의한 農地轉用의 許可
12. 草地法 第23條의 規定에 의한 草地의 轉用許可
13. 農地擴大開發促進法 第7條의 規定에 의한 開發促進地域告示의 解除, 同法 第8條의 規定에 의한 開發促進地域안의 土地의 形質變更等의 許可 및 同法 第53條의 規定에 의한 開發農地의 轉用許可
14. 埋葬및墓地等에關한法律 第16條第2項의 規定에 의한 無緣墳墓改葬의 許可
15. 酪農振興法 第7條第1項의 規定에 의한 酪農地帶指定의 解除
16. 國有財産法 第24條의 規定에 의한 國有財産의 사용·收益許可 및 同法 第30條의 規定에 의한 道路·河川·溝渠 및 堤舫의 用途廢止
17. 道路法 第40條第1項의 規定에 의한 道路占用의 許可, 同法 第50條第5項의 規定에 의한 接道區域안에서의 土地形質 변경등의 許可 및 同法 第51條第3項의 規定에 의한 沿道區域안에서의 工作物 新設등의 許可
18. 農村近代化促進法 第158條의4의 規定에 의한 農地改良施設의 目的외 사용의 승인

② 第21條第1項의 規定에 의한 市長·郡守·區廳長의 事業計劃承認을 얻은 工場에 대하여는 建築法에 의한 建築許可 또는 使用檢查를 받은 때에는 다음 各號의 許可·申告·檢查등을 받은 것으로 본다. <改正 86. 12. 31, 89. 12. 30, 91. 3. 8, 91. 12. 14, 92. 12. 8, 95. 1. 5, 95. 8. 4>

1. 道路法 第40條第1項의 規定에 의한 道路의 占用許可 및 同法 第50條第5項의 規定에 의한 接道區域과 同法 第51條第3項의 規定에 의한 沿道區域안에서의 建築物·工作物設置의 許可
2. 下水道法 第20條의 規定에 의한 施設 또는 工作物設置의 許可 및 同法 第24條第2項의 規定에 의한 排水設備設置의 申告
3. 汚水·糞尿및畜産廢水의처리에관한法律 第9條第2項 및 同法 第10條第2項의 規定에 의한 汚水淨化施設 또는 淨化槽의 設置申告 및 同法 第11條의 規定에 의한 竣工檢查
4. 消防法 第8條第1項의 規定에 의한 建築許可등의 同意, 同法 第16條第1項의 規定에 의한 製造所등의 設置의 許可, 同法 第17條第2項의 規定에 의한 製造所등의 完工檢查, 同法 第43條第2項의 規定에 의한 申告 및 同法 第62條第1項 및 第2項의 規定에 의한 施工 및 完工檢查
5. 大氣環境保全法 第10條, 水質環境保全法 第10條, 騷音·振動規制法 第9條 및 汚水·糞尿및畜産廢水의처리에관한法律 第24條의 規定에 의한 排出施設의 許可와 大氣環境保全法 第12條第1項 但書, 水質環境保全法 第12條第1項 但書의 規定에 의한 自家防止施設設計·施工의 승인
6. 廢棄物管理法 第30條第2項의 規定에 의한 廢棄物處理施設의 設置承認, 同法 第30條第4項의 規定에 의한 使用開始 申告
7. 水道法 第36條 또는 第38條의 規定에 의한 專用水道設置의 認可 및 同法 第37條 또는 第38條의 規定에 의한 專用水道 設置에 관한 竣工檢查
8. 電氣事業法 第32條의 規定에 의한 自家用電氣設備工事計劃의 認可 및 申告
9. 大氣環境保全法 第14條, 水質環境保全法 第14條 및 騷音·振動規制法 第13條의 規定에 의한 排出施設등 稼動開始의 申告
10. 電氣通信工事業法에 의한 構內通信線路設備工事의 竣工檢查
11. 銃砲·刀劍·火藥類등團束法 第25條第1項의 規定에 의한 火藥類 簡易貯藏所 設置의 許可 및 同法 第43條의 規定에 의한 完成檢查
12. 建築法 第15條第1項의 規定에 의한 假說建築物 建築의 許可

③ 第1項 또는 第2項 各號의 1에 해당하는 사항이 당해 市長·郡守·區廳長외의 다른 行政機關의 權限에 속하는 경우에는 당해 市長·郡守·區廳長은 그 다른 行政機關과 協議를 거쳐야 하며 協議가 이루어지지 않은 경우에는 創業審議會의 審議를 거쳐 그 승인여부를 決定한다.
④ 第3條의 規定에 의한 製造業 및 기타 業種의 創業에 관련하여 이 法에 규정한 것을 제외

하고는 中小企業振興및製品購買促進에관한法律 및 農漁村發展特別措置法에서 정하는 바에 따른다. <改正 92. 12. 8, 95. 1. 5>

第23條(事業計劃承認의 取消등) ① 事業計劃의 승인을 받은 者가 그 事業計劃承認 내용과 현저하게 다르게 사업을 영위하는등 大統領令이 정하는 사유로 인하여 事業計劃承認의 效果를 期待하기 어렵다고 인정되는 경우에는 市長·郡守·區廳長은 大統領令이 정하는 바에 의하여 그 事業計劃承認 및 工場建築許可를 取消할 수 있으며, 당해 土地의 原狀回復을 命할 수 있다. <改正 95. 1. 5>

② 第1項의 原狀回復의 경우에는 農地의保全및利用에關한法律 第15條의 規定을 準用한다.

第24條(綜合處理機構의 設置) ① 政府는 民願人의 편의를 도모하기 위하여 特別市·廣域市·道 또는 市·郡·區의 創業에 관련된 民願을 綜合的으로 접수하여 처리할 수 있는 機構(이하 "中小企業創業民願室"이라 한다)를 設置할 수 있다. <改正 95. 11. 22>

② 中小企業創業民願室의 設置 및 운영에 관하여 필요한 사항은 大統領令으로 정한다.

第25條(稅制支援) 政府는 中小企業의 創業을 촉진할 수 있도록 創業者와 創業을 지원하는 者에 대하여 租稅에 관한 法律이 정하는 바에 따라 稅制상의 지원을 할 수 있다. [全文改正 95. 1. 5]

第26條(登錄의 取消등) ① 通商産業部長官은 投資會社가 다음 各號의 1에 해당하는 때에는 그 登錄을 取消하거나 이 法에 의한 지원을 중단할 수 있다. 다만, 第1號에 해당하는 때에는 그 登錄을 取消하여야 한다. <改正 93. 3. 6, 95. 11. 22>

1. 詐僞 기타 부정한 방법으로 登錄을 한 때
2. 第11條第1項의 規定에 의하여 大統領令으로 정하는 登錄要件에 적합하지 아니하게 된 때
3. 創業者에 대한 投資實績이 登錄한 날부터 2年이 되는 날까지 최초 納入資本金의 100分의 20에 미달한 때
4. 第11條第2項의 規定에 의한 決算書를 제출하지 아니하거나 허위로 작성된 決算書를 제출한 때
5. 投資會社의 책임있는 사유로 인하여 第11條第1項의 規定에 의한 사업수행이 어렵게 된 때
6. 이 法 또는 이 法에 의한 命令에 위반한 때

② 通商産業部長官은 相談會社가 다음 各號의 1에 해당하는 때에는 그 登錄을 取消하거나 이 法에 의한 지원을 중단할 수 있다. 다만, 第1號에 해당하는 때에는 그 登錄을 取消하여야 한다. <改正 93. 3. 6, 95. 11. 22>

1. 詐僞 기타 부정한 방법으로 登錄을 한 때
2. 第12條第1項의 規定에 의하여 大統領令으로 정하는 登錄要件에 합하지 아니하게 된 때
3. 相談會社의 책임있는 사유로 인하여 第12條第1項의 規定에 의한 사업수행이 어렵게 된 때
4. 이 法 또는 이 法에 의한 命令에 위반한 때

③ 通商産業部長官은 創業保育센터事業者가 다음 各號의 1에 해당하는 때에는 事業者의 지정을 取消하거나 이 法에 의한 지원을 중단할 수 있다. <新設 95. 1. 5, 95. 11. 22>

1. 詐僞 기타 부정한 방법으로 지정을 받은 때
2. 基金에서 지원된 資金을 다른 目的으로 사용한 때
3. 기타 通商産業部長官이 事業推進能力이 없다고 인정한 때

[全文改正 92. 12. 8]

第26條의2(聽聞) 通商産業部長官은 第26條의 規定에 의하여 投資會社 및 相談會社의 登錄을 取消하거나 創業保育센터事業者의 지정을 取消하고자 하는 때에는 미리 당해 처분의 相對方 또는 그 代理人에게 의견을 陳述할 기회를 주어야 한다. 다만, 그 처분의 相對方 또는 代理人이 정당한 사유없이 이에 응하지 아니하거나 住所不明등으로 意見陳述의 기회를 줄 수 없는 경우에는 그러하지 아니하다. <改正 93. 3. 6, 95. 1. 5, 95. 11. 22> [本條新設 92. 12. 8]

第27條(權限의 委任·委託) 이 法에 의한 通商産業部長官의 權限은 大統領令이 정하는 바에 의하여 그 일부를 所屬機關의 長 또는 特別市長·廣域市長·道知事에게 委任하거나 다른 行政機關의 長 또는 中小企業振興公團·投資會社·

相談會社 기타 中小企業關聯機關의 長에게 委託할 수 있다. <改正 92. 12. 8, 93. 3. 6, 95. 11. 22>

第28條(보고 및 檢査) ① 通商産業部長官은 이 法의 施行을 위하여 필요하다고 인정하는 때에는 投資會社·相談會社 또는 創業保育센터事業者에 대하여 業務運用狀況등에 관한 보고를 하게 하거나 所屬公務員으로 하여금 投資會社 또는 相談會社의 事務所 및 事業場에 出入하여 帳簿·書類등을 檢査하게 할 수 있다. <改正 93. 3. 6, 95. 1. 5, 95. 11. 22>

② 第1項의 規定에 의하여 檢査를 하는 公務員은 그 權限을 나타내는 證票를 지니고 이를 관계인에게 내보여야 한다.

[本條新設 92. 12. 8]

第29條(過怠料) ① 投資會社·相談會社 또는 創業保育센터事業者가 第28條의 規定에 의한 보고를 하지 아니하거나 허위의 보고를 한 때 또는 檢査를 거부·방해 또는 기피한 때에는 300萬원이하의 過怠料에 處한다. <改正 95. 1. 5>

② 第1項의 規定에 의한 過怠料는 大統領令이 정하는 바에 의하여 通商産業部長官이 賦課·徵收한다. <改正 93. 3. 6, 95. 11. 22>

③ 第2項의 規定에 의한 過怠料 處分에 불복이 있는 者는 그 처분의 告知를 받은 날부터 30日 이내에 通商産業部長官에게 異議를 제기할 수 있다. <改正 93. 3. 6, 95. 11. 22>

④ 第2項의 規定에 의하여 過怠料 處分을 받은 者가 第3項의 規定에 의하여 異議를 제기한 때에는 通商産業部長官은 지체없이 管轄法院에 그 사실을 통보하여야 하며 그 통보를 받은 管轄法院은 非訟事件節次法에 의한 過怠料의 裁判을 한다. <改正 93. 3. 6, 95. 11. 22>

⑤ 第3項의 規定에 의한 期間내에 異議를 제기하지 아니하고 過怠料를 납부하지 아니한 때에는 國稅滯納處分의 예에 의하여 이를 徵收한다.

[本條新設 92. 12. 8]

第30條(施行令) 이 法 施行에 관하여 필요한 사항은 大統領令으로 정한다.

附則

이 法은 公布한 날로부터 施行한다.

附則<86. 12. 31>

第1條(施行日) 이 法은 1987年 4月 1日부터 施行한다. <但書 省略>

第2條 및 第3條 省略

附則 <89. 12. 30>

① (施行日) 이 法은 公布후 6月이 경과한 날부터 施行한다.

② 및 ③ 省略

附則 <90. 1. 13>

第1條(施行日) 이 法은 公布후 1年이 경과한 날부터 施行한다. <但書 省略>

第2條 내지 第8條 省略

附則 <91. 3. 8>

第1條(施行日) 이 法은 公布후 6月이 경과한 날부터 施行한다.

第2條 내지 第7條 省略

附則 <91. 12. 14>

제1조(施行日) 이 법은 1992년 7월 1일부터 시행한다. <단서 생략>

제2조 내지 제8조 생략

附則 <92. 12. 8>

이 法은 公布한 날부터 施行한다.

附則 <93. 3. 6>

第1條(施行日) 이 法은 公布한 날부터 施行한다. <但書 省略>

第2條 내지 第5條 省略

附則 <94. 3. 24>

第1條(施行日) 이 法은 公布후 6月이 경과한 날부터 施行한다.

第2條 省略

附則 <95. 1. 5>

이 法은 1995年 7月 1日부터 施行한다.

附則 <95. 8. 4>

第1條(施行日) 이 法은 公布후 6月이 경과한 날부터 施行한다.

第2條 내지 第8條 省略

附則 <95. 11. 22>

① (施行日) 이 法은 1996年 1月 1日부터 施行한다.

② (創業支援基金의 廢止에 따른 權利·義務등에 관한 經過措置) 이 法 施行으로 인하여 廢止되는 종전의 第6條의 規定에 의한 創業支援

基金에 속하는 資産과 債權·債務 기타의 權利·義務는 中小企業振興및製品購買促進에관한法律 第41條의 規定에 의한 中小企業創業및振興基金이 이를 承繼한다.

③ (다른 法令과의 관계) 이 法 施行당시 다른 法令에서 종전의 第6條의 規定에 의한 創業支援基金을 인용한 경우에는 中小企業振興및製品購買促進에관한法律 第41條의 規定에 의한 中小企業創業및振興基金을 인용한 것으로 본다.

附則 <95. 12. 29>

第1條(施行日) 이 法은 公布후 6月이 경과한 날부터 施行한다.

第2條 내지 第7條 省略

부록 C 창업 및 벤처 기업 관련 법령 2

벤처 기업 육성에 관한 특별 조치 법(1997)

제정 1997. 7. 28
개정 1999. 2. 5

第1章 總 則

第1條(目的) 이 法은 기존 企業의 벤처企業으로의 轉換과 벤처企業의 創業을 촉진하여 우리 産業의 構造調整을 원활히 하고 競爭力을 提高하는데 기여함을 目的으로 한다.

第2條(定義) ① 이 法에서 "벤처企業"이라 함은 中小企業基本法 第2條의 規定에 의한 中小企業(이하 "中小企業"이라 한다)으로서 다음 各號의 1에 해당하는 企業을 말한다. <개정 98. 12. 30>

1. 당해 企業의 資本金중 다음 各目의 1에 해당하는 者의 投資金額의 合計가 차지하는 比率이 大統領令이 정하는 기준 이상인 企業
   가. 中小企業創業支援法 第2條 第4號의 規定에 의한 中小企業創業投資會社(이하 "中小企業創業投資會社"라 한다)
   나. 中小企業創業支援法 第2條 第6號의 規定에 의한 中小企業創業投資組合(이하 "中小企業創業投資組合"이라 한다)
   다. 與信專門金融業法 第2條第14號의 規定에 의한 新技術事業金融業을 영위하는 者(이하 "新技術事業金融業者"라 한다)
   라. 與信專門金融業法 第41條第3項의 規定에 의한 新技術事業投資組合(이하 "新技術事業投資組合"이라 한다)
   마. 第4條의2의 規定에 의한 韓國벤처投資組合
2. 당해 企業의 年間 總賣出額에 대한 硏究開發費의 比率이 大統領令이 정하는 기준 이상인 企業
3. 다음 各目의 權利·신기술 또는 지식을 이용하여 事業化하는 企業으로서 事業化의 정도가 第3條의 規定에 의한 기준에 적합한 企業
   가. 特許權 實用新案權(特許出願 實用新案登錄出願중인 技術로서 特許廳長이 인정하는 技術을 포함한다)
   나. 外國人投資促進法 第25條의 규정에 의하여 導入된 技術로서 同法 第26條의 規定에 의한 租稅免除 대상인 高度技術
   다. 다른 法律에 의한 技術開發事業으로서 大統領令이 정하는 사업에 의하여 개발된 新技術 또는 知識
4. 다음 各目의 1에 해당하는 企業으로서 大統領令이 정하는 機關으로부터 技術性 또는 事業化能力이 優秀한 것으로 評價받은 企業
   가. 創業중인 企業이거나 自體開發한 技術을 應用하여 事業化하는 企業
   나. 意匠權(意匠登錄出願중인 技術로서 特許廳長이 인정하는 技術을 포함한다)을 이용하여 事業化하는 기업
   다. 第3號 가目 내지 다目에 해당하는 權利·新技術 또는 知識을 이용하여 事業化하는 企業으로서 事業化의 정도가 第3條의 規定에 의한 기준에 미달하는 企業

② 이 法에서 "投資"라 함은 株式·無擔保 轉換社債 또는 無擔保 新株引受權付社債를 引受하는 것을 말한다.

③ 이 法에서 "벤처企業專用團地"라 함은 벤처企業 및 그 支援施設을 集團的으로 入住하게 함으로써 벤처企業의 영업활동을 조장하기 위하여 第17條의 規定에 의하여 지정된 産業團地를 말한다.

④ 이 法에서 "벤처企業集積施設"이라 함은 벤처企業 및 그 支援施設을 集中的으로 入住하게 함으로써 벤처企業의 영업활동을 조장하기 위하여 第18條의 規定에 의하여 지정된 建築物을 말한다.

⑤ 이 法에서 "實驗室工場"이라 함은 벤처企業의 創業을 촉진하기 위하여 大學 또는 研究機關이 보유하고 있는 研究施設안에 工業配置및工場設立에관한法律 第28條의 규정에 의한 都市型工場에 해 당하는 業種의 生産施設을 갖춘 事業場을 말한다. <新設 98. 12. 30>

第3條(中小企業創業投資會社의 投資比率 算定基準 등) ① 第2條第1項第1號 내지 第3號의 規定에 의한 企業의 資本金중 中小企業創業投資會社등의 投資金額의 合計額이 차지하는 比率과 企業의 年間賣出額에 대한 研究開發費의 比率의 算定, 權利·新技術 또는 知識을 이용한 事業化의 정도에 관한 기준과 同條 第3項 및 第4項의 規定에 의한 支援施設의 범위 등에 관하여 필요한 사항은 産業資源部令으로 정한다. <改正 98. 2. 28, 98. 12. 30>

② 第2條第1項의 規定에 불구하고 우리 産業의 원활한 構造調整 및 競爭力 提高를 위하여 第23條의 規定에 의한 벤처企業活性化委員會의 審議를 거쳐 中小企業廳長이 정하는 業種을 영위하는 企業은 벤처企業에 포함하지 아니한다. <改正 98. 2. 28>

第2章 벤처企業 育成基盤 構築

第1節 資金供給의 원활화

第4條(벤처企業에 대한 基金의 投資 등) ① 다음 各號의 1에 해당하는 基金을 관리하는 者(이하 "基金管理主體"라 한다)는 大統領令이 정하는 比率 이내의 資金을 당해 基金運用計劃에 따라 벤처企業에 投資하거나 中小企業創業投資組合·新技術事業投資組合 또는 韓國벤처投資組合에 出資할 수 있다. <改正 98. 12. 30>

1. 基金管理基本法 第3條第1項 各號의 1에 해당하는 基金으로서 大統領令이 정하는 基金
2. 기타 設置目的이 第1號의 基金에 준하는 基金으로서 大統領令이 정하는 基金

② 基金管理主體가 基金運用計劃의 범위 안에서 행하는 벤처企業에 대한 投資나 中小企業創業投資組合·新技術事業投資組合 또는 韓國벤처投資組合에 대한 出資에 관하여는 關係法令의 規定에 의한 認可·許可·承認 등을 받은 것으로 본다. <改正 98. 12. 30>

③ 削除 <98. 12. 30>

④ 保險業法 第2條第1項의 規定에 의한 保險事業者는 同法 第19條의 規定에 불구하고 金融監督委員會가 정하는 범위 안에서 벤처企業에 投資하거나 中小企業創業投資組合 또는 新技術事業投資組合에 出資할 수 있다. <改正 98. 2. 28, 98. 12. 30>

第4條의2(韓國벤처投資組合의 結成 및 운영) ① 中小企業振興및製品購買促進에관한法律 第41條의 規定에 의한 中小企業創業및振興基金(이하 "中小企業創業및振興基金"이라 한다)을 관리하는 者는 同法 第46條의 規定에 불구하고 벤처企業에 대한 投資를 目的으로 다음 各號의 者와 出資契約을 체결하여 韓國벤처投資組合(이하 "韓國벤처投資組合"이라 한다)을 結成할 수 있다.

1. 外國人投資促進法 第2條第1項第1號의 規定에 의한 外國人
2. 第4條第1項第1號 및 第2號의 規定에 의한 基金을 관리하는 者
3. 기타 大統領令이 정하는 者

② 中小企業創業및振興基金을 관리하는 者는 第1項의 規定에 의한 出資契約의 내용에 따라 선량한 管理者로서 出資者의 이익을 위하여 韓國벤처投資組合의 資産을 관리하여야 한다.

③ 第2項의 規定에 의하여 韓國벤처投資組合의 資産을 관리하는 者는 韓國벤처投資組合의 資金을 다음 各號의 사업을 위하여 사용하여야 한다.

1. 中小企業創業投資組合 또는 新技術事業投資組合에 대한 出資
2. 中小企業의 創業에 대한 投資 및 벤처企業에 대한 投資
3. 第1號의 規定에 의한 出資 및 第2號 의 規定에 의한 投資에 附隨되는 사업

④ 第2項의 規定에 의하여 韓國벤처投資組合의

資産을 관리하는 者는 韓國벤처投資組合의 資産의 관리·운영 등을 위하여 中小企業創業 및 振興基金을 관리하는 者외의 者와 契約을 체결하여 그 業務의 전부 또는 일부를 委託할 수 있다. 이 경우 業務를 委託받은 者에게 投資收益의 100分의 20의 범위 안에서 그 收益을 配分할 수 있다.

⑤ 韓國벤처投資組合에 損失이 있는 때에는 中小企業創業및振興基金을 관리하는 者가 韓國벤처投資組合에 出資한 범위 안에서 우선 그 損失金을 충당하고 殘餘損失金이 있는 때에는 第1項 各號의 者가 出資한 범위 안에서 그 出資比率에 따라 配分하여 그 損失金을 충당한다.

⑥ 韓國벤처投資組合의 관리·운영 및 收益의 配分 등에 관하여 필요한 사항은 大統領令으로 정한다.

[本條新設 98. 12. 30]

第5條(우선적 信用保證의 실시) 新技術事業金融支援에관한法律에 의한 技術信用保證基金은 벤처企業에 대하여 우선적으로 信用保證을 하여야 한다.

第6條(産業財産權등의 出資 特例) ① 벤처企業에 대한 現物出資 대상에는 特許權 實用新案權 意匠權 기타 이에 준하는 技術과 그 사용에 관한 權利(이하 이 條에서 "産業財産權등"이라 한다)를 포함한다.

② 大統領令이 정하는 技術評價機關이 産業財産權등의 價格을 평가한 경우 그 평가내용은 商法 第299條의2의 規定에 의하여 公認된 鑑定人이 鑑定한 것으로 본다.

第7條(大企業의 投資에 대한 特例) 削除 <98. 12. 30>

第8條(外國人의 出資에 대한 特例) 外國人投資促進法 第2條第1項第1號의 外國人이 행하는 中小企業創業投資組合 또는 韓國벤처投資組合에 대한 出資는 同條 第4號의 規定에 의한 外國人投資로 본다.<改正 98. 12. 30>

第9條(外國人의 株式取得制限에 대한 特例) ① 外國人(大韓民國에 6月 이상 住所또는 居所를 두지 아니한 개인을 말한다) 또는 證券去來法 第2條第16項의 外國法人등에 의한 벤처企業의 株式취득에 관하여는 同法 第203條의 規定은 이를 적용하지 아니한다.

② 第1項의 規定에 의한 外國人 또는 外國法人등에 의한 벤처企業의 株式取得에 관하여는 당해 벤처企業의 定款이 정하는 바에 의하여 이를 제한할 수 있다.

第10條(株式의 券面額에 대한 特例) 削除 <98. 12. 28>

第10條의2(株式會社의 資本金 규모에 대한 特例) ① 벤처企業인 株式會社의 資本은 商法 第329條第1項의 規定에 불구하고 2千萬원이상으로 할 수 있다.

② 資本을 5千萬원미만으로 하여 벤처企業을 設立하고자 하는 者는 非訟事件節次法 第203條의 規定에 의한 設立登記의 申請書에 第25條의 規定에 의하여 中小企業廳長이 벤처企業임을 증명하는書類를 첨부하여야 한다.

[本條新設 98. 12. 30]

第11條(協會에 登錄한 벤처企業의 證券發行에 관한 特例) 證券去來法 第2條第15項의 規定에 의한 協會登錄法人인 벤처企業에 대하여는 同法 第189條의2, 第189條의3, 同法 第191條의2 내지 第191條의5와 同法 第191條의8 내지 第191條의10의 規定을 準用한다. <改正 98. 12. 30>

第12條(中小企業創業投資組合의 운영에 관한 特例) 中小企業創業支援法 第13條 및 第14條의 規定에 의하여 中小企業創業投資組合의 業務를 執行하는 中小企業創業投資會社는 中小企業創業投資組合과의 契約에 따라 그 業務의 전부 또는 일부를 中小企業創業投資會社외의 者에게 委託할 수 있다.

第13條(中小企業創業投資會社의 社債發行에 대한 特例) 中小企業創業投資會社는 中小企業創業支援法 第16條第2項 本文의 規定에 불구하고 資本金과 積立金 總額의 10배의 범위안에서 社債를 발행할 수 있다.

第14條(租稅에 대한 特例) ① 國家 또는 地方自治團體는 벤처企業을 육성하기 위하여 租稅減免規制法 地方稅法 기타 關係法律이 정하는 바에 의하여 所得稅 法人稅 取得稅 財産稅 및 登錄稅 등을 減免할 수 있다.

② 個人 또는 個人들로 구성된 組合이 벤처企

業에 投資할 경우에는 租稅에 관한 法律이 정하는 바에 따라 所得稅 등을 減免할 수 있다. 이 경우 投資金額, 投資期間 등 필요한 사항은 大統領令으로 정한다.

第2節 技術開發 및 人力供給의 원활화

第15條(機關別中小企業技術開發支援計劃의 수립·施行) ① 中央行政機關 및 政府投資機關으로서 大統領令이 정하는 機關의 長은 매년 中小企業의 技術開發을 지원하기 위한 計劃(이하 "技術開發支援計劃"이라 한다)을 수립 施行하여야 한다.

② 第1項의 規定에 의한 中央行政機關 및 政府投資機關의 長은 技術開發支援計劃에 따라 技術開發事業을 수행하는 中小企業을 선정하여 해당 技術開發事業에 소요되는 費用의 전부 또는 일부를 出捐하거나 補助할 수 있다. 이 경우 벤처企業에 대하여 우선적으로 지원할 수 있다.

③ 第1項 및 第2項의 規定에 의한 技術開發支援計劃의 수립 및 技術開發事業에 대한 지원 등에 관하여 필요한 사항은 大統領令으로 정한다.

第16條(敎育公務員등의 創業時 休職許容) ① 다음 各號의 1에 해당하는 者(이하 "교육공무원등"이라 한다)는 교육공무원법 제44조제1항, 國家公務員法 第71條第2項, 地方公務員法 第63條第2項 및 私立學校法 第59條第1項의 規定에 불구하고 벤처企業을 創業하거나 벤처企業의 任員으로 勤務하기 위하여 休職할 수 있다. <改正 98. 12. 30>

1. 高等敎育法에 의한 大學(産業大學 및 專門大學을 포함한다. 이하 같다)의 敎員(大學附設硏究所의 硏究員을 포함한다. 이하 같다) <改正 98. 12. 30>
2. 國 公立硏究機關의 硏究員(韓國科學技術院法 第15條 및 光州科學技術院法 第14條의 규정에 의한 敎員 및 硏究員을 포함한다. 이하 같다)

② 第1項의 規定에 의한 休職期間은 3年이내로 한다. 이 경우 大學 敎員의 休職期間은 敎育公務員法 第45條第2項의 規定에 불구하고 任用期間중의 殘餘期間을 초과할 수 있다.

③ 第1項의 規定에 의하여 大學의 敎員이나 國公立 硏究機關의 硏究員이 6月이상 休職하는 경우에는 休職日부터 당해 大學 또는 國 公立硏究機關에 그 休職者의 數에 해당하는 敎員 또는 硏究員의 定員이 따로 있는 것으로 본다

第16條의2(敎育公務員등의 兼任 또는 兼職에 관한 特例) ① 敎育公務員등 또는 大統領令이 정하는 政府出捐硏究機關(國防分野의 硏究機關을 제외한다)의 硏究員은 그 所屬機關의 長의 許可를 받아 벤처企業의 代表者 또는 任·職員을 兼任 또는 兼職할 수 있다. 다만, 公務員에 대한 許可는 職務上의 能率을 저해할 우려가 없는 경우에 한한다.

② 第1項의 規定에 의한 所屬機關의 長의 許可를 받은 때에는 敎育公務員法 第18條第1項 및 協同硏究開發促進法 第6條第4項의 規定 의한 兼任 및 兼職許可를 받은 것으로 본다. [本條新設 98. 12. 30]

第16條의3(벤처企業의 株式買入選擇權) ① 株式會社인 벤처企業(證券去來法에 의한 株券上場法人과 協會登錄法人을 제외한다)은 定款이 정하는 바에 따라 商法 第434條의 規定에 의한 決議로써 다음 各號의 1에 해당하는 者중 당해 企業의 設立 또는 技術·經營의 革新 등에 기여하였거나 기여할 能力을 갖춘 者에게 특별히 유리한 價格에 의한 新株의 買入 기타 大統領令이 정하는 바에 따라 당해 企業의 株式을 買入할 수 있는 權利(이하 이 條에서 "株式買入選擇權"이라 한다)를 부여할 수 있다.

1. 벤처企業의 任·職員(大統領令이 정하는 者를 제외한다)
2. 技術 및 經營能力을 갖춘 者로서 大統領令이 정하는 者
3. 大學 또는 大統領令이 정하는 硏究機關

② 株式買入選擇權을 부여하고자 하는 벤처企業은 第1項의 規定에 의한 決議를 한 경우 大統領令이 정하는 바에 따라 中小企業廳長에게 그 내용을 申告하여야 한다.

③ 證券去來法 第189條의4第2項 내지 第6項의 規定은 벤처企業의 株式買入選擇權에 관하여 이를 準用한다.

④ 株式買入選擇權의 부여한도 등에 관하여 필요한 사항은 大統領令으로 정한다. [本條新設 98. 12. 30]

第16條의4(벤처企業에 대한 情報提供) ① 政府는 벤처企業의 創業 및 營業活動과 관련된 投資·資金·人力·技術·販路 및 立地 등에 관한 情報를 제공하거나 기타 벤처企業의 情報化를 촉진하기 위한 지원을 할 수 있다.

② 中小企業廳長은 中央行政機關의 長, 地方自治團體의 長 또는 政府投資機關管理基本法의 적용을 받는 政府投資機關의長에게 第1項의 規定에 의한 情報提供에 필요한 資料를 요청할 수 있다.

③ 中小企業廳長은 벤처企業에 대한 개인 또는 개인들로 구성된 組合(이하 이 項에서 "개인등"이라 한다)의 投資를 촉진하기 위하여 産業資源部令이 정하는 바에 따라 벤처企業의 投資價値에 관한 情報 등 필요한 情報를 개인등에게 제공할 수 있다. [本條新設 98. 12. 30]

第3節　立地供給의 원활화

第17條(벤처企業專用團地의 지정 開發) 建設交通部長官 또는 特別市長·廣域市長·道知事(이하 "市 道知事"라 한다)는 벤처企業의 영업활동을 조장하기 위하여 벤처 企業 및 그 支援施設을 集團的으로 設置할 필요가 있는 경우에는 産業立地및開發에관한法律에 의한 國家産業團地 또는 地方産業團地로 벤처企業專用團地를 지정 開發할 수 있다.

第18條(벤처企業集積施設의 지정등) ① 벤처企業集積施設을 設置하거나 기존의 建築物을 벤처企業集積施設로 사용하고자 하는 者는 市 道知事의 지정을 받아야 한다.

② 市 道知事는 벤처企業의 지원을 위하여 필요하다고 인정하는 경우에는 벤처企業集積施設을 設置하거나 기존의 建築物을 벤처企業集積施設로 지정하여 벤처企業 및 그 支援施設을 入住하게 할 수 있다.

③ 第1項의 規定에 의한 지정의 요건 指定申請 기타 지정에 관하여 필요한 사항은 産業資源部令으로 정한다.

<改正 98. 2. 28>

第18條의2(實驗室工場에 대한 特例) ① 다음 各號의 1에 해당하는 者는 建築法 第14條第1項·同法 第45條第1項 및 大德硏究團地管理法 第6條第1項의 規定에 불구하고 그 所屬機關의 長의 승인을 얻어 實驗室工場을 設置할 수 있다.

1. 高等教育法에 의한 大學의 教員
2. 國 公立硏究機關 또는 政府出捐硏究機關의 硏究員
3. 科學 또는 産業技術分野의 硏究機關으로서 大統領令이 정하는 機關의 硏究員

② 實驗室工場은 生産施設用으로 쓰이는 바닥면적의 合計가 500제곱미터를 초과할 수 없다.

③ 實驗室工場의 總面積(實驗室工場이 2이상인 경우에는 그 면적을 합한 것을 말한다)은 당해 大學 또는 硏究機 關의 建築物 延面積의 2分의 1을 초과할 수 없다.

④ 市長·郡守 또는 區廳長(自治區의 區廳長을 말한다. 이하 같다)은 實驗室工場에 대한 工場登錄申請을 받은 때에는 工業配置및工場設立에관한法律 第16條의 規定에 의한 工場의 登錄을 하여야 한다.

⑤ 實驗室工場의 設置·운영 등에 관하여 기타 필요한 사항은 大統領令으로 정한다. [本條新設 98. 12. 30]

第18條의3(創業保育센터에 入住한 벤처企業에 대한 特例) ① 大學 또는 硏究機關 안에 設置·운영중인 創業保育센터로서 다음 各號의 1에 해당하는 創業保育센터에 入住한 벤처企業은 建築法 第14條第1項·同法 第45條第1項 및 大德硏究團地管理法 第6條第1項의 規定에 불구하고 工業配置및工場設立에관한法律 第28條의 規定에 의한 都市型工場을 設置할 수 있다.

1. 中小企業創業支援法 第16條의2의 規定에 의하여 中小企業廳長이 지정하는 創業保育센터
2. 中央行政機關의 長또는 地方自治團體의 長이 인정하는 創業保育센터

② 市長·郡守 또는 區廳長은 第1項의 規定에 의한 創業保育센터에 入住한 벤처企業으로부터 工場登錄申請을 받은 때에는 工業配置및工場設立에관한法律 第16條의 規定에 의한 工場의 登錄을 하여야 한다. [本條新設 98. 12. 30]

第19條(國·公有 財産의 賣却등) ① 國家 또는 地方自治團體는 벤처企業專用團地 및 벤처企業集積施設의 開發 또는 設置와 그 운영을 위하여 필요하다고 인정하는 경우에는 國有財産法 또는 地方財 政法의 規定에 불구하고 隨意契約에 의하여 國有財産 또는 公有財産을 벤처企業專用團地의 開發事業施行者 또는 벤처企業集積施設의 設置 運營者에게 賣却하거나 賃貸할 수 있다. <改正 98. 9. 23>

② 第1項의 規定에 의한 國有財産의 價格 賃貸料 賃貸期間 등에 관하여 필요한 사항은 大統領令으로 정한다.

③ 國家 또는 地方自治團體는 國有 또는 公有의 雜種財産인 不動産을 벤처企業에 賃貸하는 조건으로 信託業法 第2條 의 規定에 의한 信託會社에 信託할 수 있다. 이 경우 國有財産法 第45條의2 내지 第45條의4의 規定은 公有 不動産의 信託에 관하여 이를 準用한다.

④ 國家 地方自治團體 또는 私立學校의 學校法人은 國有財産法 第24條第3項, 地方財政法 第82條 및 第83條, 高等敎育法 및 私立學校法의 規定에 불구하고 벤처企業專用團地의 開發事業施行者 또는 벤처企業集積施設의 設置 運營者에게 國有 또는 公有의 土地나 大學의 校地의 일부를 賃貸하여 建物 기타의 永久施設物을 築造하게 할 수 있다. 이 경우 당해 施設物의 종류 用途 등을 고려하여 賃貸契約이 종료되는 때에는 당해 施設物을 國家 地方自治團體 또는 私立學校의 學校法人에 寄附하거나 土地 또는 校地를 原狀으로 회복하여 반환하는 것을 賃貸條件으로 하여야 한다. <改正 98. 9. 23, 98. 12. 30>

⑤ 벤처企業專用團地의 開發事業施行者 또는 벤처企業集積施設의 設置 運營者는 國有財産法 第24條第4項, 地方財政法 第84條, 高等敎育法 및 私立學校法의 規定에 불구하고 第4項의 規定에 의하여 築造한 施設物을 賃貸 目的과 동일한 用途로 사용하고자 하는 다른 者에게 이를 사용·收益하게 할 수 있다.
<改正 98. 9. 23>

⑥ 第5項의 規定에 의한 施設物의 사용 收益의 기간 조건 등에 관하여 필요한 사항은 大統領令으로 정한다.

第20條(施設費用의 지원) 國家 또는 地方自治團體는 벤처企業專用團地의 開發 또는 벤처企業集積施設의 設置에 필요한 施設費의 전부 또는 일부를 지원할 수 있다.

第21條(建築禁止등에 대한 特例) ① 벤처企業專用團地안에서의 建築物의 建築禁止 및 제한에 관하여는 建築法 第45條第1項의 規定에 불구하고 당해 벤처企業專用團地의 産業團地開發計劃(産業立地및開發에관한法律 第6條 또는 第7條의 規定에 의한 産業團地開發計劃을 말한다) 및 産業團地管理基本計劃(工業配置및工場設立에관한法律 第33條의 規定에 의한 産業團地管理基本計劃을 말한다)이 정하는 바에 의한다.

② 벤처企業集積施設은 建築法 第45條第1項의 規定에 불구하고 都市計劃法에 의한 綠地地域 專用住居地域 및 1種 一般住居地域을 제외한 地域에 建築할 수 있다.

③ 大統領令이 정하는 用途 및 규모의 벤처企業 및 그 支援施設은 建築法 第14條 및 第45條의 規定에 불구하고 構造安全에 지장이 없는 범위안에서 벤처企業集積施設에 入住할 수 있다.

第22條(각종 負擔金의 免除등) ① 벤처企業集積施設 및 技術硏究集團化團地에 대하여는 다음 各號의 負擔金을 免除한다.
<改正 98. 9. 23, 99. 2. 5>

1. 開發利益還收에관한法律 第5條의 規定에 의한 開發負擔金擔金
2. 農業·農村基本法 第41條의 規定에 의한 農地轉用負擔金
3. 山林法 第20條의2의 規定에 의한 代替造林費 및 第20條의3의 規定에 의한 山林轉用負擔金
4. 農地法 第40條의 規定에 의한 農地造 成費
5. 草地法 第23條의 規定에 의한 代替草 地造成
6. 都市交通整備促進法 第21條의 規定에 의한 交通誘發負擔金

② 벤처企業專用團地안의 施設物의 所有者 또는 사업의 經營者에 대하여는 都市交通整備促

進法 第21條의 規定에 의한 交通誘發負擔金을 免除한다.
<改正 98. 9. 23>

③벤처企業專用團地안에 建築物을 建築하고자 하는 者 및 벤처企業集積施設을 建築하고자 하는 者는 文化藝術振興法 第11條의 規定에 불구하고 美術裝飾을 設置하지 아니할 수 있다. <改正 98·9·23>

제 3 章 벤처企業活性化委員會

第23條(벤처企業活性化委員會) ① 政府는 벤처企業의 육성에 관한 중요한 사항을 審議·議決하기 위하여 벤처企業活性化委員會(이하 "委員會"라 한다)를 둔다.

② 委員會는 委員長과 副委員長을 포함한 20人 이내의 委員으로 구성한다.

③ 委員長은 産業資源部長官이 되고 副委員長은 中小企業廳長이 되며, 委員은 大統領令이 정하는 者가 된다. <改正 98. 2. 28>

④ 기타 委員會의 운영 등에 관하여 필요한 사항은 大統領令으로 정한다.

第 4 章 補 則

第24條(벤처企業이었던 企業에 대한 株式發行 등의 特例) ① 다음 各號의 1에 해당하는 벤처企業에 대하여는 당해 企業이 벤처企業에 해당하지 아니하게 된 경우에도 이를 벤처企業으로 보아 第10條의2·第11條 및 第16條의3의 規定을 적용한다. < 改正 98. 12. 30>

1. 第10條의2의 規定에 의하여 資本을 5千萬원 미만으로 하여 設立된 벤처企業
2. 第11條의 規定에 의하여 證券去來法 第189條의2, 第189條의3, 第191條의2 내지 第191條의5와 第191條의8 내지 第191條의10의 規定의 적용을 받은 벤처企業
3. 第16條의3의 規定에 의하여 株式買入選擇權을 부여한 벤처企業

② 벤처企業專用團地 또는 벤처企業集積施設에 入住하였던 벤처企業이 벤처企業에 해당하지 아니하게 된 경우에도계속하여 벤처企業專用團地 또는 벤처企業集積施設에 入住할 수 있다.

第25條(벤처企業의 해당 여부에 대한 확인) ① 企業은 당해 企業이 벤처企業에 해당하는지 여부에 관하여 中小企業廳長에게 확인을 요청할 수 있다.
<改正 98. 2. 28>

② 中小企業廳長은 第1項의 規定에 의하여 요청을 받은 경우에는 産業資源部令이 정하는 기간내에 확인하여 그 결과를 要請人에게 통지하여야 한다.<改正 98. 2. 28>

③ 第1項 및 第2項의 規定에 의한 확인요청절차 확인 등에 관하여 필요한 사항은 産業資源部令으로 정한다.<改正 98. 2. 28>

第26條(보고등) ① 中小企業廳長은 이 法의 施行을 위하여 필요하다고 인정하는 때에 中小企業創業投資會社 또는 中小企業創業投資組合에 대하여 投資實績을 보고하게 할 수 있다. <改正 98. 2. 28>

② 中小企業廳長은 매년 新技術事業金融業者 및 新技術事業投資組合에 대하여 投資業體에 대한 持分參與現況에 관한 資料를 제출하게 할 수 있다. <改正 98. 2. 28>

③ 中小企業廳長은 이 法의 施行을 위하여 필요하다고 인정하는 때에는 第14條第2項의 規定에 의한 個人 또는 個人들로 구성된 組合으로 하여금 投資實績등을 보고하게 할 수 있다. <改正 98. 2. 28>

第27條(權限의 위임·委託) 이 法에 의한 中小企業廳長의 權限은 그 일부를 大統領令이 정하는 바에 의하여 所屬機關의 長 또는 市·道知事에게 위임하거나 다른 行政機關의 長 또는 大統領令이 정하는 中小企業關聯機關·團體에 委託할 수 있다. <改正 98. 2. 28>

附 則

第1條(施行日) 이 法은 1997年 10月 1日부터 施行한다.

第2條(有效期間) 이 法은 2007年 12月 31日까지 그 效力을 가진다.

第3條(新技術事業金融業者 등의 범위에 관한 特例) 第2條第1項第1號다목 및 라目의 規定을 적용함에 있어서 1997年 12月 31日까지는 新

技術事業金融業者 및 新技術事業投資組合을 각각 新技術事業金融 支援에관한法律 第2條第4號 및 第10號의規定에 의한 新技術事業金融會社 및 新技術事業投資組合으로 본다.

第4條(有效期間滿了에 따른 經過措置) ① 이 法의 有效期間의 滿了당시 第10條의 規定에 의하여 1株의 金額이 5千원미만인 株式을 발행하였거나 第11條의 規定에 의하여 證券去來法 第191條의2 내지第191條의5와第191條의8 내지 第191條의10의 規定의 적용을 받았던 벤처企業에 대하여는 이 法의 有效期間의 滿了후에도 계속하여 第10條 또는 第11條의 規定을 적용한다.

② 이 法의 有效期間의 滿了당시 第15條의 規定에 의한 技術開發支援計劃에 의하여 진행중인 技術開發事業 및 支援措 置에 관하여는 그 技術開發事業 및 支 援措置가 끝날 때까지 계속하여 이 法의 規定을 적용한다.

③ 이 法이 有效期間의 滿了당시 第16條의 規定에 의하여 休職중인 大學의 敎員 또는 國公立硏究機關의 硏究員에 대하여는 그 休職期間이 끝날 때까지 계속하여 이 法 의 規定을 적용한다.

④ 이 法의 有效期間의 滿了당시 第17條 및 第18條의 規定에 의하여 지정된 벤처企業專用團地 및 벤처企業集積施設에 대하여는 이 法의 有效期間의 滿了후에도 계속하여 이 法의 規定을 적용한다.

附則 <98. 2. 28>

第1條(施行日) 이 法은 公布한 날부터 施行한다. <但書 省略>

第2條 내지 第7條 省略

附則 <98. 9. 23>

第1條(施行日) 이 法은 공포후 3월이 경과한 날부터 시행한다.

第2條 및 第3條 생략

附則 <98. 12. 28>

第1條(施行日) 이 法은 公布한 날부터 施行한다. <但書 省略>

第2條 내지 第5條 省略

附則 <98. 12. 30>

第1條(施行日) 이 法은 公布한 날부터 施 行한다.

第2條(有效期間滿了에 따른 經過措置) ① 이 法의 有效期間이 만료되는2007年 12月 31日 현재 第10條의2의 改正規定에 의하여 資本을 5千萬원미만으로 하여 設立된 벤처企業, 第11條의 改正規定에 의하여 證券去來法 第189條의2 및 第189條의3의 規定의 적용을 받았던 벤처企業 또는 第16條의3의 改正規定에 의하여 株式買入選擇權을 부여한 벤처企業에 대하여는 2008年 1月 1日이후에도 계속하여 第10條의2 ·第11條 및 第16條의3의 改正規定을 적용한다.

② 이 法의 有效期間이 만료되는 2007年 12月 31日 현재 第16條의2의 改正規定에 의하여 兼任 또는 兼職중인 大學의 敎員 또는 國·公立硏究機關의 硏究員에 대하여는 그 兼任 또는 兼職期間이 끝날 때까지 계속하여 兼任 또는 兼職을 할 수 있다.

③ 이 法의 有效期間이 만료되는 2007年 12月 31日 현재 第18條의2의 改正規定에 의하여 敎員 또는 硏究員이 實驗室工場을 設置하여 工場으로 登錄한 경우 당해 實驗室工場에 대하여는 2008年 1月 1日이후에도 계속하여 第18條의2의 改正規定을 적용한다.

④이 法의 有效期間이 만료되는 2007年 12月 31日 현재 第18條의3의 改正規定에의하여 創業保育센터에 入住한 者가 都市型工場을 設置하여 工場으로 登錄한 경우 당해 都市型工場에 대하여는 2008年 1月 1日이후에도 계속하여 第18條의3의 改正規定을 적용한다.

附則 <99. 2. 5>

第1條(施行日) 이 法은 2000年 1月 1日부터 施行한다.

第2條 내지 第11條 省略

회사 색인

주제 색인

영문 색인

벤처 창업론 - 부 창출 경영의 이론과 실제 -

1999년 10월 10일 초판 발행
2008년 2월 10일 중판 발행

著 者 鄭 昇 和
發行人 安 鍾 萬
發行處 (株) 博 英 社
서울特別市 鍾路區 平洞 13-31番地
電話 (733)6771 FAX (736)4818
登錄 1959. 3. 11. 제300-1959-1호(倫)

www.pakyoungsa.co.kr e-mail: pys@pakyoungsa.co.kr

定 價 33,000원 ISBN 89-7189-492-X